Hans-Christoph Steinhausen und Michael von Aster (Hrsg.)

Verhaltenstherapie und Verhaltensmedizin
bei Kindern und Jugendlichen

Hans-Christoph Steinhausen
Michael von Aster (Hrsg.)

Verhaltenstherapie und Verhaltensmedizin bei Kindern und Jugendlichen

2. überarbeitete und erweiterte Auflage

BELTZ
PsychologieVerlagsUnion

Anschrift der Herausgeber:

Prof. Dr. med. Dr. phil. H.-C. Steinhausen
Zentrum für Kinder- und Jugendpsychiatrie
Universität Zürich
Neumünsterallee 9
CH-8032 Zürich

PD Dr. med. Dipl. Päd. Michael von Aster
Zentrum für Kinder- und Jugendpsychiatrie
Universität Zürich
Neumünsterallee 3
CH-8032 Zürich

Lektorat: Gerhard Tinger

Wissenschaftlicher Beirat der Psychologie Verlags Union:
Prof. Dr. Walter Bungard, Lehrstuhl Psychologie I, Wirtschafts- und Organisationspsychologie,
  Universität Mannheim, Schloß, Ehrenhof Ost, 68131 Mannheim
Prof. Dr. Dieter Frey, Institut für Psychologie, Sozialpsychologie, Universität München,
  Leopoldstr. 13, 80802 München
Prof. Dr. Ernst-D. Lantermann, Universität Kassel, GH, FB 3, Psychologie,
  Holländische Str. 56, 34127 Kassel
Prof. Dr. Rainer K. Silbereisen, Friedrich-Schiller-Universität Jena, Institut für Psychologie,
  Lehrstuhl für Entwicklungspsychologie, Am Steiger 3, 07743 Jena
Prof. Dr. Hans Ulrich Wittchen, Max-Planck-Institut für Psychiatrie,
  Kraepelinstraße 10, 80804 München

1. Auflage 1993, Psychologie Verlags Union, Weinheim
2. überarb. und erw. Aufl. 1999

Alle Rechte, auch die des Nachdrucks und der Wiedergabe in jeder Form, behalten sich Urheber und Verleger vor. Es ist ohne schriftliche Genehmigung des Verlages nicht erlaubt, das Buch oder Teile daraus auf photomechanischem Weg (Fotokopien, Mikrokopie) zu vervielfältigen oder unter Verwendung elektronischer bzw. mechanischer Systeme zu speichern, systematisch auszuwerten oder zu verbreiten (mit Ausnahme der in den §§ 53, 54 URG ausdrücklich genannten Sonderfälle).

Umschlaggestaltung: Dieter Vollendorf, München
Gesamtherstellung: Druckhaus „Thomas Müntzer" GmbH, Bad Langensalza
Printed in Germany
© Psychologie Verlags Union 1999
ISBN 3-621-27423-5

Inhaltsverzeichnis

Autorenverzeichnis VII

Vorwort XI

Kapitel 1:
Grundlagen und Konzepte der Verhaltenstherapie und Verhaltensmedizin bei Kindern und Jugendlichen
H.-C. Steinhausen, M. von Aster 1

Kapitel 2:
Frühkindlicher Autismus
C. Klicpera, B. Gasteiger-Klicpera, P. Innerhofer 15

Kapitel 3:
Geistige Behinderung
M. von Aster 53

Kapitel 4:
Lernstörungen
G. W. Lauth 75

Kapitel 5:
Sprach- und Sprechstörungen
U. Brack, F. Volpers 95

Kapitel 6:
Hyperkinetische Störungen
H. G. Eisert 131

Kapitel 7:
Tics
M. Döpfner 161

Kapitel 8:
Angststörungen
U. Petermann 187

Kapitel 9:
Phobien
S. Schneider, I. Florin, W. Fiegenbaum 215

Kapitel 10:
Depression
P. Altherr 243

Kapitel 11:
Zwangsstörungen
M. Döpfner 271

Kapitel 12:
Aggression und Delinquenz
F. Petermann, S. Wiedebusch 327

Kapitel 13:
Schizophrene Psychosen
N. Kienzle, H. Braun-Scharm 359

Kapitel 14:
Anorexia und Bulimia nervosa
H.-C. Steinhausen 391

Kapitel 15:
Adipositas
V. Brezinka 419

Kapitel 16:

Enuresis
S. Grosse 439

Kapitel 17:

Enkopresis
F. Berger-Sallawitz 469

Kapitel 18:

Dissoziative Störungen
M. v. Aster 487

Kapitel 19:

Asthma bronchiale
*J. Könning, N. Gebert,
B. Niggemann, U. Wahn* 501

Kapitel 20:

Diabetes Mellitus
M. v. Aster, W. Burger 531

Kapitel 21:

Schlafstörungen
H.-C. Steinhausen 557

Kapitel 22:

Chronische Schmerzen
R. Pothmann, U. Mohn 577

Kapitel 23:

Elterntraining
A. Warnke 621

Kapitel 24:

Verhaltensorientierte Familientherapie
H. P. Heekerens 639

Stichwortverzeichnis 665

Autorenverzeichnis

Dr. med. *Peter Altherr*
Pfalzinstitut für Kinder-
und Jugendpsychiatrie,
Psychosomatik und Psychotherapie
Weinstraße 100
D-76889 Klingenmünster

PD Dr. med. Dipl. Päd.
Michael von Aster
Zentrum für Kinder- und Jugendpsychiatrie
Universität Zürich
Neumünsterallee 3
CH-8032 Zürich

Dr. med. *Matthias von Aster*
Klinik für Kinder- und Jugendpsychiatrie
Bezirkskrankenhaus Landshut
Prof.-Buchner-Str. 22
D-84034 Landshut

Prof. Dr. *Friederike Berger-Sallawitz*
Katholische Fachhochschule
Fachbereich Heilpädagogik
Karlstr. 63
D-79104 Freiburg

Prof. Dr. phil. *Udo B. Brack*
Fachbereich Rehabilitationswissen-
schaften der Humboldt Universität
Albrechtstr. 22
D-12099 Berlin

PD Dr. med. *Hellmut Braun-Scharm*
Zentrum für Kinder- und
Jugendpsychologie
Universität Zürich
Neumünsterallee 3
CH-8032 Zürich

Dr. phil. *Veronika Brezinka*
Zentrum für Herz-
und Lungenrehabilitation
Rijnlands Zeehospitium
Drieplassenweg 17
NL 222577 Katwijk aan Zee

PD Dr. med. *Walter Burger*
Reformstudiengang
Medizin, Virchow-Kliniken
der Humboldt Universität zu Berlin
Spandauer Damm 130
14050 Berlin

PD Dr. phil. *Manfred Döpfner*
Klinik für Kinder- und Jugendpsychiatrie
der Universität zu Köln
Joseph-Stelzmann-Straße 9
D-50931 Köln

Dr. phil. *Hans G. Eisert*
Klinik für Kinder- und Jugendpsychiatrie
Zentralinstitut für Seelische Gesundheit,
J 5
Postfach 122120
D-68072 Mannheim

PD Dr. phil. *Wolfgang Fiegenbaum*
Christoph-Dornier-Stiftung für Klinische
Psychologie
Ernst-Giller-Str. 20
D-35039 Marburg

Prof. Dr. phil. *Irmela Florin*
Psychologisches Institut der Philipps-
Universität
Gutenbergstr. 18
D-35037 Marburg

Dipl. Psych. *Norbert Gebert*
Lungenklinik Heckeshorn
Zum Heckeshorn 30
D-14109 Berlin

Dr. phil. *Siegfried Grosse*
Lindenstr. 2
D-35440 Linden

Prof. Dr. theol. Dr. phil.
Hans-Peter Heekerens
Fachhochschule München
Fachbereich Sozialwesen
Am Stadtpark 20
D-81243 München

Prof. Dr. phil. *Paul Innerhofer*
Hyrtlallee 11a
A-2380 Perchtoldsdorf

Dipl. Psych. *Norbert Kienzle*
Heckscher-Klinik
Abt. Rottmannshöhe
D-82335 Berg

Dr. phil. *Barbara Gasteiger Klicpera*
Prof. Dr. phil. Dr. med. *Christian Klicpera*
Institut für Psychologie der Universität Wien
Abt. für Angewandte und Klinische
Psychologie
Neutorgasse 13
A-1010 Wien

Dr. phil. *Josef Könning*
Kinderhospital
Iburgerstr. 187
D-49082 Osnabrück

Prof. Dr. phil. *Gerhard W. Lauth*
Universität Köln
Heilpädagogische Fakultät
Klosterstr. 795
D-50931 Köln

Dipl. Psych. *Ursula Mohn*
Holler Straße 83
D-33334 Gütersloh

Dr. med. *Bodo Niggemann*
Universitäts-Kinderklinik
des Rudolf Virchow Klinikums
Heubnerweg 6
D-14059 Berlin

Prof. Dr. phil. *Franz Petermann*
Universität Bremen
Abt. Klinische Psychologie
Grazerstraße 2
D-28359 Bremen

Prof. Dr. phil. *Ulrike Petermann*
Universität Bremen
Abt. Klinische Psychologie
Grazerstraße 2
D-28359 Bremen

Dr. med. *Raymund Pothmann*
Ev. Krankenhaus Oberhausen
Kinderneurologisches Zentrum
Virchowst. 20
44047 Oberhausen

Dr. phil. *Silvia Schneider*
Technische Universität
Klinische Psychologie
Mommsenstr. 13
D-01069 Dresden

Prof. Dr. med. Dr. phil.
Hans-Christoph Steinhausen
Zentrum für Kinder- und Jugendpsychiatrie
Universität Zürich
Neumünsterallee 9
CH-8032 Zürich

Dipl. Psych. *Florence Volpers*
Kinderzentrum, Klinik
Heiglhofstr. 65
D-81377 München

Prof. Dr. med. *Ulrich Wahn*
Universitäts-Kinderklinik
Heubnerweg
D-14059 Berlin

Prof. Dr. med. Dipl. Psych. *Andreas Warnke*
Klinik und Poliklinik für
Kinder- und Jugendpsychiatrie
der Julius-Maximilians-Universität
Füchsleinstraße 15
D-97080 Würzburg

Dr. phil. *Sabine Wiedebusch*
Universität Bremen
Abt. Klinische Psychologie
Grazerstraße 2
D-28359 Bremen

Vorwort zur zweiten Auflage

Die Notwendigkeit, eine zweite Auflage dieses Handbuches herauszugeben, spiegelt das Interesse an der Verhaltenstherapie und der Verhaltensmedizin bei Kindern und Jugendlichen wider. Um dem steigenden Informationsbedürfnis gerecht zu werden, wurden alle Autoren gebeten, Ihre Beiträge zu überarbeiten und zu aktualisieren. Diese Überarbeitung führte bei einigen Kapiteln zu einer sehr weitreichenden Neugestaltung, wenngleich die für dieses Handbuch verbindlichen Strukturelemente und Ziele beibehalten wurden. In anderen Kapiteln konnte sich die Revision auf die Einarbeitung von Erkenntnissen aus der neueren Literatur beschränken. Schließlich wurden zwei Kapitel über Enkopresis sowie dissoziative Störungen neu aufgenommen.

Die Herausgeber danken allen Autoren für ihr anhaltendes Interesse, dieses Handbuch aktuell zu halten und damit die Anwendungsbasis für die Verhaltenstherapie und Verhaltensmedizin im Kindes- und Jugendalter stetig zu verbreitern.

Zürich, Mai 1998   Hans-Christoph Steinhausen · Michael von Aster

Kapitel 1

Grundlagen und Konzepte der Verhaltenstherapie und Verhaltensmedizin bei Kindern und Jugendlichen

Hans-Christoph Steinhausen und *Michael von Aster*

1. Theoretische Grundlagen   4
2. Verhaltensanalyse   6
3. Verhaltenstherapeutische Techniken   8
4. Das Paradigma der Verhaltensmedizin   10

   Literatur   12

Obgleich die Verhaltenstherapie und die ihr zugrundeliegenden Lerntheorien ihre Wurzeln ganz wesentlich in Erkenntnissen haben, die in der Beobachtung und Beschäftigung mit kindlicher Entwicklung und Entwicklungsstörungen gewonnen wurden, bezieht sich das heute im Rahmen entsprechender Therapieausbildungen vermittelte Anwendungswissen mehrheitlich auf psychische Störungen bei Erwachsenen. Dabei stellen psychische Störungen im Kindes- und Jugendalter nur in wenigen Fällen einfach Frühformen psychopathologischer Phänomene des Erwachsenenalters dar. Psychische Störungen im Kindes- und Jugendalter sind vor dem Hintergrund von Reifungs- und Entwicklungsprozessen in ihrem Wesen und in ihrem Verlauf vielmehr sehr verschieden von denen des Erwachsenenalters und erfordern in vieler Hinsicht auch grundsätzlich andere Herangehensweisen (von Aster 1990).

Anhand des in Abbildung 1 dargestellten Schemas sollen die Grundelemente verhaltenstherapeutischer Behandlung von Kindern und Jugendlichen kurz erläutert werden. Die Tatsache, daß psychopathologische Phänomene im Kindes- und Jugendalter häufig mit familiären und/oder schulischen Erziehungsschwierigkeiten einhergehen und sich wechselseitig bedingen, stellt besondere Anforderungen an den Therapeuten. Er muß seine Aufgabe im Spannungsfeld zwischen der Persönlichkeit des Kindes und den erzieherischen Absichten Erwachsener definieren und die Besonderheiten der Eltern-, Lehrer- oder Erzieher-Kind-Beziehung berücksichtigen. Die *Arbeit mit Eltern und Bezugspersonen* nimmt daher in der Kindertherapie einen zentralen Stellenwert ein. Im Zentrum steht dabei immer die Verbesserung von Verständnis und gegenseitiger Beziehung durch Information bzw. „Übersetzungsarbeit", d. h. Eltern und Lehrer müssen oft lernen, das Verhalten eines Kindes als Ergebnis spezifischer Lernprozesse neu zu verstehen. Dieses Verständnis bildet die Grundlage dafür, daß sie Beratung und Anleitung im Hinblick auf konkrete Verhaltensregeln gegenüber dem Kind annehmen und umsetzen lernen. Schließlich ergeben sich häufig auch Indikationen für eine begleitende Behandlung Erwachsener, z. B. wenn ein übergewichtiges Kind eine ebenfalls eßsüchtige Mutter hat oder wenn die sozialen Ängste eines Kindes im überängstlichen Verhalten eines Elternteils eine Begründung finden.

Ein weiterer charakteristischer Unterschied zwischen Kinder- und Erwachsenentherapie besteht in den besonderen Schwierigkeiten der *Gestaltung einer therapeutischen Beziehung*. Unter Berücksichtigung spielerischer Ausdrucksformen muß sie dem Alter bzw. dem Entwicklungsniveau des Kindes angemessen sein. Therapiemotivation erwächst bei Kindern meist nicht aus einem artikulierbaren Leidensdruck oder gar einer selbstreflexiven Krankheitseinsicht. Sie entwickelt sich vielmehr in einem vertrauensvollen Klima, in dem sich das Kind vom Therapeuten verstanden und akzeptiert fühlt. Hierfür bildet der Kanon klientzentriert-spieltherapeutischer Handlungsweisen, dessen empirische Wirksamkeit gut belegt ist, eine unverzichtbare Grundlage.

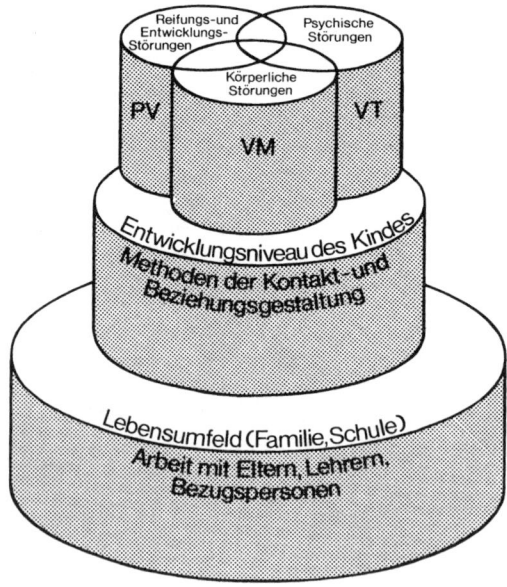

Abb. 1. Grundelemente in der Behandlung von Kindern und Jugendlichen
PV = Pädagogische Verhaltensmodifikation, VT = Verhaltenstherapie, VM = Verhaltensmedizin

Für das im engeren Sinne *symptombezogene Vorgehen* lassen sich drei Anwendungsbereiche unterscheiden. Bereits in den 60er und 70er Jahren etablierten sich im Bereich der Pädagogischen Psychologie unter dem Stichwort *„Pädagogische Verhaltensmodifikation"* (PV) Verfahren, die primär auf eine Behandlung von Lern-, Leistungs- und Verhaltensproblemen im Unterricht zielten. Das grundlegende Prinzip besteht hier im systematischen Einsatz operanter Verstärkungstechniken zum schrittweisen Aufbau eines motivierten Lernverhaltens und zum Ausgleich von Entwicklungsdefiziten.

In der *Verhaltenstherapie* (VT) psychischer Störungen des Kindes- und Jugendalters wie Aggressivität und Delinquenz, Ängste, Phobien, Depression, Tics, Zwänge u. a. m. dominieren dagegen solche Verfahren, die ein Verlernen oder Umlernen anstreben (Beseitigungstechniken). Bei der *Verhaltensmedizin* (VM) geht es schließlich um ein auf krankhafte körperliche Prozesse bezogenes Lernen. Darunter kann sowohl eine direkte Beseitigung körperlicher Symptome (z. B. chronische Schmerzen) als auch der Aufbau eines der körperlichen Krankheit angemessenen Krankheitsverhaltens (z. B. bei Diabetes mellitus) gemeint sein.

In der klinischen Praxis haben wir es allerdings sehr häufig mit *Überschneidungen* dieser drei Bereiche zu tun. Reifungsbiologisch determinierte Lern- und Entwicklungsdefizite erhöhen bekanntlich das Risiko für ein Auftreten psychischer Störungen, und umgekehrt entwickeln z. B. ängstliche oder depressive Kinder wegen ihrer Vermeidungs- und Rückzugshaltungen häufig Lern- und Entwicklungsrückstände. Für körperliche Krankheiten, insbesondere für chronische Krankheiten, gilt ähnliches: Sie können mit kognitiven Defiziten einhergehen (z. B. Anfallsleiden) oder Entwicklungsdefizite nach sich ziehen (Krankenhausaufenthalte), sie können aber natürlich auch Ängste oder Phobien (z. B. Spritzenphobie) sowie auch Erziehungsfehlhaltungen bei Eltern (Überfürsorge) bewirken. Daraus ergibt sich, daß in der Behandlung von Kindern und Jugendlichen verhaltenstherapeutische und -pädagogische Vorgehensweisen zielgerichtet ineinandergreifen müssen. Bei Vorliegen entsprechender klinischer Indikationen (z. B. bei Depressionen, Ängsten, Zwängen, Hyperkinetischen Störungen, Tics) ist darüber hinaus zu prüfen, ob zusätzlich zu verhaltenstherapeutischen Interventionen medikamentöse Behandlungsmaßnahmen erforderlich sind.

Die Vielfalt der verfügbaren verhaltenstherapeutischen Interventionsformen findet ihre Wurzeln in einigen Grundannahmen, welche die Verhaltenstherapie von anderen Psychotherapieformen unterscheidet. Hierzu zählt zunächst die Konzeption, daß Verhalten in einem beträchtlichen Umfang nach den Prinzipien des Lernens analysiert werden kann. Eine weitere Grundannahme bezieht sich auf die Forderung, in erster Linie beobachtbares Verhalten in das Zentrum der Therapie zu rücken. Weiterhin sollten die therapeutischen Interventionstechniken empirisch begründet sein. Das therapeutische Vorgehen der Verhaltenstherapie ist ferner handlungsorientiert und im Gegensatz zu vielen anderen Psychotherapieformen auch eher direktiv, so daß ein aktives Therapeutenverhalten gefordert wird.

In diesem einleitenden Kapitel soll der Versuch unternommen werden, diese Grundprinzipien der Verhaltenstherapie mit einigen Anmerkungen zu den theoretischen Grundlagen, zur Verhaltensanalyse, zu den verhaltenstherapeutischen Techniken sowie zum Paradigma der Verhaltensmedizin zu verdeutlichen. Der Umstand, daß die jeweils störungsspezifischen Aspekte der Verhaltensdiagnose und der therapeutischen Interventionen in den jeweiligen Kapiteln sehr detailliert abgehandelt werden, nötigt zu einer eher zusammenfassenden Perspektive in diesem Einleitungskapitel. Detailliertere Abhandlungen der Grundlagen können im übrigen den zahlreichen Monographien und Übersichtsarbeiten entnommen werden (vgl. Ehlers 1996, Schulte 1996, Kendall 1991, Kanfer 1989, Mash u. Terdal 1988, Matson 1988, Ross u. Petermann 1987).

1. Theoretische Grundlagen

Behandlungsansätze der Verhaltenstherapie basieren auf einer Reihe von lerntheoretischen Konzepten, die schwerpunktmäßig als die Prinzipien des *respondenten*, des *operanten* und des *sozialen Lernens* bezeichnet werden. Zusätzlich sind *kognitive Faktoren* in die Begründung von verhaltenstherapeutischen Techniken einbezogen worden. In jüngster Zeit sind diese Modelle zu *Regelkreismodellen* erweitert worden.

Die Prinzipien des *respondenten* Lernens beziehen sich auf die Tatsache, daß viele Verhaltensweisen reflexartig organisiert sind. So reagiert der Organismus mit seiner physiologischen Ausstattung auf bestimmte auslösende Reize (sogenannte unkonditionierte Stimuli UCS) mit einer Reaktion im Sinne eines unkonditionierten Reflexes (UCR). Derartige Reiz-Reaktions-Verbindungen bilden die Basis für das respondente Lernen, bei dem nicht nur unkonditionierte Reize, sondern auch zufällig anwesende bzw. neutrale Reize die Auslösungsfunktion für ein Verhalten bekommen. In dem klassischen, vielzitierten Experiment des russischen Physiologen Pawlow wurde die mit der Darbietung des Futters (UCS) ausgelöste Speichelreaktion (UCR) beim Hund schließlich auch durch einen neutralen Ton ausgelöst, nachdem dieser mehrmals mit der Futterdarbietung gekoppelt worden war. Der Ton war schließlich in der Lage, die Speichelreaktion auszulösen. Aus dem vormals neutralen Reiz des Tones war ein konditionierter Reiz (CS) geworden, der nun die konditionierte Reaktion (CR) des Speichelflusses auslöste.

Eine derartige klassisch konditionierte Reaktion benötigt eine wiederholte Koppelung von konditioniertem und unkonditioniertem Reiz. Sie entwickelt sich allmählich, steigert sich und flacht ohne die Verstärkung durch die Paarung allmählich wieder ab. Dieser Prozeß wird als *Extinktion* oder Löschung bezeichnet. Gelöschte konditionierte Reaktionen können durch erneute Darbietungen von unkonditionierten und unkonditionierten Reizen relativ schnell wieder aufgebaut werden.

Beim Modell des *operanten Lernens* wird davon ausgegangen, daß Verhalten nicht immer nur von Reizen ausgelöst wird, sondern initiiert wird, um auf die Umwelt einzuwirken. Diese Formen des operanten Verhaltens sind hinsichtlich ihrer Auftretenshäufigkeit von den Konsequenzen abhängig, mit denen die Umwelt auf das Verhalten reagiert. Diese Konsequenzen bzw. Reize können positiv oder negativ sein. Sie wirken auf das Verhalten verstärkend oder reduzierend. Wird das Verhalten von einem verstärkenden Reiz (Belohnung) bestimmt, so liegt eine *positive (direkte) Verstärkung* vor. Diesem Prinzip folgen wir etwa, indem wir Handlungen wiederholen, für die wir Anerkennung finden. Bei der *negativen (indirekten) Verstärkung* führt das Verhalten zum Verschwinden eines unangenehmen Reizes. Diesem Prinzip folgt z. B. das Verhalten des Kindes, wenn es das Schimpfen seiner Mutter durch Befolgen eines geforderten Verhaltens beendet. Ebenso wie die Verstärkung kann auch die Bestrafung positiv wie negativ sein. Von *direkter Bestrafung* wird gesprochen, wenn unangenehme Reize, wie z. B. Schmerzen, zugefügt wer-

Tabelle 1. Schema des operanten Lernens

	Positive Verstärker	Negative Verstärker
Darbieten	= belohnen → Verhaltensaufbau (= positive Verstärkung)	= bestrafen → Verhaltenslöschung (= direkte Bestrafung)
Entfernen	= bestrafen → Verhaltenslöschung (= indirekte Bestrafung)	= belohnen → Verhaltensaufbau (= negative Verstärkung)

den, von *indirekter Bestrafung*, wenn angenehme Reize, wie z. B. Privilegien, entzogen werden. Während Verstärkung dem Verhaltensaufbau dient, so führt Bestrafung zur Verhaltenslöschung. Die Zusammenhänge sind in Tabelle 1 dargestellt. Zusätzlich wird im Rahmen des operanten Lernens die Möglichkeit berücksichtigt, daß ein Verhalten ohne Konsequenzen bleibt und damit *gelöscht* wird.

Das Modell des operanten Lernens darf natürlich nicht dahingehend verstanden werden, daß damit Verhalten umfassend erklärt wird. Selbstverständlich sind weitere kognitive und motivationale Aspekte bedeutsam. Essentiell innerhalb dieses lerntheoretischen Paradigmas ist allerdings die *Kontingenz* der Verstärkung: Sie muß spezifisch nur auf ein jeweiliges Verhalten und in unmittelbarer Kontinuität als Reaktion auf dieses Verhalten folgerichtig eingesetzt werden. Das Verhalten wird dabei durch *kontinuierliche* oder *intermittierende Verstärkung* stabilisiert. Die Spezifität von bestimmten Reizen zur Kontrolle und Verstärkung bestimmter operanter Reaktionen wird als *Diskriminationslernen* bezeichnet. Die Vielfalt der denkbaren Verstärker läßt sich nach *sozialen Verstärkern* (Lob, Zuwendung), *materiellen Verstärkern* (Geld, Süßigkeiten) und *Handlungsverstärkern* (Spiel, Fernsehen) gliedern. Eine Vielzahl verhaltenstherapeutischer Interventionen wie z. B. Verstärkungspläne oder Verhaltensformung beruhen auf den Prinzipien des operanten Lernens.

In der sozialen Lerntheorie wird der aktiv planende Anteil des Handelns vergleichsweise stärker als in den zuvor beschriebenen Modellen betont. Gemäß dieser Konzeption kann auch durch *Beobachtung eines Modells* stellvertretend gelernt werden. Darüber hinaus kann Verhalten auf der Basis von *Kognitionen* und *Motivationen* in einem Prozeß der *Selbstkontrolle* organisiert sein. Über das Beobachtungslernen wird nicht nur neues Verhalten erlernt, sondern auch bereits etabliertes Verhalten verstärkt oder gehemmt, je nachdem welche Konsequenzen das beobachtete Modell für dieses Verhalten erfährt. Schließlich kann ein bereits erlerntes Verhalten durch die Beobachtung noch weiter differenziert bzw. erweitert werden. *Voraussetzungen* für diese Art des Lernens sind *Aufmerksamkeit* im Rahmen der Beobachtung, *Gedächtnis* für die Einspeicherung der Verhaltensabläufe, *Einüben* des neuen Verhaltens im Sinne von Fertigkeiten und *Motivation* z. B. durch direkte äußere oder Selbstverstärkung.

Sowohl der sozialen Lerntheorie wie auch der Kognitionspsychologie verpflichtet sind schließlich die Konzepte der *Selbstkontrolle*, welche das eigenverantwortliche Handeln besonders betonen. *Selbstkontrolle* wird als Prozeß verstanden, der sich aus Selbstbeobachtung, Selbstbewertung und Selbstverstärkung zusammensetzt. In der *Selbstbeobachtung* wird ein Verhalten nach verschiedenen Aspekten wie Qualität oder Quantität registriert, in der *Selbstbewertung* nach Gesichtspunkten der Angemessenheit, Effizienz oder Verursachung beurteilt und in der *Selbstverstärkung* schließlich durch Belohnung, Bestrafung oder Ignorieren durch das handelnde Individuum selbst mit Konsequenzen belegt. Sowohl Modellernen wie Selbstkontrolltechniken haben in die jüngere Entwicklung der Verhaltenstherapie Eingang gefunden.

Die moderne Entwicklung *theoretischer Modelle* für die Verhaltenstherapie hat die statischen linearen Modelle der klassischen respondenten und operanten Konditionierung durch die Einführung von Regelkreismodellen bedeutsam erweitert (Kanfer 1989). Während des respondente Modell durchaus z. B. einige physiologisch vermittelte Reaktionen des Organismus zu erklären vermag und der breite Einsatz von Merkmalen des Kontingenzmanagements, z. B. bei Kindern, die hohe Wertigkeit des operanten Modells unterstreicht, ist auch noch die soziale Lerntheorie mit der Berücksichtigung von Kognitionen und Dispotionen einem linearen Selbstregulationsmodell verpflichtet. Kanfer (1989) hat dies für das von ihm entwickelte S-O-R-K-C-Modell der Verhaltensanalyse verdeutlicht, bei dem die Reizbedingungen S (körperlich, sozial, intern) und die Organismusbedingungen O (biologische Zustände) als antezedente Bedingungen der Reaktion R (motorisch, physiologisch) vorausgehen, welcher in Abhängigkeit von dem Kontingenzverhältnis K (Verstärkungspläne) die Konsequenzen C folgen, wie in Abbildung 2 deutlich wird.

Die Weiterentwicklung dieses linearen Modells führt nach Kanfer (1989) zunächst zu einem offenen Schleifenmodell, das in Abbildung 3 dargestellt ist. Die hier berücksichtigten verschiedenen Feedback-Schleifen betreffen

a) hinsichtlich der Reaktionen einen Prozeß der Wahrnehmung, des Vergleichens und Bewertens,
b) hinsichtlich der Konsequenzen eine Registrierung und einen Vergleich mit dem erwarteten Ergebnis und
c) hinsichtlich entsprechender Vorerfahrungen eine selektive Aufmerksamkeit und Beeinflussung der Informationssuche und Reizkategorisierung im Sinne von Erwartungsbildungen.

Die Erweiterung dieses nicht-linearen Schleifen-Modells berücksichtigt zusätzlich zu diesen psychologischen Ebenen auch noch die Interaktion mit biologischen und Umweltfaktoren.

Dieses umfassende Regelkreismodell ist zwar weiterhin erkennbar der Lerntheorie verbunden, nimmt aber zugleich partiell Entwicklungen auf, welche eine Erweiterung des Lernmodells zur allgemeinen psychologischen Prozeßmodellen impliziert, in denen die Bedeutung individueller und persönlicher Variabeln, sozialer Interaktionen und biologischer Faktoren als Moderatoren berücksichtigt werden. Dabei hat in der jüngsten Vergangenheit das zunehmende Interesse an kognitiven Faktoren (Denken, Gedächtnis, Wahrnehmung) wie auch an affektiven Faktoren die Entwicklung der Verhaltenstherapie besonders beeinflußt, wie aus verschiedenen Beiträgen dieses Handbuches deutlich wird.

2. Verhaltensanalyse

In der Verhaltenstherapie und Verhaltensmedizin bildet die Registrierung beobachtbaren und meßbaren Verhaltens den Ausgangspunkt der Verhaltensanalyse, welche sowohl die Bedingungen des Entstehens eines Verhaltens wie auch seine therapeutische Veränderbarkeit zu erfassen versucht. Dabei stützt sich die Verhaltensdiagnose auf die im vorausgegangenen Abschnitt skiz-

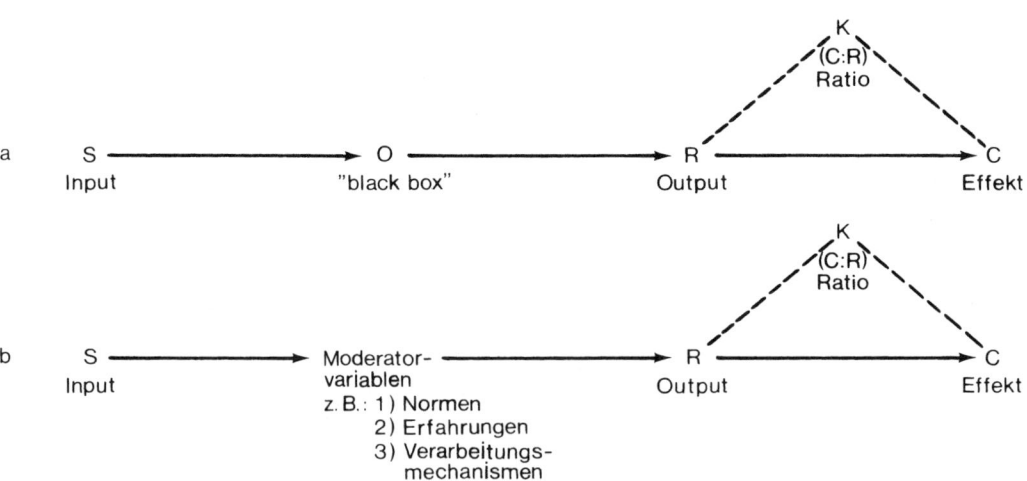

Abb. 2a, b. Gebräuchliche behaviorale Modelle I (1965–1986): a klassisch: R = f (S, C), linear, keine Feedbackkomponenten, statisch; b lineare Selbstregulation: frühe kognitiv-behaviorale Form, vermittelnd, keine Feedbackkomponenten, Berücksichtigung von Moderatorvariablen, statisch (Kanfer 1989)

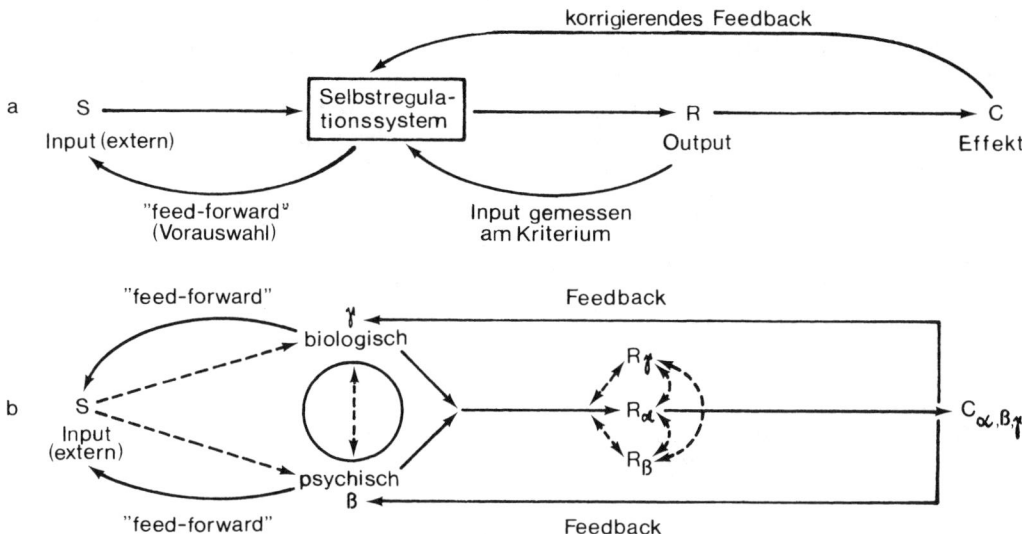

Abb. 3 a, b. Gebräuchliche behaviorale Modelle II (1965–1986): a nichtlinear, Feedback und „feedforward" (Vorauswahl): Systemmodell, 1 Ebene, rekursiv, iterativ, selbstkorrigierend, dynamisch; b umfassendes Regelkreismodell: integrierende Ebenen: Umwelt (a), intrapersonal (b), biologisch (g); rekursiv innerhalb und zwischen den Ebenen, dynamisch (Kanfer 1989)

zierten theoretischen Grundlagen, wie z. B. das S-O-R-K-C-Modell mit seinen Erweiterungen und Modifikationen. Die Analyse von Problemen als Bestandteil der Verhaltensdiagnose ist von einer Reihe von Prinzipien geleitet, nämlich

a) der vorrangigen Orientierung am beobachtbaren Verhalten,
b) der Überprüfung der Beobachtung durch Wiederholungen,
c) der Verwendung der Beobachtungen für die geplante Therapiemethode,
d) der systematischen Planung der Verhaltensmodifikation einschließlich der Stabilisierung der Effekte und der Übertragung der Veränderungen über den unmittelbaren Therapiekontext hinaus und
e) der Überprüfung der Therapieergebnisse durch die Erhebung empirischer Daten.

Methodisch basiert die Verhaltensanalyse zunächst auf dem *Interview*, das sich bei jüngeren Kindern stärker auf die Bezugspersonen (Eltern oder Lehrer) abstützt. Die Erweiterung verhaltensanalytischer Modelle macht die Ergänzung einer nur problembezogenen Exploration durch eine umfassendere entwicklungs- und kontextbezogene, die Gesamtpersönlichkeit des Kindes oder Jugendlichen umfassende Untersuchung erforderlich. Diese Erweiterung entspricht dem mehrdimensionalen diagnostischen Vorgehen in der Kinder- und Jugendpsychiatrie (vgl. Steinhausen 1996) bzw. in der klinischen Psychologie dieses Lebensabschnittes. Da die jeweils störungsspezifischen Aspekte, die in der Exploration erfaßt werden müssen, in einzelnen Kapiteln dieses Handbuches diskutiert werden, können die Ausführungen an dieser Stelle knapp gehalten bleiben.

In der Regel zeitaufwendiger, jedoch in hohem Maße für die Verhaltensdiagnostik spezifisch ist die *Verhaltensbeobachtung*. Sie zielt auf eine qualitative Erfassung eines jeweiligen Problemverhaltens bzw. Symptoms einschließlich beteiligter Kontextfaktoren im Sinne z. B. kontrollierender Reize und Bedingungen. Die Verhaltensbeobachtung erfolgt unter alltäglichen Bedingungen im realen sozialen Umfeld wie auch unter den kontrollierten Bedingungen z. B. einer klinischen Einrichtung. In vielen Fällen führt der Therapeut die Beobachtung nicht selber durch, sondern weist Mitarbeiter oder Bezugspersonen, wie die Eltern oder auch den Hilfesuchenden selbst, in die Registrierung von Verhalten ein. Hierzu sind eine klare Definition des Problemverhaltens und eine Einweisung in die Regel der Erfassung erforderlich. Die im Rahmen der *Grundkurvenerhebung* vorgenommenen Beobachtungen werden in der Interventionsphase so fortgeführt und dienen damit der Evaluation der therapeutischen Maßnahmen. Verhaltensbeobachtungen sind nicht nur zeit- und kostenaufwendig, sondern setzen auch eine hinlängliche Auftretensfrequenz eines Problemverhaltens voraus.

In Ergänzung zu Interview und Verhaltensbeobachtung sind schließlich strukturierte *Fragebögen* von großer Bedeutung für die Verhaltensdiagnostik. Sie sind in der Regel auf die Erhebung bestimmter Verhaltensdimensionen ausgerichtet (z. B. Eßverhalten, depressive Selbstreferenzen) und gestatten die Erhebung von Informationen, die möglicherweise in der Beobachtung weniger gut zugänglich sind, indem sie z. B. Einblicke zu therapierelevanten Kognitionen und Emotionen eröffnen. In ähnlicher Weise können auch die Beobachtungen von Eltern oder Mitarbeitern über strukturierte *Beurteilungsskalen* erfaßt werden. Auch für diese Methoden empirischer Verhaltensdiagnostik finden sich in den einzelnen Kapiteln dieses Handbuches über *Tics, Angststörungen, Depression, Zwangsstörungen* sowie *Aggression* und *Delinquenz* vielfältige Beispiele.

3. Verhaltenstherapeutische Techniken

Da die spezifischen verhaltenstherapeutischen Techniken Gegenstand der einzelnen Kapitel dieses Handbuches sind und dort detailliert abgehandelt werden, soll an dieser Stelle lediglich eine globale Orientierung gegeben und zugleich die Herkunft der verschiedenen Methoden aus den jeweiligen theoretischen Grundlagen verdeutlicht werden. Ferner werden in diesem Abschnitt und in dem über Verhaltensmedizin Hinweise auf die Anwendung dieser Techniken bei einzelnen in diesem Handbuch abgehandelten Störungen gegeben.

Theoretisch auf dem Modell der *respondenten Konditionierung* basierend, gehört die aystematische Desensibilisierung zu einer der ältesten Verhaltensweisen der therapeutischen Standardmethoden. Ihr Indikationsgebiet sind in erster Linie die *Phobien* und verwandte Angstzustände, die in *Kapitel 9* dargestellt sind. Die systematische Desensibilisierung basiert auf der graduellen Darbietung von Angstreizen entweder in der Vorstellung oder in vivo bei einer gleichzeitig mit Angst inkompatiblen *Entspannung*. Letztere wird in der Standardmethode über die tiefe Muskelentspannung herbeigeführt; Modifikationen können sich auf die Bereitstellung eines entspannten, angsthemmenden Kontextes (z. B. Spiel, Nahrungsaufnahme) erstrecken. Neben der graduierten Exposition der Angstreize ist die Konditionierung einer angstinkompatiblen Entspannung das wesentliche Wirkprinzip der systematischen Desensibilisierung.

Ebenfalls auf dem Paradigma des respondenten Lernens beruhende Techniken, die gleichermaßen bei der Behandlung von *Phobien (Kapitel 9)* und Zwangsstörungen *(Kapitel 11)* eingesetzt werden, sind die *Reizüberflutung* und die *Expositionsbehandlung*. Hier wird ebenfalls in der Vorstellung oder in vivo der gefürchtete Reiz bis zur Löschung im Sinne einer Erschöpfungsreaktion dargeboten. Die Verfahren werden wegen ihrer ethischen Problematik bei Kindern eher selten eingesetzt.

Der insgesamt größte Anteil verhaltenstherapeutischer Methoden, die bei Kindern und Jugendlichen eingesetzt werden, baut auf dem Prinzip des *operanten Konditionierens* auf. Diese verschiedenen Formen des *Kontingenzmanagements* können sowohl zum Aufbau zur Verstärkung eines Verhaltens als auch zur Reduktion oder Elimination von Verhalten eingesetzt werden.

Sie finden außerhalb von klinischen Situationen – z. B. in der Behandlung von *Sprachstörungen (Kapitel 4), Tics (Kapitel 7), Angststörungen (Kapitel 8), schizophrenen Psychosen (Kapitel 13)* und der *Enkopresis (Kapitel 17)* – häufig in *Elterntrainingsprogrammen (Kapitel 23)* oder bei der Verhaltensmodifikation innerhalb des Klassenraumes Anwendung. Durch den Einsatz von *positiver* wie *negativer Verstärkung* läßt sich Verhalten, wie bereits ausgeführt wurde, aufbauen. Weitere spezifische Techniken, die dem gleichen Ziel dienen, basieren auf dem Prinzip des Diskriminationslernens: die Verhaltensformung, das Ausblenden von Hilfestellungen und die Verhaltensverkettung. Bei der *Verhaltensformung* werden allmähliche Annäherungen an ein Verhaltensziel systematisch verstärkt. Das *Ausblenden von Hilfestellungen* durch den Therapeuten ist auf ähnliche Weise auf die allmähliche Etablierung von Verhalten orientiert. Bei der *Verhaltensverkettung* werden Teilelemente eines komplexen Verhaltens zunächst einzeln vermittelt, wobei in der Regel die zuvor beschriebenen Elemente des Ausblendens und der Verhaltensformung beteiligt sind, bis das komplexe Verhalten vollständig etabliert werden kann. Diese auf dem Diskriminationslernen basierenden Techniken haben z. B. bei der Vermittlung von Selbstversorgungs- oder Sprachfertigkeiten bei *geistig Behinderten* oder *Autisten* einen wichtigen Stellenwert, die in den *Kapiteln 2* und *3* beschrieben werden.

Auch bei dem Bemühen, störendes oder fehlangepaßtes Verhalten abzubauen, können Verstärkungsprogramme mit Erfolg eingesetzt werden. So kann das Paradigma der *Löschung* durch Aufmerksamkeitsentzug bei verschiedenen Verhaltensexzessen das störende Verhalten eliminieren. Dabei muß aber bedacht werden, daß die Einführung einer Löschung zunächst für eine kurze Phase zu einer starken Zunahme des störenden Verhaltens führt, um dann abzuklingen. Die erneute Einführung eines Verstärkers – z. B. Aufmerksamkeitszuwendung – würde im Sinne einer intermittierenden Verstärkung das unerwünschte Verhalten deutlich festigen. Andere Methoden des Abbaus von Verhaltensexzessen sind die differentielle Verstärkung von anderem bzw. inkompatiblem oder selten auftretendem Verhalten.

Schließlich können im Rahmen von Kontingenzmanagements zur Beeinflussung von störendem Verhalten auch Techniken der *Bestrafung* eingesetzt werden. Dabei wird Bestrafung – wie bereits ausgeführt – als die Einführung eines aversiven Reizes oder die Entfernung eines positiven Reizes nach einem operanten Verfahren verstanden. Beispiele sind Schimpfen oder körperliche Schläge im Rahmen der Erziehung. Bestrafung kann zwar kurzfristig sehr effektiv sein, führt aber in der Regel nur zu einer kurzfristigen Verhaltensunterdrückung statt zu stabilen Verhaltensänderungen. Sie löst zudem beim Kind möglicherweise generalisierte, auf die bestrafende Person bezogene Ängste aus, führt zu Vermeidungsverhalten wie Rückzug, verstärkt über Aufmerksamkeitszuwendung das Problemverhalten und beinhaltet die Möglichkeit, über Modellernen das aggressive Strafverhalten der strafenden Person in das eigene Verhaltensrepertoire zu übernehmen. Beispiele für aversive Methoden liefern die *Kapitel 2* und *3* über *Autismus* und *geistige Behinderung*.

Häufiger eingesetzte Bestrafungsmethoden sind *sozialer Ausschluß* (time out), *Verhaltenskosten* (response cost) und *Überkorrektur*. Beim sozialen Ausschluß wird das Kind als Konsequenz für z. B. schädigendes oder störendes Verhalten für kurze Zeit in einen reizarmen (nicht angstauslösenden) Raum verbracht. Der Mangel, weitere soziale Verstärkung zu erlangen, führt zu einer deutlichen Reduktion des Fehlverhaltens. *Verhaltenskosten*, die z. B. als Privilegienentzug oder kleine Geldzahlung definiert werden, setzen einem zwischen dem Kind und der Bezugsperson formulierten und unterzeichneten Vertrag voraus. Bei der *Überkorrektur* muß das Kind z. B. einen angerichteten Schaden wiedergutmachen und darüber hinaus eine zusätzliche Leistung erbringen. Bei der *positiven Praxis*, einer spezifischen Form der Überkorrektur, muß das Kind ein bestimmtes Verhalten – wie z. B. das Aufsuchen der Toilette bei einem bettnässenden Kind – wiederholt in allen Details üben. Ein entsprechendes Vorgehen wird in *Kapitel 16* über die *Enuresis* beschrieben.

Auf dem Paradigma des *sozialen* Lernens bauen Therapienstrategien auf, welche mit *Modellen* arbeiten. So kann die reale Vorführung eines erwünschten Verhaltens durch ein angstfreies Kind in der Therapie als Modell dienen, wie in den Kapiteln über die Behandlung von *Hyperkinetischen Störungen, Angststörungen, Phobien* und *Depression* sowie *Aggression* und *Delinquenz* verdeutlicht wird. Eine ähnliche Funktion kann auch der Therapeut oder die symbolische Modellvorführung in Form eines Filmes einnehmen.

Auch die Vermittlung von *Selbstsicherheit* und *sozialen Fertigkeiten* für den sozialen Austausch mit Gleichaltrigen – z. B. bei ängstlich-gehemmten oder behinderten Kindern sowie bei aggressiven, delinquenten oder schizophrenen Jugendlichen – ist in ihren Grundprinzipien durch die soziale Lerntheorie begründet. Schließlich sind die verschiedenen *kognitiven Ansätze* der *Problemlösetrainings* sowie des *Selbstkontrolltrainings* gleichermaßen in der sozialen Lerntheorie wie auch in kognitiven Ansätzen verwurzelt. Entsprechende Darstellungen enthalten die Kapitel über *Hyperkinetische Störungen, Tics, Angststörungen, Depression, Zwangsstörungen, Aggression und Delinquenz, dissoziative Störungen, Enkopresis* sowie *schizophrene Psychosen*.

Schließlich wird ein beträchtlicher Teil verhaltenstherapeutischer Interventionen über die Eltern bzw. Bezugspersonen als Mediatoren bzw. in *Elterntrainings (Kapitel 23)* oder einer *verhaltensorientierten Familientherapie (Kapitel 24)* umgesetzt. Neben diesen speziellen Kapiteln, welche einen systematischen Überblick vermitteln, werden entsprechende Vorgehensweisen ebenfalls in den Kapiteln über *Autismus, geistige Behinderung, Aggression und Delinquenz, Enkopresis* sowie *schizophrene Psychosen* vorgestellt.

4. Das Paradigma der Verhaltensmedizin

Die Konstituierung der noch relativ jungen Disziplin der Verhaltensmedizin stützt sich auf zwei bedeutsame Entwicklungslinien, die jeweils die Praxis und die Theorie betreffen. Verhaltensmedizin ist einerseits die klinische Anwendung von Methoden der Verhaltensmodifikation und -therapie im Rahmen der Diagnostik, Prävention und Behandlung körperlicher Krankheiten oder physiologischer Funktionsstörungen. Andererseits versteht sich die Verhaltensmedizin als ein multidisziplinärer Forschungsansatz, der verhaltenstheoretische und biomedizinische Methoden in der Erforschung von Krankheiten sowie von Gesundheitsverhalten verbindet (Steinhausen 1991).

Der Begriff der Verhaltensmedizin erscheint zwar sprachlich als keine sehr gelungene Übersetzung des anglo-amerikanischen Begriffs der „behavioural medicine" – angemessener wäre der Begriff der „verhaltensorientierten Medizin" –, ist aber in der Zwischenzeit fest in der Fachsprache verankert. Spezifisch auf die Praxis im Kindesalter orientiert ist die Verhaltenspädiatrie (behavioural pediatrics), die sich in den USA bereits als eine Disziplin mit eigener Identität etabliert hat. Dies spiegelt sich in spezifischen Weiter-bildungsprogrammen, einer Fachgesellschaft, wissenschaftlichen Zeitschriften (Journal of Development and Behavioural Pediatrics, Journal of Pediatric Psychology) sowie einer schon seit geraumer Zeit vorliegenden Reihe von Übersichtsarbeiten und Monographien wider (vgl. Scheidt u. Bacchi, 1992, Haggarty 1988, Lutzker u. Lamazor 1985, Parker u. Cinciripini 1984, Levine 1983, Rousso u. Varni 1982). Die ersten deutschsprachigen Handbücher der Verhaltensmedizin (Miltner u. a. 1986, Hand u. Wittchen 1989) haben den spezifischen Problemen im Kindesalter bisher erst relativ wenig Beachtung geschenkt; insofern schien die Erstellung des vorliegenden Werkes besonders geboten.

Die Schwerpunkte der Verhaltensmedizin liegen bei einer interdisziplinären Verknüpfung der Verhaltenswissenschaften mit den biomedizinischen Disziplinen in vier Bereichen:

1. die direkte Behandlung von Krankheiten und Gesundheitsproblemen;
2. die Sicherstellung von Behandlungsmaßnahmen durch die Unterstützung eines angemessenen Krankheitsverhaltens;
3. die Verbesserung von Dienstleistungen durch Mitarbeiterschulung im Rahmen der Gesundheitsversorgung;
4. die Veränderung von Verhalten, das einen Risikofaktor für die Entwicklung von Krankheiten darstellt.

Mit diesem breiten Ansatz richtet sich die Verhaltensmedizin nicht nur auf die Diagnostik und Behandlung von Krankheiten, sondern auf verschiedene Bereiche des Gesundheitssystems mit besonderer Betonung der Prävention und Rehabilitation sowohl innerhalb medizinischer Dienste wie auch ganz besonders im Alltag von Patienten und im Leben von Gesunden. Die im Rahmen verhaltensmedizinischer Interventionen zum Einsatz kommenden Verfahren sind sämtlich die bereits dargestellten verhaltenstherapeutischen Standardtechniken. So läßt sich beispielsweise gesundheitsförderndes Verhalten nach dem operanten Modell positiv wie auch negativ verstärken oder im Sinne von Verhaltensformung aufbauen und durch Modellernen sowie Sozialtraining in seiner Wirksamkeit steigern. Ähnlich lassen sich krankheitsfördernde Verhaltensweisen durch Löschung oder Verhaltenskosten beeinflussen.

Das vorliegende Handbuch enthält vielfältige Hinweise und Beschreibungen verhaltensmedizinischer Maßnahmen, welche den beschriebenen vier Schwerpunkten zugeordnet werden können. Sie sind besonders dem ersten Schwerpunkt, der Behandlung von Krankheiten bzw. der Modifikation von körperlichen Funktionen, gewidmet. So wird z. B. in *Kapitel 14* über die *Anorexia nervosa* und *Bulimia nervosa* gezeigt, wie mit operanten Methoden eine Gewichtssteigerung erreicht und mit kognitiven Methoden die krankheitsspezifischen Einstellungen und Gedanken, die Selbstwertdefizite sowie die Störungen der Selbstwahrnehmung korrigiert werden können. Auch bei der in *Kapitel 15* dargestellten Behandlung der *Adipositas* haben sowohl operante Methoden wie Selbstkontrolltechniken einen besonderen Stellenwert. Hier wird zugleich aufgezeigt, wie verhaltenstherapeutische Konzepte in mehrdimensionale Behandlungspläne integriert werden müssen und wie präventive Ansätze von verhaltensorientierten Konzepten profitieren können.

In ähnlicher Weise sind verhaltenstherapeutische Ansätze bei der in *Kapitel 16* beschriebenen *Enuresis* schon seit den Anfängen der Verhaltenstherapie im Einsatz. So werden einfache Techniken der Verstärkung, Weckpläne, Blasentrainings und komplexere Verfahren wie die apparative Therapie oder das Intensiv-Nacht-Training bei einnässenden Kindern angewendet. Die ebenfalls sehr komplexen verhaltenstherapeutischen Interventionen in der Behandlung des in *Kapitel 19* beschriebenen *Asthma bronchiale* schließen Techniken wie Entspannungstraining, Biofeedback und vereinzelt auch die systematische Desensibilisierung ein, um die Lungenfunktionen zu stabilisieren. Zugleich wird aber auch gezeigt, wie eine mehrdimensionale verhaltensmedizinische Therapie neben der physiologischen Ebene unter anderem die Ebenen von Emotionen, Kognitionen, Verhalten und des weiteren Kontextes einbeziehen und jeweils in sehr spezifischer Weise therapeutisch angehen muß.

Auch die in *Kapitel 21* beschriebenen *Schlafstörungen* lassen sich bei jüngeren Kindern mit den Prinzipien von Löschung, positiver Verstärkung, Verhaltensformung sowie bei älteren Kindern mit Entspannungstechniken, Biofeedback sowie Reizkontrolle erfolgreich angehen. Schließlich haben sich bei der Behandlung der in *Kapitel 18* abgehandelten *dissoziativen Störungen* sowie der in *Kapitel 22* beschriebenen *chronischen Schmerzen* wiederum verschiedene Entspannungstechniken, Biofeedbackmethoden sowie kognitive Ansätze bewährt.

Neben diesen gewichtigsten Schwerpunkten verhaltenstherapeutischer Maßnahmen bei der Behandlung von Krankheiten liegen auch zum zweiten Schwerpunkt, der Sicherstellung von Behandlungsmaßnahmen durch die Unterstützung eines angemessenen Krankheitsverhaltens, bedeutsame Beiträge vor. So wird beispielsweise in *Kapitel 19* über das *Asthma bronchiale* ein komplexes Schulungsprogramm für asthmakranke Kinder und Jugendliche beschrieben, das Wissensinhalte und praktische Übungsinhalte vermittelt, um die Krankheit zu kontrollieren, neuen Anfällen vorzubeugen, die Sekundärfolgen für das Leben der Patienten und ihrer Familien zu mindern und die Autonomie in der Krankheitsbewältigung zu fördern. Analog liegen die Akzente auch bei den in *Kapitel 20* dargestellten verhaltenstherapeutischen Maßnahmen beim *Diabetes mellitus* bei der Krankheitsbewältigung und der Compliance, wobei Schulungs- und Betreuungsprogramme in der Vermittlung von Bewältigungsstrategien und Fertigkeiten von großer Bedeutung sind.

Der dritte Schwerpunkt der Verhaltensmedizin, der sich mit der Verbesserung von Dienstleistungen im Rahmen der Gesundheitsversorgung beschäftigt, zielt u. a. auf eine systematische Schulung von Mitarbeitern, die in diesem Bereich tätig sind. Für den Bereich der Betreuung und Behandlung von Kindern haben die Vorbereitungen auf diagnostische und therapeutische Eingriffe in den Körper des Kindes große Bedeutung gefunden, weil sie dazu beitragen können, die Gefahr von Hospitalisierungsschäden bei besonders vulnerablen Kinder zu mindern (vgl. Steinhausen 1989). In *Kapitel 9* über die Behandlung der *Phobien* wird Ansätzen der Therapie und Prävention vor Ängsten vor medizinischen Maßnahmen besondere Aufmerksamkeit gewidmet. Schließlich kann festgestellt werden, daß der vierte Schwerpunkt der Verhaltensmedizin, der auf die Veränderung von Verhalten zielt, das einen Risikofaktor für die Entwicklung von Krankheiten darstellt, in der Verhaltensmedizin des Kindes- und Jugendalters bisher noch relativ wenig präsent ist. Beispiele sind etwa Programme zur Prävention von Rauchen und Drogengenuß bei Jugendlichen oder verhaltensorientierte Schulungen über angemessene Ernährung, die z. B. in komplexere Behandlungsprogramme der in *Kapitel 15* dargestellten *Adipositas* Eingang gefunden haben.

Literatur

Ehlers, A. Psychologische Grundlagen der Verhaltenstherapie. In: J. Margraf (Hrsg.) Lehrbuch der Verhaltenstherapie. Band 1. Berlin, Springer-Verlag, 1996, 49–65

Haggerty, R. J. Behavioral pediatrics – A time for research. Pediatrics 81, 179–185, 1988

Hand, I., Wittchen, H.-U. (Hrsg.) Verhaltenstherapie in der Medizin. Berlin, Springer, 1989

Kanfer, F. H. Basiskonzepte in der Verhaltenstherapie: Veränderungen während der letzten 30 Jahre. In: I. Hand und H.-U. Wittchen (Hrsg.) Verhaltenstherapie in der Medizin. Berlin, Springer-Verlag, 1989

Kendall, P. C. Child and adolescent therapy. Cognitive-behavioral procedures. New York, Guilford Press, 1991

Levine, M. D. (Ed.) Developmental behavioral pediatrics. Philadelphia, Saunders, 1983

Lutzker, J. R., Lamazor, E. A. Behavioral pediatrics – Research, treatment, recommendations. In: M. Hersen et al. (Eds.) Progress in behavior modification. Orlando, Academic Press, 1985, 217–254

Mash, E. J., Terdal, L. G. Behavioral assessment of childhood disorders. 2nd edition. New York, Guilford Press, 1988

Matson, J. L. Handbook of treatment approaches in childhood psychopathology. New York, Plenum Press, 1988

Miltner, W., Birbaumer, N., Gerber, W. D. Verhaltensmedizin. Berlin, Springer, 1986

Parker, L. H., Cinciripini, P. M. Behavioral medicine with children – Applications in chronic disease. In: M. Hersen et al. (Eds.) Progress in behavior modification, Vol. 17. Academic Press, 1984, 135–166

Ross, A. O., Petermann, F. Verhaltenstherapie mit Kindern und Jugendlichen. Methoden und Anwendungsgebiete. Stuttgart, Hippokrates, 1987

Russo, D. C., Varmi, J. W. Behavioral Pediatrics. New York, Plenum Press, 1982

Scheidt, P. C., Bacchi, D. Research in Behavioral Pediatrics. Pediatrics 90, 1992, Supplement

Schulte, D. Therapieplanung. Göttingen, Hogrefe, 1996

Steinhausen, H.-C. Kinderpsychiatrisch-psychologische Aspekte der Narkose und Operation im Kindesalter. In: F.-J. Kretz, K. Eyrich (Hrsg.) Kinderanästhesie-Symposium. Berlin, Springer, 1989

Steinhausen, H.-C. Psychische Störungen bei Kindern und Jugendlichen. Lehrbuch der Kinder- und Jugendpsychiatrie. München, Urban & Schwarzenberg, 3. Auflage, 1996

Steinhausen, H.-C. Verhaltensmedizin im Kindes- und Jugendalter. In: D. H. Hellhammer, U. Ehler (Hrsg.) Verhaltensmedizin: Ergebnisse und Anwendung. Bern, Huber, 1991

von Aster, M. Behavior therapy in practice: Evaluation of 633 case reports. The German Journal of Psychology 14, 1–12, 1990

Kapitel 2

Frühkindlicher Autismus

Christian Klicpera, Barbara Gasteiger-Klicpera und *Paul Innerhofer*

1.	Definition und Klassifikation 16	3.3.1.1.	Vermeidung von auslösenden Umgebungsbedingungen, Aufbau angemessener Verhaltensweisen und Hilfen zur Strukturierung der Erfahrung als Alternative zu Stereotypien 38
2.	Symptomatik und Verhaltensdiagnose 17		
2.1.	Psychologische Theorien über die autistische Störung 17		
3.	Therapie in der Praxis 19	3.3.1.2.	Reduzierung von Stereotypien durch aversive Konsequenzen und alternative Verfahren 39
3.1.	Aufbau kommunikativer Kompetenzen 20		
3.1.1.	Klassische verhaltenstherapeutische Sprachaufbauprogramme 21	3.3.2.	Therapeutische Ansätze bei anderen Verhaltensauffälligkeiten 41
3.1.2.	Einbeziehung von Ansätzen aus der Psycholinguistik und der kognitiven Psychologie 23	3.4.	Einbeziehung der Eltern 41
		3.5.	Maßnahmen zur Förderung der Integration 43
3.1.2.1.	Aufbau von Sprachmustern 23	3.5.1.	Vorschulische und schulische Betreuung 43
3.1.2.2.	Aufbau komplexer Interaktions- und Kommunikationsstrukturen 28	3.5.2.	Arbeitseingliederung, Hilfen beim Wohnen und der Freizeitgestaltung 44
3.1.3.	Berücksichtigung besonderer Merkmale autistischer Kinder in der Sprachtherapie 28	4.	Evaluation und Ausblick 45
		4.1.	Aufbau von sprachlicher Kommunikation 45
3.1.4.	Einsatz alternativer Kommunikationsformen 30	4.2.	Aufbau sozialer Verhaltensmuster 47
3.2.	Aufbau sozialer Verhaltensmuster 31	4.3.	Abbau störender Verhaltensweisen 48
3.2.1.	Aufbau sozialer Verhaltensmuster 32	4.4.	Einbeziehung der Eltern 48
3.2.2.	Mithilfe gleichaltriger nicht-behinderter Kinder 35	4.5.	Maßnahmen zur Förderung der Integration 49
3.2.3.	Gruppen zur Förderung sozialer Fertigkeiten 36	4.6.	Ausblick 49
3.3.	Abbau störender Verhaltensweisen 37		Literatur 49
3.3.1.	Behandlung von Stereotypien 37		

1. Definition und Klassifikation

Als Frühkindlicher Autismus wird eine schwere psychische Störung der Gesamtpersönlichkeit bezeichnet, die häufig mit einer geistigen Behinderung verbunden ist und vor dem dreißigsten Lebensmonat manifest wird. Die Diagnose dieser tiefgreifenden Entwicklungsstörung stützt sich auf drei Verhaltensbereiche: soziale Beziehungen, Kommunikation und Beziehungen zur Umwelt (ICD-10, DSM IV):

- **Schwere Beeinträchtigung der zwischenmenschlichen Beziehungen.** Autistische Kinder nehmen in ihren ersten Lebensjahren kaum Anteil an anderen Personen und leben wie in einer eigenen Welt. Später sind sie an sozialen Interaktionen wenig interessiert und passiv, oder aber in erstaunlichem Maß ungeschickt und wenig einfühlsam. Es gelingt ihnen meist nicht, soziale und emotionale Signale angemessen einzuschätzen.
- **Kommunikationsstörung.** Beeinträchtigt sind die verbale und nonverbale Kommunikation sowie die Phantasie. Vor allem die Entwicklung der nonverbalen kommunikativen Ausdrucksmöglichkeiten (Gesten, Mimik, Blickkontakt) ist behindert. Die Beeinträchtigung der Phantasie zeigt sich bei autistischen Kindern besonders eindringlich in der mangelnden Ausbildung von Phantasiespielen.
- **Einschränkung des Repertoires an Aktivitäten und Interessen.** Ihr Verhaltensrepertoire ist durch einen hohen Anteil motorischer Stereotypien geprägt, weiters sind ein monotones Hantieren mit Gegenständen, ein starker Distreß bei Veränderungen der Umgebung und der Alltagsroutinen sowie (bei höherem Entwicklungsstand) sehr eingeschränkte Interessen charakteristisch.

Diese Störung der Entwicklung wird bereits sehr früh, in den allermeisten Fällen vor Ende des 3. Lebensjahrs, auffällig. Während noch vor 10–20 Jahren die Diagnose erst relativ spät, vielfach erst im Schulalter gestellt wurde, kann sie heute in der Regel schon vor dem 4. Lebensjahr gestellt werden. Zudem werden Hinweise diskutiert, die eine Diagnose bereits im 2. Lebensjahr aufgrund von Interaktionsproblemen zwischen Eltern und Kindern ermöglichen sollen (Baron-Cohen, Allen & Gillberg, 1992; Baron-Cohen, Cox, Baird et al. 1996).

Die Häufigkeit dieser Störung kann aufgrund epidemiologischer Untersuchungen mit etwa 1–2 pro 1.000 Kinder angegeben werden, wobei neuere Untersuchungen auf Grund etwas erweiterter Diagnosekriterien zu höheren Schätzungen kommen (Bryson, 1997; Wing, 1993). Bei schwer geistig behinderten Kindern wird häufig eine starke Beeinträchtigung der sozialen Beziehungen ohne das Vollbild des frühkindlichen Autismus angetroffen. Auch bei intelligenten Kindern ist eine gewisse Variabilität in der Ausbildung der charakteristischen Verhaltensweisen gegeben, so daß man sinnvollerweise von einem Spektrum autistischer Störungen sprechen kann, in dem Kerngruppen klarer erkennbar sind.

Die wichtigste Ursache der Störung wird heute auf Grund von Zwillingsuntersuchungen in einer genetischen Belastung gesehen, wobei wegen des großen Unterschieds in der Konkordanz bei ein- und zweieiigen Zwillingen davon ausgegangen wird, daß mehrere Gene für das Zustandekommen der Störung verantwortlich sein müssen (Rutter, Bailey, Simonoff & Pickles, 1997). Bei vielen autistischen Kindern kann zudem ein organisches Krankheitsbild (chromosomale und genetische Störungen, metabolische Störungen, Epilepsien, infektiöse Krankheiten etc.) identifiziert werden. Bei anderen Kindern weisen Risikofaktoren in der Schwangerschaft, bei der Geburt oder perinatal, strukturelle Auffälligkeiten des Gehirns im Computer-Tomogramm oder bei der MRI-Untersuchung auf eine organische Genese hin. Die Bedeutung dieser neurologischen Störungen dürfte bei autistischen Kindern mit niedriger Intelligenz größer sein.

2. Symptomatik und Verhaltensdiagnose

Das Erscheinungsbild des frühkindlichen Autismus verändert sich im Lauf der Entwicklung deutlich, dennoch bleiben die wesentlichen Merkmale erhalten. Die größten Schwierigkeiten bestehen im Allgemeinen zwischen dem 2. und 4. Lebensjahr (DeMyer, 1979). In diesem Alter zeigt sich auch das oft beschriebene Vermeiden von Blickkontakt besonders auffällig. Später nimmt bei den meisten Kindern die Zurückgezogenheit und die Irritation bei sozialen Kontakten ab, es bleibt jedoch zum Teil eine deutliche Passivität, in jedem Fall eine Ungeschicklichkeit und scheinbare Taktlosigkeit in sozialen Kontakten bestehen.

Etwa die Hälfte der autistischen Kinder entwickelt keinen kommunikativen Sprachgebrauch. Bei den übrigen Kindern verläuft die Sprachentwicklung im Allgemeinen deutlich verzögert. Auffällige Merkmale der Sprachentwicklung sind die häufige Verwendung von Echolalien, Probleme bei der Aneignung von Relationen anzeigenden Wörtern (z. B. Vertauschungen von Pronomina) sowie eine irritierende Stimmführung. Abgesehen von der verzögerten kognitiven Entwicklung ist als besonderes Problem autistischer Kinder weniger die Aneignung der Sprache als vielmehr ihre kommunikative Verwendung zu betrachten (Innerhofer & Klicpera, 1988).

Die Prognose dieser Störung ist ungünstig, in den meisten Langzeituntersuchungen konnten nur etwa 5–10% der autistischen Kinder als Erwachsene selbständig ihr Leben meistern. Ein Großteil bleibt auf die Hilfe und Unterstützung anderer angewiesen. Damit autistische Kinder wenigstens einen Teil der sozialen und kommunikativen Fertigkeiten erlernen, die notwendig sind, um den Alltag bewältigen zu können, sind viele von ihnen auf eine jahrelange Förderung und Therapie angewiesen. Infolge des weiten Spektrums dieses Störungsbildes erachten wir eine detailliertere Verhaltensdiagnose zur Vorbereitung therapeutischer Maßnahmen für wesentlich.

Da diese Therapie-orientierte Diagnostik jedoch eng mit dem therapeutischen Vorgehen gekoppelt ist, soll darauf bei der Darstellung der Interventionen eingegangen werden. Die Verhaltensdiagnostik wird aber auch auf einem Gesamtverständnis des Störungsbildes aufbauen, weshalb wir die heute einflußreichsten Theorien kurz darstellen wollen.

2.1. Psychologische Theorien über die autistische Störung

Im Lauf der letzten Jahrzehnte sind verschiedene psychologische Theorien zur Erklärung dieses Krankheitsbildes entwickelt worden. Der frühkindliche Autismus wurde von vielen zunächst als eine emotionale Störung verstanden, bedingt durch frühkindliche emotionale Deprivation. Bald jedoch setzte sich die Überzeugung durch, daß Faktoren der Umwelt und der Erziehung bei der Ausbildung des Störungsbildes nur eine sekundäre Rolle spielen. Im Vordergrund standen nun Theorien, die entweder eine Störung der perzeptuellen Entwicklung und eine Beeinträchtigung der Aufmerksamkeit oder eine Einschränkung in der Symbolisierungsfähigkeit annahmen. Theoretisch schwer erklärbar ist das gemeinsame Auftreten von Beeinträchtigungen der Wahrnehmung, der Informationsverarbeitung und der Sprachentwicklung und einer schweren Störung des Sozialverhaltens sowie der emotionalen Beziehung zu Personen, Gegenständen und Situationen.

In den letzten Jahren haben sich die psychologischen Theorien intensiver um eine Erklärung der sozialen Kommunikationsprobleme bemüht. Dabei stehen einander mehrere Theorien gegenüber. Hobson (1989, 1993) sieht in den Schwierigkeiten autistischer Kinder die Folge eines angeborenen Mangels an Empathie, der es ihnen unmöglich macht, andere Menschen zu verstehen und ihre Intentionen zu erfassen. Der wichtigste Hinweis auf eine basale Störung der Empathie sind die Schwierigkeiten autistischer Kinder beim Erfassen des emotionalen Ausdrucks in der Mimik, der Gestik und des Tonfalles in der Stimme anderer Menschen.

Frith (1989) und Baron-Cohen (1989, 1993) auf der anderen Seite sehen die sozialen Schwierigkeiten in einem spezifischen kognitiven Defizit begründet und zwar in der Unfähigkeit zur Entwicklung einer „Theory of mind" bzw. in der Ausbildung von Repräsentationen zweiter Ordnung (Metarepräsentationen). Nach dieser Theorie kann die Kommunikation mit anderen Menschen nur gelingen, wenn jeder Interaktionspartner nicht nur das Verhalten des anderen registriert, sondern auch Annahmen über seine Absichten, Bedürfnisse, mit anderen Worten seinen inneren Zustand, entwickelt. Diese Annahmen sind also Annahmen über das Bewußtsein im Unterschied zu Annahmen über die äußere, dinglich faßbare Wirklichkeit. Sie beinhalten gleichsam eine zweite Repräsentationsebene, in der Interaktionspartner die ihnen zugängliche und somit quasi-objektive Wirklichkeit von der subjektiven Sichtweise unterscheiden. Autisten wären aufgrund biologischer Ursachen nicht in der Lage, diese zusätzliche Sichtweise zu entwickeln, die sich bei Kindern gewöhnlich beginnend mit dem 2. Lebensjahr ausbildet. Damit könnten sie nicht zu einem inneren Verständnis anderer Menschen kommen, das Verhalten anderer Menschen kann nicht eingeordnet werden und erscheint ihnen daher unverständlich und fremd.

Andere (Brothers & Ring, 1992) haben vorgeschlagen, daß es nicht allein auf die Bildung von Repräsentationen sozialer Situationen ankommt, sondern daß vielmehr die Verbindung dieser Repräsentationen mit affektiven Reaktionen wesentlich sei und daß das Herstellen solcher Verbindungen Menschen mit frühkindlichem Autismus nicht möglich ist. Aus diesem Grund wäre es Autisten unmöglich, empathische Reaktionen auszubilden.

Viele Modelle versuchen, die Entstehung autistischer Störungen von einem noch basaleren Defizit abzuleiten. So wird etwa von Courchesne (Courchesne, Townsend, Akshoomoff et al., 1994) angenommen, daß Autisten Probleme beim Wechsel der Aufmerksamkeit hätten und deshalb in ihrer Kommunikation und im Herstellen eines gemeinsamen Bezugspunktes beeinträchtigt seien. Andere Schwierigkeiten würden sich daraus entwickeln.

Vielfach werden Probleme bei der Integration von Informationen angenommen, so etwa in dem Modell von Waterhouse, Fein und Modahl (1996), in dem eine Tendenz zu selektiver Aufmerksamkeit diese Integration behindert. Waterhouse et al. (1996) nehmen allerdings an, daß dies nur eine Schwierigkeit unter anderen ist. Auch Frith (1989) hat in einer viel beachteten Theorie angenommen, daß Autisten einen verminderten Drang nach zentraler Kohärenz haben, wodurch Einzelinformationen unverbunden nebeneinander gestellt werden und keine ganzheitliche Auffassung einer Handlung oder einer Situation gebildet werden kann.

Auch die vor einigen Jahren von uns formulierte Theorie der logischen Formen (Innerhofer & Klicpera, 1988) setzt an dem Mangel an integrierten Situationsrepräsentationen autistischer Menschen an. Dabei wurde zwischen verschiedenen Repräsentationsformen der Wirklichkeit unterschieden. Autistische Kinder sollten sich Schemata, in denen Einzelmerkmale der Umwelt oder Gegenstandskategorien repräsentiert werden (sogenannte Sprach- oder S-Schemata), ihrem sonstigen kognitiven Entwicklungsstand entsprechend aneignen können, hingegen hätten sie Schwierigkeiten bei der Ausbildung von Schemata (von uns Vorstellungs- oder V-Schemata genannt), die nicht auf einer eindeutigen Zuordnung von Merkmalen beruhen, sondern nur über eine Vorstellung vom Gesamten einer Handlung oder einer Situation gebildet werden können. V-Schemata sind nach dieser Theorie dafür verantwortlich, daß eine Handlung, eine Situation oder eine Person als Einheit wahrgenommen wird, während die S-Schemata Einzelmerkmale an einem Gegenstand erfassen. Die Schwierigkeiten der autistischen Kinder, eine Handlung, eine Person oder eine Situation als Einheit zu erfassen, würde nicht nur die Verhaltensauffälligkeiten erklären, sondern auch die Auffälligkeiten im emotionalen Bereich und im Bereich sozialer Beziehungen. Damit ist ein direkter Zusammenhang zwischen den kognitiven Schwierigkeiten einerseits und den Störungen im Bereich des Sozialverhaltens andererseits hergestellt.

3. Therapie in der Praxis

Viele Ansätze in der Förderung autistischer Kinder basieren auf Methoden und Prinzipien, die auch für die Förderung geistig behinderter Kinder Bedeutung haben. Wir wollen hier nur auf die Methoden und Ansätze eingehen, die sich von jenen der Förderung bei Menschen mit geistiger Behinderung unterscheiden und im übrigen auf das entsprechende Kapitel in diesem Band verweisen.

Bei der Konzeption spezieller Fördermethoden für autistische Kinder gehen wir einerseits von ihrem spezifischen Problem aus, von einer Aufgabe eine Gesamtvorstellung zu gewinnen, aus der heraus Teile der Aufgabe als Teile eines Ganzen begriffen werden können und die Aufgabe selbst im Rahmen eines übergeordneten Sinnzusammenhanges gesehen werden kann. Obwohl die Elemente einer Tätigkeit den autistischen Kindern zugänglich sind, lernen sie doch nicht, sie zu einer Gesamtvorstellung von einer sinnvollen Handlung zu verbinden, und können daher keine Erfahrungen damit machen, bzw. ihre Erfahrungen in keinen sinnvollen Kontext einordnen. Die Handlungen zerfallen in Elemente, die für sich alleine keinen Sinn ergeben.

Autistische Kinder müssen demnach zuallererst lernen, solche Elemente als Teile einer Gesamthandlung zu begreifen und eine Vorstellung vom gesamten Handlungsablauf zu gewinnen. Das Erlernen dieser Handlungen mit Hilfe eines motorischen Schemas im Sinne einer Verhaltenskette sehen wir geradezu als Gefahr, das eigentliche Defizit der Kinder zu verwischen und die pädagogische Aufgabe zu verfehlen. Später werden die Handlungen komplexer und können mit Hilfe motorischer Schemata nicht mehr bewältigt werden. Das versäumte Lernen an einfachen Beispielen in der frühen Kindheit wird dann zur unüberwindlichen Lernblockade.

Das Hauptproblem, vor dem jede Autismustherapie steht, ist daher: Wie kann die Vorstellung dieser Kinder so entwickelt werden, daß es ihnen möglich wird, gegliederte Handlungen als ein Ganzes zu erfahren? Die Teilziele für dieses übergeordnete Globalziel ergeben sich aus den Tätigkeiten, in denen Vorstellungsschemata benötigt werden. Sie betreffen:
• den Aufbau eines Personenschemas, das die Gefühle, das Denken und Handeln als Einheit begreift
• die Ausbildung von Vorstellungen über einfache praktische Tätigkeiten,
• die Ausbildung von Vorstellungen, auf denen die Allgemeinbegriffe beruhen usw.

Andererseits gehen wir davon aus, daß es in der Therapie mit autistischen Kindern ganz wesentlich darum gehen muß, ihre Möglichkeiten zur Kommunikation mit ihrer Umgebung zu stärken, und zwar unabhängig davon, ob die Kommunikationsschwierigkeiten als Defizit verstanden werden, das aus einem Mangel an Empathie resultiert bzw. Folge eines Mangels an Metarepräsentationsfähigkeit ist, oder aber ob diese Schwierigkeiten Folge davon sind, daß die Bewältigung sozialer Interaktionen besondere Anforderungen an die Fähigkeit zur Sinnerfassung über Vorstellungsschemata (V-Schemata) stellt.

Große Bedeutung kommt in diesem Zusammenhang dem Aufbau von Repräsentations- bzw. von Zeichen- oder Symbolsystemen zu, da solche Zeichensysteme zu einem guten Teil V-Schemata kompensieren können. Die besonderen Schwierigkeiten autistischer Kinder im Erfassen von Ordnungen können durch das Erlernen von Zeichensystemen teilweise überwunden werden. Besondere Sorgfalt sollte dabei auf das Bemühen gelegt werden, autistischen Kindern die Sprache als Kommunikations- und Zeichensystem zu vermitteln. Bei jenen

Kindern, die jedoch die Sprache nicht erlernen, muß zu anderen Mitteln gegriffen werden, um sie beim Zurechtfinden in ihrer Umwelt zu unterstützen. Als ein wichtiges Hilfsmittel hat sich dabei die Wiedergabe zeitlicher Sequenzen mit Hilfe einer Bildreihe erwiesen. Die Struktur einer Handlung, aber auch die Aufeinanderfolge verschiedener Handlungen in einer Zeiteinheit kann Autisten, die keine Sprache verstehen, anhand einer Folge von Bildern dargestellt werden, die jeweils ein Ereignis oder einen Schritt einer Handlung symbolisieren. Komplexe Ereignisse bzw. Handlungen können durch ein Bild repräsentiert werden, so daß auch größere Zusammenhänge verständlich gemacht werden können. Gleichzeitig können die komplexen Handlungen ihrerseits wieder durch Bildfolgen aufgeschlüsselt werden.

Zwei weitere Ansätze verdienen noch, hervorgehoben zu werden. Zum einen sollte in der Therapie autistischer Kinder ihre besondere Form der Aufmerksamkeitsstörung berücksichtigt werden, die als Überselektivität bezeichnet wird und die wir auf die Schwierigkeit, eine Gesamtvorstellung einer Handlung, Person oder Sache auszubilden, zurückführen (Innerhofer & Klicpera, 1988). Autistische Kinder neigen in außerordentlichem Maße dazu, von den vielfältigen Merkmalen einer Situation nur einige wenige zu beachten. Ihre Aufmerksamkeit ist nicht diffus und fluktuierend, sondern überselektiv und perseverierend. Die beachteten Merkmale sind jedoch vielfach nicht jene, die das Wesentliche einer Situation kennzeichnen oder zur Lösung einer Aufgabe beitragen. Deshalb sollte sich der Therapeut immer vergewissern, welche Merkmale autistische Kinder zur Lösung einer Aufgabe herangezogen haben. Vielfach müssen die autistischen Kinder eigens dazu hingeführt werden, jene Merkmale zu beachten, auf die es in einer Situation ankommt. Im Allgemeinen werden dazu die relevanten Merkmale überdeutlich gemacht und besonders hervorgehoben, um später, wenn die Merkmale beachtet werden, diese Hervorhebung wieder allmählich rückgängig zu machen.

Ein weiteres wichtiges Ziel der Therapie ist der Aufbau und die Förderung kompensativer Handlungen. Da die Ausbildung von motorischen Schemata nicht wesentlich gestört ist, können diese kompensatorisch eingesetzt werden. Ein vorrangiges Ziel der Therapie sollte es daher sein, dem Kind eine Reihe praktischer Fähigkeiten zu vermitteln, die es über motorische Schemata lernen kann (z.B. die Toilette benutzen; Ankleiden; sich Waschen), wobei auch die Fähigkeit zur Erledigung komplexerer Tätigkeiten, die das normale Kind anders organisiert, auf diesem Wege erworben werden kann. Diese Tätigkeiten erweitern für die Kinder den Lebensraum und den Raum ihrer Interessen, so daß störende Verhaltensweisen, wie Stereotypien, Autoaggressionen usw. vermindert auftreten.

3.1. Aufbau und Förderung kommunikativer Kompetenzen

Eltern, Erzieher und Lehrer autistischer Kinder geben häufig als wichtigstes Therapieziel die Ermöglichung von Kommunikation an. Das Kind nicht zu verstehen und sich ihm nicht mitteilen zu können, wird als besonders belastend empfunden. Die Fähigkeit zur Kommunikation ist eng mit der Entwicklung von Zeichen- bzw. Symbolsystemen verbunden. Hierbei ist sicher zuallererst an die Förderung der Sprachentwicklung zu denken, da der Sprache nach den meisten Theorien über das Wesen der autistischen Störung für die Entwicklung dieser Kinder ein besonderer Stellenwert zukommt. Durch die Sprache können nämlich viele ihrer Schwierigkeiten kompensiert werden. Auf der anderen Seite zeigen nahezu alle autistischen Kinder bei der Ausbildung der Sprache große Schwierigkeiten, so daß oft mit einfacheren Zeichensystemen gearbeitet werden muß.

Auf die Entwicklung von Förderprogrammen in diesem Gebiet hat die Verhaltenstherapie einen nachhaltigen Einfluß ausgeübt, und sie bildet weiterhin eine Grundlage vieler Sprachaufbauprogramme für autistische Kinder. Aus der Verhaltenstherapie stammen die ersten systematischen Bemühungen, auch Kindern, die bis dahin keine Sprache entwickelt hatten, sprachliche Kommunikationsformen zu lehren.

Elemente der verhaltenstherapeutischen Sprachaufbauprogramme sind in nahezu alle Sprachtherapieansätze eingegangen. In den letzten Jahren haben jedoch auch die Psycholinguistik und die Sprachentwicklungsforschung die Sprachtherapie nachhaltig beeinflußt und zu neuen Ansätzen geführt. Diese Ansätze wurden auch innerhalb der Verhaltenstherapie aufgegriffen und haben zu einer Modifikation des Vorgehens geführt.

3.1.1. Klassische verhaltenstherapeutische Sprachaufbauprogramme

Verhaltenstherapeuten waren die ersten, die versucht haben, den Sprachanbahnungsprozeß zu systematisieren und ein erprobtes Set an Hilfen und therapeutischen Hinweisen zu gewinnen.

In den verhaltenstherapeutischen Sprachaufbauprogrammen werden neben der konsistenten Verwendung von auslösenden Reizen und der systematischen Verstärkung der aufzubauenden sprachlichen Äußerungen vor allem zwei Hilfsmittel eingesetzt, damit die Kinder sprachliche Reaktionen auf diskriminative Reize lernen:
- das allmähliche Herausbilden der Reaktionsform (shaping),
- die Hilfestellung bei der Auswahl und Initiierung der Reaktion in Form von Hinweisen auf die erwartete Reaktion (prompting).

Das Lernen der richtigen Reaktion findet dadurch statt, daß die Reaktion zu positiven Konsequenzen führt, d.h. verstärkt wird. Die anfangs nötigen Hilfestellungen können dann allmählich wieder ausgeblendet werden.

Bei einem Kind, das bislang nicht gesprochen hat, unterscheiden die klassischen verhaltenstherapeutischen Sprachaufbauprogramme vier Therapieschritte (Harris, 1975; Lovaas, 1977).

Im 1. Therapieschritt steht vor allem das Ziel im Vordergrund, die Aufmerksamkeit des Kindes auf den Therapeuten zu richten und damit die Voraussetzungen für wirksame Hilfestellung und Verstärkung auf Sprachreaktionen zu schaffen. Um dieses Ziel zu erreichen, wird zunächst meist der Blickkontakt bzw. das Anschauen des Gesichtes des Therapeuten verstärkt. Anfangs wartet der Therapeut, bis ein spontaner Blickkontakt erfolgt, oder führt diesen selbst herbei, indem er den Kopf des Kindes zu sich dreht. Dann sollen die Kinder lernen, den Therapeuten auf eine entsprechende Aufforderung hin anzusehen. Die Aufmerksamkeit des Kindes wird somit durch einen diskriminativen Reiz gesteuert, d.h. die Aufmerksamkeit kommt unter Stimulationskontrolle. In diesem und auch in den weiteren Therapieabschnitten wird außerdem durch die Gestaltung der äußeren Bedingungen (reizarme Umgebung, Therapeut sitzt möglichst nahe beim Kind) versucht, den Kindern zu erleichtern, die Aufmerksamkeit auf den Therapeuten zu richten.

Im 2. Therapieschritt wird versucht, bei den autistischen Kindern eine nonverbale Imitation des Therapeuten aufzubauen. Es wird mit der Imitation grobmotorischer Reaktionen begonnen, um dann zur Nachahmung feinerer Bewegungen und vor allem zur Imitation von Mundbewegungen überzugehen. Das Ziel dieses Therapieschrittes ist es, bei den Kindern eine allgemeine Tendenz zur Imitation des Therapeuten aufzubauen.

Im 3. Therapieschritt geht es darum, allmählich verbales Imitationsverhalten aufzubauen. Dies ist ein kritischer Therapieschritt und er kann bei Kindern, die kein spontanes Imitationsverhalten zeigen, in mehrere Einzelschritte zerlegt werden. Werden zu Anfang alle Vokalisationen des Kindes in den Therapiesitzungen belohnt, so werden im weiteren nur mehr solche Vokalisationen verstärkt, die unmittelbar auf die Vokalisation des Therapeuten erfolgen. Anfangs wird nicht darauf geachtet, ob die Vokalisation des Kindes jener des Therapeuten entspricht, allmählich jedoch werden nur noch die Vokalisationen belohnt, die jenen des Therapeuten ähnlich sind. Bei diesen Imitationen werden anfangs von Therapeuten Laute ausgewählt, bei denen manuelle Hilfen möglich und die Artikulationsstellungen deutlich sichtbar sind oder aber von den Kindern bereits vor der Therapie spontan geäußert wurden. Der Umfang der zu imitierenden Laute wird sukzessive erweitert. Über die Imitation von Lautfolgen wird schließlich die Nachahmung von vorgesprochenen Wörtern eingeführt, wobei der Übergang von Einzellauten zu Lautfolgen durch Vorwärts- bzw. Rückwärtsverkettung erfolgt.

4. Der letzte und umfangreichste Therapieschritt hat den Aufbau kommunikativer Sprachverwendung zum Ziel. Hier unterscheiden sich verschiedene verhaltenstherapeutische Sprachaufbauprogramme darin, in welcher Reihenfolge grammatikalische Formen eingeführt werden. Als Orientierung dienen einerseits die tradierte Praxis der Sprachtherapie, andererseits Beobachtungen an der normalen Sprachentwicklung. Als Beispiel sei hier das Sprachaufbauprogramm von Krantz et al. (1981) angeführt, die folgende Reihenfolge empfehlen: Hauptwörter, Verben, besitzanzeigende Fürwörter, Wörter für abstrakte Konzepte (Größe, Form, Farbe) sowie Konzepte wie Ja und Nein. Die Reihenfolge, Hauptwörter, Verben, besitzanzeigende Fürwörter usw., veranschaulicht in etwa eine Schwierigkeitsreihe für Kinder, die Sprache über Prädikatorenregeln erwerben müssen. Für ein solches Kind sind Gegenstände viel leichter zu ordnen als Tätigkeiten. Wörter aber, die ganz aus dem Kontext gelernt werden müssen, wie z. B. Fürwörter, sind für sie am schwierigsten.

Der allmähliche Aufbau des Sprachgebrauchs im dritten und vierten Abschnitt der verhaltenstherapeutischen Sprachaufbauprogramme muß von Bemühungen begleitet sein, das Sprachverständnis der Kinder zu erweitern. Dies gilt insbesondere beim Unterricht von Wörtern, die Abstraktionen erfordern, wie Farbnamen oder Größenbezeichnungen. Übungen des Sprachverständnisses müssen allerdings nicht unbedingt jenen des Sprachgebrauchs vorausgehen. Wörter, die Zeitkonzepte oder Ereignisfolgen bezeichnen, werden in den Sprachaufbauprogrammen z. B. meist direkt, durch Beispiele ihrer richtigen Anwendung, in den aktiven Wortschatz der Kinder eingeführt, ähnliches gilt für den Gebrauch der persönlichen Fürwörter (Lovaas, 1977).

Die Sprachaufbauprogramme, die sich an Prinzipien der Verhaltensmodifikation orientieren, zeichnen sich durch die systematische Unterteilung der jeweils zu lernenden Sprachformen in einzelne Lernschritte aus, die auf der Analyse der syntaktisch-semantischen Elemente in weitere Komponenten beruhen. Für die Durchführung der Therapie stehen Therapiemanuale (z. B. Lovaas, 1977) zur Verfügung, in denen konkrete Anweisungen für jeden Therapieschritt enthalten sind.

So werden etwa für das Therapieziel „Beantwortung von Fragen" die mit verschiedenen Frageformen verbundenen Konzepte und entsprechende Antwortformen unterschieden, die der Reihe nach unterrichtet und geübt werden. Das Erlernen wird nicht nur durch diese Aufgliederung in Einzelschritte unterstützt, sondern zusätzlich auch durch die genaue Erprobung von Hilfestellungen, die das Verständnis und die Formulierung von Antworten in unterschiedlichem Ausmaß erleichtern. Durch die Abstufung der Hilfestellung kann diese allmählich ausgeblendet werden, sobald die Kinder eine Aufgabe selbständig ausführen können (Krantz et al., 1981).

Ein grundsätzliches Problem, das sich in verhaltenstherapeutischen Sprachaufbauprogrammen stellt, ist das Problem der Generalisation. In diesen Programmen wird die Beherrschung sprachlicher Ausdrucksformen letztlich als Problem der Generalisation verstanden und zwar sowohl der Reiz- wie der Reaktionsgeneralisation. Eine Generalisation soll durch das Üben einer genügend großen Anzahl von Beispielen der jeweiligen Sprachformen erreicht werden. Ob dies gelungen ist, kann erst dann als nachgewiesen gelten, wenn die Kinder spontan neue sprachliche Äußerungen, unter Verwendung der geübten Ausdrucksformen, bilden. Eine solche Generalisation kann, wie viele Beispiele belegen (Lovaas, 1977; Howlin, 1981), erreicht werden; dies gelingt jedoch nicht immer und wenn, dann nur mit größter Mühe.

3.1.2. Einbeziehung von Ansätzen aus der Psycholinguistik und der kognitiven Psychologie

Die klassische Verhaltenstherapie übertrug die allgemeinen Lerngesetze auf den Spracherwerb, ohne die Einbettung der Sprache in den kommunikativen Austausch mit der Umgebung zu berücksichtigen. Sprache sollte zunächst gelernt werden wie andere Fertigkeiten, ihre angemessene Verwendung würde dann folgen. Hier setzt die psycholinguistisch orientierte Weiterentwicklung der Sprach- und Kommunikationstherapie an, die betonte, daß das Erlernen von Kommunikationsformen an kommunikative Absichten gebunden sei.

3.1.2.1. Aufbau von Sprachmustern

Sprache als Kommunikationsmittel. Als primäres Ziel der Sprachtherapie muß die Erweiterung des kommunikativen Repertoires gelten. Der erste Schritt dazu ist die Feststellung, wieweit das autistische Kind Kommunikation mit anderen aufnimmt, welche Funktionen die Kommunikation mit anderen erfüllt und welche Mittel dabei eingesetzt werden (Schuler, Prizant & Wetherby, 1997). Vieles kann dabei schon im Gespräch mit den Eltern, Lehrern oder Betreuern geklärt werden. Da der Einsatz kommunikativer Mittel je nach Situation variieren kann, schlagen Schuler et al. (1997) vor, das Verhalten der Kinder (bzw. die Art und Weise, wie das Kind seine Wünsche verständlich macht) in folgenden Situationen detailliert zu erfragen:
- Verlangen nach affektiver Zuwendung und Interaktion mit anderen (z.B. Kind will neben einem Erwachsenen sitzen)
- Verlangen nach Essen, Spielzeug oder anderen Gegenständen
- Verlangen nach einem Eingreifen bzw. einer Handlung des Erwachsenen (z.B. Hilfe beim Anziehen)
- Protest gegen eine Situation oder eine Handlung
- Hinweisen, Kommentieren (z.B. die Aufmerksamkeit des Erwachsenen darauf richten, was das Kind tut; dem Erwachsenen etwas zeigen).

Ziel der Therapie ist es einerseits, die kommunikativen Möglichkeiten zu erweitern bzw. ineffektive, sozial wenig angemessene kommunikative Ausdrucksformen durch sozial angemessenere zu ersetzen. Dies kann sich zunächst auf den nonverbalen Bereich beschränken. So kann es z.B. Ziel der Therapie sein, daß das autistische Kind den Erwachsenen nicht mehr zu dem Gegenstand hinzieht, den es haben möchte, sondern hinzeigt. Andererseits ist es ein Ziel, auch den Bereich der Funktionen, des Einsatzes von Kommunikation zu erweitern. Von autistischen Kindern wird Kommunikation vor allem eingesetzt, um Veränderungen in der Umgebung zu bewirken, deutlich später wird die Funktion wahrgenommen, die Aufmerksamkeit auf sich selbst zu richten, und noch später erfolgt mit Hilfe der Kommunikation ein gemeinsamer Bezug auf die Umwelt. Aufgabe der Sprachtherapie sei es, das Verständnis für die Funktion kommunikativer Handlungen zu erweitern und einen motivierenden Kontext zu schaffen, in denen diese Handlungen für die Kinder Sinn machen.

Natürliche Sprechsituationen als Therapiemedium. Aus dem Verständnis der Sprache als Kommunikationsform folgt, daß ein Sprachtraining möglichst in natürlichen Kommunikationssituationen stattfinden soll, und daß es daher nicht auf einige Therapiestunden beschränkt sein darf. Es geht in der Kommunikationsförderung und Sprachtherapie zunächst darum, solche Kommunikationssituationen zu identifizieren. Es kann dies z.B. das Gespräch über stattgefundene Ereignisse (wie ein Ausflug oder ein Besuch) sein oder die Aufforderung zu einem gemeinsamen Spiel.

Soziale Interaktion zur Stärkung der Sprechmotivation. Weiters ergibt sich daraus, daß es für den Erfolg einer Sprachtherapie entscheidend ist, auf die Sprechmotivation der Kinder einzugehen. Wegen des geringen Motivationswertes sozialer Interaktionen für autistische Kinder ist dies ein kritischer Punkt in der Sprachtherapie. Die Erfahrung zeigt jedoch, daß gewisse Interaktionsformen auch für autistische Kinder intrinsisch motivierend sind, etwa die Möglichkeit, an andere Personen Aufforderungen zu richten.

Im Mittelpunkt der Sprachtherapie muß stets die Interaktion stehen und der Sprachgebrauch muß ein natürliches Mittel sein, um gewisse Dinge zu erreichen, die für die autistischen Kinder erstrebenswert sind, selbst wenn die Dinge, um die sie sich bemühen, ideosynkratisch und abnorm sind. So kann z. B. die besondere Vorliebe eines Kindes dafür, Türschlösser aufgesperrt zu erhalten, eine Motivation darstellen, um eine entsprechende verbale Aufforderung an den Erwachsenen zu richten.

Ein Mittel, die Sprechmotivation der Kinder anzusprechen, besteht darin, daß sich der Therapeut bemüht, durch Einfühlung bzw. sein Verständnis der sozialen Situation jene Dinge auszusprechen, die das autistische Kind in einer Situation empfindet und somit selbst gern aussprechen möchte.

Inzidenteller Unterricht. Die Orientierung an den kommunikativen Ansätzen hat dazu geführt, daß auch innerhalb der Verhaltenstherapie den traditionellen Ansätzen andere Paradigmen gegenübergestellt wurden, die „natürlicher Sprachunterricht" oder „inzidenteller Unterricht" genannt werden. Koegel et al. (1987) haben die besonderen Merkmale dieser beiden Therapieansätze herausgearbeitet (s. Tabelle).

Zwischen den beiden therapeutischen Ansätzen gibt es eine Reihe wesentlicher Unterschiede. Ganz allgemein kann man feststellen, daß bei einem Vorgehen, das sich mehr am natürlichen Sprachunterricht orientiert, die Motivation der Kinder stärker angesprochen wird.

Aufbau des Wortschatzes nach den Gesichtspunkten der kommunikativen Erleichterung. Aus der Orientierung an den kommunikativen Anforderungen folgt, daß die Kinder Wörter lernen sollen, die für ihren unmittelbaren Lebenszusammenhang notwendig sind und die kommunikative Absichten ausdrücken, die sie bisher nonverbal angedeutet haben. Dies ermöglicht, daß die Wörter auch häufiger verwendet werden können (Prizant, Schuler, Wetherby & Rydell 1997). Solche Wörter umfassen jene, die semantische Funktionen ansprechen, die Kinder in der Entwicklung bereits früh erfassen, wie etwa die Wiederholung (z. B. „mehr"), das Vorhandensein (z. B. Namen von Gegenständen, „dort"), der Besitz bzw. die Zugehörigkeit (z. B. „mein"), Ablehnung (z. B. „nein") und Zustimmung (z. B. „gut", „ja"). Besonders zu beachten ist, daß die Kinder auch Wörter lernen, die es ihnen ermöglichen, die Interaktion mit anderen zu bestimmen (z. B. „Stop", „Hilfe", „mehr") und Gefühle auszudrücken

	traditionelles Sprachtraining	*natürlicher Sprachunterricht*
Auswahl der Inhalte	Therapeut	Interesse des Kindes
Reihenfolge der Inhalte	Konzentration auf ein Item bis zur Beherrschung	Variabel, dem Interesse des Kindes folgend
Verstärkung	durch den Therapeuten	als natürliche Konsequenz der Situation
Kriterium für Verstärkung	korrekte Äußerung	auch kommunik. Ansätze
Situationsmerkmale	Unterricht im Vordergrund	natürliche Interaktion (Spiel)

(z. B. „traurig"). Das Verfügen über solche Wörter kann die Entwicklung unangemessener und störender Verhaltensweisen verhindern.

Einüben von Sprecherrollen. Autistische Kinder müssen allmählich lernen, verschiedene Rollen in Sprechsituationen einzunehmen. Wegen ihrer Passivität besteht die Gefahr, daß sich ihre Rolle in der Sprachtherapie auf jene eines fragebeantwortenden Partners beschränkt. Deshalb muß besonderer Wert darauf gelegt werden, daß sich die Kinder in der Sprachtherapie daran gewöhnen, einen kommunikativen Austausch selbst zu initiieren.

Krantz et al. (1981) haben über einen Ansatz berichtet, der sowohl plausibel wie praktikabel erscheint und (nach den Angaben der Autoren) auch von den Eltern autistischer Kinder mit großer Bereitwilligkeit aufgegriffen wurde. In Zusammenarbeit zwischen Elternhaus und Schule wurde vereinbart, daß autistische Kinder zu Hause über Ereignisse in der Schule berichten sollten und umgekehrt. Die Eltern bzw. die Lehrer teilten sich gegenseitig solche Ereignisse mit, sowie die entsprechenden Antworten und Fragen. Die Aufgabe der Eltern bzw. der Lehrer bestand darin, den Kindern Fragen über die Ereignisse in der Schule bzw. zu Hause zu stellen. Die Kinder sollten diese Fragen ausführlicher, d. h. mit mehr als zwei Sätzen beantworten. Während des Trainings wurden die Antworten auf solche Fragen zunächst geübt. Nach einiger Zeit, in der den Kindern von den Lehrern und Eltern noch Hilfen gegeben wurden, lernten die Kinder allmählich, die Fragen nicht mehr auswendig, sondern mit selbstgebildeten Sätzen zu beantworten.

Sprachentwicklung normaler Kinder als Orientierung. Sprachtherapeuten, die sich an der Psycholinguistik orientieren betonen, man müsse die Sprachentwicklung normaler Kinder und die Art der Interaktionen zwischen Eltern und Kindern bei der Vermittlung von Sprache beobachten und sich diese für die Sprachtherapie autistischer Kinder zum Vorbild nehmen. Aus der Orientierung an der normalen Sprachentwicklung folgt, daß eine genaue Kenntnis des jeweiligen Sprachentwicklungsstandes der Kinder notwendig ist, um die nächsten Schritte der Sprachtherapie zu konzipieren (Bloom & Lahey, 1978). Es sollen jene Fertigkeiten geübt werden, die dem derzeitigen Sprachentwicklungsstand der Kinder entsprechen bzw. auf ihm aufbauen und ihn fortführen.

Vereinfachung der Sprachmuster der Erwachsenen als Hilfe für die Kinder. Im Kontakt mit den meisten autistischen Kindern muß der Erwachsene seine Sprache vereinfachen. Prizant et al. (1997) haben einige hilfreiche Richtlinien erarbeitet, wie diese Vereinfachung der Sprache zu vollziehen sei. Im Vordergrund steht dabei das Bemühen, die Aufmerksamkeit der Kinder zu erreichen, indem Dinge angesprochen werden, die für die Kinder relevant sind und indem die Sprache durch Gesten, aber auch durch ihre Einbettung in Handlungen auf die Dinge, über die gesprochen wird, bezogen bleibt.

Daneben kann das Verständnis auch durch Wiederholung und Redundanz gefördert werden sowie dadurch, daß komplexere Äußerungen durch Aufbrechen in kleinere Einheiten vereinfacht werden, und zwar entweder durch allmähliches Zusammensetzen oder durch nachträgliches Aufspalten einer längeren Äußerung (Prizant et al. 1997). Diese Aufspaltung (z. B. „Nimm deinen Löffel und iß die Suppe." Nimm Löffel, Löffel, nimm Suppe, iß Suppe") bzw. stufenweise Zusammensetzung (z. B. „Zieh an", „Mantel an", „Zieh Mantel an") von Äußerungen macht für die Kinder den Aufbau sprachlicher Strukturen durchsichtiger und hilft ihnen, ihre Äußerungen allmählich zu erweitern. Für das Verständnis ist dabei wesentlich, daß diese Äußerungen auf einen konkreten Handlungskontext bezogen sind und durch Hilfestellungen (wie etwa hinweisende Gesten) unterstützt werden.

Erlernen von verbalen Routinen, die die eigenständige Aneignung von Sprache unterstützen. Ein wesentlicher Fortschritt in der Sprachentwicklung kann dadurch erzielt werden, daß die Kinder sprachliche Routinen erlernen, die es ihnen ermöglichen, selbst neue Wörter und sprachliche Ausdrucksformen kennenzulernen und sich anzueignen. Ein wesentliches Hilfsmittel dazu stellen Frageformen dar. Autistische Kinder verwenden selten Ausdrücke wie „Was ist das?" oder ähnliche Fragen, die den Wortschatz deutlich erweitern können. Fortschritte können bereits dadurch erzielt werden, daß die Kinder solche Frageformen als eine Routine in ihr Sprach- bzw. Kommunikationsrepertoire übernehmen. Die Kinder werden dadurch weniger abhängig von Anstößen von außen und können selbst zur Erweiterung ihres Sprachrepertoires beitragen.

In der Sprachtherapie können solche Fragen dadurch aufgebaut werden, indem sich der Therapeut an den Dingen orientiert, die das Kind interessieren, und eine Situation schafft, in der diese Fragen Sinn machen (für die Frage „Was ist das?" etwa dadurch, daß für die Kinder interessante Gegenstände in einen undurchsichtigen Plastikbehälter gegeben werden, so daß eine Art Ratespiel entsteht) und eine Gelegenheit zur Verstärkung des Fragestellens und Benennens der Gegenstände vorhanden ist (die Kinder können, wenn sie wollen, nach dem Fragen stellen und Benennen mit dem für sie attraktiven Gegenstand kurz spielen). Diese Hilfestellungen können dann im Weiteren wieder allmählich ausgeblendet werden (Koegel, 1995). Andere Frageformen, die eine ähnliche Funktion erfüllen, sind die Fragen: Wo ist das? Wem gehört das? Was ist geschehen? Entscheidend ist hierbei, daß diese Fragen als Routine in das Sprachrepertoire der Kinder eingehen.

Die ganzheitliche Betrachtung der Sprecheinheiten. Die linguistisch orientierten Sprachaufbauprogramme betonen, daß Sprache nicht in einzelnen isolierten Komponenten, sondern als System von aufeinander bezogenen Kategorien gelernt werden soll, da nur dadurch eine produktive Aneignung erreicht werden kann. Die Rolle der Sprachtherapie besteht darin, Prozesse der Induktion von Regelmäßigkeiten zu begünstigen. Die Aufgabe des Sprachtherapeuten wird daher so verstanden, daß er sowohl als Fazilitator wie als Lehrer fungieren soll (Bloom & Lahey, 1978). Um die Induktion von Regelmäßigkeiten zu erleichtern, muß er die Variabilität des zu lernenden Materials beschränken. Es muß sich um einen Set von Regeln handeln, der systematisch variiert und geübt werden kann. Nach Möglichkeit sollen die Regelmäßigkeiten der Sprache dabei den Kindern anschaulich und konkret vor Augen geführt werden (Blank & Milewski, 1981).

Sprache als Regelfolgen. Die Abhängigkeit der Sprachentwicklung von der kognitiven Entwicklung der Kinder und von der Herausbildung von Konzepten, die sprachlich kodiert werden können macht es notwendig, die Sprachtherapie eng mit der gesamten anderen Behandlung der Kinder zu koordinieren. Damit die Kinder die sprachlichen Zeichen lernen können, müssen die entsprechenden Konzepte zunächst als Regelmäßigkeiten in der Umwelt erkannt werden. So ist die Entwicklung der Sprache auf die Ausbildung von Konzepten über die Objektkonstanz, über Ursache und Wirkung angewiesen, sowie auf die Ausbildung von Konzepten über die Ähnlichkeit von Gegenständen bzw. deren spezifische Merkmale.

Ebenso gehen der Verwendung von Sprache bestimmte nonverbale Kommunikationsformen voraus, in denen die Kinder erfassen, daß das eigene Verhalten zum einen das Verhalten anderer steuern und kontrollieren kann und zum anderen die Aufmerksamkeit anderer durch das Setzen von Zeichen und Handlungen auf bestimmte Gegenstände lenken kann. Die Förderung dieser Entwicklung muß mit der eigentlichen Sprachtherapie verbunden werden, soll es zu einer gegenseitigen Erleichterung verschiedener Entwicklungslinien kommen. Das Erlernen bestimmter sprachlicher Symbole, das Erfassen von Regelmäßigkeiten in der Sprache, und das Erkennen von Wiederholungen bestimmter Sprachformen regen dann auch die kognitive Entwicklung der Kinder an.

Bei weitgehendem Fehlen von Sprachverständnis beginnt die Therapie mit dem Aufbau des Verständnisses für einfache Verhaltensregeln.

1. Schritt: Aufbau von Regelverständnis: Mit einem viereinhalbjährigen Mädchen ohne Sprachverständnis, Elisa, begannen wir den Aufbau von Regelverständnis. Es wurden einfache Spiele durchgeführt, wie z. B. den Ball hin- und zurückrollen, einen Gegenstand unter der Decke verstecken und hervorholen. In diesen Spielen lernt das Kind, Regeln zu bilden und das Verhalten durch Regeln zu steuern (der Erwachsene rollt den Ball zu mir, ich rolle den Ball zurück). Diese Strukturierung bildet nicht nur die kognitive Voraussetzung für die Bildung von Begriffen, sondern soll dem Kind auch helfen, Sprachschemata über Regelfolgen aufzubauen.

2. Schritt: Erweiterung des Spiels – Einbeziehung von Prädikatorenregeln: Durch Einbeziehung von Wörtern sollte das Regelverständnis in einem zweiten Schritt auf Prädikatorenregeln ausgedehnt werden. So wie Elisa (in unserem Versuch) relativ rasch einfache Verhaltensregeln gelernt hatte, so sollte sie auch einfache Prädikatorenregeln lernen, indem in das Spiel Begriffe miteinbezogen wurden. Dazu legten wir (ähnlich dem Vorgehen bei den klassischen verhaltenstherapeutischen Sprachaufbauprogrammen) in eine Ecke des Therapieraumes einen Schuh, in die andere einen Ball, in der Mitte zogen wir einen Kreis und legten eine Belohnung hinein. Auf das Wort des Therapeuten „Schuh" sollte Elisa den Schuh bringen und wurde belohnt, auf das Wort „Ball" den Ball und wurde belohnt. Bald zeigte sich jedoch, daß sie die kognitiven Voraussetzungen, um an diesem Spiel teilnehmen zu können, noch nicht beherrschte. Elisa differenzierte die beiden Wörter „Ball" und „Schuh" nicht, sondern handelte nach dem Schema: „Wenn der Therapeut etwas sagt, hol ich einen der beiden Gegenstände und bekomme die Belohnung." Nach einer Reihe von Versuchen änderte sie ihre Strategie dahingehend, daß sie nun nach dem Schema handelte: „Wenn der Therapeut etwas sagt, dann bringe ich einen der beiden Gegenstände, bis ich keine Belohnung bekomme, dann wechsle ich zum anderen usw.". Offensichtlich beherrschte Elisa das grundlegende Schema: „Verschiedene Wörter bedeuten verschiedene Gegenstände" noch nicht und deshalb ergab die Differenzierung von Lauten für sie keinen Sinn.

Unser Anliegen bestand nun darin, Elisa den Sinn von Lautdifferenzierungen beizubringen, indem sie lernte, daß verschiedene Wörter verschiedene Gegenstände bedeuteten. Dazu änderten wir die therapeutische Anordnung in folgender Weise: In die eine Ecke gaben wir ein Bild einer Schokolade, in die andere ein Bild von Saft. Sagte der Therapeut „Schokolade", sollte Elisa das Bild der Schokolade bringen und wurde mit Schokolade belohnt, sagte er das Wort „Saft", sollte sie das Bild vom Saft bringen und wurde mit Saft belohnt. Wir gingen von der Annahme aus, daß sie das Schema „Bild und Gegenstand gehören zusammen" bereits beherrschte, so daß sie jetzt diese Kette nur noch zu erweitern hatte: „Bild, Wort und Gegenstand gehören zusammen". So wie sie verschiedene Bilder zu differenzieren hatte, sollte sie nun auch beginnen, verschiedene Wörter zu differenzieren. Obwohl Elisa in 83 vorausgehenden Therapiestunden nicht gelernt hatte „Ball" und „Schuh" zu differenzieren, lernte sie in dieser Sitzung, „Saft" und „Schokolade" sicher zu differenzieren. In weiteren 10 Sitzungen lernte Elisa, 15 Begriffe sicher zu unterscheiden. Nach diesen 10 Sitzungen führten wir einen Generalisationstest durch und prüften mit Hilfe des Peabody Picture Vocabulary Test, ob und wieviele andere Begriffe Elisa außerhalb der Therapiesituation gelernt hatte. Es zeigte sich, daß es 7 weitere Begriffe waren. Ein zweiter Generalisationstest mit Hilfe eines Bilderlottos zeigte, daß sie 19 von 48 neuen Bildern sicher zuordnen konnte. Auch Beobachtungen in der Gruppe ergaben, daß Elisa nun begann, auf Aufforderungen des Therapeuten sinnvoll zu reagieren (z. B. davonlaufen bei Anforderungen).

3.1.2.2. Aufbau komplexer Interaktions- und Kommunikationsstrukturen

Kommunikation ist immer auch soziale Interaktion, und komplexere soziale Interaktionen sind ohne Kommunikation nicht durchführbar. Die Einnahme einer bestimmten Rolle z.B. oder ein Rollenwechsel setzen Kommunikation voraus. Diese muß aber in ein weiter gefaßtes soziales Interaktionsschema eingeordnet sein. Für die Einnahme einer Sprecherrolle etwa ist zunächst ein Gesamtverständnis der sozialen Interaktion notwendig, das zur Differenzierung komplementärer Rollen führt, von denen dem Sprechenden eine bestimmte zukommt. Damit also der Redner sich entscheiden kann, ob er eine Reportage halten will, eine Rede oder ein Streitgespräch mit Rede und Gegenrede usw., ist es nötig, daß er den gesamten sozialen Rahmen richtig interpretiert.

Dazu muß er eine Vorstellung der Gesamtsituation als Einheit entwickelt haben, als komplexes, strukturiertes Ganzes, mit wichtigeren und weniger wichtigen Teilbereichen und Einzelheiten, und deren logischen Beziehungen zueinander. Fehlt diese Vorstellung vom Gesamten, so ist es einem Kind nur begrenzt möglich, eine adäquate Sprecherrolle zu finden, bzw. diese Rolle im Laufe des Gespräches an situative Veränderungen anzupassen.

Wir glauben nicht, daß dieses Defizit allein durch Üben behoben werden kann. Dadurch kann ein Kind wohl verschiedene Sprecherrollen in sein Repertoire aufnehmen, aber es fehlt ihm die Einschätzung, wann es welche Rolle auszuführen hat. Wir glauben, daß autistische Kinder dieses Defizit teilweise kompensieren können, indem der Therapeut ihnen die Situation sprachlich beschreibt und die relevanten Merkmale der Situation herausarbeitet. So wie das normale Kind aus der richtigen Einschätzung der Gesamtsituation die Wahl für seine Sprecherrolle trifft, so müßten wir das autistische Kind anleiten, bestimmte Merkmale der Situation zu diagnostizieren und nach ihnen zu entscheiden, welche Rolle es nun einnehmen soll. Der Therapieversuch zielt also immer wieder darauf ab, die fehlende Vorstellung des autistischen Kindes durch sprachliche Einheitsstrukturen zu ersetzen. Da Sprachstrukturen viel weniger ausgeführt sind als V-Schemata, kann die so gewonnene Ordnung immer nur eine angenäherte sein und erreicht nie den Differenzierungsgrad der Vorstellungsordnung. So wird das Verhalten des autistischen Kindes immer auch eckiger sein als jenes des normalen.

Die Situationsgebundenheit kommunikativen Austauschs kann in der Sprach- und Kommunikationstherapie auch dadurch berücksichtigt werden, daß die Kinder auf die spezifischen Kommunikationsformen, die in gewissen Situationen verlangt werden, speziell vorbereitet werden. Diese Situationsspezifität der Kommunikation wird dadurch berücksichtigt, daß den Kindern gleichsam Regieanweisungen (Skripts) vermittelt werden, wie sie sich anderen gegenüber in gewissen Situationen verhalten können.

3.1.3. Die Berücksichtigung besonderer Merkmale autistischer Kinder in der Sprachtherapie und Kommunikationsförderung

In der Sprachtherapie autistischer Kinder müssen die besonderen Eigenheiten ihrer sprachlichen Entwicklung, aber auch ihrer kognitiven und sozialen Entwicklung berücksichtigt werden. Autistische Kinder können die Sprache kaum wie normale Kinder erwerben, da für eine solche Entwicklung zwei Voraussetzungen fehlen:
1. Autistische Kinder können in der ersten Phase des Spracherwerbs nicht auf eine Ordnung zurückgreifen, die mit Hilfe von Vorstellungs-Schemata bereits gebildet worden ist. Die Therapie muß daher versuchen, die Bildung solcher Ordnungen zu fördern.
2. Auch beim Spracherwerb autistischer Kinder muß die soziale Interaktion im Mittelpunkt stehen wie bei normalen Kindern. Es besteht jedoch die Gefahr, daß diese Situation autistische Kinder überfordert. Die Sprachtherapie wird für diese Defizite daher Umwege konzipieren müssen oder Kompensationen.

Die meisten der mit der Behandlung autistischer Kinder betrauten Sprachtherapeuten betonen die *Notwendigkeit einer für die Kinder erkennbaren Struktur der Behandlungsform*. Der besondere Hang autistischer Kinder zum Aufstellen und Aufrechterhalten von Routinen muß in der Therapie ausgenützt werden. Autistische Kinder haben nicht nur eine besondere Freude an Ritualen, sie werden auch leicht verwirrt und verlieren sich, wenn einmal aufgestellte Formen aufgegeben werden. Auf der anderen Seite muß von Anfang an darauf geachtet werden, eine gewisse Flexibilität in der Therapie zu wahren. Diese Flexibilität ist der sprachlichen Kommunikation inhärent, und sie muß mit den autistischen Kindern systematisch geübt werden; also der Wechsel
– des Gesprächsgegenstandes,
– des Sprachstils,
– das Hervorheben bzw. Zurückstellen von Informationen,
– der Wechsel von Rede und Gegenrede.

Ein besonderes Problem in der Sprachtherapie autistischer Kinder stellt ihre *mangelnde sprachliche Spontaneität* dar. Dadurch sind einem Sprachaufbau, der ausschließlich auf den spontanen Äußerungen der Kinder aufbaut, Grenzen gesetzt, und es muß deshalb viel mit Fragen und Antworten sowie mit unterstützenden Hinweisen (prompts) gearbeitet werden. Besonders wichtig ist, daß in erster Linie der Ausdruck einer kommunikativen Absicht beachtet und belohnt und nicht zu sehr auf die Korrektheit der Form geachtet wird.

Die geringe sprachliche Spontaneität äußert sich auch in einer *Tendenz zur Reduktion sprachlicher Äußerungen auf minimale Formen*. Mit autistischen Kindern muß deshalb geübt werden, in vollständigen Sätzen zu reden, sobald sie gelernt haben, die notwendigen Komponenten der Sätze zu gebrauchen (Blank & Milewski, 1981). Es dürfte dabei sogar notwendig sein, sprachlich mögliche Kurzformen, etwa bei Antworten, nicht zu akzeptieren und auf die kontinuierliche Bildung ganzer Sätze zu achten, damit die Kinder eine gewisse Routine entwickeln können. Sonst fallen die Kinder sehr bald zurück, sind verwirrt und gebrauchen ideosynkratische, abnorme Abkürzungen von Äußerungen. Auch die bei normalen Kindern übliche spontane Erweiterung von Phrasen, etwa durch Einfügung weiterer adjektivischer Ergänzungen, wodurch eine größere Spezifität des Ausdrucks erreicht wird, ist bei autistischen Kindern nicht selbstverständlich, sondern muß geübt werden (Krantz et al., 1981).

Die Sprachtherapie autistischer Kinder kann sich auf eine besondere Stärke dieser Kinder stützen, nämlich auf ihr *gutes auditives Kurzzeitgedächtnis*. Deshalb kommt der *Imitation* in der Sprachtherapie autistischer Kinder wahrscheinlich eine größere Bedeutung zu als in der Therapie anderer sprachgestörter Kinder. Die Verwendung formelhafter Ausdrücke stellt für viele autistische Kinder ein wichtiges Übergangsstadium dar, indem allmählich die aus dem Gedächtnis reproduzierten Äußerungen abgewandelt werden und dieses somit als Brücke zu einer angemesseneren und freieren Verwendung von Sprache dient.

In der Bewertung von *Echolalien* zeigt sich besonders deutlich ein Wandel im therapeutischen Ansatz. In manchen verhaltenstherapeutischen Ansätzen wurde die Tendenz zu echolalieren als ein Hemmnis für die weitere Sprachentwicklung betrachtet. Man hat daher versucht, diese Tendenz zu unterdrücken und durch angemessenere sprachliche Äußerungsformen zu ersetzen.

Dieser Ansatz hat sich aber nur bedingt bewährt. So hat es sich nicht als zielführend erwiesen, echolalierenden Kindern, die wenig kommunikativen Sprachgebrauch haben, beizubringen, Fragen mit Ja bzw. Nein zu beantworten, statt die Frage zu echolalieren. Auch nach ausgedehnten Übungen mit der gleichen Art von einfachen konkreten Fragen gelingt diesen Kindern der Lernschritt nicht.

Sprachtherapeuten, die von einer funktionalen Betrachtungsweise der Kommunikation ausgehen, raten dazu, die Funktion der Echolalien bei den Kindern genau zu analysieren. Dort, wo die Echolalien eine kommunikative Funktion haben, sollte in erster Linie auf die Absicht der Kinder eingegangen werden. Da Echolalien jedoch gleichzeitig auch einen Ausdruck einer Überforderung mit der sprachlichen Form darstellen, sollte gleichzeitig versucht werden, sie durch einfachere sprachliche Formen zu ersetzen (Prizant et al., 1997).

Echolalien stellen unanalysierte Äußerungen dar, die als Ganzes abgerufen werden, da den Kindern eine sprachliche Analyse dieser Einheiten nicht gelingt. Um diese Analyse anzuregen, sollten sich die Erwachsenen bemühen, in ihrer Sprechweise möglichst viele Hinweise für eine Segmentation der Sprache zu geben (durch Intonation, Pausen etc.) (Prizant et al., 1997).

Einige Ansätze zeigen, wie die Tendenz zu echolalieren in der Sprachtherapie ausgenutzt und in ein kommunikatives Verhalten umgeformt werden kann. Philips und Dyer (1977) gehen davon aus, daß es den autistischen Kindern leichter gelingt, die Stufe des Echolalierens zu verlassen, wenn in der Therapie eine ähnliche Situation hergestellt wird wie jene, in der sich Kleinkinder während des Spracherwerbs befinden. Da autistische Kinder, wenn sie echolalieren, meist viel älter als jene Kinder sind, bei denen eine natürliche Imitationstendenz besteht, gehen die Erwachsenen auf autistische Kinder nicht mehr so ein wie auf Kleinkinder und geben ihnen nicht dieselben Hilfestellungen, wie sie sie jüngeren normalen Kindern geben würden. Deshalb ist es wichtig, daß in einer Anfangsphase der Sprachtherapie mit echolalierenden Kindern ein Therapeut die Rolle eines Fragestellenden und ein anderer die Rolle des Hilfegebenden übernimmt. Dadurch ist es dem Kind möglich, zwischen Fragen zu unterscheiden, die nicht imitiert werden sollen, und der Hilfe, d. h. dem Vorsprechen der Antwort, die imitiert werden soll. Auf diese Weise kann die Imitationsleistung der Kinder wieder belohnt werden und die Kinder können dadurch ein Repertoire an Antworten aufbauen, das es ihnen ermöglicht, allmählich den Vorgang der Transformation von Antworten zu lernen.

Auch bei autistischen Kindern sollte die Imitation jedoch nicht nur als eine Form des Hervorrufens sprachlicher Äußerungen betrachtet werden. Der Erwachsene kann diesen Kindern generell als Modell dienen und sprachliche Äußerungen können durch Aufforderungen, Fragen etc. angeregt werden, ohne daß eine formelle Imitation verlangt wird (Bloom & Lahey, 1978).

3.1.4. Der Einsatz alternativer Kommunikationsformen

Die geringen Erfolge der Sprachaufbauversuche bei stummen autistischen Kindern haben zu Versuchen geführt, diesen Kindern den Umgang mit Formen der Verständigung beizubringen, die sich anderer Modalitäten bedienen als der auditiven. Solche Verständigungsmittel können von einfachen Hinweisen, wie etwa dem Zeigen auf bestimmte Gegenstände oder dem Herzeigen von Photos, die ihre Wünsche andeuten, bis zu ausgefeilteren Kommunikationssystemen wie Kommunikationsbrettern oder Gesten- bzw. Zeichensprachen reichen.

Dem heutigen Verständnis nach sollte ein zentrales Ziel der Therapie autistischer Menschen darin bestehen, ihnen sowohl die Bildung einer Ordnung in ihrer räumlich und zeitlich strukturierten Umgebung wie auch die Kommunikation zu ermöglichen. Sowohl der Gebrauch als auch das Verständnis von Sprache erscheint dabei oft ein schwer erreichbares Ziel zu sein, da etwa die Hälfte der Erwachsenen mit frühkindlichem Autismus niemals Sprache zur Kommunikation verwenden wird. Es bietet sich deshalb an, auf andere Formen der Repräsentation zurückzugreifen, die es den Kindern ermöglichen, Folgen von Ereignissen abzubilden und ihre Wünsche und Anliegen mitzuteilen bzw. sich mit ihrer Umgebung auf einfache Weise zu verständigen. Solche Repräsentationsformen können Bilder darstellen, die dazu dienen, von den Kindern gewünschte Gegenstände oder Handlungen anzuzeigen. Im einfachsten Fall kann es sich um Photographien der Gegenstände handeln oder aber um vereinfachte Zeichen, die die Kinder herzeigen oder auf die sie deuten können, wenn sie einen Wunsch haben. Bildfolgen können es den Kindern auch erleichtern, eine längere Handlungsfolge zu behalten und zu wissen, welche Schritte in welcher Reihenfolge von ihnen erwartet werden. Solche Bildfolgen können helfen, Alltagsroutinen in die erforderlichen Schritte aufzugliedern, wie etwa das Aufstehen, Waschen und Anziehen am Morgen. Sie können auch – auf einen Karton aufgeklebt – helfen, die Abfolge des Tagesablaufs und die nächste anstehende Aktivität darzustellen.

Der erste Schritt beim Erlernen eines Repräsentationssystems mit Bildern besteht darin, daß die Kinder die Zuordnung von Photographie und Gegenstand bzw. gewünschter Aktivität lernen. Diese Zuordnung soll zunächst an einigen wenigen, für die Kinder relevanten Beispielen erlernt werden. Dabei ist es notwendig, sich an den Wünschen der Kinder bzw. den Bedürfnissen, die sich durch den Tagesablauf ergeben, zu orientieren. Der Umfang an derartigen Bildsymbolen kann allmählich erweitert werden.

Kommunikation mit Hilfe der Zeichensprache. Eine Möglichkeit, die kommunikative Kompetenz autistischer Kinder zu erweitern, stellt der Sprachaufbau mit Hilfe der Zeichensprache, wie sie von taubstummen Kindern verwendet wird, dar. Der Erfolg dieser Bemühungen scheint dafür zu sprechen, daß es einem Teil der autistischen Kinder mit Hilfe der Zeichensprache möglich ist, sich durch das Benutzen eines Symbolsystems zu verständigen, selbst wenn sie bis dahin keine Sprache gelernt haben (Bonvillian et al., 1981).

Die Zeichensprache bietet einige Vorteile, die erklären können, wieso dieses Zeichensystem leichter von den Kindern zu erlernen ist als die normale Umgangssprache. Zum einen sind die Handzeichen der Zeichensprache leichter durch den Therapeuten passiv formbar, als dies für die Artikulationsstellungen gilt. Durch den statischen Charakter der meisten Zeichen ist auch ein Vergleich zwischen den von den Kindern geformten Zeichen und den Zeichen, die der Therapeut vormacht, leichter möglich, und die Kinder können mit Hilfe dieser Rückmeldung die von ihnen geformten Zeichen besser korrigieren. Viele dieser Gesten sind auch ikonisch, d. h. sie haben eine bildhafte Ähnlichkeit mit den Gegenständen oder Ereignissen, auf die sie hinweisen. Es ist möglich, daß bei einigen dieser Kinder, die lernen, sich mit Hilfe der Zeichensprache zu verständigen, obwohl sie die mündliche Sprache nicht erlernen, ein spezifisches Defizit im auditiv-stimmlichen Bereich vorliegt. Für die meisten aber stellt das Erlernen der Zeichensprache nur eine Komponente in einer Therapie der simultanen Kommunikation dar. Hier werden die Zeichengesten gleichzeitig mit den entsprechenden Worten vorgegeben. Wenn es den Kindern gelingt, die Gesten zu verstehen und sich mit ihrer Hilfe zu verständigen, dann gelingt es oft auch, in einer weiteren Stufe eine rein sprachliche Kommunikation aufzubauen. Die Gesten scheinen hier eine Hilfe für die Identifikation der Wörter darzustellen, sie erleichtern es, den Beginn und das Ende der Wörter zu erkennen und ähnliche Wörter zu unterscheiden.

Die Erfahrungen mit dieser Form der Sprachtherapie zeigen, daß einem Teil jener Kinder, für die verbale Kommunikation ein zu hohes Förderziel darstellt, mit Hilfe einfacher Zeichen eine rudimentäre Kommunikation mit ihrer Umwelt möglich ist. Die Beherrschung einer komplexeren Zeichensprache hingegen ist nicht-sprechenden autistischen Kindern nur schwer zu vermitteln.

3.2. Aufbau sozialer Verhaltensmuster

Das normale Kind erwirbt soziale Verhaltensmuster, indem es mit Gleichaltrigen spielt, anderen Menschen zuschaut und indem es angewiesen wird, etwas zu tun oder zu lassen. Diese komplexe soziale Situation als Lernumgebung überfordert das autistische Kind und es entzieht sich ihr durch Vermeidung. Damit es soziale Verhaltensmuster erwerben kann, muß die soziale Situation, also die Lernsituation, wesentlich vereinfacht werden, z. B. dadurch, daß es zunächst nur mit einer Person solche Muster einübt. Die Anforderungen sollen schrittweise gesteigert werden, indem die Situation komplexer gestaltet und neue Handlungen eingeführt werden. Erst zu einem späteren Zeitpunkt können neue Personen hinzugenommen werden. Zum anderen kann die Lernsituation – wenn nötig – durch die Einführung einfacher ritualistischer Interaktionen vereinfacht werden, die allmählich zu variableren und komplexeren Verhaltensmustern ausgeweitet werden können. Wie beim Aufbau praktischer Fertigkeiten, so kann auch beim Aufbau sozialer Verhaltensmuster übendes Lernen und Lernen der Verhaltensregeln Hand in Hand gehen.

3.2.1. Aufbau sozialer Verhaltensmuster

Basale soziale Kompetenzen. Als basale soziale Fertigkeiten können das Reagieren bzw. Eingehen auf soziale Initiativen anderer Kinder und das Zugehen auf andere Kinder bzw. eigene Initiativen zur Kontaktaufnahme betrachtet werden. Um dies zu erreichen ist es wichtig, daß autistische Kinder Fertigkeiten lernen, die eine gemeinsame Basis für die Interaktion mit anderen Kindern darstellen, wobei hier bei jüngeren Kindern vor allem ein ihrem Entwicklungsstand entsprechendes Spielverhalten wesentlich sein dürfte. Mit Hilfe der weiter unten beschriebenen Interventionsmethoden (Training von Ankerreaktionen) und des Vorführens des erwünschten Verhaltens ist es möglich, nicht nur das funktionelle Spielverhalten mit Spielzeug, das auch für andere Kinder attraktiv ist, zu erhöhen, sondern sogar eine Teilnahme an Rollenspielen zu ermöglichen (Stahmer, 1995; Thorp et al., 1995).

Trotzdem ist es recht schwer zu erreichen, daß autistische Kinder von sich aus die Kontaktaufnahme initiieren. Dies müssen viele Kinder für verschiedene Situationen eigens üben, wobei sich bewährt hat, solche Initiativen mit den autistischen Kindern unmittelbar vor einer gemeinsamen Aktivität mit anderen Kindern nochmals durchzugehen und dadurch diese Verhaltensweisen zu aktivieren (Zanolli et al., 1996).

Förderung spontanen Sozialverhaltens. Ein grundsätzliches Problem, das sich bei der Therapie autistischer Kinder stellt, liegt darin, daß diese Kinder vielfach gerade jene Verhaltensweisen nur mangelhaft zeigen, die wir als Ausdruck von Spontaneität und echtem Interesse an anderen Menschen bewerten, wie z. B. jemanden anlächeln. Sie sollen also ein Verhalten lernen und bewußt einsetzen, das für uns Ausdruck spontaner Zuwendung ist. Mit ein Grund für eine Intervention in diesem Bereich ist die häufige Beobachtung, daß bei autistischen Personen die Inhalte ihrer Interaktionen mit dem dabei (unwillkürlich) gezeigten Ausdruck auseinanderklaffen, daß sie also z. B. interessiert mit jemandem sprechen und sich dabei abwenden.

Ein Problem eigener Art ist der gezielte Aufbau „spontanen Verhaltens". Wir unterscheiden deutlich zwischen spontanem, echtem Verhalten und bewußtem, willentlich gesteuertem Verhalten und ein bewußtes Lächeln empfinden wir als künstlich und aufgesetzt. Garfin und Lord (1986) argumentieren, daß eine Intervention im Sinne eines Trainings auch im Bereich des spontanen Ausdrucksverhaltens möglich ist. Ausdrucksverhalten kann, wenn es lange genug geübt ist, automatisiert werden und damit in spontanes Verhalten übergehen. Neben dem Überlernen dieses Verhaltens ist die häufige Konfrontation mit einem Modell wichtig sowie natürlich ein situativer Kontext, der die autistischen Kinder motiviert, dieses Verhalten auch zu zeigen (Garfin & Lord, 1986).

Berücksichtigung des Entwicklungsstandes der Kinder. Eine grundsätzliche Voraussetzung der Interventionen, die die Verhaltenstherapie heute kennzeichnen, ist die Berücksichtigung des Entwicklungsstandes der Kinder sowohl bei der Bestimmung der Therapieziele wie bei der Wahl der Interventionsmethoden.

Bei der Wahl der Interventionsmethoden legt die Berücksichtigung des Entwicklungsstandes nahe, daß sich die Therapie an jenen Verhaltensweisen orientiert, die in der Eltern-Kind-Interaktion bei Kindern mit entsprechendem Entwicklungsstand als förderlich beschrieben wurden. Als eine konkrete Konsequenz wurde daraus die Empfehlung abgeleitet, zur Förderung der sozialen Interaktion das Verhalten autistischer Kinder zu imitieren, wie es bei Müttern mit Kleinkindern beobachtet werden kann. Diese Imitation führt den Kindern deutlich vor Augen, daß ihr Verhalten das Verhalten der Interaktionspartner beeinflußt, und fördert so das Erkennen einfacher Regelmäßigkeiten in der Umgebung und damit die aufmerksame Zuwendung (Dawson & Galpert, 1986). Dawson und Galpert (1986) schränken allerdings die Möglichkeiten für den Einsatz von entwicklungsgemäßen Interaktionsmustern ein, indem sie betonen, daß dies wahrscheinlich nur bei jüngeren Kindern sinnvoll ist und daß ferner berücksichtigt werden muß, daß autistische Kinder Besonderheiten in der Entwicklung zeigen, die einen Rückgriff auf Erfahrungen aus Interaktionen mit normalen Kindern begrenzen.

Erleichterung sozialer Interaktionen durch Vorgabe von Regeln. Die Komplexität sozialer Situationen ist so groß, daß autistische Kinder, denen die Bildung übergreifender Einheiten Mühe macht, leicht überfordert werden. Es ist daher für sie hilfreich, wenn ihnen gewisse Regeln für die Gestaltung sozialer Situationen vermittelt werden. Dies muß im Bewußtsein geschehen, daß solche Regeln nur eine Erleichterung darstellen, sozusagen eine Art Hilfskonstruktion, die eingesetzt wird, wenn die Situation zu unübersichtlich für sie wird. Das Lernen von Routinen wie „ich bin interessiert an ... Du auch?" erleichtert autistischen Kindern, ein Gespräch zu eröffnen, in das sich der Gesprächspartner mit seinen Interessen gleichfalls einbringen kann (Garfin & Lord, 1986).

Nach Garfin und Lord ist es für autistische Menschen eine Hilfe, wenn sie gelernt haben, ihre Verwirrung anzuzeigen („Ich verstehe das nicht") (Garfin & Lord, 1986). So läßt sich auch in diesem Fall durch die Einführung gewisser Interaktionsregeln eine Erleichterung schaffen.

In einer Einzelfallstudie (siehe Innerhofer & Klicpera, 1988) haben wir für einen autistischen siebenjährigen Jungen einfache Interaktionsspiele jeweils mit einem Set von Verhaltensregeln beschrieben und anschließend mit ihm eine Regel nach der anderen eingeübt. Auf diese Weise lernte er rasch eine Reihe von Spielen und konnte im Spiel mit zwei weiteren Kindern jede Rolle übernehmen. In einer Ausweitung dieser Spiele führten wir noch die Rolle des Schiedsrichters ein. Er hatte darauf zu achten, daß die Spieler keine Regel verletzten, gab das Startzeichen, beendete das Spiel, verteilte Gewinn- und Strafpunkte usw. Er mußte sich in der Rolle des Schiedsrichters gegenüber seinen Mitspielern durchsetzen. Auch diese sozial komplexere Rolle konnte er rasch erlernen, sobald seine Tätigkeiten in Form von einzelnen Regeln beschrieben waren und er diese Regeln gelernt hatte.

Überraschend für uns war, daß er über Regeln auch komplexe Rollen der Sozialinteraktion lernte, daß er aber Regeln nicht selber kombinieren konnte. Er hatte offenbar noch keine Vorstellung vom gesamten Spiel als einer Einheit ausbilden können.

In einer weiteren Fallstudie versuchten wir, die Ausbildung der Vorstellung von der Einheit des Spieles unmittelbar zu beeinflussen. Wir begannen mit einer einfachen Form des Ballspieles: den Ball hin- und zurückrollen. In wiederholter Anwendung dieser einen Regel wurde das Spiel zunehmend komplexer gestaltet, indem neue Personen eingeführt und die Strategien des Hin- und Zurückrollens ausgebildet wurden. Insgesamt aber waren alle Formen des Spieles nur eine Abwandlung dieser einen Regel.

Eine Weiterführung dieses Ansatzes besteht darin, den Kindern das Verhalten in bestimmten sozialen Situationen wie eine Rolle in einem Skript vorzugeben. Sie sollen lernen, sich entsprechend den Anweisungen, die zunächst schriftlich vorgegeben werden, zu verhalten, wobei die Situationsbedingungen wie auch die Interaktionspartner variiert werden und somit eine gewisse Flexibilität eingeführt wird. Allmählich können diese Hilfen ausgeblendet werden. Es konnte gezeigt werden, daß die Kinder das Gelernte auf neue Situationen übertragen und daß das neue Verhalten auch nach Ende der Intervention stabil bleibt (Krantz & McClannahan, 1993).

Training von Ankerreaktionen (Pivotal Response Training). Ähnlich wie für den Sprachaufbau ist in den letzten Jahren von der Gruppe um Koegel eine Methode zur Förderung des Sozialverhaltens entwickelt worden, deren Ziel es ist, Verhaltensweisen, die für das Zurechtkommen in der Peergruppe wesentlich sind, in möglichst natürlichen Interaktionssituationen aufzubauen. Wesentliche Elemente dieser Methode sind:
- das gleichzeitige Training verschiedener Verhaltensweisen, die eine ähnliche Funktion erfüllen
- häufiger Wechsel zwischen verschiedenen, aber ähnlichen Aufgaben
- Wechsel zwischen Aufgaben, die die Kinder bereits beherrschen, und solchen, die für die Kinder noch schwierig sind
- Orientierung an den Vorlieben der Kinder, so daß sie eine Wahl zwischen verschiedenen Aufgaben haben und ihre Motivation erhalten bleibt
- ständiger Wechsel zwischen Aktivitäten des Trainers und des Kindes
- Belohnung von Versuchen, auch wenn diese nicht vollständig korrekt sind
- Belohnung durch natürliche Konsequenzen des gelernten Verhaltens

Selbstkontrolle des Sozialverhaltens. Die Wirksamkeit von Maßnahmen zur Weiterentwicklung sozialer Kompetenzen kann dadurch gesteigert werden, daß die autistischen Kinder lernen, die Angemessenheit ihrer sozialen Interaktionen zu beurteilen, auf das Auftreten angemessenen Verhaltens zu achten und sich dafür zu belohnen. Dies ist auch bei autistischen Kindern mit geistiger Behinderung und sogar schon bei Kindern im Vorschulalter möglich und führt zu größerer Unabhängigkeit vom Eingreifen der Erwachsenen und zu größerer Generalisation der erlernten Verhaltensweisen (Strain et al., 1994).

Unterricht im Verständnis für die Perspektiven von Interaktionspartnern. Die Forschung der letzten Jahre hat auf die großen Schwierigkeiten hingewiesen, die autistische Kinder dabei haben, ihre eigene Perspektive von jener anderer zu unterscheiden und eine „theory of mind" zu entwickeln. Aus diesem Grund ist vorgeschlagen worden, ein Training im Verständnis der Perspektive von Interaktionspartnern in die Förderung sozialer Kompetenzen zu integrieren. Die bisherigen Versuche zeigen, daß ein solches Training durchaus zu Verbesserungen im Verständnis dafür führen kann, daß die Sichtweise eines Menschen von der Realität und der Perspektive eines anderen Menschen abhängen kann, daß dies aber eher auf Grund des Lernens spezifischer Strategien erfolgt als auf Grund einer genuinen Einsicht. Dies ist wohl der Grund dafür, daß eine Generalisation dieser Sichtweise eher schwer zu erreichen ist und unmittelbare Auswirkungen auf die soziale Kompetenz im Alltag nicht zu erwarten sind (Hadwin et al., 1996; Howlin, 1997; Ozonoff & Miller, 1995). Dabei muß man allerdings berücksichtigen, daß die bisherigen Versuche eher kurzfristige Interventionen dargestellt haben und ein längerfristiges Bemühen durchaus Auswirkungen haben könnte, vor allem dann, wenn stärker auf die Übertragbarkeit der gelernten Strategien auf alltägliche Interaktionssituationen geachtet wird.

Curricula für die Entwicklung sozialer Fertigkeiten. Die Forderung nach individuellen Erziehungsplänen für jedes behinderte Kind hat einen Anstoß gegeben zur Entwicklung von Curricula für soziale Fertigkeiten (Olley, 1986). Der Ansatz, der dabei in dem TEACCH-Programm verwendet wird, dürfte einer der am weitesten entwickelten und am besten erprobten sein. Er zeichnet sich dadurch aus, daß eine globale Erfassung der sozialen Fertigkeiten in verschieden strukturierten Situationen nach sechs für das Sozialverhalten wichtigen Merkmalen (Nähe/Distanz, Gebrauch von Gegenständen, Initiieren sozialer Interaktionen, Reaktion auf Kontaktaufnahme durch andere, Ausmaß interferierenden Verhaltens, Anpassung an wechselnde Umstände) angestrebt wird. Für jedes Merkmal und für jede Situation wird das Ausmaß der Selbständigkeit bzw. der Angemessenheit des Verhaltens beurteilt, um dann in einem weiteren Schritt gemeinsam mit den Eltern und den Lehrern bzw. Betreuern Prioritäten für die Förderung festzulegen und schließlich Aktivitäten zu erkunden, durch die bei dem autistischen Kind während des Tages Fortschritte im Sozialverhalten zu erreichen sind (Olley, 1986).

3.2.2. Mithilfe gleichaltriger nicht-behinderter Kinder

Um ein Sozialverhalten aufzubauen, das eine bessere soziale Eingliederung autistischer Kinder ermöglicht, ist es sinnvoll, gleichaltrige nicht-behinderte Kinder darin zu unterweisen, wie sie mit autistischen Kindern interagieren können. Ohne diese Vorbereitung dauert es, selbst bei einer starken Strukturierung, längere Zeit, bis die nicht-behinderten Kinder von selbst gewisse Strategien entwickeln, wie sie die autistischen Kinder in ein gemeinsames Spiel einbeziehen können.

Ein Vorteil von Kindern als Interaktionspartnern ist es, daß die Anforderungen an die autistischen Kinder gering gehalten werden können. Die autistischen Kinder können sich abwenden oder weggehen, wenn es ihnen zuviel wird. Da die Interaktionen in Spielsituationen stattfinden, ist keine Aufgabe vorgegeben, die erfüllt werden muß. Es ist Spielzeug vorhanden, das die Interaktionen anregen kann und zu dessen Benutzung wenig Sprache erforderlich ist (Garfin & Lord, 1986).

Die Entwicklung angemessener Verhaltensweisen bei autistischen Kindern kann durch gleichaltrige Kinder in mehrfacher Weise gefördert werden:
- Sie stellen ein Modell für angemessenes Verhalten dar und zeigen damit den autistischen Kindern, welche Verhaltensweisen zu einem auch von ihnen gewünschten Ziel führen. Autistische Kinder imitieren eher andere Kinder als Erwachsene und sie lernen leichter, indem sie das Verhalten anderer Kinder beobachten, als indem sie selber (mit Unterstützung) die richtigen Lösungen finden.

Die Tendenz zur Imitation kann durch ein spezielles Training unterstützt werden, indem die autistischen Kinder unter Mitwirkung eines Betreuers aufgefordert werden, das Verhalten nachzuahmen und dafür belohnt werden. Die Hinweise sowie die Verstärkung werden dann allmählich wieder ausgeblendet (Strain et al., 1986). Auch der Kontext, die Strukturierung der gesamten Situation, soll so gestaltet werden, daß ein Modellernen begünstigt wird. Dies setzt im Allgemeinen voraus, daß die autistischen Kinder mit einem nicht-behinderten Kind allein sind. Modellernen ist auch eher wahrscheinlich, wenn das autistische Kind die erforderliche Fertigkeit bereits besitzt, sie aber spontan kaum anwendet (Strain et al., 1986).
- Nicht-behinderte Kinder können einen unmittelbaren Einfluß auf das Verhalten der autistischen Kinder ausüben, indem sie versuchen, sie zum gemeinsamen Spiel zu bewegen. Auch bei sehr zurückgezogenen autistischen Kindern ist dies mit Erfolg versucht worden (Strain et al., 1986). Die nicht-behinderten Kinder brauchen dazu allerdings eine Vorbereitung, in der ihnen ihre Aufgabe nahegebracht wird und sie darauf vorbereitet werden, daß ihre Initiativen immer wieder zurückgewiesen werden.
- Das Zusammensein von autistischen und nicht-behinderten Kindern kann indirekt fördernd wirken, wenn kooperative Lernsituationen geschaffen werden, in denen der Erfolg der Gruppe vom Zusammenwirken bzw. dem Bemühen aller abhängig ist. Dies ist natürlich nur in jenen Situationen wirksam, in denen für die Kinder eine Möglichkeit besteht, das Verhalten anderer zu beeinflussen (Strain et al., 1986).

Über die Förderung sozialer Kompetenzen hinaus kann durch Mithilfe nicht-behinderter Kinder und Jugendlicher ein soziales Netzwerk geschaffen werden, das zu einer stärkeren Einbeziehung autistischer Kinder in soziale Interaktionen und zu einer größeren Häufigkeit und höheren Qualität dieser Interaktionen führt. Es geht also nicht nur darum, einzelne nicht-behinderte Kinder und Jugendliche zu motivieren und anzuleiten, sich um eine Verbesserung der Interaktionen mit einem autistischen Kind oder Jugendlichen zu bemühen, sondern eine Gruppe zu schaffen, der dies ein gemeinsames Anliegen ist und die sich als eine Gemeinschaft versteht. Eine solche Gruppe benötigt allerdings eine gewisse Unterstützung, die etwa durch regelmäßige Diskussionen, Rückschau auf das Erreichte, gemeinsame Vorhaben und Rollenspiele geleistet werden kann (Haring & Breen, 1992).

3.2.3. Gruppen zur Förderung sozialer Fertigkeiten

Bei Kindern haben sich Spielgruppen von autistischen und nicht-behinderten Schulkindern bewährt (Wooten & Mesibov, 1986). Unstrukturierte Gruppensituationen stellen allerdings eine Überforderung dar, vielmehr sollten die autistischen Kinder zuerst Erfahrung im Spielen mit einem anderen nicht-behinderten Kind sammeln, u. zw. in Spielen, die sie recht gut beherrschen, wie dem Zusammenlegen eines Puzzles. Allmählich können dann die Anforderungen gesteigert werden, bis die Kinder in einer größeren Gruppe spielen und sich an dem begleitenden sozialen Geschehen beteiligen können.

Solche Aktivitäten können auch in den Stundenplan der Schule eingebaut werden. Neben Aktivitäten, in denen jeweils ein autistisches und ein nicht-behindertes Kind zusammen sind (miteinander etwas Kochen, Brett- und Kartenspiele), kann bei anderen Aktivitäten (Spiele im Freien) das Spiel in einer größeren Gruppe im Vordergrund stehen. Diese Spiele sollten allmählich aufgebaut werden, so daß alle Kinder die nötigen Fertigkeiten und Regeln beherrschen, um am Spiel teilzunehmen.

Bei Jugendlichen und Erwachsenen können die Gruppen einen formelleren Charakter haben (Mesibov 1986; Williams, 1989). Ziel dieser Gruppen ist einerseits, Kontakte zwischen den Gruppenteilnehmern und einen langfristigen Zusammenhalt zu fördern, andererseits sollen spezifische soziale Fertigkeiten geübt und verbessert werden, wodurch das Selbstbewußtsein der Gruppenteilnehmer steigt.

Für solche Gruppen sind einige Merkmale wichtig, die für autistische Jugendliche, die in ihren sprachlichen Fähigkeiten nicht allzu beeinträchtigt sind, eine wesentliche Hilfe darstellen dürften:

- Durchspielen konkreter sozialer Situationen im Rollenspiel, mit Rückmeldung durch die anderen Gruppenmitglieder und durch Video-Aufnahmen (z. B. jemanden begrüßen, ein Restaurant besuchen).
- Gelegenheit, in 2-er Gruppen vorstrukturierte Gespräche zu führen, in denen sie zuhören und Fragen stellen lernen können.
- Gruppendiskussionen, in denen Schwierigkeiten im Umgang mit anderen Menschen behandelt und Lösungen erarbeitet werden.
- Lernen und Erfahrung Sammeln mit Gesellschaftsspielen, die auch bei nichtbehinderten Alterskollegen beliebt sind.

Es sollten durch vorausgehende Diagnostik für jeden Teilnehmer individuelle Lernziele erarbeitet und seine Stärken und Schwächen im Umgang mit anderen erfaßt werden. Das Gruppenprogramm kann – um es auf die Voraussetzungen aller Teilnehmer abzustimmen – durch Einzelsitzungen mit jedem Teilnehmer ergänzt werden, in denen die Teilnehmer individuell auf die Anforderungen der Gruppensitzungen vorbereitet werden.

Für die Gruppensitzungen hat es sich als sinnvoll erwiesen, eine relativ feste Struktur vorzugeben, die über längere Zeit unverändert bleibt. Durch eine fixe Zusammensetzung der Gruppe ist zudem die Möglichkeit gegeben, daß sich die Mitglieder der Gruppe gegenseitig kennenlernen. Dies sollte in den Sitzungen auch dadurch unterstützt werden, daß besonderer Wert darauf gelegt wird, daß jeder einzelne immer wieder von seinen Erfahrungen, seinen Interessen und Plänen berichtet, so daß jeder für alle Gruppenmitglieder in seiner Individualität erkennbar wird.

Erfahrungsberichte geben darüber Auskunft, welche Schwierigkeiten in diesen Gruppen in den Gruppendiskussionen besprochen und in den Rollenspielen konkret geübt wurden:
- besprechen, wie man von anderen gesehen wird, besonders auch in Bezug auf eigene auffallende Verhaltensweisen.
- Reaktion darauf, wenn man von anderen aufgezogen wird.
- Verhalten in Situationen, die einen ärgerlich machen.
- sich mit berechtigten Anliegen gegenüber anderen durchsetzen.
- Interessen anderer im Gespräch herausfinden.

3.3. Abbau störender Verhaltensweisen

Autistische Kinder haben eine Vielzahl an Verhaltensauffälligkeiten, die für die Kinder selbst sowie für ihre Familien eine starke Belastung darstellen können. An erster Stelle sind ritualistische Verhaltensweisen zu nennen, die sich in Stereotypien, im Widerstand gegen Veränderungen der Umgebung sowie in monomanen Interessen ausdrücken. Hinzu kommen häufig Ängste, die alltägliche Routinen blockieren (etwa die Angst vorm Baden), Schlafstörungen etc.

Eine Analyse zeigt oft, daß es notwendig ist, solche Verhaltensweisen direkt zu beeinflussen, um einen Stillstand in der Entwicklung der Kinder oder andere negative Konsequenzen zu vermeiden. Manchmal genügt es, die Situationsbedingungen zu ändern. Oft jedoch werden diese Verhaltensweisen durch Reaktionen der Bezugspersonen aufrechterhalten bzw. dadurch, daß sich die Kinder dadurch Anforderungen entziehen können. Gelegentlich aber sind diese Verhaltensweisen weitgehend unabhängig von der Reaktion der Umgebung und scheinen selbst motivierend bzw. verstärkend zu wirken. In anderen Fällen setzt ein sich selbst verstärkender Kreislauf ein, da etwa Ängste zu einem Vermeidungsverhalten führen und sich überdies leicht hochschaukeln; damit werden durch diese Verhaltensweisen Lösungen blockiert.

Solche unangemessenen Verhaltensweisen können in vielen verschiedenen Situationen auftreten, beim Essen, beim An- und Ausziehen, in der Schule, und die verschiedensten Formen annehmen. Um die Möglichkeiten zu veranschaulichen, störende Verhaltensweisen zu reduzieren, werden wir im folgenden die Behandlung von Stereotypien ausführlicher darstellen.

3.3.1. Behandlung von Stereotypien

Stereotypien bilden einen auffallenden Bestandteil am Verhaltensrepertoire autistischer Kinder. Sie tragen nicht unwesentlich dazu bei, daß diese Kinder sozial auffällig erscheinen und dürften auch mit ihrer Lernbereitschaft und ihrer Motivation zu sozialen Interaktionen interferieren. Aus diesem Grunde wurde den Behandlungsmöglichkeiten von Stereotypien in der verhaltenstherapeutischen Literatur große Aufmerksamkeit gewidmet. Da stereotype Handlungen von unterschiedlichen Bedingungen aufrechterhalten werden können, muß eine Verhaltensanalyse abklären, welche Bedingungen im Einzelfall von Bedeutung sind (Carr, 1977; Durand, 1990).
- In den letzten Jahren ist der soziale bzw. kommunikative Charakter von Stereotypien wie auch anderer störender Verhaltensweisen stärker beachtet worden. Störende Verhaltensweisen können demnach die Funktion einer Mitteilung haben, z. B. daß ein Anliegen des Kindes nicht berücksichtigt wurde, wenn dem Kind keine andere, angemessenere Form der Mitteilung zur Verfügung steht.
- Auch ist zu beobachten, ob die Stereotypien überwiegend dann auftreten, wenn die Kinder besonders beachtet werden, bzw., wenn dies nicht offensichtlich sein

sollte, ob sie zumindest in Gegenwart bestimmter Erwachsener besonders häufig sind. Dies würde darauf hindeuten, daß die Stereotypien unbeabsichtigt *sozial verstärkt* werden.
- Ob es zu einer *negativen Verstärkung* von Stereotypien kommt, muß ebenfalls festgestellt werden, und zwar ist, um dies zu entscheiden, darauf zu achten, ob durch die Stereotypien Anforderungen oder andere Bedingungen, die den Kindern unangenehm sind, vermieden werden können.
- Weiters ist die Frage zu stellen, ob bestimmte *Krankheiten* die Stereotypien bzw. die Intensität der Stereotypien beeinflussen. Solche Krankheiten können Mittelohrentzündungen, Zahnwurzelabszesse u. a. sein.
- Läßt sich für all dies kein Anhaltspunkt finden, so kann angenommen werden, daß die Stereotypien die Funktion der *Selbststimulation* haben.

Stereotypien können sehr unterschiedliche Form annehmen. Bei autistischen Kindern stehen neben repetitiven Körperbewegungen wie dem „Flügeln" wiederholte einfache Hantierungen an Gegenständen (z. B. kreiseln von Gegenständen) im Vordergrund. Langzeitbeobachtungen zeigen, daß diese einfachen Stereotypien mit zunehmendem kognitivem Entwicklungsstand in stereotype Handlungen übergehen, bei denen zwar ein angemessenes Umgehen mit Gegenständen vorhanden ist, dieses aber exzessiv betrieben wird.

Bei der Intervention ist in erster Linie auf die Veränderung situativer Bedingungen zu achten. Stereotypien und andere störende Verhaltensweisen sind in einem starken Ausmaß von dem Anregungscharakter der Umgebung abhängig (Baumeister, 1978). Je mehr die autistischen Kinder in Interaktionen einbezogen werden, desto weniger Stereotypien zeigen sie.

Nehmen Stereotypien die Form selbstverletzenden Verhaltens an, so ist natürlich in erster Linie darauf zu achten, daß die Verletzungen, die sich die Kinder zufügen, keine ernste Bedrohung für ihre Gesundheit darstellen. Besteht diese Gefahr, so müssen Schutzmaßnahmen für die Kinder getroffen werden. Solche Schutzmaßnahmen sind bei heftigem Schlagen des Kopfes gegen harte Unterlagen, bei starken Manipulationen an den Augen (Gefahr einer Netzhautablösung) und beim Sich-selbst-Beißen angezeigt (Tragen eines Helmes, Anlegen eines Verbandes an den Händen sowie Bewegungsrestriktionen der Arme).

3.3.1.1. Vermeidung von auslösenden Umgebungsbedingungen, Aufbau angemessener Verhaltensweisen und Hilfen zur Strukturierung der Erfahrung als Alternative zu Stereotypien

Bei Stereotypien, die die Funktion haben, die Umgebung auf die Bedürfnisse der autistischen Kinder aufmerksam zu machen, sollte versucht werden, den Kindern Möglichkeiten zu vermitteln, ihre Bedürfnisse auf eine angemessenere Weise mitzuteilen und zu befriedigen. Besondere Bedeutung kommt dabei der Förderung von einfachen Mitteln zur Kommunikation bei Kindern, die keine funktionale Sprache entwickelt haben, zu.

Sind Stereotypien ein Hinweis auf Überforderung der Kinder, so sollte nach Möglichkeiten gesucht werden, die Umgebung so zu strukturieren, daß eine Überforderung vermieden wird. Auch hier kommt der Verhaltensanalyse eine besondere Bedeutung zu, indem jene vorausgehenden Bedingungen identifiziert werden, die die Wahrscheinlichkeit des Auftretens von Stereotypien erhöhen. Solche Bedingungen können neben einer Veränderung von Routinen im Tagesablauf ein Zuviel an visuellen Reizen sein, zu schwierige Aufgaben, zu langes Schlafen am Morgen etc. (Bregman & Gerdtz, 1997). Es können dies also sowohl den Stereotypien unmittelbar vorausgehende Bedingungen wie auch längerfristig wirkende Einflüsse sein. Eine verläßliche Identifikation ist nur durch längere Beobachtung und die Analyse der Häufigkeitsverteilung der Stereotypien unter den verschiedenen Bedingungen möglich.

Sollten die Stereotypien die Funktion der Selbststimulation haben, so besteht eine Möglichkeit zur Therapie darin, andere Verhaltensweisen zu eruieren, die die Stereotypien ersetzen können, und zu versuchen, solche Verhaltensweisen aufzubauen, zu verstärken und mit den Kindern zu üben. Auch der Veränderung der Reizbedingungen kommt in diesem Zusammenhang eine gewisse Bedeutung zu, um die Selbststimulation zu reduzieren (z. B. das Beschweren der Hände mit Gewichten bei Handstereotypien, vor allem wenn diese selbstverletzenden Charakter annehmen). Solche Veränderungen der Reizbedingungen können für einige Zeit Stereotypien weniger attraktiv machen und damit eine Gelegenheit geben, alternatives Verhalten aufzubauen. Sie werden daher auch als eine Art Krisenintervention bezeichnet (Bregman & Gerdtz, 1997; Carr, Robinson & Palumbo, 1990).

Ein Beispiel für den Einfluß antezedenter Bedingungen stellt die Bewegungsarmut und der daraus resultierende Mangel an motorisch-kinästhetischer Stimulation dar. Die Kinder versuchen daher, sich auf abnorme Weise die fehlende Bewegung zu verschaffen. Wird den Kindern stärker die Möglichkeit zu gezielter Bewegungsübung gegeben, etwa durch Jogging, nimmt die Häufigkeit von Stereotypien merkbar ab, auch wenn sie nicht völlig verschwinden (Kern et al., 1982). Neben den positiven Auswirkungen auf Stereotypien werden auch positive Auswirkungen auf andere störende Verhaltensweisen beobachtet, etwa auf aggressives Verhalten. Wichtig ist dabei, daß es tatsächlich zu einer stärkeren körperlichen Anstrengung kommt. Durch regelmäßige sportliche Betätigung wird eine sozial auffällige und nicht-akzeptierte Form der Selbststimulation durch eine sozial anerkannte Form ersetzt.

3.3.1.2. Reduzierung von Stereotypien durch aversive Konsequenzen und alternative Verfahren

Seit Ende der 70er Jahre wird unter Fachleuten und engagierten Laien eine zeitweise erbitterte Auseinandersetzung über die in der Behandlung von Stereotypien und von selbstverletzenden Verhaltensweisen vertretbaren Behandlungsmethoden geführt. Von einem Teil werden verhaltenstherapeutische Maßnahmen, die direkt eine Reduzierung dieser Verhaltensweisen anstreben, entschieden abgelehnt, weil sie all diesen Maßnahmen den Charakter einer Bestrafung zuschreiben und damit das Recht behinderter Menschen auf persönliche Integrität verletzt sehen (Guess et al., 1986). Manche Vertreter der Verhaltenstherapie sehen in diesen Stellungnahmen ein ideologisch bedingtes Mißverständnis, da sie die Steuerung des Verhaltens durch aversive Konsequenzen als eine natürliche, in gewisser Weise überall anzutreffende Form der Verhaltensbeeinflussung betrachten, die die Verhaltenstherapie zum Wohl der Betroffenen nur systematisch einsetzt (Mulick, 1990).

Wir schließen uns im Prinzip Stellungnahmen an, wie sie etwa von einer Kommission des National Institute of Health in den USA erarbeitet wurden (National Institute of Health Consensus Development Conference Statement, 1990). Die dort erarbeiteten Richtlinien sehen vor, daß aversive Methoden nur als Teil eines Gesamtbehandlungsplans und im weiteren nur dann eingesetzt werden sollen, wenn sie mit dem Versuch verbunden werden, positive Verhaltensweisen aufzubauen.

Viele therapeutische Maßnahmen stellen in erster Linie einen Entzug von positiver Verstärkung für diese Verhaltensweisen dar. Daneben haben diese Maßnahmen jedoch auch den Effekt einer Bestrafung. Dies gilt für das bewußte Ignorieren von Stereotypien (*Löschungsverfahren*) und das *Ausschlußverfahren (Time out)*, bei dem die Kinder unmittelbar nach Stereotypien aus der momentanen Situation entfernt werden sollen, wobei dies entweder durch Abbrechen der momentanen Aktivität oder Abwenden des Erwachsenen geschieht oder in schweren Fällen durch das Einsperren der Kinder für ein bis zwei Minuten in einen Isolierraum (Kane, 1979). Die Effektivität dieser Behandlung ist davon abhängig, wieweit die Stereotypien für die Kinder nicht schon selbststimulierende Funktion haben und damit selbstverstärkend sind.

Ein kontingenter Entzug von Aufmerksamkeit hat bei einigen Kindern Erfolg, aber meist nur teilweise. Die autistischen Kinder sind oft, während sie ihren Stereotypien nachgehen, sozialen Reaktionen gegenüber wenig ansprechbar, so daß sie ein Ignorieren und Abwenden des Erwachsenen gar nicht zu bemerken scheinen.

Eine andere Form kontingenten Entzugs positiver Verstärkung stellt die sogenannte *Response-Cost-Methode* dar, bei der unmittelbar nach der Stereotypie ein den Kindern angenehmer Reiz (z. B. Musik) unterbrochen wird.

Eine weitere Form, Stereotypien zu unterdrücken, besteht darin, die Kinder, nachdem sie Stereotypien gezeigt haben, für einige Zeit festzuhalten, und zwar vor allem jene Körperteile, mit denen die Stereotypien ausgeführt wurden. Bei einzelnen Kindern kann es durch diese Methode zu einer anhaltenden Reduktion der Stereotypien kommen.

Auch die Methode der *Überkorrektur* ist zur Reduktion von Stereotypien bei autistischen Kindern erfolgreich eingesetzt worden. Prinzipiell kann man hier zwei verschiedene Arten unterscheiden, einmal die Restitution, das Wiedergutmachen des durch die negativen Handlungen bewirkten Schadens (also etwa das Aufwischen bei stereotypem Spucken) oder die positive Übung, bei der das Kind angehalten und manuell geführt wird, unmittelbar nach einer Stereotypie andere positive Handlungen auszuführen. Der Vorzug der Überkorrekturmethode besteht darin, daß nicht bloß unerwünschtes Verhalten unterdrückt, sondern daß es durch angemessenes Verhalten ersetzt wird. In der Durchführung dieser Methode ergeben sich aber oft Probleme, da sie die kontinuierliche Überwachung des Verhaltens der Kinder erfordert, und die Kinder rasch merken, ob die Situation und die Nähe des mit der Durchführung der Überkorrektur betrauten Erwachsenen die Anwendung dieser Methode ermöglicht.

In letzter Zeit sind verstärkt nicht-aversive Methoden zur Reduzierung von Stereotypien eingesetzt worden (LaVigna, 1987). Größere Erfahrung besteht vor allem mit der Verstärkung für kurze Zeitperioden, in denen die Autisten keine oder nur wenig stereotypes Verhalten zeigen (DRL – differential reinforcement of low rates of responding, DRO – differential reinforcement of other behavior). Solche Verfahren sind relativ leicht einzusetzen und bieten genügend Variationsmöglichkeit, um sie verschiedenen situativen Bedingungen anpassen zu können.

Aus der Erkenntnis heraus, daß Stereotypien bei autistischen Kindern als eine Form sensorischer Selbststimulation betrachtet werden können, wobei die durch die Stereotypien induzierten Reize das Verhalten verstärken, ergibt sich das Verfahren der sensorischen Extinktion. Wenn bei den Kindern individuell erfaßt wird, welche sensorischen Modalitäten diese Selbstverstärkung vermitteln, und versucht wird, die durch die Stereotypien induzierten Reize zu verhindern, so kommt es zu einer deutlichen Abnahme der Stereotypien (Rincover, 1978). Diese Unterdrückung der sensorischen Rückmeldung kann durch entsprechende Gestaltung der Umgebung geschehen (z. B. Flanelltücher auf Tischen, um die auditive Rückmeldung von kreiselnden Gegenständen zu verhindern).

Selbstkontrolle von Stereotypien. Eine neue Methode, um Stereotypien abzubauen, ist das Self-Management Treatment Package (Koegel & Koegel, 1990). Es handelt sich hierbei um eine Methode, bei der die autistischen Schüler lernen, ihre eigenen stereotypen Verhaltensweisen zu identifizieren, sich selbst zu beobachten, die Stereotypien zu diskriminieren und von angemessenem Verhalten abzugrenzen. Das Training verläuft in folgenden Einheiten:

Diskriminationstraining: Der Schüler lernt, sein Verhalten (stereotypes und angemessenes Verhalten) zu diskriminieren, indem der Trainer die Verhaltensweisen zunächst vormacht und mit Ausdrücken bezeichnet, die dem Schüler geläufig sind. Der Schüler sollte 80% der Verhaltensweisen richtig diskriminieren können, bevor die nächste Trainingseinheit begonnen werden kann. Für die Diskriminationsleistungen werden die Schüler fortlaufend oder intermittierend mit sozialen Verstärkern bekräftigt.

Einführung der Selbstverstärkung: Der Schüler wird aufgefordert, sich selber nach Intervallen ohne stereotypem Verhalten eine Belohnung zu geben (z. B. Tokens, die später gegen größere Belohnungen eingetauscht werden). Dies kann so ablaufen: Der Trainer sagt: „Zeig mir ‚Kein Flügeln' Fertig, los!" Dies ist der Start für das Zeitintervall (das mit Hilfe einer Uhr mit Alarmsignal angekündigt wird). Jedesmal wenn der Alarmton erklingt, werden die Schüler aufgefordert, die Self-Management Aktivitäten zu ergreifen. Nach Ablauf der Zeit sagt der Trainer: „Die Zeit ist um! Hast du geflügelt?" Nach einem Intervall, in dem kein stereotypes Verhalten aufgetreten ist, wird der Schüler verbal und wenn notwendig physisch bestärkt, ein Token in eine Dose zu werfen. Richtiges Registrieren von stereotypem Verhalten durch den Schüler – er kann sich keine Marke nehmen – wird ebenso verbal verstärkt.

Training von unabhängigem Self-management: Der Trainer reduziert nach und nach seinen Kontakt zum Schüler und vermindert die Gabe von „prompts" durch „fading out", indem er zuerst noch intermittierend eingreift, wenn der Schüler sein Verhalten nicht richtig registriert und dann gar nicht mehr eingreift. Die Schüler sind dann auf sich alleine gestellt und unabhängig.

In einer Studie von Koegel & Koegel (1990) mit 4 autistischen Schülern mit einem hohen Grad an Stereotypien zeigte sich, daß das stereotype Verhalten bis auf 0% abgebaut werden konnte und dieses Ergebnis bestehen blieb, wenn die Schüler weiterhin ihr Verhalten selbständig kontrollierten. Die Methode konnte auch in einer natürlichen Umgebung (z. B. im Park) erfolgreich angewandt werden.

Der Vorteil dieser Methode ist, daß sie wenig Trainerunterstützung erfordert und die Schüler in einem hohen Maße einbezieht. So ist sie nicht nur praktikabel, sondern hilft auch, Passivitätsprobleme zu überwinden, die sonst bei autistischen Kindern häufig auftreten (Koegel et al., 1989).

3.3.2. Therapeutische Ansätze bei anderen Verhaltensauffälligkeiten

Systematische Erfahrungen liegen außer für die Behandlung der Selbststimulation auch für therapeutische Interventionen bei zwanghaften, ritualistischen Verhaltensweisen vor (Howlin 1989, 1997). Dabei eignet sich vor allem die Methode der schrittweisen Variation und des allmählichen, gerade noch tolerierten Abweichens vom Ritual, um starre Verhaltensmuster, die die gesamte Familie stark einschränken können, abzuändern.

Zwanghaftes Verhalten tritt bei autistischen Kindern und Jugendlichen oft als Folge von Belastungen und Streß auf. Hier geht es einerseits darum, durch das Einüben von Entspannungstechniken den Kindern eine Möglichkeit zu vermitteln, mit diesen Belastungen umzugehen, andererseits die Belastungen zu reduzieren bzw. auf sie vorzubereiten und sie dadurch erträglicher zu machen. So stellen für autistische Kinder und Jugendliche Veränderungen in ihrer Umgebung sehr oft eine stärkere Belastung dar, auf die sie mit vermehrtem zwanghaftem Verhalten reagieren und auf die sie besonders vorbereitet werden müssen. Veränderungen sollten auch auf das von ihnen tolerierbare Maß eingeschränkt werden, um diese Belastungen möglichst gering zu halten (Howlin 1997).

3.4. Einbeziehung der Eltern

In fast allen neueren verhaltenstherapeutischen Programmen wird versucht, die Eltern in die Therapie ihrer autistischen Kinder miteinzubeziehen und sie damit in ihrer Rolle als Erzieher besonders zu unterstützen. Dies scheint aus mehreren Gründen sinnvoll:
• Autismus ist nicht auf das erzieherische Fehlverhalten der Eltern zurückzuführen,

daher können wir annehmen, daß die Eltern die Fähigkeiten normaler Eltern für die Erziehung und Betreuung von Kindern mitbringen.
- Die Einbeziehung der Eltern in die spezielle Förderung ist wichtig, weil die Therapie und das Training autistischer Kinder möglichst frühzeitig beginnen sollten.
- Die Therapie autistischer Kinder kann nicht auf wenige Stunden in der Woche beschränkt werden, vielmehr müssen die Ansätze, die den Kindern zu einer Verbesserung ihres Verständnisses der Umwelt und zu einer Verbesserung ihrer Kommunikation verhelfen können, in einer Vielzahl von Situationen aufgegriffen werden. Die in der Therapie erreichten Fortschritte generalisieren nicht ohne weiteres auf jene Situationen, in denen die Kinder mit ihren Eltern zusammen sind (Koegel et al., 1982). Therapiefortschritte führen nur dann zu einer anhaltenden Verbesserung, wenn das Gelernte auch außerhalb und nach Abschluß der Therapie in einer den Kindern bekannten Form angewandt wird. Wird diese Generalisation nicht erreicht, so kommt es sehr rasch zum Verlernen des bereits Erreichten.
- Die Eltern sind jene Personen, zu denen autistische Kinder im allgemeinen das größte Vertrauen haben, und die durch ihre genaue, jahrelange Kenntnis der Kinder am ehesten die Möglichkeit haben, sie zu motivieren. Dies soll nicht heißen, daß eine vertrauensvolle Beziehung zu anderen Erwachsenen für autistische Kinder keinen Wert hat. Vor allem für die Entwicklung älterer autistischer Kinder und Jugendlicher dürfte eine verständnisvolle, sensibel auf ihre Probleme reagierende therapeutische Interaktion sehr bedeutsam sein. Allerdings dürfte dies eher für Autisten mit sprachlichen Fähigkeiten und guter intellektueller Begabung gelten.
- Es wurde wiederholt beobachtet, daß sich autistische Kinder besonders ungünstig entwickeln, wenn sie in großen Institutionen untergebracht werden. Durch die Unterstützung der Eltern und ihre Einbeziehung in die Therapie soll eine Heimunterbringung der Kinder vermieden werden.

Wesentlich für die Förderung autistischer Kinder ist somit eine frühzeitige Einbeziehung der Eltern in die Therapie, wobei ihre Bemühungen durch Psychologen, Pädagogen und Kinderpsychiater unterstützt werden sollten. Dies kann auf verschiedene Weise erfolgen. Entweder werden die Eltern durch ein ambulantes Team von Psychologen zu Hause in verschiedene Behandlungsmethoden eingeführt und beraten, wie dies etwa von der Maudsley-Gruppe (Hemsley et al., 1978) demonstriert wurde. Alternativ kann die Behandlung in der Klinik begonnen werden, wobei die Eltern frühzeitig in die Behandlung eingewiesen werden und die Fördermaßnahmen nach Abschluß der Behandlung im Zentrum fortführen (Koegel et al., 1982).

Die Arbeit mit den Eltern hat zwei Schwerpunkte. Einmal sollen die Eltern täglich kurze Zeit für den planmäßigen Unterricht kommunikativer und sozialer Fähigkeiten reservieren. Zum anderen ist es sinnvoll, für die von den Eltern als wesentlich angesehenen Schwierigkeiten gemeinsam mit ihnen eine detaillierte Verhaltensanalyse durchzuführen und darauf aufbauend ein Behandlungsplan zu entwickeln, in dem neben dem gezielten Einsatz von Verstärkung und Aufmerksamkeitsentzug auch andere Techniken zur Anwendung kommen können, wie systematische Desensibilisierung bei Ängsten, allmähliche Änderung der Umgebung bei zwanghaftem Bestehen auf Unverändertheit. Außerdem ist es wichtig, den Eltern zu raten, die Kinder nicht in ihrer Tendenz zur Selbstisolation zu respektieren, sondern gezielt in ihre einzelgängerischen Aktivitäten einzugreifen. Von besonderer Bedeutung ist es, daß die Eltern die Notwendigkeit von Konsequenz und Konsistenz im Verhalten den Kindern gegenüber einsehen.

Die Eltern sollten in der Therapie als echte Partner akzeptiert werden. Dies bedeutet, daß den Eltern die Gelegenheit gegeben wird, die therapeutischen Bemühungen zu beobachten, es schließt aber auch sonst eine große Offenheit den Eltern gegenüber ein. So gehört es etwa zu den Grundsätzen des TEACCH-Programms (eines der wegweisenden, umfassenden Behandlungsprogramme in den USA, siehe Schopler, 1997), daß die Eltern in alle Unterlagen Einsicht nehmen können. Eltern sollten darüber hinaus auch als eine Quelle der Anregung für die Therapie betrachtet werden. Sie können ihre Beobachtungen beisteuern, neue Möglichkeiten erschließen, wie mit den Kindern gearbeitet werden kann, und ihr Wissen an die Therapeuten weitergeben, sodaß die Therapeuten auch von den Eltern lernen können (für eine Zusammenstellungen von Problemlösungen, die von den Eltern erarbeitet wurden, siehe etwa Schopler, 1995).

Die Einbeziehung der Eltern ist nicht nur wegen der größeren Effektivität der Förderung anzustreben, sondern hat auch den Sinn, die Eltern zu entlasten, da sie oft das Gefühl haben, die Kinder nicht zu verstehen, und ihnen nicht angemessen helfen zu können. Im Rahmen der Therapie gewinnen Eltern ein neues Verständnis für ihr autistisches Kind und ihre Hilflosigkeit wird abgebaut oder zumindest verringert.

Die Einbeziehung der Eltern als Co-Therapeuten ihrer Kinder birgt aber auch die Gefahr in sich, daß die Elternrolle auf die Therapeutenrolle reduziert wird (Innerhofer und Warnke, 1983). So ist bei der Einbeziehung der Eltern in die Therapie stets auf die gesamte Familie zu achten, wobei die optimale Förderung des autistischen Kindes nur ein Gesichtspunkt unter vielen sein darf. Um zu einer langfristigen, für die Eltern zufriedenstellenden Zusammenarbeit zu gelangen, müssen die Anliegen der Familie stets im Vordergrund stehen. Howlin (1989) rät zurecht, von jenen Anliegen auszugehen, die für die Eltern eine hohe Priorität haben, auch wenn diese Anliegen für die Gesamtentwicklung des Kindes aus der Sicht des Therapeuten nur eine untergeordnete Bedeutung haben.

3.5. Maßnahmen zur Förderung der Integration

Da Autismus nicht geheilt werden kann, steht der Umgang mit dieser Störung stärker im Vordergrund. Zur Unterstützung der Integration in den verschiedenen Lebensphasen sind eine Reihe verhaltenstherapeutischer Maßnahmen entwickelt worden.

3.5.1. Vorschulische und schulische Betreuung

Die Wirksamkeit von Fördermaßnahmen bei autistischen Kindern ist in besonderem Maße von einem frühen Einsetzen abhängig. Die wenigen Berichte, die von großen Fortschritten geförderter autistischer Kinder sprechen, beziehen sich alle auf autistische Kinder, bei denen die Förderung zwischen dem 2. und 4. Lebensjahr begonnen hat (Loovas, 1987; Simeonsson et al., 1987). Neben intensiver Einzeltherapie, Anleitung und Beratung der Eltern ist dabei die Einbeziehung anderer Kinder ein wichtiges Moment. Eine integrative Betreuung im Kindergarten ist daher auch für autistische Kinder spezialisierten Sonderkindergartengruppen vorzuziehen (Strain et al., 1986).

Schulische Betreuung. Die schulische Betreuung autistischer Kinder stellt ein Problem dar, auf dessen Bewältigung das Schulsystem nur ungenügend vorbereitet ist. Die Vielzahl und die große Variabilität der Schwierigkeiten von Kind zu Kind macht es notwendig, den Erziehungsplan individuell auf die einzelnen Kinder abzustimmen. Ihre Tendenz zur Selbstisolierung, die Schwierigkeiten im Sozialkontakt und zum Teil auch ihr auffälliges und störendes Verhalten stellen große Probleme bei der Integration der Kinder in einen Klassenverband dar. Daraus ergibt sich einerseits, daß es notwendig ist, besondere Organisationsformen für die Erziehung und den Unterricht dieser Kinder zu entwickeln, die ein individuelles Eingehen auf die Kinder ermöglichen. Erforderlich sind zunächst sicherlich kleinere Klassengrößen als dies sonst im Schulsystem, auch im Sonderschulbereich, üblich ist. Mit ein Grund für diese Forderung ist die Beobachtung, daß autistische Kinder durch zunehmende Gruppengröße und den Anstieg der möglichen Interaktionen stärker überfordert werden als andere behinderte Kinder.

In den meisten Fällen ist eine besondere Vorbereitung autistischer Kinder auf die Anforderungen des schulischen Unterrichts unbedingt erforderlich.. Dabei ist einmal auf das Erlernen einer bestimmten Arbeitshaltung zu achten: ruhig zu sitzen, vorgelegte Lernmaterialien zu beachten und Arbeitsaufforderungen nachzukommen. Zudem ist es oft nötig, mit den Kindern ähnliche Aufgaben schon vorher zu üben, damit sie mit den besonderen Anforderungen der Aufgabenstellung in der Klasse zurechtkommen.

Von besonderer Bedeutung ist die Reduktion störender Verhaltensweisen. Autistische Kinder können in der Schule umso besser gefördert werden, je weniger sie durch ihr Verhalten andere Kinder stören und je weniger ihre eigene Aufmerksamkeit durch selbststimulierendes Verhalten beeinträchtigt wird. Der Abbau störender Verhaltensweisen stellt auch eine Voraussetzung für die Akzeptanz autistischer Kinder durch Klassenkameraden und für das Initiieren von Interaktionen mit diesen Kindern dar.

Für die Bewältigung dieser Aufgaben sind besondere Rahmenbedingungen notwendig, deren wichtigste wir kurz anführen wollen:
- Eine enge Zusammenarbeit der Schule mit dem Elternhaus, so daß die Eltern ihre Erfahrungen einbringen können. Eltern sollten dabei auch Einfluß auf die Festlegung des individuellen Erziehungsplans nehmen können.
- Zusätzliche Betreuung der autistischen Kinder in kleinen Gruppen bzw. in Einzelförderung während einiger Stunden pro Woche.
- Begleitung der schulischen Erziehung durch eine klinisch orientierte Institution (die die Vorbereitung der Kinder übernimmt, bei der Diagnostik und der Entwicklung individueller Erziehungspläne behilflich ist und die Lehrer berät und fortbildet).

Spezielle schulische Einrichtungen für autistische Kinder können manche Vorteile bieten. Sie ermöglichen es, daß sich einige Lehrer mit den besonderen Schwierigkeiten dieser Kinder intensiv auseinandersetzen und so Erfahrung in geeigneten Unterrichtsstrategien sammeln. In derartigen Einrichtungen ist auch eine Kontinuität in der Betreuung gewährleistet, die eine intime Kenntnis und damit ein individuelles Eingehen auf jedes einzelne Kind ermöglicht. Erforderliche therapeutische Angebote sind auf diese Art leichter zu organisieren.

Diesen Vorteilen stehen allerdings eine Reihe von Nachteilen gegenüber. Der wichtigste Einwand gegen die Unterrichtung autistischer Kinder in Sonderschulen liegt darin, daß diese Segregation eine Absonderung vorbereitet, die das gesamte weitere Leben autistischer Kinder bestimmen kann. Wenn autistische Kinder nicht bereits während der Schulzeit lernen, in der Gemeinschaft mit nicht-behinderten Kindern zurechtzukommen, werden sie später als Jugendliche und Erwachsene unüberwindliche Schwierigkeiten damit haben. Gleichzeitig wird auch den nicht-behinderten Kindern die Möglichkeit genommen, sich auf die besondere Eigenart autistischer Menschen einzustellen (Innerhofer & Klicpera, 1991; Mesaros & Donnellan, 1987). Nicht-behinderte Kinder können zudem als Modell für angemessenes Sozial- und Spielverhalten dienen und die autistischen Kinder direkt unterstützen, sich in gemeinsame Interaktionen einzubringen.

Berichte zeigen, daß sich der gemeinsame Unterricht von autistischen und nicht-behinderten Kindern bewährt hat. Als organisatorisches Modell dient vielfach die kooperative Klasse, in der in flexibler Weise zu gewissen Zeiten die autistischen Kinder getrennt von den übrigen, nicht-behinderten Kindern, zu anderen Zeiten mit ihnen gemeinsam unterrichtet werden.

3.5.2. Arbeitseingliederung, Hilfen beim Wohnen und der Freizeitgestaltung

Heute werden viele erwachsene behinderte Menschen in Werkstätten für Behinderte beschäftigt. Autisten sind in dieser Umgebung gelegentlich überfordert, da viele Aktivitäten wenig strukturiert sind (Hayes, 1987). In einigen Werkstätten sind daher mit gutem Erfolg spezielle Programme für Autisten initiiert worden, die über Zeichensysteme auch eine Strukturierung des Tagesablaufs für Autisten mit einem geringen Sprachverständnis ermöglichen.

In den letzten Jahren haben die verstärkten Bemühungen um eine Arbeitseingliederung behinderter Menschen auch einer größeren Anzahl autistischer Erwachsener den Zugang zu unterstützten Arbeitsplätzen in regulären Betrieben ermöglicht. Voraussetzung ist dabei in vielen Fällen eine kontinuierliche Betreuung durch einen Arbeitseingliederungshelfer oder Job-Coach (Klicpera & Innerhofer, 1991; Smith, 1990). Dieser Eingliederungshelfer übernimmt einen Teil der Anleitung für die Tätigkeiten am Arbeitsplatz und unterstützt die betreuten Arbeitnehmer sowohl bei den Kontakten mit Mitarbeitern und Management, wie auch beim Aufrechterhalten einer angemessenen Genauigkeit und Arbeitsproduktivität. Auch hier ist das systematische Vorgehen der Verhaltenstherapie hilfreich, der Einsatz und das Ausblenden abgestufter Hilfestellungen sowie die Bekräftigung angemessenen Verhaltens (Smith, 1990). Manche Tätigkeiten erscheinen als Arbeitsplätze für autistische Erwachsene auch bei schwerwiegenderer Behinderung besonders geeignet. Dies gilt etwa für die Tätigkeit des Regalbetreuers, Verpackungs- und Lagerarbeiten. Autisten mit ausreichender verbaler Begabung haben sich unter anderem bei Bürotätigkeiten und in Bibliotheks- und Archivarbeiten bewährt (Smith, 1990).

Förderprogramme können die Möglichkeiten zu einer selbständigen Lebensführung im Wohnbereich und die Fähigkeit zur Teilnahme am Leben der Gemeinschaft (z. B. Benutzung öffentlicher Verkehrsmittel, Teilnahme an Freizeitveranstaltungen und Veranstaltungen der Erwachsenenbildung) weiter erhöhen (Smith, 1990). Große Flexibilität ist jedoch nötig, dies umso mehr, als man zurecht allmählich von dem Konzept gestufter Wohneinrichtungen mit einem unterschiedlichen Grad an Selbständigkeit der Bewohner abkommt, um statt dessen in kleinen Wohneinrichtungen jedem Bewohner so viel Unterstützung zu geben, wie er benötigt.

4. Evaluation und Ausblick

Verhaltenstherapeutische Interventionen haben zu einer realen Verbesserung der Situation autistischer Kinder geführt. Diese Erfolge sind – wie es der Tradition der Verhaltenstherapie entspricht – gut dokumentiert. Zwar wurde gelegentlich eingewandt, die dokumentierten Veränderungen im Verhalten wären weniger deutlich, als die Dokumentationen nahelegten. Bemühungen um eine Validierung der sozialen Bedeutsamkeit erzielter Verhaltensänderungen haben jedoch gezeigt, daß die Erfolge sowohl von den Eltern wie von den Kindern der gleichen Altersstufe wie auch von den behandelten autistischen Kindern für bedeutsam gehalten werden und zu einer größeren Akzeptanz der autistischen Kinder führen.

4.1. Aufbau von sprachlicher Kommunikation

Bewertung der klassischen verhaltenstherapeutischen Sprachaufbauprogramme. Obwohl verhaltenstherapeutischen Sprachaufbauprogrammen bei autistischen Kindern ein gewisser Erfolg nicht abgesprochen werden darf, erwies sich ihre Wirksamkeit als begrenzt (Howlin, 1981), und zwar vor allem dann, wenn der Sprachentwicklungsstand der Kinder zu Beginn der Behandlung gering ist, wenn die Kinder vor Beginn der Therapie stumm waren oder sehr wenig Sprache verwendeten. In diesen Fällen scheinen die erreichbaren Fortschritte auch bei intensiven Bemühungen gering zu sein. Ein Viertel dieser Kinder bleibt weiterhin stumm, mehr als die Hälfte von ihnen erlernt nur, einzelne Gegenstände zu benennen. Ein deutlicher Erfolg ist nur dann zu erzielen, wenn die Kinder bereits vor Beginn der Behandlung wenigstens Gegenstände benannt hatten, und vor allem dann, wenn sie eine Tendenz zum Echolalieren zeigen, Sprache also imitieren können.

Nicht nur der aktive Sprachgebrauch, auch das Sprachverständnis hat einen entscheidenden Einfluß auf die Wirksamkeit der Therapie. Je geringer das Sprachverständnis vor der Behandlung ist, desto unwahrscheinlicher ist es, daß die Sprachentwicklung der Kinder durch ein Sprachaufbauprogramm deutliche Fortschritte macht. Diese Voraussetzungen gelten aber auch für den Entwicklungsstand in anderen Bereichen. Nur wenn die Kinder die Fähigkeit zu einem gewissen Verständnis sozialer Interaktionen erkennen lassen, scheint ein Sprachaufbau durch systematische Übungen möglich zu sein.

Lovaas (1987) berichtet jedoch von deutlichen Erfolgen verhaltenstherapeutischer Sprachaufbauprogramme, die dann möglich sind, wenn autistische Kinder sehr früh (beginnend noch vor dem 4. Lebensjahr) und intensiv behandelt werden. In dieser Studie wurden 19 autistische Kinder über 2 Jahre 40 Stunden wöchentlich in Einzelsitzungen gefördert. Bei Nachuntersuchungen mit 7 Jahren und in der Adoleszenz wies etwa die Hälfte einen normalen Entwicklungsstand auf. In zwei Kontrollgruppen hingegen, die zu Beginn einen ähnlich stark beeinträchtigten Entwicklungsstand aufgewiesen hatten wie die Kinder der Therapiegruppe, bei denen jedoch keine intensive Behandlung möglich war, zeigte sich die üblicherweise beobachtete ungünstige Prognose autistischer Kinder. Nur 2% hatten hier bei der Nachuntersuchung einen normalen kognitiven Entwicklungsstand erreicht.

Bisher ist keine Replikation dieser Erfolge bekannt geworden und solange dies aussteht, fällt eine Bewertung der Ergebnisse schwer, weshalb die Untersuchung auch mit relativ großer Zurückhaltung aufgenommen wurde (z. B. Howlin, 1989).

Kritik an den verhaltenstherapeutischen Sprachaufbauprogrammen. In den letzten Jahren ist an den klassischen verhaltenstherapeutischen Sprachaufbauprogrammen vielfach Kritik geübt worden und in der Tat scheinen einige Elemente dieser Programme fragwürdig zu sein.

- Kritisiert wird vor allem, daß bei den Sprachaufbauprogrammen unmittelbar jene Formen als Lernziele gewählt werden, die für die Kommunikation als wesentlich erachtet werden. Es wird nicht untersucht, ob die Kinder die kognitiven Voraussetzungen für ihren Gebrauch mitbringen.
- Die Formulierung konkreter Lernziele hat in vielen verhaltenstherapeutischen Sprachaufbauprogrammen auch dazu geführt, daß Syntax, Semantik und Pragmatik isoliert unterrichtet werden, obwohl erst das Zusammenspiel dieser Elemente den sinnvollen Gebrauch der Sprache ermöglicht. Die verhaltenstherapeutischen Sprachaufbauprogramme konzentrieren sich auch zu sehr auf den Unterricht bestimmter syntaktischer Strukturen und Regeln, ohne den Kontext und den Mitteilungswert der Äußerungen für die Kinder zu beachten.
- In den Therapien wird häufig kein echter Anreiz zur Benutzung der Sprache gegeben, da die Informationen meist schon beiden Interaktionspartnern zugänglich sind und sie daher nicht wirklich auf eine sprachliche Mitteilung angewiesen sind. Es wird auch darauf hingewiesen, daß die Verstärkung sprachlicher Äußerungen aus der Kommunikation kommen sollte, und daß lebensnahe, d. h. auch im Alltagsleben der Kinder vorhandene Anreize zur Kommunikation gegeben sein sollten. Wenn solche Anreize im Sprachtraining nicht vorhanden sind, kommt es nicht zur Anwendung des Gelernten außerhalb der Therapie. Das von den Verhaltenstherapeuten immer wieder notierte Problem der Generalisation der Trainingserfolge scheint somit teilweise eine Folge der Vorgangsweise beim Sprachaufbautraining zu sein. Diese Probleme lassen sich nur vermeiden, wenn die Sprache in natürlichen Sprechsituationen gelernt wird.

Von Verhaltenstherapeuten wurde oft die Ansicht vertreten, daß die Beziehung zwi-

schen einem Verstärker und dem zu verstärkenden Verhalten arbiträr sein kann. Dagegen erscheint heute gesichert, daß das Lernen einer Reaktion viel rascher erfolgt, wenn eine natürliche Beziehung zwischen Reaktion und den verstärkenden Ereignissen besteht (Innerhofer & Klicpera, 1988). Wird ein Verstärker willkürlich gewählt, ergibt sich außerdem die Gefahr, daß durch die Verstärkung die Sprechsituation als Kommunikationsvorgang zerstört werden kann.
- Da es für verhaltenstherapeutische Sprachaufbauprogramme wesentlich ist, daß die Kinder die jeweils zu lernenden sprachlichen Reaktionen zeigen, damit diese verstärkt werden können, setzen diese Programme in erster Linie die Imitation als Lernmedium ein. Kritisch erscheint dabei, daß das Verlangen einer Imitation und einer Annäherung an bestimmte Wörter und Konstruktionen ebenfalls den Kommunikationsvorgang stören kann, indem die Aufmerksamkeit mehr auf die Wörter als auf die Mitteilung gerichtet wird.
- Inhaltlich gesehen versucht der Verhaltenstherapeut, beim Kind Handlungselemente auf der Grundlage motorischer Repräsentation aufzubauen. Das heißt, das Kind lernt zu reagieren, ohne eine Vorstellung davon zu haben, daß die Reaktionen Teile eines sinnvollen Ganzen sind. Damit sind den Bemühungen der klassischen Verhaltenstherapie enge Grenzen gesetzt.

Wirksame Elemente der klassischen verhaltenstherapeutischen Sprachaufbauprogramme. Die an den Lerntheorien orientierte Verhaltenstherapie führt ihre Erfolge auf die Lernprinzipien zurück, wobei dem Prinzip der positiven Bekräftigung eine Vorrangstellung zukommt. Ein wesentliches Merkmal der verhaltenstherapeutischen Sprachaufbauprogramme liegt jedoch auch darin, wie die Verhaltenstherapeuten die therapeutische Situation gestalten. Das Verhalten des Therapeuten ist sparsam und völlig strukturiert, so daß es mit einer geringen Anzahl von Regeln beschrieben werden kann. Die Anforderungen an das Kind passen sich seinem Vermögen an, und neue Verhaltensweisen werden in kleinsten Schritten aufgebaut. In dieser Gestaltung der Therapiesituation sehen wir eine wichtige Unterstützung für das autistische Kind, Ordnungsstrukturen mit Hilfe der Sprache ohne Vorstellung aufzubauen. Es wird Überforderung durch zu komplexe Strukturen vermieden, und die Regelmäßigkeit hilft den Kindern zusätzlich, Ordnung aufzubauen.

Evaluation neuerer Ansätze in der Sprachtherapie. Für die neuen Ansätze in der Sprachtherapie, die sich stärker an psycholinguistischen Sprachentwicklungstheorien orientieren und die Einbettung der Intervention in natürliche Kommunikationssituationen betonen, liegen mittlerweile mehrere evaluative Untersuchungen vor (für eine Übersicht siehe Koegel, 1995; Prizant et al., 1997). Diese Untersuchungen belegen, daß die traditionelle Vorgehensweise der Verhaltenstherapie gegenüber Therapieansätzen, die sich stärker am spontanen Verhalten des Kindes und den natürlichen Konsequenzen einer Interaktion orientieren, weniger effektiv ist (Koegel et al., 1987). In der Untersuchung von Koegel et al. (1987) lernten autistische Kinder bei einem traditionellen Sprachunterricht nach verhaltenstherapeutischen Prinzipien auch bei ausgedehnter Übung (19 Monate) kaum sprachliche Äußerungen, die sie außerhalb der Therapiesitzungen verwendeten, während der natürliche Sprachunterricht bei den gleichen Kindern zu einem deutlichen Erfolg führte.

4.2. Aufbau sozialer Verhaltensmuster

Eine Reihe gut kontrollierter Studien belegen die positiven Auswirkungen eines Trainings sozialer Fertigkeiten bei autistischen Kindern. Vor allem ein Training im Kontext der sozialen Gruppe und unter Einbeziehung nicht-behinderter Kinder kann zu einer deutlichen Verbesserung ihres Sozialverhaltens beitragen (z. B. Krantz & McClannahan, 1993; Strain et al., 1994).

Auch die Erfahrungsberichte über die Durchführung von Therapieprogrammen zum Aufbau sozialer Verhaltensmuster bei autistischen Kindern und Jugendlichen belegen, daß nach Fremdeinschätzungen das Sozialverhalten über einen längeren Zeitraum hinweg (1–2 Jahre) bei fast allen Teilnehmern deutlich angepaßter (Williams 1989) wurde. Außerdem zeigen Video-Aufnahmen der Rollenspiele Verbesserungen in der Gesprächsführung (Mesibov, 1986). Nicht zuletzt kann als Erfolg gelten, daß die Kinder an diesen Gruppen gern teilnehmen und dafür auch größere Anfahrtswege in Kauf nehmen.

4.3. Abbau störender Verhaltensweisen

Eine umfangreiche Literatur belegt die Wirksamkeit von Maßnahmen zum Abbau störender Verhaltensweisen bei autistischen Kindern, Jugendlichen und Erwachsenen (Kane, 1979; Durand, 1990; Carr et al., 1994). Der Einsatz von spezifischen Methoden zur Reduktion störender Verhaltensweisen ist jedoch nach wie vor – wie wir am Beispiel der Stereotypien gezeigt haben – ein umstrittenes Thema. Insgesamt kann man feststellen, daß die Behandlung von Stereotypien, aber auch von anderen störenden Verhaltensweisen, vor allem bei älteren und geistig behinderten autistischen Kindern, keine leichte Aufgabe ist, da diese Verhaltensweisen meist schon seit Jahren bestehen. Therapien bewirken vielfach nur, daß sich die störenden Verhaltensweisen vorübergehend auf einem niedrigeren Niveau einpendeln. Eine Weiterentwicklung der Therapieansätze wäre hier unbedingt nötig.

4.4. Einbeziehung der Eltern

Die Ansicht, daß autistische Kinder am besten gefördert werden, wenn die Eltern frühzeitig in die Therapie der Kinder miteinbezogen und ihre Bemühungen durch Psychologen, Pädagogen und Kinderpsychiater unterstützt werden, kann sich auf eine Reihe empirischer Befunde stützen. Der eindeutigste Beleg stammt aus den Arbeiten der Maudsley-Gruppe. Diese Arbeitsgruppe (Hemsley et al., 1978) hat Eltern autistischer Kinder durch ein ambulantes Team von Psychologen zu Hause in verschiedene Behandlungsmethoden eingeführt und beraten. Im Vordergrund stand die Anleitung der Eltern zur systematischen Förderung der Sprachentwicklung und zur Hilfe beim Aufbau sozialer Interaktionen sowie die Anleitung zur Verhaltensmodifikation unangemessener und störender Verhaltensweisen. Die Autoren verglichen eine Gruppe von Eltern, die auf diese Weise längere Zeit (sechs Monate) in der Förderung ihrer Kinder unterwiesen wurde, mit einer Kontrollgruppe von Eltern, für die dieses Behandlungsangebot nicht gemacht werden konnte. Durch systematische Beobachtung und Testung der Kinder wurden Unterschiede in der Entwicklung während der sechs Monate sowie während eines weiteren Jahres, in dem keine Betreuung der Eltern mehr erfolgte, erfaßt. Dabei zeigte sich, daß die autistischen Kinder der betreuten Eltern in den sechs Monaten deutliche Fortschritte in der sozialen Kommunikation gemacht hatten. Der Prozentsatz der sozialen Äußerungen hatte zugenommen, der Anteil an echolalischen und abnormalen Äußerungen abgenommen. Außerdem war es zu einer Zunahme im sinnvollen Umgang mit Spielgegenständen um fast das Doppelte gekommen und zu einer Halbierung der Stereotypien und Rituale. In diesen Bereichen waren in der Kontrollgruppe während der sechs Monate keine Änderungen aufgetreten.

Die Änderungen im Verhalten der autistischen Kinder ließen sich – wie systematische Beobachtungen in den Familien zeigten – auf ein geändertes Erziehungsverhalten der betreuten Eltern zurückführen. Diese Eltern beschäftigten sich aktiver mit den Kindern, richteten mehr verbale Stellungnahmen an die Kinder und setzten auch öfters Gesten zur Unterstützung ihrer Mitteilungen ein. Sie gaben mehr Hilfestellungen und mehr unmittelbare Rückmeldungen. An dem Sprechverhalten der Eltern war nicht nur die Zunahme der an die Kinder gerichteten Äußerungen auffällig, sondern auch, daß sich die Eltern nun öfters direkt auf das bezogen, was die Kinder gerade gesagt hatten, Fragen dazu stellten, es korrigierten etc.

Der Unterschied zur Kontrollgruppe war vor allem im Verhalten der autistischen Kinder auch nach einem weiteren Jahr deutlich erkennbar, obwohl der Fortschritt in dieser Zeit geringer war als in den ersten sechs Monaten der Betreuung. Besonders deutlich zeigte sich dies in einer Abnahme von Problemverhaltensweisen und einer Zunahme sozialen Kontaktverhaltens.

4.5. Maßnahmen zur Förderung der Integration

Eine Bewertung der integrativen Unterrichtsmodelle für das Vorschul- und Schulalter ist derzeit noch immer schwer möglich. Es gibt Hinweise darauf, daß autistische Kinder bei einer integrativen Beschulung größere Fortschritte in ihrem Sozialverhalten und zum Teil auch in der sprachlichen Entwicklung machen als bei getrenntem Unterricht in der Sonderschule bzw. in Sonderkindergärten (Harris & Handleman, 1997). Es muß jedoch bedacht werden, daß diese Fortschritte nur bei einem besonderen Bemühen um eine Förderung der Interaktionen zwischen den autistischen und den nicht-behinderten Kindern erzielt werden können und daß die nicht-behinderten Kinder auf die Anforderungen der Interaktion mit den autistischen Kindern vorbereitet werden müssen. Beim derzeitigen Wissensstand wird man sich wohl der Empfehlung anschließen müssen, die Form der Beschulung vom Entwicklungsstand und den besonderen Fähigkeiten des autistischen Kindes sowie den konkret verfügbaren Alternativen abhängig zu machen.

Berichteten vor einigen Jahren noch viele Nachuntersuchungen über die Entwicklung autistischer Kinder, daß ein beträchtlicher Teil der Autisten als Erwachsene zu chronischen Patienten in psychiatrischen Krankenhäusern oder in Anstalten für geistig Behinderte wurden, so scheint dies heute bei geeigneter Förderung in den meisten Fällen vermeidbar. Auch schwerer behinderte Autisten können bei geeigneter Förderung ein wenigstens teilweise selbständiges Leben in gemeinwesenintegrierten Wohneinrichtungen oder bei ihren Angehörigen führen (Smith 1990).

4.6. Ausblick

In den letzten Jahrzehnten ist an vielen Orten ein Netz an Betreuungseinrichtungen für autistische Kinder und Jugendliche entstanden, das gewährleistet, daß immer mehr autistische Kinder von therapeutischen Bemühungen profitieren können. Aufgabe der nächsten Jahre wird es sein, das sich vertiefende Verständnis für die Schwierigkeiten autistischer Kinder zu nutzen und therapeutische Ansätze weiterzuentwickeln, die speziell auf diese besonderen Schwierigkeiten zugeschnitten sind.

Literatur

Baron-Cohen, S. (1989): The autistic child's theory of mind: A case of specific developmental delay. Journal of Child Psychology and Psychiatry, 30, 285–297

Baron-Cohen, S. (1993): From attention-goal psychology to belief-desire psychology: the development of a theory of mind, and its dysfunction. In: S.Baron-Cohen, H. Tager-Flusberg & D. J. Cohen (Hrsg.) Understanding other minds: Perspectives from autism. Oxford: Oxford University Press

Baron-Cohen, S., Allen, J. & Gillberg, C. (1992): Can autism be detected at 18 months? The needle, the haystack, and the CHAT. British Journal of Psychiatry, 161, 839–843

Baron-Cohen, S., Cox, A., Baird, G., Sweettenham, J., Nightingale, N., Morgan, K., Drew, A. & Charman, T. (1996): Psychological markers in the detection of autism in infancy in a large population. British Journal of Psychiatry, 168, 158–163

Baumeister, A. A. (1978): Origins and control of stereotyped movements. In: C. E. Meyers (Hrsg.): Quality of life for severely and profoundly retarded people. Research foundations for improvement, Series 3. American Academy for Mental Deficiency

Blank, M. & Milewski, J. (1981): Applying psycholinguistic concepts to the treatment of an autistic child. Applied Psycholinguistics, 2, 61–64

Bloom, L. & Lahey, M. (1978): Language development and language disorders. New York: J. Wiley

Bonvillian, J. D., Nelson, K. D. & Rhyne, J. M. (1981): Sign language and autism. Journal of Autism and Developmental Disorders, 11, 125–137

Bregman, J. D. & Gerdtz, J. (1997): Behavioral interventions. In: D. J. Cohen & F. R. Volkmar (Hrsg.) Handbook of autism and pervasive developmental disorders. 2.nd. Edit. New York: J. Wiley

Brothers, L. & Ring, B. (1992): A neuroethological framework for the representation of minds. Journal of Cognitive Neuroscience, 4, 107–118

Bryson, S. E. (1997): Epidemiology of autism: Overview and outstanding issues. In: D. J. Cohen & F. R. Volkmar (Hrsg.) Handbook of autism and pervasive developmental disorders. 2.nd. Edit. New York: J. Wiley

Carr, E. G. (1977): The motivation on self-injurious behavior: A review of some hypotheses. Psychological Bulletin, 84, 800–816

Carr, E. G., Robinson, S. & Palumbo, L. W. (1994): The wrong issue: Aversive versus nonaversive treatment. The right issue: Functional versus nonfunctional treatment. In: A. C. Repp & N. N. Singh (Hrsg.) Perspectives on the use of nonaversive and aversive interventions for persons with developmental disabilities. Sycamore, IL: Sycamore

Courchesne, E., Townsend, J., Akshoomoff, N. A., Yeung-Courchesne, R., Lincoln, A., James, H., Saitoh, O., Haas, R. & Schreibman, L. (1994): A new finding: Impairment in shifting attention in autistic and cerebellar patients. In: S. H. Broman & J. Grafman (Hrsg.) Atypical cognitive deficits in developmental disorders: Implications for brain function. Hillsdale, N. J.: L. Erlbaum

Dawson, G. & Galpert, L. (1986): A developmental model for facilitating the social behavior of autistic children. In: E. Schopler & G. B. Mesibov (Hrsg.) Social behavior in autism. New York und London: Plenum Press

Durand, V. M. (1990): Severe behavior problems: A functional communication approach. New York: Guilford Press

Frith, U. (1989): Autism: Explaining the enigma. Oxford: Basil Blackwell.

Garfin, D. G. & Lord, C. (1986): Communication as a social problem in autism. In: E. Schopler & G. B. Mesibov (Hrsg.) Social behavior in autism. New York und London: Plenum Press

Guess, D., Helmstetter, E., Turnbull, H. R. III, & Knowlton, S. (1986): Use of aversive procedures with persons who are disabled: An historical review and critical analysis. Seattle: The Association for Persons with Severe Handicaps

Hadwin, J., Baron-Cohen, S., Howlin, P. & Hill, K. (1996): Can we teach children with autism to understand emotions, belief, or pretence? Development and Psychopathology, 8, 345–365

Haring, T. G. & Breen, C. G. (1992): A peer-mediated social network intervention to enhance the social integration of persons with moderate and severe disabilities. Journal of Applied Behavior Analysis, 25, 319–333

Harris, S. L. (1975): Teaching language to nonverbal children – with emphasis on problems of generalization. Psychological Bulletin, 82, 565–580

Harris, S. L. & Handleman, J. S. (1997): Helping children with autism enter the mainstream. In: D. J. Cohen & F. R. Volkmar (Hrsg.) Handbook of autism and pervasive developmental disorders. 2.nd. Edit. New York: J. Wiley

Hayes, R. P. (1987): Training for work. In: D. J. Cohen, A. M. Donnellan & R. Paul (Hrsg.) Handbook of autism and pervasive developmental disorders. New York: J. Wiley

Hemsley, R., Howlin, P., Berger, M., Hersov, L., Holbrook, D., Rutter, M. & Yule, W. (1978): Treating autistic children in a family context. In: M. Rutter & E. Schopler (Hrsg.) Autism. New York: Plenum Press

Hobson, R. P. (1989): Beyond cognition: A theory of autism. In: G. Dawson (Hrsg.) Autism: Nature, diagnosis, and treatment. New York und London: Guilford Press

Hobson, R. P. (1993): Autism and the development of mind. Hove: Erlbaum

Howlin, P. A. (1981): The effectiveness of operant language training with autistic children. Journal of Autism and Developmental Disorders, 11, 89–105

Howlin, P. A. (1989): Help for the family. In: C. Gillberg (Hrsg.) Diagnosis and treatment of autism. New York und London: Plenum Press

Howlin, P. A. (1997): Autism: Preparing for adulthood. London: Routledge & Kegan Paul

Innerhofer, P. & Klicpera, C. (1988): Die Welt des frühkindlichen Autismus: Befunde, Analysen, Anstöße. München und Basel: E. Reinhardt Verlag

Innerhofer, P. & Klicpera, C. (1991): Integration und Schulreform: Eine Untersuchung zur Integration Behinderter an den Pflichtschulen Südtirols. Heidelberg: Schindele Verlag

Innerhofer, P. & Warnke, A. (1983): Die Zusammenarbeit mit Eltern nach dem Münchner Trainings-Modell in der Praxis der Frühförderung. In: O. Speck, A. Warnke (Hrsg.) Frühförderung mit den Eltern. München und Basel: E. Reinhardt Verlag, S. 151–184

Kane, J. F. (1979): Behandlung schwerer Verhaltensstörungen bei geistig Behinderten. Heilpädagogische Forschung, 8, 143–175

Kane, J. F. & Kane, G. (1976): Geistig schwer Behinderte lernen lebenspraktische Fertigkeiten. Bern; Stuttgart; Wien: Huber

Kern, L., Koegel, R. L., Dyer, K., Blew, P. A. & Fenton, L. R. (1982): The effects of physical exercise on self-stimulation and appropriate responding in autistic children. Journal of Autism and Developmental Disorders, 12, 399–419

Koegel, L. K. (1995): Communication and language intervention. In: R. L. Koegel & L. K. Koegel (Hrsg.) Teaching children with autism. Strategies for initiating positive interactions and improving learning opportunities. Baltimore: P. Brookes

Koegel, R. L. & Koegel, L. K. (1990): Extended reductions in stereotypic behavior of students with autism through a self-management treatment package. Journal of Applied Behavior Analysis, 23, 119–127

Koegel, R. L., O'Dell, M. & Koegel, L. K. (1987): A natural learning paradigm for nonverbal autistic children. Journal of Autism and Developmental Disorders, 17, 187–200

Koegel, R. L., Schreibman, L., Britten, K. R., Burke, J. C. & O'Neill, R. E. (1982): A comparison of parent training to direct child treatment. In: R. L. Koegel, A. Rincover & A. L. Egel (Hrsg.) Educating and understanding autistic children. San Diego, CA: College-Hill Press

Krantz, P. J. & McClannahan, L. E. (1993): Teaching children with autism to initiate to peers: Effects of a script-fading procedure. Journal of Applied Behavior Analysis, 26, 121–132

Krantz, P. J., Zalenski, St., Hall, L. J., Fenske, E. C. & McClaunahan, L. E. (1981): Teaching complex language to autistic children. Analysis and Intervention in Developmental Disabilities, 1, 259–297

LaVigna, G. W. (1987): Non-aversive strategies for management behavior problems. In: D. J. Cohen, A. M. Donnellan & R. Paul (Hrsg.) Handbook of autism and pervasive developmental disorders. New York: J. Wiley

Lovaas, O. I. (1977): The autistic child. New York: Irvington

Lovaas, O. I. (1987): Behavioral treatment and normal educational and intellectual functioning in young autistic children. Journal of Consulting and Clinical Psychology, 55, 3–9

Matson, J. L. & Swiezy, N. (1994): Social skills training with autistic children. In: J. L. Matson (Ed.) Autism in children and adults: Etiology, assessment, and intervention. Pacific Grove, CA: Brooks/Cole

Mesaros, R. A. & Donnellan, A. M. (1987): Issues in individualized placement for students with autism. In: D. J. Cohen, A. M. Donnellan & R. Paul (Hrsg.) Handbook of autism and pervasive developmental disorders. New York: J. Wiley

Mesibov, G. B. (1986): A cognitive program for teaching social behaviors to verbal autistic adolescents and adults. In: E. Schopler & G. B. Mesibov (Hrsg.) Social behavior in autism. New York und London: Plenum Press

Mulick, J. A. (1990): The ideology and science of punishment in mental retardation. American Journal on Mental Retardation, 95, 142–156

National Institutes of Health Consensus Development Conference Statement (1990): Treatment of destructive behaviors in persons with developmental disabilities. Journal of Autism and Developmental Disorders, 20, 403–429

Olley, J. G. (1986): The TEACCH curriculum for teaching social behavior to children with autism. In: E. Schopler & G. B. Mesibov (Hrsg.) Social behavior in autism. New York und London: Plenum Press

Ozonoff, S. & Miller, J. N. (1995): Teaching theory of mind: A new approach to social skills training for individuals with autism. Journal of Autism and Developmental Disorders, 25, 415–433

Philips, G. M. & Dyer, C. (1977): Late onset echolalia in autism and allied disorders. British Journal of Disorders of Communication, 12, 47–59

Prizant, B. M., Schuler, A. L., Wetherby, A. M. & Rydell, P. (1997): Enhancing language and communication development: Language approaches. In: D. J. Cohen & F. R. Volkmar (Hrsg.) Handbook of autism and pervasive developmental disorders. 2.nd. Edit. New York: J. Wiley

Rincover, A. (1978): Sensory extinction: A procedure for eliminating selfstimulatory behaviour in developmentally disabled children. Journal of Abnormal Child Psychology, 6, 299–310

Rutter, M., Bailey, A., Simonoff, E. & Pickles, A. (1997): Genetic influences and autism. In: D. J. Cohen & F. R. Volkmar (Hrsg.) Handbook of autism and pervasive developmental disorders. 2.nd. Edit. New York: J. Wiley

Schopler, E. (Ed.) (1995): Parent survival manual: A guide to crisis resolution in autism and related developmental disorders. New York: Plenum Press

Schopler, E. (1997): Implementation of TEACCH philosophy. In: D. J. Cohen & F. R. Volkmar (Hrsg.) Handbook of autism and pervasive developmental disorders. 2.nd. Edit. New York: J. Wiley

Schuler, A. L., Prizant, B. M. & Wetherby, A. M. (1997): Enhancing language and communication development: Prelinguistic approaches. In: D. J. Cohen & F. R. Volkmar (Hrsg.) Handbook of autism and pervasive developmental disorders. 2.nd. Edit. New York: J. Wiley

Simeonsson, R. J., Olley, J. G. & Rosenthal, S. L. (1987): Early intervention for children with autism. in: M. J. Guralnick & F. C. Bennett (Hrsg.) The effectiveness of early intervention for at-risk and handicapped children. New York: Academic Press

Stahmer, A. C. (1995): Teaching symbolic play skills to children with autism using pivotal response training. Journal of Autism and Developmental Disorders, 25, 123–141

Strain, P. S., Jamieson, B. & Hoyson, M. (1986): Learning experiences... An alternative program for preschoolers and parents: A comprehensive service system for the mainstreaming of autistic-like preschoolers. In: C. J. Meisel (Hrsg.) Mainstreaming handicapped children: Outcomes, controversies, and new directions. Hillsdale, N. J.: L. Erlbaum

Strain, P. S., Kohler, F. K. W., Storey, K. & Danko, C. D. (1994): Teaching preschoolers with autism to self-monitor their social interactions: An analysis of results in home and school settings. Journal of Emotional and Behavioral Disorders, 2 (2) 78–88

Thorp, D. M., Stahmer, A. C. & Schreibman, L. (1995): Effects of sociodramatic play training on children with autism. Journal of Autism and Developmental Disorders, 25, 265–282

Waterhouse, L. & Fein, D. (1997): Perspectives on social impairment. In: D. J. Cohen & F. R. Volkmar (Hrsg.) Handbook of autism and pervasive developmental disorders. 2.nd. Edit. New York: J. Wiley

Waterhouse, L., Fein, D. & Modahl, C. (1996): Neurofunctional mechanisms in autism. Psychological Review, 103, 457–489

Williams, T. I. (1989): A social skills group for autistic children. Journal of Autism and Developmental Disorders, 19, 143–155

Wing, L. (1993): The definition and prevalence of autism: A review. European Child and Adolescent Psychiatry, 2, 61–74

Wooten, M. & Mesibov, G. B. (1986): Social skills training for elementary school autistic children with normal peers. In: E. Schopler & G. B. Mesibov (Hrsg.) Social behavior in autism. New York und London: Plenum Press

Zanolli, K., Daggett, J. & Adams, T. (1996): Teaching preschool age autistic children to make spontaneous initiations to peers using priming. Journal of Autism and Developmental Disorders, 26, 407–422

Kapitel 3

Geistige Behinderung

Michael von Aster

1. Definition und Klassifikation 54
2. Symptomatik und Verhaltensdiagnose 55
2.1 Störungen der Reifung und ihre Bedeutung für die Entwicklung 56
2.2 Störungen der sozialen Interaktion und des Verhaltens und ihre Bedeutung für die Entwicklung 58
2.3 Ursachen für autoaggressives Verhalten 59
2.4 Elemente der Diagnostik 60
2.4.1 Normorientierte Test- und Fragebogenverfahren 61
2.4.2 Verhaltensbeobachtung, Verhaltensanalyse und Therapieplanung 62

3. Therapie in der Praxis 63
3.1 Training lebenspraktischer Fertigkeiten 64
3.2 Behandlung von Verhaltensstörungen 66
3.2.1 Aversive Verfahren 67
3.2.2 Nicht-aversive Verfahren 68
4. Evaluation 70
4.1 Allgemeine Probleme der Therapieforschung 70
4.2 Zum Problem der Überschneidung von Pädagogik und Therapie 70
4.3 Elternarbeit 72
4.4 Vergleichende Evaluation 72

Literatur 73

1. Definition und Klassifikation

Wenn geistige Behinderung in diesem Handbuch im Hinblick auf Behandlungsziele definiert wird, so muß gleich zu Beginn betont werden, daß es hierbei nicht um die Heilung der Behinderung gehen kann, sondern im weitesten Sinne um den Beitrag der Verhaltenstherapie, die individuelle Lebensbewältigung und die soziale Integration des Betroffenen zu erleichtern.

Die Definition der Weltgesundheitsorganisation (WHO) und der American Association on Mental Deficiency (AAMD; Grossmann 1983) beschreiben die geistige Behinderung übereinstimmend als ein Entwicklungsdefizit intellektueller und sozialadaptiver Fähigkeiten. Die Internationale Klassifikation Psychischer Störungen der WHO (ICD-10; Dilling, Mombour u. Schmidt, 1991) unterscheidet auf dieser Grundlage vier Schweregradstufen, die über das Kriterium der Intelligenz definiert sind: die leichte (IQ 50–69), die mittelgradige (IQ 35–49), die schwere (IQ 20–34) und schließlich die schwerste Intelligenzminderung mit einem IQ unter 20. Die Intelligenzleistung ist mit einem standardisierten und auf die jeweiligen kulturellen Gegebenheiten adaptierten Intelligenztestverfahren zu bestimmen. Die Tabelle 1 enthält grobe Anhaltspunkte für die sozial-adaptiven Entwicklungschancen innerhalb dieser verschiedenen Schweregradstufen. Nützlich für die Belange von Therapie und Rehabilitation ist der Einsatz der ‚International Clas-

Tabelle 1. Klassifikation der geistigen Behinderung nach der Intelligenz und adaptivem Verhalten (in Anlehnung an Crnic 1988)

Grad der Behinderung/IQ gemäß ICD-10	Sozial-adaptives Verhalten	
	Vorschulalter (0–5 Jahre)	*Schulalter* (6–18 Jahre)
leicht 50–69	Entwickelt – wenn auch verzögert – soziale und kommunikative Fertigkeiten. Diskrete Defizite im Bereich von Wahrnehmung und Motorik, die oftmals erst spät bemerkt werden.	Kann Schulstoff bis etwa zum Niveau der 6. Klasse meistern. Kann weitgehende soziale Anpassung und Eigenständigkeit in der Lebensführung erreichen.
mittel 35–49	Erreicht begrenzte sprachliche und kommunikative Fertigkeiten. Geringe soziale Kompetenz ausreichende motorische Fähigkeiten. Kann Selbsthilfe (ankleiden, essen, Toilettenverhalten) erlernen. Benötigt einige Betreuung und Aufsicht.	Strukturiertes Üben einfacher sozialer und lebenspraktischer Fertigkeiten ist möglich, kann zu einfachen beruflichen Tätigkeiten angelernt werden. Erreicht im schulischen Bereich etwa das Niveau der 2. Klasse. Begrenzte Eigenständigkeit in vertrauter Umgebung.
schwer 20–34	Stark verzögerte motorische Entwicklung, äußerst spärliche sprachliche und kommunikative Fertigkeiten. Kann im allgemeinen kaum Fertigkeiten zur Selbsthilfe erlernen. Braucht entsprechende Pflege und Betreuung.	Erlernt begrenzte sprachliche und kommunikative Fertigkeiten sowie elementare Fertigkeiten zur Selbstversorgung (essen, Körperhygiene). Systematisches Üben einfacher motorischer Handlungsabläufe möglich.
schwerst unter 20	Schwerste Retardierung mit minimalen Funktionen im Bereich von Wahrnehmung und Motorik. Benötigt intensive Pflege.	Einige motorische Fertigkeiten können sich entwickeln, kann evtl. minimale Fertigkeiten zur Selbsthilfe erlernen. Benötigt umfassende Fürsorge.

sification of Impairements, Activities and Participation' der WHO, die demnächst in einer 2. revidierten Fassung auch in deutscher Übersetzung vorliegen wird (ICIDH-2, WHO, 1997). Ergänzend zu der mit der ICD-10 beschriebenen Diagnose wird mit diesem System eine detaillierte Erfassung der Konsequenzen von Behinderungen und Funktionsbeeinträchtigungen im Hinblick auf Einschränkungen der persönlichen Aktivität und der sozialen Partizipation möglich.

Im Gegensatz zu der nach dem Schweregrad der intellektuellen Beeinträchtigung vorgenommenen Klassifikation nach ICD-10 schlagen Zigler u. Hodapp (1991) eine ätiologisch begründete Einteilung vor. Dieser Ansatz unterscheidet eine Gruppe überwiegend leichter geistiger Behinderungen, deren Ursachen letztlich ungeklärt sind, und bei denen Anlage und Umweltfaktoren in unterschiedlichem Ausmaß in der Entstehung als beteiligt angenommen werden, von einer zweiten Gruppe überwiegend schwerer geistiger Behinderungen, deren Ursachen eindeutig organischer Natur sind. Hierunter zählen insbesondere die pränatal entstandenen, eindeutig genetisch determinierten Behinderungsformen (Chromosomenaberrationen, Stoffwechselstörungen, Fehlbildungssyndrome), die ebenfalls pränatal entstandenen, aber exogen verursachten Behinderungsformen (intrauterine Infektionen, toxische Schädigungen), aber auch jene Behinderungen, die eindeutig auf perinatale Komplikationen (z. B. Sauerstoffmangelzustände) oder postnatal entstandene Schädigungen des Gehirns (z. B. bakterielle oder virale Infektionen des Gehirns oder der Gehirnhäute, Schädel-Hirn-Traumen, Hirntumoren) zurückzuführen sind. Grossmann (1983) benennt mehr als 200 Typen solcher organisch bedingter geistiger Behinderungen. Eine neuere Übersicht über die klinischen Syndrome findet sich bei Neuhäuser u. Steinhausen (im Druck).

Jene Gruppe schwerer geistiger Behinderungen mit eindeutig nachweisbarer organischer Ursache umfasst nur etwa 25% aller geistigen Behinderungen. Jene Gruppe, bei der polygene und soziokulturelle Faktoren als verursachend angesehen werden, bilden dagegen ca. 75%. Es ist allerdings zu erwarten, daß die Rate nachweisbarer organischer Ursachen auch bei den leichteren geistigen Behinderungen weiter ansteigt durch die sich stetig verbessernden diagnostischen Möglichkeiten insbesondere im Bereich der Molekulargenetik und der Mikrozytogenetik, während die Rate der sogenannten idiopathischen Formen dementsprechend abnehmen wird (von Gontard, im Druck).

2. Symptomatik und Verhaltensdiagnose

Neben den in Schweregrad und Funktionsprofil unterschiedlichen Erscheinungsformen der Lern- und Leistungsbeeinträchtigungen entwickeln geistig behinderte Menschen mehr als doppelt so häufig als Nicht-Behinderte Verhaltensstörungen und psychiatrische Erkrankungen. Dabei wächst die Wahrscheinlichkeit, eine psychische Störung zu entwickeln, mit steigendem Schweregrad der geistigen Behinderung. Die Verteilung der Störungsarten verschiebt sich in Richtung einer Zunahme von Psychosen sowie autoaggressiven und stereotypen Verhaltensweisen. Je geringer ausgeprägt die Intelligenzminderung ist, desto eher gleicht sich auch die Verteilung psychiatrischer Auffälligkeiten derjenigen in Normalpopulationen an. Eine Übersicht über Risikofaktoren, Art und Auftretenshäufigkeit psychischer Erkrankungen bei geistig Behinderten findet sich bei Menolascino (1990).

Der Umstand des erhöhten Risikos für Verhaltensstörungen und psychiatrische Erkrankungen ergibt sich nicht direkt und allein aus der Tatsache der hirnorganischen Schädigungen selbst, sondern aus dem komplexen Wechselspiel zwischen den biologisch determinierten Grenzen im kognitiven Leistungsbereich mit Einschränkungen der Ausdrucks- und Mitteilungsfähigkeit einerseits und den aus der realen Lebenssituation erwachsenden sozialen Erwartungen der Umwelt andererseits. Geistig behinderte Menschen entwickeln nur sehr begrenzte Möglichkeiten, kompliziertere soziale Beziehungen zu verstehen, weil sie z. B. die Folgen des eigenen Verhaltens oder des Verhaltens anderer nur unzureichend voraussehen oder sich nachträglich erklären können. So ist auch die Fähigkeit, vom eigenen Erleben auf das Erleben und Verhalten anderer zu schließen, wegen der eingeschränkten Fähigkeit zur Bildung vorstellungsmäßiger Repräsentationen unterentwickelt. Gerade diese Fähigkeiten verhelfen aber normalbegabten Menschen im allgemeinen zu einer Angst- und Streßreduktion. Darüber hinaus können sich geistig behinderte Menschen auch über ihr inneres Befinden schlechter verständlich machen. Es fällt deshalb Eltern, Betreuern und Therapeuten oft schwer, Gefühle von Angst, Wut oder Trauer zu verstehen und auf konkrete Erlebnisinhalte zu beziehen.

Im klinischen Einzelfall ist es meist nicht auf Anhieb (wenn überhaupt) möglich, eine klare Vorstellung über organische Ursachen oder intentionale Beweggründe eines Verhaltens zu bekommen; ob z. B. die Zunahme eines autoaggressiven Kopfschlagens oder Fingerbohrens „nur" Ausdruck eines erhöhten sensorischen Stimulationsbedürfnisses ist, ob es aus einem Gefühl der Überforderung im Rahmen eines Lernprogramms, aus Langeweile, aus einem momentanen Zuwendungsbedürfnis oder aus dem Gefühl der Sehnsucht nach einer abwesenden Betreuungsperson resultiert. Je nachdem wie ein Betreuer oder Therapeut ein solches Verhalten interpretiert, werden seine pädagogischen oder therapeutischen Entscheidungen sehr unterschiedlich ausfallen. Sein Verständnis entwickelt sich aus der Kenntnis individueller Stärken, Schwächen und Besonderheiten im Bereich von Sinnesfunktionen, kognitiven und motorischen Teilfunktionen, aus der Überlegung, welche Auswirkungen die Behinderungen auf das Erleben und Verhalten des Betroffenen selbst haben und welche Reaktionen dieses Verhalten in der Umwelt hervorruft.

Die Erkenntnis, daß Lern- und Verhaltensprobleme geistig behinderter Menschen durch komplexe Wechselwirkungen von organischen und Umwelteinflüssen ihren spezifischen Ausprägungsgrad erhalten, macht eine individuelle Analyse des Fertigkeitenrepertoires ebenso erforderlich wie eine verhaltensbezogene Analyse von sozialen und familiären Interaktions- und Verstärkerbedingungen. Die folgenden beiden Abschnitte sollen einige Aspekte der spezifischen Dynamik von Reifung und Entwicklung verdeutlichen.

2.1 Störungen der Reifung und ihre Bedeutung für die Entwicklung

Es lassen sich schon früh im Säuglingsalter gewisse Verhaltenscharakteristika nachweisen, die in direktem Zusammenhang mit den Störungen und Behinderungen grundlegender Lernprozesse in diesem Altersabschnitt stehen und so das spätere Leistungs- und Anpassungsniveau geistig behinderter Kinder wesentlich mitbedingen.

Die *Orientierungsreaktionen* auf äußere Reize erfolgen in der Regel nicht nur deutlich verlangsamt, sondern sie treten entweder schon bei sehr geringer oder erst bei sehr starker Reizintensität auf. Die hierin erkennbare Einschränkung einer zielgerichteten Aufmerksamkeit beobachtet man bei den Reaktionen des Säuglings auf visuelle oder akustische Reize. Die Fähigkeit, Reizqualitäten zu unterscheiden, entwickelt sich dadurch langsamer und unvollständig: Geistig behinderte Kinder gewöhnen sich nicht so rasch an wiederholt dargebotene Reize *(Habituierung)*, d. h. sie reagieren auf visuelle und akustische Reize wesentlich länger als normal begabte Kinder, so, als wären sie neu. Die Ausbildung mentaler Modelle (Speicherung), mit deren Hilfe ein wiederholt dargebotenes Ereignis im Vergleich zum vorhergehenden als bekannt identifiziert werden kann, ist deshalb erheblich erschwert. Solche Aufmerksamkeits- und Verarbeitungsprozesse bilden aber eine Grundlage für die Entwicklung erster Formen komplexerer kognitiver Leistungen, wie sie bereits bei 4 bis 8 Monate alten Säuglingen im Normalfall feststellbar sind (Papousek 1977). So konnte beispielsweise gezeigt werden, daß sich bei Säuglingen in diesem Alter bereits die Fähigkeit entwickeln kann, Mengen aus zwei bis vier Objekten auch intermodal (visuell/akustisch) zu differenzieren (Starkey, Spelke u. Gelman 1990). Resnick (1989) spricht in diesem Zusammenhang von der Entwicklung präverbaler, sog. protoquantiver *Schemata*. Auf diese Weise erfassen kleine Kinder rein wahrnehmungsgestützt und vor der Verfügbarkeit entsprechender sprachlicher Begriffe grundlegende numerische Bedeutungen (z. B. „mehr" und „weniger"), und man darf annehmen, daß solche frühen Fähigkeiten wesentliche Voraussetzungen für das spätere abstrakt-logische Denken und für den Erwerb von Kulturtechniken darstellen.

Weitere für die Entwicklung bedeutsame Auffälligkeiten zeigen sich bei geistig behinderten Kindern gewöhnlich im Bereich der *Motorik*, des *Antriebes* und der *Steuerungsfähigkeit*. Schon innerhalb des ersten Lebensjahres können allgemeine Muskelhypotonie, Verzögerungen in der fein- und grobmotorischen Koordination, Hyperaktivität oder auch das Gegenteil, Trägheit und Passivität, das tätige Erkunden der Umgebung, aber auch das beiläufige Aufnehmen und Verarbeiten von Informationen über die Umweltbeschaffenheit behindern. Die Prozesse der visuellen, der akustischen, der taktilkinästhetischen, der propriozeptiven Wahrnehmungsverarbeitung und der *sensorischen Integration* erscheinen häufig gestört. Oftmals liegen auch primäre *Seh- und Hörstörungen* vor, die schon ein ausreichendes Input entsprechender Reize verhindern.

Es sind aber nicht nur die motorischen und wahrnehmungsmäßigen Meilensteine, die geistig behinderte Kinder verspätet oder gar nicht erreichen, sie erscheinen in der Regel auch in der *sprachlichen Entwicklung* stark verzögert. Die grammatisch-syntaktische Sprachgestaltung bleibt undifferenziert und konkretistisch. Viele geistig behinderte Kinder, insbesondere solche, die auch autistische Verhaltensmerkmale zeigen, entwickeln nie die Fähigkeit zu sprachlicher Kommunikation. In der Art und Schwere der sprachlichen Entwicklungsstörungen unterscheiden sich dabei verschiedene organische Behinderungsformen durchaus voneinander (vgl. Zigler u. Hodapp 1991).

So, wie die *höheren kognitiven Lernprozesse* (der Erwerb von Kulturtechniken) ganz entscheidend auf Sprache angewiesen sind, so bilden – wie bereits angedeutet – frühe rein wahrnehmungsgestützte kognitive Entwicklungsprozesse ihrerseits eine wichtige Voraussetzung für den Erwerb der Sprache. Ein Kind, das räumliche, mengen- und ausdehnungsmäßige Unterschiede visuell nur unzureichend erfassen und differenzieren kann, wird auch die Vielfalt von Eigenschafts-, Umstands- und Verhältniswörtern nicht in ihren spezifischen Sinnstrukturen erfassen und gebrauchen lernen. Zusätzlich zu diesen grundlegenden Schwierigkeiten der Sinnerfassung können aufgrund der Störung von Aufmerksamkeit und akustischer Wahrnehmung die vielen phonematischen Elemente der Sprache (z. B. der Flexionen), die eine Voraussetzung für die Bewältigung der grammatischen Struktur bilden, nicht genügend unterschieden werden. Es resultiert nicht nur ein telegrammartiger, agrammatischer Sprachstil, sondern auch eine substantielle Störung in der Entwicklung sprachgebundener intellektueller Aktivität. Das sprachliche Symbolisieren von Handlungen in ihren zeitlichen Abläufen ist behindert, die höheren Formen sprachlichen Denkens, das *vorausschauende Entwerfen von Handlung* und die Kontrolle der eigenen Aktivität durch innere Sprache können sich nicht oder nur sehr unvollkommen ausbilden (Luria u. Yudovich 1975).

Im *Spielen* geistig behinderter Kinder zeigen sich komplementär zu den Problemen der Gesamtentwicklung und in Abhängigkeit vom Schweregrad der Behinderung ebenfalls Auffälligkeiten. Das Spielniveau, die Spielinhalte und Interessen dieser Kinder sind zumeist mit denjenigen deutlich jüngerer Kinder vergleichbar. Kreative Prozesse, Einsichten, „Aha"-Erlebnisse brauchen sehr viel mehr Zeit, repetitive Elemente herrschen vor, die Zeitspanne eines Spiels ist wegen der mangelnden Ausdauer verkürzt. Während normal entwickelte fünfbis sechsjährige Kinder Spiele wie „Post" oder „Kaufmannsladen" oft schon zu dramatischen Rollenspielen ausbauen und damit versuchen, Beziehungen und Gefühle zwischen Menschen zu erfassen („Oma freut sich, wenn ich ihr einen Brief schreibe"), beschäftigen sich geistig behinderte Kinder bei einem solchen Thema noch in viel höheren Altersstufen damit, die formalen, äußeren Funktionen einer Post oder des Einkaufens zu erfassen, indem sie einzelne Elemente immer und immer wieder imitieren.

2.2 Störungen der sozialen Interaktion und des Verhaltens und ihre Bedeutung für die Entwicklung

Zu den inneren, biologischen Bedingungen für gestörte Lernprozesse treten im Laufe der Entwicklung äußere Erschwernisse hinzu.

In der frühen *Mutter-Kind-Dyade* bildet die intuitive mütterliche Antwort auf gestische, mimische, lautliche und sprachliche Äußerungen des Kindes einen wesentlichen Entwicklungsanreiz (Papousek und Papousek 1989 u. 1992). Solche Anreize werden von Müttern dann wesentlich seltener gegeben, wenn, wie bei vielen geistig behinderten Kindern, solche kindlichen Signalreize wie Lächeln, Blickkontakt, Lallen usw. in wesentlich geringerem Ausmaß oder in anderer Intensität und Qualität als beim normal entwickelten Kind erfolgen. Die Eltern reagieren verunsichert, neigen dazu, besonders vorsichtig oder auch zu direktiv anzuregen. Durch die Störung dieses intuitiven Wechselspiels kann sich das darin enthaltene didaktische Element nicht ausreichend entwickeln, was im Ergebnis zu weiteren Frustrationen und Hemmungen auf beiden Seiten führt. Gerade das also, was das behinderte Kind vermehrt benötigt, nämlich optimale Entwicklungsanreize, erfährt es aufgrund des *gestörten signalartigen Dialogs* mit der Mutter in zu geringem Maße.

Je älter die Kinder werden, desto komplexer werden auch die sozialen Anforderungen. Der Umstand der zurückbleibenden Möglichkeiten, Bedürfnisse und Gefühlszustände auszudrücken, kann nun erheblich dazu beitragen, daß zusätzliche *Verhaltensprobleme* auftreten. Geistig behinderte Kinder können in sozialen Situationen durchaus gewisse Fertigkeiten imitieren, die es Erwachsenen und gleichaltrigen Partnern bisweilen erschweren, das tatsächliche Leistungsniveau des Kindes einzuschätzen. Daraus resultierende zu hohe Erwartungen vermag das Kind aber nicht einzulösen, es reagiert enttäuscht, erfährt zusätzlich Ungeduld und Ärger von außen. Auch im Rahmen von Lernprogrammen können solche Überforderungssituationen entstehen, die das Kind z. B. durch störendes Verhalten vermeiden lernt. Auf der anderen Seite hat besonders die im institutionellen Betreuungsrahmen häufig dominierende Form der Routineversorgung, die sich primär auf die Pflege und das Verhaltensmanagement konzentriert, zur Folge, daß grundlegende Bedürfnisse nach nicht zweckgebundener Zuwendung – z. B. im freien Spiel – zu kurz kommen und so oft nur störendes Verhalten zu einer Beachtung und damit zu einer Verstärkung führt. Das Spiel und die Beschäftigung mit dem geistig behinderten Kind erfordert viel Geduld, besondere Beobachtungsgabe und Einfühlungsvermögen. Das Interesse des Erwachsenen an eigenen Spielideen sollte zurücktreten hinter der Neugier und Konzentration auf die „Einfälle" des Kindes und seine Möglichkeiten, durch „langweilige Wiederholungen" einfachste Zusammenhänge darzustellen und zu begreifen. Komplexere Phantasie- und Rollenspiele, die dem erwachsenen Betreuer Spaß machen, liegen für das Kind bereits auf einem unerreichbaren Niveau. Es ist für Bezugspersonen oft schwierig, Gefühle von Anteilnahme, Interesse und Wertschätzung für das sehr einfach strukturierte Spiel des geistig behinderten Kindes aufzubringen. Ein Kind – das gilt für das normal begabte wie für das geistig behinderte Kind –, das sein Handeln und Tun aber als wenig beachtenswert, langweilig und wertlos erfährt, wird keinen eigenen Antrieb für sozial integratives, d. h. auf die Gemeinschaft gerichtetes, sinnvolles Verhalten entwickeln.

Geistig behinderte Kinder erfahren überdies wegen ihrer oft vorhandenen äußeren Stigmata, wegen ihrer Verhaltensauffälligkeiten, ihren motorischen und kognitiven Beschränkungen häufiger als normal begabte Kinder Ablehnung. Insbesondere leicht geistig behinderte Kinder registrieren ihre eigenen Schwächen durchaus und haben wenig Möglichkeiten, solche Belastungen des Selbstwertgefühls zu bewältigen. Auch dies trägt zu dem erhöhten Risiko für die Entstehung psychischer Krankheiten bei dieser Personengruppe bei (vgl. Übersicht bei Corbett, 1985).

2.3 Ursachen für autoaggressives Verhalten

Die häufigsten Formen autoaggressiven Verhaltens sind Kopfschleudern und Kopfschlagen, das Beißen in Hände, Arme und Lippen, Gesichtschlagen, Pica, Haarereißen und Augenbohren (Schlosser u. Goetze 1991). In ihrer Literaturübersicht unterscheiden Mace, Lalli und Shea (1992) fünf mögliche Bedingungskonstellationen:

1. Das selbstverletzende Verhalten wird durch die Aufmerksamkeit, die es bei den Betreuern hervorruft, verstärkt und aufrechterhalten (Iwata et al. 1982). Die Reaktionen auf das Verhalten, verbal („hör auf damit") oder körperlich (Festhalten), stellen in diesem Sinne eine Belohnung dar.
2. Ebenso können auch Reaktionen und Aktivitäten der Betreuer, die das Individuum von dem selbstverletzenden Verhalten ablenken sollen (Essen anbieten, Spiel- und Beschäftigungsangebote), als Belohnung für dieses Verhalten wirken, insbesondere dann, wenn gewünschte Beschäftigungen auf andere Weise nicht zu erhalten sind (Durand und Carr 1985). Solche Bedingungen kann man häufig im institutionellen Betreuungsrahmen antreffen, wenn „braves", unauffälliges Verhalten nicht beachtet wird.
3. Das klassische Gegenstück zu solchen Formen der positiven Verstärkung besteht in der Möglichkeit, daß das selbstverletzende Verhalten zu einer Beendigung oder Vermeidung einer als unangenehm erlebten Situation führt (negative Verstärkung). Dies können forcierte Übungssituationen ebenso wie angstauslösende oder überfordernde soziale Situationen sein (Carr, Newson und Binkoff 1976).
4. Häufig scheint jedoch das selbstverletzende Verhalten völlig unabhängig von Umgebungs- und Verstärkungsbedingungen zu sein: Experimentelles Variieren dieser Bedingungen führt zu keinerlei Veränderung in Art und Auftretenshäufigkeit der Symptomatik. Dies führte zu der Hypothese, daß das selbstverletzende Verhalten in solchen Fällen der sensorischen Eigenstimulation dient: Die Schwelle für die Aufnahme und Verarbeitung taktiler, vestibulärer oder kinästhetischer Reize ist erhöht, d. h. unter normalen Reizbedingungen kommt es zu einer Unterstimulation, der das betroffene Kind durch das Sichzufügen starker (selbstverletzender) Reize begegnet (Favell, McGimsey und Schell 1982). Bei herabgesetzter Reizschwelle kann die Symptomatik dagegen im Sinne eines Schutzes vor Reizüberflutung oder Überstimulation aufgefaßt werden. Weitere biologische Ursachen für selbstverletzendes Verhalten werden in neurochemischen Dysregulationen vermutet. Erfolge mit pharmakologischen Behandlungsansätzen, z. B. mit Morphinantagonisten und Opioid-Rezeptorblockern, sprechen dafür, daß bei einer Reihe von Patienten gewisse Störungen im Neurotransmitter-Stoffwechsel, insbesondere im Bereich des körpereigenen Opiat-Systems, für Veränderungen im Schmerzempfinden verantwortlich sind (Sandmann 1988; Cataldo und Harris 1982).
5. Autoaggressives Verhalten als eine Mitteilung an die Umwelt aufzufassen bedeutet, daß das Symptom eine andere Wertung erfährt: Es ist nicht „fehlangepaßt", sondern an die zur Verfügung stehenden begrenzten Ausdrucks- und Interaktionsmöglichkeiten „angepaßt". Ein solches Verständnis richtet das therapeu-

tische Interesse auf eine gezielte Erweiterung alternativer Verständnismöglichkeiten und nicht primär auf die Verringerung des „Störverhaltens" im Sinne der Unterdrückung (Carr und Durand 1985).

Blair (1992) diskutiert im Rahmen seiner Übersichtsarbeit auch die Hypothese, daß das Kopfschlagen geistig behinderter Kinder gleichzusetzen sei mit dem Kopfschlagen, das bei normal entwickelten Säuglingen auch beobachtet werden kann. Dieses Kopfschlagen kann demnach eine Form präverbaler Kommunikation darstellen, die das normal entwickelte Kind durch das Erlernen sprachlicher Kommunikationsformen aufgeben kann, die das geistig behinderte Kind aufgrund seines Entwicklungsstillstandes aber beibehält.

2.4 Elemente der Diagnostik

Die bisherigen Ausführungen machen die Dringlichkeit einer möglichst frühen Erfassung und Behandlung von Entwicklungsstörungen deutlich, einerseits im Interesse einer optimalen Förderung und andererseits zur pädagogischen Prävention sekundärer Störungen in Verhalten und Interaktion. Übersichten über Methoden, Konzepte und Einrichtungen der Früherfassung und Frühförderung finden sich bei Warnke (1988, 1990) und Vogel, Rauh und Jordan (1990). Viele schwere Formen von geistiger Behinderungen werden unmittelbar nach der Geburt erfaßt. Etwa drei Viertel der Behinderungen werden aber erst im Vorschul- und Schulalter bemerkt (Tyson u. Favell, 1988). Hier handelt es sich um eher leichtere Formen, oft ohne identifizierbare organische Genese, bei denen ein Zusammenwirken von konstitutionell-genetischen und Umweltfaktoren ätiologisch verantwortlich gemacht wird. Je später Auffälligkeiten im Leistungsvermögen und im Verhalten eine Untersuchung auslösen, desto wichtiger und komplexer wird das auf den zurückliegenden Entwicklungsverlauf bezogene diagnostische Vorgehen.

Die Früherkennung einer geistigen Behinderung ist am ehesten dort wahrscheinlich, wo der Schweregrad und die Ausprägung bekannter und charakteristischer Symptome, insbesondere äußere Stigmata (wie z. B. beim Down-Syndrom) eine frühe Diagnosestellung erlauben und wo familien- und eigenanamnestische Daten sowie die Bestimmung obstetrischer und neonataler Risikofaktoren zu einer gewissen Erwartung von Entwicklungsstörungen und damit zu regelmäßigen Untersuchungen Anlaß geben. Dort, wo gute Pflegebedingungen, die Möglichkeit zu regelmäßigen Vorsorgeuntersuchungen und Vergleichsmöglichkeiten mit anderen Kindern in ausreichendem Maße gegeben sind, sind die Chancen einer frühen Diagnose besser. Im Vorschulalter ist beim Fehlen eindeutiger Zeichen die Diagnose einer geistigen Behinderung sehr zurückhaltend zu stellen. Erstens sind frühkindliche Symptome im Bereich von Motorik, Wahrnehmung und Sprache pathogenetisch oft sehr uneindeutig, und zweitens ist ihre Bedeutung für den weiteren Entwicklungsverlauf im Einzelfall kaum vorauszusagen. Die Variabilität solcher Einzelsymptome ist sehr beträchtlich (Steinhausen 1992). Die Diagnostik muß allen erwähnten Entwicklungsaspekten im Hinblick auf allgemeine Ziele der Förderung im funktionell-kognitiven und sozialadaptiven Bereich sowie im Hinblick auf spezielle Ziele bei fehlangepaßtem Verhalten und psycho-emotionalen Störungen Rechnung tragen.

Am Beginn steht das *Eltern-Interview*, das nicht nur der Informationsgewinnung, sondern auch der Herstellung eines für die Therapie und Förderung günstigen Rapports dient. Neben der sorgfältigen Familienanamnese kommt der Frage, wann und warum den Eltern erstmals Zweifel an der normalen Entwicklung des Kindes gekommen sind, besondere Bedeutung zu. Es schließt sich eine genaue Erhebung der Entwicklungsmeilensteine an, auch wenn die Angaben von Eltern oft wenig valide sind: erstes Lächeln, Sitzen, Krabbeln, Laufen, Greifen, Lallen, erste Worte und Sätze, Sauberkeit, selbständiges Essen, An- und Ausziehen, Abneigungen, Vorlieben usw. Deuten sich erhebliche Rückstände sowohl im kognitiven, motorischen wie im sozialen und selbständigen Handeln an, so weist dies eher in Richtung auf eine geistige Behinderung. Diskrepanzen, d. h. ausgeprägte Stärken und Schwächen im Entwicklungsprofil, sowie ausgeprägt schwankende Leistungen geben eher Hinweise auf verschiedene Differentialdiagnosen (z. B. Teilleistungsstörungen, Sinnesbehinderungen, Anfallsleiden, Autismus, Mutismus u. a. m.). Das Eltern-Interview sollte auch erste Hinweise für eine therapiebezogene Verhaltensanalyse liefern, d. h. es sind Stimulus- und Verstärkerbedingungen zu erfragen, insbesondere im Bezug auf Verhaltensstörungen wie Stereotypien, autoaggressives und destruktives Verhalten: Was geschieht genau, wie oft, immer gleich, was geschieht vorher, was geschieht nachher usw.? Lehrer- und Erzieher-Interviews liefern wichtige Informationen über Fertigkeiten, Spiel- und soziales Verhalten außerhalb der Familie und in der Gruppe der Gleichaltrigen.

2.4.1 Normorientierte Test- und Fragebogenverfahren

Der Einsatz von Intelligenz-und Leistungstests ist gebräuchlich. Er dient der diagnostischen Klassifikation des Schweregrades und des allgemeinen Funktionsniveaus und bildet die Basis für Entscheidungen zum Beschulungsmodus und für Begründungen bei der Einleitung von Betreuungshilfen, Förderungs- und Therapiemaßnahmen gegenüber Kostenträgern. Darüber hinaus aber erlauben solche Verfahren mit gewissen Einschränkungen eine grobe Schätzung der Prognose. Dabei ist zu bedenken, daß insbesondere im Vorschulalter eine Vorhersage aufgrund eines Intelligenzquotienten wegen der mangelnden Verlaufsstabilität solcher Befunde sehr fragwürdig ist. Der qualitativen Auswertung solcher Verfahren kommt daher neben der quantitativen besonderes Gewicht zu. So können Leistungen in verschiedenen Untertests zur Verlaufskontrolle der Therapie herangezogen werden, es können Hinweise für vertiefende diagnostische Analysen in umschriebenen Leistungsbereichen gewonnen werden, und die Verhaltensbeobachtung kann im Sinne der Verhaltensanalyse wichtige Hinweise für Interventionsansätze geben (Ängste, Selbstbewertung, Diskriminationsfähigkeit, Imitationsverhalten, Aufmerksamkeit, Instruktionsverständnis, Motivation etc.). Zusätzliche Informationen können auch gewonnen werden, indem außerhalb der standardisierten Testanweisung versucht wird, die Leistungsgrenzen des Kindes realistischer auszuleuchten. Eine wiederholte Durchführung von Tests ohne Zeitlimit, mit Unterbrechungen, mehreren Versuchen, Modellvorgaben, Hilfestellungen und Verstärkungen kann helfen, die eigentlichen Leistungsgrenzen des Kindes besser abzuschätzen (Crnic 1988). Im Rahmen dieses Kapitels soll keine vollständige Auflistung verfügbarer Verfahren gegeben werden. Übersichten finden sich bei Warnke (1988) und Crnic (1988). Im folgenden sollen lediglich einige Verfahren beispielhaft erörtert werden.

Eine echte Bereicherung zu den bislang gebräuchlichsten Verfahren wie HAWIVA und HAWIK-R (normorientierte Einzelintelligenz-Tests), Kramer-Intelligenztest (Stufentest) oder den sprachfreien Cultur-Fair-Intelligenztests (CFT) bildet die 1991 in deutscher Adaptation verfügbar gewordene Kaufmann-Assessment-Battery for Children (K-ABC; Melchers und Preuss 1991). Mit ihren drei Skalen „Einzelheitliches Denken", „Ganzheitliches Denken" und „Fertigkeiten" fußt sie auf einem Intelligenzkonzept von Problemlösung und Informationsverarbeitung, das seine theoretische Grundlegung aus Erkenntnissen der modernen Neuropsychologie und kognitiven Psychologie bezieht. Insbesondere mit der Fertigkeitenskala wird der Absicht einer förderungsrelevanten Diagnostik Rechnung getragen. Die Belange der Diagnostik intelligenzgeminderter Personen finden in der Auswahl und Konstruktion der Testaufgaben und auch im Normierungsverfahren besondere Berücksichtigung. Das Material ist anschaulich und einfach zu handhaben, die einzelnen Untertests sind unabhängig voneinander einsetzbar. Die Durchführung des Gesamtverfahrens dauert etwa zwei Stunden, die Normen beziehen sich auf Altersgruppen von 2,5 bis 12 Jahren.

Die im deutschsprachigen Raum populäre Testbatterie für Geistig Behinderte Kinder (TBGB; Bondy et al. 1969) wurde mit dem Ziel entwickelt, im Bereich niedriger Intelligenz niveauspezifisch zuverlässige Differenzierungen bezüglich Fähigkeiten und Entwicklungsstand als Grundlage für gezielte Förderung zu erreichen. Dies war mit den herkömmlichen Verfahren nicht ausreichend sichergestellt. Die sechs Untertests prüfen neben Faktoren der allgemeinen Intelligenz (Denkfähigkeit, Abstraktionsvermögen, schlußfolgerndes Denken, Auffassungs- und Merkfähigkeit) das motorische und sprachliche Entwicklungsniveau, und sie werden ergänzt durch die Vineland Social Maturity Scale (VSMS), einen Fragebogen zur Erfassung der sozial-adaptiven Reife. Die Durchführung des Gesamttests dauert etwa zwei Stunden. Es liegen Normen für 7- bis 12jährige geistig behinderte Kinder sowie Vergleichsnormen für lernbehinderte und normal entwickelte Kinder vor.

Das in den USA gebräuchlichste Verfahren zur Erfassung der sozialen Adaptation ist die von der American Association on Mental Deficiency (AAMD) herausgegebene Adaptive Behaviour Scale (ABS; Nihira et al. 1975), die innerhalb der insgesamt vierzehn erfaßten Leistungsbereiche auch eine Skala für fehlangepaßtes Verhalten enthält (Rebellion, Rückzug, unangemessene interpersonale Verhaltensweisen, Hyperaktivität, destruktives Verhalten). Über gute testmetrische Kennwerte (Freund u. Reiss 1991) verfügt auch die Aberrant Behaviour Checklist (ABC; Aman et al. 1985), die in fünf Subskalen (Irritabilität, Rückzug, Hyperaktivität, Stereotypien und sprachliche Auffälligkeiten) ausschließlich fehlangepaßtes Verhalten in einer Eltern- und einer Lehrerversion erfaßt. Deutsche Normen liegen für die zuletzt genannten Verfahren noch nicht vor.

2.4.2 Verhaltensbeobachtung, Verhaltensanalyse und Therapieplanung

Test- und Fragenbogenverfahren können die direkte, gezielte und teilnehmende Beobachtung nicht ersetzen. Sie ist zur Erarbeitung einer funktionellen Verhaltensanalyse, zur Zielbestimmung, Therapieplanung und Verlaufskontrolle unerläßlich und hat insbesondere wegen der fehlenden oder eingeschränkten Möglichkeiten zu explorativen Selbstaussagen einen besonderen Stellenwert. In der Therapie ist – wie im nächsten Abschnitt zu zeigen sein wird – wegen des Fehlens komplexerer sprachlich-kognitiver Strukturen der Einsatz einfacher Konditionierungsverfahren von herausragender Bedeutung, sowohl beim Neulernen von Fertigkeiten als auch in der Behandlung von Verhaltensstörungen. Die therapiebezogene vorausgehende Analyse konzentriert sich daher im wesentlichen auf die inneren und äußeren Lernvoraussetzungen, auf das gegenwärtige Verhaltensrepertoire und auf die interaktionellen Reiz-Reaktions-Konsequenzbeziehungen nach dem SORKC-Modell (Kanfer u. Philipps 1975). Durch eine solche am Lernmodell des klassischen und operanten Konditionierens orientierte Verhaltensanalyse können wir verstehen, daß ein Kind z. B. deshalb im Supermarkt exzessiv und laut schreit, weil es dort sofort von der Mutter mit Süßigkeiten beruhigt wird. Wir erkennen, daß das Verhalten der Mutter das Verhalten des Kindes verstärkt und aufrechterhält. Warum aber die Mutter sich so und nicht anders verhält, erfahren wir erst durch das Gespräch mit ihr. Wir lernen ihre Erwartungen, Befürchtungen und Absichten kennen. Solche außerhalb des eigentlichen Lernmodells liegenden Informationen helfen uns zu entscheiden, ob und in welcher Weise das Verhalten der Mutter Gegenstand therapeutischer Überlegungen werden soll. Die Ziele einer therapeutischen Intervention können ihre Begründung nicht allein aus einer funktionalen Analyse der Lerngeschichte beziehen, sondern sie sind im Hinblick auf alle Aspekte der gegenwärtigen und zukünftigen Lebenswirklichkeit sorgfältig abzuwägen. Weil die Verhaltenstherapie geistig behinderter Kinder primär bei der Veränderung der Umwelt ansetzt, werden Therapieentscheidungen sich wesentlich auf Einstellungen und Verhaltensweisen derer beziehen müssen, die diese Umwelt gestalten. Nur wenn Eltern sich mit ihren Sorgen, Wünschen und Einstellungen verstanden fühlen, werden sie auch in der Lage sein, ihre Erwartungen und Verhaltensweisen gegenüber dem Kind im Sinne therapeutischer Ziele zu verändern und aktiv in der Behandlung mitzuarbeiten.

Entsprechend wird in der Hierarchisierung von Therapiezielen die subjektive und soziale Bedeutung der Symptome besonderes Gewicht haben: der Leidensdruck des Patienten selbst und seiner Umwelt, d. h. der Eltern, Erzieher, Lehrer und Geschwister. Selbstverletzendes und stark aggressives Verhalten haben einen verständlichen Vorrang vor der Behandlung von Stereotypien oder anderen weniger gefährlichen Verhaltensstörungen. Eine Mutter, die besonders darunter leidet, daß sie mit ihrem extrem schreienden Kind nicht nach draußen kann, wird nicht verstehen, wenn der Helfer sich ausschließlich um das selbstständige An- und Auskleiden des Kindes bemüht.

Die Hierarchisierung einzelner Lernschritte ist auf eine sorgfältige Analyse des angestrebten Zielverhaltens und der Ausgangsbedingungen angewiesen. Es ist ohne weiteres möglich, mit einem schwer geistig behinderten Jungen z. B. einzuüben, daß er beim Überqueren der Straße den Kopf erst nach links und dann nach rechts wenden muß. Es wäre jedoch lebensgefährlich zu meinen, damit könne er selbständig über die Straße gehen, wenn nicht sichergestellt ist, ob eine Urteilsbildung bezüglich der Verkehrssituation (Abschätzen von Entfernung und Geschwindigkeit) schon möglich ist. Wenn dies nicht der Fall ist, so sollte das Ziel eher lauten: an einer Straße stehen bleiben, auf den Begleiter warten, zur nächsten Ampel gehen, um Hilfe bitten usw.

3. Therapie in der Praxis

Wir können in der Verhaltenstherapie geistig Behinderter zwei grundlegende Prinzipien unterscheiden, die in der Regel allerdings gleichzeitig Anwendung finden:

Die Erweiterung des Verhaltens- und Fertigkeitenrepertoires mit dem Ziel wachsender sozialer Kompetenz beinhaltet ein strukturiertes *Neulernen*. Eine umfangreiche Literatur beschäftigt sich mit Lernprogrammen zum Aufbau von eigenständigem Toiletten- und Sauberkeitsverhalten, Fertigkeiten zur Körperpflege, selbständigem An- und Auskleiden, angemessenem Eßverhalten, Konzentration und Aufmerksamkeit u. a. m. Im späteren Kindes- und Jugendalter sind das Lernen grundlegender Umgangsregeln, der Umgang mit öffentlichen Verkehrsmitteln, das eigenständige Bewältigen von kurzen Wegen, Selbsthilfefertigkeiten wie das Bedienen eines Telefons, aber auch der Umgang mit Geld, das Tätigen von Einkäufen und dergleichen wichtige, den Handlungsraum des Behinderten erweiternde Ziele. Der Umgang mit Sexualität stellt eine weitere pädagogische Herausforderung dar.

Wenn lernpsychologisches Wissen im Bereich charakteristischer Entwicklungsdefizite zur Anwendung kommt, so handelt es sich im Kern um spezielle, auf die individuellen Lernvoraussetzungen abgestimmte Erziehungs- bzw. Bildungsmaßnahmen. Der gebräuchliche Begriff hierfür ist *Sonderpädagogik*. Die Definition eines pädagogischen Trainingszieles erfolgt unabhängig von Art und Ursache der Behinderung (Bleidick 1988). Das individuell vorhandene Verhaltensrepertoire bildet die Basis für den Entwurf eines didaktischen Konzeptes für den Erwerb eines neuen Verhaltens, welches das Kind ohne Anleitung und Hilfestellung nicht erwerben kann.

Das gezielte Lernen neuer alltagsbezogener Fertigkeiten ist oft durch Verhaltensweisen behindert, die eine geeignete Lernstruktur stören oder gar nicht erst möglich werden lassen. Dies können Vermeidungs- und Fluchtreaktionen vor ängstigenden Geräuschen, Gegenständen oder Bewegungen sein (z. B. die Toilettenspülung), aber vor allen Dingen motorische Stereotypien, überschießendes, hyperaktives oder erethisches und schließlich auch selbstverletzendes, aggressives und destruktives Verhalten. Solche Verhaltensprobleme werden Gegenstand *therapeutischer Bemühungen*. Die Wahl einer therapeutischen Strategie erwächst im Gegensatz zur pädagogischen aus dem ätiologischen Verständnis der Störung und soll ein *Verlernen oder Umlernen* bewirken. Wenn eine Verhaltensstörung als unmittelbare Folge eines Verhaltensdefizites verstanden wird (z. B. ein Bedürfnis wird wegen fehlender Sprache mittels eines „störenden" Verhaltens ausgedrückt), so sollte ein gezieltes Üben, d. h. Neulernen alternativer Fertigkeiten (z. B. Kommunikationsfertigkeiten) zu einer Reduktion des Problemverhaltens führen. Hier wäre dann gezieltes *pädagogisches Handeln als eine therapeutische Strategie* aufzufassen (vgl. hierzu Abschnitt 4.2).

Die Arbeitstechniken in beiden Bereichen – Pädagogik und Therapie – sind z. T. verschieden, sie gründen sich aber auf die gleichen Lerngesetze des operanten und klassischen Konditionierens. Beide Arbeitsweisen verlangen notwendigerweise die Einbeziehung derjenigen Bezugspersonen in die Behandlung, welche die effektivste und die andauerndste Verstärkerwirkung für das Kind haben, in der Regel die Eltern. Sonderpädagogische und therapeutische Interventionen sollten eine maximale Nähe zur Lebenswirklichkeit des Kindes haben. Denn nur durch häufige Erfahrung und Übung im Alltagskontext kann ein neues oder anderes Verhalten sich tatsächlich bewähren und stabilisieren. Zum Thema „Elternarbeit" sei an dieser Stelle auf das entsprechende Kapitel in diesem Handbuch verwiesen.

Im folgenden soll zunächst auf Techniken des Verhaltensaufbaus und anschließend auf die Behandlung von fehlangepaßtem Verhalten eingegangen werden.

3.1 Training lebenspraktischer Fertigkeiten

Die Grundlagen des Erlernens neuer Fertigkeiten bilden einfache Techniken der positiven Verstärkung. Die Formung motorischer Schemata erfolgt durch das sogenannte Shaping: Hier werden schrittweise kleine Segmente oder Annäherungen an das gewünschte Zielverhalten differentiell verstärkt, so daß bei ansteigender Frequenz dieser Verhaltensteile im nächsten Schritt nur noch solches Verhalten verstärkt wird, das dem Zielverhalten noch näher kommt. Dies geschieht so lange, bis die angestrebte motorische Reaktion vollständig entwickelt ist und als Ganzes verstärkt werden kann.

Das Führen des Kindes beim Ausführen der angestrebten motorischen Reaktionen kann eine Hilfe darstellen, die den Lernprozeß beschleunigt *(Prompting)*. Die Verstärkung erfolgt dann zunächst auf die geführte Ausführung und später auf die nach und nach eigenständigere Wiederholung der Reaktion (z. B. Löffel waagerecht in den Mund führen). Das Zusammensetzen einzelner gelernter Teilabläufe zu einer komplexeren Handlung geschieht durch das sukzessive Weglassen der Verstärkung von Einzelschritten. Die Verstärkung erfolgt dann erst nach einer Folge von aufeinander bezogenen Verhaltensschritten. Man bezeichnet dies als Verhaltensverkettung oder *Chaining*.

Zum Erlernen lebenspraktischer Fertigkeiten muß zunächst sichergestellt werden, daß das Kind in ausreichender Weise seine Aufmerksamkeit auf ein Gegenüber richten kann. So steht oft am Beginn eines Trainings, daß das Kind lernt, den Kopf auf Zuruf zu wenden, Blickkontakt herzustellen, hinzuschauen und zuzuhören. Dies ist eine Voraussetzung dafür, daß das Kind *Modelle* imitieren, sprachliche Instruktionen verstehen und schließlich ausführen lernen kann. Dabei ist es im Sinne einer effektiven Entwicklungsförderung von großer Bedeutung, daß gelernte motorische Einzelfertigkeiten und sprachliche Begriffe in soziale Bedeutungszusammenhänge gebracht werden können. Auf einem komplexeren Niveau ist daher neben einer vertikal-hierarchischen eine horizontale Lernstruktur erforderlich: Der sprachliche Begriff „aufmachen" und die motorische Reaktion des Öffnens kann in diesem Zusammenhang aus der Einzelbedingung *„Öffnen* des

Kastens, Greifen und Herausnehmen des Spielzeuges" auf eine Klasse von Öffnungsbedingungen erweitert werden, z. B. *Öffnen* der Tür, *Öffnen* der Zahnpastatube, *Öffnen* der Hose usw.

Mit dem Einüben gewisser motorischer Fertigkeiten durch Shaping, Prompting und Chaining ist es jedoch noch nicht getan. Das Kind muß nun lernen, in welchen Situationen das geübte Verhalten sinnvoll eingesetzt wird, und es soll schließlich auch ein fester Bestandteil im Verhaltensrepertoire des Kindes werden und damit unabhängig von regelmäßigen Verstärkern. Das Ziel der sozial angemessenen und eigenständigen Ausführung des erworbenen Verhaltens im Lebensalltag erfordert also ein gezieltes *Unterscheidungslernen:* Wann ist das Verhalten sinnvoll und erwünscht bzw. wann ist es unerwünscht? Es bedarf *differentieller Verstärkungspläne*, die sicherstellen, daß das Verhalten auch nach Ende des Trainings aufrechterhalten wird, und schließlich muß versucht werden, durch das Variieren situativer und personeller Bedingungen eine *Generalisierung* in den Lebensalltag zu erreichen. Das Kind soll ja das gelernte Verhalten „allein ausziehen" zu Hause vor dem Zubettgehen ausführen und nicht nur in der Therapiesituation in Gegenwart des Therapeuten oder aber im Supermarkt in Erwartung eines Verstärkers.

Die zunächst konsequente und regelmäßige materielle Verstärkung, die in Form von Keksen oder Süßigkeiten oder aber in Form von Chips (Tokens), die später gegen etwas anderes eingetauscht werden können, erfolgen kann, muß allmählich ausgeblendet werden, die materiellen Verstärker werden dann nur noch gelegentlich gegeben (intermittierende Verstärkung) und sukzessive durch soziale Verstärker (Lob, Zuwendung) ersetzt. Die Einbeziehung von Eltern und Erziehern in den Therapieverlauf muß die Übernahme in den Alltag sichern. Dies setzt voraus, daß die Eltern in die Prinzipien der Behandlung eingeführt und auch angeleitet werden (siehe Kapitel über Elterntraining).

So einfach dieses pädagogisch-therapeutische Vorgehen theoretisch erscheinen mag, so aufwendig und zeitraubend ist es im konkreten Einzelfall. Am Beispiel eines *Sauberheitstrainings* soll dies kurz veranschaulicht werden:

Die Betreuung geistig behinderter Kinder ist durch fehlende Sauberkeit oftmals erheblich erschwert. Das regelmäßige Windelnwechseln und Waschen älterer Kinder und Jugendlicher braucht viel Zeit und Mühe. Diese Zeit wird, wenn das Kind sauber ist, für spielerische Beschäftigung und Förderung frei.

Das von Kane und Kane (1976) entwickelte Programm gliedert sich in ein Vortraining und in das eigentliche Sauberkeitstraining. Im Vortraining lernt das Kind, auf eine Aufforderung hin zur Toilette zu gehen, die Hose herunterzuziehen und sich auf einen Topftrainer zu setzen, wieder aufzustehen und die Hose hochzuziehen. Die einzelnen Segmente dieser Verhaltenskette werden mit entsprechenden Hilfen eingeübt, und das eigentliche Sauberkeitstraining beginnt erst, wenn der gesamte Ablauf ohne Führung nach Aufforderung durch verschiedene Personen und mit verschiedenen Kleidungsstücken gelingt. Für das Sauberkeitstraining selbst empfehlen die Autoren ein Ganztagsprogramm, das auch mit kleineren Gruppen durchführbar ist. Das Kind wird für jede erfolgreiche Toilettensitzung, die durch einen Signalgeber im Auffangtrichter des Topftrainers angezeigt wird, belohnt. Während des Intensivtrainings schickt der Therapeut das Kind alle 30 Minuten auf den Topf. Es bleibt dort sitzen, bis es etwas ausgeschieden hat, maximal aber 20 Minuten, und steht dann auf Aufforderung wieder auf und zieht die Hose hoch. Um möglichst viele Ausscheidungen und damit Verstärkungsmöglichkeiten zu erreichen, wird dem Kind viel Flüssigkeit angeboten. In den Zwischenzeiten wird gespielt, das Kind erhält freundliche, intensive Zuwendung, die durch eine im Abstand von 5 Minuten erfolgende Kontrolle der Hose unterbrochen wird. Hat das Kind in die Hosen gemacht, so sagt der Therapeut „Nein! Die Hose ist voll!", er zeigt sich gestisch und mimisch von einer unzufriedenen Seite und führt das Kind beim Auswaschen der

Wäsche. Die Autoren kommen bei ihrem Programm weitgehend ohne aversive Reize bei Einnässen oder Einkoten aus, wie dies in dem Programm von Azrin und Foxx (1971) noch vorgeschlagen wird.

Der hohe Aufwand liegt nicht allein in dem zunächst frequenten Zeittakt für Instruktion, Kontrolle, Verstärkung und Protokollierung, sondern auch in den nun folgenden Bemühungen um eine Zurücknahme der Instruktion, um ein Ausblenden der Verstärker und das Verlängern des Zeittaktes und schließlich um eine Generalisierung in den Alltag. Das Ziel ist erst erreicht, wenn das Kind mehrere Wochen lang unabhängig von Umgebung, Kleidung und direkter Belohnung trocken und sauber ist.

An dieser Stelle soll noch auf ein grundsätzliches Problem hingewiesen werden, das sich im Zusammenhang mit der Durchführung verhaltenstherapeutischer Verstärkerprogramme häufig ergibt. Der notwendigerweise sehr geplante und systematische Einsatz von Belohnungen (welcher Art auch immer) lenkt die Konzentration des Therapeuten bisweilen stark auf den Akt der Verstärkung selbst, d. h. auf die Regeln seines Behandlungsprogramms, und weniger auf das, was das Kind in seinem Handeln erlebt. Die Gefahr besteht darin, daß das Kind sehr schnell das Interesse am Verstärker verliert und vielleicht auch ein Lob als stereotyp erlebt, wenn hierdurch nicht unmittelbar wirkliche Anteilnahme zum Ausdruck kommt. Es erfährt dann möglicherweise wieder mehr Interesse an seiner Person, wenn es sich entgegen der Erwartung verhält (z. B. wieder einkotet).

3.2 Behandlung von Verhaltensstörungen

In der Literatur findet die Behandlung von Stereotypien und von selbstverletzenden Verhaltensweisen bei weitem die größte Aufmerksamkeit, wovon auch das 1992 von Luiselli, Matson und Singh herausgegebene umfassende Übersichtswerk zeugt. Diese beiden Problembereiche sind hinsichtlich ihrer Phänomenologie, hinsichtlich der angenommenen ätiologischen Bedingungen und auch in bezug auf die in Frage kommenden Behandlungsansätze nicht scharf voneinander zu trennen. Sie können indes auch als am ehesten spezifisch für die Gruppe schwer geistig behinderter Menschen angesehen werden (Steinhausen im Druck). Die im folgenden dargestellten verhaltenstherapeutischen Techniken werden daher im Hinblick auf die Behandlung dieser Verhaltensprobleme dargestellt. Verschiedene Einzelverfahren eignen sich jedoch auch zur Behandlung anderer Verhaltensstörungen wie selbstinduziertes Erbrechen, Pica, aggressives und destruktives Verhalten, Schreien, Hyperaktivität, Erethismus u. a. m.

Die Auswahl und Entscheidung für die eine oder andere Methode erfordert eine sorgfältige Verhaltensbeobachtung und -analyse. Die resultierende Hypothese über die das Verhalten auslösenden und aufrechterhaltenden Bedingungen hat wesentlichen Einfluß auf die Auswahl des Verfahrens. Dabei kann es im Einzelfall sinnvoll sein, mehrere unterschiedliche Techniken unabhängig voneinander oder in Kombination einzusetzen, denn es besteht heute weitgehende Übereinstimmung darüber, daß einem stereotypen oder selbstverletzenden Verhalten bei ein und derselben Person durchaus unterschiedliche Bedingungskonstellationen zugrunde liegen können (vgl. Abschnitt 2.3). Ein Kopfschlagen beispielsweise kann initial selbststimulierenden Charakter haben, im Verlauf kann sich aber durchaus herausstellen, daß dieses Verhalten auch durch positive oder negative Verstärkung aufrechterhalten wird und/oder daß das Kind auf diese Weise einen Kontakt mit seiner Umwelt intendiert.

Der Behandlung von lang andauernden und exzessiven Stereotypien wie auch von selbstverletzenden Verhaltensweisen wird verständlicherweise meist hohe Priorität eingeräumt, da gezielte Förderung und konzentrierte Beschäftigung mit dem Kind unmöglich wird und das Auftreten von zum Teil dramatischen Verletzungen (bzw. die dauernden diesbezüglichen Befürchtungen) den Kontakt zu den Eltern und den Betreuern außerordentlich belasten kann.

Neben dem alleinigen oder kombinierten Einsatz aversiver und nicht-aversiver verhaltenstherapeutischer Techniken kommt dem zusätzlichen Einsatz medikamentöser Behandlungsformen in der Praxis eine gewisse Bedeutung zu. Hier sind insbesondere solche Substanzen gemeint, die in die neurochemische Regulation der Schmerzempfindung eingreifen (vgl. Abschnitt 2.3).

3.2.1 Aversive Verfahren

Unter diesem Stichwort sind eine Reihe von Verfahren aufzuführen, die nach dem Prinzip konstruiert sind: Wenn ein Verhalten unangenehme Konsequenzen hat, wird es vermieden.

Diese Techniken lassen sich in zwei Gruppen unterteilen: in solche, die über das direkte Applizieren von physischen Straf- bzw. Schmerzreizen eine Verhaltensreduktion erreichen, und in solche, die eher durch Reaktionsverhinderung oder durch das Ausschalten jeglicher Verstärkerwirkungen die Auftretenshäufigkeit des Verhaltens verringern wollen.

Insbesondere in den 60er und 70er Jahren sind verschiedene hochaversive Methoden entwickelt und erprobt worden, deren Einsatz insbesondere aus ethischen Gründen zunehmend kritisch kommentiert wird und deren Nutzen sich hinsichtlich langfristiger Effekte als sehr fragwürdig herausgestellt hat (Crnic und Reid 1990; Blair 1992). Allein die Erkenntnis, daß solche Verfahren einen sehr raschen und unmittelbaren Effekt herbeiführen können, rechtfertigt deren streng kontrollierten Einsatz bei extrem selbst- oder fremdgefährlichem Verhalten. Blair (1992) berichtet allerdings von Studien, die zeigen konnten, daß bei verschiedenen Patientengruppen (z. B. bei Lesch-Nyhan-Syndrom) keine Reduktion bzw. sogar eine Zunahme autoaggressiver Verhaltensweisen resultierte. Die auch hinsichtlich ihrer Nebenwirkungen am besten untersuchten Bestrafungstechniken sind das Applizieren dosierbarer *elektrischer Schläge*, das Darbieten *aversiver Gerüche* (Ammoniak, Zitrone) und das Besprühen des Gesichtes mit Wasserdampf *(Water-misting)*.

Bei den sogenannten *Korrekturverfahren* (Over-corretion) wird versucht, eine störende Verhaltenssequenz, z. B. selbstinduziertes Erbrechen oder zerstörerisches Verhalten, durch das Einüben von Wiederherstellungshandlungen zu vermindern (z. B. das Aufwischen des Bodens nach dem Erbrechen oder das Beseitigen von Folgen destruktiver Handlungen). Eine Korrekturtechnik, die vornehmlich bei Stereotypien eingesetzt wird, versucht über das Einüben von selbstkontrollierten Ersatzhandlungen den Bewegungsimpuls der Stereotypie umzulenken (guided practice) bzw. durch gezieltes Aufmerksammachen ein Unterdrücken des Bewegungsimpulses zu ermöglichen.

Sogenannte *Ausschlußverfahren* (Timeout) sind nur dann sinnvoll, wenn das Verhalten eindeutig durch positiv erlebte Konsequenzen aufrechterhalten wird. Solche Prozeduren stoßen bisweilen auf erhebliche Probleme in der Durchführung und werden meist mit positiven Verstärkungstechniken kombiniert. Das betroffene Kind wird unmittelbar auf das störende Verhalten hin für eine gewisse Zeit von jedem Kontakt oder Zuwendung ausgeschlossen, indem es z. B. in einen reizarmen Raum gebracht und dort für einige Minuten belassen wird. Dabei kann aber schon die Begleitung in den Raum eine Verstärkung beinhalten; außerdem ist es bei selbstverletzendem Verhalten nicht vertretbar, das Kind allein zu lassen. Das Verhindern autoaggressiven Verhaltens – z. B. durch Festhalten – kann aber ebenfalls wieder als Zuwendung und damit als Verstärkung erlebt werden. Auch wenn Stereotypien z. B. dem Zweck dienen, soziale Anforderungen zu vermeiden, so würde das Time-out eine Belohnung dieser Intention darstellen. Es ist also in jedem Fall sicherzustellen, daß das Verhalten primär im Hinblick auf eine erwartete Zuwendung oder Aufmerksamkeit gezeigt wird. Entscheidend für längerfristige Effekte ist, daß genügend Beachtung und Aufmerksamkeit für alternatives und sozial erwünschtes Verhalten erfolgen kann.

Im allgemeinen werden auch die sogenannten *Sichtblockaden* (facial-screening) unter die Ausschlußverfahren gerechnet (Übersicht bei Rojahn und Marshburn 1992). Hierbei trägt das Kind oder der Jugendliche ein Lätzchen um den Hals, das bei Auftreten des automutilativen Verhaltens nach oben über das Gesicht gelegt und am Hinterkopf für eine kurze Zeit befestigt wird, so daß der Betroffene nichts sehen kann.

Die hochaversiven Strafmethoden haben hier lediglich der Vollständigkeit halber Erwähnung gefunden. Sie bewirken getreu dem allgemeinen pädagogischen Prinzip, wonach eher die strafende Person als das bestrafte Verhalten vermieden wird, keine zuverlässigen, dauerhaften und generalisierten Effekte. In verschiedenen Studien (vgl. Blair 1992) wurde gar eine Zunahme des bestraften Verhaltens beobachtet. Korrektur oder Ausschlußverfahren haben die hochaversiven Strafmethoden weitgehend ersetzt und werden ihrerseits in der Regel mit nicht-aversiven Verfahren und positiver Verstärkung kombiniert.

Es soll jedoch an dieser Stelle ausdrücklich darauf hingewiesen werden, daß die Verführung zu einem unkontrollierten und auch mißbräuchlichen Einsatz direkt strafender Verfahren außerhalb des äußerst schmalen Indikationsrahmens insbesondere dort groß ist, wo Personalmangel, ungenügende Ausbildung und Anleitung von Betreuern sowie unzureichende räumliche und materielle Bedingungen bei Erziehern und Pflegepersonal zu Hilflosigkeit und Überforderung im Umgang mit schweren Verhaltensproblemen führt. Solche Bedingungen sind leider eher häufig als die Ausnahme. Pflege- und Erziehungspersonen können sich oftmals notgedrungen ausschließlich um das äußere Management ihrer behinderten Patienten kümmern, um deren Beaufsichtigung und um die Verhinderung von Verletzungen und Zerstörungen. Solche Umstände können es schwermachen, ein positives, auf die Entwicklung des einzelnen Individuums gerichtetes Engagement und auch den Respekt vor der Würde des behinderten Menschen zu bewahren.

3.2.2 Nicht-aversive Verfahren

Je nach dem Zweck, dem ein Problemverhalten dient (vorausgesetzt, es läßt sich ein solcher erkennen), können auch hier unterschiedliche Verfahren sinnvoll sein. Stereotypien, aber auch autoaggressive Verhaltensweisen können, wie in Abschnitt 2.3 ausgeführt, in Frequenz und Intensität variieren, sie können den Charakter von Mitteilungen haben, die es zu verstehen gilt, sie können Ausdruck von Erregung und Spannung, von Angst, von Müdigkeit oder Überforderung und sie können auch als Wunsch nach Zuwendung und Beteiligung oder nach körperlicher oder sensorischer Stimulation aufgefaßt werden.

Mit dem Bereithalten gezielter *Spiel-, Beschäftigungs- und Kontaktangebote* läßt sich allein schon oft eine Verminderung von Stereotypien erzielen (Moseley et al. 1970; Berkson und Mason 1963). Allerdings kann auch das Gegenteil resultieren (Baumeister u. Forehand, 1970). Im ersten, erfolgreichen Fall darf man annehmen, daß Unterstimulation Ursache des stereotypen Verhaltens ist, und im zweiten Fall schützt sich möglicherweise der Betroffene mit seinen stereotypen Bewegungen vor einem zu großen Reizangebot. Beides, Unter- und Überstimulation können also durchaus zu identischen Verhaltensantworten führen.

Wenn sich Situationen ausmachen lassen, die dem Auftreten von Stereotypien oder selbstverletzenden Verhaltensweisen regelmäßig vorausgehen, kann über eine Veränderung situativer Bedingungen eine Besserung erreicht werden *(Stimuluskontrolle)*. Gerade bei solchen Kindern, die in neuen, für sie noch unübersichtlichen, lärmigen Umgebungen mit einer Zunahme von stereotypem Verhalten reagieren (dies ist besonders häufig bei Autisten der Fall), ist auf eine Strukturierung der Lernumgebung zu achten, die das Kind zunächst von störenden Reizen abschirmt und in der die Tolerierung neuer Elemente (Anzahl der Personen, verschiedene Spielsachen) sukzessive erarbeitet wird.

Wenn ein Kind Zuwendung immer dadurch herausfordert, daß es z. B. Gegenstände umherwirft, so sollte dieses Verhalten abnehmen, wenn es nach einer solchen Handlung keinerlei Zuwendung erhält, d. h. nicht beachtet wird. Dieses Vorgehen, das Ausschalten unmittelbarer Verstärkung, wird *Löschung* genannt und setzt natürlich voraus, daß der Zusammenhang zwischen dem Problemverhalten und der Verstärkung tatsächlich ausschlaggebend ist. Ein solches Vorgehen verbietet sich bei Verhaltensweisen, die nicht ignoriert werden können, weil sie zu gefährlich sind (selbst- und fremdaggressives Verhalten), und es muß darüber hinaus wie beim Time-out sichergestellt sein, daß der Betroffene alternative Verhaltensmöglichkeiten hat, um Zuwendung und Kontakt zu erreichen (Kane 1979).

Der wohl heute wichtigste Ansatz in der Behandlung schwerer Verhaltensstörungen ist das Prinzip des Aufbaus und der *positiven Verstärkung von alternativen oder mit dem Problemverhalten unvereinbaren Verhaltensweisen oder der Verstärkung von Phasen in denen das Problemverhalten seltener auftritt* (differential reinforcement of other behavior, DRO; differential reinforcement of incompatible behavior, DRI; differential reinforcement of low rates, DRL). Kane (1979) nennt dieses Behandlungsprinzip die „akzeptable Wutäußerung und Wutreduktion". Diese Begriffswahl macht deutlich, daß das Kind lernen soll, in seinem Affekt mit anderen als mit selbstzerstörerischen oder stereotypen Handlungen zu reagieren. Ein kurzes Behandlungsbeispiel soll dies verdeutlichen:

Der 10 Jahre alte, schwerst geistig behinderte Markus, der ständig durch einen Betreuer beaufsichtigt und auch medikamentös sediert werden mußte, weil er sich massiv ins Gesicht schlug und mit den Fingern in die Augen, den Kopf, den Hals und die Brust bohrte und auf diese Weise tiefe Wunden verursachte, lernte z. B. schrittweise, statt in sein Gesicht auf ein Kissen in der Hand des Therapeuten zu schlagen. In der Gruppe hat oft nicht einmal das Anlegen eines Helmes und das Tragen von Fäustlingen Verletzungen verhindern können. Gegen sich selbst gerichtete Attacken wurden in der Therapiesituation durch Festhalten des Armes verhindert. Nach einer intensiven, über mehrere Stunden täglich dauernden Therapiephase nahm das autoaggressive Verhalten ab, und das Kind schlug mehr und mehr auf das Kissen ein. Schließlich konnte der Junge das Kissen auch in der Gruppe selbständig mit sich führen und benutzen.

Wenn irgend möglich sollte versucht werden, das Motiv des „Wutaffektes" zu verstehen und dem Kind im Sinne eines pädagogisch-therapeutischen Ansatzes andere nonverbale Ausdrucksformen für zugrundeliegende konkrete Bedürfnisse und Wünsche zu ermöglichen. Hier können mimische und gestische Ausdrucksformen bis hin zu zeichensprachlichen Äußerungen eingeübt und es kann versucht werden, einfache verbale Kommunikationsformen zu trainieren. Die verhaltenstherapeutischen Techniken zum Sprachaufbau werden in dem Kapitel über frühkindlichen Autismus in diesem Handbuch ausführlich abgehandelt. Der Ansatz des *funktionellen Kommunikationstrainings* in der Behandlung autoaggressiven Verhaltens strebt explizit die Verständigung mit dem Behinderten an, um gezielt Anlässe für aggressive oder autoaggressive Attacken auszuschalten (Carr und Durand 1985). So ideal dies auch im Hinblick auf die Belange der Förderung klingt, so schwierig ist es im Einzelfall, in einem stereotypen oder selbstverletzenden Verhalten eine „Botschaft" zu erkennen, geschweige denn entsprechende Alternativäußerungen aufzubauen. Über positive Erfahrungen mit der gezielten Förderung alternativer Ausdrucks- und Kommunikationsmöglichkeiten in Kombination mit basaler Stimulation und körperlicher Bewegung berichten Kane und Hettinger (1987).

Körperliche Aktivierung in Form von sportlichen Betätigungen oder anstrengenden einfachen Arbeiten, z. B. im Garten, kann die Behandlung stereotyper und autoaggressiver Verhaltensweisen sinnvoll ergänzen (Baumeister und Matlean 1984).

Zusammenfassend sei noch einmal betont, daß keines der hier genannten Verfahren etwa spezifisch für ein bestimmtes Verhaltensproblem ist. Die Entscheidung für das eine oder andere Verfahren oder für Kombinationen verschiedener Techniken muß sich vielmehr auf das spezifische

Bedingungsgefüge eines konkreten Verhaltens abstützen. Das Erlernen alternativer Verhaltensweisen (DRO, DRI, funktionelles Kommunikationstraining) in Kombination mit Techniken der Reaktionsverhinderung, mit Korrekturverfahren oder auch mit Ausschlußverfahren sind häufig als effektiv beschrieben worden (vgl. Crnic und Reid 1990). Der Einsatz hochaversiver Verfahren sollte aus den genannten Gründen wenn irgend möglich vermieden werden, auch wenn die Planung von strukturierten, nichtaversiven und fördernden Verfahren außerordentlich zeit- und personalaufwendig sein kann.

4. Evaluation

In Bereichen von Sonderpädagogik und Therapie bei geistig Behinderten haben sich die aus Lernpsychologie und Verhaltenslehre abgeleiteten Methoden in der Praxis bewährt und durchgesetzt. Einen ausführlichen Literaturüberblick geben Crnic und Reid (1990). In den folgenden Abschnitten sollen einige Probleme und Ergebnisse der wissenschaftlichen Überprüfung von Effekten in der Förderung und Therapie geistig behinderter Kinder kurz dargestellt und diskutiert werden.

4.1 Allgemeine Probleme der Therapieforschung

Der Wert einer therapeutischen oder pädagogischen Maßnahme bestimmt sich aus ihrer Wirkung im Hinblick auf ein definiertes Ziel und aus dem Vergleich dieser Wirkung gegenüber keinen (Kontrollbedingung) oder anderen therapeutischen/sonderpädagogischen Maßnahmen, die das gleiche Ziel verfolgen.

Wenn es aber in diesem Abschnitt um den wissenschaftlich-empirischen Nachweis der spezifischen Wirksamkeit zur Begründung differentieller Indikationsstellungen geht, so stößt man zunächst auf die grundlegenden Probleme der vergleichenden Therapieforschung (von Aster 1992) und folgendes Dilemma: Um die Frage zu beantworten, welche konkrete Behandlungsmaßnahme durch welchen Therapeuten zu welchem Zeitpunkt bei einem Patienten X mit dem spezifischen Problem Y unter welchen Bedingungen in welchem Zeitraum zu welchem Ergebnis führt, wären präzise kontrollierte, experimentelle Untersuchungsdesigns mit festgelegten Therapiemanualen und nahezu identischen Patienten oder Patientengruppen nötig. Mit jeder Annäherung an einen solchen Standard muß man aber gleichzeitig eine Vergrößerung der Distanz zur klinischen und sozialen Realität befürchten, was die anwendungsbezogene Brauchbarkeit solcher Ergebnisse dann wiederum erheblich in Frage stellt (Grawe, Caspar und Ambühl 1991). Ein zusätzliches Problem ergibt sich im Kindes- und Jugendalter immer in der Kontrolle von unspezifischen Einflüssen durch Wachstum und Reifung.

4.2 Zum Problem der Überschneidung von Pädagogik und Therapie

Zu den skizzierten allgemeinen Problemen evaluativer Forschung kommt hinzu, daß es eine unübersehbare Vielfalt von sich überschneidenden sonderpädagogischen und medizinisch/psychologischen Behandlungsmethoden gibt, die von verschiedenen Berufsgruppen erlernt, mit unterschiedlichen Schwerpunktsetzungen in verschiedenen Altersbereichen, Behandlungssettings und Umgebungskontexten bei verschiedensten schwer- und leichtgradigen Behinderungsformen Anwendung finden (Vogel, Rauh und Jordan 1990). Auch wenn die Zugangswege in bezug auf die behandelte Modalität (Motorik, Wahrnehmung, Sprache, Verhalten, Emotionalität), in Bezug auf den Lebensabschnitt (Frühförderung, schulische, soziale und berufliche Rehabilitation) und in bezug auf den Umgebungskontext (Elternarbeit, Einzel- und Gruppenarbeit, stationäre Behandlung, Behandlung in der Familie oder im Heim) sehr unterschiedlich sein können, so besteht doch im übergeordneten Ziel derselbe Anspruch, nämlich die Optimierung individueller Entwicklungsmöglichkeiten. Spezifische und insbesondere unspezifische Wirkungen, die solche „Fördertherapien" in der Praxis entfalten können, entziehen sich weitgehend einer detaillierten evaluativen Überprüfung, da die Vielfalt des Instrumentariums auf funktioneller und Beziehungsebene eine sinnvolle Kontrolle von Einzelaspekten pädagogischer und therapeutischer Handlungsweisen unmöglich macht. So darf z. B. durchaus angenommen werden, daß durch ein Erlernen selbständigen Essens oder Ankleidens weitere Reifungs- und Lernprozesse angestoßen werden, die das Training selbst gar nicht unmittelbar intendiert.

Wie im Abschnitt 3 bereits angedeutet, läßt sich ganz besonders in der Behandlung geistig Behinderter keine scharfe Trennungslinie zwischen pädagogischen und therapeutischen Vorgehensweisen ziehen, obgleich durchaus paradigmatische Unterschiede bestehen.

Lerntheoretisch begründete *sonderpädagogische Förderung* definiert im Sinne einer Aufgabenanalyse konkrete Lernschritte, die auf der Basis bereits vorhandener Fertigkeiten (Analyse des Verhaltensrepertoires) zu neuen Verhaltenskompetenzen führen. Hierzu gehören die beschriebenen Verfahren zum Aufbau lebenspraktischer und sozialkommunikativer Fertigkeiten. Die hier zur Anwendung kommenden Techniken sind im Verlauf der letzten beiden Jahrzehnte vielfach modifiziert, verfeinert und für vielfältige Verhaltensbereiche und Altersstufen standardisiert worden. In Teilbereichen wie dem Erwerb von Sprache oder sozialer Interaktion haben Erkenntnisse aus der Psycholinguistik, der kognitiven und der Entwicklungspsychologie zur Weiterentwicklung der klassischen verhaltensformenden Programme geführt.

Therapie beinhaltet die Korrektur von Verhaltensstörungen, Fehlentwicklungen oder subjektiven Leidenszuständen und setzt im Gegensatz zur Pädagogik die Kenntnis lerngeschichtlicher Ursachen (Verhaltensanalyse) voraus. Eine von vielen möglichen Ursachen für Verhaltensstörungen liegt nun häufig in dem Umstand begründet, daß die zur Verfügung stehenden Fertigkeiten zur Bewältigung komplexer Lebensanforderungen nicht ausreichen (Defizite). Im Rahmen einer therapeutischen Strategie kann deshalb z. B. das Einüben kommunikativer Fertigkeiten im Sinne von Alternativreaktionen ein Störverhalten reduzieren. Hier finden also in der Therapie zielgerichtete Instrumente der sonderpädagogischen Förderung Anwendung.

Das Nebeneinander von verschiedenartigen Beseitigungs- und Aneignungstechniken in der Behandlung von Verhaltensstörungen unterschiedlicher Genese hat das Bemühen um vergleichende Evaluation innerhalb der Verhaltenstherapie in jüngster Zeit verstärkt (vgl. Abschnitt 4.4). Aber auch nicht-behaviorale kindertherapeutische Schulen verfolgen explizit sowohl reifungs- als auch störungsbezogene Ziele. So benennt Schmidtchen (1991) für die klientzentrierte Spieltherapie als allgemeine Ziele die „Störungsbewältigung" und „Wachstumsförderung". Der Kanon klientzentriert-spieltherapeutischer Handlungsstrategien schließt dabei zielorientierte verhaltenstherapeutische Elemente ebenso ein wie Eltern- und Familienarbeit. Die empirischen Belege für die Wirksamkeit dieser Therapieform gerade bei Kindern mit verschiedenen Formen von Entwicklungsrückständen sind beachtlich (Übersicht bei Schmidtchen 1991). Dies kann für die in letzter Zeit zunehmenden Berichte über psychoanalytisch begründete Vorgehensweisen bei geistig behinderten Kindern nicht gelten. Gemäß der psychoanalytischen Entwicklungslehre streben solche Konzepte eine Förderung der Entwicklung von „Ich-Strukturen" und „Objektbeziehungen" an (Gaedt, Jäckel und Kischkel 1989).

4.3 Elternarbeit

Daß die Wirkungen pädagogischer und therapeutischer Interventionen durch gezieltes Informieren und Anleiten von Eltern und

Erziehern deutlich gesteigert werden können, ist nicht nur plausibel, sondern empirisch auch gut belegt (Hemsley et al. 1978). Dabei scheint es interessanterweise kaum eine Rolle zu spielen, in welchem Setting die Arbeit mit den Eltern stattfindet. Sutton (1992) konnte zeigen, daß das Training in der Elterngruppe, das Training zu Hause und das Training per Telefon gleichermaßen erfolgreich gegenüber einer unbehandelten Wartegruppe war. Von Bedeutung ist die Elternarbeit nicht nur wegen des kindbezogenen Effektes einer Multiplikation von Übungsmöglichkeiten im Alltag, sondern auch im Hinblick auf eine Abnahme von Elternstreß und Familienproblemen. Baker et al. (1991) konnten aufzeigen, daß Unzufriedenheit, Depressivität und familiärer Streß nach einem zu Hause durchgeführten Elterntraining signifikant abnahmen.

4.4 Vergleichende Evaluation

Dort, wo verschiedene therapeutische Konzepte für ein und dieselbe Art von Problemen existieren, wächst der Bedarf nach vergleichender Evaluation und objektiven Kriterien für eine Methodenauswahl. Gerade im Bereich der Behandlung von Stereotypien und selbstverletzendem Verhalten von geistig Behinderten haben Bedenken hinsichtlich langfristiger Effektivität und insbesondere ethische Vorbehalte gegenüber den hochaversiven Bestrafungsverfahren zu einer stetigen Suche nach alternativen verhaltenstherapeutischen Behandlungskonzepten geführt. In der von Schlosser und Goetze (1991) vorgelegten Metaanalyse von 74 Einzelfalluntersuchungen an Kindern aus den Jahren 1975 bis 1990 kommt zunächst zum Ausdruck, daß der methodische Standard der einbezogenen Untersuchungen niedrig ist. Angaben zu Generalisierung und Follow-up-Erhebungen waren äußerst spärlich; eine Verhaltensanalyse als Voraussetzung für die Auswahl der therapeutischen Methode erfolgte nur in ca. 25%. Etwa die Hälfte der untersuchten Behandlungsverfahren hat sich als effektiv erwiesen. Dabei erreichten kombinierte Interventionen aus aversiven und nicht-aversiven Techniken (differentielles Verstärken in Verbindung mit Verhaltensunterbrechung bzw. Time-out) den höchsten Effektivitätsgrad. Der Schweregrad der geistigen Behinderung hatte offenbar keinen Einfluß auf den Therapieerfolg unterschiedlicher Interventionen.

Die im selben Jahr erschienene Metaanalyse von Scotti et al. (1991) basiert auf der Auswertung von 304 in den Jahren 1976–87 veröffentlichten Einzelfallstudien an Kindern und Erwachsenen mit selbstverletzendem Verhalten, stereotypem Verhalten und anderen aggressiven und destruktiven Verhaltensweisen. Die Studie kommt im Kern zu identischen Ergebnissen: Überlegen erscheinen kombinierte Verfahren aus nicht-aversiven und aversiven Techniken. Die Autoren betonen, daß das Üben neuer und alternativer Verhaltensweisen besonders bedeutsam für einen langfristigen Therapieeffekt ist. In nur 22% der einbezogenen Untersuchungen bildete eine funktionelle Verhaltensanalyse die Grundlage der Behandlung. Die Effektivitätswerte dieser Studien mit Verhaltensanalysen waren eindeutig höher als in denen ohne Verhaltensanalyse.

In der auf der Basis von 482 bis zum Jahr 1994 publizierten empirischen Studien durchgeführten Metaanalyse von Didden, Duker und Korzilius (1997) konnte aufgezeigt werden, dass allein die inzwischen in der Mehrzahl der Studien dargestellten Verhaltensanalysen die Effektivität der Behandlungen klar verbesserten. Gute Ergebnisse wurden hier für Therapien bei sozial fehlangepasstem Verhalten und bei internalisierenden Störungen berichtet, weniger gute Ergebnisse dagegen bei externalisierenden Störungen und destruktivem Verhalten. Dabei erreichten kontingente und direkt auf das Problemverhalten zielende Interventionen (z. B. Überkorrektur, Responsecost, DRL und DRO, Time-out) die höchsten Effektivitätswerte.

Zusammenfassend kann festgehalten werden, dass verhaltensanalytisch begründete multimodale Vorgehensweisen mit Elementen einer möglichst milden Grenzsetzung, Verhaltenskorrekturen und positiver Verstärkung alternativer Verhaltensweisen oder niederfrequenten Problemverhaltens bei akuten und schweren Verhaltensstörungen am ehesten erfolgsversprechend sind.

Literatur

Aman M G, Singh N N, Stewart A N, Field C J (1985). The Aberant Behavior Checklist: A behavior rating scale for the assessment of treatment effects. American Journal of Mental Deficiency 89, 485–491

Azrin, N G, Foxx R M (1971). A rapid method of toilet training the institutionalized retarded. Journal of Applied Behavior Analysis 4, 89–99

Baker B L, Landen S J, Kashima K J (1991). Effects of parent training on families of children with mental retardation: Increased burden or generalized benefit? American Journal of Mental Retardation 96, 127–136

Baumeister A, Matlean W E (1984). Deceleration of self-injury and stereotypic responding by exercise. Applied Research in Mental Retardation 5, 385–393

Baumeister, A A, Forehand R (1970). Social faciliation of body rocking in severely retarded patients. Journal of Clinical Psychology 26, 303–305

Berkson G, Mason W A (1963). Stereotyped movements of mental defectives: Situation effects. American Journal of Mental Deficiency 68, 409–412

Blair A (1992). Working with people with learning difficulties who self-injure: A review of the literature. Behavioral Psychotherapy 20, 1–23

Bleidick U (1988). Pädagogik und Sonderpädagogik. In: Remschmidt H, Schmidt M H (Hrsg.). Kinder- und Jugendpsychiatrie in Klinik und Praxis, Bd. 1. Thieme, Stuttgart – New York

Bondy C, Cohen R, Eggert D, Lüer G (1969). Testbatterie für geistig behinderte Kinder (TBGB). Beltz Test Gesellschaft, Weinheim

Carr E G, Durand V M (1985). Reducing behavior problems through functional communication training. Journal of Applied Behavior Analysis 18, 111–126

Carr E G, Newson C D, Binkoff J A (1976). Stimulus control of self-destructive behavior in a psychotic child. Journal of Abnormal Child Psychology 4, 139–153

Cataldo, M S, Harris J (1982). The biological basis of self-injury in the mentally retarded. Analysis and Intervention in Development Disabilities 2, 21–39

Corbett J A (1985). Mental retardation: Psychiatric aspects. In: Rutter M, Hersov L (Eds.). Child and adolescent psychiatry. Blackwell Scientific Publications, Oxford – London – Edingburgh

Crnic K A (1988). Mental retardation. In: Mash E J, Terdal L G: Behavioral Assessment of Childhood Disorders, sec. Ed., Guilford Press, New York – London

Crnic K A, Reid M (1990). Mental retardation. In: Mash E J, Barkley R A (Eds.). Treatment of childhood disorders. Guilford Press, New York – London

Didden R, Duker PC, Korzilius H (1997). Meta-analytic study on treatment effectiveness for problem behaviors with individuals who have mental retardation. American Journal on Mental Retardation 4, 387–399

Dilling H, Mombour W, Schmidt M H (Hrsg. 1991). Internationale Klassifikation psychischer Störungen: ICD-10, Kapitel V (F), klinisch-diagnostische Leitlinien. Weltgesundheitsorganisation. Huber, Bern – Göttingen – Toronto

Durand V M, Carr E G (1985). Self-injurious behavior: Motivating conditions and guidelines for treatment. School Psychology Review 14, 171–176

Favell J E, McGimsey J F, Schell R M (1982). Treatment of self-injury by providing alternate sensory activities. Analysis and Intervention in Development Disabilities 2, 83–104

Freund L S, Reiss A L (1991). Rating problem behaviors in outpatients with mental retardation: Use of Aberant Behavior Checklist. Research in Developmental Disabilities 12, 435–451

Gaedt C, Jäkel D, Kischkel W (1989). Psychotherapie mit geistig Behinderten. Geistige Behinderung 28, 4–14

Grawe K, Casper F, Ambühl H (1990). Themenheft differentielle Psychotherapieforschung: 4 Therapieformen im Vergleich. Zeitschrift für Klinische Psychologie 19, Heft 4

Grossman H (1983). Manual of terminology and classification in mental retardation. American Association on Mental Deficiency, Washington D. C.

Hemsley R, Howlin P, Berger M, Hersov L, Holbrook D, Rutter M, Yule W (1978). Treating autistic children in a family context. In: Rutter M, Schopler E (Hrsg.). Autism. Plenum Press, New York

Iwata B A, Dorsey M F, Slifer M F, Baumann K J, Richman G S (1982). Toward a functional analysis of self-injury. Analysis and Intervention in Developmental Disabilities 2, 3–20

Kane J F (1979). Behandlung schwerer Verhaltensstörungen bei geistig Behinderten. Heilpädagogische Forschung 8, 143–175

Kane J F, Hettinger J (1987). Die Förderung von Menschen mit selbstverletzendem Verhaltenswesen. Geistige Behinderung 26, 13–21

Kane J F, Kane G (1976). Geistig schwer Behinderte lernen lebenspraktische Fertigkeiten. Huber, Bern – Stuttgart – Wien

Kaufer F H, Phillips J S (1975). Lerntheoretische Grundlagen der Verhaltenstherapie. Kindler, München

Luiselli J K, Matson J L, Singh N N (Hrsg. 1992). Self-injurious behavior. Analysis, assessment and treatment. Springer, New York.

Luria A R, Yudovich F I (1975). Speech and the development of mental processes in the child. Penguin Books, England

Mace F C, Lalli J S, Shea M C (1992). Functional analysis and treatment of self-injury. In: Luiselli J K, Matson J L, Singh N N (Hrsg.). Self-injurious behavior. Springer, New York

Melchers P, Preuss U (1991). Deutschsprachige Fassung der Kaufmann-Assessment-Battery for Children. Swets and Zeitlinger, Frankfurt am Main

Menolascino F J (1990). The nature and types of mental illness in the mentally retarded. In: Lewis M, Miller S M. Handbook of developmental psychopathology. Plenum Press, New York – London

Moseley A, Faust L, Reardon D M (1970). Effects of social and nonsocial stimuli on the stereotyped behaviors of retarded children. American Journal of Mental Deficiency 74, 809–811

Neuhäuser G, Steinhausen H Ch (Hrsg, im Druck). Geistige Behinderung, 2. Auflage. Kohlhammer, Stuttgart

O'Brien G (1992). Behavioral phenotypy in developmental psychiatry. European Child and Adolescent Psychiatry, Suppl. 1, 1–61

Papousek H (1977). Entwicklung der Lernfähigkeit im Säuglingsalter. In: Nissen G (Hrsg.). Intelligenz, Lernen und Lernstörungen. Springer, Berlin – Heidelberg – New York

Papousek H, Papousek M (1989). Frühe Kommunikationsentwicklung und körperliche Beeinträchtigung. In: Fröhlich A D (Hrsg.). Kommunikation und Sprache körperbehinderter Kinder. Verlag Modernes Lernen, Dortmund

Papousek H, Papousek M (1992). Beyond emotional bonding: The role of preverbal communication in mental growth and health. Infant Mental Health Journal 13, 43–53

Resnick L B (1989). Developing mathematical knowledge. Am. Psychol. 44, 162–169

Rohjahn J, Marshburn E C (1992). Facial screening and visual occlusion. In: Luiselli J K, Matson J L, Singh N N (Hrsg.). Self-injurious behavior. Springer, New York

Sandman C A (1988). B-Endorphin disregulation in autistic and self-injurious behavior: A neurodevelopmental hypothesis. Synapse 2, 193–199

Schlosser R W, Goetze H (1991). Selbstverletzendes Verhalten bei Kindern und Jugendlichen mit geistiger Behinderung: Eine Meta-Analyse von Einzelfalluntersuchungen zur Effektivität von Interventionen. Sonderpädagogik 21, 138–154

Schmidtchen S (1991). Klientzentrierte Spiel- und Familientherapie. Psychologie Verlags-Union, Weinheim

Scotti J R, Evans I M, Meyer L H, Walker P (1991). A meta-analysis of intervention research with problem behavior: Treatment validity and standards of practice. American Journal of Mental Retardation 96, 233–256

Starkey P, Spelke E S, Gelman R (1990). Numerical abstraction by human infants. Cognition 36, 97–127

Steinhausen H Ch (im Druck). Allgemeine und spezielle Psychopathologie. In: Neuhäuser G, Steinhausen H Ch (Hrsg.). Geistige Behinderung, 2. Auflage. Kohlhammer, Stuttgart

Steinhausen H Ch (1992). Therapie und Verlauf von Hirnfunktionsstörungen. In: Ders. (Hrsg.). Hirnfunktionsstörungen und Teilleistungsschwächen. Springer, Berlin – Heidelberg – New York

Sutton C (1992). Training parents to manage difficult children: A comparison of methods. Behavioral Psychotherapy 20, 115–139

Tyson M E, Favell J E (1988). Mental retardation in children. In: Van Hasselt V B, Strain P S, Hersen M (Hrsg). Handbook of developmental and physical disabilities. Pergamon Press, New York – Oxford

Vogel D, Rauh H, Jordan S (1990). Therapieangebote für behinderte Kinder. Marhold, Berlin

von Aster M (1992). Die Therapieindikation bei kinder- und jugendpsychiatrischen Störungen. In: Steinhausen H Ch (Hrsg.). Festschrift 70 Jahre Kinder- und Jugendpsychiatrischer Dienst Zürich. Eigenverlag, Zürich

Von Gontard A (im Druck). Genetische und Biologische Grundlagen. In: Neuhäuser G, Steinhausen H Ch (Hrsg.). Geistige Behinderung, 2. Auflage. Kohlhammer, Stuttgart.

Warnke A (1988). Früherkennung. In: Remschmidt H, Schmidt MH (Hrsg.). Kinder- und Jugendpsychiatrie in Klinik und Praxis, Bd. 1. Thieme, Stuttgart – New York

Warnke A (1990). Frühförderung und Zusammenarbeit mit der Familie. In: Neuhäuser G, Steinhausen H Ch (Hrsg.) (1990). Geistige Behinderung. Kohlhammer, Stuttgart – Berlin – Köln

World Health Organisation (1997). ICIDH-2, International Classification of Impairments, Activities and Participation. A manual of Dimensions of Disablement and Functioning. WHO, Geneva.

Zigler E, Hodapp R M (1986). Understanding mental retardation. Cambridge University Press, New York

Zigler E, Hodapp R M (1991). Behavioral functioning in individuals with mental retardation. Annu. Rev. Psychol. 42, 29–50

Kapitel 4

Lernstörungen

Gerhard W. Lauth

1. Definition und Klassifikation 76
2. Symptomatik und Verhaltensdiagnose 77
2.1 Lernkomponenten 77
2.2 Symptomatik 78
2.3 Die Verhaltensdiagnose 82
2.3.1 Analyse des Lernverhaltens und der Lernvoraussetzungen 82
2.3.2 Analyse der familiären Bedingungen 83
2.3.3 Analyse der unterrichtlichschulischen Bedingungen 83

3. Therapie in der Praxis 84
3.1 Vermittlung von Ausführungskompetenzen 84
3.2 Vermittlung von bereichsspezifischem Wissen 85
3.3 Förderung von Lernkompetenzen 86
3.4 Förderung von Lernkompetenzen im Unterricht 88
3.5 Aufbau einer förderlichen Lernhaltung 88

Literatur 90

1. Definition und Klassifikation

Lernen wird als aktiver, konstruktiver und zielgerichteter Vorgang verstanden, der den Aufbau von Wissen und den Erwerb von Fertigkeiten auf der Grundlage des verfügbaren Vorwissens zum Ziel hat (Glaser, 1991). Lernen ist ein Teilaspekt des intelligenten Verhaltens und wird vor allen Dingen in der Schule, im Studium, im Beruf sowie in der Weiterbildung – also in der Auseinandersetzung und Aneignung von Inhalten (etwa Kulturtechniken, Fremdsprachen, Computerkenntnissen, motorischen Leistungen) beobachtet. Das Engagement und die Auseinandersetzung des Lernenden mit den Lerninhalten kann ganz unterschiedlich sein. Im Ideal wird man sich immer ein eigenständiges oder konstruktivistisches Lernen wünschen, sehr oft sind aber auch weniger engagierte Formen des Lernens anzutreffen: Vermunt (1987) hat in diesem Zusammenhang Lernende nach ihrem Verständnis von Lernen gefragt und drei Konzeptionen vorgefunden: 1) Ein reproduktives Lernen, bei dem es bildlich gesprochen darum geht, Wissen und Buchinhalte quasi in den eigenen Kopf hinein zu kopieren. 2) Ein Lernen, das den Gebrauchswert der Inhalte für spätere Anwendungssituationen betont. 3) Eine konstruktivistische Lernhaltung, bei der in der Auseinandersetzung mit einem Lerninhalt neues Wissen konstruiert wird. Ganz gleich aber welche Lernhaltung vorherrschend ist, erfordert der jeweilige Lernakt doch vielfältige Aktivitäten, in Form von Abbildungsleistungen, Wissensaktivierung, Planungen, (Selbst)bewertungen, Überwachung von Lernwegen und Lernergebnissen sowie Anstrengungsbereitschaft und eigene Wirksamkeitserwartungen. Dies um so mehr je stärker das Lernen dem konstruktivistischen Ideal entspricht.

Lernstörungen bezeichnen nichts anderes als Minderleistungen beim absichtsvollen Lernen. Sie äußern sich darin, daß das gewünschte Können, Wissen und Verhalten (z. B. Lesen, Rechnen, Schreiben, Lernhaltungen) nicht in ausreichender Qualität, nicht mit ausreichender Sicherheit sowie nicht in der institutionell dafür vorgesehenen Zeit erworben wird; die erwarteten Leistungsergebnisse werden trotz angemessener Lernangebote nicht erreicht, so daß – insofern das Lernangebot als ausreichend erachtet wird – den betroffenen Schülern, Studenten, Auszubildenden oder Weiterbildungsteilnehmern mehr oder minder umfangreiche Störungen ihrer Lernfähigkeit attestiert werden.

Diese Störungen können entweder inhaltlich begrenzt (etwa Lese-Rechtschreibschwäche) oder allgemein sein (etwa allgemeines Schulversagen). Inhaltlich begrenzte Lernstörungen (Lesestörung – DSM-IV Nr. 315.00; Störung des schriftlichen Ausdrucks – DSM-IV Nr. 315.2; Rechenstörung – DSM-IV Nr. 315.10) sind durch deutliche Minderleistungen in einem Lernbereich definiert, während in den sonstigen Unterrichtsfächern eine gute Lernfähigkeit bzw. ein mittleres Intelligenzniveau vorliegt. Neuere Untersuchungen (Esser & Schmidt, 1993) zeigen, daß diese Lernstörungen sehr überdauernd sein und beträchtliche Folgewirkungen für das Selbstbild und das soziale Verhalten haben können. Bei allgemeinen Lernstörungen (z. B. Nicht näher bezeichnete Lernstörung – DSM-IV Nr. 315.9, Schulversagen, Lernbehinderung, Geistige Behinderung – DSM-IV Nr. 317, 318) ist das Lernen „auf breiter Front", in den verschiedenen schulischen und teilweise auch in den außerschulischen Bereichen beeinträchtigt. Oft sind hier die intellektuellen Fähigkeiten begrenzt (etwa bei Lernbehinderung). Andere Lernstörungen sind eher vorübergehender Natur; sie beziehen sich zumeist auf Leistungseinbrüche infolge situativer Umstände (etwa Schulwechsel, Reifungskrisen, Erlebnisstörungen, Neuorientierungen). Eine letzte Gruppe von Lernstörungen (Lern- und Studienschwierigkeiten) zeichnet sich weniger durch klinisch bedeutsame Minderleistungen als vielmehr dadurch aus, daß die vermutete Begabungshöhe (etwa aufgrund von sozialen Anpassungsschwierigkeiten, mangelnder Motivierung, mangelndem Interesse) nicht ausgeschöpft wird. Im Vordergrund dieser Störungen steht nicht so sehr die

Minderleistung als vielmehr die sozialen und persönlichen Schwierigkeiten.

Lernstörungen sind weit verbreitet. Etwa jeder zwanzigste Schüler weist eine gravierende, allgemeine Lernstörung (operationalisiert im Abgang von der Schule ohne Hauptschulabschluß) auf (Landesamt für Datenverarbeitung, 1996) und knapp drei Prozent aller Schüler wiederholen in einem Schuljahr (teils freiwillig, teils wegen Nichtversetzung) eine Klasse (Mitteilung des Bildungsministers von Rheinland-Pfalz auf eine Anfrage im Landtag im September 1997). Thematisch begrenzte Lernstörungen, wie etwa Lese-Rechtschreibschwäche sind bei 3,7 Prozent aller Kinder anzutreffen (Esser, 1994), 8,5 Prozent der Schulanfänger haben anhaltende Schwierigkeiten beim Erlernen der Schriftsprache (Klicpera, Humer, Lugmayr & Gasteiger-Klicpera, 1993) und 14 Prozent der Schüler in den Klassen 2 bis 8 erweisen sich als leserechtschreibschwach (Klicpera; Gasteiger-Klicpera & Schabmann, 1994). Überwiegend sind es Jungen (etwa 65 Prozent) sowie ausländische Kinder und Kinder aus der sozialen Grundschicht, die von diesen Lernstörungen betroffen sind (Merz, 1982, Hildeschmidt, 1982, S. 142, Landesamt für Datenerhebung, 1996).

2. Symptomatik und Verhaltensdiagnose

2.1 Lernkomponenten

Absichtsvolles Lernen stellt eine zielgerichtete, komplexe Handlung dar, die sowohl in ihrem zeitlichen Verlauf als auch in ihren inhaltlichen Voraussetzungen beschrieben werden kann. Sogenannte Komponentenmodelle (etwa Spear & Sternberg, 1986, Montague & Bos, 1986) beschreiben die allgemeinen Momente, die für den Lernvorgang wesentlich sind:

Metakognitiv-strategische Prozesse zur Planung, Überwachung und Bewertung von Aufgabenlösungen. Sie beziehen sich im wesentlichen auf das Verstehen und Erkennen der Lernaufgabe, die Ableitung von Strategien, die Aktivierung der relevanten Wissensbasis, die Bereitstellung von Ressourcen sowie die Überwachung der Strategien und die Bewertung der Aufgabenlösung. Diese Prozesse bewirken, daß der Lernende seine gedankliche Tätigkeit bewußt beobachtet, organisiert und kontrolliert sowie nach Maßgabe von Handlungsergebnissen verändert. Hierzu dienen beispielsweise Fragen, die sich der Lernende selbst stellt, sowie Planungen, die Ableitung von Regeln und Strategien, die Abfrage von Vorkenntnissen, Fehlerdiagnose, handlungsbegleitende Prüfprozesse und Selbstverbalisierungen. Für die Güte der Lernleistung erweisen sich exekutive Prozesse, welche die Ausführung des Lernens überwachen, sowie Lernergebnisse bzw. Aufgabenlösungen bewerten, als besonders bedeutsam.

Ausführungskomponenten beziehen sich auf die eher untergeordneten Instanzen, die für die Durchführung der geplanten Operationen zuständig sind. Hierzu gehören konkrete Operationen (etwa Rechenschritte ausführen, Schreiben) aber auch Gedächtnis-, Aufmerksamkeits- und sprachliche Kodierungsprozesse. Das Lernen kann demnach trotz bester Planung und Handlungssteuerung aufgrund von Fertigkeits- und funktionellen Defiziten scheitern.

Wissenserwerbskomponenten werden nach der Konzeption von Spear und Sternberg (1986) eingesetzt, um neue Informationen auszuwählen (selektives Enkodieren), diese mit den vorhandenen Informationen zu vergleichen (selektives Kombinieren) oder zu kombinieren. Wissen und dessen Organisation kann mithin nicht vernachlässigt werden, wenn es um die Begründung von Lernstörungen geht. Dies um so weniger als es beim schulischen Lernen fast ausschließlich um Wissenserwerb geht und der Erfolg in den einzelnen Schulfächern ganz entscheidend von den inhaltsspezifischen Vorkenntnissen abhängt (Sander, 1986). Die Verfügbarkeit und Vernetzung des Vorwissens trägt aber auch mitentscheidend dazu bei, wie rasch, sicher und genau eine Lernaufgabe erkannt und in die bestehende kognitive Struktur eingeordnet werden kann. Gute Lerner verfügen in aller Regel über ein umfangreiches, systematisches, venetztes und gut organisiertes Wissenssystem, das ihnen des Verstehen von Lernaufgaben und die Ableitung geeigneter Vorgehensweisen erleichtert (vgl. Meichenbaum & Biemiller, 1992).

Über dieses im engeren Sinne bereichsspezifische Wissen hinaus ist das Wissen über das eigene kognitive System und prozedurales Wissen (Kenntnisse über Strategien und Vorgehensweisen) von Belang, weil diese Wissensanteile darüber mitentscheiden, welche Lernwege eingeschlagen und welche Vorgehensweisen bei Lernschwierigkeiten ergriffen werden.

Motivationale Prozesse. Lernen erfordert vielfältige Aktivitäten, Anstrengungsbereitschaft sowie Selbstwirksamkeitserwartungen. Die Steuerung der Aktivitäten, ihre Ausrichtung auf die Aneignung von Lerninhalten, die Mobilisierung von Anstrengungen und die Bereitstellung der entsprechenden Ressourcen (etwa Zeit zum Üben, Repetieren von Lernmaterial, Durcharbeiten von Texten) sollte der Lernende möglichst eigenständig vornehmen oder sich zumindest durch Lehrer und Trainer dazu bewegen lassen. Neuere Untersuchungen zum sogenannten expert oder indepedent learning zeigen, daß gerade in diesem Bereich große Unterschiede zwischen guten und schlechten Lernern bestehen, wobei die guten Lerner eine deutlich größere Frustrationstoleranz an den Tag legen, sich länger und dauerhafter mit einem Lerngegenstand auseinandersetzen und ausgeprägtere Interessen haben (Meichenbaum & Biemiller, 1992).

Kontextbedingungen. Wenn bisher vor allem die Anteile des Lernenden selbst betrachtet wurden, so sind diese um die Kontextbedingungen des Lernens zu ergänzen. Hier sind vor allem zu nennen: die Konkretheit bzw. Dekontextualisierung der angebotenen Lerninhalte, die Qualität und Vollständigkeit der Instruierung bzw. des Unterrichts und die Stellung des Lernenden in der Gruppe: Die neuere Forschung weist darauf hin, daß in der Schule oft abstraktes (dekontextualisiertes) Wissen gefordert ist, ohne daß den Schülern die Verwendbarkeit und der Situationsbezug klar ist (Renkl, 1996). Dieses Lernen verlangt vom Schüler eher reproduktive Leistungen bzw. eigenständige Konkretisierungen. Das Lernen unter diesen Bedingungen erfordert andere Merkmale als projektartige, konkretere Unterrichtsformen. Es ist zu vermuten, daß das Phänomen der „six hours retarded" (Schüler, die bei schulischen Lernaufgaben versagen, in ihrer Alltagsumgebung aber äußerst intelligent und lernfähig sind) ganz wesentlich mit diesen Lernbedingungen zusammenhängt. Untersuchungen zur Qualität und Vollständigkeit des Unterrichtes zeigen, daß schulisches Lernen zumeist ein Lernen anhand von unvollständigen Instruktionen ist (vgl. Holtz, 1987). Regelerkennung, Strategieableitung, Transferleistungen und Wissenskompilierung bleiben dem einzelnen Schüler oft genug selbst überlassen, ohne daß ausreichende Vorsorge für diese vertiefenden Lernprozesse getroffen wird – ein Sachverhalt, der die Notwendigkeit eigenständiges Lernens und vermehrter Lernaktivitäten zur Schließung der „Lücken" erhöht und das Lernen für einen Teil der Schüler erschwert. Die Stellung eines lerngestörten Kindes in der Klasse ist meistens recht peripher, worauf bereits das Stereotyp des „schlechten Schülers" hinweist. Motivation, Anstrengungsbereitschaft und Selbstwirksamkeitserwartungen sind damit auch wenig positiv ausgeprägt.

2.2 Symptomatik

Mangel an förderlichen Lernaktivitäten. Gute und schlechte Lerner unterscheiden sich vor allem in der Art, wie sie lernen und wie sie Aufgaben angehen: Kinder mit Lernstörungen verwenden weniger Zeit auf die aktive Verarbeitung der Aufgabenstellung, fragen vorhandenes Vorwissen in geringerem Maße ab, üben weniger hand-

lungsbegleitende Kontrolle über ihre Lerntätigkeit aus, greifen seltener auf übergeordnete, regelhafte Vorgehensweisen zurück und geben sich letztlich weniger Rechenschaft über den zurückgelegten Lernweg und die erreichten Lernergebnisse. Neuere Untersuchungen stimmen darin überein, daß lerngestörte Kinder in weit geringerem Maße als Kinder, die in ihrem Lernen unauffällig sind, auf folgende Strategien und Prozesse zurückgreifen (vgl. Meltzer, Solomon, Fenton & Levine, 1989; Keller, 1993; Meichenbaum & Biemiller, 1992):
- Strategien der Informationsentnahme und -verarbeitung (z. B. Bildung von Bedeutungsassoziationen, Rückgriff auf Vorerfahrungen, Gedächtnisstrategien anwenden, Notizen machen);
- Strategien der Handlungsorganisation (z. B. den Lernverlauf planen, Schwierigkeiten antizipieren, Termine für Klassenarbeiten eintragen);
- verbale Handlungsanleitung (z. B. verbale Vermittler gebrauchen, an sich selbst gerichtete, metakognitive Fragen formulieren);
- Strategien der Handlungskontrolle (z. B. den Handlungsverlauf überwachen, emotionale und motivationale Selbststeuerung ausüben);
- ordnende Orientierungs- und Klassifikationsprozesse (z. B. neue Informationen kategorisieren, Bedeutungssysteme bilden, neue Informationen aktiv einordnen).

Hingegen verfügen gute Lerner über metakognitives Wissen und geeignete Strategien, die sie im Zweifelsfall heranziehen können (Pressley, Borkowski & Schneider, 1987). Folglich stellen Metaanalysen (insgesamt 179 Studien) fest, daß metakognitive Strategien und exekutive Kontrolle die wichtigsten Bedingungen zum Erwerb von generalisiertem Wissen sind (Wang, Haertel & Walberg, 1990).

Überschuß an ungeeigneten Aktivitäten. Das Lernen lernbeeinträchtigter Kinder ist zunächst durch einen Mangel an Aktivitäten gekennzeichnet. Gleichzeitig besteht aber auch ein Überschuß an ungeeigneten Aktivitäten, etwa Raten, Kaspern, Disziplinschwierigkeiten, Unterrichtsstörungen, Aggressivität gegen Mitschüler, Ablenkbarkeit sowie resigniert ängstliches Verhalten (etwa sozialer Rückzug, Meidung von Lernsituationen, geringe Unterrichtsbeteiligung). Charakteristisch hierfür ist das Verhalten von schlechten Lesern (Schmalohr, 1991). Sie versuchen, den Lesetext „wiederzuerkennen", verwenden wenig Energie auf das Erlesen, sondern machen sich vielfältige Gedanken über ihr Scheitern und erwarten hauptsächlich Hilfe von außen.

Ein Modell zur Erklärung von Lernstörungen. Die genannten Probleme werden mit einem good-strategy-user-model erklärt. Es interpretiert das absichtsvolle Lernen als eine Form der Selbstoptimierung: Ein Lernender beginnt sein Lernen mit vorläufigen, bereichsspezifischen Taktiken, beobachtet seine Lernfortschritte (z. B. Überprüfung der Lernergebnisse, Überwachung des Lernweges) und ändert sein Lernverhalten bei mangelndem Erfolg indem er höherwertige aber auch anstrengendere Strategien heranzieht (Good Strategy User Model; vgl. Pressley, 1986). Eine gute Bestätigung für diese Modellvorstellung liefern die Ergebnisse einer Untersuchung von Siegler (1988). Er stellte fest, daß die Kinder metakognitiv-strategische Momente vor allem dann einsetzen, wenn Schwierigkeiten auftreten und wenn sie sich mit einem neuen Problem auseinandersetzen müssen. Acht- bis Neunjährige lösen Rechenaufgaben zunächst dadurch, daß sie richtige Antwort im Sinne einer Assoziation wissen. Erst wenn das nicht der Fall ist, greifen sie auf lösungsfindende Strategien (z. B. die Aufgabe aufschreiben, in eine Additionsaufgabe umwandeln, die Finger zum Abzählen einsetzen) zurück. Mit dem Einsatz der Strategien steigt jedoch die Lösungszeit und die Fehlerhäufigkeit.

Die Schwierigkeiten von lerngestörten Kindern lassen sich vor dem Hintergrund des good strategy user models gut beschreiben: Im Unterschied zu den unauffälligen Kindern überwachen sie ihr Lernen weit weniger, bemerken seltener Fehler, meiden eher die Anstrengung, die mit dem Rückgriff auf die übergeordneten Strategien verbunden ist, und kennen auch weniger geeignete Strategien, die ihnen dann weiterhelfen könnten. Sie entfalten also vor allem in den kritischen Lernsituationen (z. B. bei neuen, komplexen Aufgaben, Lernschwierigkeiten) weniger Aktivitäten als notwendig. Dadurch überblicken sie ihr Lernen in einem geringeren Maße, analysieren den Lerngegenstand seltener, geben sich weniger Rechenschaft über die Ziele ihres Lernens, überwachen ihr Lernverhalten weniger und stellen deshalb auch in einem geringerem Maße fest, ob ihr Lernverhalten noch mit den Zielen übereinstimmt. Diese Inaktivität erstreckt sich auch auf die Reflexion der eigenen Lernerfahrungen (z. B. den Lernweg im Nachhinein überdenken, Schlüsse für ähnliche Lernsituationen ziehen), so daß kaum verallgemeinerbare Einsichten (Lernstrategien, Bearbeitungsregeln, Lernkompetenzen) erzeugt werden; die Folge ist, daß lernschwache Kinder ihr Lernverhalten kaum weiter entwickeln, sondern auf dem Niveau eines inkompetenten Lerners verharren (vgl. Klauer & Lauth, 1997; Meichenbaum & Biemiller, 1992).

Diese Befunde sind unstrittig, so daß sich nicht mehr die Frage stellt ob, sondern warum diese Strategiedefizite auftreten. Im nachfolgenden werden die wohl wichtigsten Erklärungsmomente diskutiert:

- Ein erster, handlungsnaher, Grund liegt in der *motivationalen Haltung des Lernenden*. Ist die Entfaltung von Lernaktivitäten von vornherein mit Anstrengungen verbunden, so erfordert der Rückgriff auf übergeordnete Strategien, die ja insbesondere in schwierigen und neuen Lernsituationen (siehe oben) angewandt werden, um so größere Beharrlichkeit und Ausdauer. Um diese Anstrengungsbereitschaft (effort control) ist es bei lerngestörten Kindern aber schlecht bestellt, was hauptsächlich an ihren bisherigen Mißerfolgen und Versagenserlebnissen liegt – Erfahrungen, die wesentliche Auswirkungen auf ihre Motivation und ihr Begabungsselbstbild haben und gezielte sowie innovative Lernaktivitäten immer weniger wahrscheinlich werden lassen. Statt dessen herrschen Mutlosigkeit, Hilflosigkeit, negative Gefühle und Mißerfolgserwartungen („Absinken in Hilflosigkeit") vor, oft in Verbindung mit einem ungeeigneten, wenig stetigen und wenig konsequenten Lern- und Aufgabenverhalten (Harris, 1986, Schmalohr, 1991). Der Rückgriff auf geeignete Strategien oder metakognitive Überlegungen setzt aber interne Handlungskontrolle, Selbstwirksamkeitserwartungen und ein positives Selbstkonzept voraus (Borkowski & Tuner, 1990). In dieser Perspektive sind Strategienutzung und metakognitive Aktivitäten geradezu eine Folge motivationaler Prozesse (O' Neill & Douglas, 1991). In der Intervention ist es deshalb unumgänglich, die Kontrollerwartung dieser Schüler durch die Vermittlung von Kompetenzen zu verbessern und gleichzeitig das kognitive System (Begabungsselbstbild, Selbstüberzeugung) zu modifizieren.
- Geordnetes Wissen ist handlungsorganisierend und fördert regelhaftes und effizientes Lernen. Gute Lerner verfügen über ein umfangreicheres und vernetzteres Wissen als lernschwache Kinder, was ihnen das vertiefte Verstehen von Lernaufgaben erleichtert, das rasche und präzise Erkennen von Problemen ermöglicht sowie ein reflektiertes Vorgehen unterstützt. Wissen und Strategien stehen in einem kompensatorischen Verhältnis zueinander, indem beispielsweise bei fehlendem Wissen allgemeine Strategien herangezogen werden, bei gutem Wissen sich Strategien aber erübrigen. Ferner kann immer wieder gezeigt werden, daß Lernstörungen mit Wissensdefiziten einhergehen. Bei isolierten Lernschwierigkeiten sind sie nur auf wenige Inhaltsbereiche begrenzt, bei allgemeinen Lernstörungen reichen diese Wissensdefizite hingegen weiter, so daß man von einer „reduzierten Lernbasis" spricht. Damit ist gemeint, daß die notwendigen Konzepte und Ankerbegriffe für die Einordnung neuer Lernerfahrungen und die Strukturierung des weiteren Erfahrungserwerbs fehlen.

Neben dem inhaltlichen Wissen ist auch das deklarative Wissen (Kenntnis über das eigene kognitive System) für die Ableitung von angemessenen Lernaktivitäten von Belang. In nahezu allen vorliegenden Untersuchungen bestätigt sich, daß Lerngestörte weniger über ihr eigenes kognitives System wissen (Feldman, Levine & Fenton, 1986) und ihre eigenen Möglichkeiten (etwa Gedächtniskapazität, Arbeitsvermögen) entweder unter- oder überschätzen. Deswegen sehen Lerngestörte oft keine Notwendigkeit, Strategien heranzuziehen oder ihr Lernen metakognitiv zu überwachen (z. B. aktives Memorieren, sprachliche Selbstanleitung).

- Inwieweit wünschenswerte Lernaktivitäten entfaltet werden ist wohl in erster Linie auch eine Frage des *sozioökonomischen Kontextes*. Elternhaus und Schule bilden für das Kind ein Mezosystem (Bronfenbrenner, 1981), das sein Lernen insbesondere dann fördert, wenn beide Lebenswelten strukturell ähnlich sind – sie dem Kind also miteinander vereinbare Rollen, Tätigkeiten, Wertorientierungen, Sozialbeziehungen und Realitätskonstruktionen abverlangen. Turnure (1987) verweist in diesem Zusammenhang darauf, daß Strategien auch soziale Deutungsmuster sind und durch soziale Mediationsprozesse vermittelt werden: Die Art und Weise, wie ein Ereignisfluß in der Interaktion mit Bezugspersonen strukturiert wird (Kommunikation), und welche Informationen hervorgehoben werden (Aufmerksamkeitslenkung) legt den Kindern Analyse- und Bedeutungsraster nahe, die ihr schulisches Lernen vorbereiten und strukturieren.

Darüber hinaus wird schulisches Lernen durch die Propagierung hoher Leistungsziele, die Wertschätzung schulischer Leistungen, die Anregung und Gewährung von Selbständigkeit sowie die elterliche Unterstützung des Kindes in schulischen Belangen (Helmke, Schrader & Lehneis-Klepper, 1991) gefördert – Bedingungen, die von den Eltern leistungsschwacher Kinder zumeist seltener verwirklicht werden (vgl. Peterander, Bailer, Henrich & Städler, 1992).

- Lernen umfaßt notwendigerweise Ausführungsschritte (Performanzkomponenten), die von zentralen Instanzen (Handlungsorganisation) gesteuert werden und erst die Erbringung der Leistung ermöglichen. Infolgedessen kann das Lernen nicht nur aufgrund von Planungs- und Steuerungsmängeln mißlingen, sondern auch aufgrund von *Defiziten auf der Ausführungsebene* scheitern – einfach deshalb, weil der Lernende einzelne Schritte nicht ausreichend gut beherrscht. Genau dies wird mit dem Konzept der Teilleistungsstörung umschrieben. Unter einer Teilleistung versteht man Glieder einer Handlungskette, Teilleistungsstörung bringt die Vermutung zum Ausdruck, daß ein einzelner, wichtiger Ausführungsschritt nicht ausreichend beherrscht wird, was – gleichsam als schwächsten Glied der Handlungskette – die Gesamthandlung scheitern läßt.

Insbesondere bei isolierten Lernstörungen liegt die Annahme nahe, daß wichtige Teilfertigkeiten nicht ausreichend beherrscht werden. Dies wird besonders für lese-rechtschreibschwache Kinder belegt, die beispielsweise beim Lesen auf einer frühen Stufe des Leseprozesses (beim segmentweisen Erlesen von Wörtern; phonologisches Rekodieren) verharren, denen es aber auch am phonematischen Bewußtsein (Wissen, daß sich die Sprache in Wörter gliedert und diese wiederum in Silben, Fähigkeit aus Silben Wörter zu bilden) fehlt (Klicpera, Graeven, Schabmann & Gasteiger-Klicpera, 1993). Andere Untersuchungen (etwa evozierte Potentialmessungen) belegen Störungen im visuellen System und gestörte Kodierungsprozesse (Been, 1994; Brandeis, Vitacco & Steinhausen, 1994) sowie spezifische (wortbezogene) Defizite im Arbeitsgedächtnis (Witruk, Lander & Weinhold, 1996). Ganz offensichtlich liegen hier gut umschriebene Ausführungsschwierigkeiten vor.

Ähnliches kann man auch bei allgemein lerngestörten Kindern relative Minderleistungen in ihrem Leistungsprofil feststellen (etwa mangelnde Sprachkompetenz, mangelndes Arbeitsgedächtnis, unzureichende selektive Aufmerksamkeit, mangelnde Kapazität des semantischen Gedächtnisses, kognitive Entwicklungsverzögerungen; vgl. Donahue, 1986, Swanson, 1986, 1988, Lehmkuhl, Thoma & Flechtner, 1992).

2.3 Die Verhaltensdiagnose

2.3.1 Analyse des Lernverhaltens und der Lernvoraussetzungen

Die Verhaltensdiagnose erfolgt als sogenannte kognitiv-funktionale Analyse (Meichenbaum 1977). Ihre Besonderheit besteht darin, daß der Therapeut zunächst das Behandlungsziel ableitet und sodann beträchtliche Mühe darauf verwendet, dieses Zielverhalten (z. B. kleine Texte sinnverstehend lesen) zu analysieren sowie „problemnahe" Erklärungen für die Ausführungsschwierigkeiten des Kindes zu ermitteln. Dabei werden die oben angeführten Bedingungsmomente einer Lernstörung in einem hypothesengeleiteten diagnostischen Prozeß erfaßt. Diese Diagnostik erfolgt in drei Schritten:
1. Die Verhaltensanalyse engt das Problemverhalten auf die wichtigsten Problembereiche ein und ermittelt wichtige situative Merkmale der Lernstörung (z. B. Lernsituation in der Klasse, Lehrerverhalten, elterliches Verhalten, Stellung des Kindes in der Klasse). Diese Analyse hat vor allem hypothesengenerierenden Charakter. Außerdem wird das Zielverhalten („Was sollte das Kind am Ende der Intervention tun?") bestimmt.
2. Die Anforderungsanalyse ermittelt, welche Anforderungen das Interventionsziel an das Kind stellt:
   • welche Verhaltens- und inhaltlichen Voraussetzungen (z. B. Grundfertigkeiten, hierarchisch organisierte Vorkenntnisse, Strategien und Vorgehensweisen) sind zur Durchführung notwendig?
   • welche einzelnen Verhaltensschritte (z. B. vom Instruktionsverständnis über die Aufgabenkonkretisierung bis zum Nachprüfen eines Lernergebnisses und Abstrahieren) gehören dazu?
   • welche Strategien fördern die Ausführung des Zielverhaltens (z. B. Vorerfahrungen aktivieren, die Lerntätigkeit vorausplanen, den Lernprozeß überwachen, sich Fragen zum eigenen Vorgehen stellen, Unterstützung und Prompts durch den Lehrer)?

Die Anforderungsstruktur kann über drei Vorgehensweisen erschlossen werden: a) Beobachtung, wie gute und schlechte Lerner mit einer Lernaufgabe umgehen; b) einer introspektiven Selbstbearbeitung der Lernaufgabe (gegebenenfalls unter erschwerten Bedingungen) und c) anhand funktionaler Modelle zum Lerngegenstand (z. B. deskriptive Lesetheorien).
3. Die Entwicklungsanalyse bestimmt den „Standort" des lerngestörten Kindes in Bezug auf das Interventionsziel. Dabei stellen sich folgende Fragen: Welche Momente des Zielverhaltens beherrscht das Kind schon? Welche Teile können nicht, nicht mit ausreichender Sicherheit oder nur bei spezifischen Hilfen umgesetzt werden? Hierzu werden informelle Wissenstests, Arbeitsproben und Verhaltensbeobachtungen herangezogen sowie die Fehler des Kindes analysiert. Bei der Fehleranalyse können auch Computerprogramme, die oft genaue Analysen liefern, eingesetzt werden (vgl. Kullick & Sieger, 1990, Rotthaus, 1990, Jäger, 1990).

Die Intervention selbst ist dann darauf bezogen, dem Kind in einem Kompetenztraining die „nicht beherrschten" Lernvoraussetzungen zu vermitteln sowie Bedingungen herzustellen, die den Lernprozeß des Kindes unterstützen.

Diese kognitiv-funktionale Analyse kann durch eine normorientierte und klassifizierende Diagnostik ergänzt werden, indem beispielsweise durch Schulleistungstests das Ausmaß einer Lernstörung sowie durch Intelligenztests eine prinzipielle Lernvoraussetzung und durch Funktionstests (etwa Gedächtnis, Aufmerksamkeit, Wortschatz,

Instruktionsverständnis) relevante Ausführungskomponenten abgeklärt werden.

2.3.2 Analyse der familiären Bedingungen

Familiäre Bedingungen sind in Bezug auf folgende Dimensionen von Interesse: Anregungen, Wertvorstellungen, Zeitperspektive, Kontrollüberzeugungen, Leistungsziele, Wertschätzung schulischer Leistung, Anregung und Gewährung von Selbständigkeit, elterliche Unterstützung des Kindes in schulischen Belangen.

Die familiären Anregungsbedingungen werden innerhalb der Verhaltensanalyse erhoben. Diese Verhaltensanalyse sollte mit beiden Elternteilen durchgeführt und durch eine anschließende, gezielte Verhaltensbeobachtung der Hausaufgabensituation ergänzt werden. Relevante Beobachtungskategorien hierbei sind Verstärkungsmuster (Ausmaß positiver und negativer Verstärkung), Formen der Verhaltenssteuerung, Strukturierung der Situation, Absprachen und deren Verbindlichkeit, Hilfen (Art und Umfang der elterlichen Hilfen, produkt- vs. prozessorientierte Hilfen, Umgang mit Fehlern und Schwierigkeiten), situative Merkmale (Zeit, Arbeitsplatz, Störungen).

Zur Abklärung des Umgangs mit der Lernbeeinträchtigung eines Schülers sind folgende Fragenbereiche von Belang:
- Wie beschreiben die Eltern ihr Kind? Eher im positiven oder in negativen Begriffen?
- Wie formulieren sie das Problem?
- Was erwarten die Eltern an Hilfe?
- Wie sehen die Eltern die Ätiologie des Problems?
- Wie beurteilen die Eltern die Fähigkeit des Kindes, mit dem Problem selbständig fertig zu werden?
- Wie haben sie bisher diagnostische Informationen aufgenommen?
- Wie sehen sie ihren Einfluß auf das Problem? Was haben sie bisher unternommen?
- wie waren ihre bisherigen Erfahrungen mit Schule, Beratungsstellen, Therapeuten?
- Wie sehen sie die weitere Entwicklung des Lernproblems?
- Welche Gefühle haben sie in dieser Situation? Sind sie verärgert, traurig?
- Wie beeinflussen sich die Familienangehörigen gegenseitig?
- Welche Anregungen erhält das Kind?
- Gibt es Aktivitäten der Eltern, auf die eine Intervention zurückgreifen kann (z. B. Anleitung bei den Hausaufgaben, Gespräche über Schule, vertiefte Auseinandersetzung mit einzelnen Inhalten, gemeinsames Lernen)?

2.3.3. Analyse der unterrichtlich-schulischen Bedingungen

Die Qualität des Unterrichts, eine förderliche Beziehung des Lehrers zum Kind und eine angemessene Führung der Klasse sind wichtige Bedingungen zum Lernerfolg. In der Diagnosephase sollten diese Bedingungen in einem Gespräch mit dem Lehrer und einer Unterrichtsbeobachtung eruiert werden. Hierbei stehen folgende Fragen im Vordergrund:
- Wie sieht der Lehrer das Problem?
- Seit wann gibt es Lernschwierigkeiten? Worin bestehen sie im Einzelnen? Sind sie auf einzelne Inhaltsbereiche begrenzt oder treten sie allgemein auf?
- Gibt es aus der Sicht des Lehrers Gründe für die genannten Lernschwierigkeiten?
- Wo sitzt das Kind? Wie sind gegebenenfalls seine Tischnachbarn zu beurteilen (etwa positive Vorbilder, eher zurückgezogene Schüler)?
- Beteiligt sich das Kind am Unterricht? Wenn ja in welchen Fächern, in welchen Situationen?
- Wie werden die Unterrichtsbeiträge des Kindes bewertet?
- Stört das Kind den Unterricht, zeigt es Verhaltensauffälligkeiten?
- Welche Stellung hat das Kind in der Klasse?
- Wie wird der Kenntnisstand des Kindes beurteilt? Sind Wissensdefizite bekannt? Wenn ja, worin bestehen sie?
- Gewährt der Lehrer spezielle Hilfen? Ist er zu einer Zusammenarbeit bereit? Wel-

che Maßnahmen erscheinen aus seiner Sichtweise wesentlich?
- Gibt es Verhaltensprobleme beim Kind (etwa Unterrichtsstörungen)?

3. Therapie in der Praxis

Therapeutische Interventionen setzen an den diagnostisch erkannten Störungsschwerpunkten (mangelnde Ausführungsfertigkeiten, Wissendefizite, mangelndes metakognitiv-strategisches Verhalten, motivationale Probleme) an. Die erstgenannten Störungsschwerpunkte haben Vorrang, weil sie hierarchisch untergeordnet sind und die Basis für die ranghöheren Störungsschwerpunkte darstellen. Beispielsweise greifen strategisch-metakognitive und motivationale Momente auf die entsprechenden Ausführungsfertigkeiten zurück. Deshalb müssen (wenn sie vorliegen) funktionelle Defizite zuerst berücksichtigt werden, damit eine „höher angesetzte" Intervention nicht „ins Leere" greift.

In der Intervention werden hauptsächlich folgende verhaltenstherapeutische Verfahren eingesetzt:
- operante Verstärkung zur Förderung angemessener Aktivitäten (Rückmeldungen, soziale Verstärkung, token System, Ausbildung von Selbstverstärkung),
- Modellierungstechniken zur Vermittlung/ Modifizierung des Lernverhaltens (u. a. heuristische Dialoge, kognitives Modellieren, Selbstinstruktionstraining),
- gelenkte Selbstreflexionen zur Anbahnung metakognitiver und strategischer Lernprozesse (etwa metakognitive Tagebücher) zur Analyse des eigenen Lernverhaltens,
- Lernpartnerschaften mit Mitschülern, zur Analyse und Änderung des Lernverhaltens,
- instruktionspsychologische Gestaltungen zur Anbahnung förderlicher Lernaktivitäten (u. a. Wissensvermittlung, Diskussion, Fehleranalyse, Erarbeitung von Lernstrategien),
- Gestaltung von Übungssequenzen zur Einübung und Verfestigung von Wissen bzw. Lernprozessen (u. a. durch exemplarische Lernmaterialien, Aufgabenauswahl, Transferplanung).

3.1 Vermittlung von Ausführungskompetenzen

Relativ viele Interventionen wenden sich dem Training von defizitären Teilfertigkeiten zu (etwa Training von Gedächtnisleistungen, Aufmerksamkeitsverhalten, Kategorisieren, Regelhaftigkeiten erkennen). In diesem Zusammenhang ist auch das Training zum induktiven Denken (Klauer, 1989, 1991) von Belang, das die Kinder im Herausfinden von Regelhaftigkeiten anleitet. Die Kinder sollen in den Interventionen lernen, rasch und sicher scheinbar Ungeordnetes auf Regelhaftigkeiten hin zu analysieren sowie Abweichungen bei scheinbar Regelhaftem festzustellen (Klauer, 1989). Der Trainingstheorie zufolge wird dies durch das Erkennen von Gemeinsamkeiten oder Unterschieden bzw. durch das Erkennen gleichzeitiger Gemeinsamkeiten und Unterschiede geschult. Im Training bearbeiten die Probanden in Gruppen oder Klassen insgesamt 120 Bildkarten mit Aufgaben folgender Art: Klassen bilden, Unpassendes streichen, Folgen ergänzen, Matrizen ergänzen, Analogien herstellen. In der Regel werden 10 Trainingssitzungen durchgeführt, in denen jeweils verschiedene Aufgabenklassen bearbeitet werden. Die Kinder werden durch heuristische Fragen (z. B. Was ist gesucht? Was ist gegeben?) und durch Aufforderungen (z. B. Begründen, Erklären) zu einem systematisch-analytischen Arbeiten angehalten. Schwächeren Probanden wird das Vorgehen im Rahmen des kognitiven Modellierens nahegebracht. Es liegen Trainingsprogramme für 5–7jährige (Denktraining I); 9–11jährige (Denktraining II) und 14–16jährige (Denktraining III) vor. Bee-Göttsche (1993) vermittelte Kindern im Alter von fünf und sechs Jahren Repetierstrategien zur Verbesserung der artikulatorischen Schleife des Arbeitsgedächtnisses.

Evaluation. Diese grundlegenden Programme verbessern die Grundfertigkeiten und teilweise (vor allem in Verbindung mit der Vermittlung von schulischem Wissen) die Lernleistung. Vor allem erweist sich die Vermittlung von Gedächtnisstrategien als effektiv (vgl. Mastropieri & Scruggs, 1989, Forness, Kavale, Blum & Lloyd, im Druck); sie verbessern in einzelnen Untersuchungen auch das phonemische Bewußtsein, das als wichtige Bedingung für das Erlernen von Lesen und Schreiben gilt (etwa Bee-Götsche, 1993).

3.2 Vermittlung von bereichsspezifischem Wissen

Die Vermittlung von bereichsspezifischem Wissen (z. B. Buchstabenkenntnisse bei Legasthenie, Vermittlung von Rechenoperationen) ist besonders bei umschriebenen Lernstörungen (z. B. Lese-Rechtschreibschwäche, Rechenschwäche) bedeutsam. Die derzeit bestehenden Interventionen zur Lese-Rechtschreibschwäche versuchen, über Instruktionen und das Durcharbeiten von Übungsmaterialien einen inhaltsspezifischen Wissenserwerb, sowie eine emotionale Stabilisierung der Schüler (z. B. durch Ermutigung, Reflexion des eigenen Lernens und die Entlastung von Leistungsanforderungen) zu erreichen. Hierzu werden Übungsmaterialien eingesetzt, die systematisch Lese- und Rechtschreibkenntnisse vermitteln. Ferner werden die Eltern mit einbezogen und mittels einer allgemeinen Beratung zur Reflexion ihres Erziehungsverhaltens angehalten (etwa Betz & Breuninger, 1987).

In letzter Zeit werden zunehmend auch computergestützte Interventionsprogramme eingesetzt, die ausschließlich inhaltsspezifische Kenntnisse vermitteln. Diese Programme erfüllen die Prinzipien effektiven Lernens (mittelschwere Aufgaben vorgeben, Fehler des Kindes verhindern, sofortiges Feedback, Aufgaben mit ansteigender Schwierigkeit stellen) nahezu perfekt. Beim Programm für lese-rechtschreibschwache Kinder (Alphi; Rotthaus, 1990) wird den Kindern ein Wort kurzzeitig auf dem Bildschirm dargeboten, sie sollen das Wort danach aus dem Gedächtnis eingeben. Fehlerhaft geschriebene Wörter werden nicht angenommen und sind nochmals zu schreiben. Bei einem mehrmaligen Fehler wird ein leichteres Wort präsentiert. Die richtige Schreibung wird jedoch sofort rückgemeldet, so dann werden graduell schwierigere Wörter geübt. Ein zweites Lernprogramm dieser Arbeitsgruppe hat das schriftliche multiplizieren zum Gegenstand (Euro-Mulli, Kullick & Sieger, 1990). Die Leistung des einzelnen Schülers wird fehleranalytisch ausgewertet, abgespeichert und als Hinweis für noch zu übende Schwierigkeiten rückgemeldet. Je nach Ergebnis der vorausgehenden Sitzungen kann der Schüler automatisch mit einer von 10 Schwierigkeitsstufen konfrontiert werden, so daß bestehende Rechenschwierigkeiten gezielt angegangen werden (z. B. das Multiplizieren mit der Null).

Evaluation. Die bisherigen Erprobungen dieser – und weiterer – computergesteuerter Lernprogramme liefern ermutigende Ergebnisse (zusammenfassend Jäger, Arbinger, Bannert, Lissmann, Konrad & Deutsch, 1991, Masendorf, 1997): Die Schüler schätzen dieses Medium und empfinden die Programme als motivierender als den herkömmlichen Unterricht. Insbesondere lernschwache Kinder profitieren von der Unterrichtung am Computer (Frey, 1989), während dies bei den besseren nicht immer der Fall ist (Jäger, 1990, Vaughn, Schumm & Gordon, 1993). In ähnlicher Weise wie die Computerprogramme arbeiten auch Methoden der Komplexitätsreduktion (Brack, 1996), die den Kindern beispielsweise bei einer Lese-Rechtschreibschwäche zwar stetig steigende aber zunächst sehr leichte Leistungen abverlangen (z. B. ein Wort nachschreiben), die positive Leistung sofort verstärken und mißlingende Aufgabenlösungen verhindern. Diese Programme belegen rasche Entwicklungsfortschritte.

3.3 Förderung von Lernkompetenzen

Die Vermittlung grundlegender *Lernstrategien* ist besonders bei komplexen, störanfälligen und relativ frei gestaltbaren Lernleistungen (z. B. berufliche Weiterbildung, Studienprobleme) sowie allgemeinen Lernstörungen bedeutsam. In den entsprechenden Interventionsmaßnahmen greift man zumeist auf kognitiv-behaviorale Interventionsansätze zurück, wobei die Strategien entweder über ein kognitives Modell demonstriert und im Rahmen eines Selbstinstruktionstraining allmählich in das Reaktionsrepertoire des Schülers überführt werden (vgl. Lauth, 1996). Ergänzende Interventionsformen beziehen sich auf Führen von Arbeitsheften zur Reflexion des eigenen Lernens, Arbeitsrückblicke oder Lernpartnerschaften mit einem anderen Schüler (Guldimann, 1996). Dabei geht es vor allem um die Vermittlung grundlegender Lernstrategien (etwa den Ausgangspunkt der Lerntätigkeit sowie das Lernziel definieren, den Lernverlauf planen, die eigenen Vorkenntnisse reflektieren), die Vermittlung metakognitiver Fertigkeiten (etwa Analogieschlüsse ziehen, eigenes Vorwissen durch Selbstabfragestrategien aktivieren, Veranschaulichungen vornehmen) sowie die Vermittlung inhaltsspezifischer Strategien (etwa Strategien zum Aufsatz schreiben, zum Textverstehen und die Anregung von metakognitiver Bewußtheit).

Die nachfolgend dargestellten Interventionen zielen auf die Verbesserung der aufgabenrelevanten Lernstrategien ab, so z. B. das Strategietraining zum Textverständnis von Hasselhorn und Körkel (1983) für Kinder der sechsten Klasse. Sie vermittelten diesen Kindern in Kleingruppen

1. grundlegende Fertigkeiten zum Verstehen und Behalten von Textinformationen. Die Kinder lernten dabei über die schrittweise verbale Selbstinstruktion Textinhalte anhand der Überschrift zu antizipieren, das eigene Textverständnis handlungsbegleitend zu überprüfen, systematisch Schlußfolgerungen zum Lesetext zu entwickeln sowie wichtige Textinhalte zu unterstreichen und zusammenzufassen. Die Kinder sollten eine allgemeine metamemoriale Strategie erlernen. Sie erprobten diese Fertigkeiten an variierenden Aufgaben, um die Verallgemeinerbarkeit der eingeübten Fertigkeiten zu durchschauen und die Nützlichkeit des Vorgehens zu erfahren.
2. den reflexiven Umgang mit Verständnisschwierigkeiten. Hier werden den Kindern Texte mit besonderen Schwierigkeiten (z. B. logische Widersprüche, inhaltliche Sprünge, unbekannte Begriffe) vorgelegt. Sie lernen mittels einer Selbstabfragetechnik vier Problemlöseschritte zur Bewältigung dieser Textschwierigkeiten auszuführen: das Texthindernis bestimmen und lokalisieren; mögliche Lösungswege entwickeln; sich für eine Lösungsmöglichkeit entscheiden und diese ausführen, die Lösungsqualität beurteilen („ist meine Lösung zufriedenstellend?"). Damit sollen die Kinder ein reflexiv-problemlöseorientiertes Verhalten beim Umgang mit Textschwierigkeiten erlernen.
3. planvolles sowie selbstgesteuertes Textlernen. Über ein Modell (Graphik) wird den Kindern eine Heuristik zum reflexiven und selbstgesteuerten Textlernen vermittelt. Dabei wird darlegt, wann die Kinder wie vorgehen sollten. Diese Heuristik wird bei unterschiedlichen Texten und unter Vorgabe verschiedener Lernziele eingeübt; ferner wird der Nutzen dieses Vorgehens in der Schule aufgezeigt. Damit sollen die Kinder die vermittelten Vorgehensweisen zusammenfassen und auf die Schule übertragen.

Diese Intervention beansprucht insgesamt 5 Sitzungen von 1,5 Stunden Dauer.

Ein vergleichbares Interventionsprogramm zur Vermittlung allgemeiner Problemlösestrategien und metakognitiver Fertigkeiten wendet sich an lernbeeinträchtigte Grundschüler (Lauth, 1996). Dabei wurden 55 lernschwachen Kindern aus insgesamt 23 verschiedenen Schulklassen (2. und 3. Schulklasse) (Altersdurchschnitt 8,62 Jahre) allgemeine Problemlösestrategien, metakognitive Fertigkeiten (z. B. selbstreflexives

Verhalten, adaptive Regulation der Handlung durch Selbstinstruktion, abstrahierende Analyse der eigenen kognitiven Tätigkeit) sowie ein alternatives affektiv-motivationales Bewältigungsverhalten bei Handlungsschwierigkeiten (z. B. Reaktionsverzögerung, selbstermutigende Selbstanweisungen) vermittelt. Damit sollen verallgemeinerbare Strategien und metakognitive Fertigkeiten, die in unterschiedlichen Inhaltsbereichen (z. B. schulisches Lernen, soziales Verhalten) umgesetzt werden können, vermittelt werden. Den Kindern wurden dabei in Kleingruppen über das kognitive Modellieren förderliche Bewältigungsstrategien demonstriert, diese Vorgehensweisen wurden über das Selbstinstruktionstraining allmählich in das Reaktionsrepertoire der Klienten überführt und auf verschiedene Aufgabenarten mit ansteigender Schwierigkeit übertragen. Bei einem Teil dieser Kinder wurden die Eltern zusätzlich miteinbezogen: Ihnen wurden die wesentlichen Prinzipien des Interventionsprogrammes erklärt und sie wurden dazu angeleitet, die Aktivitäten der Kinder im Alltag zu unterstützen (etwa Probleme definieren, Ziele bestimmen). Eine Kontrollgruppe bearbeitete die gleichen Materialien in Kleingruppen ohne Strategie- und Metakognitionsvermittlung. Dieses Training wurde in Gruppen von 2 bis 4 Kindern über insgesamt 8 wöchentliche Sitzungen durchgeführt.

Brown und Palincsar (1987) haben eine Therapie für lernschwache Kinder entwickelt, die Lernstrategien durch heuristische Erkenntnisdialoge ausbildet. Diese Therapie betont die Bedeutung exekutiver Metakognitionen (z. B. Ausgangspunkt und Ziel des Lernprozesses bestimmen, den eigenen Lernprozeß steuern und überwachen) und die Entwicklungslogik des Lernens. In der Therapie werden den Kindern mittelschwere Aufgaben vorgegeben; sie bearbeiten diese Aufgaben zusammen mit einem Experten (Erwachsener, Trainer, guter Schüler), der ihr Lernverhalten durch Erkenntnisdialoge, Erklärungen und Modelldemonstrationen anleitet. Die Kinder sollen dabei die relevanten Strategien (z. B. beim Leseverständnis: Zusammenfassen, Fragen formulieren, Mehrdeutigkeiten klären, Textstellen vorhersagen) lernen. „Lehrer" und „Schüler" wechseln sich dabei in der Rolle des Anleitenden bzw. Unterrichtenden ab.

Eine andere schulisch relevante Strategie besteht darin, den Kindern Erinnerungsstrategien zu vermitteln. Hier wird zumeist über das kognitive Modellieren folgende Grundstrategie modelliert: das Material nach Oberbegriffen kategorisieren, diese Kategorien mit vorhandenen Wissensstrukturen verknüpfen, das Erinnerungsmaterial aktiv memorieren (inneres Wiederholen, rehearsal). Diese Strategien werden auch zur Speicherung schulisch relevanter Informationen (z. B. Biologie, Chemie, Sprachen, Erdkunde) für wichtig erachtet. Folglich werden auch Umsetzungen dieser Strategien im Klassenunterricht vorgenommen (zusammenfassend Pressley, Scruggs & Mastropieri, 1989), wobei insbesondere die Assoziationsbildung und die Gestaltung des Lernmaterials beachtet wird.

Über instruktionspsychologische Vorgehensweisen (etwa Illustrationen, Arbeitshefte, Texte, Vorträge, spezifische Aufgabenauswahl) werden in anderen Therapien Lesefertigkeiten, Gedächtnisoptimierungen und effektives Lern- und Prüfungsverhalten vermittelt (zusammenfassend Scruggs & Matropieri, 1993, Lenz, 1992).

Evaluation. Die Vermittlung solcher allgemeinen Lernkompetenzen wird in der Regel als effektiv befunden. So führt das geschilderte Training zum Leseverständnis von Hasselhorn und Körkel (1983) im Vergleich zu einer Kontrollgruppe, die ein traditionelles Lesetraining erhielt, zu markanten und weitreichenden Veränderungen (z. B. Anstieg der Behaltensleistung um 83%, Verbesserung der Verstehensleistung um 71%, qualitative Verbesserung der kognitiven Struktur). Das Training von Lauth (1996) verbessert die Problemlösereflexivität, die metakognitive Vermittlung, den Intelligenzstatus und die Schulkenntnisse; die Klassenlehrer beobachten bei den Trainingskindern größere Sorgfalt und Bedachtheit. Dabei sind die behandelten Kinder den Kindern aus der Kontrollgruppe signifikant überlegen (mittlere Effektstärke 1,3). Die Einbeziehung der Eltern erhöht die Wirksamkeit der Intervention um eine durchschnittliche Effektstärke von 0,24, was einem prozentualen Trainingsgewinn von 16% entspricht. Das Interventionsprogramm stellt offensichtlich eine geeignete Hilfe für lernschwache Grundschüler dar. Zu gleichen Ergebnissen gelangen auch Brown und Palincsar (1987): Ihr Training resultiert in einem signifikanten Anstieg der Lesefähigkeit (um 15 Monate), wobei die Interventionseffekte auch drei Monate nach Beendigung der Intervention noch nachzuweisen sind. Graham und MacArthur (1988) entwickelten für Lerngestörte ein komplexes Training, das unter anderem Fertigkeiten zum Aufsatz schreiben, Kompetenzen zur Erfassung des eigenen Leistungsstandes, allgemeine Problemlösestrategien, die kontrollierte Umsetzung dieser Strategien sowie ein Generalisierungstraining umfaßte. Diese Intervention führte in einer erweiterten Fallstudie mit drei lerngestörten Kindern zu vermehrten Prüfprozessen der Kinder sowie besseren Leistungen beim Aufsatz schreiben (längere Aufsatzsequenzen, weniger Fehler, verbesserte Rechtschreibung, bessere Aufsatzqualität).

3.4 Förderung von Lernkompetenzen im Unterricht

Angesichts der durchaus positiven Ergebnisse zur Vermittlung von Lernkompetenzen und Lernstrategien sowie der vergleichsweise deutlichen Befundlage wird die Forderung nach einer „integrativen Strategievermittlung" im Unterricht erhoben (Ellis, 1993). Die Vermittlung solcher Strategien im Unterricht (kognitives Modellieren) erweist sich dabei als eine durchaus praktikable Unterrichtsmethode. Dies bestätigt Miller (1987) in einer Untersuchung zur Förderung des Leseverständnisses; die Kinder, denen innerhalb des Klassenunterrichtes Selbstinstruierungen zum konzeptionellen Lesen vermittelt wurden, konnten einen größeren Informationsbereich beachten und waren mehreren Vergleichsgruppen mit alternativen Behandlungen (Gruppe mit aufgabenspezifischer Selbstinstruierung, aufgabenspezifische didaktische Behandlung, Kontrollgruppe mit Leseübungen) überlegen. Programme, in denen Lehrer im Unterricht Strategien vermitteln, legen großen Wert darauf, den Lehrern den Nutzen und die Anwendungsmöglichkeiten dieser Strategien zu verdeutlichen; die Lehrer sollen während des Unterrichtes anhand von Demonstrationen, Kurzvorträgen, Veranschaulichungen, Gruppendiskussionen angemessene Strategien bei ihren Schülern ausbilden (vgl. Borkowski & Muthukrishna, 1992; Meichenbaum & Biemiller, 1992; Kline, Deshler & Shumaker, 1992, Guldimann, 1996). Hierzu liegen bereits ausgearbeitete Manuale vor (etwa Shumaker & Lyerla, 1991).

Evaluation. Katamnestische Nachuntersuchungen über die Langzeitwirkung der Strategievermittlungen bei insgesamt 900 Schülern (4.–7. Klasse) drei Jahre nach der Intervention bestätigen eine gute Wirksamkeit: Die Schüler, die in strategisch-metakognitiven Belangen unterrichtet worden waren, erreichen bessere Leistungen im Leseverständnis und Wortschatz, sie behalten die gelernten metakognitiven Vorgehensweisen bei (Mulcahy, 1991).

Gegen die Vermittlung solcher Lernstrategien wird allerdings eingewandt, daß die Schule eher parzelliertes, kurzfristiges und reproduktives Lernen und weniger eigenständiges, langfristiges Lernen fordert (Baumert & Köller, 1996, Krapf, 1985). Dies bestätigt Guldimann (1996) in der Überprüfung von Programmen zur Steigerung des metakognitiven Bewußtseins.

3.5 Aufbau einer förderlichen Lernhaltung

Die einfachsten aber gleichwohl relativ wirksamen Maßnahmen zum Aufbau einer förderlichen Lernhaltung bestehen in operanten (shaping) Prozeduren, die das aufgaben- und unterrichtsbezogene Verhalten positiv verstärken. Die Lehrer sollten das Kind für klar definiertes Zielverhalten (etwa eine Aufgabe ohne Störung bearbeiten, ein bestimmtes Leistungsergebnis erzielen) mehrmals im Unterricht verstärken. Günstig ist es zudem, wenn auch die Eltern positive Rückmeldungen (bezogen auf den individuellen Leistungsstandard der Kinder) erhalten, ihr Kind ebenfalls positiv verstärken und mehr Kontakt zur Schule unterhalten. Folgende Verhaltensweisen sollten in diesen Verstärkungsprogrammen das Zielverhalten verstärken: Aufmerksamkeitszentrierung, Unterrichtsteilnahme, Hausaufgabenanfertigung, störungsfreie Zeiten im Unterricht, Bekundung von Interesse, direkte Leistungen (u. a. Heftführung, Schriftbild, Aufsatzqualität, Rechenleistung). Innerhalb des Unterrichtskontextes sind vor allem soziale (Zuwendung, Lob, Zuwendung, positiv-ermutigende Kommentare in Hefte) und sekundäre Verstärker („Leistungssternchen", „smileys") sowie positiv-affektive Verstärkungspraktiken (sich mitfreuen, Anteil nehmen, affektive Zuwendung) angebracht. Prompts (zielbezogene Hilfestellungen; z. B. Ermunterung, prozeßorientierte Lösungshinweise) erhöhen die Häufigkeit des gewünschten Verhaltens.

Die Ausbildung einer förderlichen Lernhaltung wird auch durch komplexere Interventionsprogramme zu erreichen versucht. So setzte Manning (1985) das Selbstinstruktionstraining im Klassenunterricht der Grundschule (1. und 3. Klasse) um. Sie zeigt zunächst, daß dieses Vorgehen auch unter den normalen Unterrichtsbedingungen praktiziert werden kann. Darüber hinaus erweist sich die Intervention im Vergleich zu einer behandelten Kontrollgruppe als effektiv: Es werden deutliche und vergleichsweise andauernde Verbesserungen des Unterrichtsverhaltens (Lehrereinschätzung zum Unterrichtsverhalten, Reduzierung des Störverhaltens) erzielt.

Innerhalb komplexerer Interventionsprogramme aus dem Bereich der kognitiven Verhaltensmodifikation liegen Trainingsprogramme zur Beeinflussung von Motivationsstrukturen vor (zusammenfassend Heckhausen 1989). Diese Programme versuchen,

- ein positives (Begabungs-)Selbstkonzept aufzubauen,
- förderliche Kausalattribuierungen auszubilden,
- realistische Zielsetzungen zu ermöglichen,
- positive Selbstbekräftigung (Stolz, Zufriedenheit, Freude über die eigene Leistung) auszubilden,
- Mißerfolgserwartungen zu vermindern.

Neuere Interventionsprogramme beruhen auf einem veränderten Konzept von Motivierung und zielen weniger darauf ab, angemessene Schwierigkeitswahlen und Anspruchniveausetzungen auszubilden als vielmehr die Schüler zu einer Optimierung ihres Verhaltens und zu einer Reflexion ihrer Person anzuregen. In den moderneren Interventionsansätzen steht vor allem die Anregung von übergeordneter Selbstverantwortlichkeit (etwa im Sinne des Verursachertrainings von DeCharms, 1976; Erfolg durch Selbstmanagement) im Vordergrund. Die Grenzen dieser Programme zur Vermittlung von Lernstrategien sind fließend, weil beide Ansätze eigenständiges Lernen bzw. eigenständiges Verhalten ausbilden wollen. Glubrecht, Hennig, Kowalczyk, Ottich und Rudat (1995) haben beispielsweise ein Programm „besser lernen" für die Klassen 5 bis 10 vorgelegt, das vom Klassenlehrer in der Klasse durchgeführt wird und auf die Verbesserung von Lernhaltungen sowie die aktive Unterrichtsbeteiligung abzielt (ähnlich Keller, Binder & Thiel, 1997). Darüber hinaus bleibt es notwendig, daß die Lernaktivitäten der Schüler auch durch Bezugspersonen operant verstärkt werden (Lob, Zuwendung, Interesse).

Evaluation. Klar strukturierte, operante Methoden verbessern das Selbstkonzept und das Arbeitsverhalten der Kinder zumeist schnell und nachdrücklich. Zudem können Schulangst und störendes Verhalten (etwa Disziplinschwierigkeiten) vermindert bzw. unter soziale Kontrolle gebracht werden (vgl. Barkley, 1995).

Die komplexeren Interventionsprogramme beziehen auch Lernstrategien mit ein und erweisen sich gerade dadurch, daß sie gleichzeitig motivationale und inhaltsbezogene Prozesse des Lernens berücksichtigen als effektiv. Beispielsweise bildeten Fish und Mendola (1986) in insgesamt 8 Sitzungen bei lern- und verhaltensschwierigen Kindern förderliches Hausaufgabenverhalten aus. Den Kindern wurden mittels des Selbstinstruktionstrainings eine Lernhaltung vermittelt, die es ihnen ermöglichte, Hausaufgabenanforderungen zu rekapitulieren und die Ausführung der Hausaufgaben durch Selbstinstruktionen und Selbstverstärkungen zu steuern. Innerhalb von 8 Sitzungen gelang es, die Rate der Hausaufgabenanfertigung um 40–60% zu steigern; diese Effekte waren auch in einer follow up Untersuchung nach 8 Wochen noch existent.

Die Verknüpfung von Programmen, die dem Aufbau einer förderlichen Lernhaltung dienen, mit der Vermittlung von Lernkompetenzen erweist sich als nützlich. Zeigen die bisherigen Erfahrungen doch recht deutlich, daß die Verbesserung motivationaler Komponenten alleine noch wenig bewirkt, wenn nicht gleichzeitig auch das Lernverhalten selbst verändert wird (z. B. Anbahnung von Lernaktivitäten, Anwendung von Lernstrategien; Rheinberg & Schliep, 1985; Rheinberg. & Krug, 1993).

Literatur

Amt für Statistik, Einwohnerwesen und Europaangelegenheiten der Stadt Köln (1997). Statistisches Jahrbuch der Stadt Köln (80. Jahrgang). Köln

Barkley, R. A. (1995). ADHD in the classroom. Program manual. New York: Guilford Press

Baumert, J. & Köller, O. (1996). Lernstrategien und schulische Leistungen. In J. Möller & O. Köller (Hrsg.), Emotionen, Kognitionen und Schulleistung (S. 137–154). Weinheim: Psychologie Verlags Union

Bee-Göttsche, P., H. (1993). Effekte einer Förderung des Kurzzeitgedächtnisses auf die Entwicklung phonemischer Bewußtheit im Kindergarten. *Psychologie in Erziehung und Unterricht, 40,* 182–190

Been, P. H. (1994). Dyslexia and irregular dynamics of the visual system. In K. P. van Bos, L. S. Siegel, D. J. Bakker & D. L. Share (Eds.), Current directions in dyslexia research (pp. 93–113). Amsterdam: Swets & Zeitlinger

Betz, D. & Breuninger, H. (1987). *Teufelskreis Lernstörungen.* Theoretische Grundlegung und Standardprogramm (2. Aufl.). München: Urban & Schwarzenberg

Borkowski, J. G. & Tuner, L. A. (1990). Transsituational characteristics of children's metacognition. In W. Schneider & F. E. Weinert (Eds.), Interactions among aptitudes, strategies, and knowledge in cognitive performance (S. 159–176). New York: Springer

Borkowski, J. G. & Muthukrishna, K. (1992). Moving metacognition in the classroom „working models" and effective strategy teaching. In M. Pressley, H. R. Harris & J. T. Guthrie (Eds.), Promoting academic competence and literacy in school (pp 477–501). San Diego: Academic Press

Brack, U. (1996). Reduced complexity of input: A basic principle of early intervention in information processing problems? In M. Brambring, H. Rauh & A. Beelmann (Eds.), Early childhood intervention. Theory, evaluation, and practice (pp. 457–472). Berlin: De Gruyter

Brandeis, D., Vitacco, D. & Steinhausen, H.-C. (1994). Brain Mapping von hirnelektrischen Micro-States während des Lesens bei legasthenen Kindern. Acta Pädagopsychiatrica, 56, 239–247

Bronfenbrenner, U. (1981). Die Ökologie der menschlichen Entwicklung. Stuttgart: Klett

Brown, A. L. & Palincsar, A. S. (1987). Reciprocal teaching of comprehension strategies: A natural history of one program for enhancing learning. In. J. D. Day & J. G. Borkowski (Eds.), Intelligence and exceptionality: New directions for theory, assessment, instructional prates (pp. 81–132). Norwood, New Jersey: Ablex

DeCharms, R. (1976). Enhancing motivation: Chance in the classroom. New York: Irvington

Donahue, M. (1986). Linguistic and communication development in learning disabled children. In S. J. Cece (Ed.). Handbook of cognitive, social, and neuropsychological aspects of learning disabilities. Hillsdale, N. J.: Erlbaum

Ellis, E. S. (1993). Integrative strategy instruction: A potential modell for teaching content area subjects to adolescents with learning disabilities. Journal of Learning Disabilities, 26, 358–383

Esser, G. (1994). Die Bedeutung organischer und psychosozialer Risiken für die Entstehung von Teilleistungsschwächen. Frühförderung interdisziplinär, 13, 49–60

Esser, G. & Schmidt, M. (1993). Die langfristige Entwicklung von Kindern mit Lese-Schreibschwäche. Zeitschrift für Klinische Psychologie, 12, 100–116

Feldman, H., Levine, M. & Fenton, T. (1986). Estimating personal performance: A problem for children with school dysfunction. Journal of Developmental and Behavioral Pediatrics, 7, 281–287

Fish, M. C. & Mendola, L. R. (1986). The effect of self-instruction training on homework completion. In an elementary special education class. School Psychology Review, 15, 268–276

Forness, S. R., Kavale, K. A., Blum, I. M. & Lloyd, J. W. (im Druck). What works in special education and related services: Using meta-analysis to guide practice. Teaching Exceptional Children, im Druck

Frey, K. (1989). Effekte der Computerbenutzung im Bildungswesen. Ein Resumee des heutigen empirischen Wissenstandes. Zeitschrift für Pädagogik, 35, 637–656

Glaser, R. (1991). The maturing of the relationships between the science of learning and cognition and educational practice. Learning and Instructions, 1, 129–144

Glubrecht, M., Hennig, G., Kowalczyk, W., Ottich, K. & Rudat, M. H. (1995). Besser lernen – Ein Trainingsprogramm zur Lernförderung für die Klassenstufen 5 bis 10. Hameln: AOL Verlag

Graham, S. & MacArthur, C. (1988). Improving learning disabled students` skills at revising essays produced on a word processor: Self-instructiuonal strategy training. The Journal of Special Education 22, 133–152

Guldimann, T. (1996). Eigenständiges Lernen durch metakognitive Bewußtheit und Erweiterung des kognitiven und metakognitiven Strategierepertoires. Bern. Haupt

Harris, K. R. (1986). The effect of cognitive behavior-modification on private speech and task performance during problem solving among learning disabled and normally achieving children. Journal of Abnormal Child Psychology, 14, 63–67

Hasselhorn, M. & Körkel, J. (1983). Gezielte Förderung der Lernkompetenz am Beispiel der Textverarbeitung. Unterrichtswissenschaft, 11, 370–382

Heckhausen, H. (1989). Motivation und Handeln (2. Aufl.). Berlin: Springer

Helmke, A., Schrader, F.-W. & Lehneis-Klepper, G. (1991). Zur Rolle des Elternverhaltens für die Schulleistungsentwicklung ihrer Kinder. Zeitschrift für Entwicklungspsychologie und Pädagogische Psychologie, 23, 1–22

Hildeschmidt, A. (1982). Nichtversetzung – eine pädagogische Maßnahme? In R. Fischer, A. Hildeschmidt, E. W. Kleber, H. Meister & A. Sander (Hrsg.), Hauptschulversagen. Bedingungsanalyse und pädagogische Konsequenzen. Bericht über ein Forschungsprojekt aus dem Kooperationsvertrag zwischen Arbeitskammer und ehemaliger pädagogischer Hochschule des Saarlandes (S. 125–174). Saarbrücken: Arbeitskammer des Saarlandes

Holtz, K. L. (1987). Diagnsotik im Rahmen der pädagogischen Verhaltensmodifikation. In K. J. Klauer (Hrsg.), Handbuch der pädagogischen Diagnostik. Bd 4. Düsseldorf: Schwann

Jäger, R. S. (Hrsg.) (1990). Evaluation mit dem System TOAM in Simmern/Kastellaun: Untersuchung des Lernerfolgs. Landau: Zentrum für empirische pädagogische Forschung (Forschungsbereicht 26)

Jäger, R. S., Arbinger, R., Bannert, M., Lissmann, U., Konrad, K. & Deutsch, M. (1991). Computerunterstütztes Lernen. In R. S. Jäger, R. Arbinger, M. Bannert, U. Lissmann, M.Deutsch & K. Konrad (Hrsg.), Computerunterstütztes Lernen (S. 7–57). Landau: Empirische Pädagogik

Keller, G. (1993). Das Lern- und Arbeitsverhalten leistungsstarker und leistungsschwacher Schüler. Psychologie in Erziehung und Unterricht, 40, 125–129

Keller, G., Binder, A, & Thiel, R. D. (1997). Sich besser motivieren – erfolgreicher lernen (2. Aufl.). Göttingen: Hogrefe

Klauer, K. J. & Lauth, G. W. (1997). Lernbehinderungen und Leistungsschwierigkeiten bei Schülern. In F. E. Weinert (Hrsg.), Enzyklopädie der Psychologie, Themenbereich D, Serie I Pädagogische Psychologie, Psychologie des Unterrichts und der Schule (S. 701–738). Göttingen: Hogrefe

Klauer, K. J. (1989). Denktraining I. Ein Programm zur intellektuellen Förderung. Göttingen: Hogrefe

Klauer, K. J. (1991). Denktraining II. Ein Programm zur intellektuellen Förderung. Göttingen: Hogrefe

Klicpera, C., Gasteiger-Klicpera, B. & Schabmann, A. (1994). Was kennzeichnet isolierte Schwierigkeiten beim Rechtschreiben? Heilpädagogische Forschung, 20, 19–26

Klicpera, C., Graeven, M., Schabmann, A. & Gasteiger-Klicpera, B. (1993). Wieweit haben sprachentwicklungsgestörte Kinder spezielle Probleme beim Lesen und Schreiben? Ein Vergleich mit guten und schwachen Lesern in der Grundschule sowie lernbehinderten Kindern. Die Sprachheilarbeit, 38, 231–244

Klicpera, C., Humer, R., Lugmayr, A. & Gasteiger-Klicpera, B. (1993). Vorhersage von Lese- und Rechtschreibschwierigkeiten zu Beginn der 1. Klasse: Frühzeitige Differenzierung unterschiedlicher Verlaufsformen. Frühförderung interdisziplinär, 12, 176–185

Kline, F. M., Deshler, D. D. & Shumaker, J. B. (1992). Implementing learning strategy instruction in class settings: A research perspective. In M. Pressley, K. R. Harris & J. T. Guthrie (Eds.), Promoting academic competence and literacy in schools (pp. 361–406). San Diego: Academic Press

Krug, S. & Hanel, J. (1976). Motivänderung: Erprobung eines theoriegeleiteten Trainingsprogrammes. Zeitschrift für Entwicklungspsychologie und Pädagogische Psychologie, 8, 274–287

Kullick, U. & Sieger, R. (1990). EURO MULLI – Ein Trainingsprogramm für das schriftliche Multiplizieren. Köln: Forschungs- und Beratungsstelle für computergestützte Rehabilitation der Universität zu Köln, Klosterstraße 79b, 50931 Köln

Landesamt für Datenverarbeitung und Statistik Nordrhein Westfalen (1996). Statistisches Jahrbuch für Nordrhein Westfalen 1996 (38. Jahrgang). Düsseldorf

Lauth, G. W. (1996). Effizienz eines metakognitivestrategischen Trainings bei lern- und aufmerksamkeitsgestörten Grundschülern. Zeitschrift für Klinische Psychologie, 25, 21–31

Lehmkuhl, G., Thoma, W. & Flechtner, H. (1992). Stable and unstable neuropsychological functions during child development. In H. Remschmidt & M. H. Schmidt (Eds.), Developmental Psychopathology (pp. 72–82). Göttingen: Hogrefe

Lenz, B. K. (1992). Self-managed learning strategy systems for children and youth. School Psychology, Review, 21, 211–228

Manning, B. H. (1985). Application of cognitve behavior modification: First and third grader's self-management of classroom behaviors. American Educational Research Journal, 25, 193–212

Masendorf, F. (Hrsg.) (1997). Experimentelle Sonderpädagogik. Weinheim: Beltz

Mastropieri, M. A. & Scruggs, T. E. (1989). Constructing more meaning relations: Mnemonic instructions for special populations. Educational Psychology Review, 1, 83–111

Meichenbaum, D. & Biemiller, A. (1992). In search of student expertise in the classroom: a metacognitive analysis. In M. Pressley, K. R. Harris & J. T. Guthrie (Eds.), Promoting academic competence and literacy in schools, (pp 13–56). San Diego: Academic Press

Meichenbaum, D. (1977). Cognitive behavior modification. New York: Plenum Press, 1977

Meltzer, L. J., Solomon, B., Fenton, T. & Levine, M.D. (1989). A developmental study of problem-solving strategies in children with and without learning difficulties. Journal of Applied Developmental Psychology, 10, 171–193

Merz, K. (1982). Kinder mit Schulschwierigkeiten. Empirische Untersuchungen an Grund- und Sonderschulen. Weinheim: Beltz

Miller, G. E. (1987). The influence of self instruction on the comprehenshion monitoring performance. Journal of Reading Behavior, 19, 303–317.

Montague, M. & Bos, C. S. (1986). The effect of cognitive strategy training on verbal math problem solving performance of learning disabled adolescents. Journal of Learning Disabilities, 19, 26–33

Mulcahy, R. F. (1991). Developing autonomous learners. Alberta Journal of Educational Research, 37, 385–397

Peterander, F., Bailer, J., Henrich, G. & Städler, T. (1992). Familiäre Belastungen, Elternverhalten und kindliche Entwicklung. Zeitschrift für Klinische Psychologie, 21, 411–424

Pressley, M. (1986). The relevance of the good strategy user model to the teaching of mathematics. Special issue: Learning strategies. Educational Psychologist, 21, 139–161

Pressley, M., Borkowski, J. G. & Schneider, W. (1987). Cogniitve strategies: Good strategy users coordinate metacognition and knowledge. In R. Vasta & G. White (Eds.), Annals of child development. Vol 4 (pp. 89–129). Greenwich; JAI Press

Renkl, A. (1996). Träges Wissen: Wenn Erlerntes nicht genutzt wird. Psychologische Rundschau, 47, 78–92

Rheinberg, F. & Krug, S. (1993). Motivationstraining im Schulalltag. Göttingen: Hogrefe

Rheinberg, F. & Schliep, M. (1985). Ein kombiniertes Trainingsprogramm zur Förderung der Rechtschreibkompetenz älterer Schüler. Heilpädagogische Forschung, 12, 277–294

Rotthaus, A. (1990). ALPHI 2.0 – Ein computergestütztes Rechtschreibprogramm für beliebige Übungstexte. Köln: Forschungs- und Beratungsstelle für computergestützte Rehabilitation der Universität zu Köln, Klosterstraße 79b, 50931 Köln

Sander, E. (1986). Lernhierachien und kognitive Lernförderung. Göttingen: Hogrefe

Schmalohr, E. (1991). Metakognitive Instruktionsgespräche über Leseschwierigkeiten mit Grund- und Sonderschülern. Heilpädagogische Forschung, 17, 117–128

Scruggs, T. E. & Mastropieri, M. A. (1993). Special Education for the twenty-first century: Integrating learning strategies and thinking skills. Journal of Learning Disabilities, 26, 392–398

Shumaker, J. B. & Lyerla, K. D. (1991). The paragraph writing strategy: Instructor's manual. Lawrence, Kansas: The University of Kansas, Institute for Research in learning Disabilities

Siegler, R. S. (1988). Strategy choice procedures in substraction. In J. A. Sloboda & D. Rogers (Eds.), Cognitive processes in mathematics (pp. 81–106). Oxford: Oxford University Press

Spear, L. C. & Sternberg, R. J. (1986). An information processing framework for understanding learning disabilities. In S. Ceci (Ed.), Handbook of cognitive, social, and neuropsychological aspects of learning disabilities. Vol 2 (pp. 2–30). Hillsdale N. J.: Erlbaum

Swanson, H. L. (1986). Multiple coding processes in learning-disabled unskilled readers. In S. J. Ceci (Ed.), Handbook of cognitive, social, and neuropsychological aspects of learning disabilities. Vol 1 (pp. 203–228). Hillsdale N. J.: Erlbaum.

Swanson, H. L. (1988). Assessment practices in learning disablilities. In K. A. Kavale (Ed.), Learning disabilities: State of the art and practice. Boston: Little, Brown and Co

Turnure, J. E. (1987). Social influences on cognitive strategies and cognitive development: The role of communication and instruction. Intelligence, 11, 77–89

Vaughn, S., Schumm, J. S. & Gordon, J. (1993). Which motoric condition is most effective for teaching spelling to students with and without learning disabilities? Journal of Learning Disabilities, 26, 191–198

Vermunt, J. D. H. M. (1987). Regulation of learning, approaches to studying and learning styles of adult students. In P. R. J. Simons & Beukhof (Eds.), Regulation of learning (pp. 15–32). Den Haag: SVO-Selecta

Wang, M. C., Haertel, G. D. & Walberg, H. J. (1990). What influences learning? A content analysis of review literature. Journal of Educational Research, 84, 30–43

Witruk, E., Lander, H.-J. & Weinhold, J. (1996). Arbeitstraining bei Legasthenikern – inwieweit sind Defizite kompensierbar?. In E. Witruk & G. Friedrich (Hrsg.), Pädagogische Psychologie im Streit um ein neues Selbstverständnis (S. 279–286). Landau: Verlag für empirische Pädagogik

# Kapitel 5

Sprach- und Sprechstörungen

Udo B. Brack und *Florence Volpers*

1. Definition und Klassifikation 96
2. Symptomatik und Verhaltensdiagnose 99
2.1 Untersuchung der Sprache und des Sprachverständnisses 99
2.1.1 Orientierende Diagnostik 99
2.1.2 Sprachdiagnostik ab dem 1. Lebensjahr 103
2.1.3 Sprachdiagnostik ab dem Alter von 3 Jahren 103
2.1.4 Sprachdiagnostik ab dem Alter von 6 Jahren 105
2.2 Diagnostik des Sprechens und der Lautdifferenzierung 105
2.2.1 Phonologische Störungen 106
2.2.2 Störungen der Sprechflüssigkeit 107
2.3 Diagnostik zusätzlicher Störungen 108

3. Therapie in der Praxis 108
3.1 Sprachtherapie 109
3.1.1 Imitatives Training bestimmter Äußerungen 110
3.1.2 Modifiziertes Sprachangebot 115
3.2 Sprechtherapie 118
3.2.1 Behandlung phonologischer Störungen 118
3.2.2 Behandlung des Stotterns 120
3.3 Therapie sprachbegleitender Probleme 122
3.3.1 Elektiver Mutismus 122
3.3.2 Andere sprach- und sprechrelevante Störungen 124
4. Evaluation 125

Literatur 127

1. Definition und Klassifikation

Die Untersuchung und Behandlung von Sprach- und Sprechstörungen bei Kindern obliegt in der deutschsprachigen Tradition ganz überwiegend der Logopädie und Sprachheilpädagogik. Insbesondere die Überlegungen zur Intervention sind dabei wenig systematisch-empirisch orientiert, Evaluationen und experimentelle Vergleiche verschiedener Verfahren wurden lange vernachlässigt. Zugleich hat das für die Entwicklung und soziale Integration von Kindern höchst bedeutsame Gebiet in der klinischen Psychologie nur wenig Interesse gefunden.

Dagegen ist seit etwas über einem Jahrzehnt in der amerikanischen Literatur ein erheblicher Fortschritt festzustellen: Aufbauend auf nüchternen Bestandsaufnahmen des Wissens um relevante Bereiche der Diagnostik und Wirkmechanismen der Intervention (z. B. Fey, 1986) und repräsentiert in Zeitschriften wie dem *Journal of Speech and Hearing Research*, werden Störungen und Therapieansätze der Sprache und des Sprechens zunehmend vielfältigen und ins Detail gehenden empirischen Analysen unterworfen. Dabei treten Wissenschaften wie Linguistik, Psychologie, Medizin, Phonetik usw. in eine fruchtbare Interaktion; insbesondere das Zusammenwirken von linguistischem Strukturalismus und behavioristischem Funktionalismus hat eine große Zahl verwertbarer Ergebnisse erbracht.

In der ICD-10 (Dilling et al., 1993) enthält die Kategorie *Entwicklungsstörungen* die Aspekte der Artikulationsstörung, der expressiven Sprachstörung, der rezeptiven Sprachstörung und der erworbenen Aphasie mit Epilepsie. Das Stottern (für das auch der Begriff des Stammelns verwendet wird!) und das Poltern finden sich dagegen unter den *Verhaltens- und emotionalen Störungen mit Beginn in der Kindheit und Jugend*. Hinzu kommen diejenigen Sprach- und Sprechprobleme, die mit anderen Störungskategorien einhergehen, insbesondere mit der *Intelligenzminderung*. Enger zusammengefaßt sind die in Frage kommenden Bereiche im DSM-IV (Saß et al., 1996): Unter den *Störungen, die gewöhnlich zuerst im Kleinkindalter, in der Kindheit oder Adoleszenz diagnostiziert werden*, finden sich die Kommunikationsstörungen (expressive Sprachstörung, kombinierte rezeptiv-expressive Sprachstörung, phonologische Störung, Stottern) und, neben anderen Kategorien, die geistige Behinderung.

Die Spannweite des Interventionsfeldes (vgl. Tab. 1) soll hier begrenzt werden; das gilt v. a. für die Behandlung dysgrammatischer Sprache bei größeren, kooperativen Kindern, bei der es weniger um klare, verhaltensorientierte Strukturierung als um kognitive Umsetzung linguistischer Regeln geht (vgl. etwa Dannenbauer & Kotten-Sederqvist, 1990). Gleiches gilt für die Behandlung von Artikulationsstörungen bei Kindern, die mundmotorisches Training, Atemübungen usw. gut akzeptieren. Ebenso sollen eng an andere verhaltenstherapeutische Aufgabenbereiche angrenzende Sprach- und Sprechprobleme (wie der elektive Mutismus oder soziale Ängste) nur kurz beleuchtet und Gebiete, die aus technischen Gründen wenigen Fachleuten vorbehalten sind (wie der nonverbale Kommunikationsaufbau), nur angedeutet werden.

Die menschliche Sprache stellt sich dar als das komplexe Zusammenspiel vielfältiger Funktionen: Sprachlaute werden wahrgenommen und zu Wörtern und Sätzen analysiert. Diese werden im Kurzzeitgedächtnis festgehalten, um ihre Bedeutung zu entnehmen, einzuordnen und (partiell) im Langzeitgedächtnis zu fixieren. Die Inhalte stehen dann zur Verfügung, um situationsadäquat, unter Verwendung gelernter Formen und angeborener generativer Regeln, Sprache zu produzieren. Verhaltenstherapie auf dieses vielfältige Funktionsgefüge anzuwenden legt nahe, sie gemäß ihrer ursprünglichen Definition einzusetzen: Es geht nicht um die Verwendung einiger festgelegter therapeutischer Methoden, sondern darum, bestimmte Defizite möglichst exakt zu diagnostizieren und zu versuchen, an den entscheidenden Stellen Lernprozesse zu initiieren und deren Effekt zu evaluieren. Sprach- und Sprechstörungen, insbesondere die verzögerte Sprachentwicklung, entste-

Tabelle 1. Übersicht über die wichtigsten Sprach-, Sprech- und Kommunikationsstörungen. Die Einteilung hat nur orientierenden Charakter, denn viele Störungen lassen sich mehreren Kategorien zuordnen und oft treten verschiedene Störungsaspekte kombiniert auf. Auch ist oft unklar, inwieweit einzelne der genannten Kategorien Ursache, Folge oder unabhängige Begleitung anderer Kategorien sind.

Sprachstörungen (Morphologie, Syntax und Semantik)

Defizitäre Sprachentwicklung
– Sprachretardierung bei allgemeinem Entwicklungsrückstand
– Sprachretardierung bei Hörbeeinträchtigung
– Entwicklungsdysphasie (rezeptiv, expressiv)

Verlust erworbener Sprache
– Aphasie (rezeptiv, expressiv, weitere Formen)

Spezifische Sprachausfälle
– Dysgrammatismus (viele verschiedene Formen)
– Reduzierter Wortschatz
– Verlangsamte verbale Informationsverarbeitung
– Störungen der Wortfindung, des sprachlichen Gedächtnisses, der Sequenzverarbeitung usw.

Sprechstörungen (Phonologie bzw. Flüssigkeit)

Phonologische Störungen
– Rezeptive Defizite (Lautagnosie; akustische Agnosie)
– Expressive Defizite (einfache und multiple Dyslalie; verschiedene Grade von Dysarthrie, bis zur Unfähigkeit zur Produktion verständlicher Sprachlaute; gestörte Prosodie)

Störungen der Sprechflüssigkeit
– Stottern (tonisch, klonisch)
– Poltern

Kommunikationsstörungen (Pragmatik)

Einfluß des sozialen Kontextes
– Elektiver Mutismus
– Reduzierte Sprach- und Sprechqualität in Verbindung mit verschiedenen Verhaltensproblemen (Ängstlichkeit, Aggressivität, Hyperaktivität usw.)

Psychotische Sprachauffälligkeiten
– Deviante Inhalte und fehlerhafte Bezüge („du' statt ‚ich', sprachliche Verwirrtheit, Verlust des Realitätsbezugs von Äußerungen)
– Deviante Sprachverwendung (Echolalie, sprachliche Stereotypien)

---

hen häufig als Folge von Läsionen des Zentralnervensystems, z. B. von perinatalen Hirnschädigungen. Sie können aber auch genetisch bedingt sein, wie im Falle des Morbus Down. Und sie treten familiär gehäuft auf; v. a. die Brüder betroffener Kinder haben ein deutlich erhöhtes Risiko, die gleiche Beeinträchtigung aufzuweisen (Tomblin, 1989).
Unbehandelt sind Sprach- und Sprechstörungen bei Kindern oft sehr beständig.

Fischel et al. (1989) fanden bei zweijährigen Kindern mit expressivem Sprachentwicklungsrückstand nach fünf Monaten je ein Drittel normalisiert, verbessert und nicht verbessert; und Rescorla und Schwartz (1990) stellten bei den meisten von 25 ebenfalls zweijährigen Kindern mit der gleichen Störung sogar nach ein bis zwei Jahren immer noch erhebliche Probleme der Sprachentwicklung fest. Entscheidende Faktoren für die Prognose des Therapiefortschritts (und der dafür notwendigen Zeit) sind die nonverbale Intelligenz sowie der neurologische und psychiatrische Status (Aram & Hall, 1989).

Von zentraler Bedeutung für jede Intervention ist die strikte Trennung gestörter *Sprache* von gestörtem *Sprechen:* Während es sich bei ersterer um Defizite im Verstehen oder Produzieren morphologischer, syntaktischer oder semantischer Aspekte der Sprachstruktur, d. h. der Wortform, der Satzform oder der Bedeutung von Wörtern und Sätzen handelt, sind bei letzterem Defizite im Verstehen oder Produzieren einzelner Phoneme (also bedeutungsunterscheidender, aber nicht bedeutungstragender Sprachlaute, vgl. ‚rot' vs. ‚tot') oder aber Störungen der Sprechflüssigkeit gemeint.

Diese Unterscheidung ist diagnostisch und therapeutisch bedeutsam, auch wenn bei Kindern nicht selten Mischungen beider Störungsformen vorliegen, v. a. als Verbindung von verzögerter Sprachentwicklung und multiplem Stammeln (also der Ersetzung einzelner Sprachlaute durch andere, z. B. ‚tomm' statt ‚komm'). Die Therapie der Sprachstörung hat stets Priorität vor der Behandlung der Sprechstörung, denn erstere ist nicht nur die gravierendere Beeinträchtigung, sondern ihre Verbesserungsmöglichkeiten sind auch deutlich an die Reifung des Gehirns in den ersten Lebensjahren geknüpft, während Sprechstörungen auch noch im Erwachsenenalter erfolgreich behandelt werden können.

In die Betrachtung der verzögerten Sprachentwicklung in den ersten Lebensjahren fließen vielfältige entwicklungspsychologische Überlegungen ein. Wegen ungeklärter Ursache-Wirkungs-Zusammenhänge ist dabei vor voreiligen Schlußfolgerungen zu warnen. Das gilt z. B. für die Rolle, die spezifische Formen der Mutter-Kinder-Interaktion für die Entwicklung der Sprache, insbesondere der Syntax und Semantik, haben (vgl. Keller et al., 1996). Ebenso sind, was häufig übersehen wird, in der (durchschnittlichen) Normalentwicklung beobachtete Abläufe nicht unbedingt notwendig, um bestimmte Meilensteine zu erreichen – der therapeutische Zugang zum Einwortsatz etwa muß nicht in jedem Falle über die Lallphase, die ihm in der natürlichen Entwicklung (meist) vorangeht, erfolgen.

Sprach- und Sprechstörungen können sehr umfassend sein, wie die verzögerte Sprachentwicklung im Rahmen eines allgemeinen Entwicklungsrückstandes, der in geistige Behinderung mündet; sie können aber auch als isolierte Ausfälle (z. B. in Form von mangelnder Differenzierung verschiedener Sprachlaute oder von Problemen bei der Produktion syntaktisch richtiger Wortfolgen zur Satzbildung) vorliegen, die dann die Funktion anderer Bereiche blockieren können.

Da Sprech- und v. a. Sprachstörungen oft zusammen mit anderen Ausfällen vorkommen (neben mentaler Retardierung mit frühkindlichem Autismus, Schizophrenie, Hörschaden oder vielfältigen neurologischen Störungen), stellt sich immer wieder die Frage nach der Art des Zusammenhangs von Sprachdefiziten mit kognitiven, perzeptiven oder motorischen Defiziten. Um eine einseitige Interventionsplanung zu vermeiden, ist es sinnvoll, zunächst eine relative Unabhängigkeit der verschiedenen gefundenen Störungen anzunehmen. Damit lassen sich Fehlentscheidungen vermeiden, wie sie z. B. bei der Behandlung cerebralparetischer Kinder zu finden sind: Da Spastik oft mit Sprach- und Sprechstörungen einhergeht, wird sie gelegentlich als deren Ursache betrachtet, was zur Überbetonung der Sprechmotorik gegenüber der Sprachstruktur führt – statt des Satzbaus wird Blasen oder Saugen geübt.

Die Gewichtung der verschiedenen Störungsaspekte wirkt sich auch auf die Evaluation der Intervention aus; so daß etwa bei der Stotterbehandlung gelegentlich unklar ist, ob das Behandlungsziel eine verbesserte Sprechflüssigkeit oder eine verbesserte Einstellung des Patienten zu seiner Symptomatik ist. Allerdings ist die für verhaltenstherapeutische Programme sehr wichtige Evaluation, v. a. im Bereich der Sprachstörungen, ein komplexes Problem, entsprechend der Komplexität der Sprache und ihrer Defizite. Da es kein simples Maß für Sprachkompetenz gibt, muß im Einzelfall entschieden werden, welche Funktionen primär gefördert und danach evaluiert werden sollen. Das zeigt die Bedeutung der vorausgehenden Diagnostik für die Strukturierung individueller Intervention und nachfolgender Evaluation.

2. Symptomatik und Verhaltensdiagnose

Zur Untersuchung von Sprache und Sprechen gibt es eine beträchtliche Zahl von Tests, die vielfältige Bereiche mehr oder weniger differenziert erfassen. Zunächst wird die aktive, *expressive* von der passiven, *rezeptiven* Seite unterschieden, also die sprachlichen Äußerungen vom Sprachverständnis. Dann lassen sich – strukturell – die Lautebene (*Phonologie*), die Wort- und Morphemebene (*Lexikon* und *Morphologie*) und die Satzebene (*Syntax*) voneinander trennen. Auf ihnen baut schließlich die Bedeutungsebene (*Semantik*) auf, also der Sinn oder Inhalt von Wörtern und Sätzen. Hinzu kommt der kommunikative Aspekt (*Pragmatik*), d. h. die spezifische Verwendung der Sprache im sozialen und situativen Kontext.

Daneben werden verschiedene andere Gesichtspunkte in die Diagnostik einbezogen, weil ihre Verbindung zur Sprache evident zu sein scheint (z. B. das auditive Kurzzeitgedächtnis oder die Verarbeitung von sequentieller Information) oder weil sie etwas über die Prognose einer Störung bzw. des Therapieeffektes aussagen, wie die allgemeine Intelligenz, die Symbolisierungsfähigkeit (Lowe & Costello, 1988) oder die verbale Imitationsfähigkeit von autistischen Kindern (Yoder & Layton, 1988).

Von medizinischer Seite ist, neben der neurologischen Untersuchung, v. a. die frühzeitige Hördiagnostik von großer Bedeutung; denn nicht nur die ausgeprägte Schwerhörigkeit bzw. Taubheit führt zu (schweren bis vollständigen) Sprachentwicklungsdefiziten, sondern eine leichte bis mittelschwere, u. U. nur phasenweise auftretende Schalleitungsschwerhörigkeit findet sich auch bei vielen Kindern mit mäßiggradiger Sprachretardierung (Schönweiler, 1994).

2.1 Untersuchung der Sprache und des Sprachverständnisses

Nachdem sich die Entwicklungspsycholinguistik lange bevorzugt mit der Syntax der Kindersprache befaßt hatte, lenkten Bloom & Lahey (1978) den Blick auf die Trennung von Inhalt, Form und Gebrauch und auf die stufenweise Entfaltung semantischer Kategorien (Existenz, Nichtexistenz, Wiederholung, Attribution usw.) Entsprechend wird in der Diagnostik der Kindersprache versucht, neben den Aspekten des Wortschatzes, der Morphologie und der Syntax auch diejenigen der Semantik und der Pragmatik zu erfassen. Möglicherweise der verzögerten Sprachentwicklung zugrundeliegende zentralnervöse Defizite, wie etwa die seit den Arbeiten von Tallal (z. B. 1976) diskutierten Probleme sprachretardierter Kinder bei schneller Verarbeitung auditiver Informationen, werden dagegen nur in Laboruntersuchungen diagnostiziert; dazu vorliegende therapeutische Ansätze sind aufwendig und von fraglichem Erfolg (vgl. v. Steinbüchel et al. im Druck).

2.1.1 Orientierende Diagnostik

Als erster diagnostischer Schritt liefert die Analyse der *Spontansprache* wichtige Informationen. Sie erbringt Daten sowohl für die Ausgangsdiagnose als auch für die Verlaufskontrolle der Therapie, u. a. aus der Berechnung der mittleren Äußerungslänge in Morphemen (MLU; vgl. Süss-Burghart, 1992), die ein relativ stabiles Maß für die Sprachentwicklung darstellt, aber in keiner einfachen Relation zum Entwicklungsalter steht (Scarborough et al., 1991). Darüber hinaus gibt die Spontansprache des Kindes, etwa erhoben durch Transkription einer halbstündigen Ton- (und möglichst zugleich Bild-) Aufzeichnung des Spiels mit der Mutter, Aufschluß über Auffälligkeiten des

Redeflusses und der Interaktion ebenso wie Hinweise auf mentale Retardierung, begrenztes Vokabular oder gestörte Aufmerksamkeit.

Dabei ist die Zielsetzung moderner Diagnostik zu betonen: Ihr Zweck besteht nicht darin, routinemäßig mit einigen standardisierten Meßverfahren endgültige Diagnosen zu erstellen, die unmittelbar die Indikation für die Therapie liefern; vielmehr versteht sich Diagnostik als ein Mittel zur schrittweisen Erstellung, Prüfung und Bestätigung bzw. Verwerfung von Hypothesen im Wechselspiel mit Modifikationsversuchen und den daraus resultierenden Daten. Insbesondere vermeidet moderne Diagnostik die ‚Kriterienkontamination', d. h. das früher oft geübte Vorgehen, beim (sprach)auffälligen Kind in Testergebnissen, Verhaltensbeobachtungen und familiären Bedingungen andere Auffälligkeiten zu suchen und diese ohne schlüssigen Beleg als Ursache der Sprachstörung zu erklären, um dann primär diese Probleme statt die Sprache selbst zu therapieren. Tatsächlich finden sich nur wenige Hinweise auf nichtsprachliche Teilleistungsschwächen und äußere Lebensumstände, etwa im Bereich der Motorik oder der Wahrnehmung bzw. der Erziehungssituation (starke Deprivation ausgenommen), die relativ konsistent mit bestimmten Störungen des Spracherwerbs zusammenhängen.

Vor der genaueren Untersuchung der Sprache sollten die Fähigkeiten des Kindes grob anhand der normalen Entwicklung geschätzt und danach die *Testinstrumente* ausgewählt werden (vgl. Tab. 2). Dabei liegt es in den meisten Fällen nahe, zunächst das allgemeine Intelligenz- bzw. Entwicklungsniveau, dann die Sprachfertigkeiten und schließlich mögliche Hintergrundprobleme, v. a. Teilleistungsstörungen, zu erfassen.

Sprachliche Aspekte sind in vielen gängigen *Intelligenz- und Leistungstests* enthalten (vgl. Tab. 3). Beispiele sind der Hamburg Wechsler Intelligenztest für Kinder, Revision 1983 (HAWIK-R; Tewes, 1985); die Kaufman-Assessment Battery for Children (K-ABC; Melchers & Preuss, 1994); der Allgemeine Schulleistungstest für 2. Klassen (AST 2; Rieder, 1991), 3. Klassen (AST 3; Fippinger, 1991) und 4. Klassen (AST 4; Fippinger, 1992); der Duisburger Vorschul- und Einschulungstest (DVET; Meis, 1990); der Hannover Wechsler Intelligenztest für das Vorschulalter (HAWIVA; Eggert, 1975); oder die McCarthy Scales of Children's Abilities (MSCA; McCarthy, 1972).

Auch *Entwicklungstests* wie der Wiener Entwicklungstest (WET; Kastner-Koller & Deimann, 1997), die Münchener Funktionelle Entwicklungsdiagnostik (MFE; Hellbrügge, 1994) oder die Ordinalskalen zur sensomotorischen Entwicklung (Uzgiris & Hunt, 1980/1987) erfassen Merkmale der Lautbildung, der aktiven Sprache und des Sprachverständnisses.

Da diese Tests nur Teilbereiche der Sprachfertigkeiten messen oder sehr unterschiedliche Sprachkompetenzen zu Meßgrößen wie ‚Sprechalter' oder ‚Allgemeines Verständnis' zusammenfassen (bzw. sprachliche und andere Fertigkeiten zu Gesamtwerten vereinigen), sind sie nur zur Groberfassung (screening) von Sprachstörungen geeignet. Das gilt auch von ‚neuropsychologischen' Tests wie der Tübinger Luria-Christensen Neuropsychologischen Untersuchungsreihe für Kinder (TÜKI; Deegener et al., 1997) oder dem Berliner Luria-Neuropsychologischen Verfahren für Kinder (BLN-K; Neumärker & Bzufka, 1988).

Zugleich wird bei dem beschriebenen Vorgehen die Abhängigkeit des Stellenwerts der Diagnostik von der Therapiestrategie deutlich: Wenn Sprachrückstände nur mit allgemeinen, nicht individuell zugeschnittenen Förderprogrammen behandelt werden, reichen orientierende diagnostische Verfahren aus; gezieltere Messungen sind nur sinnvoll, wenn aus ihnen spezifische Förderung folgt; wenn also z. B. ein auffällig schlechtes Ergebnis in einem Untertest, der verbal-auditives Gedächtnis prüft, auch zu einer Berücksichtigung dieses Aspekts in der Sprachbehandlung und ihrer Evaluation führt.

Da Subtests verschiedener Intelligenztests bestimmte Sprachleistungen, z. B. die Wortflüssigkeit, die Konzeptbildung oder

Tabelle 2. Altersbereiche der wichtigsten Tests für Kinder, die sprachbezogene Aufgaben enthalten bzw. v. a. die Sprache untersuchen; Klassenstufen-Normen bei Schultests sind in Altersangaben umgerechnet.

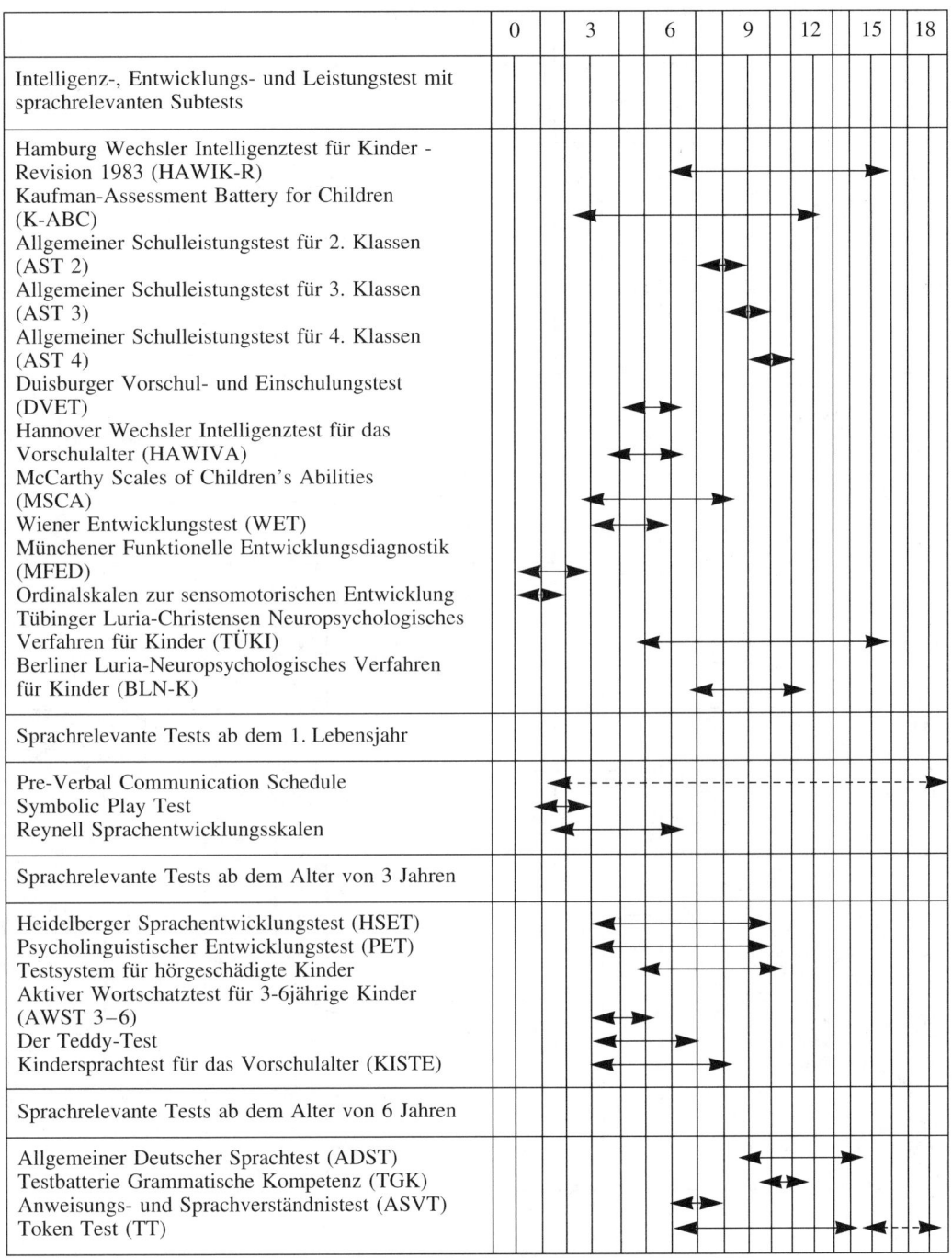

Tabelle 3. Intelligenz-, Entwicklungs- und Leistungstests mit sprachrelevanten Subtests. Die Kategorie ‚Spontansprache, Begriffe und Symbole' beinhaltet Aufgaben, die aus spontanem Sprechen, Nacherzählen, Beschreiben und symbolischem Agieren bestehen. Die Qualität der Tests in bezug auf die Elaboriertheit der Aufgaben und der Normierung ist sehr unterschiedlich. Abkürzungen: LTD = Lautdifferenzierung, ART = Artikulation, PRO = Prosodie, WSE = Wortsemantik, SSE = Satzsemantik.

	Phonologie			Morphologie	Syntax	Semantik		Pragmatik	Verbalauditives Gedächtnis	Spontansprache, Begriffe, Symbole
	LTD	ART	PRO			WSE	SSE			
Hamburg Wechsler Intelligenztest für Kinder – Revision 1983 (HAWIK-R)						x	x			
Kaufman-Assessment Battery for Children (K-ABC)								x		
Allgemeiner Schulleistungstest für 2. Klassen (AST 2)						x				
Allgemeiner Schulleistungstest für 3. Klassen (AST 3)						x	x			
Allgemeiner Schulleistungstest für 4. Klassen (AST 4)						x	x			
Duisburger Vorschul- und Einschulungstest (DVET)						x	x			
Hannover Wechsler Intelligenztest für das Vorschulalter (HAWIVA)						x	x			
McCarthy Scales of Children's Abilities (MSCA)						x			x	x
Wiener Entwicklungstest (WET)					x	x	x	x		
Münchener Funktionelle Entwicklungsdiagnostik (MFED)					x	x	x	x		
Ordinalskalen zur sensomotorischen Entwicklung	x	x				x				x
Tübinger Luria-Christensen Neuropsychologisches Verfahren für Kinder (TÜKI)	x	x				x	x			x
Berliner Luria-Neuropsychologisches Verfahren für Kinder (BLN-K)	x	x				x	x		x	x

das sequentielle auditive Kurzzeitgedächtnis, zwar nur grob, aber getrennt von anderen Funktionen erfassen, kann eine semiexakte Förderung auch auf die Ergebnisse solcher Subtests gestützt werden. Deshalb gilt auch für die Sprache das in der klinischen Diagnostik wichtige Prinzip, daß die Messung vieler einzelner Funktionen durch Subtests mit getrennten Normen der Ermittlung von Gesamtwerten kompilierter Leistungsmessungen vorzuziehen ist.

2.1.2 Sprachdiagnostik ab dem 1. Lebensjahr

Die Entwicklung der Sprache kann schon im Säuglingsalter, diejenige ihrer Vorstufen i. S. der nonverbalen bzw. präverbalen Kommunikation sogar schon ab der Geburt des Kindes geprüft werden (vgl. Tab. 2 und 4).

Blickkontakt, Äußerung und Imitation einzelner Laute, Silbenverdoppelung, Gesten und regelgeleitete Interaktion zwischen Säugling und Bezugsperson kennzeichnen die *frühe Kommunikation*. Die Möglichkeiten eines diagnostisch-therapeutischen Zugangs zu ihr werden in den letzten Jahren immer häufiger diskutiert (vgl. Warren et al., 1993). Zunehmend konstanter und differenzierter werden dann im Verlauf der Entwicklung Zeichen verwendet, die Symptom eines Zustandes, Signal für den Empfänger bzw. Symbol für Sachverhalte sind (Bühler, 1934) und die die Grundlage der enormen Komplexität menschlicher Sprache darstellen.

Die vorsprachliche Kommunikation kann in vielerlei Form gestört sein, was sich oft erst in der Feinanalyse von Videoaufnahmen zeigt (vgl. Papousek & Papousek, 1990). Mit dem Pre-Verbal Communication Schedule (Kiernan & Reid, 1987) können frühe kommunikative Fertigkeiten des Kindes erfaßt werden – von der Lautentwicklung über die Gestik bis zur Kommunikation durch Symbole, Handzeichen und Sprache. Obwohl Altersnormen fehlen, lassen sich damit, v. a. bei stark eingeschränkter Sprache, Aussagen über kommunikative Grundvoraussetzungen und damit über die Prognose des Einsatzes aufwendiger Sprachtrainingsprogramme bei schwer behinderten Kindern, z. B. Autisten, machen.

Eine andere Voraussetzung sinnvoller Sprachverwendung, die kognitiv-symbolische Repräsentation von Erfahrungen, prüft der Symbolic Play Test (Lowe & Costello, 1988): ob das Kind etwa mit miniaturisierten Gegenständen umgehen kann wie mit den Originalobjekten, ob es also durch Spielmaterial angeregt wird, ‚zu tun als ob'.

Die Sprache selbst erfassen die Reynell Sprachentwicklungsskalen (Reynell, 1983/1985). Der Test erlaubt bereits eine relativ differenzierte Erfassung von Sprachverständnis und Sprachproduktion ab dem Alter von $1^1/_2$ Jahren; und er kann auch für körper- und hörbehinderte Kinder angewendet werden.

2.1.3 Sprachdiagnostik ab dem Alter von 3 Jahren

Entsprechend der auf dieser Entwicklungsstufe schnell steigenden Sprachkomplexität stehen auch zunehmend komplexere Tests zur Verfügung (vgl. Tab. 5).

Der Heidelberger Sprachentwicklungstest (HSET; Grimm & Schöler, 1991) ist das differenzierteste Verfahren. Es erlaubt die Untersuchung von Morphologie, Syntax und Semantik mit jeweils mehreren Untertests. Der Test erfaßt so entscheidende Kompetenzen wie das unmittelbare, exakte Behalten verbaler Information, die Entnahme der wichtigsten Inhalte zur längerfristigen Speicherung, das über die Umsetzung in Handlungen geprüfte Verstehen von (zunehmend komplexen) Sätzen oder die Beherrschung der Regeln der Pluralbildung. Die Profilanalyse der 13 Untertests – mit jeweils eigenen Normen – liefert Hinweise für die Gestaltung therapeutischer Intervention bei spezifischen wie generellen Sprachdefiziten. Die klar gegliederte, breite Sprachbereiche erfassende Struktur des Tests macht ihn zugleich zu einem ausgezeichneten Meßinstrument für Veränderungen der Sprachkompetenz, seien sie entwicklungsbedingt oder behandlungsinduziert.

Tabelle 4. Sprachrelevante Tests ab dem 1. Lebensjahr. Einzelheiten vgl. Tab. 2.

	Phonologie			Morphologie	Syntax	Semantik		Pragmatik	Verbal-auditives Gedächtnis	Spontansprache, Begriffe, Symbole
	LTD	ART	PRO			WSE	SSE			
Pre-Verbal Communication Schedule	x	x				x	x	x		x
Symbolic Play Test										x
Reynell Sprachentwicklungsskalen	x	x			x	x	x	x		

Tabelle 5. Sprachrelevante Tests ab dem Alter von 3 Jahren. Einzelheiten vgl. Tab. 2.

	Phonologie			Morphologie	Syntax	Semantik		Pragmatik	Verbal-auditives Gedächtnis	Spontansprache, Begriffe, Symbole
	LTD	ART	PRO			WSE	SSE			
Heidelberger Sprachentwicklungstest (HSET)				x	x	x	x	x	x	x
Psycholinguistischer Entwicklungstest (PET)	x			x	x	x	x		x	x
Testsystem für hörgeschädigte Kinder						x	x	x		
Aktiver Wortschatztest für 3–6jährige Kinder (AWST 3–6)		x				x				
Der Teddy-Test						x	x			x
Kindersprachtest für das Vorschulalter (KISTE)					x	x	x	x		x

Der psycholinguistische Entwicklungstest (PET; Angermeier, 1977), die deutsche Version des Illinois Test of Psycholinguistic Abilities (ITPA; Kirk et al., 1968), hat viele Nachteile: Er beruht auf dem überholten Sprachmodell von Osgood, einzelne Subtests prüfen eher Perzeption, Gedächtnis usw. als Sprache und er hat in ihn gesetzte Erwartungen als Schulreifetest nicht erfüllt. Zugleich aber erfaßt auch er verschiedene, relativ eng definierte (sprachliche wie nichtsprachliche) Fähigkeiten mit eigenen Normen. Gerade weil er nicht nur Sprache und Sprachverständnis i.e.S. prüft, sondern z. B. auch den konzeptgeleiteten Umgang mit visuellem Material (etwa Zuordnung nach Oberbegriffen bzw. nach Objekt-Subjekt-Relation: Hund zu Hund bzw. Knochen zu Hund), ist der Test zur Erfassung spezifischer Aspekte, die mit komplexen Sprachproblemen verbunden sein können, bzw. zur Prüfung von Hypothesen über bestimmte Ausfälle wertvoll.

Einige Tests sind auf *ganz bestimmte Störungen* abgestimmt. Ein Beispiel dafür ist das Testsystem für hörgeschädigte Kin-

Tabelle 6. Sprachrelevante Tests ab dem Alter 6 Jahren. Einzelheiten vgl. Tab. 2.

	Phonologie			Morphologie	Syntax	Semantik	Pragmatik	Verbal-auditives Gedächtnis	Spontansprache, Begriffe, Symbole
	LTD	ART	PRO			WSE	SSE		
Allgemeiner Deutscher Sprachtest (ADST)	x	x	x	x	x	x	x		x
Testbatterie Grammatische Kompetenz (TGK)				x	x	x			x
Anweisungs- und Sprachverständnistest (ASVT)							x	x	
Token Test (TT)								x	

der (THK; Reimann & Eichhorn, 1984), das bei diesen v. a. Schulfähigkeit bzw. Sonderschulbedürftigkeit prüfen soll. Es erfaßt grundlegende Kompetenzen der Objektbezeichnung und der Sinnentnahme aus einfachen Sätzen. Da damit auch Niveauunterschiede zwischen Sprachverständnis und -produktion deutlich werden, kann das Verfahren auch zur Abgrenzung der rezeptiven und expressiven Seite von Aphasien und Dysphasien (also von Verlusten bereits erworbener Sprache bzw. von defizitärer Sprachentwicklung bei normaler nonverbaler Intelligenz) beitragen.

Den Umfang des verfügbaren Vokabulars prüft der aktive Wortschatztest für 3–6-jährige Kinder (AWST 3–6; Kiese & Kozielski, 1996). Breitere Bereiche erfaßt der neu erschienene Teddy-Test (Friedrich, 1997) und insbesondere der Kindersprachtest für das Vorschulalter (KISTE; Häuser et al., 1994), der sich in kurzer Zeit als ein Standardverfahren etabliert hat.

2.1.4 Sprachdiagnostik ab dem Alter von 6 Jahren

Die erwähnten Tests reichen z. T. über das sechste Lebensjahr hinaus. Wegen der weiteren sprachlichen Fortschritte der Kinder und des anstehenden Schulbeginns kommen jedoch einige wichtige Verfahren hinzu (vgl. Tab. 6).

Der Allgemeine Deutsche Sprachtest (ADST; Steinert, 1978) erweitert die Aufgabenbereiche um Lesen und Schreiben und soll auch die Unterrichtsplanung im Fach Deutsch unterstützen. Tewes und Thurner (1976) entwickelten die Testbatterie zur Erfassung der grammatischen Kompetenz (TGK), die, auch für das Lesen und Schreiben, syntaktische Fähigkeiten mißt.

Der Anweisungs- und Sprachverständnistest (ASVT; Kleber & Fischer, 1994) prüft in den beiden ersten Grundschuljahren das Verstehen von Instruktionen, deren Relationen zunehmend komplexer werden, indem z.B. die zeitliche Folge der Instruktionskomponenten zu berücksichtigen ist. Um die Verarbeitung sequentiell geordneter Instruktionen gezielt zu messen, verlangt der Token Test (De Renzi & Vignolo, 1962/1982) ausschließlich motorisch einfach auszuführende, aber in der Anzahl und Abfolge der Schritte immer schwieriger werdende Operationen mit bunten Plättchen. Dieser v. a. in der Aphasie-Diagnostik verwendete Test liegt in deutscher Sprache für verschiedene Altersstufen vor.

2.2 Diagnostik des Sprechens und der Lautdifferenzierung

Störungen der adäquaten Produktion von *Sprachlauten* ebenso wie Abweichungen des *Redeflusses* von der ‚normalen' inter- und intraindividuellen Variationsbreite finden sich häufig, wie alle expressiven Sprach- und Sprechprobleme, in Verbindung mit rezeptiven Ausfällen, also mit sprachrelevanten *auditiven Wahrnehmungsstörungen*. Bei gestörtem Redefluß sind diese oft nur schwer bzw. nur in aufwendigen Laboruntersuchungen festzustellen (z. B. in Form zeitlicher Deviationen der Wahrnehmung rückgemeldeter eigener Sprachlaute) und es scheint kein einfacher Zusammenhang zwischen ihnen und der expressiven Auffälligkeit zu bestehen. Dagegen sind Störungen der Differenzierung gehörter Sprachlaute relativ leicht zu prüfen und mit den expressiven Defiziten in Verbindung zu setzen.

2.2.1 Phonologische Störungen

Störungen des Verarbeitens bzw. Unterscheidens gehörter und des exakten Produzierens gesprochener Sprachlaute werden im deutschen Sprachraum nur selten verhaltenstherapeutisch angegangen. Dagegen finden sich entsprechende, an der kontrollierten Gestaltung eines zielgerichteten Verhaltensaufbaus orientierte Publikationen – auch in diesem Bereich – in großer Zahl in der angloamerikanischen Literatur. Voraussetzung eines solchen Vorgehens ist eine genaue *Verhaltens- bzw. Testdiagnostik*. Einige der erwähnten Tests zur Prüfung der Sprache und des Sprachverständnisses enthalten Aufgaben, die phonologische Probleme, zu denen gelegentlich auch Schwächen des auditiven Kurzzeitgedächtnisses gerechnet werden, erfassen (vgl. Tab. 3–6), und zwar um so differenzierter, je höher die vom Test abgedeckten Entwicklungsstufen liegen. Ein Beispiel sind die Untertests ‚Wörter Ergänzen' und ‚Laute Verbinden' aus dem Psycholinguistischen Entwicklungstest, die rezeptive wie expressive Anforderungen enthalten. Allerdings erlauben solche Aufgaben meist nur eine Grobabschätzung (screening), nach der über eine genauere Untersuchung entschieden wird.

Probleme beim Differenzieren bestimmter gehörter Sprachlaute (Phoneme) werden als – partielle – *Lautagnosie* bezeichnet. Sie tritt in der Entwicklung normal begabter Kindern meist nur in geringem Maße und als Durchgangsphänomen auf, ist jedoch bei sprachretardierten ebenso wie bei lern- und geistigbehinderten Kindern oft ausgeprägt zu finden. Die betroffenen Phoneme lassen sich mit der Bildwortserie zur Lautagnosieprüfung und zur Schulung des phonematischen Gehörs (Schäfer, 1986) eruieren.

Umfassender ist die *akustische Agnosie* als Störung nicht nur der Diskrimination von Sprachlauten, sondern generell von Tönen und Geräuschen. Sie wird selten diagnostiziert, und zwar aus den (relativ zur Gesamtentwicklung und trotz Vortraining) extremen Schwierigkeiten des Kindes, zu Geräuschen verdeckter Gegenstände (Rascheln von Seidenpapier, Ertönen eines Glöckchens usw.) unter den aufgedeckten Gegenständen den geräuscherzeugenden zu finden.

Artikulationsprobleme, also die expressiven Aspekte phonologischer Störungen, werden als Stammeln bezeichnet. Stammelfehler werden nach dem griechischen Alphabet geordnet; so ist der ‚Kappazismus' die gestörte Artikulation des ‚k'. Als Spezialfall des Stammelns wird oft das Lispeln (Sigmatismus) behandelt, also die gestörte Produktion des ‚s', da es die weitaus häufigste Stammelform ist; sie kann wiederum in verschiedene Typen eingeteilt werden.

Seit langer Zeit zur Prüfung der Artikulation etabliert ist die von Möhring (1938) entwickelte Lauttreppe. Sie erfaßt die Phoneme der deutschen Sprache im An-, In- und Auslaut. Ein anderes Verfahren ist der Lautbildungstest für Vorschulkinder, der in einer Testkurzform und in einer diagnostischen Testform vorliegt (LBT und DLBT; Fried, 1980).

Da Stammeln ‚physiologisch' ist, d. h. in gewissem Ausmaß für eine beschränkte Zeitspanne regelmäßig auch in der Normalentwicklung vorkommt, ist die Art und Häufigkeit der Stammelfehler, bezogen auf das Alter des Kindes, für die Diagnose entscheidend. Stammeln über dem 6. Lebensjahr liegt generell außerhalb der Norm. Ausgeprägte Formen, die oft zu Nachäffen und Spott durch andere Kinder führen, beeinträchtigen die soziale Integration und die Selbstsicherheit der betroffenen Kinder; leichte Formen sind dagegen kaum therapierelevant.

Quer durch die Stammelformen zieht sich eine andere Unterscheidung: Bei der *Dyslalie* ist die Bewegungskoordination zur Produktion bestimmter Phoneme ohne sonstige gravierende mundmotorische Probleme gestört. *Dysarthrie* dagegen ist ein Stammeln im Rahmen einer generellen mundmotorischen Störung auf dem Hintergrund einer Cerebralparese. Sie ist meist mit erhöhtem Speichelfluß (Hypersalivation) und gestörter Nahrungsaufnahme (Abbeißen, Kauen, Schlucken usw.) verbunden und betrifft nicht selten alle Sprachäußerungen.

Für den hier nur kurz umrissenen Bereich steht eine Fülle weiterer Tests bzw. Untertests, die sich z. T. auf sehr spezifische Problemstellungen beziehen, zur Verfügung. Beispiele sind etwa für den rezeptiven Aspekt der Bremer Lautdiskriminationstest aus den Bremer Hilfen (BLDT; Niemeyer, 1976) oder der die Verarbeitung unterschiedlicher Information auf beiden Ohren prüfende Dichotische Hörtest (Neukomm, 1997), der bei Fragen zur Lateralität bzw. Hemisphärendominanz Verwendung findet.

2.2.2 Störungen der Sprechflüssigkeit

Stottern wird in der Regel nicht mit standardisierten und normierten Tests geprüft; verschiedene Tests enthalten lediglich Hinweise, bei bestimmten Aufgaben auf die Sprechflüssigkeit des Kindes zu achten. Stottern kommt nicht nur, wie das Stammeln, auch in der Normalentwicklung ‚physiologisch' vor, sondern auch der klinisch nicht auffällige Erwachsene produziert immer wieder Stockungen des Redeflusses oder Wiederholungen von Phonemen oder Silben. Erst Häufigkeit, Intensität (Dauer des Steckenbleibens oder Anzahl der Wiederholungen), Systematik (z. B. bestimmte Konsonanten am Wortanfang) und z. T. auch der Leidensdruck der Betroffenen definieren den pathologischen Stellenwert.

Entsprechend den beiden genannten Auffälligkeiten wird *klonisches* von *tonischem Stottern* unterschieden, also Wiederholungen von pressendem Steckenbleiben (‚ko-ko-kommt' gegenüber ‚k - - ommt'). Beide Formen treten i. d. R. gemischt auf. Allerdings gibt es unterschiedliche Gewichtungen; meist überwiegt zu Beginn des Stotterns die klonische Komponente, während die tonische allmählich zunimmt. Tonisches Stottern gilt als therapieresistenter.

Zur Diagnostik wird die Sprache der Patienten meist unter verschiedenen Anforderungen (Konversation, Lesen, Monolog) und möglichst in verschiedenen Situationen (zu Hause, im Kindergarten, in der Schule usw.) beobachtet und aufgenommen. Die systematische Auswertung erfaßt, neben der Abhängigkeit des Problemverhaltens von bestimmten Situationen, spezifische Fehler (bestimmte gestotterte Phoneme oder Stellen im Wort oder Satz) und, als übergreifende Maßeinheiten, die Anzahl der pro Minute gesprochenen sowie diejenige der gestotterten Silben (um den Anteil des Problemverhaltens sowie das oft vom Stottern beeinflußte Sprechtempo festzustellen) und häufig auch die ‚Natürlichkeit' der Sprache, die sich als relevante abhängige Variable erwiesen hat (vgl. z. B. Kalinowski et al., 1994).

Diagnostisch bedeutsam ist auch die Frage, in welchen Situationen der Patient weitgehend stotterfrei ist. Ein Einstieg ist die Beobachtung beim Singen oder Rezitieren von gereimten Texten, weil meist mit stärkerer äußerer Vorgabe von Sprechmelodie und -rhythmus die Störung geringer wird.

Vom Stottern manchmal nicht leicht zu unterscheiden ist das *Poltern*; mit diesem Begriff wird überhastetes Sprechen mit ausgelassenen und undeutlich artikulierten Phonemen oder Silben bezeichnet. Nach einer Faustregel wird, wenn der Patient bewußt auf seine Störung achtet, um sie zu kontrollieren, Stottern stärker und Poltern geringer.

2.3 Diagnostik zusätzlicher Störungen

Ob neben Sprach- und Sprechstörungen weitere Entwicklungs- bzw. Verhaltensstörungen untersucht und behandelt werden, hängt von deren Bedeutung für die ersteren ebenso wie von ihrer eigenen Tragweite ab, wobei die Zusammenhänge nicht immer eindeutig sind: Fischel et al. (1989) fanden unter zweijährigen Kindern mit expressivem Sprachentwicklungsrückstand eine schlechte Prognose bei denjenigen mit geringem Wortschatz, Ernährungsproblemen und Defiziten im ruhigen, interaktiven Spiel.

Generell wird man einen orientierenden Entwicklungs- oder Intelligenztest durchführen und wichtige Verhaltensbereiche (Essen, Schlafen, Spiel, Kontakt zu Kindern und Erwachsenen usw.) überprüfen. Finden sich wesentliche Verhaltensstörungen, Teilleistungsausfälle oder Intelligenzminderungen auch in nonverbalen Bereichen, resultiert die Frage, ob vorrangig die Sprach- und Sprechprobleme, andere Bereiche oder aber mehrere Aspekte zugleich angegangen werden sollen. Wieder gilt, daß solche Überlegungen (vgl. Brack, 1993a) nur bei kontrolliertem verhaltensorientierten und individualisierten Vorgehen mit definierten Therapiezielen und operationalisierten Behandlungsschritten von Bedeutung sind. Allgemeine, nicht an gezielter Diagnostik orientierte ‚Entwicklungsförderung' ist damit nicht konfrontiert.

Dabei ist zu überlegen, ob begleitende Probleme ursächliche Komponenten für die Sprach- oder Sprechstörung beinhalten (wie im Falle frühkindlicher Deprivation), ob ihre Behandlung zur Durchführung der Sprachtherapie nötig ist (z. B. bei starker Unruhe und gestörter Aufmerksamkeit) oder ob ihre Therapie die Mitarbeitsbereitschaft der Eltern steigern soll (etwa durch vorgezogene Beseitigung der Enuresis des Kindes). Sprachprobleme können an Defizite der Informationsspeicherung gebunden sein, die mit einigen der erwähnten Tests prüfbar sind und bei denen besonders Menge und Tempo des Angebots eine Rolle spielen. Sprechprobleme sind dagegen oft mit motorischen Störungen, v. a. Cerebralparesen verknüpft, so daß dort die Überlegungen von Physiotherapie bis zu nonverbalen Kommunikationstechniken (wie sie auch bei tauben Kindern eingesetzt werden; vgl. Bonvillian & Folver, 1993) reichen.

Kommunikationsdefizite treten auch zusammen mit frühkindlichem Autismus, Aufmerksamkeitsstörungen, verschiedenen Formen der Folgen von Hirnschädigungen oder Störungen des Sozialverhaltens auf. Der eklatanteste Fall der Verbindung von sozialen und sprachlichen Problemen ist der elektive Mutismus, also die Verweigerung von verbaler Kommunikation mit fremden Personen. Da dieser häufig mit einem gewissen Sprachrückstand bzw. mit gewissen Intelligenzdefiziten verbunden ist, greifen hier Testuntersuchungen, Verhaltensbeobachtungen und Befragungen der Bezugspersonen besonders stark ineinander.

Da die Sprachäußerungen des kleinen Kindes in enger Verbindung zur Interaktion mit den Bezugspersonen stehen, wird derzeit oft, wenn eine etwas auffällige (bzw. so interpretierte) Mutter-Kind-Interaktion und eine Sprachstörung des Kindes vorliegen, eine Ursache-Wirkung-Relation angenommen und gefolgert, daß primär die Beziehung der Mutter zum Kind therapiebedürftig ist. Vor diesem Schluß muß, wie erwähnt, gewarnt werden. Zwar ist die Mutter-Kind-Beziehung, unabhängig vom Sprachrückstand des Kindes, ein wichtiger Aspekt. Aber es ist nicht zu verantworten, die Zeit einer evtl. langwierigen Beziehungstherapie ohne gezielte Sprachförderung des Kindes verstreichen und förderungssensible Phasen der frühen Entwicklung ungenutzt zu lassen. Darüber hinaus gilt generell, daß nicht-optimale Erziehungsbedingungen (von schwerer Deprivation abgesehen) zwar zu emotionalen bzw. Verhaltensstörungen führen können, nicht aber zu gravierenden Entwicklungsstörungen.

3. Therapie in der Praxis

Die diagnostischen Resultate, die Gewichtung nach zentralen und peripheren gestörten Aspekten sowie die Bedürfnisse von

Kind und Familie bestimmen die therapeutischen Schritte. Entscheidend ist zunächst wieder die Trennung von Sprach- und Sprechstörungen. Allerdings bestehen insbesondere bei den Sprach(entwicklungs)störungen deutliche Unterschiede in der Einstellung gegenüber den therapeutischen Möglichkeiten: Während insbesondere im europäischen Sprachraum und insbesondere in der Linguistik, Pädagogik und Entwicklungspsychologie ein relativer Pessimismus gegenüber den Möglichkeiten und langfristigen Wirkungen v. a. der Förderung bei Sprachentwicklungsrückständen vorherrscht (vgl. Grimm & Weinert, 1994), überwiegt in der angloamerikanischen Literatur und dort wiederum v. a. in den verhaltensorientierten Wissenschaftsbereichen eine optimistische Grundhaltung. Diese stützt sich auf zunächst relativ isolierte, unmittelbar und mittelfristig sehr erfolgreiche Therapieexperimente (z. B. konnten Huntley et al., 1988, bei zwei- bis fünfjährigen Kindern mit einem Förderprogramm sehr gute Erfolge erzielen, die auch nach fünf Jahren noch nachzuweisen waren) und schlägt sich in einer Vielzahl von neueren, evaluierten und erfolgreichen Untersuchungen zu verschiedenen Problemen und Methoden der Sprach- und Sprechförderung nieder.

3.1 Sprachtherapie

In die Planung der Sprachtherapie fließen nicht nur die Ergebnisse breitgestreuter diagnostischer Maßnahmen ein – vom Entwickungstest bis zur Verhaltensbeobachtung. Darüber hinaus ist, wie erwähnt, das Ergebnis der Prüfung des Gehörs und, bei entsprechendem Verdacht, auch der Mundmotorik wichtig. (Allerdings sollte die Entscheidung zum Aufbau eines nonverbalen Verständigungssystems, die oft vorschnell gefällt wird, auf Extremfälle beschränkt bleiben.) Auch begleitende andere Therapien wie Physiotherapie, allgemeine kognitive Entwicklungsförderung oder medikamentöse Anfallseinstellung sind zu berücksichtigen.

Zugleich aber wird Sprachtherapie dadurch erleichtert, daß sie sich nur am Sprachentwicklungsstand des Kindes orientieren und i. d. R. nicht spezifische Syndrome berücksichtigen muß. Es gibt also prinzipiell nicht verschiedene Arten von Sprachtherapie für Morbus Down-, autistische oder perinatal hirngeschädigte Kinder. Das gilt auch für die Sprachtherapie bei generell entwicklungsretardierten im Vergleich mit dysphasischen (also nonverbal normal intelligenten) Kindern. Das unterstreicht wiederum die Bedeutung detaillierter Sprachdiagnostik – nicht die begleitende medizinische Diagnostik, das zugrundeliegende genetische Syndrom usw. sind entscheidend, sondern die gemessenen sprachrelevanten Leistungen und Ausfälle.

Daraus eine gezielte, intensive Förderung abzuleiten, ist auch deshalb wichtig, weil die Erfolge von Sprachtherapie – ebenso wie die Fortschritte der normalen Sprachentwicklung – auf frühen Entwicklungsstufen größer sind als auf späteren. Zwar werden immer wieder Fälle von Kindern berichtet, die noch nach dem 6. Lebensjahr wesentliche Fortschritte im Erwerb grundlegender Sprachstrukturen zeigten (vgl. Süss-Burghart, 1995), jedoch handelt es sich um nicht vorauszusehende (und offenbar weitgehend therapieunabhängige) Ausnahmen.

Ganz allgemein scheint zu gelten, daß erfolgreiche Sprachförderung auf dem individuellen Niveau des Kindes (bzw. etwas darüber) arbeiten sollte. Das bedeutet insbesondere für sprachretardierte Kinder, daß die geübte bzw. angebotene Sprache einfach sein und in ihrer Struktur und Komplexität laufend an die Fortschritte des Kindes angepaßt werden muß.

Die Tendenz zu gezielter Messung der Wirkung verschiedener Variablen hat in den erwähnten, v. a. in der angloamerikanischen Literatur publizierten Förderungsprogrammen dazu geführt, daß fast alle dieser operationalisierten Verfahren drei Aspekte beinhalten: Intensive und stark strukturierte Übungen bzw. Reizdarbietungen, Orientierung der Übungen direkt an den sprachlichen Äußerungen des Kindes und Einbeziehung der Bezugspersonen.

Im wesentlichen lassen sich die erfolgreichen Fördermethoden in zwei Gruppen einteilen: in Sprachförderungskonzepte, die am *Imitationstraining* orientiert sind, in denen das Kind also gezielt Äußerungen des Erwachsenen nachzuahmen lernen soll; und in solche Förderformen, bei denen ein *reduziertes, an die Defizite der kindlichen Sprache angepaßtes sprachliches Angebot des Erwachsenen an das Kind* in einer relativ natürlichen Spielsituation im Mittelpunkt steht, ohne daß die Nachahmung dieser Äußerungen durch das Kind gezielt eingeübt wird. Das Vorgehen über Imitationstraining scheint besonders auf tiefen Stufen der Sprachentwicklung (also etwa bis zum Dreiwortsatz) angezeigt zu sein, das modifizierte Sprachangebot dagegen eher auf höheren Stufen, insbesondere bei umschreibbaren Defiziten an bestimmten morphologischen, syntaktischen oder semantischen Strukturen.

3.1.1 Imitatives Training bestimmter Äußerungsformen

In den frühen Ansätzen der Verhaltenstherapie wurden Reize und Reaktionen auf funktionaler Ebene möglichst genau analysiert bzw. geplant. Während grob- und feinmotorische Leistungen durch Vermittlung äußerer Hilfestellung (,prompting') unterstützt werden konnten, war das mit der Sprache nicht möglich. Deshalb lag es zur Sprachförderung nahe, Imitationsverhalten aufzubauen, um die je vorgesehenen Äußerungen gezielt hervorrufen zu können. Das war die Grundlage vieler Publikationen, die zeigten, daß Sprachverhalten in kleinen Einzelschritten – von Voraussetzungen wie Aufmerksamkeit gegenüber dem Reizangebot bis zu komplexen Satzstrukturen – über Imitationslernen etabliert werden kann. Überwiegend wurde dazu das operante Paradigma herangezogen, so daß auch Grenzen der Förderung im individuellen Fall durch lernpsychologische Begriffe formuliert werden konnten (Durchgänge bis zum Diskriminationserwerb, Gedächtnisspanne, Ausmaß der spontanen Generalisation usw.).

Die einzelnen Schritte sind um so genauer festgelegt, je tiefer die sprachliche Entwicklungsstufe des Kindes liegt und je schlechter seine Kooperation ist. Durch exakte Ausformulierung enthält das Vorgehen, zumindest auf den ersten Stufen, sehr wenig ‚Kommunikation', sondern die äußere Form der Übung ist betont. (Das betrifft aber v. a. die Sicht des Erwachsenen; für ein Kind kann es, bei geschickter Gestaltung, durchaus ein interessantes, kommunikatives ‚Spiel' sein, zu lernen, die Bezugsperson genau nachzuahmen und dabei gelobt zu werden!)

Da das Kind bei den Übungen dem Therapeuten – bzw. der angeleiteten Bezugsperson, meist der Mutter, wenn diese die Förderung übernimmt, wovon im folgenden Text ausgegangen wird – aufmerksam gegenüber sitzen soll, wird zunächst geprüft, ob es damit inkompatible Verhaltensprobleme aufweist. Ausgeprägte Unruhe oder provozierendes Verhalten müssen evtl. ebenso zuerst therapiert werden wie Stereotypien oder Autoaggressionen. Auch sollte, wenn das Kind wenig Interesse an den Gegenständen seiner Umwelt zeigt, zunächst einfaches Explorationsverhalten etabliert werden (vgl. Brack, 1993b).

Da bei kleinen und retardierten Kindern die für eine große Zahl von Übungssitzungen notwendige Kooperation meist nur durch Verwendung von materiellen Verstärkern zu gewinnen ist, gehört zur Vorbereitung der Sprachtherapie auch eine genaue Verstärkeranalyse.

Das Trainingsprogramm ist in Tab. 7 dargestellt. Hier soll allerdings nicht auf alle dort genannten Schritte detailliert eingegangen werden (vgl. dazu Brack, 1993a).

Die Übungen beginnen im individuellen Fall auf dem zuvor ermittelten Niveau des Kindes. Produziert es etwa nur einzelne Lautäußerungen (Phoneme oder Silben wie ‚m', ‚a', ‚pu' usw.), dann werden diese aufgelistet. In der Übung sitzt dann – im gegebenen Fall – die Mutter in einer täglichen Übung von z. B. 20 Minuten dem Kind, dessen Stuhl zum besseren Blickkontakt etwas höher ist, gegenüber und fängt mit sparsamen Bewegungen über einen Löffel

Tabelle 7. Struktur von frühen Sprachanbahnungsprogrammen, die die imitative Einübung bestimmter, einfacher Äußerungen und ihre Verwendung zum Benennen und Beschreiben von Bildern und Gegenständen betonen. Die Komponenten der einzelnen Schritte lassen sich einteilen nach Reizen (S) und Reaktionen (R) und den Eigenschaften v = verbal, n = nonverbal und ni = nicht imitationsgebunden.

Verhaltenstherapeutisches Sprachtraining					
Vorbereitende Maßnahmen			Benennen m. 2-Wort-Sätzen	n	v
allg. Aufmerksamkeit			– beliebige vorgeübte		
Sitzenbleiben			– strukturierte vorgeübte		
Störverhalten, v. a. Stereotypien			– Mindestkriterium		v – ni
Spielverhalten, Exploration					
Interaktion			Geben oder Zeigen nach 2-Wort-Sätzen	v	n
Sprachaufbau			– beliebige, gemischte Struktur		
Verstärkersuche			– festgelegte Struktur		
Verstärkeraufbau					
	S	**R**	Imitation von 3-Wort-Sätzen	v	v
einfachste Kooperation	v + n	n	– beliebige Sturktur		
Blickkontakt	n	n	– Struktur, z. B. S-V-O		
grobmotorische Imitation	n	n			
fein- und mundmotorische Imitation	n	n	Benennen mit 3-Wort-Sätzen	n	v
			– beliebige vorgeübte		
längere motorische Sequenzen	n	n	– Mindestkriterium		v – ni
auditive Diskrimination	Geräusche	n			
			Geben oder Zeigen nach 3-Wort-Sätzen	v	n
freie Lautverstärkung	–	v	Imitation längerer Sätze	v	v
Lautimitation	v	v	Beschreiben mit Mindestkriterium	n	v – ni
– aus d. Repertoire, unexakt					
– aus d. Repertoire, exakt					
– neue Laute, evtl. Hilfestellung			Spezielle grammatische Aspekte		
– Hilfestellung ausblenden			– Verstehen und Zeigen	v	n
			– Imitieren	v	v
Imitation von Wörtern und Silben	v	v	– Handeln und Benennen	n	v + n
– Ausformung			– freies Benennen	n	v – ni
– direkte Imitation			(z. B. Attribute, Präpositionen, Pronomina)		
Benennen mit einzelnen Wörtern					
– Gegenstände mit Vorsprechen	v + n	v	Beantworten von Fragen		
– Gegenstände spontan	n	v	– Aufbau über Imitation	v + n	v
– Bilder mit Vorsprechen	v + n	v	– freie Antworten	v + n	v – ni
– Bilder spontan	n	v			
			Beschreibung von Handlungen		
Geben oder Zeigen von Gegenständen	v	n	– imitativ	v + n	v + n
			– frei	v + n	v – ni + n
Imitation von 2-Wort-Sätzen	v	v	(Gegenwart, Vergangenheit, Zukunft)		
– beliebig					
– Struktur, z. B. S-V, S-O, V-O			Freie Konservation, natürliche Umgebung	v, n	v – ni, n

mit einer geringen Menge beliebter Nahrung seinen Blick, so daß es hinter dem Löffel den Mund der Mutter sieht. Diese spricht einen der notierten Laute vor und lobt und belohnt das Kind, wenn es innerhalb von etwa 5 Sekunden imitiert. Auf das Vorsprechen und die evtl. Imitation folgt eine Pause von einigen Sekunden, die dazu dient, das Resultat zu registrieren, um dann erneut den Blick des Kindes einzufangen und den nächsten Laut vorzusprechen.

Manchmal muß auf noch tieferem Niveau begonnen werden: Wenn das Kind nur selten (wenige) Lautäußerungen produziert bzw. kaum Ansätze zur Imitation zeigt, sollte zunächst in freier Spielsituation die Häufigkeit der Lautäußerungen ganz allgemein durch gezielte Verstärkung gesteigert bzw. grob-, fein- und mundmotorische Imitation eingeübt werden.

Entscheidend sind Details der Übung. Die Mutter sollte außer dem vorgesprochenen Laut und einem kurzen Lob bei richtigem Imitieren in der Übung nicht sprechen, insbesondere das Kind nicht zum Nachsprechen auffordern und ihm nicht den gleichen Laut, wenn es nicht imitiert, mehrmals in Folge präsentieren. Denn damit wird dem Kind das Lernen durch multiple Stimulation erschwert; und es könnte lernen, durch Verweigerung oder fehlerhafte Imitation den Erwachsenen zu zusätzlichen Aktivitäten zu provozieren.

Auch motorisches Ausweichverhalten sollte, v. a. auf den ersten Übungsstufen, unterbunden werden. Das Kind darf sich zwar auf dem Stuhl bewegen; wenn es aber die sitzende, nach vorne gerichtete Position verläßt, sollte der Erwachsene es schweigend in die Ursprungsposition setzen. Um das Ausweichverhalten zu löschen, darf das Kind nicht längere Zeit fixiert werden, denn Extinktion eines Verhaltens setzt dessen (erfolgloses) Auftreten voraus. Diese für natürliche sprachliche Kommunikation ungewöhnlich restriktiven Verhaltensregeln sind für den Erfolg dieser Art von Sprachförderung, v. a. auf sehr frühen Entwicklungsstufen, von entscheidender Bedeutung. Sie müssen deshalb Bezugspersonen zu Beginn der Anleitung genau erklärt werden,

etwa mit dem Argument, daß das Kind wegen seiner Sprachprobleme statt der ‚normalen' eine besondere Art von Anregung in den Übungssitzungen benötigt, wobei der Vergleich mit krankengymnastischen oder auch diätetischen Maßnahmen nahe liegt. Mögliche Bedenken der Bezugspersonen schwinden meist schnell, wenn sie nach wenigen Sitzungen erste Fortschritte beim Kind bemerken.

Die laufende Registrierung des Imitationserfolges (z. B. ‚richtig', ‚falsch' oder ‚keine Reaktion' bzw. ‚+' oder ‚–') erlaubt die direkte Evaluation des Therapieverlaufes; und diese eine ständige Anpassung der Programmstufen an die Fortschritte: In den Sitzungen werden etwa zunächst 15 verschiedene Lautäußerungen geübt. Im Alltag werden neue Lautäußerungen des Kindes registriert. Hat es dann, über die Sitzungen hinweg, eine Lautäußerung z. B. 10mal in Folge richtig imitiert, kann diese herausgenommen und durch eine der im Alltag notierten Äußerungen ersetzt werden. Auf diese Art können viele Items sehr ökonomisch bearbeitet werden – für das Kind zu leichte und zu schwere Aufgabenstellungen werden vermieden.

Ganz ähnlich ist das Vorgehen auf den nächsten Programmstufen. Aus alltäglichen Äußerungen werden zunehmend solche in die Übung übernommen, die das Kind als Bezeichnung für Lebewesen oder Gegenstände zu benützen beginnt oder die sich dazu verwenden lassen, (z. B. ‚ei' – Ei bzw. Liebkosung; ‚mu' – Kuh; ‚wau' – Hund; usw.). Nur wenn das Kind auch nach geübter Imitation verschiedener Laute keine spontane Erweiterung seiner Äußerungen zeigt, werden einfache Lautäußerungen in das Imitationsprogramm aufgenommen, die das Kind bis dahin nie spontan gesprochen hat, oder aber Silben werden imitativ aufgebaut (etwa ‚m' und ‚u' zu ‚mu'; vgl. Brack, 1993a).

Sobald auf diese Weise einige ‚sinnvolle' Äußerungen etabliert sind, wird auf der nächsten Stufe ihre konkrete Verwendung geübt. Dazu werden (möglichst von der täglich übenden Bezugsperson) zu den Äußerungen passende Bilder erstellt, die dem

Kind in den Sitzungen, wieder mit dem Blick über den Löffel mit beliebter Nahrung, gezeigt werden. Sagt das Kind spontan das richtige Wort (also ‚mu' beim Bild der Kuh), wird es gelobt und belohnt. Tut es das innerhalb weniger Sekunden nicht, spricht der Erwachsene die vorher imitativ geübte Lautäußerung (‚mu') vor und lobt das Kind für richtiges Nachsprechen. Anfänglich können statt der Bilder auch reale Gegenstände genommen werden; bei einer größeren Zahl von Begriffen aber schafft das Hantieren mit vielen verschiedenen Gegenständen zuviel Unruhe.

Die nächsten Schritte bestehen in der Imitation etwas komplexerer Äußerungen, deren ‚sinnvoller' Verwendung usw. Mehrfaches Wechseln zwischen imitierendem Einüben von Äußerungen und ihrer Verwendung zum Benennen bzw. Beschreiben (vgl. Tab. 7) auf steigenden Komplexitätsstufen ist das Kernstück des basalen, imitativen Sprachtrainings. Auf jeder Stufe beginnt das Kind mit relativ wenigen Erfolgen, richtige Reaktionen nehmen zu, das Programm wird um neue Items erweitert, bis schließlich zur nächsten Stufe gewechselt wird.

Laufendes Mitregistrieren und eine festgelegte tägliche Übungsdauer, z. B. 20 Minuten, zu einer bestimmten Tageszeit sind dabei wichtig. Die formale Vergleichbarkeit der Sitzungen erlaubt eine Bewertung der Übungserfolge über einen längeren Zeitraum hinweg und die Prüfung von Veränderungen der Aufmerksamkeit des Kindes – eine bessere Aufmerksamkeit bedeutet schnellere Blickgewinnung und damit mehr Itemdurchgänge pro Sitzung.

Zum Benennen werden zunächst ausschließlich Bilder zu Wörtern verwendet, die zuvor imitativ erlernt wurden. Das Vorgehen enthält die Methoden der Ausformung (shaping) und des Überblendens (fading): Das Bild übernimmt allmählich die Funktion, die das Vorsprechen in den vorausgehenden Übungen als Reiz hatte, der das Sprachverhalten des Kindes kontrolliert. Wenn das Kind nicht, wie in der Regel zu beobachten, dabei spontan die Häufigkeit direkten Benennens erhöht, muß das Vorsprechen der Äußerungen geplant ausgeblendet werden. Evtl. reicht eine Verzögerung (bis zu 20 Sekunden) des Vorsprechens nach Beginn der Bilddarbietung aus. Im Extremfall muß der Beginn der Äußerung gedehnt werden (‚mmmu'), bis das Kind mit seiner Äußerung (‚mu') einfällt. Nächste Schritte sind dann etwa das Vorsprechen nur des ersten Teils (‚m') und schließlich die tonlose Bewegung der Lippen zum gezeigten Bild.

An diesem Verfahren wurde, v. a. von logopädischer Seite (bis es dort, mehr oder weniger unbemerkt, als Teil der ‚McGinnis-Methode' akzeptiert wurde), kritisiert, daß Wörter gewissermaßen zunächst ‚sinnlos' imitiert werden und erst dann der ‚Sinn' in Form der Gegenstände oder Bilder hinzugefügt wird. Das entspricht deshalb nicht den realen Gegebenheiten, weil das Kind sicher auch im Alltag, außerhalb der Übungen, mit den einfachen Trainingswörtern konfrontiert wird und weil insbesondere zum Üben bevorzugt Wörter verwendet werden, die es im Alltag wenigstens einmal produziert hat. Darüber hinaus hört das kleine Kind auch in der normalen Entwicklung laufend Wörter ohne gleichzeitige Anwesenheit entsprechender Gegenstände, Personen oder Situationen, wenn sich seine Bezugspersonen mit ihm ‚unterhalten'. Schließlich sprechen die Erfolge des Vorgehens dafür, daß das Kind mit Problemen des Spracherwerbs besser lernt, wenn die Lernschritte des richtigen Sprechens und des Verbindens von Wörtern mit Inhalt getrennt geübt werden – so wie etwa in der Physiotherapie Teile von Bewegungsabläufen (gewissermaßen ‚sinnlos') auf der Gymnastikmatte geübt werden, bevor das Kind sie zum Fußballspielen mit anderen Kindern einsetzt.

Auch für routinierte Therapeuten ist es immer wieder faszinierend, bei solch einfachen Übungen den Lernprozeß des Kindes gewissermaßen unter dem Mikroskop beobachten zu können: Nachahmen und Benennen, gesteuert durch den jeweiligen diskriminativen Reiz, entstehen allmählich; das Kind reagiert zunehmend häufig richtig und seine Fehler lassen oft eine Systematik erkennen (es wiederholt z. B. das zuvor beim Bild des Hundes verstärkte ‚wau' beim nachfolgenden Bild der Kuh); die langsamen Fortschritte zeigen die allmähliche Festigung gelernter Verhaltensweisen und Reiz-Reaktions-Verknüpfungen.

Das gilt auch für Generalisationsprozesse: Bei einem Kind mit Schwierigkeiten bei der Verschiebung der Kontrolle seiner Äußerungen vom Vorsprechen auf das gezeigte Bild ist die beschriebene aufwendige Reizüberblendung immer nur bei einigen Bildern notwendig; bei weiteren ist das Kind dann in der Lage, schnell von Vorsprechen auf Vorsprechen plus Bild und schließlich auf das Bild alleine als diskriminativen Reiz zu wechseln.

Auf den nächsten Stufen, v. a. ab der Verwendung von Zweiwortsätzen, sieht sich der Therapeut mit deutlichen Grenzen konfrontiert; auch bei intensivstem Training über Wochen hinweg ist ein junges bzw. stark retardiertes Kind oft nicht in der Lage, eine Lautäußerung über einer bestimmten Länge zu imitieren – es reduziert das Gehörte entsprechend seiner Kapazität und imitiert z. B. immer nur das letzte Wort des angebotenen Zweiwortsatzes.

Zugleich wird die kognitive Seite des stark strukturierten Vorgehens (und seiner Grenzen durch limitierte Lernprozesse in bezug auf die Äußerungslänge und insbesondere auf die adäquate Generalisation) sichtbar. Bereits beim Benennen eines Bildes wird eine Grundkapazität menschlicher Intellektualität, die symbolische Repräsentation, geübt. Mit den Mehrwortäußerungen kommt die Syntax, etwa in Form der Subjekt-Prädikat- oder der Subjekt-Objekt-Relation hinzu, d. h. die logische Strukturierung der erfahrenen Welt. Zur zunehmenden Komplexität solcher Sprachförderprogramme gehört der Wechsel zwischen Verstehen und Produzieren ebenso wie die Einübung verschiedener Beugungsformen bzw. syntaktisch-semantischer Relationen (‚Auto fährt', ‚großer Hund', ‚da Kind' usw.).

Die Generalisation des Gelernten soll sich nicht auf die Übungssituation beschränken, sondern das Ziel ist natürlich die alltägliche Verwendung. In gewissem Maße setzen Kinder geübte Formen spontan in anderen Kontexten ein. Sprachförderungsprogramme enthalten darüber hinaus meist zusätzliche Übungen zur Generalisation. Zur Unterstützung erster Generalisationen hat sich das ‚Matrix-Training' (vgl. Mineo & Goldstein, 1990) bewährt: Dabei werden verschiedene Zusammenstellungen gleicher Wörter imitativ geübt, z. B. überkreuzende Kombinationen einiger Nomina und Verben (‚Kind laufen', ‚Hund sitzen', ‚Kind sitzen', ‚Hund laufen' usw.).

In ähnlicher Weise können gleich bleibende Wörter in verschiedener Position im Satz (‚Hund da', ‚ein Hund') oder in verschiedenen semantischen Relationen (‚Hund bellen', ‚Hund weg', ‚Hund klein') geübt werden. Ebenso werden neben den geübten kurzen Sätzen spontane, passende Variationen durch das Kind verstärkt, wobei meist ein Mindestkriterium gesetzt wird: etwa eine in dieser Form nicht geübte Äußerung aus mindestens zwei zum Bild passenden Wörtern, die im Programmschritt der Beschreibung von Bildern mit (vorgeübten) Dreiwortsätzen spontan auftritt. Auf fortgeschrittenem Trainingsniveau wird die Generalisation in den Alltag auch durch die Einübung von Fragen, Antworten, Kontaktaufnahme, Aufforderungen, Kommentieren eigener Handlungen usw. gefördert. Zusätzlich kann die kommunikative Verwendung durch verschiedene Maßnahmen, die das Verhalten des Kindes oder die Übungssituation betreffen, gesichert werden – von der vorausgehenden Behandlung echolalischen Verhaltens (paradoxerweise über Intensivierung der Imitation; vgl. Brack, 1993a) bis zur Erprobung gelernter Sprachmuster bei der Betrachtung von Bilderbüchern oder in freier Konversation. Aspekte, bei denen das Kind besondere Schwierigkeiten hat, können betont bearbeitet werden, z. B. sozial adäquate, einfache Äußerungen bei Autisten.

Bloom und Lahey (1978) beschreiben die Entwicklung von Kategorien der Form, des Inhalts und des Gebrauchs und empfehlen, bei Verwendung als Therapieleitfaden, die Kategorien mit dem Kind so einzuüben, daß, wie in der Normalentwicklung, erst allmählich perfekte Sätze mit richtigen Wortstellungen und -endungen entstehen. Auf keinen Fall sollte zu früh auf morphologische Exaktheit Wert gelegt werden; ‚Kind kommen' oder ‚Kind komm' wird also zunächst akzeptiert, wenn die semantische Relation der Situation entspricht.

Die Berücksichtigung von Aspekten der ‚natürlichen' Entwicklung und die Betonung der Generalisation auf tatsächliche Verwendung in ‚realen' Situationen entschärft weiterhin die erwähnte Kritik an den stark strukturierten, ‚unnatürlichen' Programmen, deren Vorteil in ihrer operationalisierten Exaktheit (und damit ihrer leichten Evaluierbarkeit) einerseits und in ihrer Flexibilität gegenüber den fortlaufenden Übungsergebnissen andererseits besteht.

Die Förderprogramme sollen also nicht einem rein schematischen, sondern einem an die individuellen Sprachprobleme des Kindes, seine Lernfähigkeit und die familiären Bedingungen angepaßten Vorgehen dienen. Das gilt auch für die materiellen Verstärker: Diese sind bei retardierten Kindern anfänglich meist notwendig, um Übungsbereitschaft, Aufmerksamkeit und optimales Lernen zu gewährleisten, und sollten nicht aus ‚ideologischen' Gründen abgelehnt werden; andererseits sind materielle Verstärker sicher nicht nötig, wenn ein Kind, meist auf einer höheren Entwicklungsstufe, sich interessiert an den Sprachübungen beteiligt. Hier kann materielle Verstärkung die Übungssituation sogar stören.

Variationen solcher Programme finden sich in der Literatur in Form von Adaptationen an den jeweils gesetzten Hauptzweck – von gruppenübergreifender vorschulischer Förderung bis zur Behandlung von Wortfindungsstörungen bei erwachsenen Aphasikern.

3.1.2 Modifiziertes Sprachangebot

In der letzten Dekade hat ein neuer Ansatz zur Förderung sprachretardierter Kinder weite Verbreitung gebunden, der den Bedenken insbesondere von Entwicklungspsychologen und Linguisten gegenüber dem ‚künstlichen' imitativen Sprachtraining dadurch entgegenkommt, daß die Situation der Sprachförderung dem alltäglichen Umgang mit dem Kind eher entspricht. Dieser Ansatz kann jedoch nicht in einem vollkommen ‚natürlichen' Vorgehen bestehen, denn das sprachretardierte Kind hat und hatte diese Art von Anregung, wenn es nicht unter deprivierenden Umständen aufwächst, in seiner häuslichen Umgebung durch das Sprachangebot der Bezugspersonen. Vielmehr versucht die sprachfördernde erwachsene Person (Therapeut oder Elternteil), die für das Kind auf der jeweiligen Entwicklungsstufe relevanten sprachlichen Aspekte in einer spielerischen Situation dem Kind gezielt und gehäuft anzubieten. Die Bezeichnungen ‚reduziertes Sprachangebot', ‚focused stimulation', ‚enhanced milieu teaching' oder ‚conversational recasting' deuten die beiden Hauptaspekte dieser Förderungsform an: Der Erwachsene spricht einerseits in einer spielerischen Situation mit dem Kind nur wenig und in kurzen Äußerungen (z. B. in Zwei- bis Vierwortsätzen), andererseits greift er Spielhandlungen und Sprachäußerungen des Kindes auf und benutzt sie, um in seinen eigenen Äußerungen solche Sprachstrukturen zu demonstrieren oder in den Äußerungen des Kindes zu provozieren, die in der Sprache des Kindes Defizite aufweisen.

Erste Ansätze beschränkten sich auf die bevorzugte Verwendung häufiger Spontanäußerungen des Kindes in Zweiwortsätzen des Erwachsenen (Willbrand, 1977) oder auf eine generell stark reduzierte Länge der Äußerungen des Erwachsenen in den Übungen (Brack & Burgmayer, 1980). Der Erwachsene spricht dabei etwa mit dem Kind, das sich auf der Stufe des beginnenden Einwortsatzes befindet, in einer täglichen, zeitlich begrenzten Spielsituation (unter Verwendung von Bilderbüchern, Spielzeug usw.) in beliebigen Zweiwortsätzen oder in solchen, in denen ein Wort immer eines der vorher erhobenen häufigsten Wörter des Kindes ist. Dabei hört das Kind zwar eine relativ artifizielle Sprache (‚Auto da', ‚rotes Auto', ‚Auto kommt' usw.), befindet sich aber in einer natürlichen Kommunikationssituation, wird nicht zum Nachsprechen aufgefordert und nicht gezielt für bestimmte Äußerungen verstärkt. Das Verfahren erwies sich als sehr erfolgreich und wurde in der Folge in vielfacher Weise abgewandelt und erweitert, immer mit der Betonung auf *klaren und einfachen, mit einer bestimmten Struktur versehenen Äußerungen des Erwachsenen* bei ebenso einfachen und überschaubaren Spielhandlungen. In den meisten dieser Programme wird zunächst die Spontansprache des Kindes relativ aufwendig analysiert, um Defizite des Wortschatzes, der Morphologie, der Syntax und der Semantik festzustellen. Die relevanten Strukturen werden dann schrittweise dadurch bearbeitet, daß der Erwachsene (meist eine angeleitete Bezugsperson) sie dem Kind in spielerischen Übungssituationen, passend zur jeweiligen Spielhandlung oder Äußerung des Kindes, in knapper, prägnanter Form präsentiert oder eine entsprechende Äußerung des Kindes provoziert (z.B. ‚ja, ein *kleines* Haus', ‚*rote* Blume da' usw. bei einem Defizit der Attributverwendung oder ‚das ist ein Auto; das sind zwei ...' bei mangelnder Beherrschung der Pluralbildung).

Eine oder einige wenige der relevanten Strukturen werden solange in den Übungen eingesetzt, bis beim Kind eine deutliche Steigerung der (adäquaten) Verwendung festzustellen ist. Erst dann wird zur nächsten Struktur (z. B. zur Verwendung der Vergangenheitsform) übergegangen. Das erfordert eine fortlaufende, mehr oder weniger exakte Auswertung weiterer Aufnahmen der Spontansprache des Kindes. Die spezifische Gestaltung des modizierten Sprachangebots hängt deshalb stark vom verfügbaren Aufwand ab: Während zur Feststellung der durchschnittlichen Äußerungslänge des Kindes und der häufigsten von ihm gebrauchten Wörter – zur entsprechenden Gestaltung der Äußerungen des Erwachsenen - nur die Analyse einer kurzen Sprachaufnahme notwendig ist, bedarf die kontinuierliche Anpassung der Äußerungen des Erwachsenen an die gerade dem Entwicklungsstand des Kindes angemessenen, aber in seiner Sprache noch nicht ausreichend vorhandenen Strukturen kontinuierlicher, aufwendiger Spracherhebungen (vgl. Nelson et al., 1996).

In vielen Untersuchungen wurde seither nachgewiesen, daß mit diesem Vorgehen die Sprachentwicklung retardierter Kindern *gefördert* werden kann und daß die Erfolge auch auf Situationen außerhalb der Übungssitzungen *generalisieren*. Insbesondere lassen sich damit individuelle Sprachprobleme des Kindes sehr gezielt angehen: Jeder beliebige Aspekt von Inhalt, Form und Gebrauch (vgl. Bloom & Lahey, 1978) kann in den Mittelpunkt der vereinfachten Sprache des Erwachsenen gerückt werden; das gilt auch für die betonte Erweiterung des kindlichen Wortschatzes (vgl. Girolametto et al., 1996). Die Tatsache, daß Kinder über die genannten Kommunikationsstrategien generative syntaktische Regeln und semantische Relationen erwerben können, wird meist darauf zurückgeführt, daß bei dieser Methode der Zusammenhang zwischen bestimmten Zuständen, Ereignissen, Handlungen usw. mit bestimmten Sprachstrukturen vom Kind unmittelbar intensiv erlebt wird (Warren et al., 1994).

Allerdings erfordert das Vorgehen vom Erwachsenen Einübung und Konzentration. Er muß Häufigkeit, Länge und Struktur seiner Äußerungen kontrollieren und damit, u. U. innerhalb weniger Sekunden, adäquat auf die jeweilige Situation bzw. Äußerung des Kindes reagieren. Das ist (für den Erwachsenen!) anstrengend, und wegen der Überbetonung jeweils bestimmter morphologischer, syntaktischer oder semantischer Aspekte durchaus wenig ‚natürlich'. Der Einsatz von Bezugspersonen als Kotherapeuten bedarf deshalb einer genauen Anleitung und laufenden Supervision.

Zugleich aber ermöglicht die Durchführung der Übungen durch Bezugspersonen nicht nur eine wesentlich größere Übungshäufigkeit und -intensität, als sie vom professionellen Therapeuten geleistet werden; sie hat auch den Vorteil, daß die Bezugspersonen dabei offenbar lernen, sich gegenüber dem Kind auch im Alltag einfacher und klarer auszudrücken (Kaiser & Hester, 1994). Und es liegt für die Bezugspersonen, da sie als Kotherapeuten in den Übungen auf der jeweiligen Stufe des Programms nur auf eine Form oder einige wenige Formen zu achten haben, eine Verwendung gegenüber dem Kind auch außerhalb der Übungssitzungen im Alltag nahe („under conditions in which the form is semantically and pragmatically appropriate"; Fey et al., 1993, S. 142).

Darüber hinaus kann, bei guter Mitarbeit der Bezugspersonen, natürlich auch daran gedacht werden, entsprechende Sprachförderprogramme in breit gestreuter Form in der allgemeinen Erziehung des Kindes einzusetzen. Dabei besteht jedoch die Gefahr eines Verlustes an Exaktheit, so daß durch begleitende Wirkungsmessung sichergestellt werden muß, daß das ursprünglich geplante Ziel nicht aus den Augen verloren wird. So fand Girolametto (1988) bei der Anwendung eines standardisierten Programmes durch Eltern zwar eine Verbesserung der kommunikativen Fertigkeiten der Kinder, nicht aber der Komplexität ihrer Sprachstruktur.

Erfolgsvergleiche des modifizierten Sprachangebots mit den oben beschriebenen Imitationsübungen sind schwierig, weil sie sehr von der Gestaltung der einzelnen Programmschritte abhängen. Generell aber scheint das strukturierte, jeweils bestimmte sprachliche Formen betonende Angebot in freier Konversation die regelhafte Verwendung syntaktischer Strukturen beim Kind besser zu fördern als das Imitationstraining, wozu allerdings oft mehrere Hundert Präsentationen der jeweiligen Struktur durch den Erwachsenen nötig sind (Nelson et al., 1996); letzteres dagegen scheint die Produktion ganz bestimmter Äußerungen, insbesondere bestimmter Wörter, schneller zu bewirken (Camarata et al., 1994).

Der Einsatz modifizierten Sprachangebots rückt grundlegende Mechanismen des Spracherwerbs ins Blickfeld. Sprache ist ‚angeboren' in dem Sinn, daß sie nicht über auswendig gelernte Äußerungen oder Sätze bzw. über vermittelte Regeln, die der Sprecher explizit angeben und nach denen er überlegt seine Sätze erstellen kann, erworben wird. Andererseits ist zur Zergliederung der Welt in Handlungen, handelnde Subjekte, betroffene Objekte, Attribute von Gegenständen usw. und zu deren symbolischer, sprachlicher Repräsentation soziale und sprachliche Anregung des Kindes notwendig. Erfolgt sie nicht ausreichend, wie etwa bei der Massenaufzucht in Heimen oder bei starker Vernachlässigung in der Familie, dann sind das Resultat schwer deprivierte Kinder. Das bedeutet aber nicht, wie besorgte Eltern manchmal meinen, daß das Kind zur normalen Entwicklung einer geplanten Förderung bedarf. Es sind gerade die angeborenen Fähigkeiten, die das Kind aus der vielfältigen Struktur ‚normaler' Stimulation genau das entnehmen lassen, was es auf seinem Entwicklungsstand verarbeiten kann. Wenn nun die Sprachentwicklung gestört ist, liegt die Hypothese nahe, daß diese Funktion der Anregung nicht erfüllt wird, gerade weil eine ‚normale' Stimulation für einen eingeschränkten Verarbeitungsmechanismus zu komplex ist. Das entspricht dem Problem der ‚überselektiven Wahrnehmung' entwicklungsretardierter Kinder: Sie berücksichtigen weniger Details komplexer Reize als gleichaltrige, normal entwickelte Kinder; und sie benötigen eine wesentlich höhere Zahl von Durchgängen bis zum Diskriminationserwerb bzw. bis zum Erlernen bestimmter Regelhaftigkeiten (Brack, in Druck).

Insgesamt dürfte zur Förderung sprachretardierter Kinder folgendes Vorgehen empfehlenswert sein: Zuerst bzw. auf frühen Sprachentwicklungsstufen wird über Imitationstraining der Wortschatz des Kindes erweitert. Dann werden mit dem gleichen Verfahren zunehmend strukturierte und zunehmend an Gegenstände bzw. an Bildmaterial adaptierte Zwei- und Dreiwortsätze etabliert. Daraufhin kann zum modifizierten Sprachangebot übergegangen werden, das sich zunächst sehr eng an den defizitären Strukturen des Kindes orientiert und in einer eingeübten und leicht zu kontrollierenden täglichen Übungssituation durchgeführt wird. Erst allmählich sollten die angebotenen bzw. beim Kind provozierten Strukturen erweitert und die Situationen, in denen das Verfahren eingesetzt wird, in den Alltag übertragen werden.

3.2 Sprechtherapie

Auch in der Behandlung von Störungen des Sprechens sind verhaltenstherapeutische Methoden zunächst dann angezeigt, wenn es, wie beim kleinen oder retardierten Kind häufig, Kooperations- bzw. Probleme der verbalen Anleitung gibt.

Darüber hinaus hängt die Verwendung verhaltenstherapeutischer Methoden vom Ansatz des Interventionsmodells ab: Wird in diesem angenommen, daß der Patient eine bestimmte Übung (bzw. einige wenige, voneinander relativ unabhängige Übungen) durchführen muß und daß er das kann, wenn er eine entsprechende verbale Erläuterung bekommt, dann ist kein differenziertes, verhaltensorientiertes Vorgehen notwendig. Enthält das Interventionsmodell jedoch Schritte, die, orientiert an Verhaltenskriterien, sorgfältig aufeinander abgestimmt werden müssen, deren Durchführung erst erlernt werden muß bzw. die einer gezielten Rückmeldung bedürfen, dann ist eine Ausrichtung des Vorgehens an lernpsychologischen bzw. verhaltenstherapeutischen Modellen sinnvoll. (Gerade im Bereich der Sprach- und Sprechstörungen finden sich viele Ansätze, die verhaltenstherapeutisch orientiert sind, ohne daß das erwähnt wird oder auch nur den Vertretern der Verfahren bewußt ist; Verhaltenstherapie i. e. S. unterscheidet sich davon nur noch durch ihre Grundmerkmale: Operationalisierung der Maßnahmen und empirische Evaluation der Veränderung.)

3.2.1 Behandlung phonologischer Störungen

Da sowohl bei rezeptiven wie bei expressiven Problemen der Lautdifferenzierung (also bei der Lautagnosie wie bei der Dyslalie) auch logopädische und sprachheilpädagogische Fördermethoden traditionell an den konkreten Verhaltensdefiziten orientiert sind, sind in den letzten Jahren in diesem Bereich keine entscheidend neuen Behandlungsmethoden publiziert worden, wenn von der v. a. in Forschungsuntersuchungen festzustellenden Zunahme der Verwendung elektronischer Geräte abgesehen wird, die v. a. der Rückmeldung oder visuellen Darstellung von Sprachlauten und Muskelbewegungen dienen.

Betont verhaltenstherapeutisch orientierte Programme zeichnen sich durch klare Strukturierung von diskriminativen Reize, operanten Reaktionen, Ausformungs- und Reizüberblendungsverfahren usw. aus, wie sie etwa schon Raymore und McLean (1972) beschrieben. Da dabei die Übungssitzungen in äußerer Gestaltung, schrittweisem Verhaltensaufbau, Herstellung von Aufmerksamkeit, Verwendung von Verstärkungen usw. denjenigen beim beschriebenen Imitationstraining mit sprachretardierten Kindern entsprechen, sollen diese Aspekte hier nicht erneut dargestellt, sondern bei den folgenden Hinweisen vorausgesetzt werden.

Beim *Artikulationstraining* werden zu einem vom Kind nicht beherrschten, verstammelten Laut Verbindungen gesucht, in denen Ansätze des Lautes gelingen. Diese werden imitativ über differentielle Verstärkung ausgebaut, d. h. verbessert und stabilisiert. Schließlich wird durch Reizüberblendung die Phonemposition, mit der das Kind Schwierigkeiten hat, angesteuert. Beherrscht das Kind z. B. das ‚k' im Anlaut nicht (‚Tanne' statt ‚Kanne'), wohl aber ein ‚k'-ähnliches Phonem im Inlaut (z. B. ‚Dackel'), dann wird versucht, den Laut durch schrittweises Weglassen vorausgehender Phoneme nach vorne zu ziehen und das Kind in vielen Durchgängen differentiell für richtiges Nachsprechen zu belohnen. Spricht das Kind den verstammelten Laut in keiner Verbindung nach, so kann dessen Produktion durch mundmotorische Hilfestellungen oder Zusatzübungen, wie sie in der Logopädie üblich sind, erleichtert werden. Hier gehen Übungen, in denen gezielte äußere Verstärkungen gesetzt werden, fließend in solche über, in denen spielerisches Blasen, Saugen, Grimassieren usw. im Vordergrund stehen. Noch stärker tritt der eigentliche verhaltenstherapeutische Aspekt in den Hintergrund, wenn Atemübungen, Physiotherapie usw. hinzukommen.

Die Behandlung der *Lautagnosie* ähnelt einem Diskriminationstraining. Dem Kind werden Wörter mit den kritischen Phonemen, die zunächst besonders betont werden, vorgesprochen und es soll die entsprechenden Gegenstände, Bilder oder Symbole aus mehreren auswählen (*G*arten-*K*arten, *T*ante-*d*anke, *R*ast-*L*ast usw.). Die Ausformung betrifft dann die Reiz- wie die Reaktionsseite: Das Vorsprechen erfolgt weniger prägnant, leiser, hinter vorgehaltener Hand usw., die Reaktion muß (um zu positiver Rückmeldung zu gelangen) schneller erfolgen, in richtigem Nachsprechen von zuerst einem kritischen Wort, dann von mehreren kritischen Wörtern bestehen usw. Gerade weil solche Übungen, wie im Bereich der Förderung retardierter Sprache, leicht einen spielerischen Charakter annehmen, muß besonders am Anfang auf klare Reiz- und Reaktionsgestaltung, eindeutige Richtig-Falsch-Rückmeldung, Pausen zwischen den Reizangeboten usw. geachtet werden; denn sonst unterscheidet sich die therapeutische Intervention – auch in ihrem Erfolg – nicht mehr von der Anregung, die das Kind, falls seine Bezugspersonen sich adäquat mit ihm beschäftigen, ohnehin zu Hause erhält.

Ähnlich wie bei den Dysphasien gelten sowohl in der Diagnostik als auch in der Behandlung rezeptive Probleme im Vergleich mit expressiven als grundlegender, denn rezeptive Störungen bringen immer auch expressive mit sich, nicht umgekehrt. Ist Stammeln mit Lautagnosie verbunden, dann wird sich die Intervention vorrangig auf letztere beziehen. Darüber hinaus scheint generell, auch wenn keine gravierende Lautagnosie vorliegt, ein Training der Lautunterscheidung die richtige Lautproduktion zu unterstützen (vgl. Rvachew, 1994).

Erlernte adäquate Phonemproduktion generalisiert gut, wie Olswang & Bain (1985) zeigten, auf verschiedene Sprechsituationen, auf andere Positionen im Wort aber sehr unterschiedlich; und Young (1987) erzielte, v. a. über Rückwärtsverkettung und visuelle Hilfsreize, eine Verbesserung der Produktion unbetonter Silben und Konsonantenfolgen sowie der Endkonsonanten bei stammelnden Kindern, die zwar in die Alltagsverwendung generalisierte, aber keine Generalisation zwischen den drei verschiedenen Stammelproblemen mit sich brachte. Damit wird die Bedeutung von ausführlicher Diagnostik, Verhaltensbeobachtung und Befragung von Bezugspersonen nicht nur vor der Therapie, sondern auch an ihrem Ende bzw. nach erreichten Fortschritten unterstrichen.

In der Regel sprechen Artikulationsstörungen bei direktem Angehen (was wiederum geeignete Diagnostik voraussetzt) schnell auf Behandlung an; besonders erfolgreiche Techniken wie Selbstbeobachtung und -kontrolle (vgl. Koegel et al., 1988) sind allerdings nur bei größeren bzw. intelligenteren Kindern einsetzbar. Die Spannweite der vorliegenden Programme reicht von der Modifikation der Prosodie, also der Verteilung von Tonhöhe und Betonung, die etwa einen Fragesatz anzeigt (vgl. Hardgrove et al., 1989), bis zu simplen Sprachspielen für Eltern zur Verbesserung leichten Stammelns ihrer Kinder.

Nur wenn die Koordination der Mundmotorik dauerhaft so tiefgreifend gestört ist, daß keine Produktion verständlicher Sprachlaute gelingen kann, sind Symbol- oder Zeichensprachen angezeigt (Übersicht bei Schiefelbusch & Hollis, 1979). Von Alter, Intelligenz und Feinmotorik des Kindes hängt es ab, wie komplex das verwendete System sein darf. Im einfachsten Fall zeigt oder blickt das Kind auf Bildkarten, auf denen konkrete Gegenstände abgebildet sind. Abstraktere Äußerungen erschließen sich, wenn die Karten Gegenstände und Lebewesen als Symbole darstellen. Wesentlich schneller und flexibler sind die verschiedenen Handzeichen-Sprachen, die in der Notwendigkeit, Syntax und Morphologie stark zu vereinfachen, eine Grenze ihrer Abstraktionsfähigkeit finden. Am komplexesten sind Systeme, mit denen durch Hand- und Fingerbewegungen einzelne Phoneme und damit wesentliche Bereiche von Morphologie, Syntax und Semantik (wenn auch langsam und aufwendig dargeboten) abgebildet werden können. Insbesondere Cerebralparesen und geistige Behinderungen aber setzen den Zeichensprachen, wenn sie überhaupt angezeigt sind, deutliche Limitierungen.

3.2.2 Behandlung des Stotterns

Ähnlich wie bei der Behandlung von Sprachentwicklungsrückständen hat sich auch in der Stottertherapie, wieder v. a. in der angloamerikanischen Literatur, eine deutliche Veränderung vollzogen. Während noch vor zehn Jahren Publikationen überwogen, die viele psychologisierende Interpretationen enthielten und ein in heilpädagogischen Begriffen formuliertes („ganzheitliches') Vorgehen empfahlen, stehen mittlerweile kontrollierte Untersuchungen im Vordergrund, in denen Hypothesen geprüft, als wirksam vermutete Einflußgrößen erprobt und Ergebnisse evaluiert werden. Einen entscheidenden Anstoß dazu gaben Azrin und Nunn (1974), die mit gezielter Unterbrechung des Redeflusses bei Stotteransätzen, Entspannung und erneutem Versuch flüssiger Aussprache innerhalb weniger Therapiestunden erstaunliche, anhaltende Erfolge erzielten. Veröffentlichungen dieser Art weisen eindringlich darauf hin, daß das Therapieziel primär die Reduktion des Stotterns und erst sekundär die Verbesserung der Einstellung des Stotterers zu seiner Störung sein sollte.

Tab. 8 gibt einen gerafften Überblick über die Verhaltensbereiche, auf die häufig versucht wird, bei stotternden jüngeren Kindern Einfluß zu nehmen; über Standardmaßnahmen, die die meisten Interventionen bei diesen Kindern kennzeichnen; und über zusätzliche, therapiebegleitende Maßnahmen. Die Tabelle hat nur exemplarische und orientierende Bedeutung, so daß hier nicht alle erwähnten Aspekte ausführlich besprochen werden; bei älteren Kindern, Jugendlichen und Erwachsenen sind die Schwer-

Tabelle 8. Methoden der Stotterbehandlung, ihr Einsatz in Abhängigkeit vom Alter des Kindes und begleitende Maßnahmen des Kindertherapeuten. Nach: Brack (1993c)

Einfluß auf	Standardmaßnahmen (altersabhängig)	Begleitende Maßnahmen
Mitarbeit – Verstärkerwahl – Interesse an ‚Stotterspielen' (Nicht-)Stottern – kontingentes Verstärken, Bestrafen oder Löschen (Tokens, Zuwendung, Lee-Effekt) – negative oder positive Praxis Sprechen allgemein – Sprachmaskierung oder Lee-Effekt (inkontingent) – Rhythmus, Verlangsamung – Kontrolle von Sprechmuskulatur, Stimmeinsatz und Atmung Gesamtverhalten – Selbstsicherheit – Entspannung – Modifikation von Ängsten und Interaktionsproblemen	Erziehungsstil – Ignorieren von Stottern, Zuwendung bei richtigem Sprechen – Aufbau von ruhigem Interagieren und Spielen Häusliche Übungen – Nachsprechen, Mitsprechen – Tokens für richtiges Sprechen vorgegebener Sätze Intervention beim Therapeuten – Entspannungstraining – Taktvorgabe durch Metronom oder Haptometronom – Veränderung des Sprechtempos	Stottern – Technische Verfahren (Lee-Effekt, Maskierung durch weißes Rauschen, Biofeedback) – Kurzintervalle positiver und negativer Praxis (evtl. kombiniert mit Entspannung) Soziale Aspekte – Ängste – Selbstsicherheit – Kommunikationsstil Andere Verhaltensbereiche – Familiäre Probleme – Verhaltensstörungen (Aggression, Enuresis usw.)

punkte anders verteilt, v. a. rücken die bei der Behandlung kleiner Kinder nur ‚begleitenden' Maßnahmen in höherem Alter oft in den Mittelpunkt der Intervention (vgl. Brack, 1993c).

Nur *auf frühen Altersstufen* ist die Intervention durch indirektes Vorgehen gekennzeichnet. Dabei lernen die Bezugspersonen, das Kind für flüssiges Sprechen gezielt durch Zuwendung (und evtl. auch materiell) zu verstärken, das Kind bei Stottern vorsichtig zur Korrektur der Äußerung aufzufordern und es dazu zu ermutigen, kritische Situationen nicht zu vermeiden, sondern zu versuchen, diese ohne Stottern durchzustehen. Dieses Vorgehen wird vom Therapeuten initiiert, dann für festgelegte tägliche Übungen an die Eltern übergeben und schließlich in den häuslichen Alltag übergeführt (vgl. Onslow et al., 1994). Die starke Kontrolle der ersten Schritte und ihre Abgehobenheit vom Alltag ist sehr wichtig; sonst besteht die Gefahr, daß die Bezugspersonen die für den Abbau des Stotterns intendierten Maßnahmen in den Erziehungsstil bzw. die häuslichen Erziehungsprobleme einbinden, also etwa den Übungen einen strafenden Unterton verleihen, so daß das Kind sie zu vermeiden sucht; oder daß sie die Übungen allzu sorglos handhaben, so daß der Erfolg ausbleibt und sie selbst das Interesse an ihnen verlieren.

Bei *etwas größeren Kindern* im Schulalter kann dann bereits über Kopfhörer mit verzögerter auditiver Rückmeldung (Lee-Effekt) gearbeitet werden, die den Sprecher zu langsamem, überlegtem Sprechen zwingt. Eine andere, erfolgreiche Technik besteht darin, die Kinder zunächst, wie im Imitationstraining zur Sprachförderung, kurze Äußerungen sprechen zu lassen, die sie noch stotterfrei beherrschen; und die Länge und Komplexität der Äußerung allmählich zu steigern. Ryan und Ryan (1995) verglichen beide Methoden miteinander und fanden, daß beide – auch zeitlich stabil – erfolgreich waren und auf andere Situationen generalisierten.

Mit zunehmendem Alter der Kinder wird meist auch versucht, *Selbstkontrolle* zu etablieren: Das Kind lernt, die im jeweiligen Übungsverfahren erlernte Methode beim ersten Bemerken von Stottervorläufern oder in kritischen Situationen selbst gezielt einzusetzen.

Das gilt v. a. für Verfahren, die von vornherein eine stärkere aktive Mitarbeit der Kinder erfordern. Dazu gehören alle Methoden, bei denen die Patienten lernen sollen, eine bestimmte Sprechtechnik einzuhalten. In dieser Hinsicht sind weiches, gedehntes, rhythmisches oder verlangsamtes Sprechen, die Beachtung von weichem Atemeinsatz usw. verwandt. Zusätzlich kann dabei Rückmeldung durch Elektromyographie erfolgen (vgl. Craig et al., 1996).

Unterstützend zur Stottertherapie werden oft ausgeprägte, v. a. sprechbezogene Defizite der *Selbstsicherheit* angegangen; dabei sollen die Patienten lernen, kritische, mit Sprechen verbundene Situationen nicht zu vermeiden, Sprechen nicht durch andere Handlungen zu ersetzen, häufig gestotterte Wörter nicht durch andere Formulierungen zu umgehen usw.

Zur Übertragung des Therapieerfolgs in den Alltag gehört es auch, die jeweils für die Verbesserung des Stotterns eingesetzte Technik nach und nach wieder auszublenden, wobei zu kontrollieren ist, ob das erreichte Niveau stabil bleibt, was meist mit den erwähnten Meßgrößen geprüft wird – dem prozentualen Anteil gestotterter Silben, dem Sprechtempo und der ‚Natürlichkeit' der Sprache (vgl. Kalinowski et al., 1994). So zeigten Onslow et al. (1996), daß eine starke Verbesserung des Stotterns durch gedehntes Sprechen erhalten blieb, als allmählich in kleinen Schritten wieder zum normalen Sprechtempo übergegangen wurde.

Auch bei der Stottertherapie gilt, daß gerade bei kleinen Kindern der *Einbeziehung der Eltern* eine zunehmend wichtige Rolle zugeschrieben wird. Denn Unbefangenheit und Spontaneität beim Sprechen, die in der Therapiesituation oft erst mit Aufwand geschaffen werden müssen (indem etwa versucht wird, eine Unterhaltung zwischen zwei Stofftieren, deren Rollen das Kind und der Therapeut übernehmen, zustande zu bringen), sind in der häuslichen Situation unmittelbar gegeben. Hier treten auch bevorzugt die für das Stottern besonders kritischen Situationen auf, in denen das Kind in kurzer Zeit viele Einzelheiten von Erlebnissen, z. B. in den vorausgegangenen Schulstunden, berichten will, so daß die Bezugspersonen oft stärker als der Therapeut mit dem Problemverhalten konfrontiert werden, es unmittelbar in der angeleiteten Weise bearbeiten und das Therapieergebnis besonders plastisch beobachten können.

3.3 Therapie sprachbegleitender Probleme

Sprache und Sprechen, ihre Störungen und damit auch ihre Diagnostik und Therapie sind eingebunden in viele andere Funktionsbereiche und deren Störungen. Ein prägnantes Beispiel ist der (s)elektive Mutismus, der meist nicht zu den Sprach- oder Sprechstörungen, sondern eher zu den Verhaltensstörungen, genauer zu den Kommunikationsstörungen gerechnet wird. Da er zwischen den Aufgabenbereichen verschiedener Professionen steht, lassen sich an ihm besonders deutlich die Notwendigkeit interdisziplinärer Zusammenarbeit und ihre derzeitigen Defizite zeigen: Eine große Zahl von Kindern, v. a. Schulkindern, leidet an dieser erheblichen sozialen Beeinträchtigung und wird nicht oder nicht adäquat behandelt; zugleich besteht praktisch in allen Fällen die Möglichkeit einer zumindest weitgehenden Beseitigung des Problems, wenn Sprachdiagnostik, klinische Psychologie und Sozialarbeit zusammenwirken und die beteiligten Therapeuten sich nicht scheuen, die konkreten Lebensbedingungen des Kindes direkt im Kindergarten, in der Schule und im Elternhaus zu analysieren und zu modifizieren.

3.3.1 Elektiver Mutismus

Elektiv (oder *s*elektiv) mutistische Kinder werden meist erst im Kindergarten bzw. in der Schule auffällig: Während sie mit Eltern, Geschwistern und einigen anderen bekannten Personen sprechen, verweigern sie das bei fremden bzw. nur wenig bekannten Personen; oder beschränken sich gegenüber diesen auf sehr karge bzw. geflüsterte Äußerungen. Oft ist diese Auffälligkeit verbunden mit einer ausgeprägten Inaktivität der Kinder. Hinzu kommen, in unterschiedlicher Gewichtung und Zusammensetzung, Faktoren wie ein leichter bis mäßiger allgemeiner Entwicklungsrückstand, sehr zurückgezogen lebende und Dialekt sprechende Eltern, eine enge Bindung zur Mutter und eine relativ große Distanz zum Vater, Selbständigkeitsdefizite und Negativismus (vgl. Brack, 1993c). Aus diesen Gründen muß das soziale Umfeld des Kindes, insbesondere die familiäre Situation, aber auch Kindergarten, Schule, Hort usw. möglichst früh in die Untersuchung (und dann evtl. in die Behandlung) einbezogen werden. Dazu gehören auch Personen, die meist in der Kindertherapie eine geringe Rolle spielen, die aber für das Kind Bedeutung haben: Großeltern, die das Kind häufig besucht oder die gar direkten Einfluß auf die alltägliche Erziehung haben; Nachbarn, bei denen das Kind einen erheblichen Teil seiner Zeit verbringt; oder eine Lehrerin, die sich aufgrund der Probleme des Kindes in privater Initiative um die Familie kümmert.

Vor Beginn der Intervention und diese durchgehend begleitend ist die Frage zentral, in welchen Situationen das Kind in welchem Ausmaß spricht. Diese Frage kann mehr oder weniger exakt geklärt werden. Schon wegen des meist beträchtlichen Zeitaufwandes bei der Behandlung des elektiven Mutismus sollten zumindest die Extreme möglichst genau analysiert werden: Wann spricht das Kind besonders viel und gut, wann besonders schlecht und wenig? Dazu können Tonkassetten-Aufnahmen von zu Hause, Berichte der Schule, an das individuelle Problemverhalten angepaßte Registrierlisten (z. B. in der Schule in 30minütigen Abständen ein ‚+' oder ‚–' für ‚etwas gesprochen' oder ‚nichts gesprochen') usw. verwendet werden.

Auch die (in der Kindertherapie ohnehin allgemein übliche) Eingangs-Testdiagnostik ist beim elektiven Mutismus von großer Bedeutung. Sie zeigt Defizite und Kompetenzen des Kindes, die durch seine Sprechverweigerung oft kaschiert werden; das gilt insbesondere für den Aspekt einer möglichen mentalen Retardierung. Allerdings kann der Teil der ‚verbalen' Intelligenz, der über die expressive Sprache des Kindes geprüft wird, zunächst nicht in der üblichen Weise erhoben werden, so daß eine Orientierung nur an den sprachfreien bzw. auf das Sprachverständnis beschränkten Aufgaben erfolgt. Im Zweifelsfall können verbal zu beantwortende Aufgaben durch eine der Personen, mit denen das Kind spricht, gestellt werden.

Die meisten erfolgreichen Therapieprogramme bestehen aus der Kombination von Desensibilisierung und Ausformung, wobei der Erfolg um so größer ist und um so schneller erreicht wird, je intensiver geübt wird und in je kleineren und besser an die laufenden Verhaltensänderungen angepaßten Schritten vorgegangen wird. Für die ersten Sitzungen sind dazu ein Beobachtungsraum mit Einwegscheibe und Aufzeichnungen auf Videoband von Vorteil, weil dadurch der Therapeut das Problemverhalten und die Ausführung der supervidierten Maßnahmen der involvierten Personen in einer Phase beobachten und zu Auswertungen und späteren Vergleichen speichern kann, in der das Kind, würde es ihn sehen, sofort verstummen würde.

Das Kind wird zunächst in eine Situation gebracht, in der es gewöhnlich noch relativ viel spricht. In diese Situation werden schrittweise die Stimuli eingeführt, in deren Gegenwart es üblicherweise Sprechen verweigert bzw. Angst oder Rückzugsverhalten zeigt; und zwar auf jeder Stufe der Reizhierarchie so lange, bis es sich über mehrere Sitzungen hinweg verbal etwa so verhält wie in der Ausgangssituation, d. h. bis es einigermaßen stabil spricht, auf Fragen antwortet usw. Einige Vorerfahrung des Therapeuten mit den traditionellen Desensibilisierungsverfahren zur Behandlung von Kinderängsten ist hier von großem Nutzen. Das gleiche gilt von der Möglichkeit, wegen der notwendigen hohen Anfangsintensität die Therapie stationär zu beginnen, z. B. mit acht Sitzungen zu je 15 Minuten mit einer Bezugsperson pro Tag, von denen der Therapeut bei zwei Sitzungen selbst anwesend ist (zu den anderen führt die Bezugsperson Protokoll) und von denen eine gefilmt wird.

Der erste Schritt kann darin bestehen, daß sich Mutter und Kind für einige Sitzungen alleine mit Spielzeug im (geschlossenen) Beobachtungsraum aufhalten, bis das Kind sich adaptiert hat und mit der Mutter spricht wie zu Hause. Weitere Stufen, deren Beginn und Dauer (Anzahl der dafür verwendeten Sitzungen) von den Therapiefortschritten abhängen, könnten dann aus folgendem Programm bestehen, wobei die Ausgangssituation – Kind und Mutter spielen und sprechen miteinander – zunächst erhalten bleibt: Die Tür zum Vorraum bleibt etwas offen; die Tür bleibt weit geöffnet; im Vorraum befindet sich, für das Kind sichtbar, ein Monitor; im Monitor ist ein Film mit einer bekannten Person zu sehen; eine reale, bekannte Person sitzt, mit dem Rücken zum Kind, im Vorraum; die Person ist dem Kind zugewandt; sie spricht ab und zu etwas zum Kind; sie stellt dem Kind gelegentlich Fragen, wobei es bei deren Beantwortung von der Mutter gelobt wird; die Person sitzt mit am Tisch und beteiligt sich an Spiel und Unterhaltung; eine andere, bekannte Person übernimmt diese Aufgabe; eine fremde Person wird schrittweise eingeblendet; die Mutter verläßt kurzzeitig den Raum usw.

Dann wird die Situation verändert: Die nächsten Schritte finden im Freien statt, der Besuch eines Kaufhauses wird einbezogen, die Kindergärtnerin wird angeleitet usw. Je weiter die Therapie fortschreitet, um so individueller müssen bei der Programmplanung Alter und Intelligenz des Kindes, seine Lebensbedingungen und diejenigen seiner Familie sowie seine Beziehungen zu anderen Menschen berücksichtigt werden. Zwei Aspekte aber werden beim Durcharbeiten des Programms stets eingehalten: Erstens wird jede neue Stufe erst begonnen, wenn die vorausgehende erfolgreich beendet wurde, d. h. das Kind auf ihr angemessen gesprochen hat; evtl. muß gelegentlich um eine oder zwei Stufen zurückgegangen oder – im negativsten Fall – ein bestimmter Lebensbereich von der Therapie ausgenommen werden. Zweitens werden alle in die Behandlung einbezogenen Personen angeleitet, das Kind bei Sprechverweigerung nicht zu tadeln oder zu ermahnen, ihm nicht mit Konsequenzen zu drohen, seine Störung nicht ‚verständnisvoll' zu interpretieren – also die Verweigerung zu ignorieren; auf der anderen Seite sollen sie sich ihm bei Sprechen möglichst oft – ohne es allzu aufdringlich zu loben – freundlich zuwenden, seine Aussagen interessiert kommentieren usw. (Das kann durchaus zu Konflikten zwischen der Erwünschtheit des Sprechens als solchem und dem Sprachinhalt führen: Aggressive, obszöne oder gelogene verbale Äußerungen gegenüber einer sonst mit Sprechverweigerung belegten Person haben hier auch einen positiven Aspekt!)

Sehr früh sollten i.d.R. Kindergarten, Bekannte der Eltern oder Lehrer und Mitschüler einbezogen werden; etwa indem die Kindergärtnerin, mit der das Kind noch nicht spricht, jeden Tag nebenbei zehn kleine Fragen an das Kind stellt, die sowohl gestisch als auch verbal beantwortet werden können (‚Wo ist die Puppe?', ‚Hast du Hunger?' etc.) Wenn das Kind zunächst mindestens durch Hinzeigen oder Kopfschütteln und später mit einer verbalen Äußerung reagiert, geht die Kindergärtnerin kurz darauf ein, ohne weiterzufragen; tut es das nicht, wird es eine Minute ignoriert. Nach dieser Erfahrung des Kindes, daß bei Sprechverweigerung nicht insistiert wird, werden weitere Therapieschritte in den Kindergarten übertragen. Wenn die verschiedenen Schritte in der häuslichen Umgebung und im Kindergarten koordiniert werden, läßt sich meist eine gute Generalisation der Therapie erzielen.

Bei Kindern, die gegenüber dem Therapeuten bereits etwas Sprache, wenn auch sehr reduziert, zeigen, kann auch über direkte Verstärkung die Sprechfrequenz, das Beantworten von Fragen usw. gesteigert werden. Insbesondere bei stationärer Behandlung elektiv mutistischer Kinder, die kein extremes Rückzugsverhalten zeigen, also z. B. mimisch mit ihrer sozialen Umwelt Kontakt aufnehmen, hat sich, begleitend zum eigentlichen Therapieprogramm, auch das Verfahren bewährt, daß die Erwachsenen in der Umgebung des Kindes freundlich mit ihm umgehen, aber erst nach Äußerungen von ihm zu ihm sprechen. Ebenso werden besondere Wünsche des Kindes nur erfüllt, wenn es, nach entsprechendem Vortraining, irgendeine Lautäußerung von sich gibt (etwa ‚mmh', meist verbunden mit entsprechenden Gesten). Wenn das Verfahren indiziert ist (extrem ängstliche Kinder reagieren darauf evtl. mit Rückzug), kann die Qualität der verlangten Lautäußerung stufenweise gesteigert werden.

In der Literatur sind viele Varianten des beschriebenen Vorgehens zu finden. So lassen sich die genannten Maßnahmen auch in Gruppentherapien einbinden (Bozigar & Hansen, 1984); manche Kinder sprechen auch gut auf eine Filmdarbietung der Szenen an, in denen sie mit der Mutter intensiv gesprochen haben (‚self-modeling').

Schließlich weist der elektive Mutismus, was die Prognose angeht, eine hohe Spontanremissionsrate auf; und zwar nicht nur bei unbehandelten, sondern auch bei erfolglos behandelten Patienten (Wergeland, 1980). Dennoch sollten betroffene Kinder wegen der sozialen Konsequenzen der Störung so früh wie möglich therapiert werden. Das gilt um so mehr, als bei den verfügbaren, beschriebenen Therapiemethoden keine lange Betreuung der Kinder in Sonderschulen oder Spezialeinrichtungen (wie es früher üblich war und nicht selten heute noch vorkommt) mehr nötig ist, sondern unter Mitarbeit der Eltern und anderer Bezugspersonen das Problem innerhalb weniger Monate gelöst oder zumindest erheblich reduziert werden kann.

3.3.2 Andere sprach- und sprechrelevante Störungen

Sprach- und Sprechstörungen sind oft mit vielfältigen Entwicklungs- und Verhaltensproblemen verbunden. Diese können relativ unabhängig von Sprache und Sprechen sein und auch so behandelt werden, z. B. motorische Entwicklungsverzögerungen ohne wesentliche Beeinträchtigung der Mundmotorik oder Verhaltensstörungen wie Enuresis oder Aggression. Sprach- und Sprechstörungen sind aber auch, neben den erwähnten motorisch bedingten Artikulationsproblemen, oft von Sinnesschädigungen oder von mentaler Retardierung überlagert. Beim Vorliegen einer *Sinnesschädigung* muß der individuell beste Zugang zur Sprache des Kindes gesucht werden. Bei einem blinden Kind können statt der Bilder beim Üben des Benennens taktil prägnante Gegenstände verwendet werden; bei einem hörgeschädigten Kind wird, nach Anpassung des Hörgerätes, zunächst die Differenzierung verschiedener Geräusche im Vordergrund stehen.

Bei merklicher *mentaler Beeinträchtigung* stellen sich zwei Fragen: Erstens ist zu überlegen, ob primär Sprachbehandlung oder allgemeine intellektuelle Förderung angezeigt ist. Letztere besteht aus Programmen, die von der laufenden Entwicklungsdiagnostik geleitet werden und aus vielfältigen Übungen bestehen, z. B. zum visuellen Verfolgen von Objekten, zur Herstellung von Mittel-Zweck-Verbindungen (etwa Heranziehen eines Holztieres an einer Schnur) oder zur Gestalterfassung (etwa Einwerfen von Formen in entsprechende Öffnungen). Zweitens ist bei schwerer mentaler Retardierung die Relation zwischen Therapieaufwand und -ergebnis abzuwägen. Hunderte von therapeutischen Sitzungen stehen evtl. einigen wenigen gelernten Silben gegenüber. Im Zweifelsfall sollte jedoch nicht gezögert werden, intensive sprachtherapeutische Maßnahmen für eine begrenzte Zeit (nicht jedoch wenig intensive Maßnahmen für längere Zeit!) zu erproben. Denn Sprache ist nicht nur das Resultat intellektueller Leistungen, sondern auch ein Weg dazu; und die Integration von Sprachübungen in die ohnehin täglich stattfindende spielerische Beschäftigung einer Bezugsperson mit dem Kind relativiert den Aufwand erheblich.

Verhaltensstörungen mit erheblichem Einfluß auf die Sprach- und Sprechtherapie, die einer gesonderten Behandlung bedürfen, sind v. a. Probleme der Kooperation und der Aufrechterhaltung der Aufmerksamkeit nicht nur bei den Übungen, sondern generell bei jeder Form von Reizverarbeitung. Deshalb ist es oft notwendig, zunächst grundlegendes Explorationsverhalten zu etablieren (vgl. Brack, 1993b), einfachste Kooperation (Geben, Nehmen, Abwarten usw.) zu verstärken oder Verhaltensprobleme wie Stereotypien, Schreien und Verweigerung von Anforderungen zu beseitigen. Starke Provokationen sollten zunächst ohne Einbeziehung der Eltern gelöscht werden, weil sonst die Gefahr besteht, daß entweder diese nicht bereit sind, an der Sprachförderung ihrer Kinder weiter mitzuwirken, oder daß die häuslichen Übungen zu häufigen Strafen Anlaß geben.

Bei der Abstimmung und Begrenzung der verschiedenen Förder- und Therapiemaßnahmen ist schließlich auch daran zu denken, daß evtl. aus Sprachproblemen Verhaltensstörungen resultieren können, die durch die Bearbeitung der ersteren reduziert werden.

4. Evaluation

Verschiedene Aspekte der Evaluation der dargestellten Therapieansätze wurden bereits diskutiert. Wegen der enormen Bedeutung der Behandlung von Sprach- und Sprechstörungen, deren Ergebnis einen erheblichen Einfluß auf den weiteren Lebensweg eines betroffenen Kindes haben kann, und wegen der ebenfalls bereits angedeuteten, immer noch bestehenden Tendenz zu weitgehend unkontrolliertem, ‚ganzheitlichem' Vorgehen in diesem Bereich sollen jedoch einige wichtige Gesichtspunkte der Evaluation noch einmal kurz zusammengefaßt und bewertet werden.

Die Therapieevaluation des *Stammelns* ist relativ einfach. Da es, nach der Phase des physiologischen Stammelns, nur wenig entwicklungs- und situationsabhängig ist, ist die in der Therapie beobachtete Veränderung entscheidend. Wenn das Kind dabei gelernt hat, einen vorher verstammelten Sprachlaut richtig zu produzieren und wenn sich diese Verbesserung auch im Alltag zeigt, dürfte das Problem – auch langfristig – gelöst sein.

Schwieriger ist die Evaluation der *Stottertherapie*. Insbesondere bei langfristiger Betrachtung zeigt sich, daß Rückfälle nicht selten sind. Das Hauptaugenmerk muß daher, neben den erwähnten Meßgrößen, auf den über einen längeren Zeitraum erhobenen Berichten der Bezugspersonen, des Kindergartens, der Schule und, beim älteren Kind, des Patienten selbst liegen.

Das größte Evaluationsproblem ergibt sich bei der Behandlung von *Sprachrückständen*. Die Sprachkompetenz ist abhängig vom Entwicklungsstand, die Sprachverwendung von der Situation. Deshalb bedeutet ein kurzfristig gemessener Fortschritt noch keine definitive Aussage über den langfristigen Therapieerfolg. Bei der Sprache kann, über die generellen Schwierigkeiten beim Wirkungsnachweis von Entwicklungsförderung (vgl. Guralnick & Bennett, 1987) hinaus, auch aus guten unmittelbaren Erfolgen bei einem Kind nicht unbedingt abgeleitet werden, daß es eine größere Zahl von Jahren nach der Therapie einem ursprünglich vergleichbaren, aber nicht behandelten Kindes sprachlich überlegen sein wird. So machen (evaluierende!) Therapeuten nicht selten die Erfahrung eines kurzfristigen Entwicklungsschubs in der Behandlung, auf den eine Stagnation der Fortschritte folgt, so daß nicht immer sicher ist, ob nicht die Sprachentwicklung wieder auf den Verlauf einschwenkt, den sie auch ohne Therapie genommen hätte. Die Frage dabei lautet: Welche Therapiemethode hat bei welcher Art von Sprachentwicklungsstörung den besten Langzeiterfolg und welches Maß des unmittelbaren Therapieerfolgs sagt diesen am besten voraus? Da langfristige, über einen Zeitraum von einigen Jahren hinausreichende Katamnesen für diese komplexe Fragestellung nicht vorliegen, können nur die dahinter stehenden Probleme und ihre Tragweite abgeschätzt werden.

Erstens stellt sich die Frage der *Methode der Erfolgsmessung*. Die Unzulänglichkeit des in der Verhaltenstherapie häufig verwendeten ABAB-Designs wird in der Sprachförderung besonders deutlich: Ein Rückfall beim Aussetzen der Therapie würde bedeuten, daß der Patient seine Fortschritte nur unter laufender Therapie aufrechterhält. Das widerspräche aber eklatant dem ursprünglichen Therapieziel einer stabilen Verwendung der verbesserten Sprache im Alltag. Besser geeignet, zumindest für Aussagen über die unmittelbare Behandlungswirkung, sind Verfahren, die die alltäglichen Veränderungen v. a. in der Anfangsphase der Therapie analysieren (vgl. Ulman & Sulzer-Azaroff, 1975).

Die Kontinuität der Fortschritte nach der Anfangsphase könnte methodisch am besten mit Kontrollgruppen-Untersuchungen geprüft werden, deren längere Durchführung aber gegenüber den betroffenen (Kontroll-)Patienten und ihren Bezugspersonen nicht vertretbar wäre. Entweder wird daher auf Kontrollgruppen-Experimente ausgewichen, die sich über den Zeitraum der sich ohnehin für einen Teil der Patienten ergebenden Wartezeit vor der Therapie erstrecken; dabei wird der (entwicklungsbedingte) Fortschritt der Kontrollgruppe während der Wartezeit in Relation zu demjenigen der Experimentalgruppe während einer etwa gleich langen Behandlungszeit gesetzt (vgl. Süss-Burghart & Brack, 1991). Oder die Kontrollgruppe wird durch Altersnormen ersetzt, was natürlich voraussetzt, daß für das verwendete Sprachmaß solche vorliegen. Naheliegend ist dann, die Therapie – zumindest mittelfristig – als wirksam anzusehen, wenn bei einem stark sprachverzögerten Kind der Fortschritt, gemessen an Altersnormen, sich der Zunahme des Lebensalters annähert; wenn also z. B. bei einem drei Jahre alten Kind, dessen Sprachniveau sich zu Therapiebeginn auf dem Stand von 18 Monaten (der Normalentwicklung) befand, in sechs Monaten Behandlung ein Fortschritt von fünf Monaten (wieder gemessen an der Normalentwicklung) festzustellen ist.

Das zweite Problem stellt das *verwendete Sprachmaß* dar. Die Auswertung von

Sprachaufnahmen kann, abhängig von der Art und Anzahl der zu erhebenden, vorher festgelegten Meßgrößen, enorm aufwendig sein. Detaillierte syntaktisch-semantische Analysen (vgl. Clahsen, 1986) sind in der Regel aus zeitlichen und personellen Gründen nicht möglich; außerdem enthalten sie in der frühen Kindersprache viel Spekulation darüber, was das Kind gemeint hat und wofür es stabil bestimmte (evtl. individuelle) Regeln und Formen benutzt. Als realisierbarer Kompromiß zur Veränderungsmessung dient deshalb häufig die Kombination aus einem relativ leicht zu erhebenden Komplexitätsmaß der Spontansprache in freier Kommunikation, v. a. der ‚Mittleren Äußerungslänge in Morphemen' („mean length of utterance – MLU'), und den erwähnten Sprachtests und -subtests. Eine klare Antwort auf die Frage nach dem besten Maß für unmittelbaren Erfolg und demjenigen für die langfristige Prognose steht allerdings noch aus. Möglicherweise könnte die Einbeziehung der Komplexität interaktionaler Sprachverwendung (z. B. Rice et al., 1990) als zusätzliches Maß für den Erfolg früher sprachlicher Förderung dazu einen Beitrag liefern.

Drittens haben Kinder mit einer Sprachretardierung (wie alle entwicklungsverzögerten Kinder) häufig *mehrfache Beeinträchtigungen* und erfahren *mehrfache Behandlungsmaßnahmen* (auch zur Sprachförderung selbst). In beiden Bereichen können die verschiedenen Aspekte beim Messen und Vergleichen von Therapiewirkungen nicht beliebig getrennt bzw. kontrolliert werden, was die Aussagekraft der Wirkungsmessungen relativiert.

Trotz der erwähnten guten Ergebnisse verschiedener kurz- und mittelfristiger Nachuntersuchungen der Förderung sprachretardierter Kinder stehen also eindeutige Belege für die langfristige Gesamtwirkung von Sprachtherapie, Hinweise auf spezifische Langzeiteffekte und Daten über die prognostische Qualität verschiedener Meßgrößen aus.

Allerdings liegen Annahmen über kumulative Wirkungen nahe: Eine einmal deutlich angestoßene Sprachentwicklung eröffnet dem Kind neue Interaktionsmöglichkeiten, die wiederum die Verwendung sprachlicher Äußerungen stimulieren, so daß auf der Basis kurz- und mittelfristiger Erfolge auch langfristige Verbesserungen erwartet werden können.

Die frühe Erfassung sprach- und sprechgestörter Kinder einerseits und die Erforschung der Indikation bestimmter Förderungsmaßnahmen bei bestimmten Sprach- und Sprechstörungen andererseits werden auch weiterhin die Bemühungen und Aufgaben auf diesem Gebiet kennzeichnen. Die Fortschritte der Diagnostik und Therapie in den letzten Jahren auf diesem Gebiet sind ermutigend.

Literatur

Angermaier, M. (1977). Psycholinguistischer Entwicklungstest PET. 2. Aufl. Weinheim: Beltz

Aram D. & Hall, N. E. (1989). Longitudinal follow-up of children with preschool communication disorders: Treatment implications. School Psychology Review, 18, 487–501

Azrin, N. H. & Nunn, R. (1974). A rapid method of eliminating stuttering by a regulated breathing approach. Behaviour Research and Therapy, 12, 279–286

Bloom, L. & Lahey, M. (1978). Language development and language disorders. New York: Wiley

Bonvillian J. D. & Folven, R. J. (1993). Sign language acquisition: Developmental aspects. In M. Marschak & M. D. Clark (Eds.), Psychological perspectives on deafness. Hillsdale: Erlbaum

Bozigar, J.A. & Hansen, R. A. (1984). Group treatment of elective mute children. Social Work, 29, 478–480

Brack, U. B. (1993a). Schwerpunkt: Rückstand der Sprachentwicklung. In U. B. Brack (Hrsg.), Frühdiagnostik und Frühtherapie. Psychologische Behandlung von entwicklungs- und verhaltensgestörten Kindern (171–189). 2. Aufl. Weinheim: Psychologie Verlags Union

Brack, U. B. (1993b). Leitsymptom: Störungen der Aktivität und des Spielverhaltens. In U. B. Brack (Hrsg.), Frühdiagnostik und Frühtherapie. Psychologische Behandlung von entwicklungs- und verhaltensgestörten Kindern (288–304). 2. Aufl. Weinheim: Psychologie Verlags Union

Brack, U. B. (1993c). Leitsymptom: Kommunikationsstörungen. In U. B. Brack (Hrsg.), Frühdiagnostik und Frühtherapie. Psychologische Behandlung von entwicklungs- und verhaltensgestörten Kindern (329–345). 2. Aufl. Weinheim: Psychologie Verlags Union

Brack, U. B. (in Druck). Überselektive Wahrnehmung bei retardierten Kindern. Befunde zu einer klinischen Fragestellung. Göttingen: Hogrefe

Brack, U. B. & Burgmayer, S. (1980). Language training in retarded children by reduced complexity of verbal stimulation. Unveröff. Vortrag. Jerusalem

Bühler, K. (1934). Sprachtheorie. Jena: Fischer

Camarata, S. M., Nelson, K. E. & Camarata, M. N. (1994). Comparison of conversational recasting and imitative procedures for training grammatical structures in children with specific language impairment. Journal of Speech and Hearing Research, 37, 1414–1423

Clahsen, H. (1986). Die linguistische Profilanalyse. Berlin: Marhold

Craig, A., Hancock, K., Chang, E., McCready, C., Shepley, A., McCaul, A., Costello, D., Harding, S., Kehren, R., Masel, C. & Reilly, K. (1996). A controlled clinical trial for stuttering in persons aged 9 to 14 years. Journal of Speech and Hearing Research, 39, 808–826

Dannenbauer, F. M. & Kotten-Sederqvist, A. (1990). Sebastian lernt Subj+Mod+XY+V(inf): Bericht von einer entwicklungsproximalen Sprachtherapie mit einem dysgrammatisch sprechenden Kind. Vierteljahresschrift für Heilpädagogik und ihre Nachbargebiete, 59, 27–45

De Renzi, E. & Vignolo, L. A. (1962). The Token Test: A sensitive test to detect receptive disturbances in aphasia. Brain, 85, 665–678./Dt. Bearb.: Orgass, B. (1982). Token Test TT. Weinheim: Beltz

Deegener, G., Dietel, B., Hamster, W., Koch, C., Matthaei, R., Nödl, H., Rückert, N., Stephani, U. & Wolf, E. (1997). Tübinger Luria-Christensen Neuropsychologische Untersuchungsreihe für Kinder TÜKI. 2. Aufl. Weinheim: Beltz

Dilling, H., Mombour, W. & Schmidt, M. H. (Hrsg.) (1993). Internationale Klassifikation psychischer Störungen ICD-10 Kapitel V (F). 2. Aufl. Bern: Huber

Eggert, D. (Hrsg.) (1975). Hannover Wechsler Intelligenztest für das Vorschulalter HAWIVA. Bern: Huber

Fey, M. E. (1986). Language intervention in young children. San Diego: College Hill

Fey, M. E., Cleave, P. L., Long, S. H. & Hughes, D. L. (1993). Two approaches to the facilitation of grammar in children with language impairment: An experimental evaluation. Journal of Speech and Hearing Research, 36, 141–157

Fippinger, F.: Allgemeiner Schulleistungstest für 3. Klassen AST 3. 2. Aufl. Weinheim: Beltz 1991

Fippinger, F.: Allgemeiner Schulleistungstest für 4. Klassen AST 4. 3. Aufl. Weinheim: Beltz 1992

Fischel, J. E., Whitehurst, G.J., Caulfield, M. B. & DeBarsyhe, B. (1989). Language growth in children with expressive language delay. Pediatrics, 82, 218–227

Fried, L.: Lautbildungstest für Vorschulkinder LBT, DLBT. Weinheim: Beltz 1980

Friedrich, G. (1997). Der Teddy-Test. Göttingen: Testzentrale

Girolametto, L. (1988). Improving the social-conversational skills of developmentally delayed children: An intervention study. Journal of Speech and Hearing Disorders, 53, 156–167

Girolametto, L., Pearce, P. S. & Weitzman, E. (1996). The effects of focused stimulation for promoting vocabulary in young children with delays: A pilot study. Journal of Children's Communication Development, 17, 2, 39–49

Grimm, H. & Schöler, H. (1991). Heidelberger Sprachentwicklungstest HSET. 2. Aufl. Braunschweig: Westermann

Grimm, H. & Weinert, S. (Hrsg.) (1994). Intervention bei sprachgestörten Kindern. Voraussetzungen, Möglichkeiten und Grenzen. Stuttgart: Fischer

Guralnick, M. J. & Bennett, F. C. (1987). The effectiveness of early intervention for at-risk and handicapped children. Orlando: Academic

Häuser, D., Kasielke, E. & Scheidereiter, U. (1994). Kindersprachtest für das Vorschulalter KISTE. Göttingen: Testzentrale

Hardgrove, P. M., Roetzel, K. & Hoodin, R. B. (1989). Modifying the prosody of a language-impaired child. Language, Speech, and Hearing Services in Schools, 20, 245–258

Hellbrügge, T. (1994). Münchener Funktionelle Entwicklungsdiagnostik MFED. 4. Aufl. Göttingen: Testzentrale

Huntley, R. M., Holt, K. S., Butterfill, A. & Latham, C. (1988). A follow-up study of a language intervention programme. British Journal of Disorders of Communication, 23, 127–140

Kaiser, A. P. & Hester, P. P. (1994). Generalized effects of enhanced milieu teaching. Journal of Speech and Hearing Research, 37, 1320–1340

Kalinowski, J., Noble, S., Armson, J. & Stuart, A. (1994). Pretreatment and posttreatment speech naturalness ratings of adults with mild and severe stuttering. American Journal of Speech-Language Pathology, 3, 61–66

Kastner-Koller, U. & Deimann, P. (1997). Der Wiener Entwicklungstest WET. Göttingen: Testzentrale

Keller, H., Völker, S. & Wessing, P. (1996). Zusammenhänge zwischen Parametern der frühen Mutter-Kind-Interaktion und Aspekten des späteren Spracherwerbs. Sprache & Kognition, 15, 23–31

Kiernan, C. & Reid, B. (1987). Pre-Verbal Communication Schedule. Windsor: NFER

Kiese, C. & Kozielski, P. M. (1996). Aktiver Wortschatztest für drei- bis sechsjährige Kinder AWST 3–6. 2. Aufl. Weinheim: Beltz

Kirk, S. A., McCarthy, J. J. & Kirk, W. D. (1968). The Illinois Test of Psycholinguistic Abilities ITPA. Rev. ed. Urbana: University of Illinois Press

Kleber, E. W. & Fischer, R. (1994). Anweisungs- und Sprachverständnistest AWST. 2. Aufl. Weinheim: Beltz.

Koegel, R. L., Koegel, L. K., Van Voy, K. & Ingham, J.C. (1988). Within-clinic versus outside-of-clinic self-monitoring of articulation to promote generalization. Journal of Speech and Hearing Disorders, 53, 392–399

Lowe, M. & Costello, A. (1988). Manual for the Symbolic Play Test. 2nd ed. Windsor: NFER

McCarthy, D. (1972). The McCarthy Scales of Children's Abilities MSCA. New York: Psychological Corporation

Meis, R. (1990). Duisburger Vorschul- und Einschulungstest. 2. Aufl. Weinheim: Beltz

Melchers, P. & Preuss, U. (1994). Kaufman-Assessment Battery for Children K-ABC. 2. Aufl. Amsterdam: Swets & Zeitlinger

Mineo, B. A. & Goldstein, H. (1990). Generalized learning of receptive and expressive action-object responses by language-delayed preschoolers. Journal of Speech and Hearing Disorders, 55, 665–678

Möhring, H. (1938). Lautbildungsschwierigkeiten im Kindesalter. Zeitschrift für Kinderforschung, 47, 185–235

Nelson, K. E., Camarata, S. M., Welsh, J., Butkovsky, L. & Camarata, M. (1996). Effects of imitative and conversational recasting treatment on the acquisition of grammar in children with specific language impairment and younger language-normal children. Journal of Speech and Hearing Research, 39, 850–859

Neukomm, E. (1997). Dichotischer Hörtest für Kinder. Göttingen: Testzentrale

Neumärker, K.-J. & Bzufka, M. W. (1988). Berliner Luria-Neuropsychologisches Verfahren für Kinder BLN-K. Göttingen: Testzentrale

Niemeyer, W. (1976). Bremer Hilfen. Bremen: Herbig

Olswang, L. B & Bain, B. A. (1985). The natural occurrence of generalization during articulation treatment. Journal of Communication Disorders, 18, 109–129

Onslow, M., Andrews, C. & Lincoln, M. (1994). A control/experimental trial of an operant treatment for early stuttering. Journal of Speech and Hearing Research, 37, 1244–1259

Onslow, M., Costa, L., Andrews, C., Harrison, E. & Packman, A. (1996). Speech outcomes of a prolonged-speech treatment for stuttering. Journal of Speech and Hearing Research, 39, 734–749

Papousek, M. & Papousek, H. (1990). Intuitive elterliche Früherziehung in der vorsprachlichen Kommunikation. Teil II. Früherkennung von Störungen und therapeutische Ansätze. Sozialpädiatrie in Praxis und Klinik, 12, 579–583

Raymore, S. & McLean, J. E. (1972). A clinical program for carry-over of articulation therapy with retarded children. In J. E. McLean, D. E. Yoder, & R. L. Schiefelbusch, R. L. (Eds.), Language intervention with the retarded (236–253). Baltimore: University Park Press

Reimann, B. & Eichhorn, R. (1984). Testsystem für hörgeschädigte Kinder. Berlin: Psychodiagnostisches Zentrum

Rescorla, L. & Schwartz, E. (1990). Outcome of toddlers with specific expressive language delay. Applied Psycholinguistics, 11, 393–407

Reynell, J. (1983). Reynell Developmental Language Scales. Manual. Rev. ed. Windsor: NFER./Dt. Bearb.: Sarimski, K. (1985). Sprachentwicklungsskalen Joan K. Reynell. München: Röttger

Rice, M. L, Sell, M. A. & Hadley, P. A. (1990). The Social Interactive Coding System (SICS): An online, clinically relevant descriptive tool. Language, Speech, and Hearing Services in Schools, 21, 2–14

Rieder, O. (1991). Allgemeiner Schulleistungstest für 2. Klassen AST 2. 2. Aufl. Weinheim: Beltz

Rvachew, S. (1994). Speech perception training can facilitate sound production learning. Journal of Speech and Hearing Research, 37, 347–357

Ryan, B. P. & Van Kirk Ryan, B. (1995). Programmed stuttering treatment for children: Comparison of two establishment programs through transfer, maintenance, and follow-up. Journal of Speech and Hearing Research, 38, 61–75

Saß, H., Wittchen, H.-U. & Zaudig, M. (1996). Diagnostisches und statistisches Manual psychischer Störungen. Deutsche Bearbeitung. Göttingen: Hogrefe

Scarborough, H. S., Rescorla, L., Tager-Flusberg, H., Fowler, A. E. & Sudhalter, V. (1991). The relation of utterance length to grammatical complexity in normal and language-disordered groups. Applied Psycholinguistics, 12, 23–45

Schäfer, H. (1986). Bildwortserie zur Lautagnosieprüfung und zur Schulung des phonematischen Gehörs. Göttingen: Testzentrale

Schiefelbusch, R. L. & Hollis, J. H. (Eds.) (1979). Language intervention from ape to child. Baltimore: University Park Press

Schönweiler, R. (1994). Synoptische Betrachtung der Ergebnisse an 1300 sprachentwicklungsverzögerten Kindern aus ätiopathogenetischer, audiologischer und sprachpathologischer Sicht. Folia Phoniatrica et Logopaedica, 46, 18–26

v. Steinbüchel, N., Wittmann, M. & Landauer, N. (im Druck). Diagnose und Training der zeitlichen Verarbeitung von Hörreizen bei Grundschülern mit LRS. Bundesverband Legasthenie (Hrsg.), Bericht über den 12. Fachkongreß in Greifswald 1997.

Steinert, J. (1978). Allgemeiner Deutscher Sprachtest ADST. Göttingen: Hogrefe

Süss-Burghart, H. (1992). Reliabilität und Validität von Spontansprachproben. Sprache – Stimme – Gehör, 16, 108–112

Süss-Burghart, H. (1995). Sprachentwicklungsbeginn bei allgemeinem Entwicklungsrückstand mit fünf Jahren. Praxis der Kinderpsychologie und Kinderpsychiatrie, 44, 3, 93–97

Süss-Burghart, H. & Brack, U. B. (1991). Therapie von Sprachentwicklungsverzögerungen bei mental retardierten Kindern. Zeitschrift für Kinder- und Jugendpsychiatrie, 19, 158–163

Tallal, P. (1976). Rapid auditory processing in normal and disordered language development. Journal of Speech and Hearing Research, 19, 561–571

Tewes, U. (1985). Hamburg Wechsler Intelligenztest für Kinder, Revision 1983 Hawik-R. 2. Aufl. Bern: Huber

Tewes, U. & Thurner, F. (1976). Testbatterie Grammatische Kompetenz TGK. Braunschweig: Westermann

Tomblin, J. B. (1989). Familial concentration of developmental language impairment. Journal of Speech and Hearing Disorders, 54, 287–295

Ulman, J. D. & Sulzer-Azaroff, B. (1975). Multielement baseline design in educational research. In E. Ramp & G. Semb (Eds.), Behavior analysis. Areas of research and application (377–391). Englewood Cliffs: Prentice Hall

Uzgiris, I. & Hunt, Mc V. J. (1980). Assessment in infancy: Ordinal Scales of Psychological Development. 4th ed. Urbana: Univ. of Illinois Press./ Dt. Bearb.: Sarimski, K. (1987). Ordinalskalen zur sensomotorischen Entwicklung. Weinheim: Beltz

Warren, S. F., Gazdag, G. E., Bambara, L. & Jones, H. A. (1994). Changes in the generativity and use of semantic relationships concurrent with milieu language intervention.Journal of Speech and Hearing Research, 37, 924–934

Warren, S. F., Yoder, P.J., Gazdag, G.E., Kim, K. & Jones, H. A. (1993). Facilitating prelinguistic communication skills in young children with developmental delay. Journal of Speech and Hearing Research, 36, 83–97

Wergeland, H. (1981). Elective mutism. Annual progress in child psychiatry and child development 1980 (373–385). New York: Brunner & Mazel

Willbrand, M. L. (1977). Psycholinguistic theory and therapy for initiating two word utterances. British Journal of Disorders of Communication, 12, 37–46

Yoder, P. J. & Layton, T. L. (1988). Speech following sign language training in autistic children with minimal verbal language. Journal of Autism and Developmental Disorders, 18, 217–229

Young, E. C. (1987). The effects of treatment on consonant cluster and weak syllable reduction processes in misarticulating children. Language, Speech, and Hearing Services in Schools, 18, 23–33

Kapitel 6

Hyperkinetische Störungen

Hans G. Eisert

1. Definition und Klassifikation 132
1.1 Hyperaktivität im Rahmen psychiatrischer Klassifikation und Verhaltenstherapie 132
1.2 Epidemiologie 132
1.3 Langzeitfolgen 133
1.4 Komorbidität 133
1.4.1 Hyperkinetische Störung und Störung des Sozialverhaltens 133
1.4.2 Hyperkinetische Störung und andere komorbide Störungen 134
2. Symptomatik und Verhaltensdiagnostik 134
2.1 Aufmerksamkeitsstörung 135
2.2 Hyperaktivität und Impulsivität 135
2.3 Sozial-emotionale Probleme 136
2.4 Variabilität des hyperaktiven Verhaltens 137
2.5 Das Modell der gestörten Verhaltenshemmung 137
2.6 Verhaltensdiagnostik 138
2.6.1 Klinische Interviews 139
2.6.2 Beurteilungsskalen 139
2.6.2.1 Eltern-, Lehrer-Erzieher- Schätzskalen 139
2.6.2.2 Selbst-Ratings für Kinder 140
2.6.2.3 Selbst-Ratings für Eltern 140
2.6.3 Laboratoriumsmaße 140
2.6.3.1 Daueraufmerksamkeitsverfahren 140
2.6.3.2 Motorische Aktivität 141
2.6.3.3 Impulsivität 141
2.6.4. Direkte Verhaltensbeobachtung 141
3. Therapie in der Praxis 142
3.1 Elterntraining 144
3.1.1 Behaviorales Elterntraining 144
3.1.2 Kognitiv-verhaltenstherapeutische Intervention mit den Eltern 146
3.2 Kognitiv-behaviorale Intervention mit dem Kind 146
3.2.1 Selbstinstruktionstraining 146
3.2.2 Ablauf der Sitzung 148
3.2.3 Übereinstimmungstraining 149
3.2.4 Abbau aggressiven Verhaltens 149
3.2.5 Die Rolle der Verstärkung 151
3.3 Kognitiv-behaviorale Intervention mit dem Jugendlichen 151
3.3.1 Eltern-Jugendlichen-Intervention 152
3.3.2 Ärger-Kontroll-Training 152
4. Evaluation 152
4.1 Elterntraining 153
4.2 Verhaltensmodifikation und kognitiv-behaviorale Intervention 153

Literatur 155

1. Definition und Klassifikation

1.1 Hyperaktivität im Rahmen psychiatrischer Klassifikation und Verhaltenstherapie

Die verhaltenstherapeutische Literatur zur Hyperaktivität im Kindesalter hat es sich anfangs eher einfach gemacht mit dem, was sie unter „hyperaktiv" gefaßt hat: das Verhalten, eben das Hyperaktive, ist die Auffälligkeit, der Verhaltensexzeß, den es zu modifizieren gilt. Hyperaktives Verhalten, so bei Ayllon et al. (1975), wird gleichgesetzt mit „off-task behavior", dem Nicht-bei-der-Sache-bleiben. Nun mag das im Rahmen des Schulunterrichtes eine sinnvolle, wenn auch nicht hinlängliche Operationalisierung von Hyperaktivität sein. Und allemal vermeidet eine solche, auf ein eng umschriebenes Verhaltenssegment beschränkte Definition ja eine vorschnelle Verquickung von vermeintlichen Ursachen und auffälligem Verhalten, wie dies geschieht, wenn hyperaktives Verhalten ohne Federlesens mit „minimaler cerebraler Dysfunktion" oder frühkindlicher Hirnschädigung gleichgesetzt wird.

Die Kennzeichnung eines Kindes als hyperaktiv impliziert jedoch mehr als eine so eng begrenzte situationsgegebene Verhaltensklasse. Um die überzufällige Kovariation zwischen Verhaltensbereichen, auch zwischen Verhalten in unterschiedlichen Situationen, ins Blickfeld zu rücken, sind die einschlägigen psychiatrischen Klassifikationssysteme (DSM-IV, 1994, [2]1998; ICD-10, 1991) von Nutzen, stellen sie doch das Kondensat empirischen Wissens dar, an dem man teil hat, wenn man sich eines solchen Regelsystems bedient. Damit ist eine genaue Beschreibung derjenigen verknüpft, die man behandelt. Eine Vergleichbarkeit mit den Befunden anderer wird prinzipiell erst möglich, vor allem, wenn eine Schweregradeinschätzung hinzukommt (Steinhausen 1985; Steinhausen & Erdin 1992). Diesen Vorzügen psychiatrischer Klassifikation steht die Gefahr gegenüber, daß ganz Wesentliches der Verhaltenstherapie verloren geht, wenn in unkritischer Weise unter Verzicht auf eine Verhaltensanalyse individuelle Differenzen zwischen Patienten, die gemäß Kriterien einer Hyperkinetischen Störung zugewiesen sind, vernachlässigt werden, unterschiedliche dysfunktionale Prozesse übersehen werden und allen ein gleiches Behandlungsregime aufgezwungen wird (s. die Kritik von Eifert et al. 1990; Wolpe 1989). Unter diesem Gesichtspunkt ist es geboten, die folgenden Ausführungen mit ihren Verallgemeinerungen kritisch zu lesen.

Hält man sich an die internationale Klassifikation der Weltgesundheitsorganisation (WHO) in der 10. Revision (ICD-10, 1989), so ist die Hyperkinetische Störung vor allem gekennzeichnet durch frühen Beginn (vor dem 6. Lebensjahr), durch situationsunangemessenes, überaktives Verhalten mit einem erheblichen Mangel an altersgemäß zu fordernder Daueraufmerksamkeit, und dies situationsübergreifend und anhaltend – zu Hause, vor allem in der Schule, oft schließlich allüberall (Tab. 1).

Tabelle 1. Die hyperkinetische Störung in der 10. Revision der International Classification of Diseases

F90 **Hyperkinetische Störung**
Eine Gruppe von Störungen, charakterisiert durch
a) frühen Beginn
b) Kombination von überaktivem, wenig modulierten Verhalten mit deutlicher Unaufmerksamkeit und Mangel an Ausdauer bei Aufgabenstellungen
c) Situationsunabhängigkeit und Stabilität über die Zeit

Das hyperaktive Kind als Zappelphilipp und Hans-Guck-in-die-Luft zugleich – in dieser Definition wird Aufmerksamkeit und Hyperaktivität gleichermaßen Bedeutung zugewiesen, so wie dies auch im Klassifikationssystem der Amerikanischen Psychiatrischen Gesellschaft DSM-IV (1994; dt. [2]1998) geschieht.

1.2 Epidemiologie

Im Grundschulalter dürften Kinder mit einer hyperkinetischen Störung etwa 1–3%

einer Altersstufe ausmachen. Die Häufigkeit derjenigen, die ihrer hyperkinetischen Störung wegen im Unterricht für untragbar erachtet werden und von Ausschulung (mindestens) bedroht sind, beträgt etwa 1%. Knaben sind etwa sechsmal häufiger betroffen als Mädchen. Die Hyperkinetische Störung kann als eine typische Schulkrankheit bezeichnet werden, wird doch um das 7. bis 8. Lebensjahr die größte Auftretenshäufigkeit beobachtet. Auch wenn die Kinder – wie in den Klassifikationsregeln gefordert – schon zuvor auffällig waren, so wird professionelle Hilfe vor allem im Zusammenhang mit der Grundschule in Anspruch genommen, wenn abrupte Umstellungen Anpassung erfordern und erhöhte Leistungsanforderungen gestellt werden. So ist der Eintritt in den Kindergarten die erste Hürde und der Eintritt in die 2. Klasse die zweite.

1.3 Langzeitfolgen

Die Probleme der im Kindesalter als hyperaktiv identifizierten Kinder halten an; sie wachsen sich nicht aus, wie immer wieder behauptet wird. Mit 18 Jahren kann man nach wie vor ein Drittel als hyperaktiv diagnostizieren. Nur etwa 20% sind mit 15 Jahren problemfrei (Gittelman et al. 1985). Sie weisen in erheblich höherem Maße schulische Schwierigkeiten und Schulversagen auf (z. B. Weiss & Hechtman 1986). Follow-up-Studien, die von den rigorosen Kriterien der neueren Klassifikationssysteme ausgehen, zeigen ein eher noch düsteres Bild der Langzeitfolgen auf (Barkley et al. 1990b). Ohne auf Einzelheiten einzugehen – die Übertragung des amerikanischen Befundes ist ohnehin problematisch, europäische Langzeitstudien stehen weitgehend aus – kann hinsichtlich der psychiatrischen Folgen angenommen werden, daß 50 bis 70% der hyperaktiven Kinder Verhaltensprobleme im allgemeinen und Symptome der Hyperaktivität im speziellen beim Erreichen des Erwachsenenalters aufweisen werden (Fischer et al. 1990). Wiewohl viele der ehemals als hyperaktiv diagnostizierten Kinder als Erwachsene ihr berufliches Auskommen finden, ist ihr erreichtes schulisches Niveau und ihr sozioökonomischer Status niedriger als das, was psychiatrisch Unauffällige oder auch ihre eigenen nicht hyperaktiven Geschwister erreicht haben.

Therapeutisch und prognostisch bedeutsam ist, ob Hyperaktivität mit erheblichem oppositionellen Verhalten, Aggressivität und anderen Formen gestörten Sozialverhaltens wie Lügen oder Stehlen einhergeht. Bei 8jährigen, fünf Jahre später nachuntersucht, zeigt sich, daß kindliche Hyperaktivität ohne Aggressivität vor allem Auswirkungen auf die schulischen Leistungen hat. Da werden erhebliche Lerndefizite akkumuliert. Ist die kindliche Hyperaktivität hingegen mit Aggressivität verknüpft, so sagt dies aggressives und sozial auffälliges Verhalten voraus (Loney et al. 1981). Hyperaktiv-aggressive Kinder haben die schlechtesten Karten (z. B. Schachar et al. 1981). Sie sind gemeinhin schwerer betroffen, sind in ihrem Sozialverhalten noch gestörter als jene mit Störungen des Sozialverhaltens und sind hyperaktiver als die rein Hyperaktiven (Taylor et al. 1991).

1.4 Komorbidität

1.4.1 Hyperkinetische Störung und Störung des Sozialverhaltens

Die Komorbidität von hyperkinetischen Störungen und Störung des Sozialverhaltens ist außerordentlich hoch, vor allem in klinischen Populationen, bei denen allerdings generell die Komorbidität, d. h. das gemeinsame Auftreten von mehreren psychiatrischen Störungen (Caron & Rutter 1991) so etwas wie ein Eintrittsbillet in die Klinik (Werry et al. 1987, p. 734) darstellt. Zwischen 40 und 90% der mit einer Aufmerksamkeits-/Hyperaktivitätsstörung (DSM-IV) diagnostizierten Kinder erfüllen gleichzeitig die Kriterien für oppositionelles Verhalten, weil sie ein wiederkehrendes Muster von negativistischem, feindseligem, herausforderndtrotzigem Verhalten, das als Vorstufe oder frühe Form von Störungen des Sozialverhaltens aufgefaßt werden kann, bzw. Störungen des Sozialverhaltens zeigen (Jensen et al. 1997). Die „gemischte" Gruppe legt die Störungen des Sozialverhaltens eher an den Tag. Sie weist einen eher noch schlechteren Verlauf als die auf, bei denen Störungen des Sozialverhaltens allein diagnostiziert wurden (vgl. Biederman et al. 1991).

Die hohe Überschneidung von Hyperkinetischer Störung und Störung des Sozialverhaltens wirft zuerst einmal die Frage auf, ob beide Störungen überhaupt unabhängig voneinander sind. Auch wenn eine eindeutige Antwort dazu aussteht, so spricht doch vieles dafür, daß es sich um zumindest partiell unabhängige Kategorien handelt (Biederman et al. 1991; Hinshaw 1987). Dafür sprechen nicht nur unterschiedliche klinische Charakteristika, sondern auch die differierenden Langzeitfolgen; nicht zuletzt auch unterschiedliche ätiologische Faktoren. Familienuntersuchungen zeigen, daß Störungen des Sozialverhaltens in der Kindheit eher mit mangelnder elterlicher Kontrolle und Erziehungsinkompetenz, mit elterlicher Psychopathologie, Depression der Mutter vor allem, und Alkoholismus des Vaters sowie chronischem Familienstreit einhergehen (zur Lit. s. Biederman et al. 1991), während Hyperaktivität als eine eher „biologische" Störung aufgefaßt wird (z. B. Barkley 1990a; 1997). Wie hängen Hyperaktivität und Störungen des Sozialverhaltens zusammen? Die hyperkinetische Störung scheint da, wo später Komorbidität zu beobachten ist, der Störung des Sozialverhaltens vorherzugehen (Barkley et al. 1990a). Hyperaktivität dürfte einer der Wege zu Störungen des Sozialverhaltens sein. Abträgliche Familienbedingungen scheinen dabei eine erhebliche Rolle zu spielen, ob dieser Weg eingeschlagen wird.

Zu den therapeutischen Implikationen gehört u. a., daß der Elternarbeit im weitesten Sinne noch mehr Bedeutung zukommt, als ohnehin schon. Die elterliche Psychopathologie bedarf der Behandlung und die psychosoziale Situation der Familie muß ins Blickfeld gerückt und, wenn möglich, geändert werden.

1.4.2 Hyperkinetische Störung und andere komorbide Störungen

Hyperaktivität geht überzufällig häufig mit Teilleistungsschwächen zusammen. In klinischen Populationen weisen 20 bis 30% der Hyperaktiven auch Teilleistungsstörungen auf (Barkley et al. 1990a). Die Art des Zusammenhangs bleibt unklar. Die Schwierigkeiten, die Hyperaktivität und Teilleistungsschwächen zugleich für die Intervention bedeuten, sind offensichtlich.

Komorbidität besteht zudem mit affektiven und Angststörungen (s. die Übersicht von Biederman et al. 1991). Dies ist zuerst einmal psychodiagnostisch bedeutsam, verweist der überzufällige Zusammenhang mit einer Reihe von anderen Störungskomplexen doch auf die Notwendigkeit einer anfangs breitbandigen diagnostischen Suchstrategie als Voraussetzung für eine angemessene Intervention in der Folge. Komorbidität ist auch hinsichtlich Tic- und Tourette-Störungen gegeben. So weisen ungefähr 60% der Kinder und Jugendlichen mit Tourette-Störung (multiple motorische und auch vokale Tics) gleichfalls eine Hyperkinetische Störung auf (Pauls et al. 1986).

2. Symptomatik und Verhaltensdiagnostik

Die diagnostischen Richtlinien der ICD-10 nennen als Beispiel beeinträchtigter Aufmerksamkeit das häufige vorzeitige Abbrechen von Aufgaben und Tätigkeiten, den schnellen Wechsel und das Springen von einer Sache (Spielzeug oder Handlung) zur anderen. Zur Hyperaktivität gehören "exzessive Ruhelosigkeit, besonders in Situationen, die relative Ruhe verlangen", Herumspringen, ständiges In-Bewegung-sein und Herumlaufen, wo Stillsitzen situativ gefordert ist.

Hervorgehoben wird, daß mangelnde Daueraufmerksamkeit und Hyperaktivität nur dann zu diagnostizieren sind, wenn sie nicht alters- und der Intelligenz des Kindes gemäß sind. Die beeinträchtigte Aufmerksamkeit und die gleichfalls geforderte Überaktivität sollen situationsübergreifend in mehr als einem situativen Rahmen (zu Hause, in der Schule, in der Klinik) auftreten, um die Diagnose zu rechtfertigen.

Schwierigkeiten mit den diagnostischen Kriterien ergeben sich zuerst einmal daraus, daß hier mit Begriffen wie Aufmerksamkeitsstörung und motorische Unruhe umgegangen wird, die in kritischen Alltagssituationen oft als Passepartout-Begriffe dienen und immer in Vorschlag gebracht werden, wenn es gilt, Probleme im Umgang vor allem zwischen Lehrer, aber auch Eltern und Kind zu etikettieren. Sie verweisen auf eine problematische Situation, nicht aber unbedingt darauf, was problematisch ist. Die diagnostischen Kriterien implizieren zwar Entwicklungsaspekte („altersgemäß"), können dem Diagnostiker jedoch keine Vorgaben über entwicklungstypisches symptomatisches Verhalten an die Hand geben. Die diagnostischen Richtlinien geben auch keine spezifischen Hinweise auf die sozialen Probleme der Kinder über allgemeine Bemerkungen hinaus, daß als achtlos und impulsiv imponierendes Verhalten häufig zu Regelverletzungen führe, ihr Verhalten Erwachsenen gegenüber durch mangelnde Vorsicht und Zurückhaltung ausgezeichnet sei und daß sie bei anderen Kindern oft nicht sehr beliebt seien.

2.1 Aufmerksamkeitsstörung

Die Variable „Daueraufmerksamkeit", zumeist mit Varianten des „Continuous Performance Tests" (Rosvold et al. 1956) gemessen, differenziert in einer Reihe von Untersuchungen Hyperaktive von Unauffälligen (z. B. Schachar & Logan 1990; Seidel & Joschko 1990). Problematischer wird es, wenn es um die Spezifität dieser Daueraufmerksamkeitsminderleistung geht. Minderleistungen in Verfahren dieser Art könnten einer Reihe von Auffälligkeiten und Störungen – Hyperaktivität, Lernbehinderung, Lese-Rechtschreibstörung, Tic-Erkrankungen – gemeinsam sein, die eine hohe Komorbidität mit Hyperaktivität aufweisen. Wichtiger noch ist die Frage, ob die Beeinträchtigungen der Daueraufmerksamkeit hyperaktiver Kinder mit einem solchen Verfahren hinlänglich beschrieben sind. Daß der Minderleistung in diesem Daueraufmerksamkeitsverfahren kein Daueraufmerksamkeitsdefizit im Sinne eines nicht aufhebbaren Mangels zugrunde liegt, ist vielfach belegt worden. So können hyperaktive Kinder sehr wohl ihre Aufmerksamkeit über längere Zeit einer Aufgabe widmen, wenn sie hinlänglich aktiviert werden (Sergeant & van der Meere 1989). Sticht die Aufgabe hinlänglich etwa durch Neuigkeit hervor, werden dem hyperaktiven Kindern unmittelbare positive Verstärkungen oder auch milde Bestrafungen zuteil, so kann die Aufmerksamkeit angemessen aufrecht erhalten werden (vgl. Barkley 1990).

2.2 Hyperaktivität und Impulsivität

Hyperaktivität ist wie „Aufmerksamkeitsstörung" ein gleichermaßen bedeutungsüberschüssiger Begriff. Allemal impliziert er als Referenz ein normales Aktivitätsniveau, von dem diese Kinder durch ein Zuviel abweichen. Daß hyperaktive Kinder als Gruppe ein höheres Bewegungs- und Aktivitätsniveau kennzeichnet, bestätigt sich auch grosso modo bei einer 24-Stunden-Aktivitätsaufzeichnung mit Hilfe von sogenannten Aktometern (Porrino et al. 1981). Nur fallen viele der Hyperaktiven in den Überschneidungsbereich mit unauffälligen Kindern. Was Eltern und Bezugspersonen denn auch beklagen, ist oft nicht so sehr ein Mehr an Aktivität als vielmehr Aktivität am falschen Platz. Was als hyperaktiv imponiert, ist oft ein motorisches Verhalten, das in den Situationen nicht erwartet wird, plötzlich auftritt und sich durch Heftigkeit auszeichnet.

Untersuchung zur taxometrischen Struktur der Aufmerksamkeit-Hyperaktivitäts-Symptome, die Lehrer- oder Kliniker-Ratings zur Grundlage haben, zeigen übereinstimmend neben einem Faktor „Unaufmerksamkeit-Unorganisiertheit" eine zweite Dimension, die mit „Hyperaktivität-Impulsivität" bezeichnet wird (Lahey & Carlson 1991). Hyperaktivität (u. a. „zappelt, windet sich", „immer in Bewegung", „kann nicht stillsitzen") geht mit Items, die Impulsivität konnotieren, zusammen („kann nicht abwarten bis er an der Reihe ist", „ruft im Unterricht dazwischen", „handelt, bevor er nachdenkt").

2.3 Sozial-emotionale Probleme

Hyperaktive Kinder sind oft sozial isoliert und werden von ihren Altersgenossen zurückgewiesen. Ablehnung durch Gleichaltrige ist ein Prädiktor für spätere Auffälligkeit. Dabei sind hyperaktive Kinder durchaus „sozial eifrig" um soziale Kontakte bemüht (Whalen & Henker 1985). Erwartungswidrig können sie sich oft auch prosozial verhalten (Milich & Landau 1982). Nur – ihr hohes soziales Engagement manifestiert sich häufig in abträglichem Verhalten. Sie sind negativ-kritisch, werden als anmaßend erlebt und setzen andere unter Druck.

In der Schule fällt auf, daß die Kinder im Unterricht oft am Einzeltisch sitzen, in der Pause für sich oder aktiv in körperlichen Auseinandersetzungen verwickelt sind und gehänselt werden. Sie können nicht altersgemäß spielen. Beobachtungen im Unterricht bestätigen oft die Klage über ständiges Zappeln, abruptes Aufspringen, ständiges Dazwischenrufen, Singen, Materialien durch die Luft werfen, sich Ausziehen, unter dem Tisch liegen oder anhaltendes Tagträumen. Belegt ist, daß hyperaktive Schüler Katalysatoren auffälligen Verhaltens sind. Sie lösen unangepaßtes Verhalten in ihrer Sozialökologie aus. Klassen mit einem hyperaktiven Kind erfahren denn auch mehr negative Sanktionen als solche ohne (vgl. Campbell & Werry 1986).

Versucht man eine Reihe der Situationen, in denen Hyperaktive oft im wörtlichen Sinne anecken, interpretierend zusammenzufassen, so kann man mit Whalen & Henker (1985, p. 459f) davon sprechen, daß sie nicht über ein altersgemäßes Verständnis „sozialer Skripten" verfügen, wie man sich in bestimmten Situationen verhält. Sie verfügen zwar über die Kenntnisse und Verhaltensweisen, wie sie in Routinesituationen verlangt wird, legen sie jedoch nicht an den Tag, möglicherweise wegen ihres nicht situationsangepaßten Aktivierungsniveaus, ihrer Übererregung oder Unterstimulation. Hierher mag auch die Intensität vieler ihrer Reaktionen gehören. Da wird nicht berücksichtigt, was man mit seinem Verhalten auslöst, auf Erwartungen anderer wird nicht eingegangen.

Eine Reihe von experimentellen Untersuchungen (z. B. Landau & Milich 1988) belegen, daß hyperaktive Kinder sich nicht den jeweiligen Rollenerwartungen anpassen. Es hat den Anschein, als ob eine einmal entwickelte Strategie auf eine Situation (zufällig) paßt oder eben (häufiger) nicht. Überdeutlich ist jedenfalls die mangelnde Sensibilität im Umgang mit wechselnden situativen Anforderungen (Landau & Milich 1988).

Die von Landau & Milich (1988) im Rahmen ihrer Untersuchung verwendete Talk-Show mit den Rollen „Moderator" und „Persönlichkeit" bietet sich als im klinischen Alltag ohne allzu großen Aufwand herstellbares Diagnostikum an. Es wird eine Videoaufzeichnung des Rollenspiels gemacht, das anschließend auch gemeinsam betrachtet werden kann.

Überhaupt scheinen sie bei ihrem geringen Grad der Selbstüberprüfung zu häufig wie auf Automatik geschaltet zu sein und soziale Situationen nur dann handlungssteuernd zu überprüfen, wenn die Gegebenheiten extrem ins Auge fallen, d. h. völlig neuartig, mit hoher Emotionalität verknüpft und u. U. angstauslösend sind (Whalen & Henker 1985). Und was unter Automatik abläuft, entspricht eben nicht altersgemäßem Verhalten. Es wird vorschnell gehandelt, nicht auf die Reihenfolge geachtet. Es wird an- und umgestoßen, die Stimme nicht moduliert; Geräusche aller Art, Gesten werden nicht unterdrückt. Höflichkeitsformen elementarster Art entfallen – oft mit Ablehnung durch andere im Gefolge. Es ist dann kaum verwunderlich, daß sich oft hinter einem großtuerischem Gestus („das ist babyleicht") ein schlechtes Selbstbild verbirgt („ich kann nix") – eine Entmutigung, die sich darin zeigt, daß sich das hyperaktive Kind – angesichts anhaltender Mißerfolge im Kognitiven wie im Sozialen – auf kaum etwas mehr einläßt. Und das ist spätestens bei den 7- bis 8jährigen ein behandlungsbedürftiges Problem. Ihnen dazu zu verhelfen, sich ansatzweise bei der Bewältigung einer Aufgabe und in alltagsüblichen Situationen als wirksam handelnd zu erleben, ist geboten.

2.4 Variabilität des hyperaktiven Verhaltens

Die Variabilität hyperaktiven Verhaltens, der schon beinahe pathognomische Qualität zukommt, bereitet in Schule und Elternhaus erhebliche Probleme. Wer sich so wechselhaft verhält, heute etwas kann, bei einer Sache bleibt, morgen nicht, wird leicht als faul, unwillig und ähnlich abträglich qualifiziert und entsprechend behandelt. Neben dieser grundsätzlichen Verhaltensfluktuation tritt eine andere ausgeprägte Variabilität hervor, nämlich die über Situationen und Bezugspersonen. Sie hat zum einen zu tun mit dem Grad der „Struktur", die in Situationen vorgegeben ist. Struktur meint dabei das Ausmaß der Anforderungen und Regeln. So fällt die Aktivität weniger im freien Spiel ins Auge, generell in Situationen mit geringeren Anforderungen. Neue, unbekannte Situationen reduzieren häufig hyperaktives Verhalten. Mit zunehmender Vertrautheit nimmt es hingegen zu. Aufgaben, die mit häufigen Instruktionswiederholungen verbunden sind, werden besser bewältigt (Douglas 1983). Gehen sie mit unmittelbarer positiver Verstärkung oder leichter Bestrafung einher, so führt das zu verbesserter Aufmerksamkeit (Barkley 1989; Douglas 1983). Das changierende Verhalten macht die experimentell gewonnene Erkenntnis plausibel, daß sich Hyperaktive eher durch einen geminderten Einsatz, eine geringere Anstrengungsbereitschaft auszeichnen. Die Variabilität des Verhaltens läßt an einem grundsätzlichen Aufmerksamkeitsdefizit zweifeln. Sie legt gleichermaßen nahe, das auffällige Verhalten eher von seinen unmittelbaren Konsequenzen bzw. deren Ausbleiben bestimmt zu sehen, letztlich als ein noch nicht hinlänglich bestimmtes Motivationsdefizit zu betrachten (z. B. Barkley 1990).

2.5 Das Modell der gestörten Verhaltenshemmung

Zum biologischen Hintergrund des hyperkinetischen Syndroms, zur Pathophysiologie dieser Störung, zu einer Übersicht über die neuere Literatur zur kognitiven Neurowissenschaft, zur Neurobiologie und Molekulargenetik sei auf Tannock (1998) verwiesen.

Eine ganze Reihe von neuropsychologischen Vorbefunden, so verzögerte Reaktionszeiten, überhaupt: Schwierigkeiten, motorische Reaktionen auf Aufforderung zu hemmen, besonders wenn eine nicht vereinbare Reaktion gefordert wird, legen eine Frontalhirnstörung bzw. eine Störung, bei der das Frontalhirn wesentlich impliziert ist, nahe (z. B. Heilman et al. 1991). Angenommen wird eine Beeinträchtigung im orbito-praefrontalen Bereich mit seinen wechselseitigen Verbindungen zu den ventromedialen Kernen des Striatums (Fuster 1995). Stand ursprünglich die Hypermotorik im Vordergrund, sodann die gestörte Aufmerksamkeit, so wird heute überwiegend die mißlingende Verhaltenshemmung als zentrales Moment der hyperkinetischen Störung gesehen. Nicht zu übersehen ist dabei jedoch, daß dieser inhibitorischen Dysfunktion unterschiedliche Charakteristika zugesprochen werden (vgl. Tannock 1998, 69f).

Einer nicht nur im Rahmen der Hyperkinetischen Störung geläufigen Metapher zufolge ist Hyperaktivität der letzte gemeinsame Weg einer Vielfalt von Ursachen und Bedingungen. Verschiedene Autoren treffen sich in der – allerdings sehr allgemeinen – Auffassung der Hyperaktivität als einer dysregulatorischen Störung, – einer gestörten Homeostase (z. B. Gualtieri et al. 1983). Auf der physiologischen Ebene, auf der des Verhaltens und Erlebens gelingt es dem Kind nicht, sich jeweils situativen Anforderungen anzupassen. Nicht die Informationsverarbeitung an sich scheint gestört. Die Schwierigkeiten hyperaktiver Kinder treten vielmehr hervor, wenn Menge und Komplexität der zu verarbeitenden Information zunimmt, Geschwindigkeit und Dauer gesteigert werden, Gründlichkeit gefordert ist. Hilfestellung, Arbeiten nach eigenem Tempo mindern die Auswirkungen dieser selbstregulatorischen Störung. Douglas (1983) hat die Vielzahl experimenteller Untersuchungen zu den Defiziten hyperaktiver Kinder auf den folgenden Nenner gebracht: Verminderte Daueraufmerksamkeit, vorschnelles Reagieren, eine Unfähigkeit, die Aktivierung situationsangemessen zu regulieren und die extreme Suche nach unmittelbarer Verstärkung beeinträchtigen u. a. die metakognitive Entwicklung. Das hyperaktive Kind lernt nicht über sein Denken nachzudenken, geplant vorzugehen, altersgemäß Probleme zu lösen. Mißerfolge im Kognitiven wie im Sozialen sind die Folge.

Barkley (1997) hat ein umfassendes theoretisches Modell vorgelegt, daß die umfängliche, teils disparate Forschungsliteratur zur Hyperkinetischen Störung unter ein Dach zu bringen versucht. Als zentral gestört wird die Verhaltenshemmung gesehen, das Mißlingen 1. der Hemmung einer ‚vorherrschenden' Reaktion auf einen Stimulus oder ein Ereignis, 2. das Nicht-Abbremsen-können einer ablaufenden Verhaltenskette und 3. eine unzulängliche Interferenzkontrolle, das Abschirmen gegen Unterbrechungen kognitiver Aktivität. Die Unaufmerksamkeit der Hyperaktiven wird im Modell von Barkley als sekundär erachtet: Sie ist Konsequenz mangelnder Hemmung und Interferenzkontrolle bei der Selbstregulation. Was den Eindruck mangelnder Aufmerksamkeit hervorruft, ist die geminderte Verhaltenskontrolle aufgrund beeinträchtigter exekutiver Funktionen: Regeln, Pläne, Absichten, Ziele, Zeitvorgaben – all' das, was für ein zielgerichtetes Beharren, Bei-der-Sache-bleiben sorgt, ist aufgrund fehlerhafter Hemmung beeinträchtigt. Mit dem frontalhirnnahen Begriff der exekutiven Funktion wird grosso modo die kognitive Aktivität gekennzeichnet, die zur Selbststeuerung beiträgt. Zu den aufgrund der inhibitorischen Dysfunktion in ihrer Entwicklung beeinträchtigten exekutiven Funktionen zählt das Arbeitsgedächtnis. Es sorgt dafür, daß man mit Repräsentanten von Ereignissen umgehen kann, vorausschauend oder rückblickend damit hantiert, sich für eine Handlung vorbereitet, sich sozusagen erinnert, um etwas zu machen. Die zweite exekutive Funktion, die Barkley (1997) anführt, ist die der Selbststeuerung von Affekt, Motivation und Aktivierung. Daß es damit bei Hyperaktiven verquer ist, daß etwa die Affektregulation mißlingt, Motivationsabbrüche eher die Regel sind, eine situationsangemessene Aktivierung oft nicht gegeben ist, ist offenkundig. Die dritte exekutive Funktion hat wesentlich zu tun mit der Internalisierung von Sprache. Zu-sich-selbst-sprechen und Selbstkontrolle beeinflussen sich gegenseitig, das eine verbessert das andere. Zu-sich-selbst-sprechen sorgt für Metakognition.

Die Implikationen des Modells von Barkley für das therapeutische Vorgehen sind noch nicht ausgelotet. Allemal gibt es ein heuristisches Modell ab.

2.6 Verhaltensdiagnostik

Die Vielfalt, Situationsspezifizität und Wechselhaftigkeit der Symptomatik, die hohe Komorbidität, die Bedeutung elterlicher Psychopathologie, des Familienzusammenhalts – das alles spricht für eine umfassende Diagnostik. In diesem Sinne sind eine Reihe von Informanten einzubeziehen, Informationen über Verhalten in einer Reihe von Situationen einzuholen, schulisches Verhalten und Leistungen in ihrem situativen Zusammenhang einzuschätzen. Auf dieser Basis sind dann mit den Beteiligten die Zielverhaltensbereiche auszuwählen und zu diskutieren und deren Priorität zu bestimmen, Veränderungsmaße auszuwählen und Ausgangsdaten zu erheben. Vorzeitiges Fokussieren auf das hyperkinetische Verhalten des Kindes würde oft an den Problemen und ihrem Bedingungszusammenhang vorbeigehen. Wie es auch unangemessen ist, nur die Defizite des mehr oder weniger kleinen Patienten ins Blickfeld zu rücken. Geboten ist eine Einschätzung für positiv erachteten prosozialen Verhaltens, der sozialen Kompetenzen. Hier müssen einige allgemeine Hinweise auf klinisch besonders relevante Instrumente und Vorgehensweisen hinlangen. Auf die gebotene Diskussion psychometrischer Gütekriterien wird weitgehend verzichtet. Eine breite Darstellung findet sich bei Barkley (1990, pp. 209–393).

2.6.1 Klinische Interviews

Am Anfang stehen sicher klinische Interviews mit den Eltern, dem Kind oder Jugendlichen und, wenn immer möglich, dem Lehrer oder Erzieher. Wünschenswert sind strukturierte klinische Interviews, die differenziert ein diagnoserelevantes, auf DSM-IV oder ICD-10 abgestimmtes, therapiezielorientiertes breites Spektrum von Psychopathologie und Kompetenzen abzutasten erlauben und nicht nur Symptome abfragen, sondern eine breite Palette konkreter Verhaltensweisen abtasten, wie etwa das K-SADS (Ambrosini et al. 1989). Diese liegen unseres Wissens, außer in nichtautorisierten Übersetzungen, in unserem Sprachraum bisher nur in Form des Kinder-DIPS (Unnewehr et al. 1995) vor.

2.6.2 Beurteilungsskalen

Hyperaktivität, so heißt es immer wieder, liege „im Auge des Betrachters". Der daraus gelegentlich gezogene Schluß, Hyperaktivität sei eben ein Mythos, ein Ausfluß hyperaktiver Phantasie von Lehrern, Eltern und dann Klinikern, ist im allgemeinen unberechtigt. Die Realität der Probleme zeigt sich z. B. in Videoaufzeichnungen von Interaktionen hyperaktiver Kinder mit Gleichaltrigen. Werden sie Kindern und Erwachsenen vorgespielt, so gelingt es denen bereits nach wenigen Minuten, Hyperaktive von Unauffälligen zu unterscheiden, – um so eher noch, wenn aggressives Verhalten hinzukommt (Whalen et al. 1991). Einschätzungen und Verhaltensbeurteilungen (Ratings) kommt damit eine besondere Rolle zu. Ratingskalen geben dank der leichten und wiederholten Anwendbarkeit bei unterschiedlichen Informanten das gängige Instrumentarium zur Erfassung von Hyperaktivität und Aggressivität ab.

2.6.2.1 Eltern-, Lehrer-Erzieher-Schätzskalen

Um die Breite sozialer Auffälligkeiten abzutasten, eignet sich die Child Behavior Checklist (CBCL) von Achenbach (Arbeitsgruppe Deutsche Child Behavior Checklist 1993); Die CBCL besteht aus 113 Items zu Verhaltensproblemen und 20 Items, mit deren Hilfe die soziale Kompetenz (Aktivitäten, Soziales, Schule) eingeschätzt wird. Neben einem Gesamtproblemscore können sowohl Breitbandsyndrome (externalisierend vs. internalisierend) als auch Engbandsyndrome (u. a. depressiv, hyperaktiv, aggressiv) unterschieden werden. Neben der CBCL für die Beurteilung des Kindes oder Jugendlichen durch die Eltern liegen Versionen für den Lehrer (TRF) und Selbsteinschätzungen durch den Jugendlichen (YSR) und ein Instrument zur direkten Verhaltensbeobachtung durch einen neutralen Beobachter (DOF) vor. Für den Vorschulbereich bietet sich ein vergleichsweise differenzierte Verhaltensbeschreibungen bereithaltendes Instrument an, der Fragebogen zur Erfassung von Verhaltensauffälligkeiten (FEV) von Döpfner et al. (1991), das in einer Eltern- und einer Erzieherversion vorliegt.

Die wohl am häufigsten in Forschung und Klinik im Zusammenhang mit der Hyperaktivität verwendeten Eltern/Lehrer-Skalen sind die von Conners (Goyette et al. 1978). Die revidierte 48-Item-Version und die 10-Item-Kurzform kursieren in verschiedenen Übertragungen, z. B. von Steinhausen (1995, 1996). Die Kurzform, die sich als veränderungssensitiv erwiesen hat

(z. B. Eisert et al. 1982), erlaubt allerdings nicht, Hyperaktivität und Aggressivität zu trennen. Um faktoriell reine Aufmerksamkeitsdefizite, Hyperaktivität, soziale Probleme, oppositionelles Verhalten zu erfassen, ist die ADD-H Comprehensive Teacher Rating Scale (ACTeRS) geeignet (Ullmann, Sleator & Sprague 1984), die unseres Wissens jedoch nur in Übersetzungen, d. h. ohne Überprüfung diagnostischer Gütekriterien vorliegt.

Den offensichtlichen Vorteilen, das kindliche Verhalten via Eltern- und Lehrereinschätzung zu erheben, stehen ebenso offenkundige Nachteile gegenüber. Da werden Meinungen über das Kind mit Hilfe allgemeiner, gelegentlich vager Deskriptoren („unaufmerksam") eingeholt, deren Grad des vermeintlichen Zutreffens noch dazu an nicht gerade präzisen Ankern („überhaupt nicht", „ziemlich") festgemacht werden soll. Die Situationsspezifität des Verhaltens, die zeitliche und situative Variabilität des Verhaltens werden häufig reduziert. Eingeebnet wird so, was ganz wesentlich das hyperaktive Verhalten kennzeichnet.

2.6.2.2 Selbst-Ratings für Kinder

Während Eltern zumeist recht gut über expansive Verhaltensauffälligkeiten ihrer Kinder zu berichten wissen, sind ihre Aussagen über die Befindlichkeit des Kindes oft eher unzulänglich. Hier kann es – neben einer direkten Befragung des Kindes – angemessen sein, die Kinder sich selbst einschätzen zu lassen, etwa mit Hilfe der Birleson-Skala (Birleson 1987), die Hinweise auf Depressivität bzw. negative Affektivität schon bei 7- bis 8jährigen zu geben vermag. Für etwas ältere Kinder und v. a. Jugendliche kann das Kinder-Depressions-Inventar (CDI von Kovacs, dt. GCDI, Lobert 1990) herangezogen werden.

2.6.2.3 Selbst-Ratings für Eltern

Angesichts der Bedeutung elterlicher Psychopathologie für die Entwicklung und das Aufrechterhalten hyperaktiv-aggressiven Verhaltens kann auch eine Selbsteinschätzung der Eltern angezeigt sein. Ein umfassendes Instrument ist das Self-Report-Symptom Inventory 90 Items-Revised (SCL-90R, Derogatis 1977, s. CIPS 1981).

2.6.3 Laboratoriumsmaße

2.6.3.1 Daueraufmerksamkeitsverfahren

Als ‚objektives' Daueraufmerksamkeitsverfahren sei der Continuous Performance Test (CPT) nach Rosvold et al. (1956) erwähnt. Ihm wird eine hohe Sensitivität bei der Detektion von medikamentös bedingten Veränderungen zugesprochen. Der CPT in seinen vielfältigen Varianten ist eines der am meisten verwendeten Verfahren zur Differenzierung hyperaktiver von unauffälligen Kindern (Douglas 1983). Umstrittener ist, ob er sich dazu eignet, Hyperaktive von anderen klinischen Gruppen zu differenzieren. In den heute üblichen Computerversionen hat das Kind etwa die Aufgabe, über längere Zeit bei Erscheinen eines X auf dem Bildschirm jeweils eine Taste zu drücken, wenn dem X ein 0 vorhergegangen ist. X und 0 sind dabei eingebettet in eine Reihe von anderen Buchstaben. Es werden Reaktionszeiten sowie drei Fehlerarten erfaßt: Auslassungsfehler (übersehene 0-X), Erwartungsfehler (bei 0 wird bereits gedrückt) und Fehlreaktionen (Reagieren auf aufgabenirrelevante Buchstaben). Fehlreaktionen und Erwartungsfehler werden als Maß für Impulsivität aufgefaßt, während Auslassungsfehler als Indikator für mangelnde Daueraufmerksamkeit gelten. Für die teils sehr unterschiedlichen Versionen (mit z. T. sehr unterschiedlichen Interstimulusintervallen) liegen zumeist keine Altersnormen vor. Es mehren sich die Hinweise, daß diesen Daueraufmerksamkeitsverfahren nur begrenzte ökologische Validität zukommt, lassen sich doch Therapieeffekte nicht durchgängig mit dem CPT nachweisen. Die Korrelationen mit Verhaltensratings (unter Doppelblindbedingungen) sind oft nur mäßig ausgeprägt (vgl. Barkley 1991). (Zur Diskussion um die Brauchbarkeit des Continuous Performance Test und die Frage, was er denn erfaßt s. Corkum & Siegel 1993; Losier et al. 1996).

2.6.3.2 Motorische Aktivität

Für die Erfassung der motorischen Unruhe stehen Aktometer zur Verfügung, die Langzeitaufzeichnungen von Bewegungen erlauben. Außerhalb von Therapiestudien spielen diese Bewegungsaufzeichner nur eine geringe Rolle wegen methodologischer Probleme und nicht zuletzt des nötigen Aufwandes wegen. Sie lassen sich am besten in hochstrukturierten Situationen, in denen Bewegungseinschränkung gefordert wird, einsetzen: wiederholt in einer bestimmten Schulstunde jeweils zur selben Zeit, bei der psychologischen Testung oder bei bestimmten Hausaufgaben.

2.6.3.3 Impulsivität

Ein v. a. im Rahmen experimenteller Untersuchungen immer wieder verwendetes Verfahren zur Erfassung kognitiver Impulsivität von hoher „face validity" ist der Matching Familiar Figures Test (MFFT) von Kagan (1966). Aus einer Reihe von ähnlichen Bildern ist das herauszufinden, was mit einem Standardreiz identisch ist. Reaktionszeit (bis zur jeweils ersten Antwort) und Zahl der Fehler werden gemessen. Während häufig belegt ist, daß Hyperaktive gegenüber Normalen vermehrt Fehler beim MFFT aufweisen, heben sich – v. a. wenn Intelligenz auspartialisiert wird – Hyperaktive oft nicht von anderen klinischen Gruppen ab (z. B. Fischer et al. 1990). Die Latenzwerte (Reaktionszeit bis zur ersten Antwort) differenzieren Hyperaktive nicht zuverlässig von anderen normalen oder klinischen Gruppen. Die Korrelationen mit Eltern- und Lehrerratings sind im allgemeinen niedrig bis mittelhoch (zur Literatur vgl. Barkley 1991).

Eine andere Konzeptualisierung rückt Impulsivität in die Nähe von Gratifikationsverzögerung, d. h. dem Ertragen von mehr oder weniger langen Zeiträumen, bevor eine u. U. größere als anfänglich verfügbare Belohnung zuteil wird. Nichtertragen wird mit impulsivem Handeln gleichgesetzt.

Herausgegriffen sei noch ein einfaches Verfahren aus der Neuropsychologie, das zuerst als frontalhirnsensitiv bei Erwachsenen erachtet wurde und auch bei hyperaktiven Kindern angewendet wird (Heilman et al. 1991). Beim Go-No-Go-Test in seinen vielfältigen Formen wird von dem Probanden lediglich eine einfache motorische Reaktion auf einen Reiz, dem Go-Stimulus abverlangt, während die Antwort auf einen anderen, den No-Go-Stimulus zu inhibieren ist (Trommer et al. 1988).

2.6.4 Direkte Verhaltensbeobachtung

Wenn der Schulunterricht der Ort ist, an dem hyperaktive Kinder zumeist so auffällig werden, daß professionelle Hilfe in Anspruch genommen wird, so drängt sich auf, diesen Raum für Eingangsdiagnostik und Verlaufskontrolle mithilfe direkter Verhaltensbeobachtung zu nutzen. Eine Reihe von Kodierungssystemen und Zeitstichprobenverfahren sind auch zu diesem Zwecke entwickelt worden, z. B. der Revidierte Stony Brook Code von Abikoff et al. (1977), der u. a. von Eisert et al. (1982) in einer multimodalen Therapiestudie bei hyperaktiven Grundschülern verwendet wurde. Der zeitliche und personelle Aufwand und v. a. bürokratische Schwierigkeiten machen diese Beobachtungssysteme außerhalb von Interventionsstudien meistens unpraktikabel. Eher schon realisierbar dürfte die systematische Verhaltensbeobachtung von strukturiertem und freiem Spiel und einer Lernsituation sein. Hierzu liegen Beobachtungsverfahren vor, z. B. das von Roberts (1990). Es erlaubt u. a., hyperaktive und aggressive Kinder zuverlässig zu unterscheiden. Eine Reihe von Kodierungssystemen ermöglicht die direkte Verhaltensbeobachtung der Mutter-Kind-Interaktion (z. B. Dadds et al. 1987) bzw. der Mutter-Jugendlichen-Interaktion (z. B. Robin & Foster 1989). Sie machen im allgemeinen jedoch ein Beobachtertraining erforderlich, bevor mit ihrer Hilfe wertvolle Information über häufig äußerst konflikthafte Situationen gewonnen werden kann (Barkley 1990, p. 341ff).

Im Vorstehenden haben wir bestenfalls einige Verfahren angedeutet. Darauf hinzuweisen bleibt, daß sie – unabhängig von ihrer inhaltlichen und methodischen Begrenztheit – der Ergänzung und auch Individualisierung durch zuvor definiertes Zielverhalten bedürfen. Das individualisierte Problemverhalten kann dann der Lehrer oder Erzieher ohne großen Aufwand – es geht nur um drei oder vier Items – beurteilen. Hausaufgaben und Spielsituation, d. h. ökologisch valide Situationen, die im klinischen Rahmen leicht herstellbar sind, lassen sich anhand einiger weniger, individualisierter Kategorien vom Therapeuten einschätzen. Die Testsituation, z. B. wiederholt durchgeführte Daueraufmerksamkeitsverfahren wie der CPT, geben Gelegenheit zur Verhaltensbeobachtung und -beurteilung anhand eines einfachen Kategoriensystems, das sich auf den Grundlagen der Items aus Ratingskalen adaptieren und zusammenstellen läßt.

Wie angedeutet, fehlt es ‚objektiven' Maßen der Leitsymptome häufig an Belegen für ihre diagnostische Validität. Die Schwierigkeiten scheinen nicht nur meßtechnischer, sondern offenbar auch konzeptueller Art zu sein. Wenn diese Kinder in ihrer Umgebung anecken, ihr Verhalten nicht in Übereinstimmung mit den Erwartungen anderer steht, so dürfte dies für die Bedeutung ‚subjektiver' Maße, der Einschätzung des Verhaltens in seiner Sozialökologie durch signifikante Andere sprechen. Für Ratings lassen sich sowohl konzeptuelle als auch empirische Argumente, etwa deren empfindliches Detektieren von Verhaltensänderungen, ins Feld führen (Whalen et al. 1989).

3. Therapie in der Praxis

Die Konzeptualisierung der Hyperkinetischen Störung als eine solche, bei der Probleme der Selbstregulation vornan stehen und motivationale Probleme sowie ungewöhnliche Reaktionen auf vor allem „schwache" Konsequenzen des Verhaltens gesehen werden, legen zum einen eine kognitiv orientierte Intervention nahe, bei der dem Kind Strategien vermittelt werden, sich besser selbst zu steuern, zu einem aktiven „Selbstregulator" zu werden. Zum anderen machen sie deutlich, daß es ganz wesentlich auch darauf ankommen muß, sehr sorgfältig geplantes Kontingenzmanagement in das therapeutische Kalkül einzubeziehen. Die Deutlichkeit von Verstärkern, deren Muster, die zeitlichen Parameter der Konsequenzen des kindlichen Verhaltens, sind besonders zu beachten. Vornan muß oft stehen, daß das Kind sich überhaupt erst einmal wieder auf Spielerisches und Schulisches einläßt. Dazu muß es sich ansatzweise als wirksam handelnd erleben. Setzt man voraus, daß das Verhalten hyperaktiver Kinder Ausfluß einer, wenn auch unzulänglich definierten, neurophysiologischen Dysregulation und mangelnder Verhaltenshemmung ist, dann dürfte diesem verhaltenstherapeutischen Vorgehen eher eine „prothetische" Qualität zukommen, werden dadurch doch die vermuteten neurophysiologischen Defizite nicht eigentlich verändert (Barkley 1989, b. 53). So gesehen haben unsere pädagogisch-therapeutischen Maßnahmen eher kompensatorischen Charakter. Sobald sie zurückgenommen werden und das Kind nach einiger Zeit etwa nicht mehr diese motivationalen Hilfen erfährt, so ist mit einem Wiederauftreten der Symptomatik zu rechnen.

Klinischer Alltag und die Literatur machen überdeutlich, daß Eltern von Kindern mit einer hyperkinetischen Störung über lange Zeit erhebliche Belastungen im Zusammenhang mit der Hyperaktivität ihrer Kinder erfahren (z. B. Breen & Barkley 1988). Aufforderungen an das Kind, etwas zu tun, werden nicht befolgt, und gestellte Aufgaben werden nicht zu Ende geführt. Ständig sind v. a. die Mütter damit befaßt, Probleme in der Schule, mit Gleichaltrigen und den Nachbarn aufzulösen, die Wogen zu glätten – dies um so mehr, wenn aggressives Verhalten zur Hyperaktivität des Kindes hinzukommt. Nun ist es sicherlich unangemessen, für die elterlichen Belastungen und häufig erlebte Erziehungsinkompetenz allein die hyperkinetische Störung des Kindes verantwortlich zu machen. Zu den Faktoren, die hier eine Rolle spielen, zählen

u. a. eine elterliche Psychopathologie auch subklinischen Ausmaßes, wie gelegentliche Stimmungsschwankungen (z. B. Jouriles et al. 1989), und anhaltender Ehestreit (z. B. Barkley et al. 1990b). Dem Verhalten des hyperaktiven Kindes wird jedoch eine besondere Bedeutung für die Entstehung der erheblichen Belastung beigemessen, die Eltern in ihrer Erzieherrolle ausgesetzt sind (Mash & Johnston 1990). Den Versuch zu machen, die Erziehungskompetenz via Elterntraining zu verbessern, die Belastungen, die die Eltern im Umgang mit dem hyperaktiven Kind erfahren, zu reduzieren, ist zuerst einmal geboten, um ihre Bereitschaft zu steigern, das Kind zu einer üblicherweise ambulanten Intervention über eine längere Zeit regelmäßig zu bringen. Zunächst gilt es, die aufrechterhaltenden und die Probleme ausweitenden Bedingungen in der Eltern-Kind-Interaktion zu reduzieren, v. a. das Sich-gegenseitig-unter-Druck-setzen.

Bei der Zusammenarbeit mit der Schule geht es zuerst einmal darum, eine fast immer drohende Aus- oder Umschulung zurückzustellen, dann auch darum, eine positivere Einstellung, des Lehrers dem Kind gegenüber zu bewirken. Verhaltensmodifikation in der Schule (Eisert & Barkey 1979) bietet eine breite Palette von wirksamen Interventionen. Nur sind die praktischen Umsetzungsmöglichkeiten gering, allemal wenn sie von außerhalb des Schulsystems herangetragen werden. Auf jeden Fall muß der Lehrer informiert werden, was in der kognitiv-verhaltenstherapeutischen Intervention mit dem Kind geschieht. Ansätze für die Generalisation des Gelernten können diskutiert werden. Ein individuelles Token-Programm wird dem Lehrer vorgeschlagen; zusätzliche Verstärkung kann außerhalb des Unterrichts, zu Hause oder beim Therapeuten erfolgen dank einer täglichen Berichtskarte, in der der Lehrer oder auch der Schüler selbst die vom Kind erzielten Punkte eingetragen hat. Zumindest sollte der Lehrer bereit sein, regelmäßig systematische Verhaltenseinschätzungen des Kindes zu liefern; schließlich ist das hyperaktive Kind vor allem im Unterricht vom Lehrer für auffällig erachtet worden. Der Lehrer ist oft derjenige, der dafür gesorgt hat, daß das Kind zur Behandlung kommt.

Die Arbeit mit den Eltern hyperaktiver bzw. hyperaktiv-aggressiver Kinder hat zu berücksichtigen, daß gängige Elterntrainings oft hohe Abbruchraten zu verzeichnen haben (Firestone et al. 1986). Just jene Variablen, die ein Trainingsprogramm bei Eltern von Kindern mit Störungen des Sozialverhaltens besonders angezeigt sein lassen, sind auch diejenigen, die einen Fehlschlag eines solchen Elterntrainings prognostizieren: chronischer Ehestreit, Abwesenheit des Vaters bzw. dessen Distanzierung von den Problemen, mütterliche Depression, soziale Isolation, geringe Problemlösungsfertigkeiten, viele psychosoziale Belastungen und sozioökonomische Benachteiligungen (s. Webster-Stratton 1991). Trotz der generell zu konstatierenden Wirksamkeit von behavioralen Elterntrainings (Kazdin 1987; Miller & Prinz 1990), finden Elterntrainings bei einem beträchtlichen Teil derjenigen, für die sie gedacht sind, nicht die nötige Akzeptanz; sie können nicht durchgehalten werden, das erlernte Erziehungsverhalten wird nicht beibehalten. Auf diesem Hintergrund ist zu sehen, daß wir den Eltern mit einer in Anspruch und Umfang reduzierten Intervention kommen, die im wesentlichen darauf abzielt, das Verstärkerverhalten der Eltern zu verändern, ihnen vor Augen zu führen, wie wirksam mit diesen kleinen Schritten die Interaktion mit dem Kind, dessen Verhalten beeinflußbar ist.

Wenn es die Interessen und Bereitschaft der Eltern trifft, kann darauf aufbauend übergangslos eine Intervention erfolgen, die kognitiv-verhaltenstherapeutisch orientiert ist, dysfunktionale Gedanken und Annahmen, die Eltern vor allem in kritischen Situationen mit dem Kind haben, „entautomatisiert", d. h. bewußt und veränderbar macht (Beck 1986). Diese bisher automatischen Gedanken und ihre emotionalen Begleiter lösen oft ein ineffizientes unangemessenes Verhalten vor allem dem Kind gegenüber aus. So wenn die Mutter im

Supermarkt dem Vorschulkind eine Süßigkeit verweigert, worauf dies mit einer Schreiattacke antwortet, die Mutter darauf u. a. zu sich sagt, wie unfähig sie doch in der Erziehung sei, verstimmt wird, sich als hilflos erlebt, schließlich das Kind hochreißt und unter Zurücklassen des gefüllten Einkaufswagens das Geschäft verläßt (Evans & McAdam 1988). Wenn Wut und Ärger als Auslöser aggressiven Verhaltens der Eltern eine wesentliche Rolle spielen, ist eine „Streß-Impfung" (Novaco 1979) angezeigt, bei der die Eltern lernen, die wut- und ärgerauslösenden Situationen zu erkennen und damit etwa dank Selbstinstruktionen besser umzugehen. Schließlich bieten sich ggfs. behavioral-familientherapeutische Interventionen an, die das gegenseitige Unterstützen der Ehepartner bei der Erziehung fördern (Dadds & McHugh 1992) und Partnerschaftsprobleme zu lösen sich bemühen (Crowe & Ridley 1990; Schindler, Hahlweg & Revensdorf 1980).

3.1 Elterntraining

3.1.1 Behaviorales Elterntraining

Es geht hier zunächst um einfache Vorgehensweisen und Übungen, wie sie in vielen Elterntrainings (vgl. Warnke in diesem Band, Döpfner et al., 1997) verwendet werden. Der Schwerpunkt liegt darauf, den Eltern zu vermitteln, wie sie vorhergehende Ereignisse und Konsequenzen auffälligen Verhaltens ihres Kindes auslösen und aufrecht erhalten, und ihnen Wege dafür aufzuzeigen, wie sie daran etwa ändern können. Das vordringliche Ziel ist zunächst – oft im Sinne einer Krisenintervention – das negative Interaktionsmuster zwischen Mutter und Kind zu unterbrechen, indem man versucht, alltägliche Kontingenzen zu verändern, um so auch ein Klima zu erzeugen, das eine weiterführende Behandlung überhaupt erst möglich macht. Vorzüglich geeignet, die weitere Mitarbeit zu sichern, sind Veränderungen an der Hausaufgabensituation, ist sie doch oft mit erheblichem Leid für Mutter und Kind verknüpft. Zunächst geben die Hausaufgaben erst einmal eine Provokationsökologie für Auffälligkeiten in der Mutter-Kind-Interaktion ab (Eisert 1987).

Ein Paradigma für behaviorale Elterntrainings gibt das von Patterson (1982) beschriebene gegenseitige Unter-Druck-setzen („coercive family model"), daß die Mutter-Kind-Interaktion bei aggressiven und eben auch hyperaktiv-aggressiven Kindern auszeichnet: Die Mutter stellt eine Forderung auf, das Kind tobt so lange, bis die Forderung fallengelassen wird. Die Mutter ihrerseits schreit so lange (so laut), bis das Kind mit seinem Fehlverhalten aufhört und eventuell der Forderung nachkommt. Das ist – ganz exemplarisch – negative Verstärkung. Jeweils wird der andere dafür verstärkt, mit seinem auffälligen Verhalten bei nächster Gelegenheit fortzufahren. Dieses gegenseitige Unter-Druck-setzen – Mutter und Kind sind in einer negativen Verstärkerfalle (Patterson) gefangen – eskaliert zunehmend, mit abträglichen Auswirkungen nicht nur auf die familiäre Interaktion, sondern darüber hinaus auch auf den Umgang etwa mit Gleichaltrigen.

Mit Hilfe von einfachen Listen werden Probleme definiert und Ausgangsdaten gewonnen. Einfache Aufzeichnungsbögen („Worüber ich mich gefreut habe", „Worüber ich mich geärgert habe"), in denen die Mutter kindliche Verhaltensweisen und ihre jeweilige Reaktion festhalten soll, geben nicht nur nützliche Informationen zur Problemdefinition, sondern auch Beispiele, an denen man alternative Verhaltensweisen durchsprechen kann. Die Mütter haben oft verlernt, ihr Kind zu loben. Ganz glaubhaft versichern sie, dazu gebe es eigentlich auch wenig Anlaß. Die Kinder bei positiven Ansätzen zu erwischen, ihnen dafür Zuwendung zuteil werden zu lassen, ihnen wie auch anderen Familienmitgliedern mitzuteilen, was ihnen daran gefallen hat – dies lernen die Mütter u. a. anhand dieser einfachen Aufzeichnungsbögen. In gemeinsamen Spielsitzungen mit dem Kind werden die Mütter auf angemessenes, lobenswertes Verhalten ihres Kindes hingewiesen.

In einem zweiten Schritt werden das Äußern positiver Gefühle, Lob, Anerkennung in einer Elternsitzung direkt geübt. Einige für die Mutter angemessene Redewendungen („Fein, was du schon kannst"; „Das gefällt mir") werden gesucht und den Eltern als Erinnerungsstütze mit nach Hause gegeben. Auf Strichlisten vermerken sie wie oft und in welchen Situationen (Aufstehen, Essen) sie das Kind gelobt haben. Dazu wird ein Wochensoll an Lob vorgegeben. In Spielsitzungen mit Mutter und Kind zeigt der Therapeut immer wieder an, wenn Aufmerksamkeit und Zuwendung angebracht erscheinen, um die Mutter auch für kleine Anstrengungen und Fortschritte des Kindes zu sensibilisieren. Gleichzeitig wird versucht, statt eines lediglich bewertenden Lobes („gut"), ein qualifizierendes einzuführen: „Du hast dich heute sofort an die Aufgaben gesetzt und 10 Minuten ohne Unterbrechung daran gearbeitet. Das ist eine große Leistung, Peter". Die Mutter erhält hier die Aufgabe, einem Dritten, z. B. dem Vater etwas Positives über das Kind in dessen Gegenwart zu sagen.

Die Interaktion der Mütter mit ihren hyperaktiven Kindern – das wird im klinischen Alltag, wie in einschlägigen Untersuchungen (vgl. Barkley 1990; Döpfner et al., 1997) überdeutlich – ist oft durch vielfache Aufforderungen, Direktiven und Einschränkungen gekennzeichnet. Den Müttern gelingt es oft nicht, abzuwarten, dem Kind eher indirekte Hinweise oder allgemeine Anhaltspunkte zu geben. Vielmehr kommen sie ihrerseits vorschnell mit der richtigen Lösung heraus, oft verknüpft mit negativen Äußerungen. Auch hier werden zuerst passende Redewendungen gesucht: „Da stimmt etwas noch nicht ganz"; „Schau noch einmal nach". Das gemeinsame Anschauen einer Videoaufzeichnung der Hausaufgabensituation vermag für ein weniger direktives Eingreifen zu sensibilisieren. Die Mutter schaut auch dem Therapeuten und dem Kind beim kognitiven Training (s.u.) zu und vermerkt, wenn sie eingegriffen hätte.

Auch beim Problem des Nichtbefolgens von Regeln und Anweisungen steht am Anfang wieder eine Liste, in der die Mutter vermerkt, wie oft und in welchen Situationen Aufforderungen und Ermahnungen mit welchen Konsequenzen erfolgen. Den Müttern wird so die Häufigkeit und Sinnlosigkeit ihrer Aufforderungen und oft auch das Strafen deutlich. Meistens werden dem Kind zu viele Anweisungen und Aufträge erteilt. Anhand der Aufzeichnungen kann besprochen werden, daß auf eine Reihe von Aufforderungen gänzlich verzichtet werden kann. Angesichts der Schwierigkeiten hyperaktiver Kinder mit regelgeleitetem Verhalten ist es zuerst einmal jedenfalls geboten, die Anweisungen drastisch zu reduzieren: Es wird nur eine Anweisung zur Zeit, knapp und eindeutig formuliert, mit Augenkontakt dem Kind mitgeteilt. Das Nichtbefolgen von Regeln und Aufforderungen sollte zu Beginn als Konsequenz eine milde Form der Bestrafung (Verstärkerentzug) nach zuvor mit allen Beteiligten besprochenen Regeln zur Folge haben. Die Auswahl der Verstärker und auch des zu verstärkenden Verhaltens sollte anfangs nicht den Eltern alleine überlassen werden, schon weil sie oft Ziele vorgeben, die unerreichbar sind.

In der Folge werden weitere Aufforderungen und Regeln eingeführt („Ich stehe auf, wenn Mutter mich weckt"). Bei diesen zeitgebundenen Regeln ist eine Küchenuhr beinahe unentbehrlich, stellt sich doch ansonsten immer wieder Trödeln beim hyperaktiven Kind und Schimpfen und Drohen bei den Eltern ein. So wie die Eltern lernen, kleinste Anstrengungen und Fortschritte des Kindes kontingent zu verstärken, so tut der Therapeut gut daran, kleinste Bemühungen und Ansätze bei den Eltern, anfänglich etwa auch unvollständig ausgefüllte Listen, zu verstärken. Verhaltensmodifikation ist tunlichst ohne Jargon zu vermitteln. Selbst auf den Begriff der Verstärkung kann verzichtet werden. Elterntrainingsbücher, die oft den Charakter von Indoktrinationsfibeln haben, sind für viele der Eltern unangemessen und überflüssig.

Der Vorteil eines solchen behavioralen Trainings besteht darin, daß konkretes Verhalten in spezifischen Situationen fokussiert wird, und realistische Ziele von allen Beteiligten angestrebt werden. Vermieden wird, die Eltern in ihrer Rolle als Erzieher in Frage zu stellen. Problematisch ist oft, daß Eltern angesichts der außerordentlich aversiven Situation, in der sie sich befinden – gekennzeichnet durch massiven sozialen Druck seitens der Schule oder der Nachbarn etwa – anfängliche Erfolge einer solchen Intervention überschätzen und aus dem Felde gehen möchten.

3.1.2 Kognitiv-verhaltenstherapeutische Intervention mit den Eltern

Der Therapeut sollte hellhörig auf Äußerungen der Mütter achten, in denen „negative" Gedanken der Hilflosigkeit oder Verallgemeinerungen über mangelnde elterliche Kompetenz („Mit dem werde ich nie zurecht kommen", „Ich bin eine schlechte Mutter") zum Ausdruck kommen und ihre Angemessenheit jeweils im Diskurs in Frage zu stellen, sind diese Äußerungen doch geeignet, unangemessenes Verhalten dem Kind gegenüber zu triggern.

In einer mehr formal organisierten, kognitiv-emotionale Aspekte ins Zentrum rückenden Intervention, wie sie Evans & McAdam (1988) für Eltern vorgelegt haben, die sich oft als hilflos und verstimmt erleben, werden u. a. Situationen mit dem Kind besprochen, in denen sich die Eltern traurig, wütend oder unfähig erlebt haben. Die Gedanken, die oft automatisch dabei bzw. zuvor ablaufen, werden analysiert, es wird nach alternativen Interpretationen der Situationen gesucht und es werden angemessenere Gedanken vorgeschlagen; dies geschieht in einer Elterngruppe. Das Gruppenformat ist hier hilfreich, können doch andere Gruppenmitglieder diese alternative Einschätzung der Gegebenheiten liefern, die bisher automatisch zu abträglichen negativen Gedanken und Gefühlen geführt haben. Deutlich gemacht werden so die unvermeidlichen Konsequenzen von Gedanken, die Hilflosigkeit ausdrücken. Sie lösen oft vorhersagbar passives, ineffektives Verhalten mit Unglücklichsein im Gefolge aus. Auf der anderen Seite gehen Bewältigungsgedanken mit Bewältigungsstrategien und positiven Gefühlen einher. Analysen dieser Art in der Gruppe finden ihre Fortsetzung in Hausaufgaben. Da wird z. B. eine Situation herausgegriffen, bei der man als Mutter oder Vater sich miserabel fühlt im Anschluß an ein Verhalten des Kindes. Geübt wird schließlich auch zuerst in der Gruppe, wie man produktiver mit Wut und Ärger umgeht, situative Hinweise, körperliche Zeichen, geballte Faust, Schwitzen etwa, als Hinweis auf aufkommende Wut interpretiert, die dann automatisch ablaufenden Gedanken sich klar macht und sie gegen angemessenere Gedanken austauscht.

3.2 Kognitiv-behaviorale Intervention mit dem Kind

Wenn Probleme der Selbstregulation als übergreifendes Charakteristikum der hyperaktiven Störung ausgemacht werden, so folgt daraus, daß die Intervention auch darauf abzielen muß, dem hyperaktiven Kind zu aktiverer Selbststeuerung zu verhelfen – ihn zum Promotor seines schulischen und sozialen Lernens zu machen. Douglas (1980) zeigt wesentliche Elemente eines kognitiv-verhaltenstherapeutischen Trainings hyperaktiver Kinder auf. Douglas hebt hervor, wie wichtig es ist, das Kind initial auf die Schwierigkeiten aufmerksam zu machen, die es sich mit seinem eigenen Verhalten bereitet. Selbstwahrnehmen der Probleme wird als Voraussetzung dafür erachtet, daß das Kind in der Folge aktiv und Mühe auf sich nehmend mitarbeitet, um gegen seine Schwierigkeiten mit der Selbststeuerung, der Arousal-Regulierung, der Tendenz zu impulsivem Handeln anzugehen, dies v. a. mit Hilfe wirksamer Problemlösungsstrategien.

3.2.1 Selbstinstruktionstraining

Ein wesentliches Ingredienz der Intervention für hyperaktive Kinder ist das Selbstinstruktionstraining. Mit Selbstinstruktionstraining werden eine Reihe von Verfahren bezeichnet, die Kinder lehren, exekutive

Kontrolle über problematisches Verhalten bei der Aufgabenbewältigung oder in interpersonellen Situationen mit Hilfe von handlungsanleitenden Instruktionen zu gewinnen, die schrittweise durch einen Problemlösungsprozess leiten. Diese das Handeln in problematischen Situationen anleitenden Selbstinstruktionen nehmen, sind sie erst einmal gelernt, die Form von internalisiertem, d. h. subvokalem Sprechens an. Das Kind lernt also, in handlungsanleitender Weise zu sich selbst zu sprechen, ein Problem zu definieren, die Schritte zu seiner Lösung zu überlegen, mögliche Lösungen abzuwägen, bevor eine Lösungsmöglichkeit erprobt wird, sein Handeln zu überprüfen, schließlich sich selbst zu verstärken. Dazu beobachtet es zunächst den Therapeuten, der sich selbst Anweisungen gibt, indem er laut denkt. Anschließend erhält das Kind beim Lösen der Aufgaben die Instruktionen vom Therapeuten. Schließlich gibt es sich selbst Anweisungen, zunächst laut, dann flüsternd, am Ende leise, nur noch gedacht. Durch das allmähliche Ausschleichen der offenen Sprache soll das Kind zu innerem Sprechen kommen (Tab. 2).

Tabelle 2. Schritte des Selbstinstruktionstrainings in Anlehnung an Meichenbaum & Goodman (1971) und Wagner (1976)

1. Der Therapeut gibt das Modell ab, indem er laut bei einer Aufgabe zu sich spricht.
2. Das Kind löst die Aufgabe, der Therapeut gibt die Instruktion.
3. Das Kind führt die Aufgabe aus. Es gibt sich dabei laut die Instruktionen.
4. Der Therapeut führt die Aufgabe durch. Er gibt sich dabei flüsternd Instruktionen.
5. Das Kind führt die Aufgabe durch. Es gibt sich dabei flüsternd Instruktionen.
6. Der Therapeut führt die Aufgabe durch. Er gibt sich ‚verdeckt' (unhörbar) die Selbstinstruktionen. Er macht dabei u. a. durch Pausen und dem Ausdruck von Nachdenklichkeit deutlich, daß er handlungsanleitend denkt.
7. Das Kind führt die Aufgabe durch. Es gibt sich dabei unhörbar Selbstinstruktionen.

Die Selbstinstruktionen folgen im allgemeinen einem solchen Abfolgemuster:

1. Halt, erst einmal überlegen. Worum geht es hier?
2. Was kann man da machen? Wie kann man das angehen?
3. Was ist die beste Lösung?
4. Ich halte mich an meinen Plan!
5. Hat das geklappt? Wie habe ich das gemacht?
6. Gut gemacht, bzw. es hat noch nicht ganz geklappt, aber ich habe mit Mühe gegeben.

Die Selbstinstruktionen sind zuerst aufgabenspezifisch formuliert. Später werden allgemeinere, vielfältig anwendbare (‚konzeptuelle') Selbstinstruktionen verwendet (Tab. 3).

Tabelle 3. Allgemeine („konzeptuelle") Selbstinstruktion in Anlehnung an Meichenbaum & Goodman (1971) und Kendall (1977)

1. Problemdefinition:
   „Zunächst einmal muß ich genau wissen, was ich tun soll".
2. Problemannäherung:
   „Dabei muß ich mir alle Möglichkeiten angucken bzw. überdenken".
3. Aufmerksamkeitszentrierung:
   „Ich darf nur an das denken, was ich gerade mache"
4. Auswählen einer Antwort oder eines Lösungsweges:
   „Hm-, ja, so mache ich das..."
5. Überprüfen:
   „War das richtig so?"
6a. Selbstverstärkung:
   "Ja. das habe ich gut gemacht, gut aufgepaßt" oder
6b. Bewältigen von Schwierigkeiten:
   "Ja, wenn ich einen Fehler mache, muß ich beim nächsten Mal gründlicher aufpassen und genauer nachdenken. Dann wird es sicher besser".

Selbstinstruktions- oder Hinweiskarten (vgl. Abb. 1) dienen der Stimuluskontrolle. Sie sollen das Kind anhalten, die Problemlösungsschritte einzuhalten. Gemeinhin erfreuen sie sich bei jüngeren Kindern größter Beliebtheit. Sie können zur Generalisierung des Gelernten beitragen, wenn sie außerhalb der Interventionssitzungen im Unterricht oder bei den Hausaufgaben verwendet werden.

Abb. 1. Selbstinstruktionskarten

Diese Hinweisbilder ('cue cards') sollen das Kind dazu anhalten, zu sich selbst in handlungsanleitender Weise zu sprechen (in Anlehnung an das ‚Think Aloud'-Manual von B. Camp).

Selbstverstärkung für die Mühe, die Abfolge der Problemlösungsschritte eingehalten zu haben, wird vom Therapeuten bei der Aufgabenbewältigung immer wieder modellhaft vorgegeben. Das Kind wird immer wieder angehalten, sich selbst zu verstärken. Positive Verstärkung langt für gewöhnlich nicht hin. Milde Bestrafung in Form von Verstärkerentzug hat sich in einer ganzen Reihe von Untersuchungen als wirksam erwiesen (z. B. Eisert et al. 1982). Zu Beginn jeder Stunde erhalten die Kinder eine bestimmte Anzahl von Chips, etwa 8–10, die nach zuvor festgelegten Regeln entzogen werden können. Mangelnde Mitarbeit, vor allem Verweigerung in den ersten Stunden, wenn das Kind nicht nach der vom Modell vorgegebenen Weise arbeitet, führen zum Verstärkerentzug („Du hast nicht laut gedacht. Ich bekomme einen Chip"). Niemals sollte die richtige oder falsche Lösung Kriterium für Verstärkerentzug sein. Ziel allein ist es, mit Hilfe von Verstärkerentzug ein dem bisherigen Arbeitsstil konträres Problemlösungsverhalten zu etablieren. Die dem Kind verbliebenen Chips können gegen Kleinigkeiten eingetauscht werden oder aber (gegen Ausstellung einer Quittung) für eine Belohnung (Aktivität) angespart werden.

3.2.2 Ablauf der Sitzung

Die Intervention mit dem Kind nimmt 17–20 Sitzungen in Anspruch. Bevorzugt wird ein massiertes Training mit 2–3 Sitzungen pro Woche. Die Sitzungen sind grob aufgeteilt in 30–40 Minuten Aufgaben und 20 Minuten Spielen. Die ersten Sitzungen sind Einzelsitzungen. Betont wird lautes Denken und genaues Zuhören. Die kognitiven Anforderungen sind gering, die verwendeten Materialien nicht schulähnlich; bei 7–8jährigen etwa werden Vorschulmaterialien eingesetzt. Der negative Kreislauf von Schul- und Hausaufgabensituation, der durch Mißerfolge, Kritik, Spannung, Angst und Aggression gekennzeichnet ist, soll auf keinen Fall in der Intervention fortgeführt werden. Die Kinder verfügen für gewöhnlich eingangs weder über adäquate Arbeitsstrategien noch über angemessene Formen der Kontaktaufnahme. Gruppensitzungen mit drei, höchstens vier Kindern sollten erst dann erfolgen, wenn das Kind sicher in der Aufgaben- und Spielsituation ist. Auch dann sollte die erste Gruppensitzung noch stark strukturiert sein, mit Spielen beginnen, die allen Kindern wohl vertraut sind und gut beherrscht werden.

Die Eltern werden frühzeitig einbezogen, wenn das Kind mit Hilfe der Selbstinstruktionskarten „laut Denken" kann (etwa 3. Stunde). Besonders geeignet sind Aufgaben, die genaues Hinsehen verlangen und bei denen die Eltern häufig selbst kleine Fehler machen. Sie geben dem Kind Gelegenheit, den Eltern seine neu erworbenen Strategien zu demonstrieren: schrittweises Vorgehen, erste Alternativen, zudecken, dann genau die Vorlage anschauen und überlegen, welche Eigenschaften das Teil haben muß, dann auswählen und überprüfen. – Nach vier bis fünf Sitzungen werden schulähnliche Materialien eingeführt: Lese-Rechtschreibspiele, Denkspiele. Schulaufgaben werden probeweise erledigt („Mal sehen, ob uns das laute Denken dabei etwas nützt"). Auf spezielle Arbeitstechniken wird besonders geachtet: das Blatt von links nach rechts bearbeiten, ankreuzen, was wegfällt, Vermeiden unnötiger Fehler beim Rechnen, z. B. durch Einkreisen von Plus- und Minuszeichen, um sich zu merken, welche Recheoperation durchgeführt wurde.

Bei den weiteren Sitzungen liegt der Schwerpunkt auf sozialem Lernen. Es werden Kooperationsspiele mit anderen durchgeführt. Konflikte in der Klasse werden diskutiert und u. a. mit Hilfe von Rollenspielen erlebbar und verständlich gemacht (z. T. in Anlehnung an Spivack & Shure 1974). Neben der Problemerkennung stehen das Generieren von alternativen Lösungen (v. a. zu aggressivem Verhalten), das Denken an die Konsequenzen von Handlungen und das Vorwegnehmen von Schwierigkeiten und der mögliche Umgang damit im Vordergrund – dies in Fortführung von Übungen in den Einzelsitzungen.

Von Anfang an wird einem affektiven Lernen große Bedeutung beigemessen: dem Erkennen eigener Gefühle und denen anderer, u. a. mit Hilfe kleiner Geschichten und Fotos. Angesichts der Probleme hyperaktiver Kinder mit einem situationsangemessenen ‚Arousal' ist es wichtig, ihnen den jeweiligen Grad ihrer Aktivierung zu spiegeln. Mütter schätzen die Aktivierung anhand einer einfachen Skala ein. Schließlich übernimmt das Kind es, sich immer wieder einzuschätzen und ggfs. mit Hilfe von Entspannungstechniken (u. a. tiefes Atmen) einzuregulieren. Entspannungstechniken, teils in Geschichten eingekleidet, werden dem Kind als Selbstkontrolltechniken vermittelt. Selbsteinschätzungen, mit Feedback seitens des Therapeuten, werden häufig verwendet, so eine Skala „Wie sehr ich mich angestrengt habe" bei einer Aufgabe (von 1: „Hab' mich überhaupt nicht bemüht" bis 5: „Hab' mich ganz besonders angestrengt").

3.2.3 Übereinstimmungstraining

Hyperaktive Kinder sind weniger durch Regeln geleitet als andere Kinder. Das legt Stimuluskontrolltechniken nahe, die darauf abzielen, dem Kind zu größerer Kontrolle über sein hyperaktives, wenig aufmerksames und impulsives Verhalten zu schaffen, in dem Übereinstimmung zwischen einer zuvor von ihm selbst geäußerten Aufforderung an sich selbst, einer Handlungsabsicht, und seinem darauffolgenden Verhalten positive Verstärkung und mangelnde Korrespondenz u. U. Bestrafung erfährt. Es geht also um Übereinstimmung zwischen Sagen und Tun. Untersuchungen zeigen, daß Unaufmerksamkeit und motorische Unruhe während der Aufgabenbewältigung sowie aggressives Verhalten Gleichaltrigen gegenüber abnehmen (Paniagua 1992). Selbstinstruktionen solcher Art können als öffentlich bekundete Zielsetzung aufgefaßt werden mit sozialen Konsequenzen nach Maßgabe der Übereinstimmung zwischen Absicht und Handeln.

3.2.4 Abbau aggressiven Verhaltens

Kontrolle von Wut und Ärger
Für hyperaktiv-aggressive Kinder ist eine zusätzliche Einheit angezeigt, in der – einzeln und in Gruppen – sowohl der Umgang mit Ärger und Wut, die häufig zu aggressivem Verhalten führen, eingeübt wird, als auch das Vermeiden von Informationsfeh-

lern, die mit Fehlzuschreibungen über die Intention anderer in nicht eindeutigen Situationen und der selektiven Wahrnehmung mit Aggressivität verknüpfter Zeichen zu tun haben. Das Vorgehen kann Elemente der Streßimpfung für Erwachsene (Novaco 1978), für Kinder (Lochman et al. 1981) und für Jugendliche (Feindler & Ecton 1986) aufnehmen.

Aggressives Verhalten ist erheblich bestimmt durch Informationsverarbeitungsfehler und -defizite. Auf einer oder mehreren Stufen der sozialen Informationsverarbeitung – Enkodierung, Interpretation, Generierung und Auswahl von Verhaltensantworten und Ausführung des Verhaltens – weisen aggressive und besonders hyperaktiv-aggressive Kinder Defizite auf. Eine soziale Situation wird oft eingeschränkt wahrgenommen. Es wird einem Attributionsbias aufgesessen. In mehrdeutigen Situationen werden dem Gegenüber aggressive Intentionen unterstellt, die ins Kalkül gezogene Reaktion beschränkt sich auf aggressives Reagieren. Aggressives Verhalten wird dann auch an den Tag gelegt.

Als eine Form kognitiver Restrukturierung bietet sich an, das Interpretieren von sozialen Situationen zu üben, die bisher ohne Federlesens zu aggressivem Verhalten geführt haben. Der Therapeut zeigt, etwa anhand von Situationen, auf, in denen er die Kinder zuvor beobachtet hat, wie sie vorschnell anderen feindselige, abträgliche Absichten ihnen gegenüber unterstellen. Es sollen Hypothesen aufgestellt und getestet werden, etwa anhand des Beispiels vom Schüler, den ein anderer auf dem Weg aus dem Klassenzimmer beinahe umgestoßen hat. Wie könnte es dazu noch (außer in aggressiver Absicht) gekommen sein (Frage nach Alternativen)? – „Vielleicht hat ihn auch jemand aus dem Weg geworfen". Alternativen sollen bedacht, ihre Plausibilität eingeschätzt werden. Zu sich selbst sprechen (z. B. „Was spricht denn eigentlich dafür, daß er mich wirklich mit Absicht angestoßen hat? Was dagegen?"), Rollenspiele anhand mehrdeutiger Szenarien, in denen laut über alternative Erklärungen für das Handeln des je anderen nachgedacht wird – all dies soll dazu führen, die Einbahnstraße zu aggressivem Reagieren zu verstellen. Wut und Ärger als unmittelbare Vorläufer aggressiven Verhaltens werden dem hyperaktiv-aggressiven Kind deutlich gemacht, u. a. in dem es auf seine körperlichen Signale (z. B. schnelles Atmen, Schwitzen) und die begleitenden Gedanken (z. B. „Am liebsten würde ich die Schule anstecken") zu achten lernt, Situationen, in denen es wütend ist, erkennt (ältere Kinder führen ein Ärger-Logbuch dazu) und schließlich, wie es ohne gleich aggressiv auszuagieren, mit den schwierigen Situationen adaptiver umzugehen vermag.

Entspannungsübungen, am ehesten solche, die schnell ausgeführt werden können, z. B. tiefes Atmen, kurzes maximales Anspannen aller Muskeln während 10–15 Sekunden, dann etwa 30 Sekunden entspannen, spielen eine Rolle bei dem, was Novaco (1988) im Rahmen der Streßimpfung die Vorbereitung auf die Situation und die Bewältigung der Erregung in der Situation genannt hat. Der Vorbereitung und Bewältigung der Situation dienen v. a. auch Selbst-Statements: „Das schaffe ich". „Ich muß mich nur daran erinnern, tief zu atmen, ruhig zu bleiben". „Wenn ich ruhig bleibe, kriege ich auch keine Schwierigkeiten". „Auch wenn der versucht, mich auf die Palme zu bringen – ich bleibe ganz cool". Gerade bei Schwierigkeiten, physiologische und kognitive Aspekte unter Kontrolle zu halten: „Ich bin im Augenblick dabei, die Pedalen zu verlieren. Jetzt ruhig. Tief atmen, ich bin zu aufgeregt". Wenn die Kinder gelernt haben, die Situationen zu erkennen, in denen sie wütend zu ihrem Nachteil auszuagieren drohen, ihre je eigene Ausdrucksweise von Wut und Ärger („Wie sich das bei mir anfühlt") und deren Auslöser kennengelernt haben, kann in zunehmend realistischerem Rollenspiel die Bewältigung geübt werden. Wichtig ist, daß in diesen Rollenspielen ein erheblicher Grad von Emotionalität bei allen Beteiligten erreicht wird. Nur so kann damit gerechnet werden, daß das Gelernte auch außerhalb des Therapieraumes ggfs. aktiviert wird.

3.2.5 Die Rolle der Verstärkung

Der Eindruck drängt sich gelegentlich auf, daß bei den kognitiven Trainings im Alltag der mindestens gleichermaßen wichtige behaviorale Anteil der Intervention vernachlässigt wird. Dabei fällt es schwer, sich vorzustellen, wie ein hyperaktives Kind ohne kontingente Verstärkung Problemlösungsfertigkeiten sich aneignen und später einsetzen soll. Die Problemlösungsstrategien machen es nicht nur langsamer, sondern zwingen es, über die Anforderungen der jeweiligen Aufgabe nachzudenken, sich Gedanken über Lösungsmöglichkeiten zu machen, um dann nach all diesem mühseligen kognitiven Geschäft zu einer Lösung zu kommen, die es auch noch sorgfältig ausführen muß. Dies allerdings erst, nachdem es die Lösung laut gedacht und schließlich handlungsanleitend zu sich gesprochen hat. Und erst dann, wenn es die Aufgabenbewältigung beurteilt und sich selbst verstärkt hat, ist die Aufgabe, jedenfalls in den Augen des Therapeuten, beendet. Dies wird einem Kind zugemutet, dessen Problem es gerade ist, vorschnell in Situationen, in denen Unsicherheit herrscht, zu reagieren (Sergeant 1989), das abträglich auf herausgezögerte Verstärkung reagiert (Sanuga-Barke et al. 1992). Es soll nun höchst überlegt handeln, nur auf das Versprechen hin, daß ihm dies im Unterricht zustatten kommen wird?

Die Problemlösungsstrategien sind Hilfsmittel. Allemal wirken sie nicht von selbst. Sie erfordern kontinuierliches Bemühen von jemandem, der just vorher nachhaltig belegt hat, daß er gerade mit der anhaltenden Anstrengung ganz besondere Schwierigkeiten hat. Um ihn bei der Stange zu halten, ist eine hohe Verstärkerdichte geboten – ständiges genaues Feedback, häufige und unmittelbare Konsequenzen.

Ob bei hyperaktiven Kindern ein gegebener Verstärker wirklich schneller seine Wirksamkeit verliert, d. h. früher Sättigung eintritt, wie Barkley (1989) behauptet, mag noch dahinstehen. Über das Übliche hinaus ist jedoch darauf zu achten, ob einem als Verstärker gedachten Stimulus oder einem Ereignis noch die Verstärkereigenschaft zukommt, die ihnen anfänglich zugekommen sein mag. Douglas (vgl. 1980) hat früh auf die Besonderheiten bei der Verstärkung hyperaktiver Kinder hingewiesen. So könnte ein übertrieben emphatisch vorgetragenes Lob wider Erwarten dazu führen, daß an eine weitere Aufgabenbewältigung in dieser Sitzung jedenfalls nicht mehr zu denken ist.

3.3 Kognitiv-behaviorale Intervention mit dem Jugendlichen

Auch wenn ein solches kognitiv-behaviorales Training, insbesondere wenn es weniger als Programm, denn individualisiert durchgeführt wird, mit leichten Adaptationen über den weiten Altersbereich von sechs bis elf oder zwölf Jahren angemessen sein dürfte, so sind allemal ab dreizehn Jahren andere Interventionen nach Maßgabe der im Vordergrund stehenden Probleme der hyperaktiven und oft auch aggressiven Jugendlichen angezeigt. Das sind zum einen Interventionen, die darauf abzielen, die Eltern-Jugendlichen-Interaktion zu verbessern, zum andern Interventionen, welche die aggressiven Auseinandersetzungen mit Gleichaltrigen zugunsten sozial angemessenen Verhaltens abzubauen trachten.

Auch hier liegt der Schwerpunkt auf der Entwicklung von Selbststeuerung mit Hilfe von Problemlösungsfertigkeiten. Problemlösungsstrategien werden als der Lösung unmittelbarer Probleme dienlich vorgestellt: bei einer Auseinandersetzung mit anderen Jugendlichen, mit den Eltern, bei Schwierigkeiten, bei einer Sache zu bleiben – dies am besten in einer Gruppe, in der die gelernten Strategien ausprobiert werden können und der Jugendliche Unterstützung und Rückkopplung über sein Verhalten von anderen erfährt. Breiten Raum muß auch die Bearbeitung von Konflikten zwischen Eltern und Jugendlichen einnehmen, bei denen Ärger, unzulängliche, verzerrte Kommunikation, falsche „Beliefs" und aversive Interaktionen ein erhebliches Ausmaß annehmen (Barkley et al. 1992). Bei hyperaktiv-oppositionell-aggressiven Jugendlichen müssen Problemlösungs- und Kommunikationsfertigkeiten noch intensiver und anhaltender eingeübt werden als bei „Nur"-Hyperaktiven. Barkley et al. (1992, p. 185) nehmen an, daß bei einer familienzentrierten Intervention, die das Ziel hat, die familiäre Beeinträchtigungen zu reduzieren, das oppositionell-aggressive Verhalten des Jugendlichen zuerst vor dem Symptom der Hyperaktivität anzugehen ist. Den Ansatz könnten dabei die bei der Beobachtung der Eltern-Jugendlichen-Interaktion identifizierten, aversives Verhalten auslösenden Momente bilden.

3.3.1 Eltern-Jugendlichen-Intervention

Hierzu haben Robin & Foster (1989) ein Programm vorgelegt, das alterstypische Konfliktsituationen in der Familie zu lösen helfen soll – etwa solche, bei denen es um Mithilfe im Haushalt, um die Eigenverantwortlichkeit für Schulaufgaben und -leistungen, Rechte und Privilegien des Jugendlichen und seine sozialen Aktivitäten geht. Der Jugendliche und seine Eltern lernen 1. eine Reihe von Problemlösungsschritten, 2. Verhaltensweisen, wie sie diese Schritte angemessen anwenden können und 3. werden irrationale „Beliefs" von Eltern und Jugendlichen attackiert, die sich in den Erwartungen an das Verhalten des je anderen ausdrücken.

3.3.2 Ärger-Kontroll-Training

Ärger-Kontroll-Trainings, wie das in einem Manual vorliegende von Feindler & Ecton (1986), haben zum Hintergrund, daß Wut und Ärger weniger von einer Situation oder einem Ereignis als von deren weitgehend automatisiert ablaufenden kognitiven Verarbeitung ausgelöst werden, die es zu entautomatisieren gilt. Wie bereits erwähnt, gehören kognitive Umstrukturierung, Erkennen provozierender Situationen, Einschätzung eigener Befindlichkeit, Einüben alternativer Verhaltensweisen zu den Inhalten, die durch Lernen am Modell und Rollenspiel eingeübt werden. Diese und ähnliche Trainings sind, schon weil sie die intensive Mitarbeit, das Sicheinlassen auf die Inhalte, das Auseinandersetzen mit den eigenen Problemen verlangen, kaum für Jugendliche mit schweren Störungen des Sozialverhaltens geeignet, bei denen längerfristige pädagogische Interventionen im Rahmen einer außerhäuslichen Unterbringung angezeigt sind.

4. Evaluation

Die Mehrzahl der in der Klinik vorgestellten hyperaktiven Kinder- und Jugendlichen weist gleichzeitig Störungen des Sozialverhaltens auf. Die nicht seltene elterliche Psychopathologie, der häufig problematische familiäre Hintergrund, die oft eher geringen für die Intervention zu aktivierenden Ressourcen, Leistungsdefizite erheblichen Ausmaßes, gestörte Beziehungen zu Gleichaltrigen – diese Fülle der Probleme müßte eigentlich dagegen feien, von einer auch angereicherten, mehrdimensionalen Kurzzeitbehandlung allein anhaltende Verbesserungen in allen Problembereichen zu erwarten.

Die Vielfalt und Hartnäckigkeit der Schwierigkeiten hyperaktiver Kinder und Jugendlicher, die oft angesichts drängender Probleme (Suspendierung vom Unterricht, Ausschulung) gegebene Notwendigkeit, schnell zu Erfolgen zu kommen, führt beinahe zwangsläufig zu einer multimodalen Behandlung, bei der zwar verhaltenstherapeutische Techniken bemüht werden, das hinsichtlich seiner Wirksamkeit überprüfte Handeln – das Verhaltenstherapie wesentlich ausmacht – jedoch draußen vorbleibt. Behaviorales Elterntraining, kognitiv-verhaltenstherapeutische Intervention mit dem Kind, Selbstinstruktionstraining – das sind grobe Rubriken bzw. allgemeine Klassen; nicht zuletzt auch deswegen, weil die Ingredienzen, die in die Intervention jeweils eingehen, nach Maßgabe der Probleme derjenigen, für die sie vorgesehen sind (und selbstverständlich auch der Vorlieben des Therapeuten) individualisiert werden. Auch dies erleichtert nicht gerade die Evaluation. Behandlungskomponenten werden nicht immer identifiziert. Die wesentlichen Inhalte kognitiv-behavioraler Intervention, von denen angenommen wird, daß sie die entscheidenden Veränderungsagenten sind, müssen nicht für die Veränderung gesorgt haben. So fehlt es weitgehend an eindeutigen Belegen, daß die neuerworbenen kognitiven Strategien für beobachtete Verhaltensänderungen verantwortlich sind (Wahlen & Henker 1991).

Ohne notwendige methodische und inhaltliche Differenzierungen vorzunehmen, seien hier einige grobe Verallgemeinerungen gewagt, die den Tenor der Übersichten (z. B. Abikoff 1987) und Meta-Analysen (Hinshaw & Erhardt 1991) widerspiegeln.

4.1 Elterntraining

Zum Elterntraining sei hier nur angemerkt, daß diese Interventionen gemeinhin mindestens moderate positive Veränderungen bewirken, dies nach zwei bis vier Monaten, wenn man Eltern- und Lehrerratings zum Maßstab nimmt, d. h. sozialpsychologisch relevante, wenn auch keinesfalls objektive Maße (Hinshaw & Erhardt 1990). Die Wirksamkeit eines Elterntrainings belegen aber auch Kontrollgruppenstudien, z. B. bei hyperaktiven Vorschulkindern (Pisterman et al. 1989). Selten belegt wird allerdings, ob die Eltern sich wirklich an das im Trainingsprogramm Gelernte zu Hause halten, so daß die Wirkgrößen, die für etwaige positive Veränderungen verantwortlich zu machen sind, im Dunkeln bleiben (Pelham & Murphy 1986; Pisterman et al. 1989). Hinshaw & Erhardt (1991) kommen in ihrer Übersicht zu dem Schluß, daß Elterntrainings zwar wirksam sind. Verglichen mit dem, was an Veränderungen über ein Spektrum problematischen Verhaltens jedoch von einer Stimulantientherapie bewirkt wird, schneiden sie eher schwächer ab.

4.2 Verhaltensmodifikation und kognitiv-behaviorale Intervention

Behaviorale Intervention und die medikamentöse Behandlung mit Stimulantien gelten als wirksame Interventionen bei hyperaktiven Kindern (Pelham & Murphy 1986; Wahlen & Henker 1991). Sie führen in Kurzzeituntersuchungen zu (kürzerfristigen) Verbesserungen. Dabei erweist sich grosso modo die Stimulantientherapie den operanten Techniken als überlegen (Gittelman et al. 1980; Pelham & Murphy 1986). Psychostimulantien affizieren ein breiteres Verhaltensspektrum. Sie sind gemeinhin wirksamer als Verhaltenstherapie. Eine kombinierte Behandlung zeigt sich v. a. bei hyperaktiv-aggressiven Kindern als effektiver verglichen mit Stimulantientherapie und verhaltenstherapeutischer Intervention jeweils für sich genommen (Rapport 1992, p. 156).

Doch wie steht es um die Wirksamkeit kognitiv-behavioraler Intervention, die dem Augenschein zufolge doch nahezu perfekt auf die Probleme hyperaktiver Kinder mit der Selbstregulation zugeschnitten zu sein scheint? Weder die gute Übereinstimmung zwischen Modellvorstellung zur hyperkinetischen Störung und Intervention, noch die Akzeptanz der Behandlung durch Eltern, Lehrer und Therapeuten gleichermaßen vermag klinisch bedeutsam Veränderungen als allgemeines Ergebnis kognitiv-behavioraler Trainings sicher zu stellen. Die Therapiestudien zur Wirksamkeit kognitiv-behavioraler Interventionen haben im großen und ganzen den vermuteten Einfluß auf das Denken, die schulischen Leistungen und das soziale Verhalten nicht bestätigt (Abikoff 1987; Hinshaw & Erhardt 1991). Studien zur relativen Wirksamkeit von Stimulantien und kognitiv-verhaltenstherapeutischer Intervention verweisen auf die Überlegenheit der Psychopharmaka und darüber hinaus, daß positive Veränderungen über das dank Stimulantien Erzielte eher nicht zu erreichen sind.

Die gelegentlich getroffene Schlußfolgerung daraus, daß auf eine kognitiv-verhaltenstherapeutische Intervention mit Selbstinstruktion verzichtet werden könne, scheint dennoch voreilig, nicht nur weil vergleichbare Interventionen bei aggressiven Kindern wiederholt ihre Wirksamkeit (wenn auch nicht Hinlänglichkeit allein) belegt haben (z. B. Kazdin et al. 1989), sondern auch, weil andere pädagogisch-therapeutische Intervention sich nicht im Überfluß anbieten. Kontrollierte Studien kognitiv-verhaltenstherapeutischer Interventionen haben oft schulischen Aufgaben und Fertigkeiten wenig Bedeutung beigemessen. Es ist eine Sache, das Selbstinstruktionstraining mit Labyrinthen und Puzzles zu beginnen, eine andere, zu erwarten, daß dies quasi-automatisch das Kind dazu führen werde, die Problemlösungsstrategien, seine metakognitiven Fertigkeiten im Unterricht, auf dem Spielplatz und zu Hause einzusetzen.

Was oft vernachlässigt wird, ist der behaviorale Teil der Intervention: das systematische Arrangieren von Verstärkung, das geboten ist, um das Kind dazu zu motivieren, seine Fertigkeiten außerhalb des Behandlungszimmers auszuprobieren. Gelegentlich mag auch dem Kind bei einem solchen Training ein Mangel an Problemlösungsfertigkeiten unterstellt werden, nur weil es sie nicht an den Tag legt. Dabei hätte die Frage an das Kind, wie es denn der Mama oder einem Freund erklären würde, was man bei der Aufgabe machen muß, deutlich gemacht, daß das Kind gelegentlich schon über die geforderten metakognitiven Fertigkeiten verfügt, die wir ihm erst mühevoll beizubringen gedachten. Das Problem ist eher, daß es sie nicht anwendet, als wenn es nicht von deren Nützlichkeit überzeugt wäre und nicht an seinen eigenen Erfolg beim Lernen glauben könnte. Gute Leistungen werden, wenn es denn zu ihnen kommt, dem Glück zugeschrieben, jedenfalls nicht eigener Anstrengung. Das ist kein guter Boden für eine stabile positive Selbsteinschätzung. Es geht darum, das Kind für die Anwendung der Strategien zu verstärken, ihm die Wirksamkeit seines Handelns zu verdeutlichen, und für eine Veränderung der Selbstzuschreibung zu sorgen.

Um eine Generalisierung der Strategienverwendung wahrscheinlicher zu machen, ist es geboten, einerseits so viel wie möglich vom schulischen Stoff aus dem Unterricht des Kindes in die Behandlung zu importieren, andererseits das Trainingsvorgehen in den Unterricht zu exportieren. Wenn irgend möglich, sollte der Lehrer danach schauen, ob das Kind die erworbenen kognitiven Strategien im Unterricht einsetzt. Es ist dazu anzuhalten, sich seiner neuen Fertigkeiten zu bedienen. Die Übertragung des Gelernten in die Sozialökologie des Kindes wird erheblich gefördert, wenn der Lehrer z. B. reziprokes Lehren und Lernen, d. h. einen häufigen Wechsel in der Lehrer und Schülerrolle, ermöglicht. So wird ein gradueller Transfer der Kontrolle über die Strategieverwendung vom Lehrer auf den Schüler unterstützt. Dies ist ein Vorgehen, das dem Kind aus den Trainingssitzungen vertraut ist.

Was dem Kind bei der kognitiv-verhaltenstherapeutischen Intervention vermittelt wird, dringt zumeist nicht hinlänglich in die Unterrichtsaktivitäten ein. Zu bedenken ist, daß die doch recht allgemeinen Strategien der Selbstinstruktion und des interpersonellen Problemlösens, die unsere Trainingsprogramme ausmachen, kaum hinlangen dürften, das Verhalten eines hyperkinetischen Kindes mit zusätzlichen Teilleistungsschwächen zu einem besseren Leser, Schreiber und Rechner zu machen. Was wir zu wenig in unsere Intervention einbeziehen, ist ein inzwischen umfängliches Wissen über die Rolle von Metakognition und exekutiver Kontrolle für schulisches Handeln, das sich im Rahmen der kognitiven und pädagogischen Psychologie angesammelt hat (z. B. Borkowski et al. 1989; Borkowski 1990; Pressley et al. 1987). Zur Verbesserung des Leseverständnisses lernen die Schüler zum Beispiel, sich zu Beginn des Lesens daran zu erinnern, daß es gilt, erstens die Grundidee der Geschichte herauszukriegen, zweitens wichtige Details der Geschichte zu erfassen, drittens auf die Abfolge der Geschichte zu achten und viertens herauszukriegen, was die Protagonisten der Geschichte fühlen und denken und warum sie dies tun. Zudem lernen die Kinder während des Lesens darauf zu achten, ob sie noch bei der Sache sind. Sie geben sich selbst Instruktionen, weiterzumachen und ruhig und entspannt zu bleiben (Bommarito & Meichenbaum 1978). Ähnliche Ansätze vermitteln dem leseschwachen Schüler einen Rahmen, um das Gelesene einzuordnen und damit besser abrufbar zu machen (z. B. „story mapping", Newby et al. 1989). Dies sind metakognitive Strategien für Kinder mit Leseschwächen. Da nicht jedes hyperaktive Kind solche Schwierigkeiten hat, ist Diagnostik geboten, um herauszukriegen, welche Kinder derartige Schwächen haben.

Das Ausweiten der psychopädagogischen Intervention hat seine praktischen Grenzen. Eine klinische Intervention kann selten zwanzig bis dreißig Sitzungen mit dem Kind überschreiten. Somit kann sie auch bestenfalls die Basis für ein gebotenes längerfristiges, vorwiegend pädagogisches Handeln abgeben. Die Hyperkinetische Störung ist häufig eine chronische Störung und als solche zu konzeptualisieren. Daran ist von Anfang an zu denken, etwa indem von vornherein „Auffrisch-Sitzungen" nach der Abschluß der initialen Intervention eingeplant werden.

Literatur

Abikoff, H. (1987). An evaluation of cognitive behavior therapy for hyperactive children. In: B. B. Lahey & A. E. Kazdin (eds.), Advances in clinical child psychology. Vol. 10, (pp. 171–216). New York: Plenum Press

Abikoff, H., Gittelman-Klein, R. & Klein, D. (1977). Validation of a class-room observation code for hyperactive children. Journal of Consulting and Clinical Psychology 45, 772–783

Achenbach, T. M. (1991). Manual for the Child Behavior Check List/4–18 and 1991 profile. Burlington, VT: University of Vermont, Department of Psychology

Ambrosini, P. J., Metz, C., Prabuck, K. & Lee, J.-C. (1989). Videotape reliability of the third revised edition of the K-SADS. Journal of the American Academy of Child and Adolescent Psychiatry 28, 723–728

Arbeitsgruppe Deutsche Child Behavior Checklist (1993). Elternfragebogen über das Verhalten von Kindern und Jugendlichen (CBCL/4–18). Arbeitsgemeinschaft Kinder-, Jugendlichen- und Familiendiagnostik (KJFD), c/o Klinik f. Psychiatrie u. Psychotherapie des Kindes- u. Jugendalters der Universität zu Köln

Ayllon, T., Layman, D. & Kandel, H. J. (1975). A behavioral-educational alternative to drug control of hyperactive children. Journal of Behavior Analysis 8, 137–146

Barkley, R. A. (1990). Attention deficit hyperactivity disorder. A handbook for diagnosis and treatment. New York: Guilford Press

Barkley, R. A. (1989a). Attention deficit hyperactivity disorder. In: E. Mash & R. A. Barkley (eds.) Treatment of childhood disorders (pp. 39–72). New York: Guilford Press

Barkley, R. A. (1989b). The problem of stimulus control and rule-governed behavior in children with attention deficit disorder with hyperactivity. In: J. Swanson & L. Bloomingdale (eds.), Attention deficit disorder. Vol. 4 Current concepts and emerging trends in attentional and behavioral disorders of childhood (pp. 203–232). Oxford: Pergamon Press

Barkley, R. A. (1991). The ecological validity of laboratory and analogue assessments of ADHD symptoms. Journal of Abnormal Child Psychology 19, 149–178

Barkley, R. A. (1997) Behavioral inhibition, sustained attention, and executive function: Constructing a unifying theory of ADHD. Psychological Bulletin 121, 65–94

Barkley, R. A., Anastopoulos, A. D. Guevremont, D. C. & Fletcher, K. E. (1991). Adolescents with attention deficit hyperactivity disorder: Mother-adolescent interactions, family beliefs and conflicts, and maternal psychopathology. Journal of Abnormal Child Psychology 20, 263–287

Barkley, R. A., Dupaul, G. & Murray, M. B. (1990a). A comprehensive evaluation of attention deficit disorder with and without hyperactivity as defined by research criteria. Journal of Consulting and Clinical Psycholotgy 58, 775–789

Barkley, R. A., Fischer, M., Edelbrock, C. S., Smallish, L. (1990b). The adolescent outcome of hyperactive children diagnosed by research criteria: I. An 8-year prospective follow-up study. Journal of the American Academy of Child & Adolescent Psychiatry 29, 546–557

Beck, A. T. (1996). Kognitive Therapie der Depression. 5. Auflage. Weinheim: Psychologie Verlags Union

Biederman, J., Newcorn, J. & Sprich, S. (1991). Comorbidity of attention deficit hyperactivity disorder with conduct, depressive, anxiety, and other disorders. American Journal of Psychiatry 148, 564–577

Birleson, P. (1987). The validity of depressive disorder in childhood and the development of a self-rating scale: A research project. Journal of Child Psychology and Psychiatry 22, 73–88

Bliesener, T., Köferl, P. & Lösel, F. (1990). Protektive Faktoren bei Jugendlichen aus „Multiproblem-Milieus" mit hohem Risiko der Delinquenzentwicklung. In: S. Höfling & W. Butollo (Hrsg.), Psychologie für Menschenwürde und Lebensqualität. Bd. 3 (pp. 80–93). Bonn: Deutscher Psychologen Verlag

Bommarito, J. & Meichenbaum, D. (1978). Enhancing reading comprehension by means of self-instructional training. Unveröffentl. Manuskript. University of Waterloo. Ontario, Canada

Borkowski, J. G. & Kurtz, B. E. (1987). Metacognition and executive control. In: J. G. Borkowski & J. D. Day (eds.), Cognition in special children: Comparative approaches to retardation, learning disabilities, and giftedness (pp. 123–152). Norwood, NJ: Ablex Publishing

Breen, M. & Barkley, R. A. (1988). Parenting stress and child psychopathology in ADHD boys and girls. Journal of Pediatric Psychology 13, 265–280

Buhrmester, D., Whalen, C. K., Henker, B., MacDonald, V. & Hinshaw, S. P. (1992). Prosocial behavior in hyperactive boys: Effects of stimulant medication and comparison with normal boys. Journal of Abnnormal Child Psychology 20, 103–121

Camp, B. W., Blom, G. E. & Hebert, F. (1977). „Think Aloud". A program for developing self-control in aggressive boys. Journal of Abnormal Child psychology 5, 157–169

Campbell, S. B. & Werry, J. S. (1986). Attention deficit disorder (hyperactivity). In: H. C. Quay & J. S. Werry (eds.), Psychopathological disorders of childhood. 3rd Ed. (pp. 111–155)

Caron, C. & Rutter, M. (1991). Comorbidity in child psychopathology: Concepts, issues and research strategies. Journal of Child Psychology and Psychiatry 32, 1063–1080

CIPS (Collegium Internationale Psychiatriae Scalarum) (Hrsg.) (1981). Internationale Skalen für Psychiatrie. Weinheim: Beltz

Corkum, P. V. & Siegel, L. S. (1993). Is the Continuous Performance Task a valualbe research tool for use with Attention-Deficit-Hyperactivity Disorder? Journal of Child Psychology and Psychiatry, 34, 1217–1239

Crowe, M. & Ridley, J. (1990). Therapy with couples. A behavioural-systems approach to marital and sexual problems. Oxford: Blackwell

Dadds, M. R. & McHugh, T. A. (1992). Social support and treatment outcome in behavioral family therapy for child conduct problems. Journal of Consulting and Clinical Psychology 60, 252–259

Dadds, M. R., Sanders, M. R., Behrens, B. C. & James, J. E. (1987). Marital discord and child behavior problems: A description of family interactions during treatment. Journal of Clinical Child Psychology 16, 192–203

Diagnostisches und Statistisches Manual Psychischer Störungen: DSM-IV (1994); übers. nach der 4. Aufl. des Diagnostic and Statistical Manual of Mental Disorders der American Psychiatric Association/dt. Bearb. u. Einf. von H. Saß, H.-U. Wiitchen u. M. Zaudig. Göttingen: Hogrefe, ^{2}1998

Dodge, K. A. (1985). Attributional bias in aggressive children. In: C. Kendall (eds.) Advances in cognitive-behavioral research and therapy. Vol. 4 (pp. 73–110). Orlando, Fl: Academic Press

Döpfner, M., Berner, W., Fleischmann, T. & Schmidt, M. H. (1991). Fragebogen zur Erfassung von Verhaltensauffälligkeiten im Vorschulalter. FEV. Weinheim: Beltz

Döpfner, M., Schürmann, St. & Frölich, J. (1997). Therapieprogramm für Kinder mit hyperkinetischem und oppositionellem Problemverhalten THOP. Weinheim: Psychologie Verlags Union

Douglas, V. I. (1980). Treatment and training approaches to hyperactivity: Establishing internal or external control. In: C. K. Whalen & B. Henker (Eds.) Hyperactive children. The social ecology of identification and treatment (pp. 283–317). New York: Academic Press

Douglas, V. I. (1983). Attentional and cognitive problems. In: M. Rutter (Ed.). Developmental neuropsychology (pp. 280–329). Edinburgh: Churchill Livingstone

Dush, D. M., Hirt, M. L. & Schroeder, H. E. (1989). Self-statement modification in the treatment of child behavior disorders: A meta-analysis. Psychological Bulletin 106, 97–106

Eifert, G. H., Evans, I. M. & McKendrick, V. G. (1990). Matching treatments to client problems not diagnostic labels: A case for paradigmatic behavior therapy. Journal of Behaviour Therapy and Experimental Psychiatry 21, 163–172

Eisert, H. G. (1987). Die Hausaufgabensituation als Ansatzpunkt für Verbesserungen in der Mutter-Kind-Interaktion. In: O. Speck, F. Peterander & P. Innerhofer (Hrsg.) Kindertherapie. Interdisziplinäre Beiträge aus Forschung und Praxis (pp. 252–260). München: Reinhardt

Eisert, H. G. & Barkey, P. (1979). Verhaltensmodifikation im Unterricht. Interventionsstrategien in der Schule. Bem: Huber

Eisert, H. G., Eisert, M. & Schmidt, M. H. (1982). Stimulanzientherapie und kognitive Verhaltensmodifikation bei hyperaktiven Kindern. Zeitschrift für Kinder- und Jugendpsychiatrie 10, 195–215

Evans, E. H. & McAdam (1988). Training parents to be effective: A cognitve-behavioural approach. In: W. DRYDEN & P. TROWER (Eds.), Developments in cognitive psychotherapy. London: Sage

Feindler, E. L. & Ecton, R. B. (1986). Adolescent anger control. Cognitive-behavioral techniques. Elmsford, NY: Pergamon Press

Firestone, P., Crowe, D., Goodman, J. T. & McGrath, P. (1986). Vicissitudes of follow-up studies: Differential effects of parent training and stimulant medication with hyperactives. American Journal of Orthopsychiatry 56, 184–194

Fuster, J. M. 1995² bzw. (1995). The prefrontal cortex 2. Aufl. New York: Raven Press

Gittelman, R., Abikoff, H., Pollack, E., Klein, D. F., Katz, S. & Mattes, J. A. (1980). A controlled trial of behavior modification and methylphenidate in hyperactive children. In: C. K. Whalen & B. Henker (Eds.), Hyperactive children: The social ecology of identification and treatment (pp. 283–317). New York: Academic Press

Goyette, C. H., Conners, C. K. & Ulrich, F. (1978). Normative data for Revised Conners Parent and Teacher Scales. Journal of Abnormal Child Psychology 6, 221–236

Gualtieri, C. T., Hicks, R. E. & Mayo, J. P. (1983). Hyperacitivity and homeostasis. Journal of the American Acaderny of Child and Adolescent Psychiatry 22, 382–384

Henker, B. & Whalen, C. K. (1989). Hyperactivity and attention deficits. American Psychologist 44, 216–223

Hinshaw, S. P. (1987). On the distinction between attentional deficits/hyperactivity and conduct problems/aggression in child psychopathology. Psychological Bulletin 101, 443–463

Hinshaw, S. P. & Erhardt, D. (1991). Attention-deficit-hyperactivity disorder. In: P. C. Kendall (Ed.), Child and adolescent therapy: Cognitive-behavioral procedures (pp. 98–128). New York: Guilford Press

Jensen, P. S., Martin, D. & Cantwell, D. P. (1997). Comorbidity in ADHD: Implications for research, practice and DSM-V. Journal of the American Academy of Child and Adolescent Psychiatry, 36, 1065–1079

Joriles, E. N., Murphy, C. M. & 0'Leary, K. D. (1989). Effects of maternal mood on mother-son interaction patterns. Journal of Abnormal Child Psychology 17, 513–525

Kagan, J. (1966). Reflexion-impulsivity: The generality and dynamics of conceptual tempo. Journal of Abnormal Psychology 71, 17–24

Kazdin, A. E. (1987). Treatment of antisocial behavior in children: Current status and future directions. Psychological Bulletin 102, 187–203

Kazdin, A. E., Bass, D., Siegel, T. & Thomas, C. (1989). Cognitive-behavioral therapy and relationship therapy in the treatment of children referred for antisocial behavior. Journal of Consulting and Clinical Psvchology 57, 522–535

Lahey, B. B. & Carlson, C. L. (1991). Validity of the diagnostic category of attention deficit disorder without hyperactivity: A review of the literature. Journal of Learning Disabilities 24, 110–120

Landau, S. & Milich, R. (1988). Social communication patterns of attention deficit-disordered boys. Journal of Abnormal Child Psychology 16, 69–81

Lobert, W. (1990). Untersuchung von Merkmalen und Struktur der depressiven Verstimmung in der Pubertät mit dem Kinder-Depressions-Inventar (GCDI) nach Kovacs. Pädiatrie und Grenzgebiete 29, 509–528

Lochman, J. E. & Curry, J. F. (1986). Effects of social problem-solving training and self-instruction training with aggressive boys. Journal of Clinical Child Psychology 10, 99–135

Lochman, J. E., Nelson, W. M. III & Sims, J. P. (1981). A cognitive-behavioral program for use with aggressive children. Journal of Clincal Child Psychology 10, 146–148

Loney, J. (1987). Hyperactivity anf Aggression in the diagnosis of attention deficit disorder. In: B. B. Lahey & A. E. Kazdin (Eds.), Advances in clinical child psychology. Vol. 10. (pp. 99–135). New York: Plenum Press

Loney, J., Kramer, J. & Milich, R. S. (1981). The hyperactive child grows up: Predictors of symptomatology, delinquency and achievement at follow-up. In: K. D. Gadow & J. Loney (Eds.), Psychosocial aspects of drug treatment for hyperactivity. Boulder, CO: Westview Press

Losier, B. J. McGrath, P. J. & Klein, R. M. (1996). Error patterns on the Continuous Performance Test in non-medicated and medicated samples of children with and without ADHD: A meta-analytic review. Journal of Child Psychology and Psychiatry 37, 971–987

Mash, E. J. & Johnston, C. (1990). Determinants of parenting stress: Illustration from families of hyperactive children and families of physically abused children. Journal of Clinical Child Psychology 19, 313–338

Meichenbaum, D. (1995). Kognitive Verhaltensmodifikation. Weinheim: Psychologie Verlags Union

Meichenbaum, D. H. & Goodman, J. (1971). Training impulsive children to talk to themselves: A means of developing self-control. Journal of Abnormal Psychology 77, 115–126

Miller, G. E. & Prinz, R. J. (1990). Enhancement of social learning family intervention for childhood conduct disorder. Psychological Bulletin 108, 201–307

Milich, R. & Landau, S. (1982). Socialization and peer relations in the hyperactive child. In: K. D. Gadow & A. I. Bialer (Eds.), Advances in learning and behavioral disabilities. Vol. l, (pp. 283–339). Greenwich, CT: JAI Press

Newby, R. F., Caldwell, J. & Recht, D. R. (1989). Improving the reading of children with dysphonetic and dyseidetic dyslexia using story grammar. Journal of Learning Disabilities 22, 373–380

Novaco, R. W. (1979). The cognitve regulation of anger and stress. In: P. C. Kendall & S. D. Hollin (Eds.), Cognitive-behavioral interventions: Theory, research, and procedures (pp. 241–285)

Paniagua, F. A. (1992). Verbal-nonverbal correspondence training with ADHD children. behavior modification 16, 226–252

Patterson, G. R. (1982). Coercive family process. Eugene, OR: Castalia

Pisterman, S., McGrath, P., Firestone, P., Goodman, J. T., Webster, I., Mallory, R. (1989). Outcome of parent-mediated treatment of preschoolers with attention deficit disorder with hyperactivity. Journal of Consulting and Clincal Psychology 57, 628–635

Pelham, W. E. & Murphy, H. A. (1986). Attention deficit and conduct disorder. In: M. Hersen (Ed.), Pharmacological and behavioral treatments: An integrative approach (pp. 108–148). New York: Wiley

Porrino, L. J., Rapoport, J. L., Behar, D., Sceery, W., Ismond, D. R. & Bunney, W. E., Jr. (1983). A naturalistic assessment of the motor activity of hyperactive boys. Archives of General Psychiatry 40, 681–687

Pressley, M., Borkowski, J. G. & Schneider, W. (1987). Cognitive strategies: Good strategy users coordinate metacognition and knowledge. Annals of Child Development. Vol. 4 (pp. 89–129)

Rapport, M. D. (1992). Introduction. Treating children with attention-deficit hyperactivity disorder. behavior modification 16, 155–163

Robin, A. L. & Foster, S. L. (1989). Negotiating parent-adolescent conflict: A behavioral family systems approach. New York: Guilford Press

Robins, M. A. (1990). A behavioral observation method for differentiating hyperactive and aggressive boys. Journal of Abnormal Psychology 18, 131–142

Rosvold, H. E., Mirsky, A. F., Sarason, J., Bransome, E. D. & Beck, L. H. (1956). A continuous performance test of brain damage. Journal of Clinical and Consulting Psychology 20, 343–350

Schachar, R. & Logan, G. D. (1990). Are hyperactive children deficient in attentional capacity? Journal of Abnormal Child Psychology 18, 493–513

Schachar, R., Rutter, M. & Smith, A. (1981). The characteristics of situational and pervasively hyperactive children: Implications for syndrome definition. Journal of Child Psychology and Psychiatry 22, 375–392

Schindler, L, Hahlweg, K. & Revenstorf, D. (1980). Partnerschaftsprobleme: Möglichkeiten zur Bewältigung. Ein verhaltenstherapeutisches Programm für Paare. Berlin: Springer

Seidel, W. & Joschko, M. (1990). Evidence of difficulties in sustained attention in children with ADHD. Journal of Abnormal Child Psychology 18, 217–219

Sergeant, J. (1989). In search of processing deficits of attention in ADD-H children. In: L. M. Bloomingdale & J. Swanson (Eds.), Attention deficit disorder. Current concepts and emergent trends in attentional and behavioral disorders of childhood (pp. 255–282). Oxford: Pergamon Press

Sergeant, J. & van der Meere, J. (1989). The diagnostic significance of attentional processing: Its significance for ADDH classification – A future DSM. In: T. Sagvolden & T. Archer (Eds.), Attention deficit disorder: Clinical and basic research (pp. 151–166). Hillside, NJ: Erlbaum

Sonuga-Barke, E. J. S., Taylor, E., Sembi, S. & Smith, J. (1992). Hyperactivity and delay aversion - I. The effect of delay on choice. Journal of Child Psychology and Psychiatry 33, 387–398

Spivack, G. & Shure, M. B. (1974). Social adjustment of young children: A cognitive approach to solving real-life problems. San Francisco, CA: Jossey-Bass

Steinhausen, H.-C. (1985). Eine Skala zur Beschreibung psychisch gestörter Kinder und Jugendlicher. Zeitschrift für Kinder- und Jugendpsychiatrie 13, 230–250

Steinhausen, H.-C. (Hrsg.) (1995). Hyperkinetische Störungen im Kindes- und Jugendalter. Stuttgart: Kohlhammer

Steinhausen, H.-C. (1996). Psychische Störungen bei Kindern und Jugendlichen. Lehrbuch der Kinder- und Jugendpsychiatrie. 3. Auflage. München: Urban & Schwarzenberg

Steinhausen, H.-C. & Erdin, A. (1992). Correlates of the DSM-III-R Global Assessment of Functioning Scale in patients attending a child and adolescent psychiatric service. European Child and Adolescent Psychiatry 1, 105–110

Tannock, R. (1998). Attention Deficit Hyperactivity Disorder Advances in cognitive, neurobiological, and genetic research, Journal of Child Psychology and Psychiatry 39, 65–99

Taylor, E., Sandberg, S., Thorley, G. & Giles, S. (1991). The epidemiology of childhood hyperactivity. Institute of Psychiatry Maudsley Monographs. London: Oxford Press

Trommer, B. L., Hoeppner, J. B., Lorber, R. K., Armstrommg, K. J. (1988). The Go-No-Go paradigm in attention deficit disorder. Annals of Neurology 24, 610–614

Ullmann, R. K., Sleator, E. K. & Sprague, R. L. (1984). A new rating scale for diagnosis and monitoring of ADD children. Psychopharmacology Bulletin 20, 160–164

Wagner, I. (1976). Aufmerksamkeitstraining mit impulsiven Kindern. Stuttgart: Klett

Weiss, G. & Hechtman, L. T. (1986). Hyperactive children grown up: Empirical findings and theoretical considerations. New York: Guilford Press

Webster-Stratton, C. (1991). Annotation: Strategies for helping families with conduct disordered children. Journal of Child Psychology and Psychiatry 32, 1047–1062

Weltgesundheitsorganisation (1991). Internationale Klassifikation psychischer Störungen ICD-10, Kapitel V (F). Klinisch-diagnostische Leitlinien. Hrsg. von H. Dilling, W. Mombour, M. H. Schmidt: Bern: Huber

Werry, J., Elkind, G. & Reeves, J. (1987). Attention deficit, conduct, oppositional, and anxiety disorders in children. III. Laboratory differences. Journal of Abnormal Child Psychology 15, 409–428

Whalen, C. K. & Henker, B. (1985). The social worlds of hyperactive (ADHD) children. Clinical Psychology Review 5, 447–478

Whalen, C. K. & Henker, B. (1991). Therapies for hyperactive children: Comparisons, combinations, and compromises. Journal of Consulting and Clinical Psychology 59, 126–137

Whalen, C. K., Henker, B. & Granger, D. A. (1991). Ratings of medication effects in hyperactive children: Viable or vulnerable? Behavioral Assessment 11, 179–199

Wolpe, J. (1989). The derailment of behavior therapy: A tale of conceptual misdirection. Journal of Behavior Therapy and Experimental Psychiatry l0, 315

Kapitel 7

Tics

Manfred Döpfner

1. Definition und Klassifikation   162
2. Symptomatik und Verhaltensdiagnose   164
3. Therapie in der Praxis   170
3.1 Selbstbeobachtung   174
3.2 Massierte Übungen   175
3.3 Entspannungstechniken   175
3.4 Kontingenzmanagement   176
3.5 Reaktionsumkehr   176
4. Evaluation   182

   Literatur   184

1. Definition und Klassifikation

Tics sind unwillkürliche, rasche, wiederholte, nichtrhythmische motorische Bewegungen, die umschriebene Muskelgruppen betreffen (motorische Tics), oder vokale Produktionen, die plötzlich einsetzen und keinem offensichtlichen Zweck dienen (vokale Tics). Normalerweise werden Tics als nicht unterdrückbar erfahren, sie können jedoch im allgemeinen zumindest für kurze Zeit, mitunter bis zu mehrere Stunden lang unterdrückt werden. Sowohl motorische als auch vokale Tics können in ihrer Komplexität, Intensität und Art inter- und intraindividuell beträchtlich variieren. Zu den einfachen *motorischen Tics* zählen Augenblinzeln, Kopfwerfen, Schulterzucken und Grimassieren; komplexe motorische Tics sind oft langsamer und wirken in ihrem Erscheinungsbild eher einem Ziel zugeordnet. Sie können jede Art von Bewegung widerspiegeln, die der Körper hervorrufen kann, wie z. B. im Kreis herumwirbeln, hüpfen, in die Hände klatschen, sich verringen, stoßen, Nacken und Armmuskulatur anspannen, den Fuß strecken, Trippel- oder Kickbewegungen durchführen und die Faust ballen. Der vielfach ritualistische Charakter dieser Handlungsweisen erinnert durchaus an Verhaltensweisen, die zwanghaft anmuten (Rothenberger 1991). Bei den *vokalen Tics* variiert der Komplexitätsgrad von Räuspern, Bellen, Grunzen, Schnüffeln und Zischen bis hin zur Wiederholung bestimmter Wörter und dem Gebrauch sozial unannehmbarer, oft obszöner Wörter (Koprolalie) sowie der Wiederholung eigener Laute oder Wörter (Palilalie). Vokale Symptome treten meist während Sprechpausen auf. Sie können mitunter den Sprechbeginn behindern oder sogar blockieren.

Es gibt eine immense Variation des Schweregrades von Tics. Am einen Extrem ist das Phänomen fast normal, da zumindest jedes zehnte, möglicherweise auch jedes fünfte Kind zu irgendeiner Zeit passagere Tics zeigt. Am anderen Extrem steht das Tourette-Syndrom als eine seltene, oft chronische Störung. Wahrscheinlich stellen die verschiedenen Tic-Störungen unterschiedliche Ausprägungen auf einem Kontinuum dar und sind keine voneinander abgegrenzten Störungseinheiten. Dennoch dienen die Einteilungen der gängigen klinischen Klassifikationssysteme als eine wichtige Orientierungshilfe.

Zentrale Klassifikationsmerkmale von Tic-Störungen sind das isolierte bzw. gemeinsame Auftreten von motorischen und vokalen Tics und ihr Chronifizierungsgrad. Dementsprechend wird sowohl nach ICD-10, der International Classification of Diseases (Dilling et al. 1991, 1993), als auch im Diagnostischen und Statistischen Manual Psychischer Störungen, DSM-IV (Saß et al. 1996) zwischen der vorübergehenden Tic-Störung, der chronischen motorischen oder

Tabelle 1. Diagnosekriterien der International Classification of Diseases (ICD-10) für Tic-Störungen (Forschungskriterien; Dilling et al., 1993)

F95.0 vorübergehende Ticstörung
A. Einzelne oder multiple motorische oder sprachliche Tics, die die meiste Zeit des Tages auftreten, an den meisten Tagen in einem Zeitraum von mindestens vier Wochen.
B. Dauer zwölf Monate oder weniger.
C. In der Anamnese kein Tourette-Syndrom, kein Hinweis auf eine organische Verursachung oder eine Medikamentennebenwirkung.
D. Beginn vor dem 18ten Lebensjahr.

F95.1 chronische motorische oder vokale Ticstörung
A. Motorische oder vokale Tics (aber nicht beides), die die meiste Zeit des Tages auftreten, an den meisten Tagen in einem Zeitraum von mindestens zwölf Monaten.
B. In diesem Jahr keine Remission, die länger als zwei Monate andauerte.
C. In der Anamnese kein Tourette-Syndrom, kein Hinweis auf eine organische Verursachung oder eine Medikamentennebenwirkung.
D. Beginn vor dem 18ten Lebensjahr.

F95.2 kombinierte vokale und multiple motorische Tics (Tourette-Syndrom)
A. Während der Störung haben multiple motorische Tics und ein oder mehrere vokale Tics eine Zeitlang bestanden, aber nicht notwendigerweise ununterbrochen.
B. Die Tics treten viele Male am Tag auf, fast jeden Tag länger als ein Jahr, ohne Remission, die länger als zwei Monate dauerte.
C. Beginn vor dem 18ten Lebensjahr.

vokalen Tic-Störung und dem Tourette-Syndrom (der Tourette-Störung), der Kombination von vokalen und multiplen motorischen Tics, unterschieden. In Tabelle 1 sind die Forschungskriterien nach ICD-10 wiedergegeben, die mit den DSM-IV-Kriterien weitgehend übereinstimmen.

Die *vorübergehende Tic-Störung*, die häufigste Form von Tics, ist im Alter von 4 oder 5 Jahren am meisten verbreitet, häufig in Form von Blinzeln, Grimassieren oder Kopfschütteln. Die vorübergehenden Tics dauern gewöhnlich eine Woche oder wenige Monate, sie können aber auch wiederkehren, vor allem während Phasen, in denen das Kind unter Streß steht. Der Beginn liegt immer in der Kindheit oder der frühen Adoleszenz. Erhebungen an Schulkindern haben ergeben, daß 5–24% der Kinder irgendwann einmal einen Tic entwickelt hatten (vgl. Wittchen et al. 1988).

Bei der *chronischen motorischen oder vokalen Tic-Störung* persistieren motorische oder vokale Tics zumindest über ein Jahr, sie treten jedoch nicht gemeinsam auf und können als Einzeltic, häufiger jedoch als multipler Tic ausgeprägt sein. Die überwiegende Anzahl der Kinder erleben in der Adoleszenz eine spontane Besserung, obwohl auch später ein erneuter Rückfall möglich ist.

Beim *Tourette-Syndrom* (Gilles-de-la-Tourette-Syndrom) müssen gegenwärtig oder in der Vergangenheit multiple motorische Tics und zumindest ein vokaler Tic aufgetreten sein, auch wenn beide Ticformen nicht notwendigerweise gleichzeitig auftreten. Die vokalen Tics sind oft multipel und bestehen aus den unterschiedlichsten Lauten wie Zungenschnalzen, Grunzen, Jaulen, Bellen, Schnüffeln, Husten oder Ausstoßen von Wörtern. Koprolalie, ein komplexer vokaler Tic mit dem Drang, Obszönitäten auszusprechen, ist in einem Drittel aller Fälle vorhanden. Häufig treten komplexe motorische Tics mit dem Drang zu Berührungen, zum Niederkauern, zu tiefen Kniebeugen, zu Rückwärtsschritten und zum Herumdrehen während des Laufens auf. Zu der Koprolalie gesellt sich die Tendenz von Tourette-Syndrom-Patienten, das nachzuahmen, was sie gerade gesehen haben (Echopraxie), gehört haben (Echolalie) oder selbst gesagt haben (Palilalie). So gut wie immer liegt der Beginn in der Kindheit oder der Adoleszenz. Das Durchschnittsalter bei Beginn beträgt 7 Jahre, meist beginnt die Störung vor Vollendung des 14. Lebensjahres. Gewöhnlich gibt es eine Vorgeschichte motorischer Tics, bevor sich vokale Tics entwickeln; die Symptome verschlechtern sich häufig während der Adoleszenz, und häufig persistiert die Erkrankung bis ins Erwachsenenalter. Spontanremissionen treten vor allem in der Spätadoleszenz und im frühen Erwachsenenalter auf (Shapiro et al. 1988). Für das Tourette-Syndrom werden Spontanremissionsraten bis zu 40% berichtet (Erenberg et al. 1987, Golden 1987).

Etwa 4 bis 12% aller Kinder leiden an einer Tic-Störung, und etwa 5 von 10000 Menschen entwickeln ein Tourette-Syndrom (Apter et al. 1992, Rothenberger 1991, Shapiro et al. 1988). Tic-Erkrankungen sind etwa dreimal häufiger bei Jungen als bei Mädchen, und eine familiäre Häufung von Tics ist nachgewiesen. Tics treten oft als isolierte Phänomene auf, jedoch sind sie nicht selten von einer breiten Variation emotionaler und Verhaltensstörungen begleitet (Nolan et al. 1996, Zahner et al. 1988).

Etwa in der Hälfte der Fälle weisen Patienten mit chronischen multiplen Tics und mit Tourette-Syndrom eine *hyperkinetische Störung* auf (Comings & Comings 1984, Rapoport et al. 1982, Rothenberger 1991). Häufig entwickelt sich die hyperkinetische Symptomatik vor der Tic-Symptomatik, sie persistiert während der Entwicklung der Tic-Symptomatik und ist wesentlich für die zu beobachtenden Verhaltensprobleme verantwortlich. Je schwerer eine Tic-Störung ausgeprägt ist, umso wahrscheinlicher ist eine Assoziation mit einer hyperkinetischen Störung (Comings & Comings 1993). Verschiedene Studien weisen darauf hin, daß *Zwangsstörungen* eng mit dem Tourette-Syndrom in Verbindung stehen. Etwa 30 bis 60% aller Patienten mit einer Tourette-Störung weisen gleichzeitig Symptome einer Zwangsstörung auf. Diese treten meist einige Jahre nach Beginn der Tic-Symptomatik auf (Rothenberger & Banaschewski 1997, Rothenberger 1996). Bei Patienten mit massiver Tourette-Symptomatik wird gehäuft *selbstverletzendes Verhalten* beobachtet. Eine depressive Symptomatik tritt bei Patienten in bis zu 70% der Fälle auf (Wodrich 1997, Pauls et al. 1994; Comings & Comings 1993, Lees 1985). Die soziale Anpassung und die schulische und berufliche Leistungsfähigkeit können aufgrund der Ablehnung durch andere oder der Furcht vor dem Auftreten von Tics in sozialen Situationen erheblich beeinträchtigt sein. Ferner können in schweren Fällen die Tics selbst die täglichen Aktivitäten wie Schreiben und Lesen beeinträchtigen.

Die Entstehung von Tic-Störungen wird weitgehend übereinstimmend auf der Basis eines Vulnerabilitäts-Stress-Konzeptes erklärt. Dabei spielen genetische Faktoren vermutlich eine wichtige Rolle. Neben Tic-Störungen kommen gehäuft auch Zwangsstörungen in Familien von Tourette-Patienten vor. Als neurobiologisches Substrat wird vorrangig eine Imbalance striato-thalamo-kortikaler dopaminerger Bahnen gesehen. In einigen Fällen können traumatische Lebenserfahrungen als Auslöser für die Tic-Störung eruiert werden (Leckman & Cohen 1995; Rothenberger 1991, 1996, Ziemann 1997).

2. Symptomatik und Verhaltensdiagnose

Tics können manchmal über lange Zeit stabil bleiben. Sie lassen unter nicht angstbesetzter Ablenkung und Konzentration nach, interferieren kaum mit intendierten Bewegungen (werden z. B. beim Schreiben ganz unterdrückt oder auf dabei nichtbeteiligte Muskelgruppen „umgeleitet"), sie verschwinden manchmal im Schlaf und nehmen unter emotionaler Anspannung, bei Müdigkeit, während des Fernsehens und wenn die Person für sich alleine ist eher zu (Silva et al. 1995). Tics können willkürlich für Minuten bis Stunden unterdrückt werden. Sie zeigen sich fast durchweg zuerst und am häufigsten im proximalen und später (und seltener) im distalen Körperbereich.

Rothenberger (1991) beschreibt die *sensorische Komponente*, die von vielen Patienten mit Tourette-Syndrom, aber auch von Patienten mit chronischen Tics berichtet werden: Bevor der Patient einen motorischen oder vokalen Tic ausführt, fühlt er eine zunehmende Körperanspannung bei innerer Unruhe und manchmal Ängstlichkeit. Der Patient versucht, in diesem Stadium meist die Bewegungen oder die Lautäußerungen zu unterdrücken, aber im Verlauf von Sekunden oder Minuten steigt sein sensorisches Empfinden derart an, daß er diesem nicht mehr Herr werden kann. Er mag in der Lage sein, den Andrang dieses Impulses zu vermindern, ihn durch Konzentration und andere Aktivitäten tatsächlich auch ganz aus seinem Erlebensbereich zu eliminieren, vielfach wird es ihm aber trotz einer enormen Anstrengung nicht gelingen. Er wird den Tic nach außen lassen, die Entlastung von der inneren Spannung wohltuend erleben, die unangenehme Sinneserfahrung wird verstummt sein. Er weiß aber auch, daß innerhalb von Sekunden oder Minuten diese Zeit der Entlastung wieder vorbei ist und er einer erneuten Welle von innerer Anspannung und der gesamten Prozedur, vielleicht in einem anderen Körperteil, ausgesetzt sein wird. Während die Patienten das Gefühl haben, daß sie dem inneren Drängen nicht gewachsen sind, vor ihnen kapitulieren müssen, so erkennt man doch gleichzeitig, daß ihr Wille im Umgang mit den Tic-Störungen eine große regulierende Kraft darstellt.

Tics können verschoben werden, in ihrer Ausprägung beeinflußt und für kurze oder längere Zeiträume unterdrückt werden. Kindern ist es häufig möglich zu warten, bis sie zu Hause sind, bevor sie mit dem Ausstoßen eines Schreies beginnen. Sie sind mitunter in der Lage, rechtzeitig für kurze Zeiträume den Klassenverband zu verlassen, um ihre Tics gehen zu lassen und dann beruhigt wieder zurückzukehren. Besonders unangenehme Tics können verschleiert, in Willkürhandlungen eingebaut, verlangsamt und geordnet werden.

Die Hauptmerkmale, die Tics von anderen motorischen Störungen unterscheiden, sind die plötzliche, rasche, vorübergehende und umschriebene Art der Bewegungen, zusammen mit dem Fehlen von Hinweisen auf eine zugrundeliegende neurologische Störung; ihre Wiederholungstendenz; das (gewöhnlicherweise) Nichtauftreten während des Schlafs; die relative Leichtigkeit, mit der sie willkürlich unterdrückt oder produziert werden können. Das Fehlen von Rhythmizität unterscheidet Tics von stereotypen repetitiven Bewegungen, wie sie manchmal bei Kindern mit frühkindlichem Autismus oder geistig behinderten Menschen gesehen werden. Manirierte motorische Aktivitäten, die bei diesen Störungen beobachtet werden, zeigen die Tendenz, komplexere und variablere Bewegungen zu umfassen, als sie üblicherweise bei Tics gesehen werden. Zwangshandlungen gleichen manchmal komplexen Tics, unterscheiden sich jedoch dadurch, daß ihre Ausgestaltung eher durch den Zweck (etwa ein Objekt in einer bestimmten Häufigkeit zu berühren oder umzudrehen) als durch die betroffene Muskelgruppe definiert wird; dennoch ist die Unterscheidung manchmal schwierig. Eine wesentliche Unterscheidungshilfe zwischen Tics und anderen Dyskinesien ist, daß bei Tics keine weiteren neurologischen Störungen zu finden, die Bewegungen üblicherweise recht leicht für kurze Zeit unterdrückbar sind und der Patient bereitwillig versuchen wird, die Tics willkürlich zu produzieren. Auch wenn manche Dyskinesien (z. B. Chorea, Tremor, Sterotypien und akatische Bewegungen) willentlich unterdrückt werden können, so ist dies nur selten, geringgradig und höchstens sehr kurzfristig möglich. Der Wechsel von einem Tic-Phänomen zu einem anderen ist ein Merkmal von Tic-Störungen, das in dieser Form kaum bei anderen Dyskinesien zu beobachten ist. Vor einer eingehenden Verhaltensdiagnostik sollten neurologische Erkrankungen als Ursachen für die beobachtete Symptomatik ausgeschlossen sein.

Im Zentrum des *verhaltensdiagnostischen Vorgehens* steht die Exploration und Beobachtung der aktuellen Tic-Symptomatik einschließlich der auslösenden (externen/internen) Bedingungen und nachfolgenden (externen/internen) Konsequenzen sowie die Erhebung der Tic-Anamnese. Dies beinhaltet die Analyse bisheriger Selbstkontrollversuche und des subjektiven Krankheitsmodells ebenso wie die Analyse der sozialen Systeme, vor allem der Familie, im Rahmen der kontextuellen Verhaltensanalyse (Kanfer et al. 1990).

Viele Tic-Patienten erleben die Symptomatik als beschämend, sie leiden massiv unter der zumindest irritierten, häufig verletzenden Reaktion der Umwelt auf die Tic-Symptomatik und sind deshalb einer Exploration zumindest anfangs schwer zugänglich. Deshalb erscheint es oft notwendig, vor einer differenzierten Exploration der Symptomatik das Gespräch auf andere Lebensbereiche zu richten, damit den Beziehungsaufbau zu unterstützen und dann vorsichtig mit der Exploration der Symptomatik zu beginnen.

Dabei sollte zunächst die aktuelle Tic-Symptomatik (der letzen Woche) hinsichtlich *Art, Frequenz* und *Intensität* einzelner Tics sowie der *subjektive Leidensdruck* des Patienten erhoben werden. Bei multiplen Tics erfordert das weitere therapeutische Vorgehen eine möglichst genaue Herausarbeitung und Unterscheidung der einzelnen Tic-Symptome. Da die Selbstwahrnehmungsfähigkeit der Symptomatik meist vermindert ist, die Patienten darüber hinaus häufig zu Dissimulationen neigen und häufig andere Tic-Symptome belastender empfinden als Bezugspersonen, ist die Exploration von Bezugspersonen, vor allem der Eltern, von besonderer Bedeutung. Weil die Tic-Symptomatik mit dem sozialen Kontext mitunter erheblich variieren kann, sollten auch Angaben von Lehrern oder Erziehern eingeholt werden. Tritt die Symptomatik während der Exploration auf, dann erlaubt ein unauffälliges Registrieren und eine anschließende Befragung des Patienten nach der Häufigkeit und Intensität der in dieser Situation aufgetretenen Tics eine erste Beurteilung der Selbstwahrnehmungsfähigkeit des Patienten hinsichtlich seiner Tic-Symptomatik.

Die Intensität und Frequenz von Tic-Symptomen kann erheblich mit Situationen variieren und auch innerhalb von wenigen Tagen enormen Fluktuationen unterworfen sein. Bei multiplen Tic-Erkrankungen können einzelne Symptome völlig veschwinden und nach einiger Zeit wieder auftreten oder völlig neue Symptome sich entwickeln. Diese Variabilität erfordert eine genaue *Analyse auslösender Situationen* und auch von Situationen, in denen die Symptomatik weniger stark ausgeprägt ist oder überhaupt nicht auftritt, sowie eine Erfassung des bisherigen Verlaufs der Symptomatik. Typischerweise treten Tics häufiger bei positiven oder negativen Erregungszuständen und bei Anspannung und seltener während ablenkender Tätigkeiten auf. Häufig ist eine Abhängigkeit von sozialen Situationen zu beobachten, die auch durch aktive *Selbstkontrollversuche* der Patienten bedingt ist: In Situationen, in denen aversive Reaktionen der Umgebung besonders gefürchtet werden, vor allem in der Öffentlichkeit, in der Schule, in der Gleichaltrigengruppe, sind Selbstkontrollbemühungen besonders intensiv, wodurch Tic-Impulse aktiv unterdrückt und, wenn dies nicht gelingt, in weniger auffällige Handlungen eingekleidet werden (z. B. die Ausführung eines Kopfschüttel-Tics wird abgebremst und als willentliche Kopfdrehung – „Herumschauen" – fortgesetzt). Deshalb sind bisher entwickelte Selbstkontrolltechniken in Abhängigkeit von sozialen Situationen genau zu explorieren.

Im einzelnen ist die Anwendung folgender Selbstkontrollstrategien zu explorieren: Durchführung ablenkender Tätigkeiten, Anspannung einzelner Muskelgruppen, Selbstverbalisationen („Jetzt nicht"), Einkleiden des Tics in eine motorische Aktivität oder eine Lautäußerung. Spätestens bei der Exploration der Selbstkontrollstrategien werden die der beobachtbaren Tic-Symptomatik *vorhergehenden und nachfolgenden kognitiven und emotionalen Reaktionen* exploriert: Wahrnehmung von sich langsam oder schnell aufbauenden Tic-Impulsen, Selbstverbalisationen (vorhergehende Bedingungen) sowie Spannungsabbau und Erleben von Erleichterung, Scham- und Schuldgefühle oder Selbstvorwürfe als interne Konsequenzen nach Durchführung der Tics.

Der Umgang mit der eigenen Symptomatik wird wesentlich beeinflußt durch das *Krankheitskonzept* des Patienten, vor allem durch seine Kausalattributionen – seine Vermutungen über die Ursachen des Problems (organische, psychische, familiäre Ursachen) – und durch seine Kontrollattributionen – seine Annahmen über Veränderbarkeit der Symptomatik durch eigene Anstrengungen, medikamentöse Behandlung oder Veränderungen bei Bezugspersonen. Die Exploration des Krankheitskonzeptes ist vor allem bei jugendlichen Patienten bedeutsam. Diese Angaben bieten wichtige Hinweise auf mögliche therapeutische Ansatzpunkte, erfordern aber eine vertrauensvolle Beziehung zum Therapeuten sowie eine gut entwickelte Selbstwahrnehmungsfähigkeit des Patienten und lassen sich deshalb häufig erst im Rahmen der Behandlung differenziert explorieren.

Die Erhebung des Verlaufs der Tic-Symptomatik gibt ebenfalls weitere Hinweise auf situative Einflüsse auf die Symptomatik (z. B. familiäre Streßsituationen, schulische Be- und Entlastung), und sie gibt Aufschluß über den *Chronifizierungsgrad* der einzelnen Tic-Symptome, der bei der Planung der einzelnen Behandlungsschritte berücksichtigt werden sollte – weniger chronifizierte Symptome sollten leichter modifizierbar sein. Bei der Exploration des Verlaufs der Symptomatik sind auch bisherige Behandlungsversuche und Bewältigungsstrategien nicht nur des Patienten, sondern auch der Bezugspersonen (erzieherische Maßnahmen) zu explorieren.

Schließlich sollten neben den eigenen Reaktionen auf die Tic-Symptomatik die früheren und aktuellen Reaktionen der einzelnen Bezugspersonen und Bezugsgruppen exploriert werden. Nicht selten werden Tic-Symptome – vor allem wegen der starken Symptomfluktuationen – von Bezugspersonen als willentlich gesteuerte Äußerungen, Mangel an Selbstbeherrschung oder aggressive Handlungen fehlgedeutet und deshalb negativ sanktioniert. Das soziale Umfeld kann auf die Symptomatik aber auch mit einer massiven Entlastung des Patienten reagieren.

Neben der Erfassung der Tic-Symptomatik erfordert eine umfassende Verhaltensdiagnostik auch die Erfassung und Analyse anderer Verhaltensauffälligkeiten, der intellektuellen Leistungsfähigkeit und von Teilleistungen sowie der familiären Bedingungen. Die erhöhte Rate hyperkinetischer Symptome und zwanghafter Verhaltensweisen, letztere vor allem bei jugendlichen Patienten mit Tourette-Syndrom, sowie die erhöhte Rate emotionaler Störungen – häufig als Folge der Tic-Symptomatik – machen eine genaue Abklärung vor allem dieser Verhaltensbereiche notwendig (siehe Kap. 6, 8, 9 und 10 in diesem Buch). Eine differenzierte Intelligenz- und Leistungsdiagnostik ist dann indiziert, wenn Hinweise auf schulische Leistungsprobleme vorliegen. Familiäre Beziehungen, Belastungen durch andere Familienmitglieder und besonders die Verarbeitung der Symptomatik durch die Familienmitglieder sind für die Wahl der therapeutischen Ansatzpunkte unerläßlich. Danach kann eine Abklärung der Behandlungsmotivation des Patienten und der wichtigsten Bezugspersonen eine gemeinsame Festlegung der Therapieziele einleiten.

Bei der Exploration der Symptomatik können klinische Beurteilungsskalen besonders hilfreich sein. Abbildung 1 zeigt beispielhaft eine Diagnose-Checkliste für Tic-Störungen (DCL-TIC) aus dem Diagnostik-System für psychische Störungen im Kindes- und Jugendalter nach ICD-10 und DSM-IV (Döpfner & Lehmkuhl 1998). Anhand der Checkliste kann der klinische Beurteiler Art, Anzahl und Dauer der aktuellen und früherer Tics angeben. Die aktuellen Tics werden daneben hinsichtlich ihrer Häufigkeit und Intensität beurteilt. Anhand dieser Angaben kann mit Hilfe des Entscheidungsbaumes die Diagnose nach ICD-10 und DSM-IV bestimmt werden.

Häufig ist eine genaue verhaltensdiagnostische Erhebung der Symptomatik durch die Exploration der Patienten und der Bezugsperson nur begrenzt möglich. Genauere Informationen lassen sich meist durch tägliche Einschätzungen der Symptomhäufigkeit in bestimmten Tagesabschnitten oder über den ganzen Tag hinweg und durch eine unmittelbare Registrierung des Auftretens der Symptome in umschriebenen Situationen durch den Patienten selbst, durch Bezugspersonen oder den Therapeuten (Selbst- und Fremdbeobachtungen) erheben. Unmittelbare Selbst- und Fremdbeobachtungen sind genauer als Beurteilungen eines Tages(-abschnittes), wegen des höheren Aufwandes und der Interferenz mit anderen Tätigkeiten sind sie jedoch häufig nur begrenzt einsetzbar. Selbstbeobachtungen setzen eine gut ausdifferenzierte Selbstwahrnehmungsfähigkeit der Tic-Symptomatik und eine hinreichende Motivation voraus und werden deshalb im allgemeinen erst im Verlauf der Therapie eingesetzt.

In einer ersten diagnostischen Phase eignen sich daher Selbst- und Fremdbeurteilungsinstrumente. Patient (wenn älter als 9 Jahre), Eltern und nach Möglichkeit auch Lehrer werden gebeten, die Häufigkeit einzelner Tic-Symptome über eine Woche hinweg täglich zu beurteilen. Dazu kann die von Rothenberger (1991) adaptierte Tourette-Syndrom-Symptom-Liste (TSSL) nach Leckman und Mitarbeiter (1988, 1990) eingesetzt werden. In diesem Instrument sind die häufigsten einfachen und komplexen motorischen und vokalen Tic-Symptome aufgelistet. Gegenüber dieser Standardliste hat eine individuelle Symptomliste, wie sie in Abbildung 2 dargestellt ist, mehrere Vorteile: Nur die bei dem Patienten beobachteten Symptome werden aufgeführt, nicht relevante Symptome, die beim Patienten oder den Bezugspersonen zusätzliche Ängste hervorrufen (z. B. Koprolalien, Autoaggressionen), können außer acht gelassen werden, und die Benennung der einzelnen Symptome kann sich an den individuellen Bezeichnungen der Symptome durch den Patienten orientieren.

Zusätzlich zur Tic-Symptomatik lassen sich auch andere problematische Verhaltensweisen (Wutausbrüche, motorische Unruhe, zwanghaftes Verhalten) beurteilen.

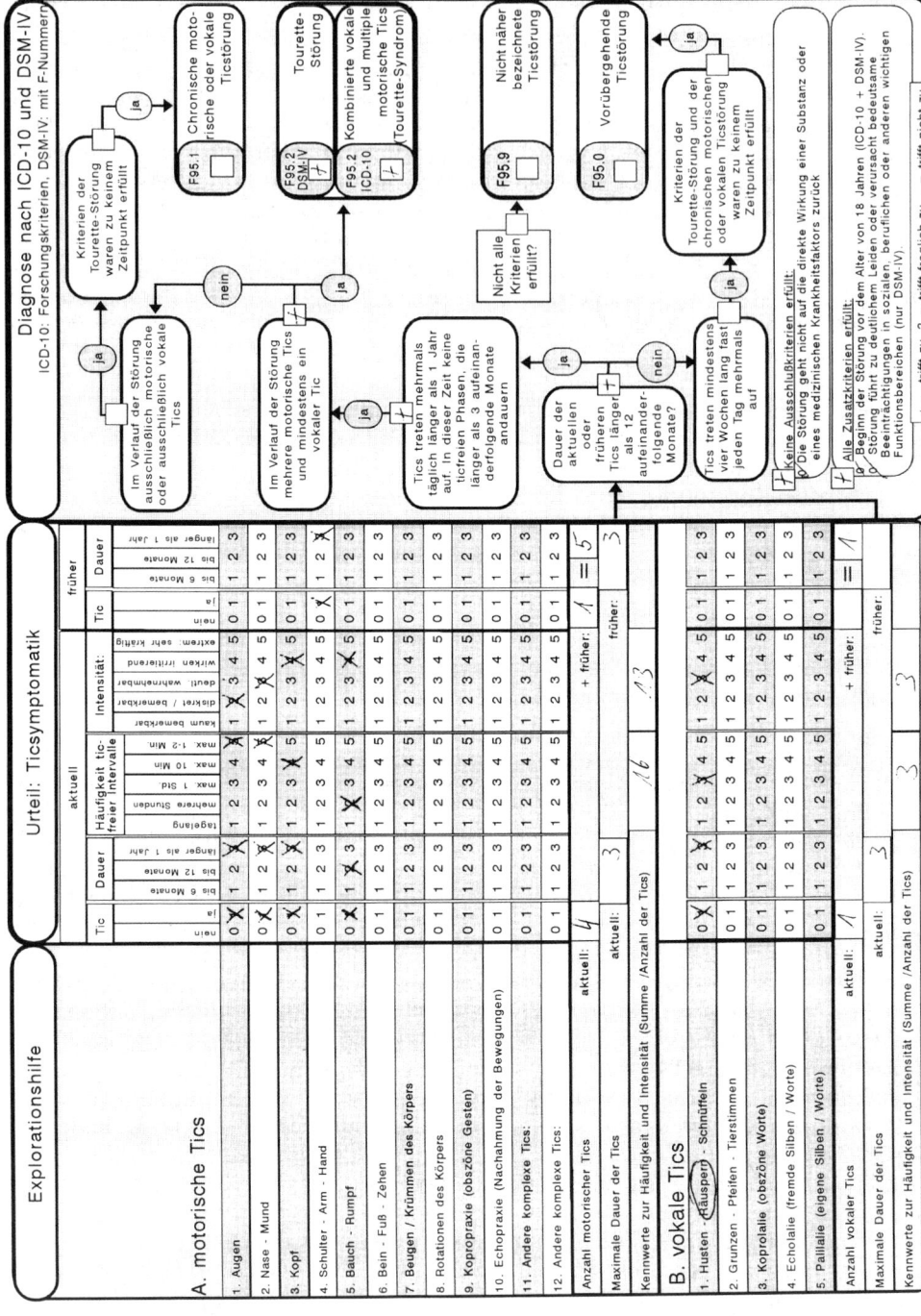

Abb. 1. Diagnose-Checkliste für Tic-Störungen, DCL-TIC aus dem Diagnostik-System für psychische Störungen im Kindes- und Jugendalter nach ICD-10 und DSM-IV, DISYPS-KJ (Döpfner & Lehmkuhl 1998).

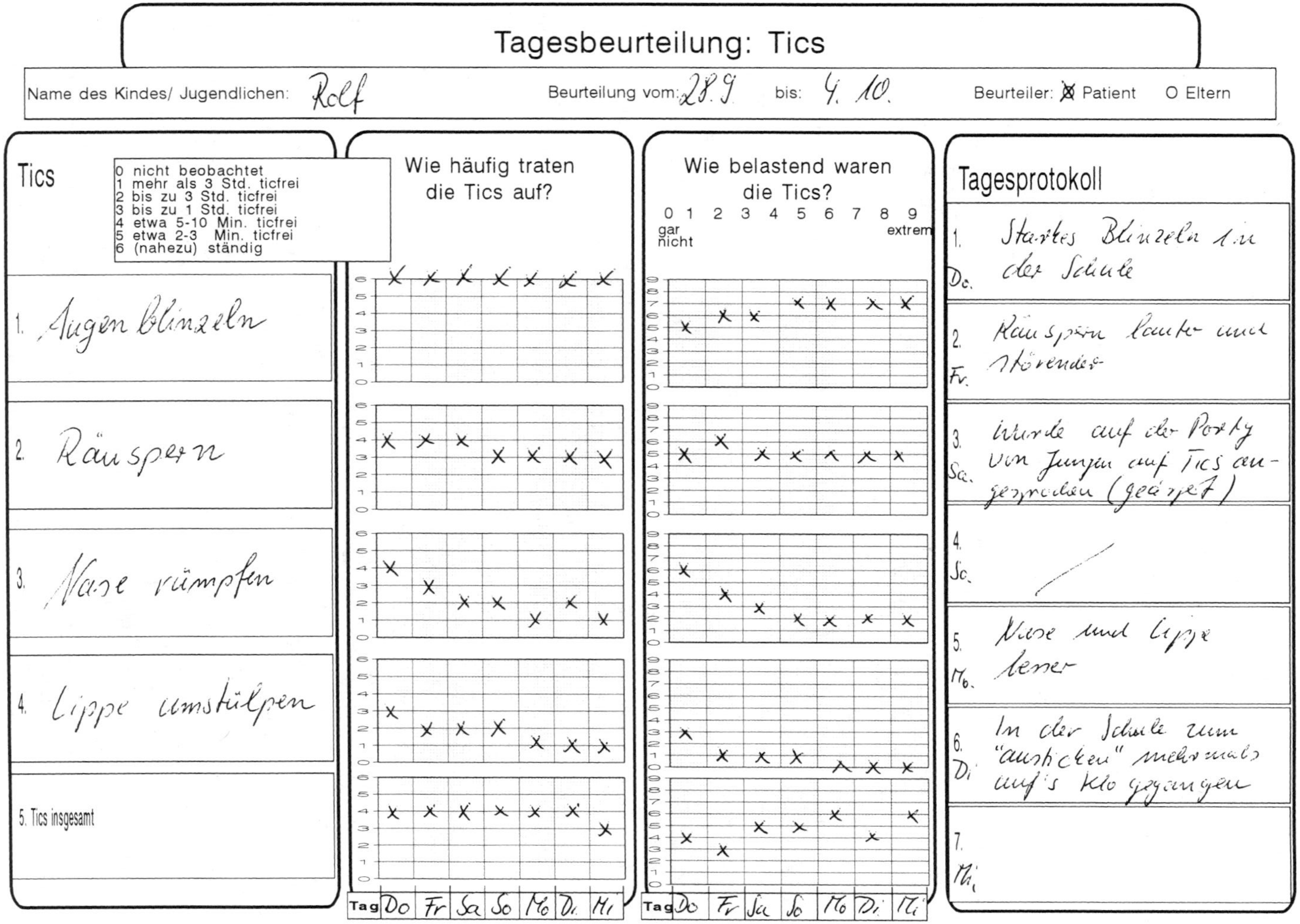

Abb. 2. Tagesbeurteilungsbogen für Tic-Störungen (nach Döpfner & Reister 1997).

Die unabhängige Erhebung der Einschätzungen pro Tag bzw. für den gleichen Tagesabschnitt durch verschiedene Beurteiler (z. B. Lehrer und Patient für die Schulzeit; Eltern und Patient für die Zeit nachmittags) erlaubt einen unmittelbaren Vergleich der Urteile und gibt Hinweise auf Beurteilungsverzerrungen. Eine kontinuierliche Beurteilung der Symptomatik während der Behandlung oder eine Wiederholung dieser Einschätzungen in regelmäßigen Abständen erlaubt eine hinreichend exakte Therapiekontrolle.

Die in Abbildung 2 dargestellte Symptomliste kann auch zur direkten Zählung der Häufigkeit von umschriebenen Tic-Symptomen herangezogen werden. Je häufiger die Symptome auftreten, um so kürzer sollte das zu beobachtende Intervall gewählt werden. Häufigkeitszählungen durch den Patienten selbst und durch Bezugspersonen sind über die Zeit gesehen sehr aufwendig und erfordern ein hohes Maß an Therapiemotivation. Der notwendige Aufwand wird von Patient und Bezugsperson anfangs häufig unterschätzt. Daher sollten zunächst zeitlich eng begrenzte Intervalle – z. B. beim Frühstück, Abendessen oder während der Hausaufgaben – gewählt werden. Die Selbstbeobachtung sollte in der Regel erst im Rahmen therapeutischer Interventionen zum Einsatz kommen. Häufigkeitszählungen durch Bezugspersonen können schon früher eingesetzt werden, erfordern aber eine sorgfältige Instruktion der Bezugsperson. Der Patient sollte der Zählung zustimmen, dennoch sollte die Zählung möglichst unauffällig durchgeführt werden, um zusätzliche Frustrationen des Patienten und Konflikte mit den Bezugspersonen zu vermeiden. Bei deutlich gestörter Beziehung zwischen Bezugsperson und Patient sollte eine solche Zählung unterbleiben.

Entscheidend für eine erfolgreiche Durchführung der Verhaltenszählung ist ein einfaches, andere Aktivitäten wenig behinderndes und unauffälliges Zählsystem, letzteres vor allem, wenn die Beobachtung in der Öffentlichkeit z. B. während des Unterrichts durchgeführt werden soll. Wird der Ort während der Zählung nicht gewechselt, dann können Strichlisten angefertigt werden, besser geeignet sind Zähluhren. Als ein einfaches Zählsystem vor allem für die Selbstbeobachtung hat sich folgendes Verfahren bewährt: In eine Hosentasche kommt zu Beginn des Beobachtungsintervalls eine hinreichende Anzahl von Pfennigen oder Hosenknöpfen. Erfolgt ein Tic, wird ein Pfennig von der einen in die andere Hosentasche gegeben. Am Ende wird die Anzahl der Pfennige in der anderen Hosentasche gezählt. Mit diesem System und auch mit den handelsüblichen Zähluhren kann allerdings nur eine Tic-Symptomatik oder die Gesamtzahl aller Tics erfaßt werden.

3. Therapie in der Praxis

Prinzipiell ist bei Behandlungsbeginn zu entscheiden ob:
- eine Beratung und Verlaufskontrolle,
- eine Behandlung komorbider Störungen oder Probleme,
- eine symptomzentrierte verhaltenstherapeutische Behandlung,
- eine medikamentöse Behandlung
- oder eine Unterstützung bei der Bewältigung von Problemen indiziert ist, die im Zusammenhang mit der Symptomatik auftreten.

Therapieziele und Behandlungsansätze können nur in Zusammenarbeit mit den Eltern und dem Patienten festgelegt werden, nicht zuletzt, weil die verhaltenstherapeutische Behandlung von Tic-Störungen für den Patienten, die Bezugspersonen und für den Therapeuten selbst meist mühsam und langwierig ist. Die funktionale Bedingungsanalyse ist bei der strategischen Behandlungsplanung eine wichtige Voraussetzung.

Nicht jede Tic-Störung stellt auch eine Behandlungsindikation dar. Aufgrund der hohen Spontanremissionsrate genügt bei einer Tic-Störung im Kindesalter, die weniger als ein halbes Jahr besteht und in ihrer Intensität nur gering ausgeprägt ist, im allgemeinen eine eingehende Beratung des Kindes und der Familie. Eine langfristig angelegte Verlaufskontrolle ist jedoch auf jeden Fall indiziert, da eine Vorhersage eines günstigen Verlaufs (Spontanremission) oder einer ungünstigen Entwicklung (Entwicklung einer chronischen Tic-Störung, eines Tourette-Syndroms oder weiterer Verhaltensauffälligkeiten) nicht möglich ist. Liegen jedoch ausgeprägte komorbide Störungen vor, dann kann eine Behandlung der komorbiden Symptomatik indiziert sein.

Abbildung 3 zeigt einen Entscheidungsbaum, dem die Indikationen für die einzelnen Behandlungsansätze entnommen werden können.

Liegen komorbide Störungen und andere Belastungen vor, so ist zu entscheiden, ob zunächst eine Intervention zur Verminderung dieser Auffälligkeiten oder Belastungen indiziert ist. Tabelle 2 zeigt die Kriterien, die bei dieser Entscheidung herangezogen werden können. Unterstützen andere Verhaltensprobleme oder familiäre und schulische Bedingungen die Entwicklung der Tic-Symptomatik, dann werden zunächst diese im Zentrum der Therapie stehen – beispielsweise eine hyperkinetische Symptomatik, die schulischen und familiären Streß bedingt und dadurch die Tic-Symptomatik fördert. Werden dagegen andere Verhaltensauffälligkeiten oder familiäre Probleme in starkem Maße als Folgen der Tic-Symptomatik interpretiert, beispielsweise eine durch die Tics bedingte soziale Isolation des Patienten oder familiäre Konflikte, dann wird die Behandlung der Tic-Störung eher im Vordergrund stehen. Liegen sowohl eine hyperkinetische Störung als auch eine Tic-Störung vor, dann wird in der Regel zunächst die hyperkinetische Störung behandelt, da sie als die basale Störung betrachtet wird, wenn nicht die Tic-Störung deutlich stärker ausgeprägt ist als die hyperkinetische Symptomatik. Bei der Behandlung der hyperkinetischen Symptomatik sollte in diesen Fällen zunächst der Verhaltenstherapie gegenüber der medikamentösen Behandlung der Vorzug gegeben werden, da die medikamentöse Therapie der hyperkinetischen Symptomatik mit Psychostimulanzien eine Zunahme der Tic-Symptomatik bewirken kann. Allerdings sind auch schon gegenteilige Effekte belegt worden (Gadow et al 1992, Castellanos 1997), so daß eine medikamentöse Therapie mit Psychostimulanzen nicht völlig kontraindiziert ist (Gadow et al. 1995; Rothenberger 1996).

Eine primäre symptomzentrierte verhaltenstherapeutische Intervention ist dann angezeigt, wenn die in Tabelle 3 dargestellten Kriterien erfüllt sind. Die Tics sollten mindestens seit sechs Monaten bestehen und die Symptomatik sollte entweder von geringer bis mittlerer Intensität sein oder aus wenigen Tics bestehen. Bei massiver und vielfältiger Tic-Symptomatik sinkt im allgemeinen die Compliance des Patienten und der Bezugspersonen für verhaltenstherapeutische Maßnahmen und damit die Chance eines Behandlungserfolges. Mißerfolge bei ausschließlich verhaltenstherapeutischen Interventionen in einer frühen Behandlungsphase reduzieren zudem die Compliance, wenn verhaltenstherapeutische Interventionen im Anschluß an eine teilweise erfolgreiche medikamentöse Therapie notwendig werden. Ist jedoch die Symptomatik stark ausgeprägt, aber auf etwa ein bis zwei Tics beschränkt, so kann eine initiale verhaltenstherapeutische Intervention indiziert sein.

Stimmen Patient oder Eltern einer medikamentösen Behandlung nicht zu, dann kann eine initiale Verhaltenstherapie auch bei massiver Symptomatik indiziert sein.

Tabelle 2. Indikation und Kontraindikation für primäre Interventionen zur Verminderung komorbider Störungen und anderer Belastungen

Indikationen:
1. Komorbide Störungen oder andere Belastungen stehen im Vordergrund der Problematik und die Tic-Symptomatik ist relativ schwach ausgeprägt.
oder
2. Komorbide Störungen oder andere Belastungen tragen vermutlich wesentlich zur Aufrechterhaltung der Tic-Symptomatik bei.

Kontraindikationen:
1. Komorbide Störungen oder andere Belastungen sind vermutlich hauptsächlich Folge der Tic-Symptomatik

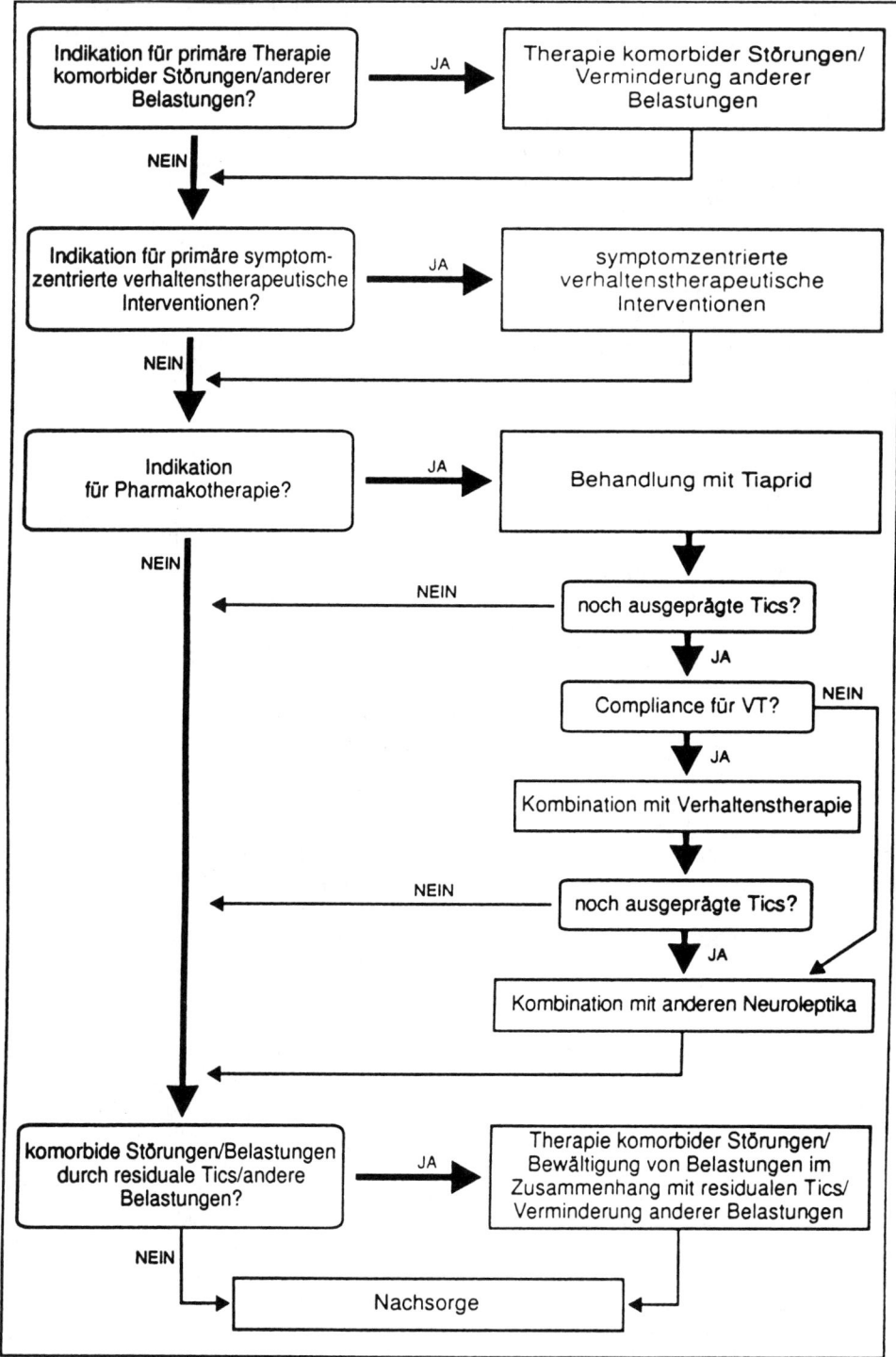

Abb. 3. Differentialtherapeutischer Entscheidungsbaum für Tic- und Tourette-Störungen (nach Döpfner & Reister 1997)

Durch verhaltenstherapeutische Intervention kann dann eine Verminderung der Symptomatik angestrebt werden. Erweist sich diese Maßnahme als nicht oder nur begrenzt erfolgreich, läßt sich eine Zustimmung des Patienten und der Eltern zu einer zusätzlichen medikamentösen Therapie häufig eher erzielen.

Für die Durchführung einer primären Verhaltenstherapie muß außerdem eine hinreichende Behandlungsmotivation für verhaltenstherapeutische Interventionen vorliegen und die Tic-Symptomatik darf nicht so massiv ausgeprägt sein, daß eine rasche Verminderung zur Entlastung des Patienten, der Familie und des weiteren psychosozialen Umfeldes dringend indiziert ist (siehe Tabelle 3). Die medikamentöse Behandlung zeigt, wenn sie wirksam ist, innerhalb weniger Tage deutliche Effekte, bei verhaltenstherapeutischen Interventionen lassen sich Effekte häufig erst im Zeitraum von mehreren Wochen erzielen.

Tabelle 3. Kriterien für die Indikation für primäre symptomzentrierte verhaltenstherapeutische Interventionen

Alle Kriterien (1 bis 4) müssen erfüllt sein:
1. Dauer der Tic-Symptomatik länger als 6 Monate
2. Mindestens eines der folgenden Kriterien ist erfüllt:
   a) Die Dauer der Tic-Symptomatik ist nicht länger als 12 Monate
   b) Die Tic-Symptomatik hat eine geringe bis mittlere Intensität
   c) die Tic-Symptomatik besteht aus wenigen Tics.
   d) fehlende Compliance für medikamentöse Therapie
3. Bei dem Patienten und der Hauptbezugsperson liegt eine hinreichende Compliance für verhaltenstherapeutische Interventionen vor
4. Eine sehr schnelle Symptomminderung (z. B. wegen zu hohem Leidensdruck) ist nicht dringend erforderlich

Das Nichtbeachten *medikamentöser Behandlungsmöglichkeiten* bei der Behandlungsplanung grenzt nach dem heutigen Stand der Erkenntnisse an einen Kunstfehler. Die medikamentöse Behandlung der Tic-Störung mit Dopamin-Rezeptoren blockierenden Medikamenten (z. B. Tiaprid) hat nach Rothenberger (1991) gute Erfolge aufzuweisen (Rothenberger 1984, Eggers et al. 1988). Allerdings konnte lediglich bei 58 bis 68% der Patienten eine Verminderung der Symptomatik durch eine medikamentöse Behandlung mit Tiaprid erzielt werden, d. h. bei mehr als 30% der Patienten erwies sich die medikamentöse Behandlung als wirkungslos, und auch unter den Patienten, die auf die Behandlung ansprachen, zeigte ein nicht unerheblicher Anteil weiterhin eine ausgeprägte Tic-Symptomatik. Auch bei alternativen medikamentösen Therapien (Pimozid, Haloperidol) liegt nach einer Übersicht von Rothenberger (1991) der Anteil der Patienten, die nicht auf die Behandlung ansprechen, mindestens bei 20%, und zumindest weitere 12% zeigen nach der Behandlung weiterhin noch deutliche Tic-Symptome. Nach einer Übersichtsarbeit von Peterson und Mitarbeitern (1994) werden Tics durch Haloperidol oder Pimozid um 50 bis 60% reduziert. Bis zu 80% der Patienten brechen jedoch die medikamentöse Therapie aufgrund ausgeprägter Nebenwirkungen ab (Peterson & Azrin 1993). Tabelle 4 zeigt die Kriterien für die Indikation für primäre pharmakotherapeutische Interventionen.

Tabelle 4. Kriterien für die Indikation für primäre symptomzentrierte pharmakotherapeutische Interventionen

Entweder Kriterium (1) oder (2) trifft zu und Kriterium (3) trifft zu.
1. Alle folgenden Kriterien sind erfüllt:
   a) Die Dauer der Tic-Symptomatik ist länger als 12 Monate
   b) Die Tic-Symptomatik hat eine hohe Intensität
   c) die Tic-Symptomatik besteht aus vielen Tics
2. Keine Compliance für primäre Verhaltenstherapie
3. Bei dem Patienten und der Hauptbezugsperson liegt eine hinreichende Compliance für pharmakotherapeutische Interventionen vor

Zeigt sich trotz medikamentöser Behandlung mit Tiaprid weiterhin eine ausgeprägte

Tic-Symptomatik oder erweist sich die medikamentöse Intervention als nicht erfolgreich, dann sind verhaltenstherapeutische Interventionen als ergänzende oder als alternative Behandlung indiziert. Diese werden in Abbildung 3 vor der Erprobung anderer Neuroleptika vorgeschlagen, da andere Neuroleptika (z. B. Orap oder Haloperidol) meist erhebliche kurzfristige wie langfristige Nebenwirkungen haben können.

Wie Abbildung 3 zu entnehmen ist, können nach der symptomzentrierten medikamentösen und/oder verhaltenstherapeutischen Intervention weitere Maßnahmen indiziert sein, wenn komorbide Störungen (beispielsweise Depression) oder andere Belastungen (beispielsweise Familienkonflikte) weiterhin bestehen oder wenn die Tic-Symptomatik nicht soweit vermindert werden konnte, daß sie für den Patienten keine Belastung mehr darstellen. In diesem Fall ist es häufig notwendig, dem Patienten Hilfestellungen bei der Bewältigung jener Probleme zu geben, die unmittelbar aus der Tic-Symptomatik resultieren (beispielsweise selbstsichere Reaktion, wenn die Umgebung auf die Tics beleidigend oder erschreckt reagiert). Weitere Aspekte der Krankheitsbewältigung diskutiert Rothenberger (1996).

Bevor einzelne verhaltenstherapeutische Techniken zur Anwendung kommen, sollten *Krankheitskonzepte* und die bisherige *Krankheitsbewältigung* mit Patient und Familie thematisiert werden. Dabei sind inadäquate Krankheitskonzepte beim Patienten und den engen Bezugspersonen zu bearbeiten und abzubauen – etwa daß die Symptomatik willkürlich eingesetzt werde und Ausdruck von Aggressionen gegenüber Familienmitgliedern darstelle oder daß die Symptomatik als organische Erkrankung konzeptualisiert wird und deshalb in allen Bereichen eine Entlastung des Kindes notwendig sei. Wichtig erscheint, das komplexe Zusammenspiel organischer und psychischer Faktoren zu erarbeiten: Die Symptomatik, die sich auf einer organischen Grundlage entwickelt hat, wird wesentlich durch psychische Faktoren beeinflußt. Die Tics sind zwar nicht völlig der willkürlichen Kontrolle unterworfen, aber bei entsprechender Anstrengung kann die Symptomatik zumindest zeitweise unterdrückt, verschoben oder eingekleidet werden. Jede Form von Streß, aber auch Entlastung kann zu einer Steigerung der Symptomatik führen, und die Spontanschwankungen sind typische Zeichen dieser Problematik. Wenn die psychischen Belastungen, die aus der Symptomatik für den Patienten und die Familie entstehen, thematisiert werden können, dann sind wesentliche Voraussetzungen für eine verhaltenstherapeutische Behandlung gegeben. Wichtig erscheint jedoch auch der Hinweis, daß diese Behandlung ein hohes Maß an Mitarbeit von seiten des Patienten und der Eltern erfordert, daß einzelne Interventionen nicht auf Anhieb die Symptome beseitigen werden und ein langsames, schrittweises Vorgehen notwendig ist.

Im wesentlichen lassen sich 5 verhaltenstherapeutische Behandlungstechniken unterscheiden:
1. Selbstbeobachtung
2. Massierte Übungen (massed negative practice)
3. Entspannungstechniken
4. Kontingenzmanagement
5. Kombinationsbehandlung der Reaktionsumkehr (habit reversal).

3.1 Selbstbeobachtung

Die Methode der Selbstbeobachtung wird nicht nur zur Erfassung der Tic-Häufigkeit eingesetzt, sie führt, wie einige Studien zeigen, zu einer gewissen Symptomreduktion. Durch Selbstbeobachtung wird der Patient sich seiner Symptomatik stärker bewußt, wodurch möglicherweise Selbstkontrollbemühungen verstärkt werden, die schließlich eine Symptomreduktion bewirken können. Zur Durchführung der Selbstbeobachtung kann die in Abbildung 1 abgebildete Symptomliste verwendet werden. Im allgemeinen werden Selbstbeobachtungsverfahren mit anderen Methoden kombiniert. Die alleinige Anwendung von Selbstbeobachtung als Behandlungsmethode erscheint allenfalls bei wenig chronifizierten, isolierten Tics indiziert. Weitere Hinweise zur Durchführung der Selbstbeobachtung werden bei der Beschreibung der Kombinationsbehandlung gegeben.

3.2 Massierte Übungen

Die am häufigsten verwendete verhaltenstherapeutische Technik zur Verminderung von Tics sind *massierte Übungen (massed negative practice)*. Diese Methode wurde allerdings überwiegend bei Erwachsenen durchgeführt. Bei diesem Verfahren versucht der Patient, die angesprochene Tic-Bewegung so rasch und kraftvoll wie möglich etwa 15–30 Minuten lang pro Tag durchzuführen. Dabei wechseln etwa vierminütige Übungsphasen mit Ruhepausen von einer Minute ab. Nach einer Begründung der Intervention (freiwilliges Üben zur Verminderung des Tic-Impulses) führt der Patient die massierten Übungen in Anwesenheit des Therapeuten, meist vor einem Spiegel durch. Der Therapeut korrigiert und ermutigt den Patienten. Die massierten Übungen werden dann täglich zu Hause durchgeführt, wenn nötig von den Eltern unterstützt, bis sich die Tic-Symptomatik deutlich reduziert (meist nach einigen Wochen). Danach kann die Übungsfrequenz langsam vermindert und bei erneutem oder verstärktem Auftreten der Symptomatik wieder gesteigert werden.

Die theoretische Grundlage dieser Behandlung wurde von Yates (1958) entwickelt, der Tics als trieb- und spannungsreduzierende konditionierte Vermeidungsreaktionen intepretierte. Massierte Übungen führen eine Spannungsreduktion durch alternative Verhaltensweisen, nämlich willkürliche Reaktionen herbei und werden dadurch negativ verstärkt. Durch die häufige Wiederholung ermüdet der Patient und entwickelt eine reaktive Hemmung, die eine Verminderung der Tic-Symptomatik bewirkt.

Nach dem heutigen Stand der Erkenntnis stellen massierte Übungen nicht die primäre Interventionsstrategie dar. Diese Intervention hat in kontrollierten Studien (s. u.) zwar bei etwa der Hälfte der untersuchten Patienten eine Symptomminderung bewirkt, doch wurde auch von Symptomsteigerungen berichtet. Wegen der massiven Konfrontation mit der eigenen Symptomatik (Übung vor dem Spiegel) reagieren vor allem Kinder häufig abwehrend auf diese Behandlung. Massierte Übungen erfordern allerdings ein geringeres Ausmaß an Selbstkontrolle als die Verfahren der Reaktionsumkehrung (habit reversal), da die Intervention nicht an das Auftreten einzelner Tics gekoppelt ist. Die Durchführung der massierten Übungen kann von Eltern überwacht werden, wenn die Eltern-Kind-Beziehung dadurch nicht massiv belastet wird. Deshalb kann diese Methode vor allem dann zum Einsatz kommen, wenn Selbstkontrolltechniken (Reaktionsumkehrung) sich als nicht durchführbar erweisen, also auch bei Kindern im Alter von acht bis zehn Jahren. Um aversive Reaktionen der Patienten zu vermindern, sollte die Konfrontation mit der Symptomatik via massierter Übung jedoch vorsichtig vorgenommen werden – zunächst nur sehr kurze Übungen, die schrittweise verlängert werden. Die Gefahr von Symptomsteigerungen als Folge der massierten Übungen erfordert eine besonders sorgfältige interventionsbegleitende Erfassung der täglichen Tic-Symptomatik.

3.3 Entspannungstechniken

Verschiedene Formen des Entspannungstrainings wurden ebenfalls häufig als Komponenten einer multimodalen Behandlung eingesetzt. Vor allem progressive Muskelentspannung (Jacobson 1938, Florin 1978), autogenes Training (Schultz 1970) und Atemtechniken. Solche Entspannungsverfahren können für kurze Zeit die Tic-Symptomatik reduzieren und, langfristig angewendet, helfen, einen Zustand geringeren Stresses zu erreichen bzw. helfen, aktuellen Streß rascher zu vermindern. Isoliert eingesetzt, scheinen Entspannungstechniken allerdings kaum eine dauerhafte Symptomverminderung zu bewirken.

3.4 Kontingenzmanagement

Methoden des Kontingenzmanagements eignen sich vor allem als eine Behandlungskomponente innerhalb einer komplexen Behandlungsstrategie. Unmittelbare oder Tokenverstärkung kann eingesetzt werden, um erstens direkt die Tic-Frequenz zu reduzieren und zweitens die Durchführung von anderen Interventionen zu unterstützen (s. u.). Beim Einsatz von positiver Verstärkung zur unmittelbaren Symptomreduktion sollte auch die Anwendung von milden aversiven Konsequenzen in die Überlegung einbezogen werden. Die klinische Erfahrung zeigt, daß spielerisch gestaltete Response-cost-Systeme bei jüngeren Kindern erfolgreich eingesetzt werden können. Das Kind erhält die Aufgabe, für eine bestimmte Zeit, z. B. während eines Spieles oder während der Hausaufgaben, die Tics zu unterdrücken. Zu Beginn der Intervention erhält es zunächst eine bestimmte Anzahl von Tokens (z. B. Chips oder Pfennigstücke) vorgegeben, die vor ihm auf dem Tisch liegen. Immer wenn ein Tic erfolgt, wird ihm ein Token entzogen. Am Ende wird überprüft, wem die größere Tokenanzahl gehört – dem Kind oder der Bezugsperson (dem Therapeuten). Die beim Kind verbliebenen Tokens werden in einen primären Verstärker eingetauscht. Für besonders lange ticfreie Phasen können zusätzlich Tokens vergeben werden. Kann auf diese Weise die Tic-Frequenz deutlich vermindert werden, dann läßt sich das Verfahren auf andere Situationen ausdehnen. Mit diesem System werden positive Verstärkung mit negativen Konsequenzen kombiniert. Durch den Tokenentzug erhält das Kind zudem eine unmittelbare Rückmeldung, wenn ein Tic erfolgt, wodurch die häufig beeinträchtigte Selbstwahrnehmungsfähigkeit verbessert wird. Döpfner und Mitarbeiter (1997) haben im Rahmen des Therapieprogrammes für Kinder mit hyperkinetischem und oppositionellem Problemverhalten (THOP) einen Wettkampf um lachende Gesichter entwickelt, der dieses Interventionsprinzip auf spielerische Weise umsetzt.

Kontingenzmanagementtechniken können auch außerhalb der Familie (z. B. in der Schule) eingesetzt werden. Meist werden diese Verfahren im Rahmen kombinierter Behandlungsstrategien eingesetzt. In der Behandlung von Kindern, bei denen Selbstkontrolltechniken nicht oder nur begrenzt einsetzbar sind, vor allem bei jüngeren Kindern oder auch bei Kindern mit hyperaktiver Symptomatik, nehmen diese Verfahren eine zentrale Position ein. Die zusätzliche Anwendung von aversiven Konsequenzen bedarf generell einer besonders sorgfältigen Planung; bei Patienten mit einer Tic-Symptomatik, die meist auf leidvolle Erfahrungen mit kaum hilfreichen negativen Reaktionen aus dem sozialen Umfeld zurückblicken, ist besondere Vorsicht geboten. Wenn jedoch der Patient diese Methode als eine Hilfestellung annehmen kann und durch die konkrete Durchführung gewährleistet wird, daß die aversiven Konsequenzen nicht als massiv erlebt werden – wie beispielhaft bei der Anwendung von Response-cost-Techniken beschrieben –, dann können diese Verfahren die Wirksamkeit positiver Verstärkung nachhaltig unterstützen. Aus den genannten Gründen ist bei der Anwendung der negativen Konsequenzen durch Bezugspersonen darauf zu achten, daß eine tragfähige Beziehung zur Bezugsperson vorhanden ist. Die Übertragung eines Kontingenzmanagementsystems aus der Therapiesituation auf die Familie oder die Schule ist zur Unterstützung von Generalisierungseffekten notwendig.

3.5 Reaktionsumkehr

Azrin und Nunn (1973) entwickelten eine Kombinationsbehandlung, die sie als Reaktionsumkehr (habit reversal) bezeichnen. Das Behandlungsprogramm basiert auf der Annahme, daß die Tic-Symptomatik, ursprünglich durch ein Trauma oder einen psychischen Streß ausgelöst, sich zu einer automatisierten Gewohnheitsreaktion von hoher Frequenz entwickelt und dabei zumindest teilweise nicht mehr selbst wahrgenommen wird. Das Behandlungsprogramm der Reaktionsumkehr versucht durch ein *Training der Selbstwahrnehmung (Awareness-Training)* die Sinne des Patienten für seine Tics und deren Beeinflußbarkeit durch innere und äußere Reize zu schärfen, um daraus in einem *Training inkompatibler Reaktionen* eine Gegenregulation zu den Tics zu entwickeln. Zusätzlich soll ein *Entspannungstraining* zur Streßreduktion beitragen und die *positive Verstärkung* der einzelnen Behandlungsschritte und Teilerfolge die Motivation des Patienten fördern. Die bislang vorliegenden empirischen Belege (s. u.) lassen vermuten, daß dieses Behandlungsprogramm die zur Zeit wirkungsvollste psychologische Therapie von Tic-Störungen darstellt und – wenn eine Behandlungscompliance erzielt werden kann – in ihrer Effektivität pharmakologischen Behandlungen eher über- als unterlegen ist. Deshalb sollen die einzelnen Behandlungskomponenten detailliert dargestellt werden (vgl. Azrin & Peterson 1988, 1990).

1. Selbstwahrnehmungstraining (awareness training)

Das Selbstwahrnehmungstraining besteht aus fünf Behandlungskomponenten und zielt darauf ab, die Selbstwahrnehmungsfähigkeit des Patienten hinsichtlich Häufigkeit und Intensität der Tics sowie situativer Bedingungen, die die Symptomatik beeinflussen, zu verbessern und die Wahrnehmung der spezifischen Einzelbewegungen bei der Tic-Symptomatik zu schärfen:

a) Selbstbeobachtung (self-monitoring)

Der Patient erhält die Aufgabe, die Häufigkeit jedes einzelnen Tics täglich für einen bestimmten Zeitraum zu zählen und aufzuzeichnen. Bei multiplen Tics wird jeder einzelne Tic separat gezählt, um auf diese Weise häufigere von weniger häufigen Tics unterscheiden und spezielle motorische Gegenantworten entwickeln zu können. Die Dauer der täglichen Selbstbeobachtungsphasen wird in Abhängigkeit von der Tic-Frequenz festgelegt – für sehr häufige Tics genügen 10-Minuten-Perioden, seltene Tics sollten den ganzen Tag über gezählt werden. Mit Hilfe dieser Selbstbeobachtung sollen zusätzliche Informationen über Tic-Topographie und Tic-Frequenz gesammelt, die Selbstwahrnehmungsfähigkeit des Patienten hinsichtlich der Auftretenshäufigkeit der Tics in alltäglichen Situationen verbessert und die Tic-Frequenz vermindert werden.

Die klinische Erfahrung mit dieser Strategie läßt es ratsam erscheinen, vor der Durchführung der Selbstbeobachtung zusammen mit dem Patienten und seinen Bezugspersonen die Topographie der einzelnen Tics zu analysieren und ein Kategoriensystem der verschiedenen Tic-Formen für die Selbstbeobachtung zu entwickeln. Die Einbeziehung der Bezugsperson, vor allem der Eltern, wenn möglich auch des Klassenlehrers, die entweder unabhängig vom Patienten die Tic-Frequenz in der gleichen Phase registrieren oder noch besser – soweit eine hinreichend entspannte und tragfähige Beziehung besteht – dem Patienten eine kurze, neutrale Rückmeldung geben, wenn der Tic auftritt und der Patient dies nicht registriert, hat sich bei jüngeren Kindern oder bei Patienten mit geringerer Behandlungsmotivation als günstig erwiesen. Bei einer großen Anzahl verschiedener Tics können vor allem jüngere Patienten überfordert sein, dann sollte sich die Selbstbeobachtung auf die markantesten Tics konzentrieren – diskrete Blinzeltics bei einem ausgeprägten Tourette-Syndrom, um nur ein Beispiel zu geben, sind angesichts der Massivität anderer Tic-Symptome wirklich zu vernachlässigen.

Wenn Tics sehr häufig auftreten und deshalb relativ kurze Beobachtungsperioden gewählt werden können, ist es ratsam, die Selbstbeobachtung zwei- bis dreimal zu unterschiedlichen Tagesabschnitten durchzuführen (z. B. während einer Schulstunde, bei den Hausaufgaben und beim Abendessen). Dadurch lassen sich Informationen über situativ bedingte Schwankungen der Symptomatik ermitteln, die in einer späteren Phase des Selbstwahrnehmungstrainings genutzt werden können (s. u.). Selbstbeobachtungsprozeduren gelingen im ersten

Anlauf häufig nicht – der Patient „vergißt es einfach", verliert seine Aufzeichnungen, empfindet die Selbstbeobachtung als aufwendig und störend. Diese im allgemeinen als Widerstand des Patienten gegen die Behandlung zu interpretierenden Fehlschläge sind ruhig und gelassen gemeinsam mit dem Patienten zu analysieren. Unter Berücksichtigung der Selbstreflexionsfähigkeit sind die Gründe des Scheiterns – i. a. die Vermeidung der Konfrontation mit der Symptomatik – zu besprechen, die Ziele der Selbstbeobachtung noch einmal herauszuarbeiten und zusätzliche Hilfestellungen zu entwickeln, beispielsweise tägliche telefonische Rückmeldung an den Therapeuten, Erinnerungshilfen durch Bezugspersonen, Veränderung des Zählsystems, Verminderung der Beobachtungsdauer oder der Anzahl der zu beobachtenden Symptome.

b) Beschreibung der Tic-Reaktionen
 (response description procedure)

Der Patient beschreibt dem Therapeuten alle Details jedes einzelnen Tics, am besten unter Verwendung eines Spiegels oder von Videoaufzeichnungen. Der Patient soll dabei seiner einzelnen Tic-Symptome und jeder motorischen Teilreaktion: eines jeden Tics gewahr werden.

Die klinische Erfahrung zeigt, daß diese direkte Konfrontation mit eigenen, oft bizarren oder erschreckenden Tics ebenfalls einen hohen Widerstand beim Patienten auslösen kann, der wiederum behutsam bearbeitet werden muß: Die Bedeutung dieser Prozedur für die gesamte Behandlung wird besprochen, zunächst werden weniger bizarre Tics gemeinsam in ruhiger Atmosphäre analysiert und beobachtet. Der Patient erlebt dabei möglicherweise erstmals, daß eine Person verständnisvoll und gelassen mit ihm über die einzelnen Symptome spricht, wodurch eine Gegenkonditionierung negativer oder selbstdestruktiver Affekte stattfindet, die mit der Symptomatik gekoppelt sind; der Patient gewinnt Vertrauen und kann es wagen, sich intensiver und offener mit der eigenen Symptomatik auseinanderzusetzen.

c) Training der Reaktionserkennung
 (response detection)

Während der Therapiesitzung erhält der Patient die Aufgabe, immer dann dem Therapeuten ein Signal zu geben, wenn ein Tic auftritt. Der Therapeut macht den Patienten auf das Auftreten einzelner nicht selbst wahrgenommener Tics aufmerksam.

Die Selbstwahrnehmung der Tics ist, wie die klinische Erfahrung zeigt, im starken Maße abhängig von der Fokussierung des Patienten auf die Symptomatik. Zu Beginn des Trainings kann der Patient aufgefordert werden, sich ausschließlich auf die Symptomatik zu konzentrieren, unter dieser Bedingung werden im allgemeinen die meisten Tics wahrgenommen. Wesentlich schwieriger fällt es dagegen vielen Patienten, wenn ablenkende Tätigkeiten eingeführt werden. Relativ gleichbleibende Tätigkeiten wie Vorlesen oder Abschreiben erlauben dem Patienten noch eine gewisse Fokussierung auf die Symptomatik; schwieriger ist die Selbstwahrnehmung, wenn der Patient sich in ein Gespräch einläßt oder ein interessantes Spiel gespielt wird. Durch die Variation der Situationen läßt sich die Reaktionserkennung auch unter schwierigeren Bedingungen trainieren.

d) Training der Wahrnehmung
 früher Zeichen einer Tic-Reaktion
 (early warning procedure)

Der Patient versucht, gemeinsam mit dem Therapeuten die frühesten Anzeichen oder Vorgefühle vor einem Tic herauszufinden. Viele Patienten berichten von sich schneller oder langsamer aufbauenden Tic-Impulsen, von einer zunehmenden Körperanspannung oder inneren Unruhe, die häufig bestimmten Körperbereichen zugeordnet wird. Solche frühen Zeichen eines sich anbahnenden Tics werden mit dem Patienten erarbeitet. Der Patient versucht, sich auf seine Empfindungen zu konzentrieren und beschreibt diese, während sie sich entwickeln. Wird der Patient aufgefordert, die Tic-Reaktion möglichst lange zu unterdrücken, dann werden diese Empfindungen meist massiver und können vom Patienten klarer beschrieben werden.

e) Training der Wahrnehmung situativer Einflüsse (situation warning training)

In der letzten Behandlungsphase des Selbstwahrnehmungstrainings werden zusammen mit dem Patienten jene Situationen identifiziert, in denen die Symptomatik besonders intensiv oder besonders schwach ausgeprägt ist. Die während der Selbstbeobachtung gesammelten Informationen werden dabei ausgewertet. Die Beobachtungen von Bezugspersonen können hinzugezogen werden. Als hilfreich hat es sich erwiesen, mit dem Patienten und der Bezugsperson den üblichen Tagesablauf hinsichtlich der Tic-Symptomatik durchzusprechen. Dabei sollten jedoch nicht nur die Auswirkungen verschiedener äußerer Reize, sondern auch unterschiedlicher emotionaler Befindlichkeiten – Ärger, Freude, Angst, Anspannung, Ablenkung – auf die Tic-Symptomatik besprochen werden.

Soweit eine hinreichende Motivation entwickelt werden kann, ist es sinnvoll, die Selbstbeobachtung während des gesamten Selbstwahrnehmungstrainings weiterzuführen und entsprechend den einzelnen Phasen zu modifizieren, z. B. die Aufzeichnung von Tic-Impulsen nach dem Training der Wahrnehmung früher Zeichen einer Tic-Reaktion in die Selbstbeobachtung mit aufzunehmen.

2. Entspannungsverfahren

Entspannungstechniken dienen der generellen Reduktion von Streß und Anspannung und führen mitunter auch zu einer Reduktion der Ticsymptomatik. Azrin und Peterson (1988) schlagen vor, den Patienten mit verschiedenen Entspannungstechniken vertraut zu machen: der progressiven Muskelentspannung nach Jacobson (1938), verschiedenen Atemtechniken, der bildhaften Vorstellung beruhigender Szenen und autogenem Training. Als besonders hilfreich gelten diese Entspannungsverfahren, wenn sie als Selbstkontrolltechnik bei der Wahrnehmung von Tic-Impulsen oder unmittelbar nach der Ausführung eines Tics angewandt werden.

Stärker kognitiv orientierte Entspannungsverfahren, wie das autogene Training und die bildhafte Vorstellung beruhigender Szenen, eignen sich besonders für diesen situativen Einsatz, sind aber für Kinder meist schwerer zu erlernen und entziehen sich stärker äußerer Kontrolle als die mehr handlungsorientierten Methoden der progressiven Muskelentspannung und Atemtechniken. Da Atemtechniken relativ leicht vermittelbar sind und auch situativ eingesetzt werden können, wird diese Methode vom Autor präferiert. Mit dem Kind oder Jugendlichen wird tiefes und langsames Ein- und Ausatmen eingeübt, wobei das Ausatmen etwas länger als das Einatmen dauern sollte. Andere Entspannungsmethoden können damit kombiniert werden, etwa die bildhafte Vorstellung beruhigender Szenen und Selbstinstruktionen, beispielsweise aus dem autogenen Training.

Zum Einüben der Entspannungstechnik erhält der Patient die Aufgabe, die Entspannungsübung täglich 10–15 Minuten lang durchzuführen. Bevor deutliche Entspannungseffekte wirksam werden können, müssen diese Übungen mindestens zwei Wochen lang in ruhiger Situation durchgeführt werden. Danach kann die Entspannung situativ eingesetzt werden – vor Situationen, in denen die Symptomatik im allgemeinen stark ausgeprägt ist, in Streßsituationen oder Situationen der Anspannung, bei der Wahrnehmung von Tic-Impulsen und unmittelbar nach einem Tic. Die Durchführung der Entspannung sollte in die Selbstbeobachtung mit aufgenommen werden.

3. Training inkompatibler Reaktionen (competing response training)

Das Training inkompatibler Reaktionen wird von Azrin und Peterson (1988) als die zentrale Methode des gesamten Behandlungsprogramms bezeichnet. Dabei wird eine motorische Gegenbewegung zur Tic-Reaktion eingeübt, die gegen das Auftreten des Tics gerichtet ist. Diese Muskelreaktion sollte drei Merkmale aufweisen: Sie sollte erstens der Tic-Bewegung entgegengerichtet sein, zweitens sollte es möglich sein, diese Bewegung für wenige Minuten aufrechtzuerhalten, und sie sollte drittens weitgehend unauffällig durchgeführt werden können und sich in gerade ausgeübte Aktivitäten eingliedern lassen. Bei den meisten motorischen Tics kann als inkompatible Reaktion die isometrische Anspannung der Antagonisten ausgewählt werden, also jener Muskelgruppen, die gegensinnig zur Tic-Bewegung arbeiten. Der Patient spannt diese Muskelgruppen gerade so stark an, daß die Tic-Bewegung nicht durchgeführt werden kann, selbst wenn er willentlich die Tic-Bewegung auszuführen versucht.

Manche Tics erfordern jedoch andere Gegenreaktionen als eine isometrische Anspannung der antagonistischen Muskulatur. Bei vokalen Tics haben sich ein spezielles Atemmuster und bei Blinzel-Tics ein systematisches Augenblinzeln bewährt. Die individuelle Gegenreaktion wird gemeinsam mit dem Patienten erarbeitet. Da viele Patienten von sich aus ähnliche Bewältigungsstrategien entwickelt haben, können ihre Erfahrungen berücksichtigt werden. In der Therapiesitzung wird die motorische Gegenreaktion eingeübt. Der Patient erhält schließlich die Aufgabe, diese Gegenreaktion immer dann etwa ein bis zwei Minuten lang auszuführen, wenn ein Tic-Impuls wahrgenommen oder ein Tic ausgeführt wird.

Azrin und Peterson (1988, 1990) beschreiben einige Beispiele für inkompatible Reaktionen:

Augenblinzeln: Öffnen und Schließen der Augen alle drei bis fünf Sekunden. Der Blick wird dabei alle fünf bis zehn Sekunden langsam und intensiv nach unten gerichtet.

Nasenrümpfen: Oberlippe etwas nach unten ziehen und Lippen zusammenpressen.

Kopfschütteln: Langsame isometrische Kontraktion der Nackenmuskeln. Die Augen blieben geradeaus gerichtet, der Kopf wird ganz still gehalten. Ist der Kopfschüttel-Tic nur auf eine Körperseite gerichtet, dann kann eine Kontraktion der Nackenmuskeln durchgeführt werden, die den Kopf in die entgegengesetzte Richtung bewegt.

Zurückwerfen des Kopfes: Isometrische Kontraktion der Nackenbeuger. Das Kinn wird dabei leicht nach unten und zur Brust hin bewegt, ohne den Kopf zu beugen. Die Augen sind geradeaus gerichtet.

Schulterzucken nach oben: Isometrische Kontraktion der Muskelgruppen, die die Schulter als Gegenreaktion zu der nach oben gerichteten Ticbewegung herunterdrücken.

Schulterzucken nach vorne: Die Hände werden nach unten und nach hinten gedrückt, am besten gegen die Armlehnen eines Stuhls, wenn man sitzt, oder beim Stehen in die Hüfte gestemmt.

Armschleudern: Hand auf die Oberschenkel oder den Magen und den Ellbogen dabei gegen die Hüfte drücken.

Beinschleudern: Im Sitzen den Fuß flach und fest auf den Boden drücken. Im Stehen beide Knie gegeneinanderdrücken.

Einfache Lautäußerungen: Langsames, rhythmisches, tiefes Atmen durch die Nase. Die kontinuierliche Ausatmung (ca. 7 Sekunden) sollte etwas länger dauern als das Einatmen (ca. 5 Sekunden).

Der Tic, der am häufigsten auftritt oder den Patienten am stärksten belastet, sollte zuerst angegangen werden. Zum Erarbeiten und Einüben der motorischen Gegenantwort wird mindestens eine Sitzung benötigt. Danach setzt der Patient die inkompatible Reaktion in seinem natürlichen Umfeld ein. In den Therapiesitzungen werden nacheinander für alle weiteren Tic-Bewegungen entsprechende inkompatible Reaktionen erarbeitet und eingeübt. Nach Azrin und Peterson (1988) führt die Behandlung des massivsten Tics häufig auch zu einer Verminderung anderer Tics. Die klinische Erfahrung zeigt jedoch, daß mit der Behandlung des primären Tics auch eine Zunahme anderer oder die Entwicklung neuer Tic-Formen einhergehen kann. Wichtig erscheint es daher, inkompatible Reaktionen schrittweise für alle Tic-Äußerungen zu entwickeln. Das Ausbleiben von Symptomsubstitutionen in der Untersuchung von Azrin und Peterson (1990) begründen die Autoren auch damit, daß für jede Tic-Äußerung einschließlich der in der Vergangenheit aufgetretenen Tics inkompatible Reaktionen entwickelt wurden.

4. Kontingenzmanagement

Die beschriebene Behandlungsstrategie erfordert aufgrund der starken Eigenbeteiligung des Patienten eine hohe Behandlungsmotivation, die von vornherein bei den meisten Patienten nicht gegeben ist. Selbstkontrolltechniken stoßen bei jenen Patienten, denen es generell an Selbstkontrolle mangelt, vor allem bei Patienten mit hyperkinetischer Symptomatik, die, wie bereits erwähnt, gehäuft zusammen mit Tic-Symptomen auftritt, auf besondere Probleme. Patienten mit stark ausgeprägten Tic-Symptomen und hohem Leidensdruck haben häufig die Tendenz, diese Symptomatik eher zu verdrängen als aktiv zu bearbeiten, und sind deshalb der aktiven Auseinandersetzung mit der Symptomatik nicht leicht zugänglich. Sind Symptomatik und Leidensdruck geringer ausgeprägt, dann mangelt es häufig an hinreichender Behandlungsmotivation.

Deshalb nimmt das Kontingenzmanagement im Rahmen des Gesamtprogrammes eine bedeutende Stellung ein. Für Patienten mit geringem Leidensdruck schlagen Azrin und Peterson (1988) vor, gemeinsam mit dem Patienten die negativen Aspekte der Symptomatik – die Unannehmlichkeiten und Ärgernisse – und die positiven Folgen einer Symptomverminderung herauszuarbeiten. Mit Hilfe von Tokensystemen können Symptomverminderungen und vor allem die Durchführung der einzelnen Behandlungskomponenten hauptsächlich im natürlichen Umfeld positiv verstärkt werden. Am wichtigsten erscheint jedoch die soziale Verstärkung und Zuwendung durch Bezugspersonen – Eltern, Lehrer oder auch gute Freunde –, wenn einzelne Behandlungsschritte erfolgreich bewältigt werden.

5. Generalisierungstraining

Über das gesamte Behandlungsprogramm hinweg wird der Unterstützung der Generalisation der in der Therapiesitzung erworbenen Techniken auf das natürliche soziale Umfeld eine besondere Aufmerksamkeit gewidmet. Während jeder Behandlungssitzung wird der Patient damit vertraut gemacht, wie er seine Tics in Alltagssituationen kontrollieren kann. Zuerst wird er so lange üben, bis er die entsprechende Vorgehensweise in der Behandlungssitzung vollkommen beherrscht. In der nächsten Stufe versucht der Patient sich vorzustellen, er befinde sich in Situationen, die Tics üblicherweise provozieren. Er versucht sich den Tic-Impuls vorzustellen, um die dazu erforderliche Übung durchzuführen (verdeckte Verhaltensübung). Dabei werden jene Situationen bearbeitet, die sich im Rahmen des Selbstwahrnehmungstrainings als besonders kritisch herausgestellt haben.

Tabelle 5 zeigt, wie die zentralen Behandlungskomponenten der Kombinationsbehandlung nach Azrin und Nunn (1973) in

Tabelle 5. Selbstkontrolltechniken bei Tic-Störungen

1. *Bevor der Tic-Impuls kommt (in kritischen Situationen)*
   a) Selbstinstruktion:
      z. B.:
      – „Ich bemühe mich, den Tic nicht aufkommen zu lassen"
      – „Wenn der Impuls kommt, werde ich mich ihm stellen . . ."
   b) Ablenkende Tätigkeit/Entspannung und Selbstverstärkung
2. *Wenn der Impuls wahrgenommen wird*
   a) Selbstinstruktion:
      z. B.:
      – „Ich spüre wie er kommt, jetzt Gegenbewegung einsetzen"
   b) Impulsabbauende Technik
      – Gegenbewegung aufbauen (Muskelgruppen anspannen)
   c) Entspannung und Selbstverstärkung
   d) Protokollierung
3. *Wenn der Impuls nicht zu unterdrücken ist*
   a) Selbstinstruktion:
      z. B.:
      – „Der Tic kommt, jetzt abbremsen"
   b) Gegenbewegung aufbauen:
      – Tic abbremsen
      – Gegenbewegung durchführen
   c) Entspannung und Selbstverstärkung
   d) Protokollierung

einem *Selbstmanagementansatz* integrierbar sind. Dabei werden drei Situationen unterschieden: kritische Situationen, in denen gehäuft Tics auftreten, wenn ein Tic-Impuls wahrgenommen wird und wenn der Impuls nicht zu unterdrücken ist und eine Tic-Reaktion ausgeführt wird. Die einzelnen Handlungskomponenten werden zunächst in der Therapie zusammen mit dem Patienten erarbeitet und auf seine individuelle Symptomatik abgestimmt. Danach setzt der Patient diese Selbstkontrollstrategien im Alltag ein.

4. Evaluation

Insgesamt wurde die Wirksamkeit verschiedener verhaltenstherapeutischer Interventionen in mehr als 50 Studien untersucht, die allerdings mit Ausnahme von drei Studien durchweg Einzelfallanalysen und -beschreibungen mit einem bis drei Patienten sind (Peterson et al. 1994). Einen Überblick über die Ergebnisse der Therapieforschung geben Azrin & Peterson (1988), Peterson und Mitarbeiter (1994) sowie Banaschewski und Rothenberger (1997), die eine Übersicht über insgesamt 44 Studien zur Wirksamkeit verschiedener verhaltenstherapeutischer Interventionen vorlegen. In mehreren Studien wurde die Symptomatik sowohl in der Klinik als auch in der häuslichen Umgebung erfaßt (Azrin & Peterson 1988, 1990, Billings, 1978; Doleys & Kurtz 1974, Varni, Boyd & Cataldo 1978) – eine Praxis, die übrigens in pharmakologischen Studien kaum angewandt wurde. Langzeiteffekte wurden nur bei wenigen Studien untersucht, Azrin und Petersen (1988) nennen drei Studien, die Effekte über mehr als 6 Monate hinweg überprüften; eine unlängst erschienene Studie, die übrigens die erste Gruppenstudie darstellt, untersuchte die Wirksamkeit über ein Jahr hinweg (Azrin & Petersen 1990). Im deutschen Sprachraum wurden von der eigenen Arbeitsgruppe zwei kontrollierte Einzelfallstudien publiziert, in denen Reaktionsumkehr durchgeführt wurden (Döpfner 1996, Döpfner & Reister 1997). Süss-Burghart (1996) beschreibt die Behandlung eines Kindes mit Tourette-Syndrom mit Hilfe von Selbstkontrolltechniken und Kontingenzmanagement. Die Ergebnisse dieser Untersuchungen lassen sich insgesamt wie folgt zusammenfassen:

Selbstbeobachtung führt, wie einige Studien zeigen, zu einer gewissen Symptomreduktion. So konnte Ollendick (1981) einen Blinzel- und Gesichts-Tic bei einem neunjährigen Jungen alleine durch Selbstbeobachtung reduzieren. In drei weiteren Fallstudien konnte bei Kindern und Jugendlichen mit Tourette-Syndrom durch Selbstbeobachtungstechniken eine deutliche Symptomreduktion erzielt werden (Billings 1978, Hutzell et al. 1974, Thomas et al. 1971).

Verschiedene Formen des *Entspannungstrainings*, vor allem progressive Muskelentspannung, gelegentlich auch Atemtechniken oder Techniken des autogenen Trainings, wurden ebenfalls häufig als Komponenten einer multimodalen Behandlung eingesetzt. In acht Studien, die unter anderem solche Methoden bei Patienten mit Tourette-Syndrom verwendeten, konnte die Tic-Frequenz durch das gesamte Behandlungsprogramm reduziert werden. Während des Entspannungszustandes waren meist keine Tic-Symptome zu beobachten. Die Symptomatik setzte jedoch häufig nach wenigen Minuten, spätestens nach einigen Stunden wieder ein. Insgesamt scheinen Entspannungsverfahren für eine relativ kurze Zeit eine Symptomverminderung zu bewirken.

Azrin und Peterson (1988) beschreiben 18 Einzelfallstudien, in denen 24 Patienten mit Tourette-Störungen mit *massierten Übungen* behandelt wurden. In zehn Studien (bei insgesamt 12 Patienten) konnte eine Symptomverminderung erzielt werden, während in acht Studien keine Effekte nachweisbar waren. In einigen der Untersuchungen wurde sogar eine Zunahme der Tic-Frequenz beobachtet. In fünf von sieben Studien, in denen die Symptome reduziert und Nachuntersuchungen durchgeführt wurden, konnte eine Stabilisierung der Effekte belegt werden. In fünf Studien, die Therapieeffekte nachwiesen, läßt sich die Stärke der Effekte präzisieren: Die Tic-Symptomatik reduzierte sich durchschnittlich um 58% (Spannweite: 38–86%). Insgesamt erwiesen sich massierte Übungen in etwa der Hälfte der Studien als wirkungsvoll, wobei auch negative Effekte nicht selten berichtet wurden. Zu vergleichbaren Ergebnissen kommt Turpin (1983) bei einer Übersicht über 22 Studien mit massierten Übungen bei Patienten mit Tic-Störungen. Ergebnisse mit Kindern und Jugendlichen variieren von leichten Verminderungen (Sand & Carlson 1973) bis zu Symptomreduktionen von 39–50% (Azrin et al. 1980; Lahey et al. 1973).

In mehreren Einzelfallstudien wurden Methoden des *Kontingenzmanagements* – der positiven Verstärkung geringer Tic-Raten, der Nichtbeachtung (Löschung) einzelner Tic-Reaktionen oder der Durchführung negativer Konsequenzen nach Tic-Reaktionen – zur Verminderung der Tic-Störungen untersucht. In neun Einzelfallstudien wurde die Wirksamkeit positiver Verstärkung geringer Tic-Frequenzen bei Kindern mit Tourette-Syndrom – allerdings in Kombination mit anderen Techniken – untersucht. Dabei konnten mit einer Ausnahme Verminderungen der Symptomatik erzielt werden (vgl. Azrin & Peterson 1988). Aversive Konsequenzen nach Tic-Reaktionen in Form von Elektroschocks, sogenanntem „weißen Rauschen" (eine Mischung aller Tonfrequenzen mit großer Lautstärke) oder Auszeit wurden in sieben Studien als Behandlungskomponenten eingesetzt. In sechs dieser Studien konnten Behandlungseffekte belegt werden, die allerdings in einigen Studien sich als vorübergehend erwiesen oder nicht auf andere Situationen generalisierten. Meist wurden verschiedene Methoden des Kontingenzmanagements kombiniert oder auch zusammen mit anderen Verfahren eingesetzt, so daß die Wirksamkeit der einzelnen Methode nicht bestimmt werden kann. Varni und Mitarbeiter (1978) konnten die Tic-Frequenz bei einem siebenjährigen Jungen mit Tourette-Syndrom durch eine Kombination von positiver Verstärkung (soziale, Token- und Aktivitätsverstärkung) für ticfreie Intervalle mit Auszeit (5 Minuten im Auszeitraum) bei Auftreten eines Tics deutlich vermindern. Auszeitverfahren bei Koprolalie wurde auch im Klassenzimmer erfolgreich eingesetzt (Lahey et al. 1973).

Die Wirksamkeit des *multimodalen Behandlungsprogramms* von Azrin und Nunn (1973) wird in den vorliegenden Studien eindrucksvoll bestätigt. In vier Studien wurden Kinder und Jugendliche mit multiplen Tics erfolgreich behandelt. Die Reduktion der Zielsymptomatik lag bei mindestens 90%, häufig wurde Symptomfreiheit erzielt (Azrin & Nunn 1973; Azrin, Nunn & Frantz 1980; Ollendick 1981; Finney et al. 1983). Reaktionsumkehr erwies sich gegenüber massierten Übungen als deutlich überlegen (Azrin, Nunn & Frantz 1980). Auch bei Patienten mit Tourette-Syndrom konnte die Wirksamkeit des Behandlungsprogrammes belegt werden. Erste Hinweise auf die Wirksamkeit bei Tourette-Patienten geben vier Einzelfallstudien, in denen meist jugendliche Tourette-Patienten erfolgreich behandelt wurden. Meist konnten Symptomreduktionen von 80 bis 99% nachgewiesen werden. Katamnesen in der Hälfte der Studien bis zu einer Dauer von einem Jahr belegen eine Stabilität der Therapieerfolge (Finney et al. 1983, Zikis 1983, Azrin & Peterson 1988). Miltenberger und Mitarbeiter (1985) zeigen, daß das Selbstwahrnehmungstraining und das Training inkompatibler Reaktionen die entscheidenden Behandlungskomponenten in dem gesamten Behandlungsprogramm darstellen. Woods und Mitarbeiter (1996) zeigen, daß die einzelnen Behandlungskomponenten bei verschiedenen Patienten unterschiedlich bedeutsam sind.

Eine eindrucksvolle Bestätigung der Therapieeffekte bei Tourette-Patienten legen Azrin und Peterson (1990) vor. In einer Gruppenstudie an 10 Patienten (darunter 7 Kinder und Jugendliche im Alter von 6 bis 16 Jahren) wurden jeweils fünf Patienten unmittelbar nach Erhebung der Baseline und weitere 5 Patienten nach viermonatiger Wartezeit behandelt. Die Behandlungseffekte wurden durch Verhaltensbeobachtungen in der Klinik und in der Familie überprüft. Die Behandlung wurde in durchschnittlich 20 Sitzungen (Spannweite 13 bis 30 Sitzungen) über einen Zeitraum von acht bis elf Monaten, anfangs wöchentlich, später mindestens einmal pro Monat durchgeführt. Die Tic-Frequenz reduzierte sich durchschnittlich um 93%, wobei sie sich in den letzten Behandlungsmonaten auf diesem Niveau stabilisierte. Der Patient mit den geringsten Veränderungen zeigte eine Symptomreduktion von 60% im natürlichen Umfeld. Bei der Hälfte der Patienten wurde eine 100%ige Symptomreduktion entweder während der Therapiesitzungen oder während der Beobachtungen in der Familie erzielt, bei zwei Patienten eine völlige Symptomfreiheit in beiden Situationen. Bei drei bereits vor Therapiebeginn pharmakotherapeutisch behandelten Patienten wurde die medikamentöse Behandlung mit konstanter Dosierung fortgesetzt. Bei ihnen konnte eine Reduktion der Tic-Symptomatik durch die zusätzliche verhaltenstherapeutische Behandlung von 99% nachgewiesen werden. Bei zwei der drei Patienten wurde die Medikation gegen Behandlungsende um die Hälfte bzw. um über 80% ohne Symptomverschlechterung reduziert.

Die Methode der Reaktionsumkehr erfordert von dem Patienten genau das, was ihm Schwierigkeiten bereitet: ein hohes Maß an Selbstkontrolle (Döpfner 1996). Die eigene klinische Erfahrung zeigt, daß die Effekte dieses Therapieprogrammes entscheidend von der Therapiemotivation des Patienten bestimmt werden und daß bei etwa der Hälfte der Patienten mit einer mangelnden Compliance zu rechnen ist und die Therapieeffekte bei dieser Patientengruppe deshalb begrenzt sind. Allerdings machen fast alle Patienten im Verlaufe der Behandlung die Erfahrung, daß sie die Tic-Symptomatik stärker als bisher vermutet beeinflussen können. Diese aktive Bewältigungserfahrung kann bei jenen Patienten, die trotz intensiver medikamentöser und verhaltenstherapeutischer Interventionen weiterhin mit der Problematik behaftet sind, ein wichtiger Baustein in der Krankheitsbewältigung, dem Leben mit der Krankheit sein.

Literatur

Apter, A., Pauls, D. I., Bleich, A., Zohar, A. H., Kron, S. G., Dycian, A., Weizman, A., & Cohen, D. (1992) A population based epidemiological study of Tourette syndrome among adolescents in Israel. In Chase, T. N., Friedhoff, A. J., Cohen, D. J. (Eds.): Tourette syndrome: Genetics, neurobiology and treatment, Advances in Neurology, vol. 48, 61–65. New York: Raven Press

Azrin, N. H. & Nunn, R. G. (1973) Habit-reversal: A method for eliminating nervous habits and tics. Behavior Research and Therapy 11, 619–628

Azrin, N. H. & Peterson, A. L. (1988) Habit reversal for the treatment of Tourette Syndrome. Behavior Research and Therapy 26, 347–351

Azrin, N. H. & Peterson, A. L. (1988) Behavior therapy for Tourette's Syndrome and tic disorders. In Cohen, D. J., Bruun, R. D. & Leckman, J. F. (Eds.): Tourette's syndrome and tic disorders, 237–256. Wiley, New York

Azrin, N. H. & Peterson, A. L. (1990) Treatment of Tourette Syndrome by Habit Reversal: A Waiting-List Control Group Comparison. Behavior Therapy 21, 305–318

Azrin, N. H., Nunn, R. G. & Frantz, S. E. (1980) Habit reversal vs. negative practice treatment of nervous tics. Behavior Therapy 11, 169–178

Banaschewski, T. & Rothenberger, A. (1997). Verhaltenstherapie bei Tic-Störungen. In Petermann, F. (Hrsg.) Kinderverhaltenstherapie, 204–243. Baltmannsweiler: Schneider

Billings, A (1978) Self-Monitoring in the treatment of tics: A single-subject analysis. Journal of Behavior Therapy and Experimental Psychiatry 9, 339–342

Castellanos, F. X.; Giedd, J. N.; Elia, J.; Marsh, W. L.; Ritchie, G. F.; Hamburger, S. D. & Rapoport, J. L. (1997) Controlled stimulant treatment of ADHD and comorbid Tourette's syndrome: effects of stimulant and dose. Journal of the American Academy of Child and Adolescent Psychiatry 36, 589–596

Comings, D. E. & Comings, B. G. (1984) Tourette's syndrome and attention deficit disorder with hyperactivity: are they genetically related?. Journal of the American Academic Child Psychiatry, 23, 138–146

Comings, D. E. & Comings, B. G. (1993) Comorbid behavioral disorders. In R. Kurlan (ed.), Handbook of Tourette's syndrome and related tic and behavioral disorders 111–147. New York: Marcel Dekker

Dilling, H., Mombour, M., & Schmidt, M. H. (Hrsg.) (1991). Internationale Klassifikation psychischer Störungen – ICD 10, Kapitel V (F). Klinisch-diagnostische Leitlinien. Bern: Huber

Dilling, H., Mombour, W., Schmidt, M. H. & Schulte-Markwort, E. (Hrsg.) (1993). Internationale Klassifikation psychischer Störungen – ICD 10, Kapitel V (F). Forschungskriterien. Bern: Huber

Doleys, D. M. & Kurtz, P. S. (1974) A Behavioral Treatment Program for the Gilles de la Tourette Syndrome. Psychological Reports 35, 43–48

Döpfner, M. (1996) Behandlung eines Jugendlichen mit Tourette-Syndrom durch Reaktionsumkehr (habit reversal) und Verstärkerrückgabe (response cost). Kindheit und Entwicklung, 5, 189–196

Döpfner, M. & Lehmkuhl, G. (1998) Diagnostik-System für psychische Störungen im Kindes- und Jugendalter nach ICD-10 und DSM-IV (DISYPS-KJ). Bern: Huber

Döpfner, M. & Reister, C. (1997) Tic-Störungen. In Petermann, F. (Hrsg.): Fallbuch der klinischen Kinderpsychologie, 59–84. Göttingen: Hogrefe

Döpfner, M., Schürmann, S., Frölich, J. (1997). Das Therapieprogramm für Kinder mit hyperkinetischem und oppositionellem Problemverhalten (THOP). Weinheim: Psychologie Verlags Union

Eggers, C., Rothenberger, A. & Berghaus, U. (1988) Clinical and neurobiological findings in children suffering from a tic disease following treatment with tiapride. European Archives of Psychiatry and Neurological Sciences 237, 223–229

Erenberg, C., Druse, R. P. & Rothner, A. D. (1987) The natural history of Tourette syndrome: a follow up. Annals of Neurology 22, 383–385

Finney, J. W., Rapoff, M. A.; Hall; C. & Christophersen, E. R. (1983) Replication and social validation of habit reversal treatment for tics. Behavior Therapy 14, 116–126

Florin, I. (1978) Entspannung-Desensibilisierung. Kohlhammer, Stuttgart

Gadow, K. D., Sverd, J. & Nolan, E. E. (1992) Methylphenidate in hyperactive boys with comorbid tic disorder: II. Short-term behavioral effects in school settings. Journal of the American Academy of Child and Adolescent Psychiatry 31, 462–471

Gadow, K. D., Sverd, J., Sprafkin, J. & Nolan, E. E. (1995) Efficacy of methylphenidate for attention-deficit hyperactivity disorder children with tic disorder. Archives of General Psychiatry 52, 444–455

Golden, G. S. (1987) Tic disorders in childhood. Pediatrics in Review 8, 229–234

Hacherik, D. F., Leckman, J. F. Detlor, J., Cohen, D. J. (1984) A new instrument for clinical studies of Tourette's syndrome. Journal of the American Academy of Child and Adolescent Psychiatry 23, 153–160

Hutzell, R. R., Platsek, D. & Logue, P. E. (1974) Control of symptoms of Gilles de la Tourette's syndrome by self-monitoring. Journal of Behavior Therapy and Experimental Psychiatry, 5, 71–76

Jacobson, E. (1938) Progressive relaxation. Univ. of Chicago Press, Chicago

Kanfer, F. H., Reinecker, H. & Schmelzer, D. (1990) Selbstmanagement-Therapie. Springer, Berlin

Lahey, B. B., McNees, M. P. & McNees, M. C. (1973) Control of an obscene „verbal tic" trough time out in an elementary classroom. Journal of Applied Behaviour Analysis 6, 101–104

Leckman, J. F., Riddle, M. A., Hardin, M. T., Otr, S. I., Swartz, K. L., Stevenson, J. & Cohen, D. J. (1990) The Yale Global Tic Severity Scale: Initial testing of a clinician-rated scale of tic severity. Journal of the American Academy of Child and Adolescent Psychiatry 28; 566–573

Leckman, J. F., Towbin, K. E., Sharon, I. & Cohen, D. (1988) Clinical assessment of tic disorder severity. In Cohen, D. J., Bruun, R. D. & Leckman, J. F. (Eds.): Tourette's syndrome and tic disorders, 55–78. Wiley, New York

Leckman, J. F. & Cohen, D. J. (1995) Tic disorders. In Rutter, M., Taylor, E. & Hersov, L. (Eds.) Child and adolescent Psychiatry, 455–366. Oxford: Blackwell

Lees, A. J. (1985) Tics and related disorders. Churchill Livingston, Edinburgh

Miltenberger, R. G., Fugua, R. W., McKinley, T. (1985) Habit reversal: Replication and component analysis. Behavior Therapy 16, 39–50

Nolan, E. E., Sverd, J., Gadow, K. D., Sprafkin, J. & Ezor, S. N. (1996) Associated psychopathology in children with both ADHD and chronic tic disorder. Journal of the American Academy of Child and Adolescent Psychiatry 35, 1622–1630.

Ollendick, T. H. (1981) Self-monitoring and self-administered overcorrection: The modification of nervous tics in children. Behavior Modification 5, 75–84

Ollendick, D. G. (1989) Tics and tourette's disorder. In Ollendick, T. H. & Hersen, M.: Handbook of child psychopathology, 277–290. New York: Plenum

Pauls, D. L., Leckman, J. F. & Cohen, D. J. (1994) Evidence against a genetic relationship between Tourette's syndrome and anxiety, depression, panic and phobic disorders. British Journal of Psychiatry 164, 215–221

Petersen, A. L. & Azrin, N. H. (1993) Behavioral and pharmacological treatments for Tourette syndrome: A review. Applied Preventive Psychology 2, 231–242

Petersen, A. L., Campise, R. L. & Azrin, N. H. (1994) Behavioral and pharmacological treatments for tic and habit disorders: A review. Developmental and Behavioral Pediatrics, 15, 430–441

Rapoport, J. L., Nee, L., Mitchell, S., Polinsky, R. & Ebert, M. (1982) Hyperkinetic syndrome and Tourette syndrome. In Friedhoff, A. J. & Chase, T. N. (Eds.): Gilles de la Tourette syndrome, Advances in neurology, Vol. 35, 423–426. Raven Press, New York

Rothenberger, A. (1984) Therapie der Tic-Störungen. Zeitschrift für Kinder- und Jugendpsychiatrie 12, 284–312

Rothenberger, A. (1984) Bewegungsbezogene Veränderungen der elektrischen Hirnaktivität bei Kindern mit multiplen Tics und Gilles de la Tourette-Syndrom. Habilitationsschrift, Universität Heidelberg

Rothenberger, A. (1990) Behandlung von Tic-Störungen bei Kindern – Verhaltenstherapeutische Aspekte. Praxis der Klinischen VTmedizin u. Rehabilitation 9, 16–21

Rothenberger, A. (1991) Wenn Kinder Tics entwickeln. Gustav Fischer Verlag, Stuttgart

Rothenberger, A. (1996) Tourette-Syndrom und assoziierte neuropsychiatrische Auffälligkeiten. Zeitschrift für Klinische Psychologie 25, 259–279

Sand, P. L. & Carlson, C. (1973) Failure to establish control over tics in the Gilles de la Tourette syndrome. British Journal of Psychiatry 122, 665–670

Saß, H., Wittchen, H. U. & Zaudig, M. (Hrsg.) (1996) Diagnostisches und Statistisches Manual Psychischer Störungen DSM-IV. Göttingen: Hogrefe

Silva, R. R., Munoz, D. M., Barickman, J. & Friedhoff, A. J. (1995) Environmental factors and related fluctuation of symptoms in children and adolescents with Tourette's disorder, Journal of Child Psychology and Psychiatry 36, 305–312

Schultz, I. H. (1978) Das autogene Training. Thieme, Stuttgart

Shapiro, A. K., Shapiro, E. S., Young, J. G. & Feinberg, T. E. (Eds.) (1988) Gilles de la Tourette syndrome – 2. ed. Raven, New York

Spencer, T.; Biederman, J.; Harding, M.; Wilens, T.; Faraone, S. (1995) The relationship between tic disorders and Tourette's syndrome revisited. Journal of the American Academy of Child and Adolescent Psychiatry 34, 1133–1139

Süss-Burghart, H. (1996) Verhaltenstherapie mit einem 11 Jahre alten Junge mit der Diagnose Gilles-de-la-Tourette-Syndrom – ein Fallbericht. Verhaltenstherapie 6, 100–106.

Thomas, E. J., Abrams, K. S. & Johnson, J. B. (1971) Self-monitoring and reciprocal inhibition in the modification of multiple tics of Gilles de la Tourette's syndrome. Journal of Behavior Therapy and Experimental Psychiatry 2, 159–171

Turpin, G. (1983) The behavioral management of tic disorders: A critical review. Advances in Behaviour Research and Therapy 5, 203–245

Varni, J. W., Boyd, E. F. & Cataldo, M. F. (1978) Self-monitoring, external reinforcement, and time-out procedures in the control of high rate tic behaviors in a hyperactive child. Journal of Behavior Therapy and Experimental Psychiatry 9, 353–358

Wittchen, H. U., Sass, H., Zaudig, M. & Koehler, K. (Hrsg.) Diagnostisches und Statistisches Manual Psychischer Störungen DSM-III-R. Beltz, Weinheim

Wodrich, L., Benjamin, E. & Iacher, D. (1997) Tourette's syndrome and psychopathology in a child psychiatry setting. Journal of the American Academy of Child and Adolescent Psychiatry 36, 1618–1624

Woods, D. W., Miltenberger, R. G. & Lumley, V. A. (1996). Sequential application of major habit reversal components to motor tics in children. Journal of Applied Behavior Analysis 29, 483–493

World Health Organisation (1990) International Classification of Diseases ICD 10, WHO – document: WHO/MNH/MEP/87.1 Rev. 4. World Health Organization, Division of Mental Health, Genf

Yates, A. J. (1958) The application of learning theory to the treatment of tics. Journal of Abnormal and Social Psychology, 56, 175–182

Zahner, G. E., Clubb, M. M., Leckman, J. F. & Pauls, D. L. (1988) The epidemiology of Tourette's syndrome. In Cohen, D. J., Bruun, R. D. & Leckman, J. F. (eds.) Tourette's syndrome and tic disorders 79–91. New York: Wiley

Ziemann, U., Paulus, W. & Rothenberger, A. (1997) Decreased motor inhibition in Tourette's disorder: Evidence from transcranial magnetic stimulation. American Journal of Psychiatry 154, 1277–1284

Zikis, P. (1983) Habit reversal treatment of a 10-year-old school boy with severe tics. The Behavior Therapist 6, 50–51.

Kapitel 8

Angststörungen

Ulrike Petermann

1. Definition und Klassifikation   188
2. Symptomatik und Verhaltensdiagnose   192
2.1 Entstehungsbedingungen der Symptomatik   192
2.2 Erstellen einer Verhaltensdiagnose   196
3. Therapie in der Praxis   198
3.1 Therapeutische Arbeit mit dem einzelnen Kind   201
3.2 Therapeutische Arbeit mit einer Kindergruppe   204
3.3 Therapeutische Arbeit mit den Eltern   204
4. Evaluation   206

Literatur   210

1. Definition und Klassifikation

Ängste stellen ein Phänomen dar, welches natürlicherweise zum Leben eines Menschen gehört. Auch im Kindesalter liegen eine Reihe verschiedenartiger Ängste vor, die sich in spezifischer Weise vom Erwachsenenalter unterscheiden. In der Regel handelt es sich hierbei um normale Phänomene, die jedoch hinsichtlich des Ausprägungsgrades eine gewisse interindividuelle Bandbreite aufweisen können. Viele Kinderängste, wie z. B. die Angst vor Fremden („Fremdelphase"), die Angst vor Dunkelheit, die Angst vor Gespenstern, die Angst vor der Trennung von der vertrauten Bezugsperson, stellen altersabhängige Durchgangsphänomene dar, die in der Regel von alleine wieder verschwinden. Behandlungsbedürftig werden Kinderängste jedoch dann, wenn sie das Kind im Alltagsablauf stark und anhaltend beeinträchtigen; wenn sie das Kind in seiner normalen Entwicklung langfristig behindern und wenn das Kind durch seine Ängste Folgeprobleme in Familie, Kindergarten, Schule oder im Freizeitbereich erfährt.

Behandlungsbedürftige Ängste sind solche, die aufgrund der emotionalen und physiologischen Begleitumstände zu Flucht- oder Vermeidungsverhalten führen. Das Vermeidungsverhalten kann ein Kind in den zentralen Entwicklungsbereichen enorm einschränken, und zwar in der Sprach-, motorischen, kognitiven sowie in der sozial-emotionalen Entwicklung.

Die Spezifikation von Angststörungen führte zu sehr unterschiedlichen Einteilungen, je nach Forschungsstand. So wurde schon von einfachen Ängsten, multiplen Ängsten, sozialen Ängsten, phobischen Ängsten, Trennungsängsten, generalisierten Ängsten oder Überängstlichkeit gesprochen. In den Klassifikationssystemen änderten sich in den letzten Jahren entsprechend die Einteilungen. Im folgenden zeigt Tabelle 1 einen vergleichenden Überblick über die Klassifikationen von Angststörungen im Kindesalter (vgl. Petermann et al., 1995).

Tabelle 1. Klassifikation von Angststörungen im Kindes- und Jugendalter (in Anlehnung an Petermann et al., 1995, S. 180)

DSM-III-R	DSM-IV	ICD-10
Angststörungen in der Kindheit oder Adoleszenz	*Andere Störungen im Kleinkindalter, in der Kindheit oder Adoleszenz*	*Emotionale Störungen des Kindesalters*
309.21 Störung mit Trennungsangst	309.21 Störung mit Trennungsangst	F 93.0 Störung mit Trennungsangst des Kindesalters
313.21 Störung mit Kontaktvermeidung	300.02 Soziale Phobie (Erwachsenenteil)	F 93.2 Störung mit sozialer Ängstlichkeit des Kindesalters
313.00 Störung mit Überängstlichkeit	300.02 Generalisierte Angststörung (Erwachsenenteil)	F 41.1 Generalisierte Angststörung (Erwachsenenteil)
		F 93.1 Phobische Störung des Kindesalters
		F 93.3 Emotionale Störung mit Geschwisterrivalität

Wie aus Tabelle 1 ersichtlich, gab es deutliche Veränderungen in der Klassifikation von DSM-III-R zu DSM-IV. So entfällt nicht nur die eigenständige Kategorie „Angststörungen in der Kindheit oder Adoleszenz", sondern es bleibt auch nur die kindspezifische Angststörung hinsichtlich Trennungssituationen im DSM-IV bestehen. Diese „Störung mit Trennungsangst" findet sich in der Kategorie „Andere Störungen im Kleinkindalter, in der Kindheit oder Adoleszenz". Die ehemalige „Störung mit Kontaktvermeidung" wurde in die „Soziale Phobie" überführt; ebenso verhält es sich mit der „Störung mit Überängstlichkeit", die in die „Generalisierte Angststörung" überführt wurde. Die soziale Phobie und die generalisierte Angststörung sind im Erwachsenen-Klassifikationsteil zu kodieren. Dort sind Hinweise für kindspezifische Abweichungen einerseits sowie für die Kriterien, ab wann eine solche Störung diagnostiziert werden darf, andererseits enthalten. In der ICD-10 sind diese drei Angst-

Tabelle 2. Diagnostische Kriterien für die relevanten Angststörungen im Kindes- und Jugendalter nach DSM-IV und ICD-10

DSM-IV	ICD-10
Störung mit Trennungsangst	*Störung mit Trennungsangst des Kindesalters*
Es liegt eine für das Entwicklungsalter übermäßige Angst vor Trennungssituationen von zu Hause oder von Bezugspersonen vor. Mindestens drei von acht Kriterien müssen erfüllt sein, und die Dauer muß minimal vier Wochen betragen. Ein früher Beginn der Störung (= vor dem sechsten Lebensjahr) soll von einem späten unterschieden werden. 1. Wiederholter übermäßiger Kummer bei möglicher oder tatsächlicher Trennung. 2. Andauernde, übermäßige Sorge, die wichtigen Bezugspersonen zu verlieren sowie 3. von diesen durch ein Unglück getrennt zu werden. 4. Andauernde Abneigung oder Weigerung, zur Schule oder an einen anderen Ort zu gehen, und zwar aus Angst vor der Trennung. 5. Furcht oder Abneigung, allein bzw. ohne vertraute Bezugsperson zu Hause oder in einem anderen Umfeld zu bleiben. 6. Widerwillen oder Weigerung, ohne die Wahl einer wichtigen Bezugsperson schlafen zu gehen oder auswärts zu übernachten. 7. Wiederholte Alpträume von Trennungen. 8. Klagen über körperliche Beschwerden, wenn eine Trennung von einer vertrauten Bezugsperson bevorsteht oder durchgeführt wird, z.B. Kopf-, Bauchschmerzen, Übelkeit oder Erbrechen.	Das Hauptmerkmal stellt eine fokussierte, übermäßig ausgeprägte Angst vor der Trennung von den Personen dar, an die sich ein Kind gebunden fühlt; das sind in der Regel die Eltern oder andere Familienmitglieder. Die Trennungsangst wird diagnostiziert, wenn sie einen außergewöhnlichen Schweregrad aufweist, wenn sie über die alterstypische Entwicklung hinaus andauert, erstmals während der ersten Lebensjahre (also nicht erstmals in der Adoleszenz) sowie nicht als Teil einer generalisierten Angst auftritt. 1. Unrealistische Sorge, daß den Bezugspersonen etwas zustoßen oder diese weggehen und nicht zurückkehren werden. 2. Unrealistische Sorge, ein Unglück trennt Kind von seinen Bezugspersonen (z.B. Kidnapping, Krankenhausaufenthalt). 3. Widerwillen oder Weigerung, in die Schule zu gehen, und zwar aus Angst vor der Trennung und nicht wegen schulischer Ereignisse. 4. Anhaltende Abneigung oder Weigerung, ohne die Anwesenheit oder Nähe einer Bezugsperson ins Bett zu gehen. 5. Furcht davor, sich zu Hause allein aufzuhalten. 6. Wiederholte Alpträume über Trennung. 7. Wiederholte somatische Symptome bei Trennung von einer Bezugsperson oder beim Verlassen der Wohnung, um z. B. zur Schule zu gehen (Bauch-, Kopfschmerz, Übelkeit oder Erbrechen). 8. Extremes, wiederholtes Unglücklichsein vor, während oder nach einem Trennungsereignis (mit Schreien, Wutausbrüchen, Apathie oder sozialem Rückzug).

Tabelle 2. (Fortsetzung)

DSM-IV	ICD-10
Soziale Phobie	*Störung mit sozialer Ängstlichkeit des Kindesalters*
Es handelt sich um eine minimal sechs Monate anhaltende ausgeprägte Angst vor einer oder vor mehreren sozialen Situationen oder vor Leistungssituationen. Charakteristisch für diese Situationen ist, daß die Person mit einer ihr unbekannten Person konfrontiert wird oder befürchtet, von anderen Personen beurteilt zu werden. Der von sozialer Phobie Betroffene hat davor Angst, Verhaltensweisen, die demütigend oder peinlich sein könnten, zu zeigen. **Spezifikation für Kinder:** Sie müssen im Umgang mit vertrauten Personen über eine altersangemessene soziale Kompetenz verfügen; die soziale Angst darf sich nicht nur gegenüber Erwachsenen zeigen, sondern auch hinsichtlich Gleichaltriger. Befindet sich die betroffene Person in der gefürchteten sozialen Situation, dann ruft diese Angstreaktionen hervor, die das Erscheinungsbild von situationsgebundenen Panikattacken aufweisen kann. **Spezifikation für Kinder:** Die soziale Angst kann sich bei Kindern auch durch Weinen, Wutanfälle, Erstarren oder Zurückweichen in sozialen Situationen mit unvertrauten Personen äußern. Erwachsene erkennen in der Regel, daß die Angst übertrieben bzw. unbegründet ist. **Spezifikation für Kinder:** Dieses Kriterium darf bei Kindern fehlen. Die sozialen oder Leistungssituationen werden, wenn möglich, gemieden oder nur mit großer Angst bzw. Unwohlsein ertragen. Das Vermeidungsverhalten sowie das starke Unwohlsein vor den gefürchteten sozialen oder Leistungssituationen führt zu Beeinträchtigungen in der schulischen und sozial-emotionalen Entwicklung.	Diese Störung soll nur diagnostiziert werden, wenn sie vor dem sechsten Lebensjahr beginnt, mit enormen sozialen Beeinträchtigungen verbunden sowie kein Teil einer generellen emotionalen Störung ist. Charakteristisch ist, daß Kinder mit sozialer Ängstlichkeit durchgängig oder wiederholt Furcht vor fremden und unvertrauten Personen zeigen oder diese meiden. Die Furcht kann sich auf Erwachsene wie auf Gleichaltrige oder auf beide Personengruppen beziehen. Die Kinder weisen eine normale Bindung an die Eltern oder andere vertraute Personen auf. Vermeidungsverhalten und Angst vor sozialen Situationen befinden sich hinsichtlich ihrer Intensität außerhalb der altersüblichen Normen und sind deshalb von bedeutenden sozialen Entwicklungsbeeinträchtigungen begleitet. Ein geringes Ausmaß sozialer Ängstlichkeit in unvertrauten oder sozial bedrohlichen Situationen ist während der gesamten frühen Kindheit als normal zu betrachten. Auch die Furcht vor Fremden ist ein normales Phänomen während der zweiten Hälfte im ersten Lebensjahr.

störungen als „Emotionale Störungen des Kindesalters" aufgeführt, wobei auch hier die „Generalisierte Angststörung" nach dem Erwachsenenteil zu kodieren ist. In der ICD-10 sind zwei weitere Störungen unter der Rubrik „Emotionale Störungen des Kindesalters" enthalten, nämlich die „Phobische Störung des Kindesalters" sowie die „Emotionale Störung mit Geschwisterrivalität". Als phobische Störung des Kindesalters werden alle jene ausgegeben, die auch im Erwachsenenalter auftreten können und über ein deutliches Ausmaß der für bestimmte Entwicklungsphasen in der Kindheit normalerweise auftretenden Ängste hinausgehen. Trotz aller Unterschiede in den DSM-Versionen und der ICD-10 ist doch die hohe Annäherung der beiden Klassifikationssysteme DSM und ICD erkennbar, und zwar sowohl bezüglich der Benennung der jeweiligen Angststörungen als auch hinsichtlich der inhaltlichen Klassifi-

Tabelle 2. (Fortsetzung)

DSM-IV	ICD-10
Generalisierte Angststörung	*Generalisierte Angststörung*
Diese Störung ist durch eine allgemeine, übermäßige Angst und furchtsame Erwartung charakterisiert. Die generalisierte Angst bezieht sich auf mehrere Ereignisse oder Tätigkeiten, z.B. auf Arbeitssituationen oder Schulleistungen. Sie muß während minimal sechs Monaten und an der Mehrzahl der Tage in diesem Zeitraum auftreten. Eine Person mit generalisierter Angststörung hat Schwierigkeiten, die Ängste und Sorgen zu kontrollieren. Mindestens drei von sechs Symptomen müssen für eine Diagnose gegeben sein. **Spezifikation für Kinder:** Bei Kindern genügt es, wenn ein Symptom ausgeprägt ist. 1. Ruhelosigkeit oder ständiges "auf dem Sprung sein" 2. Schnelle Ermüdbarkeit 3. Konzentrationsprobleme oder eine "Leere" im Kopf 4. Reizbarkeit 5. Muskelanspannung 6. Ein- oder Durchschlafstörungen oder unruhiger nicht erholsamer Schlaf	Das charakteristische Merkmal ist eine generalisierte und anhaltende Angst, das heißt die Angst beschränkt sich nicht auf spezifische Situationen, Ereignisse oder Personen. Sie muß mindestens mehrere Wochen sowie an den meisten Tagen in diesem Zeitraum auftreten. Der Verlauf der generalisierten Angststörung kann schwanken und tendiert zur Chronifizierung. Frauen sind häufiger von dieser Störung betroffen. Drei Gruppen von Einzelsymptomen werden unterschieden: 1. Befürchtungen und Vorahnungen bezüglich zukünftigen Unglücks oder bevorstehender Erkrankungen sowie bezüglich einer größeren Anzahl verschiedener Sorgen. Die Befürchtungen und Vorahnungen können sich auf die betroffene Person selbst oder auf deren Angehörige beziehen. 2. Es können Beschwerden, wie ständige Nervosität, Zittern, Muskelspannung, körperliche Unruhe, Spannungskopfschmerz sowie die Unfähigkeit, sich zu entspannen, auftreten. 3. Eine vegetative Übererregung ist feststellbar, wie z.B. Benommenheit, Schwitzen, Herzklopfen, Schwindelgefühle, Oberbauchbeschwerden, Mundtrockenheit und ähnliches.

kation. Die auf Seite 191–193 abgedruckte Tabelle 2 gibt einen Überblick über die wichtigsten diagnostischen Kriterien der drei für das Kindesalter relevanten Angststörungen nach DSM-IV und ICD-10.

Eine Zeitlang wurden die Störungen mit Trennungsangst sowie die Verweigerung des Schulbesuchs, als Schulphobie bezeichnet, synonym betrachtet. Weder im DSM-IV noch in der ICD-10 gibt es aktuell den Begriff der Schulphobie; denn es scheint sich hierbei um ein Phänomen innerhalb einer Störung zu handeln, nämlich: eine Auswirkung von Trennungsangst kann schulphobisches, das heißt den Schulbesuch verweigerndes Verhalten sein.

Zusätzlich zur Trennungsangst wird häufig eine generalisierte Angststörung diagnostiziert (vgl. Essau & Petermann, 1998; Ollendick & Huntzinger, 1990). Auch die soziale Phobie kann komorbide mit Trennungsangst auftreten. Eine Reihe von Studien zeigt, daß ein hoher Prozentsatz von Kindern nicht nur eine Angststörung, sondern mindestens eine weitere besaßen (vgl. Emmelkamp & Scholing, 1997; Essau & Petermann, 1998; Francis, 1990; Poulton et al., 1997).

Die Folgeerscheinungen von Trennungsangst und sozialer Phobie können besonders hinsichtlich der sozial-emotionalen Entwicklung äußerst negativ sein. So führt soziale Isolation (vgl. Rubin & Mills, 1988) einerseits zu einem stetig wachsenden Defizit hinsichtlich sozialer Fertigkeiten bei der Kontaktanbahnung, -gestaltung und -beendung; auch die soziale Selbständigkeit bleibt defizitär; andererseits kann soziale Isolation im Verbund mit Ängsten zu psychischen Störungen wie einer Depression führen.

2. Symptomatik und Verhaltensdiagnose

Für einen Kliniker ist es nicht unwichtig, einige Informationen über die Häufigkeit einer Störung, deren Verlauf und Prognose zu besitzen. Sichtet man die epidemiologischen Studien, so findet sich nach wie vor ein uneinheitliches Bild hinsichtlich der Verbreitung verschiedener Angststörungen im Kindesalter (vgl. DSM-IV, 1996; Essau & Petermann, 1998). Bernstein, Borcherdt & Perwien (1996) geben in ihrem Überblicksbeitrag der vergangenen zehn Jahre eine Reihe von epidemiologischen Studien zu verschiedenen Kinderängsten an. Danach kann von ca. 15% Angststörungen (alle Formen von Angststörungen zusammengenommen) ausgegangen werden. Zu ähnlichen Größenordnungen kommen auch Poulton, Trainor, Stanton, McGee, Davis und Silva (1997). Die Trennungsangst bewegt sich hinsichtlich der festgestellten Häufigkeit in verschiedenen Studien um 3,5 bis 4%; die Angaben für Überängstlichkeit schwanken allerdings erheblich zwischen 2,4 und 4,6% (vgl. Bernstein et al., 1996). Die in der ausgehenden Kindheit und beginnenden Jugendzeit am häufigsten berichteten Ängste scheinen sich auf soziale Ängste zu beziehen, und zwar im Hinblick auf den Aspekt der Leistungsbewertung, z. B. im Zusammenhang mit der Anforderung „vor der Klasse sprechen". Bezüglich des Entwicklungsverlaufes nehmen wohl soziale Ängste mit dem Alter zu. Im ausgehenden Kindesalter gibt es keine signifikanten Unterschiede zwischen Jungen und Mädchen und dem Auftreten von Angst. Mit 15 Jahren jedoch tritt ein signifikanter Zusammenhang zwischen dem Geschlecht und dem Vorliegen von Angst auf, und zwar zu Ungunsten der Mädchen (1 : 0,6). Diese Ergebnisse berichten Poulton et al. (1997), die eine Teilstichprobe von 722 Jugendlichen aus der New Zealand-Längsschnittstudie analysierten. Der Überblick von Bernstein et al. (1996) zeigt als Ergebnis unterschiedlicher Langzeitstudien auf, daß je nach Angststörung die Remissionsrate bei ca. zwei Drittel oder besser anzusiedeln ist. Ca. 30% der Kinder mit Angststörungen entwickeln weitere psychische Störungen. Prinzipiell kann festgestellt werden, daß je schwerer der Ausprägungsgrad, je früher der Krankheitsbeginn und je später die Behandlung sind, um so stabiler zeigt sich die Angststörung und umso ungünstiger ist die Prognose.

2.1 Entstehungsbedingungen der Symptomatik

Im folgenden wird auf drei entwicklungspsychopathologische Aspekte eingegangen. Sie orientieren sich am biopsychosozialen Ätiologiemodell. Die sozialen Einflußgrößen beziehen sich neben der Wohnsituation, dem Wohnumfeld sowie Merkmalen auf seiten der Eltern, wie psychische Erkrankung, unter anderem auf das elterliche Interaktions- und Erziehungsverhalten. Dieses wird unter lerntheoretischer Sichtweise reflektiert. Die biologische Sichtweise betrachtet den Erregungsgrad einer Person, genetische Faktoren und den Einfluß neurologischer Systeme. Psychische Aspekte umfassen beispielsweise kognitive Prozesse oder Temperamentsfaktoren des Kindes, wodurch es seinerseits auf seine Umwelt, z. B. das Erziehungsverhalten, seiner Eltern, einwirkt. Diesen drei Gruppen von Einflußgrößen folgen die Ausführungen zu den Entstehungsbedingungen von Angststörungen. Welche Komponente im biopsychosozialen Erklärungsmodell ein größeres Gewicht hinsichtlich der Entstehung von Angststörungen besitzt, kann aufgrund der vorliegenden Studien nicht entschieden werden. Gerade neuere sowie Längsschnittstudien lassen die alte Streitfrage „genetisch oder sozial bedingt" wieder in Erinnerung kommen. Allerdings zeigen die aktuellen ätiopathogenetischen Modelle der Entwicklungspsychopathologie Perspektiven zur Integration der verschiedenen Erklärungsansätze und der unterschiedlichen empirischen Befunde auf (Kusch & Petermann, 1998).

Soziale Aspekte. Adoptivkinder- und Zwillingsstudien geben Hinweise auf einen gemäßigten Einfluss von Umweltfaktoren auf die Entstehung von Ängsten bei Kindern. Gerade bei sozialer Phobie sowie hinsichtlich Schüchternheit und gehemmtem Verhalten wird auf die Auswirkung der elterlichen Persönlichkeit sowie des damit verbundenen elterlichen Interaktions- und Erziehungsverhaltens verwiesen (vgl. Fryer, 1993). So könnte sich die elterliche Persönlichkeit in der Form der Bindungsfähigkeit zum Kind niederschlagen. Es existieren Hinweise darauf, daß im Alter von zwölf Monaten unsicher gebundene Kinder im Alter von 17 Jahren mehr Angststörungen aufweisen. Umgekehrt erweisen sich eine geringere Depressivität der Mutter sowie Kompetenzgefühle einer Mutter in der Erziehung als protektive Faktoren im Sinne eines geringeren Risikos, beim Kind eine Angststörung zu entwickeln (vgl. Bernstein et al., 1996).

Bezüglich elterlichen Erziehungsverhaltens sowie hinsichtlich der Wirkung von streßreichen oder kritischen Lebensereignissen erweisen sich lerntheoretische Erklärungen nicht nur als die in diesem Forschungsfeld gängigen, sondern auch als hilfreich für die Therapieplanung und -durchführung. So werden einfache und relativ begrenzte Ängste am häufigsten durch traumatische Ereignisse erklärbar; die Zusammenhänge können im Rahmen des klassischen Konditionierens analysiert werden. Diese klassisch konditionierten Ängste entstehen in kurzer Zeit und erreichen eine hohe Ausprägung. Entwickeln sich Ängste hingegen graduell, dann wird kein klassischer Konditionierungsprozeß angenommen; vermutlich liegen hier eher operante Prozesse und Modellernen zugrunde.

Vor allem das mit den Ängsten verbundene Vermeidungsverhalten unterliegt operanten Verstärkungsprozessen. Manche Eltern signalisieren z. B. ihren Kindern deutlich, daß sie es begrüßen, wenn ihr Kind zurückgezogen, alleine und still spielt; nehmen Eltern ihrem Kind die Bewältigung von Problemen ab, so verstärken sie vermeidendes Verhalten des Kindes; ein gehemmtes, seine Umwelt nicht explorierendes Kind wird von den Eltern als pflegeleicht und brav empfunden, wodurch dieses, der Angstentwicklung Vorschub leistende Verhalten eines Kindes bekräftigt wird. In anderen Fällen wird sozialkompetentes Verhalten eines Kindes nicht anerkannt oder für selbstverständlich erachtet. Somit entziehen Eltern ihren Kindern entweder positive Verstärkung oder unangemessenes Kindverhalten, die Vermeidung von sozialen Situationen wird von den Eltern durch Behüten und Gewährenlassen negativ verstärkt.

Modellernprozesse können ebenfalls einen gewissen Aufklärungsgrad für die Entwicklung von Ängsten besitzen. Dies liegt deshalb nahe, da Kinder häufig dieselben Ängste aufweisen wie ihre Eltern. Der Modellernansatz konkurriert zwar mit genetischen Überlegungen zur Angstentstehung in den Fällen familiärer und verwandtschaftlicher Häufung. Jedoch lassen sich zur Zeit diese unterschiedlichen Wirkgrößen empirisch nicht trennen und erfassen (vgl. Emmelkamp & Scholing, 1997; Fryer, 1993). Imitationseffekte sind bei Kindern insofern nicht verwunderlich, als sie sich besonders in den ersten Lebensjahren an dem Verhalten ihrer engsten Bezugspersonen orientieren. Verbales und nonverbales Verhalten wird nachgeahmt, ebenso Gewohnheiten in der Sozialkontaktgestaltung.

Elterliches Erziehungsverhalten ist auch in anderen Facetten für die Angstentstehung bedeutsam. So scheinen Bewertungen in sozialen Situationen, die in der Kindheit stattgefunden haben, für die Entstehung sozialer Angst bedeutsam zu sein (vgl. Buss, 1980). Sozial ängstliche Kinder beschreiben ihre Eltern als wenig Emotionen zeigend und sehr überbehütend (vgl. Parker, 1979; Arrindell, Emmelkamp, Monsma & Brilman, 1983). Überbehütendes Elternverhalten schränkt unabhängiges, autonomes und sozialkompetentes Handeln von Kindern ein. Diese Erziehungsbedingungen sind bei den sogenannten Sonntagskindern von Seligman (1995) anzutreffen. Seligman differenziert dieses Erziehungsverhalten dahingehend weiter, daß jede Tätigkeit des Kindes positiv bewertet wird und die Aufmerksamkeit der Umwelt hervorruft; Probleme und Entscheidungen werden den Kindern abgenommen; die Kinder erleben keine Anforderungen, wie ein Spiel zu Ende führen, Spielsachen aufräumen oder Aufgaben für die Familiengemeinschaft erledigen. Die positive Verstärkung erfahren die Kinder von ihrem Verhalten unabhängig. Bei schwierigen Situationen oder Mißerfolgen in Kindergarten und Schule erfahren sodann die Kinder, daß sie hierfür kein Bewältigungsverhalten besitzen; damit erleben sie Unkontrollierbarkeit in sozialen Situationen. Diese werden zukünftig vermieden oder verweigert; das Verweigerungsverhalten wird durch Überbehütung der Eltern wiederum verstärkt.

Aber auch entgegengesetztes Erziehungsverhalten, nämlich vernachlässigendes und unkonsequentes Verhalten von Eltern, kann zur Angstentwicklung beitragen. Kinder solcher Eltern bilden die Erwartung heraus, daß elterliches Verhalten unvorhersagbar und unkontrollierbar und damit vom Kindverhalten unabhängig ist. Diese Kinder erleben das Verhalten ihrer Eltern auch synchron zu ihrem eigenen Bemühen (vgl. Petermann & Walter, 1989; Petermann & Petermann, 1996a; Seligman, 1995).

Biologische Aspekte. Eine Reihe von Studien weisen auf biologische Faktoren bei der Angstentstehung hin, und zwar besonders bezüglich der sozialen Angst bzw. sozialen Phobie, die besonders mit Schüchternheit, Schamgefühlen und Verhaltenshemmungen einhergehen (vgl. Emmelkamp et al., 1992; Emmelkamp & Schooling, 1997; Fryer, 1993). So sind sich eineiige Zwillinge bezüglich Schüchternheit ähnlicher als zweieiige. Auch in weiteren Merkmalen unterscheiden sich eineiige von zweieiigen Zwillingen deutlich, nämlich hinsichtlich sozialer Fertigkeiten, wie Sprechen in sozial hervorgehobenen Situationen, Gespräche beginnen, Spaß an gesellschaftlichen Aktivitäten haben. Eineiige Zwillinge weisen hierbei immer eine größere Ähnlichkeit auf als zweieiige (vgl. Fryer, 1993). Prinzipiell besteht jedoch die Schwierigkeit, Vererbung von Modellernprozessen zu trennen. Vermutlich kann von einem Einfluß beider Variablen sowie interaktionalen Effekten zwischen diesen beiden ausgegangen werden. Allerdings zeigten auch schon frühe Studien einen möglichen Zusammenhang zwischen genetischen Faktoren und sozialer Angst auf (Torgerson, 1979; Rose & Dilto, 1983). Die Art der Angststörung könnte jedoch ein nicht unwichtiger Faktor im Verhältnis des genetischen versus sozialen Einflusses auf die Angstentstehung darstellen. Bei generalisierter Angst scheint man keinen genetischen Faktor annehmen zu können. Bei Panikstörungen und Agoraphobie zeigen sich wieder Anzeichen genetischer Faktoren (Torgerson, 1988). Bei einer eng umgrenzten Phobie, nämlich der Angst vor Blut, weist ein ungewöhnlich hoher Prozentsatz von Familienmitgliedern diese Phobieart auf.

Von Bedeutung bei den biologischen Aspekten könnte auch die Tatsache sein, daß Personen, die schnell ein hohes physiologisches Erregungsniveau erreichen, leichter auf Konditionierungsprozesse ansprechen. So untersuchten Kagan, Reznick und Snidman (1988) die biophysiologischen Grundlagen von Scheuheit und Hemmung im Kindesalter in zwei Längsschnittstudien. Knapp 110 Kinder wurden aus ca. 400 Kindern für zwei Versuchsgruppen ausgewählt und zu jeweils insgesamt vier Meßzeitpunkten untersucht. Bei der ersten Gruppe begann die Untersuchung im Alter von 21 Monaten, bei der zweiten Gruppe startete die Untersuchung im Alter von 31 Monaten. Beide Versuchsgruppen wurden bis zu 7,5 Jahre verfolgt. Die Kinder dieser beiden Versuchsgruppen wurden hinsichtlich extremer Werte bezüglich zurückhaltenden oder spontanen Verhaltens in neuen, ungewohnten Situationen ausgewählt. Bei einer dritten Versuchsgruppe wurde diese Einteilung nach Verhaltensextremen nicht vorgenommen. Verschiedene Verhaltensparameter, in einer Spielsituation mit sieben bis zehn unbekannten Kindern sowie in einer Testsituation mit einer unbekannten Frau gewonnen, wurden mit peripheren physiologischen Reaktionen, wie Herzfrequenz, Pupillenerweiterung, Muskelspannung, Noradrenalinspiegel, Cortisol im Speichel, in Beziehung gesetzt. So deuten die Differenzen zwischen den Kindergruppen hinsichtlich physiologischer Reaktionen auf eine vererbte Variation in der Erregungsschwelle bestimmter Teile des limbischen Systems hin. Dies könnte Unterschiede im gehemmten versus spontanen Verhalten von Kindern erklären. Bei den gehemmten Kindern wurde eine erhöhte sympathische Aktivität sowohl im Ruhezustand als auch in Situationen kognitiver Aktivität und bei Streßeinfluß gefunden. Kagan et al. (1988) vermuten, daß die gehemmten Kinder der Gruppe mit einer erniedrigten Erregungsschwelle im limbisch-hypothalamischen System geboren werden. Diese erniedrigte Erregungsschwelle kann in neuen, unvorhersehbaren Situationen von den Kindern scheinbar nicht vollständig ausgeglichen werden. Als eine Ursache vermuten Kagan et al. (1988), daß der Noradrenalinspiegel oder die NA-Rezeptordichte oder beides erhöht sind. Welche Bedeutung diesen psychoneuroimmunologischen Prozessen letztlich bei der Entstehung von Angst zukommt, läßt sich zur Zeit nicht abschließend beurteilen. Allerdings weist dieser Forschungsbereich neue interessante Ergebnisse auf, die nicht unberücksichtigt bleiben dürfen (vgl. von Hörsten, Laban, Dimitrijevic, Markovic & Jankovic, 1997; Schieche & Spangler, 1997).

Psychische Aspekte. Für die Entwicklung von Angststörungen kristallisierten sich in bisherigen Studien kognitive, emotionale und Temperamentsmerkmale heraus.

Zwischen frühen Temperamentszügen und Angst scheint bei beiden Geschlechtern eine Verbindung zu bestehen. Hiervon berichten Bernstein et al. (1996) in ihrem Review über zehn Jahre der neueren Forschung. Jungen, die sich mit fünf Jahren selbstsicher in neuen Situationen verhielten, zeigten in der späteren Kindheit und Jugendzeit signifikant weniger Angststörungen. Mädchen, die mit drei und fünf Jahren passives, schüchternes, ängstlich vermeidendes Verhalten in neuen Situationen zeigten, wiesen später eher Angststörungen auf. Auch die oben bereits vorgestellten Studienergebnisse von Kagan et al. (1988) verweisen auf die Bedeutung des Temperamentes besonders hinsichtlich gehemmten Verhaltens. Dieses Temperamentsmerkmal scheint einen Risikofaktor für die Entstehung von Angststörungen darzustellen. Ebenso scheint es sich bei den Merkmalen „emotionale Reaktivität" und „Regulationsfähigkeit" zu verhalten. In einer Untersuchung von Ruben, Coplan, Fox und Calkins (1995) sollte die Fähigkeit zur Emotionsregulation in sozialen Situationen in Abhängigkeit von sozialer Angst, Aufgabenorientiertheit und Impulsivität bei Vorschulkindern untersucht werden. 68 Kinder wurden fünf Untersuchungsphasen ausgesetzt. Sie beinhalteten Freispiel, Aufräumen, Gespräch über den eigenen Geburtstag vor einer Kindergruppe führen sowie eine Kartensortieraufgabe bewältigen. Die untersuchten Kinder konnten fünf verschiedenen Merkmalsgruppen zugeordnet werden. Beim Vergleich der Gruppen zeigte sich, daß die Kinder mit einer niedrig ausgeprägten Interaktion in Kombination mit schlechter Emotionsregulation, das heißt der schlechten Fähigkeit zur Selbstberuhigung, deutlich mehr Ängstlichkeit und Zurückhaltung zeigten als die anderen Gruppen. Kinder mit ebenfalls niedriger Interaktionshäufigkeit, jedoch guter Emotionsregulation, sind wegen des zurückgezogenen Verhaltens generell nicht schlechter sozialkompetent entwickelt als Kinder mit hoher sozialer Interaktionshäufigkeit. Entscheidend könnte hier die Fähigkeit zu einer effektiven Emotionsregulation vorliegen. Die eindeutig ungünstigste Kombination mit risikohafter Prognose bildet Passivität, Zurückgezogenheit und Ängstlichkeit bei gleichzeitiger schlechter Emotionsregulation (vgl. Ruben et al., 1995).

Neben diesen verschiedenen Temperamentmerkmalen spielen jedoch auch die Wahrnehmung und Interpretation sozialer

Informationen eine Rolle bei der Entstehung von Ängsten. Berücksichtigt werden müssen auch irrationale Gedanken und Erwartungen, eine erhöhte Selbstaufmerksamkeit sowie die Erwartung mangelnder Kontrollierbarkeit und Vorhersagbarkeit von Ereignissen. Sowohl die generalisierte Angst als auch die Panikstörung betrachten Beck und Emmery (1985) als Ergebnis von sogenannten Gefahren-Schemata („Danger Schemata"). Damit ist gemeint, daß Personen mit diesen Ängsten Reize selektiv wahrnehmen und diese als gefährlich interpretieren. Beispielsweise konnte Mathews (1989) in einer Reihe gut kontrollierter Studien zeigen, daß ängstliche Menschen bedrohliche Reize früher wahrnehmen als neutrale oder positive Stimuli; angstfreie Personen reagierten hingegen umgekehrt.

Nicht eindeutig sind Untersuchungsergebnisse bezüglich der verursachenden Bedeutung irrationaler Gedanken (vgl. Emmelkamp et al., 1992; Emmelkamp & Scholing, 1997). Es ist fraglich, ob bestehende irrationale Gedanken und daraus resultierende ungünstige Erwartungen zur Entwicklung von Ängsten beitragen oder ob umgekehrt eine angstbedingte Anspannung zu irrationalen Gedanken führen.

In manchen Fällen sozialer Angst scheinen weniger soziale Fertigkeiten zu fehlen; vielmehr ist die Überzeugung für die Angstentstehung verantwortlich, daß die Person glaubt, diese soziale Fertigkeiten nicht zu besitzen. Diese Überzeugung könnte der hohen Selbstaufmerksamkeit zugrunde liegen, die sozial ängstliche Personen häufig aufweisen. Hohe Selbstaufmerksamkeit lenkt in sozialen Interaktionen ab, da die Personen sich eher auf negative Gedanken, irrationale Sätze oder die Wahrnehmung autonom gesteuerter Erregungen konzentrieren und weniger auf situationsrelevante externe Reize, die für die Interaktion von Bedeutung sein können. Dadurch wird die Aufmerksamkeit und Flexibilität von Reaktionen eingeschränkt, was bei anderen den Eindruck mangelnder sozialer Fertigkeiten erwecken kann.

Schließlich können Erwartungshaltungen aufgrund von Erfahrungen mit unkontrollierbaren oder unvorhersagbaren Situationen eine Bedeutung bei der Angstentstehung haben. Nach Seligman (1995) können vor allem unangenehme Ereignisse, die unvorhersagbar eintreten, Ängste verursachen oder verstärken. Einer Person fehlen dann Sicherheitssignale, die das Eintreten oder Ausbleiben aversiver Ereignisse ankündigen.

2.2 Erstellen einer Verhaltensdiagnose

Die Verhaltensdiagnostik bei Angststörungen im Kindesalter basiert vor allem auf strukturierten klinischen Interviews und auf direkter systematischer Beobachtung. Daneben gibt es Selbsteinschätzungslisten, Eltern- und Lehrerchecklisten und physiologische Maße der Angst (Strauss, 1988).

Strukturierte klinische Interviews können sich sowohl auf solche beziehen, die mit dem Kind direkt durchgeführt werden als auch auf solche, die mit den Eltern realisiert werden. Strauss (1988) berichtet über eine schwache Übereinstimmung zwischen den Eltern- und Kinderberichten: Die Kinder tendieren dazu, mehr über Angstsymptome zu reden als ihre Eltern. Analog verhält es sich beim Vergleich von Selbstberichten und Lehrerratings in einer Studie von Dadds, Spence, Holland, Barrett und Laurens (1997). Die Selbstberichte der Kinder, die zwischen sieben und vierzehn Jahren alt waren, enthielten mehr Angsthinweise als die Lehrereinschätzung. Dadds et al. (1997) interpretieren dies als symptomtypische Tendenz ängstlicher Kinder, sozial erwünscht zu antworten.

Im deutschen Sprachraum gibt es die Möglichkeit, mit dem Diagnostischen Interview für psychische Störungen in der Version für Kinder und für Eltern (DIPS K/E) zu arbeiten (Unnewehr, Schneider & Margraf, 1995). Es ist am DSM-III-R hinsichtlich der Kriterien orientiert, welche sich für die Angststörungen im Kindesalter sehr verändert haben (vgl. die Gegenüberstellung von DSM-III-R und DSM-IV im ersten Abschnitt). Dadurch kann das Diagnostische Interview für Angststörungen nur begrenzt Verwendung finden.

Selbstberichte mit Hilfe von *Selbsteinschätzungslisten* werden von Strauss (1988) kritisch bewertet. Zum einen bestehen die Probleme darin, daß das Kind unfähig oder nicht willens ist, negative Aussagen über die eigene Person zu enthüllen. Zum anderen gibt es nur wenige empirische Studien, die das Verhältnis der vielen Skalen zueinander untersuchen; und zudem fehlt die Formulierung von situationsspezifischen Items, die Angst auslösen können.

Eltern- und Lehrerchecklisten, die häufig als Ratingverfahren vorliegen, weisen teilweise eine befriedigende Validität und Reliabilität auf (vgl. Döpfner & Lehmkuhl, 1994; Döpfner, Lehmkuhl, Berner et al., 1995; Döpfner, Melchers, Fegert et al., 1994). Physiologische Maße zur Angstdiagnostik sind in der Klinischen Praxis wegen ihrer Aufwendigkeit wenig praktikabel und verbreitet (Strauss, 1988).

Im folgenden soll genauer auf die in der Praxis häufig eingesetzten diagnostischen Maßnahmen eingegangen werden, nämlich auf die Verhaltensbeobachtung und die systematische Elternexploration. Sind solche Erhebungsverfahren verhaltensnah und systematisch konstruiert, dann lassen sich die damit gewonnen Informationen sehr gut zu einer Verhaltensanalyse verarbeiten.

Verhaltensbeobachtung. Sowohl für die Störung mit Trennungsangst als auch die „Soziale Phobie" ist der Beobachtungsbogen für sozial unsicheres Verhalten (BSU; vgl. Petermann & Petermann, 1996a, S. 37) geeignet. Es werden verbale und nonverbale (mimische, motorische, soziale) Indikatoren erhoben. Das Kategoriensystem eignet sich für Kinder der Altersgruppe vier bis ungefähr 14 Jahre.

Die Kategorien 1 bis 3 des BSU beziehen sich auf Sprachäußerungen; Kategorie 4 auf Gefühlsäußerungen; die Kategorien 5 bis 7 auf Gesichts- und Körperausdruck (Blickkontakt, Körperhaltung etc.); Kategorie 8 und 9 auf Tätigkeiten und Sozialkontakt und Kategorie 12 auf psychophysiologische Begleiterscheinungen von Ängsten. Neben diesen Formen des Problemverhaltens wird auch das Zielverhalten der Therapie grob erfaßt (Kategorie 10 und 11); damit können bereits vor der Therapie bestehende oder durch die Therapie sich ausbildende Verhaltensfertigkeiten, nämlich Selbstbehauptung und eigenständige Aktivitäten, registriert werden.

Systematische Elternexploration. Der Explorationsbogen von Petermann und Petermann (1996a) ist so aufgebaut, daß er wichtige Schritte zur Problem- und Verhaltensanalyse beinhaltet. Er umfaßt 75 Fragen, die acht Bereichen zugeordnet sind. Tabelle 3 gibt diese Bereiche thematisch wieder.

Tabelle 3. Thematische Übersicht über den Elternexplorationsbogen (vgl. Petermann & Petermann, 1996a, S. 39ff.)

1. Daten zur Person und zur körperlichen Entwicklung des Kindes
2. Soziale Beziehungen (Familie, Kindergarten, Schule, Hort)
3. Derzeitige Besonderheiten (Interessen, Hobbys)
4. Verhaltensanalyse: Allgemeiner Teil (Familie, Entstehung des Problemverhaltens)
5. Verhaltensanalyse: Schulisches Verhalten
6. Verhaltensanalyse: Beziehungen zu Geschwistern bzw. Gleichaltrigen
7. Verhaltensanalyse: Eltern-Kind-Beziehung
8. Therapiespezifische Informationen

Eine differentialdiagnostische Abklärung ist erforderlich, da Kinder, die Angststörungen aufweisen, oft mehrfach beeinträchtigt sind, z. B. zusätzlich Lern- oder Körperbehinderungen aufweisen (vgl. Petermann & Walter, 1989). Oft können an der Entstehung der Ängste auch Sinnesbeeinträchtigungen beteiligt sein; dabei kann es sich z. B. um Seh- oder Hörschäden (vgl. Petermann & Senftleben, 1989), um Folgeschäden von körperlichen Krankheiten oder Unfallschäden handeln (vgl. U. Petermann, 1991). Die Differentialdiagnostik sollte auch komorbide Störungen wie Hyperkinese und Depression berücksichtigen (vgl. Cole, Truglio &

Peek, 1997; Essau & Petermann, 1998). Dabei ist besonders die differentialdiagnostische Abgrenzung von Angst und Depression im jungen Kindesalter schwierig. Zu berücksichtigen ist dabei, daß die Messung von Angst und Depression keine geringe Validität aufzuweisen scheinen (vgl. Cole et al., 1997). Bedeutend ist, wann und wie diese Krankheit bzw. Behinderungen entstanden sind und ob sie eine Verhaltenstherapie einschränken. Vor der Verhaltenstherapie sollte auch durch die Elternexploration geklärt werden, ob die Ängste in allen Lebensbereichen oder in einem bzw. einigen von ihnen auftreten (vgl. den Aufbau der Exploration in Tabelle 3). In diesem Kontext müssen auch die sozialen Beziehungen analysiert werden. Unter anderem muß beantwortet werden, wer zu den wichtigsten Bezugspersonen aus der Umgebung des Kindes gehört, welche Verstärkerbedingungen oder Modellwirkungen von diesen Personen ausgehen und ob diese Bezugspersonen in eine Verhaltenstherapie integriert werden können.

Bedeutsam sind die Bedingungen, unter denen die Ängste zum ersten Mal bemerkt wurden und welche Bezugsperson ebenfalls hochängstliches Verhalten zeigt und dem Kind eventuell als Modell dient. Schließlich gilt es, die Fähigkeit zur Selbstkontrolle des Kindes festzustellen. Von Bedeutung ist, ob zu irgendeiner Zeit aversive Konsequenzen die Ängste kontrolliert oder die Selbstkontrolle verändert haben. Ebenso bedeutsam ist es zu erkennen, welche Bedingungen, Personen und Verstärker die Selbstkontrolle beeinflussen können.

3. Therapie in der Praxis

Die Behandlung von Angststörungen im Kindesalter ist stark vernachlässigt worden. Entsprechend dürftig ist der Stand der Therapieforschung (vgl. Crowell & Waters, 1990; Florin & Fiegenbaum, 1990; Strauss, 1988). Dabei ist hinderlich, daß sich Diagnosen, Therapie- und Evaluationsstudien in der Vergangenheit nicht einem einheitlichen Diagnoseschlüssel verpflichtet fühlten. Mit dem DSM-IV und der ICD-10 haben sich inzwischen die Klassifikationssysteme einander angenähert und fast analoge Kriterien entwickelt (vgl. Tabelle 2), so daß zukünftig besser vergleichbare Studienergebnisse zu erwarten sind (vgl. DSM-III-R, 1991; DSM-IV, 1996; ICD-10, 1995; Francis, 1990; Hersen & Last, 1990).

Was die Störung der generalisierten Angst angeht, konstatiert Strauss (1988), daß es bisher keine Berichte über effektive Behandlungsansätze mit Kindern gibt. Ebenso verhält es sich bei Trennungsangst (vgl. Crowell & Waters, 1990). Stattdessen wurden Verfahren entwickelt, die spezifische Ängste und Phobien bei Kindern beheben sollen. Dabei geht es um einzelne Techniken, die für sich genommen oder kombiniert angewendet werden. Sie wollen häufig ähnliche Ziele erreichen, nämlich kognitiv umstrukturieren, Ängste abbauen und selbstsicheres sowie kompetentes Verhalten aufbauen.

Diese *Therapieziele* sind folgerichtig, da Angststörungen generell ungünstige Auswirkungen auf die Sozialentwicklung von Kindern besitzen. Deshalb sollen Kinder lernen, sich selbst zu behaupten, selbständig zu sein, und zwar emotional wie im Verhalten, und eigenständige Aktivitäten zu zeigen. Das heißt, angemessene Forderungen stellen können, ablehnen können (nein sagen können), aber auch kompromißbereit auf soziale Verpflichtungen eingehen können (ja sagen können), Meinung und Kritik äußern und annehmen können, selbständig Kontakt zu anderen Kindern aufnehmen, sich von bedeutenden Bezugspersonen (z.B. der Mutter) zu trennen sowie die elterliche Wohnung verlassen können und nicht resignieren bei oder verweigern von schwierigen sozialen Aufgaben. Die dafür gewählten und gängigen Vorgehensweisen werden im folgenden beschrieben.

Desensibilisierungsansätze

Systematische Desensibilisierung entlang einer Angsthierarchie versucht bei Kindern, diese vorsichtig mit den angstauslösenden

Reizen und Situationen zu konfrontieren. Das traditionelle Vorgehen, wie es in der Therapie mit Erwachsenen angewendet wird, ist jedoch mit mehreren Schwierigkeiten verbunden und von daher in seiner Effektivität eingeschränkt. Vor allem haben Kinder, besonders wenn sie unter zehn Jahren sind, Probleme, die üblichen Entspannungsinstruktionen, seien es die vom Autogenen Training oder die der Progressiven Muskelentspannung, nachzuvollziehen. Traditionelle Entspannungsverfahren führen bei Kindern zudem zu Langeweile oder auch zu Ermüdungserscheinungen. Die Kinder sind von ihrer kognitiven Entwicklung auch häufig damit überfordert, sich über längere Zeit und wiederholt dieselbe angstauslösende Situation vorzustellen. Diese Probleme können dadurch gelöst werden, daß Phantasiegeschichten zur Entspannungsinduzierung gewählt werden (imaginative Verfahren; vgl. Petermann, U., 1996 a; b). In die Entspannungsgeschichten werden emotional positive Bilder und Signale integriert. Dabei wird ebenfalls nach einer Angsthierarchie schrittweise vorgegangen; die positiven Phantasiegestalten, z. B. Superman, Kapitän Nemo, in deren Auftrag und mit deren Hilfe ein Kind ängstigende Situationen meistert, erzeugen mit Angst unvereinbare Gegenreaktionen emotionaler und kognitiver Art (vgl. Lazarus & Abramovitz, 1962; Petermann & Petermann, 1993; Spence & Dadds, 1996).

Eine für Kinder günstigere Desensibilisierungsart als die in der Vorstellung ist die in vivo. Das Vorgehen dabei variiert in den Fallberichten (vgl. Florin & Fiegenbaum 1990; Petermann & Walter, 1997); entweder erfolgt die sukzessive Annäherung an ein gefürchtetes Objekt unmittelbar oder über Bilder sowie Spielzeug und dann die direkte Konfrontation mit dem angstauslösenden Reiz; beispielsweise werden mit einem Kind, das eine Hundephobie hat, zuerst Bilder mit Hunden betrachtet, dann mit Spielzeughunden aus Holz, im nächsten Schritt aus Plüsch gespielt und schließlich lebende Hunde schrittweise und in unterschiedlichen Größen nähergebracht. Das Problem, Entspannung bzw. mit Angst inkompatible Emotionen zu erzeugen, bleibt jedoch bestehen und muß auch bei der Desensibilisierung in vivo phantasiereich und individuell auf das Kind abgestimmt werden, sei es durch Körperkontakt, kitzeln, Musik, essen oder Phantasie- und Entspannungsgeschichten. Es scheint jedoch so zu sein, daß Desensibilisierung in vivo nur bei eingegrenzten Ängsten und einfachen Phobien erfolgreich eingesetzt werden kann (vgl. Petermann & Walter, 1997).

Modellernen und Verhaltensübungen

Modellernen, vermittelt über Video, das Verhalten der Therapeuten oder gleichaltrige Kinder (z.B. Hodgens & McCoy, 1990; Petermann & Petermann, 1997; 1996a), kommt häufig zum Einsatz. Es wird in der Regel mit Verhaltensübungen und schrittweiser Annäherung kombiniert was dem Modellernen alleine überlegen ist. Selbstverbalisierende und ungefähr gleichaltrige Modelle sind am effektivsten (vgl. Bernstein et al., 1996; Bulkley & Cramer, 1990; Emmelkamp & Scholing, 1997; Essau & Petermann, 1998; Fox, Faw & Weber, 1991; Hersen, Eisler & Miller, 1977; Jakibchuk & Smeriglio, 1976; O'Connor, 1972; Rathjen & Foreyt, 1980).

Verhaltensübung und Coaching

Sie erfolgen in Form von Rollenspielen, manchmal in vivo-Übungen oder mit der Hausaufgabentechnik kombiniert. Die Wirkung basiert vor allem auf einem strukturierten Vorgehen mit exakten und diskriminativen Instruktionen differenzierter Verhaltensrückmeldungen sowie Fremd- und Selbstverstärkung (Bulkley & Cramer, 1990; Fox et al., 1991; Hodgens & McCoy, 1990; Upper & Ross, 1985). Bei Verhaltensübungen ist zu berücksichtigen, daß ein sehr graduiertes Vorgehen Therapieerfolge stark verzögern kann. So sollte der Aufbau von kompetentem, sicheren Verhalten möglichst bald mit den realen angstauslösenden Situationen verbunden werden (Florin & Fiegenbaum, 1990).

Kognitive Ansätze

Sie basieren einerseits auf Diskriminationslernen zur Wahrnehmungs- und Informationsverbesserung und andererseits auf einem Selbstinstruktionstraining zur Reduzierung negativer und zum Aufbau positiver Selbstaussagen einschließlich strategischer Instruktionen zum Problemlösen. Kognitive Verfahren wurden lange Zeit überschätzt; allerdings können sie negative Selbstaussagen deutlich reduzieren; kombiniert mit Verhaltensübungen ist dieses Vorgehen bei ängstlichen Personen einem reinen Verhaltenstraining überlegen; auch bei Kindern sind kognitive Therapieanteile von Bedeutung, haben häufig jedoch nur kurzfristige Effekte (vgl. Bernstein et al., 1996; Kendall & Fischler, 1984; Petermann & Petermann, 1996a; Rubin, Daniels-Beirness & Bream, 1984).

Selbstsicherheitstrainings

Es handelt sich bei ihnen um soziale Kompetenz- bzw. Fertigkeitstrainings, in denen verschiedene Techniken kombiniert werden, wie Modellernen, soziale Verstärkung, Verhaltensübungen, Problemlösetraining, Selbstinstruktions- und Selbstkontrolltraining sowie Streßmanagementtechniken. Ziele sind beispielsweise angemessene Selbstbehauptung, verbale und nonverbale Kommunikationsfertigkeiten erlernen, Selbstkontrolle aufbauen und Angstreduktion, z.B. durch Gegenkonditionierung durch mit Angst unvereinbarem Verhalten bzw. Erfahrungen (vgl. Döpfner, 1987; Essau & Petermann, 1998; Howing, Wodarski, Kurtz & Gaudin, 1990). Diese Selbstsicherheitstrainings unterscheiden sich von kompakten Trainings vor allem dadurch, daß sie manchmal nicht breit genug bezüglich der Therapieziele angelegt sind und keine Bezugsperson in das Vorgehen strukturiert einplanen und systematisch sowie differenziert einbeziehen.

Kompakte Trainings

Neben einzelnen Strategietherapien wird auf die erfolgreiche Anwendung von Verhaltenstrainingspaketen hingewiesen (Strauss, 1988). Diese Pakete beinhalten häufig folgende Elemente:
- Entspannungstechniken verschiedenster Art (z. B. Muskelentspannung oder visuelle Imagination)
- Positive Selbstdarstellung, z. B. im Rahmen von Rollenspielen
- Anwendung von Tokenprogrammen, die auch für den Alltag der Kinder gelten
- Strategien kognitiver Kontrolle

Solche Trainingspakete sind breit und differenziert zugleich angelegt und integrieren häufig in das Vorgehen auch die Eltern oder Lehrer. Kompakte Trainings liegen beispielsweise von Bornstein, Bellack und Hersen (1977), Butler, Doster und Lahey (1977), Meijers (1978), Rathjen und Foreyt (1980), Hodgens und McCoy (1990) und Howing et al. (1990) vor. Zur Illustration für ein kompaktes Training zum Abbau von Trennungsängsten und Kontaktvermeidung sowie zum Aufbau sozial-kompetenten Verhaltens wird das Programm für sozial unsichere Kinder von Petermann und Petermann (1996a) dargestellt. Dieses Training kombiniert Modellernen, Verhaltensübungen, Tokenprogramme, kognitive Techniken zur Wahrnehmungsübung und zur Selbstkontrolle, Entspannungsübungen auf imaginativer Basis sowie die Arbeit mit Bezugspersonen. Es ist einmal für Vorschulkinder (Petermann, U., 1997b) und einmal für Schulkinder bis 13 Jahre konzipiert (Petermann & Petermann, 1996a). In einem Einzeltraining wird mit einem Kind alleine über ca. vier bis acht 60minütige Sitzungen gearbeitet. Diesem schließt sich ein Gruppentraining an, an dem drei bis vier Kinder teilnehmen und das sechs bis zehn 90-minütige Sitzungen umfaßt. Die Arbeit mit den Kindern wird mit einer systematischen Elternarbeit verbunden, die sich über ca. fünf bis acht zweistündige Sitzungen erstreckt (vgl. auch Petermann, U., 1997a).

3.1 Therapeutische Arbeit mit dem einzelnen Kind

Die Einzel- wie Gruppentrainingssitzungen sind vergleichbar aufgebaut und enthalten verschiedene wiederkehrende Rituale. Diese Konstanz ist für ängstliche und unsichere Kinder von großer Bedeutung, da sie ein Sicherheitssignal darstellt, welches bei den Kindern zum Vertrauensaufbau bei trägt. Jede Sitzung wird damit begonnen, daß der *Detektivbogen*, ein Selbstbeobachtungs- und Selbstmanagementmaterial, besprochen wird; es folgt eine *Entspannungsphase*, die mit einer bildgetragenen Kurzentspannung realisiert wird (Kapitän-Nemo-Geschichte; Petermann, 1996a). Den Kindern wird dazu eine Fortsetzungsgeschichte erzählt, die ein Unterwassermotiv verwendet. Die Kinder sind von Kapitän Nemo auf Unterwasser-Weltreise eingeladen und unternehmen von Zeit zu Zeit Unterwasserausflüge. Es werden Delphine besucht oder eine versunkene Stadt beispielsweise erkundet; in die Geschichte eingebaute Selbstinstruktionen machen Mut und helfen, Angst bewältigen. Die Schwere- und Wärmeübung des Autogenen Trainings sind integriert. Diese bildgetragenen Kurzentspannungsgeschichten kombinieren damit kognitive und imaginative Entspannungsverfahren; auf diese Weise sind sie kindangemessen und attraktiv zugleich (vgl. Petermann & Petermann, 1997; Petermann, U., 1996a; b).

Den Schwerpunkt bildet die *materialgeleitete Arbeit* mit dem Kind bzw. der Kindergruppe. Zum Abschluß einer Sitzung werden *Spielminuten* eingetauscht. Eine Übersicht über die Ziele und Materialien des Einzeltrainings gibt Tabelle 4; eine überblickartige Beschreibung der Einzeltrainingssitzungen folgt im weiteren.

Erste Einzeltrainingssitzung

Nach einer Diagnosephase und einer schriftlichen Vereinbarung mit dem Kind über die regelmäßige Teilnahme am Training (Therapievertrag) zeigt der Therapeut im Rahmen des ersten therapeutischen Kontaktes dem Kind anhand von Videosituationen sozial unsichere und ängstliche Verhaltensweisen (beispielsweise: „Gehänseltwerden", „Umgang mit sozialer Hervorhebung", „Kontakt knüpfen") (vgl. Petermann & Petermann, 1996b). Das Kind wird zunächst mit dem Thema konfrontiert und soll unterschiedliche Verhaltensweisen zur Bewältigung von Angst und Unsicherheit, die ebenfalls auf Video aufgeführt sind, beschreiben und bewerten. Nach der Videobearbeitung folgt ein Rollenspiel zwischen Therapeut und Kind. Mit Vorschulkindern wird ein Puppenspiel durchgeführt, in dem eine *Mutmacherpuppe* eine traurige in eine lachende verwandelt.

Durch Absprachen über einzuübendes Verhalten kann ein Kind *Tokens* erhalten.

Tabelle 4. Übersicht über die Ziele und Materialien des Einzeltrainings (bei den Materialien sind zuerst die für die älteren und dann die für die Vorschulkinder aufgeführt)

Ziele	Materialien
• Bewußtmachen von Angst und Unsicherheit	• Videosituationen / Puppenspiel
• Sensibilisierung der Wahrnehmung für einen ängstlichen Gesichtsausdruck	• Wolkenköpfe mit Selbstinstruktionen / mit Ampeln
• Erkennen irrationaler Gedanken, Einüben von Gedankenstopp und Aufbauen positiver innerer Sätze	• Wolkenköpfe mit Selbstinstruktionen / mit Ampeln
• Reflexion von Erwartungen an das Verhalten anderer	• Superman / Micky Maus
• Reflexion eigener Ängste und Unsicherheit	• Superman / Micky Maus
• Entwickeln von Kriterien zur Beurteilung von Sozialverhalten	• Comicgeschichte / Antennentiger und Zauberlinge
• Entwickeln von Verhaltensalternativen	• Comicgeschichte / Antennentiger und Zauberlinge

Dadurch erfährt es *differentielle Bekräftigung* und kann Selbstwirksamkeitserfahrungen sammeln. Die Tokens tauscht ein Kind am Ende einer Sitzung in frei gestaltbare Spielminuten um, was einen effektiven Handlungsverstärker darstellt (vgl. Bulkeley & Cramer, 1990; Fox et al., 1991).

Im Sinne des Selbstmanagementansatzes wird der Detektivbogen eingesetzt. Er leitet ein Kind zur Selbstbeobachtung und selbstgesteuerten Verhaltensmodifikation an. Der Detektivbogen ist mit einem Symbol versehen (Sherlock-Holmes-Kopf), was auf Kinder attraktiv wirkt (vgl. Abbildung 1). Der Bogen wird von Woche zu Woche zusammen mit dem Therapeuten besprochen. Das Kind sammelt die Bögen in seiner Trainingsmappe und ist für diese und alle weiteren Materialien verantwortlich.

Zweite Einzeltrainingssitzung

Ein wichtiges Ziel im Umgang mit ängstlichen Kindern ist, sie hinsichtlich der Mimik und damit zusammenhängender Gefühle und Interaktionsabläufe zu schulen. Konkret soll das Kind mit Hilfe von Schema-Gesichtern, den sogenannten Wolkenköpfen, verschiedene mimische Ausdrücke unterscheiden lernen, nämlich ängstliche, zweifelnde und freudige Gesichter. Es soll dadurch in der Wahrnehmung für zwischenmenschliche Interaktionsabläufe sensibilisiert werden. Der Therapeut läßt sich zunächst die Gesichter beschreiben und wirkt darauf hin, daß das Kind auch kleine Unterschiede im Gesichtsausdruck erkennen und deuten lernt. Die Gesichter werden ein zweites Mal, nun aber mit in den Kopf

Abbildung 1. Detektivbogen zur Selbstbeobachtung und Verhaltensübung (aus: Petermann & Petermann, 1996a, S. 96)

geschriebenen Gedanken zum Angststopp und Selbstinstruktionen zur Handlungsanleitung, bearbeitet. Der Therapeut erzählt dazu eine Geschichte, in die die Gedanken der Gesichter integriert sind. Das Kind soll sodann selbst die Gesichter (insgesamt sechs) in eine Abfolge bringen, eine Geschichte dazu erzählen und beschreiben, welche möglichen Gedanken zu jedem Gesichtsausdruck passen.

Die Vorschulkinder erhalten drei Gesichter, in denen die Selbstverbalisationen durch Symbole ersetzt sind, nämlich eine rote Ampel (für Stopp von negativen Gedanken), eine orangefarbene (für überlegen und Mut machen) und eine grüne Ampel (für sich etwas zutrauen und es probieren).

Dritte Einzeltrainingssitzung

Im weiteren Verlauf thematisiert der Therapeut jetzt erstmals die Angst und Unsicherheit des Kindes. Da ein unmittelbares Gespräch das Kind überfordert, wird über die Identifikation mit einer aus der Wahrnehmung des Kindes „stark" erscheinenden Person (Superman oder Micky Maus) das Thema angegangen. Über diese „starke" Person, der Ängste nachgewiesen werden, fällt es dem Kind leichter, seine Probleme und Ängste zu formulieren. Die „starke" Person hat einen reaktionserleichternden Effekt und setzt scheinbar die Hemmschwelle, Ängste zuzugeben und darüber zu reden, herab. In einem nächsten Schritt formuliert das Kind zu den eigenen Ängsten sicheres Verhalten (Zielverhalten) und trägt dies in eine Verlern-/Erlernliste ein.

Vierte Einzeltrainingssitzung

Am Ende des Einzeltrainings soll ein Kind Interaktionsabläufe aufgrund von Körperhaltung, Gestik und verbalen Äußerungen eines Interaktionspartners erkennen. Diese Schritte werden dadurch geübt, indem das Kind auf den comicartigen Vorlagen die Sprechblase des anderen Interaktionspartners ergänzt und so die Geschichte vervollständigt. In dieser Sitzung wird auf die Inhalte der zweiten Trainingsstunde zurückgegriffen, das heißt die Gesichter müssen den Interaktionspartnern zugeordnet und nicht vorhandene Gesichtsausdrücke vom Kind dazu gemalt werden.

Die Vorschulkinder bekommen den schriftsprachfreien Antennentigercomic, wobei aus zwei Geschichten eine für das Kind gewählt wird. Der Antennentiger ist – wie sein Name symbolisiert – ängstlich und sensibel und möchte zugleich stark und

Abbildung 2. Antennentigercomic zur Übung der Wahrnehmung von Interaktionszusammenhängen für Vorschulkinder (aus: Petermann & Petermann, 1996a, S. 133ff.)

mutig sein wie ein Tiger. Ihm helfen die Zauberlinge, zum Beispiel beim Kontakt schließen, aber nur wenn der Antennentiger den ersten Schritt tut und sich aktiviert (vgl. Abbildung 2).

3.2 Therapeutische Arbeit mit einer Kindergruppe

Im Gruppentraining wird eine größere Anzahl von Themen verarbeitet, die alle der alltagsnahen Einübung selbstsicheren und angstfreien Verhaltens dienen. Es wird der Sitzungsaufbau des Einzeltrainings beibehalten. Tabelle 3 verdeutlicht die Ziele und Rollenspielthemen. In den Kindergruppen soll anhand eines Themas komplexes Sozialverhalten eingeübt werden. Jede Sitzung erhalten die Kinder eine bildlich illustrierte Geschichte (vgl. Abbildung 3). Diese Geschichte wird mit den Kindern gemeinsam gelesen, das Bild genau beschrieben, die Problemlösungen bewertet und das Rollenspiel vorbereitet, indem gemeinsam Reaktionen und Verhaltensweisen überlegt werden. Die Rollenspiele werden mit Rollentausch gespielt; nach jedem Spiel folgt eine Reflexionsphase; Spielwiederholungen, also wiederholtes Üben von sozial-kompetentem Verhalten sind oftmals nötig. Aus den Erfahrungen mit den Verhaltensübungen werden Regeln und Aufgaben für den Detektivbogen abgeleitet, und die Kinder sollen die erarbeiteten Verhaltensweisen auf ihren Alltag übertragen (Hausaufgabentechnik).

3.3 Therapeutische Arbeit mit den Eltern

Parallel zur Kindertherapie findet eine strukturierte Elternberatung statt (vgl. Petermann & Petermann, 1996a). Da die Eltern in der Regel an einer Verhaltensänderung ihrer Kinder interessiert sind (die Eltern leiden zum Beispiel darunter, daß ihre Kinder nichts erzählen oder keine Freunde haben), können die Kinder über die Eltern sehr gut zur Mitarbeit im Training motiviert werden. Dies beginnt damit, daß sie regelmäßig zu den Trainingssitzungen erscheinen und vor allem am Gruppentraining teilnehmen. Weiterhin ist es wichtig, daß die Kinder bestimmten Aufgaben, Sozialkontakten und Freizeitaktivitäten (z. B. an einer Sportgruppe teilnehmen) nachkommen. Hier ist die besondere Mitarbeit der Eltern notwendig. In jedem Fall ist den Kindern die Erfahrung zu vermitteln, daß sie mit ihren Aktivitäten Einfluß auf ihre Umgebung ausüben, diese mitgestalten sowie eigene Bedürfnisse befriedigen können. Sie eignen sich während des Trainings Verhaltenskompetenzen und Selbstinstruktionen an, die ihnen in sozialen Situationen Sicherheit geben. Mit der Veränderung des

Tabelle 5. Übersicht über die Ziele und Rollenspielthemen im Training mit sozial unsicheren Kindern

Ziele	Rollenspielthemen
• Positive Gefühle und Fertigkeiten gegenüber vertrauten Personen zeigen • Eigene Ansprüche durchsetzen und Ansprüche anderer erkennen • Kontakt aufnehmen können; Kritik annehmen und angemessen verarbeiten können • Angemessene Selbstbehauptung lernen • Umgehen mit sozialer Hervorhebung und seine Meinung äußern • Gefühle zeigen	• das Geburtstagsgeschenk • Hausaufgaben erfragen • Fragen auf der Straße; der Deutschaufsatz • das ausgeliehene Buch • Vorlesen vor der Klasse; Diskutieren mit anderen • Fußball-/Volleyballspiel

Abbildung 3. Fotogeschichte als Vorlage für Rollenspiele im Gruppentraining für Grundschulkinder (aus: Petermann & Petermann, 1996a, S. 162)

Kindverhaltens muß jedoch auch eine minimale Veränderung des Elternverhaltens einherschreiten. So müssen die Eltern oftmals ihrem Kind mehr Selbständigkeit und Freiraum zubilligen, konsequent mehr Forderungen und (soziale) Aufgaben abverlangen und regelmäßig gemeinsam Freizeit gestalten sowie lernen, Gefühle gegenüber ihrem Kind auszudrücken.

Die Elternberatung folgt einem direkten Gesprächsstil, der deshalb nicht weniger Wert auf Vertrauensaufbau legt wie andere Vorgehensweisen auch (vgl. Petermann, F., 1996). Die Ziele der Elternberatung sind im einzelnen in Tabelle 6 zusammengestellt.

Vergleicht man die Inhalte und Vorgehensweisen des Trainings mit sozial unsicheren Kindern von Petermann und Petermann (1996a) mit den Vorschlägen für die Behandlung unsicherer Kinder von Howing et al. (1990), dann lassen sich eine Reihe von Übereinstimmung feststellen. So fordern Howing et al. (1990) für soziale Fertigkeitstrainings folgende Bestandteile:
- Vermitteln und Einüben von verbalen und nonverbalen interpersonalen Kommunikationsfertigkeiten

Tabelle 6. Übersicht über die Ziele der Elternberatung (in Anlehnung an Petermann & Petermann, 1996a, S. 173)

Sitzung	Ziele
1.	• Elternexploration zur Erstellung einer Verhaltensanalyse • Trainingsziele mit den Eltern abklären
2.	• Verhaltensbeobachtung schulen • Problemlösefähigkeit den Eltern aufzeigen (Verstärkung richtig anwenden; gemeinsame Aktivitäten planen)
3.	• Verhaltensbeobachtung schulen • Problemlösefähigkeiten der Eltern verbessern (Hilfestellung für das Kind von seiten der Eltern)
4.	• Verhaltensfortschritte des Kindes den Eltern rückmelden • Veränderungen des Familienklimas bewerten • Erinnerungshilfen für die Eltern zusammenstellen bezüglich neuer Erziehungshaltungen und Verhaltensweisen
5.	• Ablösung der Beratungskontakte • Hilfe zur Stabilisierung der erreichten Erfolge

- Aufbau von Selbstkontrollfähigkeiten
- Strategisch aufeinander bezogene Problemlösefähigkeiten entwickeln
- angemessene Selbstbehauptung üben
- Fähigkeiten des Streßmanagement entwickeln

Howing et al. (1990) empfehlen ein soziales Fertigkeitstraining in Gruppen, und zwar mindestens zweimal pro Woche, durchzuführen. Wenn es möglich ist, sollten gleichaltrige Kinder mit kompetentem Sozialverhalten teilnehmen, um eine größtmögliche Modellnähe herzustellen und so Modellerneffekte zu nutzen. McConnell et al. (1991) und Hodgens und McCoy (1990) griffen auf diesen Vorteil zurück, indem sie kompetente Kinder in die in vivo-Situationen ihrer Coaching-Intervention mit einbezogen. Allerdings muß eingeräumt werden, daß es in der ambulanten Arbeit schwierig ist, solche Kinder zu gewinnen. In stationären Einrichtungen sollte man die Gelegenheit nicht verstreichen lassen, Gleichaltrige mit sozial kompetentem Verhalten zu motivieren, an einem Training teilzunehmen. Was in vielen Interventionsprogrammen fehlt, ist die systematische und strukturierte Arbeit mit den Bezugspersonen, wie Eltern, Lehrern oder Peers. Dies erschwert es den Kindern, ihr neu gelerntes Verhalten in den Alltag zu generalisieren.

Nach wie vor scheint der Einsatz von kindgerechten und symptomspezifischen Materialien sowie eine damit verbundene systematische und attraktive Vorgehensweise selten zu sein. Aber gerade auch dies macht neben der dargelegten Technikkombination eine gutes „Kindertraining" aus.

Inwieweit eine Verhaltenstherapie mit einer pharmakologischen Therapie kombiniert werden sollte, scheint zur Zeit aufgrund der kleinen Stichproben und hohen Falschpositivreaktionen in den Placebogruppen in Studien schwer entscheidbar. Zudem erschweren Dosierungsprobleme bei unterschiedlicher Medikamentenart die Erfolgsbeurteilung (vgl. Bernstein et al., 1996; Emmelkamp & Scholing, 1997; Essau & Petermann, 1998).

4. Evaluation

Interventionen im Hinblick auf ihre Effektivität zu evaluieren, ist kein einfaches Vorhaben, besonders wenn es sich um komplexe Trainingsprogramme handelt. Die neuen Studien zeigen, daß man weitgehend davon Abstand genommen hat, *einzelne Interventionstechniken* in ihrer Wirkung bzw. die Überlegenheit eines spezifischen Vorgehens gegenüber einem anderen zu überprüfen. Dies ist ausreichend geschehen und entspricht nicht dem Entwicklungsstand von Interventionen, die sich heute aus differentiellen Bausteinen zusammensetzen, und in ihrer Wirkung von Synergieeffekten ausgehen (vgl. Emmelkamp & Scholing, 1997; Weisz, Weiss, Hao, Granger & Morton, 1995).

Bei der Evaluation stellt sich die Frage, besonders wenn sie mit klinischem Alltagsgeschehen ökonomisch verknüpft werden soll, ob man einen einzelfall- oder gruppenorientierten Untersuchungsansatz wählen soll und welches Design am brauchbarsten ist. Howing et al. (1990) schlagen ein Prä-/Posttest-Design vor, wobei hierbei die Schwierigkeit besteht, geeignete Meßverfahren zu wählen. Howing et al. (1990) präzisieren, daß es in jedem Fall Instrumente sein sollten, die sich auf spezifische Verhaltensweisen und Entwicklungsstadien von Kindern beziehen. Sie fordern multidimensionale Datenzugänge ebenso wie das Bemühen, die Akzeptanz des Therapiekindes mit seinem neuen Verhalten in der gleichaltrigen Gruppe abzubilden; damit die Frage nach der Generalisierung eingeschlossen ist. Als Erfolgsmaße führen sie an:
- Direkte Beobachtung in sozialen Situationen
- Realitätsnahe Verhaltens- bzw. Rollenspieltests
- Videoaufzeichnungen, die eine Analyse der Lernfortschritte erlauben und zugleich eine Rückmeldung im Sinne einer Intervention ermöglichen
- Systematische und standardisierte Selbstberichte vom Kind und Informationen von den Eltern und Peers.

Generell kann man feststellen, daß die Wirksamkeit *sozialer Kompetenztrainings*, die bei Kindern mit verschiedenen Ängsten und Defiziten Verwendung finden, mehr oder weniger nachgewiesen ist. Dies zeigen Einzelfall- wie Gruppenstudien, mit und ohne Kontrollgruppen. Soziale Kompetenztrainings scheinen eine effektive Behandlungsalternative zu *umfangreichen psychotherapeutischen Verfahren* und zur *Spieltherapie* zu sein (vgl. die Metaanalyse von Beelmann, 1990, oder den Therapievergleich von Döpfner, Schlüter & Rey, 1981). Bei der hier behandelten Problematik ist besonders interessant, daß auch ein Selbstsicherheitstraining und nicht nur ein spieltherapeutisches Vorgehen die Ängstlichkeit von Kindern abbauen konnte. Das negative Selbstwertgefühl dieser Kinder konnte sogar nur das Selbstsicherheitstraining kurzsowie langfristig verändern; die Spieltherapie hingehen zeigte keine Effekte. Die Interaktionsfähigkeit und Verhaltenseffektivität der Kinder wurde naheliegenderweise nur durch das soziale Kompetenztraining aufgebaut (vgl. Döpfner et al., 1981). Auch Schauder (1991a) stellte in seiner Einzelfallstudie eine positive Veränderung des Selbstwertgefühles der Kinder fest. Er führte das Training mit sozial unsicheren Kindern nach Petermann und Petermann (1996a) durch und wendete zur Erfolgskontrolle ein treatmentorientiertes Testverfahren an, nämlich die Aussagenliste zum Selbstwertgefühl für Kinder und Jugendliche (ALS; Schauder, 1991b).

Die Interventionsbausteine in den Evaluationsstudien sind von einigen Variationen abgesehen dieselben. Es handelt sich um die Techniken, die in früheren Interventionsstudien isoliert überprüft wurden und sich am effektivsten herausstellten, wie Modellernen, Verhaltensübungen in Rollenspielen oder Verstärkungsmaßnahmen.

So überprüften Fredericksen, Simms und Simms (1990) die Wirkung eines *verhaltensorientierten Fertigkeitstrainings*, das mit dem kognitiven Problemlöseansatz nach Spivack und Shure (vgl. Spivack, Platt & Shure, 1976) kombiniert wurde. An dem Gruppentraining nahmen acht Kinder teil. Das Vorgehen umfaßte Übungen einzelner Fertigkeiten (wie Blickkontakt) sowie komplexerer Verhaltensweisen, die mit Modellernen, schrittweiser Annäherung und Coaching realisiert wurden. Erfahrungen der Kinder wurden in Rollenspielen dargestellt und mit Hilfe der Problemlösetechniken durch Spivack und Shure reflektiert. Eine Hausaufgabentechnik gehörte ebenfalls zum Vorgehen.

Die Erfolgskontrolle erfolgte über Vorher- und Nachhertestung ohne Kontrollgruppen sowie Verhaltensratings von Eltern, Lehrern und Therapeuten. Die Ergebnisse zeigten gute und langfristige Erfolge bei schlecht angepaßten Kindern, besonders bezüglich auffälligen Verhaltens in der Schule. Bei den zurückgezogenen Kindern waren die Effekte nur kurzfristig (Followup nach sechs Monaten mit einem vom Lehrer auszuführenden Test). Der soziale Gruppenstatus hatte sich bei allen Kindern nicht bedeutend verbessert. Die Studie zeigt, daß die Kombination des verhaltensorientierten und kognitiven Ansatzes nicht notwendigerweise zur Generalisierung der Effekte führt.

Auch Fox et al. (1991) und Fox, Faw und Nisbeth (1990) führten ein *Gruppentraining* mit Rollenspielen, Modellernen, Verhaltensregeln ableiten sowie materielle Verstärkung durch. Sie untersuchten zwei Gruppen von drei stationär betreuten Jugendlichen (keine Kontrollgruppen) mit Vorher- und Nachhertestungen, und zwar einen Tag, einen Monat und drei Monate danach, sowie mit einer Verhaltensprobe vor dem Training und zwei während des Trainings. Das angemessene Verhalten stieg bei allen Jugendlichen aber in unterschiedlichem Ausmaß sowohl in den Verhaltensproben als auch in den Posttestungen an. Die verschiedenen Nachtestungen zeigen tendenziell Generalisierungseffekte an, wobei man bei diesen Ergebnissen von einer guten externen Validität ausgehen kann, denn die Messungen erfolgten mit unterschiedlichen Interaktionspartnern in natürlichen Situationen. Die Grenzen der Generalisierung von Effekten durch Förderprogramme sehen Fox et al. (1990) in der Störungsschwere, der intellektuellen Fähigkeit und materiellen Verstärkung.

Ein hoher Schweregrad der Störung geht mit geringer Motivation und Anstrengungsbereitschaft einher; eine geringe Intelligenz bedingt auch im Bereich des Sozialverhaltens Lernhemmungen; und eine materielle Verstärkung behindert eine Generalisierung im besonderen Maße; sie müßte schrittweise ausgeblendet und gegen soziale und Handlungsverstärker ausgetauscht werden, was in dem Trainingsansatz nicht erfolgte.

Der methodische Zugang dieser Studien ist problematisch, da bei Vorher-Nachher-Messungen ohne Kontrollgruppen der Regressionseffekt nicht beurteilt werden kann. So sind diese Ergebnisse entsprechend vorsichtig zu interpretieren (vgl. Jäger & Petermann, 1995).

Bei diesen Studien wird auch deutlich, daß die Indikationsstellung nicht klar und eindeutig oder zu weit gefaßt erfolgte. Je differenzierter jedoch die Indikation erfolgt, und je spezifischer abgestimmt die Intervention durchgeführt wird, um so besser lassen sich Wirkungen erzielen und belegen.

Bei *präventiv* eingesetzten sozialen Fertigkeitstrainings ist es sinnvoll, einen Indikationsbereich anzugeben. Bulkeley und Cramer (1990) konzipierten ein Training für das kritische Alter der zwölf- bis 13jährigen Schüler, die in die Pubertät eintreten. Genauere Angaben zur Indikation fehlen jedoch auch hier. Das Training war mit Rollenspieltechniken und Feedback in der Gleichaltrigengruppe, Hausaufgabentechnik und Münzverstärkung aufgebaut, wobei die Tokens am Ende des Trainings gegen Handlungsverstärker eintauschbar waren. Am Anfang und am Ende einer jeden Sitzung wurden „Eisbrecher-Übungen" durchgeführt. Wichtig war den Autoren, das Training im Schulsetting, also in einer natürlichen und nicht in einer klinischen oder kontrollierten Umwelt, durchzuführen. Die Effektkontrolle der Trainingsgruppe mit neun Jugendlichen erfolgte im Vergleich zu einer gleich großen Kontrollgruppe anhand von Vorher-Nachher-Messungen. Diese Informationen wurden mit einem Lehrerfragebogen, der soziale Fertigkeiten erfaßt, und einer Selbstreportliste, die Probleme in sozialen Situationen beinhaltet, gewonnen. Soziometrische Daten komplettierten die Erhebung. Die Vorher-Nachher-Messungen der Trainingsgruppe wiesen bedeutsame Unterschiede auf; allerdings hatten sich auch die Mittelwerte der Kontrollgruppe gebessert, jedoch nicht signifikant. Die soziometrischen Daten zeigten keine Unterschiede.

Ein aufwendig konzipiertes und evaluiertes *Präventionsprogramm* stellt das *Queensland Early Intervention and Prevention of Anxiety Project (QEIPAP)* dar (vgl. Dadds, Spence, Holland, Barrett & Laurens, 1997; Spence & Dadds, 1996). Über ein fünfstufiges Screening wurden aus insgesamt 1786 Schülern zwischen neun und 14 Jahren mittels Selbsteinschätzung der Kinder, Lehrerrating und Elternbefragung mit der CBCL 4-18 (vgl. Döpfner et al., 1994) 128 Risikokinder für die Präventionsstudie ausgewählt. Diese Kinder zeigten bereits Angstsymptome, jedoch in einem noch nicht behandlungsbedürftigen Ausmaß. Die Kinder wurden in eine Interventions- und Kontrollgruppe eingeteilt. In einem Gruppentraining wurde den Kindern die Bewältigung von Angst vermittelt, und zwar mit Hilfe kognitiv-behavioraler Strategien auf der Basis individueller Angsthierarchien. Zehn Sitzungen wurden mit den Kindern realisiert und parallel drei Sitzungen mit den Eltern, die unter anderem die Vermittlung von Erziehungsfertigkeiten zum Inhalt hatten. Die Effekte wurden in drei Nachuntersuchungen geprüft. Bei der ersten verbesserten sich in der Angstbewältigung sowohl die Kinder der Interventions- als auch der Kontrollgruppe, und es traten zwischen beiden Kindergruppen nur wenige Unterschiede zugunsten der behandelten Kinder auf. Sechs Monate später jedoch erreichten die Kinder der Interventionsgruppe weitere Fortschritte; in der Kontrollgruppe kam es hingegen zu Rückfällen. Aus beiden Gruppen wurden 10% von Kindern mit einer bis zu diesem Zeitpunkt entwickelten Angststörung nach DSM-IV-Kriterien diagnostiziert. Bei der dritten Nachuntersuchung nach einigen Monaten wurden bei 54% der Kontrollgruppen-Kinder Angststörungen festgestellt; bei der behandelten Gruppe waren es 16%. Das Ergebnis, daß über die Hälfte der Risikokinder aus der Kontrollgruppe innerhalb eines Jahres behandlungsbedürftige Angststörungen entwickelten, weist auf zweierlei hin: Einmal auf die große Bedeutung und ihre Wirksamkeit von Präventionsprogrammen, und einmal auf die kritische Altersphase für Risikokinder zwischen später Kindheit und beginnender Adoleszenz.

Beelmann (1990) weist darauf hin, daß sowohl bei kognitiven als auch bei verhaltensorientierten Programmen positive Einflüsse, z. B. auf die *Popularität von therapierten Kindern bei Gleichaltrigen* nicht eindeutig nachweisbar sind. Solche weiterführenden Maße sind aber ein möglicher Indikator für die Generalisierung von Trainingseffekten, wobei sich die Frage stellt, ob soziometrische Daten valide hinsichtlich einer Therapieeffektprüfung sein können. Anders sieht es nämlich bei dem inhaltlich weiterführenden Maß der Selbstkonzeptänderung aus. Schauder (1991a) stellt nach der Durchführung des Trainings mit sozial unsicheren Kindern eine Verbesserung des Selbstkonzeptes bei den Kindern fest, und auch Döpfner et al. (1981) konnten das negative Selbstwertgefühl unsicherer, ängstlicher Kinder im Rahmen eines Selbstsicherheitstrainings nachhaltig verbessern.

Generalisierungseffekte können über Personen, Verhaltensweisen, Situationen und die Zeit geprüft werden. Eine breit angelegte Studie stammt von Hodgens und McCoy (1990), die einen einzelfallstatistischen Untersuchungsansatz bei fünf Vorschulkindern wählten. Entsprechend einer Schwierigkeitshierarchie wurden die Kinder in Rollenspielen und in-vivo-Situationen mit visuellem Feedback sowie modellunterstützt durch 15 Versuchersleiter verbündete Kinder trainiert. Es können Generalisierungseffekte sowohl über Personen als auch über Situationen und Verhaltensweisen nachgewiesen werden. Die Wirksamkeit hinsichtlich der Generalisierung wird von den Autoren vor allem auf die hohe Strukturiertheit der Intervention zurückgeführt sowie auf die gemischte Gruppe von unsicheren Kindern mit solchen, die sozial aktiv und initiierend sind (vgl. auch McConnell, Sisson, Cort & Stran, 1991, die nicht trainingsbedürftige Interaktionspartner der Therapiekinder in einen Verstärkungsplan während der Freispielphase integrierten).

Andere Untersuchungen bezüglich der Generalisierung von Trainingseffekten erfassen die *zeitliche Stabilität von Verhaltensänderungen* meistens im Rahmen von ein-, zwei- oder dreimonatigen Follow-up-Erhebungen (vgl. Fox et al., 1991; Fox et al., 1990). Eine sechsmonatige Nachuntersuchung führten Fredericksen et al. (1990) durch und stellten dabei unterschiedlich langfristige Effekte in Abhängigkeit der Symptomatik fest (schlecht angepaßte versus zurückgezogene Kinder; vgl. oben). Dies scheint ein Hinweis darauf zu sein, wie notwendig es ist, für spezifische Symptome ebenso spezielle Trainings zu entwickeln.

Eine Nachkontrolle acht Wochen nach einem Training mit vier teilstationär untergebrachten sozial unsicheren Kindern zeigte nicht nur stabile Effekte sondern Verhaltensverbesserungen (Burk & Wittchen, 1991). Dies dürfte darauf zurückzuführen sein, daß das Standardvorgehen (nach Petermann & Petermann, 1996a) in folgender Weise modifiziert wurde: Die Realisierung von Hausaufgaben mit dem Detektivbogen, der auf dem Postwege wöchentlich den Kindern zugesandt wurde, war aufgrund der ungünstigen familiären Situation der Trainingskinder schon für sich genommen eine Selbstbehauptungsaufgabe; nach jeder Trainingssssitzung wurden in-vivo-Übungen durchgeführt, anstelle der Elternberatung erfolgten Erzieher- und Lehrerratungen in der Tagesheimgruppe, da die Eltern nicht zugänglich waren. Burk und Wittchen (1991) sehen es als bedeutend an, daß sich der Gesichtsausdruck der Kinder veränderte, sie Blickkontakt aufnahmen und weniger unsicher umherschauten oder verlegen zur Seite blickten. Dadurch fühlten sie sich weniger schnell bedroht, so die Annahme, und durch das veränderte Verhalten erhöhten sie die Wahrscheinlichkeit, Verstärkungen aus der Umwelt zu erhalten. Bezüglich dieser Problemverhaltensweisen zeigten sich bedeutende Veränderungen bei den Kindern aber ebenso hinsichtlich der Zielvariablen „selbstbehauptendes und kooperatives Verhalten". Für den Aufbau der Zielverhaltensweisen waren vermutlich besonders die Rollenspiele im Gruppentraining effektiv.

Neben Burk und Wittchen (1991) zeigten auch andere einzelfallstatistisch angelegte Untersuchungen die Effektivität des Trainings mit sozial unsicheren Kindern auf. Einschließlich der kurz- und langfristigen Wirksamkeit nach zwei bis drei Monaten (Petermann, U., 1984; 1997; Petermann & Röttgen, 1987) und bei ausgewählten Fällen nach zwei Jahren (Petermann & Walter, 1989).

Zusammenfassend kann man sagen, daß die Evaluationsstudien die Effektivität sozialer Fertigkeitsprogramme belegen. Kognitiv ausgerichtete Vorgehensweisen haben Generalisierungsprobleme der Effekte, besonders in Situationen mit hohen oder von den Trainingsinhalten abweichenden Anforderungen. Verhaltensorientierte Programme, besonders in Gruppen, zeigen eine gute Wirksamkeit bzw. können Trainingseffekte, die im Einzelkontakt durch kognitive Therapieverfahren angelegt sind, ausdifferenzieren und stabilisieren. Immer wieder zeigt sich, daß gerade junge Kinder, nämlich im Vorschulalter, besonders von sozialen Kompetenztrainings profitieren (Beelmann, 1990; Hodgens & McCoy, 1990; McConnell et al., 1991), während Kinder zwischen fünf und zehn Jahren scheinbar weniger, die über zehnjährigen Kinder jedoch wieder mehr positive Veränderungen erreichen (Beelmann, 1990).

Schließlich zeigt sich immer wieder, daß die Effektivität eines Trainings und besonders die Generalisierung über die Zeit, Personen und Situationen entscheidend auch von einer gelungenen Arbeit mit den Bezugspersonen abhängt. Hier ist vor allem an Eltern, Lehrer und Erzieher in stationären oder teilstationären Einrichtungen zu denken (vgl. Burk & Wittchen, 1991; Overdieck, 1984; U. Petermann, 1984). Von Bedeutung ist bei der Elternberatung, daß sie ebenso strukturiert, zielgerichtet und materialunterstützt geplant und durchgeführt wird wie ein Kindertraining.

Literatur

Anderson, J.C., Williams, S., McGee, R. & Silva, P.A. (1987). DSM–III disorders in preadolescent children: Prevalence in a large sample from the general population. Archives of General Psychiatry, 44, 69–76

Arrindell, W.A., Emmelkamp, P.M.G., Monsma, A. & Brilman, E. (1983). The role of perceived parental rearing practices in the aetiology of phobic disorders: A controlled study. British Journal of Psychiatry, 143, 183–187

Bandura, A. (1979). Sozial-kognitive Lerntheorie. Stuttgart: Klett-Cotta

Bandura, A. (1983). Self-efficacy determinants of anticipated fear and calamities. Journal of Personality and Social Psychology, 45, 464–469

Beck, A.T. & Emery, G. (1985). Anxiety disorders and phobias: A cognitive perspective. New York: Basic Books

Beelmann, A. (1990). Effektivität von Interventionen zur Förderung sozialer Kompetenzen bei Kindern. Eine Meta-Analyse. Bielefeld: Unveröffentlichte Diplomarbeit

Bernstein, G. A., Borchardt, C. M. & Perwien, A. R. (1996). Anxiety disorders in children and adolescents: A review of the past 10 years. Journal of the American Academy of Child and Adolescent Psychiatry, 35, 1110–1119

Bornstein, M.R., Bellack, A.S. & Hersen, M. (1977). Social skills training for unassertive children: A multiple baseline analysis. Journal of Applied Behavior Analysis, 10, 183–195

Bulkeley, R. & Cramer, D. (1990). Social skills training with young adolescents. Journal of Youth and Adolescence, 19, 451–463

Burk, B. & Wittchen, H.-U. (1991). Modifizierte Anwendung eines Trainings für sozial unsichere Kinder aus soziokulturell benachteiligten Schichten. Zeitschrift für Klinische Psychologie, Psychopathologie und Psychotherapie, 39, 64–87

Buss, A.H. (1980). Self-consciousness and social anxiety. San Francisco: Freeman

Butler, S., Doster, J.T. & Lahey, B.B. (1977). Parent-and teacher-mediated social skills training in a very withdrawn disadvantaged girl. Corrective and Social Psychiatry and Journal of Behavi-

oral Technology, Methodology and Therapy, 23, 85–87
Cole, D. A., Truglio, R. & Pecke, L. (1997). Relation between symptoms of anxiety and depression in children: A multitrait-multimethod-multigroup assessment. Journal of Consulting and Clinical Psychology, 65, 110–119
Crowell, J. A. & Waters, E. (1990). Separation anxiety. In M. Lewis & S. M. Miller (eds.), Handbook of developmental psychopathology (pp. 209–218). New York: Plenum Press
Dadds, M. R., Spence, S. H., Holland, D. E., Barrett, P. M. & Laurens, K. R. (1997). Prevention and early intervention for anxiety disorders: A controlled trial. Journal of Consulting and Clinical Psychology, 65, 627–635
Döpfner, M. (1987). Soziale Kompetenztrainings bei selbstunsicheren Kindern. In O. Speck, F. Peterander & P. Innerhofer (Hrsg.), Kindertherapie, Interdisziplinäre Beiträge aus Forschung und Praxis. München: Reinhardt
Döpfner, M. & Lehmkuhl, G. (1994). Der Lehrerfragebogen über das Verhalten von Kindern und Jugendlichen im Rahmen der multiplen Verhaltens- und Psychodiagnostik verhaltensauffälliger Kinder und Jugendlicher. Kindheit und Entwicklung, 3, 244–252
Döpfner, M., Lehmkuhl, G., Berner, W., Flechtner, H., Schwitzgebel, P., von Aster, M. & Steinhausen, H.-C. (1995). Die Beurteilung psychischer Störungen von Kindern und Jugendlichen anhand der Psychopathologischen Befund-Dokumentation. Kindheit und Entwicklung, 4, 51–60
Döpfner, M., Melchers, P., Fegert, J., Lehmkuhl, G., Lehmkuhl, U., Schmeck, K., Steinhausen, H.-C. & Poustka, F. (1994). Deutschsprachige Konsensus-Versionen der Child Behavior Checklist (CBCL 4–18), der Teacher Report Form (TRF) und der Youth Self Report Form (YSR). Kindheit und Entwicklung, 3, 54–59
Döpfner, M., Schlüter, S. & Rey, E.-R. (1981). Evaluation eines sozialen Kompetenztrainings für selbstunsichere Kinder im Alter von neun bis zwölf Jahren – Ein Therapievergleich. Zeitschrift für Kinder- und Jugendpsychiatrie, 9, 233–252
DSM-III-R (1991). Diagnostisches und Statistisches Manual Psychischer Störungen. Weinheim: Beltz, 3., korrigierte Auflage
DSM-IV (1996). Diagnostisches und Statistisches Manual Psychischer Störungen. Göttingen: Hogrefe
Emmelkamp, P.M.G., Bouman, T.K. & Scholing, A. (1992). Anxiety disorders. A practitioner's guide. Chichester: Wiley
Emmelkamp, P. M. G. & Scholing, A. (1997). Anxiety disorders. In C. A. Essau & F. Petermann (eds.), Developmental psychopathology (pp. 219–263). London: Harwood Academic Publishers
Essau, C. A. & Petermann, U. (1998). Angststörungen. In F. Petermann (Hrsg.), Lehrbuch der Klinischen Kinderpsychologie (S. 219–240). Göttingen: Hogrefe, 3., korrigierte Auflage
Florin, J. & Fiegenbaum, W. (1990). Angststörungen bei Kindern. In W. Fiegenbaum & J.C. Brengelmann (Hrsg.). Angststörungen. Diagnose und Therapie. München: Röttger
Fox, R.M., Faw, G.D. & Nisbeth, J. (1990). Social skills training for impatient emotionally disturbed children: An analysis of generalization. Child and Family Behavior Therapy, 12, 11–37
Fox, R.M., Faw, G.D. & Weber, G. (1991). Producing generalization of impatient adolescents' social skills with significant adults in a natural environment. Behavior Therapy, 22, 85–99
Francis, G. (1990). Socialphobia in childhood. In M. Hersen & C.G. Last (eds.), Handbook of child and adult psychopathology. New York: Pergamon Press
Frederickson, N., Simms, L. & Simms, J. (1990). Teaching social skills to children: Towards an integrated approach. Educational and Child Psychology, 7, 5–17
Fyer, A. J. (1993). Heritability of social anxiety: A brief review. The Journal of Clinical Psychiatry, 54 (12 Suppl.), 10–12
Gresham, F.M. (1981). Assessment of children's social skills. Journal of School Psychology, 19, 120–133
Hersen, M., Eisler, R.M. & Miller, P.M. (1977). Entwicklung von selbstsicheren Verhaltensweisen: Betrachtung der klinischen Praxis, der Meßtechniken und experimenteller Untersuchungen. In F. Petermann & C. Schmook (Hrsg.), Grundlagentexte der Klinischen Psychologie. Band 2 (S. 215–244). Bern: Huber
Hersen, M. & Last, C.G. (eds.) (1990). Handbook of child and adult psychopathology. New York: Pergamon Press
von Hörsten, S., Laban, O., Dimitrijevic, M., Markovic, B. M. & Jankovic, B. D. (1997). Entwicklungspsychoneuroimmunologie: Postnatale Determinierung späterer immunologischer Reaktionen. In K.-H. Schulz, J. Kugler & M. Schedlowski (Hrsg.), Psychoneuroimmunologie (S. 123–141). Bern: Huber
Hodgens, J.B. & McCoy, J.F. (1990). Effects of coaching and peer utilization procedures on the withdrawn behavior of preschoolers. Child and Family Behavior Therapy, 12, 25–47
Howing, P.T., Wodarski, J.S., Kurtz, P.D. & Gaudin, J.M. (1990). The empirical base for the implementation of social skills training with maltreated children. Social Work, 35, 460–467
ICD-10 (1995). Internationale Klassifikation psychischer Störungen, 2., korr. u. bearb. Auflage. Bern: Huber
Jäger, R.S. & Petermann, F. (Hrsg.) (1995). Psychologische Diagnostik. Weinheim: Psychologie Verlags Union, 3., korrigierte Auflage

Jakibchuk, J. & Smeriglio, V.L. (1976). The influence of symbolic modeling on the social behavior of preschool children with low levels of social responsiveness. Child Development, 47, 838–841

Kagan, J., Reznick, J. S. & Snidman, N. (1988). Biological bases of childhood shyness. Science, 240, 167–173

Kendall, P.C. & Fischler, G.L. (1984). Behavioral and adjustment correlates of problem solving: Validational analyses of interpersonal cognitive problem-solving measures. Child Development, 55, 879–892

Kusch, M. & Petermann, F. (1998). Konzepte und Ergebnisse der Entwicklungspsychopathologie. In F. Petermann (Hrsg.), Lehrbuch der Klinischen Kinderpsychologie (S. 53–93). Hogrefe: Göttingen, 3., korrigierte Auflage

Lazarus, A.A. & Abramovitz, A. (1962). The use of "emotive emagery" in the treatment of children's phobias. British Journal of Psychiatry, 108, 185–191

Mathews, A. (1989). Cognitive aspects of the aetiology and phenomenology of anxiety disorders. In P.M.G. Emmelkamp, W.T.A.M. Everaerd, F. Kraaimaat & M.J.M. van Son (eds.), Annual series of European research in behavior therapy, Vol. IV: Fresh perspectives of anxiety disorders. Amsterdam: Swets & Zeitlinger

Mc Connell, S.R., Sisson, L.A., Cort, C.A. & Strain, P.S. (1991). Effects of social skills training und contingency management on reciprocal interaction of preschool children with behavioral handicaps. The Journal of Special Education, 24, 473–495

Meijers, J.J. (1978). Problem-solving therapy with socially anxious children. Amsterdam: Swets & Zeitlinger

O'Connor, R.D. (1972). Relative efficacy of modeling, shaping, and the combined procedures for modification of social withdrawal. Journal of Abnormal and Social Psychology, 79, 327–334

Ollendick, T.H. & Huntzinger, R.M. (1990). Separation anxiety disorder in childhood. In M. Hersen & C.G. Last (eds.), Handbook of child and adult psychopathology. New York: Pergamon Press

Overdieck, E. (1984). Sozial unsicheres Verhalten bei Kindern: Trainingsbegleitende Eltern- und Familienarbeit. Bonn: Unveröffentlichte Diplomarbeit, Psychologisches Institut der Universität

Parker, G. (1979). Reported parental characteristics of agoraphobics and social phobics. British Journal of Psychiatry, 45, 429–436

Petermann, F. (1996). Psychologie des Vertrauens. Göttingen: Hogrefe, 3., korrigierte Auflage

Petermann, F., Lehmkuhl, G., Petermann, U. & Döpfner, M. (1995). Klassifikation psychischer Störungen im Kindes- und Jugendalter nach DSM-IV – Ein Vergleich mit DSM-III-R und ICD-10. Kindheit und Entwicklung, 4, 171–182

Petermann, F. & Petermann, U. (1997). Training mit aggressiven Kindern. Weinheim: Psychologie Verlags Union, 8., überarbeitete Auflage

Petermann, F. & Senftleben, S. (1990). Training sozialer Kompetenzen mit sehbehinderten Grundschulkindern. Heilpädagogische Forschung, 16, 53–60

Petermann, F. & Walter, H.-J. (1989). Wirkungsanalyse eines Verhaltenstrainings mit sozial unsicheren, mehrfach beeinträchtigten Kindern. Praxis der Kinderpsychologie und Kinderpsychiatrie, 38, 118–125

Petermann, U. (1984). Einzelfallanalytische Effektprüfung bei einem Training mit sozial unsicheren Kindern. Zeitschrift für personenzentrierte Psychologie und Psychotherapie, 3, 357–374

Petermann, U. (1991). Verhaltensmodifikation bei sozial unsicheren Kindern mit Diabetes. In R. Roth & M. Borkenstein (Hrsg.), Psychosoziale Aspekte in der Betreuung von Kindern und Jugendlichen mit Diabetes (S. 160–167). Basel: Karger

Petermann, U. (1996a). Entspannungstechniken für Kinder und Jugendliche. Weinheim: Psychologie Verlags Union

Petermann, U. (Hrsg.) (1996b). Ruherituale und Entspannung mit Kindern und Jugendlichen. Baltmannsweiler: Schneider Verlag Hohengehren

Petermann, U. (1997a). Soziale Phobien und Unsicherheit. In F. Petermann (Hrsg.), Fallbuch der Klinischen Kinderpsychologie (S. 109–125). Göttingen: Hogrefe

Petermann, U. (1997b). Training mit sozial unsicheren Vor- und Grundschulkindern. In F. Petermann (Hrsg.), Kinderverhaltenstherapie (S. 244–269). Baltmannsweiler: Schneider Verlag Hohengehren

Petermann, U. & Petermann, F. (1993). Entspannungsverfahren bei Kindern und Jugendlichen. In D. Vaitl & Petermann, F. (Hrsg.), Handbuch Entspannungsverfahren. Band 1: Grundlagen (S. 316–334). Weinheim: Psychologie Verlags Union

Petermann, U. & Petermann, F. (1996a). Training mit sozial unsicheren Kindern. Weinheim: Psychologie Verlags Union, 6., überarbeitete Auflage

Petermann, U. & Petermann, F. (1996b). Verhaltensgestörte Kinder. Video-Fördermaterial für aggressive und sozial unsichere Kinder. Essen: ELVIKOM, 2., überarbeitete Auflage

Petermann, U. & Röttgen, B. (1987). Sozial unsichere Kinder. Konzeption und Evaluation eines Behandlungspaketes. In F. Petermann (Hrsg.), Verhaltensgestörtenpädagogik (S. 150–163). Berlin: Marhold

Petermann, U. & Walter, H.-J. (1997). Spezifische Ängste und Phobien. In F. Petermann (Hrsg.), Fallbuch der Klinischen Kinderpsychologie (S. 127–145). Göttingen: Hogrefe

Poulton, R., Trainor, P., Stanton, W., McGee, R., Davis, S. & Silva, P. (1997). The (in)stability of adolescent fears. Behaviour Research and Therapy, 35, 159–163

Rathjen, D. P. & Foreyt, J. B. (1980) (eds.). Social competence. Interventions for children and adults. New York: Pergamon Press

Rose, R. J. & Dilto, W. B. (1983). A developmental-genetic analysis of common fears from early adolescence to early adulthood. Child development, 54, 361–368

Rubin, K. H., Coplan, R. J., Fox, N. A. & Calkins, S. D. (1995). Emotionality, emotion regulation, and preschooler's social adaption. Development and Psychopathology, 7, 49–62

Rubin, K. H., Daniels-Beirness, T. & Bream, L. (1984). Social-isolation and social problem solving: A longitudinal study. Journal of Clinical and Counseling Psychology, 52, 17–25

Rubin, K. H. & Mills, R. S. (1988). The many faces of isolation in childhood. Journal of Consulting and Clinical Psychology, 56, 916–924

Schauder, T. (1991a). Zum Selbstwertgefühl von Kindern und Jugendlichen: Entwicklung und Anwendung der ALS. Zeitschrift für Klinische Psychologie, Psychopathologie und Psychotherapie, 39, 182–197

Schauder, T. (1991b). Die Aussagen-Liste zum Selbstwertgefühl für Kinder und Jugendliche (ALS). Weinheim: Beltz

Schieche, M. & Spangler, G. (1997). Psychoneuroimmunologie und Verhalten aus entwicklungspsychologischer Sicht. In K.-H. Schulz, J. Kugler & M. Schedlowski (Hrsg.), Psychoneuroimmunologie (S. 142–158). Bern: Huber

Seligman, M. E. P. (1995). Erlernte Hilflosigkeit. Weinheim: Psychologie Verlags Union, 5., korrigierte und erweiterte Auflage

Spence, S. H. & Dadds, M. R. (1996). Preventing childhood anxiety disorders. Behaviour Change, 13, 241–249

Spivack, G., Platt, J. & Shure, M. B. (1976). The problem solving approach to adjustment. San Francisco: Jossey Bass

Strauss, C. C. (1988). Behavioral assessment and treatment of overanxious disorder in children and adolescents. Behavior Modification, 12, 234–251

Strauss, C. C., Lease, C. A., Last, C. G. & Francis, G. (1988). Overanxious disorder: An examination of developmental difference. Journal of Abnormal Child Psychology, 16, 433–443

Torgerson, S. (1979). The nature and origin of common phobic fears. British Journal of Psychiatry, 134, 343–351

Torgerson, S. (1988). Genetics. In C. G. Last & M. Hersen (eds.), Handbook of anxiety disorders. New York: Pergamon Press

Unnewehr, S., Schneider, S. & Margraf, J. (1995). Kinder DIPS – Diagnostisches Interview bei psychischen Störungen im Kindes- und Jugendalter. Berlin: Springer

Upper, D. & Ross, S. M. (1985) (eds.). Handbook of behavioral group therapy. New York: Plenum

Weisz, J. R., Weiss, B., Hau, S. S., Granger, D. A. & Morton, T. (1995). Effects of psychotherapy with children and adolescents revisited: A meta-analysis of treatment outcome studies. Psychological Bulletin, 17, 450–468

Kapitel 9

Phobien

Silvia Schneider, Irmela Florin und *Wolfgang Fiegenbaum*

1. Definition und Klassifikation 216
1.1 Definition 216
1.2 Klassifikation 217
1.2.1 Die Internationale Klassifikation von Krankheiten (ICD) 218
1.2.2 Das Diagnostische und Statistische Manual für Psychische Störungen (DSM) 218
2. Symptomatik und Verhaltensdiagnose 218
2.1 Klinisches Erscheinungsbild 218
2.2 Psychologische Erklärungsansätze 220
2.2.1 Lerntheoretische Ansätze 220
2.2.2 Kognitive Ansätze 221
2.3 Der Zusammenhang von Kinderängsten und elterlichen Ängsten 222
2.3.1 „Bottom-up"-Studien 222
2.3.2 „Top-down"-Studien 223
2.3.3 Mechanismen der familiären Transmission 223
2.4 Diagnostik 225
2.4.1 Strukturierte Interviews 225
2.4.2 Selbstbeschreibungsinstrumente 226
2.4.3 Fragebögen für Eltern und Erzieher 227
2.4.4 Verhaltensbeobachtungen 228
2.4.5 Weitere diagnostische Maßnahmen 228
3. Therapie in der Praxis 228
3.1 Entspannung und Desensibilisierung 229
3.2 Desensibilisierung mit emotional positiven Phantasiebildern 229
3.3 Desensibilisierung in vivo 231
3.4 Lernen am Modell 231
3.5 Langandauernde Konfrontation 232
3.6 Kognitive Therapieansätze 233
4. Evaluation 234
4.1 Effektivität von Desensibilisierungsverfahren 235
4.2 Effektivität von Lernen am Modell 235
4.3 Effektivität von langandauernder Konfrontation 236
4.4 Effektivität von kognitiven Therapieansätzen 236
4.5 Zusammenfassende Bewertung 237

Literatur 238

1. Definition und Klassifikation

Der griechische Gott Phobos hatte die besondere Fähigkeit, Feinde zu erschrecken. Deshalb wurde sein Bild auf Rüstungen gemalt, um Gegner zu ängstigen. Der Name Phobos wurde so zu einem Begriff für Angst und Schrecken, aber auch für Flucht. Ausgeprägte Angstreaktionen, verbunden mit Flucht- bzw. Vermeidungsverhalten, die unmittelbar durch die Konfrontation mit bestimmten Objekten, Situationen oder Tieren ausgelöst werden, sind zentrale Merkmale einer Gruppe von Angststörungen, die mit dem Begriff der Phobie zusammengefaßt werden.

Phobien im Kindes- und Jugendalter wurden in der Fachliteratur schon früh beschrieben. 1909 publizierte Freud (1989) die Fallgeschichte des „kleinen Hans", der eine ausgeprägte Furcht vor Pferden zeigte. Kurze Zeit danach berichteten Watson und Rayner (1920) über die Konditionierung einer Rattenphobie bei dem einjährigen Albert. Wenige Jahre später beschrieb Watsons Schülerin Mary Cover Jones (1924) die systematische Anwendung verhaltenstherapeutischer Techniken bei der Behandlung der Pelztierphobie des dreijährigen Peter. Trotz der frühen Beschäftigung mit Phobien im Kindesalter existieren nur wenige gut kontrollierte Studien zum Verständnis und zur Behandlung dieses Störungsbildes. Diese Situation steht im starken Kontrast zu der Flut von Forschungsarbeiten, die im Bereich der Phobien des Erwachsenenalters durchgeführt wurden. Ein Grund hierfür mag darin liegen, daß Kinder mit phobischen Störungen im Vergleich zu erwachsenen Phobikern eher selten Behandlungseinrichtungen aufsuchen (Graziano und De Giovanni 1979).

1.1 Definition

Das zentrale Merkmal von Phobien ist eine unangemessene, dauerhafte und starke Angstreaktion gegenüber Objekten, Situationen oder Tieren, von denen keine reale Gefahr ausgeht. Die Angst tritt in der Regel unmittelbar durch die Konfrontation mit dem phobischen Stimulus auf. Üblicherweise beginnen die betroffenen Kinder mit der Zeit die gefürchtete Situation zu vermeiden bzw. aus ihr zu flüchten. Nur eine kleine Gruppe von Kindern mit Phobien halten die phobische Situation trotz der starken Angst aus. Sie zeigen verdeckte Vermeidungsstrategien wie z. B. kognitive Ablenkung.

Marks (1987, S. 5) betont darüber hinaus, daß phobische Ängste nicht durch rationales Argumentieren reduziert werden können und daß sie nicht unter der willkürlichen Kontrolle der Betroffenen stehen. Diese Definition ist jedoch nicht unumstritten. So betonen Vertreter kognitiver Angsttheorien die Rolle kognitiver Faktoren bei der Entstehung und Aufrechterhaltung von Angstreaktionen (Bandura 1977, 1978). Entsprechend müßten Phobien auch durch kognitive Methoden veränderbar sein. In einer jüngst fertiggestellten Behandlungsstudie an erwachsenen Patienten mit Paniksyndrom und Agoraphobie konnte in diesem Zusammenhang gezeigt werden, daß allein durch systematisches, kognitives Argumentieren (und keinerlei Konfrontation) klinisch relevante Verbesserungen in Maßen der Angst und Vermeidung erzielt werden konnten (Margraf und Schneider 1990). Dieser Befund steht somit nicht in Einklang mit der von Marks (1987) vorgelegten Phobiedefinition. Die Diskrepanz kann jedoch abgeschwächt werden, wenn man in Betracht zieht, daß es sich bei dieser kognitiven Behandlung um ein sehr systematisches Abwägen der individuellen Gründe eines Patienten für und gegen seine zentralen agoraphobischen Befürchtungen handelte. Dieses Vorgehen ist nicht mit den üblichen Alltagsrationalisierungen bei Phobien (z. B. „aber das ist doch gar nicht schlimm") zu vergleichen, die Marks wahrscheinlich meint.

Schließlich muß für die Definition von Phobien im Kindes- und Jugendalter beachtet werden, daß Ängste in diesem Alter sehr verbreitet sind und zur normalen Entwicklung eines Kindes gehören. Eine ganze Reihe von Ängsten im Kindes- und Jugendalter dienen entwicklungspsychologisch betrachtet der Sicherheit und letztendlich dem Überleben des Kindes (Marks 1987, Ollendick und King 1991 a). Typischerweise sind diese Ängste vergleichsweise mild, altersspezifisch und vorübergehend. Zudem scheint es so zu sein, daß sie zu der kognitiven Entwicklung des Kindes in Beziehung stehen (King, Hamilton und Ollendick 1988). Das bedeutet, daß die Angstinhalte sich mit dem Alter der Kinder ändern. Die meisten Kinder haben wohl mehrere Ängste gleichzeitig. Während z. B. gegen Ende des ersten Lebensjahres Ängste vor fremden Menschen, fremden Gegenständen, lauten Geräuschen und Höhen besonders häufig auftreten, haben die Zwei- bis Vierjährigen oft Angst vor Tieren, vor der Dunkelheit und vor dem Alleinsein. Bei den Vier- bis Sechsjährigen kommt es zu einer besonderen Zunahme der Angst vor Phantasiegestalten wie z. B. Gespenstern, Monstern oder Geistern und Naturereignissen wie Stürmen und Blitzen. Bei den Sieben- bis Zehnjährigen beziehen sich die Ängste immer häufiger auf die Schule, auf mögliches oder vermeintliches Versagen und auf negative Bewertungen durch andere sowie auf die Gesundheit, wie etwa die Angst vor Verletzungen, Krankheiten, Tod und vor medizinischen Eingriffen. Insgesamt nehmen mit dem Schulalter die Ängste vor Phantasiegestalten und Dunkelheit sowie vor Fremden und vor kleinen Tieren ab. Soziale Ängste, Ängste vor negativer Bewertung und Ängste bezüglich der Gesundheit werden dagegen häufiger (Bauer 1976, Maurer 1965, zusammenfassend Barrios und O'Dell 1989).

Diese Ausführungen machen deutlich, daß Ängste im Kindes- und Jugendalter zum normalen Entwicklungsprozeß dazugehören. Es stellt sich daher für den Kinderpsychologen und Kinderpsychiater häufig die schwierige Frage, welche Ängste in diesem Alter als phobisch klassifiziert und einer Behandlung unterzogen werden sollten. Barrios und O'Dell schlagen für die Entscheidung dieser Frage folgende Richtlinien vor: Ihrer Meinung nach ist eine Behandlung dann sinnvoll, wenn die Ängste des Kindes
1. starke und anhaltende Beeinträchtigungen für das Kind bedeuten,
2. langfristig die normale Entwicklung des Kindes verhindern,
3. Probleme in der Familie oder in anderen Lebensbereichen (z. B. Schule) auslösen.

Ängste, die hingegen zeitweise auftreten und für die jeweilige Entwicklungsphase normal sind, sollten entsprechend nicht behandelt werden und ihren normalen Verlauf nehmen.

1.2 Klassifikation

Phobien im Kindes- und Jugendalter können in den derzeit geltenden Klassifikationssystemen in Abhängigkeit von dem gefürchteten Inhalt unter verschiedene Kategorien gefaßt werden. Tabelle 1 gibt

Tabelle 1. Klassifikation der Phobien des Kindes- und Jugendalters in der ICD-10 und dem DSM-IV

ICD-10	DSM-III-R
F93 Emotionale Störung des Kindesalters F93.1 Phobische Störung des Kindesalters	
F40 Phobische Störung F40.00 Agoraphobie ohne Panikstörung	*Angststörungen* 300.22 Agoraphobie ohne Panikstörung in der Vorgeschichte
F40.01 Agoraphobie mit Panikstörung F40.1 Soziale Phobien F40.2 Spezifische (Isolierte) Phobien	300.21 Panikstörung mit Agoraphobie 300.23 Soziale Phobie 300.29 Spezifische Phobie

einen Überblick über die Klassifikation der Phobien in der zehnten Auflage der „Internationalen Klassifikation von Krankheiten und Todesursachen" (ICD-10, World Health Organization, WHO 1989, deutsche Übersetzung von Dilling, Mombour, Schmidt und Schulte-Markwart 1994) und der vierten Auflage des „Diagnostischen und Statistischen Manuals für Psychische Störungen" (DSM-IV, American Psychiatric Association, APA 1994 deutsche Übersetzung von Saß, Wittchen und Zaudig 1996).

1.2.1 Die Internationale Klassifikation von Krankheiten (ICD)

In der zehnten Auflage der ICD (WHO 1989) wird erstmals zwischen phobischen Störungen des Erwachsenen- und Kindesalters unterschieden. In die Kategorie „Phobische Störung des Kindesalters" werden nur entwicklungsphasenspezifische Befürchtungen einbezogen. Die Furcht muß anhaltend oder wiederkehrend auftreten, ein abnormes Ausmaß angenommen haben und zu einer deutlichen sozialen Beeinträchtigung geführt haben. Außerdem muß der Beginn der Phobie in der entwicklungsangemessenen Altersstufe liegen. Die ausgeprägte Furcht muß mindestens vier Wochen andauern (WHO 1989).

Sind die Befürchtungen nicht Bestandteil einer normalen psychosozialen Entwicklung, stehen in der ICD-10 weitere, altersunabhängige diagnostische Kategorien zur Verfügung, unter denen die Phobie eingeordnet werden kann. Handelt es sich um eine engumgrenzte Furcht (z. B. Angst vor Blut und Verletzungen oder Höhen), wird die Diagnose Spezifische (Isolierte) Phobie vergeben. Treten die Ängste immer in sozialen Situationen auf (z. B. vor einer Gruppe sprechen, Essen in der Öffentlichkeit), wird eine Soziale Phobie diagnostiziert. Bei Ängsten, die in verschiedenen Situationen (Menschenmengen, öffentliche Orte oder Entfernung von zu Hause) auftreten, wird eine Agoraphobie mit oder ohne Panikstörung diagnostiziert. Eine Agoraphobie mit Panikstörung bedeutet hierbei, daß neben den phobischen Ängsten plötzliche und unerwartete Angstanfälle auftreten, die mit einer Reihe als unangenehm erlebter Symptome einhergehen.

1.2.2 Das Diagnostische und Statistische Manual für Psychische Störungen (DSM)

Im Unterschied zur dritten, revidierten Auflage des DSM (America Psychatric Association, APA 1987) wurden in der vierten Auflage des DSM (DSM-IV, AP 1994) erstmals spezifische Merkmale von Phobien im Kindesalter eingearbeitet. Es wird darauf hingewiesen, daß bei Kindern die Angstreaktion sich in Form von Weinen, Wutanfällen, Erstarren oder Anklammern ausdrücken kann. Darüber hinaus wird berücksichtigt, daß Kinder häufig ihre Angst nicht als übertrieben oder unbegründet einschätzen und sich zudem selten durch ihre Phobie belastet fühlen. Ähnlich wie in der ICD-10 wird dabei je nach Inhalt und Umfang der phobischen Situation zwischen drei Arten von Phobien unterschieden: Spezifische Phobie, Soziale Phobie, Agoraphobie (mit bzw. ohne Panikstörung). Die diagnostischen Kriterien der einzelnen Phobiediagnosen sind hierbei in der ICD-10 und dem DSM-IV ähnlich formuliert.

2. Symptomatik und Verhaltensdiagnose

2.1 Klinisches Erscheinungsbild

Während phobischer Angstreaktion kommt es zu physiologischen, kognitiven und Verhaltensveränderungen. Typische physiologische Reaktionen sind starkes Herzklopfen, Schwitzen, Schwächegefühl, Veränderungen der Atmung. Begleitet werden diese Empfindungen von kognitiven Symptomen, die je nach Phobie sehr unterschiedliche Inhalte haben können. Sozialphobische Kognitionen beinhalten in der Regel die Angst, sich zu blamieren, etwas Falsches oder Unangemessenes zu tun („Ich kann das nicht", „Ich werde mich blamieren"). Kognitionen, die bei Spezifischen Phobien (z. B. Tierphobien) auftreten, umfassen eher Aspekte des Tiers, Objekts oder der Situation. Zwei typische tierphobische Kognitionen wären beispielsweise „Die Spinne wird mich beißen", „Die Spinne ist ganz eklig". Agoraphobische Kognitionen schließlich beinhalten häufig die Angst vor drohenden körperlichen Gefahren, z. B. die Angst zu sterben, nicht mehr atmen zu können oder verrückt zu werden. Schließlich kommt es zu Veränderungen des Verhaltens während der Angstreaktion. Das Kind kann durch die starke Angst nicht mehr adäquat in der Situation reagieren. Ein sozialphobisches Kind, das in der Schulklasse aufgefordert wird, eine Rechenaufgabe zu lösen, wird aufgrund der starken Angstreaktion nicht in der Lage sein, sich auf die Aufgabe zu konzentrieren. Weitere typische Verhaltensweisen sind Flucht- und Vermeidungsverhalten. Das Kind flüchtet oder zeigt Fluchttendenzen, wenn es von dem Arzt untersucht werden soll, bzw. es versucht generell Arztbesuche zu vermeiden.

Stark ausgeprägte Phobien führen zu erheblichen Beeinträchtigungen des Kindes im familiären, schulischen und Freizeitbereich. Die Phobie kann zur Isolierung des Kindes führen, wenn es beispielsweise nicht mehr die Schule aufsuchen kann oder an bestimmten Aktivitäten seiner Alterskameraden nicht mehr teilnehmen kann. Auch für die Familie kann ein Kind mit einer phobischen Störung eine erhebliche Belastung bedeuten, wenn beispielsweise aufgrund der ausgeprägten Dunkelangst das Kind nicht mehr alleine in seinem Zimmer schlafen möchte. In ganz stark ausgeprägten Fällen von Phobien ist durch das schwere Vermeidungsverhalten des Kindes die normale Entwicklung des Kindes langfristig gefährdet. Als Folge der Phobie treten häufig eine Reihe weiterer psychischer Störungen auf. So zeigen Studien eine erhöhte Komorbidität der Angststörungen untereinander (Last, Strauss, Francis 1987) und mit depressiven Syndromen. Die Komorbiditätsrate von Depression und Angst scheint dabei um so höher zu sein, je schwerer gestört die untersuchte Stichprobe ist (Überblick bei Brady und Kendall 1992). Weiterhin fand Poznanski (1973) bei Kindern mit exzessiven Ängsten eine Komborbidität u. a. mit Hyperaktivität, Enkopresis, Enuresis, Übergewicht, Lernschwierigkeiten und somatischen Beschwerden.

Der Beginn von Phobien ist je nach Inhalt unterschiedlich. Öst (1987) fand bei einer retrospektiven Befragung von 370 Phobikern, die die DSM-III-Kriterien für Agoraphobie (mit und ohne Paniksyndrom), Sozialphobie und Spezifische Phobie erfüllten, folgende Ergebnisse: Tierphobien zeigten den frühesten Beginn (7 Jahre), gefolgt von Blutphobien (9 Jahre), Zahnarztphobien (12 Jahre), Sozialphobien (16 Jahre), Klaustrophobien (20 Jahre) und Agoraphobien (28 Jahre).

Über den Verlauf von klinischen Phobien im Kindes- und Jugendalter ist wenig bekannt. Bislang existieren entweder nur Studien, die retrospektiv den Verlauf von Phobien erhoben, oder Studien an sehr kleinen Stichproben, die den Verlauf prospektiv betrachteten. Agras et al. (1969) analysierten in ihrer Studie retrospektiv den Verlauf von milden Phobien. Dieser Studie zufolge beginnen Ängste vor Ärzten, Spritzen, Dunkelheit und Fremden schon in der frühen Kindheit, verlieren sich dann aber in der Regel mit zunehmendem Alter. Ängste vor Tieren, Höhen, Stürmen, engen Plätzen und sozialen Situationen, die ebenfalls in der Kindheit und Jugend beginnen, scheinen dagegen lang anhaltend zu sein. In einer Nachuntersuchung von 10 unbehandelten Kindern und Jugendlichen unter 20 Jahren, die fünf Jahre zuvor als phobisch klassifiziert worden waren, fanden Agras, Chapin, Jackson, Oliveau (1972), daß 60% der Kinder sich verbessert hatten und 40% völlig symptomfrei waren.

Ein weiteres interessantes Ergebnis fanden Petersen und Lehmkuhl (1990) in einer Katamnese von 18 Phobikern, die in ihrer Kindheit oder Jugend psychiatrisch untersucht worden waren. Alle Phobiker, die im Kindesalter internale Reize fürchteten, waren bei der katamnestischen Untersuchung auffällig, während vier von fünf Phobikern mit externalen Angstauslösern unauffällig waren. Hier deutet sich ein deutlich ungünstigerer Krankheitsverlauf für Kinder an, die Angst vor körperlichen Symptomen haben, im Vergleich zu Kindern mit Angst vor externalen Situationen.

Auf dem momentanen Forschungsstand kann keine zuverlässige Aussage über den Verlauf von Phobien im Kindes- und Jugendalter gemacht werden. Ein Grund für die bisher noch ungeklärte Frage bezüglich der Stabilität von Kinderängsten mag zum Teil daher kommen, daß man annahm, die meisten Kinderängste würden sich ohnehin schnell wieder verlieren. Diese Vermutung erscheint allerdings nur teilweise gerechtfertigt. Jene Querschnittsuntersuchungen, die belegen, daß in unterschiedlichen Altersstufen unterschiedliche Angstinhalte vorherrschen, sprechen zwar dafür, daß die spezifischen Angstinhalte bei vielen Kindern nicht von langer Dauer sind. Sie zeigen dagegen noch nicht, daß sich die Ängstlichkeit der Kinder insgesamt verringert. Dieser Einwand gilt übrigens auch für die frühe Veröffentlichung von Jersild und Holmes (1935), die gewissermaßen als klassische Arbeit zum Beleg der Episodenhaftigkeit kindlicher Ängste immer wieder zitiert wird. Die Autoren berichten zwar, daß die meisten Ängste, die sie bei einer Stichprobe von zwei- bis fünfjährigen Kindern beobachtet hatten, nach einem Jahr verschwunden waren. Doch werden mögliche Verschiebungen der Angstinhalte nicht überprüft. Zudem stützt sich diese Untersuchung auf die Daten von nur 15 Kindern, und als Datenquelle werden ausschließlich die Angaben der Eltern verwendet, die wenig verläßlich sind (vgl. Abschnitt 2.4.1).

Aussagekräfte Informationen über die Stabilität von Kinderängsten wird man nur durch Längsschnittstudien gewinnen können, bei denen man die Kinder selbst wiederholt befragt und beobachtet. Eine Untersuchung an Viertkläßlern, die diesen Anforderungen annähernd entspricht, ergab, daß deren Ängste sowohl in der Zahl als auch in den Inhalten über ein Jahr weitgehend stabil geblieben waren (Eme und Schmidt 1978). Beidel, Fink und Turner (1996) hingegen fanden mit Hilfe eines strukturierten Interviews zur Diagnostik von DSM-III-R-Diagnosen, daß bei lediglich 45% der befragten Kinder (Alter zwischen 7 und 12 Jahren) die Soziale Phobie nach einem halben Jahr stabil geblieben war. Weitere 18% der Kinder, die die DSM-III-R-Kriterien einer Sozialen Phobie zum ersten Meßzeitpunkt erfüllten, hatten dagegen nun eine Störung mit Überängstlichkeit.

2.2 Psychologische Erklärungsansätze

2.2.1 Lerntheoretische Ansätze

Der einflußreichste lerntheoretische Ansatz zur Ätiologie der Phobien war lange Zeit die sogenannte Zwei-Faktoren-Theorie (Mowrer 1960). Bei den beiden Faktoren handelt es sich um die klassische und die operante Konditionierung. Mowrer nahm an, daß bei Phobien ursprünglich neutrale Reize aufgrund traumatischer Ereignisse mit einem zentralen motivationalen Angstzustand assoziiert (klassische Konditionierung) und die darauffolgende Vermeidung dieser Reize durch den Abbau dieses unangenehmen Zustandes verstärkt werden (operante Konditionierung). Obwohl diese Theorie im Einklang mit vielen tierexperimentellen Befunden steht (vgl. Marks 1987), ist sie als Erklärung für klinische Phobien nicht ausreichend. So kann sich ein großer Teil der Phobiker nicht an traumatische Ereignisse zu Beginn der Störung erinnern (Ollendick und King 1991b, Rachmann 1991). Auch wenn Personen ihr Verhalten nicht immer korrekt mit den relevanten Reizen in Beziehung setzen, widerspricht dies der Hypothese der einfachen klassischen Konditionierung phobischer Ängste. Es ist allerdings möglich, wenn nicht sogar wahrscheinlich, daß bei Phobikern vergleichsweise harmlose Erfahrungen traumatisch verarbeitet worden sind. Zudem ist die Übertragbarkeit der tierexperimentellen Befunde zur Zwei-Faktoren-Theorie auf den Menschen zweifelhaft, vor allem da die meisten Versuche, Phobien bei Menschen zu konditionieren, scheiterten. So konnte die klassische Studie zum „kleinen Albert" (Watson und Rayner 1920) von anderen Autoren nicht repliziert werden (z. B. Bregman 1934, English 1929, Valentine 1930).

Ein besonders wichtiges Problem stellt die mangelnde „Äquipotentialität" von Reizen für die klassische Konditionierung von Angstreaktionen dar. Damit ist gemeint, daß nicht alle Reize mit gleicher Wahrscheinlichkeit als phobische Auslöser auftauchen, sondern daß Phobiker ein typisches Cluster von Situationen fürchten (Marks 1987, Rachman 1991). Die auslösenden Reize für Phobien zeigen eine charakteristische und über verschiedene Kulturen hinweg stabile Verteilung, die weder der Häufigkeit dieser Reize im täglichen Leben noch der Wahrscheinlichkeit unangenehmer (traumatischer) Erfahrungen entspricht. Äquipotentialität im Sinne gleich wahrscheinlicher Angstauslösung ist also nicht gegeben. Seligman (1971) nahm daher an, daß bestimmte Reiz-Reaktions-Verbindungen leichter gelernt werden, weil sie biologisch „vorbereitet" („prepared") sind. Vorbereitetes Lernen bedeutet in diesem Kontext, daß im Laufe der Evolutionsgeschichte Angstreaktionen auf bestimmte Objekte, Situationen oder auch körperliche Symptome, die eine Bedrohung für das Überleben der Menschheit darstellten, besonders schnell und überdauernd gelernt wurden. Vorbereitete Angstreaktionen sind nach Seligman dadurch gekennzeichnet, daß sie irrational, stabil und nicht bewußt sind und schon durch einmalige Lernerfahrung erworben werden können. Mehrere Laborexperimente (z. B. Cook und Mineka 1989) und die Verteilung klinischer Phobien sprechen für die Annahmen der Preparedness-Theorie. Ein klinisches Beispiel für die Entwicklung einer „vorbereiteten" Phobie gibt Marks (1987): Ein Kind spielt im Sandkasten, das Auto der Eltern ist etwa 40 Meter entfernt geparkt. Plötzlich sieht es eine kleine Schlange, die sich in zwei Metern Entfernung am Sandkasten vorbeibewegt. Das Kind erschreckt sich, rennt zum Auto, schlägt die Tür zu und klemmt sich dabei sehr schmerzhaft die Hand ein. In der Folge entwickelt das Kind eine ausgeprägte Phobie, jedoch nicht vor Autotüren, sondern vor Schlangen.

Rachman (1991) kritisiert ebenfalls die klassische Konditionierungstheorie als nicht ausreichend für die Erklärung der Entstehung von Phobien. In seinem Modell nimmt er statt dessen an, daß Phobien über drei Wege erworben werden können: klassische Konditionierung, Modellernen und Instruktionslernen. Auch wenn die Zwei-Faktoren-Theorie in ihrer ursprünglichen Form nicht ausreichend durch systematische Forschung belegt werden konnte, ist sie weiterhin als Erklärungsmodell für die Ableitung konfrontativer Interventionsmethoden in der Behandlung von Phobien von großer Bedeutung.

2.2.2 Kognitive Ansätze

Nach Bandura (1977, 1978) werden Angstreaktionen durch zentrale kognitive Konstrukte vermittelt, nämlich durch die Selbstkompetenz-Erwartung (self-efficacy expectation) oder die Überzeugung, angemessen mit dem gefürchteten Objekt zu interagieren. Diese Überzeugung kann durch vier Arten von Erfahrungen ausgebildet werden: persönliche Erlebnisse mit dem betreffenden Stimulus, stellvertretende Erlebnisse (also durch Beobachtung eines Modells) mit dem betreffenden Stimulus, physiologische Erregung während der Konfrontation mit dem betreffenden Stimulus und verbale Überzeugungen. Je stärker der wahrgenommene Selbstwert ist, um so weniger Streß, Leistungsbeeinträchtigung und autonome Erregung tritt bei der direkten Konfrontation mit dem gefürchteten Objekt auf und um so adäquater kann die betreffende Person mit der potentiell phobischen Situation umgehen.

Ein weiterer kognitiver Erklärungsansatz stammt von Lang (1984, 1988). Er erklärt Angstreaktionen anhand eines Informationsverarbeitungs-Modells. Zur Beschreibung verwendet er die Metapher eines Computers. Das Gehirn wird hier als organisiertes, logisches, informationsverarbeitendes System betrachtet. Es dient dazu,

Verhaltensmuster, -folgen und -zeitpunkte zu kontrollieren. Jedes komplexe Verhalten wird als Folge kognitiver Prozesse verstanden. Lang versteht unter Kognitionen Operationen, in denen verschiedene eintreffende Informationen miteinander verrechnet werden. Angstreaktionen sind in diesem Modell als efferente Programme konstruiert, die den Körper zu Kampf oder Flucht mobilisieren. Ein Emotionsprogramm enthält eine Informationsstruktur und ein Output-Produkt bzw. eine efferente Reaktion. Die Informationsstruktur besteht aus einem Netzwerk von Stimuli-, Reaktions- und Bedeutungsrepräsentationen. Der Output enthält offenes Verhalten, physiologische und Sprachkomponenten. Das Netzwerk wird aktiviert, wenn eine enge Verbindung zwischen eingehenden Reizen und den Netzwerkkonzepten besteht. Das Modell sagt vorher, daß ein Netzwerk durch einen sehr relevanten Stimulus aktiviert wird oder durch einen weniger relevanten Stimulus, der aber mit einer Aktivierung von relevanten Reaktionsreizen kombiniert ist. Zum Beispiel wird ein Schlangenphobiker auf einen gewundenen Stab eher mit Angst reagieren, wenn er durch eine körperliche Tätigkeit sympathisch erregt ist, als unter Entspannung.

Ähnlich wie bei den lerntheoretischen Erklärungsansätzen stehen auch für die kognitiven Erklärungsansätze die empirischen Belege für die von ihnen vorgenommenen Annahmen aus. Ihre Bedeutung für die Behandlung liegt in der lange vernachlässigten Rolle von Kognitionen für die Aufrechterhaltung von Angstreaktionen. Neuere Therapieansätze beziehen daher zunehmend mehr die Bearbeitung unangemessener Kognitionen während phobischer Reaktionen in die Behandlung mit ein.

2.3 Der Zusammenhang von Kinderängsten und elterlichen Ängsten

Eine besondere Rolle für das Verständnis von Ängsten im Kindes- und Jugendalter scheint das Ausmaß der elterlichen Angst zu sein. Es soll daher im folgenden auf den Zusammenhang von Kinderängsten und elterlichen Ängsten eingegangen werden.

Eine Reihe von Familienstudien weisen auf die familiäre Häufung von Phobien hin (Agoraphobie: Noyes, Crowe, Harris, Hamra, McChesney, Chaudry 1986; Sozialphobie: Reich und Yates 1988; Spezifische Phobie: Fyer, Mannuzza, Gallops, Martin, Aaronson, Gorman et al. 1990). In den letzten Jahren wurde daher mit zunehmendem Interesse systematisch der Frage nachgegangen, ob ein Zusammenhang von Ängsten der Kinder und den Ängsten der Eltern besteht. Hierbei kamen zwei unterschiedliche Vorgehensweisen zur Anwendung. Einmal wurden ausgehend von den Kindern mit einer Angststörung die Eltern bezüglich des Auftretens von psychischen Störungen befragt („Bottom-up"-Verfahren). Bei dem anderen Vorgehen wurden ausgehend von Eltern mit einer Angststörung die Kinder bezüglich des Auftretens psychischer Störungen untersucht („Top-down"-Verfahren).

2.3.1 „Bottom-up"-Studien

Zwei „Bottom-up"-Studien wurden von der Arbeitsgruppe um Cynthia Last durchgeführt. In beiden Studien wurden die Eltern von erfahrenen Diagnostikern, die weder mit dem Anliegen der Untersuchung noch mit der Diagnose der Kinder vertraut waren, hinsichtlich möglicher DSM-III-Störungen untersucht. Sowohl die Diagnosen der Kinder als auch die der Eltern wurden anhand von reliablen strukturierten Intervies erhoben. In der ersten Studie untersuchten Last, Hersen, Kazdin, Francis, Grubb (1987) die Mütter von Kindern mit Angststörungen. 83% der Mütter von Kindern, die eine Störung mit Trennungsangst oder mit Überängstlichkeit aufwiesen, hatten in ihrem Leben bereits einmal die Kriterien für eine Angststörung erfüllt; 57% waren zur Zeit der Untersuchung von einer Angststörung betroffen. Die Prozentzahlen für die Kontrollgruppe lagen weitaus niedriger.

In einer zweiten, größeren Studie untersuchten Last, Hersen, Kazdin, Orvaschel,

Perrin (1991) Angehörige von Kindern mit Angststörungen, Kindern mit Aufmerksamkeits- und Hyperaktivitätsstörung (AHS) und Kindern ohne eine Anamnese psychischer Störungen (KG). Diese Studie ist die bisher einzige dieser Art, die sich an den DSM-III-R-Kriterien orientierte. 40,4% der Eltern von Kindern mit Angststörungen hatten ebenfalls eine Angststörung. Die Häufigkeit von Angststörungen bei Eltern von Kindern mit Aufmerksamkeits- und Hyperaktivitätsstörungen und bei Eltern von Kindern ohne eine Anamnese psychischer Störungen waren deutlich geringer (AHS: 28,3%, KG: 18,5%). Die häufigsten Angststörungen bei den Angehörigen der Kinder mit einer Angststörung waren Überängstlichkeit (18,9%) und Spezifische Phobie (11,7%). Paniksyndrom mit oder ohne Agoraphobie, Sozialphobie, Zwangssyndrom und Störung mit Kontaktvermeidung traten ebenfalls häufiger bei den Angehörigen von Kindern mit Angststörungen auf als in der Kontrollgruppe.

2.3.2 „Top-down"-Studien

Das Risiko, bereits im Kindesalter an einer Angststörung zu erkranken, ist offenbar erhöht, wenn ein Elternteil eine Angststörung aufweist. Außer in einer Untersuchung von Silverman, Cerny, Nelles (1988), in der eine an den Kriterien des DSM-III orientierte Diagnostik zur Anwendung kam, fanden Unnewehr, Schneider, Florin, Margraf (1998) entsprechende Hinweise in einer Untersuchung an sechs- bis 15jährigen Kindern, deren Mütter oder Väter entweder ein Paniksyndrom mit Agoraphobie, eine Tierphobie oder keine Anamnese psychischer Störungen aufwiesen. Sowohl die Eltern als auch die Kinder wurden in dieser Studie anhand eines strukturierten Interviews nach den DSM-III-R-Kriterien diagnostiziert. Kinder phobischer Elternteile hatten im Vergleich mit den Kindern psychisch gesunder Eltern ein erhöhtes Risiko für Angststörungen. Interessanterweise ergaben sich jedoch Unterschiede in der Art der spezifischen Angstdiagnosen, wenn die beiden Kindergruppen mit einem phobischen Elternteil untereinander verglichen wurden. Hatte das Elternteil ein Paniksyndrom mit Agoraphobie, so wiesen ihre Kinder häufiger internale Angststörungen wie Trennungsangst, Überängstlichkeit, Kontaktvermeidung oder Paniksyndrom auf. Hatte das Elternteil eine Tierphobie, war bei ihren Kindern das Risiko für externale Angststörungen wie Spezifische Phobie, Agoraphobie erhöht. Diese Befunde sprechen dafür, daß Angststörungen der Eltern relativ spezifisch an ihre Kinder weitergegeben werden.

Weitere Anhaltspunkte für eine spezifische Vermittlung von Angststörungen gibt auch eine Untersuchung an sieben- bis 12jährigen Kindern, deren Väter oder Mütter teils Angststörungen, teils dysthyme Störungen und teils keine klinisch relevanten psychischen Störungen aufwiesen (Turner, Beidel, Costello 1987). Hatten die Eltern Angststörungen (DSM-III), so war die Wahrscheinlichkeit, daß ihre Kinder ebenfalls eine Angststörung aufwiesen, neunmal so hoch wie bei psychisch gesunden Eltern und siebenmal so hoch wie bei Eltern mit dysthymer Störung. Es sieht also so aus, als wenn nicht psychische Störungen der Eltern ganz allgemein, sondern speziell Angststörungen bei den Eltern die Kinder für pathologische Ängste anfällig machen. In diese Richtung weist auch eine Erhebung an Erwachsenen mit affektiven Störungen und ihren Kindern (Weissman, Leckman, Merikangas, Gammon, Prusoff 1984). Hier zeigte sich, daß die Kinder von Eltern, die nicht nur an einer Depression, sondern darüber hinaus auch noch an einer Agoraphobie oder einem Paniksyndrom litten, in 24% der Fälle ein Trennungsangstsyndrom aufwiesen, während bei den Kindern von Eltern, die ausschließlich die Diagnose Depression bekommen hatten, nach Einschätzung der Eltern keine Angststörungen vorgelegen hatten.

2.3.3 Mechanismen der familiären Transmission

Wie kann man sich die oben dargestellten Befunde erklären? Allein die Beobachtung, daß Phobien familiär gehäuft auftreten, enthält noch keine Anhaltspunkte, wodurch diese zustande kommt. Nähere Informationen über die Beteiligung genetischer Faktoren vs. Umweltfaktoren an der Genese von Phobien können erst Zwillingsstudien entnommen werden. Eine jüngst publizierte australische Zwillingsstudie erbrachte jedoch keine Hinweise darauf, daß die familiäre Häufung von Phobien durch eine spezifische genetische Vermittlung erklärt werden kann (Andrews, Stewart, Allen, Henderson 1990). Vielmehr sprechen die Daten dieser und einer weiteren australischen Studie dafür, daß eine genetische Vulnerabilität für neurotische Störungen bzw. Angststörungen allgemein weitergegeben wird und daß die Ausformung der spezifischen Störung am besten durch Umweltfaktoren erklärt werden kann (Andrews et al. 1990, Kendler, Neale, Kessler, Heath, Eaves 1992).

Ein relevanter Umweltfaktor könnte hierbei sein, daß die häufige Beobachtung eines ängstlichen Elternteils die Kinder für die Entwicklung von Verhaltensproblemen und insbesondere für Angststörungen anfällig macht. In diese Richtung weisen Untersuchungsergebnisse von Windheuser (1977). Er hatte die Mütter von 64 phobischen Kindern (Alter 6 bis 13 Jahre) untersucht und festgestellt, daß diese deutlich ängstlicher waren als die Mütter von 30 Kindern mit nichtphobischen Problemen. Darüber hinaus fand er, daß die Ängste der Mütter eine weit überzufällig hohe inhaltliche Übereinstimmung mit den Ängsten der phobischen Kinder aufwiesen. Legt schon dieser Befund die Annahme einer Modellwirkung von den Müttern auf die Kinder nahe, so wird diese Vermutung durch die Ergebnisse der anschließenden Therapiestudie noch weiter gestützt: Windheuser hatte die Kinder zunächst in zwei Gruppen eingeteilt, je nachdem, ob ihre Mütter Phobien mit gleichen Angstinhalten hatten oder nicht. Beide Gruppen wurden wiederum halbiert: In der einen Hälfte der Fälle wurde jeweils nur das Kind verhaltenstherapeutisch behandelt; in der anderen Hälfte erhielt auch die Mutter eine gleichartige Behandlung, bei der das Kind zuschaute. Bei den Kindern der phobischen Mütter führte die zusätzliche modellhafte Behandlung der Mütter zu signifikant größeren Angstreduktionseffekten als bei der Behandlung des Kindes allein. Bei den Kindern der nichtphobischen Mütter brachte die modellhafte Behandlung der Mütter keinen zusätzlichen Gewinn. Ähnliche Befunde sind aus der verhaltenspädiatrischen Forschung bekannt. Auch hier fanden verschiedene Studien übereinstimmend, daß eine weitere Angstreduktion der Kinder vor medizinischen Eingriffen erreicht werden kann, wenn die Eltern sich ebenfalls einem Angstreduktionstraining unterzogen (Peterson und Shigetomi 1981, Manne, Redd, Jacobsen, Gorfinkle, Schorr 1990).

Modellerneffekte sind also wahrscheinlich, wenn nahestehende Bezugspersonen phobische Symptome haben. Wir selbst konnten in einer Untersuchungsreihe Hinweise auf Modellernen bei der Übertragung der elterlichen Angstsymptomatik auf die Kinder finden (Schneider 1995). Wir untersuchten hierzu die neun- bis 15jährigen Kinder von Eltern mit Paniksyndrom und Agoraphobie, Eltern mit einer Tierphobie und Eltern ohne eine Anamnese psychischer Störungen. Eine Fragebogenerhebung ergab zunächst, daß sich die drei Elterngruppen deutlich in ihrem Modellverhalten voneinander unterschieden, wenn sie sich selbst in phobischen Situationen befanden. Beide phobischen Elterngruppen gaben an, mehr Vermeidungsverhalten zu zeigen und die Kinder häufiger in ihr ängstliches Verhalten mit einzubinden, indem sie sie um Hilfe bitten und mit ihnen über ihre Ängste sprechen. Die drei Elterngruppen unterschieden sich hingegen nicht im Hinblick auf ihr Verhalten in Situationen, in denen ihre Kinder Ängste berichten. Die Fragen, ob das Kind für ängstliches Verhalten belohnt oder bestraft wird, über die Gefährlichkeit der phobischen Situation informiert wird und zu Schon- bzw. Vermeidungsverhalten angeleitet wird, wurden von allen Elterngruppen in gleicher Weise beantwortet. Aufbauend auf diesen Ergebnissen, prüften wir mit einem experimentellen Vorgehen, ob durch die Vorgabe eines ängstlichen Modells die Bewertung potentiell bedrohlicher Situationen bei Kindern phobischer Eltern verändert werden kann. Interessanterweise fanden wir, daß nur Kinder von Eltern mit Paniksyndrom und Agoraphobie (nicht aber Kinder von Tierphobikern und psychisch gesunden Eltern) auf die Videodarbietung eines Panikmodells reagierten: Sie bewerteten im Anschluß an das Panikmodell Situationen, die für Panikpatienten bedrohlich sind, häufiger als gefährlich als die beiden anderen Kindergruppen. Dieses Ergebnis unterstützt die schon oben beschriebene Spezifität der familiären Vermittlung von Angststörungen bzw. Angstreaktionen. Unklar ist jedoch, wodurch dieser Befund zustande gekommen ist. So könnte die spezifische Reaktionsweise der Kinder von Eltern mit einem Paniksyndrom sowohl durch eine genetische als auch durch eine psychologische Prädisposition (frühere Erfahrungen mit elterlichem Panikmodell) verursacht worden sein.

2.4 Diagnostik

Im folgenden soll auf das Vorgehen in der Diagnostik von Phobien eingegangen werden. Es werden verschiedene Herangehensweisen vorgestellt, die zusammengenommen eine umfassende und detaillierte Beurteilung von Phobien im Kindes- und Jugendalter erlauben.

2.4.1 Strukturierte Interviews

Lange Zeit herrschte in der kinderpsychiatrischen Diagnostik die Meinung vor, daß Kinder nicht in der Lage seien, reliable Angaben zu ihren Beschwerden zu machen. So wurden die psychischen Probleme der Kinder in erster Linie durch Elternbefragungen und in manchen Fällen auch durch Befragungen von weiteren Erziehungspersonen wie z. B. Lehrern erfaßt. Die Sichtweise des Kindes wurde dabei nur indirekt, z. B. anhand von Verhaltensbeobachtung und projektiven Verfahren, in den diagnostischen Prozeß mit einbezogen (Chambers, Puig-Antich, Hirsch, Paez, Ambrosini, Tabrizi et al. 1985). Dieses Vorgehen hat jedoch den Nachteil, daß keine Daten über die innere Befindlichkeit des Kindes erhoben werden und damit möglicherweise wichtige diagnostische Informationen fehlen.

Eine neue Entwicklung setzte mit den Arbeiten von Lapouse und Monk (1959, 1964) sowie Rutter und Graham (1968) ein, die für die Diagnostik psychischer Störungen erstmals parallele strukturierte Interviews für Eltern und Kind verwendeten. Neben der direkten Erfassung von Verhaltensweisen, Gefühlen und Fähigkeiten des Kindes waren weitere wichtige Merkmale dieser Interviews, daß der Wortlaut der Fragen, die Antwortkategorien und die Reihenfolge der Fragen dem Interviewer genau vorgegeben wurden. Damit sollte der Fehlereinfluß auf seiten des Interviewers minimiert und eine größtmögliche Kontrolle der Befragungssituation erreicht werden. Die Ergebnisse dieser Untersuchungen zeigten, daß Kinder durchaus ihre Beschwerden reliabel schildern können. So fanden Rutter und Graham (1968) eine Retest-Reliabilität von $r = 0{,}84$ bei der Einschätzung der Kinder als „gestört" bzw. „nicht gestört". Diese Pionierarbeiten setzten eine rege Forschungstätigkeit im Bereich strukturierter Interviews für Kinder und Jugendliche im englischsprachigen Raum in Gang (Überblick bei Gutterman, O'Brien, Young 1987).

Im deutschen Sprachraum erschien 1989 das „Mannheimer Elterninterview", das am ehesten den im englischen Sprachraum mittlerweile etablierten strukturierten Interviews entspricht (Esser, Blanz, Geisel, Laucht 1989). Dieses Interview, welches nur in einer Elternversion vorliegt, baut auf den von Rutter und Mitarbeitern entwickelten kinderpsychiatrischen Interviews auf. Das Interview gliedert sich in 3 Teile:
1. soziodemographische Daten der Eltern und Kinder,
2. kinder- und jugendpsychiatrische Symptomatik,
3. sozio-familiäre Bedingungen und wichtige Lebensereignisse.

Die kinder- und jugendpsychiatrischen Symptome werden hierbei auf einer dreistufigen Ratingskala (nicht vorhanden, mäßig ausgeprägt, stark ausgeprägt) eingeordnet. Die Symptome werden anschließend in eine Symptomliste eingetragen, die die Grundlage für die Beurteilung des Schweregrades der kinderpsychiatrischen Auffälligkeit darstellt.

Mit dem „Diagnostischen Interview bei psychischen Störungen im Kindes- und Jugendalter (Kinder-DIPS)" (Unnewehr, Schneider, Margraf, 1995) liegt für den deutschen Sprachraum nun ein strukturiertes Interviewverfahren vor, das sowohl aus einer Elternversion als auch aus einer parallelen Kinderversion besteht. Das Kinder-DIPS erlaubt eine differenzierte Diagnostik nach DSM-IV und ICD-10. Es erfaßt die Angststörungen der Kindheit und Adoleszenz sowie weitere Angststörungen des Erwachsenenalters, die auch für das Kindes- und Jugendalter relevant sein können. Weiterhin werden depressive Syndrome, Ausscheidungsstörungen, expansive Verhaltensstörungen und Eßstörungen erfaßt. Außerdem enthält es einen allgemeinen klinisch-demographischen Teil und Screenings für Alkoholismus und Drogenmißbrauch, körperliche Krankheiten, nicht-organische Psychosen sowie für Medikamentengebrauch. Darüber hinaus werden eine psychiatrische Anamnese, eine Familienanamnese psychischer Störungen und die Achsen IV (Schwere psychosozialer Belastungsfaktoren) und V (generelles Anpassungs- bzw. Gesundheitsniveau) des DSM-IV erhoben. Das Kinder-DIPS besteht in beiden Versionen aus einem Interviewleitfaden, in dem sich die Interviewfragen und Anweisungen an die Interviewer befinden, und einem Protokollbogen, auf dem die Antworten der Patienten notiert und die Diagnosen kodiert werden. Zur Veranschaulichung ist in der folgenden Tabelle 2 ein Auszug aus dem Sozialphobieteil der Kinderversion des Kinder-DIPS wiedergegeben.

Das Interview beginnt mit einem Überblick über demographische und schulische Daten, die im Vordergrund stehende Symptomatik und Veränderungen in verschiedenen Lebensbereichen in jüngster Zeit. Diese Informationen sollen einen Kontext für die Beurteilung der Symptomatik, momentaner Streßfaktoren und des allgemeinen Funktionsniveaus des Kindes geben. Nach dem Überblick beginnt der spezielle Teil, in dem die einzelnen Störungen erfaßt werden. Die Durchführung des Kinder-DIPS benötigt 60–90 Minuten, in Abhängigkeit davon, wie viele Störungsbilder bei dem einzelnen Kind vorliegen. In Untersuchungen zur psychometrischen Qualität des Kinder-DIPS konnte gezeigt werden, daß das Interview auch unter „schwierigen" klinischen Bedingungen zufriedenstellende Reliabilitäten und Validitäten (Schneider, Unnewehr, Margraf 1995) aufwies.

Mehrere Untersuchungen mit strukturierten Interviews haben ergeben, daß sich Eltern und Kinder in ihren Angaben zur Art und Häufigkeit von Symptomen beim Kind oft stark unterscheiden (Edelbrock, Costello, Dulcan, Conover, Kalas 1986). Dabei scheint es so zu sein, daß Eltern zuverlässigere Angaben als das Kind selbst zu eher verhaltensorientierten Symptomen (wie etwa bei der Hyperaktivität) machen, während die Kinder offenbar genauere Auskunft über ihre innere Befindlichkeit, also über Ängste, depressive Empfindungen oder Kognitionen geben. Für eine reliable und valide kinderpsychiatrische Diagnostik ist es daher sinnvoll, sowohl Informationen der Eltern als auch der Kinder zu berücksichtigen.

2.4.2 Selbstbeschreibungsinstrumente

Zusätzlich zu dem Gespräch können spezielle klinische Fragebögen dazu dienen, wichtige Informationen effizient zu erheben. Leider gibt es im deutschen Sprachraum nur wenige Selbstbeschreibungsinstrumente, die für die Angstdiagnostik bei Kindern geeignet sind. Speziell für die Erfassung phobischer Ängste liegt zur Zeit lediglich eine deutsche Übersetzung des „Fear Survey Schedule for Children" (FSSC, Scherer und Nakumara 1968, deut-

Tabelle 2. Auszug aus dem Kinder-DIPS (Abschnitt Sozialphobie)

Sozialphobie

1.1 Gab es oder gibt es Zeiten, in denen Du Dich in sozialen Situationen, in denen Du beobachtet oder von anderen beurteilt werden könntest, ängstlich, nervös oder sehr aufgeregt fühlts?

JA _____ NEIN _____

1.2 Machst Du Dir übermäßige Sorgen, daß Du etwas tun oder sagen könntest, das Dir peinlich sein könnte oder Dich vor anderen demütigen könnte, oder daß andere schlecht von Dir denken könnten?

JA _____ NEIN _____

Falls nein, weiter zu Zwangssyndrom (S. 35)

2. Ich werde einige solcher Situationen beschreiben und Dich fragen, wie Du Dich in jeder Situation fühlst.

Schätze für jede Situation die Stärke der Angst und das Ausmaß der Vermeidung mit Hilfe der folgenden Skala ein:

0	1	2	3	4
vermeidet nie/ keine Angst	vermeidet selten/ leichte Angst	vermeidet gelegentlich/ mäßige Angst	vermeidet häufig/ schwere Angst	vermeidet immer/ sehr schwere Angst

	Angst	*Vermeidung*	*Kommentare*
a. Geburtstagsfeiern/Parties	_____	_____	_____
b. In der Schulklasse etwas sagen	_____	_____	_____
c. Essen in der Öffentlichkeit	_____	_____	_____
d. Benutzen öffentlicher Toiletten	_____	_____	_____
e. Vor einer Gruppe sprechen	_____	_____	_____
f. Vor anderen schreiben (Schulaufgaben machen, etwas ausfüllen)	_____	_____	_____
g. Treffen mit anderen Kindern/Jugendlichen	_____	_____	_____
h. Mit Autoritätspersonen (Arzt, Lehrer) sprechen	_____	_____	_____
i. Selbstsicher sein, z. B.:			
1) unvernünftige Ansprüche zurückweisen	_____	_____	_____
2) andere bitten, ihr Verhalten zu ändern	_____	_____	_____
j. Kontakt zu anderen aufnehmen	_____	_____	_____
k. Einen Kontakt aufrechterhalten	_____	_____	_____
l. Andere Situationen			
1) _____	_____	_____	_____
2) _____	_____	_____	_____

Bezüglich der wichtigsten Situationen:

2.1 Leidest Du darunter, daß Du vor solchen Situationen Angst hast?   JA _____ NEIN _____

sche Übersetzung in Schulte 1976) vor. Bei diesem Fragebogen werden Kinder aufgefordert, für 80 Situationen auf einer Fünf-Punkte-Skala das Ausmaß anzugeben, in dem diese Situationen bei ihnen Angst auslösen. Für die deutsche Übersetzung liegen jedoch keine Gütekriterien vor. In einer später vorgenommenen Überarbeitung der amerikanischen Version des Fragebogens wurde, unter Beibehaltung der 80 Items, die Antwortskala des FSSC in eine Drei-Punkte-Skala umgewandelt (FSSC-R, Ollendick 1983). Für diese revidierte Version des FSSC liegt im Gegensatz zur Originalversion eine Normierung für Kinder und Jugendliche zwischen 7 und 16 Jahren vor. Mehrere Studien zur Prüfung der Gütekriterien des FSSC-R ergaben darüber hinaus eine zufriedenstellende Reliabilität und Validität (Ollendick und King 1991a). Faktorenanalytische Studien identifizierten fünf Faktoren, die die Items des FSSC-R am besten zusammenfassen: Der Faktor „Angst vor Versagen und Kritik" erfragt hierbei typische sozialphobische Ängste. Agoraphobische Situationen werden am ehesten mit den beiden Faktoren „Angst vor Unbekanntem" und „Angst vor Gefahren und Tod" abgedeckt. Tierphobien und andere spezifische Phobien sind mit dem Faktor „Angst vor Verletzungen und kleinen Tieren" zusammengefaßt. Items zu Ängsten vor medizinischen Eingriffen enthält der Faktor „Ängste vor Krankheiten und Ärzten (Medical Fears)" (Ollendick 1983).

Für eine reliable und valide Erfassung von allgemeiner Ängstlichkeit eignen sich der Kinder-Angst-Test (KAT, Thurner und Tewes 1969) und das State-Trait-Anxiety-Inventory for Children (STAIC, Spielberger 1973, deutsche Übersetzung in Unnewehr 1992). Während der KAT allgemeine Ängstlichkeit ausschließlich als überdauerndes Persönlichkeitsmerkmal erfaßt, erlaubt das State-Trait-Angst-Inventar für Kinder (STAIK) zusätzlich die Erfassung der zustands- oder situationsabhängigen Ängstlichkeit. Insbesondere die Verwendung der State-Version des STAIK kann während einzelner Phasen der Phobiebehandlung sinnvoll eingesetzt werden, um z. B. die Effekte einer Konfrontationsbehandlung zu messen.

Neben der Vorgabe spezieller Angstfragebögen kann es auch hilfreich sein, die allgemeine Psychopathologie des Kindes umfassend anhand eines Fragebogens zu erheben. Hierzu eignet sich am besten der von Achenbach und Edelbrock entwickelte „Youth Self Report" (YSR, Achenbach und Edelbrook 1987). Eine normierte deutsche Übersetzung dieses Meßinstruments liegt von Remschmidt und Walter (1990) vor. Der Fragebogen ist für Jugendliche im Alter zwischen 11 und 18 Jahren konzipiert. Er umfaßt 118 Problemitems, die neben Ängsten ein breites Spektrum klinisch relevanter Verhaltensauffälligkeiten erfassen. Außerdem enthält der Fragebogen 20 Items zur sozialen Kompetenz sowie zwei Fragen nach sonstigen Problemen und Beschwerden. Die Prüfung der Gütekriterien der deutschen Version ergab zufriedenstellende Ergebnisse (Döpfner, Berner, Lehmkuhl 1995).

2.4.3 Fragebögen für Eltern und Erzieher

Ein Fragebogen für Eltern und Erzieher, der speziell für die Erfassung phobischer Ängste bei Kindern und Jugendlichen geeignet ist, liegt unseres Wissens bislang nicht vor. Statt dessen liegt aber mit der „Child-Behavior-Checklist" (CBCL, Achenbach und Edelbrock 1983) ein Meßinstrument zur Erhebung klinisch relevanter Verhaltensprobleme von Kindern und Jugendlichen vor, der von Eltern, Erziehern oder sonstigen Bezugspersonen ausgefüllt wird. Bei diesem Fragebogen, der ebenfalls von Achenbach und Edelbrock entwickelt wurde, handelt es sich um eine Parallelform zu dem „Youth Self Report". Der Fragebogen eignet sich für die Erfassung der allgemeinen Psychopathologie von Kindern und Jugendlichen im Alter von vier bis 16 Jahren. Gefragt wird nach der Auftretenshäufigkeit bestimmter Verhaltensweisen während des letzten halben Jahres. Auch für diesen Fragebogen liegt eine deutsche Übersetzung von Remschmidt und Walter (1990) vor. In Studien zur Prüfung der Gütekriterien der deutschen Übersetzung des Fragebogens ergab sich ebenso wie bei dem YSR eine zufriedenstellende Reliabilität und Validität (Döpfner, Schmeck, Berner, Lehmkuhl et al. 1994).

2.4.4 Verhaltensbeobachtungen

Verhaltensbeobachtungen erlauben eine direkte Erfassung phobischer Verhaltensweisen von Kindern und Jugendlichen in der für sie ängstigenden Situation. In Verhaltensbeobachtungssystemen werden hierbei spezifische Verhaltensweisen, die Ausdruck von Angst sind, definiert, beobachtet und notiert. Häufig sind diese Beobachtungssysteme sehr spezifisch auf einzelne Angstinhalte zugeschnitten. Speziell für die Beobachtung phobischer Verhaltensweisen kann ein „Behavioral Avoidance Test" (BAT, Lang und Lazovik 1963) durchgeführt werden. Typischerweise wird hierzu das Kind in einen Raum mit dem phobischen Stimulus geführt. Es werden nun verschiedene Verhaltensaspekte des Kindes beobachtet: die Zeitdauer, die das Kind in der Nähe des phobischen Stimulus verbringt, der räumliche Abstand, den das Kind zum phobischen Stimulus hält, Anzahl und Latenz des Annäherungsverhaltens.

2.4.5 Weitere diagnostische Maßnahmen

Noch wenig etabliert sind Selbstbeobachtungsmethoden für die Diagnostik von Phobien im Kindes- und Jugendalter. Insbesondere bei älteren Kindern und Jugendlichen können Tagebücher zur Erfassung des aktuellen phobischen Verhaltens ein wichtiges Hilfsmittel für die gesamte Dauer der Therapie sein. Dabei ist es wichtig, nicht nur die Ängste und die sie umgebenden Umstände zu erfassen, sondern auch einen generellen Überblick über die Aktivitäten des Kindes zu gewinnen. Viele Ängste treten im Zusammenhang mit bestimmten Aktivitäten oder Situationen auf, wobei die Betroffenen dies ohne sorgfältige Selbstbeobachtung oft nicht erkennen. Insbesondere beim Vorliegen von phobischem Vermeidungsverhalten ist es sinnvoll, die Aktivitäten des Kindes zu erfassen. Manche Kinder erleben nur deswegen keine Ängste mehr, weil sie die auslösenden Situationen erfolgreich vermeiden. Diese Vermeidung kann so subtile Formen annehmen, daß sie für Außenstehende nicht mehr als Einschränkung der Lebensführung sichtbar wird und teilweise auch den Kindern selbst nicht mehr auffällt, nichtsdestoweniger aber zur Aufrechterhaltung des problematischen Verhaltens beiträgt. Selbstbeobachtungen mit Hilfe von Tagebüchern ergeben in der Regel zusätzliche wichtige Informationen zu den klinischen Interviews und Fragebögen. Darüber hinaus sind sie bedeutsame Hilfsmittel in der Therapie und erlauben eine kontinuierliche Kontrolle des Therapiefortschritts.

Physiologische Messungen zur Erfassung von Ängsten im Kindes- und Jugendalter kommen bislang wenig zur Anwendung (z. B. Beidel 1988). Generell liegen normative Informationen über physiologische Reaktionen von Kindern im allgemeinen so gut wie gar nicht vor. Ollendick und King (1991 a) merken zudem kritisch an, daß die wenigen psychophysiologischen Studien zu Ängsten bei Kindern keine spezifischen physiologischen Reaktionsmuster fanden. So zeigen beispielsweise ängstliche und ärgerliche Kinder ähnliche Anstiege der Herzfrequenz. Darüber hinaus korrelieren Herzfrequenz und Selbstbericht von Angst nur gering. Ähnliche Befunde existieren auch aus psychophysiologischen Untersuchungen bei Erwachsenen (vgl. Lang, Levin, Miller, Kozak 1983). Ollendick und King (1991a) schlagen daher vor, erst die psychophysiologischen Reaktionen von Kindern und Jugendlichen im allgemeinen zu untersuchen, bevor solche Verfahren im klinischen Bereich angewendet werden.

3. Therapie in der Praxis

Im folgenden sollen die verschiedenen verhaltenstherapeutischen und kognitiven Behandlungsansätze, die in der Behandlung von Phobien des Kindes- und Jugendalters zur Anwendung kamen, beschrieben werden.

3.1 Entspannung und Desensibilisierung

Insgesamt kann man feststellen, daß bei den weitaus meisten publizierten Therapien ein desensibilisierungsähnliches Vorgehen gewählt wurde: Es wurde versucht, die Kinder möglichst behutsam, entlang einer Angsthierarchie, mit jenen Stimulusbedingungen zu konfrontieren, die ihnen Angst bereiteten.

Während systematische Desensibilisierungen bei älteren Kindern zum Teil gute Erfolge brachten (Van Hasselt, Hersen, Bellack, Rosenbloom und Lamparski 1979; zusammenfassend siehe Hatzenbuehler und Schroeder 1978), stieß man mit der einfachen Übernahme dieser Methode bei jüngeren Kindern vielfach auf Schwierigkeiten. So können manche Kinder offenbar den bei Erwachsenen bewährten Instruktionen zur progressiven muskulären Entspannung nicht folgen. Koeppen (1974) beobachtete, daß es für viele Kinder hilfreich ist, wenn die Anspannungs- und Entspannungsübungen in anschauliche Zusammenhänge gestellt werden, und arbeitete entsprechende Skripte aus. Ein Beispiel aus ihren Anleitungen möge die von ihr empfohlende Vorgehensweise verdeutlichen:

Übung zur progressiven Muskelentspannung für Kinder (Koeppen 1974)

Hände und Arme: Stell dir vor, du hast eine ganze Zitrone in deiner linken Hand. Jetzt drücke sie fest zusammen. Versuch jetzt einmal, allen Saft herauszupressen. Die Muskeln in deiner Hand und in deinem Arm fühlen sich ganz hart an . . . Und nun laß die Zitrone fallen. Paß gut auf, was für ein Gefühl das in deinen Muskeln ist, wenn sie entspannt sind . . .

Nicht für alle Kinder allerdings sind solche Vorstellungsbilder hilfreich beim Entspannen. Manche begeben sich so intensiv in die Phantasiewelt hinein, daß die körperliche Entspannung darüber in Vergessenheit gerät. In solchen Fällen werden sich die Anweisungen nüchterner gestalten. Stets aber wird man auf eine kindgerechte, einfache Sprache achten. Auch hierfür gibt es ausführliche Beispiele (Ollendick und Cerny 1981). Insgesamt sind sich die Therapeuten, die mit Kindern gearbeitet haben, darin einig, daß die Übungen jeweils nicht länger als 15 bis 20 Minuten dauern sollten.

3.2 Densensibilisierung mit emotional positiven Phantasiebildern

Manche Kinder haben offensichtlich auch Schwierigkeiten, sich wiederholt auf die Vorstellung der gleichen inhaltlich und zeitlich begrenzten Angstszenen zu konzentrieren, die ihnen der Therapeut vorgibt. Die Zwischenschaltung von Entspannungsphasen mag zusätzlich Ermüdungserscheinungen und Langeweile hervorrufen.

Lazarus und Abramovitz (1962) beschreiben, wie man in solchen Fällen die Desensibilisierung auch in eine Phantasiegeschichte einbetten kann, die positive Emotionen als Gegenreaktion zur Angst erzeugt. Auch bei diesem Vorgehen wird zunächst eine Angsthierarachie ermittelt, und auch hier wird das Kind (wie bei der klassischen Desensibilisierung) gebeten, dem Therapeuten jeweils sofort ein Signal zu geben, wenn es Anzeichen von Angst, Unruhe oder Nervosität bemerkt; und schließlich wird auch hier zu höheren Angstitems erst jeweils dann vorgeschritten, wenn die niedrigeren Items der Angsthierarchie mehrfach angstfrei bewältigt sind. Das Vorgehen bei einem 14jährigen Jungen, der seit mehreren Jahren unter einer schweren Hundephobie litt, kann man sich etwa folgendermaßen vorstellen (Darstellung frei nach Lazarus und Abramovitz 1962):

Der Therapeut hat herausgefunden, daß der Junge sich brennend für Sportwagen inter-

essiert. Einen Alfa Romeo zu besitzen und entsprechende Bewunderung zu genießen ist sein Traum. Der Therapeut fordert ihn auf, die Augen zu schließen und sich folgendes auszumalen: Du stehst am Fenster deiner Wohnung und schaust auf die Straße. Unten steht ein wunderbarer Alfa Romeo. Es ist ein toller Wagen. Schau dir diese schnittige Linie an, diesen phantastischen Schwung. Dir wird ganz heiß beim Anblick dieses Autos, denn es gehört dir. Unten haben sich ein paar Leute versammelt. Die bestaunen den Wagen. Du nimmst den Zündschlüssel und saust die Treppe hinunter. Stolz gehst du auf das Auto zu und schließt die Tür auf. Die Leute schauen dich bewundernd an. Jetzt steigst du ein und macht dich ganz groß in dem schönen Ledersitz. Da siehst du einen Nachbarn mit einem Rauhaardackel auf der anderen Straßenseite. Stolz läßt du den Motor an. Hör dir bloß an, wie dieser Auspuff röhrt. Du legst lässig deinen Ellenbogen auf das heruntergedrehte Fenster. Du schaust dir den Hund an und lächelst dem Besitzer zu. Dann gibst du Gas. Wie ein Pfeil fliegt das Auto an den Häusern vorbei. Irgendwo am Straßenrand spielen zwei große Hunde miteinander. Du kannst es immer noch nicht fassen, daß das Auto dir gehört. Du schaust auf den Drehzahlmesser. Du könntest ja noch weiter beschleunigen ... Aber jetzt kommst du an eine rote Ampel und mußt warten. Eine Frau mit einem Schäferhund an der Leine wartet neben dir auf Grün. Du gibst im Stand ein paarmal etwas Gas, um immer wieder das herrliche Geräusch des Auspuffs zu hören. Du siehst, wie die Leute dich bewundern, und selbst der Schäferhund schaut sich noch mal staunend nach dir um. Du bist richtig glücklich mit deinem Auto ...

Ähnliche Vorgehensweisen, zum Teil unter Zuhilfenahme der Vorstellung, daß man ängstigende Situationen im Auftrag von Superman oder Batman meistert (Lazarus 1971, Jackson und King 1981), sind wiederholt in Einzelfallberichten über die Behandlung phobischer Ängste als erfolgreich beschrieben worden.

3.3 Desensibilisierung in vivo

Da sich bei den klassischen Desensibilisierungen in der Vorstellung häufig Schwierigkeiten ergaben, gewannen Desensibilisierungen in vivo an Bedeutung. So hatte z. B. Tasto (1969) vergeblich versucht, ein vierjähriges Mädchen in der Vorstellung gegen seine Angst vor plötzlichen lauten Geräuschen zu desensibilisieren. Er war mit diesem Versuch nicht erfolgreich, was schon allein deshalb gut verständlich ist, weil es schlechthin nicht möglich ist, sich wiederholt und gezielt „Plötzlichkeit" vorzustellen. Eine Desensibilisierung in vivo brachte dagegen bald den gewünschten Erfolg. Wie die Desensibilisierungen in vivo durchgeführt wurden, insbesondere welche Bedingungen zur Erzeugung angstinkompatibler Reaktionen geschaffen wurden, war sehr unterschiedlich: Im Fall einer Froschphobie wurde das Kind unter hypnotischer Entspannung erst mit Bildern von Fröschen, dann mit Spielzeugfröschen und schließlich mit lebenden Exemplaren konfrontiert (Danquah 1974, zitiert nach King, Hamilton, Ollendick 1988). Im Fall eines autistischen Jungen mit einer Phobie vor der Toilettenspülung wurde das Kind gekitzelt (was es sehr gern hatte), während es mit den Items der Angsthierarchie konfrontiert wurde (Jackson und King 1982). Im Fall eines Kleinkindes schließlich, das Angst vor Wasser hatte, wurden durch Körperkontakt mit der Mutter und durch Spielzeug emotional positive Reaktionen erzeugt, während das Kind in sukzessiver Annäherung mit dem gefürchteten Wasser konfrontiert wurde (Bentler 1962).

3.4 Lernen am Modell

Bereits Bandura, Grusec, Menlove (1967) belegten, daß sich die Angst von drei- bis fünfjährigen hundephobischen Kindern entscheidend verringerte, nachdem sie mehrere Sitzungen lang zugeschaut hatten, wie eine Modellperson angstfrei mit einem Hund umging. Die Modellperson demonstierte in einem graduierten Vorgehen, wie sie sich angstfrei zunächst in einiger Distanz von dem Hund hielt, dann allmählich näher an ihn heranging und ihn schließlich berührte und mit ihm interagierte; sie demonstrierte also eine sukzessive Annäherung an Bedingungen, die für die Kinder zunehmend furchterregend waren. Später zeigte sich (Ritter 1968), daß es noch günstiger war, wenn man schlangenphobischen Kindern nicht nur demonstrierte, wie man, ohne Schaden zu nehmen, mit den gefürchteten Tieren oder Dingen umgehen kann, sondern wenn man die Kinder zusätzlich selbst aktiv an der Interaktion mit den phobischen Stimuli beteiligte. Wieder wurde ein behutsam abgestuftes Vorgehen gewählt: Das Modell näherte sich der Schlange nur sehr allmählich an und begann dann sukzessive immer „gewagtere" Interaktionen. Die Kinder trugen anfangs Handschuhe und faßten damit zunächst auch nur den Arm des Therapeuten an (der seinerseits die Schlange berührte), schoben dann ihre Hand auf den Handrücken und später auf die Finger des Therapeuten etc., bis die Kinder schließlich selbst die Schlange mit bloßen Händen streichelten und hochhoben.

Ein weiteres, anschauliches Beispiel für die Behandlung einer einfachen Phobie liefern Johnson und McGlynn (1988). Sie behandelten ein sechsjähriges Mädchen, das seit dem 2. Lebensjahr Angst vor aufgeblasenen Gegenständen hatte, insbesondere vor Luftballons. Die Behandlung erstreckte sich über sechs einstündige Sitzungen. Zunächst sah das Mädchen einen Film, in dem ein Mädchen ihres Alters gezeigt wurde, das Angst vor Luftballons hatte, diese aber allmählich überwand. Nach einem graduierten Vorgehen entlang einer Angsthierarchie wurde es in der letzten Szene des Films gebeten, einen Luftballon aufzublasen und ihn dann mit einer Nadel anzustechen und platzen zu lassen. In allen Szenen zeigte das Modell zunächst zögerlich-ängstliches Verhalten und äußerte entsprechende Gedanken, entschloß sich dann aber jeweils, kein Vermeidungsverhalten zu zeigen. Die aktive Selbstkonfrontation des Modellkindes mit den Luftballons wurde im Film durch den Therapeuten verstärkt. Anschließend wurde das Modellkind des Films live als Modell eingesetzt. Schrittweise näherte sie sich den Luftballons, forderte die Patientin auf mitzumachen, ihr Verhalten nachzuahmen, mit ihr zusammen mit den Ballons zu spielen etc., bis das Mädchen angstfrei Luftballons zu sich nach Hause mitnehmen konnte.

3.5 Langandauernde Konfrontation

Langandauernde Konfrontationen mit den angstauslösenden Bedingungen werden bei Kindern bisher nur selten eingesetzt. Diese Form der Phobiebehandlung erscheint aber besonders sinnvoll und effektiv, wenn das Kind massives Vermeidungsverhalten zeigt und deshalb die Erfahrung machen soll, daß sich
1. seine Angst bei der Konfrontation mit den gefürchteten Bedingungen aushalten läßt und allmählich abnimmt und daß
2. die jeweils befürchteten katastrophalen Konsequenzen (ich sterbe, ich werde verrückt, ein nahestehender Angehöriger stirbt, die Spinne wird mich beißen) sich in Wirklichkeit nicht einstellen, auch wenn das gewohnte Flucht- oder Vermeidungsverhalten unterbleibt.

Durch eine langanhaltende Konfrontation mit den angstauslösenden Stimuli können dem Kind diese Erfahrungen vermittelt werden.

Für die Effektivität dieses Vorgehens ist aber entscheidend, daß keinerlei Flucht- und Vermeidungsverhalten des Kindes erlaubt wird und daß das Kind erst nach einer sichtbaren Angsreduktion die angstauslösende Situation verlassen darf. Ziel dieser Behandlung ist also eine Gewöhnung an die angstauslösende Situation. Ein vorzeitiges Verlassen der Situation des Kindes käme einem Kunstfehler gleich, da das Kind mit der Absolution des Therapeuten gleiches Fehlverhalten zeigen würde, welches zuvor zu der Ausbildung seiner phobischen Ängste geführt hat. In manchen Fällen kann diese Erfahrung dann zu einer weiteren Stabilisierung des phobischen Verhaltens beitragen.

Langanhaltende Konfrontationen müssen allerdings sorgfältig vorbereitet werden. Den Eltern und dem Kind muß das Erklärungsmodell und die Durchführung dieser Behandlungsmethode genau erklärt werden. Vor der Durchführung sollte genügend Bedenkzeit eingeräumt werden, damit Eltern und Kind sich mit der Behandlungsmethode auseinandersetzen können.

Langanhaltende Konfrontationen können in der Vorstellung oder in vivo durchgeführt werden. Bei langanhaltenden Konfrontationen in vivo muß jedoch beachtet werden, daß sie nur in Situationen durchgeführt werden dürfen, die nicht real gefährlich sind (z. B. nicht bei einer Wasserphobie). Auch in Situationen, in denen bestimmte Leistungen erbracht werden müssen, sollte zuvor geklärt werden, ob das Kind über die dazu benötigten Fertigkeiten verfügt (z. B. vor einer Gruppe sprechen). Sonst könnte es passieren, daß die befürchteten schlimmen Konsequenzen tatsächlich eintreten (z. B. das Kind wird vor der Klasse ausgelacht, da es kein Wort rausbekommt). Für solche phobischen Ängste bietet es sich an, langanhaltende Konfrontationen in der Vorstellung durchzuführen.

Sehr häufig werden bei Konfrontationstherapien Verstärker eingesetzt, seien es soziale oder materielle, wenn Kinder Fortschritte in der Konfrontation mit Angststimuli machen oder aktives Bewältigungsverhalten einsetzen (Basisinformationen über Gesichtspunkte, die bei operanten Therapien zu berücksichtigen sind, geben Florin und Tunner 1970). Zum Beispiel wurden, etwa im Fall von Schulphobien, zunehmend lange Verweilzeiten im Klassenraum belohnt (Ayllon, Smith, Rogers 1970; Last 1988) oder, im Fall von (nichtpathologischer) Dunkelangst, zunehmend langes Ausharren in der Dunkelheit (Leitenberg und Callahan 1973). Es ist denkbar, daß bei einem solchen Vorgehen, zumal wenn das Kind selbst die Größe der Schritte vorgeben kann und kleine Fortschritte in der Konfrontation in der gleichen Weise verstärkt werden wie große, der Therapiefortschritt künstlich gebremst wird. Minimalen Fortschritten im Annäherungsverhalten wird damit eine unverhältnismäßig große Bedeutung beigemessen. Das Kind wird den Eindruck erhalten, daß das vollständige Aufgeben des Vermeidungsverhaltens sehr mühsam und nur langfristig zu erreichen ist. Es besteht also die Gefahr, daß die phobischen Stimuli in ihrer Bedrohlichkeit noch aufgewertet werden. Last (1988) beschreibt zum Beispiel den Fall eines zehnjährigen Jungen mit einer durch Trennungsangst bedingten Schulphobie. Der Junge wurde mit In-vivo-Konfrontationen entlang einer Angsthierarchie behandelt (Betreten des Schulgebäudes ohne Teilnahme am Unterricht; 10 Minuten Verweilen im Unterricht; 30 Minuten Verweilen im Unterricht; eine Stunde Verweilen im Unterricht; etc.). Am Ende jeder Übung wurde sozial verstärkt. Erst nach sechs Wochen war der Junge bei diesem Vorgehen in der Lage, die Schule wenigstens halbtags zu besuchen.

3.6 Kognitive Therapieansätze

Auch kognitive Therapieansätze hat man zur Behandlung von Ängsten bei Kindern eingesetzt. Es gibt sogar eine Untersuchung, bei der 17 sechs- bis neunjährige Kinder mit schwerer und langanhaltender Angst vor dem Einschlafen und vor der Nacht mit einem Programm behandelt wurden, bei dem kognitive Strategien einen wesentlichen Baustein darstellten (Graziano und Mooney 1980). Die Kinder lernten, zunächst im Liegen ihre Muskeln zu entspannen, sich sodann angenehme Szenen vorzustellen (z. B. wie sie auf dem Fahrrad fahren oder Eis essen) und im Anschluß daran „tapfere" Selbstaussagen einzusetzen (z. B. „Ich bin tapfer"; „Ich kann gut allein sein, wenn es dunkel ist"). Die Eltern wurden angeleitet, den Kindern angemessene Instruktionen zu geben, die ihnen die Durchführung der abendlichen Übungen vor dem Einschlafen erleichterten; dabeizusein und das Kind zu unterstützen, wenn es die Übungen durchführte; die Durchführung der drei Übungen jeweils zu verstärken und schließlich am nächsten Morgen Belohnungen für Tapferkeit vor dem Einschlafen und während der Nacht zu vergeben.

Besonders häufig werden kognitive Ansätze zur Behandlung der Angst vor medizinischen Eingriffen angewandt (zusammenfassend Dahlquist 1992). Man kann hierbei zwischen drei kognitiven Interventionsformen unterscheiden, die in der Regel zur Anwendung kommen: Informationsvermittlung über den medizinischen Eingriff, kognitive Ablenkung oder komplexere kognitiv-behaviorale Behandlungsansätze. Im folgenden sollen diese Therapieansätze kurz dargestellt werden.

Je nach Studie geschieht die *Informationsvermittlung* durch verbale Instruktionen, Demonstration oder Beobachten eines Modells. Bei verbalen Instruktionen scheint es bedeutend zu sein, daß hierbei nicht nur der technische Verlauf der medizinischen Prozedur mitgeteilt wird, sondern daß auch sensorische Eindrücke (z. B. Geräusch, wie der Gips aufgesägt wird) einbezogen werden. Während ältere Kinder von einer rein verbalen Informationsvermittlung profitieren können, ist es für jüngere Kinder häufig schwierig, komplizierte Handlungsabläufe durch diese Art der Informationsvermittlung nachzuvollziehen. In diesem Fall ist es sinnvoller, den Ablauf des medizinischen Eingriffes konkret zu demonstrieren. Hierbei wird den Kindern zunächst in einer einfachen Sprache der genaue Ablauf mitgeteilt. Dann wird das Vorgehen an einer Puppe oder an dem Kind selbst demonstriert. Und schließlich, wenn das Kind das Vorgehen verstanden hat, wird die eigentliche Behandlung durchgeführt.

Kognitive *Ablenkungsstrategien* kommen während der medizinischen Prozeduren zur Anwendung. Hierbei geht es darum, die Aufmerksamkeit des Kindes von dem medizinischen Eingriff auf angenehme Dinge zu lenken. Zur Ablenkung werden häufig Cartoons oder auch Videospiele eingesetzt.

Bei den *kognitiv-behavioralen Behandlungsprogrammen* handelt es sich in der Regel um ein ganzes Paket von bestimmten Fertigkeiten, die den Kindern vor der medizinischen Behandlung vermittelt werden. Neben dem Training positiver Selbstinstruktionen enthalten diese Programme häufig auch Atem-, Entspannungs- und Bewältigungstrainings. Die Fertigkeiten werden typischerweise über mehrere Sitzungen mit dem Kind eingeübt. Der Therapeut ist außerdem während der eigentlichen Behandlung anwesend und hilft dem Kind bei der Anwendung der neuen Verhaltensweisen.

4. Evaluation

Die berichteten Behandlungsansätze können manche Anregung für die Therapie von Phobien geben. Der Stand der Therapieforschung ist allerdings noch niedrig, und die Effektivität der verschiedenen Interventionsmethoden ist nicht ausreichend geklärt.

Therapieforschung setzt voraus, daß die Störungen, die behandelt werden sollen, zunächst einmal einheitlich und verläßlich diagnostiziert und klassifiziert werden. Die meisten Therapieberichte basieren jedoch nicht auf einer Klassifikation der Phobien nach dem DSM oder der ICD, und in der Regel werden die Einschlußkriterien nicht klar operationalisiert. Erst in jüngster Zeit wurde mit der Entwicklung geeigneter Meßinstrumente und Interviewleitfäden für Eltern und Kinder begonnen, die eine reliable Statusdiagnostik ermöglichen. Aus diesem Grunde ist es derzeit schwierig, einen Überblick über die Ergebnisse psychologischer Behandlung bei Phobien zu geben (Übersichten bei Barrios und O'Dell 1989, King und Ollendick 1997).

Therapieforschung setzt auch eine solide Verlaufsdiagnostik voraus, die Informationen über den Schweregrad der Symptomatik und über die Spannbreite der Verhaltensauffälligkeiten gibt. Diese Diagnostik sollte sich auf reliable subjektive Maße, daneben aber auch auf objektive Daten (z. B.

systematische Verhaltensbeobachtung oder Fremdeinschätzungen) stützen. Auch um solche Verlaufsdiagnostik ist es bei Berichten über die Therapie von Phobien bei Kindern schlecht bestellt. Standardisierte Fragebögen, etwa zur Erfassung phobischer Situationen oder phobischer Kognitionen, liegen entweder nicht vor oder werden nicht angewandt. Von Verhaltensdaten zur Ableitung des Therapieerfolges wurde bislang noch kaum Gebrauch gemacht, und auch Fremdeinschätzungen des Therapieerfolgs durch Therapeuten oder unabhängige Rater wurden bei Fällen mit klinischen Phobien selten systematisch erhoben.

Die Informationen über Erfolge verschiedener therapeutischer Interventionen bei Kindern mit Phobien sind also noch überwiegend anekdotischer Art. Vielfach sind sie als Fallberichte veröffentlicht, bei denen mehrere Interventionen gleichzeitig zur Anwendung kamen. So ist es in aller Regel nicht möglich abzuschätzen, welche Vorgehensschritte zum therapeutischen Erfolg geführt haben. Therapiestudien an größeren Zahlen von Kindern mit dem gleichen Störungsbild sind noch äußerst selten, und wo sie vorliegen, entsprechen sie noch nicht den heutigen Standards: Placeboeffekte und Therapeuteneffekte sind meist nicht kontrolliert, und die Auswertungen lassen nicht erkennen, ob die therapeutischen Maßnahmen bei Kindern unterschiedlicher Altersstufen unterschiedlich gut greifen.

4.1 Effektivität von Desensibilisierungsverfahren

In einer Zusammenschau von 41 Studien, in denen die verschiedenen Varianten der Desensibilisierung geprüft wurden, konnte die Effektivität dieser Verfahren belegt werden (Barrios und O'Dell 1989). Insgesamt gewinnt man jedoch den Eindruck, daß Desensibilisierungen in vivo am kindgerechtesten sind und zumindest im Fall einfacher Phobien auch erfolgversprechender sind. Systematische Vergleiche an klinischen Populationen fehlen, doch weist zumindest eine Analogstudie an fünf- bis 14jährigen Kindern, die Angst vor Wasser hatten, deutlich auf die Überlegenheit der In-Vivo-Desensibilisierungen hin (Ultee, Griffioen, Schellekens 1982).

Welche Form des Entspannungstrainings bei welchen Kindern und in welchen Altersstufen am geeignetesten ist, muß noch erforscht werden. Noch ist auch nicht geklärt, ob ausgiebige Entspannungstrainings überhaupt von Vorteil sind. So gibt es z. B. psychophysiologische Untersuchungen, die zeigen, daß (acht- bis 15jährige) Kinder einer psychosomatischen Behandlungseinrichtung, die nie an einem Entspannungstraining teilgenommen hatten, sich auf Aufforderung genauso gut entspannen konnten wie solche, die ein ausführliches Training erhalten hatten (Dittmann 1987, Stemmler 1987).

4.2 Effektivität von Lernen am Modell

Überblickt man die Untersuchungen zum Lernen am Modell (meist handelt es sich allerdings um Analogstudien), so zeigt sich, daß jene Formen des Modellernens, bei denen das Kind zugleich zum eigenen aktiven Umgang mit den phobischen Bedingungen angeleitet wird, in weitaus mehr Fällen erfolgreich sind als das bloße Beobachten von In-vivo-Modellen oder gar das Anschauen von Modellen im Film (Ollendick 1979).

Menzies und Clarke (1993) verglichen die Effektivität von Modellernen bei Kindern mit einer Wasserphobie mit den Auswirkungen einer Konfrontation in vivo und der Kombination beider Verfahren sowie einer Warteliste-Kontrollgruppe. Bei Therapieende zeigten Kinder, die mit Konfrontation in vivo, und Kinder, die mit der Kombination von Modellernen und Konfrontation in vivo behandelt worden waren, substantielle Veränderungen in der Fremd- und Selbsteinschätzung ihrer phobischen Angst. Kinder, die allein mit Modellernen behandelt wurden, erreichten hingegen keine signifikanten Veränderungen. Zum Katamnesezeitpunkt 12 Wochen nach der Behandlung ergab sich eine Überlegenheit der kombinierten Therapiebedingung gegenüber der reinen Konfrontationsbedingung. Dieses Ergebnis weist darauf hin, daß das Modellernen möglicherweise zur Stabilisierung des Therapieerfolges beiträgt.

Zusammenfassend scheint es so zu sein, daß Modellernen dann sehr effektiv ist, wenn die Kinder gleichzeitig auch mit der phobischen Situation in vivo konfrontiert werden. Die einzelnen Studien unterscheiden sich hierbei in der Art, wie die Konfrontation in vivo ausgestaltet wurde. Einmal wurden die Kinder konkret angeleitet, wie sie sich in der phobischen Situation verhalten sollten, ein anderes Mal wurde systematisch adäquates Verhalten in der phobischen Situation verstärkt, und schließlich wurden sie konfrontiert, ohne weitere Maßnahmen durchzuführen. Für die Effektivität von Modellernen alleine konnten jedoch keine überzeugenden Belege bisher gesammelt werden.

4.3 Effektivität von langandauernder Konfrontation

Konfrontationen von langer Dauer wurden bisher selten, aber mit großem Erfolg eingesetzt. Einige Autoren (Kennedy 1965, Blagg und Yule 1984) haben z. B. schulphobische Kinder mit Trennungsangst mit langdauernden Konfrontationen behandelt. Sie brachten die Kinder, wenn nötig forciert, in die Schule. Dieses Vorgehen brachte in eindrucksvoll kurzer Zeit hervorragene Erfolge. Auch in einem Fall von Hundephobie wurden lange Konfrontationen erfolgreich angewendet (Sreenivasan, Manochia, Jain 1979). Vermutlich wären die therapeutischen Effekte hier sogar noch weitaus schneller eingetreten, wenn die Therapeuten während der Konfrontation kein Fluchtverhalten zugelassen oder gar Ablenkungsbedingungen selbst geschaffen hätten. Sie brachten das Kind zwar in einem Zimmer mit einem Hund zusammen, ließen es aber auf einen Stuhl und Tisch steigen und versuchten auch, es durch Tischtennisspiel abzulenken.

In die gleiche Richtung weisen auch zwei Fallberichte, in denen einmal eine Schulphobie und einmal eine Blut- und Verletzungsphobie mit Implosionstherapie behandelt wurden (Smith und Sharpe 1970, Ollendick und Gruen 1972). In beiden Studien wurde das phobische Kind mit massiv angstauslösenden Situationen in der Vorstellung konfrontiert. Dabei wurden die einzelnen Angstszenen erst dann abgebrochen, wenn die Angstreaktionen des Kindes sichtbar abgenommen hatten. Im Falle der Blut- und Verletzungsphobie genügten schon zwei Sitzungen, um eine deutliche Reduktion des symptomatischen Verhaltens des Kindes zu erreichen. Eine katamnestische Untersuchung nach sechs Monaten ergab sogar eine weitere Verbesserung der Angsreaktionen des Kindes (Ollendick und Gruen 1972). Im Fall einer ausgeprägten Schulphobie eines 13jährigen Jungen konnte nach sechs Sitzungen Angstfreiheit beim Aufsuchen der Schule erreicht werden (Smith und Sharpe 1970). Bei dieser Behandlung wurde jedoch im Anschluß an jede Implosionssitzung zusätzlich eine graduierte, langanhaltende Konfrontation in vivo durchgeführt. Somit kann nicht geklärt werden, ob die erzielten Erfolge durch die Implosionstherapie oder die Konfrontationsbehandlung in vivo erreicht wurden. Nichtsdestoweniger geben diese Studien deutliche Hinweise darauf, daß eine langanhaltende Konfrontation mit stark angstauslösenden Reizen große Erfolge zeigt. Dieses Ergebnis ist in der Behandlung von Phobien im Erwachsenenalter durch kontrollierte Gruppenvergleiche gut belegt (vgl. Schneider und Margraf, 1994).

4.4 Effektivität von kognitiven Therapieansätzen

Die Effektivität eines kognitiven Behandlungsansatzes bei Phobien konnte von Graziano und Mooney (1980) in einem kontrollierten Gruppenvergleich belegt werden.

Im Vergleich zu den Kindern einer Warteliste-Kontrollgruppe besserten sich die Kinder in der kognitiv behandelten Gruppe entscheidend. Katamnesen über drei Jahre, in die auch die inzwischen ebenfalls behandelten Kinder der ursprünglichen Wartebedingung einbezogen wurden (Graziano und Mooney 1982), zeigten, daß die Behandlungserfolge stabil waren. Das Training hatte sich auf ingesamt nur drei Gruppensitzungen mit den Eltern und drei Gruppensitzungen mit den Kindern beschränkt. Zwar ist nicht klar, welche Anteile des Erfolges auf die adäquatere Zuwendung der Eltern, die hilfreiche Instruktionen und die Verstärkung zurückzuführen waren und welche auf die Entspannung und/oder die kognitiven Strategien, welche die Kinder selbst einsetzten; immerhin aber wurde die Wirksamkeit des Gesamtprogrammes nachgewiesen.

Kognitive Ansätze zur Behandlung der Angst vor medizinischen Eingriffen können insgesamt als erfolgreich betrachtet werden (Dahlquist 1992). Die Effektivität von Modellen zur Vermittlung von Informationen über medizinische Eingriffe und zur Reduktion der Angst vor medizinischen Eingriffen wurde in einer Reihe von Untersuchungen der Arbeitsgruppe um Barbara Melamed demonstriert. Günstig scheint dieses Vorgehen jedoch nur dann zu sein, wenn zwischen der Modelldemonstration und dem medizinischen Eingriff etwas Zeit liegt. In einer Untersuchung von Faust und Melamed (1984) zeigten Kinder eine Reduktion der subjektiven Angst und elektrodermalen Aktivität, wenn sie ein Videomodell eine Nacht vor der Operation sahen. Kinder, die das Videomodell am Tag der Operation sahen, zeigten fast keine Reduktion der Angst und einen Anstieg der elektrodermalen Aktivität.

Weiterhin sprechen mehrere Untersuchungen dafür, daß Modellfilme nur bei „naiven" Kindern sinnvoll sind, also Kindern, die bisher noch keine Erfahrungen mit dem speziellen medizinischen Eingriff gesammelt haben (Klorman, Hilpert, Michael, LaGana, Sveen 1980, Melamed, Dearborn, Hermecz 1983). Kinder, bei denen bereits vorher zahnärztliche Eingriffe durchgeführt wurden, profitieren dagegen nicht von einem Modellfilm. Im Umgang mit medizinischen Prozeduren scheinen erfahrene Kinder also eher auf ihre eigenen, früheren Erfahrungen zurückzugreifen als auf Erfahrungen, die ihnen anhand eines Modells vermittelt werden.

Mehrere Studien fanden auch positive Effekte von Ablenkungsstrategien auf das Streßempfinden der Kinder während des medizinischen Eingriffs (zusammenfassend Dahlquist 1992). Der Einsatz von Ablenkungsstrategien erwies sich vor allem dann als sinnvoll, wenn wenig Zeit für eine systematische Vorbereitung des Kindes zur Verfügung steht (Faust und Melamed 1984).

Die Effektivität kognitiv-behavioraler Programme konnte in mehreren Studien belegt werden und zeigte sich einer reinen Informationsvermittlung (Siegel und Peterson 1981) und der Darbietung von Modellfilmen (Siegel und Peterson 1980) überlegen. Kognitiv-behaviorale Behandlungen sind jedoch sehr aufwendig und kostenintensiv. Eine sinnvolle Alternative besteht daher darin, Eltern in die Vorbereitung des Kindes auf medizinische Behandlungen mit einzubeziehen. Da ein wichtiger Faktor für die Ängstlichkeit des Kindes die Ängstlichkeit der Eltern zu sein scheint (vgl. Abschnitt 2.3), konzentrieren sich die Vorbereitungsprogramme für Eltern auf die Reduktion der elterlichen Angst und eine adäquate Eltern-Kind-Interaktion während der medizinischen Behandlung. Erste Untersuchungen geben deutliche Hinweise auf die Effektivität solcher Behandlungsprogramme (zusammenfassend Dahlquist 1992).

4.5 Zusammenfassende Bewertung

Die systematische Erforschung der Behandlung von Phobien im Kindesalter steht noch aus. Zwar wurden viele Ansätze der Behandlung ausprobiert; doch ist es angesichts des anekdotischen Charakters der

Fallberichte derzeit noch nicht möglich abzuschätzen, bei welchen Phobien, in welchen Altersstufen und unter welchen familiären Bedingungen welche Vorgehensweisen am erfolgversprechendsten sind. Überwiegend wurden bisher solche Vorgehensweisen beschrieben, die sich bereits bei der Behandlung von Erwachsenen mit speziellen Angststörungen bewährt haben. Nur selten allerdings hat man bei Kindern bislang jene massiv konfrontierenden Verfahren angewendet, die im Erwachsenenalter bei schweren Angststörungen mit ausgeprägtem Vermeidungsverhalten die besten Erfolge zeigten. Wohl aus dem Wunsch heraus, Kinder besonders behutsam zu behandeln, wurden überwiegend graduierte Vorgehensweisen eingesetzt. Es ist allerdings denkbar, daß gerade dieses vermeintlich schonende Vorgehen letztlich belastender, zeitaufwendiger und auch langfristig weniger erfolgreich ist als eine ungraduierte Exposition. Behandlungsergebnisse an Erwachsenen weisen eindeutig in diese Richtung (Fiegenbaum 1988).

Wenig ausgearbeitet sind auch noch kognitive Therapieansätze bei Kindern. Bedenkt man die hervorragenden Erfolge, die z. B. bei Erwachsenen mit Paniksyndrom in kurzer Zeit mit rein kognitiven Behandlungen erzielt werden (Margraf und Schneider 1990), so erscheint es lohnend, ähnliche Vorgehensweisen in altersgerechter Form für Kinder und Jugendliche zu konzipieren und systematisch zu erproben. Wichtig ist es dabei sicherlich auch, die kognitive Entwicklung der Kinder in unterschiedlichen Altersstufen zu berücksichtigen.

Wie eingangs dargelegt, liefert die Grundlagenforschung eine Reihe von Hinweisen darauf, daß familiäre Faktoren, insbesondere Einflüsse des Modellernens, für die Entstehung und Aufrechterhaltung von Angststörungen im Kindesalter besonders bedeutsam sein könnten. Diese Anhaltspunkte sind in der Therapie noch kaum aufgegriffen worden. Eine Ausnahme bildet die Arbeit von Windheuser (1977), bei der phobische Kinder mit therapeutischem Gewinn beobachteten, wie ihre ebenfalls phobischen Mütter an einer gleichartigen Behandlung teilnahmen wie sie selbst. Es wäre sehr interessant, der Frage weiter nachzugehen, in welchen Fällen und bei welcher Art des therapeutischen Vorgehens eine stellvertretende Angstbehandlung der Eltern zu einer Besserung oder gar Behebung der Angststörungen ihrer Kinder führt.

Es eröffnet sich ein weites Feld für zukünftige Forschungsarbeiten. So bedarf es dringend der Entwicklung standardisierter Methoden zur Erfassung und Verlaufsmessung kindlicher Phobien. Zudem sind Grundlagen- und Behandlungsstudien an klinischen Fällen unter Beachtung der heutigen methodischen Standards notwendig. Schaut man sich die großen Fortschritte im Bereich der Phobien des Erwachsenenalters an, so ist zu erwarten, daß durch systematische Forschung in vergleichsweise kurzer Zeit auch das Verständnis und die Behandlung von Phobien im Kindes- und Jugendalter in wesentlicher Weise verbessert werden können.

Die Autoren danken Frau Manuela Hensdiek und Frau Martina Ruhmland ganz herzlich für ihre schnelle und tatkräftige Unterstützung bei der Erstellung des Kapitels.

Literatur

Achenbach, T. M. & Edelbrock, C. S. (1983). Manual for the child behavior checklist and revised child behavior profile. Burlington: Queen City Printers Inc.

Achenbach, T. M. & Edelbrock, C. S. (1987). Manual for the youth self report and profile. Burlington: University of Vermont, Department of Psychiatry

Agras, W. S., Chapin, H. N., Miss, J. & Oliveau, D. C. (1972). The natural history of phobia. Archives of General Psychiatry, 26, 315–317

American Psychiatric Association (1987). Diagnostic and Statistical Manual of Mental disorders, Third Edition-Revised (DSM-III-R). Washington, D. C.: American Psychiatric Press

American Psychiatric Association (1994). Diagnostic and statistical manual for mental disorders. Fourth Edition (DSM-IV). Washington. DC.: American Psychiatric Press. Deutsche Ausgabe: Diagnostisches und Statistisches Manual Psychischer Störungen DSM-IV. (1994). Göttingen: Hogrefe

Andrews, G., Stewart, G., Allen, R. & Henderson, A. S. (1990). The genetics of six neurotic disorders: A twin study. Journal of Affective Disorders, 19, 23–29

Ayllon, T., Smith, D. & Rogers, M. (1970). Behavioral management of school phobia. Journal of Behavior Therapy and Experimental Psychiatry, 1, 125–138

Bandura, A., Grusec, J. E. & Menlove, F. L. (1987). Vicarious extinction of avoidance behavior. Journal of Personality and Social Psychology, 13, 173–199

Bandura, A. (1977). Self-efficacy: Toward an unifying theory of behavioral change. Psychological Review, 84, 191–215

Bandura, A. (1978). Reflections on self-efficacy. Advances in Behaviour Research and Therapy, 1, 237–269

Barrios, B. A. & O'Dell, S. L. (1989). Fears and anxieties. In E. J. Mash & R. A. Barkley (Hrsg.), Treatment of Childhood Disorders (S. 167–221). New York: Guilford

Bauer, D. H. (1976). An exploratory study of developmental changes in children's fears. Journal of Child Psychology and Psychiatry, 17, 69–74

Beidel, D. C. (1988). Psychophysiological assessment of anxious emotional state in children. Journal of Abnormal Psychology, 97, 80–82

Beidel, D. C., Fink, C. M. & Turner, S. (1996). Stability of anxious symptomatology in children. Journal of Abormal Child Psychology, 24(3), 257–269

Bentler, P. M. (1982). An infant's phobia treated with reciprocal inhibition therapy. Journal of Child Psychology and Psychiatry, 3, 185–189

Blagg, N. R. & Yule, W. (1984). The behavioral treatment of school refusal – A comparative study. Behaviour Research and Therapy, 22, 119–127

Brady, E. U. & Kendall, P. C. (1992). Comorbidity of anxiety and depression in children and adolescents. Psychological Bulletin, 11, 244–255

Bregman, E. O. (1934). An attempt to modify the emotional attitudes of infants by the conditioned response technique. Journal of Genetic Psychology, 45, 169–198

Chambers, W. J., Puig-Antich, J., Hirsch, M., Paez, P., Ambrosini, P. J., Tabrizi, M. A. + Davies, M. (1985). The assessment of affective disorders in children and adolescents by semistructured interview. Archives of General Psychiatry, 42, 696–702.

Cook, M. & Mineka, S. (1989). Observational conditioning of fear to fear-relevant versus fear-irrelevant stimuli in rhesus monkeys. Journal of Abnormal Psychology, 98, 448–459

Dahlquist, L. M. (1992). Coping with aversive medical treatments. In La Greca, A. M., Siegel, L. J., Wallander, J. L., Walker, C. E. (Hrsg.), Stress and Coping in Child Health (S. 345–376). New York: The Guilford Press

Danquah, S. J. (1974). The treatment of monosymptomatic phobia by systematic desensitization. Psychopatologie Africaine, 10, 115–120

Dilling, H., Mombour, W., Schmidt, W. H. & Schulte-Markwart, E. (Hrsg.) (1991). Internationale Klassifikation psychischer Störungen, ICD-10 Kapitel V (F) Forschungskriterien. Göttingen: Hans Huber

Dittmann, R. (1987). Zur Psychophysiologie beim Autogenen Training von Kindern und Jugendlichen. Basel: Peter Lang

Döpfner, M., Schmeck, K., Berner, W., Lehmkuhl, G., Poustka, F. (1994). Zur Reliabilität und faktoriellen Validität der Child Behavoir Checklist – eine Analyse in einer klinischen und einer Feldstichprobe. Zeitschrift für Kinder und Jugendpsychiatrie, 22, 189–205

Döpfner, M., Berner, W. & Lehmkuhl, G. (1995). Reliabilität und faktorielle Validität des Youth Self Report in einer klinischen Stichprobe. Diagnostica, 41, 221–244

Edelbrock, C., Costello, A. J., Dulcan, M. K., Conover, N. C. & Kalas, R. (1986). Parent-child agreement on child psychiatric symptoms assessed via structured interview. Journal of Child Psychology and Psychiatry, 27, 181–190

Eme, R. & Schmidt, D. (1978). The stability of children's fear. Child Development, 49, 1277–1279

English, H. B. (1929). Three cases of the „conditioned fear response." Journal of Abnormal and Social Psychology, 24, 221–225

Esser, G., Blanz, B., Geisel, B. & Laucht, M. (1989). Mannheimer Elterninterview – Manual. Weinheim: Beltz Test GmbH

Faust, J. & Melamed, B. G. (1984). Influence of arousal, previous experience, and age on surgery preparation of same day of surgery and in hospital pediatric patients. Journal of Consulting and Clinical Psychology, 52, 359–365

Fiegenbaum, W. (1988). Long-term efficacy of ungraded versus graded massed exposure in agoraphobics. In I. Hand & H. U. Wittchen (Hrsg.), Panic and Phobias 2 (S. 83–88). Berlin: Springer

Florin, I. & Fiegenbaum, W. (1990). Angststörungen bei Kindern. In W. Fiegenbaum & J. C. Brengelmann (Hrsg.), IFT-Texte: Angststörungen. Diagnose und Therapie (Bd. 22, S. 37–66). München: Röttger

Florin, I. & Tunner, W. (1970). Behandlung kindlicher Verhaltensstörungen. München: Goldmann

Freud, S. (1989). Analyse der Phobie eines fünfjährigen Knaben – Falldarstellung „Der kleine Hans". Frankfurt a. M.: Fischer Taschenbuchverlag

Graziano, A. M. & De Giovanni, I. S. (1979). The clinical significance of childhood phobias: a note on the proportion of child-clinical referrals for the treatment of childrens fear. Behaviour Research and Therapy, 17, 161–162

Graziano, A. M. & Mooney, K. C. (1980). Family self-control instruction for children's nighttime fear reduction. Journal of Consulting and Clinical Psychology, 48, 206–213

Graziano, A. M. & Mooney, K. C. (1982). Behavioral treatment of „nightfears" in children: Maintenance of improvement at 2,5- to 3-year follow-up. Journal of Consulting and Clinical Psychology, 50, 598–599

Gutterman, E. M., O'Brien, J. D. & Young, J. G. (1987). Structured diagnostic interviews for children and adolescents: Current status and future directions. Journal of American Academy of Child and Adolescent Psychiatry, 26, 621–630

Hatzenbuehler, L. C. & Schroeder, H. E. (1978). Desensitization procedures in the treatment of childhood disorders. Psychological Bulletin, 85, 831–844

Jackson, H. J. & King, N. J. (1981). The emotive imagery treatment of a child's trauma-induced phobia. Journal of Behavior Therapy & Experimental Psychiatry, 12, 325–328

Jackson, H. J. & King, N. J. (1982). The therapeutic management of an autistic child's phobia using laughter as the anxiety inhibitor. Behavioral Psychotherapy, 10, 364–369

Jersild, A. T. & Holmes, F. B. (1935). Children's fear. New York: Teachers College, Columbia University

Johnson, J. H. & McGlynn, F. D. (1988). Simple phobia. In Hersen, M., Last, C. G. (Hrsg.), Child behavior therapy casebook. New York: Plenum

Jones, M. C. (1924). A laboratory study of fear: The case of Peter. Pedagogical Seminary and Journal of Genetic Psychology, 31, 308–315

Kashani, J. H. & Orvaschel, H. (1990). A community study of anxiety in children and adolescents. American Journal of Psychiatry, 147, 313–318

Kendler, K. S., Neale, M. C., Kessler, R. C., Heath, A. C. & Eaves, L. J. (1992). The genetic epidemiology of phobias in women. Archives of General Psychiatry, 49, 273–281

Kennedy, W. (1965). School phobia: Rapid treatment of fifty cases. Journal of Abnormal Psychology, 70, 285–289

King, N. J., Hamilton, D. J. & Ollendick, T. H. (1988). Children's phobias: A behavioral perspective. New York: Wiley

King, N. J. & Ollendich, T. H. (1997). Annotation: Treatment of childhood phobias. Journal of Child Psychology and Psychiatry, 38(4), 389–400

Klorman, R., Hilpert, P. L., Michael, R., LaGana, C. & Sveen, O. B. (1980). Effects of coping and mastery modeling on experienced and inexperienced pedodontic patients' disruptiveness. Behavior Therapy, 11, 156–168

Koeppen, A. S. (1974). Relaxation training for children. Elementary School Guidance and counseling, 9, 14–21

Lang, P. J. & Lazovik, A. D. (1963). Experimental desensitization of phobias. Journal of Abnormal and Social Psychology, 66, 519–525

Lang, P. J., Levin, D. N., Miller, G. A. & Kozak, M. J. (1983). Fear, behavior, fear imagery, and the psychophysiology of emotion: The problem of affective response integration. Journal of Abnormal Psychology, 92, 276–306

Lang, P. J. (1984). Cognition in emotion: Concept and action. In C. E. Izard, J. Kagan, R. B. Zajonc (Hrsg.), Emotions, cognitions, and behavior (S. 192–228). New York: Cambridge University Press

Lang, P. J. (1988). Fear, anxiety, and panic: Context, cognition, and visceral arousal. In S. Rachman & J. D. Maser (Hrsg.), Panic: Pschological Perspectives (S. 219–236). Hillsdale: Erlbaum

Lapouse, R. & Monk, M. A. (1959). Fears and worries in a representative sample of children. American Journal of Orthopsychiatry, 29, 223–248

Lapouse, R. & Monk, M. A. (1964). Behavior deviations in a representative sample of children: Variations by sex, age, race, social class, and family size. American Journal of Orthopsychiatry, 34, 436–446

Last, C. G. (1988). Anxiety disorders in childhood and adolescence. In C. G. Last & M. Hersen (Hrsg.), Handbook of anxiety disorders (S. 531–540). New York: Pergamon

Last, C. G. (1988 b). Separation anxiety. In Hersen, M., Last, C. G. (Hrsg.), Child behavior therapy casebook. New York: Plenum

Last, C. G., Strauss, C. C. & Francis, G. (1987). Comorbidity among childhood anxiety disorders. The Journal of Nervous and Mental Disease, 175, 726–730

Last, C. G., Strauss, C. C. & Francis, G. (1987). Comorbidity among childhood anxiety disorders. The Journal of Nervous and Mental Disease, 175, 726–730

Last, G. G., Hersen, M., Kazdin, A. E., Francis, G. & Grubb, H. J. (1987). Psychiatric illness in the mothers of anxious children. American Journal of Psychiatry, 144, 1580–1583

Last, C. G., Hersen, M., Kazdin, A., Orvaschel, H. & Perrin, S. (1991). Anxiety disorders in children and their families. Archives of General Psychiatry, 48, 928–934

Lazarus, A. A. (1971). Behavior therapy and beyond. New York: McGraw-Hill

Lazarus, A. A. & Abramovitz, A. (1962). The use of „emotive imagery" in the treatment of childrens phobias. British Journal of Psychiatry, 108, 191–195

Leitenberg, H. & Callahan, E. J. (1973). Reinforced practice and reduction of different kinds of fears in adults and children. Behavior Research and Therapy, 11, 19–30

Manne, S. L., Redd, W. H., Jacobsen, P. B., Gorfinkle, K., Schorr, O. & Rapkin, B. (1990). Behavioral intervention to reduce child and parent distress during venipuncture. Journal of Consulting and Clinical Psychology, 5, 565–572

Margraf, J. & Schneider, S. (1990). Therapie und Verlaufsprognose von Panikanfällen (Zwischenbericht zum DFG-Projekt Ma 1116/1–1 bis 1–4. Universität Marburg, Fachbereich Psychologie)

Marks, I. M. (1987). Fears, Phobias, and Rituals. New York: Oxford University

Maurer, A. (1965). What children fear. Journal of Genetic Psychology, 106, 265–277

Melamed, B. G., Dearborn, M. & Hermecz, D. A. (1983). Necessary considerations for surgery preparation: Age and previous experience. Psychosomatic Medicine, 45, 517–521

Menzies, R. G. & Clarke, J. C. (1993). A comparison of in vivo and Vicarious Exposure in the Treatment of Childhood Water Phobia. Behaviour Research and Therapy, 31, 9–15

Mowrer, O. H. (1960). Learning Theory and Behavior. New York: Wiley

Noyes, R., Crowe, R. R., Harris, E. L., Hamra, B. J., McChesney, C. M. & Chaudhry, D. R. (1986). Relationship between panic disorder and agoraphobia. A family study. Archives of General Psychiatry, 43, 227–232

Öst, L. G. (1987). Age of onset in different phobias. Journal of Abnormal Psychology, 96, 223–229

Ollendick, T. H. (1979). Fear reduction techniques with children. In Hersen, M., Eisler, R. M., Miller, P. M. (Hrsg.), Progress in behavior modification. New York: Academic Press

Ollendick, T. H. (1983). Reliability and validity of the revised fear survey schedule for children (FSSC-R). Behaviour Research and Therapy, 21, 685–692

Ollendick, T. H., Cerny, J. A. (1981). Clinical behavior therapy with children. New York: Plenum

Ollendick, T. H., Gruen, G. E. (1972). Treatment of a bodily injury phobia with implosive therapy. Journal of Consulting and Clinical Psychology, 38, 389–393

Ollendick, T. H. & King, N. J. (1991 a). Fears and phobias of childhood. In M. Herbert (Hrsg.), Clinical Child Psychology (S. 209–329). Chichester: Wiley

Ollendick, T. H. & King, N. J. (1991 b). Origins of childhood fears: An evaluation of Rachman's theory of fear acquisition. Behaviour Research and Therapy, 29, 117–123

Petersen, A. & Lehmkuhl, G. (1990). Zum Verlauf von Phobien im Kindes- und Jugendalter: Eine katamnestische Untersuchung. Zeitschrift für Kinder- und Jugendpsychiatrie, 18, 12–17

Peterson, L. & Shigetomi, C. (1981). The use of coping techniques to minimize anxiety in hospitalized children. Behavior Therapy, 12, 1–14

Poznanski, E. O. (1973). Children with excessive fears. American Journal of Orthopsychiatry, 43, 428–438

Rachman, S. (1991). Neo-conditioning and the classical theory of fear acquisition. Clinical Psychology Review, 11, 155–173

Reich, J. & Yates, W. (1988). Family history of psychiatric disorders in social phobia. Comprehensive. Psychiatry, 29, 72–75

Remschmidt, H. & Walter, R. (1990). Psychische Auffälligkeiten bei Kindern und Jugendlichen. Eine epidemiologische Untersuchung. Göttingen: Hogrefe

Ritter, B. (1968). The group desensitization of children's snake phobias using vicarious and contact desensitization procedures. Behaviour Research and Therapy, 6, 1–6

Rutter, M. & Graham, P. (1968). The reliability and validity of the psychiatric assessment of the child: 1. Interview with the child. British Journal of Psychiatry, 114, 563–579

Scherer, M. W. & Nakumara, C. Y. (1968). A fear survey schedule for children (FSS-FC): A factor analytic comparison with manifest anxiety (MAS). Behaviour Research and Therapy, 6, 173–182

Schneider, S., Unnewehr, S., & Margraf, J. (1995). Handbuch Kinder-DIPS. In S. Unnewehr, S. Schneider & J. Margraf (Hrsg.), Diagnostisches Interview bei psychischen Störungen im Kindes- und Jugendalter (Kinder-DIPS) (S. 1–116). Berlin: Springer

Schneider, S. (1995). Psychologische Transmission des Paniksyndroms. Donauwörth: Auer Verlag

Schneider, S. & Margraf, J. (1994). Kognitive Verhaltenstherapie bei Angstanfällen und Agoraphobien. In Hautzinger, M. (Hrsg.), Kognitive Verhaltenstherapie bei psychiatrischen Erkrankungen. München: Quintessenz Verlag

Schulte, D. (1976). Diagnostik in der Verhaltenstherapie. München: Urban & Schwarzenberg

Seligman, M. E. P. (1971). Phobias and preparedness. Behavior Therapy, 2, 307–320

Siegel, L. J.& Peterson, L. (1980). Stress reduction in young dental patients through coping skills and sensory information. Journal of Consulting and Clinical Psychology, 48, 785–787

Siegel, L. J. & Peterson, L. (1981). Maintenance effects of coping skills and sensory information on young children's response to repeated dental procedures. Behavior Therapy, 12, 530–535

Silverman, W. K., Cerny, J. A. & Nelles, W. B. (1988 b). The familial influence in anxiety disorders. Studies on the offspring of patients with anxiety disorders. In B. B. Lahey & H. E. Kazdin (Hrsg.), Advances of Clinical Child Psychology (Vol. 11, pp. 223–248). New York: Plenum

Smith, R. E. & Sharpe, T. M. (1970). Treatment of a school phobia with implosive therapy. Journal of Consulting and Clinical Psychology, 35, 239–243

Spielberger, C. D. (1973). State-Trait Anxiety Inventory for Children (STAIC). Palo Alto, California: Consulting Psychologists

Sreenivasan, U., Manochia, S. N. & Jain, V. K. (1979). Treatment of severe dog phobia in childhood by flooding: A case report. Journal of Child Psychology and Psychiatry, 11, 255–260

Stemmler, G. (1987). Entspannungsübungen – Mythos und Realität. Der informierte Arzt, 5, 15–19

Tasto, D. L. (1969). Systematic desensitization, muscle relaxation and visual imagery in the counterconditioning of a four-year old phobic child. Behaviour Research and Therapy, 7, 409–411

Thurner, F. & Tewes, U. (1969). Der Kinder-Angst-Test (K-A-T). Göttingen: Hogrefe

Turner, S. M., Beidel, D. C. & Costello, A. (1987). Psychopathology in the offspring of anxiety disorders patients. Journal of Consulting and Clinical Psychology, 2, 229–235

Ultee, C. A., Griffioen, D. & Schellekens, J. (1982). The reduction of anxiety in children: A comparision of the effects of „Systematic desensitzation in vitro" and „Systematic desensitization in vivo". Behaviour Research and Therapy, 20, 61–67

Unnewehr, S. (1992). Psychische Störungen und Angstsensitivität bei Kindern von Patienten mit einem Paniksyndrom. Unveröffentlichte Dissertation am Fachbereich Psychologie der Philipps-Universität Marburg

Unnewehr, S., Schneider, S. & Margraf, J. (1995). Diagnostisches Interview bei psychischer Störungen des Kindes- und Jugendalters (Kinder-DIPS). Berlin: Springer Verlag

Unnewehr, S., Schneider, S. & Margraf, J. (1998). Psychopathology in children of patients with panic disorder or animal phobia. Psychopathology, 31, 69–84

Unnewehr, S., Schneider, S. & Margraf, J. (Hrsg.), Diagnostisches Interview bei psychischen Störungen im Kindes- und Jugendalter (Kinder-DIPS). Berlin: Springer

Valentine, C. W. (1930). The innate bases of fear. Journal of Genetic Psychology, 37, 394–420

Van Hasselt, V. B., Hersen, M., Bellack, A. S., Rosenblum, N. D. & Lamparski, D. (1979). Tripartite assessment of the effects of systematic desensitization in a multi-phobic child: An experimental analysis. Journal of Behavior Therapy and Experimental Psychiatry, 10, 51–55

Watson, J. B. & Rayner, R. (1920). Conditioned emotional reactions. Journal of Experimental Psychology, 3, 1–15

Weissman, M. M., Leckman, J. F., Merikangas, K. R., Gammon, G. D. & Prusoff, B. A. (1984). Depression and anxiety disorders in parents and children. Results from the Yale Family Study. Archives of General Psychiatry, 41, 845–852

Windheuser, H. J. (1977). Anxious mothers as models for coping with anxiety. Behavioral Analysis and Modification, 2, 39–58

Wittchen, H. U. (1988). Natural course and spontaneous remissions of untreated anxiety disorders: Results of the Munich follow-up study (MSF). In I. Hand & H. U. Wittchen (Hrsg.), Panic and Phobias 2 (S. 3–17). Berlin: Springer

World Health Organization (Hrsg.) (1989). International Classification of Diseases, Injuries, and Causes of Death (ICD, 10 Revision) – Chapter V: Mental and Behavioral Disorders. Diagnostic Chriteria for Research. Unveröffentlichtes Manuskript. Genf: World Health Organization

Kapitel 10

Depression

Peter Altherr

1. Definition, Klassifikation und Ätiologie 244
1.1 Definition 244
1.2 Klassifikation 245
1.3 Ätiologie 247
1.3.1 Biologische Theorien 247
1.3.2 Psychosoziale Theorien 247
1.3.3 Neurophysiologische Theorien 250
2. Symptomatik und Verhaltensdiagnose 252
2.1 Symptomatik 252
2.2 Einschätzung durch Interview, direkte Beobachtung und Fremdinformation 254
2.3 Fragebogenverfahren 255
3. Therapie in der Praxis 256
3.1 Der verhaltenstherapeutische Ansatz 256
3.2 Operante Methoden 258
3.3 Social-skills-Training – soziales Lernen 258
3.4 Selbstkontrollmethoden 259
3.5 Gelernte Hilflosigkeit und Veränderungsstrategien 260
3.6 Kognitive Therapien 260
3.7 Veränderung der psychosozialen Umstände 261
4. Evaluation 261
4.1 Operante Methoden 262
4.2 Social-skills-Training 263
4.3 Selbstkontrolle und ähnliche Methoden 264
4.4 Kognitive Therapie 265
4.5 Bewertung 266

Literatur 267

1. Definition, Klassifikation und Ätiologie

1.1 Definition

Depressive Störungen scheinen unter allen psychischen Auffälligkeiten am häufigsten zu sein. Fast jeder Mensch weist irgendwann einmal in seinem Leben Symptome einer Depression wie Niedergeschlagenheit, Bedrücktheit, Traurigkeit, Dysphorie, Gefühle der Wertlosigkeit oder körperliche Beschwerden wie Appetitlosigkeit und Schlafstörungen auf. Ähnlich der Angst ist Depression eine allgemeine menschliche Erfahrung. Dies trifft auch für das Kindes- und Jugendalter zu.

Im Erwachsenenalter gibt es keinen Zweifel, daß jemand depressiv erkranken kann, doch für das Kindes- und Jugendalter war das Konzept einer depressiven Störung oder Erkrankung lange Gegenstand kontroverser Diskussion. Im Vordergrund der Kontroverse stand die Frage, ob sich die Ausdrucksform einer Depression im Kindesalter von der des Erwachsenenalters unterscheidet oder ob es eine Depression im Kindesalter überhaupt geben kann. Inzwischen ist jedoch die Annahme widerlegt, daß es im Kindesalter kein dem Erwachsenenalter analoges Krankheitsbild gibt. Es scheint allerdings den meisten Therapeuten weniger schwer zu fallen, die depressiven Symptome der Adoleszenz mit den bekannten Syndromen bei Erwachsenen zu vergleichen und zu akzeptieren (Hautzinger 1982; Emmelkamp 1986).

Im deutschen Sprachraum hat vor allem Nissen (1971) die These vertreten, daß sich depressive Symptome bei Kindern nicht offen, sondern verdeckt und maskiert durch Störungen des Sozialverhaltens wie Reizbarkeit, Aggressivität bis zu Delinquenz und Drogenabhängigkeit, Weglaufen, durch Hyperaktivität, Lernstörungen, Konzentrationsprobleme, unerklärbaren Leistungsabfall, sexuelle Auffälligkeiten und durch psychosomatische Symptome wie Enuresis und Enkopresis äußern. Diese Ansicht ist dem Konzept der larvierten Depression im Erwachsenenalter vergleichbar. Dieses Konzept kann allerdings nicht ausreichend erklären, wie eine kindliche Depression mit einer Vielzahl von anderen Diagnosen verknüpft sein kann und wie diese Störungen jeweils mit oder ohne Depression dann differenziert werden können. Allerdings bringt dieses Konzept gut die unterschiedlichen Entwicklungsstufen und Reifungsgrade zum Ausdruck, zumal depressive Symptome wesentlich vom Lebens- und Entwicklungsalter, von der Intelligenz und sogar vom Geschlecht abhängig sind.

Es wird heute allgemein akzeptiert, daß die Depression im Kindes- und Jugendalter durch die eigentliche Bedeutung des lateinischen Wortes „deprimere" – Niederdrücken – charakterisert oder durch die allgemeine Beschreibung eines charakteristischen „Stimmungshintergrundes" definiert werden kann. Dabei finden sich auf der einen Seite Zustände, die durch einzelne und oft nur schwach ausgeprägte und zudem kurzdauernde Störungen gekennzeichnet sind, wie sie bei praktisch allen Menschen, daher auch bei Kindern und Jugendlichen, als Folge von Verlusten, Enttäuschungen und Kränkungen oder auch in unangenehmen und bedrückenden Lebenssituationen auftreten können. Die andere Seite des Kontinuums beschreibt zwar qualitativ ähnliche Symptome, die aber wesentlich stärker ausgeprägt sind, länger andauern, mit Suizidgedanken einhergehen können und als schwere psychische Störungen imponieren. Hier sind die diagnostischen Zuordnungsprobleme wesentlich geringer.

Starke Streuungen in den Zahlenangaben zeigen, daß die Befunde wesentlich von der Definition des Depressionsbegriffes, den verwendeten Meßmethoden, der diagnostischen Einordnung und schließlich stark vom Alter der Untersuchten abhängig sind. Unterschiedliche Erscheinungsformen der Depression zwischen Kindern und Jugendlichen ergeben sich besonders durch eine größere Eigenständigkeit und Unabhängigkeit bei Jugendlichen. Dabei ist ein Trend deutlich: Mit zunehmendem Alter steigt auch die Depressionsrate. Es gilt als gesichert, daß in der Adoleszenz ein deutlicher Anstieg von depressiven Störungen gegenüber der Kindheit festgestellt wird. Die Geschlechtsverteilung entspricht ab dem Jugendalter der des Erwachsenenalters: Auf zwei depressive Mädchen kommt ein depressiver Junge. Diese Zahlenrelation ist bemerkenswert, weil in der Kinder- und Jugendpsychiatrie sonst für die meisten Krankheitsbilder eine deutliche Jungenwendigkeit die Regel ist.

In den letzten Jahren hat sich in der Literatur zur Frage der Depression im Kindes- und Jugendalter ein deutlicher Wandel abgezeichnet. Auch für das Kindes- und Jugendalter wird die Depression als eigenständiges Krankheitsbild akzeptiert (Kazdin 1989, Kerns 1997, Kovacs 1989, Steinhausen 1988). Viele Autoren, vor allem aus dem amerikanischen Bereich, die sich mit der Psychopathologie depressiver Störungen bei Kindern beschäftigen, gehen sogar davon aus, daß die Depression im Kindesalter ein Abbild der Erwachsenendepression darstellt und daß die Depression eines Jugendlichen der eines Erwachsenen stark ähnelt (Matson 1989). Daraus wird der Schluß gezogen, daß eine Depression im Kindesalter mit Abstrichen und sicher im Jugendalter auf die gleiche Art und Weise untersucht, beobachtet und behandelt werden kann wie depressive Erkrankungen bei Erwachsenen.

1.2 Klassifikation

International gebräuchliche Diagnosesysteme zur Klassifikation einer Depression sind heute die ICD-10 sowie für den amerikanischen Sprachraum das DSM-IV. In der ICD-10 werden unter der Überschrift F 3 – affektive Störungen – die in Tabelle 1 dargestellten Untergruppen von depressiven Störungen beschrieben. Nach Meinung der Herausgeber der ICD-10 sind die Beziehungen zwischen Ätiologie, Symptomatik, zugrundeliegenden biochemischen Prozessen, Ansprechen auf Behandlung und der weitere Verlauf von depressiven Störungen

Tabelle 1. ICD-10-Diagnosen für depressive Störungen

F 30–F 39	Affektive Störung
F 31	bipolare affektive Störungen
F 32	depressive Episode
F 33	rezidivierende depressive Störungen
F 34	anhaltende affektive Störungen
F 34.0	Zyklothymia
F 34.1	Dysthymia
F 43.20	kurze depressive Reaktion
F 43.21	längere depressive Reaktion
F 92.0	Störung des Sozialverhaltens mit depressiver Störung

gegenwärtig noch nicht so weit geklärt, daß ihre Klassifikation problemlos möglich wäre. Nach ICD-10 bestehen bei depressiven Störungen die Hauptsymptome in einer Veränderung der Stimmung und der Affektivität mit oder ohne begleitende Angst. Dieser Stimmungswechsel wird meist von einem Wechsel des allgemeinen Aktivitätsniveaus begleitet. Die meisten anderen Symptome beruhen darauf oder sind leicht in direkten Zusammenhang mit einer Veränderung von Stimmung und Aktivität zu verstehen. Die Hauptkriterien der Unterteilung stützen sich hierbei auf klinische Erfahrungen. Der Schweregrad wurde in den Vordergrund gerückt, da er Konsequenzen für die Behandlung hat. Es wird eine Unterscheidung zwischen den Schweregraden leicht, mittelgradig und schwer getroffen. Für das Erwachsenenalter und auch für das Jugendalter kann dies zutreffen. Im Kindesalter sind jedoch Zweifel angebracht. Der Beginn einer einzelnen Episode ist oft mit belastenden Ereignissen in der Lebensgeschichte oder mit konflikthaften Situationen in Zusammenhang zu bringen.

Der Kommentar zur ICD-10 betont ausdrücklich, daß das Kapitel V (F) alle Altersgruppen behandelt, so daß auch die depressiven Störungen in der Kindheit und Jugend hier klassifiziert werden. Die ICD macht also keinen Unterschied bei der Zordnung der affektiven Störungen zu verschiedenen Altersgruppen, läßt daher entwicklungstypische Phänomene und entwicklungspsychologische Besonderheiten etwas außer acht. Dies führt zwar zu einer größeren diagnostischen Einheitlichkeit für alle Altersstufen, läßt aber eine differenziertere Betrachtung, insbesondere für das Kindes- und Jugendalter, vermissen.

Die Besprechung des Diagnoseschemas DSM-III-R bzw. DSM-IV ist hier notwendig, weil sich die meisten englischsprachigen Arbeiten zur Depression im Kindes- und Jugendalter auf DSM-III bzw. DSM-III-R beziehen. Eine deutsche Übersetzung von DSM-III u. DSM-IV liegt vor. Die Beschreibung der depressiven Symptomatik im DSM-III-R u. IV ist ausschließlich phänomenologisch orientiert. Dies wird auch deutlich an der Vermeidung des Begriffes der „Endogenität" für schwere Formen der Depression. Statt dessen wird der Begriff der „Melancholie" wieder eingeführt. Im DSM-III-R u. IV werden depressive Störungen unter der Überschrift „affektive Störung" erfaßt (siehe Tabelle 2). Anhand von definierten Kriterien werden vier Gruppen von Störungen unterschieden, nämlich Major Depression (einzelne Episode oder Rezidiv), dysthyme Störung (depressive Neurose), nicht näher bezeichnete depressive Störung und Anpassungsstörung. Auch im DSM-III-R u. IV wird bei der Beschreibung der Kriterien zwischen Erwachsenenform und Kinder- und Jugendlichenstörung nicht grundsätzlich unterschieden. Mit geringen Ausnahmen sind sowohl die Kategorien als auch die Kriterien bei Kindern/Jugendlichen und bei Erwachsenen gleich. Lediglich bei der Dauer der affektiven Störung wird als Unterschied im Kindes- und Jugendalter ein Jahr angegeben, während bei Erwachsenen die Dauer zwei Jahre betragen soll. Bei präpubertären Kindern mit einer Episode einer Major Depression sind somatische Beschwerden, psychosomatische Unruhe und stimmungskongruente Halluzinationen besonders häufig. Bei älteren Kindern mit der Episode einer Major Depression sind Angststörungen in der Kindheit (z. B. Störungen mit Trennungsangst, Störungen mit Überängstlichkeit, Störungen mit Kontaktproblemen in der Kindheit oder Adoleszenz) sowie Phobien besonders häufig als Komorbidität anzutreffen.

Bei Adoleszenten können negativistische oder einfach dissoziale Verhaltensweisen bis hin zu Drogenkonsum vorkommen und rechtfertigen dann die zusätzliche Diagnose einer Störung mit oppositionellem Trotzverhalten, einer Störung des Sozialverhaltens (mit depressiver Störung), Mißbrauch und Abhängigkeit von psychotrophen Substanzen. Bei Jugendlichen kommen der Wunsch, das Elternhaus zu verlassen, oder das Gefühl, nicht verstanden und anerkannt zu werden, Ruhelosigkeit, schlechte Laune und Aggressivität häufig vor. Empfindsamkeit und Rückzug von sozialen Aktivitäten mit Isolierung im eigenen Zimmer sind ebenfalls häufig. Es kann zu einer Vernachlässigung der äußeren Erscheinung, zu einer gesteigerten emotionalen Labilität und zu Empfindlichkeit bei einer Zurückweisung, insbesondere in ersten Liebesbeziehungen, kommen. Bei der Beschreibung der Symptomatik einer dysthymen Störung wird darauf hingewiesen, daß die Grenze zwischen einer dysthymen Störung und einer Major Depression besonders bei Kindern und Jugendlichen nicht eindeutig zu fassen ist. Eine dysthyme Störung beschreibt ungefähr ein Zustandsbild, das bei uns auch als depressive Neurose bezeichnet wird.

Tabelle 2. DSM-III-R/DSM-IV – Affektive Störungen (affectiv disorders)

296.2x	Major Depression, Einzelne Episode
296.3x	Major Depression, Rezidivierend
	Die 5. Stelle bezeichnet den gegenwärtigen Schweregrad:
.31	leicht
.32	mittel
.33	schwer – ohne psychotische Merkmale
.34	mit psychotischen Merkmalen
.35	unvollständige Remission
.36	vollständige Remission
	Diagnostische Kriterien für „Melancholischer Typus" sowie „Saisonal abhängige Verlaufsform"
296.5x	Bipolare Störung – Depressiv
300.40	Dysthyme Störung (oder Depressive Neurose)
309.00	Anpassungsstörung mit depressiver Verstimmung
311.00	Nicht näher bezeichnete depressive Störung

Falls eine Zuordnung weder zu der einen noch der anderen Kategorie möglich ist, wird dies als „nicht näher bezeichnete depressive Störung" bezeichnet. Eine Anpassungsstörung schließlich hat den leichtesten Krankheitswert und wird als vorübergehende Verstimmung mit guter Prognose angesehen. Es besteht kein Risiko, daß sich die Anpassungsstörung zu einer „echten" Depression entwickeln könnte. Häufig werden gleichzeitig andere emotionale Störungen diagnostiziert. Im DSM-III-R existiert das Konzept der „maskieren" oder „larvierten" Depression nicht, da es sonst schwierig wäre, die angeblichen Symptome einer larvierten Depression (z. B. Enuresis, Enkopresis) von diesen Störungsbildern selbst klar zu unterscheiden. Eine deutschsprachige Zusammenfassung über Depressionsdiagnostik im Kindesalter findet sich bei Rossmann (1991).

Im angloamerikanischen Raum haben die Diagnosekriterien nach DSM-III-R u. IV eine breite Akzeptanz, obwohl diese nur relativ schwach empirisch abgesichert sind. Es bleibt abzuwarten, ob sich im europäischen Raum die ICD-10 dagegen durchsetzen wird.

1.3 Ätiologie

Nach den Hauptrichtungen der Depressionsforschung lassen sich im wesentlichen drei Hauptrichtungen der Ätiologietheorien unterscheiden: biologische, verhaltenstheoretische und kognitive sowie neurophysiologische Modelle, worauf sich wiederum die verschiedenen Therapieansätze stützen.

1.3.1 Biologische Theorien

Bei den biologischen Theorien stehen neuroendokrine, biochemische und genetische Hypothesen im Vordergrund. Die Verknüpfung von Symptomen in den Bereichen Stimmung, Schlaf, Appetit und Sexualität sprechen für eine Beteiligung von neuroendokrinen Faktoren und für eine Störung im Bereich hypothalamischer Funktionen. Diese biologischen Funktionen werden wieder von Neurotransmittern, insbesondere Noradrenalin und Serotonin, reguliert. Daher liegt die Vermutung nahe, daß Störungen im Stoffwechsel dieser Neurotransmitter an der Genese einer depressiven Störung ursächlich beteiligt sind. Darüber hinaus wird diskutiert, ob nicht niedrige Spiegel von Serotonin und Dopamin – seien sie neuroendokrin oder psychosozial bedingt – zum Auftreten depressiver Phänomene beitragen.

Familienstudien haben gezeigt, daß an der Bedeutung genetischer Faktoren bei affektiven Psychosen kein Zweifel besteht. Die Kinder von kranken Eltern haben ein nachgewiesen höheres Risiko für das Auftreten von affektiven Störungen als unbelastete Kinder. Nicht klar ist dabei der Anteil von genetischen zu umweltbedingten Faktoren sowie ihre mögliche Interaktion für die Ausprägung von depressiven Symptomen. Daher muß dieser Ansatz noch durch Adoptions- und Zwillingsstudien und durch spezifische genetische Forschungsansätze erweitert werden, bis er auch für das hier interessierende Alter sichere Aussagen erlaubt.

1.3.2 Psychosoziale Theorien

Unter den psychosozialen Modellen sind zu den lange Zeit dominierenden psychodynamischen Ansätzen seit den 80er Jahren verstärkt verhaltenstheoretische und kognitivorientierte Modelle getreten.

Zunehmend in den Vordergrund getreten sind heute die kognitiven Theorien der Depression (Zusammenfassung siehe Rulcovius und Reinhard 1990). Gemeinsam ist den kognitiven Theorien die Annahme, daß zumindest einige Formen der Depression, sowohl bei Erwachsenen als auch bei Kindern und Jugendlichen, das Endergebnis eines spezifischen Denkmusters von negativen Kognitionen bzw. Schlußfolgerungen sind. Viele Studien stützen die Annahme, daß bestimmte kognitive Veränderungen mit Depression einhergehen, doch bleibt die Richtung der Verursachung meist unklar. Entweder gehen die negativen Kognitionen der Depression voraus und begünstigen das Auftreten von Depression, oder negative Kognitionen sind die Folge der Depression. Die verschiedenen kognitiven Theorien unterscheiden sich darin, welche kognitiven Vorstellungen sie als wichtig für die Entstehung von Depressionen halten.

Die kognitive Theorie der Depression nach Beck:

Die zentrale Hypothese in seinem Ansatz lautet, daß die Depression als eine kognitive Störung aufzufassen ist. Der depressive Patient hat sich realitätsferne Denkschemata angeeignet, wobei die Abbildung der realen Wirklichkeit verzerrt ist. Beck (1967) klassifiziert die für Depressive charakteristischen Schemata nach inhaltlichen und formalen Aspekten. Bei einer depressiven Sichtweise bewertet der Betroffene sich selbst, die Umwelt und die Zukunft negativ (kognitive Triade), auch wenn positive Erklärungen genauso logisch wären. Dadurch werden realitätsgerechte Reaktionen verhindert. Der Depressive betrachtet sich in bezug auf die Vergangenheit als Versager, in bezug auf die Gegenwart als minderwertig und in bezug auf die Zukunft als unfähig. Er erwartet eine Fortsetzung der Ablehnungen und Mißerfolge. Bei den formalen Denkprozessen nimmt Beck an, daß Depressive eine Reihe von systematischen Denkfehlern begehen: Sie ziehen Schlußfolgerungen, ohne daß sich diese auf Fakten beziehen; sie fixieren sich auf Details, ohne den Gesamtzusammenhang zu beachten; sie gelangen zu allgemeinen Schlußfolgerungen auf Grund einer einzigen Begebenheit, und sie nehmen meist negative Interpretation von neuen Informationen vor. Depressive glauben, daß sie persönlich unfähig sind, daß ihr aktuelles Mißgeschick anhalten wird und daß ihre zukünftigen Erfahrungen negativ sein werden. Die Folgen dieser kognitiven Verzerrung sind Dysphorie, Verzagtheit, Trauer und Depression. Nach Beck erklärt dies, warum depressive Patienten bei ihren selbstquälerischen und selbstzerstörerischen Einstellungen auch dann bleiben, wenn vieles objektiv dagegen spricht.

Auch für depressive Kinder gibt es Hinweise dafür, daß diese eine Beziehung zwischen den Leistungsanforderungen und ihrer Unfähigkeit, diese zu erbringen, herstellen und dadurch einer falschen Kognition und Attribution erliegen, was wiederum von negativen Emotionen, insbesondere Hoffnungslosigkeit, begleitet wird. Wenn ein Kind ständig kritisiert wird und häufig abwertende Äußerungen hört, wird sich sein Selbstkonzept ins Negative verkehren. Die häufige Kritik „Du willst nur nicht", wenn es in Wirklichkeit nicht kann, und der Vorwurf: „Du bist böse, dumm" oder: „Mit dir kann man nichts anfangen" werden das Kind schließlich dazu bringen, dies letztendlich selbst von sich anzunehmen, da Kinder noch darauf angewiesen sind, solche Wertungen der Umwelt zu übernehmen. Es hat sich eine falsche Attribution eingestellt, was zu einem falschen Selbstkonzept führt. Kinder neigen dann zu negativen Aussagen über sich selbst. Dweck u. a. (1973) fanden solche Verhaltensdefizite bei Kindern. Sie konnten feststellen, daß depressive Kinder beim Vergleich mit anderen weniger anstrengungsbereit waren, weniger effizient und langsamer arbeiteten und auf Grund dieser Erfahrungen einer pessimistischen Selbsteinschätzung erlagen. Sie erwarteten, daß sie selbst nichts an dieser hoffnungslosen Situation ändern konnten.

Bei der Anwendung auf Kinder gehen Cole und Kaslow (1988) auf eine große Anzahl von Untersuchungen aus dem entwicklungspsychologischen Bereich ein und betonen einerseits die Bedeutung der Interaktion zwischen Eltern und Kind und zwischen Kindern und psychosozialer Umgebung für die Affektregulierung bei Kindern. Andererseits zeigen sie die Bedeutung auf, die kognitive Muster und Selbstregulationsstrategien spielen. Als eine weitere Quelle der Affektsteuerung sehen sie das soziale System wie Schule, Ausbildungsstelle, Peer-group bzw. Interaktionsstrategien an, die depressive Störungen entstehen lassen, aufrechterhalten und verstärken können.

Daß die Sichtweise einer kognitiven Verzerrung auch auf die Altersstufe der Kindheit und Adoleszenz übertragbar ist, wurde durch empirische Studien an Kindern im Schulalter und in der frühen und mittleren Adoleszenz gesichert. Emery, Bedrosan und Garter (1983) haben einen umfassenden Überblick über kognitive Defizite bei Kindern vorgelegt, der die folgerichtige Anwendbarkeit und Gültigkeit des kognitiven Modells auch auf Kinder nachweist. Sie bezeichnen die verzerrte Wahrnehmung und den falschen Kausalattributionsstil als „Denkfehler". Es gilt als erwiesen, daß bereits Kinder über die kognitiven Fähigkeiten verfügen, depressive Reaktionen wahrzunehmen und diese falsch zu attribuieren. Auch die affektiven Belastungen einer Depression wie Schuldgefühle, Wut, Angst und geringe Selbsteinschätzung sind bei Kindern nachweisbar. Sie leiden unter der Hoffnungslosigkeit im Hinblick auf die Zukunftsperspektive genauso wie Erwachsene.

Selbstkontrollmodell nach Rehm:

Rehm (1977) nimmt in seinem Selbstkontrollmodell der Depression an, daß bei depressiven Personen spezifische Defizite in der Selbstbewertung, Selbstverstärkung und der Selbstbeobachtung vorliegen bzw. durch negative Erfahrungen erworben werden. Sie richten ihre selektive Aufmerksamkeit auf negative Ereignisse und deren negative Folgen, sie wenden auf sich selbst strenge Leistungskriterien an, attribuieren Folgen auf die Minderwertigkeit der eigenen Person, sie neigen zu übermäßiger Selbstbestrafung und vermeiden wenn möglich Selbstverstärkung – es sei denn in negativer Hinsicht. Insgesamt hat ihr psychisches Selbstmanagement eine deutlich herabsetzende und selbstzerstörerische Tendenz. Rehm hat die Entstehung einer depressiven Symptomatik bei Erwachsenen ausführlich beschrieben und klassifiziert.

Der Selbstkontrollansatz wird in der Literatur meist auf Rehm zurückgeführt. Dies ist nicht ganz richtig, da diese Theorie bereits vorher von Frederik Kanfer (1970) entwickelt wurde und lediglich von Rehm auch auf die Therapie depressiver Störungen angewandt wurde. Kanfer dagegen kommt das Verdienst zu, die Selbstkontrolle als verhaltenstherapeutische Methode eingeführt zu haben.

Auch für Kinder liegen Beobachtungen vor (Kaslow u. a. 1984), die zeigen, daß bereits depressive Grundschulkinder strengere Maßstäbe an sich selbst anlegen, schlechtere Leistungen voraussehen und eher eine Bestrafung als eine Belohnung erwarten. Sie schätzen sich schlechter als ihre Schulkameraden ein und haben ein gemindertes Selbstwertgefühl. Die Bedeutung der sozialen Umgebung und insbesondere die Rückmeldung aus der Umgebung spielen hier eine bedeutsame Rolle. Kinder wollen sozial akzeptiert sein und leiden unter selbstentwertenden Äußerungen oder sozialer Mißachtung. Wenn ein Kind nicht versteht, was von ihm verlangt wird, wird es sich überfordert fühlen und ein Gefühl der Hilflosigkeit entwickeln, weil es diese Situation nicht aus eigener Kraft ändern oder bewältigen kann. Dann führt ein herabgesetztes Selbstwertgefühl zu einer depressiven Reaktion. Dieses negative Selbstkonzept wurde auch von Strauss u. a. (1984) bei depressiven Kindern beschrieben.

Die Theorie der gelernten Hilflosigkeit und ihre Weiterentwicklungen:

Von Seligmann (1974) wurde das kognitive Modell der gelernten Hilflosigkeit als Paradigma für die Erklärung depressiven Verhaltens entwickelt. Bei Tierexperimenten fand er heraus, daß ein Organismus dann, wenn er unkontrollierbaren aversiven Stimuli ausgesetzt war, bei den darauf folgenden Vermeidungsprozeduren nicht zu adaptivem Lernen fähig ist. Das Ergebnis ist dann der „Effekt der gelernten Hilflosigkeit". Seligman postulierte, daß sich diese Erfahrung auf menschliches Verhalten übertragen läßt und entwickelte daraus seine Auffassung über Entstehung und Aufrechterhaltung von Depressionen. Die Ansicht, daß sowohl Erfolg als auch Mißerfolg unabhängig von den eigenen Anstrengungen sind, steht in direktem Zusammenhang mit gelernter Hilflosigkeit als Merkmal depressiven Verhaltens und führt zu einer negativen kognitiven Sicht, die zukünftiges Verhalten prägt. Es bilden sich irrationale Kognitionen aus. Der Patient stellt dabei eine Beziehung zwischen seiner Person und nicht kontrollierbaren Ereignissen in seiner Umwelt her, wobei er sich zwar einesteils verantwortlich fühlt, andererseits aber vor seiner Ohnmacht, solche Ereignisse zu beeinflussen, kapituliert.

Seligman selbst gibt zu, daß sein Modell der gelernten Hilflosigkeit nicht jede Art von Depression erklären kann. Er wendet seine Theorie vor allem auf die reaktive Depression an, merkt aber an, daß auch die sogenannte endogene Depression mit der reaktiven Depression viele Merkmale gemeinsam habe. Dies führte dazu, daß das Konzept der gelernten Hilflosigkeit erweitert wurde. Neu ist, daß zwischen der Erwartung von Unkontrollierbarkeit und dem Auftreten von depressiven Symptomen Kausalattributionen wirksam werden. Diese attributionstheoretischen Modelle gehen von der Annahme eines charakteristischen depressiven Attributionsstiles aus. Der depressive Patient attribuiert global seine Situation mit negativen Ereignissen und übersieht positive Faktoren. Es gilt als sicher, daß sich Nicht-Depressive und Depressive in ihrem Attributionsstil deutlich unterscheiden (Rulcovius und Reinhard 1990).

Abramson, Metalsky und Alloy (1989) stellten eine Weiterentwicklung des Seligman-Konzeptes vor, die sie die „Theorie der Hoffnungslosigkeit der Depression" nannten. Die Autoren beschreiben die Ursachen, die Symptome und die Möglichkeiten für Therapie und Prävention der von ihnen so bezeichneten Hilflosigkeitsdepression. Es gilt inzwischen als sicher, daß der typische Attributionsstil in Kombination mit Streß, das Auftreten depressiver Stimmungen und einer depressiven Symptomatik begünstigt. Depressive setzen ihre Maßstäbe so hoch an, daß sie sie auch mit erhöhter Anstrengung nicht erreichen werden. Sie müssen zwangsläufig Mißerfolg erleiden, was zu negativer Selbstbewertung und geringem Selbstbewußtsein führt.

Kognitive Theorien haben heute eine herausragende Bedeutung für die Depressionsforschung. Es zeigt sich allerdings, daß die Mehrzahl der empirischen Studien mit nur leicht depressiven Personen durchgeführt wurden. Eine generelle Übertragung der Ergebnisse auf klinische Populationen ist nur begrenzt möglich. Es fehlt der Nachweis, daß diese Theorien genau so gut auf reaktive wie auf endogene Depression anwendbar sind.

1.3.3 Neurophysiologische Theorien

In den letzten Jahren kommen Erklärungsversuche aus einer Richtung, die bislang zur Depressionsätiologie wenig beigetragen hatte, deren Ergebnisse aber gerade verhaltenstherapeutische und kognitive Theorieansätze auf eine unerwartete Weise bestätigen. Es handelt sich dabei um die Lateralitätsforschung des Gehirns. Interessante Aspekte trug die Forschungsgruppe um Otto (1988) bei. Danach soll die rechte Hemisphäre (bei Rechtshändern und insgesamt bei 95% aller Menschen) für die Entstehung und Aufrechterhaltung von depressiven Symptomen verantwortlich sein. Mit der nicht-dominanten rechten Hemisphäre nimmt der Mensch seine Welt auf emotionale, ganzheitliche und visuelle Weise wahr. Mit der linken, wegen ihres überlegenen Sprachvermögens und der Vorherrschaft über die rechte Körperhälfte auch als dominant bezeichneten Gehirnhälfte wird dagegen eine Zuständigkeit für die logisch-verbale Analyse verbunden.

Eine Fülle von neurophysiologischen Daten aus der Hirnforschung machen es wahrscheinlich, daß die rechte Hirnhälfte maßgeblich an der Genese des depressiven Stimmungstiefs beteiligt ist. Bei Untersuchungen von Patienten zeigte sich, daß im Laufe einer depressiven Episode die bioelektrische Aktivität in der rechten Hemisphäre im Vergleich zur linken zunimmt. Diese relative Erstarkung könnte natürlich auch die Folge einer verminderten Tätigkeit der dominanten Hälfte sein. Es konnte auf jeden Fall gezeigt werden, daß während eines depressiven Schubs eine deutliche

Asymmetrie in der bioelektrischen Aktivität beider Hirnhälften besteht. Welche Konsequenzen aus der verminderten Aktivität der einen oder dem Überwiegen der anderen Hemisphäre erwachsen, läßt sich auch bei der Diagnostik von Patienten mit einseitigen zerebralen Läsionen zeigen. Mit rechtsseitigen Läsionen gehen demnach auffällig häufig euphorische Anwandlungen und extreme Gleichgültigkeitsempfindungen einher, wogegen linksseitige Schädigungen eher depressive Reaktionen und die Ahnung einer unmittelbar bevorstehenden Katastrophe nach sich ziehen. Vergleichbare Phänomene treten auch nach einer reversiblen, einseitigen Inaktivierung der Großhirnrinde mit zentralnervös dämpfenden Pharmaka auf.

Der Verdacht, daß die depressive Gemütsverfassung in einer gesteigerten Aktivität der rechten Hemisphäre ihre Ursache hat, wird auch durch elektroencephalographische Ableitungen gestützt. Im EEG von depressiven Patienten werden Anzeichen einer überproportionalen Stimulierung der nicht dominanten Großhirnrinde, z. B. ein Nachlassen der dortigen Alphaaktivität oder eine Steigerung der Betaaktivität, gefunden. Dieser „Rechtsdrall" ist am stärksten in den temporalen Hirnarealen sichtbar. Versuchspersonen, die sich zu Versuchszwecken in eine melancholische Gemütslage hineinsteigern, zeigen ebenfalls eine, wenn auch frontal stärkere, rechtsseitige Überaktivierung.

Andere Indizien deuten darauf hin, daß das intellektuelle Leistungsvermögen der rechten, nicht aber der linken Hälfte, bei Depressiven Einbußen erleidet. In einer depressiven Verfassung brauchen Versuchspersonen längere Zeit, um einen optischen Reiz im linken Sehfeld, das mit der rechten Hemisphäre verbunden ist, wahrzunehmen, als wenn sie diesen Stimulus von rechts präsentiert bekommen. Es sieht so aus, als ob die rechte Großhirnhälfte an der Entstehung der depressiven Gemütslage beteiligt ist und daß dieses Stimmungstief seinerseits die Auffassungsgabe der rechten Hemisphäre beeinträchtigt. Das heißt aber auch, daß die eingehende Information die Aktivierung der „geeigneten" Hemisphäre bestimmt, welche dann als Folge alle bei ihr ankommenden Eindrücke auf Grund ihrer charakteristischen Veranlagung verarbeitet. Eine Aktivierung der linken Hemisphäre würde daher einen verbalen Umgang mit Informationen begünstigen. Die rechte Hemisphäre wiederum, die auf unangenehme emotionale Reize reagiert, verarbeitet anscheinend daraufhin Informationen mit einer emotional negativ getönten Einfärbung.

Es gibt auch Anhaltspunkte dafür, daß die nicht dominante rechte Hemisphäre die Gegenseite bei der Aufrechterhaltung der Vigilanz (Arousal) übertrifft. Vermutlich vermag die rechte Seite beide Hemisphären zugleich in Aktivität zu versetzen, wohingegen die linke Hemisphäre gleichsam nur für sich selbst sorgt. Dieses funktionale Merkmal der rechten Hemisphäre, nämlich ihre Überlegenheit bei der Steuerung der Vigilanz und ihre hohe Ansprechbarkeit für negative Eindrücke, hat nach Ansicht der Forschungsgruppe um Otto einen offenkundigen biologischen Sinn und einen Überlebenswert. Es ist biologisch sinnvoll, daß der Mensch eine hohe Sensibilität für unangenehme, potentiell bedrohliche Eindrücke hat, und er handelt sinnvoll, wenn er darauf mit einer gesteigerten Wachsamkeit anspricht.

Der Befund, daß das depressive Stimmungstief mit der rechten Gehirnhälfte in Zusammenhang gebracht wird, steht mit der kognitiven Theorie der Depression gut in Übereinstimmung. Danach nimmt eine Person durch ihre Vorstellungen, Kognitionen, Wahrnehmungen und Gedanken direkten Einfluß auf ihre affektive Befindlichkeit. Manche negativen Vorstellungen sind demnach ausgesprochen depressionsauslösend. Dazu gehören besonders die negative Wahrnehmung der eigenen Person, die negative Interpretation der persönlichen Erfahrungen und die negative Vorausschau in die Zukunft. Möglicherweise reichen aber auch schon negative Kognitionen und Erwägungen alleine für die verstärkte Aktivierung der rechten Hemisphäre aus. Dies wiederum trägt zur Verfestigung und Verstärkung der beschriebenen negativen Selbst- und

Umweltwahrnehmung bei. Daher stellt vermutlich die rechtsseitige Aktivierung ein kausales Glied in der Entstehung einer depressiven Gemütsverfassung dar.

Für die Therapieverfahren, die aus den kognitiven Theorien abgeleitet sind, liefert das vorgestellte Modell ebenfalls eine gute Begründung: Die kognitive Theorie der Depression, insbesondere nach Beck, postuliert ja, daß es möglich ist, Patienten eine geänderte Sicht der Selbst- und Umweltwahrnehmung zu vermitteln. Diese ist dann imstande, einen besseren Umgang mit den psychischen Belastungen durch die depressive Gemütslage, eine Änderung der Einstellung und eine Aktivierung des Selbsthilfepotentials zu vermitteln.

Bei dieser psychischen „Immunisierung" handelt es sich hirnphysiologisch gesprochen um spezifische Verbalisierungen, die die linke, dominante Hemisphäre aktivieren. Eine systematisch stärker aktivierte linke Hemisphäre wäre dann imstande, die Überaktivität der rechten Hemisphäre zu korrigieren oder auszugleichen. Auf der neurophysiologischen Ebene kommt es dann durch geeignete Techniken der Selbstregulation zu einer Unterdrückung der rechtshemisphärischen Aktivität. Durch die erlebte Verstärkerwirkung dieser Wahrnehmung gelingt dem Patienten dann eine Änderung und Bewältigung der depressiven Symptomatik. Ansätze aus der Forschungsrichtung über funktionelle Hemisphärenasymmetrie zeigen, daß diese Vorstellungen prinzipiell auch bei Kindern und Jugendlichen Gültigkeit haben.

2. Symptomatik und Verhaltensdiagnose

2.1 Symptomatik

Obwohl viele diagnostische Kennzeichen der Depression altersunabhängig sind, hat doch der entwicklungspsychologische Anspekt bei Kindern einen besonderen Stellenwert. Bereits bei Säuglingen führt eine längerdauernde psychosoziale Deprivation und mangelnde emotionale Zuwendung über eine Phase von Protest mit Weinen und Schreien schließlich zu einem Zustand von Gehemmtheit und Apathie mit körperlichen Gedeihstörungen. Dieser Zustand, der als anaklitische Depression bezeichnet wird, wird oft von Schlafstörungen und Jactationen begleitet. Ob es sich dabei wirklich um eine Form der Depression im frühesten Kindesalter handelt oder ob die psychosomatischen Symptome als depressives Äquivalent gelten können, ist jedoch unklar und auch empirisch kaum abzusichern.

Im Kleinkindesalter lassen längeranhaltende Zustände mit Gehemmtheit, Verstimmtheit, Trennungsangst und Rückgang der altersgemäßen Spielaktivitäten an eine Depression denken. Als Einzelsymptom kommt jedes dieser Phänomene vorübergehend auch in der normalen Entwicklung vor. Erst die Häufung der Symptome und ein Andauern über Wochen und Monate sichert die Diagnose.

In der mittleren Kindheit kommen zu diesen Beschwerden oft noch Traurigkeit und Weinen dazu. Die Phantasietätigkeit läßt nach. Statt dessen wird eine Spielunlust deutlich. Der depressive Gesamteindruck ist für die Eltern als Verhaltens- und Befindensänderung deutlich. Er zeigt sich im Gesichtsausdruck und im Verhalten, obwohl dem Kleinkind und Grundschulkind meist noch die Fähigkeit fehlt, seinen Gemütszustand zu beschreiben und darüber zu reden. Der Beobachter kann die Symptomatik von außen besser erkennen als das Kind selbst, dem aus entwicklungsbedingten Gründen noch die Fähigkeit zur Wahrnehmung seines eigenen Zustandes abgeht. Die Umgebung nimmt die depressive Reaktion als sozialen Rückzug innerhalb der Familie und gegenüber Spielkameraden wahr. Es können körperliche Beschwerden wie Schlafstörungen, Appetitverminderung bis Gewichtsabnahme, Nachlassen der altersgemäßen körperlichen Aktivitäten mit Klagen über Müdigkeit und bei Schulkindern nachlassendes Interesse für Schulstoff und Rückgang der Schulleistungen hinzukommen.

In der Präadoleszenz wird die Symptomatik der des Erwachsenenalters ähnlicher, und zehn- bis zwölfjährige Kinder sind auch besser imstande, über ihre Beschwerden zu reden. Räsänen und Tamminen (1991) haben präadoleszente Kinder im Alter zwischen 5 und 12 Jahren untersucht, die alle nach kinderpsychiatrischer Einschätzung und verschiedenen Fragebogenverfahren die DSM-III-Kriterien für eine Major Depression erfüllten. Psychische Symptome und damit verbundene Klagen sind definitionsgemäß Teil einer depressiven Störung. In dieser Studie erwähnten die Kinder selbst nur selten psychische Symptome. Hier zeigen sich deutliche Unterschiede zum Jugendalter und noch deutlicher zum Erwachsenenalter. Statt dessen kommen bei drei Viertel Klagen über Schlafstörungen vor. Noch mehr litten immer oder oft unter mangelndem Appetit. Alle Kinder machten sich Sorgen um banale Angelegenheiten. Sie weinten auch viel. Fast alle litten unter Gefühlen der Einsamkeit. Sie hatten kaum Freunde in der Schule und wurden oft gehänselt. Die Autoren vermuten, daß der Verlust oder das Fehlen von Beziehungen die Ursache oder die Folge eines gering ausgeprägten Selbstwertgefühls darstellt und bei den depressiven Kindern zu einem Teufelskreis führt, der in Einsamkeit endet. Alle untersuchten Kinder hatten Schulschwierigkeiten, Hausaufgabenprobleme und Leistungsdefizite. Sie fühlten sich außerstande, den schulischen Anforderungen wie ihre Mitschüler nachzukommen. Es kam dadurch zu einer mangelnden Motivation für Anstrengung und Leistung, was wiederum das Gefühl von Versagen und Unterlegenheit verstärkte. Mehr als die Hälfte dieser Kinder berichteten über Suizidideen. Sie dachten häufig über Tod und Sterben nach, einige sprachen offen über Suizidabsichten, ein besonderes Alarmsignal für die Umgebung. Die psychosoziale Lebenssituation dieser Kinder ist auffällig. In der Anamnese kamen überdurchschnittlich häufig Trennungserlebnisse vor: Trennung von den Eltern, Ehekrisen der Eltern, Weggang eines Elternteiles, Verlust durch Tod, Mißhandlungserlebnisse. Viele Eltern dieser Kinder litten selbst unter psychischen Störungen und Krankheiten. Hieraus ergibt sich die Bedeutung der psychosozialen Situation für die Entstehung einer depressiven Störung und gleichzeitig ihre Beachtung im Therapieplan. Je jünger die Kinder sind, desto wichtiger ist die Beurteilung der Gesamtsituation. Sogenannte psychosomatische Äquivalente wie Enuresis, Enkopresis und Eßstörungen kamen zwar vor, hatten aber keine spezifische diagnostische Bedeutung. Dagegen ist aber die Psychomotorik dieser Kinder auffällig: steife und verminderte Gesichtsmotorik und reduzierte Gestik, wenig Freude an Bewegungsspielen, trauriger Gesichtsausdruck und langsames und monotones Sprechen.

Bei Jugendlichen mit einer Depression finden sich regelmäßig Schilderungen von Kontaktschwäche, Gehemmtheit, Angst und Zurückgezogenheit. Häufig geht die Depression dieser Altersstufe mit sozialer Isolierung, schulischem Leistungsabfall und ausgeprägter Kontaktschwäche zur Gruppe der Gleichaltrigen einher. Es kann eine allgemeine Interesselosigkeit und Gleichgültigkeit auftreten, die bis zur Verwahrlosung oder Vernachlässigung der Kleidung, der Hygiene und der äußeren Erscheinung gehen kann. Jugendliche klagen dann über das Gefühl, nicht anerkannt und respektiert zu werden. Sie reagieren überempfindlich auf Kritik. Stimmungsmäßig sind sie launisch, mürrisch und unausgeglichen und fallen durch eine ablehnende Haltung der Schule oder dem Leben allgemein, der Ausbildungssituation oder den sozialen Anforderungen der Gesellschaft gegenüber oder auch durch das Gegenteil, nämlich durch Aggressivität und Dissozialität auf. Bei einer mehr geschlechtsspezifischen Betrachtung fallen Jungen eher durch eine aktiv-agitierte Symptomatik und Mädchen mehr durch eine passiv-gehemmte Symptomatik auf.

2.2 Einschätzung durch Interview, direkte Beobachtung und Fremdinformation

Die Diagnostik depressiver Störungen erfolgt durch das klinische Interview, die Fremdanamnese als Information durch die Eltern und durch die direkte Beobachtung (Linden 1979). Die Kriterien der Klassifikationssysteme stellen dabei gewissermaßen den Leitfaden für die Exploration sowie für die direkte Befunderhebung durch den Untersucher dar. Neben dem Gespräch mit dem Patienten und der direkten Beobachtung ist der Untersucher jedoch bei der Einschätzung der Symptomatik meist auf die Beobachtungen und Mitteilungen der Eltern und anderer wichtiger Bezugspersonen aus dem Umfeld angewiesen, um die erhaltenen Daten dann mit der „Symptomliste" zu vergleichen. Erst die Beurteilung der vorliegenden Störungen auf der Basis von mehreren Informationsquellen erlaubt eine zuverlässige Einschätzung, die der Fachmann dann in die Kurzformel einer Diagnose anhand eines der üblichen Klassifikationsschemata bringt. Dies ist eine idealtypische Beschreibung des diagnostischen Procedere, das in der Praxis meist jedoch etwas anders abläuft.

Höchst selten kommt im Kindes- und Jugendalter eine Depression als isolierte Störung vor. Die Regel ist, daß Kinder und Jugendliche meist mehrere andere Störungen gleichzeitig oder zusätzlich haben, die ebenfalls nach den Kriterien von ICD-10 und DSM-III-R bestimmt werden können. Es ist dann der Geschicklichkeit und der klinischen Erfahrung überlassen, wie der Untersucher die schlechtgelaunten, widerständigen, erfolglosen, unzufriedenen und unglücklichen Kinder und Jugendlichen, bei denen wir auf Grund dieser Beschreibung eine Depression vermuten, diagnostisch einordnet.

Allerdings hat es die Verhaltenstherapie hier etwas leichter als andere Therapieverfahren, wenn sie neben der Symptombeschreibung mehr Wert auf eine Verhaltens- und Bedingungsanalyse der Störung als auf eine letzten Endes doch sehr künstliche Einzwängung in ein Klassifikationssystem legt.

Für die Festlegung von Behandlungszielen und für die Erstellung eines Therapieplanes ist die Bewertung der einzelnen Anteile an der Symptomatik wichtig. Der Vollständigkeit halber sei darauf hingewiesen, daß sich der Therapeut bei der Diagnose einer Depression in hohem Maß auf seine Erfahrung und sein Wissen verlassen muß, da er keine Unterstützung von medizinischen Untersuchungsmethoden oder Labortests erwarten kann. Eine gewisse Bedeutung hat allerdings der Dexamethason-Suppressions-Test (DST) für die Differentialdiagnose von sogenannten endogenen Depressionen im Erwachsenenalter. Dabei unterdrückt die Einnahme von Dexamethason durch seine Einwirkung auf die Achse von Hypothalamus-Hypophyse-Nebenniere üblicherweise die Ausschüttung von Kortisol. Diese Unterdrückung soll bei Patienten mit einer Depression wegen einer verstärkten Sekretion von Kortisol aufgehoben sein. Das Verfahren zeigt in 25 bis 60% bei Erwachsenen ein positives Ergebnis (Matson 1988). Bei Kindern in der Präpubertät und schweren Depressionen zeigen 70 Prozent positive DST-Ergebnisse. Bei Jugendlichen nach der Pubertät hat sich dieser Test jedoch nicht als zuverlässig erwiesen. Nur bei etwa 50 Prozent sind die Ergebnisse verwertbar, was auf die hormonellen Schwankungen in dieser Entwicklungsphase zurückgeführt wird (Kerns 1997)

Auch das Phänomen der reduzierten Sekretion von Wachstumshormon nach Injektion von Insulin ist kein zuverlässiges Kriterium im Kindes- und Jugendalter. Bei anderen Problemen, insbesondere bei der Abklärung eines körperlichen Minderwuchses, der seinerseits wiederum Anlaß für eine depressive Entwicklung sein kann, hat das Verfahren einen diagnostischen Wert. Mit Steinhausen (1988) ist daher festzuhalten, daß neuroendokrine Tests bisher noch keine genügend abgesicherten Labortests für die Diagnostik von Depressionen bei Kindern und Jugendlichen sind. Gleiches gilt für die neurophysiologischen und neuropsychologischen Untersuchungsverfahren wie z. B. für die Untersuchung von Asymmetrien der Hemisphärenaktivität durch die PET (Positronen-Emmissions-Tomographie). Diese Methode befindet sich noch im Entwicklungsstadium.

2.3 Fragebogenverfahren

Die klinische Exploration des Patienten kann als unstrukturiertes oder als strukturiertes Interview durchgeführt werden. Mehr als in jeder anderen Therapiemethode wird in der Verhaltenstherapie gern mit Fragebogenverfahren gearbeitet. Zwar verläßt die Diagnostik damit das streng behavioristische Paradigma, sich nur auf Beobachtbares zu beschränken, doch hat sich die Ansicht darüber nach der „kognitiven Wende" stark geändert. Gerade bei der Beurteilung von depressiven Störungen spielt zudem die direkte Beobachtung eine untergeordnete Rolle, da es bei der Einschätzung von Depressionen über Beobachtungen hinaus weit mehr um innere Zustände, Befindlichkeiten, Kognitionen und Ansichten geht.

Röhrle (1988) hat eine umfangreiche Übersicht über Fragebogen zur verhaltenstherapeutischen Diagnostik depressiver Störungen veröffentlicht, die nahezu alle wichtigen Verfahren aus dem englischsprachigen und aus dem deutschsprachigen Raum beschreibt. In diesem Kompendium werden 70 Fragebogenverfahren vorgestellt, davon 56 englischsprachige und 14 deutschsprachige Instrumente. Von diesen 70 vorgestellten Diagnoseinstrumenten sind sieben für Kinder geeignet.

Es ist schwierig, diese Verfahren im Hinblick auf ihre Aussagefähigkeit, ihre Güte und Wertigkeit miteinander zu vergleichen. Nach Meinung der meisten Autoren hat das Children's Depression Inventory (CDI) von Kovacs (1982), das selbst wiederum aus dem Beck-Depressions-Inventar (BDI) entwickelt wurde, die größte Bedeutung. Das BDI gilt auf Grund seiner guten psychometrischen Eigenschaften für den Erwachsenenbereich als der vergleichsweise beste Selbsteinschätzungsfragebogen zur Erfassung der Schwere einer depressiven Störung bei Erwachsenen (Hautzinger 1982). Für die Auswahl des BDI als Grundlage für die Erarbeitung eines für Kinder geeigneten Fragebogeninstruments sprach insbesondere die Einschätzung, daß sich depressive Störungen bei Kindern und Jugendlichen durch ähnliche Symptome wie bei Erwachsenen äußern. Auf Grund dieser Ansicht formulierte Kovacs den Großteil der Items des BDI so um, daß sie für Kinder und Jugendliche inhaltlich und sprachlich angemessen erschienen. Das CDI gilt zur Zeit im englischen Sprachraum als der weitaus am häufigsten eingesetzte Selbstbeschreibungsfragebogen bei depressiven Störungen im Kindes- und Jugendalter. Es gilt auch als die beste Skala zur Messung des Schweregrades einer Depression.

In Anlehnung an das CDI wurden im deutschen Sprachraum fast gleichzeitig drei Versionen als Übersetzung bzw. als Modifikation entwickelt. (Bowi und Krampe 1987, Lobert 1989, Stiensmeier-Pelster u. a. 1989). Die deutsche Version des CDI von Stiensmeier-Pelster, Schürmann und Duda (1989) wurde als „Depressions-Inventar für Kinder und Jugendliche" (DIKJ) veröffentlicht. Die 27 Items des Selbstbeurteilungsfragebogens sind in der Ich-Form geschrieben und beziehen sich auf das Denken, Fühlen und Erleben in den zwei zurückliegenden Wochen. Für jedes Item gibt es 3 Antwortalternativen. Die Bewertungen können dann zu einem Gesamtwert addiert werden, der den Schweregrad der depressiven Störung angibt.

Das deutsche Depressions-Inventar für Kinder und Jugendliche (DIKJ) lehnt sich thematisch eng an das amerikanische Original an. Es wurde lediglich ein Item über Suizidgedanken gestrichen und dafür ein Item über zu geringe Problembewältigung hinzugefügt. Das DIKJ erfragt neben einer großen Bandbreite depressiver Symptome auch Störungen der emotionalen und somatischen Befindlichkeit, negative Selbstbewertung und Versagensgefühle, daneben auch Begleiterscheinungen bzw. Konsequenzen depressiver Störungen besonders im Hinblick auf schulische Probleme. Es liegt damit ein reliabler und valider Fragebogen vor, der an über 900 deutschen Kindern und Jugendlichen (845 unauffällige und 83 Klinikpatienten) erprobt wurde. Er ist geeignet für Kinder ab 8 Jahren und für Jugendliche. Er kann sowohl als Einzel- als auch als Gruppentest durchgeführt werden. Bei einer Anwendung für Kinder unter 8 Jahren mag dies in Abhängigkeit von der psychischen Entwicklung in einzelnen Fällen möglich sein. Es ist jedoch zu beachten, daß die Bearbeitung des DIKJ vom Patienten ein gewisses Maß an sprachlichen und kognitiven Fähigkeiten verlangt. Für Kinder unter 8 Jahren wird weiterhin die klinische Diagnostik und die Fremdinformation größere Bedeutung behalten. Eine Ausdehnung des Altersbereiches über 17 Jahre hinaus ist zwar möglich, aber in der Regel nicht nötig, da zur Erfassung der Schwere einer depressiven Störung bei Erwachsenen verschiedene valide Selbstbeschreibungsfragebögen vorliegen. Ein originär deutschsprachiges Verfahren wurde von Rossmann (1991) als „Depressionstest für Kinder" (DTK) vorgestellt. Er soll die depressive Befindlichkeit von Kindern zwischen 9 und 14 Jahren anhand einer Selbstbeurteilung möglich machen. Der DTK eignet sich primär als Verfahren im Rahmen einer psychometrischen Diagnostik und wurde weniger zur Erstellung einer psychiatrischen Diagnose konzipiert.

3. Therapie in der Praxis

3.1 Der verhaltenstherapeutische Ansatz

Die Beschreibung der Symptomatik bei Depressionen hat die Vielfalt und die Breite des klinischen Bildes aufgezeigt. Hinzu kommt die unterschiedliche Ausprägung in den verschiedenen Altersstufen, wobei sich die Symptomatik mit zunehmendem Alter dem erwachsenentypischen Bild angleicht.

Es überrascht daher nicht, daß die vielen Facetten einer Depression und der unterschiedlichen Blickwinkel, unter dem eine Depression betrachtet werden kann, auch sehr unterschiedliche therapeutische Methoden hervorgebracht hat. Als allgemeine Feststellung gilt, daß die meisten Methoden, über die im folgenden berichtet wird, zuerst bei Erwachsenen eingesetzt wurden und dort ihre Wirkung bewiesen haben, bevor sie bei Jugendlichen angewandt wurden und noch seltener für die Behandlung von Kindern adaptiert wurden. Daher sind die Ergebnisse und die in der Literatur mitgeteilten Erfahrungen im Vergleich zur Erwachsenenliteratur eher dürftig. Es besteht Einigkeit darüber, daß es eine Indikation zur Behandlung von Depression im Kindes- und Jugendalter gibt, die nach Kovacs u. a. (1984) auf den folgenden empirisch gefundenen Ergebnissen basiert: Depressive Symptome von 8- bis 13jährigen Patienten verlaufen bei einer durchschnittlichen Dauer von etwa 7,5 Monaten wesentlich langwieriger als bisher vermutet. Ein frühes Auftreten weist auf einen deutlich längeren Verlauf der Erkrankung hin. Mehr als 70% der Kinder hatten einen Rückfall innerhalb von fünf Jahren. Depressive Episoden führen bei Kindern und Jugendlichen zu nachhaltigen psychosozialen Problemen. Diesen Auswirkungen einer Depression ist daher eine besondere Aufmerksamkeit zu schenken. Es ist daher nötig, ein paar grundsätzliche Überlegungen zur verhaltenstherapeutischen Behandlung anzustellen, damit das Vorgehen und die therapeutischen Strategien dadurch klarer werden.

Eine verhaltenstherapeutische „Krankheitslehre" hat keine grundsätzlichen Schwierigkeiten, biologische Faktoren bei Depressionen, vielleicht im Sinne von Störungen im Neurotransmitterhaushalt oder einer gestörten asymmetrischen Hemisphärenaktivität, zu akzeptieren und sie in einer Verhaltensgleichung als Organismusvariable mit einzubeziehen. Daraus folgt auch, daß keine Einwände gegen eine begründete Psychopharmakatherapie oder die Kombination von medikamentöser Therapie mit Verhaltenstherapie bestehen

(Altherr 1990). Dies trifft besonders dann zu, wenn es sich um eine schwere Form einer Depression, gleich in welcher Altersstufe, handelt. Durch verhaltenstherapeutische Therapiekonzepte kann, wenn auch nicht der organische Hintergrund einer Depression, so doch die depressive Symptomatik gebessert werden.

Beim verhaltenstherapeutischen Vorgehen wird in der Regel keine „Diagnose" behandelt, kein starres Behandlungsschema festgelegt, sondern eine individuelle Therapiestrategie auf der Basis einer individuellen Bedingungsanalyse für die Behandlung bestimmter Störungen, Auffälligkeiten, Verhaltensprobleme oder Schwierigkeiten entwickelt, die allerdings einer theoretischen Begründung bedarf. Für die Behandlung einer Depression im Kindes- oder Jugendalter bedeutet dies, daß nicht „*die* Depression" behandelt wird, sondern die durch die Depression bedingten, ausgelösten oder verstärkten Bedingungen. Die Verhaltensprobleme und Befindensstörungen, die damit auftreten können, sind vielfältig und reichen von Schulverweigerung, Negativismus, Einnässen, sozialer Inkompetenz über Aufsässigkeit, Reizbarkeit bis zu körperlichen Beschwerden. Alle diese Verhaltensprobleme sind der Ausgangspunkt für noch komplexere Verhaltensstörungen, die schließlich als typische depressive Verhaltensstörung das klinische Vorbild prägen. Hinzu kommt, daß eine kindliche oder jugendliche Depression sich nicht nur im depressiven Ausdruck äußert, sondern mit einer Vielzahl anderer Störungen im psychosozialen Bereich kombiniert auftritt, die einer Therapie zugänglich sind.

Die Vorbedingung einer erfolgreichen Therapie ist daher eine sorgfältige Bedingungs- und Verhaltensanalyse des Symptoms, die die auslösenden, aufrechterhaltenden und verstärkenden Bedingungen des depressiven Verhaltens aufzeigt und sowohl die Probleme des Patienten als auch die Reaktion der psychosozialen Umgebung – Eltern, Familie, Freunde, Schule, Ausbildungsstätte – mit einbezieht. Die Verhaltensweisen einer depressiven Symptomatik müssen daher zunächst im Hinblick auf ihre Bedingungen und Konsequenzen analysiert werden, und zwar sowohl auf äußere (umweltbedingte) wie auch auf innere (organische und intrapsychische).

Die Veränderung der Hauptproblematik wird als Therapieziel definiert und mit dem Patienten bzw. den Eltern/der Familie als Veränderungsziel vereinbart. Für die Erreichung dieses Ziels wird ein Therapieplan aufgestellt, der verschiedene Therapiestrategien, die im folgenden beschrieben werden, berücksichtigen kann. Typisch verhaltenstherapeutisch ist, daß Problemlösungen nicht nur besprochen werden, sondern praktisch eingeübt werden, bevor sie in Alltagsverhalten umgesetzt werden können.

Die therapeutische Strategie hat daher zum Ziel, unterschiedliche Störungen zu behandeln, wenn sie im Gesamtkontext als wichtig erscheinen. Vielleicht betrachten Kinder- und Jugendlichenverhaltenstherapeuten eine Depression weniger im Sinne einer DSM-III-R-Störung mit strengen und schwerwiegenden Kriterien, bei der Erwachsenenpsychiater bevorzugt Antidepressiva einsetzen würden, sondern interpretieren eine Depression im Kindesalter eher als eine negativ getönte Verhaltensstörung oder eine Persönlichkeitseigenschaft, die mit verhaltenstherapeutischen Methoden positiv veränderbar ist. Die Therapie soll dem Patienten helfen, neue Fertigkeiten zu erlernen. Dabei werden Methoden aus der kognitiven Therapie, das Verlernen von Hilflosigkeit, Übungen zur Erweiterung der sozialen Kompetenz sowie Einüben von Problemlösefertigkeiten als Bestandteile des Behandlungsplans eingesetzt.

Was das äußere Setting für eine Therapie betrifft, so besteht keine generelle Regel, wann eine Therapie eher im stationären Rahmen oder als ambulante Therapie durchgeführt werden soll. Dies hängt in erster Linie von der Einschätzung des Schweregrades der depressiven Störung ab. Eine gewisse Übereinstimmung besteht darin, daß das Vollbild einer Major Depression mit Suizidneigung oder Suiziddrohung sowohl bei Kindern als auch bei Jugendlichen ein so schweres Krankheitsbild darstellt, daß es am erfolgreichsten stationär behandelt werden kann, wobei initial wohl meist eine antidepressive Psychopharmakatherapie, insbesondere mit trizyklischen Antidepressiva (Schulz und Remschmidt 1988), in Frage kommt, die dann ergänzt oder abgelöst wird durch verhaltenstherapeutische Einzel- oder Gruppenbehandlung und die vor der Entlassung die Familie, die Schule oder Ausbildungsstätte in die Behandlung mit einbezieht und die soziale Umwelt dort berücksichtigt, wo die Bedingungsanalyse Probleme ergeben hat. Die Minor-Formen, d. h. Dysthymien und depressive Verstimmungen als Anpassungsstörungen sind dagegen eine Domäne ambulanter Therapieverfahren.

3.2 Operante Methoden

Der Einsatz operanter Behandlungsprinzipien zur Änderung einer depressiven Symptomatik basiert auf der Vorstellung, daß positive oder negative Verstärkung Verhalten verändern kann. Die theoretische Basisüberlegung des verstärkungspsychologischen Depressionsmodells besagt, daß eine depressive Entwicklung in der Regel mit Defiziten an positiven Verstärkern oder mit bedeutsamen Verlusten an Verstärkern einhergeht, das heißt, daß eine erhebliche Verringerung an positiven verhaltenskontingenten Rückmeldungen aus der Umwelt vorliegt. Dies führt dann fast zwangsläufig zu Problemen und Defiziten in der Kommunikation und der Interaktion des Patienten mit seiner Umwelt, bei Kindern mit den Eltern, Lehrern und Spielkameraden.

Auf den Einsatz von Änderungsstrategien bei depressiven Störungen angewandt bedeutet dies, die Auftretenswahrscheinlichkeit von Aktivitäten, die mit guter Stimmung verbunden sind, zu erhöhen und das Verhaltensrepertoire so zu stimulieren, daß es mit depressiven Zuständen wenig vereinbar ist. Insbesondere gilt es, Aktivitäten zu verstärken, die einer dysphorischen Stimmung und Hoffnungslosigkeit entgegenwirken. Dazu gehört die Belohnung von kleinsten Erfolgsschritten in Richtung der Überwindung von schlechter Stimmung und die Anregung von aufmunternden Aktivitäten. Verhaltenstherapeutische Therapieansätze mit operanten Verfahren sind dabei nie Einzelprogramme mit dem Patienten, sondern müssen notwendigerweise die Bezugspersonen und die soziale Umwelt mit einbeziehen, da nur dadurch Stimulusbedingungen verändert werden können und Verstärker wirksam werden. Bei Erwachsenen war bereits bekannt, daß es ein bemerkenswertes Verhältnis zwischen der Stimmung und der Art und Anzahl von angenehmen Aktivitäten gibt, die auch durch die Beobachtung an Kindern bestätigt wurde (Poznanski 1982, Petti 1984). Für Kinder bieten sich operante Methoden wie Kontingenzmanagement, Problemlösetraining (Stark et al. 1987) und sogar systematische Desensibilisierung (Reynolds und Coats 1986) an. Die systematische Desensibilisierung zur Angstreduktion ist unter der Vorstellung wirksam, daß Angst eine wichtige Rolle bei depressiven Störungen spielt.

3.3 Social-skills-Training – soziales Lernen

Der Einsatz von sozialem Lernen durch Verhaltensübungen, Verhaltensrückmeldung, Lernen am Modell und Rollenspieltechniken zielt auf eine Veränderung der gestörten sozialen Interaktion der Patienten mit ihrer familiären und ihrer außerfamiliären Umgebung sowie auf eine Förderung positiv verstärkender Aktivitäten durch gezielte Aktivitätspläne mit Aufgaben von ansteigendem Anforderungscharakter.

Bei der Bewertung einer depressiven Symptomatik wird rasch klar, daß es den Patienten oft an sozialer Kompetenz mangelt, das heißt, daß sie unfähig sind, soziale „Bestrafungen" abzuwenden und soziale „Belohnungen" zu erhalten. Sie haben Schwierigkeiten, selbstsicher aufzutreten, mit Kritik von anderen angemessen umzugehen, eine eigene Meinung zu vertreten und auch, wenn nötig, zu widersprechen. Sie können kaum spontan reagieren. Es fehlt diesen Patienten die Fähigkeit, in angemessener Form Wünsche vorzubringen, Bedürfnisse zu äußern und Ansprüche zu stellen. Sie können eigene Gefühle nur schwer ausdrücken und sind kaum in der Lage, negative Gefühle anderen gegenüber zu äußern. So fehlt ihnen auch die Fähigkeit, einen angemessenen Kontakt zu Gleichaltrigen herzustellen, sich selbst attraktiv einzubringen und andere positiv für sich selbst zu interessieren. Depressives Verhalten beschreibt in der Regel genau das Gegenteil von solchen sozialen Kompetenzen. Bei depressivem Verhalten, das mit mangelnden sozialen Fertigkeiten einhergeht oder bei dem sich als Folge davon Kompetenzprobleme durch den sozialen Rückzug ergeben, stellt die Verbesserung der sozialen Kompetenz eine erfolgversprechende Therapiestrategie dar.

Es verwundert daher nicht, daß ein Social-skills-Training, das sich in vielen anderen Problembereichen von Kindern und Jugendlichen als Veränderungsmethode bewährt hat, auch bei depressiven Kindern als Therapiemethode eingesetzt wurde.

3.4 Selbstkontrollmethoden

Rehm hat auf seiner Theorie aufbauend einen kombinierten kognitiv-verhaltenstherapeutischen Behandlungsansatz entwickelt, den er selbst als Selbstkontrollverfahren bezeichnet. Dieses Trainingsprogramm soll systematisch die negativen Kognitionen der Selbstbeobachtung, der Selbstbewertung und der Selbstverstärkung in Richtung einer positiven Bewertung verändern. Dabei werden gut aufeinander abgestimmte kognitive und verhaltensorientierte Interventionsstrategien, darunter auch Methoden zur Veränderung ungünstiger Kausalattributionen und zur regelmäßigen Selbstverstärkung, angewandt. Im Selbstkontrollprogramm von Rehm spielen therapeutische Hausaufgaben wie Stundenpläne für Aktivitäten mit ansteigendem Schwierigkeitsgrad für die Zeit zwischen den Behandlungsterminen eine wichtige Rolle. Beim Einsatz von Selbstkontrolltechniken begeben wir uns theoretisch in den Bereich der kognitiven Therapie oder der kognitiven Methoden, die von streng behavioristischen Autoren von der „eigentlichen" Verhaltenstherapie abgegrenzt werden, von den meisten Anwendern jedoch den verhaltenstherapeutischen Methoden im erweiterten und jetzt fast allgemein üblichen Sinn zugerechnet werden. In keiner Übersichtsarbeit wird heute noch ein Unterschied in der Anwendungspraxis von kognitiver Therapie versus Verhaltenstherapie gemacht.

Das Selbstinstruktionstraining stellt eine bewährte Methode zur Vermittlung von Fertigkeiten dar, die bei depressivem Verhalten nicht ausreichend vorhanden sind oder wieder verlorengegangen sind. Sie ist aber auch zur Veränderung von handlungsbegleitenden negativen Emotionen, Phantasien und Bildern bei depressiven Kindern geeignet, die sich durch ihren negativen inneren Dialog – das kann ich nicht, das ist zu schwer, mir gelingt doch nichts – selbst an der Bewältigung ihrer Schwierigkeiten hindern. Selbstkontrollverfahren begegnen dieser schädlichen Wirkung durch den Aufbau positiver und selbstermutigender Bewältigungsaussagen und Strategien wie: – ich versuche es – ich fange mit dem Leichtesten an – ich werde es schaffen – ich bin so gut wie die anderen – wie dumm von mir, immer an diese negativen Dinge zu denken.

Bei diesem Therapieprogramm geht das Kind erst dann zur nächsten Stufe über, wenn es die vorhergehende Therapieaufgabe ausreichend bewältigen kann. Die inhaltsspezifischen Lösungsschritte sind situationsabhängig. Je nach der nötigen Anforderung (Kontaktprobleme, Scheu, Ängstlichkeit, Mutlosigkeit, negative Selbsteinschätzung) gibt der Therapeut spezifische, auf die vorliegende Problematik bezogene Selbstanweisungen. Nach den bisherigen Erfahrungen ist ein solches Selbstinstruktionstraining ab einem Entwicklungsalter von fünf Jahren an erfolgreich einsetzbar.

Die Therapieanweisungen aus dem Selbstinstruktionsprogramm für Kinder sind zur Erinnerung des Patienten und zum zeitgerechten Einsatz auf Merkkärtchen gedruckt, wie sie auch vom Meichenbaum-Training für hyperaktive Kinder bekannt sind. Sie werden kindgemäß optisch dargeboten und verwenden knappe Merksätze, die gut einprägbar sind: „Stop! – Was ist mein Problem? (Problemdefinition) – Wie gehe ich vor? (Annäherung an das Problem) – Gibt es noch andere Wege? (Inhaltsspezifische Lösungsschritte, effektives Bewältigungsverhalten) – Halt! Nochmals Überprüfen! (Prüfprozesse) – Und als Verstärkung: Das habe ich gut gemacht! (Kompetenzzuschreibung)."

Schließlich haben auch Vertreter der Rational-Emotiven-Therapie (RET) (Bernhard und Joyse 1984) in ähnlicher Absicht Kindertherapieverfahren auf der Basis von Verbesserung und Verstärkung der Selbstkontrolle für die Therapie depressiver Störungen entwickelt.

3.5 Gelernte Hilflosigkeit und Veränderungsstrategien

Zwar sind therapeutische Strategien für die Behandlung von Depressionen, die von dieser Sichtweise abgeleitet werden, beschrieben, aber es gibt bisher nur wenig konkrete Anwendungen. Seligman (1981, 1986) hat die folgenden vier Therapiekomponenten vorgeschlagen:
1. Positive Gestaltung der Umgebungsbedingungen, um die Wahrscheinlichkeit von erwünschten positiven Konsequenzen zu erhöhen.
2. Ein Kontrolltraining, um die hochgespannte Erwartungshaltung zu korrigieren.
3 Ein Training, um wünschenswerte, aber real unerreichbare Folgen zu relativieren und
4. ein Attributionstraining, um realistische Erwartungen zu fördern.

Dies läuft zusammengefaßt darauf hinaus, daß der Patient lernt, wie er mit Situationen umgehen kann, die er nicht bewältigen kann. Für die Anwendung im Kindesalter gibt es bisher nur eine empirische Untersuchung (Dweck, 1977), bei der die Hauptkomponenten der Therapie auf diesem Modell beruhen, so daß die Datenbasis für eine Bewertung nicht ausreicht.

Das Konzept der gelernten Hilflosigkeit war Mitte der 70er Jahre in den USA sehr populär, verlor dann aber langsam an Bedeutung. Es gelang auch nicht, eine wirklich fundierte Beziehung zwischen dieser Sicht der Depressionsätiologie und einer darauf aufbauenden Therapiemethode herzustellen. Das Konzept wurde schließlich durch die kognitive Theorie der Depression nach Beck abgelöst.

3.6 Kognitive Therapien

Die Anwendung der Beckschen Thesen und die konsequente Umsetzung als Therapieverfahren bei Erwachsenen ist bekannt und in die Literatur als kognitive Therapie eingegangen (Beck et al. 1979). Sie wird auch als kognitive Verhaltenstherapie bezeichnet (Cognitive/Behavioral Psychotherapy). Oft wird behauptet, daß diese Therapie genauso effektiv wie eine medikamentöse antidepressive Behandlung sei und daß sie einem depressiven Rückfall vorbeugen könne. Paul Emmelkamp (1986), einer der wichtigsten Vertreter dieser Therapiemethode in Europa, ist in dieser Einschätzung etwas vorsichtiger und meint, daß bei einer leichten bis mittleren Depression jedoch häufig auf eine medikamentöse Therapie nicht verzichtet werden könne.

Das Konzept der kognitiven Umstrukturierung wurde von Beck (1987) zuerst für die Behandlung von Erwachsenen entwickelt und ist für die Depressionsbehandlung in dieser Altersphase ein anerkanntes, wenn nicht inzwischen das am meisten eingesetzte Therapieverfahren. Eine Übertragung auf die Behandlung von Jugendlichen ist möglich, mit Abwandlungen auch für die Behandlung im Kindesalter. Daher wird dieser Therapiemethode eine breitere Ausführung gewidmet, da sich hier auch eine hoffnungsvolle Zukunftsentwicklung für die Kinder- und Jugendlichentherapie abzeichnet.

3.7 Veränderung der psychosozialen Umstände

Die Darstellung der Symptomatik und die Ätiologiemodelle für eine depressive Entwicklung bei Kindern und Jugendlichen haben gezeigt, daß diese spezielle Verhaltensstörung nicht streng individuumzentriert gesehen werden kann, sondern immer auch eine Reaktion auf die Auseinandersetzung mit der Umwelt darstellt. Umwelt meint hier das komplexe psychosoziale Beziehungsgefüge mit Eltern, Geschwistern, also der ganzen Familie, mit der Gruppe der Gleichaltrigen in- und außerhalb der Schule, mit den Lehrern und später den Ausbildungspersonen sowie schließlich dem erweiterten sozialen Umfeld in der Gesellschaft, in der ein Kind lebt. Kinder und Jugendliche sind weit mehr als Erwachsene fremdbestimmt, so daß in der Therapie dieser Altersgruppe auch die Einbeziehung der Bezugspersonen eine größere Rolle spielt als im Erwachsenenalter. Eggers (1988) fand, daß depressive Kinder innerhalb ihrer Familie eine sie überfordernde pseudo-stabilisierende Funktion ausüben, die dazu führt, daß sie sich ihrerseits hilflos, abhängig und hoffnungslos fühlen und dadurch in einen Zustand geraten, der als „gelernte Hilflosigkeit" zu charakterisieren ist. Depressive Kinder und Jugendliche in diesem Zustand befinden sich dadurch in einem Teufelskreis aus Überforderung, Angst, Verzweiflung und Furcht.

Ein nicht verzichtbarer Bestandteil jeder Depressionstherapie im Kindes- und Jugendalter ist daher der Einsatz von Familienberatung oder Familientherapie mit dem Ziel, Problemlösungsstrategien für den Umgang mit der Symptomatik zu erarbeiten. Wenn eine initial stützende und entlastende Haltung der Familie durch positive Verstärkung erwünschten Verhaltens und Löschung unerwünschter Verhaltensweisen erreichbar ist, kommt es zum Aufbau eines positiven Selbstwertgefühls. Die Veränderung der familiären Interaktion, soweit diese in der Bedingungsanalyse der Störung als eine Krankheitsbedingung erkannt wurde, ist daher ein Haupttherapieziel. Da auch meist die schulische Leistungsfähigkeit betroffen ist, braucht die Schule bzw. der Lehrer Beratung wegen der anfangs eingeschränkten Belastbarkeit, die erst langsam gesteigert werden kann. Bei der schweren Form einer Major Depression ist in der Regel eine gleichzeitige Schulbefreiung notwendig, wobei mit fortschreitender Besserung langsam und stufenweise wieder Schulbelastung und Hausaufgaben möglich werden. Bei deutlichen sozialen Rückzugstendenzen muß auch hier wieder nach einer Problemanalyse überlegt werden, wie soziale Kontakte in Kindergruppen, Sportvereinen oder kirchlichen Angeboten vorsichtig angebahnt und gefördert werden können.

Auch hier gilt, daß Kinder mehr direkte Unterstützung und Lenkung brauchen als Jugendliche, die schon vorher eine größere Selbständigkeit erreicht hatten und eventuell den entwicklungspsychologisch normalen Ablöseprozeß von der Familie bereits geschafft haben. Es muß dabei auf die auch für andere Störungen bewährten Methoden der Familienberatung und der behavioralen Familientherapie zurückgegriffen werden. Die Beeinflussung und Veränderung des psychosozialen Milieus ist nicht als eigenständiger Therapiebaustein anzusehen, sondern gehört wie bei fast allen Kindertherapien als ergänzende Maßnahme zum Therapieplan. Die Effektivität der Therapie ist außer von der Compliance hauptsächlich von der Intaktheit von familiären und sozialen Beziehungen abhängig. Eine Therapieplanung muß darauf unbedingt Rücksicht nehmen.

4. Evaluation

Ein Überblick über die Literatur zeigt eindeutig, daß es für die Therapie einer Depression im Kindes- und Jugendalter keine

Veröffentlichungen im deutschsprachigen Raum gibt und daß alle Therapiestudien für diesen Bereich bislang fast ausschließlich in englischen Publikationen erschienen sind. Dies bedeutet nicht, daß diese Methoden bei uns in der Therapie nicht eingesetzt werden, jedoch war die Auseinandersetzung in der Literatur dazu bislang spärlich. Die empirische Absicherung für Depressionsbehandlungen im Kindes- und Jugendalter ist dürftig.

Für die psychologische Behandlung bei Depressionen im Erwachsenenalter stellte sich die Situation ganz anders dar. Hautzinger (1991) hat zu diesem Thema ein eigenes Themenheft mit sechs Beiträgen deutscher Autoren herausgegeben. Damit liegt für diesen Bereich eine Momentaufnahme aktueller deutschsprachiger Bemühungen und eine empirische Analyse für diese Patientengruppe vor, die bislang für das Kindes- und Jugendalter fehlt. Die Auseinandersetzung mit der Literatur befindet sich dabei in einer ähnlichen Situation, wie dies auch für die Behandlung von psychotischen Jugendlichen mit verhaltenstherapeutischen Methoden gilt.

Trotzdem werden in den folgenden Kapiteln Therapieberichte und Erfahrungen zu den bereits theoretisch dargestellten Therapiemethoden aus dem verhaltenstherapeutischen Bereich kurz dargestellt, um darzulegen, daß zumindest im englischsprachigen Bereich die Auseinandersetzung in Gang gekommen ist. Dabei zeigt sich, daß die meisten Autoren sich zuerst auf die Erwachsenenliteratur beziehen und dann eine Übertragung auf das Kindes- und Jugendalter versuchen. Die meisten Therapieberichte kranken daran, daß sie von sehr unterschiedlicher Qualität sind, daß die zugrunde gelegten diagnostischen Kriterien nicht überall vergleichbar sind und daß häufig von depressiven Störungen der Kinder und Jugendlichen gesprochen wird, ohne daß dies näher operationalisiert wird.

Eine Ausnahme stellt das 1997 als Übersetzung erschienene Buch von Lawrence L. Kerns: Hilfen für depressive Kinder (Herausgeber der deutschen Ausgabe S. u. M. von Aster) dar. Kerns gibt eine Übersicht auf die meisten bewährten Therapiemethoden mit vielen konkreten Behandlungsbeispielen, allerdings auf einem US-amerikanischen kulturellen und schulischen Hintergrund. Kerns legt größten Wert auf Elternarbeit und spricht die Eltern als kompetente Partner der Therapeuten an, indem er ermutigt, die Eltern aktiv in den Behandlungsprozeß einzubeziehen.

4.1 Operante Methoden

Über den Einsatz von operanten Methoden wie positive und negative Verstärkung berichtet Wielkiewicz (1986), der vorschlägt, verschiedene verbale und soziale Verhaltensverstärker, Time-out-Prozeduren, shaping, chaining und Löschverfahren anzuwenden. Er ist der Meinung, daß es leicht sein sollte, die bekannten Methoden der Verhaltensformung und -änderung auch auf depressive Störungen anzuwenden, da sie sich bei anderen emotionalen Verhaltensproblemen wie Ängsten, Vermeidungs- und Ausweichverhalten und Aggressivität bewährt haben. Eine gute Einsatzmöglichkeit sieht er auch bei jüngeren Kindern sowie bei intellektuell beeinträchtigten Patienten, da gerade bei diesen Patienten Methoden, die ein höheres verbales Verständnis erfordern, nur schwer anwendbar sind.

Eine Einzelfallstudie über die Behandlung eines zehnjährigen Jungen mit operanten und kognitiven Methoden hat Mansdorf (1986) veröffentlicht. Bei einer der wenigen gut kontrollierten Studien für die Anwendung operanter Verstärkung (Molick und Pinkston 1982) war nicht ganz klar, ob die beschriebene Patientin den heutigen DSM-III-R-Kriterien für Depression genügen würde. Die Autoren berichten, daß gezielt eingesetztes Lob, Anerkennung und Augenkontakte die positiven Reaktionen der 15jährigen Schülerin erhöht und ihre sozialen Interaktionen verbessert haben. Die Patientin erreichte alle gestellten Therapieziele, was durch ein ausführliches Untersuchungsdesign bestätigt wurde, wobei die positiven Veränderungen und der Rückgang der depressiven Symptomatik durch objektive Daten belegt werden. Insgesamt fehlen aber noch differenzierte klinische Studien zur Überprüfung der Wirksamkeit bei depressiven Kindern. Die Therapieberichte über die Anwendung von operanten Methoden sind nicht sehr überzeugend. Es scheint so, daß zwar ein Einsatz bei Kleinkindern und bei stark retardierten Kindern gesehen wird, doch sind die diagnostischen und Zuordnungsprobleme gerade in dieser Altersphase besonders groß.

4.2 Social-skills-Training

Nach Meinung von Matson ist für die Behandlung von depressiven Kindern – nicht von Jugendlichen – das soziale Lernen die bevorzugte Methode der Wahl, wobei er nicht ausschließt, daß gleichzeitig auch operante Methoden dabei nützlich sein können.

Die Behandlung eines zehnjährigen Mädchens, das wegen schwerer Verstimmungszustände sowie Kontakt- und Verhaltensproblemen stationär aufgenommen werden mußte, beschreiben Petti et al. (1980) in einer Einzelfallstudie. Es wurden dabei zehn Sitzungen in drei Wochen durchgeführt. Die positiven Auswirkungen der Behandlung werden in einem verbesserten Kontaktverhalten (Sprechen, Kontaktaufnahme, Blickkontakt) und einer ausgeglicheneren und zufriedeneren Stimmung gesehen. In einer ähnlichen Fallstudie von Frame et al. (1982) wird die Therapie eines wegen Depression mit Suiziddrohungen stationär aufgenommenen zehnjährigen Jungen mit einem Social-skills-Training beschrieben. Beide Studien zeigen bei Vergleich der Baseline-Daten mit dem Entlassungsbefund deutliche Verbesserungen des Kontaktverhaltens, die auch 6 bzw. 12 Wochen nach der Entlassung bei einer Nachkontrolle noch stabil waren. Die Autoren geben allerdings zu, daß die Spezifität des Trainings für die Besserung des depressiven Zustandsbildes nur indirekt bewertet werden kann. Gegenüber Einzelfallstudien scheinen Gruppentherapieprogramme eine größere Bedeutung zu haben, wie dies für den Einsatz eines Social-skills-Trainings nicht verwunderlich ist, da es bevorzugt in Gruppen einsetzbar ist, wobei die Gruppe selbst das Therapieübungsfeld darstellt.

Über ein Gruppentherapieprogramm für Kinder zwischen 9 und 12 Jahren (N = 10) berichten Stark, Reynolds und Kaslow (1987). Sie kombinierten ein verhaltensorientiertes Problemlösetraining mit einem Social-skills-Training. Am Ende der Behandlung zeigten die Patienten positive Veränderungen in einer Reihe von Depressionsmerkmalen, die auch bei Nachkontrolle nach 8 Wochen noch anhaltend stabil waren. Bei diesem Programm gab es eine Kontrollgruppe auf der Warteliste, bei der keine Verbesserungen festgestellt werden konnten. Das letzte Beispiel zeigt die Anwendung von Methoden in Kombination. Diesem multimodalen Ansatz kommt eine immer größere Bedeutung zu, was sich noch deutlicher bei den kognitiven Verfahren zeigen wird.

Schloss, Schloss und Harris (1984) haben 15- bis 18jährige depressive Jugendliche in Gruppen behandelt. Hier waren die Erfolge und Veränderungen nicht so überzeugend – die schizoaffektive Störung war wenig verändert. Über einen interessanten Ansatz für den Einsatz von sozialem Lernen bei Kleinkindern (N = 6) für die Behandlung von mißhandelten Kindern berichten Fantuzzo et al. 1987). Die Therapeuten betrachten ihren Behandlungsansatz gleichzeitig als Möglichkeit einer Prävention von späteren depressiven Symptomen, wie sie bei mißbrauchten oder mißhandelten Kindern nicht selten als Folgezustände auftreten können. Die Autoren vermuten, daß ihr Therapieansatz auch bei älteren Kindern effektiv sein kann. Für diese Studie ist hervorzuheben, daß das Programm detailliert mit Inhaltsangabe der einzelnen Therapiesitzungen beschrieben ist.

Social-skills-Training ist zwar bevorzugt eine Gruppenmethode, kann aber auch als Einzelbehandlung eingesetzt werden. Es existieren verschiedene Trainingsprogramme für soziale Kompetenz (siehe Petermann in diesem Buch) in standardisierter oder teilstandardisierter Form, deren Brauchbarkeit zur Verbesserung von sozialer Kompetenz nachgewiesen und empirisch abgesichert wurde, wenn sie auch im deutschsprachigen Raum nicht explizit bei depressiven Kindern beschrieben wurden. Teile eines ähnlichen Therapieprogrammes finden sich für Jugendliche als „soziales Verhaltenstraining" im integrierten psychologischen Therapieprogramm für psychotische Jugendliche bei Kienzle. Es spricht vieles dafür, diese Therapieangebote auch bei depressiven Jugendlichen einzusetzen.

4.3 Selbstkontrolle und ähnliche Methoden

Selbstkontroll- und Selbstinstruktionsmethoden für Kinder haben ein Selbstmanagement der depressiven Gemütszustände zum Ziel. Behandlungsschritte dabei sind Selbstbeobachtung, Selbstüberwachung, Selbstbewertung und Selbstverstärkung. Behandlungsbeispiele für depressive Kinder beschreiben Graziano und Mooney (1983) sowie Blount und Stokes (1984). Die Kinder werden darin angeleitet, sich selbst zu instruieren, wie man ein Problem Schritt für Schritt lösen kann. Beispiele für ein solches Vorgehen sind: Was ist mein Problem? Wie muß ich vorgehen? Was muß ich zuerst machen? Was kommt dann? Wie kann ich es schaffen? Bin ich richtig vorgegangen? Habe ich auch nichts vergessen?

Die Wirkung solcher selbstinstruierender Verfahren ist auch bei Kindern nachgewiesen worden (Stark, Reynolds und Kaslow 1987). Dieses Therapieprogramm für 11jährige Kinder ist eine modifizierte Fassung des bereits vorher veröffentlichten Selbstkontrolltrainings für Erwachsene von Rehm, Kaslow, Rabin und Willard (1984).

Dieser Ansatz wurde auch durch Meichenbaum, Beam und Codhen (1985) aufgegriffen und noch ausgeweitet.

Beim Stufenmodell von Meichenbaum wird die Selbstinstruktion mit einer gleichzeitigen kognitiven Umorientierung kombiniert. Der Therapeut als Modell führt die einzelnen Stufen vor. Die Kinder werden dann aufgefordert, ihre Handlungen laut sprechend zu kommentieren und zu steuern. Bei diesem Vorgehen werden die Patienten angeleitet, diese lauten Selbstverbalisierungen in fünf ansteigenden Stufen bis zum inneren lautlosen Sprechen (Denken) zu internalisieren.

Auf der ersten Stufe (Therapeutenmodell) wird ein erfolgreiches Verhalten, das einem depressiven Verhalten entgegengesetzt ist, vom Therapeuten demonstriert. Die gedanklich ablaufenden kognitiven Prozesse werden durch laute Selbstanweisungen des Therapeuten beobachtbar gemacht und gleichzeitig durch eine konkrete Demonstration vorgeführt. Das Ziel der Therapie ist die Übernahme dieser Modelldemonstration durch den Patienten. In den folgenden Schritten steigert sich daher die Aktivität des Kindes und die des Therapeuten nimmt ab. Auf der zweiten Stufe (externe Verhaltenssteuerung) handelt der Patient und folgt dabei der Selbstverbalisation des Therapeuten. Auf der dritten Stufe (offene Selbstverbalisation) steuert das Kind sein eigenes Verhalten durch laute Selbstanweisungen. Der Therapeut greift nur ein, wenn wesentliche Elemente eines antidepressiven Verhaltens fehlen. Auf der vierten Stufe (ausgeblendete Selbstverbalisation) lenkt der Patient sein Verhalten durch leise geflüsterte Selbstinstruktionen. Auf der letzten Stufe (verdeckte Selbstinstruktion) soll das Kind sein nun inzwischen gelerntes neues Verhalten durch verdeckte Selbstverbalisierung (Denken) selbst in die therapeutisch günstige Richtung steuern.

Nicht von allen Autoren werden die Methoden der Selbstkontrolle, Selbstinstruktion und Selbstverstärkung sowie des Problemlösetrainings als eigenständige Methoden betrachtet. Es bestehen fließende Übergänge zu den kognitiven Therapien, insbesondere zur kognitiven Umstrukturierung, oder sie werden in Kombination mit anderen kognitiven Therapien eingesetzt.

4.4 Kognitive Therapie

Im engeren Sinne soll darunter eine Therapieform verstanden werden, die auf den Therapieprinzipien nach Beck beruht. Mit kognitiver Therapie soll den Patienten geholfen werden, ungünstige Denkmuster und schädliche Überzeugungen, wie z. B. „Bei mir gelingt nie etwas" aufzudecken und dann zum Positiven zu verändern. Die Therapie leitet dazu an, solche depressionsfördernden Überzeugungen zu überprüfen und positive Argumente dagegenzusetzen. Verändert werden sollen die negativen Denkmuster mit willkürlichen Schlußfolgerungen, selektiver Wahrnehmung, Schwarz-Weiß-Denken, Übertreibung und ungünsige Verallgemeinerungen. Die Erfahrungen bei Kindern und Jugendlichen sind ermutigend. Emery et al. (1983) beschreiben die spezifische Therapietechnik als Einzelbehandlung bei Kindern und Jugendlichen, wobei die Beckschen Prinzipien altersentsprechend adaptiert wurden. Die Kinder lernten, ihre negative Sicht der eigenen Person, der Umwelt und der Zukunft zu verbalisieren und unter Einbeziehung dieser Themen in ein Rollenspiel darzustellen, d. h. laut auszusprechen (lautes Denken) und negative Gedanken und Vorstellungen zu notieren, die dann wieder als Therapiematerial für die nächste Sitzung benutzt wurden. Zur Modifikation dieser Gedanken und Vorstellungen setzten die Therapeuten die szenische Selbstdarstellung ein, um dadurch ein kognitives Repertoire aufzubauen, das die negative Sicht in Frage stellt. Weitere Therapiebausteine sind Rollenspiele mit Problemlöseaufgaben. Auch zu diesem Therapieprogramm gehören gestufte Hausaufgaben und die Einübung von Eigenlob und Selbstverstärkung bei erfolgreicher Durchführung. Sicher lassen sich solche Therapieanleitungen nicht ohne Modifikation auf deutsche Verhältnisse übertragen, da in allen angebotenen Aktivitäten doch ein starker US-kultureller Einschlag deutlich wird.

Bei einer sehr ausführlichen Beschreibung der Therapiematerialien und der Durchführung fehlen leider gleich ausführliche Bewertungen des Behandlungserfolges im Hinblick auf Langzeiteffekte.

Eine großangelegte Gruppenstudie (N = 56) von Butler et al. (1980) verglich die Effekte eines Programms zur kognitiven Umstrukturierung mit einer Problemlösegruppe und einer Kontrollgruppe in jeweils zehn einstündigen Sitzungen. Als Bewertungsverfahren wurden mehrere Fragebogenverfahren, darunter auch das CDI mit Prätest-Posttest-Vergleichen eingesetzt. Die Rollenspielgruppe hatte die besten Ergebnisse; knapp dahinter lag die Gruppe mit kognitiver Behandlung. Nachkontrollen fehlen leider bei dieser Arbeit. Die Autoren meinen dazu, daß die thematische Durchführung der Rollenspiele die Kinder eher ansprach und daß die geforderte wörtliche Beschreibung der inneren Gedanken und die Selbstbeobachtung die Kinder in diesem Alter noch überfordert.

Ein eigenes für Kinder entwickeltes Gruppentherapieprogramm (N = 30) wird von Reynolds und Coats (1986) vorgestellt. Es wird ein ausführliches kognitives Verhaltensprogramm in Gruppen mit klarer Strukturierung als 5-Wochen-Therapieplan für 10 Sitzungen beschrieben und mit einem Entspannungstraining verglichen. Inhalte des Programms zur kognitiven Umstrukturierung sind: Training in Selbstbeobachtung, Selbstbewertung und Selbstverstärkung. In der Bewertung schnitt die kognitive Therapie bei größerem Aufwand nicht sehr viel besser ab als das traditionelle Verhaltenstherapieangebot mit Entspannungstechniken einschließlich Informationen über die Zusammenhänge von Streß, Muskelverspannung und Depression. Es gab keine signifikanten Unterschiede in der therapeutischen Effizienz bei beiden Behandlungsmethoden. Die Behandlungserfolge waren auch bei einer Nachuntersuchung 6 Wochen später noch deutlich anhaltend.

Bei einem Vergleich der inzwischen unübersehbaren Literatur zur kognitiven Therapie bei Erwachsenen (Hautzinger 1991) mit der Anwendung im Kindes- und Jugendalter wird deutlich, daß noch viel Forschungsarbeit wartet, obwohl die bisherigen Berichte ermutigend sind.

4.5 Bewertung

Die beschriebenen Methoden zeigen, daß verhaltenstherapeutische Maßnahmen bei der Änderung von depressivem Verhalten auch im Kindes- und Jugendalter wirksam sind. Es gibt allerdings nicht die „Verhaltenstherapie" der Depression, sondern je nach theoretischer Ausrichtung verschiedene therapeutische Techniken. Keine der vorgestellten Methoden, auch wenn sie miteinander verglichen wurden, hat eine eindeutige Überlegenheit gezeigt. Konkrete evaluative Aussagen sind daher nicht möglich, was nicht bedeutet, daß die Therapien nicht wirksam sind, sondern lediglich besagt, daß eindeutige Präferenzen für die eine oder andere Therapieform noch nicht möglich sind. Dafür ist die Phase einer systematischen Erforschung der Wirksamkeit von Verhaltenstherapie bei Depressionen noch zu kurz.

Es besteht Unsicherheit darüber, auf welche konkreten Therapiemaßnahmen die beschriebenen Behandlungserfolge zurückzuführen sind. Dies ist auch deswegen schwer zu ermitteln, weil bei der Analyse der veröffentlichten Studien klar wird, daß sie zumeist als „Interventionspaket" durchgeführt wurden, auch wenn dabei die Hauptmethode beschrieben wird, aber in Nebensätzen angedeutet wird, daß auch noch andere Maßnahmen begleitend oder ergänzend eingesetzt wurden, wie etwa medikamentöse Behandlung, Elternarbeit, Lehrergespräche, Mitschüler als Kotherapeuten. Dies ist zwar prinzipiell nicht falsch, wenn begründet werden kann, warum die eine oder andere Intervention eingesetzt wurde, trägt aber nicht zu einer größeren Klarheit bei. Hinzu kommt die unterschiedliche Erfahrung der Therapeuten, die geringe Vergleichbarkeit der Patienten bzw. Patientengruppen, das unterschiedliche Alter und meist fehlende Katamnesen. Es fehlen Erfahrungen über den Verlauf von Depressionen in dieser Altersphase. Auch hier gilt, daß für leichtere depressive Störungen ein gutes Ansprechen auf psychologische Therapiemethoden und eine günstige Prognose angenommen werden kann, während dies für den Verlauf der Major-Formen noch ungewiß ist.

Methodiker werden die Vielfalt in der Systematik beklagen. In der therapeutischen Praxis der Verhaltenstherapie bei Depressionen im Kindes- und Jugendalter hat sich aber offensichtlich ein gesunder Pragmatismus und ein großes Maß an therapeutischer Kreativität durchgesetzt. Die unübersichtliche Vielfalt der Behandlungsmethoden ist eine Folge eines erweiterten Therapieansatzes in der Verhaltenstherapie, der sowohl unterschiedliche Aspekte der depressiven Verhaltensstörung als auch unterschiedliche theoretische Sichtweisen einschließlich der Berücksichtigung des sozialen Umfeldes mit einbezieht. Damit ist gleichzeitig der Nachteil verbunden, daß die einzelnen Untersuchungen oft nur wenig vergleichbar sind, da sie von verschiedenen Therapeuten, unterschiedlichen Patienten mit Störungen verschiedener Schweregrade durchgeführt wurden und nur wenige Bestandteile des Therapieplanes in ihrer Wirksamkeit eindeutig gesichert sind, in der Kombination aber unsicher beurteilt werden. Es fehlt an weiteren Vergleichsstudien.

Einzelfallstudien scheinen eher schwerere Fälle zu beschreiben, Gruppentherapie ist die Methode der ökonomischen Wahl bei leichteren und mittelschweren Verläufen. Die Studien beziehen sich auf amerikanische Veröffentlichungen. Aus dem deutschsprachigen Bereich liegen noch keine Vergleichsstudien vor, was nicht bedeutet, daß diese Therapien nicht durchgeführt werden. Belege für Behandlungspläne auf verhaltenstherapeutischer Grundlage und nach verschiedenen Theorieansätzen finden sich in den Anträgen zum Gutachterverfahren für Kindertherapien, so daß man davon ausgehen kann, daß die Methoden in der ambulanten Praxis nicht so unbekannt sind, aber in Veröffentlichungen noch kaum eine Rolle spielen. Auch deutschsprachige Übersichten zur Verhaltenstherapie mit Kindern und Jugendlichen legen sich beim Thema „Depression" eine bemerkenswerte Zurückhaltung auf. So kommt in der Veröffentlichung von Ross und Petermann (1987) das Thema „Depression" nicht vor. Erst 1995 taucht dieses Thema bei Petermann im Lehrbuch der Klinischen Kinderpsychologie auf. Die Methoden sind nicht alle gleich gut bei Kindern und Jugendlichen anwendbar. Es gibt einen Trend zu operanten Verfahren und sozialem Training bei Kindern und eine Bevorzugung kognitiver Therapien bei Jugendlichen. Selbstkontrollverfahren werden gleichermaßen bei Kindern wie bei Jugendlichen eingesetzt. Im Jugendalter sind sehr viel spezifischere verhaltenstherapeutische Ansätze mit Betonung auf kognitiven Techniken möglich als im Kindesalter. Es gibt eine Tendenz, die Methoden miteinander zu kombinieren, aber noch keine Mitteilungen, ob eine multimodale Therapie die therapeutische Effektivität erhöht. Die Behandlung von akuten und zeitlich begrenzten depressiven Reaktionen ist einfacher und erfolgreicher – vielleicht, weil die Prognose hierbei gut ist und diese nur selten in chronische Zustände übergehen. Hier liegt ein Schwerpunkt der ambulanten Therapie.

Bei schwereren Erkrankungen mit Suizidgefahr und solchen Depressionen, die die Kriterien für eine Major Depression erfüllen, wird häufiger stationäre Therapie und die Kombination mit einer medikamentösen Basisbehandlung empfohlen, die die Erfolge der Psychotherapie verbessert. Eindeutige Vergleichsstudien für Psychotherapie versus Psychopharmakatherapie bei depressiven Störungen im Kindes- und Jugendalter fehlen. Für Erwachsene gibt es sie, wobei keine Therapie der anderen eindeutig überlegen ist, aber eine Kombination bevorzugt wird; allerdings ist hier der Schweregrad ausschlaggebend. Bei leichteren Störungen beginnt die Therapie mit einer Psychotherapie und wird bei zu geringem Erfolg mit Psychopharmaka kombiniert, bei schweren Depressionen ist es genau umgekehrt. Es spricht prinzipiell nichts dagegen, diese Vorstellungen auch auf das Kindes- und Jugendalter zu übertragen. Weitere Anstrengungen für die Entwicklung verhaltenstherapeutischer Behandlungsverfahren und ihre vergleichende Evaluation sind nötig und bei der großen praktischen Bedeutung für die Behandlung depressiver Störungen im Kindes- und Jugendalter auch dringend erforderlich. Verhaltenstherapeutische Methoden haben hier noch nicht die gleiche Bedeutung und Effizienz wie bei der Behandlung anderer psychischer Störungen des Kindes- und Jugendalters.

Literatur

Abramson, L. Y., G. J. Mewtalsky & L. B. Alloy (1989). Hopelessness depression: A theory-based subtype of depression. Psychological Review 96, 358–372

Altherr, P. (1990). Verhaltenstherapie bei Kindern und Jugendlichen. Praxis der klin. Verhaltensmedizin und Rehabilitation 9, 17–15

Beck, A. T. (1967). Depression: Causes and Treatment. Philadelphia: University of Pennsylvania Press

Beck, A. T., A. J. Rush, D. Shaw & G. Emery (1979). Cognitive therapy of depression. New York: Guilford Press

Bernard, M. E. & M. R. Joyce (1984). Rational-emotive therapy with children and adolescents: Theory, treatment strategies, preventive methods. New York: Academic

Blount, R. L. & T. F. Stokes (1984). Self-reinforcement by children. In: M. Ilersen, R. M. Eisler, P. M. Miller (Eds), Progress in behavior modification (Vol. 18, 195–225), N. Y.: Academic

Bowi, U. & R. Krampe (1987). Eine deutsche Fassung der Children's Depressions Inventory (Kovacs 1983). Psych. Klin. Univ. Düsseld., Ki.-Ju.-Psychiatrie

Butler, L. F., Miezitis, S., Friedman, R. J. & Cole, E. (1980). The effect of two schoolbased intervention programs on depressive symptoms in preadolescent children. American Educational Research Journal, 17, 111–119

Casat, C. D., Arana, G. W. & Powell, K. (1989). The DST in children and adolescents with major depressive disorder. American Journal of Psychiatry 146, 503–507

Cole, P. M. & N. J. Kaslow (1988). Interactional and cognitive strategies for affect regulation: Developmental perspectives on childhood depression. In: Alloy, L. B. (Ed.): Cognitive Processes in Depression. New York: Guilford Press

Dweck, C. S. (1977). Learned helplessness and negative evaluation. In E. R. Keislar (Ed.), The educator: Evaluation and motivation. 14, 44–49

Dweck, C. S. & N. D. Reppucci (1973). Learned helplessness and reinforcement responsibility in children. Journal of Personality and Social Psychology, 25, 109–116

Eggers, Ch. (1988). Kindliche Depression. Z. Kinder-Jugendpsychiat. 16, 196–202

Emery, G., R. Bedrosian & J. Garber (1983). Cognitive therapy with depressed children and adolescents. In: Cantwell, D. P. & G. A. Carlson (Eds.), Affective disorders in childhood and adolescents. (pp. 445–471). New York: Spectrum

Emmelkamp, P. M. G. (1986). Behavior therapy with adults. In: Garfield S. L. & A. E. Bergin: Handbook of psychotherapy and behavior change (3rd Ed.). New York: Wiley

Fantuzzo, J. W., A. Stovall, D. Schachtel, C. Goins & R. Hall (1987). The effects of peer social initiations on the social behavior of withdraw maltreated preschool children. Journal of Behavior Therapy and Experimental Psychiatry, 18, 357–363

Frame, C., J. L. Matson, W. Sonis, M. Fialkow & A. Kazdin (1982). Behavioral treatment of depression in a prepubertal child. Behav. Th. Experimental Psychiatry, 13, 239–243

Graziano, A. M. & K. C. Mooney (1983). Children and Behavior Therapy. New York: Aldine

Hautzinger, M. (1982). Ein Kategoriensystem zur Erfassung kognitiver Veränderungen. Z. f. klin. Psychologie, Psychopathologie und Psychotherapie, 1, 47–61

Hautzinger, M. (Hrsg.) (1991). Themenheft: Psychologische Behandlung bei Depressionen. Verhaltensmodifikation und Verhaltensmedizin, 12, 86–171

Kanfer, F. H. (1970). Self-regulation: Research, issues and speculations. In: C. Neuringer & J. F. Michael (Eds.), Behavior modification in clinical psychology (pp. 178–220). N. Y.: Appelton-Century-Crofts

Kanfer, F. H. & A. P. Goldstein (1975). Helping People Change. N. Y., Toronto, Oxford, Sydney, Braunschweig: Pergamon Press. Deutsche Ausgabe: Möglichkeiten der Verhaltensänderung (1977). 1. Aufl. München, Wien, Baltimore: Urban & Schwarzenberg

Kaslow, N. J., L. P. Rehm & A. W. Siegel (1984). Social-Cognitive Correlates of depression in children. Journal of Abnormal Child Psychology, 12, 605–620

Kazdin, A. E. (1989). Developmental psychopathology: Current research, issues and directions. American Psychologist, 44, 180–187

Kerns, L. L. unter Mitarbeit von A. B. Liebermann (1997). Hilfen für depressive Kinder. Hrsg. der deutschen Ausgabe S. u. M. von Aster. Bern, Göttingen, Toronto, Seattle: Hans Huber

Kovacs, M. (1982). The Children's Depression Inventory: A self-rated depression scale for Schoolyoungsters. Univ. of Pittsburgh, unpubl. Manuscript

Kovacs, M., T. L. Feinberg et al. (1984). Depressive disorder in childhood I and II. Archives of General Psychiatry 41, I 229–237, II 643–649

Kovacs, M. (1989). Affective Disorders in children and adolescents. American Psychologist 44, 209–215

Linden, M. (1979). Psychiatrische und psychologische Klassifikation depressiver Störungen. In: Hautzinger und Hoffmann (Hrsg.), Depression und Umwelt. Salzburg: Otto Müller

Lobert, W. (1989). Untersuchung von Merkmalen depressiver Verstimmung i. d. Pubertät mit dem Ki.-Depressions-Inventar n. Kovacs. Zeitschr. f. Ki.-u. Ju.-Psych. 4, 194–201

Mansdorf, I. J. (1986). Assertiveness training in the treatment of a child's tic. Journal of Behavior Therapy and Experimental Psychiatry, 17, 29–32

Matson, L. (1989). Treating Depression in Children and Adolescents. N. Y. et al.: Pergamon Press

Meichenbaum, E. H., L. A. Bream & J. S. Cohen (1985). A cognitive-behavioral perspective on children psychopathology: Implications for assessment a. training. In: R. J. McMahon & R. D. Peters (Eds.), Childhood disorders: Behavioral-development approaches (pp. 36–52). New York: Brunner/Mazel Publishers

Molick, R. & E. M. Pinkston (1982). Using behavioral analysis to develop adaptive social behavior in a depressed adolescent girl. In: Pinkston, E. M., J. L. Levitt, G. R. Green, N. L. Link & T. R. Rzepnicki (Eds.), Effective social work practice (pp. 346–375). San Francisco: Jossey-Bass

Nissen, G. (1971). Depressive Syndrome im Kindes- und Jugendalter. Berlin, Heidelberg, New York: Springer

Otto, M. W. (1988). Some psychiatric aspects of hemispheric specialization. Biologial Psychiatry, 22, 1201–1215

Petermann, F. (Hrsg.) (1995). Lehrbuch der klinischen Kinderpsychologie. Göttingen: Hogrefe

Petti, T. A. (1984). Depression and withdrawal in children. In: Ollendick, T. H. & M. Hersen (Eds.), Handbook of child psychopathology (pp. 293–321). New York: Plenum

Petti, T. A., M. Bornstein, A. Delameter & C. K. Conners (1980). Evaluation and multimodal treatment of a depressed prepubertal girl. Journal of the American Academy of Child Psychiatry, 19, 690–702

Poznanski, E. O. (1982). The clinical phenomenology of childhood depression. American Journal of Orthopsychiatry, 52, 308–313

Räsänen, E. & T. Tamminen (1991). Depression in der Präadoleszenz. Acta Paedopsychiatrica 54, 32–37

Rehm, L. P. (1977). A self-control model of depression. Behavior Therapy, 8, 787–804

Reinhard, H. G., U. Bovi & G. Rulcovius (1990). Stabilität, Reliabilität und Faktorenstruktur einer deutschen Fassung des Children's Depression Inventory (Kovacs 1983). Z. Kinder- Jugendpsychiat. 18, 185–191

Reynolds, W. M. & K. I. Coats (1986). A comparison of cognitive-behavioral-therapy and relaxation training f. the treatment of depression in ado-

lescents. Journal of Consulting and Clinical Psychology, 54, 653–660
Röhrle, B. (1988). Fragebogen zur verhaltenstherapeutischen Diagnostik depressiver Störungen. Ein Kompendium. Materialienreihe der DGVT Nr. 20, Tübingen
Ross, A. O. & F. Petermann (1987). Verhaltenstherapie mit Kindern und Jugendlichen. Hippokrates: Stuttgart
Rossmann, P. (1991). Depressionsdiagnostik im Kindesalter. Bern, Stuttgart, Toronto: Hans Huber
Rossmann, P. (in Druck, 1993). Depressionstest für Kinder (DTK). Bern, Stuttgart, Toronto: Hans Huber
Rulcovius, G. & W. G. Reinhard (1990). Kognitive Theorien der Depression. Acta Paedopsychiatrica 53, 62–70
Schloss, P. J., C. N. Schloss & L. Harris (1984). A multiple baseline analysis of an interpersonal skills training program for depressed youth. Behav. Disorders, 9, 182–188
Schulz, E. & H. Remschmidt (1988). Pharmakotherapie depressiver Syndrome im Kindes- und Jugendalter. Z. Kinder-Jugendpsychiat, 16, 142–154
Seligman, M. E. P. (1974). Depression and learned helplessness. In: R. J. Friedman & M. M. Katz (Eds.), The psychology of depression: Contemporary theory and research (pp. 83–125). New York: Wiley
Seligman, M. E. P. (1981). A learned helplessness point of view. In: L. P. Rehm (Ed.), Behavior therapy for depression (pp. 123–143). New York: Academic Press
Seligmann, M. E. P. (1986). Erlernte Hilflosigkeit. 3. Aufl. München: Urban und Schwarzenberg
Stark, K. D., W. M. Reynolds & N. J. Kaslow (1987). A comparison of the relative efficacy of self-control therapy and a behavioral problem-solving therapy for depression in children. Journal of Abnormal Child Psychology, 15, 91–113
Steinhausen, H.-Ch. (1988). Psychische Störungen bei Kindern und Jugendlichen: Depression. S. 141–148. München, Wien, Baltimore: Urban und Schwarzenberg
Stiensmeier-Pelster, J., M. Schürmann & K. Duda (1989). Depressions-Inventar für Kinder- und Jugendliche (DIKJ). Göttingen, Toronto, Zürich: Hogrefe
Strauss, C. C., R. Forehand, C. Frame & K. Smith (1984). Characteristics of children with extreme scores on the Children's Depression Inventory. Journal of Clinical Child Psychology, 13, 227–231
Wielkiewicz, R. M. (1986). Behavior management in the schools: Principles and procedures. New York: Pergamon Press

Kapitel 11

Zwangsstörungen

Manfred Döpfner

1. Definition und Klassifikation 272
2. Symptomatik und Verhaltensdiagnose 274
2.1 Symptomatik 274
2.2 Verhaltensdiagnose 280
3 Therapie in der Praxis 290
3.1 Familienzentrierte Interventionen 293
3.2 Expositionsbehandlung und Reaktionsverhinderung 295
3.3 Variationen der Expositionsbehandlung plus Reaktionsverhinderung 300
3.4 Interventionen zur Verminderung von Zwangsgedanken 303
4. Evaluation 305

Literatur 308

1. Definition und Klassifikation

Patienten mit Zwangsstörungen teilen ein ähnliches Schicksal: Sinnlose Gedanken tauchen aus heiterem Himmel auf und gehen immer und immer wieder durch den Kopf. Bestimmte Handlungen müssen immer und immer wieder ausgeführt werden. Manche erleben die quälenden Gedanken – simple Zahlenreihen oder einen bestimmten Satz – als sinnlos; andere kommen von sehr belastenden Ideen nicht los („Ich habe gerade einen Menschen umgebracht"). Einige Patienten müssen zehn-, zwanzig-, hundertmal kontrollieren, ob Türen geschlossen, Lichtschalter oder Geräte ausgeschaltet oder ob eigene Tätigkeiten auch tatsächlich zu Ende gebracht worden sind. Andere verbringen Stunden, um überflüssige Symmetrien in ihrer Umgebung herzustellen – Schnürsenkel müssen gleich lang gebunden sein, die einzelnen Haare der Augenbrauen parallel zueinander liegen. Am häufigsten leiden die Patienten unter dem Drang, sich immer und immer wieder zu waschen. Diesen Problemen ist ein Grundthema gemeinsam: Du kannst und darfst deinem eigenen gesunden Menschenverstand (der dir sagt, daß die Tür verschlossen ist) oder deinen fünf Sinnen (die keinen Schmutz erkennen können) nicht trauen. Obwohl du weißt, daß du nichts Gefährliches unternommen hast, mußt du doch nochmals kontrollieren oder Zahlenreihen in Gedanken wiederholen. Du kannst den Impuls, dich waschen zu müssen, nicht verdrängen; er kommt immer wieder, und du beginnst an Dir selbst zu zweifeln: „Bin ich mir wirklich sicher? Ich fühle, daß irgend etwas nicht stimmt!" Allen Ausdrucksformen dieser Störungen liegt eine kaum nachvollziehbare Intensität des Dranges, sich zu waschen oder etwas zu kontrollieren oder die Übermacht eines bestimmten Gedankens zugrunde: „Wenn der Gedanke kommt, wird alles, aber auch alles in meinem Leben zurückgedrängt."

Dieser eindringlichen Beschreibung von Zwangsstörungen durch Judith Rapoport (1989, S. 3 f.) sei die nüchterne Definition der International Classification of Diseases, ICD-10, gegenübergestellt (Dilling et al. 1994). Danach sind immer wiederkehrende Zwangsgedanken und/oder Zwangshandlungen die Hauptmerkmale einer Zwangsstörung.

Zwangsgedanken sind Ideen, Vorstellungen oder Impulse, die den Betroffenen immer wieder stereotyp beschäftigen. Sie sind fast immer quälend, weil sie als sinnlos erlebt werden und der Betroffene erfolglos versucht, Widerstand zu leisten, oder weil sie gewalttätigen Inhalts oder obszön sind. Die Person versucht, solche Gedanken bzw. Impulse zu ignorieren, zu unterdrücken oder sie mit Hilfe anderer Gedanken oder Handlungen auszuschalten. Sie werden jedoch als eigene Gedanken erlebt, selbst wenn sie als unwillkürlich oder abstoßend empfunden werden.

Zwangshandlungen sind wiederholte, zweckmäßige und beabsichtigte Verhaltensweisen, die auf einen Zwangsgedanken hin nach bestimmten Regeln oder in stereotyper Form ausgeführt werden (Wittchen et al. 1988). Das Verhalten dient meist dazu, Unbehagen oder schreckliche Ereignisse bzw. Situationen unwirksam zu machen bzw. zu verhindern. Dem Verhalten liegt also eine Furcht vor einer Gefahr zugrunde, die den Betroffenen bedroht oder von ihm ausgeht. Die Handlung wird mit dem Gefühl des subjektiven Zwangs durchgeführt, wobei zumindest anfänglich gleichzeitig der Wunsch vorhanden ist, Widerstand zu leisten. Die Person sieht im allgemeinen ein, daß ihr Verhalten übertrieben oder unvernünftig ist. Die betroffene Person hat keine Freude am Ausführen der Handlung, obwohl sie zu einer Spannungsreduktion führt.

Zwangssyndrome von Krankheitswert sind so schwer, daß sie erhebliches Leiden verursachen, zeitraubend sind oder den normalen Tagesablauf, die schulischen und beruflichen Leistungen oder die sozialen Aktivitäten oder Beziehungen beeinträchtigen. Zwangshandlungen können täglich stundenlang anhalten. Nach Knölker (1987) waren 77% der untersuchten Kinder und

Tabelle 1. Diagnosekriterien der Internationalen Klassifikation psychischer Störungen (ICD-10; Forschungskriterien) für Zwangsstörungen (Dilling et al. 1994)

A. Entweder Zwangsgedanken oder Zwangshandlungen (oder beides) an den meisten Tagen über einen Zeitraum von mindestens zwei Wochen.

B. Die Zwangsgedanken (Ideen oder Vorstellungen) und Zwangshandlungen zeigen alle folgende Merkmale:
   1. Sie werden als eigene Gedanken/Handlungen von den Betroffenen angesehen und nicht als von anderen Personen oder Einflüssen eingegeben.
   2. Sie wiederholen sich dauernd und werden als unangenehm empfunden und mindestens ein Zwangsgedanke oder eine Zwangshandlung werden als übertrieben und unsinnig anerkannt.
   3. Die Betroffenen versuchen, Widerstand zu leisten (bei lange bestehenden Zwangsgedanken und Zwangshandlungen kann der Widerstand allerdings sehr gering sein). Gegen mindestens einen Zwangsgedanken oder eine Zwangshandlung wird gegenwärtig erfolglos Widerstand geleistet.
   4. Die Ausführung eines Zwangsgedankens oder einer Zwangshandlung ist für sich genommen nicht angenehm (dies sollte von einer vorübergehenden Erleichterung von Spannung und Angst unterschieden werden).

C. Die Betroffenen leiden unter den Zwangsgedanken und Zwangshandlungen oder werden in ihrer sozialen oder individuellen Leistungsfähigkeit behindert, meist durch den besonderen Zeitaufwand.

Tabelle 2. Diagnosekriterien der Internationalen Klassifikation psychischer Störungen (ICD-10; Forschungskriterien) für anankastische (zwanghafte) Persönlichkeitsstörungen (Dilling et al. 1994)

A. Die allgemeinen Kriterien für eine Persönlichkeitsstörung müssen erfüllt sein.

B. Mindestens vier der folgenden Eigenschaften oder Verhaltensweisen müssen vorliegen:
   1. Gefühle von starkem Zweifel und übermäßiger Vorsicht.
   2. Ständige Beschäftigung mit Details, Regeln, Listen, Ordnungen oder Plänen.
   3. Perfektionismus, der die Fertigstellung von Aufgaben behindert.
   4. Übermäßige Gewissenhaftigkeit und Skrupelhaftigkeit.
   5. Unverhältnismäßige Leistungsbezogenheit unter Vernachlässigung bis zum Verzicht auf Vergnügen und zwischenmenschliche Beziehungen.
   6. Übertriebene Pedanterie und Befolgung sozialer Konventionen.
   7. Rigidität und Eigensinn.
   8. Unbegründetes Bestehen darauf, daß andere sich exakt den eigenen Gewohnheiten unterordnen oder unbegründete Abneigung dagegen, andere etwas machen zu lassen.

Jugendlichen zumindest zeitweise schul- bzw. berufsunfähig, und 88% der Betroffenen empfanden sich durch die Symptomatik als mittel bzw. schwer beeinträchtigt.

Tabelle 1 faßt die Diagnosekriterien der International Classification of Diseases (ICD-10) zusammen. Die Diagnose kann entsprechend dem Vorherrschen von Zwangsgedanken oder Zwangshandlungen differenziert werden in Zwangsstörungen vorwiegend mit Zwangsgedanken oder Grübelzwang (F42.0), vorwiegend mit Zwangshandlungen (F42.1) oder Zwangsgedanken und -handlungen gemischt (F42.2).

Von der Zwangsstörung ist die *anankastische (zwanghafte) Persönlichkeitsstörung* (ICD10: F60.5) abzugrenzen. Sie zeichnet sich vor allem durch Unentschlossenheit, Zweifel und übermäßige Vorsicht und Perfektionismus, Bedürfnis nach ständiger Kontrolle und peinlich genaue Sorgfalt aus (siehe Tabelle 2), wobei die beschriebenen Symptome charakteristische, dauerhafte innere Erfahrungs- und Verhaltensmuster darstellen müssen, die insgesamt deutlich von kulturell erwarteten und akzeptierten Vorgaben abweichen, und darüber hinaus der Nachweis zu erbringen ist, daß die Abweichung stabil, von langer Dauer ist und im späten Kindesalter oder in der Adoleszenz begonnen hat.

2. Symptomatik und Verhaltensdiagnose

2.1 Symptomatik

Im Jugendalter liegt die Häufigkeit von Zwangsstörungen zwischen 1% (Flament et al. 1988) und 3 bis 3,5% (Apter et al. 1996; Valleni-Basile et al. 1994; Zohar et al. 1992). Bei 18jährigen wurde eine Prävalenzrate von 4% nachgewiesen (Douglass et al. 1995). Die Prävalenzrate im Jugendalter liegt damit etwa so hoch wie im Erwachsenenalter, in dem Raten von 1,2% bis 2,4% ermittelt wurden (Karno et al. 1988). Neuere epidemiologische Studien zeigen, daß Zwangsphänomene im Jugendalter vermutlich ein Kontinuum darstellen, an dessen Ende einerseits Symptome mit geringgradiger Ausprägung relativ häufig vorkommen und andererseits schwere und beeinträchtigende Symptome von klinischer Relevanz in höchstens 3 bis 3,5% der Fälle zu beobachten sind (Apter et al. 1996). In der epidemiologischen Studie von Flament und Mitarbeitern (1988) wird die Prävalenz zwanghafter Persönlichkeitsstörungen in der Adoleszenz mit 0,3% angegeben, wobei 17% der als zwangsgestört diagnostizierten Jugendlichen auch die Diagnose einer zwanghaften Persönlichkeitsstörung erhielten. Trotz einer beträchtlichen Erkrankungsdauer (von 6 Monaten bis zu 7 Jahren) befanden sich nur 20% der identifizierten Kinder und Jugendlichen in psychiatrisch-psychotherapeutischer Behandlung. Obwohl Zwangsstörungen üblicherweise in der Adoleszenz oder im frühen Erwachsenenalter beginnen, können sie in selteneren Fällen bereits in der Kindheit anfangen. In der epidemiologischen Studie von Flament und Mitarbeitern (1988) lag der früheste Beginn der Symptomatik im Alter von 7 Jahren, im Durchschnitt bei 12 Jahren. Diese Angaben stimmen gut mit Untersuchungen an klinischen Populationen überein, wenngleich gelegentlich auch frühere Erstmanifestationen berichtet werden (Knölker 1987, Hollingsworth et al. 1980). In der bislang umfangreichsten Studie einer klinischen Stichprobe von 70 zwangsgestörten Kindern und Jugendlichen erkrankten 10% der Patienten vor dem achten Lebensjahr, im Durchschnitt mit 10,1 Jahren (Swedo et al. 1989). Ein Drittel bis die Hälfte der erwachsenen Patienten mit einer Zwangsstörung berichten, daß die Störung im Kindes- und Jugendalter begonnen habe (Rasmussen & Eisen 1990; Black 1978).

Ritualistisches Verhalten, repetitive Verhaltensweisen von Kleinkindern, repetitive Spiele und abergläubisches Verhalten sind Elemente einer normalen Entwicklung und treten in verschiedenen Entwicklungsphasen in unterschiedlicher Intensität auf. Leonard und Mitarbeiter (1990) untersuchten die These, daß diese Verhaltensweisen Vorläufer von Zwangsstörungen sein können und somit Zwangsstörungen den pathologischen Extrempol einer normalen Entwicklung darstellen. Retrospektiv wurden Kinder und Jugendliche mit Zwangsstörungen und deren Eltern befragt und mit unauffälligen Kindern verglichen. Beide Gruppen unterschieden sich nicht hinsichtlich der Häufigkeit abergläubischen Verhaltens, wohl aber in der Häufigkeit ritualistischer und repetitiver Verhaltensweisen in der Vorgeschichte. Eine weitere Klärung der Beziehungen zwischen repetitiven Verhaltensweisen und Zwangsstörungen läßt sich allerdings, wie auch die Autoren betonen, nur in prospektiven Studien erzielen.

Einige Studien weisen auf eine erhöhte Rate von Zwangsstörungen bei Jungen hin (Hollingsworth 1980, Swedo et al. 1989). Nach Swedo et al. (1989) liegt die Jungen-Mädchen-Relation bei 2:1, wobei Jungen eher früher erkranken. In neueren epidemiologischen Studien (Apter et al. 1996; Flament et al. 1988; Valleni-Basile et al. 1994, Douglass et al. 1995) und in einigen Studien an klinischen Stichproben (Knölker 1987, Riddle et al. 1990) konnte diese Häufung beim männlichen Geschlecht jedoch nicht bestätigt werden. Im Erwachsenenalter weisen die meisten Studien auf eine Gleichverteilung der Störung bei Männern und Frauen hin.

Zwangsgedanken ohne Zwangshandlungen sind bei Kindern und Jugendlichen eher selten (Last et al. 1987: 20%, Flament et al. (1988)': 5%). Noch seltener werden Zwangshandlungen ohne assoziierte Zwangsgedanken beschrieben (Riddle et al. 1990: 10%). Multiple Zwangshandlungen und -gedanken sind dagegen eher die Regel (Flament et al. 1988: 70%, Last & Strauss 1989: 50%). Die häufigsten *Zwangshandlungen* bei Kindern und Jugendlichen sind Waschzwänge, Kontrollzwänge, Wiederholungszwänge, Ordnungs- und Zählzwänge, selten dagegen wird von Berührungszwängen, zwanghafter Langsamkeit, Sammel-, Schreib- oder Betzwängen berichtet. Damit verteilen sich die im Jugendalter anzutreffenden Zwangshandlungen ähnlich zu denen im Erwachsenenalter; dort beziehen sich die meisten Zwangshandlungen auf Reinlichkeit (insbesondere Händewaschen), übertriebene Ordnung und Sauberkeit oder wiederholte Kontrollen, die garantieren, daß sich eine möglicherweise gefährliche Situation nicht entwickeln kann. Zu den häufigsten *Zwangsgedanken* im Kindes- und Jugendalter zählen Angst vor Verschmutzung, Verseuchung oder Vergiftung, aggressive und gewalttätige Vorstellungen, Angst, sich selbst oder andere zu verletzen, auf den eigenen Körper bezogene Gedanken sowie religiöse oder sexuelle Inhalte. Tabelle 3 zeigt die relative Häufigkeit einzelner Zwangsgedanken und Zwangshandlungen in der bislang größten untersuchten klinischen Stichprobe von 70 Kindern und Jugendlichen (Swedo & Rapoport 1989, Swedo et al. 1989).

Zwangsstörungen können in starkem Maße situationsspezifisch ausgeprägt sein. So berichtet Knölker (1987), daß die Zwangssymptomatik sich in 65% der Fälle ausschließlich zu Hause manifestierte und in den anderen Fällen zwar auch in der Schule, aber lediglich in sozialisierter Form (ordentlich, pünktlich, zuverlässig) oder in sehr verdünnter Ausprägung auftrat. Andere psychische Störungen waren dagegen in Schule und Elternhaus gleichermaßen manifest. 89% der Eltern gaben an, daß die Kinder mit ihren Zwangssymptomen die

Tabelle 3. Relative Häufigkeit der einzelnen Inhalte von Zwangsgedanken und Zwangshandlungen bei Kindern und Jugendlichen nach Swedo & Rapoport (1989)

Zwangsgedanken

Befürchtungen hinsichtlich Schmutz, Keimen oder Umweltgiften	40%
Befürchtungen, daß etwas Schlimmes passiert (Feuer, Tod/Krankheit des Patienten selbst oder von Bezugspersonen usw.)	24%
Symmetrie, Ordnung oder Genauigkeit	17%
religiöse Inhalte	13%
Befürchtungen/Ekel bezüglich Körperausscheidungen oder -sekretionen (Urin, Kot, Speichel)	8%
Glücks-/Unglückszahlen	8%
verbotene, aggressive oder perverse sexuelle Gedanken, Vorstellungen oder Impulse	4%
Furcht, andere oder sich selbst zu verletzen	4%
Beschäftigungen mit Gegenständen des Haushaltes	3%
zudringliche Laute, Worte oder Musik	1%

Zwangshandlungen

exzessives oder ritualisiertes Händewaschen, Duschen, Baden, Zähneputzen	85%
Wiederholungszwänge (die Türe herein- und hinausgehen, vom Stuhl aufstehen und wieder hinsetzen usw.)	51%
Kontrollzwänge (von Türen, Schlössern, des Herdes, der Sicherheitsbremse am Auto, der Hausaufgaben usw.)	46%
Rituale, um Kontakte mit Verunreinigungen zu vermeiden	23%
Berühren von Gegenständen	20%
Maßnahmen, um Verletzungen bei sich oder anderen vorzubeugen	16%
Ordnen und Arrangieren	17%
Zählen	18%
exzessives Horten und Sammeln	11%
Reinigung von Haushaltsgegenständen/anderen leblosen Objekten	6%
andere Rituale (z. B. Schreiben, Bewegen, Sprechen)	26%

Familie massiv tyrannisieren. Dabei fällt auf, so Knölker (1987), daß Art und Inhalte der Zwangssymptome oftmals genau auf spezifische Empfindlichkeiten der Eltern gerichtet sind.

In retrospektiven Erhebungen werden etwa 2/3 aller Kinder prämorbid als sozial ängstlich, trennungsängstlich oder kontaktgestört beschrieben. Fast alle Patienten geben einen plötzlichen oder zumindest deutlichen Beginn der Zwangssymptomatik an, und mehr als die Hälfte der Patienten bzw. ihrer Eltern beschreiben ein auslösendes Ereignis, das sie mit dem Auftreten der Symptomatik in Zusammenhang bringen. Die Ereignisse betreffen Krankheiten des Patienten oder nahestehender Bezugspersonen, Todesfälle in der Familie, Ablösungs- und Trennungserfahrungen, Sexualität und Religion (Knölker 1987), sowie Medienereignisse, wie Fernnachrichten oder Kinofilme (Rettew et al. 1992).

Die meisten Kinder versuchen ihre Zwangshandlungen zunächst zu verbergen – durchschnittlich dauert es vier bis sechs Monate, bis die Eltern sie bemerken (Swedo et al. 1989). Lehrer und Gleichaltrige bemerken meist nichts von der Symptomatik, da der Patient die Zwangshandlungen teilweise kontrollieren kann. Eltern sind meist darüber verwirrt, daß das Kind die Symptome in der Schule oder bei Freunden unterdrücken kann, in der Familie sie aber nicht zu kontrollieren vermag. Ähnlich wie bei Tourette-Patienten beschreiben die Kinder die Kontrolle des Verhaltens außerhalb der Familie häufig als hochgradig anstrengend und begründen damit die Notwendigkeit, den Zwang zu Hause auszuagieren. Mit Zunahme des Störungsgrades sind die Patienten jedoch auch nicht mehr in der Lage, die Zwangshandlung in der Öffentlichkeit zu unterbinden.

In nahezu allen Fällen ist im Verlauf der Störung ein Wechsel der Symptomatik zu beobachten (Swedo et al. 1989; Rettew et al. 1992). Die meisten Kinder oder Jugendlichen entwickeln zu Beginn einen einzelnen Zwangsgedanken oder eine isolierte Zwangshandlung. Meist dominiert ein spezifischer Zwang mehrere Monate oder Jahre lang und wird dann von einer anderen Zwangsstörung abgelöst. Zumindest 85% aller Patienten entwickeln im Verlauf der Zwangsstörung einen Waschzwang. Zwangsgedanken mit sexuellen Inhalten treten häufiger in der Adoleszenz auf, verschwinden aber gewöhnlich im Alter von etwa 18 Jahren (Swedo et al. 1989). Die Intensität der Zwangsstörung kann erheblichen Fluktuationen ausgesetzt sein.

Das Chronifizierungsrisiko von Zwangsstörungen, die nicht erfolgreich behandelt werden können, ist erheblich. In einer 10-Jahres-Katamnese an 20 Kindern und Jugendlichen mit Zwangsstörungen, die überwiegend stationär verhaltenstherapeutisch behandelt wurden, konnten Allsopp und Verduyn (1988) bei allen Patienten, die sich während der Behandlung nicht verbesserten oder sogar verschlechterten, entweder eine Persistenz der Zwangsstörung oder die Entwicklung einer schizophrenen Störung (bei 2 von 6 Personen) nachweisen. Demgegenüber zeigte keiner der Patienten mit einer kompletten Remission der Störung während der Behandlung zum Katamnesezeitpunkt eine Zwangssymptomatik. Bei vier von fünf Patienten, bei denen zwar keine Symptomfreiheit, wohl aber eine Symptomverminderung während der Behandlung erzielt werden konnte, wurde zum Katamnesezeitpunkt eine Zwangsstörung diagnostiziert, nur ein Patient war symptomfrei. Insgesamt waren 50% der Patienten zum Katamnesezeitpunkt symptomfrei. Thomsen und Mikkelsen (1995) berichten von ähnlichen Raten an chronifizierten Störungen.

Leonard und Mitarbeiter (1993) führten eine Zwei- bis Siebenjahreskatamnese bei 54 Kindern und Jugendlichen mit Zwangsstörung durch, die alle zwischenzeitlich medikamentös und in 46% der Fälle auch verhaltenstherapeutisch behandelt wurden, falls die medikamentöse Therapie nicht erfolgreich war. Zum Zeitpunkt der Nachuntersuchung erhielten 70% der Patienten eine Medikation, aber kein Patient befand sich aktuell in verhaltenstherapeutischer Behandlung. Zum Katamnesezeitpunkt wurde zwar bei 43% der Patienten weiterhin die

Diagnose einer Zwangsstörung gestellt, doch zeigte die Symptomatik nur bei 19% der Patienten keine Verbesserungen bzw. eine Verschlechterung. Ein eher ungünstiger Verlauf ließ sich bei jenen Patienten nachweisen, die nach einer initialen medikamentösen Behandlung weiterhin eine ausgeprägtere Zwangssymptomatik aufwiesen, bei denen eine Tic-Störung diagnostiziert wurde und deren Eltern eine psychiatrische Störung aufwiesen. In einer früheren Katamnese, die ebenfalls zwei bis sieben Jahre nach der Erstuntersuchung durchgeführt wurde (Flament et al. 1990), erfüllten 68% der Patienten weiterhin die Kriterien einer Zwangsstörung. Im jungen Erwachsenenalter haben 21% aller Fälle, bei denen im Kindes- und Jugendalter eine Zwangsstörung diagnostiziert wurde, ein sehr geringes psychosoziales Funktionsniveau, und bei weiteren 40% ist das Funktionsniveau deutlich eingeschränkt; 17% sind aufgrund der Störung berentet (Thomsen, 1995). Den Verlauf von milderen Störungsformen und von unbehandelten Jugendlichen mit Zwangsstörungen konnten Berg et al. (1989) in einer Zweijahresnachuntersuchung der von Flament et al. (1988) beschriebenen epidemiologischen Stichprobe überprüfen. Lediglich 12% der ursprünglich als zwangsgestört diagnostizierten Jugendlichen wurden zwei Jahre später als psychiatrisch unauffällig diagnostiziert, 31% erhielten erneut die Diagnose einer Zwangsstörung, und weitere 25% zeigten zwanghafte Verhaltenstendenzen, ohne jedoch alle Kriterien einer Zwangsstörung zu erfüllen. Von den Jugendlichen, die bei der Erstuntersuchung nicht das Vollbild einer Zwangsstörung entwickelt hatten, wurden nur 10% bei der Nachuntersuchung als zwangsgestört eingestuft. 50% der zwangsgestörten Jugendlichen wurden als mittel bis schwer gestört eingeschätzt, aber nur 20% wurden psychiatrisch/psychotherapeutisch behandelt. Insgesamt weist die Studie darauf hin, daß auch günstigere Verläufe vorkommen können, als dies aus klinischen Studien bekannt ist.

Obwohl 50% der von Knölker (1987) nachuntersuchten Patienten hinsichtlich der Zwangsstörungen einen günstigen Verlauf genommen hatten, beschrieb nur ein Drittel der Patienten keine nennenswerten *Kontaktprobleme*. Auch die Ergebnisse der Nachuntersuchung von Allsopp und Verduyn (1988) weisen auf eine deutlich erhöhte Rate von Kontaktstörungen hin – nur 25% der im Durchschnitt 25 Jahre alten ehemaligen Patienten berichten von sexuell aktiven Beziehungen, 25% lebten noch bei den Eltern, und 50% beschrieben sich als sozial isoliert. Diese Störungen treten gehäuft bei Patienten auf, bei denen die Zwangsstörung nach Behandlungsende persistierte.

Neben der bereits zitierten Katamnese von Allsopp und Verduyn (1988) weist auch die Nachuntersuchung von Knölker (1987) auf ein erhöhtes Risiko einer *psychotischen Störung* bei zwangsgestörten Kindern oder Jugendlichen hin. In der Katamnese von 49 Patienten entwickelten 8% der Patienten mehr als zwei Jahre nach Behandlungsende eine Psychose, und bei weiteren 12% wurde aufgrund der Katamnese ein dringender Verdacht einer Psychose gestellt. Schizophrene Psychosen traten häufiger auf als affektive Psychosen.

Etwa ein Drittel aller Patienten berichten, daß Zwangshandlungen durch bestimmte Stimuli ausgelöst werden (Swedo et al. 1989) – Wiederholungszwänge beim Durchschreiten einer bestimmten Türe, Sammelzwänge, wenn bestimmte Materialien auf der Straße liegen. Meist versuchen die Patienten, diese spezifischen Stimuli zu vermeiden – das Haus wird durch eine andere Tür betreten, die Augen werden geschlossen, um nicht die Gegenstände zu sehen, die einen Sammelzwang auslösen. Ausgenommen Patienten mit massiven Ausprägungsformen, berichten fast alle Patienten, daß eine Vorstrukturierung der Zeit durch die Patienten selbst oder durch andere und auch körperliche Aktivitäten als hilfreiche Selbstkontrollstrategien erlebt werden, die es dem Patienten zumindest vorübergehend ermöglichen, Gedanken und Handlungen zu unterdrücken. Jede Art von Streß löst dagegen eine Zunahme der Symptomatik aus.

Knölker (1987) berichtet von einer hohen *Komorbidität* mit Angststörungen (96%), depressiven Störungen (96%), Schlafstörungen (83%), Suizidgedanken (50%), Eßstörungen (50%), Enuresis oder Enkopresis (29%), Tic-Störungen (25%) und aggressiven Durchbrüchen (23%). Diese sehr hohen Komorbiditätsraten werden in Studien, die standardisierte Instrumente zur Erfassung psychischer Störungen (i. allg. strukturierte klinische Interviews) verwenden, nicht bestätigt. Nach Flament et al. (1988) erhalten aber immerhin 50% der zwangsgestörten Jugendlichen, erfaßt in einer Felduntersuchung, zumindest eine weitere Diagnose. Am häufigsten Depression oder dysthyme Störungen (30%), Bulimie (15%), generalisierte Angststörungen (20%) und zwanghafte Persönlichkeitsstörung (17%). In klinischen Stichproben liegen die Komorbiditätsraten bei etwa 70% (Riddle et al. 1990, Swedo et al. 1989, Hanna 1995, Last & Strauss 1989, Toro et al. 1992), teilweise auch deutlich darüber (Geller et al. 1996). Hauptsächlich werden Angststörungen (20–40%; Geller et al. 1996 und Last & Strauss 1989: 70%) und Depression/Dysthymie (20–39%; Geller et al. 1996: 73%) diagnostiziert. Nach Swedo et al. (1989) entwickelten sich diese Störungen etwa in der Hälfte der Fälle vor Beginn der Zwangssymptomatik, während bei den restlichen Patienten Angst oder Depression erst nach der Zwangserkrankung auftraten. Hyperkinetische und aggressive (externale) Verhaltensstörungen werden in allen Studien seltener als internale Störungen diagnostiziert. Die Raten für Aufmerksamkeitsstörungen und für oppositionelle Verhaltensstörungen liegen in den meisten Studien bei jeweils 10% bis 16%. Lediglich bei Geller und Mitarbeitern (1996) liegen die Raten über 30%. Die externalen Störungen entwickeln sich nach Swedo et al. (1989) ausnahmslos vor Beginn der Zwangssymptomatik. Tic-Störungen wurden in 17 bis 40% der Fälle diagnostiziert, wobei in einigen Studien Patienten mit einer Tourette-Störung nicht in die Stichprobe aufgenommen wurden. Zwanghafte Persönlichkeitsstörungen wurden in 11–14% der Fälle diagnostiziert (Riddle et al. 1990, Swedo et al. 1989) und damit wesentlich seltener als bei erwachsenen Patienten, die nach einer Übersicht von Black (1978) in 71% der Fälle beschrieben werden. Retrospektiv werden 55% der erwachsenen Patienten als prämorbid zwanghaft beschrieben. Erste Ergebnisse laufender Katamnesen an zwangsgestörten Jugendlichen geben Hinweise darauf, daß Kinder mit frühem Beginn der Symptomatik zwanghafte Persönlichkeitsstörungen als Bewältigungsversuch der Zwangsstörungen entwickeln (Swedo et al. 1989).

Differentialdiagnostisch ist die enge Verbindung zwischen Zwangssymptomen, insbesondere Zwangsgedanken in Form von zwanghaftem Grübeln, und *Depression* zu berücksichtigen. Vor allem im Erwachsenenalter zeigen Patienten mit Zwangsstörungen häufig auch depressive Störungen, nach Weiner et al. (1976) liegt die Rate bei 71% – deutlich über der im Kindes- und Jugendalter berichteten Komorbiditätsrate. Andererseits tendieren Patienten, die unter wiederholten depressiven Störungen leiden, häufig zu zwanghaftem Grübeln über mögliche unerfreuliche Umstände oder mögliche alternative Handlungen. Allerdings werden die Gedanken nicht als sinnlos empfunden. *Anorexia nervosa* ist mit einer oft zwanghaft anmutenden Beschäftigung mit Essen, dem eigenen Körpergewicht und Möglichkeiten der Gewichtsreduktion verbunden. Jedoch werden auch hierbei die Gedanken und Handlungen nicht als unsinnig empfunden. 15% der erwachsenen Patientinnen mit Zwangsstörungen haben allerdings in der Vorgeschichte Anorexia nervosa entwickelt (Swedo & Rapoport 1989).

Im Gegensatz zur Gedankeneingebung im Rahmen einer *psychotischen Symptomatik* erkennt die Person, daß die Zwangsgedanken von ihr selbst kommen und nicht von außen aufgezwungen werden. Manchmal kann der Zwangsgedanke jedoch zur *überwertigen Idee* werden, die sich aber von einem echten Wahn dadurch unterscheidet, daß der zwangsgestörte Patient nach einiger Diskussion die Möglichkeit anerkennt, daß der Glaube unbegründet ist. Allerdings können Zwangssymptome bei einer Schizophrenie auftreten.

Beim *Gilles-de-la-Tourette-Syndrom* oder bei hirnorganisch bedingten psychischen Störungen sind Zwangsstörungen häufig Teil dieser Zustandsbilder. *Stereotypien*, wie sie vor allem bei autistischen oder geistig behinderten Kindern beobachtet werden, unterscheiden sich von Zwangshandlungen dadurch, daß sie normalerweise einfachere Bewegungsabläufe beinhalten und nicht ichdyston sind.

Die Entwicklung und Aufrechterhaltung von Zwangsstörungen wird aus *verhaltenstheoretischer Perspektive* auf der Basis von Mowrers Zweifaktorentheorie (siehe Abb. 1) unter Zuhilfenahme kognitiver Konzepte erklärt. Zwangsgedanken beinhalten die Antizipation katastrophaler Konsequenzen einer Handlung oder einer Situation („Wenn ich das verseuchte Handtuch berühre, werde ich an Krebs sterben"). Dadurch werden Ängste ausgelöst, die durch Zwangshandlungen (Waschen) vermindert werden können. Die Angstreduktion wirkt als negative Verstärkung der Zwangshandlung und erhöht somit deren künftige Intensität oder Frequenz. Andererseits wird durch die Zwangshandlung die Konfrontation mit der angstauslösenden Situation und die Erfahrung, daß die antizipierten katastrophalen Konsequenzen nicht eintreten (fehlende Realitätstestung), vermieden, was zur Stabilisierung der Zwangsgedanken beiträgt. Patienten mit Zwangsstörungen benutzen im allgemeinen zwei *Vermeidungsstrategien*: die Vermeidung der angst-/zwangsauslösenden Situation (passive Vermeidung) und die aktive Vermeidung durch die Zwangshandlung, die antizipierte zukünftige Katastrophen verhindern hilft (Emmelkamp 1987).

Weitergehende kognitive Erklärungsansätze wurden von Salkovskis (1985, 1989) und Foa und Kozak (1986) entwickelt. Eine zentrale Annahme kognitiver Modellvorstellungen für die Entwicklung von Zwangsstörungen besagt, daß aufdringliche Gedanken Bestandteil eines normalen Gedankenablaufs sind, der sich handlungsbegleitend annähernd automatisiert vollzieht. Diese Gedanken werden vom Individuum fortlaufend bewertet, damit wichtige Gedanken und Ideen aus dem Strom der Informationsverarbeitung herausgefiltert werden können. Wie Abbildung 2 zeigt, entsteht eine Zwangssymptomatik dann, wenn aufdringliche Gedanken als negativ bewertet werden („Der Gedanke ist fürchterlich!" „So etwas darf ich gar nicht denken!") und dadurch Unruhe und Erregung auslösen, die im nächsten Schritt zu neutralisieren versucht werden. Die Neutralisierung erfolgt über gedankliche oder verhal-

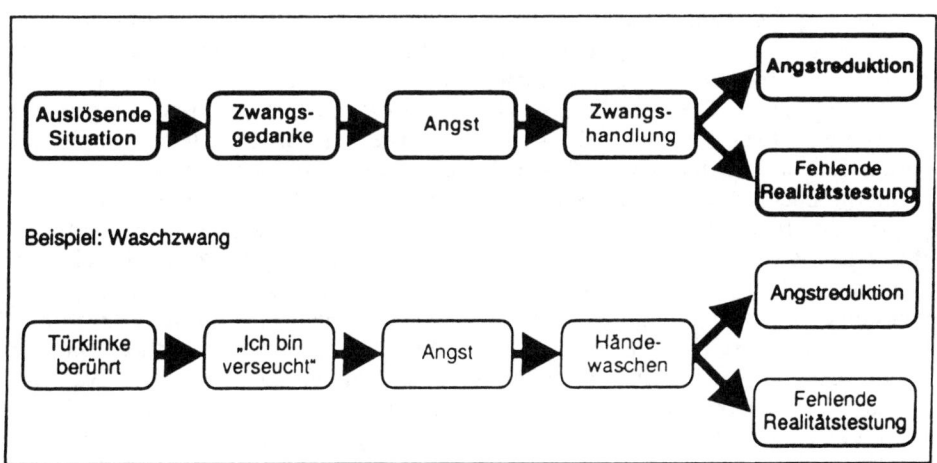

Abb. 1. Behaviorales Modell zur Entwicklung von Zwangsstörungen (aus Döpfner & Breuer 1997)

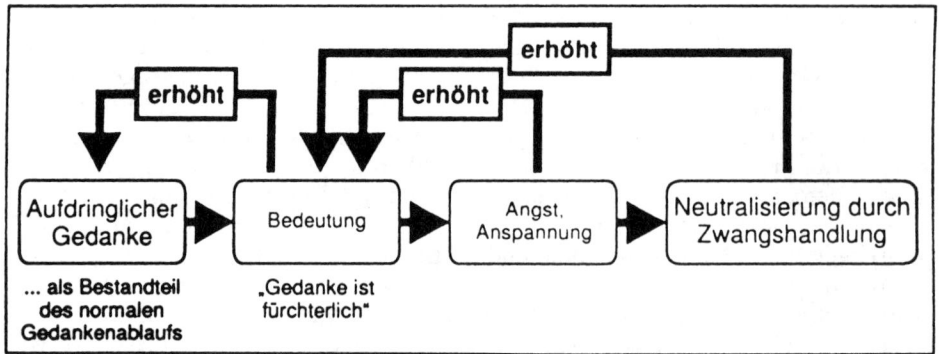

Abb. 2. Kognitives Modell zur Entwicklung von Zwangsstörungen in Anlehnung an Salkovskis (1989) und (Reinecker) 1994 (aus Döpfner & Breuer 1997)

tensmäßige Rituale. Allerdings gelingt die Neutralisierung des Gedankens nur vorübergehend und nicht vollkommen, weil die Neutralisierungsaktivität einen weiteren Hinweis auf die Bedeutsamkeit des Gedankens darstellt, wodurch sich Erregung und Unruhe wieder erhöhen. Dies gilt als ein weiterer Beleg für die Bedeutsamkeit des Gedankens, wodurch erneut die Intensität, mit der sich der Mensch mit dem Gedanken beschäftigt, steigt.

Nach Swedo (1989) entwickeln sich allerdings bei einem großen Anteil der Patienten Zwangsgedanken erst, nachdem Zwangshandlungen bereits etabliert sind, möglicherweise aus dem Bedürfnis der Patienten, die eigenen Handlungen zu erklären.

Eine Häufung der Symptomatik bei den Eltern zwangsgestörter Kinder und Jugendlicher ist in 25% bis 30% der Fälle nachweisbar (Swedo et al. 1989, Lenane et al. 1990, Thomsen 1995). Bei den Vätern tritt die Störung fast dreimal häufiger auf als bei den Müttern. Die Art der Zwangsstörung bei erstgradig Verwandten und dem Patienten differiert jedoch erheblich, so daß unmittelbare Modellierungseinflüsse offensichtlich keine bedeutenden Rollen spielen. Mindestens eine andere (bzw. weitere) psychiatrische Diagnose wird bei 45% der Väter und 65% der Mütter gestellt, vor allem affektive Störungen, Alkoholismus und Angststörungen (Lenane et al. 1990).

2.2 Verhaltensdiagnose

Die Verhaltensdiagnostik von Zwangsstörungen ist in eine umfassende multiple Verhaltens- und Psychodiagnostik eingebettet, die sowohl die klinische Exploration als auch das Eltern- und Lehrerurteil sowie das Urteil des jugendlichen Patienten einbezieht. Dabei werden auch Instrumente eingesetzt, die ein breites Spektrum psychischer Störungen abdecken (vgl. Döpfner & Lehmkuhl, 1997). Döpfner und Breuer (1997) stellen dieses diagnostische Vorgehen bei Kindern und Jugendlichen mit Zwangsstörungen exemplarisch dar. Tabelle 4 gibt einen Überblick über das spezifische diagnostische Vorgehen, das im folgenden näher beschrieben wird.

Die meisten Patienten erleben die Symptomatik als beschämend, sie haben Angst, als verrückt oder als willensschwach abgestempelt zu werden und neigen deshalb nicht nur gegenüber Bezugspersonen, sondern auch bei der klinischen Exploration zur Dissimulation – die Häufigkeit und Intensität von schwer zu verbergenden Zwangshandlungen (z. B. Waschzwängen) wird unterschätzt; andere Zwangshandlungen, beispielsweise Ordnungszwänge, werden als besonders deutlich ausgeprägte Tugenden uminterpretiert; Zwangsgedanken, besonders sozial tabuisierten Inhalts, beispielsweise aggressive oder sexuelle Zwangsgedanken und -vorstellungen, werden völlig verheimlicht. Patienten, die enor-

Tabelle 4. Diagnostisches Vorgehen

1. Aufbau einer vertrauensvollen und tragfähigen Beziehung zum Patienten
2. Exploration der aktuellen Zwangssymptomatik des Patienten unter Einbeziehung der Eltern (und Lehrer), auch mit Hilfe von Selbst- und Fremdurteilsverfahren
3. Exploration allgemeiner zwanghafter Verhaltenstendenzen des Patienten, auch mit Hilfe von Selbst- und Fremdurteilsverfahren
4. Exploration anderer psychischer Störungen des Patienten, vor allem von Angststörungen, depressiven Störungen, Tic-Störungen und psychotischen Störungen (Komorbidität und Differentialdiagnose)
5. Intelligenz- und Leistungsdiagnostik
6. Erfassung familiärer Beziehungen und Überprüfung psychischer Störungen anderer Familienmitglieder
7. Erfassung der Symptomstärke durch Selbst- und Fremdbeobachtungen
8. Erfassung des Krankheitskonzeptes (Kausal- und Kontrollattributionen) bei Patient und Bezugspersonen
9. Definition von Behandlungszielen gemeinsam mit Patienten und Bezugspersonen

me Selbstkontrollanstrengungen unternehmen, um Zwangsgedanken zu unterdrücken, verheimlichen auch deshalb Zwangsgedanken, weil sie befürchten, die Kontrolle über diese Gedanken zu verlieren, wenn sie darüber ausführlich Auskunft geben.

Deshalb ist die klinische Exploration der Bezugspersonen, vor allem der Eltern, von großer Bedeutung. Zur Erfassung zwanghafter Verhaltensweise in der Schule ist die von Berg (1989) entwickelte Lehrerform des Leyton-Zwangsfragebogens für Kinder geeignet (siehe Anhang 1). Eine gemeinsame Exploration von Eltern und Kind kann sich als hilfreich erweisen, wenn die Eltern-Kind-Beziehung nicht zu sehr belastet ist. Sie sollte sich dann vornehmlich auf Zwangshandlungen beziehen, über die Eltern besser berichten können als über Zwangsgedanken. Auf jeden Fall empfiehlt es sich, nach einer gemeinsamen Exploration von Eltern und Kind den Patienten nochmals alleine hinsichtlich Zwangsgedanken und weiterer, möglicherweise verheimlichter Zwangshandlungen zu explorieren. Zuvor ist jedoch die Entwicklung einer vertrauensvollen und tragfähigen Beziehung zum Patienten von großer Bedeutung, da viele Informationen für eine differenziertere Verhaltensdiagnostik nur von dem Patienten selbst geliefert werden können, die Mehrzahl der Patienten aber aus den genannten Gründen einer Exploration schwer zugänglich sind. Deshalb erscheint es oft notwendig, das Gespräch zunächst auf andere Lebensbereiche zu richten, die Vorlieben, Aktivitäten und Stärken des Patienten kennenzulernen, damit den Beziehungsaufbau zu unterstützen und danach vorsichtig mit der Exploration der Symptomatik zu beginnen. Bei jüngeren Kindern ist ein Beziehungsaufbau über gemeinsames Spielen hilfreich.

Bei der Exploration sollte der Therapeut dennoch mit Widerständen des Patienten rechnen – es ist ausgesprochen unüblich, daß der Patient alle Symptome bei der ersten Exploration preisgibt; deshalb sind ergänzende Explorationen im Verlauf der Therapie häufig notwendig. Die Exploration erfolgt, wie bei Patienten mit anderen Störungen auch, in einer Atmosphäre, in der sich der Patient angenommen fühlt und Verständnis für seine Schwierigkeiten erfährt; keinesfalls darf der Therapeut überrascht oder irritiert auf Inhalte von Zwangsgedanken oder -handlungen reagieren.

Als hilfreich hat sich erwiesen, den Patienten gezielt hinsichtlich verschiedener Formen von Zwangsgedanken oder -handlungen zu explorieren und damit auch zu dokumentieren, daß man mit der Problematik vertraut ist. Kinder und Jugendliche reagieren häufig überrascht, daß andere solche lange verheimlichten Gedanken oder skurril anmutende Praktiken kennen und Verständnis entgegenbringen. Dabei kann die *Obsessions and Compulsions Checklist* der Childrens Yale-Brown Obsessive Compulsive Scale (CY-BOCS) als Leitfaden dienen (siehe Anhang 2). Zwangshandlungen sollten in der Regel vor den Zwangsgedanken exploriert werden, da sie für Kinder und Jugendliche leichter beschreibbar sind, weniger verheimlicht werden (können) und vorausgehende oder begleitende Zwangsgedanken dann häufig von selbst zur Sprache kommen.

Eine detaillierte Exploration der Zwangssymptomatik sollte günstigerweise dann erfolgen, wenn der Untersucher sich eine Übersicht über die individuellen Ausprägungsformen verschafft und bei Patienten mit multiplen Zwängen zusammen mit dem Patienten einzelne Zwangssymptome voneinander abgegrenzt hat. Dabei sollten auch *Selbsturteilsverfahren* eingesetzt werden, vor allem, weil sie wichtige Hinweise für eine weitergehende Exploration des Patienten liefern können. Bei Patienten mit tiefer Depression oder ausgeprägten Kontrollzwängen kann eine Anwendung von Selbsturteilsskalen kontraindiziert sein, da eine anhaltende Verschlechterung der Problematik nach der Konfrontation mit Fragebogen beobachtet wurde (Zaworka et al. 1983). In diesen Fällen und auch bei jüngeren Patienten, die durch die Frageformulierungen in Skalen, die für Erwachsene konstruiert wurden, kognitiv überfordert sein können, wird die Durchführung eines strukturierten Interviews auf Basis der Selbsturteilsskala durch den Therapeuten empfohlen.

Im deutschen Sprachraum wurde das Hamburger Zwangsinventar (HZI) für erwachsene Patienten entwickelt und standardisiert (Zaworka et al. 1983). Eine Durchführung mit jugendlichen Patienten ist jedoch möglich, bei jüngeren Patienten in Form eines strukturierten Interviews. Die 188 Items (mit Ja-Nein-Antwortmöglichkeiten) werden zu 6 Skalen zusammengefaßt: Kontrollzwänge (Skala A), Wasch- und Reinigungszwänge (Skala B), Ordnungszwänge (Skala C), Zähl-, Berührungs- und Wiederholungszwänge (Skala D), Zwangsgedanken, die sich auf Tagesplanung, drohendes Unheil oder obszöne Inhalte beziehen (Skala E) und Zwangsgedanken aggressiven Inhaltes (Skala F). Im Unterschied zu anderen Verfahren zielt dieses Verfahren auf eine verhaltensorientierte Operationalisierung von Zwangsgedanken und -handlungen und ist deshalb für eine verhaltensorientierte Diagnostik gut geeignet. Mit Hilfe spezieller Prüfskalen lassen sich Simulations- und Dissimulationstendenzen der Patienten identifizieren. Bei Jugendlichen wird jedoch häufig die Kurzform des Hamburger Zwangsinventars (HZI-K, Klepsch et al. 1993) zur Anwendung kommen, da die Langform aufgrund der hohen Anzahl der Items sehr mühsam zu bearbeiten ist.

Berg et al. (1986) entwickelten eine Kinderversion des Leyton Obsessional Inventory (Cooper 1970). Das Instrument (deutsche Übersetzung: Steinhausen 1988) besteht aus 44 Items, die immer wiederkehrende Gedanken, häufiges Kontrollieren, Angst vor Schmutz und gefährlichen Objekten, Reinlichkeits- und Ordnungssinn, Wiederholungstendenzen und Entscheidungsprobleme, Sammeltendenzen und magische Spiele erfassen. Jedes Item ist auf eine Karte gedruckt. Das Kind hat die Aufgabe, die Karten in ein Ja- oder Nein-Antwort-Kästchen zu stecken. Mit Ja beantwortete Items werden vom Kind dann nochmals auf einer Fünfpunkteskala hinsichtlich Widerstandstendenzen beurteilt (1 = „Meine Gedanken und Gewohnheiten sind ganz vernünftig", 5 = „Was ich tue, stört mich sehr stark, und ich versuche sehr, damit aufzuhören") und auf einer Vierpunkteskala nach dem Grad der Beeinträchtigung durch die Symptomatik eingeschätzt (1 = „Meine Angewohnheit hält mich von anderen Dingen ab, die ich tun will", 4 = „Dies hält mich von vielen anderen Dingen ab und braucht viel von meiner Zeit"). Dieses Verfahren ist in der Durchführung ausgesprochen kindgerecht, es weist eine zufriedenstellende Wiederholungszuverlässigkeit auf, trennt Patienten mit Zwangsstörungen von Patienten mit anderen psychischen Auffälligkeiten und hat sich bei Therapieerfolgskontrollen als änderungssensitiv erwiesen (Berg et al. 1986, Flament et al. 1985). Mit der klinischen Beurteilung der Zwangssymptomatik konnten allerdings nur teilweise befriedigende Korrelationen festgestellt werden. Dies wird auf Dissmulationstendenzen der Patienten zurückgeführt (Berg et al. 1986, Berg 1989).

Die von Berg und Mitarbeitern (1988) entwickelte Kurzform des Leyton Obsessional Inventory – Children Version ist eine Fragebogenform, besteht aus 20 Items und ist für das Screening von Zwangsstörungen bei Jugendlichen im Alter von 13 bis 18 Jahren verwendet worden (siehe Anhang 3). Die Reliabilität dieses Verfahrens konnte belegt werden, allerdings beschreibt sich ein großer Anteil von Jugendlichen, die keine Zwangsstörungen im klinischen Sinne aufweisen, in diesem Verfahren als auffällig (Berg 1989). Bei Jugendlichen, nicht jedoch bei Kindern, konnte eine gute Wiederholungszuverlässigkeit nachgewiesen werden (King et al. 1995 a, b).

Tabelle 5 gibt einen Überblick über die wichtigsten Bereiche einer symptomzentrierten Exploration. Bei der Exploration und der Beurteilung der Symptomatik kann die *Children's Yale-Brown Obsessive Compulsive Scale* (CY-BOCS) Anwendung finden (siehe Anhang 2). Diese von Berg (1989) publizierte klinische Beurteilungsskala ist eine Adaptation der von Goodman und Mitarbeitern (1989 a, b) entwickelten und auf Gütekriterien hin überprüften Skala für erwachsene Patienten. Scahill und Mitarbeiter (1997) wiesen auch für das Kindes- und Jugendalter hohe Reliabilitäten, gute Beurteilerübereinstimmungen und hohe Korrelationen mit dem Leyton-Fragebogen nach. Die Skala besteht aus insgesamt 19 Items und erlaubt eine globale Einschätzung des Schweregrades von Zwangsgedanken und Zwangshandlungen sowie assoziierter Merkmale und Auffälligkeiten (Ichdystonie, Vermeidungsverhalten, Entscheidungsunfähigkeit, übersteigertes Verantwortlichkeitsgefühl, zwanghafte Verlangsamung, pathologisches Zweifeln) und schließlich drei Globaleinschätzungen. Im Gegensatz zu einer verhaltensanalytisch orientierten symptomzentrierten Exploration (s. u.) wird die Symptomstärke auf den einzelnen Items summarisch für alle aktuell vorhandenen Zwangssymptome beurteilt. Deshalb werden zu Beginn des halbstrukturierten Interviews mit Hilfe der bereits erwähnten Obsessions and Compulsions Checklist (siehe Anhang 2) alle aktuell vorhandenen Zwangssymptome erfragt. In einer Studie an erwachsenen Patienten mit Zwangsstörungen konnte die Reliabilität, Validität und Änderungssensitivität (für Behandlungseffekte) des Instrumentes belegt werden (Goodman et al. 1989 a, b).

Zunächst erfolgt die Exploration der *aktuellen Zwangssymptomatik* (der letzten Wochen). Bei Patienten mit multiplen Zwängen werden die einzelnen Zwangssymptome nacheinander entsprechend dem in Tabelle 5 aufgeführten Explorationsschema exploriert. Der Therapeut läßt sich zunächst den genauen *Ablauf einer einzelnen Zwangshandlung*, den genauen Inhalt des Zwangsgedankens oder einer Zwangsvorstellung schildern. Häufig sind auch Demonstrationen von Zwangshandlungen durch die Patienten hilfreich – die Art und Weise, wie Hände gewaschen werden, wie Türen oder Lichtschalter kontrolliert werden. Der Patient sollte ermutigt werden, möglichst detailliert den Vorgang zu beschreiben oder zu demonstrieren. Demonstrationen sind mit größeren Wider-

Tabelle 5. Explorationsleitfaden für die aktuelle Zwangssymptomatik

Pro Zwangssymptom sind getrennt zu explorieren:
1. Ablauf einer einzelnen Zwangshandlung/Inhalt des Zwangsgedankens/der Zwangsvorstellung
2. Dauer einer Zwangshandlung/eines Zwangsgedankens, Frequenz des Zwangs und Gesamtdauer pro Tag
3. Bei Zwangshandlungen: der Zwangshandlung vorausgehende oder sie begleitende Zwangsgedanken
   Bei Zwangsgedanken: durch den Zwangsgedanken ausgelöste Zwangshandlung
4. Äußere Stimuli, die Zwangshandlungen/Zwangsgedanken auslösen
5. Externe und interne Konsequenzen der Zwangshandlungen
6. Grad der Beeinträchtigungen, Einschränkungen und Behinderungen durch Zwangshandlung/Zwangsgedanken
7. Ausmaß der mit dem Zwang in Verbindung stehenden Angst/Leidensdruck
8. Selbstkontrollstrategien: Formen, Ausmaß der Kontrolle über die Zwangshandlungen/den Zwangsgedanken, auslösende Bedingungen für Selbstkontrollstrategien
9. Einbindung von Bezugspersonen in Zwangssymptomatik

ständen behaftet, können aber, besonders bei jüngeren Kindern, ein konkretes Bild der Zwangshandlung vermitteln. Häufig muß gezielt nachgefragt werden, beispielsweise ob die Hände in einer bestimmten Reihenfolge – Handinnenfläche, Handrücken, Finger – oder unter Zuhilfenahme spezieller Reinigungsmittel gewaschen werden, ob pro Zwangshandlung ein einzelner Durchgang genügt oder mehrere Durchgänge unmittelbar hintereinander erforderlich sind.

Die genaue Exploration der *Dauer* einer einzelnen Zwangshandlung oder eines Zwangsgedankens hilft, fatale Fehleinschätzungen zu verhindern. Begnügt sich der Therapeut mit der Erhebung der Häufigkeit beispielsweise eines Wasch- oder Kontrollzwangs, wird er vielleicht erfahren, daß dieser 6- bis 8mal pro Tag ausgeführt werden muß, und aufgrund dieser Information die Symptomstärke unterschätzen, weil er nicht erfahren hat, daß jedes einzelne Zwangsritual mindestens eine halbe Stunde dauert. In diesem Zusammenhang kann es auch hilfreich sein, mit dem Patienten (und den Eltern) den typischen Tagesablauf zu besprechen und damit zu einer Einschätzung der für die Zwangssymptomatik insgesamt benötigten Zeit pro Tag zu gelangen. Hinreichend genaue Angaben über die Frequenz und Dauer lassen sich jedoch häufig weder von Patienten noch von Bezugspersonen ermitteln. Deshalb empfiehlt sich der Einsatz eines Tagebuches zur Erfassung von Zwangssymptomen (s. u.).

Bei Zwangshandlungen müssen der Zwangshandlung *vorausgehende oder sie begleitende Zwangsgedanken* exploriert werden. Die meisten Zwangshandlungen werden durch Zwangsgedanken ausgelöst und von ihnen begleitet. Jedoch werden gelegentlich auch Zwangshandlungen ohne Zwangsgedanken beschrieben. Bei jüngeren Kindern kann sich die Exploration von Zwangsgedanken schwierig gestalten. Es empfiehlt sich dann, in vorsichtiger Weise beispielhaft mögliche Zwangsgedanken zu benennen. Waschzwänge werden nahezu immer von Zwangsbefürchtungen hinsichtlich Infektion, Verunreinigung und Verschmutzung ausgelöst; Kontrollzwänge werden meist durch Zweifel über zurückliegende Ereignisse ausgelöst („Habe ich auch wirklich...") und sollen drohendes Unheil abwenden, letzteres ist meist auch bei Wiederholungs-, Zählzwängen und Berührungszwängen der Fall, wobei hierbei magische Denkmuster eine wichtigere Rolle spielen (z. B. durch fünfmaliges Antippen des Türpfostens drohende schwere Erkrankungen von Familienmitgliedern abzuwenden). Gelegentlich sind Zwangshandlungen bereits so sehr automatisiert, daß auslösende Zwangsgedanken nicht mehr wahrgenommen werden. Wird aber der Patient aufgefordert, die Gedanken zu beschreiben, die ihm durch den Kopf gehen, wenn er die Zwangshandlung in der entsprechenden Situation *nicht* ausführt oder sie abbricht, dann lassen sich häufig doch auslösende Zwangsgedanken ermitteln.

Stehen Zwangsgedanken im Vordergrund der Symptomatik, so sind Zwangshandlungen zu explorieren, die Zwangsgedanken beenden oder Zwangsbefürchtungen reduzieren („Was kannst Du tun, damit der Gedanke wieder weggeht oder die Befürchtung weniger wird?"). Dabei ist auch auf „verdeckte Handlungen", also kognitive Rituale zu achten – leises Zählen bis zehn und wieder rückwärts, um eine Gefahr abzuwenden.

Zur Exploration *äußerer Stimuli*, die Zwangshandlungen oder Zwangsgedanken auslösen, kann zunächst die Auftretenshäufigkeit der Zwangssymptomatik in verschiedenen Situationen erfragt werden – zu Hause, in der Schule, bei Freunden, während spielerischer Beschäftigungen, in An- und Abwesenheit verschiedener Bezugspersonen. Danach lassen sich die häufig vorhandenen sehr spezifischen Auslöser der Symptomatik eruieren: die Berührung einer „verseuchten" Türklinke als Auslöser von Zwangsbefürchtungen, nun selbst verseucht zu sein, die ihrerseits den Waschzwang auslösen; das Überschreiten einer bestimmten Türschwelle, das künftiges Unheil verheißt, welches nur durch bestimmte Zähl- oder Berührungsrituale verhindert werden kann usw.

Zwangsgedanken werden als unangenehm, beunruhigend, ängstigend, belastend oder quälend erlebt. Dieser *subjektive Leidensdruck* läßt sich bei Kindern ab dem Grundschulalter am besten durch ein Angstthermometer (Subjective Unit of Discomfort Scale, SUDS, Wolpe 1958) erheben, wie es auch bei der Diagnostik phobischer Störungen Verwendung findet (siehe Abbildung 3). In Analogie zu einem Thermometer, das die Temperatur mißt, wird dem Patienten die Funktion des Angstthermometers erklärt: Auf einer Skala von 0 bis 100 könne er einschätzen, wie unangenehm, quälend oder ängstigend die Zwangsgedanken erlebt werden. 0 bedeutet überhaupt nicht unangenehm und 100 extrem quälend oder ängstigend.

Zwangshandlungen werden häufig einerseits als belastend und quälend erlebt (vor allem, wenn sie häufig wiederholt werden müssen), andererseits bewirken sie auch eine Erleichterung, weil sie jene Ängste reduzieren helfen, die durch Zwangsgedanken aufgebaut wurden. Patienten mit Zwangshandlungen (und auslösenden Zwangsgedanken) werden deshalb gebeten, anhand des Angstthermometers einzuschätzen, wie sie sich fühlen würden, wenn sie die Handlung *nicht* durchführen. Meist lösen verschiedene Situationen Zwangsbefürchtungen unterschiedlicher Intensität aus. Als Vorbereitung auf spätere Interventionen ist daher eine detailliertere Erhebung der Intensität des Zwangsgedankens bzw. der Zwangsbefürchtungen in den einzelnen Situationen notwendig. Schließlich können die einzelnen Situationen anhand des Angstthermometers in einer Rangreihe aufgelistet werden. Tabelle 6 stellt beispielhaft eine Angsthierarchie bei einem 13jährigen Patienten mit Waschzwang dar, der durch die Befürchtung ausgelöst wurde, durch Viren oder Bakterien anderer Menschen infiziert zu werden. Im Zentrum der Symptomatik standen Berührungen von Türklinken oder anderen Gegenständen, die von anderen Menschen berührt worden waren.

Bei der Exploration *externer und interner Konsequenzen* der Zwangssymptomatik ist

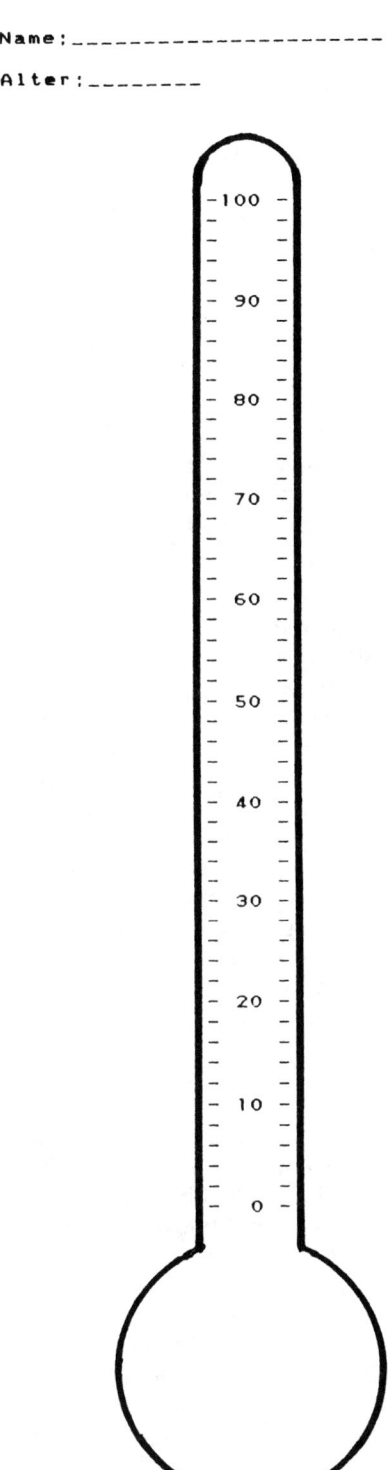

Abb. 3. Angstthermometer

Tabelle 6. Beispiel einer Angsthierarchie

Angstwert	Situation
0	Türklinke mit Ellbogen niederdrücken, um Türe zu öffnen
20	Türklinke, die in der letzten halben Stunde niemand berührt hat, mit kleinem Finger niederdrücken
40	Türklinke, die in der letzten halben Stunde niemand berührt hat, mit der Hand anfassen
65	Türklinke, die gerade jemand zuvor berührt hat, in die Hand nehmen
80	Ein Glas in die Hand nehmen, aus dem jemand getrunken hat
95	Jemandem die Hand geben
100	Speichel eines anderen Menschen an der Hand spüren

darauf zu achten, daß, wie bereits erwähnt, Zwangshandlungen häufig die Funktion haben, die durch Zwangsgedanken ausgelösten Ängste und Befürchtungen zu reduzieren. Die Patienten erleben eine Angstreduktion als interne Konsequenz der Zwangshandlung (die dadurch negativ verstärkt wird). Häufig treten jedoch auch Schuldgefühle als weitere interne Konsequenzen auf, vor allem bei Zwangsgedanken sexuellen, obszönen oder aggressiven Inhaltes, aber auch bei der Übertretung elterlicher Normen, beispielsweise nicht so häufig die Hände zu waschen. Die externen Konsequenzen sind häufig eher negativ, da der Charakter der Störung von der unmittelbaren Umgebung häufig nicht erkannt wird und das Zwangsritual als eine der willentlichen Kontrolle unterworfene Angewohnheit interpretiert wird. Nicht übersehen werden dürfen jedoch auch positive Konsequenzen der Symptomatik, vor allem die Möglichkeit, Aufmerksamkeit und Zuwendung zu erzielen, die, auch wenn sie negativ getönt ist, unter bestimmten Randbedingungen positiv erlebt werden kann. Gerade bei jüngeren Kindern scheinen Zwangssymptome stärker interaktiven Charakter zu haben, zumal dann, wenn es dem Kind gelingt, die Eltern in die Zwangssymptomatik einzubeziehen und dadurch in einem sonst nicht erreichbaren Ausmaß das Verhalten anderer Familienmitglieder zu beeinflussen (s. u.).

Der Grad der durch die Zwangssymptomatik hervorgerufenen *Beeinträchtigungen*, Einschränkungen oder Behinderungen gibt weitere Hinweise auf die Stärke der Symptomatik (und der Therapiemotivation) und läßt sich am besten mit Hilfe der Children's Yale-Brown Obsessive Compulsive Scale erheben (s. Anhang 2).

Die meisten Patienten entwickeln im Verlauf der Erkrankung *Selbstkontrollstrategien*, die detailliert exploriert werden sollten, weil sie wichtige Hinweise auf therapeutische Ansatzpunkte liefern. Am häufigsten versuchen Patienten auslösende Situationen zu vermeiden – bestimmte „verschmutzte" Objekte werden nicht mehr berührt, Orte, die Kontrollzwänge auslösen, nicht mehr aufgesucht. Häufig versuchen die Patienten auch Familienmitglieder einzubeziehen, entweder um bestimmte *auslösende Situationen vermeiden* zu können, oder der Patient bittet Familienmitglieder, für ihn stellvertretend Zwangshandlungen (vor allem Kontrollzwänge) auszuführen. So änderte beispielsweise ein Jugendlicher zunächst seinen Schulweg, um nicht an bestimmten Hauseingängen vorbeigehen zu müssen, die bei ihm Kontrollzwänge auslösten (er fürchtete, in den Hauseingängen würden Mädchen vergewaltigt, denen er zu Hilfe kommen müßte). Später, als sich auf dem neuen Schulweg ähnliche Zwangssymptome entwickelten, bat er die Mutter, ihn zur Schule zu fahren. Als sich selbst beim Vorbeifahren Zwangsgedanken einstellten, ging er dazu über, während der gesamten Fahrzeit die Augen zu schließen. Den Vater forderte er auf, den eigenen Garten regelmäßig bei Einbruch der Dunkelheit nach in Bedrängnis geratenen Mädchen abzusuchen. Mitunter werden auch generelle Ablenkungsstrategien, vor allem zur Vermeidung von Zwangsgedanken, entwickelt. Die Patienten versuchen, sich mit ablenkenden Tätigkeiten zu beschäftigen, sich an einen festen Zeitplan zu halten, oder sie suchen die Anwesenheit anderer, um nicht ins Grübeln zu geraten.

Ist die Entwicklung von Zwangsgedanken nicht zu vermeiden, werden häufig

Selbstinstruktionen eingesetzt, um gegen den Gedanken anzukämpfen („Jetzt nicht!"; „Das ist doch alles dummes Zeug!"). Auch die Ausführung von Zwangshandlungen ist letztlich häufig eine Selbstkontrollstrategie, um die durch Zwangsgedanken ausgelösten Befürchtungen zu vermindern. Handlungsimpulsen zur Durchführung von Zwangshandlungen versuchen Patienten in unterschiedlicher Intensität zu widerstehen, gelegentlich kann es gelingen, diesen Zwangsimpuls durchzustehen, häufig steigt aber auch der Impuls, bis ihm nicht mehr widerstanden werden kann. Auch der Abbruch von Zwangshandlungen wird gelegentlich als Kontrollstrategie eingesetzt. Das Ausmaß der Selbstkontrollbemühungen kann von Situation zu Situation variieren – meist gelingt die Selbstkontrolle in der Öffentlichkeit (in der Schule, bei Freunden) besser als in der vertrauten Umgebung der Familie. Diese situative Variation sollte ebenfalls erfragt werden.

Die Tendenz, *Bezugspersonen in Zwangssymptomatik einzubinden*, wurde bereits erwähnt – Eltern übernehmen Kontrollen, um ihre Kinder zu entlasten, beantworten zwanghaftes Fragen immer wieder, werden von den Kindern angehalten, sie bei der Vermeidung von auslösenden Situationen zu unterstützen. Art und Ausmaß dieser Einbindung müssen ebenso exploriert werden wie die Folgen – neben der unmittelbaren Entlastung des Patienten fühlen sich Familienmitglieder häufig sehr belastet; sie erkennen, daß dadurch langfristig die Symptomatik eher zu- als abnimmt.

Die Erhebung der *Entstehung und des Verlaufs der Zwangssymptomatik* erfolgt analog zu dem in Tabelle 5 beschriebenen Explorationsschema, wobei auf Bedingungen, die die Symptomatik erstmals auslösten, besonders geachtet wird. Gelegentlich lassen sich schulische oder familiäre Belastungen zum Zeitpunkt der Entwicklung der Symptomatik identifizieren. Da Zwangssymptome im Verlauf häufig wechseln, ist besonders auf andere Ausprägungen der Zwangsstörungen in der Vorgeschichte zu achten. Bei der Exploration des Verlaufs der Symptomatik sind auch bisherige Behandlungsversuche und Bewältigungsstrategien nicht nur des Patienten, sondern auch der Bezugspersonen (erzieherische Maßnahmen) zu explorieren.

Neben den Zwangssymptomen im engeren Sinn sind *allgemeine zwanghafte Verhaltenstendenzen* zu explorieren, die bei Personen mit anakastischer Persönlichkeitsstörung zu finden sind, vor allem:
– Unentschlossenheit, Zweifel und übermäßige Vorsicht selbst in alltäglichen, relativ belanglosen Situationen;
– perfektionistische Tendenzen, die sich im Bedürfnis nach ständiger Kontrolle, peinlich genauer Sorgfalt oder übermäßiger Gewissenhaftigkeit äußern und eine Verlangsamung bei alltäglichen Aktivitäten bewirken können;
– rigides und eigensinniges Verhalten.

Wenn auch empirische Studien, wie bereits dargestellt, darauf hinweisen, daß die Überlappungen zwischen Zwangsstörungen und voll ausgebildeten zwanghaften Persönlichkeitsstörungen im Kindes- und Jugendalter eher gering sind, so lassen sich zwanghafte Verhaltenstendenzen jenseits der umschriebenen Zwangssymptome gehäuft auch bei Kindern und Jugendlichen finden, vor allem perfektionistische Ansprüche an sich selbst. Allerdings können auch Zwangsstörungen mit Gewohnheiten einhergehen, die eher das Gegenteil von zwanghaften Verhaltensweisen beschreiben – beispielsweise geringem Ordnungssinn oder mangelnder Sauberkeit (Rapoport 1989).

Neben der Erfassung der Zwangssymptomatik erfordert eine umfassende Verhaltensdiagnostik auch die Erfassung und Analyse *anderer psychischer Störungen* des Patienten, vor allem von Angststörungen und depressiven Störungen, die gehäuft zusammen mit Zwangsstörungen auftreten, aber auch als Differentialdiagnosen in betracht kommen. Differentialdiagnostisch ist außerdem eine Abklärung von Tic-Störungen (Gilles-de-la-Tourette-Syndrom) und von psychotischen und autistischen Störungen notwendig. Die Kriterien zur differentialdiagnostischen Abgrenzung dieser Störungen wurden bereits erörtert.

Eine differenzierte *Intelligenz- und Leistungsdiagnostik* ist besonders dann indiziert, wenn Hinweise auf schulische Leistungsprobleme vorliegen. Eine orientierende Intelligenzprüfung sollte jedoch immer vorgenommen werden, da Intelligenzmängel durch enorme Lernleistungen zumindest vorübergehend kompensiert werden können. Neuropsychologische Untersuchungen weisen auf spezifische Defizite im räumlichen Vorstellungsvermögen und bei visuellen Gedächtnisleistungen hin, die sich unter anderem in verminderten Leistungen im Handlungsteil der Wechsler-Skalen äußern (COX et al. 1989, Keller 1989).

Die Erfassung *familiärer Beziehungen* gibt Hinweise auf familiendynamische Aspekte der Störung. Bei der Überprüfung psychischer Störungen anderer Familienmitglieder sollten vor allem depressive Störungen und zwanghafte Verhaltensweisen, perfektionistische Ansprüche und Zwangsstörungen bei den Eltern beachtet werden.

Die *Beobachtung und Aufzeichnung* der Zwangssymptome durch den Patienten selbst kann ab einem Alter von acht bis neun Jahren durchgeführt werden. Sie dient erstens der genaueren Bestimmung der Symptomstärke und -häufigkeit, zweitens kann sie zur Klärung situativer Auslöser und nachfolgender Konsequenzen genutzt werden, und drittens stellt sie einen ersten therapeutischen Schritt dar. Auf dem in Tabelle 7 abgebildeten Verhaltensbogen kann der Patient die Zwangshandlungen oder Zwangsgedanken in der Spalte „Handlung" kurz beschreiben und die Dauer der Zwangssymptomatik eintragen. Bei hinreichender Kooperationsbereitschaft sollte – vor allem bei Zwangsgedanken und bei quälend erlebten Zwangshandlungen – die Intensität der ausgelösten Angst bzw. des Leidensdrucks auf einer Skala von 0 bis 100 (Angstthermometer) beurteilt werden. Schließlich können je nach individueller Symptomatik andere Merkmale festgehalten werden, z. B. Auslösesituation, Art der

Tabelle 7. Selbstbeobachtungsbogen für Zwangsgedanken und Zwangshandlungen

Name: _____ Datum: _____

Uhrzeit	auslösende Aktivität/Gedanke	Handlung	Unbehagen/ Angst (0–100)	Dauer

auslösenden Gedanken, Grad des vom Patienten der Symptomatik entgegengesetzten Widerstandes. Nach Möglichkeit sollte die Liste unmittelbar nach dem Auftreten der Zwangssymptomatik ausgefüllt werden; ansonsten zu festgesetzten Zeitpunkten, z. B. nach den Mahlzeiten.

Häufigkeitszählungen sind für den Patienten über die Zeit gesehen sehr aufwendig und erfordern ein hohes Maß an Motivation. Der notwendige Aufwand wird vom Patienten anfangs häufig unterschätzt. Zur Unterstützung der Kooperation sollte die zentrale Bedeutung der Selbstbeobachtung für die Diagnostik und Therapiekontrolle und als Einstieg in die Therapie zusammen mit dem Patienten erarbeitet werden. Zwangshandlungen und selten auftretende Zwangssymptome lassen sich leichter beurteilen als Zwangsgedanken und häufig auftretende Symptome. Tritt eine Zwangssymptomatik sehr häufig auf, dann sollte nicht der gesamte Tag, sondern nur bestimmte kritische Tagesabschnitte aufgezeichnet werden. Bei multiplen Zwängen kann eine Eingrenzung auf zentrale bzw. besonders belastende Zwangssymptome erfolgen. Zusammen mit dem Patienten müssen die einzelnen aufzuzeichnenden Ausprägungsformen der Symptomatik vor Beginn der Aufzeichnungen voneinander abgegrenzt und bestimmt werden. Die Eltern sollten den Patienten bei der Selbstbeobachtung und -aufzeichnung unterstützen, wenn erstens der Patient dem zustimmen kann, zweitens die Eltern-Kind-Beziehung nicht zu sehr belastet ist und drittens die Eltern sich auf eine neutrale Hilfsfunktion beschränken können. Eine parallele Beobachtung und Aufzeichnung durch die Eltern (Fremdbeobachtung) ist zur Korrektur von Dissimulationstendenzen oder einer beeinträchtigten Selbstwahrnehmungsfähigkeit oft wünschenswert, setzt aber auch die Zustimmung durch den Patienten voraus. Bei sehr jungen Patienten wird Fremdbeobachtung statt Selbstbeobachtung eingesetzt. Bei anderen Störungen (z. B. Tic-Störungen) läßt sich durch Selbstbeobachtung allein eine gewisse Symptomreduktion erreichen; bei zwangsgestörten Patienten ist dies bislang nicht beschrieben worden (Turner & Beidel 1988). Allerdings muß bei Patienten mit Kontrollzwängen die Gefahr einer Zunahme der Symptomatik durch die Selbstbeobachtung bedacht werden (Rosenberg & Upper 1983).

Bei der *Definition von Behandlungszielen* gemeinsam mit Patienten und Bezugspersonen ist die Ambivalenz vieler Patienten hinsichtlich der Behandlung besonders zu beachten. Vor allem Patienten mit chronifizierten Zwangsstörungen, die bereits eine lange Leidensgeschichte erfolgloser Selbstkontrollversuche (und Behandlungsversuche) durchlaufen haben, zweifeln häufig an einem Erfolg jeder Art von Therapie. Der Therapeut muß den Patienten über die Behandlungsstrategie informieren – daß es zum Beispiel darum gehen wird, die Angst, verseucht zu sein, zu vermindern, damit der Patient nicht mehr unter dem Zwang steht, sich so häufig und intensiv die Hände waschen zu müssen. Diese Angst könne, wie man aus vielen anderen Behandlungen wisse, am besten dadurch vermindert werden, daß der Patient mit Hilfe und Unterstützung des Therapeuten jene Situationen lernt auszuhalten, die bisher diese Angst ausgelöst haben. Eine sehr detaillierte Information über die einzelnen Interventionsschritte ist zu diesem Zeitpunkt im allgemeinen wenig hilfreich, da Patienten dann eher dazu tendieren, an der Strategie zu zweifeln und die Mißerfolge eigener Anstrengungen in dieser Richtung ins Felde führen. Der Patient sollte auch über die Erfolgschancen der Behandlung aufgeklärt werden (bei etwa 70% eine zumindest deutliche Verminderung der Symptomatik), verbunden mit dem Hinweis, daß die Behandlung zeitaufwendig und anstrengend sein werde und seine aktive Mitarbeit über den Behandlungserfolg mitentscheide. Gelegentlich versuchen Patienten mit dem Therapeuten in Verhandlungen über die Angemessenheit einzelner Verhaltensweisen (wie oft und lange gewaschen werden darf) einzutreten. Bei der Definition der Therapieziele sollte deshalb darauf verwiesen werden, daß eine Teilbehandlung, die nicht ein völliges Verschwinden der Symptomatik anstrebt, in aller Regel nur minimale Erfolge erzielt und sich nach kürzester Zeit der Rückfall einstellen wird. Der Patient muß bei der Definition von Behandlungszielen und Behandlungsansätzen einbezogen werden – je älter der Patient ist, um so wichtiger ist dies –, doch sollte der Therapeut auch darauf achten, daß er dabei den Patienten aufgrund der oft deutlich ausgeprägten Entscheidungsschwierigkeiten nicht überfordert. Der Patient muß den einzelnen Zielen und Behandlungsansätzen zustimmen, bevor eine Therapie beginnen kann, doch sollte die letzte Entscheidung über Ziele und Ansätze der Behandlung beim Therapeuten liegen.

3. Therapie in der Praxis

Bei erwachsenen Patienten hat sich die Expositionsbehandlung (Reizkonfrontation) in Verbindung mit Reaktionsverhinderung (exposure and response prevention) als die wirkungsvollste verhaltenstherapeutische Intervention bei Zwangshandlungen bewährt. Auch im Kindes- und Jugendalter, für das insgesamt wesentlich weniger kontrollierte Therapiestudien vorliegen, konnte diese Methode erfolgreich eingesetzt werden. Außerdem haben sich Interventionen in der Familie – vor allem Veränderungen der Reaktionen der Familienmitglieder auf die Symptomatik – als wirkungsvoll erwiesen. Besonders im Kindes- und im frühen Jugendalter scheinen Zwangssymptome häufig durch familiäre Interaktionsprozesse unterstützt und aufrechterhalten zu werden, deshalb stehen bei Patienten dieser Altersgruppen Interventionen im Vordergrund, die auf die Veränderung familiärer Interaktionsmuster abzielen. Für die Behandlung von Patienten mit Zwangsgedanken ohne Zwangshandlungen wurden zusätzlich spezifische Interventionen (hauptsächlich Gedankenstopp und Habituationstraining) entwickelt. Die Ergebnisse der Therapie-Evaluationsstudien werden unter Punkt 4. detailliert dargestellt. Im wesentlichen lassen sich also drei Interventionsansätze zur symptomzentrierten Behandlung bestimmen, die sich jedoch nicht gegenseitig ausschließen, sondern im Gegenteil häufig ergänzen:
1 Familienzentrierte Interventionen zur Verminderung familiärer Bedingungen, die die Symptomatik aufrechterhalten;
2. Expositionsbehandlung plus Reaktionsverhinderung;
3. Interventionen zur Verminderung von Zwangsgedanken.

Neben der verhaltenstherapeutischen Behandlung hat sich die *medikamentöse* Therapie mit trizyklischen Antidepressiva, vor allem mit Clomipramin (Anafranil), auch im Kindes- und Jugendalter als wirkungsvoll erwiesen (Deveaugh-Geiss et al. 1992, Leonard et al. 1988, Leonard 1989, Flament et al. 1985, 1987.). Die Rate der jugendlichen Patienten, die auf eine medikamentöse Therapie ansprechen (Leonard et al. 1988: 75% der Patienten zeigen mittlere bis starke Symptomreduktion), ist vergleichbar mit dem Prozentsatz der erwachsenen Patienten, die von Expositionsbehandlung plus Reaktionsverhinderung profitieren (ca. 80%, s. u.). Allerdings scheint Clomipramin die Symptome lediglich zu unterdrücken, da mit Beendigung der Therapie Rezidive bei bis zu 70% der erwachsenen Patienten auftreten (Ananth 1986). Außerdem berichtet ein nicht unerheblicher Anteil der jugendlichen Patienten von beeinträchtigenden Nebenwirkungen, vor allem Benommenheit, Müdigkeit und Mundtrockenheit (Deveaugh-Geiss et al. 1992). In den letzten Jahren werden zunehmend selektive Serotonin-Wiederaufnahme-Hemmer (z. B. Fluoxetin, Fluvoxamin) nicht nur bei Erwachsenen sondern auch bei Jugendlichen eingesetzt. Die vorliegenden Studien zeigen, daß diese Substanzen ähnlich wirkungsvoll sind wie trizyklische Antidepressiva, wobei geringere Nebenwirkungen festgestellt werden (Thomsen 1996, March & Leonard 1996, Riddle et al. 1992, Apter et al. 1994, Geller et al. 1995). Gelegentlich wird von Kombinationsbehandlungen berichtet, systematische Therapievergleichsstudien zur Wirksamkeit medikamentöser, verhaltenstherapeutischer und kombinierter Behandlungsansätze fehlen jedoch bislang. In der bereits dargestellten Katamnese-Studie von Leonard und Mitarbeitern (1993) konnten durch eine zusätzliche Verhaltenstherapie gegenüber einer medikamentösen Therapie alleine langfristig keine besseren Ergebnisse erzielt werden. Allerdings erfolgte in dieser Studie keine systematische Zuweisung zu den einzelnen Therapiegruppen.

Abb. 4 zeigt einen Entscheidungsbaum, der die Indikation für einzelne Interventionsverfahren verdeutlicht. Liegen neben der Zwangssymptomatik weitere Störungen vor, so ist zu entscheiden, ob zunächst die Zwangssymptomatik oder die begleitenden Verhaltensstörungen im Zentrum der Be-

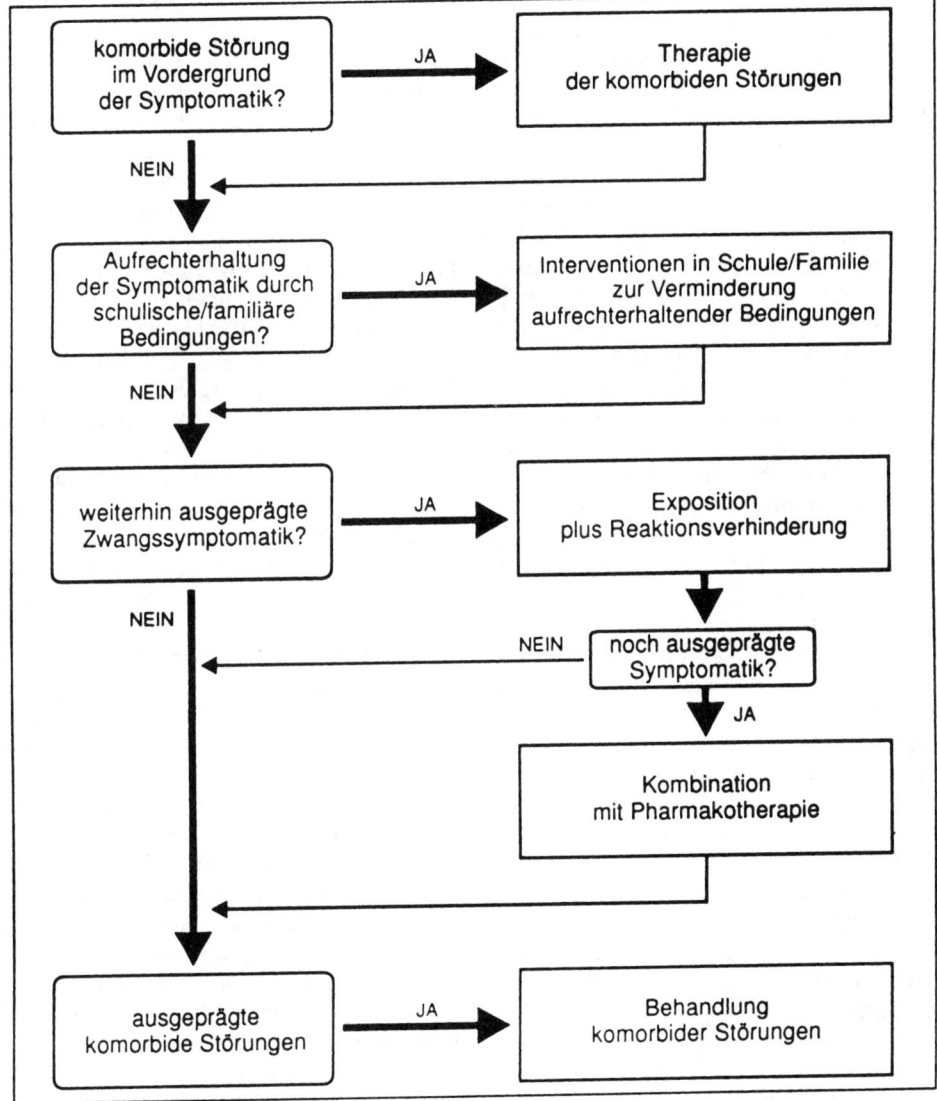

Abb. 4. Differentialtherapeutischer Entscheidungsbaum für Zwangsstörungen im Kindes- und Jugendalter (aus Döpfner & Breuer 1997)

handlung stehen sollen oder ob eine mehrgleisige Therapie indiziert ist. Therapieziele und Behandlungsansätze können nur in Zusammenarbeit mit den Eltern und dem Patienten festgelegt werden. Die funktionale Bedingungsanalyse ist bei der strategischen Behandlungsplanung eine wichtige Voraussetzung. Werden andere Verhaltensauffälligkeiten in starkem Maße als Folgen der Zwangssymptomatik interpretiert, beispielsweise eine durch die Zwangsstörung bedingte soziale Isolation des Patienten, dann wird die Behandlung der Zwangsstörung eher im Vordergrund stehen; unterstützen dagegen andere Verhaltensprobleme oder familiäre und schulische Bedingungen die Entwicklung der Zwangssymptomatik, dann werden zunächst diese im Zentrum der Therapie stehen. Depressiven Patienten mangelt es häufig an einer hinreichenden Therapiemotivation, und sie können den psychischen Streß einer Expositionsbehandlung kaum ertragen. Empirische Studien an erwachsenen Patienten zeigen, daß Patienten mit ausgeprägter Depression kaum von verhaltenstherapeutischen Interventionen profitieren (Foa et al. 1983). Daher erscheint die primäre (auch pharmakotherapeutische) Behandlung ausgeprägt depressiver Störungen auch bei jugendlichen Patienten zur Verbesserung der Erfolgschancen verhaltenstherapeutischer Behandlung der Zwangssymptomatik angezeigt, selbst wenn die depressive Störung funktional eher als Folge der Zwangsstörung interpretiert wird. Wenn schulische oder familiäre Bedingungen vermutlich zur Aufrechterhaltung der Zwangssymptomatik beitragen, dann sollten Interventionen durchgeführt werden, die auf eine Verminderung dieser aufrechterhaltenden Bedingungen abzielen (siehe Abb. 4). Sind die Symptome jedoch sehr stark ausgeprägt und besteht die Symptomatik über einen längeren Zeitraum (ein Jahr und länger), dann genügen solche Interventionen in der Regel nicht und müssen durch Exposition mit Reaktionsverhinderung ergänzt werden. Eine Ergänzung der Verhaltenstherapie durch eine medikamentöse Therapie sollte erwogen werden, falls sich die Exposition mit Reaktionsverhinderung als nicht hinreichend erfolgreich herausstellt.

Durch eine *stationäre Behandlung* des Patienten lassen sich jene Bedingungen unterbrechen, die in der Familie die Symptomatik aufrechterhalten, wodurch sich gelegentlich spontane Symptomminderungen einstellen. Im stationären Rahmen lassen sich zudem verhaltenstherapeutische Interventionen, vor allem Expositionsbehandlung mit Reaktionsverhinderung, intensiver durchführen. Veränderungen während der stationären Behandlung generalisieren allerdings nicht automatisch auf das häusliche Umfeld, daher muß dem Transfer der Verhaltensänderungen auf das häusliche Umfeld besondere Beachtung geschenkt werden. Prinzipiell ist eine ambulante Behandlung der stationären Therapie nicht nur aus Kostengründen vorzuziehen, sondern auch, weil die ambulante Behandlung, wenn sie erfolgreich ist, Verhaltensänderungen des Patienten in seinem natürlichen sozialen Umfeld bewirkt und Generalisierungsprobleme wie bei der stationären Therapie nicht auftreten. Eine stationäre Therapie kann jedoch unter folgenden Bedingungen indiziert sein:
– wenn vorausgegangene ambulante verhaltenstherapeutische Interventionen fehlgeschlagen sind
– bei sehr belasteten familiären Beziehungen oder geringer familiärer Unterstützung
– bei geringer Therapiemotivation des Patienten
– bei hohem Chronifizierungsgrad und starker Ausprägung der Zwangsstörung

Gelegentlich kann es durchaus nützlich sein, vor Beginn einer ambulanten Behandlung die Möglichkeit einer stationären Therapie anzusprechen und Kriterien für eine Überleitung der ambulanten in eine stationäre Behandlung zu vereinbaren – beispielsweise wenn innerhalb von 2 bis 3 Monaten keine deutliche Symptomreduktion erreicht wurde oder wenn wesentliche Behandlungselemente vom Patienten oder der Familie trotz intensiver therapeutischer Hilfestellung nicht durchgeführt werden können.

3.1 Familienzentrierte Interventionen

Familienzentrierte Interventionen zielen auf Veränderung familiärer Bedingungen, die die Symptomatik aufrechterhalten. Zunächst werden die Probleme des Patienten und deren Auswirkungen auf die Familie aus der Perspektive der einzelnen Familienmitglieder in Familiengesprächen beleuchtet. Daran sollten der Vater und auch Geschwister teilnehmen, soweit sie von der Symptomatik betroffen sind und die Geschwister ein Alter erreicht haben, das es ihnen ermöglicht, ihre eigene Sicht der Dinge darzulegen.

Unterschiede in den Krankheitskonzepten des Patienten und anderer Familienmitglieder werden herausgearbeitet, Erfahrungen der einzelnen Familienmitglieder über verschiedene Formen des Umgangs mit der Problematik werden zusammengetragen. Danach kann der Versuch unternommen werden, ein gemeinsames Krankheitskonzept zu entwickeln. Der Therapeut versucht ein Verständnis für die Symptomatik zu vermitteln und Fehlzuschreibungen abzubauen. Häufig fehlt ein Verständnis für den inneren Zwang, den der Patient erlebt. Vor allem Spontanfluktuationen bzw. situative Variationen in der Symptomatik sowie teilweise erfolgreiche Selbstkontrollbemühungen festigen die Meinung von Bezugspersonen, die Störung sei eigentlich nur eine „dumme Angewohnheit", die der Patient bei entsprechenden Bemühungen kontrollieren könne. Mit dem Patienten und den Familienmitgliedern sollte erarbeitet werden, daß die Symptomatik vom Patienten begrenzt kontollierbar ist, er auch dagegen ankämpfen kann, daß dies aber einer ungeheueren Anstrengung bedarf, die häufig die Kraft des Patienten überfordert. Die grundsätzliche Behandlungsstrategie kann auf dem Hintergrund der Erfahrungen des Patienten und der anderen Familienmitglieder mit der Bewältigung der Störung herausgearbeitet werden: Zwangshandlungen stellen Versuche dar, die Ängste, die durch Zwangsgedanken ausgelöst werden, abzubauen, was auch kurzfristig erfolgreich ist. Langfristig jedoch tendieren die Zwangssymptome dazu, sich auszuweiten und massiver zu werden.

Auch Entlastungsbemühungen von seiten anderer Familienmitglieder haben letztendlich meist den Effekt, daß die Symptomatik eher zu- als abnimmt. Nicht selten versucht der Patient Entlastungen durch die Familienmitglieder durch Wutausbrüche und aggressive Handlungen zu erzwingen. Wenn es jedoch gelingt, die Aufmerksamkeit und Zuwendung, die von den Familienmitgliedern bisher für die Zwangssymptomatik gegeben bzw. von Patienten eingefordert wurde, auf andere Verhaltensweisen zu lenken, vor allem auf die Bemühungen, die Symptomatik zu bekämpfen und zu bewältigen, dann ist ein wichtiger Schritt zur Verminderung der Problematik getan. Im allgemeinen sollten diese zentralen Aspekte der Behandlungsstrategie vor dem Familiengespräch mit dem Patienten alleine erarbeitet werden.

Häufig ist es auch hilfreich, gemeinsam mit den Eltern den entwicklungspsychologischen Kontext zu beleuchten, in dem sich die Störung entwickelt hat. Die spezifischen Ängste können mitunter vor dem Hintergrund von Entwicklungsprozessen, in denen sich der Patient befindet, und den Entwicklungsaufgaben, mit denen er sich konfrontiert sieht – Sexualität, Ablösung und Autonomie –, interpretiert werden.

Konnten perfektionistische Ansprüche, zwanghafte Tendenzen oder sogar manifeste Zwangsstörungen bei den Eltern in der diagnostischen Phase identifiziert werden, dann werden diese Verhaltensweisen mit den Eltern thematisiert und die strukturellen Ähnlichkeiten zwischen ihrem Verhalten und der Zwangsstörung des Kindes erarbeitet, mit dem Ziel, perfektionistische Ansprüche und zwanghafte Verhaltenstendenzen zu vermindern. Lenane (1989) plädiert dafür, daß zwangsgestörte Elternteile ihre eigenen Probleme den Kindern offenbaren – die den Kindern allerdings meist längst bekannt sind –, und mit ihnen eine gemeinsame Bewältigung der Probleme überlegen. Häufig wird in diesem Fall eine getrennte Therapie des zwangsgestörten Elternteils erforderlich sein.

Häufig werden die Ressourcen in den Familien so sehr durch die Zwangssymptomatik in Anspruch genommen, daß kaum noch Freiräume für gemeinsame angenehme Beschäftigungen und Aktivitäten verbleiben und das zwangsgestörte Kind allein durch seine Symptomatik Aufmerksamkeit und Zuwendung erreichen kann (die es dann auch oft mit Macht einfordert). Deshalb kann als erste familienzentrierte Intervention, vor allem bei Kindern und jüngeren Jugendlichen, die Einführung regelmäßiger Beschäftigungen und Aktivitäten mit dem Kind oder Jugendlichen hilfreich sein: Das Kind darf die Aktivität auswählen, Vater und/oder Mutter versuchen sich auf die Bedürfnisse des Kindes einzustellen und keine eigenen Ansprüche zu formulieren. Über die Zwangssymptomatik darf in dieser Zeit nicht gesprochen werden. Das Spiel wird abgebrochen, wenn Zwangssymptome auftreten.

Auf der Basis eines gemeinsamen Krankheitskonzeptes und einer gemeinsamen Therapiekonzeption wird dann die elterliche Unterstützung und Zuwendung bei der Durchführung von Zwangshandlungen in Absprache mit dem Patienten schrittweise vermindert: Die Mutter kauft für das Kind mit Waschzwängen nicht mehr Seife in großen Mengen ein; zwanghaftes Fragen des Kindes wird beim ersten Mal mit einer stereotypen Redewendung beantwortet (z. B.: „Du weißt, daß du dir keine Sorgen machen mußt!"), wiederholte Fragen bleiben unbeantwortet; der Vater wird nicht mehr das Duschritual überwachen und Rückversicherungen geben, daß auch wirklich jede Stelle des Körpers eingeseift wurde. Auch stellvertretende Zwangshandlungen durch andere Familienmitglieder werden beendet: Die Mutter bemüht sich nicht mehr um völlige Symmetrie beim Bettenmachen oder kontrolliert nicht mehr zusammen mit dem Kind Türen und Fenster vor dem Zubettgehen. Meist ist es notwendig, die Einbindung von Bezugspersonen in die Zwangssymptomatik nicht abrupt zu beenden, sondern schrittweise zu vermindern.

In einem weiteren Schritt wird auch die Unterstützung für die Tendenz des Patienten abgebaut, jene Situationen zu vermeiden, die Zwangssymptome auslösen. Das Kind, das auf dem Schulweg von Zwangssymptomen geplagt wird und deshalb schließlich von den Eltern mit dem Auto zur Schule gefahren wird, bewältigt den Schulweg wieder alleine. Türen, die man bisher immer aufstehen ließ, damit die „verseuchte" Türklinke nicht benutzt werden mußte, werden wieder geschlossen usw.

Um den Patienten nicht zu überfordern, ist eine schrittweise Verminderung der Einbindung der Familienmitglieder in die Zwangssymptomatik notwendig, die nach gemeinsamer Absprache mit dem Patienten durchgeführt wird. Der Patient sollte davon überzeugt sein, daß er den nächsten Schritt auch bewältigen kann; wenn nicht, dann sollten weitere Hilfestellungen (meist kleinere Schritte) überlegt werden. Die bereits in der diagnostischen Phase eingeführte Selbst- und Fremdbeobachtung und Aufzeichnung der Zwangssymptomatik wird kontinuierlich weitergeführt. Neue Aspekte können in die Beobachtung aufgenommen werden – z. B. können vom Patienten erfolgreich bekämpfte Impulse zur Durchführung von Zwangshandlungen aufgezeichnet werden. Patient und Familie sollten darauf vorbereitet werden, daß die Symptomatik in Verbindung mit diesen Maßnahmen vorübergehend auch zunehmen kann. Wichtig ist, daß die Verminderung der Zuwendung bei der Durchführung der Zwangssymptomatik durch eine Erhöhung der Zuwendung in symptomfreien Situationen kompensiert wird (z. B. gemeinsames Spiel). Die vermehrten Anstrengungen des Patienten bei der Bewältigung von Situationen, die bislang durch die Einbindung von Familienmitgliedern entschärft worden waren, sollten zusätzlich gezielt verstärkt werden. Neben Lob und Anerkennung durch die Eltern und den Therapeuten ist häufig ein Tokensystem hilfreich – der Patient wird durch Tokens beispielsweise verstärkt, wenn es ihm gelingt, die Hilfestellung der Eltern bei seinen Kontrollen nicht mehr einzufordern oder Wutausbrüche zur Erzwingung von solchen Hilfestellungen zu unterdrücken.

Häufig wird es notwendig sein, familienzentrierte Interventionen in der Anfangsphase engmaschig zu überwachen, am besten durch tägliche telefonische Rückmeldungen durch den Patienten und die Bezugspersonen. Dies fördert die Therapiemotivation und erlaubt dem Therapeuten, kurzfristig Anpassungen der Interventionen vorzunehmen.

Bei Kindern und bei Patienten mit weniger chronifizierten Zwangsstörungen können diese Maßnahmen eine deutliche Verminderung der Zwangssymptomatik bewirken, möglicherweise weil die Symptomatik in einem stärkeren Maße durch Interaktionsprozesse unterstützt und aufrechterhalten wird als bei älteren Patienten. Lassen sich jedoch innerhalb weniger Wochen allenfalls geringfügige Veränderungen erzielen oder erscheint die Symptomatik von Anfang an sehr verfestigt und chronifiziert oder sind die Kooperationsmöglichkeiten der Familie sehr begrenzt, dann sollte der Therapeut eine Expositionsbehandlung mit Reaktionsverhinderung beginnen.

Tabelle 8. Familienzentrierte Interventionen

1. Familiengespräche über die Zwangsstörung und ihre Auswirkungen auf die Familie und Erfahrungen mit bisherigen Bewältigungsversuchen in der Familie sowie über andere Probleme und Konflikte in der Familie.
2. Erarbeitung eines gemeinsamen angemessenen Krankheitskonzeptes und Begründung von familienzentrierten Interventionen.
3. Kontinuierliche Beobachtung und Aufzeichnung der Symptomatik durch den Patienten und eventuell auch durch Bezugspersonen.
4. Aufbau von regelmäßigen gemeinsamen angenehmen familiären Interaktionen, die durch das Auftreten von Zwangssymptomen beendet werden.
5. Verminderung der elterlichen Unterstützung und Zuwendung bei der Durchführung von Zwangshandlungen.
6. Verminderung der elterlichen Unterstützung bei der Vermeidung von Situationen, die die Zwangssymptomatik auslösen.
7. Positive Verstärkung von adäquaten Bewältigungsbemühungen des Patienten und von Symptomreduktion.

3.2 Expositionsbehandlung und Reaktionsverhinderung

Einige der dargestellten familienzentrierten Interventionen enthalten Aspekte einer von den Eltern durchgeführten Expositionsbehandlung plus Reaktionsverhinderung. Durch eine hinreichend lange Konfrontation mit angst- und zwangsauslösenden Stimuli (Exposition) wird die Angst reduziert. Die Verhinderung von Zwangshandlungen (Reaktionsverhinderungen) bewirkt eine Verlängerung der Exposition. Wird die Vermeidung der angstauslösenden Reizkonfiguration und die Angstreduktion durch Zwangshandlungen verhindert, dann erfährt der Patient, daß er die Situation bewältigen kann und das gefürchtete Ereignis nicht eintritt, wodurch sich die Angst vermindert.

Die *Expositionsbehandlung* kann graduiert (gestuft) erfolgen, indem der Patient schrittweise mit zunehmend intensiveren zwangsauslösenden Reizbedingungen konfrontiert wird (*graduierte Exposition*), oder der Patient setzt sich sofort den intensivsten Reizen aus (*Reizüberflutung; flooding*). Beide Methoden haben sich in Therapievergleichsstudien bei erwachsenen Patienten bisher als gleichermaßen wirkungsvoll erwiesen (Hodgson et al. 1972). Die psychische Belastung des Patienten ist bei der graduierten Exposition geringer. Turner und Beidel (1988), die an der Anxiety Disorders Clinic in Pittsburgh viel Erfahrung in der Behandlung von (hauptsächlich erwachsenen) Patienten mit Zwangsstörungen sammeln konnten, präferieren Reizüberflutung als die nach klinischer Erfahrung wirkungsvollere Methode. Andere Autoren (Hand 1981, Foa et al. 1985) bevorzugen die graduierte Exposition. Der geringeren psychischen Belastung wegen sollte vor allem bei Kindern und jüngeren Jugendlichen der graduierten Exposition der Vorzug gegeben werden. Reizüberflutung sollte dann angewandt werden, wenn sich die graduierte Exposition nicht bewährt hat.

Die Expositionsbehandlung kann *in vivo* oder auf der Vorstellungsebene (*in sensu*) durchgeführt werden. Die In-vivo-Exposition gilt als die wirkungsvollere Methode (Turner & Beidel 1988, Grayson et al. 1985). Die Exposition auf der Vorstellungsebene wird angewandt, wenn die zwangsauslösenden Reizbedingungen nicht beliebig häufig herstellbar sind. Eine Kombination beider Expositionsformen hat sich bei jenen Zwangsstörungen als wirkungsvoller erwiesen, bei denen Zwangsgedanken um künftige katastrophale Folgen (Tod, Vergiftung usw.) kreisen. Turner und Beidel (1988) beschreiben einige Fälle, bei denen In-vivo-Exposition nicht erfolgreich war, wohl aber Exposition auf der Vorstellungsebene, und vermuten, daß diese Patienten während der In-vivo-Exposition kognitive Vermeidungsstrategien entwickelt hatten, die bei der Exposition in sensu nicht angewendet werden konnten.

Bei der Durchführung der Expositionsbehandlung sollten folgende Richtlinien berücksichtigt werden (siehe auch Turner & Beidel 1988):

1. Bei Patienten mit ausgeprägten Depressionen sollte zunächst die Depression behandelt werden, da eine Habituation während der Exposition bei ausgeprägter Depression oft nicht gelingt, wie Foa (1979) empirisch belegen konnte. Bei verminderter Depressivität steigt darüber hinaus die Motivation des Patienten zur Konfrontation mit den angstauslösenden Reizbedingungen, und das Vertrauen des Patienten, die Situationen bewältigen zu können, verbessert sich.
2. Der Alkoholkonsum des Patienten sollte auf ein Minimum reduziert und anxiolytisch wirkende Medikationen sollten beendet werden, da die Exposition wirkungsvoller sein kann, wenn die Angst pharmakologisch nicht blockiert wird.
3. Körperliche Beschwerden, vor allem Herz-Kreislauf-Erkrankungen, Asthma oder Colitis ulcerosa können durch die psychische Belastung der Behandlung aggravieren. Diese Erkrankungen sollten deshalb entweder zuvor behandelt worden sein, und/oder eine graduierte Exposition sollte präferiert werden, bei der das Angstniveau besser dosiert werden kann.
4. Bei Exposition in sensu müssen alle wichtigen angstauslösenden Reize einschließlich der gefürchteten Konsequenzen in die Imagination aufgenommen werden.
5. Der Patient muß bereit sein, einen erheblichen zeitlichen Aufwand für die Behandlung in Kauf zu nehmen, und der Therapeut muß ebenfalls mit einem hohen Zeitaufwand rechnen. Unabhängig von der Expositionsform dauert die Intensivphase in der Regel zwischen 10 aufeinanderfolgenden Tagen (Turner & Beidel 1988) und drei Wochen mit täglichen Therapiekontakten an den Wochentagen (McCarthy & Foa 1988). Einschließlich der Übungen, die der Patient zu Hause (oder auf Station) durchzuführen hat, sind in diesem Zeitraum je nach Vorgehen etwa fünf bis sechs Stunden täglich zu veranschlagen. Vor allem bei Flooding-Prozeduren kann die vom Therapeuten benötigte Zeit, bis sich die Habituation einstellt, stark variieren. Nach Turner und Beidel (1988) muß bei Reizüberflutung mit Expositionsdauern von einer knappen Stunde bis zu 6 Stunden gerechnet werden.
6. Die Einbindung der Familienmitglieder in die Zwangsstörung muß zu diesem Zeitpunkt beendet sein (siehe 3.1). Die parallelen Übungen zu Hause sollten von Eltern in der Regel begleitet werden, wenn die Eltern-Kind-Beziehung hinreichend tragfähig ist. Ist die Beziehung bereits deutlich belastet, dann können die Beziehungsprobleme durch die Einbindung von Bezugspersonen in die Behandlung aggravieren. Eine Ausführung der häuslichen Übungen durch den Jugendlichen allein wird nur bei hochmotivierten Patienten gelingen können. Ist eine Unterstützung durch Bezugspersonen nicht möglich, dann ist entweder eine Durchführung der Expositionsbehandlung durch den Therapeuten im häuslichen Milieu angezeigt, die von Hand (1981) generell präferiert wird, oder eine stationäre Therapie ist indiziert.

Die Durchführung der graduierten Expositionsbehandlung setzt die Entwicklung einer Hierarchie angst-/zwangsauslösender Situationen voraus (siehe Tabelle 6). Bei multiplen Zwängen (beispielsweise Wasch- und Kontrollzwängen) werden mit dem Patienten getrennte Hierarchien erarbeitet. Vor Behandlungsbeginn wird mit dem Patienten ein lerntheoretisch bestimmtes Erklärungsmodell seiner Störung erarbeitet (siehe 3.1), und daraus werden die einzelnen Therapieschritte begründet. Die Notwendigkeit dieser psychisch belastenden Interventionen kann mit dem Hinweis auf das hohe Chronifizierungsrisiko der Störung und auf die Erfolgschancen der Behandlung unterstrichen werden. Die Expositionsübungen und die Reaktionsverhinderung werden als Möglichkeit zur Angstbewältigung und -reduktion sowie als Mittel der Realitätstestung beschrieben. Die zu erwartende emotionale Belastung wird genauso klar herausgestellt wie die Freiheit des Patienten, in jeder Situation die Exposition bzw. Reaktionsverhinderung zu unterbrechen.

Im folgenden wird das Standardverfahren einer *graduierten Expositionsbehandlung* beschrieben, wie es von der Arbeitsgruppe um Foa und Grayson auch bei jugendlichen Patienten angewendet wird (Foa & Steketee 1989, Grayson et al. 1985, McCarthy & Foa 1988).

Das Programm besteht aus vier Komponenten: erstens Exposition in sensu (vor allem bei Patienten mit Zwangsbefürchtungen hinsichtlich katastrophaler Folgen), zweitens Exposition in vivo, drittens Reaktionsverhinderung und viertens Exposition im natürlichen Umfeld. Die Behandlung wird normalerweise in 15 90minütigen Therapiesitzungen in einem Zeitraum von drei Wochen durchgeführt. In der vierten Woche wird die Behandlung zur Unterstützung der Generalisation an zwei Tagen für insgesamt 8 Stunden unter häuslichen Bedingungen fortgesetzt.

1. Die *Exposition* in sensu wird in den ersten 45 Minuten jeder Therapiesitzung durchgeführt und besteht aus sechs in zunehmendem Maße angstauslösenden Szenen. Die am wenigsten ängstigende Szene wird am ersten Behandlungstag vorgegeben und an den folgenden sechs Tagen jeweils eine stärker angstauslösende Szene. In den restlichen Sitzungen wird die am stärksten angstauslösende Szene zusammen mit weiteren angstevozierenden Reizen präsentiert, die im Verlauf der Behandlung festgestellt wurden. Alle Szenen werden auf Tonband aufgenommen und vom Patienten als Teil seiner häuslichen Übungen nochmals zu Hause abgehört. Die Szenen beinhalten die Konfrontation mit den angst-/zwangsauslösenden Stimuli (Objekte, Gedanken, Vorstellungen, Situationen) und die katastrophalen Konsequenzen, die der Patient befürchtet, wenn er die Zwangshandlungen nicht durchführt. Die Ausführung von Zwangshandlungen auf der Vorstellungsebene wird verhindert.

McCarthy und Foa (1988) beschreiben die Durchführung von Exposition in sensu am Beispiel eines 13jährigen Jungen mit Zwangsgedanken, die um Verletzung von Familienmitgliedern durch ihn, um Schulversagen und Spott und Hohn von Klassenkameraden kreisten. Der Patient führte eine Reihe von Zwangshandlungen durch. Besonders Gedanken an ein Versagen während Klassenarbeiten lösten heftige Ängste aus, die der Patient durch exzessives und zwanghaftes Wiederholen des Lernstoffes und durch bestimmte Kopf- und Handbewegungen zu vermindern suchte.

Beispiel einer Szene (nach McCarthy & Foa 1988, 61–62):

Der Tag, an dem Du die Mathe-Arbeit schreibst, beginnt. Du steht von Deinem Bett auf, und Dein erster Gedanke ist: „Ich werde die Arbeit verhauen!", und Deine Gedanken gehen noch weiter: „Ich habe alles vergessen, was ich gelernt habe. Was wird alles passieren, wenn ich die Arbeit verhaue? Was wird Frau Müller (meine Lehrerin) von mir denken? Was werden meine Eltern von mir denken?" Nachdem Du versucht hast, etwas zu frühstücken, ziehst Du Dich an. Als Du gerade mit dem Zähneputzen fertig bist und die Zahnbürste zurück in den Zahnbecher stellen willst, geht Dir wieder

der Gedanke „Ich werde die Arbeit verhauen" durch den Kopf. Du hast das Bedürfnis, die Zahnbürste noch einmal zu nehmen und sie mit einem „guten Gedanken" wieder zurückzustellen („Ich werde es schon schaffen"). Da kommt Deine Mutter und sagt: „Beeile Dich, sonst versäumst Du den Bus", und Du mußt sofort das Badezimmer verlassen.

Jetzt sitzt Du in der Klasse und wartest darauf, daß Frau Müller die Arbeit verteilt. Du bist ganz aufgeregt und nervös. Du schaust auf das Aufgabenblatt, Dein Herz pocht bis zum Hals, und Du spürst, wie Du alles vergißt, was Du gelernt hast. Du denkst: „Wenn ich die Arbeit verhaue, werden Papa und Mama ärgerlich und enttäuscht sein!" Du atmest immer schneller, und Deine Hände werden ganz feucht. Die Zeit vergeht, aber Du kannst Dich nicht auf die Aufgaben konzentrieren. Du schaust auf Dein Heft, und Du siehst, daß Du nur das Datum hingeschrieben hast. Die Klassenkameraden haben alle Aufgaben gelöst und wirken ganz zuversichtlich. Frau Müller sammelt die Hefte ein. Jetzt kommt sie an Deinen Platz. Sie bittet Dich um Dein Heft und nimmt es vom Tisch. Du merkst, wie sie die Stirne zu runzeln beginnt, als sie bemerkt, daß Du nichts geschrieben hast. Sie steht direkt vor Dir, und Du merkst, wie sie Dich wütend anblickt. Dann sagt sie der ganzen Klasse, daß Du als einziger in der Klasse nichts zu Papier gebracht hast. Du hörst das Gelächter und Geflüster Deiner Klassenkameraden, und Du weißt, daß sie Dich auslachen und sich darüber lustig machen, wie dumm Du bist.

Du kommst nach Hause und erkennst sofort an dem Gesicht Deiner Mutter, daß Frau Müller angerufen hat und Deiner Mutter erzählt hat, daß du als einziger der ganzen Klasse keine einzige Aufgabe hast lösen können. Deine Mutter ist wütend auf Dich und sagt: „Geh sofort in Dein Zimmer. Wenn Dein Vater nach Hause kommt, haben wir beide mit Dir ein Wörtchen zu reden!"

2. Die *Exposition in vivo* wird während der zweiten 45 Minuten jeder Sitzung durchgeführt. Die Patienten werden mit angsterzeugenden Objekten oder Situationen in graduierter Form konfrontiert. Die erste Exposition beginnt mit Objekten/Situationen, die einen mittleren Leidensdruck erzeugen (Angstgrad 50 auf dem Angstthermometer). Wenn nötig, wird der Kontakt mit dem gefürchteten Objekt vom Therapeuten modellhaft vorgeführt. Der Therapeut ermuntert und unterstützt den Patienten. Bei jeder Sitzung wird die nächstschwierigere Situation für die Exposition hinzugenommen. Während der zweiten und der dritten Behandlungswoche werden pro Sitzung alle Objekte/Situationen kombiniert vorgegeben. Längere Expositionszeiten sind wirkungsvoller als kurzzeitige Expositionen. Nach klinischer Erfahrung beginnt sich der Leidensdruck nach einer Expositionszeit von 30 bis 60 Minuten zu verringern. Auch zur Festigung der Therapiemotivation sollte die Exposition nicht beendet werden, bevor der Patient eine Angstverminderung verspürt.

3. Bei der *Reaktionsverhinderung* (response prevention) wird der Patient instruiert, während des dreiwöchigen Behandlungsprogramms jede Zwangshandlung zu unterlassen. Patienten mit Waschzwängen wird jeder Kontakt mit Wasser und Reinigungsmitteln untersagt, ausgenommen einem 10minütigen Duschen an jedem fünften Tag. Patienten mit Kontrollzwängen dürfen in Situationen, in denen die meisten Menschen eine Kontrolle durchführen (z. B. Türkontrolle beim Verlassen des Hauses), einmal kontrollieren. Die Patienten werden bei stationärer Behandlung durch das Stationspersonal, bei ambulanter Behandlung meist durch die Eltern überwacht. Die Supervisoren haben die Aufgaben, den Patienten zur Reaktionsverhinderung zu ermutigen und die Durchführung von Zwangshandlungen zu notieren, körperliche Reaktionsverhinderung wird nicht durchgeführt. Der Patient notiert täglich in einem Selbstbeobachtungsbogen die ausgeführten Zwangsgedanken und Zwangshandlungen, die auslösenden Situationen, den dabei auftretenden Leidensdruck und die dafür benötigte Zeit (siehe Tabelle 7). Diese Selbstaufzeichnungen, vor allem Probleme bei der Einhaltung der Reaktionsverhinderung, werden täglich mit dem Patienten und dem Supervisor besprochen.

4. *Exposition im häuslichen Umfeld:* Der Patient hört täglich 45 Minuten lang die Tonbandaufzeichnung der an diesem Tag stattgefundenen Exposition in sensu ab. Zusätzlich wird eine dreistündige Exposition in vivo durchgeführt. Dabei kon-

frontiert sich der Patient mit jenen Objekten/Situationen, mit denen er während der vorangegangenen Therapiesitzungen (In-vivo-Expositionen) konfrontiert worden war. Die Exposition im häuslichen Umfeld wird auch an den Wochenenden fortgesetzt.

Zur weiteren Unterstützung der Generalisierung der Behandlungseffekte wird zusätzlich drei Tage nach Beendigung der dreiwöchigen Behandlungsphase eine zweitägige Behandlung von insgesamt 8 Stunden im natürlichen Umfeld des Patienten durchgeführt. Während dieser Besuche wird der Patient kontinuierlich mit angstauslösenden Situationen konfrontiert und aufgefordert, sich in einer normalen, nicht zwanghaften Form zu verhalten. Bei Patienten mit Waschzwängen werden das Umfeld und die persönlichen Gegenstände „kontaminiert" und Händewaschen von 10 Sekunden Dauer dreimal täglich sowie Duschen (10 Minuten) einmal täglich vereinbart. Patienten mit Kontrollzwängen werden mit Situationen konfrontiert, die bislang Kontrollzwänge auslösten. Wenn nötig, werden Expositionen außerhalb der Familie, in der Schule, bei Freunden durchgeführt.

Der Einsatz von Entspannungsverfahren während der Exposition ist kontraindiziert, da die Expositionsbehandlung nicht auf dem Prinzip der Gegenkonditionierung, sondern auf einem Extinktions- oder Habituationsmodell basiert, nach dem ein verlängerter Kontakt mit dem angsterzeugenden Stimulus notwendig ist, damit die Angst sich vermindert (Turner & Beidel 1988). Hand (1981) empfiehlt als Grundregel für den Umgang mit der provozierten Angst eine kontinuierliche Konzentration auf die äußere und innere Realität (Körperwahrnehmung) ohne Erwartungsphantasien in positiver wie in negativer Richtung.

Nach Foa und Steketee (1989) lehnen etwa 25% der (erwachsenen) Patienten die Behandlung ab, nachdem mit ihnen das konkrete Vorgehen besprochen wurde. Ein weiterer geringerer Anteil der Patienten ist nicht in der Lage, die Behandlungsrichtlinien zu befolgen. Foa und Steketee (1989) plädieren in diesem Fall für eine Beendigung der Therapie mit der Empfehlung an den Patienten, erneut um eine Behandlung nachzusuchen, wenn er in der Lage ist, die Behandlungsrichtlinien einzuhalten. Eine Weiterführung der Behandlung sei, so Foa und Steketee (1989), in solchen Fällen der hohen Mißerfolgswahrscheinlichkeit wegen nicht angezeigt, da dann Erwartungen des Patienten an Therapieerfolge weiter geschmälert würden.

Eine Langzeitanwendung der Expositionsbehandlung ist nicht indiziert (Hand 1981). Tritt nach einigen Behandlungsstunden keine symptomreduzierende Wirkung ein, so können Motivationsprobleme des Patienten dafür verantwortlich sein und Expositionsübungen die Funktion von Ersatzritualen übernehmen, oder aber eine psychophysiologische Habituation tritt trotz guter Kooperation des Patienten nicht ein. Längeres Fortsetzen der Übungen wird dann, so Hand (1981), eher die allgemeine Irritierbarkeit des Patienten im Alltagsleben erhöhen als einen späten Erfolg bringen.

Die bei Erwachsenen häufiger angewandte *Reizüberflutung* (flooding) wird bei Kindern und Jugendlichen im allgemeinen nicht die Methode der ersten Wahl sein. Bei älteren Jugendlichen, bei denen durch andere Interventionen kein Behandlungserfolg erzielt wurde, kann die Durchführung von Reizüberflutung angezeigt sein. Aufgrund der höheren Behandlungsrisiken sollte die Therapie jedoch nur von erfahrenen Therapeuten unter medizinischer Kontrolle durchgeführt werden. Meist wird eine stationäre Behandlung indiziert sein, obwohl erfahrene Teams bei erwachsenen Patienten eine ambulante Therapie präferieren. Analog zur graduierten Exposition kann Reizüberflutung auf der Vorstellungsebene oder in vivo oder kombiniert durchgeführt werden. Turner und Beidel (1988) führen ihr Standardprogramm an 10 aufeinanderfolgenden Tagen mit täglichen Sitzungen durch. Die Sitzung dauert mindestens 1,5 Stunden und wird so lange fortgesetzt, bis sich eine Habituation (Angstminderung) einstellt. Turner und Beidel (1988) berichten von Flooding-Sitzungen von bis zu 6 Stunden Dauer. Zur Kontrolle der Habituation werden Angstthermometer und Herzfrequenz als objektive und subjektive Maße benutzt. Jedoch ist auch der klinische Eindruck notwendig, da objektive und subjektive Maße nicht selten divergieren. Ergänzt wird die Intervention, wie bei der graduierten Expositionsbehandlung, durch eine tägliche Exposition im häuslichen Umfeld und durch Reaktionsverhinderung.

Die *stationäre Behandlung* (mit graduierter Exposition oder mit Reizüberflutung und Reaktionsverhinderung) wird bei der Mehrzahl der Patienten innerhalb von drei Wochen durchgeführt (Turner & Beidel 1988). Das Behandlungsprogramm entspricht der beschriebenen ambulanten Therapie. Allerdings können Expositions-/Reizüberflutungssitzungen mehrmals täglich durchgeführt werden. Zusätzlich wird eine totale Reaktionsverhinderung rund um die Uhr mit konstanter Supervision des Patienten durch jeweils einen Stationsmitarbeiter durchgeführt. Einige Tage vor der Entlassung wird die Supervision langsam gelockert. Unmittelbar nach der Entlassung beginnt die ambulante Behandlung mit zwei bis drei Hausbesuchen pro Woche von jeweils 8 Stunden Dauer, in denen Exposition und Reaktionsverhinderung in Anwesenheit des Therapeuten durchgeführt wird. In den darauffolgenden Wochen sinkt die Zahl der wöchentlichen Hausbesuche kontinuierlich.

3.3 Variationen der Expositionsbehandlung plus Reaktionsverhinderung

Das beschriebene Standardverfahren, das sich bei erwachsenen Patienten als äußerst wirkungsvoll erwiesen hat, setzt eine hohe Behandlungsmotivation des Jugendlichen voraus und erzeugt eine erhebliche Belastung des Patienten und – wenn die Behandlung ambulant durchgeführt wird – der gesamten Familie. Da die Behandlungsmotivation und der Chronifizierungsgrad der Störung bei Kindern und Jugendlichen eher geringer ausgeprägt ist als bei Erwachsenen, erscheinen Variationen dieses Standardprogramms angezeigt.

Die *ambulante Behandlung* sollte in der Regel unter Einbeziehung der Eltern erfolgen. Die enge Einbindung der Eltern in die Behandlung bedarf allerdings einer sorgfältigen Planung. Sie setzt voraus, daß die Eltern die Symptomatik verstehen und sie nicht z. B. als aggressiven Akt fehldeuten. Darüber hinaus ist die Rolle der Eltern in Absprache mit dem Patienten eindeutig zu definieren. Vor allem dürfen die Eltern nicht für die Einhaltung der Behandlungsrichtlinien durch den Patienten oder für den Erfolg der Behandlung verantwortlich gemacht werden. Die Behandlung sollte als eine Angelegenheit des Patienten und des Therapeuten definiert werden. Rolle der Eltern ist es, dem Patienten zusätzliche Hilfestellungen bei der Durchführung der einzelnen Behandlungskomponenten zu geben und das Verhalten des Patienten aufzuzeichnen. Dadurch können Eltern-Kind-Konflikte, die durch die Intervention ausgelöst werden, minimiert werden. Bei angespannter Eltern-Kind-Beziehung ist die Einbeziehung der Eltern meist nicht sinnvoll und wird in der Regel vom Patienten auch abgelehnt. In diesen Fällen ist möglicherweise eine stationäre Therapie indiziert.

Vor Beginn der ambulanten Behandlung wird mit dem Patienten ein Behandlungskontrakt geschlossen, in dem die einzelnen Behandlungsstufen beschrieben und Kriterien für die Überführung der ambulanten in eine stationäre Therapie spezifiziert werden: wenn der Patient sich erstens nicht in der Lage sieht, die Behandlungsrichtlinien (für Exposition und Reaktionsverhinderung) umzusetzen, und wenn zweitens im Zeitraum von einigen Behandlungswochen keine Symptomminderung eintritt. Der Behandlungskontrakt soll zur Klärung der einzelnen Behandlungsschritte und zur weiteren Stützung der Therapiemotivation des Patienten dienen. Die Notwendigkeit einer stationären Therapie bei ambulantem Behandlungsmißerfolg wird durch die intensivere Behandlungsmöglichkeit begründet.

Die ambulante Therapie erfolgt in mehreren Behandlungsstufen:
a) Familienzentrierte Interventionen, wie beschrieben (siehe 3.1).
b) Exposition in sensu und/oder in vivo durch den Therapeuten mehrmals pro Woche und tägliche Exposition im häuslichen Umfeld mit Unterstützung der Eltern. Hand (1981) empfiehlt die Zwischenschaltung jeweils von mindestens einem freien Tag, da gerade nach erfolgreichen Übungstagen nachts Alpträume auftreten, gefolgt von einem Tag ausgeprägter Depressivität und Zaghaftigkeit zu Beginn des nächsten Übungstages. Auf diese Weise werde die Therapie nicht zu einem euphorisch verarbeiteten Kurzzeit-Erfolgserlebnis, sondern nähere sich den zu erwartenden Rückfallsituationen an.

Zur Erleichterung des Behandlungsbeginns kann die erste Exposition nicht bei mittlerem Schweregrad (50), sondern sollte bei weniger angstauslösenden Situationen beginnen. Wenn der Patient erlebt, daß eine weniger angstinduzierende Situation durch die Exposition bewältigt werden kann, dann kann dies die Motivation zur Durchführung der Expositionsbehandlung auch bei stärker angstinduzierenden Situationen erhöhen. Der Wechsel zur nächstschwierigeren Situation kann schon dann erfolgen, wenn der Patient mit deutlicher Erleichterung einen Angstabfall signalisiert. Zur weiteren Motivationsförderung sollte von Verstärkungsprogrammen intensiv Gebrauch gemacht werden, doch sollte der Patient immer die Entscheidung über Beendigung oder Fortsetzung der Exposition behalten. Sowohl die Expositionssitzung mit dem Therapeuten, vor allem aber die Exposition zu Hause sollten positiv verstärkt werden. Wenn der Patient die Exposition vorzeitig beenden möchte, sollte der Therapeut versuchen, den Patienten zur Fortführung der Exposition zu motivieren, indem er die kurz- und langfristigen Konsequenzen der Vermeidung aufzeigt. Zur weiteren Steigerung der Behandlungscompliance haben sich Expositionstagebücher bewährt (siehe Tabelle 9). Der Patient notiert in dem Tagebuch Beginn und Ende der

Tabelle 9. Expositionstagebuch. Tagebuch: Übungssitzungen zu Hause

Name: _____

Datum	durchgeführte Übung	Unbehagen/Angst (0–100)	Dauer

selbstgesteuerten Exposition zu Hause sowie Art der Exposition und Stärke des Leidensdruckes bei Expositionsbeginn und bei Expositionsende.

Wenn die Eltern in die Behandlung einbezogen werden können, dann ist deren Teilnahme an den Expositionssitzungen beim Therapeuten sinnvoll. Dadurch kann das Verständnis der Eltern für die Symptomatik vertieft und genaue Anweisungen für die Exposition zu Hause können entwickelt werden.

c) Graduierte Reaktionsverhinderung mit positiver Verstärkung: Die Reaktionsverhinderung wird parallel zur Expositionsbehandlung eingeführt. Eine vollkommene Reaktionsverhinderung gilt generell zwar als optimale Behandlungsstrategie, doch existieren hinsichtlich der zulässigen Handlungen, beispielsweise bei Patienten mit Waschzwang, in der Literatur auch bedeutsame Meinungsunterschiede. So plädieren Turner und Beidel (1988) im Gegensatz zu McCarthy und Foa (1988) dafür, einmal pro Tag ein 10minütiges Duschen und kurzes Händewaschen nach jedem Toilettengang und vor den Mahlzeiten zuzulassen. Um jedoch die Reaktionsverhinderung dadurch nicht zu sehr zu durchbrechen, empfehlen die Autoren, daß die Patienten sich nach dem Waschen wieder „kontaminieren", indem sie einen „verseuchten" Gegenstand wieder berühren. Bei Patienten mit multiplen Zwängen kann Reaktionsverhinderung wie folgt graduiert eingesetzt werden: In der ersten Phase versucht der Patient nur einen Zwang zu unterlassen (z. B. Händewaschen), schrittweise wird die Reaktionsverhinderung auf weitere Zwänge erweitert. Eine weitere Möglichkeit besteht darin, die Intensität und Frequenz der Zwangshandlung zunächst lediglich zu begrenzen und den Zwang nicht völlig zu unterbinden. Die graduierte Reaktionsverhinderung wird die Behandlungscompliance bei vielen jugendlichen Patienten verbessern helfen, allerdings werden Symptomverschiebungen – das Ausweichen auf eine andere, nicht durch Reaktionsverhinderung begrenzte Zwangshandlung – ermöglicht. Deshalb sollte das Ausmaß der Reaktionsverhinderung in kurzen Abständen zügig gesteigert werden.

Können die Eltern zur Unterstützung der Behandlung eingesetzt werden, dann erhalten sie die Aufgabe, bei der Reaktionsverhinderung zu unterstützen, indem sie den Patienten ermutigen, mit der Behandlung weiterzumachen und aufkommende Impulse zu bekämpfen, oder ihm helfen, sich in kritischen Situationen abzulenken. Außerdem sollten die Eltern auftretende Zwangshandlungen protokollieren. Eine körperliche Reaktionsverhinderung durch die Eltern ist nicht empfehlenswert.

Gelingt es dem Patienten, die Zwangshandlungen in dem vereinbarten Umfang zu verhindern, dann sollte eine deutliche positive Verstärkung in Form von sozialer Verstärkung, Aktivitätsverstärkung, aber auch materieller Verstärkung erfolgen. Bei Kindern sind Tokensysteme oft hilfreich. Mißerfolge des Patienten bei der Reaktionsverhinderung werden zusammen mit dem Therapeuten besprochen, und die Intervention wird – wenn nötig – angepaßt.

d) *Stabilisierung des Behandlungserfolges:* Für eine Stabilisierung des Therapieerfolges sind vor allem zwei Aspekte von Bedeutung: der Aufbau von Verhaltensalternativen zur Zwangssymptomatik und die langfristige Nachbetreuung mit Anleitung des Patienten zur selbständigen Weiterführung der Interventionen. Patienten mit ausgeprägten Zwangsstörungen sind durch ihre Erkrankung in vielen Lebensbereichen, vor allem in ihrem Freizeitverhalten, ihrer Integration in Gleichaltrigengruppen und in ihren schulischen oder beruflichen Funktionen deutlich behindert. Die Ausführung der Zwangssymptomatik beansprucht oft einen beträchtlichen Teil des Tages. Durch die Verminderung der Symptomatik werden Freiräume geschaffen, die es sinnvoll zu gestalten gilt. Im Verlaufe einer erfolgreichen Therapie wird diese

Ausgestaltung der Freiräume stärker in den Mittelpunkt der Therapie rücken: Unterbrochene Kontakte und Aktivitäten werden wieder aufgenommen, und Aufgaben in der Schule oder am Arbeitsplatz, die während der Erkrankung nicht mehr bewältigt werden konnten, werden wieder übernommen. Vor allem Methoden des sozialen Kompetenztrainings können hierbei hilfreich sein, aber auch – je nach Problematik – andere Formen der Einzel-, Gruppen- oder Familientherapie.

Die beste Rückfallprophylaxe besteht in einem weitestgehenden Abbau der Zwangssymptomatik. Bei Patienten, die durch eine Symptomminderung eine deutliche Entlastung erfahren haben, können Motivationsprobleme zur Weiterführung der Therapie bis zur weitgehenden Symptomfreiheit auftreten. Bei der Erarbeitung einer hinreichenden Motivation zur Weiterführung der Behandlung sollte der Patient auf das deutlich erhöhte Rückfallrisiko bei vorzeitiger Beendigung der Behandlung hingewiesen werden. Bei allen Patienten sollte das Rückfallrisiko in psychisch belastenden Situationen angesprochen und Möglichkeiten zur eigenständigen Fortführung bzw. Wiederaufnahme der Interventionen, wenn Symptome (erneut) auftreten, erarbeitet werden. Dabei muß vor allem die frühzeitige Wahrnehmung von Hinweiszeichen auf eine sich neu entwickelnde Zwangssymptomatik erarbeitet werden. Je jünger die Patienten sind, um so wichtiger ist die Einbeziehung der Eltern in diese Maßnahmen zur Stabilisierung des Behandlungserfolges. Auf jeden Fall ist nach Beendigung der Intensivbehandlung eine Nachbetreuung mit Kontakten in zunehmend größeren Zeitabständen über zwei Jahre hinweg angezeigt. Turner und Beidel (1988) empfehlen nach der Intensivbehandlung zunächst eine etwa 2- bis 4wöchige Behandlungsphase mit 2–3 Kontakten pro Woche, danach Kontakte in wöchentlichen, schließlich in zweiwöchentlichen und monatlichen Abständen.

Kognitive Interventionen zur Behandlung von Zwangshandlungen wurden erst in letzter Zeit entwickelt. Sie basieren auf den kognitiven Theorien von Ellis (1962), Beck (1976) und Salkovskis (1985). Emmelkamp et al. (1988) konnten (bei erwachsenen Patienten) nachweisen, daß die Veränderung irrationaler Überzeugungem im Rahmen der rational-emotiven Therapie nach Ellis (1962) fast ebenso wirkungsvoll ist wie eine Exposition in vivo.

March und Mitarbeiter (1994) entwickelten ein Behandlungsmanual, das die Therapie in vier Stufen beschreibt, die über einen Zeitraum von 16 Wochen durchgeführt wird. Kern der Behandlung ist Exposition mit Reaktionsverhinderung und ein Angstbewältigungstraining, das auch kognitive Elemente erhält. Die Kombination mit Entspannungsverfahren, die in diesem Programm durchgeführt wird, ist allerdings nicht unumstritten. Die Mehrzahl der Autoren empfiehlt, keine Entspannungsverfahren zur Angstverminderung einzusetzen. Döpfner und Rothenberger (1997) legen eine Informationsbroschüre vor, die bei der Beratung der Eltern und des Jugendlichen sowie im Rahmen der Therapie eingesetzt werden kann. Die Broschüre ist bei der Deutschen Gesellschaft für Zwangserkrankungen (Adresse: Katharinenstr. 48, 49078 Osnabrück) erhältlich, die eine Vereinigung von Fachleuten und von Betroffenen darstellt und die auch den Aufbau von Selbsthilfegruppen unterstützt. Für das Kindes- und Jugendalter steht diese Entwicklung allerdings noch in den Anfängen.

3.4 Interventionen zur Verminderung von Zwangsgedanken

Die Behandlung von Patienten mit Zwangsgedanken ohne Zwangshandlungen gilt als besonders schwierig. Bei der Durchführung der Verhaltensanalyse ist die Unterscheidung zwischen *angstauslösenden Zwangsgedanken* und *kognitiven Ritualen* (z. B. Zählritualen), die meist durch andere

Zwangsgedanken ausgelöst werden und der Angstreduktion dienen, zu beachten. Diese Differenzierung ist für die Planung der Interventionsansätze von besonderer Bedeutung: Gedanken, die Angst oder Unruhe auslösen, erfordern eine Konfrontation des Patienten mit diesem Stimulus, damit eine Habituation und schließlich Verminderung der Angst erfolgen kann. Gedankliche Rituale, die der Angstreduktion dienen, sind dagegen primär mit Interventionen der Reaktionsverhinderung zu behandeln.

Bei der Behandlung (angstreduzierender) *kognitiver Rituale* wird wie bei offenen Zwangshandlungen Exposition in vivo und/oder in sensu in Verbindung mit Reaktionsverhinderung eingesetzt. Dabei kann sich die Reaktionsverhinderung besonders schwierig gestalten, da die Ausführung des Rituals nicht beobachtbar und damit nicht von außen kontrollierbar ist. Darüber hinaus laufen kognitive Rituale häufig hochgradig automatisiert und mit großer Geschwindigkeit ab, wodurch die Behandlung zusätzlich erschwert wird.

Zur Verhinderung des kognitiven Rituals kann *Gedankenstopp* eingesetzt werden. Beim Gedankenstopp wird der Patient aufgefordert, die Augen zu schließen und den Zwangsgedanken willentlich auszulösen. Daraufhin ruft der Therapeut sehr laut „stopp". Tryon (1981) empfiehlt, daß dieses „Stopp" für den Patienten unerwartet kommen und eine Schreckreaktion auslösen soll. Der Therapeut bespricht dann mit dem Patienten, was sich ereignet hat. Üblicherweise berichtet der Patient, daß er den Gedanken nicht mehr weiterdenken konnte. Diese Prozedur wird dann noch mehrfach wiederholt. Der Patient übernimmt schließlich das laute Rufen selbst. Nach mehrfachen Wiederholungen kann dann damit begonnen werden, die Lautstärke des Stoppsignals langsam zu vermindern, bis der Patient sich nur noch vorstellt, „stopp" zu rufen. Der Patient sollte die Übungen zu Hause mindestens zweimal täglich für etwa 5–10 Minuten selbst durchführen. Zusätzlich zu diesen Trainingszeiten soll die Technik immer dann angewandt werden, wenn der unerwünschte Gedanke auftritt. Häusliche Übungen und der Einsatz des Gedankenstopps bei auftretenden Zwangsgedanken können in Tagebüchern aufgezeichnet werden. Die Wirksamkeit dieser Intervention ist empirisch nicht hinreichend abgesichert (Tryon 1979, Emmelkamp 1987), und auch ihr klinischer Nutzen wird bezweifelt (Turner & Beidel 1988). Für das Kindes- und Jugendalter liegen lediglich Fallberichte vor (Campbell 1973), nach eigener klinischer Erfahrung ist Gedankenstopp bei Kindern und Jugendlichen in wenigen Fällen hilfreich. Bei Erwachsenen, jedoch nicht bei Kindern, wurden auch Elektroschocks zur Unterbrechung von Zwangsgedanken erfolgreich eingesetzt (Kenny et al. 1973, 1978).

Angstauslösende Zwangsgedanken lassen sich möglicherweise eher mit Exposition in sensu (Habituationstraining) behandeln. Die Arbeitsgruppe um Emmelkamp konnte die Wirksamkeit dieser Behandlung bei erwachsenen Patienten belegen (Emmelkamp & Giesselbach 1981, Emmelkamp & Kwee 1977). Dabei wurde die Exposition mit den am meisten angstauslösenden Gedanken in Sitzungen von 60 Minuten durchgeführt. Damit die Habituation gelingen kann, scheint es notwendig zu sein, daß die Gedanken häufig und völlig gleichartig dargeboten werden. Dazu hat sich in der Praxis der Einsatz von Tonbändern mit Endlosschleife bewährt, auf die der Patient seine Gedanken in ruhiger und konstanter Stimme spricht, um sie dann über längere Zeit abhören zu können, bis die Angst ihren Höhepunkt deutlich überschritten hat. Erst schrittweise sollten dann Variationen dieser Konfrontationen eingeführt werden, um die Generalisierung der Habituation zu unterstützen (vgl. Salkovskis 1983, 1989, Salkovskis & Westbrook 1989).

Emmelkamp und van der Heyden (1980) beobachteten bei Patienten, deren Zwangsgedanken um körperliche Verletzung/Tötung der eigenen Person oder von anderen kreisten, eine besonders geringe Selbstbehauptungsfähigkeit und Probleme im Umgang mit eigenen Aggressionen. Zur Behandlung dieser der Zwangssymptomatik möglicherweise zugrundeliegenden Problematik führten die Autoren ein Selbstbehauptungstraining durch und konnten damit in vier von sechs Fällen eine bedeutsame Verminderung der Zwangsgedanken erzielen. Die Intervention war erfolgreicher als Gedankenstopp bei einer Kontrollgruppe.

4. Evaluation

Systematische Untersuchungen zur Wirksamkeit verhaltenstherapeutischer Interventionen bei Kindern und Jugendlichen mit Zwangsstörungen liegen bislang kaum vor. Berg et al. (1989) konnten in ihrer Übersicht zwar 20 Studien (an insgesamt 43 Patienten) nachweisen, von denen allerdings 16 Arbeiten überwiegend nicht hinreichend kontrollierte Einzelfallberichte und -studien darstellen.

Demgegenüber konnten Foa et al. (1985) für das *Erwachsenenalter* die Wirksamkeit von Expositionsbehandlung plus Reaktionsverhinderung anhand von Gruppenstudien mit insgesamt über 200 erwachsenen Patienten eindrucksvoll belegen. Danach ließ sich durch die Behandlung bei 51% der Patienten eine weitgehende Symptomminderung oder Symptomfreiheit und bei weiteren 39% eine deutliche Symptomminderung erzielen; lediglich 10% der Patienten profitierten nicht von der Behandlung. Diese Therapieeffekte stabilisierten sich größtenteils – insgesamt stieg bei der Nachuntersuchung die Rate der Mißerfolge von 10 auf 24%. Vergleichbare Ergebnisse legen Foa et al. (1983) vor: Bei Behandlungsende zeigten 58% der Patienten eine weitgehende Symptomminderung (von 70% oder mehr), 38% zeigten deutliche Symptomminderung (zwischen 31% und 69%), und 4% zeigten keine deutlichen Veränderungen (weniger als 30% Verbesserung). Bei der Nachuntersuchung, zwei Jahre nach Behandlungsende, zeigten 59% weiterhin eine weitgehende und 17% eine deutliche Symptomminderung, während bei 24% keine deutlichen Therapieeffekte mehr nachweisbar waren. Behandlungserfolge konnten eher bei Patienten mit einem höheren Angstniveau und stärkerer Depression erzielt werden sowie bei Patienten, die auf die ersten Behandlungsstunden gut angesprochen hatten und bei Patienten, bei denen während und zwischen den Expositionssitzungen deutliche Habituationseffekte feststellbar waren. Patienten mit weitgehender Symptomminderung bei Behandlungsende stabilisierten sich in den beiden darauffolgenden Jahren, und Patienten ohne deutlichen Behandlungserfolg zeigten keine Spontanremission. Die Hälfte der Patienten mit deutlicher Symptomminderung bei Behandlungsende stabilisierte sich, während die zweite Hälfte einen Rückfall zeigte.

Neuere Studien zeigen auch, daß ausschließlich an Zwangsgedanken leidende Patienten durch Exposition plus Reaktionsverhinderung erfolgreich behandelt werden können. Hoogduin et al. (1987) behandelten 26 Patienten mit einem systematischen Programm, in dem das willentliche Auslösen von Zwangsgedanken (Exposition) mit Verhinderung von anschließenden angstneutralisierenden Gedanken oder kognitiven Ritualen (Reaktionsverhinderung) kombiniert wurde. 73% der Patienten zeigten Symptomreduktionen von 30% oder mehr, und bei 61% der Patienten konnte eine Stabilisierung über den Zeitraum von einem Jahr erreicht werden.

Christensen et al. (1987) kommen nach einer Übersicht über die relative Wirksamkeit von verhaltenstherapeutischen Interventionen im Vergleich zur medikamentösen Behandlung mit trizyklischen Antidepressiva (meist Clomipramin) zu dem Schluß, daß Verhaltenstherapie sich als die wirkungsvollere Behandlungsform erwiesen hat.

Emmelkamp (1987) und Turner und Beidel (1988) sowie Steketee und Tynes (1991) fassen die empirischen Ergebnisse von Studien zur Wirksamkeit einzelner Behandlungskomponenten bei erwachsenen Patienten wie folgt zusammen:
1. Graduierte Exposition in vivo und Reizüberflutung in vivo sind gleichermaßen wirkungsvoll (Boersma et al. 1976, Marks et al. 1975).

2. Modelldarbietung durch den Therapeuten scheint die Effektivität nicht zu verbessern (Boersma et al. 1976, Rachmann et al. 1973, gegenteiliges Ergebnis: Hodgson et al. 1972).
3. Konstante, längerdauernde Expositionen sind kürzeren, von Pausen unterbrochenen Expositionen überlegen (Rabavilas et al. 1977). Kurze zehnminütige Expositionen mit fünfminütigen Pausen über zwei Stunden hinweg verschlechtern die Befindlichkeit des Patienten, während konstante zweistündige Expositionen eine Symptomreduktion herbeiführen.
4. Die höhere Wirksamkeit massierter im Vergleich zu verteilter Exposition ist bislang nicht belegt (Emmelkamp 1987).
5. Sowohl Exposition als auch Reaktionsverhinderung sind notwendige Bestandteile der Behandlung (Foa et al. 1980, 1984).
6. Zur Wirksamkeit von Exposition in vivo im Vergleich zur Exposition in sensu liegen widersprüchliche Ergebnisse vor (Rabavilas et al. 1977, Foa et al. 1980, 1985). Exposition auf Vorstellungsebene ist möglicherweise wirkungsvoller, wenn die gefürchteten katastrophalen Konsequenzen durch In-vivo-Bedingungen nicht in hinreichendem Maße hergestellt werden können.
7. Die Fokussierung der Aufmerksamkeit des Patienten auf die gefürchteten Stimuli kann die Habituationswirkung verbessern (Grayson et al. 1982).
8. Ambulante Behandlung ist ebenso wirkungsvoll wie stationäre Therapie (Emmelkamp 1987).
9. Patienten mit ausgeprägter Depression und Patienten, deren Zwangsgedanken den Charakter überwertiger Ideen angenommen haben, profitieren kaum von Exposition und Reaktionsverhinderung (Foa 1979).

Mehrere neuere Übersichtsarbeiten fassen die Ergebnisse der angloamerikanischen Studien zur Wirksamkeit verhaltenstherapeutischer Interventionen im Kindes- und Jugendalter zusammen (Wolf & Rapoport 1988, Berg et al. 1989, Leonard et al. 1991, March 1995, March & Leonard 1996; Thomsen 1996). Die überwiegende Zahl der Arbeiten sind Einzelfallberichte oder Einzelfallstudien. In wenigen Arbeiten werden auch gruppenstatistische Auswertungen vorgenommen, Kontrollgruppenstudien fehlen bislang. Berg und Mitarbeiter (1989) fassen die Ergebnisse von 20 Studien zusammen, March (1995) beschreiben 32 Studien mit nichtpharmakologischen Interventionen. Die verhaltenstherapeutischen Interventionen wurden meist kombiniert, eindeutige Aussagen über die Effekte einzelner verhaltenstherapeutischer Verfahren sind daher nicht möglich. In nahezu allen Arbeiten wird auf die Einbeziehung der Eltern in die Zwangssymptomatik des Kindes und die Notwendigkeit zur Veränderung der Interaktionsstrukturen in der Familie hingewiesen.

Exposition wurde nach March (1995) in 17 von 32 Studien meist in graduierter Form durchgeführt, in zwei Studien wurde Reizüberflutung eingesetzt. *Reaktionsverhinderung* wurde in 26 von 32 Studien durchgeführt. In der Mehrzahl der Studien wurden beide Komponenten eingesetzt, die für eine wirkungsvolle Behandlung als notwendig erachtet werden. Von der eigenen Arbeitsgruppe wurden drei kontrollierte Einzelfallstudien publiziert, in denen Exposition und Reaktionsverhinderung erfolgreich durchgeführt wurden (Breuer & Döpfner 1998, Döpfner 1997, Döpfner & Breuer 1997). In einem Fall wurde die Behandlung frühzeitig abgebrochen und die Therapieeffekte konnten sich nicht stabilisieren (Döpfner, 1997). Apter und Mitarbeiter (1984) berichten von einem kompletten Behandlungsmißerfolg bei acht stationär behandelten Patienten. Allerdings weist die Beschreibung der durchgeführten Therapie auf eine unsystematische Anwendung der Behandlungsprinzipien hin. March und Mitarbeiter (1994) berichten von einem offenen Behandlungsversuch mit dem von ihnen entwickelten Therapieprogramm, in dem neben Exposition plus Reaktionsverhinderung auch kognitive Interventionen und Entspannungsverfahren zur Angstreduktion eingesetzt werden (Dauer: 22 Wochen). Die

Autoren konnten bei neun von 15 Patienten eine zumindest fünfprozentige Symptomreduktion erreichen, die sich in einer Nachuntersuchung bis zu 18 Monate nach Behandlungsende stabilisierte. Bei sechs Patienten konnte eine bereits vor Beginn der Verhaltenstherapie begonnene medikamentöse Therapie beendet werden. Scahill und Mitarbeiter (1996) konnten bei sieben Kindern und Jugendlichen durch Exposition plus Reaktionsverhinderung (durchschnittlich 14 Sitzungen) eine durchschnittliche Symptomreduktion von 60% erreichen, die sich über einen Zeitraum von drei Monaten als stabil erwies.

Bolton und Mitarbeiter (1983) beschreiben retrospektiv die Behandlung von 15 Jugendlichen mit Zwangsstörungen. Die erste Behandlungsphase wurde ambulant durchgeführt (Selbstbeobachtung, meist Reaktionsverhinderung und Anleitung der Eltern). Bei nicht hinreichendem Behandlungserfolg erfolgte eine stationäre Therapie mit Selbstbeobachtung, Reaktionsverhinderung (bei 11 Patienten) und Supervision durch das Stationspersonal. Graduierte Reizkonfrontation wurde in drei Fällen, Reizüberflutung in einem Fall angewandt. Zusätzlich wurden in sechs Fällen medikamentöse und in „den meisten Fällen" psychotherapeutische Behandlungen durchgeführt. Bei 87% der stationär behandelten Patienten konnte eine Symptomminderung bei einer Behandlungsdauer von einer Woche bis zu zwei Jahren erzielt werden. In einer Nachuntersuchung neun bis 14 Jahre nach Behandlungsende konnten Bolton und Mitarbeiter (1995) bei 57% der Fälle weitgehende Symptomfreiheit feststellen, während bei 43% erneut die Diagnose einer Zwangsstörung gestellt werden mußte. Diese Studie zeigt einerseits, daß selbst nach mehreren Jahren weitgehender Symptomfreiheit Rückfälle mit einem chronischen weiteren Verlauf möglich sind. Andererseits erwiesen sich erneute Interventionen im Erwachsenenalter in manchen Fällen als erfolgreich, bei denen Interventionen im Jugendalter nur geringe Erfolge gezeigt hatten.

Gedankenstopp wurde in drei Studien, teilweise zusammen mit anderen Interventionen, zur Verminderung von Zwangsgedanken erfolgreich angewandt (Campbell 1973, Friedmann & Silvers 1977, Ownby 1983). Kearny und Silverman (1990) setzten Exposition zur Verminderung von Zwangshandlungen und rational emotive Therapie zur Verminderung von Zwangsgedanken erfolgreich ein. In anderen Studien konnten Behandlungserfolge mit Hilfe von Extinktion (z. B nicht beachten von zwanghaftem Fragen), von positiver Verstärkung und Desensibilisierungstechniken erzielt werden (Francis 1988, Phillips & Wolpe 1981, Queiroz et al. 1981).

Allsopp und Verduyn (1988) führten eine Nachuntersuchung an 26 Kindern und Jugendlichen mit Zwangsstörung durch, von denen 16 Patienten durchschnittlich 4 Monate lang stationär behandelt wurden. 14 Patienten wurden verhaltenstherapeutisch (Reaktionsverhinderung und Interventionen in der Familie) behandelt. 5 Patienten (36%) zeigten eine vollständige Remission der Störung bei Behandlungsende, und weitere 7 Patienten (50%) zeigten bedeutsame Symptomminderung, während bei 2 Patienten (14%) keine Therapieerfolge erzielt werden konnten. 10 Jahre nach Behandlungsende waren alle Patienten, die symptomfrei entlassen werden konnten, weiterhin symptomfrei, während 80% der teilweise erfolgreich behandelten und 100% der nicht erfolgreich behandelten Patienten weiterhin psychiatrisch auffällig, überwiegend zwangsgestört waren; zwei Patienten entwickelten eine schizophrene Psychose.

Nach Knölker (1987) erreichen 50% der verhaltenstherapeutisch stationär behandelten Patienten bei Behandlungsende annähernde Symptomfreiheit, während gesprächspsychotherapeutisch behandelte Kinder und Jugendliche nur zu 20% und tiefenpsychologisch behandelte Patienten zu 30% annähernd symptomfrei waren. Eine zumindest deutliche Zurückbildung der Symptomatik wurde in allen drei Therapieformen in etwa 85% der Fälle erreicht. Diese nach durchschnittlich etwas mehr als zwei Jahren nachuntersuchte Patientengruppe hatte zu 50% einen günstigen Verlauf genommen mit völliger Rückbildung der Zwangssymptomatik, während 30% noch behandlungsbedürftige Zwangssymptome zeigten und 20% der Patienten eine psychotische Störung entwickelten oder der Verdacht einer solchen Störung nahelag. Vergleichbar den Ergebnissen von Allsopp und Verduyn (1988), zeigten alle Patienten mit einem ungünstigen Behandlungsverlauf (etwas gebessert/unverändert) auch einen ungünstigen Langzeitverlauf, während 73% der Patienten mit einem günstigen Behandlungsverlauf einen ebenfalls günstigen Langzeitverlauf nahmen. In 17 der 20 von Berg et al. (1989) analysierten Therapiestudien wurden Nachuntersuchungen in einem Zeitraum von 5 Monaten bis zu vier Jahren nach Behandlungsende durchgeführt. Dabei konnte fast durchweg eine gute Stabilisierung der Behandlungserfolge nachgewiesen werden.

Als prognostisch günstige Faktoren konnte Knölker (1987) eine möglichst frühzeitige Einleitung von Therapiemaßnahmen und deren konsequente Durchführung gemäß therapeutischer Empfehlung herausarbeiten. Prognostisch ungünstig erwies sich eine anakastische Primärpersönlichkeit und eine hohe Belastung mit Angstsymptomen in der Familie der Patienten. Keine prognostische Bedeutung hatten Zwangserkrankungen in der Familie, Alter bei Behandlungsbeginn, Geschlecht, Intelligenz und Sauberkeitserziehung.

Der einer verhaltenstherapeutischen Behandlung zugrundeliegende Gedanke erscheint simpel: Bringe den Patienten in Situationen, die Zwangssymptome auslösen, und verhindere die Ausführung von Zwangshandlungen. Die Entwicklung individuell angemessener und wirksamer Interventionen erfordert jedoch, wie Turner und Beidel (1988) zu Recht betonen, nicht nur umfassende Kenntnisse der Psychopathologie von Zwangsstörungen und der theoretischen Grundlagen verhaltenstherapeutischer Strategien, sondern vor allem eine beträchtliche gedankliche Durchdringung der individuellen Problematik und möglichst viel Kreativität bei der Umsetzung der Grundstrategien.

Literatur

Allsopp, M. & Verduyn, C. (1988) A follow-up of adolescents with obsessive-compulsive disorder. British Journal of Psychiatry 154, 829–834

Ananth, J. (1986) Clomipramine: An antiobsessive drug. Canadian Journal of Psychiatry 31, 253–258

Apter, A., Bernhout, E. & Tyano, S. (1984) Severe obsessive compulsive disorder in adolescence: a report of eight cases. Journal of Adolescence, 7, 349–358

Apter, A. & Tyano, S. (1988) Obsessive compulsive disorders in adolescence. Journal of Adolescence 11, 183–194

Apter, A., Fallon, T. J., King, R. A., Ratzoni, G., Zohar, A. H., Binder, M., Weizmann, A., Leckman, J. F., Pauls, D. L., Kron, S. & Chone, D. (1996) Obsessive-compulsive charcteristics: From symptoms to syndrome. Journal of the American Academy of Child and Adolescent Psychiatry 35, 907–912

Apter, A., Ratzioni, G., King, R. (1994) Fluvoxamine open-label treatment of adolescent inpatients with obsessive-compulsive disorder or depression. Journal of the American Academy of Child and Adolescent Psychiatry 33, 342–348

Beck, A. T. (1976) Cognitive therapy and the emotional disorders. International University Press. New York

Berg, C. Z. (1989) Behavioral assessment techniques for childhood obsessive-compulsive disorder. In Rapoport, J. L. (Ed.) Obsessive compulsive disorder in children and adolescents, 41–70. American Psychiatric Press, Washington, D. C.

Berg, C. Z., Whitaker, A., Davies, M., Flament, M. & Rapoport, J. L. (1988) The survey form from the Leyton Obsessional Inventory – Child Version: Norms from an epidemiological study. Journal of the American Academy of Child Psychiatry 27, 759–763

Berg, C. Z., Rapoport, J. L. & Flament, M. (1986) The Leyton Obsessional Inventory – Child Version. Journal of the American Academy of Child Psychiatry 25, 84–91

Berg, C. Z., Rapoport, J. L., Whitaker, A., Davies, M., Leonard, H., Swedo, S. E., Brainman, S. & Lenane, M. C. (1989) Childhood obsessive compulsive disorder: a two-year prospective follow-up of a community sample. Journal of the American Academy of Child and Adolescent Psychiatry 28, 528–833

Berg, C. Z., Rapoport, J. L. & Wolff, R. P. (1989) Behavioral treatment for obsessive compulsive disorder in childhood. In Rapoport, J. L. (Ed.) Obsessive compulsive disorder in children and adolescents, 169–187. American Psychiatric Press, Washington, D. C.

Black, A. (1978) The natural history of obsessional neurosis. In Beech, H. R. (Ed.) Obsessional States. Methuen, London

Boersma, K., Den Hengst, S., Dekker, J. & Emmelkamp, P. M. G. (1976). Exposure and response prevention in the natural environment: A comparison with obsessive-compulsive patients. Behaviour Research and Therapy, 14, 19–24

Bolton, D., Collins, S. & Steinberg, D. (1983) The treatment of obsessive-compulsive disorder in adolescence: a report of fifteen cases. British Journal of Psychiatry, 142, 456–464

Bolton, D., Luckie, M. & Steinberg, D. (1995) Long-term course of obsessive-compulsive disorder treated in adolescence. Journal of the American Academy of Child and Adolescent Psychiatry 34, 1441–1450

Breuer, B. & Döpfner, M. (1998). Die Behandlung von Zwangsstörungen bei Kindern und Jugendlichen – eine Fallbeschreibung. Psycho (im Druck)

Campbell, L. M. (1973) A variation of thought stopping in a twelve-year-old boy: A case report. Journal of Behavior Therapy and Experimental Psychiatry 4, 69–70

Christensen, H., Hadzi-Pavlovic, D. & Andrews, G. (1987) Behavior therapy and tricyclic medication in the treatment of obsessive-compulsive disorder: A quantitative review. Journal of Consulting and Clinical Psychology 55, 701–711

Cooper, J. (1970) The Leyton Obsessional Inventory. Psychological Medicine 1, 48–64

Cottraux, J., Bouvard, M., Defayolle, M. & Messy, P. (1988) Validity and factorial structure study of the Compulsive Activity Checklist. Behavior Therapy 19, 45–53

Cox, C. S., Fedio, P. & Rapoport, J. L. (1989) Neuropsychological testing of obsessive-compulsive adolescents. In Rapoport, J. L. (Ed.) Obsessive compulsive disorder in children and adolescents, 73–85. American Psychiatric Press, Washington, D. C.

Dilling, H., Mombour, W., Schmidt, M. H. & Schulte-Markwort, E. (Hrsg.) (1994). Internationale Klassifikation psychischer Störungen – ICD-10, Kapitel V (F). Forschungskriterien. Bern: Huber

Döpfner, M. (1997). Verhaltenstherapeutische Behandlung eines Jugendlichen mit Zwangsstörungen. Kindheit und Entwicklung 6, 90–97

Döpfner, M. & Breuer, B. (1997). Zwangsstörungen. In Petermann, F. (Hrsg.): Fallbuch der klinischen Kinderpsychologie, 85–108. Göttingen: Hogrefe

Döpfner, M. & Lehmkuhl, G. (1997). Von der kategorialen zur dimensionalen Diagnostik. Praxis der Kinderpsychologie und Kinderpsychiatrie, 46, 519–547

Döpfner, M. & Rothenberger, A. (1997). Zwangsstörungen bei Kindern und Jugendlichen – Fragen und Antworten. Eine Information für Betroffene und ihre Eltern. Osnabrück: Deutsche Gesellschaft Zwangserkrankungen e. V.

Douglass, H. M., Moffitt, T. E., Dar, R., McGee, R. & Silvia, P. (1995) Obsessive-compulsive disorder in a birth cohort of 18 year-olds: Prevalence and predictors. Journal of the American Academy of Child and Adolescent Psychiatry 34, 1424–1431

Ellis, A. (1962) Reason and emotional in psychotherapy. Lyle-Stuart, New York

Emmelkamp, P. M. (1987) Obsessive compulsive disorders. In Michelson, L. & Ascher, L. M. (Eds.) Anxiety and stress disorders, 310–331. Guilford Press, New York

Emmelkamp, P. M. & Giesselbach, P. (1981) Treatment of obsessions: Relevant vs. irrelevant exposure. Behavioural Psychotherapy 9, 322–329

Emmelkamp, P. M. & Kwee, K. G. (1977) Obsessional ruminations: A comparison between thought-stopping and prolonged exposure in imagination. Behaviour Research and Therapy 15, 441–444

Emmelkamp, P. M. & Van der Heyden, H. (1980) The treatment of harming obsessions. Behavioural Analysis and Modification 4, 28–35

Emmelkamp, P. M., Visser, S. & Hoekstra, R. J. (1988) Cognitive therapy versus exposure in vivo in the treatment of obsessive-compulsives. Cognitive Therapy and Research 12, 103–114

Flament, M. F. & Rapoport, J. L. (1987) Biochemical changes during clomipramine treatment of childhood obsessive compulsive disorder. Archives of General Psychiatry 44, 219–225

Flament, M. F., Rapoport, J. L. & Murphy, D. L. (1987) Biochemical changes during clomipramine treatment of childhood obsessive compulsive disorder. Archives of General Psychiatry 42, 977–983

Flament, M. F., Whitaker, A., Rapoport, J. L., Davies, M., Berg, C. Z., Kalikow, K. & Sceery, W. (1988) Obsessive compulsive disorder in adolescence: An epidemiological study. Journal of the American Academy of Child and Adolescent Psychiatry, 27, 764–771

Flament, M. F., Koby, E., Rapoport, J. L., Berg, C. J., Zahn, R., Cox, C., Denckla, M., Lenane, M. (1990) Childhood obsessive-compulsive disorder: A prospective follow-up study. Journal of Child Psychology and Psychiatry 31, 363–380

Foa, E. B. (1979) Failure in treating obsessive-compulsives. Behaviour Research and Therapy 17, 169–176

Foa, E. B., Grayson, J. B., Steketee, G. S., Doppelt, H. G., Turner, R. M. & Latimer, B. (1983) Success and failure in the behavioral treatment of obsessive-compulsives. Journal of Consulting and Clinical Psychology 51, 287–297

Foa, E. B. & Kozak, M. J. (1986) Emotional processing of fear: Exposure to corrective information. Psychological Bulletin 99, 20–35

Foa, E. B. & Steketee, G. S. (1989) Obsessive-compulsive disorder. In Lindemann, C. (Ed.): Handbook of phobia therapy, 181–208. Jason Aronson, Northvale

Foa, E. B., Steketee, G. S. & Grayson, J. B. (1985) Imaginal and in vivo exposure: A comparison with obsessive-compulsive checkers. Behaviour Therapy, 16, 292–302

Foa, E. B., Steketee, G. S., Grayson, J. B., Turner, R. M. & Latimer, P. R. (1984) Deliberate exposure and blocking of obsessive-compulsive rituals: Immediate and long-term effects. Behaviour Therapy, 15, 450–472

Foa, E. B., Steketee, G. S. & Milby, J. B. (1980) Differential effects of exposure and response prevention in obsessive-compulsive washers. Journal of Consulting and Clinical Psychology, 48, 71–79

Foa, E. B., Steketee, G. S. & Ozarow, B. J. (1985) Behavior therapy with obsessive-compulsives: From theory to treatment. In Mavissakalian, M., Turner, S. M. & Michelson, L. (Eds.) Obsessive-compusive disorder: Psychological and pharmacological treatment, 49–129. Plenum, New York

Foa, E. B., Steketee, G. S., Turner, R. M. & Fischer, S. C. (1980) Effects of imaginal exposure to feared disasters in obsessive-compulsive checkers. Behaviour Research and Therapy, 18, 449–455

Francis, G. (1988) Childhood obsessive-compulsive disorder: Extinction of compulsive reassurance seeking. Journal of Anxiety Disorders 2, 361–368

Freund, B., Steketee, G. S. & Foa, E. B. (1987) Compulsive activity checklist (CAC): Psychometric analysis with obsessive-compulsive disorder. Behavioral Assessment 9, 67–79

Friedman, C. T. & Silvers, F. M. (1977) A multimodality approach to inpatient treatment of obsessive compulsive disorder. American Journal of Psychotherapy, 31, 456–465

Geller, D. A., Biederman, J., Griffin, S., Jones, J. & Lefkowitz, T. R. (1996) Comorbidity of juvenile obsessive-compulsive disorder with disruptive behavior disorder. Journal of the American Academy of Child and Adolescent Psychiatry 35, 1637–1646

Geller, D. A., Biederman, J., Reed, E. D., Spencer, T. & Wilens, T. E. (1995) Similarities in response to fluoxetine in the treatment of children and adolescents with obsessive-compulsive disorder. Journal of the American Academy of Child and Adolescent Psychiatry 34, 36–44

Goodman, W. K., Price, L. H., Rasmussen, S. A. & Mazure, C. (1989 a) The Yale-Brown Obsessive Compulsive Scale. I. Development, use, and reliability. Archives of General Psychiatry 46, 1006–1011

Goodman, W. K., Price, L. H., Rasmussen, S. A. & Mazure, C. (1989 b) The Yale-Brown Obsessive Compulsive Scale. II. Validity. Archives of General Psychiatry 46, 1012–1016

Grayson, J. B., Foa, E. B. & Steketee, G. (1982) Habituation during exposure treatment: Distraction versus attention-focusing. Behaviour Research and Therapy, 20, 323–328

Grayson, J. B., Foa, E. B. & Steketee, G. (1985) Obsessive-compulsive disorder. In Hersen, M. & Bellack, A. S. (Eds.) Handbook of clinical behavior therapy with adults. Plenum Press, New York

Hand, I. (1981) Expositionsbehandlung. In Linden, M. & Hautzinger, M. (Hrsg.) Psychotherapie-Manual, 71–78. Springer, Berlin

Hanna, G. L. (1995) Demographic and clinical features of obsessive-compulsive disorder in children and adolescents. Journal of the American Academy of Child and Adolescent Psychiatry 34, 19–27

Hodgson, R., Rachman, S. & Marks, I. (1972) The treatment of chronic-obsessive-compulsive neurosis: Follow-up and further findings. Behaviour Research and Therapy, 10, 181–184

Hollingsworth, C. E., Tanguay, P. E., Grossman, L. & Pabst, P. (1980) Long-term outcome of obsessive-compulsive disorder in childhood. Journal of the American Academy of Child and Adolescent Psychiatry 19, 134–144

Hoogduin, K., Dehaan, E., Schaap, C. (1987) Exposure and response prevention in patients with obsessions. Acta Psychiatrica Belgia 87, 640–653

Jenike, M. A. (Hrsg.) (1986) Obsessive-compulsive disorders. PSG Publ., Littleton

Karno, M., Golding, J. M., Sorenson, S. B., Burnam, M. A. (1988) The epidemiology of obsessive compulsive disorder in five US communities. Archives of General Psychiatry 42, 1094–1099

Kearny, C. A. & Silverman, W. K. (1990) Treatment of an adolescent with obsessive-compulsive disorder by alternating response prevention and cognitive therapy: An empirical analysis. Journal of Behaviour Therapy and Experimental Psychiatry 19, 134–144

Kenny, F. T., Mowbray, R. M. & Lalani, S. (1978) Faradic disruption of obsessive ideation in the treatment of obsessive neurosis: A controlled study. Behavior Therapy 9, 209–211

Kenny, F. T., Solyom, C., Solyom, L. (1973) Faradic disruption of obsessive ideation in the treatment of obsessive neurosis. Behavior Therapy 4, 448–457

King, N., Inglis, S., Jenkins, M., Myerson, N. & Ollendick, T. (1995 a) Test-retest reliability of the survey form of the Leyton Obsessional Inventory-Child Version. Perceptual and Motor Skills 80, 1200–1202

King, N. J., Myerson, N. N., Inglis, S., Jenkins, M. & Ollendick, T. H. (1995 b) Obsessive-compulsive behaviour in children and adolescents: a cross-sectional Australian study. Journal of Paediatry and Child Health 31, 527–531

Klepsch, R., Zaworka, W., Hand, I., Lünenschloß, K. & Jauernig, G. (1993). Hamburger Zwangsinventar – Kurzform (HZI-K). Göttingen: Hogrefe

Knölker, U. (1987) Zwangssyndrome im Kindes- und Jugendalter. Vandenhoeck & Ruprecht, Göttingen

Last, C. G., Strauss, C. C. & Francis, G. (1987) Comorbidity among childhood anxiety disorders. Journal of Nervous and Mental Disease 175, 726–730.

Last, C. G. & Strauss, C. C. (1989) Obsessive-compulsive disorder in childhood. Journal of Anxiety Disorders 3, 295–302

Lenane, M. C. (1989) Families and obsessive-compulsive disorder. In Rapoport, J. L. (Ed.) Obsessive compulsive disorder in children and adolescents, 237–252. American Psychiatric Press, Washington, D. C.

Lenane, M. C., Swedo, S. E., Leonard, H., Pauls, D. L., Sceery, W. & Rapoport, J. L. (1990) Psychiatric disorders in first degree relatives of children and adolescents with obsessive compulsive disorder. Journal of the American Academy of Child and Adolescent Psychiatry 29, 407–412

Leonard, H. L. (1989) Drug treatment of obsessive-compulsive disorder. In Rapoport, J. L. (Ed.) Obsessive compulsive disorder in children and adolescents, 217–236. American Psychiatric Press, Washington, D. C.

Leonard, H. L., Goldberger, E. L., Rapoport, J. L., Cheslow, D. L. & Swedo, S. E. (1990) Childhood rituals: Normal development or obsessive-compulsive symptoms? Journal of the American Academy of Child and Adolescent Psychiatry 29, 17–23

Leonard, H. L., Swedo, S. & Rapoport, J. L. (1988) Treatment of childhood obsessive compulsive disorder with clomipramine and desmethylimipramine: a double blind crossover comparison. Psychopharmalogical Bulletin 24, 93–95

Leonard, H. L., Swedo, S. & Rapoport, J. L. (1991). Diagnosis and treatment of obsessive compulsive disorder in children and adolescents. In Tortora, M. & Zohar, J. (Eds.) Current treatments of obsessive-compulsive disorder, 87–102. American Psychiatric Press, Washington

Leonard, H. L., Swedo, S. E., Lenane, M. C., Rettew, D. C., Hamburger, S. D., Barko, J. J. & Rapoport, J. L. (1993) A 2- to 7-year follow-up study of 54 obsessive-compulsive children and adolescents. Archives for General Psychiatry 50, 429–439

March, J. S. & Leonard, H. L. (1996) Obsessive-compulsive disorder in children and adolescents: A review of the past 10 years. Journal of the American Academy of Child and Adolescent Psychiatry 35, 1265–1273

March, J. S. (1995) Cognitive-behavioral psychotherapy for children and adolescents with OCD: A review and recommendations for treatment. Journal of the American Academy of Child and Adolescent Psychiatry 34, 7–18

March, J. S., Mulle, K., Herbel, B. (1994) Behavioral psychotherapy for children and adolescents with obsessive-compulsive disorder: An open trial of a new protocol driven treatment package. Journal of the American Academy of Child and Adolescent Psychiatry 33, 333–341

Marks, I. M., Hodgson, R. & Rachman, S. (1975) Treatment of chronic-obsessive-compulsive neurosis by in vivo exposure. British Journal of Psychiatry, 127, 349–364

McCarthy, P. R. & Foa, E. B. (1988) Obsessive-compulsive disorder. In Hersen, M. & Last, C. G. (Eds.) Child behavior therapy casebook, 55–70. Plenum, New York

Milby, J. B., Wedorf, D. & Meredith, R. L. (1983) Obsessive-compulsive disorders. In Morris, R. J. & Kratochwil, T. R. (Eds.) The practice of child therapy, 1–26. Pergamon, New York

Ownby, R. L. (1983) A cognitive behavioral intervention for compulsive handwashing with a thirteen-year-old boy. Psychology in the Schools, 20, 219–222

Phillips, D. & Wolpe, S. (1981) Multiple behavioral techniques in severe separation anxiety of a twelve-year-old. Journal of Behaviour Therapy and Experimental Psychology, 12, 329–332

Queiroz, L. O. S., Motta, M. A., Madi, M. B. B. P. et al. (1981) A functional analysis of obsessive compulsive problems with related therapeutic procedures. Behaviour Research and Therapy, 19, 377–388

Rabavilas, A. D., Boulougouris, J. C., Stefanis, C. & Vaidakis, N. (1977) Psychophysiological accompaniments of threat anticipation in obsessive-compulsive patients. In Spielberger, C. D. & Sarason, I. G. (Eds.) Stress and anxiety, Vol. 4. Wiley, New York

Rachman, S., Marks, I. & Hodgson, R. (1973) The treatment of obsessive-compulsive neurotics by modelling and flooding in vivo. Behaviour Research and Therapy, 11, 463–471

Rapoport, J. L. (Ed.) (1989) Obsessive compulsive disorder in children and adolescents. American Psychiatric Press, Washington, D. C.

Rasmussen, S. A. & Eisen, J. L. (1990) Epidemiology of obsessive compulsive disorder. Journal of Clinical Psychology 56, 11–16

Reinecker, H. S. (1991) Zwänge. Diagnose, Theorien und Behandlung. Huber, Bern

Reinecker, H. S. (1994). Zwänge. Diagnose, Theorien und Behandlung. 2. überarbeitete und erweiterte Auflage. Bern: Huber

Rettew, D. C., Swedo, S., Leonard, H. L., Lenane, M. C. & Rapoport, J. L. (1992) Obsessions and compulsions across time in 79 children and adolescents with obsessive-compulsive disorder. Journal of the American Academy of Child and Adolescent Psychiatry 31, 1050–1056

Riddle, M. A., Scahill, L., King, R., Hardin, M. T., Towbin, K. E., Ort, S. I., Leckman, J. F. & Cohen, D. J.(1990) Obsessive compulsive disorder in children and adolescents: Phenomenology and familiy history. Journal of the American Academy of Child and Adolescent Psychiatry 29, 766–772

Riddle, M. A., Scalhill, L., King, R. A., Hardin, M. T., Anderson, G. M., Ort, S. I., Smith, J. C., Leckman, J. F. & Cohen, D. J. (1992) Double blind crossover trial of fluoxetine and placebo in children and adolescents with obsessive-compulsive disorder. Journal of the American Academy of Child and Adolescent Psychiatry 31, 1062–1069

Rosenberg, H. & Upper, D. (1983) Problems with stimulus/response equivalence and reactivity in the assessment and treatment of obsessive-compulsive neurosis. Behaviour Research and Therapy 21, 177–180

Salkovskis, P. M.(1983) Treatment of an obsessional patient using habituation to audiotaped ruminations. British Journal of Clinical Psychology 22, 311–313

Salkovskis, P. M. (1985) Obsessional-compulsive problems: A cognitive-behavioural analysis. Behaviour Research and Therapy 23, 571–583

Salkovskis, P. M. (1989) Obsessions and compulsions. In Scott, J., Williams, J. M. & Beck, A. T. (Eds.) Cognitive therapy in clinical practice. An illustrative casebook. Rutledge, London

Salkovskis, P. M. & Westbrook, D. (1989) Behavior therapy and obsessional ruminations: Can failure be turned into success? Behaviour Research and Therapy 27, 149–160

Scahill, L., Riddle, M. A., McSwiggin-Hardin, M., Ort, S. I., King, R. A., Goodman, W. K., Cicchetti, D. & Leckman, J. F. (1997) Children's Yale-Brown Obsessive-Compulsive Scale: Reliability and Validity. Journal of the American Academy of Child and Adolescent Psychiatry 36, 844–852

Scahill, L., Vitulano, L. A., Brenner, E. M., Lynch, K. A. & King, R. A. (1996) Behavioral therapy in children and adolescents with obsessive-compulsive disorder: a pilot study. Journal of Child and Adolescent Psychopharmacology 6, 191–202

Sher, K. J., Frost, R. O., Kushner, M., Crews, T. M. & Alexander, J. E. (1989) Memory deficits incompulsive checkers: replication and extension in a clinical sample. Behavioural Research and Therapy 27, 65–69

Steinhausen, H.-C. (1988) Psychische Störungen bei Kindern und Jugendlichen. Urban & Schwarzenberg, München

Steketee, G. & Tynes, L. L. (1991) Behavioral treatment of obsessive-compulsive disorder. In Tortora, M. & Zohar, J. (Eds.) Current treatments of obsessive-compulsive disorder, 61–86. American Psychiatric Press, Washington

Sternberger, L. G. & Burns, G. L. (1990) Case histories and shorter communications – Maudsley Obsessional-Compulsive Inventory: Obsessions and compulsions in a nonclinical sample. Behavioural Research and Therapy 28, 4, 337–340

Sternberger, L. G. & Burns, G. L. (1990) Obsessions and compulsions: Psychometric properties of the Padua Inventory with an american college population. Behavioural Research and Therapy 28, 4, 341–345

Swedo, S. & Rapoport, J. L. (1989) Phenomenology and differential diagnosis of obsessive-compulsive disorder in children and adolescents. In Rapoport, J. L. (Ed.) Obsessive compulsive disorder in children and adolescents, 13–31. American Psychiatric Press, Washington, D. C.

Swedo, S., Rapoport, J. L., Leonard, H., Lenane, M. & Cheslow, D. (1989) Obsessive-compulsive disorder in children and adolescents. Archives of General Psychiatry 46, 335–341

Swedo, S., Shapiro, M., Grady, C., Cheslow, D., Leonard, H., Kumar, A., Friedland, R., Rapoport, S. (1989) Cerebral Glucose Metabolism in Childhood-Onset Obsessive-Compulsive Disorder. Archives of General psychiatry 46, 518–523

Thomsen, P. H. (1995) Obsessive-compulsive disorder in children and adolescents: a study of parental psychopathology and precipitating events in 20 consecutive Danish cases. Psychopathology 28, 161–167

Thomsen, P. H. (1995) Course of obsessive-compulsive disorder in children and adolescents: a prospective follow-up study of 23 Danish cases. Journal of the American Academy of Child and Adolescent Psychiatry 34, 1432–1440

Thomsen, P. H. (1995) Obsessive-compulsive disorder in children and adolescents. A6–22 year follow-up study of social outcome. European Child and Adolescent Psychiatry 4, 112–122

Thomsen, P. H. (1996) Treatment of obsessive-compulsive disorder in children and adolescents. European Child and Adolescent Psychiatry 5, 55–66

Tortora, M. & Zohar, J. (1991) Current treatments of obsessive-compulsive disorder. The Eurospan Group, London

Toro, J., Cervera, M., Osejo, E. & Salamero, M. (1992) Obsessive-compulsive disorder in childhood and adolescence: A clinical study. Journal of Child Psychology and Psychiatry 33, 1025–1037

Tryon, G. S. (1979) A review and critique of thought stopping research. Journal of Behavior

Therapy and Experimental Psychiatry 10, 189–192

Tryon, G. S. (1981) Gedankenstopp. In Linden, M. & Hautzinger, M. (Hrsg.) Psychotherapie-Manual, 83–86. Springer, Berlin

Turner, S. M. & Beidel, D. (1988) Treating obsessive-compulsive disorder. Pergamon, New York

Valleni-Basile, L. A., Garrison, C. Z., Jackson, K. L., Waller, J. L., McKeown, R. E., Addy, C. L. & Cuffe, S. P. (1994) Frequency of obsessive-compulsive disorder in a community sample of young adolescents. Journal of the American Academy of Child and Adolescent Psychiatry 33, 782–791

Weiner, A., Reich, T. & Robins, E. (1976) Obsessive compulsive neurosis: Record follow-up and family studies. Comprehensive Psychiatry, 17, 527–539

Wittchen, H. U., Sass, H., Zaudig, M. & Koehler, K. (Hrsg.) (1988) Diagnostisches und Statistisches Manual Psychischer Störungen DSM-III-R. Beltz, Weinheim

Wolff, R. & Rapoport, J. (1988) Behavioral treatment of childhood obsessive-compulsive disorder. Behavior Modification 12, 252–266

Zaworka, W., Hand, I., Jauernig, G. & Lünenschloss, K. (1983) Hamburger Zwangsinventar. Manual. Beltz, Weinheim

Zikis, P. (1983) Treatment of an 11-year-old obsessive compulsive ritualizer and Tiqueur girl with in vivo exposure and response prevention. Behaviour Psychotherapy, 11, 75–81

Zohar, A. H., Ratzoni, G., Pauls, D. L. et al. (1992) An epidemiological study of obsessive compulsive disorder and related disorders in Israeli adolescents. Journal of the American Academy of Child and Adolescent Psychiatry 31, 1057–1061

Anhang 1

LEHRERFRAGEBOGEN
(nach Berg 1989, bearbeitet von M. Döpfner 1992)

Schüler: _____   Klasse: _____

Beurteilender Lehrer: _____   Datum: _____

Beurteilen Sie bitte die folgenden Verhaltensweisen.

		überhaupt nicht	ein wenig	über- wiegend	sehr viel
1.	Kontrolliert Dinge häufiger als nötig	0	1	2	3
2.	Braucht zusätzlich Zeit, um zu kontrollieren, ob Arbeiten auch richtig gemacht wurden	0	1	2	3
3.	Führt bestimmte Handlungen immer wieder durch, bis er/sie damit zufrieden ist	0	1	2	3
4.	Hat Schwierigkeiten, Aufgaben zu beenden, weil etwas immer wieder gemacht werden muß	0	1	2	3
5.	Hat Schwierigkeiten, sich eine Meinung zu bilden oder sich zu entscheiden	0	1	2	3
6.	Fährt mit dem Stift Buchstaben oder Zahlen mehrfach nach	0	1	2	3
7.	Ist übermäßig auf Sauberkeit und Reinlichkeit bedacht	0	1	2	3
8.	Schenkt Details peinlich genaue Aufmerksamkeit	0	1	2	3

Anhang 2

CHILDREN'S YALE-BROWN OBSESSIVE COMPULSIVE SCALE (Y-BOCS)
(nach Berg 1989, bearbeitet von M. Döpfner 1992)

Name des Patienten: _____ Datum:

A) Checkliste für Zwangsgedanken und Zwangshandlungen

1. ZWANGSGEDANKEN
1.1 FURCHT VOR SELBSTVERLETZUNGEN, VERLETZUNGEN ANDERER, IMPULSIVEN HANDLUNGEN, ZUKÜNFTIGEM UNHEIL
   – Furcht, andere zu verletzen
   – Furcht, sich selbst zu verletzen
   – Gewalttätige oder grauenhafte Vorstellungen
   – Furcht, mit Obszönitäten oder Beleidigungen herauszuplatzen
   – Furcht, etwas Peinliches zu tun
   – Furcht, impulsive Handlungen zu begehen (Bsp: Banküberfall, Kassierer betrügen)
   – Furcht, für Dinge, die schief gehen könnten, verantwortlich zu sein (Bsp: Eltern können Schulden nicht zurückzahlen)
   – Furcht, daß etwas Schreckliches passieren wird (Bsp: Feuer, Tod oder Krankheit von Freunden, Einbruch, verschiedene Formen von Aberglauben)
   – Sonstiges

1.2 ZWANGSGEDANKEN ÜBER VERUNREINIGUNGEN, ERKRANKUNGEN
   – Gedankliche Beschäftigung mit oder Abscheu vor körperlichen Ausscheidungen oder Sekretionen (Bsp: Urin, Speichel, Kot)
   – Gedankliche Beschäftigung mit Schmutz oder Erregern
   – Excessive gedankliche Beschäftigung mit Umweltgiften (z. B.: Asbest, Strahlungen, giftige Abfälle)
   – Excessive gedankliche Beschäftigung mit Haushaltsgegenständen, wie Reinigern, Lösungsmitteln, Haustieren usw.
   – Sorge, krank zu werden
   – Sorge, andere krank zu machen / anzustecken (aggressiv)
   – Sonstiges

1.3 SEXUELLE ZWANGSGEDANKEN
   – Verbotene oder perverse sexuelle Gedanken, Vorstellungen oder Impulse
   – bezogen auf Kinder
   – bezogen auf Tiere
   – bezogen auf Inzest
   – bezogen auf Homosexualität
   – Sexuelles Verhalten gegenüber anderen (aggressiv)
   – Sonstiges

1.4 ZWANGSGEDANKEN UM HORTEN ODER SAMMELN

1.5 RELIGIÖSE ZWANGSGEDANKEN

1.6 ZWANGSGEDANKEN UM BEDÜRFNISSE NACH SYMMETRIE, GENAUIGKEIT UND ORDNUNG

1.7 ANDERE ZWANGSGEDANKEN
   – Bedürfnis, etwas genau zu wissen oder sich genau zu erinnern
   – Furcht, bestimmte Äußerungen zu tun
   – Furcht, nicht immer richtige Äußerungen zu tun
   – Sich aufdrängende (neutrale) Vorstellungen
   – Sich aufdrängende Geräusche, Worte oder Musik
   – Glücks- und Unglückszahlen
   – Farben mit spezieller Bedeutung
   – Sonstiges

1.8 SOMATISCHTE ZWANGSGEDANKEN / ZWANGSHANDLUNGEN

Anhang 2 (Fortsetzung)

2. ZWANGSHANDLUNGEN
2.1 REINIGUNGS- UND WASCHZWÄNGE
- Excessives oder ritualisiertes Händewaschen
- Excessives oder ritualisiertes Duschen, Baden, Zähneputzen oder sich Pflegen
- Säubern von Haushaltsgegenständen oder anderen Objekten
- Andere Methoden, um Kontakt mit Verunreinigungen zu vermeiden
- Andere Methoden, um Verunreinigungen zu beheben

2.2 ZÄHLZWÄNGE

2.3 KONTROLLZWÄNGE
- Kontrollen von Türen, Schlössern, Öfen, Geräten usw.
- Kontrollen, daß andere nicht verletzt wurden / werden können
- Kontrollen, daß man selbst nicht verletzt wurde / werden kann
- Kontrollen, daß nichts Schreckliches passieren wird
- Kontrollen, daß keine Verunreinigungen stattgefunden haben
- Andere Kontrollzwänge

2.4 WIEDERHOLUNGSZWÄNGE
- Zur Tür hinein / heraus gehen, vom Stuhl aufstehen / sich hinsetzen usw.
- Andere Wiederholungszwänge

2.5 ORDNUNGSZWÄNGE

2.6 ZWANGHAFTES HORTEN UND SAMMELN

2.7 ANDERE ZWANGSHANDLUNGEN
- Mentale Rituale (andere als Kontroll- / und Zählzwänge)
- Zwang zu reden, zu fragen oder zu beichten
- Berührungszwänge
- Methoden zur Verhinderung von Selbstverletzung (keine Kontrollzwänge)
- Methoden zur Verhinderung von Verletzungen anderer (keine Kontrollzwänge)
- Methoden zur Verhinderung von schrecklichen Konsequenzen (keine Kontrollzwänge)
- Andere Zwangshandlungen

B) Children's Yale-Brown Obsessive Compulsive Scale (CY-BOCS)

1. ZWANGSGEDANKEN

„Ich werde Dir nun einige Fragen über die Gedanken stellen, die Dir immer wieder durch den Kopf gehen" *(Beziehen Sie sich auf die spezifischen Zwangsgedanken des Patienten)*

1.1 ZEIT, DIE MIT ZWANGSGEDANKEN VERBRACHT WIRD

Wieviel Zeit verbringst Du damit, an diese Dinge zu denken?
Wie häufig drängen sich die Gedanken auf?
(Wenn Zwangsgedanken kurz, sich intermittierend aufdrängen, scheint es unmöglich, die mit den Zwängen verbrachte Zeit in Stunden anzugeben. In diesen Fällen hängt die Zeit davon ab, wie oft sie vorkommen. Berücksichtigen Sie sowohl die Häufigkeit, mit der sich die Gedanken aufdrängen, als auch die Zeit pro Tag, die mit Zwangsgedanken verbracht werden.)

0 keine
1 wenig (weniger als 1 Std/Tag) oder bei gelegentlichem Aufdrängen (nicht mehr als 8 Mal am Tag)
2 mäßig (1 bis 3 Std/Tag) oder bei häufigem Aufdrängen (nicht mehr als 8 Mal am Tag, aber die meisten Stunden am Tag sind frei von Zwangsgedanken)

Anhang 2 (Fortsetzung)

   3 viel (mehr als 3 und bis zu 8 Std/Tag) oder bei sehr häufigem Aufdrängen (Mehr als 8 Mal am Tag und während der meisten Stunden am Tag)
   4 extrem viel (mehr als 8 Std/Tag) oder fast konstanten Aufdrängen (zu zahlreich um noch gezählt zu werden und kaum eine Stunde vergeht ohne daß mehrere Zwangsgedanken auftreten)

1.2 GRAD DER BEEINTRÄCHTIGUNG DURCH ZWANGSGEDANKEN

Wie stark stören Dich die Gedanken, wenn Du in der Schule oder zusammen mit Freunden etwas tun willst? Gibt es etwas, das Du wegen dieser Gedanken nicht machen kannst?

   0 keine Beeinträchtigung
   1 leicht, geringe Beeinträchtigungen bei sozialen oder schulischen Aktivitäten, aber insgesamt ist die Handlungsfreiheit nicht beeinträchtigt
   2 mäßig, eindeutige Beeinträchtigungen bei sozialen oder schulischen Aktivitäten, die jedoch zu bewältigen sind
   3 starke Beeinträchtigungen im sozialen und schulischen Bereich
   4 extreme Beeinträchtigungen, die nicht mehr zu bewältigen sind

1.3 DURCH ZWANGSGEDANKEN VERURSACHTER LEIDENSDRUCK

Wie stark stören, ärgern oder ängstigen Dich diese Gedanken?
(Berücksichtigen Sie nur den Leidensdruck, der durch die Zwangsgedanken ausgelöst zu sein scheint, keine generalisierte Angststörung oder Angst in Verbindung mit anderen Symptomen)

   0 kein Leidensdruck
   1 leicht, selten und nicht zu störend/ängstigend
   2 mäßig, häufig und störend, aber immer noch zu bewältigen
   3 heftig, sehr häufig und sehr störend
   4 extrem, fast konstant und darunter leidend

1.4 RESISTENZ GEGEN DIE ZWANGSGEDANKEN

Wie stark versuchst Du gegen die Gedanken anzukämpfen, sie zu stoppen oder sie einfach nicht zu beachten?
(Beurteilen Sie ausschließlich den Grad des Widerstandes und nicht den Erfolg oder das Mißlingen bei der Kontrolle von Zwangsgedanken. Das Ausmaß des Widerstandes gegen Zwangsgedanken muß nicht unbedingt mit der Fähigkeit, sie zu kontrollieren zusammenhängen. Dieses Item soll nicht die Stärke der Zwangsgedanken sondern eher die gesunden Anteile erfassen, d. h. die Anstrengung des Patienten den Zwangsgedanken entgegenzuwirken. Wenn die Zwangsgedanken minimal sind, mag der Patient nicht den Wunsch verspüren, ihnen zu widerstehen. In solchen Fällen sollte „0" markiert werden.)

   0 gibt sich Mühe, immer zu widerstehen oder Symptome sind so minimal, daß es nicht nötig ist, ihnen zu widerstehen.
   1 versucht, die meiste Zeit zu widerstehen
   2 macht einige Anstrengungen, um zu widerstehen
   3 gibt allen Zwangsgedanken nach, ohne den Versuch sie zu kontrollieren, aber tut dies mit einigem Widerstreben
   4 komplettes und bereitwilliges Nachgeben bei allen Zwangsgedanken

1.5 GRAD DER KONTROLLE ÜBER DIE ZWANGSGEDANKEN

„Wenn Du versuchst gegen die Gedanken zu kämpfen, kannst Du sie dann besiegen?"
Bei älteren Kindern: „Wieviel Kontrolle hast Du über die Gedanken?"
(Im Gegensatz zu dem vorherigen Item der Resistenz steht die Fähigkeit des Patienten, seine Zwangsgedanken zu kontrollieren, in engerer Beziehung zur Stärke der Zwangsgedanken.)

   0 komplette Kontrolle
   1 starke Kontrolle, ist meist fähig, mit einiger Mühe und Konzentration die Gedanken zu stoppen oder sich abzulenken

Anhang 2 (Fortsetzung)

    2   mäßige Kontrolle, ist manchmal fähig, die Gedanken zu stoppen oder sich abzulenken
    3   wenig Kontrolle, kann selten die Gedanken stoppen, kann sich nur mit großer Mühe ablenken
    4   keine Kontrolle, erlebt Gedanken als nicht beeinflußbar, ist selten in der Lage sich auch nur kurzfristig abzulenken.

2. ZWANGSHANDLUNGEN

„Ich möchte Dir jetzt einige Fragen zu den Angewohnheiten, die Du nicht oder nur schwer stoppen kannst, stellen." *(Beziehen Sie sich auf die spezifischen Zwangsgedanken des Patienten)*

2.1 ZEIT, DIE MIT ZWANGSHANDLUNGEN VERBRACHT WIRD

„Wieviel Zeit verbringst Du damit diese Dinge zu tun?"
„Wie viel länger brauchst Du durch Deine Gewohnheiten, um mit Deinen täglichen Aktivitäten fertig zu werden?"
„Wie häufig gehst Du Deinen Gewohnheiten nach?"
(Wenn Zwangshandlungen kurz, sich intermittierend aufdrängen, scheint es unmöglich, die mit den Zwängen verbrachte Zeit in Stunden anzugeben. In diesen Fällen hängt die Zeit davon ab, wie oft Zwangshandlungen vorkommen. Berücksichtigen Sie sowohl die Häufigkeit, mit der Handlungen durchgeführt werden, als auch wieviele Stunden täglich durch Zwangshandlungen unterbrochen werden. Bestimmen Sie die Auftretenshäufigkeit von abgegrenzbaren Zwangshandlungen, d. h. ein Patient, der zu 20 verschiedenen Zeiten in das Badezimmer geht, um seine Hände sehr schnell fünfmal hintereinander zu waschen, führt 20 Zwangshandlungen und nicht $20 \times 5 = 100$ Handlungen durch. In den meisten Fällen sind Zwangshandlungen beobachtbare Verhaltensweisen (Bsp. Händewaschen), aber es gibt auch einige Beispiele, in denen sie nicht beobachtbar sind (z. B. Kontrollen durch einen kurzen Blick.)

    0   gar keine
    1   wenig (weniger als 1 Std/Tag) oder bei gelegentlichem Aufdrängen (nicht mehr als 8 Mal am Tag)
    2   mäßig (1 bis 3 Std/Tag) oder bei häufigem Aufdrängen (nicht mehr als 8 Mal am Tag, aber die meisten Stunden am Tag sind frei von Zwangshandlungen)
    3   viel (mehr als 3 und bis zu 8 Std/Tag) oder bei sehr häufigem Aufdrängen (mehr als 8 Mal am Tag und während der meisten Stunden am Tag)
    4   extrem viel (mehr als 8 Std/Tag) oder fast konstantem Aufdrängen (zu zahlreich, um noch gezählt zu werden und kaum eine Stunde vergeht, ohne daß mehrere Zwangshandlungen auftreten)

2.2 GRAD DER BEEINTRÄCHTIGUNG DURCH ZWANGSHANDLUNGEN

„Wie stark stören Dich die Handlungen, wenn Du in der Schule oder zusammen mit Freunden etwas tun willst?"
„Gibt es etwas, das Du wegen dieser Handlungen nicht machen kannst?"

    0   keine Beeinträchtigung
    1   leicht, geringe Beeinträchtigungen bei sozialen oder schulischen Aktivitäten, aber insgesamt ist die Handlungsfreiheit nicht beeinträchtigt
    2   mäßig, eindeutige Beeinträchtigungen bei sozialen oder schulischen Aktivitäten, die jedoch zu bewältigen sind
    3   starke Beeinträchtigungen im sozialen und schulischem Bereich
    4   extreme Beeinträchtigungen, die nicht mehr zu bewältigen sind

2.3 DURCH ZWANGSHANDLUNGEN VERURSACHTER LEIDENSDRUCK

„Wie würde es Dir gehen, wenn man Dich daran hindern würde, diese Handlungen auszuführen?" (Pause) „Wie sehr würde Dich das stören, ärgern oder ängstigen?"
(Beurteilen Sie den Grad des Leidens des Patienten, den er erfahren würde, wenn die Ausführung der Zwangshandlung plötzlich ohne Rückversicherung unterbrochen würde. In den meisten, aber nicht in allen Fällen, führen Zwangshandlungen zu Angstreduktionen. Wenn nach klinischer

Anhang 2 (Fortsetzung)

Einschätzung eine Angstreduktion durch das Vermeiden in Zwangshandlungen eintritt, dann stellen Sie folgende Frage:
„Wie fühlst Du Dich während Du die Handlungen ausführst bis Du sicher bist, daß alles gemacht ist?"
„Bist Du dabei sehr aufgeregt, ängstlich oder ärgerlich?"

0   kein Leidensdruck
1   leicht: geringe Angst/geringer Leidensdruck, wenn Handlungen verhindert werden oder nur leichte Besorgnis während der Ausführung der Handlung
2   mäßig: Patient berichtet, daß Angst/Leidensdruck steigt, aber immer noch zu bewältigen ist, wenn die Handlung verhindert wird, oder daß während der Ausführung der Handlung Angst/Leidensdruck zunimmt, aber noch zu bewältigen ist.
3   stark: sehr störende Zunahme von Angst/Leidensdruck, wenn die Handlung unterbrochen wird oder sehr störende Zunahme von Angst/Leidensdruck während der Ausführung der Handlung
4   extrem: jede Intervention, die Handlungen zu beeinträchtigen löst eine alles überwältigende Angst aus, während der Ausführung der Handlung entwickelt sich eine alles überwältigende Angst

2.4 RESISTENZ GEGEN DIE ZWANGSHANDLUNGEN

„Wie stark versuchst Du gegen die Handlungen anzukämpfen?"
(Beurteilen Sie ausschließlich den Grad des Widerstandes und nicht den Erfolg oder das Mißlingen bei der Kontrolle von Zwangshandlungen. Das Ausmaß des Widerstandes gegen Zwangshandlungen muß nicht unbedingt mit der Fähigkeit, sie zu kontrollieren zusammenhängen. Dieses Item soll nicht die Stärke der Zwangshandlungen sondern eher die gesunden Anteile erfassen, d. h. die Anstrengung des Patienten, den Zwangshandlungen entgegenzuwirken. Wenn die Zwangshandlungen minimal sind, mag der Patient nicht den Wunsch verspüren, ihnen zu widerstehen. In solchen Fällen sollte „0" markiert werden.)

0   gibt sich Mühe, immer zu widerstehen oder Symptome sind so minimal, daß es nicht nötig ist, ihnen zu widerstehen
1   versucht, die meiste Zeit zu widerstehen
2   macht einige Anstrengungen, um zu widerstehen
3   gibt allen Zwangshandlungen nach, ohne den Versuch sie zu kontrollieren, aber tut dies mit einigem Widerstreben
4   komplettes und bereitwilliges Nachgeben bei allen Zwangshandlungen

2.5 GRAD DER KONTROLLE ÜBER DIE ZWANGSHANDLUNGEN

„Wie stark ist der Drang, die Gewohnheiten auszuführen? (Pause) Wenn Du versuchst, gegen sie anzukämpfen, was passiert dann?"
Bei älteren Kindern: „Wieviel Kontrolle hast Du über die Gewohnheiten?"
(Im Gegensatz zu dem vorherigen Item der Resistenz steht die Fähigkeit des Patienten, seine Zwangshandlungen zu kontrollieren, in enger Beziehung zur Stärke der Zwangshandlungen.)

0   vollständige Kontrolle
1   starke Kontrolle: erlebt den Drang zur Durchführung der Handlungen, kann ihn aber gewöhnlicherweise kontrollieren
2   mäßige Kontrolle: starker Drang zur Durchführung der Handlung, kann ihn nur mit Mühe kontollieren
3   wenig Kontrolle: sehr starker Drang zur Durchführung der Handlung. Handlung muß ausgeführt werden, Ausführung kann mit Mühe verzögert werden
4   keine Kontrolle: überwältigender Drang zur Handlungsausführung, die als völlig unfreiwillig erlebt wird. Ist kaum in der Lage, auch nur kurzfristig die Handlungen zu verzögern.

Anhang 2 (Fortsetzung)

3. ASSOZIIERTE MERKMALE UND AUFFÄLLIGKEITEN

3.1 KRANKHEITSEINSICHT IN ZWANGSGEDANKEN UND ZWANGSHANDLUNGEN

„Glaubst Du, daß die Gedanken oder Gewohnheiten wirklich einen Sinn machen?"
(Pause) „Was glaubst Du würde wirklich passieren, wenn Du die Gewohnheiten nicht ausführen würdest?"
„Machst Du Dir Sorgen, daß wirklich etwas passieren könnte?"
(Beurteilen Sie die Einsicht des Patienten in die Sinnlosigkeit oder in die Exzessivität seiner Zwangsgedanken und -handlungen)

0   vollständige Einsicht, völlig rationales Denken
1   gute Einsicht: Bereitwilliges Anerkennen der Absurdität oder der Exzessivität der Gedanken oder Handlungen. Patient ist aber nicht ganz davon überzeugt, daß die Gedanken/Handlungen völlig unbegründet sind. Ist in seinem Urteil zögerlich.
2   mittelmäßige Einsicht: stimmt widerstrebend zu, daß Gedanken und Handlungen unvernünftig oder exzessiv erscheinen, ist aber schwankend. Hat möglicherweise unrealistische Befürchtungen, jedoch keine feste Überzeugung.
3   wenig Einsicht: Patient behauptet, daß Gedanken oder Verhalten nicht unvernünftig oder exzessiv sind.
4   keine Einsicht: wahnhafte Verarbeitung, ist absolut überzeugt, daß Gedanken und Verhalten vernünftig sind, ist unempfänglich für gegenteilige Beweise.

3.2 VERMEIDUNGSVERHALTEN

„Hast Du irgendwelche Dinge nicht gemacht, bist Du irgendwohin nicht gegangen oder bist Du mit jemanden nicht zusammen gewesen, wegen Deiner sich wiederholenden Gedanken oder aus Sorge, daß Du dann Deine Gewohnheiten ausführen müßtest?"
(Wenn ja:) „Wie oft mußt Du etwas vermeiden?"
(Beurteilen Sie das Ausmaß, in dem der Patient versucht, bestimmte Situationen freiwillig zu vermeiden. Zwangshandlungen dienen auch dazu den Kontakt mit dem gefürchteten Objekt zu vermeiden. Das exzessive Waschen von Früchten oder Gemüse, um Bazillen zu vernichten, ist eine Zwangshandlung nicht ein Vermeidungsverhalten in dem hier gebrauchten Sinn. Wenn aber der Patient aufhört Früchte und Gemüse zu essen, dann wird das hier als Vermeidungsverhalten kodiert.)

0   kein absichtliches Vermeiden
1   wenig: Minimales Vermeiden
2   mäßig: Gelegentliches Vermeiden ist klar zu erkennen
3   stark: Häufiges Vermeiden
4   extrem: Extensives Vermeiden; Patient tut fast alles, um symptomauslösende Situationen zu vermeiden

3.3 ENTSCHEIDUNGSUNFÄHIGKEIT

„Fällt es Dir schwer, kleinere Dinge zu entscheiden, über die andere nicht nachdenken, z. B. was Du am Morgen anziehen möchtest?"
(Entscheidungsunfähigkeit aufgrund eines mentalen Wiederholungszwanges und Entscheidungsambivalenz in objektiv schwierigen Entscheidungssituationen werden hier nicht berücksichtigt.)

0   keine Einschränkung der Entscheidungsfähigkeit
1   gering, manchmal Schwierigkeiten, kleinere Dinge zu entscheiden
2   mäßig, öfters Schwierigkeiten, Entscheidungen zu treffen
3   stark, kontinuierliches Abwägen von Pro und Conta
4   extrem, unfähig, Entscheidungen zu treffen

Anhang 2 (Fortsetzung)

3.4 ÜBERSTEIGERTES VERANTWORTUNGSGEFÜHL

„Fühlst Du Dich für Dinge verantwortlich, die Du eigentlich nicht ändern kannst oder wogegen Du nichts tun kannst?"
„Fühlst Du Dich für das verantwortlich, was anderen passiert?"

0   nie
1   wenig, nur Erwägung übersteigender Verantwortungsideen, leichte Überschätzung der Verantwortlichkeit
2   mäßig, Patient äußert spontan übersteigerte Verantwortungsideen, er überschätzt Verantwortlichkeit für Dinge, die eigentlich außerhalb seiner Kontrolle liegen
3   stark, übersteigerte Verantwortungsideen sind überdauernd und deutlich ausgeprägt vorhanden; schwere Überschätzung der Verantwortlichkeit für Dinge, die klar außerhalb seiner Kontrolle liegen. Schuldgefühle sind weithergeholt und fast irrational
4   extrem, wahnhafte Verantwortungs- und Schuldideen (z. B. wenn ein Erdbeben 3000 Meilen vom Patienten entfernt stattfindet, fühlt sich der Patient schuldig, weil er seine Zwangshandlung nicht ausgeführt hat)

3.5 ZWANGHAFTE LANGSAMKEIT / ANTRIEBSVERMINDERUNG

„Fällt es Dir schwer, etwa anzufangen oder zu beenden, weil Du es sehr vorsichtig oder genau machen mußt?"
„Brauchst Du bei alltäglichen Dingen länger als nötig?"
(Unterscheiden Sie zwanghafte Langsamkeit / Antriebsverminderung von psychomotorischer Verlangsamung als Folge von Depression. Beurteilen Sie den erhöhten Zeitaufwand bei Routinetätigkeit auch, wenn spezifische Zwangsgedanken nicht identifiziert werden können.)

0   keine
1   wenig, gelegentliche Verzögerungen beim Beginnen oder Beenden von Tätigkeiten.
2   mäßig, häufig Verzögerungen bei Routinetätigkeiten, die aber meist beendet werden.
3   stark, durchgängig deutliche Schwierigkeiten beim Beginnen und Beenden von Routinetätigkeiten
4   extreme, unfähig ohne massive Hilfestellung Routinetätigkeiten anzufangen oder zu beenden

3.6 PATHOLOGISCHES ZWEIFELN

„Glaubst Du, daß Du Dich häufig nicht mehr richtig an Ereignisse erinnern kannst oder traust Du Deinen eigenen Augen und Ohren nicht?

0   nie
1   wenig, nur Erwägung von Zweifeln, leichte Selbstzweifel
2   mäßig, Selbstzweifel sind klar vorhanden und werden spontan geäußert; der Patient wird von Selbstzweifeln gequält, die seine Leistungsfähigkeit beeinflussen jedoch noch zu bewältigen sind
3   stark, Unsicherheit hinsichtlich der eigenen Wahrnehmung oder des Erinnerungsvermögens. Selbstzweifel beeinträchtigen häufig die Leistungsfähigkeit.
4   extrem, Unsicherheiten hinsichtlich der eigenen Wahrnehmung sind ständig vorhanden. Selbstzweifel beeinträchtigen nahezu alle Aktivitäten und bewirken Leistungsunfähigkeit.

4. GESAMTBEURTEILUNGEN

Der Schweregrad der Störung und die Verlaufsbeurteilung beziehen sich auf den Schweregrad der Erkrankung insgesamt und nicht nur auf den Schweregrad der Zwangsstörung

4.1 SCHWEREGRAD DER STÖRUNG

Urteil des Interviewers über den Scheregrad der Erkrankung des Patienten insgesamt
(Berücksichtigen Sie den vom Patienten berichteten Leidensdruck, die beschriebenen Symptome und die Beeinträchtigung der Funktionsfähigkeit des Patienten. Das Urteil sollte alle gewonnen

Anhang 2 (Fortsetzung)

Informationen und auch die Zuverlässigkeit der Angaben berücksichtigen. Das Urteil basiert ausschließlich auf Informationen, die durch das Interview erhoben wurden.)

0   keine Erkrankung
1   leichte Beeinträchtigung, Symptomatik nicht sicher oder vorübergehend, keine Beeinträchtigung des Funktionsniveaus
2   leichte Symptomatik, leiche Beeinträchtigung des Funktionsniveaus
3   mäßig ausgeprägte Symptomatik, Funktionsniveau wird mit Mühe weitgehend aufrecherhalten
4   mäßig bis schwer ausgeprägte Symptomatik, Funktionsniveau deutlich beeinträchtigt
5   schwere Symptomatik, Funktionsniveau kann nur durch fremde Hilfe bis zu einem gewissen Grad aufrechterhalten werden
6   extrem schwere Symptomatik, sämtliche Funktionen können nicht mehr aufrechterhalten werden

4.2 VERLAUFSBEURTEILUNG

Beurteilen Sie den Verlauf insgesamt seit der ersten Beurteilung, unabhängig davon, ob Veränderungen ihrer Meinung nach auf die Behandlung zurückzuführen sind oder nicht.

0   sehr starke Verschlechterung
1   starke Verschlechterung
2   geringe Verschlechterung
3   keine Veränderung
4   geringe Verbesserung
5   starke Verbesserung
6   sehr starke Verbesserung

4.3 ZUVERLÄSSIGKEIT

Beurteilen Sie die Zuverlässigkeit der erhobenen Informationen.
Faktoren, die die Zuverlässigkeit beeinflussen, beinhalten die Kooperation des Patienten und seine Kommunikationsfähigkeit. Die Art und die Schwere der Zwangsstörung kann die Konzentrationsfähigkeit, Aufmerksamkeitsspanne und seine Fähigkeit, sich spontan mitzuteilen, beeinflussen. Beispielsweise können mache Zwangsgedanken den Patienten dazu veranlassen, sich sehr vorsichtig auszudrücken.

0   geringe Zuverlässigkeit
1   mittel, Zuverlässigkeit wird definitiv durch bestimmte Faktoren verringert
2   gut, Zuverlässigkeit könnte möglicherweise durch bestimmte Faktoren beeinflußt worden sein
3   hervorragend, kein Hinweis auf eine Beeinträchtigung der Zuverlässigkeit der Informationen

Anhang 3

LEYTON-FRAGEBOGEN
(nach Berg et al. 1988, bearbeitet von M. Döpfner 1992)

Name: _____   Datum: _____

Du findest auf den folgenden Seiten Fragen über bestimmte Angewohnheiten, die manche Kinder oder Jugendliche haben. Kreuze bei jeder Frage zuerst an, ob Du diese Angewohnheit hast. Wenn Du JA angekreuzt hast, dann gib bitte an, wie sehr diese Angewohnheit Dich von anderen Dingen abhält oder wieviel Zeit sie in Anspruch nimmt. Dazu stehen Dir immer folgende Antwortmöglichkeiten zur Verfügung:

0 Diese Angewohnheit hält mich nicht von anderen Dingen ab, die ich tun will.
1 Das hält mich ein wenig auf oder nimmt etwas von meiner Zeit in Anspruch.
2 Das hält mich von anderen Dingen ab und braucht viel von meiner Zeit.
3 Das hält mich von vielen anderen Dingen ab und braucht sehr viel von meiner Zeit.

Kreuze bitte immer eine der Zahlen von 0 bis 3 an, wenn Du zuvor mit JA geantwortet hast.

1. **Hast Du oft das Gefühl, Du müßtest bestimmte Dinge tun, obwohl Du weißt, daß Du es eigentlich nicht bräuchtest?**
   [ ] NEIN
   [ ] JA:
      0 Diese Angewohnheit hält mich nicht von anderen Dingen ab, die ich tun will.
      1 Das hält mich ein wenig auf oder nimmt etwas von meiner Zeit in Anspruch.
      2 Das hält mich von anderen Dingen ab und braucht viel von meiner Zeit.
      3 Das hält mich von vielen anderen Dingen ab und braucht sehr viel von meiner Zeit.

2. **Gehen Dir manchmal Gedanken oder Worte immer wieder durch den Kopf?**
   [ ] NEIN
   [ ] JA:
      0 Diese Angewohnheit hält mich nicht von anderen Dingen ab, die ich tun will.
      1 Das hält mich ein wenig auf oder nimmt etwas von meiner Zeit in Anspruch.
      2 Das hält mich von anderen Dingen ab und braucht viel von meiner Zeit.
      3 Das hält mich von vielen anderen Dingen ab und braucht sehr viel von meiner Zeit.

3. **Mußt Du Dinge manchmal mehrmals überprüfen?**
   [ ] NEIN
   [ ] JA:
      0 Diese Angewohnheit hält mich nicht von anderen Dingen ab, die ich tun will.
      1 Das hält mich ein wenig auf oder nimmt etwas von meiner Zeit in Anspruch.
      2 Das hält mich von anderen Dingen ab und braucht viel von meiner Zeit.
      3 Das hält mich von vielen anderen Dingen ab und braucht sehr viel von meiner Zeit.

4. **Haßt Du Schmutz und schmutzige Sachen?**
   [ ] NEIN
   [ ] JA:
      0 Diese Angewohnheit hält mich nicht von anderen Dingen ab, die ich tun will.
      1 Das hält mich ein wenig auf oder nimmt etwas von meiner Zeit in Anspruch.
      2 Das hält mich von anderen Dingen ab und braucht viel von meiner Zeit.
      3 Das hält mich von vielen anderen Dingen ab und braucht sehr viel von meiner Zeit.

5. **Hast Du oft das Gefühl, daß etwas für Dich verdorben ist, wenn es von jemanden gebraucht oder berührt worden ist?**
   [ ] NEIN
   [ ] JA:
      0 Diese Angewohnheit hält mich nicht von anderen Dingen ab, die ich tun will.
      1 Das hält mich ein wenig auf oder nimmt etwas von meiner Zeit in Anspruch.
      2 Das hält mich von anderen Dingen ab und braucht viel von meiner Zeit.
      3 Das hält mich von vielen anderen Dingen ab und braucht sehr viel von meiner Zeit.

Anhang 3 (Fortsetzung)

6. **Hast Du ein wenig Sorge, sauber genug zu sein?**
   [ ] NEIN
   [ ] JA:
   0   Diese Angewohnheit hält mich nicht von anderen Dingen ab, die ich tun will.
   1   Das hält mich ein wenig auf oder nimmt etwas von meiner Zeit in Anspruch.
   2   Das hält mich von anderen Dingen ab und braucht viel von meiner Zeit.
   3   Das hält mich von vielen anderen Dingen ab und braucht sehr viel von meiner Zeit.

7. **Bist Du pingelig, Deine Hände sauber zu halten?**
   [ ] NEIN
   [ ] JA:
   0   Diese Angewohnheit hält mich nicht von anderen Dingen ab, die ich tun will.
   1   Das hält mich ein wenig auf oder nimmt etwas von meiner Zeit in Anspruch.
   2   Das hält mich von anderen Dingen ab und braucht viel von meiner Zeit.
   3   Das hält mich von vielen anderen Dingen ab und braucht sehr viel von meiner Zeit.

8. **Wenn Du Deine Sachen zur Nacht ablegst, müssen sie dann ganz ordentlich weggelegt werden?**
   [ ] NEIN
   [ ] JA:
   0   Diese Angewohnheit hält mich nicht von anderen Dingen ab, die ich tun will.
   1   Das hält mich ein wenig auf oder nimmt etwas von meiner Zeit in Anspruch.
   2   Das hält mich von anderen Dingen ab und braucht viel von meiner Zeit.
   3   Das hält mich von vielen anderen Dingen ab und braucht sehr viel von meiner Zeit.

9. **Wirst Du ärgerlich, wenn andere Klassenkameraden in der Klasse Deinen Tisch in Unordnug bringen?**
   [ ] NEIN
   [ ] JA:
   0   Diese Angewohnheit hält mich nicht von anderen Dingen ab, die ich tun will.
   1   Das hält mich ein wenig auf oder nimmt etwas von meiner Zeit in Anspruch.
   2   Das hält mich von anderen Dingen ab und braucht viel von meiner Zeit.
   3   Das hält mich von vielen anderen Dingen ab und braucht sehr viel von meiner Zeit.

10. **Verbringst Du viel Zeit damit, Deine Hausaufgaben zu überprüfen, um sicher zu sein, daß sie in Ordnung sind?**
    [ ] NEIN
    [ ] JA:
    0   Diese Angewohnheit hält mich nicht von anderen Dingen ab, die ich tun will.
    1   Das hält mich ein wenig auf oder nimmt etwas von meiner Zeit in Anspruch.
    2   Das hält mich von anderen Dingen ab und braucht viel von meiner Zeit.
    3   Das hält mich von vielen anderen Dingen ab und braucht sehr viel von meiner Zeit.

11. **Mußt Du manchmal Dinge immerzu wiederholen, bis sie einigermaßen in Ordnung scheinen?**
    [ ] NEIN
    [ ] JA:
    0   Diese Angewohnheit hält mich nicht von anderen Dingen ab, die ich tun will.
    1   Das hält mich ein wenig auf oder nimmt etwas von meiner Zeit in Anspruch.
    2   Das hält mich von anderen Dingen ab und braucht viel von meiner Zeit.
    3   Das hält mich von vielen anderen Dingen ab und braucht sehr viel von meiner Zeit.

12. **Mußt Du manchmal mehrere Male zählen oder Zahlen in Deinem Kopf durchgehen?**
    [ ] NEIN
    [ ] JA:
    0   Diese Angewohnheit hält mich nicht von anderen Dingen ab, die ich tun will.
    1   Das hält mich ein wenig auf oder nimmt etwas von meiner Zeit in Anspruch.
    2   Das hält mich von anderen Dingen ab und braucht viel von meiner Zeit.
    3   Das hält mich von vielen anderen Dingen ab und braucht sehr viel von meiner Zeit.

Anhang 3 (Fortsetzung)

13. **Hast Du jemals Schwierigkeiten, Deine Schularbeiten oder Pflichten im Haus zu erledigen, weil Du sie immer noch einmal durchgehen mußt?**
    [ ] NEIN
    [ ] JA:
        0 Diese Angewohnheit hält mich nicht von anderen Dingen ab, die ich tun will.
        1 Das hält mich ein wenig auf oder nimmt etwas von meiner Zeit in Anspruch.
        2 Das hält mich von anderen Dingen ab und braucht viel von meiner Zeit.
        3 Das hält mich von vielen anderen Dingen ab und braucht sehr viel von meiner Zeit.

14. **Hast Du eine Lieblingszahl oder eine bestimmte Zahl, bis zu der Du häufig gerne zählst oder nach der Du Dinge häufig machst?**
    [ ] NEIN
    [ ] JA:
        0 Diese Angewohnheit hält mich nicht von anderen Dingen ab, die ich tun will.
        1 Das hält mich ein wenig auf oder nimmt etwas von meiner Zeit in Anspruch.
        2 Das hält mich von anderen Dingen ab und braucht viel von meiner Zeit.
        3 Das hält mich von vielen anderen Dingen ab und braucht sehr viel von meiner Zeit.

15. **Hast Du oft ein schlechtes Gewissen gehabt, weil Du etwas getan hast, was niemand sonst für schlecht hält?**
    [ ] NEIN
    [ ] JA:
        0 Diese Angewohnheit hält mich nicht von anderen Dingen ab, die ich tun will.
        1 Das hält mich ein wenig auf oder nimmt etwas von meiner Zeit in Anspruch.
        2 Das hält mich von anderen Dingen ab und braucht viel von meiner Zeit.
        3 Das hält mich von vielen anderen Dingen ab und braucht sehr viel von meiner Zeit.

16. **Bist Du sehr besorgt, wenn Du etwas nicht so gemacht hast, wie Du es möchtest?**
    [ ] NEIN
    [ ] JA:
        0 Diese Angewohnheit hält mich nicht von anderen Dingen ab, die ich tun will.
        1 Das hält mich ein wenig auf oder nimmt etwas von meiner Zeit in Anspruch.
        2 Das hält mich von anderen Dingen ab und braucht viel von meiner Zeit.
        3 Das hält mich von vielen anderen Dingen ab und braucht sehr viel von meiner Zeit.

17. **Hast Du Schwierigkeiten, Dich zu entscheiden?**
    [ ] NEIN
    [ ] JA:
        0 Diese Angewohnheit hält mich nicht von anderen Dingen ab, die ich tun will.
        1 Das hält mich ein wenig auf oder nimmt etwas von meiner Zeit in Anspruch.
        2 Das hält mich von anderen Dingen ab und braucht viel von meiner Zeit.
        3 Das hält mich von vielen anderen Dingen ab und braucht sehr viel von meiner Zeit.

18. **Mußt Du Dinge, die die Du gemacht hast, häufig noch einmal durchgehen, weil Du nicht sicher bist, daß es die richtige Entscheidung war?**
    [ ] NEIN
    [ ] JA:
        0 Diese Angewohnheit hält mich nicht von anderen Dingen ab, die ich tun will.
        1 Das hält mich ein wenig auf oder nimmt etwas von meiner Zeit in Anspruch.
        2 Das hält mich von anderen Dingen ab und braucht viel von meiner Zeit.
        3 Das hält mich von vielen anderen Dingen ab und braucht sehr viel von meiner Zeit.

19. **Bewegst Du Dich oder sprichst auf eine besondere Weise, um Pech zu vermeiden?**
    [ ] NEIN
    [ ] JA:
        0 Diese Angewohnheit hält mich nicht von anderen Dingen ab, die ich tun will.
        1 Das hält mich ein wenig auf oder nimmt etwas von meiner Zeit in Anspruch.
        2 Das hält mich von anderen Dingen ab und braucht viel von meiner Zeit.
        3 Das hält mich von vielen anderen Dingen ab und braucht sehr viel von meiner Zeit.

Anhang 3 (Fortsetzung)

20. **Mußt Du bestimmte Zahlen oder Worte sagen, weil es Pech oder schlechte Dinge von Dir forthält?**
    [ ] NEIN
    [ ] JA:
        0 Diese Angewohnheit hält mich nicht von anderen Dingen ab, die ich tun will.
        1 Das hält mich ein wenig auf oder nimmt etwas von meiner Zeit in Anspruch.
        2 Das hält mich von anderen Dingen ab und braucht viel von meiner Zeit.
        3 Das hält mich von vielen anderen Dingen ab und braucht sehr viel von meiner Zeit.

Kapitel 12

Aggression und Delinquenz

Franz Petermann und *Silvia Wiedebusch*

1.	Definition und Klassifikation 328	2.5	Erstellen einer Verhaltensdiagnose 340
1.1	Definition von Aggression und Delinquenz 328	3.	Therapie in der Praxis 344
1.2	Klassifikation aggressiven und delinquenten Verhaltens 328	3.1	Trainings bei Aggression und Delinquenz 344
2.	Symptomatik und Verhaltensdiagnose 331	3.2	Ziele und Vorgehen des Trainings mit Kindern und Jugendlichen 345
2.1	Entstehungsbedingungen der Aggression 331	3.3	Therapieverweigerer 350
		4.	Evaluation 351
2.2	Prädisponierende Faktoren der Aggression 332	4.1	Evaluationsstudien 351
		4.2	Kritik und Ausblick 354
2.3	Ausdrucksformen der Aggression 336		
2.4	Verlauf der Verhaltensstörung 337		Literatur 355

1. Definition und Klassifikation

1.1 Definition von Aggression und Delinquenz

Aggression wird als eine andauernde Verhaltenstendenz definiert, bei der es infolge einer Schädigungsabsicht zur Verletzung persönlicher Rechte anderer Personen kommt (Petermann & Warschburger, 1998). Bei den betroffenen Kindern und Jugendlichen besteht ein Verhaltensexzeß im Hinblick auf die Ausführung impulsiver, aggressiver Handlungen bei einem gleichzeitig vorliegenden Verhaltensdefizit an alternativen Handlungsweisen. Die Ausdrucksformen aggressiven Verhaltens weisen ein breites Spektrum auf, zu dem beispielsweise körperliche Angriffe auf Gleichaltrige oder Erwachsene, Zerstören fremden Eigentums, Stehlen und Raubüberfälle, Brandstiftung oder Tierquälerei gehören. Das antisoziale Verhalten kann vorwiegend in einem spezifischen sozialen Umfeld, aber auch in verschiedenen Lebensbereichen gleichzeitig auftreten.

Besonders bei Jugendlichen ist ein häufiger Zusammenhang zwischen aggressivem und delinquentem Verhalten zu beobachten (Petermann & Warschburger, 1998). Im Gegensatz zur Aggression kann bei der Delinquenz keine psychologische Begriffsbestimmung vorgenommen werden, da es sich hier um einen juristischen Terminus handelt, der eine Gesetzesüberschreitung umschreibt. Ab welchem Schadensausmaß aggressives Verhalten kriminalisiert wird und damit delinquentes Verhalten vorliegt, hängt von der jeweiligen Rechtssprechung und damit letztendlich von gesellschaftlichen Normen ab.

Bezogen auf ihren jeweiligen Anteil an der Bevölkerung weisen Kinder unter zehn Jahren die geringste und Jugendliche ab 16 Jahren die höchste Delinquenzbelastung auf (Polizeiliche Kriminalstatistik, 1990; Petermann & Petermann 1996a). Der Anteil an der Gesamtzahl aller polizeilich registrierten Tatverdächtigen für das Jahr 1990 lag für Kinder bis zu 14 Jahren bei 4,3%, für Jugendliche zwischen 14 und 18 Jahren bei 9,8% und für Heranwachsende zwischen 18 und 21 Jahren bei 10,4%. Bei der registrierten Kinder- und Jugenddelinquenz ist das mit Abstand häufigste Delikt nach wie vor der einfache Diebstahl (Polizeiliche Kriminalstatistik, 1990; s. Tab. 1). Die Anzahl der polizeilich registrierten Sachbeschädigungen hat in Relation zur Gesamtkriminalität Jugendlicher in den letzten Jahren überproportional zugenommen (Feltes, 1990).

1.2 Klassifikation aggressiven und delinquenten Verhaltens

Es gibt verschiedene Ansätze zur Klassifikation aggressiven und delinquenten Verhaltens, von denen im folgenden die geläu-

Tabelle 1. Prozentuale Anteile der häufigsten Deliktarten in der Kinder- und Jugenddelinquenz (nach Polizeiliche Kriminalstatistik, 1990)

Deliktart	*Kinder*		*Jugendliche*	
	männl.	weibl.	männl.	weibl.
Diebstahl ohne erschwerende Umstände	64,0	80,9	50,5	68,9
Diebstahl unter erschwerenden Umständen	12,7	4,6	18,9	4,0
Sachbeschädigung	15,8	6,2	13,0	3,3
Betrug	1,6	2,0	6,9	9,1
Vorsätzlich leichte Körperverletzung	2,3	1,5	5,7	3,4
Brandstiftung	3,0	1,3	0,5	0,2
Widerstand gegen die Staatsgewalt und Straftaten gegen die öffentliche Ordnung	1,6	2,1	3,6	2,6

figsten dargestellt werden. In der internationalen Klassifikation psychischer Störungen (ICD-10; Dilling et al., 1991) werden unter dem Oberbegriff „Störungen des Sozialverhaltens" folgende aggressive Verhaltensauffälligkeiten voneinander unterschieden:
1. *Auf den familiären Rahmen beschränkte Störung des Sozialverhaltens (F 91.0).* Wie die Bezeichnung dieser Verhaltensstörung schon zum Ausdruck bringt, ist das dissoziale oder aggressive Verhalten hier fast völlig auf den familiären Lebensbereich beschränkt.
2. *Störung des Sozialverhaltens bei fehlenden sozialen Bindungen (F 91.1).* Hier liegt eine deutliche Beeinträchtigung der Beziehungen zu gleichaltrigen und erwachsenen Personen vor. Die betroffenen Kinder und Jugendlichen sind sozial isoliert und führen in der Regel auch die aggressiven Handlungen alleine aus. Von der Störung sind meistens mehrere Lebensbereiche betroffen.
3. *Störung des Sozialverhaltens bei vorhandenen sozialen Bindungen (F 91.2).* Die Kinder und Jugendlichen gehören häufig einer Gruppe von delinquenten oder dissozialen Gleichaltrigen an. Innerhalb dieses Gruppenverbandes werden die aggressiven Delikte begangen.

Als weitere Untergruppen werden im ICD-10 die „Störung des Sozialverhaltens mit oppositionellem, aufsässigen Verhalten" (F 91.3), „Andere Störungen des Sozialverhaltens" (F 91.8) und als Restkategorie die „Nicht näher bezeichnete Störung des Sozialverhaltens" (F 91.9) aufgeführt.

Eine von der ICD-10 abweichende Klassifikation nimmt Quay (1987) vor, der folgende vier Subtypen aggressiver Kinder und Jugendlicher voneinander unterscheidet:
1. *Undersocialized Aggression Group.* Die Kinder und Jugendlichen dieser Gruppe sind provokativ und zeigen offen ihr aggressives und destruktives Verhalten, das sich vor allem gegen andere Personen richtet. Dieser Subtyp hat die schlechteste Prognose hinsichtlich des Fortbestehens der aggressiven Verhaltensstörung im Erwachsenenalter, da Verhaltensänderungen nur schwer zu erzielen sind.
2. *Socialized Aggression Group.* Die Betroffenen sind in eine Gruppe delinquenter Kinder bzw. Jugendlicher integriert. Aggressive Delikte, bei denen Normen- und Regelverstöße im Vordergrund stehen, werden häufig in diesem Gruppenverband begangen.
3. *Attention Deficit Group.* Bei diesem Subtyp liegen dem aggressiven Verhalten Aufmerksamkeits- oder Hyperaktivitätsstörungen der betroffenen Kinder bzw. Jugendlichen zugrunde.
4. *Anxiety Withdrawal Dysphoria Group.* Hier beruht das aggressive Verhalten auf einer Angststörung. Die Betroffenen sind ängstlich, meiden Sozialekontakte und begegnen angstauslösenden Situationen mit Aggression.

Im Gegensatz zu anderen Klassifikationen wird hier in der letzten Kategorie die angstmotivierte Aggression mit einbezogen. Hierbei handelt es sich um aggressives Verhalten, dem eine weitere Verhaltensstörung, nämlich ängstliches und sozial unsicheres Verhalten, zugrunde liegt (Petermann & Petermann, 1996a). Die Kinder reagieren aggressiv, weil sie sich der Zuneigung ihrer Mitmenschen ungewiß sind, übermäßige soziale Anerkennung erwarten oder Bedrohung übersensibel und deshalb gehäuft wahrnehmen. Mit ihrem aggressiven Verhalten erreichen diese Kinder, daß sich die soziale Angst in ihrem Erleben verringert. Aus der emotionalen Erleichterung ergibt sich ein Verstärkungsprozeß, der das weitere Auftreten aggressiven Verhaltens begünstigt (s. Abb. 1).

Im Jugendalter unterscheidet Loeber (1990) drei Gruppen antisozialen Verhaltens. Beim aggressiv-gewalttätigen Typ liegt der Beginn der aggressiven Verhaltensstörung meistens im Vorschulalter. Die Jugendlichen zeigten häufig schon im Kindesalter eine große Vielfalt von Verhaltensproblemen, die sich neben der Aggressivität bei vielen auch in impulsivem und hyperaktivem Verhalten äußerten. Ferner zeichnen sich diese Jugendlichen durch geringe

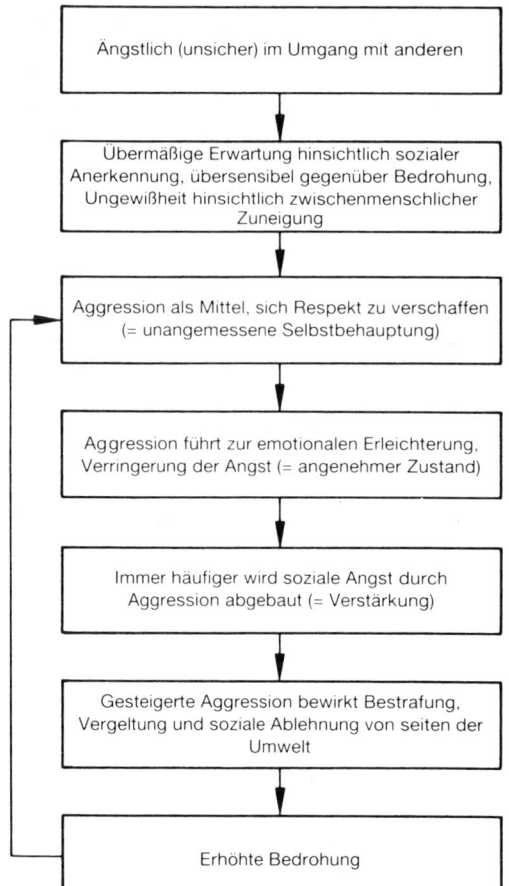

Abb. 1. Der Kreislauf der angstmotivierten Aggression (aus Petermann & Petermann, 1997)

soziale Fertigkeiten aus, d. h. sie können in einer Gruppe ihre Bedürfnisse nicht angemessen zum Ausdruck bringen und durchsetzen. Infolgedesssen haben sie wenig Beziehungen zu Gleichaltrigen und Probleme mit Mitschülern. Die Rückkehr zu einem angemessenen Sozialverhalten ist bei diesem Typ sehr selten. Beim nicht-aggressiven Typ liegt der Beginn der Störung in der späten Kindheit oder frühen Adoleszenz. Die Jugendlichen verfügen in der Regel über ausreichende soziale Fertigkeiten und weisen dementsprechend auch keine rein aggressive Verhaltensstörung auf. Vielmehr sind für diesen Typ soziale Kontakte zu devianten Gleichaltrigen charakteristisch. Die Prognose für das delinquente Verhalten ist nach dem Entwicklungsmodell von Loeber (1990) bei diesem Typ besser als beim aggressiv-gewalttätigen Typ. Das deviante Verhalten der dritten Gruppe besteht ausschließlich im Substanzmißbrauch, der in der mittleren bis späten Adoleszenz auftritt. Bei diesen Jugendlichen bestanden meistens keine vorhergehenden Verhaltensprobleme.

Neben den genannten Klassifikationen, die vor allem charakteristische Persönlichkeitszüge und die bisherige Entwicklung der Verhaltensstörung berücksichtigen, gibt es einige Versuche, aggressive und delinquente Handlungen nach den Deliktarten zu kategorisieren (z. B. Petermann & Warschburger, 1998). Delinquente Handlungen von Kindern sind häufig auf ein noch nicht ausgereiftes Normverständnis zurückzuführen, das heißt die Kinder erkennen in ihrem aggressiven Verhalten keinen Regelverstoß (Remschmidt, 1992). Inwieweit dem Kind die Mißachtung sozialer Normen bei der Ausübung des Deliktes bewußt war, wird bei Klassifikationen devianten Verhaltens in der Regel nicht beachtet.

Bei allen Klassifikationen wird darauf hingewiesen, daß sowohl aggressives als auch delinquentes Verhalten bei Jungen weitaus häufiger zu beobachten ist; die ungleich höhere Deliktbelastung zeigt sich in allen Altersgruppen (vgl. Petermann, 1997). Im Jahr 1990 stand die Anzahl der tatverdächtigen Jungen und Mädchen unter 18 Jahren im Verhältnis 3 : 1 (Polizeiliche Kriminalstatistik, 1990). Bei der selbstberichteten Delinquenz wurden dagegen geringere Differenzen im Verhalten der Geschlechter festgestellt; die Delinquenzbelastung von Jungen und Mädchen steht hier im Verhältnis 1,3:1 (Albrecht et al., 1991). Aber nicht nur die Häufigkeit, sondern auch die Art und Schwere antisozialer Handlungen weist eindeutige Beziehungen zum Geschlecht der Täter auf. Weibliche Jugendliche zeigen eher indirektes, nichtkörperliches aggressives Verhalten, während bei männlichen Jugendlichen die direkte Aggression dominiert (Björkqvist, 1994; Fry & Gabriel, 1994). Je schwerer die aggressive Verhaltensstörung ist, desto einseitiger tritt sie bei Jungen auf (vgl. Warschburger & Petermann, 1997). So wird zum Beispiel schwerwiegender Vandalismus häufiger von Jungen begangen, während sich bei geringfügigem vandalistischem Verhalten, wie unerlaubtem Beschriften, Besprühen oder Beschädigen von Sachen, keine Unterschiede zwischen weiblichen und männlichen Jugendlichen zeigen. Ebenso nimmt bei delinquenten Handlungen mit zunehmender Deliktschwere der Anteil der männlichen Täter überproportional zu (Kerner et al., 1990; Albrecht et al., 1991). Bei Delikten wie Diebstahl unter erschwerenden Umständen, Raub und Sachbeschädigung ist unter den Tätern der Anteil der männlichen Jugendlichen überdurchschnittlich hoch, während sich delinquentes Verhalten von Mädchen meistens auf Diebstahl ohne erschwerende Umstände beschränkt (Polizeiliche Kriminalstatistik, 1990). Nach Meinung einiger Autoren kann diese deutliche Abhängigkeit aggressiven Verhaltens vom Geschlecht nicht allein durch unterschiedliche Sozialisationsbedingungen und Rollenerwartungen erklärt werden, sondern weist auf mögliche, bisher aber unzureichend erforschte biologische und neuropsychologische Korrelate aggressiven Verhaltens hin (Remschmidt, 1992).

2. Symptomatik und Verhaltensdiagnose

Bei der Beschreibung antisozialen Verhaltens und der Suche nach Ansatzpunkten für gezielte therapeutische Interventionen stellt sich die Frage nach den Ursachen des auffälligen Sozialverhaltens vieler Kinder und Jugendlicher. Daher sollen zunächst einige Entstehungsbedingungen und prädisponierende Faktoren aggressiven und delinquenten Verhaltens erläutert werden.

2.1 Entstehungsbedingungen der Aggression

Das Vorliegen einer genetischen Disposition für aggressives Verhalten wird in der jüngsten Zeit wieder verstärkt diskutiert (Petermann, 1998; Dumas, 1992). Jungen mit einer Störung des Sozialverhaltens, die von Frick et al. (1992) untersucht wurden, hatten zu 40% biologische Eltern, zumeist Väter, die ihrerseits eine antisoziale Persönlichkeitsstörung aufwiesen. Keenan und Shaw (1994) fanden einen Zusammenhang zwischen kriminellem Verhalten der Eltern und aggressivem Verhalten der Kinder. Bislang ist nicht geklärt, ob die häufige Verbindung von elterlichen und kindlichen Aggressionsstörungen allein durch psychosoziale Mechanismen, wie z. B. Modellernen, zu erklären oder auf eine vererbte genetische Prädisposition zurückzuführen ist.

In interaktionistischen Ansätzen, die sowohl biologische als auch soziale Entstehungsbedingungen der Aggression berücksichtigen, wird angenommen, daß einige Gene physiologische Prozesse modulieren, die wiederum das Risiko für antisoziales Verhalten in bestimmten sozialen Umwelten erhöhen. Walsh (1992) konnte in einer Studie mit delinquenten Jugendlichen zeigen, daß in privilegierten sozialen Schichten individuelle genetische und physiologische Besonderheiten im Hinblick auf antisoziales Verhalten eine größere Rolle spielen als Umwelteinflüsse. Dagegen ist in benachteiligten sozialen Schichten ein stärkerer Einfluß negativer Umweltbedingungen anzunehmen, der die Auswirkungen genetischer Dispositionen bei weitem überwiegt. Eine genetische Disposition kann diesen Ergebnissen zufolge das Auftreten aggressiven Verhaltens begünstigen, aber nicht vollständig für die Entwicklung einer Störung des Sozialverhaltens verantwortlich gemacht werden.

In jedem Fall wird aggressives Verhalten auch infolge bestimmter Erziehungseinflüsse erworben und aufrechterhalten. Aggression kann damit als gelerntes Verhalten erklärt werden, das bei einem Wechsel der Umwelteinflüsse prinzipiell veränderbar ist. Aus lerntheoretischer Sicht eignen sich besonders die Prinzipien des operanten Konditionierens und des Modellernens zur Erklärung aggressiven Verhaltens. Folgende drei Verstärkungsprinzipien erhöhen die Auftretenshäufigkeit von Aggression:

1. Eine **positive Verstärkung** der Aggression findet statt, wenn durch das gezeigte Verhalten ein bestimmtes Ziel erreicht wird.
2. Eine **negative Verstärkung** der Aggression findet statt, wenn durch das gezeigte Verhalten ein unangenehmer Zustand verringert werden kann.
3. Aus einer **Duldung** der Aggression durch die soziale Umwelt (z. B. aus Ohnmacht, beruflichem Streß) wird eine stillschweigende Zustimmung zum gezeigten Verhalten abgeleitet.

Nach dem Prinzip des operanten Konditionierens kann aggressives Verhalten als eine Funktion von effektiven, erreichbaren Verstärkern und existierenden Verstärkungskontingenzen betrachtet werden. Besonders leicht erlernen Kinder und Jugendliche das deviante Verhalten demnach in Gruppen, die über wirksame Verstärker verfügen. Auf diesem Hintergrund lassen sich auch die häufig vorkommenden Bandendelikte erklären. Beim Modellernen wird das Verhalten des Modells durch stellvertretende Erfahrung und Verstärkung übernommen (Bandura, 1979). Demnach wird das Auftreten von Aggression bei Kindern und Jugendlichen gefördert, wenn diese in ihrer sozialen Umwelt Personen beobachten können, die aggressives Verhalten zeigen und dafür in irgendeiner Weise belohnt werden.

Der konkrete Entscheidungsprozeß über das Ausagieren einer aggressiven Handlung verläuft nach einem Modell von Kaufmann (1965) in vier Phasen (s. Abb. 2). In der ersten Phase der Wahrnehmung wird über die Bedrohlichkeit eines Umweltreizes befunden. In der darauffolgenden Handlungsauswahl fällt die Entscheidung darüber, ob eine aggressive oder eine nicht-aggressive Reaktion auf den bedrohlichen Reiz erfolgen soll. Die gewählte Reaktionsweise hängt dabei von der Gewohnheitsstärke ab. Ob die Reaktion auch tatsächlich ausgeführt werden soll, wird in einer weiteren Phase entschieden, in der Hemmungspotentiale wirksam werden. Mögliche Reaktionen der sozialen Umwelt auf das gezeigte Verhalten werden in der letzten Phase antizipiert, in der es um die Bewertung von Konsequenzen geht. Typisch für aggressive Kinder ist hier, daß nur kurzfristige Handlungserfolge wahrgenommen und die langfristigen Auswirkungen aggressiven Verhaltens nicht erkannt werden.

2.2 Prädisponierende Faktoren der Aggression

In zahlreichen Untersuchungen konnte eine große Anzahl verschiedener Faktoren ermittelt werden, die das Auftreten einer aggressiven Verhaltensstörung begünstigen. Diese Einflußfaktoren sind unterschiedlichen Ebe-

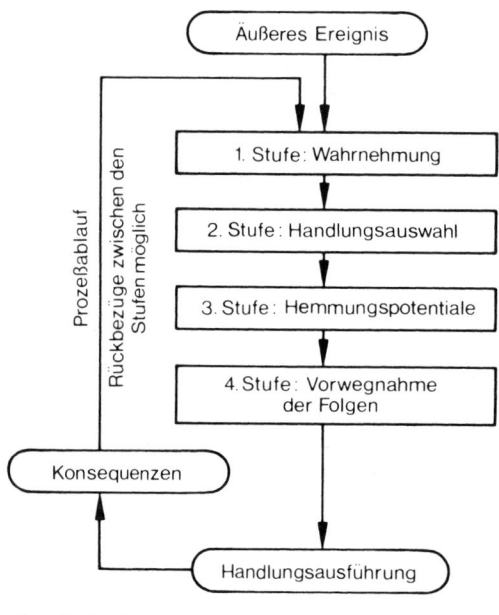

Abb. 2. Auslösende Faktoren von Aggression: Prozeßablauf (nach Petermann & Petermann, 1997)

nen zuzuordnen und beziehen sich sowohl auf die soziale Umwelt als auch auf Verhaltensmerkmale der betroffenen Kinder und Jugendlichen. Im folgenden werden die wichtigsten prädisponierenden Faktoren der Aggression benannt. Wenn einige Faktoren dabei ausführlicher behandelt werden als andere, so spiegelt dies ihren Stellenwert in der aktuellen Aggressionsforschung wider.

Familiäre Einflüsse

Unter den relevanten Umwelteinflüssen ist bei Kindern und Jugendlichen vor allem das familiäre Umfeld von großer Bedeutung. So sind deutliche Bezüge zwischen dem Erziehungsverhalten der Eltern und dem aggressiven Verhalten ihrer Kinder erkennbar. Die Eltern zeichnen sich durch einen Erziehungsstil aus, der die Ausbildung antisozialer Verhaltensweisen fördert (Petermann & Petermann, 1997). Als problematisches Erziehungsverhalten gilt ein inkonsequenter Umgang mit Regeln, eine mangelnde Kontrolle der Regeleinhaltung, die Duldung oder positive Verstärkung aggressiven Verhaltens und ein aggressives Modellverhalten im Umgang mit Konfliktsituationen. Das unangemessene elterliche Verhalten verstärkt somit anfängliche problematische Verhaltensweisen des Kindes, wie etwa trotziges oder unfolgsames Verhalten, und fördert die Ausbildung schwerwiegender Störungen des Sozialverhaltens. Aggressives Kindverhalten kann wiederum unangemessenes elterliches Erziehungsverhalten verstärken, so daß es hier zu einer ungünstigen Wechselbeziehung kommt (Warschburger & Petermann, 1997).

Neben dem Erziehungsverhalten sind aber auch bestimmte Einstellungen der Eltern mit dem Auftreten aggressiven Verhaltens beim Kind assoziiert. Nach einer Untersuchung von Keltikangas-Järvinen (1990) haben Mütter, die internale Kontrollüberzeugungen vertreten und ein hohes Maß an personaler Verantwortlichkeit empfinden, häufiger nicht-aggressive Kinder, während Mütter, die keine personalen Kontrollmöglichkeiten erleben, häufiger aggressive Kinder haben. Die elterliche Überzeugung, daß die meisten Ereignisse im Leben unbeeinflußbar sind und ein aktiver Einsatz der eigenen Person daher sinnlos ist, scheint somit ein Prädiktor für aggressives Kindverhalten zu sein.

Radonovic (1993) und Oliver et al. (1994) weisen auf den Zusammenhang von elterlichen Konflikten beziehungsweise Konfliktverhalten und dem antisozialen Verhalten ihrer Kinder hin. Aggressives Elternverhalten in Konfliksituationen korreliert mit mangelnden Konfliktlösefähigkeiten der Kinder und begünstigt vermutlich die Entwicklung eines gestörten Sozialverhaltens.

Familienmerkmale, die als Risikofaktoren für die Entwicklung einer Störung des Sozialverhaltens gelten, beeinflussen sich häufig wechselseitig. Es ist daher schwierig, den Stellenwert einzelner Faktoren im Hinblick auf die aggressive Störung des Kindes abzuschätzen. Frick et al. (1992) gingen in ihrer Studie der Frage nach, ob familiäre Risikofaktoren voneinander unabhängige oder additive beziehungsweise andere interaktive Effekte auf die kindliche Verhaltensstörung haben. Bei den untersuchten aggressiven Kindern fand sich ein hoher Anteil von Eltern mit einer antisozialen Persönlichkeitsstörung oder einer Substanzabhängigkeit. Ebenso gab es in der Gruppe der aggressiven Kinder signifikant mehr Mütter, die ihre Kinder unzureichend überwachten und sich bei disziplinarischen Erziehungsmaßnahmen inkonsequent verhielten, als in der Kontrollgruppe. Multivariate Analysen ergaben, daß das Risiko für eine aggressive Verhaltensstörung des Kindes unabhängig vom Erziehungsverhalten der Mutter erhöht war, wenn bei einem Elternteil eine antisoziale Persönlichkeitsstörung vorlag. Dagegen hatte das mütterliche Erziehungsverhalten allein keinen unabhängigen Effekt auf die aggressive Störung des Kindes. Diesen Ergebnissen zufolge ist ein gestörtes Sozialverhalten der biologischen Eltern ein größerer Risikofaktor für die Ausbildung einer kindlichen Verhaltensstörung als das Erziehungsverhalten der Eltern. Die negativen Auswirkungen antisozialen elterlichen Verhaltens scheinen sich auch dadurch zu bestätigen, daß körperlich mißhandelte Kinder schwere Formen aggressiver Verhaltensstörungen entwickeln (Widom, 1989).

Delinquente Kinder und Jugendliche sind ebenfalls durch familiäre Risikofaktoren stark belastet. In einer Studie von Albrecht et al. (1991) wurde der Zusammenhang von Familienstruktur und Delinquenz überprüft. Bei 13- bis 17jährigen Jugendlichen wurden selbstberichtete strafbare Handlungen, die Schichtzugehörigkeit der Eltern und verschiedene Indikatoren für ein problematisches Elternhaus (broken home) erfaßt. Vor allem bei Familien der unteren sozialen Schichten ergab sich eine hochsignifikante Korrelation zwischen problematischen Familienkonstellationen, z. B. unvollständigen Familien, und einem devianten Verhalten der Jugendlichen.

Mangel an Selbstkontrolle

Aggressive Kinder zeichnen sich durch einen gesteigerten Aktivitätslevel und eine mangelnde Impulskontrolle aus. Dies äußert sich in motorischer Unruhe, unkontrollierten Wutausbrüchen und provokativer Rücksichtslosigkeit (Petermann & Petermann, 1997). Die unzureichende Selbstkontrolle und geringe Frustrationstoleranz führt im Konfliktfall zu übereilten Reaktionen und eskalierenden aggressiven Verhaltensweisen (vgl. Berkowitz, 1989). Besonders in mißverständlichen sozialen Situationen haben aggressive Kinder Probleme, ihre Reaktionen zu kontrollieren (Spetter et al., 1992). Auch delinquente Jugendliche neigen dazu, vor der Ausführung einer aggressiven Handlung wenig zusätzliche Informationen zur Beurteilung der Konfliktsituation einzuholen, sich wenig alternative Handlungsmöglichkeiten zu überlegen und die Konsequenzen der aggressiven Reaktion nicht zu antizipieren (Slaby & Guerra, 1988). Charakteristisch für deviante Jugendliche ist weiterhin ein hoher Stimulationsbedarf, der sich in Spaß an verbotenem und provozierendem Verhalten ausdrückt.

Negatives Selbsterleben

In Studien zum Selbsterleben hat sich gezeigt, daß aggressive Kinder ein geringeres Selbstwertgefühl und negatives Selbstkonzept haben. Zudem verfügen sie nicht über angemessene nicht-aggressive Möglichkeiten zur Selbstbehauptung (z. B. Lochman & Lampron, 1986; Petermann & Petermann, 1997). Aggressives und delinquentes Verhalten kann auf dem Hintergrund eines negativen Selbsterlebens als ein inadäquater Versuch gewertet werden, zu einer positiven Selbsteinschätzung zu kommen. So zeichnen sich nach Slaby und Guerra (1988) delinquente Jugendliche durch die Überzeugung aus, daß aggressives Verhalten das Selbstwertgefühl stärkt und einem negativen Image bei Gleichaltrigen vorbeugt. Eine Stigmatisierung seitens der sozialen Umwelt aufgrund delinquenten Verhaltens scheint sich dagegen negativ auf das Selbsterleben auszuwirken. Dieser Zusammenhang von Selbstkonzept und Delinquenz wurde in einer Studie von Albrecht und van Kampen (1992) bei 14- bis 18jährigen Jugendlichen gefunden. Jugendliche, die nach eigenen Auskünften noch nie eine delinquente Handlung begangen hatten, zeigten im Vergleich zu delinquenten Jugendlichen im Dunkel- und Hellfeld ein signifikant positiveres Selbstkonzept. Die negativsten Angaben zum Selbstkonzept machten Jugendliche, deren Delinquenz aktenkundig geworden war. Außerdem war das Selbstkonzept negativer, je deutlicher die Jugendlichen von ihren Eltern und Freunden in der Rolle des Delinquenten wahrgenommen wurden. Wenngleich die Untersuchung keinen Rückschluß auf kausale Zusammenhänge zuläßt, legen die Ergebnisse den Schluß nahe, daß die polizeiliche Registrierung und strafrechtliche Verfolgung delinquenten Verhaltens sich negativ auf das Selbstkonzept der Täter auswirkt.

Mangel an sozialer Kompetenz

Das Fehlen eines prosozialen Verhaltensrepertoires ist immer wieder als eine der Hauptursachen des aggressiven Sozialverhaltens von Kindern und Jugendlichen diskutiert worden. In einer Beobachtungsstudie von Willner (1991) wurde das Verhalten aggressiver Kinder beim Spiel in einer Gleichaltrigengruppe analysiert. Die beobachteten Jungen beteiligten sich weniger an Spielen und waren häufiger unbeschäftigt, was sich in ziellosen Aktivitäten, wie z. B. rastlosem Umhergehen im Spielzimmer, ausdrückte. Aufgrund der eingeschränkten Gruppenaktivitäten boten sich ihnen auch weniger Gelegenheiten zu Sozialkontakten mit anderen Kindern. Wenn diese zustande kamen, zeigte sich, daß es den aggressiven Jungen im Vergleich zu unauffälligen Gleichaltrigen an sozialen und kommunikativen Fertigkeiten mangelte. Durch das Fehlen dieser grundlegenden sozialen Kompetenz wurde den Kindern eine nicht-aggressive Interaktion mit der sozialen Bezugsgruppe erschwert.

In einer Studie von Spetter et al. (1992) zum Sozialverhalten wurde der soziale Status der untersuchten Kinder innerhalb ihrer Gleichaltrigengruppe berücksichtigt. Die Kinder erhielten die Aufgabe, Lösungen für typische Konflikte mit Gleichaltrigen, die ihnen im Rahmen einer kurzen Geschichte jeweils konkret beschrieben wurden, vorzuschlagen. Die Antworten der Jungen, die von ihren Gleichaltrigen zurückgewiesen und von ihren Lehrern als aggressiv beurteilt wurden, offenbarten ein mangelndes Repertoire an Konfliktbewältigungsstrategien und angemessenem Durchsetzungsvermögen. Demnach sind die Defizite im Sozialverhalten bei aggressiven und zurückgewiesenen Kindern besonders ausgeprägt.

Mangel an Empathie

Bei verhaltensgestörten Kindern und Jugendlichen sind im kognitiven Bereich einige Entwicklungsdefizite auffällig. Aggressives und deviantes Sozialverhalten ist häufig verbunden mit einer niedrigeren Ausprägung allgemeiner kognitiver Fähigkeiten. Besonders die mangelnde Fähigkeit zur Perspektivenübernahme wirkt sich hier negativ aus, da sie ein empathisches Einfühlen in das Erleben anderer Personen erschwert oder unmöglich macht. So sind delinquente Jugendliche ihren Gleichaltrigen hinsichtlich der Fähigkeit zur Rollenübernahme unterlegen (Lee & Prentice, 1988) und daher nur bedingt in der Lage, die Perspektive des Opfers einer aggressiven Handlung einzunehmen.

Abweichend von verhaltensunauffälligen Gleichaltrigen sind auch die moralischen Standpunkte, die aggressive oder delinquente Kinder und Jugendliche vertreten. Dabei weist nicht nur der Inhalt, sondern vielmehr die Struktur moralischer Entscheidungen auf eine Entwicklungsverzögerung hin (Arbuthnot & Gordon, 1986). Der Prozeß der moralischen Urteilsfindung wird aus einer egozentrischen Perspektive heraus vollzogen, die für die unreifen Stufen der Moralentwicklung nach Kohlberg charakteristisch ist. Eine Metaanalyse von 15 Studien zur Moralentwicklung delinquenter Jugendlicher ergab, daß deviantes Verhalten mit einer unterentwickelten moralischen Urteilsfähigkeit einhergeht (Nelson et al., 1990). Die mangelnde Internalisierung moralischer Standards und ein gestörtes Rechtsempfinden führen zu einer Bewertung delinquenter Handlungen, die von der gesellschaftlichen Norm abweicht.

Feindlicher Attributionsstil

Bei aggressiven Kindern und Jugendlichen ist immer wieder eine einseitig-verfälschende Wahrnehmung und Mißdeutung sozialer Situationen beobachtet worden. In sozialpsychologischen Erklärungsansätzen des antisozialen Verhaltens wird in dieser Wahrnehmungstendenz das Auslösemoment für aggressive Handlungen gesehen. Die zentrale Aussage der Theorie zur sozialen Informationsverarbeitung nach Dodge (zusammenfassend: Dodge et al., 1990) ist, daß ein bestimmter Attributionsstil für aggressives Verhalten prädisponiert. Demnach neigen aggressive Kinder und Jugendliche dazu, in provozierenden Situationen ihren Gleichaltrigen feindliche Intentionen zu unterstellen und aufgrund dieser Interpretation eine Abwehr- und Verteidigungshaltung einzunehmen (Dodge et al., 1984;

Yorke, 1990; Quiggle et al., 1993). Die beschriebene Reaktion erfolgt bei aggressiven Kindern doppelt so häufig wie bei verhaltensunauffälligen Gleichaltrigen und ist besonders ausgeprägt bei Kindern, die von ihren Sozialpartnern zurückgewiesen werden (Dodge et al., 1990).

Diese Art der Wahrnehmung sozialer Konfliktsituationen wird auch bestätigt durch Resultate zur Ursachenattribuierung aggressiver Handlungen. In den meisten Fällen beschreiben Kinder ihr eigenes antisoziales Verhalten als Eskalationsaggression oder Protestaggression, d. h. als Reaktion auf ein initial aggressives Verhalten einer anderen Person (Hobrücker, 1990). Eine Umstrukturierung dieser Kausalitätszuweisungen im Sinne einer verstärkten Wahrnehmung von Eigenverantwortlichkeit für aggressive Handlungen ging bei den befragten Kindern mit einer Symptomverbesserung einher. Derselbe Attributionsstil zeigte sich in einer Untersuchung mit straffällig gewordenen Jugendlichen, die in Konfliktsituationen dazu neigen, den jeweiligen Mitstreitern die Schuld zuzuschreiben (Fondacaro & Heller, 1990).

In einer Studie mit delinquenten, männlichen Jugendlichen untersuchten Dodge et al. (1990) den Zusammenhang zwischen auffälligen Attributionsmustern und verschiedenen charakteristischen Beschreibungsmerkmalen und Diagnosen aggressiver Verhaltensstörungen. Bei den 14- bis 19jährigen Probanden korrelierte das Ausmaß, in dem den Sozialpartnern feindliche Intentionen unterstellt wurden, positiv mit dem Auftreten reaktiver Aggression und personenbezogener, gewalttätiger Delinquenz. Ebenso ergab sich eine signifikante Beziehung zwischen dem beschriebenen Attributionsstil und der Diagnose einer nicht-sozialisierten aggressiven Verhaltensstörung.

Wodurch die verfälschenden Wahrnehmungsprozesse aggressiver Kinder bedingt sind, ist bislang nicht näher beschrieben worden. Es besteht jedoch die Annahme, daß die Mißdeutung persönlicher Absichten durch Wahrnehmungsstörungen bedingt ist. Aggressive Kinder haben auch außerhalb sozialer Konfliktsituationen Schwierigkeiten, die Mimik und Gestik anderer Personen zu deuten und vom Verhalten auf zugrundeliegende Intentionen zu schließen (Dodge et al., 1990). Das Vorliegen einer Wahrnehmungsstörung wird weiterhin durch die Ergebnisse einer Studie von Hurt und Naglieri (1992) nahegelegt. Danach waren männliche delinquente Jugendliche einer gleichaltrigen Kontrollgruppe bei Aufgaben zur visuellen Aufmerksamkeit deutlich unterlegen.

2.3 Ausdrucksformen der Aggression

Bei der Symptomatik aggressiven Verhaltens sind zunächst zwei Arten der Aggression gegeneinander abzugrenzen. Wird das aggressive Verhalten zur Angstbewältigung eingesetzt und als spontaner Gefühlsausdruck geäußert, spricht man von angstmotivierter oder expressiver Aggression. Hiervon zu unterscheiden ist antisoziales Verhalten, das bewußt zur Zielerreichung oder zur zielgerichteten Schädigung eingesetzt und daher als instrumentelle Aggression bezeichnet wird (Petermann & Petermann, 1996a). Die Ausdrucksformen der Aggression lassen sich hinsichtlich unterschiedlicher Dimensionen beschreiben (s. Tab. 2).

Daran wird deutlich, daß die körperliche Aggressivität bei Störungen des Sozialverhaltens keineswegs zentral, sondern nur eine Facette vielfältiger Ausdrucksmöglichkeiten ist. Nach Spetter et al. (1992) setzen aggressive Kinder, die von ihrer sozialen Bezugsgruppe zurückgewiesen werden, nicht häufiger körperliche Aggressivität ein als ihre Gleichaltrigen. Vielmehr unterschei-

Tabelle 2. Ausdrucksformen der Aggression (nach Petermann & Petermann, 1997)

Formen der Aggression		
offen-gezeigt	⟵⟶	verdeckt-hinterhältig
körperlich	⟵⟶	verbal
aktiv-ausübend	⟵⟶	passiv-erfahrend
direkt	⟵⟶	indirekt
nach außen-gewandt	⟵⟶	nach innen-gewandt

den sie sich von anderen dadurch, daß sie ein höheres Ausmaß indirekter Aggression zeigen. Verschiedene Ausdrucksformen kindlicher Aggression werden von Gleichaltrigen unterschiedlich beurteilt (Willis & Foster, 1990). So löst provoziertes aggressives Verhalten bei 10- bis 13jährigen Jungen weniger Antipathie gegenüber dem Aggressor aus als nicht-provoziertes aggressives Verhalten. Ferner wird das provozierte aggressive Verhalten stärker auf externale Ursachen attribuiert, und eine Bestrafung erscheint den Kindern in diesem Fall weniger angemessen. Feindselige und instrumentelle Aggression wird dagegen von Jungen dieses Alters nicht als unterschiedlich wahrgenommen und führt somit zu vergleichbaren Bewertungen.

Bei den Ausdrucksformen aggressiven Verhaltens lassen sich typische Entwicklungsverläufe aufzeigen. Björkqvist et al. (1992) zeigten geschlechtsspezifische Entwicklungstrends bezüglich des Auftretens direkter und indirekter Aggression anhand einer Untersuchung auf, bei der drei Altersgruppen, nämlich 8-, 11- und 15jährige Schüler, hinsichtlich aggressiver Verhaltensweisen miteinander verglichen wurden. Mädchen der beiden älteren Altersgruppen machten häufiger Gebrauch von indirekter Aggression, während Jungen stärker dazu tendierten, direkte Aggression einzusetzen. Diesen Ergebnissen zufolge lassen sich Unterschiede im aggressiven Verhalten beider Geschlechter besser durch die Differenzierung von direkter und indirekter Aggression als durch die Unterscheidung von physischer und verbaler Aggression charakterisieren. In der Studie zeigten sich noch weitere Alterstrends, die für Jungen und Mädchen gleichermaßen gelten. Zum einen war bei den 11jährigen Schülern das höchste Ausmaß aggressiver Handlungen zu verzeichnen, zum anderen nahm mit dem Alter die Häufigkeit verbaler Aggression zu. Faßt man diese Entwicklungstrends zusammen, läßt sich feststellen, daß in der normalen Entwicklung aggressive Konfliktlösungsstrategien zunehmend verbal ausgetragen bzw. durch den Einsatz sozial verträglicher Strategien abgelöst werden. Die Entwicklung klinisch auffälligen aggressiven Verhaltens zeigt dagegen in der Regel einen umgekehrten Verlauf. Zwar verbessern sich leichte Formen einer aggressiven Verhaltensstörung häufig im Verlauf der Entwicklung, bei schweren Formen besteht jedoch die Gefahr der Chronifizierung.

2.4 Verlauf der Verhaltensstörung

Die Ergebnisse zur Entwicklungspsychopathologie aggressiven Verhaltens haben zur Identifikation von Risikofaktoren geführt, die bereits von der frühen Kindheit an die Entstehung dieser Verhaltensstörungen begünstigen (vgl. Warschburger & Petermann, 1997). Loeber (1990) beschreibt die Abfolge typischer, aufeinander aufbauender Verhaltensauffälligkeiten im Entwicklungsverlauf (s. Abb. 3). Aggressive Kinder entwickeln im Verlauf ihrer Verhaltensstörung in der Regel zunehmend massivere Verhaltensauffälligkeiten. Schwere Störungen des Sozialverhaltens gehen im Jugendalter häufig in Delinquenz über und können im Erwachsenenalter als Antisoziale Persönlichkeitsstörung fortbestehen. Nach Loeber (1990) geht ein bestimmtes Verhaltensmuster antisozialer Kinder mit einem hohen Risiko für eine spätere Devianz im Jugend- und Erwachsenenalter einher. Bei einem frühen Beginn der Störung, einer großen Anzahl betroffener Lebensbereiche und einer hohen Frequenz und Vielfalt des Problemverhaltens ist die Wahrscheinlichkeit für das Auftreten delinquenten Verhaltens in einem späteren Lebensabschnitt deutlich erhöht.

Bei der Erklärung und Beschreibung des Verlaufs aggressiver Verhaltensstörungen konzentriert sich die aktuelle Forschung auf entwicklungspsychopathologische Auffälligkeiten des betroffenen Kindes und seiner Herkunftsfamilie (z. B. Patterson et al., 1989; Loeber, 1990; Frick et al., 1992). Nach Dumas (1992) gibt es mindestens zwei unterschiedliche Entwicklungsverläufe, die zur Ausbildung einer Störung des Sozialverhaltens führen. Diese lassen sich

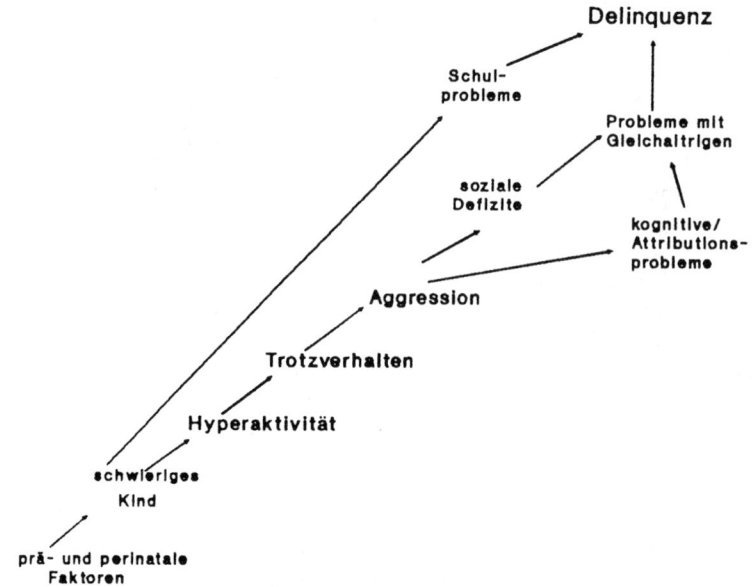

Abb. 3. Entwicklungsverlauf antisozialen Verhaltens nach Loeber (aus Warschburger & Petermann, 1997, S. 98)

am besten durch einen frühen und einen späten Beginn der Verhaltensprobleme charakterisieren. Kinder mit einem frühen Beginn der Störung erwerben ihre dysfunktionalen Verhaltensmuster größtenteils während der Vorschulzeit in ihrem familiären Umfeld. Anfangs ist bei diesen Kindern häufig aufsässiges, trotziges oder unfolgsames Verhalten, also eine Symptomatik, die auf eine Störung mit oppositionellem Trotzverhalten hinweist, zu beobachten. Nach der Einschulung zeigen sich dann die bestehenden Defizite im Sozialverhalten, die zu Problemen im Umgang mit den Lehrern und Mitschülern führen. Bei diesem Beginn der Störung sind die Kinder für eine mangelnde soziale und schulische Anpassung sowie für die Entwicklung einer chronischen Verhaltensstörung prädestiniert. Im Laufe der Zeit zeigen sie immer neue, vielfältigere und meistens auch schwerwiegendere antisoziale Handlungen; viele von ihnen werden im Jugendalter straffällig. Entsprechend der Schwere der Symptome und der ausgeprägten Defizite im Sozialverhalten ist die Remissionsrate bei diesem Entwicklungsverlauf gering. Dagegen zeigen Kinder mit einem späten Beginn der Störung antisoziale Verhaltensweisen erst in der späten Kindheit oder frühen Adoleszenz. Typisch für diese Kinder ist die starke Beeinflussung durch antisoziale Gleichaltrige, während das familiäre Umfeld in dieser Entwicklungsphase nur eine sekundäre Rolle spielt. In der Regel sind sie etwas besser angepaßt als Kinder mit frühen Verhaltensproblemen und weisen zumindest grundlegende soziale und schulische Fertigkeiten auf. Auch bestehen ihre antisozialen Handlungen meistens aus nicht-gewalttätigen Delikten, wie Diebstahl, Betrug oder Substanzmißbrauch. Dementsprechend sind therapeutische Interventionen bei diesen Kindern aussichtsreicher.

Da Kinder mit einem frühen Beginn der Verhaltensstörung die größeren Probleme zeigen und auch die Hauptzielgruppe therapeutischer Interventionen sind (Dumas, 1992), soll die psychopathologische Entwicklung dieser Kinder im folgenden näher betrachtet werden. Eine umfassende Theo-

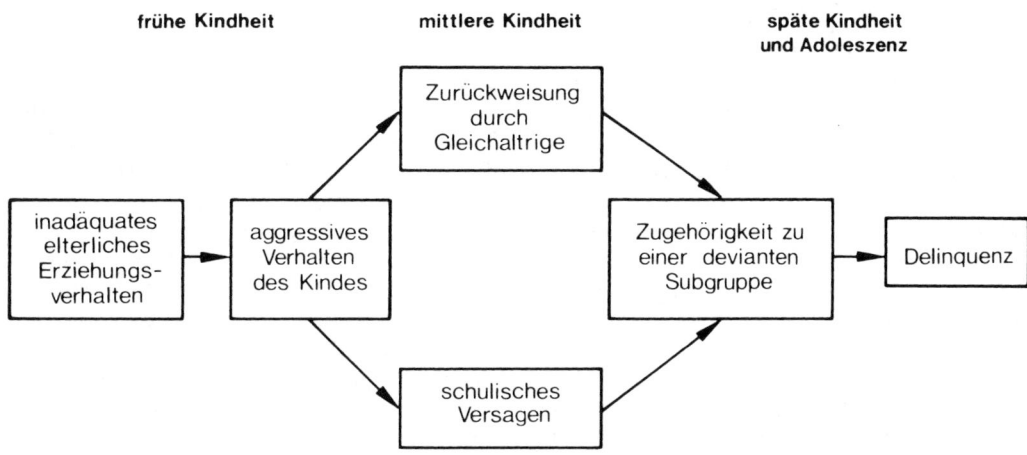

Abb. 4. Entwicklungsmodell aggressiver Verhaltensstörungen nach Patterson et al. (1989)

rie über die Entstehung und den Verlauf einer Störung des Sozialverhaltens stellten Patterson und Bank (1989) vor. Die Autoren gehen in ihrem vierstufigen Entwicklungsmodell (s. Abb. 4) von folgenden Grundannahmen aus: Eine aggressive Verhaltensstörung entsteht über einen langen Zeitraum, wobei jedes Kind erkennbare Entwicklungssequenzen durchlebt und die Schwere der Störung von anfangs relativ trivialen Erscheinungen bis hin zu pathologischen Auffälligkeiten stetig zunimmt.

Die erste Stufe des Prozesses wird durch eine Störung des Interaktionsverhaltens in der Familie eingeleitet. Meistens ist das Kind in dieser Phase lediglich unfolgsam und unkooperativ, reagiert jedoch noch nicht mit schwerwiegendem aggressiven Verhalten. Das Problem seitens der Eltern liegt in einem unangemessenen Erziehungsverhalten, welches das kindliche Verhalten verstärkt, anstatt es abzubauen. Zudem wird den Kindern häufig wenig Aufmerksamkeit geschenkt; die Eltern wissen z. B. häufig nicht, wo und mit wem ihr Kind die außerhäusliche Freizeit verbringt. Die angespannte Familiensituation kann sich durch problematische Verhaltensmerkmale der beteiligten Personen noch weiter zuspitzen. So erhöht beispielsweise antisoziales Verhalten der Eltern oder eine Hyperaktivität des Kindes das Risiko für den Zusammenbruch der familiären Interaktion. Darüber hinaus ist auch ein niedriger sozialer Status der Familie ein Risikofaktor, da er häufig mit einer mangelnden sozialen Kompetenz der Eltern und folglich auch mit einem problematischen Erziehungsverhalten einhergeht. Weitere Störfaktoren, wie z. B. langzeitige Arbeitslosigkeit eines Familienmitgliedes oder Ehekonflikte, können die familiäre Streßsituation verstärken. Die zunehmende Auffälligkeit des Kindes führt schließlich dazu, daß es von den hilflos reagierenden Eltern zurückgewiesen und abgelehnt wird.

Die beschriebene familiäre Konfliktsituation führt zu bidirektionalen Effekten zwischen den Familienmitgliedern, d. h. zu einer wechselseitigen Beeinflussung des Verhaltens von Eltern und Kindern. In einer Langzeitstudie konnten Patterson und Bank (1989) belegen, daß ein stabiles Problemverhalten des Kindes mit einem stabilen Elternverhalten einhergeht, also beide Verhaltensweisen sich gegenseitig aufrechterhalten.

Entscheidend ist auch der Zeitpunkt des Eintretens der familiären Krise. Entsteht die Störung bereits im frühen Kindesalter, fehlen dem Kind später die sozialen Fertigkeiten, um Kontakte aufzubauen und sich in Gruppen zu integrieren. Ein früher Beginn der Störung des Sozialverhaltens ist daher auch ein Prädiktor für einen chronischen Verlauf. Bei einem späteren Eintreten der Verhaltensstörung hat das Kind dagegen wahrscheinlich schon grundlegende soziale Fertigkeiten erworben, die ihm einen Ausstieg aus dissozialen Bezugsgruppen erleichtern.

Im zweiten Schritt des Entwicklungsprozesses folgen die Reaktionen der sozialen Umwelt auf das problematische Sozialverhalten des Kindes. Die Autoren nehmen an, daß das Kind seine antisozialen Verhaltensweisen vom familiären auf das schulische Umfeld generalisiert. Da das unverträgliche Verhalten von den Gleichaltrigen nicht aufgehalten werden kann, wird das aggressive Kind zurückgewiesen und sozial isoliert. Hinzu kommen häufig schulische Leistungsprobleme verhaltensauffälliger Kinder. Das Ergebnis ist ein doppeltes Versagen des aggressiven Kindes: Es kann sich nicht in seine soziale Bezugsgruppe integrieren, und es scheitert an den schulischen Anforderungen.

Der dritte Schritt in der Entwicklung des antisozialen Verhaltens ist gekennzeichnet durch die Reaktionen des aggressiven Kindes auf seine familiäre und schulische Situation. Als Folge der Zurückweisung in diesen beiden sozialen Umwelten sucht das aggressive Kind Zuflucht zu einer devianten Subgruppe unter den Gleichaltrigen, da nur diese sein Verhalten billigt. Durch diesen Kontakt wird aber gleichzeitig die Möglichkeit, soziale Fertigkeiten zu erwerben, weiter eingeschränkt und das Verhaltensrepertoire des Kindes eingeengt. Aggressives und delinquentes Verhalten, das in der Gruppe akzeptiert ist, wird weiterhin positiv verstärkt. Die Integration in eine dissoziale Bezugsgruppe erhöht daher die Wahrscheinlichkeit, daß das Kind sein antisoziales Verhalten beibehält. Zudem führt auch die geringe elterliche Aufmerksamkeit und das mangelnde Interesse an den außerhäuslichen Freizeitaktivitäten des Kindes dazu, daß es sich zunehmend in illegale Aktivitäten verwickeln kann, ohne entdeckt zu werden und Sanktionen zu erfahren.

Auf der vierten und letzten Stufe führt das delinquente Verhalten schließlich zur registrierten Straffälligkeit und gesellschaftlichen Sanktionen.

Auf jeder Stufe dieses pathologischen Prozesses sind präventive und therapeutische Maßnahmen möglich, die eine Weiterentwicklung der Verhaltensstörung aufhalten und die bestehenden Defizite im Sozialverhalten gezielt bearbeiten. Je früher im Verlauf der Störung Interventionen stattfinden, desto aussichtsreicher ist die Verhinderung schwerer antisozialer bzw. delinquenter Handlungen, die erst infolge einer schweren Entwicklungsstörung auftreten (Loeber, 1990). Beispielsweise unterscheiden sich Kinder, die Brände anstiften, von Kindern, die andere aggressive Handlungen begehen, durch ein stärkeres Ausmaß verdeckter und offener antisozialer Verhaltensweisen, höhere Impulsivität, niedrigere soziale Kompetenz, ein geringeres Selbstbewußtsein und vermehrte Schulprobleme (Kolko & Kazdin, 1991). Die Gruppe der Brandstifter zeichnet sich demnach durch vergleichsweise extreme psychopathologische Auffälligkeiten aus, die ihrerseits zu schwerwiegenden Delikten führen. Je weiter jedoch die Entwicklung des auffälligen Verhaltens hin zu schwerwiegenden antisozialen Handlungen voranschreitet, desto unwahrscheinlicher wird die Rückkehr zu einem angemessenen Sozialverhalten. Dies ist auch dadurch zu erklären, daß mit zunehmendem Schweregrad des devianten Verhaltens bei den Jugendlichen eine immer größere Bandbreite antisozialer Verhaltensweisen zu beobachten ist. Je generalisierter das Problemverhalten auftritt, desto schwieriger ist es, Verhaltensänderungen zu bewirken, und desto schlechter ist demnach die Langzeitprognose.

2.5 Erstellen einer Verhaltensdiagnose

Im Vorfeld therapeutischer Interventionen ist eine differenzierte Verhaltensdiagnose zu treffen. Nur durch eine umfassende Situationsanalyse ist es möglich, Faktoren zu identifizieren, die aggressives Verhalten auslösen und aufrechterhalten. Geeignete diagnostische Zugänge sind die Exploration, die Verhaltensbeobachtung und standardisierte Verfahren zur Erfassung aggressiven Verhaltens (Luiselli, 1991).

Exploration

Eine ausführliche Anamnese eignet sich dazu, detaillierte Informationen über die Entwicklung des Kindes, die familiäre Interaktion, die häusliche Umgebung und die aktuelle Symptomatik der aggressiven Verhaltensstörung zu sammeln. Ein Beispiel für den Ablauf einer solchen Anamnese ist der von Petermann und Petermann (1997) entwickelte halbstrukturierte Elternexplorationsbogen. Mit Hilfe dieses Gesprächsleitfadens werden Daten zur sozioökonomischen Situation der Familie und den sozialen Beziehungen des Kindes erhoben; ferner wird eine allgemeine Analyse des Problemverhaltens sowie eine Verhaltensanalyse des schulischen Verhaltens, der Beziehungen zu Geschwistern und Gleichaltrigen und der Eltern-Kind-Beziehung vorgenommen (s. Tab. 3).

Verhaltensbeobachtung

Ein direkter Zugang zum Problemverhalten ist die systematische Beobachtung des Kindes bzw. Jugendlichen in unterschiedlichen sozialen Settings. Hier kann die Entstehung aggressiver Reaktionen in Konfliktsituationen unmittelbar erfaßt und analysiert werden. Allerdings erfordert dieses Vorgehen eine aufwendige Protokollierung, bei der die Reaktionen des beobachteten Kindes kategorisiert werden. Mit dem „Beobachtungsbogen für aggressives Verhalten" (BAV; Petermann & Petermann, 1997) liegt ein ausgearbeitetes Kategoriensystem für die Beobachtung aggressiver Verhaltensweisen vor (s. Abb. 5).

Standardisierte Verfahren

Mit standardisierten Testverfahren läßt sich die Ausprägung aggressiven Verhaltens und die klinische Auffälligkeit im Vergleich zu einer Normstichprobe feststellen.

Die folgenden beiden Verfahren für Kinder und Jugendliche sind geeignet, Reaktionen auf Konflikte in konkret beschriebenen Alltagssituationen zu erheben. Mit dem „Erfassungsbogen für aggressives Verhalten in konkreten Situationen" (EAS; Petermann & Petermann, 1996c) können aggressive Verhaltenstendenzen bei 9- bis 13jährigen Kindern erfaßt werden. Der Test besteht aus 22 Situationsbeschreibungen, in denen sowohl bildlich als auch verbal ein Konflikt beschrieben wird. Die drei vorgegebenen Reaktionsmöglichkeiten umfassen jeweils eine sozial erwünschte, eine leicht aggressive und eine schwer aggressive Reaktion (s. Abb. 6).

Parallel zu diesem Verfahren wurde für den Altersbereich der Jugendlichen (14 bis 17 Jahre) ein Verfahren zur Erfassung von „Störungen des Sozialverhaltens in konkreten Situationen" entwickelt (SIKS; Bartz, 1992). Der Test besteht aus der Vorgabe von insgesamt 30 Konfliktsituationen, die jeweils durch ein Bild und einen kurzen Text charakterisiert werden. Wie beim EAS sind auch hier drei Antwortmöglichkeiten vorgegeben, von denen zwei sozial unerwünschte Verhaltensweisen repräsentieren (s. Abb. 7). Das Verfahren liegt in einer ersten Version vor, die Normierung steht allerdings noch aus.

Zwei weitere standardisierte Verfahren, die klinisch relevante Verhaltensauffälligkeiten erfassen, sind die Child Behavior Checklist (CBCL; Achenbach 1991a) und der Youth Self Report (YSR; Achenbach 1991b). Bei beiden Fragebögen ist eine

---

Tabelle 3. Schema der Elternexploration nach Petermann & Petermann (1997)

Elternexplorationsbogen
1. Daten zur Person
2. Soziale Beziehungen
3. Verhaltensanalyse:
   Allgemeiner Teil
4. Verhaltensanalyse:
   Schulisches Verhalten
5. Verhaltensanalyse:
   Beziehungen zu Geschwistern und Gleichaltrigen
6. Verhaltensanalyse: Eltern-Kind-Beziehung
7. Trainingsspezifische Daten

Beobachtungsbogen für aggressives Verhalten (BAV)	
Urteil	Verhalten
_____	1. Kind wird beschimpft und angeschrien.
_____	2. Schadenfreudiges Lachen, zynische Bemerkungen gegenüber Erwachsenen und Kindern, Spotten über andere.
_____	3. Anschreien, anbrüllen und beschimpfen von Erwachsenen und Kindern.
_____	4. Kind wird geboxt, getreten, gestoßen, gekratzt, an den Haaren gezogen und bespuckt.
_____	5. Hinterhältiges beinstellen, stuhlwegziehen, stoßen, schadenfreudiges hilfeverweigern.
_____	6. Boxen, treten, schlagen, stoßen, beißen, kratzen, spucken, haareziehen, beschmutzen von Personen.
_____	7. Selbstbeschimpfen, Selbstironie, Fluchen über eigenes Verhalten (z. B. über einen Fehler)
_____	8. Nägelbeißen, Haareraufen, Kopfanschlagen, selbstschädigende Kopf- und Körperbewegungen.
_____	9. Beschimpfen und verfluchen von Gegenständen.
_____	10. Beschädigen von Gegenständen: beschmieren, treten, zerreißen, beschmutzen, Türe zuknallen und Sachen durch die Luft werfen.
_____	11. Sich angemessen selbstbehaupten: in normaler Lautstärke seine Meinung oder Kritik äußern, keine verletzenden Worte benutzen.
_____	12. Kooperativ- und kompromißbereit: Vorschläge unterbreiten, nachgeben, Regeln einhalten, andere unterstützen.
_____	13. Selbstkontrolle: bei Wut sich mit einer anderen Beschäftigung ablenken, der Steigerung des Konfliktes aus dem Wege gehen, Aufforderungen nachkommen, unaufgefordert Verpflichtungen nachkommen.
_____	14. Einfühlen und Eindenken in das Gegenüber: anderen zuhören, die Meinung eines anderen akzeptieren, nach Ursachen für Konflikte fragen und nachfragen, wie der andere sich fühlt.

Besondere Beobachtungen und Anmerkungen:
_____
_____
_____
_____

Abb. 5. Beobachtungsbogen für aggressives Verhalten (BAV; aus Petermann & Petermann, 1997)

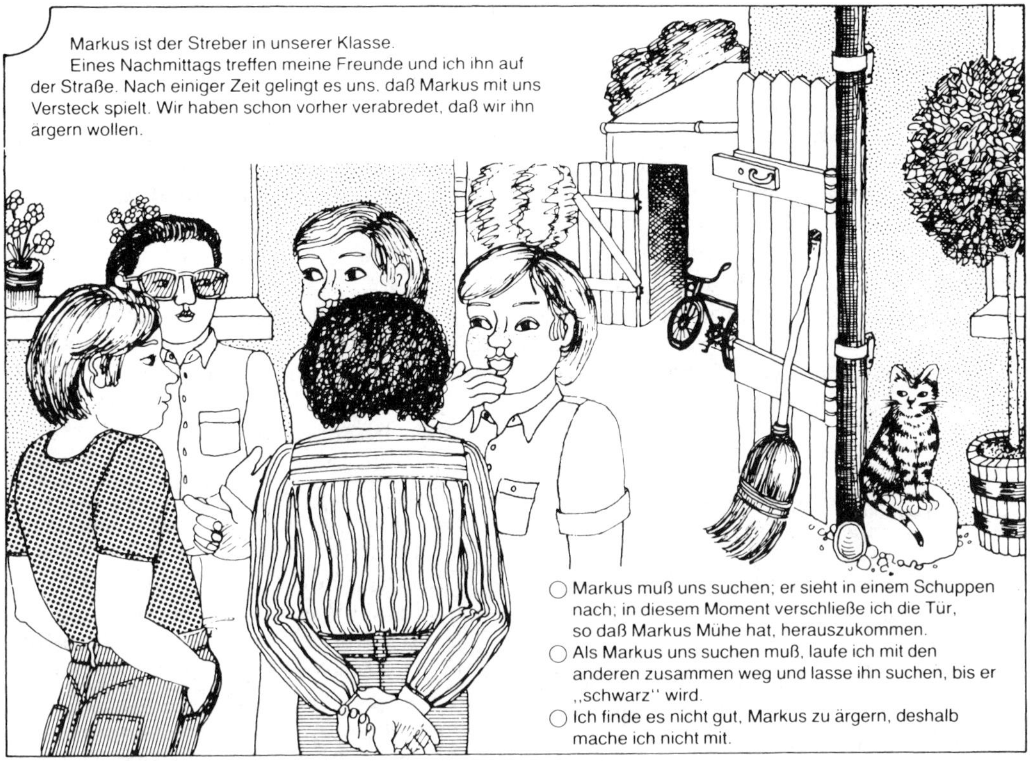

Markus ist der Streber in unserer Klasse. Eines Nachmittags treffen meine Freunde und ich ihn auf der Straße. Nach einiger Zeit gelingt es uns, daß Markus mit uns Versteck spielt. Wir haben schon vorher verabredet, daß wir ihn ärgern wollen.

○ Markus muß uns suchen; er sieht in einem Schuppen nach; in diesem Moment verschließe ich die Tür, so daß Markus Mühe hat, herauszukommen.
○ Als Markus uns suchen muß, laufe ich mit den anderen zusammen weg und lasse ihn suchen, bis er „schwarz" wird.
○ Ich finde es nicht gut, Markus zu ärgern, deshalb mache ich nicht mit.

Abb. 6. Beispielsituation aus dem EAS (Fassung für Jungen: EAS-J; Petermann & Petermann, 1996c)

Beim Einkaufen überlegen meine Freundin und ich, was wir abends unternehmen sollen. Wir haben Langeweile, und uns fällt nichts Gutes ein.

☐ In der Kosmetikabeilung probieren wir Lippenstifte aus. Der erste hat eine so scheußliche Farbe, daß ihn meine Freundin einfach abbricht. Da die anderen auch nicht besser sind, helfe ich ihr dabei

☐ Auf dem Parkplatz draußen steht ein „Bonzenauto". Ich frage meine Freundin: „Sollen wir den nicht ein bischen verschönern?" Im Weggehen verpassen wir dem Auto mit unseren Schlüsseln ein Wellenmuster.

☐ Ich mache den Vorschlag, bei und zu Hause einen Videofilm zu sehen.

Abb. 7. Beispielsituation aus dem SIKS (Fassung für Mädchen: SISK-M; Bartz, 1992)

Profilauswertung möglich, die Auskünfte über aggressives und delinquentes Verhalten der Probanden gibt. Während bei der CBCL von Eltern oder anderen Bezugspersonen eine Fremdeinschätzung des Verhaltens von Kindern im Alter zwischen vier und 16 Jahren eingeholt werden kann, ist mit dem YSR eine Selbsteinschätzung elf- bis 18jähriger Jugendlicher möglich. Seit kurzem liegen von beiden Meßinstrumenten sowohl eine autorisierte deutsche Übersetzung als auch Normen vor. (Arbeitsgruppe deutsche Child Behavior Checklist 1998 a, b; Döpfner et al., 1997)

3. Therapie in der Praxis

3.1 Trainings bei Aggression und Delinquenz

In den vergangenen Jahren wurde eine Reihe von Trainings zum Abbau antisozialer Verhaltensweisen im Kindes- und Jugend-alter entwickelt. Obwohl nach Forehand und Long (1988) noch keine Methode der Wahl zur Prävention und Modifikation aggressiven Verhaltens gefunden ist, lassen sich Unterschiede in der Effektivität verschiedener Trainingsprogramme benennen. Vielversprechend sind vor allem familienorientierte, verhaltenstherapeutische und kognitive Ansätze.

Präventive Trainings

Nach Patterson et al. (1989) sind die Kenntnisse über die psychopathologische Entwicklung aggressiver Verhaltensstörungen inzwischen so gut, daß präventive Maßnahmen eingeleitet werden können. Dabei empfiehlt sich eine Vorgehensweise, bei der schon im Grundschulalter antisoziale oder im Sozialverhalten ungeübte Kinder identifiziert und entsprechenden Trainings zugeführt werden. Hierbei scheint die Kombination eines Kindertrainings, bei dem soziale Fertigkeiten aufgebaut werden, mit einer schulischen Förderung der Kinder sowie einem begleitenden Elterntraining erfolgversprechend.

Familienorientierte Trainings

In familienorientierten Interventionsprogrammen werden die Eltern des aggressiven Kindes verstärkt in die Beratung einbezogen. Die Ergebnisse verschiedener Studien weisen darauf hin, daß ein Elterntraining besonders bei jüngeren Kindern mit antisozialem Verhalten effektiv ist (Patterson et al., 1989).

Welche Einstellungs- und Verhaltensänderungen sich bei Eltern aggressiver Kinder zeigten, die an einem einjährigen Training zur Erhöhung der sozialen Kompetenz teilnahmen, beschrieben Spitzer et al. (1991). Nach ihren Beobachtungen läßt sich der Lernprozeß, den die Eltern im Umgang mit ihrem aggressiven Kind durchlaufen, in fünf Phasen gliedern.

- Die **erste Phase** besteht darin, sich die familiären Probleme offen einzugestehen. Häufig wurde dieses Eingeständnis der Eltern von Wut begleitet, aber auch von der Angst, die Kontrolle über das Kind zu verlieren. Der erlebte Kontrollverlust führte wiederum dazu, daß sich die Eltern deprimiert fühlten und ihre erzieherischen Fähigkeiten anzweifelten. Hinzu kam die Stigmatisierung der betroffenen Familie, die von anderen Familien mit gleichaltrigen Kindern häufig zurückgewiesen und sozial isoliert wurde.
- In der **zweiten Phase** werden die Hilflosigkeits- und Schuldgefühle der Eltern durch eine allmählich wachsende Zuversicht abgelöst, die Verhaltensprobleme des Kindes abbauen zu können. In den ersten Trainingseinheiten erlernten die Eltern neue Erziehungsstrategien, wie z. B. effektive Verstärkung gewünschten Verhaltens oder nicht-aggressive Disziplinierungsmaßnahmen, und setzten diese zu Hause ein. Daraufhin ergaben sich massive Veränderungen in der elterlichen Wahrnehmung des kindlichen Verhaltens. Die Eltern nahmen verstärkt positive Verhaltensweisen ihres Kindes wahr, während das negative Verhalten in den Hintergrund rückte.
- In der **dritten Phase** geben die Eltern ihre anfangs übersteigerten Erwartungen

und Hoffnungen zugunsten einer realistischen Einschätzung der Trainingseffekte auf. Die veränderte Erwartungshaltung läßt sich dadurch erklären, daß die meisten Eltern nach anfänglichen Erfolgen auch Rückschläge im Verhalten des Kindes erlebten.
- Die individuelle Gestaltung der trainierten erzieherischen Fertigkeiten kennzeichnet die **vierte Phase**. Die Eltern lernten, die Erziehungsstrategien zu generalisieren und sie ihrer familiären Situation sowie ihrem persönlichen Erziehungsstil anzupassen.
- In der **fünften und letzten Phase** gelingt schließlich ein angemessener Umgang mit dem problematischen Verhalten des Kindes. Die Eltern, die das Training erfolgreich durchliefen und diese Phase erreichten, zeichneten sich dadurch aus, daß sie die Bedürfnisse und Probleme ihres Kindes besser erkennen und verstehen konnten. Sie gewannen Selbstvertrauen in ihre eigenen erzieherischen Fähigkeiten und waren zuversichtlich, auch zukünftige Probleme bewältigen zu können.

Kognitiv-behaviorale Trainings

Einen weiteren Schwerpunkt bilden Programme zur Verbesserung kognitiver Fähigkeiten. Das Therapieziel ist in der Annahme begründet, daß bestimmte kognitive Fähigkeiten, wie z. B. die Fähigkeit zur Empathie und Rollenübernahme, bei aggressiven Kindern und Jugendlichen unzureichend ausgebildet sind. Solche Programme werden mit Erfolg seit mehr als zehn Jahren vom Center of Research on Aggression (1983) und der Arbeitsgruppe um Apter und Goldstein (1986) angewandt und evaluiert.

Ebenfalls erfolgreich und daher richtungsweisend sind kognitiv-behaviorale Trainings, die verhaltenstherapeutisch ausgerichtet sind und den aggressiven Kindern neue Problemlösefähigkeiten vermitteln (Goldstein & Keller, 1987; Kazdin et al. 1987 a, 1989). Im deutschsprachigen Raum entwickelte Verhaltenstrainings, die diese Komponenten enthalten, sind die Trainings mit Kindern und Jugendlichen von Petermann und Petermann (1996a, 1996b, 1997), wovon zwei im folgenden ausführlich dargestellt werden.

3.2 Ziele und Vorgehen des Trainings mit Kindern und Jugendlichen

Die Ziele und das therapeutische Vorgehen in der Praxis sollen am Beispiel des Verhaltenstrainings mit aggressiven Kindern (Petermann & Petermann, 1997) und des Trainings mit Jugendlichen (Petermann & Petermann, 1996a) aufgezeigt werden.

Das Training mit aggressiven Kindern enthält folgende Elemente, die alters- und voraussetzungsspezifisch ausgestaltet werden können (vgl. auch Petermann & Vianden-Gabriel, 1992):
1. *Einzeltraining.* Das Einzeltraining mit den Kindern umfaßt sechs bis acht Sitzungen à 60 Minuten.
2. *Gruppentraining.* Das anschließende Gruppentraining umfaßt sechs bis zehn Stunden à 60 Minuten.
3. *Elternberatung.* Die trainingsbegleitende Elternberatung umfaßt mindestens vier Kontakte à zwei Stunden.

In der Regel wird das Training mit aggressiven Kindern ambulant durchgeführt, es kann aber auch in stationären Einrichtungen, wie z. B. Heimen, eingesetzt werden. Steinke (1990) stellte Faustregeln zur Implementation des Trainings in stationäre psychosoziale Organisationen auf. Demnach kann der Prozeß der Ein- und Durchführung dieses Behandlungsprogramms durch bestimmte innovationsfördernde Merkmale der Institution erleichtert werden. So sollte das verhaltenstherapeutisch orientierte Training mit dem pädagogischen Konzept der Institution vereinbar sein. Der Transfer der erlernten Verhaltensweisen auf alltägliche Situationen wird erleichtert, wenn die pädagogischen Mitarbeiter den Kindern eine klare Norm- und Regelorientierung vorgeben und eindeutige Afforderungen mit verstehbaren Konsequenzen an sie richten. Das Training ist außerdem erfolgversprechender, wenn sich nicht ausschließlich Kinder mit einer aggressiven Verhaltensstörung in der Institution befinden, sondern auch Kinder, die prosoziales Verhalten zeigen. Wichtig ist weiterhin eine intensive Vorbereitung aller in der jeweiligen Institution tätigen Mitarbeiter auf die Maßnahme. Während bei der ambulanten Durchführung des Trainings eine parallele Elternberatung stattfindet, sollte bei der stationären Anwendung schon vor Trainingsbeginn eine Schulung der Mitarbeiter erfolgen. Für die erfolgreiche Durchführung des Trainings ist auch entscheidend, daß der Berater an alltäglichen Aktivitäten der Kinder in ihrem stationären Umfeld teilnimmt. Dies dient beispielsweise der systematischen Verhaltensbeobachtung der Kinder, der Sammlung typischer Szenen für Rollenspiele sowie der Beobachtung und Unterstützung der Kinder bei der Anwendung neu erworbener Verhaltensweisen. Ferner hat es sich als günstig erwiesen, wenn die Trainer sich mit in der Betreuung engagieren und einen intensiven Kontakt zu den Mitarbeitern auf der Station pflegen.

Mit dem Training für aggressive Kinder werden folgende Ziele angestrebt:

Motorische Ruhe und Entspannung

Charakteristisch für aggressive Kinder ist eine angespannte Körperhaltung und eine ständige psychische Anspannung durch das Gefühl einer permanenten Bedrohung. Da körperliche Anspannung dem weiteren Vorgehen hinderlich ist, wird die motorische Unruhe der Kinder zunächst durch ein Entspannungstraining abgebaut. In einem entspannten und damit oftmals erst aufnahmebereiten Zustand können Lernprozesse positiv beeinflußt werden (Petermann & Kusch, 1993). Entspannungsverfahren (z. B. imaginative Verfahren) begünstigen damit den Einsatz und die Wirkung der Verhaltenstherapie mit aggressiven Kindern. Als kindgemäßes Verfahren kommt eine bildgetragene Entspannungsgeschichte (die sogenannte Kapitän-Nemo-Geschichte, s. Kasten) zur Anwendung, in deren Rahmen die ersten beiden Grundübungen des Autogenen Trainings, nämlich die Ruhe- und die Schwereinstruktion, integriert werden können.

Kasten: Auszug aus der Kapitän-Nemo-Geschichte, Ruheinstruktion (Petermann & Petermann, 1993)

Die Kapitän-Nemo-Geschichte

„Stelle Dir vor, Du bist von Kapitän NEMO in sein Unterwasserboot NAUTILUS eingeladen worden. Ihr fahrt gemeinsam durch alle Weltmeere und seht viele wunderschöne Dinge unter Wasser. Die schönsten Stunden sind immer die, wenn Kapitän NEMO Dich auf seine Unterwasserausflüge mitnimmt. Dazu ziehst Du einen speziellen Taucheranzug an. Er hat eine besondere Wirkung auf Dich; Du merkst nämlich schon beim Anziehen, daß Du vollkommen ruhig wirst. Zuerst steigst Du mit dem rechten Bein in den Taucheranzug. Du merkst und denkst: MEIN RECHTES BEIN IST GANZ RUHIG. Dann kommt das linke Bein dran. Auch das linke Bein wird ganz ruhig. Du denkst: MEINE BEINE SIND SCHON VOLLKOMMEN RUHIG. Du ziehst den Taucheranzug über den Po und den Rücken hoch. Dann schlüpfst Du mit dem rechten Arm in den Taucheranzug, und Du denkst: MEIN RECHTER ARM IST GANZ RUHIG. Du ziehst den linken Arm an, und er wird auch vollkommen ruhig. Du denkst: MEINE BEIDEN ARME SIND VOLLKOMMEN RUHIG. Du ziehst noch die Kapuze über den Kopf und machst den Reißverschluß vorne zu. Jetzt bist Du vom Taucheranzug rundherum eingehüllt und geschützt. Du fühlst Dich im Taucheranzug wohl, sicher und vollkommen ruhig. Zum Schluß ziehst Du noch die Schwimmflossen an, nimmst das Sauerstoffgerät auf den Rücken und setzt die Taucherbrille auf. Jetzt bist Du für den Unterwasserausflug mit Kapitän NEMO bereit."

Differenzierte Wahrnehmung

Da aggressives Verhalten u. a. auf einer undifferenzierten Wahrnehmung sozialer Konfliktsituationen beruht, sollen die Kinder zu einer genaueren Beobachtung und realitätsgerechten Wahrnehmung eines Handlungsablaufs befähigt werden. Hierzu zählt das empathische Einfühlen in andere Personen, das Diskriminieren unterschiedlicher Konfliktlösungen und das Antizipieren von Konsequenzen der eigenen Reaktion.

Angestrebt wird also eine Reizdifferenzierung, um Hinweisreize sozialer Situationen richtig interpretieren zu können, und eine Reaktionsdifferenzierung, um aus einer Reihe von Handlungsmöglichkeiten angemessene Reaktionen auswählen zu können. Im Training mit aggressiven Kindern werden dazu folgende Materialien eingesetzt:
- *Videofilme* mit Konfliktsituationen, die das Kind mit dem Therapeuten schrittweise bearbeitet und im Rollenspiel nachspielt
- *Wahrnehmungsspiele* (z. B. „Vertragen und nicht schlagen"; vgl. Anhang zum Manual von Petermann & Petermann, 1997)
- *Erfassungsbogen für aggressives Verhalten* (EAS; vgl. Petermann & Petermann, 1996c)

Angemessene Selbstbehauptung

Ein weiteres Lernziel liegt darin, angemessene Formen der Selbstbehauptung zu er-proben. Diese sollen das Kind in die Lage versetzen, eigene Meinungen und Gefühle, z. B. den eigenen Standpunkt in einem Streitfall, Kritik an anderen Personen oder Ärger in Konfliktsituationen, adäquat äußern zu können. Dieses nicht-aggressive Konkurrenzverhalten wird in gelenkten und thematisch vorgegebenen Rollenspielen eingeübt.

Kooperation und Hilfeverhalten

Prosoziales Verhalten hemmt das Auftreten aggressiver Reaktionen und bietet Möglichkeiten zu alternativen Konfliktlösungsstrategien. Daher soll bei den Kindern im strukturierten (s. o.) Rollenspiel kooperatives und helfendes Verhalten aufgebaut werden.

Selbstkontrolle

Um die Auftretenshäufigkeit antisozialer Verhaltensweisen zu vermindern, sollen die Kinder lernen, ihre aggressiven Impulse in Konfliktsituationen besser zu kontrollieren. Hierzu wird zunächst einmal mittels eines kindgerechten Protokollbogens (Detektivbogen, s. Abb. 8) die Selbstbeobachtung des Verhaltens in Konfliktsituationen gefördert. Durch die Einführung in Selbststeuerungstechniken sollen dem Kind Möglichkeiten der Selbstkontrolle aufgezeigt werden. Die Unterbrechung des impulsiven Verhaltens erfolgt beispielsweise durch entsprechende Selbstverbalisationen (Meichenbaum, 1979; vgl. Abb. 9).

Einfühlungsvermögen

Da ein geringes Einfühlungsvermögen mit einer hohen Selbstbezogenheit und Aggressionsneigung korreliert (Miller & Eisenberg, 1988), liegt ein weiteres Trainingsziel darin, die Fähigkeit zur Rollenübernahme und den Aufbau von Empathie zu fördern. Die Kinder sollen lernen, sich in die Opfer ihrer antisozialen Handlungen hineinzuversetzen, die Konsequenzen der aggressiven Reaktionen für das Opfer nachzuempfinden und auf diesem Hintergrund die Folgen des eigenen Handelns neu zu bewerten. Ein Rollenspiel hierzu stellt das Igelspiel dar, das mit folgender Anleitung den Kindern nahegebracht wird (Petermann & Petermann, 1997; s. Kasten).

Kasten: Instruktion zum Igelspiel (aus Petermann & Petermann, 1997)

„Ich werde Euch zuerst kurz eine Geschichte erzählen, die ich erlebt habe und Ihr vielleicht auch schon. Hört gut zu. Vor einigen Tagen ging ich im Wald spazieren. Es war schon etwas dämmrig. Plötzlich raschelt etwas im Laub, und ich sah einen Igel vor mir auf dem Boden. Er suchte vermutlich Futter. Ich wollte mir den Igel genauer betrachten. So nah hatte ich noch keinen gesehen. Als ich näher kam . . . was ist da wohl passiert? – Richtig, der Igel hat sich zusammengerollt. Warum wohl? – Jawohl, weil der Boden durch meine näherkommenden Schritte erschüttert wurde. Glaubt Ihr, daß Menschen sich manchmal auch in sich zurückziehen, so wie ein Igel sich einrollt und dann niemanden an sich heranlassen? – Wie sieht das denn bei Menschen aus? Was machen Menschen dann und was machen sie nicht? – Wenn man dann versucht, an sie heranzukommen, piksen sie einen auch so, wie der Igel mit seinen Stacheln das kann? – Was haben Menschen wohl für Gründe, sich so einzuigeln?
Heute wollen wir das Igelspiel zusammen spielen. Es spielen immer nur zwei Kinder zusammen. Der eine soll sich einrollen wie ein Igel; der andere muß versuchen, ihn hervorzulocken. Derjenige, der sich zusammenrollt, muß sich vorstellen, daß ihn etwas sehr geärgert hat.

Ich, _____, bin mein eigener Detektiv: Was habe ich diese Woche alles geschafft?				
	1. Beweis: _____		2. Beweis: _____	
Montag (199)	Nein	Ja	Nein	Ja
Dienstag (199)	Nein	Ja	Nein	Ja
Mittwoch (199)	Nein	Ja	Nein	Ja
Donnerstag (199)	Nein	Ja	Nein	Ja
Freitag (199)	Nein	Ja	Nein	Ja
Samstag (199)	Nein	Ja	Nein	Ja
Sonntag (199)	Nein	Ja	Nein	Ja
Zusatzbeweis: _____				

Abb. 8. Detektivbogen zur Selbstbeobachtung (aus Petermann & Petermann, 1997)

1. Instruktionen zur Selbstberuhigung
1 a. Direkte verbale Beeinflussung

1 b. Indirekte verbale Beeinflussung durch künstliche Reaktionsverzögerung

Abb. 9. Instruktionskarten zur Selbststeuerung und Handlungskontrolle (aus Petermann & Petermann, 1997)

Jemand hat ihn beleidigt und verletzt. Deshalb zieht er sich wütend und vielleicht auch traurig zurück. Das macht er, indem er sich wie ein Igel einrollt, abkapselt und manchmal seine Stacheln aufstellt."

Elternberatung

Das Ziel der begleitenden Elternberatung liegt darin, ein angemessenes Erziehungsverhalten im Umgang mit dem aggressiven Kind aufzubauen. Da viele Eltern nicht aus eigener Initiative eine Beratung beginnen, ist zunächst die Motivation der Beteiligten für eine aktive Teilnahme aufzubauen. Zu Beginn der Beratung erhalten die Eltern eine detaillierten Einblick in die Art des aggressiven Kindverhaltens. Anhand aktueller Beispiele aus dem Alltag der Familie werden typische Konfliktsituationen analysiert, die ursächlichen und aufrechterhaltenden Bedingungen aggressiven Verhaltens herausgearbeitet und die Zusammenhänge mit dem bisherigen Erziehungsverhalten verdeutlicht. Des weiteren wird erarbeitet, wie sich das elterliche Verhalten auf das Kind auswirkt. Die Intervention mit den Eltern bzw. der Familie zielt vor allem auf eine Verhaltensänderung im Umgang mit dem aggressiven Kind ab. Innerhalb der Familie sollen ungünstige Interaktionsmuster verändert und auf der Grundlage lerntheoretischer Prinzipien ein effektives Erziehungsverhalten aufgebaut werden. Des weiteren sollen irrationale Erziehungshaltungen, z. B. die unreflektierte Übernahme selbsterlebter Erziehungspraktiken, bewußtgemacht und verändert werden. Den Eltern wird die Möglichkeit gegeben, anhand konkreter Arbeitsmaterialien neue Verhaltensweisen einzuüben. So werden sie beispielsweise in Techniken der systematischen Verhaltensbeobachtung und -verstärkung geschult. Den Eltern wird verdeutlicht, daß sie das Verhalten ihres Kindes über die Art der Zuwendung beeinflussen können. Sie werden aufgefordert, ihr Kind für gewünschte Verhaltensweisen konsequent zu loben und für unerwünschte Verhaltensweisen konsequent zu bestrafen. Die Strafen sollten dabei im Zusammenhang mit dem Verhalten des Kindes stehen und ihm Lernmöglichkeiten bieten. Außerdem werden die Eltern in die Techniken des Ignorierens und des sozialen Ausschlusses bei aggressivem Verhalten eingeführt. Der Transfer des erworbenen Wissens auf den familiären Alltag erfolgt durch Hausaufgaben, bei denen die neuen Erziehungstechniken angewandt werden sollen. Hierzu gehören beispielsweise Selbstbeobachtungsaufgaben (z. B. beobachten, wie oft die Eltern vor den Kindern streiten und wie die Auseinandersetzung abläuft), Aufträge zur Verhaltensübung (z. B. das Kind für konkretes Bemühen bekräftigen) und die Durchführung von Tokenprogrammen, bei denen das Kind für bestimmte Verhaltensweisen systematisch belohnt wird. Eine detaillierte Auswertung der Hausaufgaben erfolgt im Rahmen der Eltern- bzw. Familienberatung. Das veränderte Elternverhalten erleichtert dem aggressiven Kind die Anwendung und Erprobung der im Training erworbenen Verhaltensweisen. Auf diese Weise beeinflussen sich das Kindertraining und die Elternberatung wechselseitig, wodurch die Chance einer langfristigen Verhaltensänderung erhöht wird.

Speziell an Jugendliche richtet sich ein Training zur Förderung von Arbeits- und Sozialverhalten (Petermann & Petermann, 1996a). Im Rahmen dieses Trainings sollen Jugendliche lernen, Probleme in Ausbildung, Beruf und Freizeit, Lebensplanung sowie Konflikte mit Gleichaltrigen und in erster Partnerschaft konstruktiv anzugehen, anstatt mit Apathie, Rückzugsverhalten, Aggression oder Delinquenz zu reagieren. In einem weitgehend vorstrukturierten Einzel- und Gruppentraining werden zusammen mit den Jugendlichen problematische Verhaltensweisen definiert, durch ein klar umschriebenes Zielverhalten ersetzt und neue Verhaltensfertigkeiten eingeübt. Thematisch orientiert sich das Training dabei eng an der Lebenswelt und typischen Belastungen von Jugendlichen. Das übergeordnete Ziel liegt darin, den Jugendlichen die Erfahrung von Selbstwirksamkeit zu vermitteln. Hierzu notwendige Teilfertigkeiten, die eingeübt werden, sind:
- die Verbesserung der Selbstwahrnehmung,

- die Erhöhung von Selbstkontrolle und Ausdauer,
- die Schärfung des Einfühlungsvermögens in andere Personen,
- der Umgang mit dem eigenen Körper und Gefühlen,
- die Stabilisierung des Selbstbildes,
- das Umgehen mit Kritik und Mißerfolg, aber auch mit Lob und Anerkennung.

Einzeltraining

Im einleitenden Treffen im Rahmen des Einzeltrainings wird die Selbstwahrnehmung und -kontrolle des Jugendlichen thematisiert. Dies setzt ein hohes Maß an Selbstreflexion voraus, von dem bei den meisten Jugendlichen nicht ausgegangen werden kann. Der Einsatz von bildgetragenen Materialien, die einen besseren Zugang zum Jugendlichen eröffnen (z. B. Cartoons, Spiele, Photos), wird daher nahegelegt. In den weiteren Verlauf des Einzeltrainings (mindestens fünf Sitzungen) werden die Themenblöcke
- Beruf und Zukunft,
- Freizeit und Familie,
- Eigenverantwortung und Anstrengungsbereitschaft,
- Widerstehen lernen in schwierigen Situationen und
- eigenständiges Problemlösen

bearbeitet. Neben anschaulichen Materialien werden hier Rollenspiele und Diskussionen als Vorgehensweise gewählt.

Gruppentraining

An das Einzeltraining schließen sich mindestens zwölf Gruppensitzungen an, die ebenfalls vorstrukturierten Themen und Zielen gewidmet sind und für die ebenfalls Materialien bereitstehen. In den Gruppenstunden werden folgende inhaltliche Schwerpunkte bearbeitet:
- Argumentieren lernen,
- Umgang mit Gefühlen und Körperhaltung,
- Üben von Vorstellungsgesprächen,
- Üben von Einfühlungsvermögen,
- Selbstsicherheit im Umgang mit Gleichaltrigen,
- Ausdruck von Lob und Anerkennung,
- Akzeptieren von Außenseitern,
- Spiel – Sport – Spaß,
- Umgehen mit Kritik im Beruf,
- Umgehen mit Mißerfolg und
- Rückmeldung zum Training.

Die bevorzugte Technik im Gruppentraining ist das Rollenspiel, da es die Interaktion zwischen den Gruppenteilnehmern fördert und aufgrund seiner Handlungsorientierung eine gute Übertragbarkeit in den Alltag ermöglicht.

3.3 Therapieverweigerer

Das Problem des Therapieabbruchs von Kindern mit einer aggressiven Verhaltensstörung thematisiert Kazdin (1990). Nach seinen Angaben beginnen zwischen 50 und 75% der Kinder, die eine Therapieempfehlung haben, die Behandlung erst gar nicht oder brechen sie frühzeitig ab. Zu den Therapieabbrechern gehören häufig Kinder, deren Sozialverhalten besonders therapiebedürftig erscheint. In einer Untersuchung mit 81 Kindern im Alter von sieben bis 13 Jahren, die sich aufgrund ihrer Verhaltensauffälligkeiten in einer Therapie befanden, ermittelte der Autor Unterschiede zwischen Klienten, die die Behandlung beendeten oder abbrachen. Wie die Analyse ergab, wiesen Kinder, die frühzeitig aus der Behandlung ausschieden, einen höheren Schweregrad der Verhaltensstörung auf. Zugleich war die familiäre Belastung höher; die Kinder berichteten von größeren Konflikten in der Eltern-Kind-Interaktion und waren häufiger kritischen Lebensereignissen ausgesetzt. Außerdem waren die Familien im Hinblick auf den Bildungsgrad und das Familieneinkommen sozioökonomisch benachteiligt. Die Mütter schätzten ihre Kinder als weniger akzeptierbar und attraktiv in bezug auf körperliche, intellektuelle und emotionale Eigenschaften ein als Mütter von Kindern, die in der Therapie blieben. Weiterhin zeigten sie eine geringe emotionale Verbundenheit mit ihrem Kind.

Aus den Untersuchungsergebnissen ergibt sich für die Praxis die Forderung, daß vor Behandlungsbeginn Risikofamilien für einen Therapieabbruch identifiziert werden müssen. Bei diesen Klienten wären nach Kazdin (1990) vorbereitende Gespräche mit dem Ziel, die Familien für die Behandlung zu motivieren, sinnvoll. Ebenso haben sich finanzielle Anreize für die Teilnehmer als effektive Maßnahme erwiesen, um Therapieabbrüche zu vermeiden.

4. Evaluation

4.1 Evaluationsstudien

Insgesamt sind die klinischen Erfolge bisher eingesetzter Interventionen im Bereich der Störungen des Sozialverhaltens nicht zufriedenstellend. Bei aggressiven bzw. delinquenten Kindern und Jugendlichen sind die Therapieeffekte deutlich geringer als bei Klienten mit anderen Verhaltensproblemen (Kazdin, 1991). Die meisten Trainings, die zur Behandlung aggressiver Verhaltensstörungen eingesetzt werden, konnten bisher in Evaluationsstudien nicht den Nachweis erbringen, daß sie das antisoziale Verhalten vermindern oder gar auf eine klinisch unauffällige Auftretenshäufigkeit reduzieren (Dumas, 1989). Im folgenden werden die Effekte evaluierter Trainings dargestellt.

Präventive Trainings

Zur Prävention aggressiver Verhaltensweisen im Kindesalter entwickelten Hawkins et al. (1991) ein Training für Eltern und Lehrer. Die Eltern erweiterten in dem siebenwöchigen Training ihre sozialen Fertigkeiten im Umgang mit ihren Kindern. So erlernten sie, die familiäre Kommunikation zu verbessern, kindliches Verhalten adäquat zu belohnen bzw. zu bestrafen und ihr eigenes erzieherisches Verhalten konsequenter zu gestalten. Außerdem wurden die Eltern aufgefordert, mehr gemeinsame Freizeit mit ihren Kindern zu verbringen. Den Lehrern der Kinder wurde ein angemessenes Unterrichtsverhalten vermittelt. Sie lernten im Training, klare Instruktionen zu geben, die Schüler häufig zu ermutigen und zu verstärken und prosoziales Verhalten in der Klassengemeinschaft zu fördern. Nach Beendigung der Intervention wiesen die männlichen Schüler der Experimentalgruppe im Vergleich zu einer Kontrollgruppe niedrigere Aggressionswerte auf. Auswirkungen des Trainings bezüglich der langfristigen Prävention von Delinquenz und Drogenmißbrauch werden noch geprüft.

Ein präventiv ausgerichtetes Training für Kinder, die bereits im Kindergarten auffälliges Sozialverhalten zeigten und daher ein hohes Risiko für die Entwicklung einer Verhaltensstörung aufwiesen, erprobten Tremblay et al. (1991). Sie führten mit 46 Jungen im Alter von sieben Jahren und ihren Eltern ein zweijähriges Interventionsprogramm durch, in dem den Kindern soziale Fertigkeiten und den Eltern konsequente Erziehungspraktiken vermittelt wurden. Die Kinder lernten, in einer Gruppe Sozialkontakte zu knüpfen und prosoziales Verhalten zu zeigen. Des weiteren erprobten sie in Übungen zur Erhöhung der Selbstkontrolle, aufmerksam zuzuhören, Regeln zu befolgen und mit Ärger umzugehen. Die Eltern lernten, prosoziales Verhalten ihrer Kinder positiv zu verstärken und antisoziales Verhalten zu bestrafen. Zwei Jahre nach der Maßnahme zeigten die behandelten Jungen im Vergleich zu einer unbehandelten Stichprobe weniger aggressives und deviantes Verhalten.

Familienorientierte Trainings

Forehand und Long (1988) führten ein Training mit Eltern (N = 21) verhaltensauffälliger Kinder durch, das aus zwei Phasen bestand. In der ersten Phase wurden die Eltern angeleitet, die Aufmerksamkeit für das Verhalten ihrer Kinder zu erhöhen und erwünschte Verhaltensweisen effizient zu verstärken. In der zweiten Phase wurden mit den Eltern angemessene Reaktionen auf unerwünschtes Verhalten eingeübt. Die Kinder, deren Eltern am Training teilnahmen, unterschieden sich anschließend nicht von verhaltensunauffälligen Gleichaltrigen. Es war eine Generalisierung der Trainingseffekte vom Problemverhalten auf andere

Verhaltensweisen, die nicht behandelt wurden, zu beobachten. Außerdem waren nicht nur beim verhaltensgestörten Kind, sondern auch bei den Geschwisterkindern Verhaltensveränderungen zu verzeichnen. Die Auswirkungen des Elterntrainings waren noch nach $4^1/_2$ Jahren stabil.

Prädikatoren für einen niedrigen Behandlungserfolg eines Elterntrainings ermittelten Webster-Stratton und Hammond (1990). Unmittelbar nach dem Training erlaubten bestimmte Merkmale der Eltern, wie z. B. ein hohes Maß an Depressivität, die Vorhersage einer negativen Wahrnehmung des kindlichen Verhaltens. Im Jahr nach der Intervention gewannen außerfamiliäre Prädikatoren, wie z. B. die Anzahl belastender Lebensereignisse oder der sozioökonomische Status, an Bedeutung. Sozial benachteiligte und vielen Stressoren ausgesetzte Familien profitierten weniger von einem Elterntraining. Anhand dieser Prädiktoren können Familien, bei denen nur geringe Effekte des Elterntrainings zu erwarten sind, identifiziert werden. Möglicherweise lassen sich die Auswirkungen des Trainings durch eine Nachbetreuung dieser Eltern verbessern.

Training kognitiver Fähigkeiten

Das Ziel eines von Guerra und Slaby (1990) entwickelten Trainings für aggressive bzw. delinquente Kinder und Jugendliche bestand darin, auf kognitive Mediatoren der Aggression Einfluß zu nehmen. Im Rahmen der Intervention wurden die sozialen Problemlösefertigkeiten Jugendlicher im Alter von 15 bis 18 Jahren verbessert und ihre kognitiven Konzepte über die Wirksamkeit aggressiven Verhaltens verändert. Die Lernziele im Hinblick auf die soziale Kompetenz lagen darin, bei sozialen Konflikten die relevanten Hinweisreize genau zu beachten, zusätzliche Informationen einzuholen, sich eine Auswahl von Reaktionsmöglichkeiten zu vergegenwärtigen und eine effektive, nicht-gewalttätige Handlungsweise auszuwählen. Gleichzeitig wurden Selbstkontrolltechniken zur Vermeidung impulsiver Reaktionen eingeübt. Um die positive Einstellung der Jugendlichen zu aggressivem Verhalten zu ändern, wurden sie angehalten, ihre Überzeugungen in Gruppendiskussionen zu verteidigen. Das kognitiv orientierte Training umfaßte insgesamt zwölf Sitzungen. Um die Effekte zu kontrollieren, wurden in gleichem zeitlichen Umfang mit einer weiteren Trainingsgruppe berufsvorbereitende Übungen (z. B. Anzeigen lesen) durchgeführt; eine Kontrollgruppe erhielt kein Training. Nach Beendigung der Interventionsphase verfügten die Jugendlichen, die an dem kognitiven Training teilnahmen, über größere soziale Problemlösefähigkeiten als die Jugendlichen der beiden anderen Gruppen. Ferner vertraten sie vergleichsweise seltener die Überzeugung, daß Aggression eine legitime Handlungsweise in Konfliktsituationen ist, die das Selbstwertgefühl erhöht und zu einem positiven Image führt. Die positiven Veränderungen zeigten sich auch auf der Verhaltensebene: Bei den trainierten Jugendlichen war eine Abnahme impulsiven aggressiven Verhaltens zu verzeichnen. Um die Langzeiteffekte des Trainings zu überprüfen, wurde die Anzahl der Jugendlichen erhoben, die in einem Zeitraum von 24 Monaten nach der Entlassung wieder straffällig wurden. Hier zeigten sich keine signifikanten Gruppenunterschiede mehr, wenngleich die trainierten Jugendlichen seltener wieder delinquentes Verhalten zeigten.

Arbuthnot und Gordon (1986) führten mit verhaltensgestörten Jugendlichen im Alter von 13 bis 17 Jahren ein kognitiv orientiertes Interventionsprogramm zur Entwicklung der moralischen Urteilsfähigkeit durch. Die Jugendlichen erzielten einen Fortschritt in der Moralentwicklung, der sich im Erreichen einer höheren Entwicklungsstufe nach Kohlberg zeigte. Die Nachuntersuchung nach einem Jahr ergab, daß die Jugendlichen das höhere Niveau der moralischen Urteilsfindung beibehalten konnten. Die Autoren betonen den präventiven Charakter ihres Ansatzes und empfehlen, das Training im schulischen Bereich einzusetzen. In einer ähnlichen Studie evaluierten Gibbs et al. (1984) Gruppendiskussionen über moralische Dilemmata, an denen 60 jugendliche Delinquenten im Alter von 14 bis 18 Jahren teilnahmen. Durch die Intervention wurden signifikante Veränderungen der moralischen Urteilsfähigkeit bewirkt. Insgesamt entwickelten sich 87,5% der Jugendlichen von Stufe 2 zur Stufe 3 der Moralentwicklung nach Kohlberg. Die Untersuchungen erbringen den Nachweis, daß kognitive Prozesse modifiziert werden können, wodurch allerdings in beiden Fällen keine klinisch relevanten Veränderungen erreicht wurden.

Kognitiv-behaviorale Trainings

Eine Evaluation des Trainings für aggressive Kinder von Petermann und Petermann (1997, vgl. 3.2) wurde auf der Basis einer Teilnehmerzahl von 240 Kindern (seit 1976) im Alter von fünf bis 13 Jahren, bei denen Störungen des Sozialverhaltens diagnostiziert waren, durchgeführt (Petermann & Bochmann, 1993). Im Verlauf des Trainings nahm das aggressive Verhalten im familiären und schulischen Umfeld ab, wogegen positive soziale Aktivitäten zunahmen. Durch das Gruppentraining lernten die aggressiven Kinder, soziale Regeln zu befolgen, neu erlernte soziale Fertigkeiten anzuwenden und Verantwortung für andere zu übernehmen. Die niedrige Abbruchquote von 10% zeigt, daß das Trainingsprogramm von den Kindern gut angenommen wurde. Die begleitende Eltern- bzw. Familienberatung löste eine Veränderung der Problemsicht und demzufolge einen Wandel des elterlichen Erziehungsverhaltens aus, das sich neben den Verhaltensänderungen des Kindes positiv auf die Symptomatik auswirkte. In Nachuntersuchungen, die drei bzw. sechs Monate nach Abschluß des Trainings durchgeführt wurden, zeigten sich stabile Effekte. Die langfristigen Erfolge werden vor allem darauf zurückgeführt, daß die Kinder im Verlauf des Trainings frühzeitig veranlaßt werden, ihre Alltagserfahrungen einzubringen und neu erlernte Verhaltensweisen im alltäglichen Umfeld zu erproben. Ein Problem der Evaluation des komplexen Behandlungsprogramms liegt darin, daß man die Wirkungskomponenten der Eltern- bzw. Familienberatung und des Kindertrainings nicht voneinander trennen kann. Das kombinierte Training ist zur Reduzierung aggressiven Verhaltens wirkungsvoll, die Effekte können aber den einzelnen Maßnahmen nicht eindeutig zugeordnet werden.

Empirische Überprüfungen der Effektivität des Trainings für Jugendliche (Petermann & Petermann, 1996a) legen den Schluß nahe, daß das Gruppentraining die entscheidende Bedeutung für Verhaltensänderungen besitzt und der Wert der Einzelkontakte hauptsächlich in der Vorbereitung auf die Gruppensitzungen liegt. In der Gruppe werden dem Jugendlichen viele Situationen mit unterschiedlichem Schwierigkeitsgrad geboten, in denen er unter alltagsnahen Bedingungen neues, effektives Verhalten einüben und die Erfahrung eigener Selbstwirksamkeit machen kann.

Ebenfalls ein kognitiv-behaviorales Training führten Kazdin et al. (1987a, 1989) durch. Den Evaluationsstudien liegen klinische Stichproben von 56 bzw. 112 Kindern im Alter von sieben bis 13 Jahren zugrunde. Trotz der signifikanten Verhaltensänderungen, die durch diese Behandlung erreicht wurden, blieb das Verhalten der meisten Kinder im Vergleich zu einer Normstichprobe auffällig. Vermutlich können die Effekte erhöht werden, indem man auch die Familie in die Behandlung einbezieht. Zur Abklärung dieser Frage führten Kazdin et al. (1987b) parallel zu einem Training zur Verbesserung der Problemlösefähigkeit bei aggressiven Kindern ein Elterntraining durch. Das Interventionsprogramm führte zu Veränderungen des aggressiven Verhaltens, die auch noch bei einer Nachuntersuchung nach einem Jahr bestanden. Die Verhaltensänderungen waren sowohl zu Hause als auch in der Schule zu beobachten und betrafen neben dem Symptombereich auch das weitere Sozialverhalten, wie z. B. das Verhalten im schulischen Bereich. Gemessen an Normen für die Auftretenshäufigkeit und Ausprägung aggressiven Verhaltens, führte aber auch die Kombination von Kindertraining und Elternberatung nicht zu klinisch relevanten Veränderungen. Bei den meisten

Kindern blieb das Sozialverhalten im Vergleich zu Gleichaltrigen auffällig und damit weiterhin behandlungsbedürftig.

Mit einem kognitiv-behavioralen Interventionsprogramm von Lochman et al. (1984) wurde bei 76 Jungen im Alter von neun bis zwölf Jahren eine Verbesserung der sozialen Fertigkeiten angestrebt. Die Jungen lernten im Rahmen der Behandlung, mit ihrem Ärger besser umzugehen, und zeigten daraufhin weniger aggressives Verhalten. Allerdings beschränkte sich die Verhaltensänderung auf die aktive, von der eigenen Person ausgehende Aggression. Durch die Hinzunahme einer Interventionsmaßnahme, bei der die Jungen lernten, sich Ziele zu setzen, konnte das Ausmaß der Verhaltensänderung erhöht werden. In der Einschätzung der Gleichaltrigen und Lehrer spiegelte sich die signifikante Abnahme des aggressiven Verhaltens allerdings nicht wider. Möglicherweise ist dies aber auch durch Stigmatisierungseffekte zu erklären, die die Wahrnehmung einer Verhaltensänderung bei den aggressiven Jungen erschweren.

Ein weiteres Verhaltenstraining evaluierte Etscheidt (1991). Mit den aufeinander aufbauenden Zielen der Intervention wurde angestrebt
1. die Identifizierung der problematischen Situation,
2. die Suche nach alternativen Lösungen,
3. die Erprobung alternativer Lösungen,
4 das Erkennen physiologischer Anzeichen von Ärger und
5 das Erlernen integrativer Techniken zur körperlichen Kontrolle, Selbstinstruktion und sozialem Problemlösen.

Die Voraussetzung für das Erreichen der genannten Teilschritte war das Erlernen einer Impulsverzögerung, die eine unmittelbare Handlungsausführung verhindern sollte. Hierzu übten die Jugendlichen Selbstinstruktionen und motorische Kontrollmöglichkeiten der Aggression (z. B. Arme verschränken) ein. Die verhaltensgestörten Jugendlichen (N = 30), die an der Untersuchung teilnahmen, zeigten nach Abschluß des Trainings im Vergleich zu einer Kontrollgruppe ein signifikant geringeres aggressives Verhalten und eine signifikant erhöhte Selbstkontrolle.

Eine vergleichende Therapiestudie, an der 41 Kinder mit aggressivem Verhalten im Alter von sieben bis 13 Jahren teilnahmen, führte Schneider (1991) durch. Die Kinder absolvierten entweder ein Training zum Aufbau sozialer Fertigkeiten oder erlernten den Einsatz einer bildgetragenen Entspannungstechnik in Konfliktsituationen. Das kognitiv-behaviorale Training zur sozialen Kompetenz umfaßte Übungen zu Problemlösestrategien, zur Rollenübernahme und zum angemessenen Ausdruck von Emotionen. Außerdem wurden den teilnehmenden Kindern Videoaufnahmen von Kindern gezeigt, die ein positives Zielverhalten zeigten und somit als Modell fungierten. In der Entspannungsgruppe erlernten die Kinder zunächst die Technik der progressiven Muskelrelaxation (vgl. U. Petermann, 1996). Im entspannten Zustand wurden sie dann aufgefordert, sich eine Konfliktsituation vorzustellen und sich auszumalen, wie sie ruhig reagieren. In beiden Behandlungsgruppen ergab sich bei einer anschließenden Verhaltensbeobachtung eine Reduktion aggressiver und eine Zunahme kooperativer Verhaltensweisen im Vergleich zum Verhalten der Kinder vor der Intervention. Während sich im Hinblick auf die Kooperation keine Unterschiede zwischen den Auswirkungen der beiden eingesetzten Interventionen zeigten, war bei der Modifikation des aggressiven Verhaltens das Training zum Aufbau sozialer Fertigkeiten dem Entspannungstraining deutlich überlegen. Die signifikanten Verhaltensänderungen der Kinder konnten jedoch nicht durch entsprechende Ratings ihrer Lehrer bestätigt werden, obwohl sich auch hier leichte Verbesserungen des Sozialverhaltens ergaben.

4.2 Kritik und Ausblick

Die mangelnde Effizienz der therapeutischen Interventionen bei aggressiven Verhaltensstörungen ist sicherlich vor allem in der hohen Resistenz dieses Verhaltens begründet. Darüber hinaus gibt es aber auch kritische Überlegungen zu den eingesetzten Behandlungsmaßnahmen. Die bisher entwickelten Trainings haben unterschiedliche Ansatzpunkte und streben dementsprechend die Veränderung einzelner Faktoren, die im jeweiligen theoretischen Modell bedeutsam erscheinen, an (z. B. Erziehungsverhalten der Eltern, soziale Fertigkeiten des Kindes, kognitive Fähigkeiten und Moralentwicklung). Da Störungen des Sozialverhaltens aber durch zahlreiche Faktoren bedingt sind, ist ein Breitbandförderprogramm notwendig (Patterson et al., 1989; Luiselli, 1991). Der Einsatz von Trainings, die in diesem Sinne komplexe Zielsetzungen verfolgen, bewirkt größere Verhaltensänderungen bei Kindern und Jugendlichen.

Eine Optimierung des Therapieerfolges wird weiterhin von einer differentiellen Indikationsstellung für spezifische therapeutische Maßnahmen erwartet (vgl. Warschburger & Petermann, 1997). Außerdem sollte therapeutische Interventionen möglichst früh im Verlauf der Verhaltensstörung greifen; Kinder mit geringer ausgeprägten Verhaltensauffälligkeiten können erfolgreicher therapiert werden als Kinder mit stark ausgeprägtem antisozialen Verhaltens (Kazdin et al., 1994).

Ein weiteres Problem liegt in der Auswahl geeigneter Evaluationsmethoden. Patterson und Narrett (1990) kritisieren vor allem den verbreiteten Einsatz subjektiver Einschätzskalen zur Beurteilung der Veränderung aggressiven Verhaltens. Da in diese Einschätzungen die Voreinstellungen und Erwartungen der befragten Personen (z. B. Eltern, Lehrer) mit eingehen, wird das tatsächliche Ausmaß der Verhaltensänderung auf diese Weise nicht erfaßt. Eine abschließende Bewertung der Effizienz von Trainings bei aggressiven Verhaltensstörungen ist daher in vielen Evaluationsstudien nicht möglich. Des weiteren ist am Vorgehen vieler Studien zu bemängeln, daß jeweils die Auswirkungen einzelner, in ihrem zeitlichen Umfang eng begrenzter Interventionen überprüft wurden. Aufgrund der Stabilität des Verhaltensmusters scheint es aber sinnvoll, bei Störungen des Sozialverhaltens – analog zu anderen chronischen Störungen – über einen längeren Zeitraum hinweg regelmäßige therapeutische Interventionen durchzuführen (Dumas, 1989). Nach mehrmaligem Durchlaufen eines Trainings würden sich die Veränderungen des aggressiven Verhaltens bei den Kindern und Jugendlichen vermutlich deutlicher zeigen.

Um zufriedenstellende therapeutische Effekte erzielen zu können, sind Weiterentwicklungen und Fortschritte in der Behandlung von Kindern und Jugendlichen mit auffälligem Sozialverhalten anzustreben. Zur Beurteilung der Effizienz therapeutischer Interventionen sind aber auch die Evaluationsstudien zu verbessern. In den meisten Langzeitstudien zur Evaluation eines Trainings bei aggressiven Verhaltensstörungen wird ein Nacherhebungszeitraum von einem Jahr gewählt. Da antisoziales Verhalten aber eine schlechte Prognose hat, sind längere Zeiträume für Nacherhebungen zukünftig notwendig (Dumas, 1989). Nur eine mehrjährige Nachkontrolle der behandelten Kinder und Jugendlichen ist dem problematischen Verlauf der Verhaltensstörung angemessen und kann über die klinische Relevanz der eingesetzten Interventionsprogramme Aufschluß geben.

Literatur

Achenbach, T. M. (1991a). Manual for the Child Behavior Checklist 4–18 and 1991 Profile. Burlington, VT: University of Vermont, Department of Psychiatry

Achenbach, T. M. (1991b). Manual for the Youth Self-Report and 1991 Profile. Burlington: University of Vermont, Department of Psychiatry

Albrecht, G., Howe, C. W. & Wolterhoff, J. (1991). Familienstruktur und Delinquenz. Soziale Probleme, 2, 107–155

Albrecht, G. & van Kampen, N. (1992). Auswirkungen der Diversion auf die Entwicklung des Selbstbildes delinquenter Jugendlicher. Universität Bielefeld, Sonderforschungsbereich 227, Preprint Nr. 45

Apter, S. J. & Goldstein, A. P. (1986). Youth violence. Program & Prospects. New York: Pergamon

Arbeitsgruppe Deutsche Child Behavior Checklist (1998a). Elternfragebogen über das Verhalten von Kindern und Jugendlichen; deutsche Bearbeitung der Child Behavior Checklist (CBCL/4-18). Einführung und Anleitung zur Handauswertung. 2. Auflage mit deutschen Normen, bearbeitet von M. Döpfner, J. Plück, P. Melchers & K. Heim. Köln: Arbeitsgruppe Kinder-, Jugend- und Familiendiagnostik (KJFD)

Arbeitsgruppe Deutsche Child Behavior Checklist (1998b). Fragebogen für Jugendliche; deutsche Bearbeitung der Youth Self-Report Form der Child Behavior Checklist (YSR). Einführung und Anleitung zur Handauswertung. 2. Auflage mit deutschen Normen, bearbeitet von M. Döpfner, J. Plück, P. Melchers & K. Heim. Köln: Arbeitsgruppe Kinder-, Jugend- und Familiendiagnostik (KJFD)

Arbuthnot, J. & Gordon, D. A. (1986). Behavioral and cognitive effects of a moral reasoning development intervention for high-risk behavior-disordered adolescents. Journal of Consulting and Clinical Psychology, 54, 208–216

Bandura, A. (1979). Aggression. Stuttgart: Klett-Cotta

Bartz, A. (1992). Entwicklung eines Fragebogens zur Erfassung ausgewählter Störungen des Sozialverhaltens bei 14- bis 17jährigen Jugendlichen. Bonn: Unveröffentlichte Diplomarbeit

Berkovitz, L. (1989). Frustration-aggression hypothesis: Examination and reformulation. Psychological Bulletin, 106, 59–73

Björkqvist, K., Lagerspetz, K. M. J. & Kaukiainen, A. (1992). Do girls manipulate and boys fight? Developmental trends in regard to direct and indirect aggression. Aggressive Behavior, 18, 117–127

Center for Research on Aggression (Ed.) (1983). Prevention and control aggression. Principles, practices, and research. New York: Pergamon

Dilling, H., Mombour, W. & Schmidt, M. H. (Hrsg.) (1991). Internationale Klassifikation psychischer Störungen: ICD-10, Kapitel V (F). Weltgesundheitsorganisation. Bern: Huber

Dodge, K. A., Murphy, R. R. & Buchsbaum, K. (1984). The assessment of intention-cue detection skills in children: implications of developmental psychopathology. Child Development, 55, 163–173

Dodge, K. A., Coie, J. D., Pettit, G. S. & Price, J. M. (1990). Peer status and aggression in boys' groups: developmental and contextual analyses. Child Development, 61, 1289–1309

Dodge, K. A., Price, J. M., Bachorowski, J. A. & Newman, J. P. (1990). Hostile attributional biases in severely aggressive adolescents. Journal of Abnormal Psychology, 99, 385–392

Döpfner, M., Plück, J., Berner, W., Fegert, J., Huss M., Lenz, K., Schmeck, K., Lehmkuhl, U., Poustka, F. & Lehmkuhl, G. (1997). Psychische Auffälligkeiten von Kindern und Jugendlichen in Deutschland – Ergebnisse einer repräsentativen Studie: Methodi, Alters-, Geschlechts- und Beurteilereffekte. Zeitschrift für Kinder- und Jugendpsychiatrie und Psychotherapie, 25, 218–233

Dumas, J. E. (1989). Treating antisocial behavior in children: child and family approaches. Clinical Psychology Review, 9, 197–222

Dumas, J. E. (1992). Conduct Disorder. In S. M. Turner, K. S. Calhoun & H. E. Adams (Eds.). Handbook of clinical behavior therapy (pp 285–316). New York: Wiley

Etscheidt, S. (1991). Reducing aggressive behavior and improving self-control: a cognitive-behavioral training program for behaviorally disordered adolescents. Behavioral Disorders, 16, 107–115

Feltes, T. (1990). Gewalt in der Schule. In: H. D. Schwind, J. Baumann, F. Lösel, H. Remschmidt, R. Eckert et al. (Hrsg.). Ursachen, Prävention und Kontrolle von Gewalt: Analysen und Vorschläge der Unabhängigen Regierungskommission zur Verhinderung und Bekämpfung von Gewalt, Bd. 3 (S. 317–341). Berlin: Duncker & Humblot

Fondacaro, M. R. & Heller, K. (1990). Attributional style in aggressive adolescent boys. Journal of Abnormal Child Psychology, 18, 75–89

Forehand, R. & Long, N. (1988). Outpatient treatment of the acting out child: procedures, long term follow-up data, and clinical problems. Advances in Behavior Research and Therapy, 10, 129–177

Frick, P. J., Lahey, B. B., Loeber, R., Stouthamer-Loeber, M., Christ, M. A. G. & Hanson, K. (1992). Familial risk to oppositional defiant disorder and conduct disorder: Parental psychopathology and maternal parenting. Journal of Consulting and Clinical Psychology, 60, 49–55

Gibbs, J. C., Arnold, K. D., Ahlborn, H. H. & Cheesman, F. L. (1984). Facilitation of sociomoral reasoning in delinquents. Journal of Consulting and Clinical Psychology, 52, 37–45

Goldstein, A. P. & Keller, H. (1987). Aggressive behavior. Assessment and intervention. New York: Pergamon

Guerra, N. G. & Slaby, R. G. (1990). Cognitive mediators of aggression in adolescent offenders. 2. Intervention. Developmental Psychology, 26, 269–277

Hawkins, J. D., von Cleve, E. & Catalano, R. F. (1991). Reducing early childhood aggression: results of a primary prevention program. Journal of the American Academy of Child and Adolescence Psychiatry, 30, 208–217

Hobrücker, B. (1990). Die Technik der Nachbefragung in der stationären Behandlung aggressiver Verhaltensstörungen im Kindesalter. Praxis der Kinderpsychologie und Kinderpsychiatrie, 39, 38–44

Hobrücker, B. & Kühl, R. (1987). Zum Persönlichkeits-Selbstbild aggressiver Kinder: Ein typologischer Ansatz. Zeitschrift für Kinder- und Jugendpsychiatrie, 15, 29–42

Hurt, J. & Naglieri, J. A. (1992). Performance of delinquent and nondelinquent males on planning, attention, simultaneous, and successive cognitive processing tasks. Journal of Clinical Psychology, 48, 120–128

Kaufmann, H. (1965). Definitions and methodology in the study of aggression. Psychological Bulletin, 64, 351–364

Kazdin, A. E., Esveldt-Dawson, K., French, N. H. & Unis, A. S. (1987 a). Effects of parent management training and problem-solving skills training combined in the treatment of antisocial child behavior. Journal of the American Academy of Child and Adolescent Psychiatry, 26, 416–424

Kazdin, A. E., Esveldt-Dawson, K., French, N. H. & Unis, A. S. (1987 b). Problem-solving skills training and relationship therapy in the treatment of antisocial child behavior. Journal of Consulting and Clinical Psychology, 55, 76–85

Kazdin, A. E., Bass, D., Siegel, T. & Thomas, C. (1989). Cognitive-behavioral therapy and relationship therapy in the treatment of children referred for antisocial behavior. Journal of Consulting and Clinical Psychology, 57, 522–535

Kazdin, A. E. (1990). Premature termination from treatment among children referred for antisocial behavior. Journal of Child Psychology and Psychiatry, 31, 415–425

Kazdin, A. E. (1991). Effectiveness of psychotherapy with children and adolescents. Journal of consulting and Clinical Psychology, 59, 785–798

Keltikangas-Järvinen, L. (1990). Attributional style of the mother as a predictor of aggressive behavior of the child. Aggressive Behavior, 16, 1–7

Kerner, H. J., Kaiser, G., Kreuzer, A. & Pfeiffer, C. (1990). Ursachen, Prävention und Kontrolle von Gewalt aus kriminologischer Sicht. In: H. D. Schwind, J. Baumann, F. Lösel, H. Remschmidt, R. Eckert et al. (Hrsg.). Ursachen, Prävention und Kontrolle von Gewalt: Analysen und Vorschläge der Unabhängigen Regierungskommission zur Verhinderung und Bekämpfung von Gewalt, Bd. 2 (S. 415–606). Berlin: Duncker & Humblot

Klockhaus, R. & Habermann-Morbey, B. (1986). Psychologie des Schulvandalismus. Göttingen: Hogrefe

Klockhaus, R. & Trapp-Michel, A. (1988). Vandalistisches Verhalten Jugendlicher. Göttingen: Hogrefe

Kolko, D. J. & Kazdin, A. E. (1991). Aggression and psychopathology in matchplaying and firesetting children: A replication and extension. Journal of Consulting and Clinical Psychology, 20, 191–201

Lee, M. & Prentice, N. M. (1988). Interrelations of empathy, cognition and moral reasoning with dimensions of juvenile delinquency. Journal of Abnormal Child Psychology, 16, 127–139

Lochman, J. E., Burch, P. R., Curry, J. F. & Lampron, L. B. (1984). Treatment and generalization effects of cognitive-behavioral and goal-setting interventions with aggressive boys. Journal of Consulting and Clinical Psychology, 52, 915–916

Lochman, J. E. & Lampron, L. B. (1986). Situational social problem-solving skills and self-esteem of aggressive and nonaggressive boys. Journal of Abnormal Child Psychology, 14, 605–617

Loeber, R. (1982). The stability of antisocial and delinquent child behavior: A review. Child Development, 53, 1431–1446

Loeber, R. (1990). Development and risk factors of juvenile antisocial behavior and delinquency. Clinical Psychology Review, 10, 1–41

Luiselli, J. K. (1991). Assessment-derived treatment of children's disruptive behavior disorders. Behavior Modification, 15, 294–309

Meichenbaum, D. W. (1979). Kognitive Verhaltensmodifikation. München: Urban & Schwarzenberg

Miller, P. A. & Eisenberg, N. (1988). The relation of empathy to aggressive and externalizing/antisocial behavior. Psychological Bulletin, 103, 324–344

Nelson, J. R., Smith, D. J. & Dodd, J. (1990). The moral reasoning of juvenile delinquents: a meta-analysis. Journal of Abnormal Child Psychology, 18, 231–239

Patterson, G. R. & Narrett, C. M. (1990). The development of a reliable and valid treatment program for aggressive young children. International Journal of Mental Health, 15, 19–26

Patterson, G. R. & Bank, L. (1989). Some amplifying mechanisms for pathologic processes in families. In M. R. Gunnar & E. Thelen (Eds.). Systems and development. The Minnesota symposium on child psychology, Vol. 22 (pp 167–209). Hillsdale, N. J.: Lawrence Erlbaum

Patterson, G. R., DeBaryshe, B. & Ramsey, E. (1989). A developmental perspective on antisocial behavior. American Psychologist, 44, 329–335

Petermann, F. (Hrsg.) (1997). Kinderverhaltenstherapie. Baltmannsweiler: Schneider

Petermann, F. (Hrsg.) (1998). Lehrbuch der Klinischen Kinderpsychologie. Göttingen: Hogrefe, 3. korr. Auflage

Petermann, F. & Bochmann, F. (1993). Metaanalyse von Kinderverhaltenstrainings: Eine erste Bilanz. Zeitschrift für Klinische Psychologie, 22, 137–152

Petermann, F. & Kusch, M. (1993). Imaginative Verfahren. In D. Vaitl & F. Petermann (Hrsg.); Handbuch der Entspannungsverfahren, Bd. 1. Weinheim: Psychologie Verlags Union

Petermann, F. & Petermann, U. (1996a). Training mit Jugendlichen. Weinheim: Psychologie Verlags Union, 5. veränd. Auflage

Petermann, F. & Petermann, U. (1997). Training mit aggressiven Kindern. Weinheim: Psychologie Verlags Union, 8. überarbeitete Auflage

Petermann, F. & Petermann, U. (1996c). Erfassungsbogen für aggressives Verhalten in konkreten

Situationen (EAS-J; EAS-M). Göttingen: Hogrefe, 3. veränd. Auflage
Petermann, F. & Warschburger, P. (1998). Aggression. In: F. Petermann (Hrsg.); Lehrbuch der Klinischen Kinderpsychologie (127–163). Göttingen: Hogrefe, 3. korr. Auflage
Petermann, U. (1996). Entspannungstechniken bei Kindern und Jugendlichen. Weinheim: Psychologie Verlags Union
Petermann, U. (1992). Sozialverhalten bei Grundschülern und Jugendlichen. Frankfurt: Peter Lang, 2. durchgesehene Auflage
Petermann, U. & Petermann, F. (1996b). Training mit sozial unsicheren Kindern. Weinheim: Psychologie Verlags Union, 6. veränd. Auflage
Petermann, U. & Vianden-Gabriel, J. (1992). Training mit aggressiven Heimkindern im Alter von fünf bis sieben Jahren. Zeitschrift für Klinische Psychologie, Psychopathologie und Psychotherapie, 40, 79–91
Polizeiliche Kriminalstatistik. (1990). Wiesbaden: Bundeskriminalamt
Quay, H. C. (1987). Patterns of delinquent behavior. In H. C. Quay (Ed.). Handbook of juvenile delinquency (pp 118–138). New York: Wiley
Remschmidt, H. (1992). Psychiatrie der Adoleszenz. Stuttgart: Thieme
Ross, A. O. & Petermann, F. (1987). Verhaltenstherapie mit Kindern und Jugendlichen. Stuttgart: Hippokrates
Schneider, B. H. (1991). A comparison of skill-building and desensitization strategies for intervention with aggressive children. Aggressive Behavior, 17, 301–311
Slaby, R. G. & Guerra, N. G. (1988). Cognitive mediators of aggression in adolescent offenders. 1. Assessment. Developmental Psychology, 24, 580–588
Spetter, D. S., La Greca, A. M., Hogan, A. & Vaughn, S. (1992). Subgroups of rejected boys: aggressive responses to peer conflict situations. Journal of Clinical Child Psychology, 21, 20–26
Spitzer, A., Webster-Stratton, C. & Hollinsworth, T. (1991). Coping with conduct-problem children: parents gaining knowledge and control. Journal of Clinical Child Psychology, 20, 413–427
Steinke, T. (1990). Stationäres Training mit aggressiven Kindern. Die Implementation eines verhaltenstheoretisch orientierten Behandlungsprogramms in stationäre psychosoziale Organisationen. Frankfurt: Lang
Tremblay, R. E., McCord, J., Boileau, H., Charlebois, P., Gagnon, C., LeBlanc, M. & Larivée, S. (1991). Can disruptive boys be helped to become competent? Psychiatry, 54, 148–161
Walsh, A. (1992). Genetic and environmental explanations of juvenile violence in advantaged and disadvantaged environments. Aggressive Behavior, 18, 187–199
Warschburger, P. & Petermann, F. (1997). Kinderverhaltenstherapie: Neue Trends am Beispiel aggressiver Störungen. In F. Petermann (Hrsg.), Kinderverhaltenstherapie (86–126). Baltmannsweiler: Schneider
Webster-Stratton, C. & Hammond, M. (1990). Predictors of treatment outcome in parent training for families with conduct problem children. Behavior Therapy, 21, 319–337
Widom, C. S. (1989). Does violence beget violence? A critical examination of the literature. Psychological Bulletin, 106, 3–28
Willis, L. M. & Foster, S. L. (1990). Differences in children's peer sociometric and attribution ratings due to context and type of aggressive behavior. Journal of Abnormal Child Psychology, 18, 199–215
Willner, A. H. (1991). Behavioural deficiencies of aggressive 8–9 year old boys: an observational study. Aggressive Behavior, 17, 135–154
Yorke, G. G. F. (1990). Aggression: integrating interpersonal and cognitive perspectives. Psychotherapy, 27, 613–618

Kapitel 13

Schizophrene Psychosen

Norbert Kienzle und *Hellmut Braun-Scharm*

1.	Definition und Klassifikation 360	3.3.1.1	Begründung 372
2.	Symptomatik und Verhaltensdiagnose 362	3.3.1.2	Therapiepraxis 373
		3.3.2	Interpersonelles Problemlösen 373
2.1	Klinische Symptomatik 362		
2.2	Exploration und psychopathologischer Befund 362	3.3.2.1	Begründung 373
		3.3.2.2	Therapiepraxis 374
2.3	Anamnese 363	3.3.3	Bewältigungsorientierte Therapie – Selbstmanagement 374
2.4	Verhaltensbeobachtung 363		
2.5	Verhaltens- und Problemanalyse 363	3.3.3.1	Begründung 374
		3.3.3.2	Therapiepraxis 375
2.6	Familiendiagnostik 364	3.4	Behaviorale Familientherapie 375
2.7	Psychologische Tests und Fragebögen 364	3.4.1	Begründung 375
		3.4.2	Therapiepraxis 376
3.	Therapie in der Praxis 364	3.4.2.1	Beziehungsaufbau und Diagnostik 376
3.1	Operante Behandlungsansätze 364		
		3.4.2.2	Informationsvermittlung 376
3.1.1	Begründung 364	3.4.2.3	Kommunikationstraining 377
3.1.2	Therapiepraxis 365	3.4.2.4	Familienzentriertes Problemlösen 378
3.1.2.1	Traditionelle operante Interventionen 366		
		4.	Evaluation 379
3.1.2.2	Die Berücksichtigung kognitiv-operanter Prozesse 367	4.1	Operante Behandlungsansätze 379
3.2	Therapie sozialer Kompetenz 368	4.1.1	Stimulusinterferenz 379
3.2.1	Begründung 368	4.1.2	Aversive Methoden 379
3.2.2	Therapiepraxis 369	4.1.3	Positive Verstärkung 380
3.2.2.1	Rahmenbedingung 369	4.2	Therapie sozialer Kompetenz 380
3.2.2.2	Entwicklung und Förderung der Sozialen Wahrnehmung 369	4.3	Kognitive Behandlungsansätze 381
3.2.2.3	Entwicklung und Förderung kommunikativer Fertigkeiten 370	4.3.1	Kognitive Differenzierung 381
		4.3.2	Problemlösen 381
3.2.2.4	Entwicklung und Förderung sozialer Kompetenz im engeren Sinne 370	4.3.3	Bewältigungsorientierte Therapie – Selbstmanagement 382
		4.4	Behaviorale Familientherapie 382
3.2.2.5	Coping-Training 372		
3.3	Kognitive Behandlungsansätze 372	4.5	Schlußbemerkungen 383
			Literatur 383
3.3.1	Kognitive Differenzierung 372		

Die Schizophrenien mit frühem Erkrankungsbeginn (vor dem 18. Lebensjahr) stoßen zwar mittlerweile auf ein zunehmendes Forschungsinteresse, aber die Frage nach den Möglichkeiten und Grenzen verhaltenstherapeutischer Behandlungsmaßnahmen in der Versorgung der Schizophrenien der Adoleszenz wurde bislang nur selten gestellt und untersucht. Altersspezifische Interventionen sind in der Literatur kaum beschrieben.

Dies erstaunt, denn schizophrene Patienten stellen einen erheblichen Teil der in kinder- und jugendpsychiatrischen Kliniken behandelten und in den verschiedensten Nachsorge- und Rehabilitationseinrichtungen (Wohngruppen, Heime, Berufsbildungs- und Berufsförderwerke) weiterversorgten Jugendlichen dar. Es besteht mithin Bedarf an spezialisierten, evaluierten therapeutischen und rehabilitativen Maßnahmen, nicht zuletzt auch angesichts der mit einem frühen Erkrankungsbeginn verbundenen, eher ungünstigen Prognose, die sich, so wäre zu hoffen, durch frühzeitige, adäquate Interventionen positiv beeinflussen ließe.

Die Annahme, daß sich das reichhaltige verhaltenstherapeutische Behandlungsrepertoire, das uns zur Betreuung schizophrener Erwachsener zur Verfügung steht (Kienzle, 1994a; Kienzle, 1994b; Brenner, Pfammater, 1996; Wunderlich et al., 1996), unbesehen und unverändert auch in die Versorgung schizophrener Jugendlicher übernehmen ließe, ist jedoch nur teilweise richtig. Die klinische Erfahrung lehrt zwar, daß sich viele im Erwachsenenbereich bewährte Behandlungsstrategien auch im Jugendalter sinnvoll einsetzen lassen, Adaptationen an die entwicklungspsychologischen Besonderheiten der Altersgruppe sind jedoch in der Regel unerläßlich (Kienzle et al., 1997). Schizophrene Jugendliche sehen sich wie alle Angehörigen dieser Altersgruppe vor die spezifischen Entwicklungsaufgaben der Pubertät und Adoleszenz gestellt. Diese Tatsache verleiht den juvenilen Schizophrenien ihre spezifische Gestalt und kompliziert nicht selten in Form inadäquater, alters-typischer Problemlösungsversuche (wie Drogenkonsum) den frühen Krankheitsverlauf.

Der entwicklungspsychologische Blickwinkel wird deshalb im folgenden wo immer möglich in die Diskussion mit einbezogen.

1. Definition und Klassifikation

Trotz bemerkenswerter Fortschritte und einer Vielzahl von Einzelbefunden der Grundlagenforschung sind die Erkrankungen des schizophrenen Formenkreises Entitäten geblieben, deren Diagnose durch Anamnese, Exploration und Verhaltensbeobachtung erfolgt. Insbesondere fehlen noch immer zuverlässige biologische Marker. Neben den psychopathologischen Auffälligkeiten im engeren Sinne (vgl. 2.1) weisen die Schizophrenien eine Reihe weiterer Charakteristika auf, auf die hier kurz eingegangen werden soll.

Die lebenslange Wahrscheinlichkeit, an einer Schizophrenie zu erkranken, liegt für Frauen und Männer weltweit etwa bei 1%. Der Anteil der Ersterkrankungen bis zum 18. Lebensjahr beträgt etwa 5% aller Schizophrenien. Im stationären jugendpsychiatrischen Klientel stellen schizophrene Patienten dagegen eine der diagnostischen Hauptgruppen dar (Braun-Scharm et al., 1991).

Die Differentialdiagnose bereitet vor allem im Kindesalter bisweilen Probleme, wo autistische Syndrome und frühkindliche Demenzen auszuschließen sind (Remschmidt, 1988). Wegen der alterstypischen Besonderheiten des Kindesalters beziehen wir uns im folgenden hauptsächlich auf die Schizophrenien der Adoleszenz.

Die Erkennung exogener Psychosen, darunter auch drogeninduzierte (Bron, 1982) und epilepsiegebundene Formen (Diehl, 1989), gelingt in der Regel durch gezielte Untersuchungen. Schwieriger ist die Abgrenzung gegenüber schizoaffektiven Psychosen, da juvenile Schizophrenien häufig affektive, vorwiegend depressive Vorschwankungen zeigen können. Auch die seltenen affektiven Psychosen des Jugendalters ähneln – hier allerdings eher bei maniformer Ausprägung – gelegentlich der beginnenden Schizophrenie. Bei symptomarmer Ausprägung kann auch die Unterscheidung von schizoiden und schizotypen Persönlichkeitsstörungen Probleme bereiten. Die Differenzierung von der nicht ubiquitär akzeptierten Diagnose „Pubertätskrise" gelingt dagegen meist durch den Verlauf.

Aufgrund der Wechselhaftigkeit des Initialverlaufs scheint der subtypologischen Zuordnung (in paranoid-halluzinatorische, katatone, hebephrene bzw. desorganisierte Formen etc.) im Jugendalter weniger Aussagekraft als im Erwachsenenalter zuzukommen. Im Gegensatz zu anderslautenden Annahmen sind jedoch die paranoid-halluzinatorischen Formen auch im Jugendalter am häufigsten.

Die auf Kraepelin zurückgehende Hypothese einer ungünstigen Verlaufsform der Schizophrenien („Dementia praecox") läßt sich heute nicht mehr aufrechterhalten, da die inzwischen klassischen Langzeitstudien von Bleuler (1972), Huber et al. (1979) und Ciompi/Müller (1976) sowie neuere Arbeiten von Möller/v. Zerssen (1986) oder Schubart et al. (1986) einen obligat dementiellen Verlauf schizophrener Psychosen ausschließen konnten. Ältere Verlaufsuntersuchungen zum Schizophrenieverlauf bei Erkrankungsbeginn im Jugendalter ergaben noch ein heterogenes Bild. Neuere Untersuchungen bestätigen hingegen eindeutig, daß in der Adoleszenz beginnende Schizophrenien eine ungünstigere Prognose haben als schizophrene Erkrankungen mit Beginn im Erwachsenenalter (Bäuml et al., 1997; Cawthron et al., 1994; Eggers, Bunk, 1997; Gillberg et al., 1993; Maziade et al., 1996a; Maziade et al., 1996b; Remschmidt et al., 1994; Schmidt et al., 1995). Ansonsten ähnelt der Verlauf der Schizophrenien der Adoleszenz dem der Schizophrenien des Erwachsenenalters weitgehend. Neben Remissionen begegnet man auch im Jugendalter rezidivierenden und vor allem residualen Mustern. Da Symptomatik, Subtypologie und Verlauf bei Erstmanifestationen oft instabil sind, kann initial eine langfristige Prognose im Einzelfall kaum gestellt werden. Möglich sind relativ zuverlässige Prognosen für kürzere Zeiträume sowie für extreme Verlaufsformen. Patienten und Angehörigen kann aber aufgrund des momentanen Kenntnisstandes zumindest in dem Sinne Mut gemacht werden, daß Schizophrenie nicht mit chronischer Krankheit gleichgesetzt werden muß.

Weitgehende Einigkeit besteht seit der Etablierung von Vulnerabilitätsmodellen in der Schizophrenieforschung (Zubin, 1977) darüber, daß Entstehung und Verlauf schizophrener Erkrankungen aus dem Zusammenspiel (gentisch bedingter) dispositioneller Gegebenheiten mit psychischen, sozialen und biologischen „Stressoren" zu verstehen sind. Inzwischen wurden mehrfach Versuche der Präzisierung eines derartigen Diathese-Streß-Modells der Schizophrenie unternommen. So legte etwa Ciompi (1984) ein 3-Phasen-Modell der Schizophrenie vor:

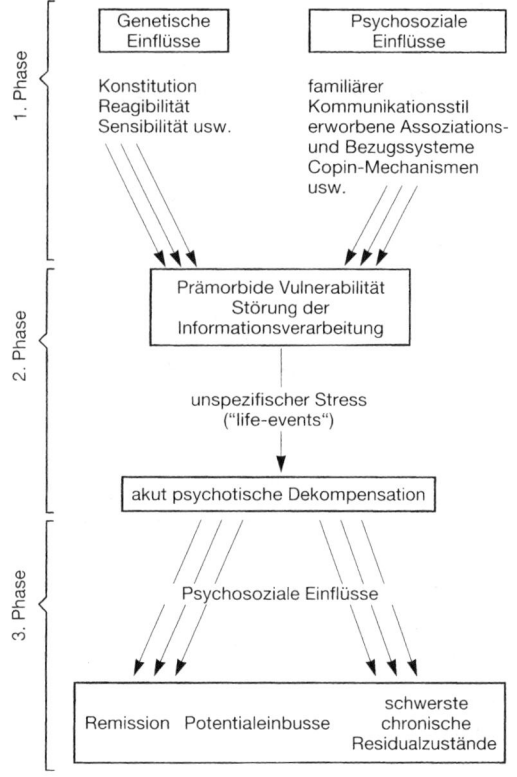

Abb. 1. 3-Phasen-Modell der Schizophrenie

Mit wachsendem Kenntnisstand nahm und nimmt auch die Komplexität derartiger Modelle zu. Einen Überblick über die aktuelle Diskussion dieser für eine rationale Begründung psychotherapeutischer Interventionen bei Schizophrenien überaus bedeutsamen Thematik gibt Nuechterlein (1987).

2. Symptomatik und Verhaltensdiagnose

2.1 Klinische Symptomatik

Die wichtigsten schizophrenen Symptome wurden u. a. von Kraepelin (1896), Bleuler (1911) und Schneider (1946) beschrieben und inzwischen von vielen anderen Autoren ergänzt. Die Schizophrenien können sich in allen menschlichen Seinsweisen manifestieren und äußerst vielgestaltig sein. Inwieweit der „Formenkreis der Schizophrenien" eine auch ätiologisch heterogene Gruppe darstellt, ist offen.

Die klassischen Symptome der Schizophrenie sind in Tabelle 1 aufgeführt.

Unter den schizophrenen Symptomen gibt es solche, die das prämorbide Niveau des Denkens, Fühlens und Handelns an Intensität oder Ausprägung übertreffen und als Plussymptome bezeichnet werden, sowie solche, die eine Verminderung (z. B. Apathie) bedeuten und folglich Minussymptome heißen. In entsprechender Weise kann man auch von Positiv- oder Negativsymptomatik sprechen (Andreasen, 1982). Der Plus- oder Positivsymptomatik werden meist die produktiven Symptome wie Halluzination und Wahn zugerechnet. Es gibt jedoch auch einige Symptome wie etwa die Neologismen und die katatonen Symptome, die nicht ohne weiteres diesen Rastern zugeordnet werden können.

2.2 Exploration und psychopathologischer Befund

Die Kenntnis des aktuellen psychopathologischen Zustandsbildes ist auch für die Planung verhaltenstherapeutischer Interventionen von großer Bedeutung.

Grundsätzlich gilt: In labilen, subakuten Verlaufsabschnitten schizophrener Psychosen sollten die therapeutischen Anforderungen reduziert, die Gesprächsführung versichernd, stabilisierend und stützend gestaltet werden. Im Falle einer Akuisierung des Krankheitsbildes ist eine psychiatrisch-psychopharmakologische Behandlung zwingend indiziert.

In stabilen Verlaufsabschnitten schizophrener Erkrankungen kann die äußere Struktur zurückgenommen und bezüglich psychotherapeutischer Maßnahmen die Indikation anspruchsvollerer, komplexerer verhaltenstherapeutischer Interventionen geprüft werden.

Tabelle 1. Symptome der Schizophrenie

Symptome	Beispiele
Trugwahrnehmung	akustische Halluzination
Inhaltliche Denkstörung	Verfolgungswahn, Größenwahn
Formale Denkstörung	Verlangsamung, Inkohärenz
Störungen der Affektivität	Verflachung, Parathymie
Störungen der Motorik	katatoner Stupor, Manierismen
Sprachstörungen	Neologismen, Spracharmut
Antriebsstörungen	Apathie, Unruhe
Sozialverhaltensstörungen	Autismus, Verschrobenheit

2.3 Anamnese

Die gründliche Anamneseerhebung stellt eine wesentliche Voraussetzung für jede verhaltenstherapeutische Behandlung dar. Dies gilt gerade auch für die Therapie schizophrener Erkrankungen, deren Verlauf den heute weithin akzeptierten Diathese-Streß-Modellen zufolge durch psychosoziale Faktoren entscheidend mitbedingt wird. Von besonderem Interesse sind dabei überdauernde Problemstrukturen und Konfliktfelder, subjektiv relevante Belastungen sowie inadäquate Verhaltensmuster und die sie aufrechterhaltenden Bedingungen. Die Befragung der Eltern und Geschwister, gegebenenfalls auch der Freunde, Lehrer und beruflichen Ausbilder stellt dabei eine wichtige Ergänzung der individuellen Befragung dar.

2.4 Verhaltensbeobachtung

Die direkte Verhaltensbeobachtung ist – zumal im stationären Setting – ein sehr wertvolles diagnostisches Instrument, vor allem wenn, aus welchen Gründen auch immer, verläßliche verbale Daten nicht zu gewinnen sind. Dann stellt die direkte Beobachtung etwa des Sozialverhaltens, des Arbeits- und Leistungsverhaltens, des Freizeitverhaltens, der Selbstversorgung und anderer, der direkten Beobachtung zugänglicher Bereiche oft die valideste Quelle therapierelevanter Informationen dar. Selbstverständlich bemüht sich der Verhaltenstherapeut dabei nicht nur um eine möglichst präzise Deskription zu beobachtender Verhaltensweisen, sondern darüber hinaus um die Aufklärung des Kontextes ihres Auftretens. Hierzu zählen situative, kognitive, affektive und motivationale Stimulus- und Konsequenzbedingungen.

2.5 Verhaltens- und Problemanalyse

Verhaltensbeobachtungen und die Kenntnis der individuellen Lerngeschichte eines Patienten stellen die Grundlage einer validen Verhaltens- und Problemanalyse dar. Um eine horizontale Verhaltensanalyse (Kanfer, 1976) erstellen zu können, ist eine Vielzahl der erhobenen Informationen folgenden Aspekten bedeutsamer Patient-Umwelt-Beziehungen zuzuordnen:
a) angebbare problematische Verhaltensweisen
b) aktuelle funktionale Wirkzusammenhänge
c) potentielle Verstärkungsquellen (Motivationsanalyse)
d) anzustrebende Verhaltensziele

Im Kontext der Verhaltensanalyse ist der Anteil, der einerseits krankheitsimmanenten Faktoren, andererseits biographisch-lerngeschichtlichen Größen an der Genese und Aufrechterhaltung ausgewählter Probleme zufällt, abzuschätzen. Je höher der letztgenannte Aspekt zu gewichten ist, desto günstiger stellen sich die (operanten) verhaltenstherapeutischen Einflußmöglichkeiten dar.

Die Problemanalyse besteht einerseits aus der Identifikation relevanter Probleme, andererseits aus einer vertikalen Verhaltensanalyse, die dem Therapeuten einen verstehenden Einblick in die bisherige Erfahrungsverarbeitung des Patienten sowie in die daraus resultierenden problembezogenen Einstellungen, Verhaltensregeln und -normen ermöglicht. Zur Gewinnung eines ersten Überblicks über die in einem individuellen Fall bedeutsamen Problemstellungen dienen neben der Anamnese geeignete Fragebögen wie z. B. der „Problemfragebogen für Jugendliche" (Heinrich et al., 1967). Therapeutisch verwertet werden die gewonnenen diagnostischen Informationen in der problemlösungs- und kognitiv orientierten Gesprächstherapie, sei es im einzel-, gruppen- oder familientherapeutischen Setting. Aber auch die Indikation anderer verhaltenstherapeutischer Interventionen wie etwa individueller Verstärkerprogramme oder Maßnahmen zur Entwicklung und Förderung sozialer Kompetenz läßt sich oft erst nach einer entsprechenden Problemanalyse sinnvoll beurteilen.

2.6 Familiendiagnostik

Auch für den Schizophrenieverlauf bedeutsame innerfamiliäre Interaktionsmuster (vgl. Cierpka, 1990; Cierpka, M., 1988) sind über längere Zeit hinweg der direkten Beobachtung zugänglich, so vor allem in Familiengesprächen, aber etwa auch anläßlich von Klinik- oder Hausbesuchen. Darüber hinaus wird der Verhaltenstherapeut zur Klärung der diagnostischen Frage, ob eine Indikation für eine behaviorale Familientherapie besteht, in Einzelgesprächen mit dem Jugendlichen, seinen Eltern und Geschwistern den subjektiv wahrgenommenen positiven und negativen Mustern der innerfamiliären Kommunikation sowie den Veränderungswünschen jedes einzelnen Familienmitglieds nachzugehen versuchen. Um die Beobachtungen ohne Zuhilfenahme einschlägiger Skalen oder Interviewleitfäden, wie es sie für den Erwachsenenbereich gibt, adäquat einordnen zu können, ist die Kenntnis des den Schizophrenieverlauf weitgehend mitbestimmenden Familienmerkmals der „high expressed emotion" (siehe unten) erforderlich.

2.7 Psychologische Tests und Fragebögen

Psychologische Tests und Fragebögen spielen in der Diagnostik jugendlicher Schizophrener eine große Rolle, vor allem zur Ermittlung eines individuellen Profils des kognitiven Leistungsvermögens. Von diesen testdiagnostischen Informationen hängen vielfältige therapeutische und rehabilitative Entscheidungen ab, so beispielsweise die Indikationsstellung formal-kognitiver, übender Interventionen, aber auch die Frage, ob und welche Leistungsgrenzen bei einem betroffenen Jugendlichen in Schule oder Ausbildung in Rechnung zu stellen sind. Je gravierender die Störanfälligkeit der Informationsverarbeitung einzuschätzen ist, desto wichtiger ist es, klare, unzweideutige, vorhersehbar strukturierte Erfahrungsräume zu gestalten, zumal wenn der psychopathologische Befund eine umfassende Labilisierung andeutet. Zu überprüfen sind im Einzelfall insbesondere die Aufmerksamkeit und das Konzentrationsvermögen, die Konzeptbildung, die Interferenzneigung, die Abstraktionsfähigkeit, das sprachliche Differenzierungsvermögen, die aktuellen Lern- und Gedächtnismöglichkeiten sowie das allgemeine intellektuelle Leistungsvermögen (Brickenkamp, 1997). Darüber hinaus ist das Erfassen der subjektiven Befindlichkeit sowie bedeutsamer Persönlichkeitsparameter unabdingbar. Auch dabei können Fragebögen und psychologische Tests hilfreiche Dienste leisten. Besonders wichtig erscheint die Beachtung mehr oder minder schizophrenietypischer „Basissymptome", wie sie etwa im „Frankfurter Beschwerde-Fragebogen" (Süllwold, 1986) beschrieben sind.

3. Therapie in der Praxis

3.1 Operante Behandlungsansätze

3.1.1 Begründung

Die operanten Methoden der Verhaltenstherapie leiten sich von den Erkenntnissen über die Bedeutung der Handlungskonsequenzen für den Verlauf von „Lernprozessen" her. „Lernen" – zentraler Prozeß sowohl des Erwerbs eines adäquaten Verhaltensrepertoires als auch jeder verallgemeinernden, regelgenerierenden Erfahrungsverarbeitung – ist wesentlich von den positiven („Verstärkung") oder negativen Folgen („Bestrafung") eigenen Handelns bzw. von der subjektiv erlebten Verifikation (kognitive Verstärkung) oder Falsifikation (kognitive Bestrafung) auf dem Prüfstand stehender Hypothesen abhängig. Versuche, über eine gezielte, systematische Berücksichtigung dieser Lerngesetzmäßigkeiten modifizierenden Einfluß auf inadäquate „Lernprodukte" – Verhaltensweisen ebenso wie handlungssteuernde kognitive Konzepte – zu nehmen, gelten bis heute als repräsentativ für die verhaltenstherapeutische Methodik schlechthin.

Die operanten Lerngesetzmäßigkeiten sind darüber hinaus auch aus theoretischen Gründen sowohl für das Verständnis als auch die Behandlung der Schizophrenien von großer Bedeutung. Im Unterschied zu früheren Vorstellungen (Ullmann, Krasner, 1969) nimmt man heute zwar nicht mehr an, daß sich schizophrene Problemverhaltensweisen (nur) nach den gleichen Gesetzmäßigkeiten entwickeln, denen das Lernen normaler Verhaltensweisen bei gesunden Menschen gehorcht. Im Lichte der aktuellen Hypothesen über die Rolle basaler Informationsverarbeitungsstörungen in der Schizophreniegenese (Cohen, Plaum, 1981; Brenner, 1983; Huber, 1983; Nuechterlein, Dawson, 1984; Knight, 1984; Süllwold, Huber, 1986; Nuechterlein et al., 1989) ist statt dessen davon auszugehen, daß die Lernprozesse selbst zumindest in kritischen Verlaufsabschnitten schizophrener Prozesse fundamental gestört sind. Um so wichtiger stellt sich entsprechend die an den Kenntnissen der etablierten Lerntheorien orientierte Schaffung lernförderlicher therapeutischer Settings dar, unabhängig davon, ob die intendierten „Lernziele" einem für die schizophrene Störung pathognomonischen Verhalten oder beispielsweise altersentsprechenden, entwicklungspsychologisch relevanten Zielsetzungen gelten.

Erfahrungsverarbeitende Prozesse der Verifikation bzw. der Falsifikation kognitiv-emotionaler Konzepte sind kognitive Korrelate „positiver Verstärkung" bzw. „Bestrafung" und damit wesentliche Determinanten jeglicher „Konzeptbildung" (Tolman, 1932; vgl. Spada et al., 1990). Die „Konzeptbildung" stellt ihrerseits eine der bei schizophrenen Patienten immer wieder auffällig beeinträchtigten kognitiven Leistungen dar (Payne, 1966 u. 1973). Die Annahme drängt sich auf, daß sich Störungen der Konzeptbildung auf dysfunktionale Verifikations-/Falsifikationsprozesse zurückführen lassen.

Störungen der Konzeptbildung können gerade im Jugendalter dramatische Folgen haben. Denn die Adoleszenz stellt jene Entwicklungsphase dar, in der über „Enkulturationsprozesse" einerseits und die Entwicklung zentraler selbstreferentieller Konzepte andererseits wesentlich die Erwachsenenidentität geformt wird (Fend, 1990). Fundamentale Störungen dieser in ihrer Bedeutung kaum zu überschätzenden „Konzeptbildungen" müssen deshalb zwangsläufig verheerende Konsequenzen auch für die Erwachsenen-Identitätsbildung nach sich ziehen.

Aus diesen Gründen sollten kognitiv-operante Prozesse, die zu vorschneller, fälschlicher Verifikation oder Falsifikation kognitiv-emotionaler Konzepte der verschiedensten Art führen können, auf verschiedenen therapeutischen Ebenen berücksichtigt werden, insbesondere bei
a) der Gestaltung stationärer Rahmenbedingungen,
b) der Berücksichtigung individueller Stärken,
c) der Beziehungsgestaltung und
d) der Gesprächsführung.

3.1.2 Therapiepraxis

Die folgenden aus den Erkenntnissen zum instrumentellen Lernen abgeleiteten therapeutischen Maßnahmen stellen sich vor diesem theoretischen Hintergrund als bedeutsam auch für den Bereich der juvenilen Schizophrenie dar:

---

1 Diese lern- und informationsverarbeitungstheoretische Hypothese wird nicht zuletzt auch durch neurophysiologische Befunde gestützt: So ist bekannt, daß Dopaminantagonisten um so wirksamer sind, je leichter sie eine Bindung mit Dopaminreceptoren an den Zellmembranen des mesolimbischen Systems eingehen. Da das mesolimbische System „Verstärkung" zumindest teilweise bewirkt, kann Überaktivität zur Verstärkung einer Unzahl von Reizen und Reaktionen führen, Unwichtiges und Unzusammenhängendes kann plötzlich bedeutsam werden, die „selektive Aufmerksamkeit" zusammenbrechen. Psychotische Akutsymptomatik: Ergebnis eines „Zuviel" an Verstärkung/Bestätigung? (Birnbaumer u. Schmidt, 1990, 653 f.)

3.1.2.1 Traditionelle operante Interventionen

Hierunter sind insbesondere zwei Kategorien von Veränderungsstrategien zu verstehen:
a) Veränderung bestehender funktionaler Zusammenhänge und
b) Etablierung neuer funktionaler Zusammenhänge.

Veränderung bestehender funktionaler Zusammenhänge

Interventionen der erstgenannten Art zielen darauf ab, ungünstige, in der natürlichen Umwelt des jugendlichen Patienten bestehende „verstärkende" Verhaltenskonsequenzen abzubauen. Hierzu zählen etwa „sekundäre Krankheitsgewinne" („negative Verstärkung") oder überprotektive und kustodiale, d. h. „positiv verstärkende" Reaktionen auf Problemverhaltensweisen hin. Die angeführten Beispiele mögen genügen, um die Schwierigkeiten entsprechender Interventionen anzudeuten: Die Reduktion von eigenen Krankheitsgewinnen wird zumindest anfänglich motivationale Widerstände auf seiten des betroffenen Patienten auslösen, der Abbau inadäquat „verstärkender" Reaktionen, beispielsweise der Eltern, mit Hilfe geeigneter familientherapeutischer Interventionen stößt oft genug auf innerfamiliären Widerstand, weil Familienmitglieder ihrerseits von verstärkenden „Krankheitsgewinnen" – etwa in Form prolongierter oder ganz zum Erliegen gekommener Ablösungsprozesse – zu profitieren glauben.

Etablierung neuer funktionaler Zusammenhänge

Die Etablierung neuer Kontingenzverhältnisse erfolgt in der Regel in Form individuell abgestimmter, unterschiedlich komplexer, an Token-economy-Programmen orientierter „Verstärkerpläne". Eine definierte Anzahl erworbener „tokens" berechtigt zu subjektiv entsprechend „wertvollen" Gratifikationen. Es kann nicht oft genug betont werden, daß sich ein wirkungsvoller „Verstärker" ausschließlich über seinen Einfluß auf das Zielverhalten, nicht aber über die bloßen Vermutungen des Therapeuten definiert. Effizient sind „Verstärker" in der Regel dann, wenn sie deutlich positive Gefühle bei dem betroffenen Patienten auszulösen vermögen (vgl. Staats u. Eifert, 1990).

Aus der Vielzahl potentiell angehbarer „Zielverhaltensweisen" (s. „Verhaltensanalyse") wird der Verhaltenstherapeut bei jugendlichen Schizophreniepatienten eine krankheitsbedingte Grenzen berücksichtigende und entwicklungspsychologisch sinnvoll erscheinende Auswahl treffen. So können etwa „Kritik äußern", „Eigene Standpunkte vertreten" und „Dosieren der Kontakte zu den Eltern" (Besuche, Telefonate etc.) bedeutsame Bausteine notwendiger Ablösungsprozesse Jugendlicher darstellen. Die „Teilnahme an sozialen Aktivitäten mit anderen Jugendlichen" (Spiele, Ausflüge, Feste etc.) ist nicht nur inkompatibel mit dem häufig beobachtbaren symptomatischen Rückzugsverhalten schizophrener Patienten, sie vermittelt überdies entwicklungspsychologisch relevante Erfahrungen für den in der Adoleszenz so wichtig werdenden Umgang mit Gleichaltrigen. „Pünktlichkeit", „Ausdauer/Durchhaltevermögen" und „Selbständigkeit" sind schließlich nur einige bedeutsame Voraussetzungen für einen erfolgreichen Schulbesuch oder die Absolvierung einer beruflichen Ausbildung.

Der Einsatz individueller Verstärkerprogramme erfordert eine stetige, aufmerksame verlaufsdiagnostische Begleitung, da der durch entsprechende Maßnahmen entfaltete „Rehabilitationsdruck" durchaus Risiken in Form potentieller Überforderung in sich birgt. Insbesondere ist auf depressive Reaktionen oder Exacerbationshinweise zu achten. Gefahren drohen vor allem dort, wo Problembereiche angegangen werden, die ihrerseits „Coping-Reaktionen", adaptive Strategien des Patienten zur Eindämmung und Kontrolle anderer befürchteter Symptome, darstellen. In diesem Fall sind die Behandlungspläne zu modifizieren.

3.1.2.2 Die Berücksichtigung kognitiv-operanter Prozesse

Die im folgenden skizzierten Maßnahmen heben, ausgehend von den oben dargestellten theoretischen Begründungszusammenhängen, darauf ab, das Risiko „inhaltliche Denkstörungen" begründender, irreführender Verifikations- und Falsifikationsprozesse zu minimieren.

Gestaltung stationärer Rahmenbedingungen

Der stationäre Rahmen schizophrener Jugendlicher sollte in und unmittelbar nach akut psychotischen Verlaufsabschnitten von klaren Bedingungen, überschaubaren Erwartungen und berechenbaren Geschehnissen gekennzeichnet sein. Die Vereinbarung von eindeutigen Tagesstrukturen stiftet im Alltag der Patienten ein hohes Maß an Bekanntheit. Dies bedingt eine Minimierung der Ansprüche an die Realitätskonzeptionalisierung und damit eine Verminderung des Risikos inadäquater Konzeptbildungen (via fälschlicher Verifikationen/Falsifikationen). Mit zunehmender Stabilisierung eines Jugendlichen kann und soll auf derartige die unmißverständliche Wahrnehmung und Konzeptionalisierung der Realität erleichternde äußere Struktursetzungen allmählich verzichtet werden.

Berücksichtigung individueller Stärken

Im stationären Alltag ist schizophrenen Jugendlichen breiter Raum einzuräumen, um vorhandene Stärken und Fähigkeiten einzusetzen. Mit ihnen sind in der Regel verstärkende Selbstverbalisationen und positives emotionales Erleben eng verknüpft. Die Ausübung von „Verhaltensaktiva" bewirkt eine Verstärkung/Bestätigung dieser mit ihnen verknüpften „selbstreferentiellen Konzepte" (der eigenen Kompetenz, des eigenen Leistungsvermögens, des „Selbstwertes").

Beziehungsgestaltung

Von Therapeuten verschiedenster Orientierung wird immer wieder die Bedeutung konstanter Bezugspersonen und berechenbarer Beziehungen betont. Aus lerntheoretischer Sicht ist dieser Behandlungstopos in gleicher Weise zu begründen wie die oben erläuterte Notwendigkeit eines eindeutigen Stationsrahmens. Die adäquate Wahrnehmung und Konzeptionalisierung sozialer Beziehungen fällt schizophrenen Jugendlichen besonders schwer. Beziehungsideen (als zunächst nur inadäquate konzeptionelle Hypothesen) finden in komplexen, unberechenbaren, ständig wechselnden sozialen Situationen rasch ausreichend subjektive Bestätigung, um zu ausgeprägtem paranoiden Erleben zu eskalieren.

Neben der Konstanz des Beziehungsangebots ist an dieser Stelle die Bedeutung positiver Zuwendung („soziale Verstärkung") bei gleichzeitiger Vermeidung aggressiv-überkritischer Ablehnung („soziale Bestrafung") als Beitrag zur Stabilisierung positiv akzentuierter Selbstkonzepte hervorzuheben. Außer der Fähigkeit zu glaubhafter Zuwendung setzt eine solche Strategie des sozialen Umgangs sensibles Gewahrsein und letztlich die Kontrolle eigener „bestrafender" Interaktionsgepflogenheiten auf seiten der Therapeuten und Betreuer voraus. An dieser Stelle wird deutlich, welche herausragende Bedeutung therapeutischen Basisfertigkeiten der Beziehungsgestaltung zukommt. Selbsterfahrung und Supervision stellen deshalb neben theoretischem Wissen und praktischer Handlungskompetenz entscheidende Qualifikationsmerkmale des klinisch tätigen Verhaltenstherapeuten dar.

Gesprächsführung

Darüber hinaus erscheint es bei jugendlichen Patienten sinnvoll, insbesondere die entwicklungspsychologisch bedeutsamen „Konzeptbildungsprozesse" im Gespräch „klärend" therapeutisch zu begleiten. Das Anliegen besteht in diesem Fall hauptsächlich in dem Versuch einer korrektiven Einflußnahme auf dysfunktionale, inadäquate Selbstkonzepte. In postakuten Verlaufsabschnitten schizophrener Erkrankungen erscheint eher möglich, was viele Angehörige während der akuten Psychose vergeblich versuchen: eine Korrektur des Selbst- und Realitätsbezugs über eine im Gespräch zu realisierende Verifikation „richtiger", der Realität angemessener Konzepte bei gleichzeitiger Falsifikation irrealer Konzepte. Flankierende und berechenbare „erlebniskorrektive" Erfahrungen – ob in der natürlichen Lebenswelt des Patienten oder in therapeutischen Settings – können in dieser Hinsicht therapeutisch hilfreiche Dienste leisten, die Remission florider Symptomatik und die Abwesenheit gravierender kognitiver Störungen vorausgesetzt.

3.2 Therapie sozialer Kompetenz

3.2.1 Begründung

Seit den grundlegenden Arbeiten Banduras zum Modellernen und zur stellvertretenden Verstärkung (Bandura, 1977; 1986) entwickelten sich Varianten des Rollenspiels in den verschiedensten Anwendungsbereichen der Verhaltenstherapie zu einer ihrer bedeutendsten einzel- und gruppentherapeutischen Interventionsformen. Gerade auch in der stationären Schizophreniebehandlung fanden Rollenspieltechniken – *hier vor allem als Mittel zur Förderung der sozialen Kompetenz* – rasch große Beachtung. Denn im Verlauf schizophrener Erkrankungen treten häufig schwere Störungen des Sozialverhaltens auf. Nach neueren Untersuchungen zeigen zwei Jahre nach Krankheitsbeginn knapp 40% der Patienten schwere, weitere 30% mittelschwere funktionelle Defizite in persönlichen und sozialen Bereichen (Schubart et al., 1986). Aber auch prämorbid können oft bereits deutliche soziale Funktionseinbußen beobachtet werden. Derartige frühe Anzeichen eines schleichenden, progredienten Verlustes sozialer Fertigkeiten vor dem ersten Auftreten psychotischer Akutsymptomatik gelten als Prädiktoren eines eher ungünstigen Krankheitsverlaufs (Strauß, Carpenter, 1972, 1974; Hubschmid, Ciompi, 1990).

Interventionen zur Entwicklung und Förderung sozialer Kompetenz sind auch in der Behandlung schizophrener Jugendlicher indiziert. Denn ein ausgeprägter Mangel an Fertigkeiten zur (im Sinne einer positiven Verstärkerbilanz) „erfolgreichen" Bewältigung sozialer Anforderungen ist auch bei vielen schizophrenen Jugendlichen, häufig bereits prämorbid, gegeben (Parnas et al., 1990; Goldstein, 1990).

In der therapeutischen Arbeit mit schizophrenen Jugendlichen ist zu berücksichtigen, daß eine für das Erwachsenenalter adäquate „soziale Kompetenz" von Jugendlichen erst erworben werden muß. Hierbei haben die therapeutischen Maßnahmen Hilfestellungen zu leisten. Bei Erkrankungsbeginn im Erwachsenenalter hingegen konnten die betroffenen Patienten oft prämorbid bereits ein gewisses Repertoire sozialer Fertigkeiten ausbilden, das dann durch die Therapie sozialer Kompetenz lediglich zu restituieren ist. Lautet das Therapieziel im Erwachsenenbereich primär „Förderung sozialer Kompetenz", so heißt es im Jugendalter sinnvollerweise „Entwicklung sozialer Kompetenz". Die Auswahl geeigneter Therapieinhalte sollte entsprechend auch unter entwicklungspsychologischen Gesichtspunkten erfolgen. Die neuen, im Jugendalter zu entwickelnden sozialen Fertigkeiten ergeben sich aus den zentralen Entwicklungsprozessen der Adoleszenz. Es sind dies (Fend, 1990):
– die nachlassende Bedeutung und redefinierte Rolle der Eltern (als die „Ablösung" förderndes und wohlwollend-akzeptierendes „Stützsystem"),
– die wachsende Bedeutung gleichaltriger Freunde,
– die Hinwendung zum anderen Geschlecht und die Festigung der sexuellen Identität,
– die Übernahme zentraler, von der Gesellschaft vorgesehener „Rollen" (z. B. „Lehrling", „Schüler"),
– das für das Jugendalter kennzeichnende Gewahrwerden zwischen „Innen" und „Außen" (und damit die Möglichkeit unterchiedlichster, mehr oder weniger verbindlicher Formen der „Selbstrepräsentation") sowie

– die Entwicklung sozial funktionaler „selbstreferentieller Konzepte" als Persönlichkeitskonstituenten.

Auf der Basis des heutigen Wissensstandes sind darüber hinaus in der therapeutischen Arbeit mit schizophrenen Patienten Störungen der Informationsverarbeitung (und damit jeglicher „lernenden" Erfahrungsverarbeitung) als Hindernisse beim (Wieder-)-Erwerb sozialer Kompetenz zu berücksichtigen:

Die sozialen Defizite dieser Patientengruppe lassen sich nicht ausschließlich auf mangelnde Anregung, ungünstige Erfahrungshintergründe, inadäquate Erziehungsstile, schwer zu verarbeitende frühkindliche Konflikte oder andere biographische Einflußfaktoren, also auf fehlende, mangelhafte oder ungünstige Lern- und Erfahrungsmöglichkeiten zurückführen. Adäquates, dem Anforderungscharakter einer spezifischen sozialen Situation entsprechendes Sozialverhalten setzt eine intakte „soziale Wahrnehmung" und darauf aufbauend den zuverlässigen „Abruf" zielführender sozialer Handlungsprogramme voraus. Beide erwähnten Prozesse erscheinen jedoch bei schizophrenen Menschen störanfällig (Knight, 1984). So wurden Beeinträchtigungen der Wahrnehmungsselektivität (also der Unterscheidung von „relevanten" und „irrelevanten" Reizen) vielfach belegt (Shakow, 1979; Hartwich, 1983; Venables, 1987). Ebenso ist im Kontext schizophrener Erkrankungen mit einer Labilisierung der Möglichkeiten zur Nutzung früherer Erfahrungen zu rechnen (Poljakov, 1973; Brenner, 1983).

Eine erhöhte Störanfälligkeit derartig basaler neuropsychologischer Prozesse scheint vor allem in komplexen und/oder belastenden Situationen und unter emotionalem Streß gegeben (Nuechterlein, Dawson, 1984; Nüchterlein et al., 1989). Andere Forschungsergebnisse deuten an, daß auch Prozesse der Affektwahrnehmung gestört sein könnten. So ließ sich inzwischen mehrfach nachweisen, daß schizophrene Patienten erhebliche (möglicherweise spezifische) Schwierigkeiten in der adäquaten Entschlüsselung des mimisch vermittelten Affektausdrucks zeigen. Sie neigen dazu, den menschlichen Gesichtsausdruck allzu häufig als bedrohlich zu erleben. Es überrascht nicht, wenn in diesem Zusammenhang bei schizophren Erkrankten vermehrt Verhaltens- und Beziehungsstörungen beobachtet werden (Berndl et al., 1986, Feinberg et al., 1986).

3.2.2 Therapiepraxis

Für die Therapieansätze zur Förderung der sozialen Kompetenz bei schizophrenen Menschen ist eine explizite Berücksichtigung der hier nur ansatzweise skizzierten Forschungsbefunde zu fordern. Für die verhaltenstherapeutische Behandlung beeinträchtigter sozialer Kompetenz bei schizophrenen Jugendlichen lassen sich folgende Schlußfolgerungen ziehen:

3.2.2.1 Rahmenbedingung

Zunächst ist ein nur scheinbar trivialer Sachverhalt hervorzuheben: Keine Therapie kann die im „natürlichen" Lebensraum Jugendlicher ablaufenden Lernprozesse völlig ersetzen. Sie sind unverzichtbar. Längerfristige, postakute Therapie und Rehabilitation jugendlicher schizophrener Patienten sollte deshalb nach Möglichkeit zumindest in nach Diagnose und Geschlecht gemischten Settings erfolgen. Unsere klinische Erfahrung deutet darauf hin, daß die hieraus resultierenden Vorteile die zweifelsfrei in Kauf zu nehmenden Risiken (z. B. der Stigmatisierung, der Überstimulierung) überwiegen. Darüber hinaus sind in fortgeschrittenen Stadien der Therapie und in Abhängigkeit von den individuellen Möglichkeiten möglichst viele Brücken in die außerklinische Realität zu schlagen, etwa in Form berufsbezogener Praktika oder einer Integration in Sportvereine und Jugendclubs.

3.2.2.2 Entwicklung und Förderung der Sozialen Wahrnehmung

Das Wahrnehmen und adäquate Erfassen sozialer und emotionaler Reize kann im Gruppenkontext gezielt gefördert werden. Dabei sind sehr verschiedene Vorgehensweisen vorstellbar, deren Gemeinsamkeit darin besteht, daß die Jugendlichen visuell präsentierte soziale Situationen adäquat beschreiben und interpretieren sollen. Diapräsentationen eignen sich recht gut, um zunächt die Erfassung des mimisch vermittelten Affektausdrucks zu überprüfen und gegebenenfalls zu fördern. Videosequenzen sozialer Interaktionen stellen in der Regel höhere Ansprüche an das Wahrnehmungs- und Konzeptbildungsvermögen der Jugendlichen und eignen sich damit für fortgeschrittene bzw. weniger beeinträchtigte Gruppen. Geeignet erscheinen Videosequenzen, die Interaktionen von Jugendlichen untereinander (z. B. „Eine Verabredung treffen"), von Jugendlichen und ihren Eltern (z. B. „Den Eltern das Zeugnis zeigen") und von Jugendlichen mit ihren Lehrern/Ausbildern (z. B. „Bei einer nicht verstandenen Erklärung des Lehrers nachfragen") abbilden. Zusätzliche kognitive Schwierigkeiten entstehen durch die Verwendung von Parodien und satirischem Filmmaterial. Rollenspiele lassen sich in derartige gruppentherapeutische Ansätze vielseitig integrieren, etwa zum „Nachstellen" eines vorgestellten Affektausdrucks, zum „Nachspielen" einer filmisch präsentierten sozialen Interaktionsszene oder zur spielerischen Weiterführung und Beendigung einer nur partiell dargebotenen Szene. Im Unterschied zur Therapie sozialer Kompetenz im engeren Sinne achtet der Therapeut bei derartigen Vorgehensweisen weniger auf das im Rollenspiel gezeigte Verhalten der Patienten als vielmehr auf das adäquate Erfassen der wahrzunehmenden sozialen Situation und ihres affektiven Gehalts. Mittlerweile fanden recht vielversprechende Versuche statt Trainingsmaßnahmen zur Förderung der sozialen Wahrnehmung zu einem umfassenderen „Training zur Bewältigung maladaptiver Emotionen" weiterzuentwickeln (Hodel, Brenner, 1995).

3.2.2.3 Entwicklung und Förderung kommunikativer Fertigkeiten

Zur Erweiterung kommunikativer und interaktiver Handlungsspielräume tragen themenzentrierte Diskussionsgruppen bei. Dabei können sowohl allgemeine (z. B. aktuelle Berichte aus Zeitungen und Zeitschriften über Politik, Mode, Musik, Kultur etc.) als auch eher persönliche (z. B. Freundschaften, Sexualität, religiöse Fragen, Sinnfragen und Lebensziele etc.) Themenstellungen behandelt werden. Die Themenauswahl orientiert sich an den Interessen der Gruppe. Die Gesprächsführung sollte vom Therapeuten auch bei weniger sachlichen, persönlichen oder affektiv besetzten Themenstellungen im Sinne der Aufrechterhaltung einer möglichst lebendigen, alle Gruppenmitglieder gleichermaßen einbeziehenden Diskussion, weniger im Sinne einer patientenzentrierten Therapie gestaltet werden. Letzteres geschieht eher in einzel- oder gruppentherapeutischen Problemlösetherapien (s. unten). In der Rolle des Diskussionsleiters hat der Therapeut zu gewährleisten, daß grundlegende Kommunikationselemente wie „aktives Zuhören", „Verstehen" und „adäquates Antworten", aber auch komplexere Fertigkeiten wie z. B. „Empathie" und „Rollenübernahme" gefördert werden. Dabei kommen auch kommunikationstherapeutische Vorgehensweisen aus der behavioralen Familientherapie (s. unten), entsprechend adaptiert, zum Einsatz. Fundierte Kenntnisse der Gruppendynamik auf seiten des Therapeuten sind notwendig, um die auch in aufgaben- bzw. themenzentrierten Gruppen ablaufenden gruppendynamischen Prozesse erfassen und konstruktiv auffangen zu können.

3.2.2.4 Entwicklung und Förderung sozialer Kompetenz im engeren Sinne

Als Intervention zur gezielten Entwicklung und Förderung sozialer Fertigkeiten können auch bei schizophrenen Jugendlichen Varianten der traditionellen „social-skills-trainings" gelten. Die therapeutischen Vorgehensweisen lassen sich in der Regel spielerischer als im Bereich der Erwachsenenpsychiatrie gestalten. Generell gilt, daß sich die konkrete Vorgehensweise am Leistungsniveau der Gruppe orientieren sollte. Entsprechend müssen gegebenenfalls Hilfsinterventionen eingebaut oder redundant, da unterfordernd erscheinende Therapieabschnitte abgekürzt werden. In der Regel beinhaltet die Therapie sozialer Kompetenz bei schizophrenen Jugendlichen folgende Schritte:

a) *Präsentation einer offenen sozialen Situation.* Sie kann verbal-akustisch (Vorlesen eines Textes), visuell (in Form eines Bildes, z. B. eines Dias) oder komplex (Darbietung einer Videosequenz) erfolgen.

b) *Kognitive Bearbeitung der Situation im Sinne eines Wahrnehmungstrainings.* Die therapeutische Zielsetzung, an der sich die Gestaltung der Therapie in dieser Phase zu orientieren hat, besteht in der Gewährleistung einer adäquaten Konzeptionalisierung der sozialen Situation und in der Erarbeitung ihrer affektiven Implikationen.

c) *Weiterentwicklung der sozialen Situation.* Im Gefolge der Diskussion des sozialen Anforderungscharakters und möglicher Interaktionsfortgänge sind ein konkreter Dialog, ein konkreter Handlungsablauf zu entwickeln. In fortgeschrittenen oder leistungsstärkeren Gruppen können mehrere Realisierungen erarbeitet werden.

d) *Modelldarbietung.* Der/Ein erarbeitete/r Interaktionsfortgang wird in einem Modellrollenspiel von Kotherapeuten praktisch umgesetzt.

e) *Einführungs-Feedback.* Der Therapeut hebt wichtige Aspekte adäquaten Verhaltens besonders hervor, erörtert denkbare Schwierigkeiten und bestimmt gemeinsam mit der Gruppe die Reihenfolge, in der die anschließenden Rollenspiele der Jugendlichen erfolgen.

f) *Durchführung der Patientenrollenspiele.* Die erarbeiteten und modellhaft demonstrierten Interaktionen werden nun von den Patienten selbst gespielt. Abweichungen vom Modellrollenspiel und Improvisationen sind dabei durchaus denkbar, jeder soll „seine Art" der Interaktionsgestaltung finden. Dem Thrapeuten stehen dabei die verschiedensten Möglichkeiten der Hilfestellungen beim Rollenspiel zu Verfügung.

g) *Feedback.* Bei der Kommentierung der Rollenspiele durch den Therapeuten spielen einerseits konkrete Verhaltensinstruktionen, andererseits „soziale Verstärkung" als Gesprächsführungselemente eine besondere Rolle. In ihnen spiegeln sich die beiden zentralen therapeutischen Zielsetzungen der Therapie sozialer Kompetenz: Vermittlung instrumentellen Handlungswissens und „Verstärkung" mutigen Sozialverhaltens.

h) *„Life-Übungen".* „Hausaufgaben" außerhalb des therapeutischen Settings kommt eine große Bedeutung für die Festigung der Therapieeffekte (bezüglich Generalisierung und Dauerhaftigkeit) zu. Sie müssen jedoch besonders sorgfältig ausgewählt werden, sollen sie nicht die Therapiemotivation belasten. Dazu müssen sie sich für die betroffenen Patienten einsichtig und sinnvoll in ihren Alltag einfügen.

Für die Gestaltung entsprechender gruppentherapeutischer Vorgehensweisen mit schizophrenen Jugendlichen liegen bislang keine standardisierten und evaluierten Therapiematerialien vor. Die Therapeuten müssen entsprechende Hilfsmittel, also etwa geeignete Videosequenzen, selbst erstellen. Hierbei ist ebenso wie bei der Auswahl von Themenstellungen für das Kommunikationstraining und der Entwicklung geeigneter Rollenspielsituationen darauf zu achten, daß sich im Therapiematerial die Bedürfnisse und Entwicklungsaufgaben Jugendlicher (also z. B. Kontakt zum anderen Geschlecht, Selbstbehauptung und Stellung in der Bezugsgruppe, Umgang mit Geld und Konsumbedürfnissen, Auseinandersetzungen mit Eltern, Lehrern etc.) möglichst realistisch widerspiegeln. Praktische Hilfestellungen hierbei leistet etwa das „Integrierte Psychologische Therapieprogramm" (IPT) für schizophrene Patienten, in dem in den Unterprogrammen „Soziale Wahrnehmung", „Verbale Kommunikation" und „Soziale Fertigkeiten" der Versuch unternommen wird, den traditionellen „Social-skills"-Ansatz im Sinne der oben skizzierten Anregungen zu erweitern (Roder, Kienzle, 1986; Roder et al., 1988). Dieser Gruppentherapieansatz ist zwar zunächst für die Behandlung erwachsener, chronisch schizophrener Patienten konzipiert, wurde inzwischen allerdings an die Besonderheiten juveniler Schizophrenien adaptiert (Kienzle u. Martinius, 1991; Kienzle, 1994). Inhaltliche Anregungen geben darüber hinaus manche für nicht-schizophrene, kindliche und jugendliche Problemgruppen entwickelte Therapiemanuale (Goldstein et al., 1980; Petermann, Petermann 1988; 1989).

Mittlerweile werden soziale Kompetenztrainings auch im deutschsprachigen Raum zu hochkomplexen und hochstandardisierten Therapieprogrammen – analog den Liberman'schen Modulen – für spezielle, primär im Erwachsenenbereich rehabilitativ bedeutsame Bereiche (Wohnen, Arbeiten, Freizeit) weiterentwickelt (Roder et al., 1996).

3.2.2.5 Coping-Training

Eine wesentliche Ergänzung erfahren die beschriebenen Vorgehensweisen durch Modifikationen, die sie zu einem „Coping-Training" weiterentwickeln. Im Gegensatz zum klassischen „Social-skills"-Training, bei dem soziale Fertigkeiten (nach-)gespielt und geübt werden, liegt der Akzent hier bei der kognitiven und verhaltensmäßigen Bewältigung „frustrierender" sozialer Erlebnisse. Ausgangspunkt ist die Annahme, daß soziale Interaktionen nicht im Sinne des Interaktionsziels der Jugendlichen enden, sozial mutiges Verhalten damit – verhaltenstheoretisch formuliert – „bestraft" wird. Das Therapieziel besteht in der Entwicklung eines Verhaltensrepertoires zur Schadensbegrenzung und zur „Entkatastrophisierung" entsprechender Erfahrungen. Entsprechende Vorgehensweisen lassen sich in das oben dargestellte Vorgehen zur Therapie sozialer Kompetenz sinnvoll integrieren. Sie fördern die Therapiemotivation, begegnen sie doch dem Einwand, (nur) im Rollenspiel führten soziale Interaktionen regelmäßig zum „happy end".

3.3 Kognitive Behandlungsansätze

Im deutschsprachigen Raum verbindet man mit dem Begriff „kognitive Schizophrenietherapie" (vgl. auch Rey, 1987) in erster Linie den bereits erwähnten, ursprünglich von Brenner konzipierten gruppentherapeutischen Behandlungsansatz, der inzwischen als „Integriertes Psychologisches Therapieprogramm" (IPT) einige Verbreitung gefunden hat. Grundzüge und erste Evaluationen dieses Vorgehens wurden von Brenner und Mitarbeitern bereits Anfang der 80er Jahre publiziert (Brenner et al., 1980). Der Therapieansatz wurde in den darauffolgenden Jahren erheblich weiterentwickelt, so daß 1988 ein erstes ausführliches Therapiemanual zum IPT vorgelegt werden konnte (Roder, Kienzle, 1986; Roder et al., 1988). Das IPT besteht aus folgenden aufeinander aufbauenden Unterprogrammen:

– „Kognitive Differenzierung"
– „Soziale Wahrnehmung"
– „Verbale Kommunikation"
– „Soziale Fertigkeiten"
– „Interpersonelles Problemlösen"

Das Charakteristikum des gesamten Therapieprogramms besteht in der durchgehenden Berücksichtigung von Informationsverarbeitungsstörungen als wesentlichem Faktor in der Genese und im Verlauf schizophrener Erkrankungen. Wie sich dieser Gesichtspunkt auf die Modifikation traditioneller Ansätze zur Förderung sozialer Kompetenz bei jugendlichen Patienten auswirkt, wurde bereits im vorigen Abschnitt dargestellt. Diskutiert werden sollen im folgenden deshalb nur die IPT-Unterprogramme „Kognitive Differenzierung" (als formal-kognitiver Behandlungsbaustein) und „Interpersonelles Problemlösen" (als inhaltlich-kognitiver Behandlungsbaustein).

Darüberhinaus soll an dieser Stelle noch auf die dem Selbstmanagement-Ansatz verpfliichteten „bewältigungsorientierten" Therapien eingegangen werden, die sich einer Vielzahl unterschiedlicher kognitiver Interventionen bedienen.

3.3.1 Kognitive Differenzierung

3.3.1.1 Begründung

Die therapeutischen Interventionen der Kognitiven Differenzierung intendieren eine gezielte Einflußnahme auf bedeutsame Komponenten von Informationsverarbeitungsvorgängen, die, wie inzwischen mehrfach betont, bei schizophrenen Patienten als störanfällig (bzw. gestört) gelten. Angestrebt ist also eine direkte, gezielte Förderung der jeder Erfahrungsverarbeitung und allen komplexen Lernvorgängen zugrundeliegenden Fundamentalprozesse.

Die Arbeitsgruppen um Olbrich und Spaulding verfolgten (und verfolgen) seit längerem die Entwicklung und Evalution computergestützter formal-kognitiver Methoden (Spaulding, 1986; Olbrich, Mussgay, 1989; 18). Mittlerweile sind recht elaborierte Computerprogramme verfügbar, ausführliche evaluative Studien finden statt.

Das IPT-Unterprogramm „Kognitive Differenzierung" umfaßt eine Reihe sehr unterschiedlicher, übender Vorgehensweisen, die
- der Aufrechterhaltung aufmerksamen Verhaltens,
- der Verbesserung des Abstraktionsvermögens,
- der Gewährleistung eines adäquaten Assoziationsgangs und
- der Stabilisierung der Konzeptbildung

dienen sollen. Als therapeutische Zielvariabeln gelten somit allgemeinpsychologische Konstrukte, die in einen theoriegeleiteten Zusammenhang mit hypostasierten Informationsverarbeitungsstörungen gebracht und überdies testdiagnostisch erfaßt werden können.

3.3.1.2 Therapiepraxis

Die genannten Zielsetzungen sollen durch die übende Bearbeitung speziell ausgewählter Aufgabenstellungen erreicht werden. Derartige Aufgabenstellungen sind:
- non-verbale Sortier- bzw. Konzeptbildungsaufgaben,
- Aufgaben zur Förderung sprachlicher Konzeptabgrenzungs- und Differenzierungsvorgänge,
- Aufgaben zur Förderung des Abstraktionsvermögens via Bearbeitung von Redewendungen und Sprichwörtern sowie

- Übungen zur Überprüfung und Thematisierung des Assoziationsgangs.

Diese sowohl im einzel- wie im gruppentherapeutischen Setting durchführbaren Übungsschritte implizieren Prozesse wie Aufmerksamkeit und Konzentration sowie eine angemessene aufgabenbezogene Lern- und Merkfähigkeit. Diese Prozesse werden nicht durch spezielle Aufgabenstellungen, sondern durch geeignete Therapeutenverhaltensweisen unterstützt und gefördert. Entsprechende Therapeutenverhaltensweisen sind z. B.: direktes Ansprechen bei Abschweifen, wiederholen und zusammenfassen lassen, soziales und informatives Verstärken, Erfolgserlebnisse verschaffen.

Die „Kognitive Differenzierung" in ihrer gegenwärtigen Form leistet wertvolle Dienste und bietet sich an:
- *zu diagnostischen Zwecken*: Liegen bei einem schizophrenen Jugendlichen schwere kognitive Störungen, wie sie bei vielen chronischen Patienten beobachtet werden können, vor?,
- *zur Angstminimierung* wegen des hohen Strukturierungsniveaus in neu beginnenden Gruppen mit sich gegenseitig nicht/kaum kennenden Patienten,
- *als übendes Verfahren* selektiv für einen Kreis von Jugendlichen, der trotz seines jungen Alters bereits Chronifizierungszeichen und eine kognitive Minussymptomatik aufweist.

3.3.2 Interpersonelles Problemlösen

3.3.2.1 Begründung

Anfang der 70er Jahre konzipierten D'Zurilla und Goldfried einen nach rationalen Gesichtspunkten aufgebauten, paradigmatischen Problemlöseprozeß als kognitive psychotherapeutische Strategie (D'Zurilla, Goldfried, 1971). Auch im IPT findet sich unter der Bezeichnung „Interpersonelles Problemlösen" ein problemlösungsorientierter Behandlungsansatz, der den spezifischen Bedürfnissen schizophrener Patienten Rechnung zu tragen sucht. Die Anwendung problemlösungsorientierter Interventionen bei schizophrenen Patienten ist immer dann gerechtfertigt, wenn (diagnostisch zu erfassende) innere oder äußere Problemstellungen als Stressoren zu wirken und den Schizophrenieverlauf negativ zu beeinflussen drohen, zumal wir aus experimentalpsychologischen Untersuchungen wissen, daß sich schizophrene Patienten wegen ihrer kognitiven Störungen häufig vor zusätzliche Schwierigkeiten bei der Entwicklung adäquater Problemlösungen gestellt sehen (Pishkin, Williams, 1984). In entsprechenden Therapien kann jedoch ein recht hohes Maß an (kognitiver und emotionaler) Belastung entstehen, weshalb sie nur in postakuten Verlaufsabschnitten schizophrener Störungen indiziert erscheinen.

3.3.2.2 Therapiepraxis

Inhaltlich ähneln problemlösungsorientierte Vorgehensweisen am ehesten traditionellen Psychotherapiegruppen, wenngleich die Orientierung auf mögliche Lösungswege hin gewährleistet, daß ein praktischer Realitätsbezug nie aus dem Blickfeld gerät.

In „Problemlösetherapien" können Problemstellungen entweder verhaltens- und problemanalytisch erarbeitet (non-direktive Variante) oder vom Therapeuten auf der Basis eigener, beispielsweise rehabilitativer Überlegungen in die Gruppe eingeführt werden (direktive Variante). Ein „Problem" definiert sich dabei in Anlehnung an die Problemlöseforschung über die folgenden konstitutiven Merkmale (Dörner, 1984): *eine unerwünschte, dysfunktionale Ausgangslage, eine intendierte Zielsetzung, eine „Hürde", die den einfachen Übergang vom Ist- in den Sollzustand erschwert.*

Die gruppen- oder einzeltherapeutische Vorgehensweise umfaßt in der Regel folgende Bestandteile:
- Auswahl einer bearbeitbaren Problemstellung
- Erarbeitung der Problemaspekte (Ist, Soll, Hürde/n)
- „Brainstorming": Entwicklung von Lösungsalternativen
- Bewertung und Erprobung (Rollenspiel) der Lösungen
- Erwägung von Umsetzungsmöglichkeiten und Entscheidung
- Reevaluation (zu Beginn der nächsten Therapiesitzung)

Mit einer derartigen Therapiepraxis werden verschiedene Therapieziele verfolgt:
- *Problemlösungen*: Zunächst sollen aktuelle, belastende und damit den Krankheitsverlauf möglicherweise beeinflussende Probleme entschärft und soweit möglich für die Betroffenen befriedigend „gelöst" werden.
- *Problemlösestrategien*: Auf einer generelleren Ebene soll die Vermittlung einer rationalen, lösungsorientierten Haltung gegenüber Problemstellungen erfolgen.
- *Selbsteffizienz*: Über Kompetenzerfahrungen soll eine Ermutigung zum selbständigen Transfer und schließlich auch eine Verbesserung selbstreferentieller Kompetenzkonzepte, etwa im Sinne erhöhter „self-efficacy" (Bandura, 1977; 1986), erreicht werden.

3.3.3 Bewältigungsorientierte Therapie – Selbstmanagement

3.3.3.1 Begründung

Neben dem Problemlöseansatz kommt dem auf Kanfer zurückgehenden Selbst-managementansatz (Kanfer, 1990) eine zunehmend wichtigere Rolle in der Schizophreniebehandlung zu. Entsprechende Anregungen erhält die verhaltenstherapeutische Schizophreniebehandlung vor allem von der aktuellen Coping-Forschung, die sich mit dem Bewältigungsverhalten schizophrener Patienten befaßt (Brenner et al., 1987a; Thurm-Mussgay, Häfner, 1990). Bewältigungsversuche schizophrener Patienten gelten einerseits der in verschiedenen Verlaufsabschnitten schizophrener Prozesse vorherrschenden (Plus- oder Minus-)Symptomatik, andererseits als einschränkend oder gar psychoseprovozierend erlebten Stressoren (Böker, Brenner, 1983; Böker, 1986). Die Bewältigungsversuche schizophrener Patienten sind dabei häufig recht doppelbödig. Die Unterscheidung zwischen „Symptom" und „Bewältigungsverhalten" ist nicht immer einfach (Thurm-Mussgay, Häfner, 1990). Das Coping-Verhalten schizophrener Jugendlicher unterscheidet sich von dem Erwachsener deutlich im Sinne vermehrter Vermeidung aktiver Problemlösungsbemühungen (Braun-Scharm, 1996).

Ein zentrales Anliegen des Selbstmanagementansatzes besteht in der Erweiterung und „Optimierung" der einem schizophrenen Patienten zur Verfügung stehenden Bewältigungsreaktionen und -strategien. *Voraussetzung hierfür ist ein informiertes Verständnis der eigenen Erkrankung.* Erst auf dieser Grundlage lassen sich für den Betroffenen (und seine Angehörigen) einsehbare Behandlungsstrategien und darüber hinaus ein der Selbstkontrolle unterliegendes, rationales Repertoire an Coping-Verhaltensweisen (bis hin zur selbständigen Veränderung der Medikation) entwickeln und vermitteln.

3.3.3.2 Therapiepraxis

Vor einigen Jahren legten Süllwold und Herrlich (1990a) ein den skizzierten Grundsätzen verpflichtetes psychologisches Behandlungsprogramm vor, dessen zentraler Bestandteil – neben verschiedenen, aus dem Selbstinstruktionsansatz (Meichenbaum, 1977; 1979) und dem Beckschen Therapieansatz (Beck, 1981) bekannten kognitiven Interventionen, einer individuumzentrierten Problemlösevorgehensweise und Elementen des „Social-skills"-Trainings – in der *Vermittlung eines umfassenden, auf dem Vulnerabilitätskonzept fußenden Diathese-Streß-Modells einerseits sowie in der Entwicklung geeigneter Bewältigungsverhaltensweisen andererseits* besteht (Süllwold, Herrlich, 1990 a).
Auf der Grundlage eines adäquaten Krankheits- bzw. Vulnerabilitätsverständnisses sollen mit Hilfe der Methoden kognitiver Therpaie dysfunktionale Einstellungen und inadäquate „Schemata" korrigiert und ein rezidivprophylaktisch günstiges „Bewältigungsverhalten" entwickelt werden. Der Patient soll letztlich in die Lage versetzt werden, im Sinne von Selbstmangement selbständig und angemessen mit seinen Problemen und insbesondere auch mit seinem Rückfallrisiko umzugehen (vgl. Schaub, Böker, 1997).

Unter dem Stichwort „Psychoedukation" erfolgte in den letzten Jahren die Entwicklung einer Vielzahl von Materialien zur Krankheitsinformation (für remittierte Betroffene wie für Angehörige) sowie von Therapiekonzeptionen für deren Verwendung im Rahmen einer bewältigungsorientierten Therapie (Bäuml, 1994; Kieserg, Hornung, 1996; Wienberg et al., 1995). Die Bedeutung dieses Ansatzes auch für die Behandlung schizophrener Jugendlicher (und ihrer Eltern) wurde rasch erkannt, mittlerweile liegen auch erste Erfahrungen zum Einsatz psychoedukativer Vorgehensweisen im Rahmen rückfallprophylaktischer Behandlungsschritte bei schizophrenen Jugendlichen vor (Roepcke, 1996). Da die meisten psychoedukativ verwendbaren Informationsmaterialien allerdings nicht auf die spezifische Situation ersterkrankter schizophrener Jugendlicher und ihrer Eltern eingehen, entwickelten wir an unserer Klinik spezielle Informationsbroschüren für die familientherapeutische Arbeit, die wir derzeit erproben und weiterentwickeln (Kienzle et al., 1996; Kienzle et al., 1997).

3.4 Behaviorale Familientherapie

3.4.1 Begründung

Einer der wichtigsten Fortschritte der Schizophrenieforschung der letzten Jahre bestand in der Entwicklung zunehmend elaborierter Vulnerabilitätsmodelle, denen zufolge Schizophrenien als steßreagible Störungen auf der Basis einer zumindest partiell biologisch determinierten Disposition zu verstehen sind (Zubin, Spring, 1977; Zubin et al., 1983; Nuechterlein, 1987). Belastende Stressoren bewirken nach diesen Konzepten eine (über verschiedene psychophysiologische Maße operationalisierbare) Erhöhung des Erregungsniveaus (Turpin et al., 1988) sowie, im Gefolge damit einhergehender Einschränkungen, erhebliche kognitive und emotionale Desorganisation (Nuechterlein, Dawson, 1984; Nuechterlein et al., 1989) – Entwicklungen, die letztlich in die psychotische Dekompensation münden. Obwohl auch unspezifischer Streß in diesen Eskalationsprozessen eine bedeutsame Rolle spielen kann (Ciompi, 1984), ist andererseits heute klar, daß insbesondere kognitiv überfordernde, komplexe soziale und intensive emotionale (möglicherweise v. a. aversive) Stressoren als besonders kritische Belastungsfaktoren zu gelten haben (Häfner, 1976; Thurm-Mussgay, Häfner, 1990).

Bestätigt wurden diese Annahmen vor allem auch durch die „Expressed-emotion"-Forschung. Konsistent konnte in verschiedenen „EE-Studien" gezeigt werden, daß das mit 40% trotz neuroleptischer Depotmedikation erhebliche Rezidivrisiko schizophrener Patienten (70% bei Placebomedikation) in Familien, in denen die Familienmitglieder dem betroffenen Patienten kritisch bis feindselig sowie emotional überengagiert begegnen („High-expressed-emotion"-Familien), dramatisch in die Höhe schnellt (Brown et al., 1972; Leff, Vaughn, 1985, 1986; Nuechterlein et al., 1986). Das Rückfallsrisiko schizophrener Patienten aus „Hoch-EE-Familien" liegt im ersten Jahr nach der Klinikentlassung etwa viermal höher (54%) als das von Patienten aus „Niedrig-EE-Familien" (16%) (Hahlweg et al., 1989). Arousalauffälligkeiten und Störungen der Informationsverarbeitung schizophrener Menschen treten in Gegenwart von „Hoch-EE-Angehörigen" signifikant häufiger auf als bei „Niedrig-EE-Angehörigen" (Tarrier, 1989; Nuechterlein et al., 1989).

3.4.2 Therapiepraxis

In der Folgezeit wurden auf der Grundlage dieser Befunde geeignete familientherapeutische Interventionen zur Reduktion hoher und damit potentiell rezidivprovozierender EE-Niveaus entwickelt. Das praktische familientherapeutische Vorgehen zum Abbau von familiärem Streß ist inzwischen in verschiedenen Therapiemanualen praxisnah und teilweise sehr ausführlich beschrieben (Falloon et al., 1984; Anderson et al., 1986; Berkowitz et al., 1981; Barrowclough, Tarrier, 1987; Hahlweg et al., 1988). Auch für die therapeutische Arbeit in „Angehörigengruppen", Gruppen von Familien schizophrener Patienten also, liegen anwendungsbezogene therapeutische Handlungsanleitungen vor (Fiedler et al., 1986; Plott, 1996).

Im einzelnen stellt sich das praktische Vorgehen in der behavioralen Familientherapie folgendermaßen dar (Hahlweg et al., 1988):

3.4.2.1 Beziehungsaufbau und Diagnostik

Von mitentscheidender Bedeutung für den gesamten weiteren Therapieverlauf ist, inwieweit es dem Therapeuten im Verlauf der ersten Phase der Diagnostik (s. o.) und Kontaktaufnahme gelingt, Vertrauen zu gewinnen, die Familie seiner Kompetenz zu versichern, ein tragfähiges Arbeitsbündnis zu entwickeln und zur therapeutischen Mitarbeit zu motivieren. Familien, in denen ein Kind erstmalig psychotische Auffälligkeiten zeigt, sind oft sehr erregt und zutiefst beunruhigt. Geduld und Empathie sind neben Sachkenntnis und therapeutisch-klinischer Erfahrung beim Beziehungsaufbau zu diesen Familien besonders gefordert.

3.4.2.2 Informationsvermittlung

Wie bei den eher patientenzentrierten bewältigungsorientierten Therapien spielen auch in der Behavioralen Familientherapie psychoedukative Elemente eine äußerst wichtige Rolle. Denn um kaum eine psychische Störung ranken sich mehr irrtümliche Vorstellungen als um die Schizophrenie. Die sachliche Information auch der Angehörigen ist daher eine wesentliche Voraussetzung für eine angemessene Verständnisbildung und für gegebenenfalls im Sinne einer Rezidivprophylaxe notwendige Verhaltensänderungen im Umgang mit dem schizophrenen Jugendlichen. So lassen sich viele Konflikte vermeiden, wenn nachlassende Leistungen und Rückzug von sozialen Kontakten nicht als Ausdruck von Faulheit, Interesselosigkeit oder moralischer

Unzulänglichkeit betrachtet, sondern als symptomatische Verhaltensweisen im Kontext einer schweren und umfassenden psychischen Störung begriffen werden. Aber nicht nur Schuldzuschreibungen an den vulnerablen oder erkrankten Jugendlichen können so reduziert werden, auch die Angehörigen selbst erfahren eine Entlastung von unangemessenen eigenen Schuldgefühlen – freilich auch eine Sensibilisierung für tatsächlich kritische eigene Verhaltensweisen. Eine sachliche Information festigt die Compliance und Therapiemotivation der Angehörigen – nicht zuletzt auch gegenüber der neuroleptischen Medikation, die zumal bei jüngeren Jugendlichen von den Eltern mitgetragen werden muß. Schließlich trägt sie oft zur emotionalen Beruhigung von aufgewühlten und beunruhigten Eltern bei.

Aus den genannten Gründen soll den Angehörigen in der Regel Informationen zu folgenden Themenbereichen vermittelt werden (Kienzle et al., 1996):
– Diagnose und Differentialdiagnose
– Symptomatologie (v. a. auch Prodromalzeichen)
– Verlaufsformen und Prognose
– aktuell diskutierte biologische Ätiologie
– aktuell diskutierte psychologische und soziale Ätiologie
– das Vulnerabilitätsmodell
– Behandlungsmethoden
– das Leben auf der Station und in der Klinik
– Rolle und Bedeutung der Angehörigen
– Entwicklungsaufgaben des Jugendalters

3.4.2.3 Kommunikationstraining

Kommunikationstrainings im familientherapeutischen Setting intendieren eine Streßminimierung im Sinne des EE-Konzepts via Optimierung der innerfamiliären Kommunikation. Ihr Ziel besteht in der Umwandlung „indirekter", doppeldeutiger und damit möglicherweise mißverständlicher in „direkte", eindeutige und unmißverständliche Kommunikation. Konflikte, Spannungen und Meinungsverschiedenheiten in einer Familie sollen sich dadurch, so die Hoffnung, angemessen thematisieren lassen, statt sich infolge inadäquater Kommunikationsmuster zusätzlich zu komplizieren.

Das praktische Vorgehen im familienzentrierten Kommunikationstraining läßt sich an Hand der zugrundeliegenden Themenstellungen als Prozeß beschreiben, der folgende Phasen umfaßt:
a) Themenstellung: angenehme Erlebnisse,
b) Themenstellung: Anliegen vorbringen und
c) Themenstellung: unangenehme Erlebnisse.

Angenehme Erlebnisse

In einer ersten Phase sollen angenehme Erlebnisse, an die sich die einzelnen Familienmitglieder erinnern, thematisiert werden. Dadurch wird zu Beginn der Therapie zunächst der verbreiteten Tendenz, sich hauptsächlich mit negativen, auf den schizophrenen Jugendlichen fokussierten Inhalten zu beschäftigen, entgegengewirkt. Immer wieder erleben betroffene Familien diese Themenwahl als ausgesprochen entlastend, was sich wiederum förderlich auf die Therapiemotivation auswirkt.

In bezug auf das Kommunikationsverhalten sollen im Kontext dieser Themenwahl die folgenden Fertigkeiten erworben bzw. verstärkt werden:
– Eine angenehme Situation oder ein angenehmes Erlebnis genau, konkret und anschaulich beschreiben.
– Dabei erlebte positive Gefühle (in der Ich-Form) äußern und beschreiben.
– Positive, verstärkende Rückmeldungen an Familienmitglieder, die zu dem angenehmen Erlebnis und den positiven Gefühlen einen Beitrag leisteten, (in der Du-Form) geben.

Anliegen vorbringen

In der zweiten Phase des Kommunikationstrainings gilt der thematische Fokus den individuellen Wünschen der einzelnen Familienmitglieder aneinander. Die Familienmitglieder sollen lernen, ihren Bedürfnissen gegenüber anderen Familienmitgliedern adäquat Ausdruck zu verleihen. Zwar werden auch angemessen vorgetragene Wünsche und Bitten nicht immer berücksichtigt werden können, sicherlich läßt sich jedoch durch eine direkte, offene Bedürfnisartikulation manche unnötig aggressive Auseinandersetzung vermeiden.

Im Kontext der Themenwahl „Anliegen aneinander" sollen folgende kommunikative Fertigkeiten eingeübt werden:
– Ein Anliegen gegenüber einem Familienmitglied (z. B. den Wunsch nach einer Verhaltensänderung) genau und konkret beschreiben.
– Eine Begründung anführen unter besonderer Berücksichtigung der motivierenden emotionalen Hintergründe (Ich-Form).
– Schilderung der erwarteten (emotionalen) Folgen bei Erfüllung der Bitte (Ich-Form).

Unangenehme Erlebnisse

Als Alternative zur offen aggressiven Auseinandersetzung einerseits und zu unterschwellig feindseligen, überwiegend nonverbalen „atmosphärischen Störungen" andererseits sollen in dieser schwierigen Phase des Kommunikationstrainings die beteiligten Familienmitglieder die Fähigkeit erwerben, negative Gefühle gegenüber einander in einer möglichst wenig verletzenden, nicht generalisierenden, konstruktiven Weise zum Ausdruck zu bringen. Die kommunikativen Übungen erfolgen im Kontext der Thematisierung erinnerter unangenehmer Erlebnisse oder anhand aktueller Spannungen und Konflikte. Die folgenden kommunikativen Fertigkeiten sollen dabei berücksichtigt und geübt werden:
– Eine unangenehme Situation/ein unangenehmes Erlebnis genau, konkret und anschaulich beschreiben; wichtig dabei ist vor allem die detaillierte Beschreibung des mißfallenden Verhaltens.
– Die dabei erlebten negativen Gefühle (in der Ich-Form) äußern und beschreiben.
– Kritik an tangierten Familienmitgliedern situationsbezogen äußern; auf generalisierende Bewertungen und Attribuierungen der „Person als solcher" verzichten.

– Alternative Verhaltensvorschläge machen (also das „Um etwas bitten" der vorigen Phase).

Über das gesamte Kommunikationstraining hinweg wird darüber hinaus neben den bisher beschriebenen „*Senderfertigkeiten*" als zentrale „*Empfängerfertigkeit*" das „*Aktive Zuhören*" geübt. Es umfaßt insbesondere folgende Aspekte:
– Sich dem Sprecher körperlich zuwenden.
– Dem Sprecher konzentriert und aufnehmend zuhören.
– Bei Unklarheiten nachfragen und sich rückversichern, daß man den Sprecher richtig verstanden hat.
– Auf Aufforderungen durch den Therapeuten hin das Gehörte in eigenen Worten wiedergeben.

„Aktives Zuhören" ist vor allem für solche Angehörige und Patienten wichtig (und schwer), die dazu neigen, selbst viel zu reden, ohne auf andere empathisch einzugehen, ein Muster, das sehr häufig adäquate Kommunikation vereitelt.

3.4.2.4 Familienzentriertes Problemlösen

Das praktische Vorgehen beim familienzentrierten Problemlösen umfaßt die folgenden Schritte:
– *Problemauswahl:* Die Familie einigt sich auf eine zu bearbeitende Problemstellung.
– *Subjektive Problemaspekte:* Das Problem wird von jedem Familienmitglied aus seiner Sicht beschrieben.
– *Konsensuale Formulierung:* nach Möglichkeit Einigung auf eine gemeinsame Problemdefinition.
– *Brainstorming:* Jedes Familienmitglied nennt mindestens einen Vorschlag zur Lösung des Problems. Die Problemlösungsvorschläge sollen zunächst nicht bewertet werden, jeder Vorschlag wird festgehalten.
– *Diskussion der Lösungsalternativen unter dem Gesichtspunkt:* Welche Vorteile, welche Nachteile führt die jeweilige Lösung mit sich? Wichtig: die Sicht

aller Familienmitglieder einholen, um einseitige Lösungsentscheidungen zu vermeiden.
- *Auswahl* einer/mehrerer Lösungsalternative/n, nach Möglichkeit nach dem Konsensprinzip, notfalls via Mehrheitsentscheidung.
- *Konkretisierung* des ausgewählten Lösungsweges unter dem Gesichtspunkt: Was verlangt die ausgewählte Problemlösung von jedem Familienmitglied?
- *Reevaluation:* In der darauffolgenden Therapiestunde Überprüfung und gegebenenfalls Korrektur der Lösungsstrategien.

Das familienzentrierte Problemlösen verfolgt eine zweifache Zielsetzung: Zum einen sollen belastende Problemstellungen entschärft oder gelöst werden, zum anderen soll der Familie eine Problemlösungsstruktur vermittelt werden, die sie später selbständig auf neue, im Therapieverlauf nicht thematisierte Probleme anwenden kann. Beiden Zielsetzungen dient das Schreiben von Therapieprotokollen entlang der Struktur des skizzierten Problemlöseprozesses.

4. Evaluation

Die beschriebenen Therapieansätze wurden bislang überwiegend an erwachsenen Schizophrenen evaluiert. Daß sie adäquat modifiziert auch auf jugendliche Patienten Anwendung finden sollten, ergibt sich jedoch sowohl aus der klinischen Erfahrung als auch aus theoretischen Überlegungen, die in diesem Zusammenhang – wo nötig – zumindest skizzenhafte Erwähnung finden sollen.

4.1 Operante Behandlungsansätze

Operante Methoden wurden schon sehr früh auf ihre Bedeutung in der Behandlung schizophrener Störungen hin untersucht. Erste Erfolge wurden von Ayllon und Michael (1959) berichtet. Es folgte eine Vielzahl von mehr oder minder beeindruckenden Studien (Wong et al., 1987), denen allerdings häufig eine aus heutiger Sicht unzulässig vereinfachte, ausschließlich lerntheoretische Konzeption auch produktiver schizophrener Symptome zugrunde lag (Ullmann u. Krasner, 1969). Möglichkeiten der „Stimulusinterferenz", der „Bestrafung" unangemessener, symptomatischer Verhaltensweisen sowie der „positiven Verstärkung" symptominkompatiblen Verhaltens galt zunächst das Hauptaugenmerk der Forschung.

4.1.1 Stimulusinterferenz

Es konnte gezeigt werden, daß sich chronisch schizophrene Patienten zumindest temporär durch interferierende Aktivitäten von Halluzinationen, Selbstgesprächen und bizarren stereotypen Verhaltensweisen ablenken lassen (Turner et al., 1977; Wong et al., 1987). Insbesondere gibt es recht deutliche Hinweise, daß sich die Auftretenswahrscheinlichkeit von Halluzinationen reduzieren läßt, wenn man schizophrene Patienten in strukturierten Situationen in zielgerichtete Verhaltensweisen involviert (Vgl. Cohen u. Borst, 1987). Selbst elaborierte Ablenkungsmethoden führten allerdings nicht zu einer Generalisierung der erzielten Effekte über die Therapiesituation hinaus. Insgesamt verweisen diese Studien jedoch auf die grundsätzliche Möglichkeit, auch chronisch schizophrenen Menschen durch geeignete Freizeit- und Beschäftigungsmaßnahmen zu einer weniger symptombelasteten Lebensweise zu verhelfen.

4.1.2 Aversive Methoden

Der ethisch stets fragwürdige Einsatz aversiver Interventionen in der Schizophreniebehandlung steht auch in Anbetracht der Forschungslage auf tönernen Füßen. So wurde etwa versucht, das Auftreten von Halluzinationen durch die „Bestrafung" mit aversiven Konsequenzen (z. B. leichten Elektroschocks) zu unterbinden (Rickard et al., 1960; Bucher u. Fabricatore, 1970; Turner et al., 1977); wahnhaftes und halluzinatorisches Erleben chronisch schizophrener Patienten sollte durch „Time-out" reduziert werden (Davis et al., 1976). Die kargen „Erfolge" waren nicht nur von kurzer Dauer, grundsätzlicher ins Gewicht fällt die Kritik, daß durch derartige Methoden wohl allenfalls ein selteneres Äußern entsprechender Symptome erreicht wird. Theoretisch waren die dürftigen Ergebnisse nicht nur zu erwarten, aversive Methoden scheinen danach nachgerade kontraindiziert: Älteren psychologischen Studien zufolge verlieren schizophrene Menschen den Kontakt zur Realität wegen einer erhöhten Empfindlichkeit gegenüber Mißerfolgen oder Kritik (Rodnick u. Garmezy, 1957). Dieses Ergebnis erscheint in Anbetracht der Befunde der modernen EE-Forschung wieder überaus aktuell. Die „Bestrafung" schizophrener Symptome und Problemverhaltensweisen im engeren Sinne ist somit heute recht obsolet. Wo sich aversive Methoden – stets in Gefahr, als Aggression erlebt zu werden – im weiteren Umfeld schizophrener Symptomatik oder im Kontext pädagogischer Zielsetzungen nicht vermeiden lassen, sollte ihr Einsatz jedoch zumindest im verhaltensmodifikatorischen Sinne kunstgerecht erfolgen, da dadurch das Risiko des Erlebens generalisierter, feindseliger Ablehnung der eigenen Person als Ganzes minimiert werden kann.

4.1.3 Positive Verstärkung

Was die „positive Verstärkung" symptominkompatiblen Verhaltens betrifft, wurden zunächst v. a. Versuche der Einflußnahme auf das Sprechverhalten schizophrener Menschen bekannt. Das gemeinsame Behandlungsziel dieser insgesamt bereits recht erfolgreichen Bemühungen bestand in der Erhöhung der Häufigkeit adäquaten Sprechens durch systematische „Belohnung" entsprechender Sprechakte (Ayllon u. Haughton, 1964). Außerdem wurden in dieser Zeit wichtige Erkenntnisse für operante Behandlungspläne gewonnen. So erwiesen sich etwa übliche psychiatrische Verstärker wie Süßigkeiten, Zigaretten oder Kaffee ebenso wie ausschließlich soziale Verstärkung als wenig effizient, erfolgversprechend dagegen auf die jeweiligen individuellen Bedürfnisse abstimmbare „sekundäre Verstärker" – die „tokens" der späteren „Token-economy-Programme" (McReynolds u. Coleman, 1972; Florin et al., 1973). Die Notwendigkeit genauer und klarer Instruktionen bezüglich der erwünschten Zielverhaltensweisen wurde erkannt – die Bedeutung kognitiver Variablen deutete sich damit an (Ayllon, Azrin, 1964). Später konnten Zusammenhänge zwischen dem Erfolg operanter Interventionen und dem jeweils gegebenen (kognitiven) Funktionsniveau eines Patienten nachgewiesen werden (Calhoun u. Moss, 1981).

Es blieb jedoch der bekannten, stationsumfassend angelegten und methodisch vorbildlich durchgeführten Studie von Paul und Lentz (1977) vorbehalten, den überlegenen Nutzen elaborierter „Token-economy"-Programme in der Therapie und Rehabilitation schizophrener Patienten nachzuweisen. Auch die häufig konstatierten Probleme der mangelnden Generalisierung und der teils recht kurzen Dauer der erzielten Therapieerfolge erwiesen sich als durchaus lösbar (Peniston, 1988). Die positiven Ergebnisse vor allem dieser Studien lassen den Schluß zu, daß dem geplanten, an operationalisierten Zielsetzungen orientierten und – nicht zuletzt – von einem fachkundigen, qualifizierten Team realisierten Einsatz verstärkender Verhaltenskonsequenzen in der Schizophreniebehandlung ein fester Platz zukommen sollte.

4.2 Therapie sozialer Kompetenz

In einer Vielzahl von Studien wurde inzwischen die Effizienz entsprechender Vorgehensweisen belegt (Wallace et al., 1980; Liberman et al., 1986). Einschränkungen sind jedoch vor allem hinsichtlich der Generalisierung und der Dauerhaftigkeit der Therapieeffekte vorzunehmen (Curran et al., 1985; Hogarty et al., 1991). Durch eine Elaborierung der therapeutischen Interventionen scheinen sich diese Probleme jedoch begrenzen zu lassen, wie die zahlreichen Arbeiten der Gruppe um Liberman, dessen Name wie kein zweiter mit dem „social-skills-training" in der amerikanischen Schizophreniebehandlung verbun-den ist, erhoffen lassen (Liberman, 1988; Liberman u. Eckman, 1989). Hinweise auf die Effizienz des hier beschriebenen, erweiterten Therapieansatzes zur Entwicklung und Förderung sozialer Kompetenz sind vor allem den Effizienzstudien zum IPT zu entnehmen (vgl. Brenner et al., 1987b; Mussgay u. Olbrich, 1988; Roder u. Brenner, 1990), wenngleich wir hier zu einer altersspezifisch modifizierten Operationalisierung der im IPT geschilderten therapeutischen Prinzipien raten.

4.3 Kognitive Behandlungsansätze

4.3.1 Kognitive Differenzierung

Da neuere Theoriebildungen die bereits mehrfach erwähnten Informationsverarbeitungsstörungen als schizophrenietypische Elementar- oder Basisstörungen begreifen und ihnen somit in der Schizophreniegenese ein Primat gegenüber anderen Störungen einräumen (zur Kritik siehe Martin, 1991), sind an therapeutische Interventionen, die gezielt auf eine Besserung oder Behebung derartiger Störungen abheben, besonders hohe Erwartungen geknüpft. Untersuchungen zum IPT deuten mehrheitlich die grundsätzliche therapeutische Beeinflußbarkeit der kognitiven Störungen schizophrener Patienten an (Hermanutz u. Gestrich, 1987; Kraemer et al., 1987; Heim et al., 1989; Funke et al., 1989; Roder u. Brenner, 1990). Zu einem ähnlichen Ergebnis kommt Olbrich mit seinem computergestützten Trainingsansatz (Olbrich, Mussgay, 1989).

Es gibt allerdings Hinweise auf die Notwendigkeit von Modifikationen der bisherigen, stark am Modell neuropsychologischer Funktionstrainings orientierten Therapiepraxis. Brenner fordert für die Zukunft eine weitaus stärkere Berücksichtigung affektiver und psychophysiologischer Prozesse (Benner, 1989). Auch ist vermehrt der Tatsache Rechnung zu tragen, daß kognitive Störungen situativ akzentuiert auftreten, somit Wechselwirkungen zwischen individuellen (kognitiven) Vulnerabilitätsfaktoren und externen Umweltstressoren bestehen (Nuechterlein u. Dawson, 1984; Nuechterlein et al., 1989).

Effizienzuntersuchungen zu der Frage, ob die „Kognitive Differenzierung" in ihrer derzeitigen Form einen Beitrag zur Behebung oder Minderung kognitiver Störungen bei schizophrenen Jugendlichen leisten kann, liegen nicht vor. Dabei steht außer Frage, daß kognitive Störungen auch bei schizophrenen Jugendlichen vorliegen können. Selbst lediglich vulnerable „High-risk-Kinder" zeigen häufig schon sehr früh kognitive Entwicklungsstörungen (Asarnow, 1988; Goldstein, 1990).

Aus praktisch-klinischer Sicht ergeben sich derzeit folgende Einschätzungen für die Arbeit mit schizophrenen Jugendlichen: Ein Teil der Übungen der derzeitigen „Kognitiven Differenzierung" ist für viele schizophrene Jugendliche zu einfach und birgt die Gefahr in sich, als stigmatisierend und diskriminierend erlebt zu werden. Für sie (wie wohl auch für viele ältere „Erstmanifestationen") scheint es sinnvoll, eine „anspruchsvollere", weniger intelligenznahe Vorgehensweise zu entwickeln (vgl. Kienzle u. Martinius, 1991).

4.3.2 Problemlösen

In der therapeutischen Praxis bewährten sich Varianten des Problemlöseansatzes bereits bei verschiedenen Patientengruppen (Christoff et al., 1985; Nezu, 1986; Grawe et al., 1990). Im englischsprachigen Raum fanden Problemlöseansätze auch schon seit längerer Zeit Eingang in die Schizophreniebehandlung. Studien zur Effizienzkontrolle belegten deren therapeutischen Nutzen – zumal in Verbindung mit Social-skills-Ansätzen (Platt u. Spivack, 1972; Siegel u. Spivack, 1976; Liberman et al., 1982; Pekala et al., 1985; Liberman et al., 1986; Liberman, 1988).

Es steht außer Zweifel, daß die im Jugendalter anstehenden Entwicklungsaufgaben gerade schizophrenievulnerable, mit einer verminderten Toleranz vor allem gegenüber intensiven emotionalen und sozialen Reizen ausgestatte Jugendliche vor erhebliche Probleme stellen muß. Eine problemlösungsorientierte Thematisierung der zu erwartenden Probleme und Konflikte ist allein schon aus diesem Grunde indiziert. Andernfalls steht zu befürchten, daß sich die entsprechenden Probleme eines betroffenen Jugendlichen als unspezifische Stressoren zu einer erheblichen Belastung des Schizophrenieverlaufs akkumulieren. Das problemlösungsorientierte Vorgehen reduziert überdies wegen seiner pragmatischen Orientierung die Gefahr verwirrender Affektstimulation. Diese Einschätzungen begründen die auch mit unserer psychotherapeutischen Erfahrung in Einklang stehende Annahme, daß es sich bei der problemlö-sungsorientierten Vorgehensweise um eine überaus hilfreiche therapeutische Technik in der Behandlung schizophrener Jugendlicher handelt.

4.3.3 Bewältigungsorientierte Therapie – Selbstmanagement

Die neuen bewältigungsorientierten Therapien stehen insgesamt derzeit sicherlich noch auf dem empirischen Prüfstand. Erste klinische Erfahrungen stimmen jedoch durchaus hoffnungsvoll (Maurer, Berten, 1995), wenngleich sich entsprechend hochschwellige Interventionen wohl vor allem bei gut remittierten und differenzierten (Ex)Patienten anwenden lassen (Vgl. auch Herrlich, 1995). Die empirische Forschung läßt bis dato den rezidivprophylaktischen Nutzen psychoedukativer Maßnahmen ebenfall erkennen (Bäuml et al., 1997). Schließlich scheinen sich auch anspruchsvolle kognitive Interventionen sensu Beck durchaus günstig in bewältigungsorientierten Therapien integrieren zu lassen (Perris, 1996).

4.4 Behaviorale Familientherapie

Die Effizienz behavioral-familientherapeutischer Interventionen wurde inzwischen in verschiedenen Studien belegt (Falloon et al., 1985; Leff et al., 1985; Hogarty et al., 1986; Tarrier et al., 1989). Es konnte gezeigt werden, daß sich das Rezidivrisiko neuroleptisch behandelter schizophrener Patienten, die an familientherapeutischen Behandlungsprogrammen der genannten Art teilnahmen, 24 Monate nach Behandlungsende auf ein Viertel bis ein Fünftel des Rückfallrisikos einer parallelisierten Kontrollgruppe reduzieren läßt (Leff et al., 1985; Falloon et al., 1985). Das Rezidivrisiko gleicht sich damit dem der schizophrenen Patienten aus Niedrig-EE-Familien an.

Inadäquate emotionale oder reale Distanz- und Abhängigkeitsverhältnisse zwischen Eltern und „Kind" erschweren gerade auch schizophrenen Jugendlichen die Bewältigung der sich im Jugendalter u. a. in zunehmenden Autonomie- und Ablösungsbestrebungen äußernden Entwicklungsaufgaben, machen sie in manchen Fällen schier unmöglich. Auf der Interaktionsebene manifestieren sich inadäquate Beziehungsmuster und erschwerte Ablösungsbedingungen nicht zuletzt in Form aggressiv-feindseliger bzw. einnehmend-überprotektiver Verhaltensweisen – also den das „High-EE"-Konstrukt konstituierenden (innerfamiliären) Kommunikations-und Interaktionsmustern. Sie kommen demzufolge auch und gerade im Jugendalter recht häufig vor und dürften den Schizophrenieverlauf jugendlicher Patienten unter Umständen noch gravierender beeinflussen, als wir dies aus dem Erwachsenenbereich kennen. Die Berücksichtigung des EE-Konzeptes in der behavioralen Familientherapie läßt diesen Therapieansatz damit auch für den Bereich der therapeutischen, rehabilitativen und präventiven Arbeit mit schizophrenen Jugendlichen und ihren Eltern bedeutsam erscheinen.

4.5 Schlußbemerkungen

Vermissen wird der Leser vielleicht eine ausführliche Diskussion der Bedeutung von Entspannungsverfahren. Erstaunlicherweise wurde die Rolle von Entspannungstechniken in der Schizophreniebehandlung in jüngerer Zeit kaum repräsentativ untersucht. Wo dies doch geschieht, wird das dem Autogenen Training gemeinhin geltende Verdikt „kontraindiziert" deutlich relativiert und auf zumindest partielle positive Effekte verwiesen (Kraft u. Schötzau, 1982). Dies scheint auch für verwandte Vorgehensweisen wie die Progressive Muskelrelaxation oder entspannungsinduzierende Biofeedback-Techniken zu gelten (Futterman u. Shapiro, 1986). Obwohl hier nicht vertiefend erörtert, können verantwortungsbewußt und kompetent eingesetzte Entspannungstechniken durchaus sinnvolle und therapeutisch hilfreiche Mittel in der Behandlung schizophrener Jugendlicher darstellen, zumal wenn eine erhebliche (reaktive) Angstsymptomatik das Symptombild zusätzlich kompliziert.

Insgesamt vermag die moderne Verhaltenstherapie, wie dieser Überblick aufzuzeigen versuchte, einen wesentlichen Beitrag zur Behandlung der Schizophrenien der Adoleszenz zu leisten. Dabei steht außer Zweifel, daß verhaltenstherapeutische Interventionen die psychopharmakologische Behandlung ergänzen und optimieren, nicht aber ersetzen können. Aber auch auf andere psychotherapeutische Methoden sollte derzeit nicht voreilig verzichtet werden, sieht man von invasiv-aufdeckenden und grob affektprovozierenden Verfahren ab. So können tiefenpsychologische Hypothesen bei „inhaltlich-kognitiven" Interventionen wie etwa den Problemlösevorgehensweisen durchaus Berücksichtigung finden; ähnlich liegt die Beachtung systemisch-familientherapeutischer Aspekte im Kontext der hier beschriebenen familienzentrierten Interventionen nahe. Schizophrenie ist eine zu schwerwiegende Störung, als daß auf dem Rücken dieser Patientengruppe ein prätentiöser Schulenstreit ausgetragen werden sollte. Eines glauben wir allerdings gezeigt haben zu können: Die Schizophrenie ist nicht mehr, wie Alan S. Bellack noch 1986 mutmaßte, „behavior therapy's forgotten child" (Bellack, 1986).

Literatur

Anderson, C. M., Reiss, D. J., Hogarty, G. E. (1986): Schizophrenia and the family, Guilford Press, New York

Andreasen, N. C.(1979): Thought, language and communication disorders, Arch Gen Psychiat, 36, 1315–1321

Asarnow, J. R. (1988): Children at Risk for Schizophrenia: Converging Lines of Evidence, Schizophr Bull, 14, 613–629

Ayllon, T., Michael, J. (1959): The psychiatric nurse as a behavioral engineer, J Exp Anal Behav, 2, 323–334

Ayllon, T., Azrin, N. H. (1964): Reinforcement and instructions with mental patients, J Exp Anal Behav, 74, 327–331

Ayllon, T., Haughton, E. (1964): Modification of symptomatic verbal behavior of mental patients, Behav Res Ther, 2, 87–97

Bandura, A. (1977): Self-efficacy: Toward a unifying theory of behavioral change, Psychol Rev, 84, 191–215

Bandura, A. (1986): Social foundations of thought and action: A social cognitive theory, Prentice-Hall, Englewood Cliffs

Barrowclough, C., Tarrier, N. (1987): A behavioral family intervention with a schizophrenic patient: A case study, Behav Psychother, 15, 252–271

Bäuml, J. (1994): Psychosen aus dem schizophrenen Formenkreis. Ein Ratgeber für Patienten und Angehörige. Springer, Berlin, New York

Bäuml, J., Pitschel-Walz, G., Kissling, W. (1997): Psychoedukative Gruppen bei schizophrenen Psychosen: Spezifische Auswirkungen eines bifokalen Ansatzes auf Krankheitsbewältigung und Rezidivraten im 4-Jahreszeitraum. Ergebnisse der Münchener PIP-Studie. In: Dittmar, V., Klein, H. E., Schön, D. (Hrsg.): Die Behandlung schizophrener Menschen. Integrative Therapiemodelle und ihre Wirksamkeit. Roderer Verlag, Regensburg, 169–195

Beck, A. T., Rush, A. J., Shaw, B. F., Emery, G. (1981): Kognitive Therapie der Depression, Urban & Schwarzenberg, München

Berkowitz, R., Kuipers, L., Eberlein-Frief, R., Leff, J. (1981): Lowering expressed emotion in relatives of schizophrenics, in: Goldstein, M. J. (ed.): New Developments in Interventions with Families of Schizophrenics, Jossey-Bass Inc., San Francisco, 27–48

Berndl, M., von Cranach, M., Grüsser, O. J. (1986): Impairment of perception and recognition of faces, mimic expression and gestures in schizophrenic patients, Eur Arch Psychiatr Neurol Sci, 235, 282–291

Birbaumer, N., Schmidt, R. F. (1990): Biologische Psychologie, Springer-Verlag, Berlin

Bleuler, E. (1911): Dementia praecox oder Gruppe der Schizophrenien, in: Aschaffenburg, G. (Hrsg.): Handbuch der Psychiatrie, spezieller Teil, vierte Abteilung. Deuticke, Wien

Bleuler, M. (1972): Die schizophrenen Geistesstörungen. Thieme, Stuttgart

Böker, W. (1986): Zur Selbsthilfe Schizophrener: Problemanalyse und eigene empirische Untersuchungen, in: Böker, W., Brenner, H. D. (Hrsg.): Bewältigung der Schizophrenie, Huber, Bern, 176–188

Böker, W., Brenner, H. D. (1983): Selbstheilungsversuche Schizophrener: psychopathologische Befunde und Folgerungen für Forschung und Therapie, Nervenarzt, 54, 578–589

Braun-Scharm, H., Räder, K., Martinius, J. (1991): Die stationäre Versorgung jugendpsychiatrischer Patienten. Eine Stichtagsuntersuchung, Z Kinder Jugendpsychiat, 2, 70–77

Braun-Scharm, H. (1996): Initialverlauf und Krankheitsverarbeitung bei schizophrenen Jugendlichen, Unveröffentlichte Habilitationsschrift der Ludwig-Maximilians-Universität München

Braun-Scharm, H. (in Vorb.): Bewältigungsversuche schizophrener Jugendlicher, TW Neurologie Psychiatrie

Brenner, H. D., Stramke, W. G., Mewes, J., Liese, F., Seeger, G. (1980): Erfahrungen mit einem spezifischen Therapieprogramm zum Training kognitiver und kommunikativer Fähigkeiten in der Rehabilitation chronisch schizophrener Patienten, Nervenarzt, 51, 106–112

Brenner, H. D. (1983): Störungen der Selektion und Analyse von akustischem Reizmaterial bei Schizophrenen: Eine experimentelle Untersuchung zur Informationsverarbeitung, in: Brenner, H. D., Rey, E.-R., Stramke, W. G. (Hrsg.): Empirische Schizophrenieforschung, Huber, Bern, 97–116

Brenner, H. D., Böker, W., Müller, J., Spichtig, L., Wurgler, S. (1987 a): On autoprotective efforts of schizophrenics, neurotics and controls, Acta Psychiatr Scand, 75, 405–414

Brenner, H. D., Hodel, B., Kube, G., Roder, V. (1987 b): Kognitive Therapie bei Schizophrenen: Problemanalyse und empirische Ergebnisse, Nervenarzt, 58, 72–83

Brenner, H. D. (1989): Die Therapie basaler psychischer Dysfunktionen aus systematischer Sicht, in: Böker, W., Brenner, H. D. (Hrsg.): Schizophrenie als systemische Störung. Die Bedeutung intermediärer Prozesse für Theorie und Therapie, Huber, Bern, 170–188

Brenner, H. D., Pfammatter, M. (1996): Effektivität psychologischer Behandlungsansätze bei schizophrenen Erkrankungen, Psycho, 22(10), 728–140

Brickenkamp, R. (1977): Handbuch psychologischer und pädagogischer Tests, Hogrefe, Göttingen, Bern

Bron, B. (1982): Drogenabhängigkeit und Psychose, Springer-Verlag, Berlin

Brown, G. W., Birley, J. L. T., Wing, J. K. (1972): Influence of familiy life on the course of schizophrenic disorders: A replication, Br J Psychiat, 121, 241–258

Bucher, B., Fabricatore, J. (1970): Use of patient-administered shock to suppress hallucinations, Behav Ther, 1, 382–385

Calhoun, J. F., Moss, R. A. (1981): The role of level of functioning in the modification of psychological deficit in schizophrenics, J Psychiatr Res 16, 205–211

Cawthron, P., James, A., Dell, J., Seagroatt, V. (1994): Adolescent onset psychosis. A clinical and outcome study. J Child Psychol Psychiat, 35 (7), 1321–1332

Christoff, K. A., Scott, W. O. N., Kelley, M. C., Schlundt, D., Baer, G., Kelly, J. A. (1985): Social skills and social problem-solving training for shy young adolescents, Behav Ther, 16, 468–477

Cierpka, M. (1988): Familiendiagnostik, Springer, Berlin, New York

Cierpka, M. (1990): Zur Diagnostik von Familien mit einem schizophrenen Jugendlichen, Springer-Verlag, Berlin

Ciompi, L. (1984): Modellvorstellungen zum Zusammenwirken biologischer und psychosozialer Faktoren in der Schizophrenie, Fortschr Neurol Psychiat, 52, 200–206

Ciompi, L., Müller, C. (1976): Lebensweg und Alter der Schizophrenen, Springer-Verlag, Berlin

Cohen, R., Plaum, E. (1981): Schizophrenie, in: Baumann, U., Berbalk, H., Seidenstücker, G. (Hrsg.): Klinische Psychologie, Trends in Forschung und Praxis, 4, Huber, Bern, 260–286

Cohen, R., Borst, U. (1987): Psychological Models of Schizophrenic Impairments, in: Häfner, H., Gattaz, W. F., Janzarik, W. (Hrsg.): Search for the Causes of Schizophrenia, Springer-Verlag, Berlin, 189–202

Curran, J. P., Monti, P. M., Corriveau, D. P. (1985): Treatment of schizophrenia, in: Bellack, A. S., Hersen, M., Kazdin, A. E. (eds.): International handbook of behavior modification and therapy, Plenum Press, New York, 209–242

D'Zurilla, T. J., Goldfried, M. R. (1971): Problem solving and behavior modification, J Abnorm Psychol, 78, 107–126

Davis, J. R., Wallace, C. J., Liberman, R. P., Finch, B. E. (1976): The use of brief isolation to suppress delusional and hallucinatory speech, J Behav Ther Exp Psychiatry, 7, 269–275

Diehl, L. W. (1989): Schizophrenic syndromes in epilepsies, Psychopathol, 22, 65–140

Dörner, D. (1984): Denken, Problemlösen und Intelligenz, Psycholog Rundsch, 35(1), 10–20

Eggers, C., Bunk, D. (1997): The long-term course of childhodd-onset schizophrenia: a 42-year follow up, Schiophr Bull, 23 (1), 105–117

Falloon, I. R. H., McGill, C. W., Boyd, J. L. (1984): Familiy care of schizophrenia, Guilford Press, New York

Falloon, I. R. H., Boyd, J. L., McGill, C. W., Williamson, M., Razani, J., Moss, H. B., Gilderman, A. M., Simpson, G. M. (1985): Family management in the prevention of morbidity of schizophrenia: Clinical outcome of a two-year longitudinal study, Arch Gen Psychiat, 42, 887–896

Feinberg, T. E., Rifkin, A., Schaffer, C., Walker, E. (1986): Facial discrimination and emotional recognition in schizophrenia and affective disorders, Arch Gen Psychiat, 43, 276–279

Fend, H. (1990): Vom Kind zum Jugendlichen. Der Übergang und seine Risiken. Entwicklungspsychologie der Adoleszenz in der Moderne. Band I, Huber, Bern

Fiedler, P., Niedermeier, T., Mundt, Ch. (1986): Gruppenarbeit mit Angehörigen schizophrener Patienten, Materialien für die psychosoziale Praxis, Psychologie Verlags Union, München

Florin, J., Cohen, R., Meyer-Osterkamp, S. (1973): Eine Untersuchung zum operanten Konditionieren sozialen Verhaltens bei chronisch Schizophrenen, Z Klin Psychol (Beiheft 1)

Funke, B., Reinecker, H., Commichau, A. (1989): Grenzen kognitiver Trainingsmethoden bei schizophrenen Langzeitpatienten, Nervenarzt, 60, 750–756

Futterman, A. D., Shapiro, D. (1986): A Review of Biofeedback for Mental Disorders, Hospit Comm Psychiat, 37, 27–33

Gillberg, C., Hellgren, L., Gillberg, C. (1993): Psychotic disorders diagnosed in adolescence. Outcome at age 30 years, J Child Psychol Psychiat, 34 (7), 1173–1185

Goldstein, A. P., Sprafkin, R. P., Gershaw, N. J., Klein, P. (1980): Skill-Streaming the Adolescent. A Structured Learning Approach to Teaching Prosocial Skills, Research Press Company, Champaign/Ill.

Goldstein, M. J. (1990): Risk Factors and Prevention in Schizophrenia, in: Kales, A., Stefanis, C. N., Talbott, J. (eds.): Recent Advances in Schizophrenia, Springer, New York, 191–212

Grawe, K., Caspar, F., Ambühl, H. (1990): Die Berner Therapievergleichsstudie: Zusammenfassung und Schlußfolgerungen, Z Klin Psychol, 19, 362–376

Häfner, H. (1976): Rehabilitation Schizophrener: Wissensstand, Folgerungen für die Praxis und für eine Theorie der Schizophrenie, in: Huber, G. (Hrsg.): Therapie, Rehabilitation und Prävention schizophrener Erkrankungen, Schattauer, Stuttgart, 266–283

Hahlweg, K., Feinstein, E., Müller, U., Dose, M. (1988): Folgerungen aus der Expressed-Emotion-Forschung für die Rückfallprophylaxe Schizophrener, in: Kaschka, W. P., Joraschky, P., Lungershausen, E. (Hrsg.): Die Schizophrenien, Tropon-Symposium, Band III, Springer-Verlag, Berlin, 201–210

Hahlweg, K., Dose, M., Feinstein, E., Müller, U., Bremer, D. (1989): Rückfallprophylaxe für schizophrene Patienten durch psychoedukative Familienbetreuung, System Familie, 2, 145–156

Hartwich, P. (1983): Kognitive Störungen bei Schizophrenen, Nervenarzt, 54, 455–466

Heim, M., Wolf, S., Goethe, U., Kretschmar, J. (1989): Kognitives Training bei schizophrenen Erkrankungen, Psychatr Neurol Med Psychol (Leipz), 41, 367–375

Heinrich, R., Süllwold, F., Berg. M. (1967): Problemfragebogen für Jugendliche, Deutsche Fassung des SRA Youth Inventory von H. H. Remmers und B. Shimberg, Hogrefe, Göttingen

Herrlich, J. (1995): Einzelfallorientierte ambulante Verhaltenstherapie bei schizophren Erkrankten, in: Stark, A. (Hrsg.): Verhaltenstherapeutische Aspekte im Umgang mit schizophren Erkrankten. Konzepte, Praxis, Perspektiven. Forum für Verhaltenstherapie und psychosoziale Praxis, 29, dgvt, Tübingen, 69–89

Hermanutz, M., Gestrich, J. (1987): Kognitives Training mit Schizophrenen, Nervenarzt, 58, 91–96

Hodel, B., Brenner, H. D. (1996): Ein Trainingsprogramm zur Bewältigung von maladaptiven Emotionen bei schizophren Erkrankten. Erste Ergebnisse und Erfahrungen, Nervenarzt, 67 (7), 564–571

Hogarty, G. E., Anderson, C. M., Reiss, D. J., Kornblith, S. J., Greewald, P., Javan, C. D., Manonia, M. J. and the EPICS research group (1986): Family psychoeducation, social skills training and maintenance chemotherapy in the aftercare treatment of schizophrenia, Arch Gen Psychiat, 43, 633–642

Hogarty, G. E., Anderson, C. M., Reiss, D. J., Kornblith, S. J., Greenwald, D. P., Ulrich, R. F., Carter, M. (1991): Family psychoeducation, social skills training, and maintainance chemotherapy in the aftercare treatment of schizophrenia, II. Two-year effects of a controlled study on relapse and adjustment, Archives of General Psychiatry, 48, 340–347

Huber, G., Groos, G., Schüttler, R. (1979): Schizophrenie, Springer-Verlag, Berlin

Huber, G. (1983): Das Konzept substratnaher Basisstörungen und seine Bedeutung für Theorie und Therapie schizophrener Erkrankungen, Nervenarzt, 54, 23–32

Hubschmid, T., Ciompi, L. (1990): Prädiktoren des Schizophrenieverlaufs – eine Literaturübersicht, Fortschr Neurol Psychiat, 58, 359–366

Kanfer, F. H., Saslow, G.(1976): Verhaltenstheoretische Diagnostik, in: Schulte, D. (Hrsg.): Diagnostik in der Verhaltenstherapie, Urban & Schwarzenberg, München, 24–59

Kanfer, F. H., Reinecker, H., Schmelzer, D. (1990): Selbstmanagement-Therapie, Springer-Verlag, Berlin

Kienzle, N., Martinius, J. (1991): Modifikationen und Adaptationen des IPT's für die Anwendung bei schizophrenen Jugendlichen, in: Roder, V., Brenner, H., Kienzle, N., Hodel, B.: Integriertes psychologisches Therapieprogramm für schizophrene Patienten, Materialien für die psychosoziale Praxis, 2. erw. Auflage, PVU, Weinheim

Kienzle, N. (1994): Kognitive Verhaltenstherapie mit schizophrenen Jugendlichen, in: Martinius, J. (Hrsg.): Schizophrene Psychosen in der Adoleszenz, Quintessenz, München, 109–123

Kienzle, N. (1994a): Verhaltenstherapie bei schizophrenen Psychosen: I. Therapeutische und empirische Grundlagen, in: Hutterer-Krisch, R. (Hrsg.): Psychotherapie mit psychotischen Menschen, Springer, Wien, 163–184

Kienzle, N. (1994b): Verhaltenstherapie bei schizophrenen Psychosen: II. Praxis in: Hutterer-Krisch, R. (Hrsg.): Psychotherapie mit psychotischen Menschen, Springer, Wien, 434–448

Kienzle, N., Braun-Scharm, H., Althoff, A. (1996): Informationen für Angehörige schizophrener Jugendlicher, Interne Arbeitsmaterialien der Jugendpsychiatrischen Abteilung Rottmannshöhe der Heckscher Klinik München

Kienzle, N., Braun-Scharm, H., Hemme, M. (1997): Kognitive, psychoedukative und familientherapeutische Therapiebausteine in der stationären jugendpsychiatrischen Versorgung, in: Dittmar, V., Klein, H. E., Schön, D. (Hrsg.): Die Behandlung schizophrener Menschen. Integrative Therapiemodelle und ihre Wirksamkeit. Roderer Verlag, Regensburg, 139–152

Kieserg, A., Hornung, W. P. (1996): Psychoedukatives Training für schizophrene Patienten (PTS), Ein verhaltenstherapeutisches Behandlungsprogramm zur Rezidivprophylaxe, 2. überarbeitete und erweiterte Auflage, dgvt, Tübingen

Knight, R. A. (1984): Converging models of cognitive deficit in schizophrenia, in: Spaulding, W. D., Cole, J. K. (eds.): Theories of schizophrenia and psychosis, University of Nebraska Press, Lincoln, 93–156

Kraemer, S., Sulz, K. H. D., Schmid, R., Lassel, R. (1987): Kognitive Therapie bei standardversorgten schizophrenen Patienten, Nervenarzt, 58, 84–90

Kraepelin, E. (1913): Psychiatrie, Barth, Leipzig

Kraft, H., Schötzau, P. (1982): Das autogene Training in der Behandlung schizophrener Patienten, Fortschr Neurol Psychiat, 50, 297–304

Leff, J. P., Vaughn, C. (1985): Expresssed Emotion in Families, Guilford Press, New York

Leff, J. P., Kuipers, L., Berkowitz, R., Sturgeon, D. (1985): A controlled study of social intervention in families of schizophrenic patients: A two year follow-up, Br J Psychiat, 146, 594–600

Leff, J. P., Vaughn, C. (1986): Expressed emotion in families: Its significance for mental illness, Guilford Publications Inc., New York

Liberman, R. P., Nuechterlein, K. H., Wallace, C. J. (1982): Social skills training and the nature of schizophrenia, in: Curran, J. P., Monti, P. M. (eds.): Social skills training: A practical handbook for assessment and treatment, Guilford Press, New York, 5–56

Liberman, R. P., Jacobs, H. E., Boone, S. E., Foy, D. W., Donahoe, C. P., Falloon, I. R. H., Blackwell, G., Wallace, C. J. (1986): Fertigkeitentraining zur Anpassung Schizophrener an die Gemeinschaft, in: Böker, W., Brenner, H. D. (Hrsg.): Bewältigung der Schizophrenie, Huber, Bern, 96–112

Liberman, R. P. (1988): Social skills training, in: Liberman, R. P. (ed.): Psychiatric Rehabilitation of Chronic Mental Patients, American Psychiatric Press, Washington, 147–198

Liberman, R. P., Eckman, T. A. (1989): Zur Vermittlung von Trainingsprogrammen für soziale Fertigkeiten an psychiatrischen Einrichtungen: Möglichkeiten der praktischen Umsetzung eines neuen Rehabilitationsansatzes, in: Böker, W., Brenner, H. D. (Hrsg.): Schizophrenie als systemische Störung, Die Bedeutung intermediärer Prozesse für Theorie und Therapie, Huber, Bern, 256–267

Martin, M. (1991): Verlauf der Schizophrenie im Jugendalter unter Rehabilitationsbedingungen, Enke, Stuttgart

Maurer, J., Berten, G. (1995): Selbstmangement-Therapie bei schizophren Erkrankten, in: Stark, A. (Hrsg.): Verhaltenstherapeutische Aspekte im Umgang mit schizophren Erkrankten. Konzepte, Praxis, Perspektiven, Forum für Verhaltenstherapie und psychosoziale Praxis, 29, dgvt, Tübingen, 91–102

Maziade, M., Gingras, N., Rodrigue, C., Bouchard, S., Cardinal, A., Gauthier, B., Tremblay, G., Cote, S., Fournier, C., Boutin, P., Hamel, M., Roy, M. A., Martinez, M., Merette, C. (1996): Long-term stability of diagnosis and symptom dimensions in a systematic sample of patients with onset of schizophrenia in childhood and early adolescence. I: Nosology, sex, and age of onset, Brit j Psychiat, 169, 361–370

Maziade, M., Bouchard, S., Gingras, N., Charron, L., Cardinal, A., Roy, M. A., Gauthier, B., Tremblay, G., Cote, S., Fournier, C., Boutin, P., Hamel, M., Merette, C., Martinez, M. (1996b): Long-term stability of diagnosis and symptom dimensions in a systematic sample of patients with onset of schizophrenia in childhood and early adolescence. II: Positive/negative distinction and childhood predictors of adult outcome, Brit J Psychiat, 169, 371–378

McReynolds, W. T. Coleman, J. (1972): Token economy: Patient and staff changes, Behav Res Ther, 10, 29–34

Meichenbaum, D. W. (1977): Methoden der Selbstinstruktion, in: Kanfer, F., Goldstein, A. P. (Hrsg.): Möglichkeiten der Verhaltensänderung, Urban & Schwarzenberg, München, 407–450

Meichenbaum, D. W. (1979): Kognitive Verhaltensmodifikation. Die Bedeutung des „inneren Dialogs" für menschliches Erleben und Verhalten. Der Umgang mit inneren Bildern und Vorstellungen im therapeutischen Prozeß, Urban & Schwarzenberg, München

Möller, H. J., Zerssen, D. v. (1986): Der Verlauf schizophrener Psychosen unter den gegenwärtigen Behandlungsbedingungen, Springer-Verlag, Berlin

Mussgay, L., Olbrich, R. (1989): Trainingsprogramme in der Behandlung kognitiver Defizite Schizophrener. Eine kritische Würdigung, Z Klin Psychol, 341–353

Nezu, A. M. (1986): Efficacy of a social problem-solving therapy approach for unipolar depression, J Consult Clin Psychol, 54, 196–202

Nuechterlein, K. H., Dawson, M. E. (1984): Information processing and attentional functioning in the developmental course of schizophrenic disorders, Schizophr Bull, 10(2), 160–203

Nuechterlein, K. H., Snyder, K. S., Dawson, M. E., Rappe, S., Gitlin, M., Fogelson, D. (1986): Expressed emotion, fixed-dose fluphenazine decanoate maintenance, and relapse in recent-onset schizophrenia, Psychopharmacol Bull, 22, 633–639

Nuechterlein, K. H. (1987): Vulnerability models for schizophrenia: state of the art, in: Häfner, H., Gattaz, W. F., Janzarik, W. (eds.): Search for the Causes of Schizophrenia, Springer-Verlag, Berlin, 296–316

Nuechterlein, K. H., Goldstein, M. J., Ventura, J., Dawson, M. E., Donae, J. A. (1989): Beziehungen zwischen Patient und Umwelt in der Schizophrenie: Informationsverarbeitung, Kommunikationsstörung, autonomes arousal und belastende Lebensereignisse, in: Böker, W., Brenner, H. D. (Hrsg.): Schizophrenie als systemische Störung. Die Bedeutung intermediärer Prozesse für Theorie und Therapie, Huber, Bern, 191–203

Olbrich, R., Mussgay, L. (1989): Reduction of Schizophrenic Deficits by Cognitive Training: An Evaluative Study, Eur Arch Psychiatr Neurol Sci, 239, 366–369

Olbrich, R. (1996): Computer based psychiatric rehabilitation: Current activities in Germany, European Psychiatry, 11(2), 60–65

Parnas, J., Schulsinger, F., Mednick, S. A. (1990): The Copenhagen High-Risk Study: Major Psychopathological and Etiological Findings, in: Straube, E. R., Hahlweg, K. (eds.): Schizophrenia. Concepts, Vulnerability, and Intervention, Springer-Verlag, Berlin, 45–56

Paul, G. L., Lentz, R. J. (1977): Psychosocial Treatment of Chronic Mental Patients: Milieu vs. Social Learning Programs, Harvard University Press, Cambridge, Mass

Payne, R. W. (1966): The measurement and significance of overinclusive thinking and retardation in schizophrenic patients, in: Hoch, P. H., Zubin, J. (eds.): Psychopathology of schizophrenia, Grune & Stratton, New York, 77–97

Payne, R. W. (1973): Cognitive abnormalities, in: Eysenck, H. J. (ed.): Handbookof Abnormal Psychology, Pitman, London, 193–261

Pekala, R. J., Siegel, J. M., Farrar, D. M. (1985): The problem-solving support group: Structured group therapy with psychiatric inpatients, Intern J Group Psychother, 35(3), 391–409

Peniston, E. G. (1988): Evaluation of long-term therapeutic efficacy of behavior modification program with chronic male psychiatric inpatients, J Behav Ther Exp Psychiatry, 19, 95–101

Perris, C. (1996): Schemafokussierte integrative Behandlung von Patienten mit einer schizophrenen Erkrankung, in: Böker, W., Brenner, H. D., Genner, R. M. (Hrsg.): Integrative Therapie der Schizophrenie, Huber, Bern, 148–155

Petermann, F., Petermann, U. (1988): Training mit Jugendlichen: Förderung von Arbeits- und Sozialverhalten, Materialien für die psychosoziale Praxis, Psychologie Verlags Union, München

Petermann, U., Petermann, F. (1989): Training mit sozial unsicheren Kindern, Materialien für die psychosoziale Praxis, Psychologie Verlags Union, München

Pishkin, V., Williams, W. V. (1984): Redundancy and complexity of information in cognitive performances of schizophrenic and normal individuals, J Clin Psychiol, 40, 648–654

Platt, J. J., Spivack, G. (1972): Problem-solving thinking of psychiatric patients, J Consult Clin Psychol, 39, 148–151

Poljakov, J. (1973): Schizophrenie und Erkenntnistätigkeit, Hippokrates, Stuttgart

Pott, W. (1996): Die Angehörigen-Gruppe bei schizophrenen Erkrankungen. Übersicht, eigene Konzeption und Erfahrungsbericht, Psychiatrische Praxis, 23 (5), 219–225

Remschmidt, H. (1988): Schizophrene Psychosen im Kindesalter, in: Kisker, K. P. et al. (Hrsg.): Psychiatrie der Gegenwart 7. Kinder- und Jugendpsychiatrie, 89–117

Remschmidt, H., Schulz, E., Martin, M., Fleischhaker, C., Trott, G. E. (1994): Frühmanifestation schizophrener Psychosen. Z Kinder-Jugendpsychiat, 22, 239–252

Rey, E.-R. (1987): Kognitive Störungen Schizophrener und Möglichkeiten ihrer Behandlung, Hypnose und Kognition, 4, 3–19

Rickard, H. C., Digman, P. J., Horner, R. F. (1960): Verbal manipulation in a psychotherapeutic relationship, J Clin Psychol, 16, 364–367

Roder, V., Kienzle, N. (1986): Ein multimodales Behandlungskonzept in der Rehabilitation und Rückfallprophylaxe schizphrener Patienten, Vortrag, gehalten auf dem Kongreß der Deutschen Gesellschaft für Psychiatrie und Nervenheilkunde (DGPN), Bayreuth, 2. – 4. Oktober

Roder, V., Brenner, H. D., Kienzle, N., Hodel, B. (1988): Integriertes psychologisches Therapieprogramm für schizophrene Patienten (IPT), Materialien für die psychosoziale Praxis, Psychologie Verlags Union, München

Roder, V., Brenner, H. D. (1990): Spezifische Therapieinterventionen im kognitiven und sozialen Bereich mit schizophrenen Patienten, in: Olbrich, R. (Hrsg.): Therapie der Schizophrenie, Kohlhammer, Stuttgart, 100–119

Roder, V., Jenull, B., Brenner, H. D., Zorn, P. (1996): (Re)Integration schizophren Erkrankter in die Gesellschaft durch verhaltenstherapeutische Interventionen. in: Böker, W., Brenner, H. D. (Hrsg.): Integrative Therapie der Schizophrenie, Huber, Bern, 225–246

Rodnick, E. H., Garmezy, N. (1957): An experimental approach to the study of motivation in schizophrenia, in: Jones, M. R. (ed.): Nebraska symposium on motivation, Vol. 5, University of Nebraska Press, Lincoln, 109–184

Roepcke, B. (1996): Familienbetreuung und Psychoedukation zur Rezidivprophylaxe bei schizophrenen Jugendlichen, Psychiatrische Praxis, 23 (2), 74–78

Schaub, A., Böker, W. (1997): Bewältigungsorientierte Therapieansätze, in: Böker, W., Brenner, H. D. (Hrsg.), Behandlung schizophrener Psychosen, Enke, Stuttgart, 186–207

Schneider, K. (1946): Klinische Psychopathologie, Thieme, Stuttgart

Schmidt, M. H., Blanz, B., Dippe, A., Koppe, T., Lay, B. (1995): Course of patients diagnosed as having schizophrenia during first episode occuring under age 18 years, Eur Arch Psychiatry Clin Neurosci, 245, 93–100

Schubart, C., Schwarz, R., Krumm, B., Biehl, H. (1986): Schizophrenie und soziale Anpassung, Springer-Verlag, Berlin

Shakow, D. (1979): Adaptation in schizophrenia. The theory of segmental set. Wiley, New York

Siegel, J. M., Spivack, G. (1976): Problem-solving therapy: the description of a new program for chronic psychiatric patients, Psychotherapy: Theory, Research and Practice, 13, 368–373

Spada, H., Andreas, M., Ketterer, E. u. W. (1990): Lernen, in: Spada, H. (Hrsg.): Allgemeine Psychologie, Huber, Bern, Kapitel 6, 323–372

Spaulding, W., Storms, L., Goodrich, V., Sullivan, M. (1986): Application of experimental psychopathology in psychiatric rehabilitation, Schizophr Bull, 12, 560–577

Spaulding, W., Garbin, C., Crinean, J. (1989): The Logical and Psychometric Prerequesites for Cognitive Therapy of Schizophrenia, Br J Psychiat, 155, 69–73

Staats, A. W., Eifert, G. H. (1990): The Paradigmatic Behaviorism Theory of Emotions: Basis for Unification, Clinical Psychology Review, 10, 539–566

Süllwold, L. (1986): Der Frankfurter Beschwerdefragebogen, Springer, Berlin

Süllwold, L., Huber, G. (1986): Schizophrene Basisstörungen, Springer-Verlag, Berlin

Süllwold, L., Herrlich, J. (1990 a): Psychologische Behandlung schizophren Erkrankter, Kohlhammer, Stuttgart

Süllwold, L. (1990 b): Vermittlung eines Krankheitskonzeptes als Therapieziel bei schizophren Erkrankten, Vortrag, gehalten auf dem III. Internationalen Schizophrenie-Symposium, Bern, 4. – 6. Oktober

Tarrier, N. (1989): Elektrodermale Aktivität, Expressed Emotion und Verlauf in der Schizophrenie, in: Böker, W., Brenner, H. D. (Hrsg.): Schizophrenie als systemische Störung. Die Bedeutung intermediärer Prozesse für Theorie und Therapie, Huber, Bern, 106–116

Tarrier, N., Barrowclough, C., Vaughn, C., Bamrah, J. S., Porceddu, K., Watts, S., Freeman, H. L. (1989): Community management of schizophrenia: A two years follow-up of a behavioral intervention with families, Br J Psychiat, 154, 625–628

Thurm-Mussgay, I., Häfner, H. (1990): Bewältigung der Krankheit Schizophrenie und ihrer Folgen, in: Olbrich, R. (Hrsg.): Therapie der Schizophrenie, Kohlhammer, Stuttgart, 151–165

Tolman, E. C. (1932): Purposive behavior in animals and men, Appleton-Century-Crofts, New York

Turner, S. M., Hersen, M., Bellack, A. S. (1977): Effects of social disruption, stimulus interference, and aversive conditioning on auditory hallucinations, Behav Mod, 1, 249–258

Turpin, G., Tarrier, N., Sturgeon, D. (1988): Social psychophysiology and the study of biopsychosocial models of schizophrenia, in: Wagner, H. L. (ed.): Social Psychophysiology and Emotion. Theory and Clinical Applications, Wiley, Chichester, 251–272

Ullman, L. P., Krasner, R. (1969): A Psychological Approach to Abnormal behavior, Prentice-Hall, Inc., Englewood Cliffs, NJ

Venables, P. H. (1987): Cognitive and Attentional Disorders in the Development of Schizophrenia, in: Häfner, H., Gattaz, W. F., Janzarik, W. (Hrsg.): Search for the Causes of Schizophrenia, Springer-Verlag, Berlin, 203–213

Wallace, Ch. J., Nelson, C. J., Liberman, R. P., Aitchison, R. A., Lukoff, D., Elder, J. P., Ferris, Ch. (1980): A review and critique of social skills training with schizophrenic patients, Schizophr Bull, 6, 42–63

Werry, J. S., Wollersheim, J. P. (1989): Behavior Therapy with Children and Adolescents: A Twenty-Year Overview, J Am Acad Child Adolesc Psychiatry, 28, 1–18

Wienberg, G., Schuenemann-Wurmthaler, S., Sibum, B. (1995): Schizophrenie zum Thema machen. Psychoedukative Gruppenarbeit mit schizophren und schizoaffektiv erkrankten Menschen/PEGASUS. Manual und Materialien, Psychiatrie Verlag, Bonn

Wing, J. K., Cooper, J. E., Sartorius, N. (1983): Present State Examination (PSE), 2. Auflage der deutschen Bearbeitung durch von Cranach, M., Beltz, Weinheim

Wittchen, H.-U., Schramm, E., Zaudig, M., Spengler, P., Rummler, R., Mombour, W. (1990): Strukturiertes Klinisches Interview für DSM-III-R (SKID), Beltz, Weinheim

Wong, S. E., Terranova, M. D., Bowen, L., Zarate, R., Massel, H. K., Liberman, R. P. (1987): Reducing bizarre stereotype behavior in chronic psychiatric patients: effects of supervised and independent recreational activities, J Appl Behav Anal, 20, 77

Wunderlich, U., Wiedemann, G., Buchkremer, G. (1996): Sind psychosoziale Interventionen bei schizophrenen Patienten wirksam? Eine Metaanalyse, Verhaltenstherapie, 6(1), 4–13

Zubin, J., Magaziner, J., Steinhauer, S. R. (1983): The metamorphosis of schizophrenia: From chronicity to vulnerability, Psychol Med 13, 551–571

Zubin, J., Spring, B. J. (1977): Vulnerability – A new view of schizophrenia, J Abnorm Psychol, 86, 103–126

Kapitel 14

Anorexia und Bulimia nervosa

Hans-Christoph Steinhausen

1. Definition und Klassifikation 392
2. Symptomatik und Verhaltensdiagnose 393
2.1 Klinik 393
2.2 Verhaltensdiagnose 394
2.2.1 Das klinische Interview 394
2.2.2 Fragebögen 396
2.2.3 Beurteilung der Körperschemastörung 398
3. Therapie in der Praxis 398
3.1 Allgemeine Gesichtspunkte für die Behandlung der Anorexia nervosa 398
3.2 Verhaltenstherapeutische Methoden bei der Anorexia nervosa 400
3.2.1 Operante Methoden 401
3.2.1.1 Behandlungssetting 401
3.2.1.2 Zielverhaltensweisen 401
3.2.1.3 Art der Verstärker 402
3.2.1.4 Verstärkungspläne 402
3.2.1.5 Die Gewichtszunahme erleichternde Bedingungen 403
3.2.1.6 Zusätzliche therapeutische Modalitäten 403
3.2.1.7 Kriterien für die Beendigung der operanten Konditionierung 403
3.2.2 Kognitive Methoden 404
3.3 Verhaltenstherapeutische Methoden bei der Bulimia nervosa 406
3.3.1 Kognitive Methoden 406
3.3.2 Andere Methoden 407
4. Evaluation 408
4.1 Operante Methoden bei der Anorexia nervosa 408
4.2 Verhaltenstherapie bei der Bulimia nervosa 410

Literatur 410

1. Definition und Klassifikation

Unter den Eßstörungen des Kindes- und Jugendalters haben die Anorexia und Bulimia nervosa eine besondere Bedeutung für die klinische Praxis. Während die Anorexia nervosa in Einzelfallbeschreibungen bereits seit Jahrhunderten bekannt ist und seit mehreren Jahrzehnten ein zunehmendes wissenschaftliches Interesse gefunden hat, wurde der Begriff der Bulimia nervosa erst Ende der siebziger Jahre geprägt (Russell, 1979). Hier liegen nur sehr spärliche medizinhistorische Belege dafür vor, daß die Symptomatik auch schon früher genügend bekannt war. Gegenwärtig bildet die klinisch-praktische und wissenschaftliche Auseinandersetzung mit diesen beiden Formen von Eßstörungen einen wichtigen Schwerpunkt ärztlicher und psychologischer Tätigkeit. An diesem Prozeß sind Verhaltensmedizin und Verhaltenstherapie in markanter Weise beteiligt.

Gemäß den Kriterien des Klassifikationssystems der ICD-10 handelt es sich bei der *Anorexia nervosa* um ein Krankheitsbild mit fünf zentralen *Kennzeichen*. Zunächst liegt ein ausgeprägter Gewichtsverlust vor, der nach Quetelets Körpermassenindex (d. h. dem Quotienten aus Körpergewicht in Kilogramm durch quadrierte Körpergröße in Meter) den Wert von 17,5 oder weniger erreicht. Bei Patienten in der Vorpubertät kann die erwartete Gewichtszunahme in der Wachstumsperiode ausbleiben. Im zweiten diagnostischen Kriterium wird festgehalten, daß der Gewichtsverlust durch verschiedene Vorgehensweisen selbst herbeigeführt worden ist. Hierzu zählen die Vermeidung von hochkalorischen Speisen und eines oder mehrere der folgenden Kriterien: selbstinduziertes Erbrechen bzw. Abführen, übertriebene körperliche Aktivitäten und der Mißbrauch von Appetitzüglern und/oder Diuretika. Ein drittes Kriterium bezieht sich auf die Körperschemastörung: Die Anorexia nervosa ist durch ein spezifisches psychopathologisches Syndrom gekennzeichnet, bei dem eine tiefverwurzelte, überwertige Angst, zu dick zu sein und/oder verschwimmende Körperkonturen zu haben, vorliegt. Die Patienten legen für sich selbst eine sehr niedrige Gewichtsschwelle fest. Das vierte Kriterium bezieht sich auf die umfassende endokrine Störung der Hypothalamus-Hypophysen-Gonaden-Achse, die sich bei Frauen als Amenorrhoe manifestiert. Schließlich wird in einem fünften Kriterium festgestellt, daß die Abfolge der Pubertätsentwicklung verzögert oder gehemmt wird, wenn die Erkrankung vor der Pubertät beginnt.

Unter gleicher Bezugnahme auf die ICD-10 kann die *Bulimia nervosa* durch die folgenden vier Kennzeichen charakterisiert werden. Es liegt erstens eine andauernde Beschäftigung mit dem Essen und eine unwiderstehliche Gier nach Nahrungsmitteln vor. Die Patienten erliegen sogenannten Freßattacken, bei denen große Mengen an Nahrung in sehr kurzer Zeit konsumiert werden. Im zweiten Kriterium wird darauf Bezug genommen, daß die Patienten versuchen, dem dickmachenden Effekt der Nahrung durch eine oder mehrere der folgenden Verhaltensweisen entgegenzusteuern: selbstinduziertes Erbrechen, Mißbrauch von Abführmitteln, zeitweilige Hungerperioden und Gebrauch von Appetitzüglern, Schilddrüsenpräparaten oder Diuretika. Das dritte Kriterium stellt die psychopathologischen Auffälligkeiten im Sinne einer krankhaften Furcht heraus, dick zu werden. Der Patient setzt sich eine scharf definierte Gewichtsgrenze weit unter dem normalen oder gesunden Gewicht. Schließlich ist viertens kennzeichnend, daß in der Vorgeschichte und mit einem Intervall von einigen Monaten bis zu mehreren Jahren eine Episode einer Anorexia nervosa gehäuft nachzuweisen ist. Diese frühere Episode kann sowohl ein Vollbild wie auch eine verdeckte Form mit mäßigem Gewichtsverlust und/oder einer vorübergehenden Amenorrhoe gewesen sein.

Anorexia nervosa und Bulimia nervosa sind also sowohl nosologisch wie auch im Verlauf von Eßstörungen eng aufeinander bezogen. Die oft sehr vielfältige Klinik ist nicht immer dadurch gekennzeichnet, daß alle genannten Kriterien vollständig erfüllt sein müssen. Insofern sieht die Klassifikation nach der ICD-10 auch Varianten im

Sinne atypischer Formen der Anorexia nervosa und der Bulimia nervosa vor.

Daten zur *Häufigkeit* der beiden Eßstörungen zeigen für die Anorexia nervosa eine deutliche Zunahme der Neuerkrankungen über die letzten drei Jahrzehnte sowohl in Hospitalpopulationen wie auch in Fallregistern. Hingegen steht der zweifelsfreie Nachweis einer wirklichen Prävalenzunahme in der Bevölkerung aus (Fambonne, 1995). Demnach mußte in den achtziger Jahren damit gerechnet werden, daß in Mitteleuropa zwischen 1,5 bis 5 Fälle von Neuerkrankungen an einer Anorexia nervosa pro 100 000 Einwohnern und Jahr auftraten. Die Prävalenz der Anorexia nervosa bei weiblichen Jugendlichen lag gemäß Studien in Deutschland und Schweden in den achtziger Jahren unter 1%. Die Altersverteilung bei Erkrankung zeigt Gipfel im Alter von 14 und 18 Jahren, wobei das weibliche Geschlecht etwa 15- bis 20mal so häufig betroffen ist wie das männliche Geschlecht.

Aussagen zur Häufigkeit der Bulimia nervosa sind sehr viel schwieriger zu treffen. Im Gegensatz zur Anorexia nervosa, wo der ausgeprägte Gewichtsverlust einen deutlich sichtbaren Hinweis auf die Erkrankung gibt, bleibt die Bulimia nervosa nach außen hin weitgehend im verborgenen. Die Erkrankung führt die Patienten zudem angesichts ihrer ausgeprägten Schuld- und Schamgefühle auch nicht regelhaft in Behandlung. Die vorhandenen Studien zur Häufigkeit der Bulimia nervosa sind nahezu ausschließlich im nordamerikanischen Kulturraum durchgeführt worden und von daher möglicherweise nicht direkt übertragbar. Gemäß einer zusammenfassenden Übersicht sind Teilmerkmale der Bulimia nervosa in der Bevölkerung durchaus häufig anzutreffen, während das Vollbild einer klinische Kriterien erfüllenden Bulimia nervosa unter weiblichen Jugendlichen und jungen erwachsenen Frauen bei etwa 1% liegen dürfte. Bei beiden Eßstörungen ist die Rate des männlichen Geschlechtes gegenüber dem weiblichen Geschlecht erheblich niedriger, wobei die Gründe für diese Diskrepanz weitgehend unklar sind (Fairburn u. Beglin, 1990).

2. Symptomatik und Verhaltensdiagnose

2.1 Klinik

Die klinische Symptomatik einschließlich der Forschungsliteratur ist in einer Vielzahl von Monographien und Übersichtsarbeiten dargestellt. Dabei haben auch die adoleszenzspezifischen Aspekte besondere Berücksichtigung gefunden (vgl. Steinhausen, 1994; 1995).

Die wesentlichen klinischen Merkmale der *Anorexia nervosa* sind bereits unter den definierenden Kriterien zum Ausdruck gekommen. Im Vordergrund steht eine abnorme kognitive Zentrierung auf Nahrung, Essen und Gewicht. Die Patienten kreisen in ihren Gedanken ständig um diese Inhalte, stellen Diäten mit möglichst wenig Fett- und Kohlehydraten zusammen und weigern sich, mit andern zusammen zu essen. Über die geschilderten Methoden der Gewichtsreduktion tritt schließlich eine massive Abmagerung ein, wobei die Patienten diese nicht realistisch wahrnehmen, sondern sich für normalproportioniert oder sogar noch zu dick halten. Diese charakteristische Körperwahrnehmungsstörung ist ein wesentlicher Bestandteil für die Aufrechterhaltung des Krankheitsbildes. Für die Therapie außerordentlich problematisch ist die mehrheitlich fehlende Krankheitseinsicht.

Die Anorexia nervosa hat eine Vielzahl bedeutsamer somatischer Symptome, die gerade bei ambulanten Behandlungsansätzen mit ausschließlicher Akzentuierung der Psychotherapie ungenügend berücksichtigt werden. Neben der Amenorrhoe und der charakteristischen Hypothermie treten Ödeme, Bradykardie und hypotoner Blutdruck auf. Darüber hinaus sind verschiedene Laborparameter beeinträchtigt, zu denen Leukopenie und Lymphozytose, niedriger Nüchtern-BZ und Hypercholesterinämie gehören. Die schwerwiegenden Auswirkungen auf den Hormonhaushalt werden durch die Minderung der Wachstumshormonsekretion und der LH-Sekretion deutlich.

Schließlich können Elektrolytstörungen vorliegen. Sämtliche Symptome machen eine sorgfältige klinische Betreuung der Patienten erforderlich.

Die Klinik der *Bulimia nervosa* ist zunächst dadurch gekennzeichnet, daß es gemessen an der Anorexia nervosa erst später an der Schwelle vom Jugendlichen- zum Erwachsenenalter zur Krankheitsmanifestation kommt. Noch einmal deutlich später wird nur von einem Teil der betroffenen Patienten ärztliche Hilfe gesucht. Das Gewicht kann dabei über die Zeit beträchtliche Fluktuationen zeigen. Für die Heißhungerattacken ist charakteristisch, daß sie von mehrmals täglich bis zu niedrigen wöchentlichen oder monatlichen Frequenzen variieren können. Dabei werden absurde Mengen an Nahrungsmitteln aufgenommen, die bis zu 15 000 bzw. 20 000 Kalorien oder dem 27fachen Quantum der empfohlenen Nahrungsmenge reichen können, wie aus Patientenberichten errechnet worden ist. Bevorzugt wird hochkalorische, süße Nahrung von weicher Konsistenz. Typisch ist, daß meist im geheimen gegessen wird, wobei mehr geschlungen als gekaut wird. Die Heißhungerattacke ist von einem Gefühl von Kontrollverlust begleitet und wird durch Gefühle innerer Spannung, Langeweile und Einsamkeit sowie Angst ausgelöst. Mit der bulimischen Attacke gelingt es den Patienten nur vorübergehend, sich von diesen Gefühlen zu entlasten. In der Regel resultiert nach der bulimischen Attacke ein Zustand von Scham und Schuldgefühlen. Aus derartigen Erfahrungen können depressive Verstimmungen mit suizidalen Tendenzen resultieren.

Im klinischen Verlauf können sich die bulimischen Attacken mit wiederholten Versuchen einer diätetischen Gewichtskontrolle kombinieren. Bei einer sehr großen Zahl der betroffenen Patienten ist die Bulimie mit Erbrechen kombiniert. Sehr viel seltener werden Diuretika und Hyperaktivität eingesetzt. Die Bulimie kann zu bedrohlichen medizinischen Komplikationen wie z. B. Elektrolytstörungen (Hypokaliämie) mit der Folge von Nierenfunktionsstörungen, Harnwegsinfekten und seltener auch cerebralen Krampfanfällen führen. Weitere häufige Beschwerden sind Halsentzündungen, Schwellungen der Wangen, Vergrößerung der Speicheldrüsen und Zahnschäden, die als Folge der Bevorzugung süßer Nahrung unter Einwirkung der Magensäure beim Erbrechen entstehen. Irreguläre Menstruationszyklen werden ebenfalls häufig beobachtet. In der Psychopathologie dominiert häufig ein depressives Zustandsbild. Andere psychopathologische Phänomene sind fehlende emotionale Stabilität, Ängstlichkeit und zwanghafte Tendenzen. Eine Überlappung mit Drogenmißbrauch, insbesondere hinsichtlich Alkohol, Barbituraten und Amphetaminen, ist ebenfalls häufig zu beobachten.

2.2 Verhaltensdiagnose

Eine vollständige klinische Untersuchung von Patienten mit Eßstörungen umfaßt die körperliche Untersuchung einschließlich individuell erforderlicher Laborparameter. Die psychiatrisch-psychologische Untersuchung erstreckt sich einerseits auf die Exploration in Form eines klinischen Interviews und andererseits auf die Erfassung von Einstellungen zu Essen, Nahrung und Gewicht sowie das konkrete Eß- und Ernährungsverhalten. Hierbei können strukturierte Fragebögen mit Gewinn eingesetzt werden. Schließlich lassen sich verschiedene Verfahren zur Erfassung der Körperschemastörung einsetzen.

2.2.1 Das klinische Interview

In der Regel wird nach Erhebung der spezifischen Anamnese einschließlich der Entwicklung der Symptomatik gezielt im Rahmen des klinischen Interviews auf die zentralen Bereiche der Eßstörung und ihrer Verhaltenskorrelate eingegangen. Die in der Verhaltensdiagnostik oft vernachlässigte Anamnese erbringt bei den Eßstörungen im Jugendalter meistens wenig auffällige Merkmale. Mehrheitlich handelt es sich um prämorbid unauffällige Entwicklungen, bei denen allenfalls die Neigung zu Anpassung,

Leistungsorientierung und Gefügigkeit bemerkenswert ist. Die Auslösung der Störung ist in ähnlicher Weise auch nur bei einem Teil der Patienten durch relativ unspezifische Ereignisse wie Beziehungsprobleme und Spannungen in der Familie gekennzeichnet. Nicht selten hingegen stehen Hänseleien durch Gleichaltrige wegen einer prämorbiden Adipositas bzw. Übergewichtigkeit im Vorfeld und lösen Nahrungsrestriktionen oder andere Manipulationen der Gewichtsreduktion aus.

Für die Erhebung der eigentlichen Symptomatik und des charakteristischen Verhaltens ist in der Praxis ein hoch-strukturiertes Interview mit geschlossenen Fragen nicht notwendigerweise die Methode der Wahl, wenngleich ohne einen Leitfaden bzw. eine organisierte Vorstruktur wichtige, vor allem behandlungsrelevante Aspekte übersehen werden können. Insofern können halbstrukturierte Interviews aus der Forschung einen Leitfaden bilden, der gegebenenfalls erweitert werden muß, um jeweils individuell bedeutsame Aspekte aufzunehmen.

Unter verhaltensdiagnostischen Gesichtspunkten sind neben der Erfassung des Eßverhaltens und der Regulation des Gewichtes in Orientierung an Harris und Phelps (1987) folgende Aspekte von zusätzlichem Interesse:
1. Gedanken und Einstellungen über Essen und Gewicht,
2. Ereignisse, die Nahrungsverweigerung und Heißhungerattacken bzw. Erbrechen und Laxantieneinnahme vorausgehen,
3. Versuche der Veränderung des Eßverhaltens in Form von Selbst- und Fremdhilfe,
4. Sozialbeziehungen inner- und außerhalb der Familie,
5. Freizeitaktivitäten,
6 Schulleistungen,
7. Einnahme von Alkohol und Drogen sowie
8. Motivation zur Veränderung.

Eine derartige Fokussierung der Exploration führt über das symptomatische Verhalten hinaus in die Dimension der psychosozialen Kompetenz. Diese Ausdehnung ist insofern notwendig, als das symptomatische Verhalten der Nahrungsverweigerung oder der Heißhungerattacken mit Belastungen auf der Beziehungsebene verknüpft oder Zeichen eines Defizits der psychosozialen Kompetenz sein kann. So manifestiert sich das gestörte Verhalten, wenn psychosoziale Belastungen auftreten oder wenn geeignete Formen des sozialen Austauschs nicht verfügbar sind.

Zusätzlich zur Exploration der spezifischen Eß- und Gewichtssymptomatik kommt der Erfassung anderer psychopathologischer Zeichen besondere Bedeutung zu. Während die sog. Gewichtsphobie selten von weiteren Angstsymptomen im Sinne einer generalisierten Angststörung begleitet wird und hysterische sowie zwanghafte Persönlichkeitsanteile eher erst im Erwachsenenalter deutlich manifest werden, liegen gleichzeitige depressive Anteile bzw. Störungen häufig auch schon bei jugendlichen Patienten vor. Sie können weitere spezifische therapeutische Maßnahmen erforderlich machen und bilden sich in der Regel parallel zur Besserung des Eßverhaltens und zum Gewichsanstieg zurück.

Hinsichtlich der Durchführung des Interviews ist schließlich zu bedenken, daß viele Patienten mit Eßstörungen wenig Krankheitseinsicht entwickeln, ihre Symptome verzerrt wahrnehmen bzw. dissimulieren, oft erst sehr spät Beratung und Therapie aufsuchen und von daher einer gezielten Exploration beträchtlichen Widerstand entgegenbringen können. Meist ist es daher erforderlich, die Exploration der Patienten durch die Fremdangaben der Eltern zu ergänzen. Diese liefern in der Regel gut verwertbare Daten zum Eßverhalten und Gewichtsverlauf, sind sich andererseits aber nur begrenzt ihrer bisweilen pathologischen Interaktionsanteile bewußt. Hier eröffnen sich Möglichkeiten einer erweiterten Familiendiagnostik, die in Ergänzung zur individuumszentrierten Exploration weitere wichtige Informationen liefern und für ergänzende familientherapeutische Interventionen bedeutsam werden können.

Von den dargestellten zentralen Kennzeichen des klinischen Interviews sind auch verschiedene in der Literatur vorgestellte strukturierte Interviews bestimmt. Derartige Entwicklungen der Forschung waren schon deshalb erforderlich, weil Fragebögen angesichts der krankheitsspezifischen Verleugnungstendenz der Patienten anfällig für Verzerrungen sind. Darüber hinaus sind einige Aspekte der Eßstörungen – wie z. B. das Ausmaß der morbiden Furcht vor dem Dicksein – durch Fragebögen nur ungenügend erfaßbar.

Neben verschiedenen angloamerikanischen Entwicklungen ist im deutschsprachigen Bereich einzig Fichter (1990) mit der Entwicklung eines strukturierten Interviews für Anorexia und Bulimia nervosa (SIAB) hervorgetreten. Dieses Interview besteht aus zwei Teilen zur Erfassung der individuellen Psychopathologie (aktuell und über die Lebenszeit) und der familiären Interaktionen und Psychopathologie. Der erste Teil besteht aus den folgenden Subskalen: „Body-Image und Schlankheitsideal", „soziale Integration und Sexualität", „Depression", „Zwangssymptome und Ängste", „Bulimische Symptome" und „Laxantienmißbrauch". Der Teil zur Erfassung familiärer Interaktionen und Psychopathologie ist in vier Subskalen strukuriert, die folgende Titel tragen: „Unzufriedenheit der Eltern mit Partnerschaft", „Leistungsorientierung und -erwartung", „Rigidität und Familieninteraktionen" und „Enge der familiären Bindung und Verstrickung".

2.2.2 Fragebögen

Für die Erfassung klinisch relevanter Verhaltensmerkmale bei der Anorexia und der Bulimia nervosa durch Fragebögen liegt eine beeindruckende Fülle von Untersuchungsinstrumenten mehrheitlich angloamerikanischen Ursprungs, aber auch das dem deutschen Sprachraum vor. Verschiedene englischsprachige Verfahren sind übersetzt und evaluiert worden. Die folgende Darstellung beschränkt sich auf Verfahren, die im deutschsprachigen Bereich einsetzbar sind.

Eating Attitude Test (EAT). Dieser von Garner und Garfinkel (1979) entwickelte Test besteht aus 40 Merkmalen die auf einer 6stufigen Skala beantwortet werden. Ein Muster des Fragebogens in der von den Autoren genehmigten Übersetzung vom Verfasser dieses Beitrages befindet sich im Anhang. Die Merkmale erstrecken sich auf einen breiten Bereich von Verhaltensweisen anorektischer Patienten. In der Originalversion wurden die interne Konsistenz, die diskriminante Validität und die Faktorenstruktur bestimmt. Als Ergebnis der Faktorenanalyse, die neben einem ersten Faktor „Diät" einen weiteren mit der Bezeichnung „Bulimie und Beschäftigung mit Nahrung" und einen dritten mit der Bezeichnung „orale Kontrolle" erbrachte, wurde eine Kurzform von 26 Merkmalen vorgeschlagen, bei der die nicht auf diesen drei Faktoren ladenden Merkmale eliminiert wurden (Garner u. a., 1982).

Der ursprünglich als Screening-Instrument für epidemiologische Studien entwickelte Fragebogen ist in der Zwischenzeit international in einer Vielzahl von Studien eingesetzt worden. Erneute Faktorenanalysen mit relativ ähnlichen Ergebnissen haben gezeigt, daß der Diätfaktor den Fragebogen dominiert und bei übergewichtigen Probanden schwer zu interpretieren ist. Eigene Untersuchungen haben neben der Veränderungssensibilität des EAT im Therapieverlauf deutliche transkulturelle Unterschiede aufgezeigt, indem nachgewiesen wurde, daß adoleszente Patienten ebenso wie Schülerinnen in West-Berlin deutlich niedrigere Werte zeigten als die kanadischen Gruppen in Toronto und damit Trennwerte zur Identifizierung von Patienten relativiert werden müssen (Steinhausen, 1984). In einer noch vor dem Fall der Mauer in West- und Ostberlin durchgeführten Studie, die vom Verfasser gemeinsam mit Neumärker realisiert wurde, ergaben sich weiterhin bedeutsame Unterschiede zwischen klinischen und Normalstichproben in zwei damals noch getrennten Gesellschaften (Neumärker u. a., 1992).

Eating Disorders Inventory (EDI). Mit der Konstruktion dieses Fragebogens verbanden Garner u. a. (1983) ein über den EAT hinausreichendes Ziel. Es sollten nicht mehr nur Symptome und Verhaltensweisen der Anorexia nervosa, sondern stärker Verhaltensabweichungen der Eßstörungen erfaßt werden, die eher grundsätzlichen Charakter haben. Es resultierte ein 64 Merkmale umfassender Fragebogen, der ebenfalls in autorisierter Übersetzung durch den Verfasser im Anhang als Muster dargestellt ist.

Der EDI besteht aus den folgenden acht Skalen:
1. Drang nach Schlanksein (drive for thinness),
2. Bulimia,
3. Unzufriedenheit mit dem Körper (body dissatisfaction),
4. Ineffektivität (ineffectiveness) – Gefühle der Unzulänglichkeit und der mangelnden Kontrolle des eigenen Lebens –,
5 Perfektionismus (perfectionism),
6. zwischenmenschliches Mißtrauen (interpersonal distrust),
7. interozeptives Bewußtsein (interoceptive awareness) – Schwierigkeiten der adäquaten Identifizierung von Gefühlen oder körperlicher Zustände wie Hunger und Sattheit – und
8. Reifungsängste (maturity fears).

Untersuchungen der Autoren haben befriedigende Befunde zur Reliabilität und diskriminanten Validität sowie zur Veränderungsensibilität erbracht. Zu den Erwartungen, die sich mit diesem sorgfältig konstruierten Fragebogen verbinden, gehört auch die Möglichkeit einer Differenzierung klinisch bedeutsamer Untergruppen. Dies ist z. B. für die bulimischen und restriktiven anorektischen Patienten möglich; letztere betreiben den Gewichtsverlust mit Nahrungsreduktion und diätetischen Maßnahmen. In einer deutschen Studie von Thiel und Paul (1988) konnte die Faktorenstruktur des EDI im wesentlichen bestätigt und die Differenzierung zwischen einer Gruppe von Patienten mit Bulimia und einer Kontrollgruppe nachgewiesen werden. Eigene Untersuchungen in der erwähnten Berliner Vergleichsstudie ergaben nahezu durchgängig in allen Studien höhere Mittelwerte für jugendliche Patienten im Westteil, verglichen mit dem Ostteil von Berlin (Steinhausen u. a., 1992). Sowohl für den EDI als auch für den EAT kann ein PC-Progamm (Windows 95) zur Erfassung der Skalenrohwerte vom Verfasser bezogen werden.

Anorexic Behaviour Scale (ABS). Sowohl international mit hinlänglicher Häufigkeit eingesetzt wie auch in deutscher Übersetzung vorliegend (siehe Anhang) stellt dieser von Slade (1973) entwickelte Fragebogen eines der wenigen Instrumente zur Fremdbeurteilung dar. Es besteht aus 22 Merkmalen, deren Vorliegen oder Fehlen typischerweise vom Pflegepersonal auf der Station beurteilt wird. Es ist jedoch denkbar, daß diese Skala von den Eltern anorektischer Patienten auf der Basis häuslicher Beobachtungen ausgefüllt wird. Über diese Verwendungsform liegen jedoch keine Erkenntnisse vor.

Anorexia-nervosa-Inventar zur Selbstbeurteilung (ANIS). Dieser im deutschsprachigen Raum entwickelte und verbreitete Fragebogen wurden von Fichter und Keeser (1980) als Instrument zur Erfassung anorektischer Symptome im Längsschnitt und Querschnitt entwickelt. Er besteht aus 32 Merkmalen, die vom Patienten auf einer 6stufigen Skala beantwortet werden müssen. Auf der Basis von Daten, die von Anorexiepatienten und Kontrollpersonen stammten, wurden sechs stabile Faktoren ermittelt:
1. Figurbewußtsein,
2. Überforderung,
3. Anankasmus,
4. negative Auswirkung des Essens,
5. sexuelle Ängste und
6. Bulimie.

Die ersten beiden Faktoren wurden im Zusammenhang mit den von Hilde Bruch stammenden Konzepten über Körperschemastörungen und dem Gefühl persönlicher Ineffektivität entworfen. Die letzten drei Skalen sind vom Umfang her sehr kurz (2 bis 4 Items), wurden von den Autoren aber auf Grund der klinischen Relevanz beibehalten. Diskriminante Validität, interne Konsistenz und Veränderungsensibilität des *ANIS* können als befriedigend betrachtet werden.

2.2.3 Beurteilung der Körperschemastörung

Die Körperschemastörung gilt als ein essentielles Kriterium der Anorexia nervosa. Sie umfaßt sowohl den Aspekt der verzerrten Einschätzung der Körpermasse wie auch die Einstellung gegenüber dem Körper und seinen Teilen. Die Methoden der Erfassung des ersten Aspektes, d. h. der Einschätzung der Körpermasse, basieren meist auf objektiven Messungen mittels Video- oder Caliper-Techniken. Der zweite Aspekt läßt sich auch über Interviews, Fragebögen oder sogar projektive Tests erfassen und zielt dabei mehr auf die Erfassung der Unzufriedenheit mit dem eigenen Körper.

Ein einfacher, auf der Basis der semantischen Differentiale entwickelter Fragebogen wurde von Steinhausen (1985) vorgestellt und von Steinhausen und Vollrath (1992) auf der Basis erweiterter Stichproben reanalysiert. Der semantische Raum zur Selbstbeurteilung des Körpers wird von 16 bipolaren Eigenschaftswörtern gebildet, welche eine 6stufige Skala an den Extremen markieren. Ein Muster befindet sich im Anhang dieses Kapitels. Für dieses Instrument konnten die Kriterien der diskriminanten Validität und der Veränderungssensibilität gesichert werden. Die Untersuchung der Faktorenstruktur ergab einen Faktor der „Unattraktivität" und einen Faktor der „Körperfülle" bei jugendlichen anorektischen Patienten. In einer Kontrollgruppe spaltete sich der zweite Faktor in „Körperfülle" und „Reinheit" auf. Der Fragebogen ist ökonomisch und besonders für die Therapie- und Verlaufsbewertung geeignet. Ein Muster ist im Anhang aufgeführt.

3. Therapie in der Praxis

Das Spektrum verhaltenstherapeutischer Behandlungsansätze für die Eßstörungen des Jugendalters wird in erster Linie von operanten und kognitiven Methoden bestimmt. Operante Methoden kommen überwiegend bei der stationären Behandlung der Anorexia nervosa zum Einsatz, während kognitive Methoden die zentrale Säule verhaltenstherapeutischer Maßnahmen bei der in der Regel sich erst später manifestierenden Bulimia nervosa bilden. Gleichwohl können kognitive Methoden durchaus auch bei der Anorexia nervosa Anwendung finden, wobei allerdings angesichts der noch unabgeschlossenen kognitiven Entwicklung die Indikation für das frühe Jugendalter begrenzt ist. Eine weitere Einschränkung erwächst aus der häufig ungenügenden Therapiemotivation anorektischer Patienten. Die Abhandlung kognitiver Methoden in diesem Kapitel beschränkt sich daher auf eine Skizze der Grundzüge.

3.1 Allgemeine Gesichtspunkte für die Behandlung der Anorexia nervosa

Die Therapie der Anorexia nervosa muß sowohl medizinisch-diätetische Maßnahmen wie auch verhaltens- und psychotherapeutische Behandlungselemente enthalten (Steinhausen, 1997b; Touyz et al. 1995). Ein derartig komplexes Behandlungssetting profitiert bei jugendlichen Patienten mit Eßstörungen in der Regel von einer stationären Aufnahme. Für die stationäre Behandlung sprechen auch prognostische Indikatoren, welche der frühzeitigen stationären Behandlung eine günstige Auswirkung auf den Langzeitverlauf bescheinigen. Im Rahmen der stationären Behandlung können die diätetischen Maßnahmen erfolgreicher als im ambulanten Setting realisiert werden.

Am Ausgangspunkt einer stationären Behandlung kann mit Gewinn ein einheitlicher *Verhaltensvertrag* für die Behandlung anorektischer Patienten stehen, der einen minimalen wöchentlichen Gewichtsanstieg von 700 g und eine maximale Zunahme von 3 kg verlangt. Viele jugendliche Patienten nehmen nach einer entsprechenden Vertragsvereinbarung und einer kalkulierten Diät relativ kontinuierlich zu, so daß der

Einsatz strikterer Kontingenzprogramme nicht erforderlich wird. Diese bleiben vielmehr für Ausnahmefälle vorbehalten, bei denen relativ restriktiv mit Beschränkung auf das Bett bzw. Krankenzimmer und unter Einsatz von Verstärkerdeprivation (siehe 3.2.1) vorgegangen wird. Im Verhaltensvertrag werden neben den Regeln für die Nahrungsaufnahme und das Gewicht auch andere grundlegende Prinzipien der Behandlung formuliert und als schriftliche Information den Patienten zu Beginn der Behandlung ausgehändigt. In ähnlicher Weise können auch die Familien der Patienten über die Grundstruktur des Behandlungsprogramms informiert werden. Beispiele für derartige Informationen finden sich in der Monographie von Meermann und Vandereycken (1987).

Die *Diät* orientiert sich hinsichtlich der Kalorienmenge an dem Aufnahmegewicht zusätzlich einer 50%igen Steigerung für Aktivität und einer Erhöhung um weitere 50% alle 5 Tage. Derartig flexible Schemata sind einer festen Vorgabe von 3000 bis 5000 Kalorien pro Tag, die auch empfohlen wird, wahrscheinlich überlegen. Vor einer zu schnellen Gewichtssteigerung muß insofern gewarnt werde, als Ödeme und Magenerweiterungen resultieren können. Sehr stark ausgezehrte Patienten machen eine tägliche Kontrolle des Gewichts, der Kalorienaufnahme, der Flüssigkeitsbilanz und bei Erbrechen auch der Elektrolyte erforderlich. Ebenso können Bettruhe und Pflege bis zur Erreichung bestimmter Gewichtsziele strategisch eingesetzt werden bzw. indiziert sein. Das anzustrebende Zielgewicht muß sich an der altersgemäßen Norm orientieren und kann Abweichungen von bis zu fünf Pfund oberhalb und unterhalb der Norm tolerieren.

Eine regelhafte *Psychopharmakotherapie* ist nicht indiziert, wenngleich viele individuelle Verläufe je nach psychopathologischen Symptomen von begleitenden Gaben psychotroper Substanzen profitieren können. Insbesondere die antidepressive Behandlung hat sich als wertvoll erwiesen, während die früher häufig geübte Gabe von Neuroleptika heute kaum noch praktiziert wird.

Die oft etwas zeitversetzt beginnende *Psychotherapie* hat in erster Linie stützenden Charakter. Im stationären Bereich hat sich die Kombination von verhaltenstherapeutischen Verfahren mit stützender individueller Psychotherapie und Gruppentherapie sowie Familiengesprächen bzw. Familientherapie durchaus bewährt. Flankierend kommen zusätzlich Beschäftigungstherapie, körperbezogene und musisch-kreative Aktivitäten im Rahmen eines integrierten Behandlungsansatzes zur Anwendung. In der Verhaltenstherapie stehen der Aufbau von Gewichtszunahme sowie von normalem Eßverhalten und Selbstkontrolle im Vordergrund. In der Familientherapie gehen die Bemühungen dahin, pathogene Interaktionsstrukturen aufzulösen, um den Patienten von der Rolle des Symptomträgers zu befreien.

Die grundsätzliche Frage, welche *Therapiemodalität* bei Patienten mit Anorexia nervosa gewählt werden sollte, wird von verschiedenen Zentren, den jeweiligen klinischen Erfahrungen und auch den verschiedenen psychotherapeutischen Orientierungen unterschiedlich beantwortet. Nach eigenen Erfahrungen hat sich die stationäre Behandlung jugendlicher Patientinnen mit Anorexia nervosa aus einer Reihe von Gründen besonders bewährt. Hierzu zählen die Komplexität des stationären Therapieangebotes, das höhere Ausmaß an therapeutischer Kontrolle über die zum Agieren und Manipulieren neigenden Patienten, der günstigere strategische Einstieg für eine Therapie und die bereits genannten Hinweise auf eine bessere Prognose. In jedem Fall sollte am Ende der stationären Behandlung geklärt werden, wie die *ambulante Nachsorge* gestaltet werden kann. Nicht jeder Patient erweist sich als psychotherapiefähig und -willig, während andererseits vielfach ein Bedürfnis nach längerfristiger Aufarbeitung von Problembereichen am Ende einer stationären Behandlung verbleibt.

In der Regel setzt die ambulante Nachsorge bei älteren Jugendlichen den Akzent deutlich bei der individuellen Psychotherapie oder auch bei der Gruppentherapie, während für jüngere Patienten mit Familienbindung eine familientherapeutische Weiterbetreuung indiziert sein kann. Generell wünschenswert ist die therapeutische Kontinuität dergestalt, daß der während des stationären Aufenthaltes verantwortliche Therapeut auch die Nachsorge realisiert. Bei Therapeutenwechsel sollte der neue Therapeut rechtzeitig in der Endphase der stationären Behandlung eingeführt werden und vor allem mit dem Behandlungskonzept konform arbeiten. Auch das Nachsorgeprogramm kann über einen Verhaltensvertrag strukturiert werden, wobei unter anderm Regeln für Eßverhalten und Gewicht sowie ein Kriterium für die Wiederaufnahme bei einem Rückfall niedergelegt werden sollten.

Einige Grundsätze dieser Behandlung haben auch für die Therapie der Bulimia nervosa Gültigkeit. Der Teufelskreis von Hunger, bulimischen Episoden und Erbrechen kann am ehesten durch eine stationäre Aufnahme unterbrochen werden. Allerdings sind die Patientinnen nicht nur in der Regel älter, sondern auch oft noch weniger motiviert, stationäre Behandlungskonzepte zu akzeptieren. Auch hier haben sich verhaltenstherapeutische Techniken zum Aufbau normalen Eßverhaltens in Verbindung mit Einzel- und Gruppentherapie sowie Elternarbeit bei jugendlichen Patienten bewährt.

3.2 Verhaltenstherapeutische Methoden bei der Anorexia nervosa

Unter den verhaltenstherapeutischen Interventionen bei der Anorexia nervosa bilden operante Methoden im frühen Jugendalter eindeutig den Schwerpunkt, während kognitiv oder an dem Aufbau von Sozialfertigkeiten orientierte Vorgehensweisen eher im späten Jugendalter und vor allem bei bulimischen Patienten zum Einsatz kommen. Da aber nicht nur die Symptomatik kombiniert auftreten kann, sondern die individuelle Therapiepraxis oft auch vielfältiger als kontrollierte Therapiestudien angelegt ist, erscheint eine Kombination verhaltenstherapeutischer Methoden durchaus sinnvoll und indiziert. Wenn im folgenden also eine Schwerpunktdarstellung der operanten Methoden vornehmlich im Zusammenhang mit der Anorexia nervosa erfolgt, so geschieht dies wesentlich deshalb, weil die *operanten Methoden* in erster Linie auf eine Gewichtssteigerung und damit auf eine anorektische Symptomatik zielen.

Vor einer entsprechenden Darstellung muß allerdings erwähnt werden, daß historisch zu Beginn der Anwendung der Verhaltenstherapie bei der Anorexia nervosa auch vereinzelt nach dem Modell der *systematischen Desensibilisierung* gearbeitet wurde. Diesem Vorgehen lag die theoretische Annahme zugrunde, daß Nahrungsaufnahme und Gewichtszunahme bei einigen Patienten phobisch besetzt waren. Entsprechend wurden Desensibilisierungshierarchien entwickelt, die aus Situationen bestanden, in denen Essen oder Gewichtszunahme angstbesetzt waren. Derartige Situationen bestanden z. B. aus folgenden Vorstellungen: eine Reise heraus aus dem vertrauten Umfeld vorzunehmen, beim Essen beobachtet zu werden, Figurveränderungen als Folge von Gewichtszunahme zu erleben, Kritik zu erfahren u. ä. m. Die Indikation erwies sich als auf wenige Patienten eingeengt, und die Resultate waren insofern unbefriedigend, als nur kurzfristige Gewichtsstabilisierungen resultierten (vgl. zusammenfassend Harris und Phelps, 1987). Verhaltenstherapeutische Interventionen nach dem Modell der systematischen Desensibilisierung sind daher in den letzten Jahren nicht mehr beschrieben worden.

Schließlich darf nicht unerwähnt bleiben, daß in verschiedenen Behandlungsansätzen auch Gebrauch von *Selbstsicherheitstrainings* gemacht wird sowie *Problemlösestrategien* für psychosoziale Probleme erarbeitet werden. Diese Therapieelemente können ebenfalls dem Bereich verhaltenstherapeutischer Interventionen zugerechnet werden. Die theoretische Begründung und der Einsatz dieser Verfahren sind jedoch nicht spezifisch an der Symptomatik der Eßstörungen, sondern an zusätzlichen Defiziten in psychosozialen Fertigkeiten orientiert, so daß eine gesonderte Abhandlung an dieser Stelle ausgespart bleiben kann.

3.2.1 Operante Methoden

Verfolgt man rückblickend den breiten Einsatz der operanten Konditionierung, so ist ihr Einsatz meist sehr pragmatisch und ohne Theoriebezug erfolgt. Entsprechend knapp sind Anmerkungen zur Verhaltensdiagnose ausgefallen. So wird nicht etwa schwerpunktmäßig die Veränderung einer die Anorexie unterhaltenden Reiz-Reaktions-Verstärkungs-Beziehung zur Grundlage der Intervention gemacht, sondern eher eine Situation der Verstärkerdeprivation im Krankenhaus geschaffen, so daß die weiter zurückliegenden Verstärker in ihrer Bedeutung reduziert und die Deprivationsbedingungen durch operante Vorgehensweisen kontrolliert werden können (vgl. Bemis, 1987; Harris und Phelps 1987).

Für die praktische Durchführung operanter Verhandlungsmaßnahmen bei der Anorexia nervosa lassen sich unterschiedliche Strategien aus der Berücksichtigung folgender Strukturmerkmale ableiten:
1. Behandlungs-Setting,
2. Zielverhaltensweisen,
3 Art der Verstärker,
4. Verstärkungspläne,
5. die Gewichtszunahme erleichternde Bedingungen,
6. zusätzliche therapeutische Modalitäten und
7. Kriterien für die Beendigung der operanten Konditionierung.

3.2.1.1 Behandlungssetting

Wie bereits unter allgemeinen Grundsätzen aufgeführt, gibt es starke Argumente für die stationäre Behandlung der Anorexia nervosa. Die meisten der in der Literatur beschriebenen Studien sind auch entsprechend vorgegangen, wenngleich für die ambulante Therapie dahingehend argumentiert werden kann, daß Veränderungen im natürlichen Umfeld eher aufrechterhalten bleiben.

3.2.1.2 Zielverhaltensweisen

Für die Verstärkung bieten sich sowohl Merkmale des Eßverhaltens – wie z. B. Zahl der Bissen, konsumierte Kalorien oder vollständig verzehrte Mahlzeiten – als auch die Gewichtszunahme an. Beide Vorgehensweisen sind in der Literatur dokumentiert und praktisch realisierbar. Sie haben gemäß systematischer Literaturanalysen jeweils Vor- und Nachteile.

Die Verstärkung des *Eßverhaltens* hat folgende *Vorteile*:
1. Es werden adaptive Eßgewohnheiten erworben, und die Patienten lernen mehr über Kalorien-Gewichts-Beziehungen,
2. die Verstärkungen können unmittelbar auf das erwünschte Verhalten gegeben werden und,
3. sofern sich das Kriterium auf die Aufnahme des gesamten Nahrungsangebotes erstreckt, kann eine konsistentere Gewichtszunahme erfolgen.

Andererseits sind folgende *Nachteile* zu bedenken:
1. Verstecktes Horten oder Beseitigung von Nahrung kann übersehen werden,
2. selbstinduziertes Erbrechen ermöglicht den Patienten, Verstärker zu bekommen, während das Gewicht unverändert bleibt,
3. eine pathologische Beschäftigung mit Kalorien und eine übermäßig genaue Kontrolle der Nahrungsaufnahme kann ungeplant verstärkt werden,
4. die Portionsmenge, Anzahl der Bissen und Kalorienmenge der Nahrung läßt sich nur schwierig objektiv, zuverlässig und in ihrer Bedeutung messen, und
5. eine kontinuierliche Überwachung über 24 Stunden ist erforderlich, um die Nahrungsaufnahme zu quantifizieren und zugleich Erbrechen und Abführen zu kontrollieren.

Für die Verstärkung des *Gewichts* lassen sich analog eine Reihe von *Vorteilen* anführen:
1. Patienten können Eigenverantwortung und Autonomie für ihr Eßverhalten übernehmen,

2. die typischen Machtkämpfe zwischen Personal oder Eltern und Patienten über das Eßverhalten werden vermieden, und die Kontrolle wird reduziert, und
3. das Verstärkungskriterium läßt sich genau und relativ unabhängig von festen Zeiträumen überprüfen.

Hingegen können als *Nachteile* folgende Überlegungen angeführt werden:
1. die Patienten können durch Trinken von Wasser oder Anziehen schwerer Kleidung versuchen, das Gewicht zu manipulieren,
2. die Beziehung von Reaktion und Verstärkung kann unter dem Zeitabstand zwischen Eßverhalten und Gewichtszunahme leiden,
3. sofern nicht Grenzen für die Gewichtszunahme oder die verfügbare Nahrung festgelegt werden, können die Patienten Heißhungerattacken entwickeln, um ihre Privilegien bzw. die schnelle Entlassung aus stationärer Behandlung zu sichern, und
4. die Patienten setzen ihre oft sehr eigentümliche Auswahl von ungünstigen Nahrungsmitteln fort.

Bei einem Abwägen dieser Vor- und Nachteile der Verstärkung des Eßverhaltens oder des Gewichtes hat sich in der Praxis mehr und mehr die Alternative einer Verstärkung des Gewichts durchgesetzt.

3.2.1.3 Art der Verstärker

Die Diskussion um die Wirksamkeit operanter Methoden in der Behandlung der Anorexia nervosa hat sich wesentlich um die Frage zentriert, ob eher positive oder negative Verstärker wirksam sind. Zunächst ist die klassische Ausgangsposition dadurch gekennzeichnet, daß die Patienten nach der Aufnahme in ein relativ schlicht möbliertes Krankenzimmer ohne Raumschmuck, Musik und Fernsehen und im Extremfall ohne Sozialkontakte zu anderen Patienten und bei Verpflichtung zur Bettruhe untergebracht wurden. Sie konnten sich dann durch das Erreichen eines jeweiligen Zielkriteriums eine Reihe von Privilegien erwerben. Zugang zu Musik und Fernsehen bzw. anderen Patienten oder erlaubter Ausgang können in dieser Deprivationssituation als positive Verstärker betrachtet werden. Genauso läßt sich dieser Zusammenhang aber auch als negative Verstärkung verstehen, zumal eine aversive Situation beendet wird. Entsprechend sind Isolation, Bettruhe, Sondenernährung oder sogar das gesamte Krankenhaus als explizit oder implizit negative Verstärker anzusehen.

Die Debatte um die Wirksamkeit von entweder positiven oder negativen Verstärkern scheint insofern in der Zwischenzeit müßig, als eine streng an Deprivationsbedingungen orientierte Verhaltenstherapie in der Praxis offensichtlich nur selten durchgeführt wird. Ihr übermäßig strafender Charakter läßt sich Mitarbeitern auf einer Station nur sehr begrenzt vermitteln und erscheint für erfolgreiche Behandlungen auch nicht zwingend erforderlich. Das Verhalten von anorektischen Patienten läßt sich in vielen Fällen auch ausschließlich positiv ohne vorausgegangene Deprivation verstärken.

3.2.1.4 Verstärkungspläne

Bei einer Präferenz der Gewichtszunahme als Kriterium sollte die Verstärkung täglich erfolgen. Dadurch werden einerseits die zeitliche Beziehung zwischen erwünschter Reaktion und Verstärkung kurz genug gehalten und ein konsistenter und schneller Gewichtsanstieg erreicht und andererseits normale Eßgewohnheiten angestrebt. Bei längeren Verstärkungsintervallen besteht die Gefahr, daß die Patienten erst in den letzten Tagen vor dem Kriterium ihre Bemühungen intensivieren und somit unkontrollierte Eßgewohnheiten mit eventuell bulimischem Charakter resultieren.

Andererseits tragen längere Verstärkungsintervalle der Tatsache Rechnung, daß die Beziehung zwischen Nahrungsaufnahme und Gewichtszunahme generell nicht linear und immer direkt ist. Als Kompromiß dieser beiden Überlegungen kann die therapeutische Praxis von einer Aufspaltung profitieren: Kleinere Verstärker werden täglich gewichtskontingent eingesetzt, während größere Verstärker für bedeutsame kumulative Veränderungen über längere Zeiträume reserviert bleiben. Somit lassen sich direkte und verzögerte Verstärkungspläne verbinden.

Für die Festlegung der täglichen oder wöchentlichen Gewichtszunahme gibt es keine allgemein verbindlichen Grundsätze. Erfahrungsgemäß liegt sie zwischen 100 und 250 g täglich oder 1000 und 1500 g wöchentlich. Wichtig ist die Zusatzbedingung, daß jeweils das tägliche Gewicht um das festgesetzte Kriterium über dem höchsten vorausgegangenen Gewicht liegen muß, damit Patienten mit kontinuierlicher Zu- oder Abnahme ein- und derselben Gewichtsmenge nicht ständig Privilegien zugesprochen oder entzogen bekommen müssen.

3.2.1.5 Die Gewichtszunahme erleichternde Bedingungen

Die Frage, ob eine *Informationsrückmeldung* an die Patienten über das jeweilige Gewicht die Zunahme erleichtert, läßt sich nicht schlüssig beantworten. Theoretisch handelt es sich um eine nicht kontingente Verstärkung, zumal ein beträchtliches Zeitintervall zwischen Nahrungsaufnahme und Gewichtszunahme liegt. Noch dazu stellt die Gewichtszunahme eine komplexe organismische Reaktion dar, die sich nur begrenzt durch die Lernprinzipien der operanten Konditionierung erklären läßt.

Hinsichtlich der angebotenen Nahrungsmenge, d. h. der *Größe der Mahlzeiten*, scheint es geboten, den Patienten nicht exzessiv, sondern nur wenig mehr anzubieten, als sie tatsächlich aufnehmen müssen. Mit einer kleinen Überschreitung wird dem Umstand Rechnung getragen, daß viele Patienten es als angenehm empfinden, etwas weniger als erwartet zu essen.

Die Forderung, *Gespräche über Essen und Gewicht zu ignorieren*, scheitert in der Praxis in der Regel an der Durchführbarkeit. Einerseits können stationäre Mitarbeiter derartige Erwartungen an ausbleibende Verstärkungen nicht nur selten konsistent durchführen, und andererseits scheint ein derartiges Vorgehen auch wenig Bedeutung für die Gewichtszunahme zu haben. Derartige Gespräche können, sofern ihnen nicht aversiv begegnet wird, durchaus Anknüpfungspunkte für eine Erkundung der das Essen begleitenden Einstellungen und Gefühle der Patienten abgeben.

3.2.1.6 Zusätzliche therapeutische Modalitäten

Wie bereits unter den allgemeinen Grundsätzen formuliert, ist die Behandlung der Anorexia nervosa in der Praxis multimodal. In den meisten Behandlungszentren werden verhaltenstherapeutische Vorgehensweisen mit Einzelpsychotherapie, Gruppentherapie, Verhaltenstherapie, körperbezogenen Therapiemaßnahmen und Pharmakotherapie auf die eine oder andere Weise kombiniert. Damit wird in erster Linie den Anforderungen dieses komplexen Krankheitsbildes Rechnung getragen. Der Nachteil der Erschwerung einer Bestimmung der jeweils wirksamen Therapiekomponenten einschließlich einer Analyse ihrer interaktiven oder neutralen Wirkung muß dabei in Kauf genommen werden.

3.2.1.7 Kriterien für die Beendigung der operanten Konditionierung

Hinsichtlich dieses Merkmals gibt es keine verbindlichen Vorgaben. In der Literatur finden sich relativ anspruchslose Kriterien – wie die Hälfte des populationsgebundenen Idealgewichts – ebenso wie sehr strikte Forderungen nach Erreichen des Idealgewichts. In der Praxis muß eine individuelle Anpassung an den jeweiligen Fall erfolgen, wobei zwei Gesichtspunkte leitend sein sollten: Einerseits darf der Therapeut nicht Opfer des manipulativen Verhaltens der Patienten werden und allzu niedrige Ziele setzen, und andererseits muß der Verstärkungsplan in der Endphase der Behandlung ausgeschlichen werden, um die Selbstkontrolle der Patienten zu stärken und zugleich die Generalisierung des erwünschten Verhaltens auf die häusliche Situation nach der Entlassung aus der Behandlung sicherzustellen. Kontingenzverträge für die ambulante Kontrolle mit der Möglichkeit einer erneuten Aufnahme bzw. motivationale Anreize für Gewichtszunahme bzw. Erhalten des Gewichts sind daher anzuraten.

3.2.2 Kognitive Methoden

Der Einsatz kognitiver Therapieansätze bei den Eßstörungen begründet sich aus drei charakteristischen Phänomenen:
1. den krankheitsspezifischen verzerrten Einstellungen und Gedanken über Nahrung und Körpergewicht,
2. den ausgeprägten Selbstwertdefiziten der Patienten und schließlich
3. den Defiziten ihrer Selbstwahrnehmung.

In verhaltensanalytischer Betrachtung werden diese Störungen neben positiven und negativen Kontingenzen auch durch kognitive Mechanismen aufrechterhalten. Während z. B. die krankheitsspezifischen Symptome wie Erbrechen, restriktive Diät, körperliche Hyperaktivität oder Abführmittelmißbrauch im Sinne des Vermeidungsverhaltens als negative Verstärker wirken, um dem gefürchteten Reiz des Dickseins auszuweichen, und umgekehrt der Gewichtsverlust als positiver Verstärker des Krankheitsprozesses wirkt, werden gleichzeitig auch kognitive Verstärker wirksam. So werden das in den Augen der Patienten erfolgreiche Hungern und Diäthalten durch äußerst effektive kognitive Verstärker im Sinne des Gefühls von Beherrschung, Selbstkontrolle und Kompetenz unterhalten. Statt Hunger erlebten die Patienten mit Eßstörungen zumindest durch das vermeintlich erfolgreiche Hungern ein Gefühl von Macht, Einfluß und Wert, das dem sonst so dominanten Lebensgefühl der Inkompetenz und Wertlosigkeit entgegensteht.

Damit erhalten die Kontrolle des Gewichts oder die Gewichtsabnahme zentrale Bedeutung für die Bewertung der eigenen Person. Zugleich sind andere Quellen des Selbstwertgewinns weitgehend verschüttet. Im Gegenteil erlebten die Patienten sich in den meisten Bereichen persönlicher und sozialer Funktionen als unzulänglich und begegnen sich selbst in hohem Maße kritisch. Diese Selbstwertdefizite auf der Ebene von Gefühlen, Einstellungen und Wahrnehmungen werden als Bestandteile eines gestörten Selbstkonzeptes neben den auch bei anderen psychischen Störungen – wie z. B. Depression – zu beobachtenden kognitiven Verzerrungen in den Mittelpunkt der Therapie gerückt.

Schließlich manifestieren sich die kognitiven Verzerrungen auch in einer anderen Komponente des Selbtkonzeptes, nämlich in Defiziten der Selbstwahrnehmung. Diese betreffen die Identifizierung und den Ausdruck von Gefühlen, die Identifizierung und Reaktion im Zusammenhang mit körperlichen Zuständen, Reizen und Wahrnehmungen sowie die Identifizierung und Reaktion im Zusammenhang mit Überzeugungen und Verhalten. Patienten mit Eßstörungen wissen häufig nicht, wie sie sich fühlen, und erleben Konflikte zwischen einem affektiven Zustand und der Berechtigung oder Angemessenheit dieses Gefühls. In ählicher Weise haben sie Defizite, Körpersignale zu identifizieren und angemessen auf sie zu reagieren. Am ausgeprägtesten betrifft dies die Wahrnehmung von Hunger und Sattheit; ebenso sind z. B. auch die Einstellungen gegenüber sexuellen Bedürfnissen negativ bestimmt. Die Verwirrung über sich selbst dehnt sich schließlich auch auf die Überzeugungshaltungen und das Verhalten aus. Beide orientieren sich nach außen, sind vornehmlich an Kriterien wie Korrektheit und Berechtigung orientiert und tragen damit zu einer krankheitsspezifischen Abhängigkeitsproblematik bei. Diese verschiedenen Aspekte des gestörten Selbstkonzeptes werden ebenfalls zum Gegenstand einer kognitiv orientierten Therapie.

Die *kognitiven Verzerrungen* anorektischer Patienten betreffen beispielsweise die ungenügende Ambiguitätstoleranz, indem nach den Extremkategorien von „Gut" und „Böse" gedacht wird. Patienten mit Eßstörungen sind entsprechend exzessiv in ihren Handlungen (wie z. B. bei sportlichen

Aktivitäten oder in ihren Schulleistungen), die sie nach dem Alles-oder-nichts-Prinzip anlegen. Wenn sie ihre Handlung nicht unter totaler Kontrolle haben, müssen sie ständig befürchten, die Kontrolle vollständig zu verlieren. Andere Denkfehler lassen sich als Übergeneralisierung, Personalisierung, selektive Abstraktion, Vergröberung u. ä. m. charakterisieren (Garner u. a., 1997). In Orientierung an dem kognitiven Modell von Beck (1976) strebt die Therapie daher an, daß die Patienten

a) ihr Denken registrieren bzw. die Wahrnehmung für ihr Denken schärfen,
b) die Beziehungen zwischen bestimmten Gedanken, fehlangepaßten Verhaltensweisen und Emotionen erkennen,
c) die Gültigkeit ihrer jeweiligen Überzeugungen analysieren,
d) realistischere und angemessenere Interpretationen einbringen und
e) allmählich die Grundannahmen ihrer spezifischen Überzeugungen modifizieren.

Die Therapie in der Praxis orientiert sich an einer Reihe spezifischer *kognitiver Methoden* (vgl. Garner u. a., 1997):

1. *Das Artikulieren von Überzeugungen.* Erst die verbale Äußerung läßt eine therapeutische Bearbeitung der verzerrten kognitiven Sets zu, wobei oft eine wiederholte Verstärkung durch den Therapeuten und das Aufsuchen von ähnlichem Material erforderlich ist, um Effekte zu erzielen.
2. *Dezentrierung.* Die egozentrischen Überzeugungen, daß die Patienten selbst von zentraler Bedeutung für die Aufmerksamkeit durch Dritte sind, muß dezentriert werden. So wird z. B. die Überzeugung, daß die Umwelt eine Gewichtszunahme bemerke, therapeutisch hinterfragt, um dem Patienten zu einer realistischeren Vorstellung von seiner Bedeutung für Dritte zu verhelfen.
3. *Entschärfen von vermeintlichen Katastrophen.* Die unscharfen und übersteigerten Erwartungen hinsichtlich dramatischer Konsequenzen von Ereignissen und Handlungen müssen durch eine Befragung der tatsächlichen, realistischeren Konsequenzen und aktiver Bewältigungsmöglichkeiten relativiert werden. Auf diesem Wege kann die handlungsblockierende Angst, die aus der „Katastrophenwahrnehmung" resultiert, aufgelöst werden.
4. *Infragestellen von „Sollen" und „Müssen".* Das Denken in absoluten Kategorien äußert sich bei anorektischen Patienten in vielfachen Äußerungen wie z. B. „Ich sollte Fett vermeiden.", „Ich muß jeden Tag dasselbe essen.", „Ich sollte immer die Erwartungen meiner Eltern erfüllen." usw. Hier kann durch allmähliche Reaktionsverhinderung versucht werden, die starren Regeln durch den Nachweis aufzubrechen, daß ein Abweichen von diesem „Sollen" und „Müssen" ohne die befürchteten Konsequenzen möglich ist.
5. *Herausforderung von Überzeugungen durch Verhaltensübungen.* In Ergänzung zur Reaktionsverhinderung kann das Üben selbstgesteuerter Verhaltensweisen die Patienten allmählich von ihren Überzeugungen abbringen, daß sie inkompetent seien. Insbesondere die Abhängigkeitshaltung Jugendlicher gegenüber ihrer Eltern kann auf diese Weise konkret abgebaut werden.
6. *Prospektives Testen von Hypothesen.* Unter diesem Begriff ist die Überführung spezifischer Vorhersagen und Schlußfolgerungen in formale Hypothesen zu verstehen, die auch durch geplante Experimente überprüft werden können. So wird z. B. die generelle Annahme „Alle Menschen glauben, daß dünne Menschen attraktiver und kompetenter sind." in spezifisch überprüfbare Annahmen bzw. Fragen überführt. In ähnlicher Weise wird die vermeintliche Unfähigkeit, in der Öffentlichkeit zu essen, in eine Verhaltensübung umgesetzt, bei der dem Patienten die Aufgabe gestellt wird, diese Überzeugung zu falsifizieren.
7. *Reattribuierungstechniken.* Für die Behandlung der häufigen Körperwahrneh-

mungsstörungen bei der Anorexia nervosa wird empfohlen, den Patienten bei der Veränderung ihrer Interpretationen ihrer Selbstwahrnehmungen zu helfen. In der therapeutischen Beziehung lernen sie z. B., die Richtigkeit ihrer Selbstwahrnehmung der Körperfülle in Frage zu stellen.
8. *Palliative Techniken.* Da die differenzierteren kognitiven Techniken häufig nicht einsetzbar sind, spielen auch palliative Techniken wie z. B. Ablenkung eine Rolle. So können Angst und fehlangepaßte Gedanken beim Essen durch Musikhören ausgeschlossen oder Erbrechen nach dem Essen durch unmittelbar folgende Sozialkontakte, Telefonate oder ähnliche Aktivitäten eingegrenzt werden, indem die Aufmerksamkeit gegenüber diesen Reizen abgeblockt wird.
9. *Infragestellen kultureller Werte hinsichtlich des Körperbildes.* Der therapeutische Prozeß kann sich schließlich auch der Frage zuwenden, inwieweit die kulturelle Vermittlung von Schlankheitsidealen und die Gleichsetzung der Rolle der Frau mit körperlicher Attraktivität zu einer Entwertung des Frauenbildes beiträgt. An diesem Punkt wird vielleicht am deutlichsten, daß kognitive Therapie mit ihrer Struktur von Argumentation und Gegenargumentation ein Teil ihrer Anregungen dem Sokratischen Dialog verdankt.

Die Strategien zur Verbesserung des *Selbstwertgefühls* werden wesentlich von dem Ziel einer graduellen Modifikation der verzerrten kognitiven Selbstbewertung unter Einsatz der skizzierten Techniken geleitet. Zugleich liegt ein Fokus auf der Veränderung der *Selbstwahrnehmung* hinsichtlich Gefühlen, Gedanken, Körperzuständen und Einstellungen, um auch diese allmählich zu korrigieren. Dabei wird das Reagieren auf zuvor vom Patienten vermiedene Erfahrungen praktisch geübt und der spontane Ausdruck zuvor gemiedener Gefühle, Wahrnehmungen und Gedanken durch den Therapeuten aktiv verstärkt.

3.3 Verhaltenstherapeutische Methoden bei der Bulimia nervosa

Wie bereits dargelegt, stehen bei der Behandlung der im Jugendalter eher selteneren Bulimia nervosa kognitive Behandlungsansätze im Vordergrund. An anderen Modellen orientierte Therapieverfahren spielen eher eine untergeordnete Rolle, sollen aber gleichwohl in diesem Abschnitt kurz skizziert werden. Im Gegensatz zur Anorexia nervosa ist die ambulante Behandlungsmodalität bei den meist an der Schwelle des jungen Erwachsenenalters stehenden Patienten zu bevorzugen. Von dieser Regel sind zwei Bedingungen ausgenommen: einerseits Patienten, deren körperlicher Gesundheitszustand auf Grund krankheitsbedingter medizinischer Komplikationen eine stationäre Behandlung erforderlich macht, und andererseits suizidale Patienten, wobei das erhöhte Suizidrisiko ebenfalls als eine Komplikation der Bulimia nervosa zu betrachten ist. Nicht nur im Kontext von Suizidalität sind depressive Störungen unter dem Gesichtspunkt von einerseits Komorbidität und andererseits Differentialdiagnose abzuklären und gegebenenfalls stationär zu behandeln.

3.3.1 Kognitive Methoden

Wie bei der Anorexia nervosa sind die dysfunktionalen Überzeugungen und Bewertungen hinsichtlich Körperbild und Gewicht der Ausgangspunkt für die Anwendung eines kognitiven Modells bei der Bulimia nervosa. Auch hier stehen Erbrechen, Laxantienmißbrauch und schließlich die Heißhungerattacken als Reaktion auf extreme diätetische Maßnahmen unter kognitiver Kontrolle, um den Krankheitsprozeß aufrechtzuerhalten.

Das Konzept der kognitiven Therapie der Bulimia nervosa beruht auf sehr ähnlichen Merkmalen, wie sie im Abschnitt über die Behandlung der Anorexia nervosa beschrieben wurden. Es läßt sich in Orientierung an Wilson u. a. (1997) in drei Phasen gliedern.

In der *ersten Phase* wird die Unterbrechung des gestörten Eßverhaltens angestrebt. Zum Einsatz kommen vornehmlich Selbstbeobachtung und Stimuluskontrolle sowie eine detaillierte Essensplanung. Im Detail werden die Patienten nach der Orientierung über Struktur und Inhalte der Behandlung sowie den wahrscheinlichen Erfolg und die Notwendigkeit der engagierten Mitarbeit und nach der Anamneseerhebung sehr konkret in die Registrierung des Eßverhaltens eingewiesen. Ebenso wird der Patient aufgefordert, einmal wöchentlich – und nicht etwa täglich – das Körpergewicht festzustellen. Die Gewichtskontrolle in dieser Form ist aus zwei Gründen erforderlich: Einerseits wird die Angst vor dem Dicksein wiederholt durch Verhaltensinstruktionen im Verlauf der Therapie bei sich deutlich verändernden Einstellungen zum Essen thematisiert, und andererseits wird auf diesem Wege der übermäßigen Beschäftigung mit dem Gewicht begegnet.

Weitere Elemente der ersten Therapiephase umschließen die Erörterung der Aufzeichnungen der Patienten, die Informationsvermittlung über Gewicht, Konsequenzen und Effekte der bulimischen Symptomatik sowie die Beratung über eine angemessene Essensplanung. Dabei kommen auch Methoden der Reizkontrolle, wie sie in der Adipositas-Therapie entwickelt wurden, zum Einsatz: Ort, Zeit und Umfang der Nahrungsaufnahme wie auch die Verfügbarkeit von Nahrungsmitteln im Haushalt werden beispielsweise detailliert erörtert. Ferner werden alternatives Verhalten für die Zeit zwischen den Mahlzeiten, um Heißhungerattacken zu unterbinden, und Techniken zur Kontrolle der Nahrungsaufnahme – z. B. im Sinne einer Verlangsamung – in die Therapie aufgenommen. Schließlich gehören zu dieser ersten Therapiephase Ratschläge für den Umgang mit Erbrechen sowie den Einsatz von Abführmitteln und Diuretika. Mit abnehmender Frequenz der Heißhungerattacken lassen sich dann die Funktion von Heißhungerattacken und Erbrechen z. B. als Ablenkung von unangenehmen Gedanken und Verstimmungen oder als Entlastung von der monotonen und einschränkenden Diät analysieren.

Die *zweite Phase* der Behandlung zielt zunächst auf eine Etablierung eines regelmäßigen Eßverhaltens, die Reduktion der diätetischen Einschränkungen und die Identifizierung der Umstände von Heißhungerattacken einschließlich einer Reduktion dieser Ereignisse. Im Zentrum dieser Behandlungsphase steht vor allem die Veränderung der kognitiven Verzerrungen, welche als Gedanken, Überzeugungen und Wertvorstellungen die Eßstörungen und die Fehlwahrnehmung des Körpers unterhalten. Das Vorgehen weist hier deutliche Analogien zu den bereits beschriebenen kognitiven Techniken in der Behandlung ähnlicher Probleme bei der Anorexia nervosa auf. Schließlich dient die dritte Phase wesentlich der Rückfallverhinderung. Die Patienten werden ermutigt, die in der zweiten Phase erlernten Techniken zu praktizieren, und auf potentielle zukünftige Schwierigkeiten in besonderen Belastungssituationen vorbereitet.

3.3.2 Andere Methoden

In der Verhaltenstherapie der Bulimia nervosa sind neben den beschriebenen kognitiven Modellen noch drei weitere Ansätze auf der Basis alternativer bzw. ergänzender Modelle entwickelt worden. Dabei handelt es sich um
1. das Angstreduktionsmodell,
2. das Modell der gestörten Kontrolle des Eßverhaltens und
3. das interpersonale Streßmodell (Nutzinger und de Zwaan, 1989).

Das *Angstreduktionsmodell* geht von der Annahme aus, daß Patienten durch Erbrechen eine Verringerung ihrer Angst vor der Gewichtszunahme herbeiführen und Erbrechen somit eine primär verstärkende Funktion erhält, anstatt eine Konsequenz der Heißhungerattacken zu sein. Auf der Basis dieser Überlegungen wird als Therapiemethode die Exposition und Reaktionsverhinderung vorgeschlagen, bei der die Aufforderung erfolgt, bis zu dem Zeitpunkt zu essen, an dem üblicherweise Erbrechen folgt. Ein wiederholtes Üben dieses Vorgehens unter Aufsicht eines Therapeuten führt neben der Verhinderung des Erbrechens auch zu einer deutlichen Angstabnahme.

Im *Modell der gestörten Kontrolle des Eßverhaltens* wird die bulimische Symptomatik auf ein Defizit an Kenntnissen und Fertigkeiten über die Regulation des Körpergewichts durch adäquate Nahrungsaufnahme und körperliche Aktivität zurückgeführt. Unangemessene Diätpläne führen hier zu Heißhungerattacken in Form gegenregulatorischer Mechanismen. Die abgeleitete Therapie strebt das Erlernen von gesundem Eßverhalten und körperliche Aktivität an. Teile dieses Modells sind, wie bereits dargestellt, auch im kognitiven Behandlungsprogramm enthalten.

Schließlich betont das interpersonale Streßmodell die Funktion von Belastungssituationen und negativen Lebensereignissen für die Auslösung von Heißhungerattacken. Dabei stehen Befindlichkeiten wie depressive Verstimmung, Ärger, Ängstlichkeit und soziale Zurückweisung im Vordergrund. Die Therapie versucht, mit den Patienten entsprechende Auslösesituationen zu identifizieren und angemessene Bewältigungsstrategien als Alternativen zur Nahrungsaufnahme zu entwickeln. Entsprechende Elemente finden sich in Verbindung mit Trainings für psychosoziale Fertigkeiten in den Therapieprogrammen verschiedener Behandlungszentren.

4. Evaluation

4.1 Operante Methoden bei der Anorexia nervosa

Angesichts der relativ spärlichen theoretischen Begründung des Einsatzes operanter Methoden bei der Anorexia nervosa aus lernpsychologischen Gesetzmäßigkeiten stellt sich vor einer Bewertung ihrer Effekte die Frage nach hypothetischen *Begründungen*, die nicht direkt aus dem Paradigma der operanten Konditionierung abgeleitet sind. Bemis (1987) hat aus der Literatur drei alternative Hypothesen herausgearbeitet:

1. Die operante Konditionierung hat trotz ihres fehlenden spezifischen Langzeiteffektes ihre Indikation, weil sie einerseits den Hungerprozeß beenden und somit die Patienten besser zugänglich für Psychotherapie macht und andererseits über Verhaltensverträge auf ambulanter Basis Kontingenzen für die Gewichtsstabilisierung ermöglicht.

2. Die operante Konditionierung hat dauerhafte, aber unspezifische Effekte. Diese beziehen sich nicht auf die eingesetzte Technik der Stimulation der Gewichtszunahme, sondern resultieren aus der durch sie erleichterten Gewichtszunahme. Die operante Konditionierung ist anderen Verfahren überlegen, weil sie die Gewichtszunahme schneller und zuverlässiger voranbringt, indem sie entweder verfestigte Gewohnheiten unterbricht und damit Symptome auflöst oder durch die Gewichtszunahme eventuelles angstbesetztes Vermeidungsverhalten abbaut.

3. Die operante Konditionierung hat anhaltende und spezifische Effekte auf die Beziehung Reiz-Reaktion-Verstärkung, welche die anorektische Symptomatik aufrechterhält, weil
   a) die radikale Veränderung von Umgebungsreizen und Verstärkern das für die Anorexia nervosa verantwortliche Erinnerungsmuster schwächt,
   b) die Verknüpfung von Gewichtszunahme und Zugang zu Privilegien die Patienten in eine Konfliktsituation bringt, in der sie die Reflexion über nicht gewichtsbezogene Ziele nicht vermeiden können,
   c) innerhalb der Einschränkung des Verstärkungssystems die Patienten die Freiheit der Wahl ausüben können und somit die Entwicklung von Autonomie und persönlicher Verantwortung erleichtert wird und
   d) die genau definierte Struktur des Therapieprogramms die Patienten aus

ihren selbst errichteten Regeln und Beschränkungen entläßt.

Vergegenwärtigt man sich nun in einem zweiten Schritt die Ergebnisse von Studien zur operanten Konditionierung bei der Anorexia nervosa (vgl. Bemis, 1987; Harris und Phelps, 1987), so wird unbestreitbar deutlich, daß auf diesem Wege bei den meisten anorektischen Patienten eine bedeutsame Gewichtszunahme erreicht wird. Diese ist nachgewiesenermaßen mindestens so gut wie bei anderen Therapieverfahren oder übertrifft diese sogar. Entsprechende Vergleiche können sich auf Psychotherapie, Milieutherapie, unspezifische Krankenhauspflege, Pharmakotherapie und Diät beziehen. Dabei steht dieser Kurzzeiteffekt der operanten Konditionierung nicht mehr zur Diskussion. Angesichts fehlender Daten weitgehend unklar sind aber möglicherweise weiterreichende Effekte auf andere Verhaltensbereiche und die Stabilität der Effekte im Langzeitverlauf.

Hinsichtlich der kritischen Einschätzung von Langzeiteffekten dürfen jedoch zwei Argumente nicht übersehen werden. Einerseits sind alle Therapiemaßnahmen bei der Anorexia nervosa im Kurzzeitverlauf jeweils erfolgreicher als im Langzeitverlauf, wobei Eigengesetzlichkeiten dieses Krankheitsbildes zu berücksichtigen sind (vgl. Steinhausen u. a., 1991; Steinhausen, 1997a). Andererseits verliert die Frage nach den Langzeiteffekten der operanten Konditionierung aber deswegen an Bedeutung, weil ihr strategischer Stellenwert im Rahmen multimodaler Therapiekonzepte anders als bei einem praktisch irrelevanten eindimensionalen Einsatz zu bewerten ist: Die Methode der operanten Konditionierung zielt ausschließlich auf eine schnelle und zuverlässige Gewichtsaufnahme. Hinsichtlich der Funktion einer Stabilisierung anderer Verhaltensmerkmale im Spektrum der Eßstörungen sind eher andere Therapieelemente zu untersuchen.

Bei einer abschließenden globalen Bewertung der operanten Konditionierung im Rahmen der Behandlung der Anorexia nervosa lassen sich in Orientierung an Bemis (1987) folgende Vorzüge formulieren:

1. Die operante Konditionierung ist die effizienteste und ökonomischste Methode der kurzfristigen Wiederherstellung des Gewichts, und
2. das therapeutische Vorgehen der operanten Konditionierung ist klar, leicht vermittelbar und auch leicht durchführbar. Davon profitieren gleichermaßen die Patienten wie auch das stationäre Personal.

Diesen Vorzügen sind in bisweilen nicht gerade sachlich geführter Debatte auch *Risiken* entgegengestellt worden, die in den folgenden Punkten zusammengefaßt werden können:
1. Mit der operanten Konditionierung wird eine von den Patienten mehrheitlich abgelehnte Methode des Zwangs und der Kontrolle eingesetzt. Bei diesem Argument wird übersehen, daß bei allen stationären Behandlungsmaßnahmen Druck ausgeübt wird, der sich z. B. bei der Sondenernährung sehr viel massiver äußert. Die Kontrolle der Verhaltenstherapie ist im Gegensatz dazu leichter erkennbar. Die Integration der operanten Konditionierung in komplexe Behandlungspläne schwächt diesen Effekt ab. Im übrigen darf nicht vergessen werden, daß die Anorexia nervosa eine potentiell lebensbedrohliche Krankheit ist, die bei fehlender Krankheitseinsicht Zwangsmaßnahmen erforderlich machen kann.
2. Der Einsatz der operanten Konditionierung ist mit einem nicht zu akzeptierenden Risiko iatrogener Komplikationen verbunden. Dieser Vorwurf von Psychotherapeuten bezieht sich auf die angebliche Provokation von Bulimie, Depression und Suizidalität. Da diese drei Merkmale unabhängig von der eingesetzten Therapiemethode häufige Folgen der Anorexia nervosa darstellen (vgl. Steinhausen u. a., 1991; Steinhausen 1997a), entbehrt der Vorwurf einer wirklich substantiellen Begründung.
3. Der Ansatz der operanten Konditionierung bei der Anorexia nervosa erfolgt ohne Berücksichtigung der Faktoren, welche das pathologische Verhalten auf-

rechterhalten. Diese Kritik zielt auf eine wesentliche Schwachstelle, nämlich die Verhaltensanalyse und -diagnose. Gleichwohl darf nicht unberücksichtigt bleiben, daß dieses Defizit in gleicher Weise auch bei den empirisch ungenügend belegten Theorien verschiedener Richtungen der Psychotherapie und Familientherapie besteht. Auch die medizinisch-psychiatrische Ätiologielehre der Anorexia nervosa hat zwar einerseits komplexe Modellentwürfe (vgl. Steinhausen, 1996; Garfinkel und Garner, 1983; Hsu, 1983) aufzuweisen, hat aber andererseits ebenfalls noch keine hinreichenden Erklärungen für die Entstehung und Persistenz von Eßstörungen geleistet.

4.2 Verhaltenstherapie bei der Bulimia nervosa

Die Wirksamkeit der kognitiv-behavioralen Therapieansätze bei der Bulimia nervosa ist auf sehr eindrückliche Weise in experimentell gut kontrollierten Studien nachgewiesen worden (vgl. Wilson et al., 1997). Sie zeigen mittlere Reduktionen für die Heißhungerattacken zwischen 93% und 73% sowie für den Einsatz von abführenden Medikamenen (Purgetiva) zwischen 94% und 77%. Die mittlere vollständige Remission varrierte in besonders gut kontrollierten Studien für Heißhungerattacken zwischen 71% und 51% und für den Einsatz von Purgativa zwischen 56% und 36%. Zusätzlich sind eine Abnahme von diätetischen Einschränkungen, Normalisierung des Eßverhaltens und eine Verbesserung des Körperbildes nachgewiesen. Ebenso konnte gezeigt werden, daß diese Therapieansätze andere psychopathologische Symptome wie Depression, Selbstwertstörungen, soziale Funktionsdefizite und Persönlichkeitsstörungen positiv beeinflussen. Ein Teil der Therapieeffekte konnte sowohl im Kurzzeit- wie auch im Langzeitverlauf bis zu durchschnittlich 6 Jahren gesichert werden.

Auch im differentiellen Vergleich gegenüber anderen Therapien konnte die spezifische Wirksamkeit kognitiv-behavioraler Therapie (KBT) bei der Bulimia nervosa bewiesen werden. Sie ist wirksamer als eine ausschließliche antidepressive Pharmakotherapie und verbessert in Kombination die Effekte der Behandlung mit Antidepressiva, wenngleich die Verbesserung in der Kombinationsbehandlung nur gering über den Effekten einer ausschließlichen KBT liegt. Gerade die Langzeitwirkung weist die KBT gegenüber der in dieser Hinsicht wirkungslosen Therapie mit Antidepressiva als die Methode der Wahl aus.

Im Vergleich zu anderen Psychotherapieansätzen ist die KBT nachgewiesenermaßen wirksamer als supportive Psychotherapie. Gegenüber einem ausschließlich behavioralen Vorgehen ohne die spezifischen kognitiven Anteile und gegenüber interpersonaler Psychotherapie (IPT), ist die KBT nur in einigen spezifischen Aspekten überlegen, die direkt mit den Interventionszielen dieser Methode zusammenhängen. Allerdings zeigen Langzeituntersuchungen, daß KBT und IPT deutlich stabilere Resultate erbringen als ein ausschließlich behaviorales Vorgehen.

Literatur

Beck, A. T.: Cognitive therapy and the emotional disorders. New York 1976, International Universities Press

Bemis, K. M.: The present status of operant conditioning for the treatment of anorexia nervosa. Behav Modif, 11, 432–463, 1987

Fambonne, E.: Anorexia nervosa. No evidence of an increase. British Journal of Psychiatry 166, 462–471, 1995

Fairburn, C., Beglin, S. J.: Studies of the epidemiology of bulimia nervosa. Am J Psychiatry, 147: 4; 401–408, 1990

Fichter, M. M., Keeser, W.: Das Anorexia-nervosa-Inventar zur Selbstbeurteilung (ANIS). Arch Psychiat Nervenkr, 228, 67–89, 1980

Fichter M. M, Elton, M., Engel, K., Meyer, A.-E., Mall, H., Poustka, F.: Structured interview for anorexia and bulimia nervosa (SIAB): Development of a new instrument for the assessment of eating disorder. Int'l. J. Eating Disorders, 10, 571–592, 1991

Garfinkel, P. E., Garner, D. M.: The multidetermined nature of anorexia nervosa. In: P. L. Darby, P. E. Garfinkel, D. M. Garner, I. V. Coscina (Eds.). Anorexia nervosa. Liss, New York 1983

Garner, D. M., Garfinkel, P. E.: The Eating Attitude Test: An index of the symptoms of anorexia nervosa. Psychol. Med., 9, 273–279, 1979

Garner, D. M., Olmsted, M. P., Polivy, J.: The Eating Disorder Inventory: A measure of cognitive-behavioral dimensions of anorexia nervosa and bulimia. In: P. Garfinkel, D. Garner (Eds.). Anorexia nervosa: Recent development in research. New York 1983, Liss, 173–184

Garner, D. M., Olmsted, M. P., Bohr, Y., Garfinkel, P. E.: The eating attitudes test – Psychometric features and clinical correlates. Psychol. Med., 12, 871–878, 1982

Garner, D. M., Vitousek, K. M., Pike, K. M.: Cognitive-behavioral therapy for anorexia. In: D. M. Garner, P. E. Garfinkel (eds.). Handbook of treatment for eating disorders. Second edition. New York & London 1997, The Guilford Press

Harris, F. C., Phelps, C. F.: Anorexia and Bulimia. In: M. Hersen, V. B. van Hasselt (Eds.). Behavior therapy with children and adolescents. A clinical approach. Wiley-Interscience Publication, New York 1987

Hsu, L. K. G.: The aetiology of anorexia nervosa. Psychol. Med., 13, 231–238, 1983

Meermann, R., Vandereycken, W.: Therapie der Magersucht und Bulimia nervosa. Berlin – New York 1987, de Gruyter

Neumärker, U., Dudeck, U., Vollrath, M., Neumärker, K. J., Steinhausen, H. C.: Eating attitudes among adolescent patients and normal school girls in East and West Berlin. A transcultural comparison. Int'l. J. Eating Disorders, 12, 281–289, 1992

Nutzinger, D. O., de Zwaan, M.: Verhaltenstherapie bei Bulimia: Rückblick und Ausblick anhand der bisherigen Forschung. In: M. Fichter (Hrsg.). Bulimia nervosa, Stuttgart 1989, Enke

Russell, G.: Bulimia nervosa: An ominous variant of anorexia nervosa. Psych. Med., 9, 429–448, 1979

Slade, R. D.: A short Anorexic Behavior Scale. Brit. J. Psychiat., 122, 83–85, 1973

Steinhausen, H. C.: Transcultural comparison of eating attitudes in young females and anorectic patients. Eur. Arch. Psychiatr. Neurol. Sci., 234, 198–201, 1984

Steinhausen, H. C.: Das Körperbild bei jungen Mädchen und Frauen im Vergleich zu anorektischen Patientinnen: Prüfung eines Meßinstruments. Nervenarzt, 56, 270–274, 1985

Steinhausen, H. C.: Anorexia and bulimia nervosa. In: M. Rutter, E. Taylor, L. Hersov (eds.). Child and adolessment psychiatry. Modern approaches. Third edition. Oxford 1994, Blackwell

Steinhausen, H. C. (ed.): Eating disorders in adolescence. Berlin & New York 1995, de Gruyter

Steinhausen, H. C.: Psychische Störungen bei Kindern und Jugendlichen. Lehrbuch der Kinder-und Jugendpsychiatrie. 3. Auflage, München 1996, Urban & Schwarzenberg

Steinhausen, H. C.: Annotation: Outcome of anorexia nervosa in the younger patient. J. Child Psychol. Psychiat. 38, 271–276, 1997a

Steinhausen, H. C.: Clinical guideliner for anorexia nervosa and bulimia nervosa. European Child & Adolescent Psychiatry 6, 121–128, 1997b

Steinhausen, H. C., Vollrath, M.: Semantic differentials for the assessment of body-image and perception of personality in eating-disordered patients. Int'l. J. Eating Disorders 12, 83–91, 1992

Steinhausen, H. C., Rauss-Mason, C., Seidel, R.: Follow-up studies of anorexia nervosa: A review of four decades of outcome research. Psychol. Medicine 21, 447–451, 1991

Steinhausen, H. C., Neumärker, K. J., Vollrath, M., Dudeck, U., Neumärker, U.: A transcultural comparison of the Eating Disorders Inventory in former East and West Berlin, Int'l. J. Eating Disorders 12, 407–416, 1992

Thiel, A., Paul, T.: Entwicklung einer deutschsprachigen Version des Eating-Disorder-Inventory (EDI). Zeitschrift für Differentielle und Diagnostische Psychologie, 9, 267–278, 1988

Wilson, G. T., Fairburn, C. G., Agras, W. S.: Cognitive-behavioral therapy for bulimia nervosa. In: D. M. Garner, P. E. Garfinkel (eds.). Handbook of treatment for eating disorders. Second edition. New York & London 1997, The Guilford Press

Anhang

1. Eating Attitudes Test (EAT)
2. Eating Disorders Inventory (EDI)
3. Anorexic Behaviour Scale (ABS)
4. Polaritätsprofile für Körperbild und Persönlichkeit (EWL)

EAT

Name: _____ geb.: _____ Datum: _____

Bitte kreuzen Sie bei jeder der folgenden Stellungnahmen die jeweils für Sie zutreffende Antwort an. Die meisten Fragen beziehen sich auf Essen und Nahrung.
Bitte beantworten sie jede Frage sorgfältig. Danke!

	immer	sehr häufig	häufig	manchmal	selten	nie
1. Ich esse gerne mit anderen Menschen zusammen	☐	☐	☐	☐	☐	☐
2. Ich bereite Mahlzeiten für andere zu, esse aber nicht, was ich koche	☐	☐	☐	☐	☐	☐
3. Ich werde vor dem Essen ängstlich	☐	☐	☐	☐	☐	☐
4. Ich bin sehr besorgt, übergewichtig zu sein	☐	☐	☐	☐	☐	☐
5. Ich vermeide Essen, wenn ich hungrig bin	☐	☐	☐	☐	☐	☐
6. Ich bemerke, daß ich mich hauptsächlich mit Nahrung befasse	☐	☐	☐	☐	☐	☐
7. Ich esse heißhungrig, wobei ich das Gefühl habe, nicht mehr aufhören zu können	☐	☐	☐	☐	☐	☐
8. Ich schneide meine Nahrung in kleine Stücke	☐	☐	☐	☐	☐	☐
9. Ich achte auf den Kaloriengehalt der Nahrung, die ich esse	☐	☐	☐	☐	☐	☐
10. Ich vermeide Nahrung mit hohem Kohlehydratgehalt (z. B. Brot, Kartoffeln, Reis usw.) ganz besonders	☐	☐	☐	☐	☐	☐
11. Nach dem Essen fühle ich mich wie aufgeblasen	☐	☐	☐	☐	☐	☐
12. Ich merke, daß andere es lieber sähen, wenn ich mehr essen würde	☐	☐	☐	☐	☐	☐
13. Ich erbreche nach der Mahlzeit	☐	☐	☐	☐	☐	☐
14. Ich fühle mich nach dem Essen entsetzlich schuldig	☐	☐	☐	☐	☐	☐
15. Ich befasse mich sehr mit dem Wunsch, dünner zu sein	☐	☐	☐	☐	☐	☐
16. Ich mache intensive körperliche Übungen, um Kalorien zu verbrauchen	☐	☐	☐	☐	☐	☐
17. Ich wiege mich mehrmals am Tag	☐	☐	☐	☐	☐	☐
18. Ich habe sehr gern anliegende Kleidung	☐	☐	☐	☐	☐	☐
19. Ich esse gern Fleisch	☐	☐	☐	☐	☐	☐
20. Ich erwache früh am Morgen	☐	☐	☐	☐	☐	☐
21. Ich esse jeden Tag dieselbe Nahrung	☐	☐	☐	☐	☐	☐
22. Ich denke an den Kalorienverbrauch, wenn ich körperliche Übungen mache	☐	☐	☐	☐	☐	☐
23. Ich habe eine regelrechte Monatsblutung	☐	☐	☐	☐	☐	☐
24. Andere Leute halten mich für zu dünn	☐	☐	☐	☐	☐	☐

Fortsetzung EAT

	immer	sehr häufig	häufig	manchmal	selten	nie
25. Ich beschäftige mich vornehmlich mit dem Gedanken, zu viel Fett am Körper zu haben	☐	☐	☐	☐	☐	☐
26. Für die Mahlzeiten brauche ich mehr Zeit als andere	☐	☐	☐	☐	☐	☐
27. Ich esse gerne in Restaurants	☐	☐	☐	☐	☐	☐
28. Ich nehme Abführmittel	☐	☐	☐	☐	☐	☐
29. Ich meide Nahrung mit Zucker	☐	☐	☐	☐	☐	☐
30. Ich esse Diät	☐	☐	☐	☐	☐	☐
31. Ich meine, daß Nahrung mein Leben kontrolliert	☐	☐	☐	☐	☐	☐
32. Ich zeige hinsichtlich der Nahrung Selbstkontrolle	☐	☐	☐	☐	☐	☐
33. Ich habe das Gefühl, daß andere mich zum Essen drängen	☐	☐	☐	☐	☐	☐
34. Ich verwende zu viel Zeit und Gedanken für Nahrung	☐	☐	☐	☐	☐	☐
35. Ich leide unter Verstopfung	☐	☐	☐	☐	☐	☐
36. Nach dem Essen von Süßigkeiten fühle ich mich unbehaglich	☐	☐	☐	☐	☐	☐
37. Ich engagiere mich für Diät	☐	☐	☐	☐	☐	☐
38. Meinen Magen habe ich gerne leer	☐	☐	☐	☐	☐	☐
39. Es macht mir Spaß, neue, reichhaltige Nahrung zu probieren	☐	☐	☐	☐	☐	☐
40. Nach dem Essen verspüre ich den Drang zu erbrechen	☐	☐	☐	☐	☐	☐

EDI

Name: _____ geb.: _____ Datum: _____

Anleitung
Dieser Fragebogen erfaßt verschiedene Einstellungen, Gefühle und Verhaltensweisen. Einige Feststellungen beziehen sich auf Nahrung und Essen. Andere fragen nach Deinen Gedanken über Dich selbst. Es gibt keine richtigen oder falschen Antworten. Daher versuche bitte, vollkommen ehrlich zu antworten. Die Antworten werden vertraulich behandelt. Lies jede der folgenden Feststellungen und kreuze in der Spalte an, die am besten auf Dich zutrifft. Bitte beantworte jede Feststellung sehr sorgfältig. Vielen Dank!

	immer	sehr häufig	häufig	manchmal	selten	nie
1. Ich esse Süßigkeiten und Kohlehydrate, ohne nervös zu werden.	☐	☐	☐	☐	☐	☐
2. Ich glaube, mein Magen ist zu groß.	☐	☐	☐	☐	☐	☐
3. Ich wünschte, ich könnte zu der Sicherheit meiner Kindheit zurückkehren.	☐	☐	☐	☐	☐	☐
4. Ich esse, wenn ich innerlich erregt bin.	☐	☐	☐	☐	☐	☐
5. Ich stopfe mich mit Nahrung voll.	☐	☐	☐	☐	☐	☐
6. Ich wünschte, ich könnte jünger sein.	☐	☐	☐	☐	☐	☐
7. Ich denke über Diät nach.	☐	☐	☐	☐	☐	☐
8. Ich bekomme Angst, wenn meine Gefühle zu stark werden.	☐	☐	☐	☐	☐	☐

Fortsetzung EDI

		immer	sehr häufig	häufig	manchmal	selten	nie
9.	Ich glaube, meine Oberschenkel sind zu dick.						
10.	Ich empfinde mich als einen unfähigen Menschen.	☐	☐	☐	☐	☐	☐
11.	Nach übermäßigem Essen habe ich schreckliche Schuldgefühle.	☐	☐	☐	☐	☐	☐
12.	Mein Magen hat genau die richtige Größe.	☐	☐	☐	☐	☐	☐
13.	In meiner Familie sind nur herausragende Leistungen gut genug.	☐	☐	☐	☐	☐	☐
14.	Die glücklichste Zeit im Leben ist die Kindheit.	☐	☐	☐	☐	☐	☐
15.	Ich äußere mich offen über meine Gefühle.	☐	☐	☐	☐	☐	☐
16.	Ich habe schreckliche Angst vor Gewichtszunahme.	☐	☐	☐	☐	☐	☐
17.	Ich traue anderen.	☐	☐	☐	☐	☐	☐
18.	Ich fühle mich einsam in der Welt.						
19.	Ich bin mit der Form meines Körpers zufrieden.	☐	☐	☐	☐	☐	☐
20.	Im allgemeinen habe ich mein Leben unter Kontrolle.	☐	☐	☐	☐	☐	☐
21.	Ich werde verwirrt über meine Gefühle, die ich erlebe.	☐	☐	☐	☐	☐	☐
22.	Ich möchte eher ein Erwachsener als ein Kind sein.	☐	☐	☐	☐	☐	☐
23.	Ich kann mich mit anderen leicht verständigen.						
24.	Ich wünschte, jemand anderes zu sein.	☐	☐	☐	☐	☐	☐
25.	Ich übertreibe die Bedeutung des Gewichts.	☐	☐	☐	☐	☐	☐
26.	Ich kann klar erkennen, welche Gefühle ich habe.	☐	☐	☐	☐	☐	☐
27.	Ich fühle mich unzulänglich.	☐	☐	☐	☐		
28.	Ich habe Heißhungeranfälle gehabt, wo ich glaubte, nicht mehr aufhören zu können.	☐	☐	☐	☐	☐	☐
29.	Als Kind habe ich mich sehr bemüht, Enttäuschungen für meine Eltern und Lehrer zu vermeiden.	☐	☐	☐	☐	☐	☐
30.	Ich habe enge Beziehungen.	☐	☐	☐	☐	☐	☐
31.	Ich mag die Form von meinem Po.	☐	☐	☐	☐	☐	☐
32.	Ich beschäftige mich hauptsächlich mit dem Wunsch, dünner zu sein.	☐	☐	☐	☐	☐	☐
33.	Ich weiß nicht, was innen in mir vorgeht.						
34.	Ich habe Probleme, meine Gefühle anderen gegenüber zu äußern.	☐	☐	☐	☐	☐	☐
35.	Die Anforderungen des Erwachsenenalters sind zu groß.	☐	☐	☐	☐	☐	☐
36.	Ich hasse es, weniger als die Beste zu sein.	☐	☐	☐	☐	☐	☐
37.	Ich fühle mich meiner selbst sicher.	☐	☐	☐	☐	☐	☐
38.	Ich denke an Heißhungeranfälle (Überfressen).	☐	☐	☐	☐	☐	☐
39.	Ich freue mich, kein Kind mehr zu sein.						
40.	Bei der Frage, ob ich hungrig bin oder nicht, werde ich ganz verwirrt.	☐		☐	☐	☐	☐
41.	Ich habe eine geringe Meinung von mir.						
42.	Ich glaube, meine Maßstäbe erreichen zu können.	☐	☐	☐	☐	☐	☐
43.	Meine Eltern haben von mir Hervorragendes erwartet.	☐	☐	☐	☐	☐	☐
44.	Ich habe Angst, daß mir meine Gefühle außer Kontrolle geraten.	☐	☐	☐	☐	☐	☐
45.	Ich meine, daß meine Hüften zu breit sind.	☐	☐	☐	☐	☐	☐
46.	In Gegenwart anderer esse ich mäßig und stopfe mich voll, wenn sie gegangen sind.	☐	☐	☐	☐	☐	☐

Fortsetzung EDI

	immer	sehr häufig	häufig	manchmal	selten	nie
47. Nach einem kleinen Essen fühle ich mich wie aufgeblasen.	☐	☐	☐	☐	☐	☐
48. Ich glaube, die Menschen sind in ihrer Kindheit am glücklichsten.	☐	☐	☐	☐	☐	☐
49. Wenn ich ein Pfund zunehme, bekomme ich Angst, daß ich weiter zunehmen werde.	☐	☐	☐	☐	☐	☐
50. Ich habe das Gefühl, ein wertvoller Mensch zu sein.	☐	☐	☐	☐	☐	☐
51. Wenn ich aufgewühlt bin, weiß ich nicht, ob ich traurig, ängstlich oder ärgerlich bin.	☐	☐	☐	☐	☐	☐
52. Ich muß Dinge perfekt oder überhaupt nicht erledigen.						
53. Ich denke, ich sollte versuchen zu erbrechen, um Gewicht zu verlieren.	☐	☐	☐	☐	☐	☐
54. Ich muß Menschen auf einen gewissen Abstand halten (Ich fühle mich unbehaglich, wenn mir jemand zu nahe kommt).	☐	☐	☐	☐	☐	☐
55. Ich glaube, meine Oberschenkel haben genau die richtige Größe.	☐	☐	☐	☐	☐	☐
56. Ich fühle mich innerlich leer.	☐	☐	☐	☐	☐	☐
57. Ich kann über persönliche Gedanken oder Gefühle reden.	☐	☐	☐	☐	☐	☐
58. Die besten Lebensjahre beginnen mit dem Erwachsenwerden.	☐	☐	☐	☐	☐	☐
59. Ich glaube, mein Po ist zu dick.	☐	☐	☐	☐	☐	☐
60. Ich habe Gefühle, die ich nicht richtig bezeichnen kann.	☐	☐	☐	☐	☐	☐
61. Ich esse und trinke heimlich.	☐	☐	☐	☐	☐	☐
62. Ich glaube, meine Hüften haben genau die richtige Größe.	☐	☐	☐	☐	☐	☐
63. Ich habe extrem hohe Ziele.	☐	☐	☐	☐	☐	☐
64. Wenn ich aufgewühlt bin, habe ich Angst, daß ich beginnen könnte zu essen.	☐	☐	☐	☐	☐	☐

ABS

Name: _____ Datum: _____

Beurteiler: _____

Anweisung:
Die folgenden Merkmale bitte nur aufgrund von Beobachtungen auf der Station, im Zimmer und beim Essen in den letzten 2 Tagen beantworten. „Ja" nur ankreuzen, wenn das Ereignis selbst beobachtet wurde, nicht aufgrund von Hörensagen. Wenn das Ereignis nur vom Hörensagen bekannt ist, wird „Nein" angekreuzt.

	Nein	Ja
1. Zögert so lange wie möglich, bevor sie/er zum Eßtisch kommt.	☐	☐
2. Zeigt beim Essen offensichtlich Zeichen der Spannung.	☐	☐
3. Zeigt beim Essen zunehmende Aggressivität (gegenüber Personal oder Nahrung).	☐	☐
4. Beginnt das Essen durch Zerschneiden der Nahrung in kleine Stücke.	☐	☐
5. Klagt über zuviel oder zu reichhaltige Nahrung.	☐	☐
6. Zeigt stark ausgeprägte Mäkeligkeit.	☐	☐
7. Handelt wegen der Nahrung (z. B. „Ich werde X essen, wenn ich Y nicht essen muß").	☐	☐
8. Stochert im Essen herum (z. B. ißt das Innere von Kartoffeln oder Kuchen, läßt Krusten liegen).	☐	☐
9. Erbricht nach dem Essen.	☐	☐
10. Versteckt Nahrung in Servietten, Taschen, Kleidung.	☐	☐
11. Läßt Nahrung aus dem Fenster heraus, in Ascheimer, Spülen oder Toiletten verschwinden.	☐	☐
12. Versteckt Nahrung im eigenen Zimmer (z. B. in der Schublade, Blumenvasen).	☐	☐
13. Zerkrümelt Kekse in ihrem Einwickelpapier.	☐	☐
14. Reibt Nahrung in die Kleidung oder verschüttet Flüssigkeit über die eigene Kleidung.	☐	☐
15. Läßt einzelne Nahrungsbissen auf den Boden fallen, z. B. Erbsen.	☐	☐
16. Gebraucht ständig Abführmittel oder versucht, Abführmittel zu gebrauchen.	☐	☐
17. Steht so viel wie möglich, statt zu sitzen.	☐	☐
18. Geht oder läuft umher, wann immer es möglich ist.	☐	☐
19. Ist so aktiv und eifrig wie möglich (z. B. Geschirrspülen, eigenes Zimmer putzen usw.).	☐	☐
20. Wählt bei Wahlmöglichkeit die anstrengendere Aktivität (z. B. Tischtennis eher als Fernsehen).	☐	☐
21. Macht unnötige Wege, um zusätzliche körperliche Bewegung zu haben.	☐	☐
22. Bewegt sich, wann immer möglich, körperlich (z. B. Kniebeugen usw.).	☐	☐

EWL

Name: _____ geb.: _____ Datum: _____

Bitte beurteilen Sie einmal Ihren Körper und einmal Ihre Persönlichkeit. Sie finden oberhalb der aufgelisteten Eigenschaftswörter jeweils eine entsprechende Überschrift. Kreuzen Sie bitte für jedes Paar von Eigenschaftswörtern unterhalb der Zahlen 1–7 Ihre Beurteilung zwischen den beiden Begriffen an.

Ein Beispiel: *Moderne Kunst*

	1	2	3	4	5	6	7	
schön	–	✗	–	–	–	–	–	häßlich

Bei dieser Beurteilung wurde Moderne Kunst als ziemlich schön empfunden. Wenn Ihnen noch etwas unklar ist, fragen Sie bitte. Vielen Dank für Ihre Mitarbeit.

Mein Körper jetzt

		1	2	3	4	5	6	7	
1	fett	–	–	–	–	–	–	–	dünn
2	hübsch	–	–	–	–	–	–	–	häßlich
3	erwünscht	–	–	–	–	–	–	–	unerwünscht
4	schmutzig	–	–	–	–	–	–	–	sauber
5	weich	–	–	–	–	–	–	–	hart
6	proportioniert	–	–	–	–	–	–	–	unproportioniert
7	leicht	–	–	–	–	–	–	–	schwer
8	kräftig	–	–	–	–	–	–	–	schwach
9	angenehm	–	–	–	–	–	–	–	unangenehm
10	zerbrechlich	–	–	–	–	–	–	–	massiv
11	anziehend	–	–	–	–	–	–	–	abstoßend
12	groß	–	–	–	–	–	–	–	klein
13	passiv	–	–	–	–	–	–	–	aktiv
14	fest	–	–	–	–	–	–	–	wabbelig
15	schlecht	–	–	–	–	–	–	–	gut
16	unbequem	–	–	–	–	–	–	–	bequem

Meine Persönlichkeit jetzt

		1	2	3	4	5	6	7	
1	hübsch	–	–	–	–	–	–	–	häßlich
2	unangenehm	–	–	–	–	–	–	–	angenehm
3	erwünscht	–	–	–	–	–	–	–	unerwünscht
4	abstoßend	–	–	–	–	–	–	–	anziehend
5	gelöst	–	–	–	–	–	–	–	schüchtern
6	selbstbewußt	–	–	–	–	–	–	–	forsch
7	mit Gewicht beschäftigt	–	–	–	–	–	–	–	nicht mit Gewicht beschäftigt
8	unbeliebt	–	–	–	–	–	–	–	beliebt
9	liebenswert	–	–	–	–	–	–	–	hassenswert
10	langsam	–	–	–	–	–	–	–	schnell
11	dickhäutig	–	–	–	–	–	–	–	sensibel
12	kräftig	–	–	–	–	–	–	–	schwach
13	passiv	–	–	–	–	–	–	–	aktiv
14	wertvoll	–	–	–	–	–	–	–	wertlos
15	bequem	–	–	–	–	–	–	–	unbequem
16	schlecht	–	–	–	–	–	–	–	gut

Kapitel 15

Adipositas

Veronika Brezinka

1. Definition und Klassifikation 420
2. Symptomatik und Verhaltensdiagnose 420
2.1 Eßverhalten 422
2.2 Bewegungsverhalten 422
2.3 Die psychosoziale Situation des übergewichtigen Kindes 425
3. Therapie in der Praxis 426
3.1 Ist eine Teilnahme der Eltern am Training empfehlenswert? 427
3.2 Soll Bewegung fester Bestandteil eines verhaltenstherapeutischen Gewichtsreduktionsprogramms sein? 428
3.3 Spielt das Alter zu Behandlungsbeginn eine Rolle? 428
3.4 Soll ein Gewichtsreduktionsprogramm Diät enthalten? 429
3.5 Wie lange soll ein Gewichtsreduktionsprogramm dauern? 430
3.6 Ist es günstiger, ein klinisches Gewichtsreduktionsprogramm oder ein Schulprogramm durchzuführen? 431
4. Evaluation 432

Literatur 435

1. Definition und Klassifikation

Übergewicht ist bereits im Kindesalter ein Risikofaktor für kardiovaskuläre Erkrankungen (Hubert et al., 1983, Mc Murray et al. 1995) und wird als eine der folgenreichsten Zivilisationskrankheiten bezeichnet (Coates & Thoresen, 1980, Must, 1996). 5 bis 25% der englischen bzw. amerikanischen Kinder gelten als übergewichtig (Dietz, 1983; Figuera-Colon, 1997; Stark et al., 1981), und die Tendenz ist steigend: Innerhalb einer Periode von fünfzehn Jahren nahm in den USA die Prävalenz von Übergewicht bei 6- bis 11jährigen Kindern um 54% und bei 12- bis 17jährigen Jugendlichen um 39% zu (Gortmaker et al., 1987; MMWR 1997). Längsschnittstudien zeigen, daß übergewichtige Kinder und Jugendliche mit hoher Wahrscheinlichkeit auch als Erwachsene übergewichtig sein werden (Dietz, 1983; Garn & La Velle, 1985; Guo et al., 1994; Mossberg, 1989). Dabei sind das Alter, ab dem ein Kind übergewichtig wird, sowie das Ausmaß des Übergewichts entscheidend für den weiteren Verlauf (Serdula et al., 1993). Das Risiko, übergewichtig zu sein, steigt für ein Kind in Proportion mit dem Übergewicht der Eltern und Geschwister (Garn & Clark, 1976; Sorensen & Stunkard, 1993).

Übergewicht ist auch die Hauptursache von kindlichem Bluthochdruck (Fripp et al., 1985; Rocchini, 1993), und Bluthochdruck ist wiederum ein Risikofaktor für kardiovaskuläre Erkrankungen (Cinciripini, 1984 a). Neben einer Erhöhung des Blutdrucks führt Übergewicht auch zu einem erhöhten Cholesterolspiegel im Blut; bei übergewichtigen und stark übergewichtigen Kindern findet man daher mehr kardiovaskuläre Risikofaktoren als bei normalgewichtigen (Aristimuno et al., 1984; Berenson et al., 1991; Smoak et al., 1987), und von übergewichtigen Erwachsenen weisen vor allem diejenigen kardiovaskuläre Risikofaktoren auf, die schon in der Kindheit übergewichtig waren (Blackburn & Kanders, 1987; Feinstein & Quivers, 1997).

Die *Definition* von kindlichem Übergewicht, nämlich 20% über dem Idealgewicht, ist mit der Definition von Übergewicht bei Erwachsenen identisch. Das Idealgewicht von Kindern wird definiert als das durchschnittliche Gewicht von Kindern unterschiedlichen Alters, Geschlechts und Körpergröße, wodurch der Anteil übergewichtiger Kinder direkt zusammenhängt mit dem durchschnittlichen relativen Gewicht der Population.

Andere Maße für das relative Gewicht von Kindern werden aus Gewicht- und Längenmaßen abgeleitet. Das bekannteste Maß ist der Quetelet-Body-Mass-Index (BMI), bei dem das Gewicht in Kilogramm geteilt wird durch das Quadrat der Länge in Meter ($kg:m^2$). Der BMI korreliert hoch mit dem Prozentsatz an Körperfett bei Erwachsenen und Jugendlichen; er korreliert auch mit dem Körperfett bei Kindern, wobei die Korrelationen bei älteren Kindern und Mädchen höher sind (Guo et al., 1994). Der BMI ist jedoch sehr abhängig von der Größe und dem Geschlecht des Kindes, und es gibt – im Gegensatz zu Erwachsenen – keinen spezifischen BMI-Wert, der einem relativen Übergewicht von 20% entspricht. In den meisten empirischen Arbeiten zu kindlichem Übergewicht wird ein Kind daher dann als übergewichtig bezeichnet, wenn sein Gewicht mehr als 20% über dem Idealgewicht für seine Altersgruppe und Körpergröße sowie sein Geschlecht liegt. Da Kinder bereits aufgrund des Wachstums zunehmen, hat es sich immer mehr durchgesetzt, Ausgangsgewicht und Gewichtsverluste *relativ*, d. h. in Prozenten anzugeben, was den Vorteil hat, daß Gewichtsveränderungen auch über Jahre miteinander vergleichbar sind.

2. Symptomatik und Verhaltensdiagnose

Ausgehend von einem biopsychosozialen Modell von Krankheit und Gesundheit, wie es für die Verhaltensmedizin charakteristisch ist, sind für die Behandlung von kindlichem Übergewicht genetische, physiologische und psychosoziale Faktoren von

Bedeutung. Die Ätiologie von kindlichem Übergewicht ist noch nicht geklärt, und es gibt keine einfache Antwort auf die Frage, warum ein Kind übergewichtig ist. Zwei neuere Untersuchungen von Stunkard und Mitarbeitern weisen einen bedeutenden Einfluß genetischer Faktoren auf Übergewicht nach. In einer Studie an dänischen Adoptivkindern (Stunkard et al., 1986) korrelierte der Body-Mass-Index der Adoptivkinder hoch mit dem ihrer biologischen Eltern und kaum mit dem der Adoptiveltern. In einer anderen Studie in Schweden untersuchten Stunkard et al. (1990) den relativen Einfluß von genetischen und Umweltbedingungen auf den Body-Mass-Index an eineiigen und zweieiigen Zwillingspaaren, die entweder zusammen oder getrennt voneinander aufgewachsen waren. Die Korrelation der BMI-Werte von eineiigen Zwillingen, die getrennt aufgewachsen waren, war nur um weniges niedriger als die Korrelation der BMI-Werte von eineiigen Zwillingen, die zusammen aufgewachsen waren. Die Autoren sehen dies als Beweis für die vorrangige Bedeutung genetischer Einflüsse auf den Body-Mass-Index (s. a. Sorensen & Stunkard, 1993).

Genetische Faktoren scheinen bei der Ätiologie von Übergewicht jedenfalls eine bedeutende Rolle zu spielen. Der Nachweis eines genetischen Einflusses sagt uns jedoch wenig über mögliche Korrelationen und Interaktionen zwischen Erbanlagen und Umweltbedingungen. Wir wissen z. B. noch nicht, wie eine genetische Prädisposition zu Übergewicht von Umweltfaktoren beeinflußt wird. Die genetischen und biochemischen Aspekte von Übergewicht sind bisher auch nicht oder nur sehr eingeschränkt behandelbar. Daher muß versucht werden, *manipulierbare* Risikofaktoren von kindlichem Übergewicht zu bestimmen.

Nach dem Gesetz der Energieerhaltung entsteht Übergewicht, wenn mehr Energie aufgenommen als verbraucht wird. Die Ursachen von Übergewicht müssen daher bei jenen Faktoren gesucht werden, die
1. übermäßige Energieaufnahme fördern (Eßverhalten),
2. Energieverbrauch reduzieren (Bewegungsverhalten) oder
3. die Regulation des Energiehaushalts im Körper stören (damit sind Veränderungen im Stoffwechsel und Grundumsatz gemeint).

Für Verhaltenstherapeuten ist es auf jeden Fall möglich, die *Verhaltensaspekte* – also Eß- und Bewegungsverhalten – von kindlichem Übergewicht näher zu bestimmen. Welche Faktoren im Alltag eines Kindes beeinflussen sein Gewicht? Welchen Einfluß haben Eltern, Gleichaltrige und andere Umweltfaktoren auf Eß- und Bewegungsverhalten? Lerntheoretische Konstrukte wie Stimuluskontrolle, Verstärkung und Modellernen bieten eine gute Möglichkeit, die Verhaltensaspekte von kindlichem Übergewicht zu untersuchen. Dabei kommt den Eltern eine besonders wichtige Rolle zu: sie sind selbst Modell für Eß- und Bewegungsverhalten; sie kontrollieren die meisten Nahrungsmittel, die ins Haus kommen, und schaffen eine emotionale Atmosphäre, die zu Bewegung ermutigt oder auch nicht (Buckmaster & Brownell, 1988; Epstein, Valoski et al., 1990). Und schließlich muß für den Fall, daß einer oder beide Elternteile übergewichtig sind, eine eventuelle genetische Prädisposition des Kindes zu Übergewicht in Betracht gezogen werden. Daher wird in den folgenden Verhaltensgleichungen nach dem S-O-R-K-Schema unter der Organismusvariablen immer vermerkt, ob das Kind bereits übergewichtig ist bzw. ein Risiko für Übergewicht vorliegt.

Wie kann eine Analyse der Lerngeschichte im Einzelfall nun aussehen? Auf welche empirischen Befunde kann der Verhaltenstherapeut dabei zurückgreifen? Ein bedeutender Punkt bei der funktionalen Analyse von kindlichem Übergewicht ist die Frage, ob ein oder beide Elternteile übergewichtig sind. Ist das der Fall, muß ausgegangen werden von einer teilweisen genetischen Belastung sowie von familiären Eßgewohnheiten, die Übergewicht fördern bzw. aufrechterhalten. Vermutlich fungieren übergewichtige Eltern als Modell dafür, Essen als Verstärker zu gebrauchen, z. B. um Unmutsgefühle oder Langeweile zu vertreiben. Eine Analyse der Verstärker gibt

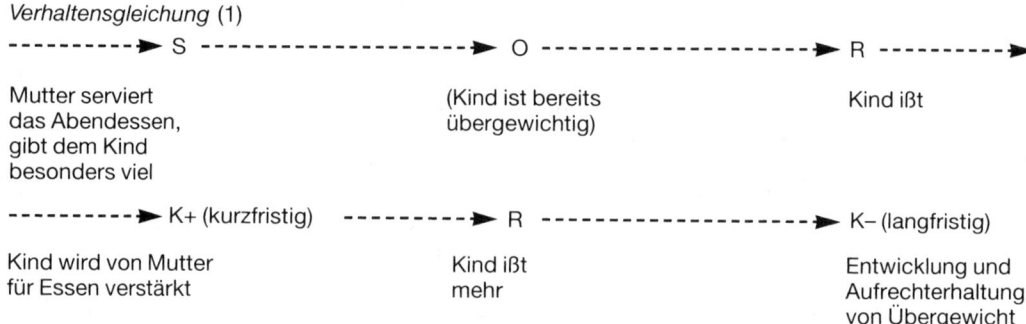

Aufschluß darüber, ob und welche Nahrungsmittel von den Eltern als Verstärker eingesetzt und vom Kind als verstärkend erlebt werden.

Im folgenden werden anhand empirischer Befunde Verhaltensgleichungen nach dem S-O-R-K-Schema (Stimulus – Organismusvariable – Reaktion – Konsequenz) erstellt, die Entstehung und Aufrechterhaltung von Übergewicht im Einzelfall erklären können. Dabei wird unter der Organismusvariablen O in Klammern erwähnt, ob ein Kind bereits übergewichtig ist. Dies bedeutet nicht, daß die Verhaltensgleichung nur auf Kinder zutrifft, die bereits übergewichtig sind; vorhandenes oder drohendes Übergewicht (z. B. durch Übergewicht der Eltern) sind jedoch Bedingungen, die unter O auf jeden Fall vermerkt werden müssen. Die Verhaltensgleichungen haben keinen Anspruch auf Vollständigkeit; bei der funktionalen Analyse eines Einzelfalls kann es sich jedoch als hilfreich erweisen, auf empirisch bestätigte Zusammenhänge zwischen Übergewicht und Eßverhalten, Bewegungsverhalten und psychosozialen Faktoren zurückzugreifen.

2.1 Eßverhalten

Waxman und Stunkard (1980) untersuchten vier Familien mit je einem übergewichtigen und einem normalgewichtigen Jungen. Die übergewichtigen Jungen aßen daheim und in der Schule signifikant mehr und signifikant schneller als ihre normalgewichtigen Brüder und Schulkameraden. In drei Familien servierten die Mütter dem übergewichtigen Sohn mehr und häufiger Essen als dem normalgewichtigen, mit der Begründung, „er ist größer, also braucht er auch mehr". Die entsprechende Verhaltensgleichung (1) lautet: (s. oben)

Daß Ermunterungen zum Essen seitens der Eltern als Stimulus zum Essen wirken können, zeigen auch die Arbeiten von Klesges et al. (1984, 1986), die zweieinhalbjährige Kinder und deren Eltern zu Hause beobachteten. Die Eltern beeinflußten durch differentielle Verstärkung das Ernährungs- und Bewegungsverhalten ihrer Kinder. Eltern von übergewichtigen Kindern verstärkten ihr Kind 2,3mal so oft für Essen wie Eltern von normalgewichtigen Kindern. Die Ermutigungen der Eltern zum Essen korrelierten positiv mit der Zeit, die das Kind mit Essen verbrachte, sowie seinem relativen Körpergewicht. Die Verhaltensgleichung (2) lautet: (s. S. 423)

Ob die genannten Verhaltensgleichungen im individuellen Fall zutreffen, kann nur eine sorgfältige funktionale Analyse zeigen. Es gibt nämlich auch Studien, in denen keine Unterschiede in der quantitativen oder qualitativen Nahrungsaufnahme zwischen übergewichtigen und normalgewichtigen Kindern festgestellt werden konnten (Bellisle et al., 1988; Maffeis et al., 1996; O'Brien et al., 1982; Rolland-Cachera & Bellisle 1986).

2.2 Bewegungsverhalten

Körperlich fitte Kinder, die häufig Bewegung machen, haben einen niedrigeren Blutdruck und höhere HDL-Cholesterol-

Verhaltensgleichung (2)

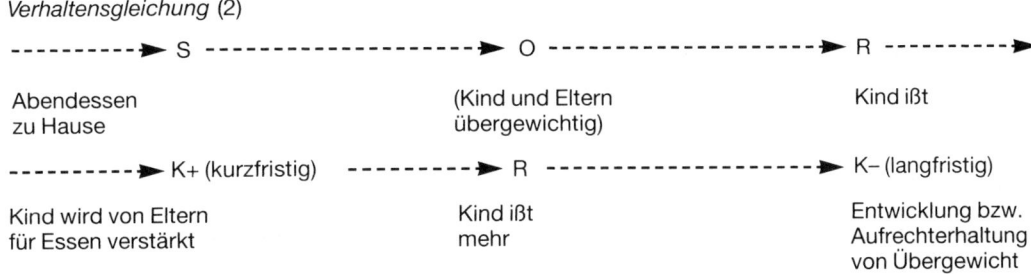

Werte als körperlich inaktive Kinder (Harshat 1995; Strazzullo et al., 1988). Durch Bewegung können Blutdruck und LDL-Cholesterol im Blut gesenkt werden (Cinciripini, 1984 b; Panico et al., 1987). Auch wird angenommen, daß die Bewegungsgewohnheiten von Kindern vorhersagen, wie viel und häufig sie sich im Erwachsenenalter bewegen werden (Gilliam & MacCommie, 1984). Erwachsene glauben oft, daß Kinder dauernd in Bewegung sind, aber viele Befunde weisen darauf hin, daß Kinder mit zunehmendem Alter dazu neigen, körperlich inaktiv zu sein. Sunnegårdh et al. (1988) zeigten, daß die körperliche Aktivität von achtjährigen Kindern signifikant höher war als die von dreizehnjährigen. Aber auch junge Kinder sind überraschend inaktiv: Sallis (1988) beobachtete Vorschulkinder während einer Stunde, die sie auf dem Schulspielplatz zur freien Verfügung hatten. Die Kinder verbrachten 58% der Zeit sitzend, liegend oder stehend und nur 11% mit hoher körperlicher Aktivität wie Laufen oder Klettern. Kinder mit einer Familienanamnese von kardiovaskulären Krankheiten bewegten sich weniger.

Klesges et al. (1986) untersuchten neben dem Eßverhalten das Bewegungsverhalten der Kinder in Abhängigkeit von der Reaktion der Eltern. Je geringer das relative Gewicht der Eltern, desto häufiger ermunterten sie ihr Kind zu körperlicher Bewegung, und je häufiger die Eltern ihr Kind zum Essen ermunterten, desto weniger ermunterten sie es zu Bewegung. Je niedriger andererseits das relative Gewicht des Kindes, desto häufiger wurde es von seinen Eltern zu Bewegung aufgefordert, und je häufiger es dazu aufgefordert wurde, desto aktiver war es. In einer anderen Studie untersuchten Klesges et al. (1990) mit einem direkten Beobachtungssystem den Zusammenhang zwischen körperlicher Aktivität und demographischen, physischen und Interaktionsvariablen zwischen Eltern und Kind. 222 Vorschulkinder wurden in ihrer natürlichen Umgebung am späten Nachmittag eine Stunde direkt beobachtet, und ihre körperliche Aktivität wurde vom Beobachter kodiert. Die Ergebnisse zeigten einen signifikanten Zusammenhang zwischen der körperlichen Aktivität des Kindes und seinem relativen Gewicht, dem Gewicht der Eltern und der Zeit, die das Kind im Freien verbrachte. Je geringer das relative Gewicht des Kindes und je mehr Zeit es im Freien verbrachte, desto höher war seine körperliche Aktivität. Zudem bestand eine negative Beziehung zwischen dem Familienrisiko für Übergewicht (Zahl der übergewichtigen Eltern) und dem Aktivitätsniveau des Kindes, d. h. je größer das Familienrisiko, desto geringer die körperliche Aktivität des Kindes. Eine Verhaltensgleichung (3), die die Ergebnisse dieser Studien wiedergibt, könnte in etwa so aussehen: (s. S. 424).

Die meisten Studien zum Bewegungsverhalten von Kindern stimmen darin überein, daß übergewichtige Kinder körperlich weniger aktiv sind als normalgewichtige (Davies et al., 1995; Epstein, Smith, Vara & Rodefer, 1991; Klesges & Hanson, 1988). Damit ist aber noch nicht geklärt, wie dieser Befund zu interpretieren ist. Ist ein geringeres Aktivitätsniveau Ursache oder Folge von Übergewicht? In einer Korrelationsstudie an 7000 amerikanischen Kindern verschiedener Altersgruppen fanden Dietz

Verhaltensgleichung (3)

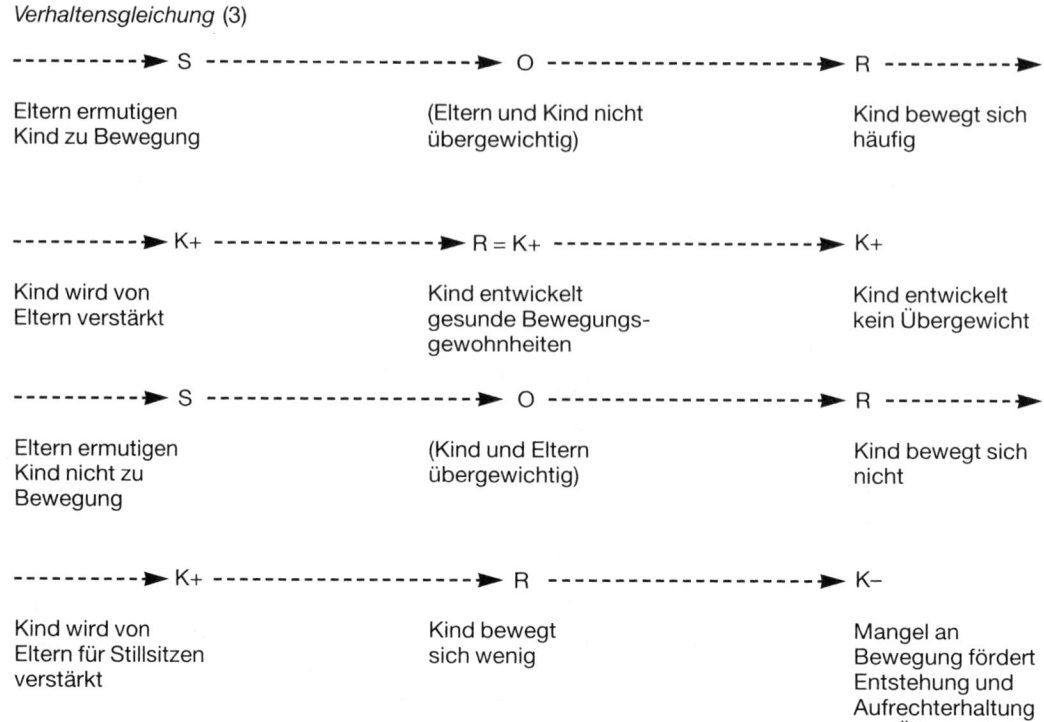

und Gortmaker (1985) eine hochsignifikante Korrelation zwischen Übergewicht und der Zeit, die inaktiv vor dem Fernseher verbracht wurde. In der Gruppe der 12- bis 17jährigen nahm die Prävalenz von Übergewicht mit jeder zusätzlichen Stunde vor dem Fernseher um jeweils 2% zu. Diese Zusammenhänge blieben auch aufrechterhalten, wenn Faktoren wie Gewicht, Rasse, sozioökonomischer Status etc. kontrolliert wurden. Ein Follow-up von 746 Jugendlichen, die an der ursprünglichen Studie teilgenommen hatten, konnte diese Zusammenhänge auch prospektiv bestätigen (Gortmaker et al., 1996). Die Autoren vermuten, daß Fernsehen Konsequenzen hat auf sowohl Kalorienaufnahme als auch Bewegung: wenn Kinder fernsehen, bewegen sie sich nicht; gleichzeitig konsumieren sie häufiger hochkalorische Snacks, für die im Fernsehen Reklame gemacht wird. Die folgende Verhaltensgleichung (4) illustriert die in der Studie gefundenen Zusammenhänge (s. unten).

Die Situation, daß ein Kind sich langweilt oder einsam ist und dann fernsieht,

Verhaltensgleichung (4)

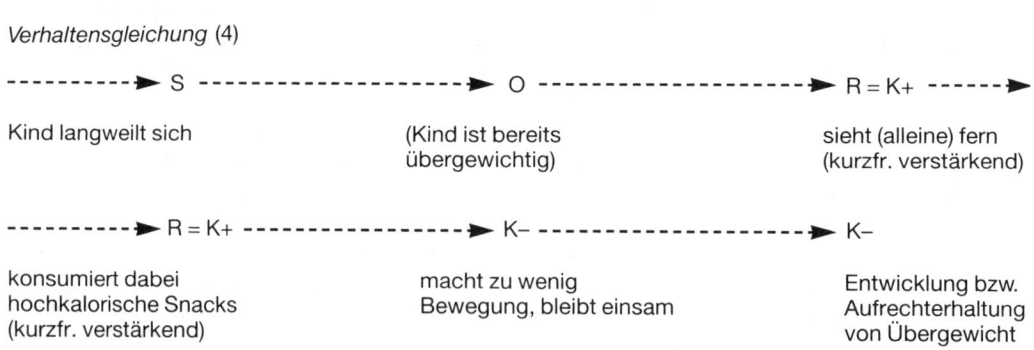

hat also mehrere Konsequenzen: kurzfristig wirken Fernsehen und die dabei konsumierten Snacks als verstärkend; langfristig führen Mangel an Bewegung und kalorienreiche Ernährung jedoch zur Entwicklung bzw. Aufrechterhaltung von Übergewicht. Zudem kann angenommen werden, daß die Einsamkeit oder soziale Isolation eines Kindes nicht abnimmt, wenn das Kind in solchen Situationen fernsieht, anstatt sich mit anderen Kindern zu treffen und z. B. Bewegung zu machen (Fußballspielen, Radfahren etc.).

2.3 Die psychosoziale Situation des übergewichtigen Kindes

Die Wahrnehmung von Erwachsenen und Kindern wird von Stereotypen körperlicher Attraktivität beeinflußt. In Studien, in denen Kindern Bilder von unbekannten Gleichaltrigen zur Beurteilung vorgegeben wurden, wurden die attraktiven Kinder als beliebter, klüger und hilfsbereiter eingeschätzt als die unattraktiven (Dion & Berscheid, 1974; Langlois & Stephan, 1977). Bereits Volksschüler haben eine sehr negative Einstellung zu Übergewicht, die mit dem Alter der Kinder und ihrem höheren Sozialstatus noch zunimmt (Wardle et al., 1995). Auch scheinen übergewichtige Kinder häufig ein negativeres Selbstbild und niedrigeres Selbstwertgefühl als ihre normalgewichtigen Altersgenossen zu haben (Braet et al., 1997, French et al., 1995).

Bei der Entwicklung von Einstellungen zu Übergewicht scheinen Kausalitätsattributionen eine wichtige Rolle zu spielen. De Jong (1980) legte Schülerinnen das Foto eines übergewichtigen Mädchens und einen Text, den dieses angeblich geschrieben hatte, zur Beurteilung vor. Wenn das übergewichtige Mädchen in ihrem Text nicht eine „Entschuldigung" für ihr Übergewicht anführen konnte wie z. B. eine Stoffwechselstörung, wurde sie negativer bewertet und galt als weniger beliebt als ein entsprechendes schlankes Mädchen. Dies weist daraufhin, daß die Ablehnung übergewichtiger Personen in engem Zusammenhang steht mit der ihnen zugeschriebenen Verantwortung für ihr Übergewicht. Zu ähnlichen Ergebnissen kamen Hill und Silver (1995), die neunjährigen Jungen und Mädchen Silhouetten von schlanken und übergewichtigen Kindern zur Beurteilung vorlegten. Jungen und Mädchen assoziierten die übergewichtige Silhouette mit unbeliebt sein und wenig Freunde haben, schlechten Schulleistungen, ungesundem Essen und geringer Fitness.

Es gibt auch Hinweise darauf, daß übergewichtige Kinder weniger soziale Verstärkung erhalten als normalgewichtige. Baum und Foreham (1984) ließen 220 zehnjährige Jungen und Mädchen angeben, mit welchen der anderen Kinder sie gerne zusammenarbeiten würden. Zwar wurde die Wahl der Kinder nicht vom Körperbau beeinflußt, die Interaktionen untereinander aber sehr wohl:

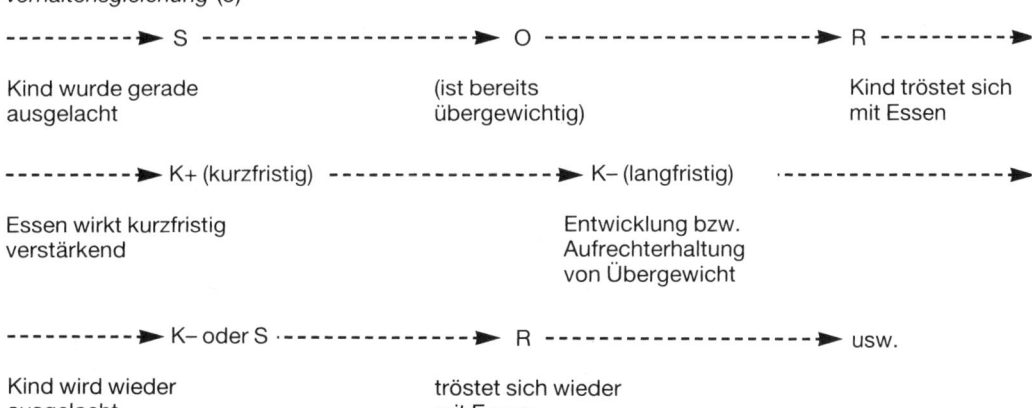

Verhaltensgleichung (5)

----------▶ S ----------------▶ O ------------------▶ R ----------▶

Kind wurde gerade ausgelacht

(ist bereits übergewichtig)

Kind tröstet sich mit Essen

----------▶ K+ (kurzfristig) ----------------▶ K– (langfristig) ----------------▶

Essen wirkt kurzfristig verstärkend

Entwicklung bzw. Aufrechterhaltung von Übergewicht

----------▶ K– oder S ----------------▶ R ------------------▶ usw.

Kind wird wieder ausgelacht

tröstet sich wieder mit Essen

übergewichtige Kinder waren häufiger in aktive und passive negative Interaktionen (nicht mitspielen, Ablehnung zeigen, andere auslachen, streiten, drohen, schreien etc.) verwickelt als normalgewichtige. Die Ergebnisse dieser Studie lassen auch vermuten, daß übergewichtige Kinder sozial weniger kompetent sind als normalgewichtige.

Die Verhaltensgleichung (5) auf S. 425 illustriert die Situation des übergewichtigen Kindes.

In diesem Zusammenhang muß auch erwähnt werden, daß der durchschnittliche Sportunterricht an Schulen den Bedürfnissen übergewichtiger Kinder nicht zu entsprechen scheint. Beobachtungen zeigen, daß schlanke, sportliche Kinder im Mittelpunkt stehen, während die übergewichtigen wenig Beachtung finden (Walberg & Ward, 1985). Da übergewichtige Kinder motorisch weniger geschickt sind, ist die Wahrscheinlichkeit groß, daß sie von anderen Kindern ausgelacht werden, sich schämen, Bewegung als aversiv erfahren und versuchen, den Turnunterricht bzw. andere Formen von Bewegung zu vermeiden. Dies fördert langfristig die Entstehung bzw. Aufrechterhaltung von Übergewicht (Craig et al. 1996). Die folgende Verhaltensgleichung (6) illustriert diese Zusammenhänge: (siehe unten).

Mangel an Bewegung allein scheint nicht zu Übergewicht zu führen. Es müssen immer noch andere Faktoren hinzukommen wie z. B. eine Prädisposition zu Übergewicht (durch übergewichtige Eltern), Konsum kalorienreicher Nahrungsmittel etc. Man wird im Einzelfall daher nie mit *einer* Verhaltensgleichung auskommen.

Auf jeden Fall ist es bei der funktionellen Analyse eines Einzelfalls wichtig, die sozialen Fertigkeiten eines Kindes, eventuelle soziale Isolation etc. zu explorieren und in die Therapieplanung mit einzubeziehen.

3. Therapie in der Praxis

Mit der Verwendung verhaltenstherapeutischer Methoden zur Behandlung von kindlichem Übergewicht wurde Mitte der siebziger Jahre begonnen, und kurz darauf erschienen die ersten Übersichtsartikel (Brownell & Stunkard, 1978; Coates & Thoresen, 1980; Israel & Stolmaker, 1980). In früheren Arbeiten lag der Akzent primär auf der Verwendung rein verhaltenstherapeutischer Verfahren wie Selbstprotokollierung, Stimuluskontrolle, Verstärkung und Vertragsabschluß zwischen Kind und Eltern. Durch Selbstprotokollierung sollen Kinder und Eltern erfassen, was, wann und wieviel gegessen wird. Mit Hilfe von Stimuluskontrolle wird versucht, neue Eßgewohnheiten zu erlernen wie z. B. immer am gleichen Platz essen, während des Essens nicht fernsehen oder Aufgaben machen, zwischen zwei Bissen das Besteck hinlegen etc. Für neue Eßgewohnheiten und Gewichtsverlust wird das Kind verstärkt, was in einem Vertrag zwischen Kind und Eltern festgelegt ist.

In neueren Behandlungsprogrammen sind die Komponenten Diät und Bewegung hinzugekommen. Durch eine ausgewogene Diät soll den Kindern der Gewichtsverlust erleichtert und sie an gesundes Essen gewöhnt werden; Bewegungsprogramme

Verhaltensgleichung (6)

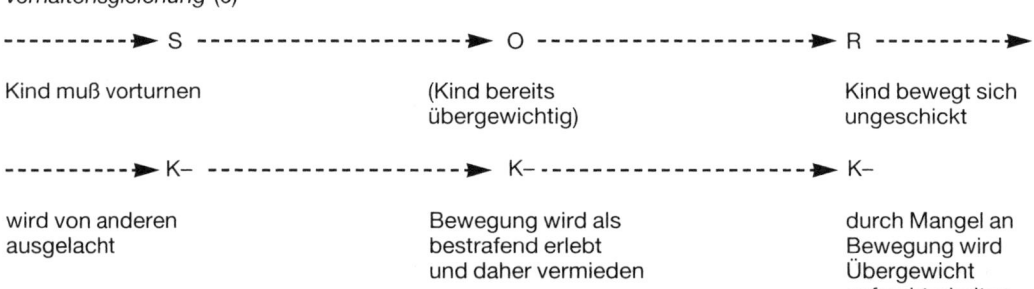

erhöhen die Fitness und erleichtern die Aufrechterhaltung des Gewichtsverlusts.

In diesem Abschnitt wird die Frage behandelt, welche Komponenten ein Gewichtsreduktionsprogramm enthalten sollte und was uns bisherige Arbeiten dazu sagen können. Dabei werden die folgenden Programmkomponenten besprochen: Teilnahme der Eltern, Bewegung, Alter zu Behandlungsbeginn, Diät, Dauer des Trainings, optimale Intensität des therapeutischen Kontakts und die Frage, welche Vorteile Schulprogramme gegenüber klinischen Programmen haben.

3.1 Ist eine Teilnahme der Eltern am Training empfehlenswert?

Die Teilnahme der Eltern am Gewichtsreduktionsprogramm ihrer übergewichtigen Kinder ist aus mehreren Gründen empfehlenswert. Übergewicht kommt gehäuft in Familien vor, d. h. viele übergewichtige Kinder haben übergewichtige Eltern – ein Gewichtsverlust des Kindes ist daher um so wahrscheinlicher, je mehr sich das Ernährungsverhalten der ganzen Familie positiv verändert. Zudem konnte gezeigt werden, daß Eltern durch differentielle Verstärkung Ernährungs- und Bewegungsverhalten ihrer Kinder signifikant beeinflussen (Klesges et al., 1986). Eine Einbeziehung der Eltern als Kotherapeuten macht einen Gewichtsverlust und dessen Aufrechterhaltung daher wahrscheinlicher. Und schließlich ist es notwendig, den Eltern verhaltenstherapeutische Strategien zu vermitteln, mit deren Hilfe sie adäquates Verhalten verstärken und inadäquates löschen können, um bei Kindern langfristige Verhaltensänderungen zu erreichen (Epstein & Wing, 1987; Epstein, Valoski, Wing, McCurley, 1990).

Die Möglichkeiten, Eltern in ein Gewichtsreduktionsprogramm für Kinder einzubeziehen, sind vielfältig. Oft werden die Eltern einfach eingeladen, am Trainingsprogramm ihrer Kinder teilzunehmen. Man kann die Elternteilnahme auch zu einer *Bedingung* für eine Teilnahme der Kinder machen. Obwohl in publizierten Studien von „den Eltern" die Rede ist, sieht es in der Praxis meistens so aus, daß nur Mütter am Training teilnehmen. Da die Mütter auch diejenigen sind, die Essen einkaufen und zubereiten, ist die Teilnahme der Mutter am Training jedenfalls wichtiger als die des Vaters.

Eine andere Möglichkeit ist, für die Eltern ein eigenes Abendprogramm anzubieten, das parallel zum Progamm der Kinder läuft. Oft nehmen dann nicht nur die Kinder, sondern auch die Eltern ab, da sie das Erlernte auch für sich selbst in die Praxis umsetzen.

Neben Information über gesunde Ernährung und Bewegung lernen die Eltern *spezifische* Fertigkeiten wie Elternmanagement oder Problemlösestrategien. Dazu zählen Techniken wie Vertragsabschluß, Modellernen, Verstärkung, Stimuluskontrolle etc. Solche Fertigkeiten ermöglichen es den Familien besser, geeignete Strategien für problematische Situationen zu entwerfen und damit die Aufrechterhaltung einmal erreichter Gewichtsverluste zu sichern.

Welche Möglichkeit für einen Gewichtsverlust günstiger ist – Teilnahme der Eltern in der Kindergruppe oder in einer eigenen Gruppe –, ist vermutlich von einer Reihe Faktoren abhängig. Es gibt eine bekannte Studie von Brownell et al. (1983), in der die getrennte Teilnahme von Mutter und Kind zu signifikant größeren Gewichtsverlusten führte als die Teilnahme von Mutter und Kind in derselben Gruppe oder die Teilnahme des Kindes allein. Aber das Ergebnis einer einzelnen Studie sollte nicht überwertet werden, denn auch Programme, in denen Eltern und Kinder in einer Gruppe teilnehmen, verzeichnen gute Erfolge (s. Brezinka, 1991). Oft ist die Art der Elternteilnahme von praktischen Faktoren abhängig wie Zeit, Geld, geeigneten Räumlichkeiten etc.

Ideal ist es, wenn die Eltern – mit oder ohne Kinder – im Rahmen des Trainingsprogramms einen Kochkurs absolvieren und in Begleitung eines Trainers einkaufen gehen können, um so neue Fertigkeiten bei Einkauf und Zubereitung der Nahrung zu erlernen. Eine andere Möglichkeit ist, Eltern und Kinder im Klinikrestaurant oder in der Kantine essen zu lassen und ihnen beim Auswählen kalorienarmer, ballaststoffreicher Mahlzeiten zu helfen (vorausgesetzt, daß solche Mahlzeiten angeboten werden).

Nachteile sind von einer Teilnahme der Eltern am Training nicht zu erwarten, und die möglichen Vorteile können beträchtlich sein. Daher sollte vor allem bei Programmen für jüngere Kinder nicht darauf verzichtet werden.

3.2 Soll Bewegung fester Bestandteil eines verhaltenstherapeutischen Gewichtsreduktionsprogramms sein?

Bewegung ist seit vielen Jahren ein selbstverständliches Element verhaltenstherapeutischer Gewichtsreduktionsprogramme (zusammenfassend Brezinka 1991, Epstein et al., 1996).

Bewegung kann auf zwei Arten in ein Gewichtsreduktionsprogramm integriert werden: erstens durch Bewegungsübungen während des Trainings selbst, z. B. während der ersten oder letzten zwanzig Minuten; und zweitens in der Form von Hausaufgaben, wobei Eltern und Kinder z. B. dreimal pro Woche während zwanzig Minuten bestimmte Übungen durchführen und dafür verstärkt werden. Dies gibt Kindern und Eltern auch eine gute Möglichkeit, die erlernten verhaltenstherapeutischen Methoden wie Vertragsabschluß, Selbstprotokollierung und Verstärkung in die Praxis umzusetzen.

Oft kann es für Kinder und Eltern eine neue Erfahrung sein, daß Bewegung Freude macht und nicht immer Wettbewerbscharakter haben muß wie im Turnunterricht. Wichtig dabei ist, den Programmteilnehmern die Übungen nicht nur zu erklären und als Hausaufgabe mitzugeben, sondern sie auch zusammen mit ihnen durchzuführen. Am besten eignen sich Aerobic-Übungen oder bewegungsintensive Spiele ohne Wettbewerbscharakter. Die Anforderungen dürfen vor allem für die Hausaufgaben nicht zu hoch sein, da sonst die Wahrscheinlichkeit groß ist, daß die Übungen nicht oder nicht regelmäßig durchgeführt werden. Eventuell können die Bewegungsübungen im Lauf des Trainings langsam gesteigert werden. Wichtig ist auch, daß Übungen angeboten werden, die jederzeit und überall (am besten auch in der Wohnung) durchführbar sind, für die also keine spezifischen Bedingungen wie Tennisplatz, Garten, Fußballfeld, schönes Wetter etc. notwendig sind. Zusätzlich kann es sinnvoll sein, die individuellen Bewegungsvorlieben von Kindern und Eltern zu explorieren und pro Familie einen Bewegungsplan aufzustellen.

Ein weiterer wichtiger Punkt bei der Integration von Bewegung in ein Gewichtsreduktionsprogramm ist *Information* über die Rolle von Bewegung beim Abnehmen. Die Trainingsteilnehmer müssen wissen, daß Bewegung nicht unbedingt zu größeren Gewichtsverlusten führt, aber positive Auswirkungen auf körperliche Fitneß und z. B. hohen Blutdruck hat. Zudem werden einmal erreichte Gewichtsverluste durch regelmäßige Bewegung eher aufrechterhalten.

Bewegung ist als Standardelement eines Gewichtsreduktionsprogramms für Kinder auf jeden Fall zu empfehlen. Sportlehrer sollten über die Bedeutung kindlichen Übergewichts als Risikofaktor für spätere Erkrankungen informiert werden; durch eine Anpassung der Sportstunden an die Bedürfnisse übergewichtiger Kinder können diese zu mehr Bewegung ermutigt und dabei unterstützt werden (McKenzie et al., 1996). Spezieller Sportunterricht für übergewichtige Kinder ist ebenfalls eine Möglichkeit, sie zu mehr Bewegung zu animieren (Ward & Bar-Or, 1986); allerdings besteht hier die Gefahr einer negativen Etikettierung übergewichtiger Kinder.

3.3 Spielt das Alter zu Behandlungsbeginn eine Rolle?

In der Literatur zu kindlichem Übergewicht wird immer wieder dafür plädiert, mit der

Behandlung so früh wie möglich zu beginnen. Dementsprechend beziehen sich die meisten kontrollierten Studien auf Kinder im Volksschulalter bzw. vor der Pubertät, also zwischen 6 und 12 Jahren. Epstein et al. (1986) konnten in einer nicht-kontrollierten Arbeit sogar bei Kindern im Kindergarten- und Vorschulalter signifikante Gewichtsverluste erreichen. In vier kontrollierten Studien mit übergewichtigen Jugendlichen (Brownell et al., 1983; Coates et al., 1982 a; Coates et al., 1982 b; Mellin et al., 1987) waren die erreichten durchschnittlichen Gewichtsverluste zu Behandlungsende und nach einem Jahr Follow-up durchaus vergleichbar mit den Erfolgen, die bei jüngeren Kindern erzielt werden (s. Brezinka, 1991). Dennoch gibt es mehrere Argumente dafür, ein Gewichtsreduktionsprogramm in erster Linie für Kinder zwischen acht und zwölf Jahren anzubieten:

1. Bei Kindern dieser Altersgruppe kann bereits mehr Selbstkontrolle vorausgesetzt werden als bei Vorschulkindern, was die Eltern entlastet.
2. Kinder dieser Altersgruppe können Information (z. B. über gesunde Ernährung) bereits gut verarbeiten und behalten.
3. In der Pubertät nimmt die körperliche Erscheinung einen großen Stellenwert ein. Um übergewichtigen Kindern unnötige Frustrationen zu ersparen, ist es besser, ihnen *vor* der Pubertät Strategien beizubringen, mit deren Hilfe sie ihr Gewicht verringern bzw. eine weitere Gewichtszunahme verhindern können.
4. Eine Veringerung des Fettzellgewebes ist vor der Pubertät leichter zu erreichen.

Aber auch die Entwicklung von Gewichtsreduktionsprogrammen für kleinere Kinder sollte vorangetrieben werden, da die Arbeit mit dieser Altersgruppe eine Möglichkeit zur *Prävention* von Übergewicht bietet. In einem Training für kleinere Kinder liegt der Schwerpunkt notgedrungen mehr auf Elternkontrolle als auf Selbstkontrolle. Bis auf vereinzelte Pilotstudien (Epstein et al., 1986; Pisacano et al., 1978) ist über die Erfolge von Gewichtsreduktionsprogrammen bei dieser Altersgruppe jedoch noch wenig bekannt.

3.4 Soll ein Gewichtsreduktionsprogramm Diät enthalten?

In den meisten verhaltenstherapeutischen Gewichtsreduktionsprogrammen werden den Teilnehmern Informationen über eine ausgewogene Diät oder auch konkrete Diätvorschläge gegeben. Eine ausgewogene Diät wird als nicht gesundheits- oder wachstumsschädigend und als unentbehrlich für das Erreichen signifikanter Gewichtsverluste beurteilt (Epstein et al., 1994). Oft erweist es sich jedoch als sinnvoller, keine fertigen Speisepläne vorzugeben, sondern allgemeine Regeln für eine gesunde Ernährung, die von der Familie relativ mühelos in den Alltag übernommen werden können. Darunter fallen z. B. die folgenden Empfehlungen (s. Michel-Drees, 1984):

– eiweißreiche, fettarme Lebensmittel bevorzugen
– fettreiche Lebensmittel stark einschränken
– dunkle Brotsorten und Vollkornerzeugnisse verwenden
– Obst und Gemüse möglichst unverarbeitet täglich anbieten
– auf ausreichende Flüssigkeitszufuhr achten
– täglich 5 kleine Mahlzeiten statt 3 große
– Süßigkeiten vermeiden
– energie- und fettsparende Zubereitungsmöglichkeiten nutzen.

Ideal ist es, wenn Kindern und Eltern im Rahmen des Gewichtsreduktionstrainings die Möglichkeit geboten wird, nach den Diätregeln einzukaufen und zu kochen oder zumindest kalorienarme Zwischenmahlzeiten (z. B. Pausenbrote, Salate, Quarkspeisen) zuzubereiten.

Schließlich nehmen verhaltenstherapeutische Methoden wie Stimuluskontrolle und Selbstprotokollierung gerade bei der Veränderung des Eßverhaltens einen vorrangigen Stellenwert ein. Durch Selbstprotokollierung können die Trainingsteilnehmer selbst feststellen, was und wieviel sie täglich zu sich nehmen und in welchen Situationen sie dazu neigen, besonders viel zu essen. Ein solches Protokoll kann z. B. ergeben, daß ein Kind besonders viel ißt, wenn es sich langweilt, traurig ist, Angst hat, müde von der Schule nach Hause kommt, einsam ist etc. Das Gewichtsreduktionsprogramm von Michel-Drees (1984) enthält einen Fragebogen, in dem die Situationen, in denen ein Kind ißt, exploriert werden.

Nachdem den Kindern ihre Eßgewohnheiten bewußt geworden sind, wird in einem nächsten Schritt versucht, diese mit Stimuluskontrolle zu verändern. Dazu gehören z. B. Regeln wie:
- immer am gleichen Platz essen
- immer mit dem gleichen Besteck und Geschirr essen
- während des Essens nichts anderes tun wie z. B. fernsehen oder Aufgaben machen
- nach jedem Bissen das Besteck hinlegen
- nach jedem Bissen gründlich kauen
- zwischen einzelnen Gängen kurze Pausen einlegen, damit sich ein Sättigungsgefühl einstellen kann.

Auch zum Einüben des neuen Eßverhaltens ist es sinnvoll, die Kinder während der Trainingsstunden kalorienarme Zwischenmahlzeiten essen zu lassen. Zudem können Risikosituationen erfaßt und mögliche Lösungen erarbeitet werden (z. B. „Es ist Nachmittag und ich habe Hunger. Was soll ich mir aus der Küche holen?" Lösungsvorschläge: „Eine Mohrrübe, einen Apfel, Quark, ein Glas Wasser etc."). Risikosituationen, an denen andere beteiligt sind, können mit Rollenspielen geübt werden (z. B. „Mein Freund bietet mir eine Tafel Schokolade an. Was soll ich machen?").

3.5 Wie lange soll ein Gewichtsreduktionsprogramm dauern?

Zu dieser Frage gibt es kaum empirische Untersuchungen. Eine Übersicht über kontrollierte Studien (Brezinka, 1991) zeigte, daß die Dauer verhaltenstherapeutischer Gewichtsreduktionsprogramme für Kinder und Jugendliche zwischen 4 und 28 Wochen lag. Da sich die Programme nicht nur hinsichtlich ihrer Dauer, sondern auch in den verwendeten Methoden unterscheiden, können noch keine konkreten Empfehlungen für die optimale Dauer eines Gewichtsreduktionstrainings gegeben werden.

Bei Eß- und Bewegungsverhalten handelt es sich um festverwurzelte Gewohnheiten, die nicht von einem Tag auf den anderen verändert werden können. Daher darf ein Gewichtsreduktionsprogramm nicht zu kurz sein, da sonst die Möglichkeit nicht gegeben ist, das neue Verhalten genügend einzuüben. Eine Programmdauer zwischen 8 und 12 Wochen erscheint am ehesten geeignet, die neuen Verhaltensweisen erlernen und in die Praxis umsetzen zu können. Zur Aufrechterhaltung des Gewichtsverlusts bzw. des neuen Bewegungsverhaltens sind monatliche Follow-up Termine über mindestens 6 Monate nach Programmende zu empfehlen (Epstein et al., 1994). Eine gute Möglichkeit zur Motivierung der Teilnehmer über das Trainingsende hinaus sind auch monatliche Telephongespräche, bei denen sich der Therapeut nach Gewicht, Eß- und Bewegungsgewohnheiten erkundigt und noch einmal an die wichtigsten im Kurs erlernten Strategien erinnert. Natürlich ist die Dauer eines Programms auch von finanziell-organisatorischen Faktoren abhängig.

Eng verbunden mit der Frage nach der optimalen Dauer eines Gewichtsreduktionsprogramms ist die Frage nach der optimalen Intensität des therapeutischen Kontakts. In den meisten Programmen findet einmal pro Woche ein Treffen zwischen 45 und 90 Minuten statt, u. U. kombiniert mit abendlichen Elterngruppen. Es gibt jedoch auch Trainings, in denen die Teilnehmer den Therapeuten täglich sehen (z. B. Coates et al., 1982b). Da in der Anfangsphase für Verhaltensänderungen starke Unterstützung von außen notwendig sein kann, hat häufiger Kontakt mit dem Therapeuten sicher eine verstärkende Wirkung. Wenn die

Praxis des Therapeuten jedoch nicht direkt bei oder in der Schule liegt, ist es illusorisch, mehrere Treffen pro Woche zu vereinbaren, da dies für die meisten Eltern und Kinder organisatorisch nicht durchführbar ist.

3.6 Ist es günstiger, ein klinisches Gewichtsreduktionsprogramm oder ein Schulprogramm durchzuführen?

Neben verhaltenstherapeutischen Gewichtsreduktionsprogrammen in einem klinischen Setting gibt es auch Trainings, die in der Schule stattfinden. Gegenüber klinischen Programmen haben Schulprogramme große Vorteile (Berenson et al. 1991). Die Schule ist der geeignetste Ort sowohl für Präventions- als auch für Interventionsmaßnahmen. Man kann Kindern und Eltern relativ mühelos Informationen zukommen lassen. Es besteht Gelegenheit zu täglichem Kontakt mit den Kindern über eine Periode von beinahe 10 Monaten pro Jahr; man erreicht viel mehr Kinder als mit einem klinischen Programm, und das Gewichtsreduktionstraining selbst kann oft zum größten Teil vom Schulpersonal durchgeführt werden. Dadurch sind Schulprogramme kosteneffektiver als klinische.

Einen Überblick über Gewichtsreduktionsprogramme in Schulen geben Parcel et al., (1988), Ward und Bar-Or, (1986) und Wolf et al., (1985). Hier sollen kurz die wichtigsten Elemente eines Schulprogramms beschrieben werden:
– Einbeziehung von Lehrern, Eltern und Mitschülern
– Maximierung der sozialen Unterstützung
– eventuell Einsatz von älteren Beratungsschülern, die mit den Teilnehmern täglich bestimmte Programmaspekte wie Stimuluskontrolle, Selbstkontrolle etc. durchnehmen
– Instruktion in die verhaltenstherapeutischen Verfahren Selbstprotokollierung, Vertragsabschluß, Stimuluskontrolle und Verstärkung
– Einführung von kalorienarmem Schulessen und kalorienarmen Zwischenmahlzeiten
– Veränderung des Turnunterrichts weg vom Wettbewerbscharakter hin zu Spielen, die Fitness und Energieverbrauch erhöhen
– Verstärkung für Gewichtsverlust, mehr Bewegung, Konsum kalorienarmer Nahrungsmittel durch Aufkleber, ein Punktesystem o. a.

Die meisten bisherigen Schulprogramme konzentrieren sich auf Kinder, die bereits übergewichtig sind. Parcel et al. (1988) nennen drei Elemente von Schulprogrammen, die auch zur *Prävention* von kindlichem Übergewicht eingesetzt werden könnten: die Art des Turnunterrichts, Gesundheitserziehung und die an der Schule angebotenen Mahlzeiten und Snacks. Der Schwerpunkt des Turnunterrichts an Schulen liegt meistens auf Geschicklichkeitstraining und organisierten Spielen; für intensive Bewegung wie Aerobic bleibt kaum Zeit. Beobachtungen im Turnunterricht zeigten, daß von 40 Minuten Unterricht durchschnittlich weniger als 3 Minuten mit intensiver Bewegung verbracht wurden; der Rest der Zeit verging mit organisatorischen und anderen Aktivitäten (Parcel et al., 1987; Simons-Morton et al. 1993). In der Studie von Parcel et al. (1987) wurden die Kinder beobachtet, während sie sich selbst überlassen waren: Sie waren 70% der Zeit in Bewegung. Der Turnunterricht an Schulen wäre eine gute Möglichkeit, den Energieverbrauch von Kindern zu erhöhen. Durch regelmäßige und intensive Bewegung in der Schule könnte bei Kindern auch eine positive Einstellung gegenüber regelmäßiger Bewegung entstehen, was wiederum die Wahrscheinlichkeit erhöht, daß sie auch außerhalb der Schule Bewegung machen.

Es gibt auch einige Pilotschulprogramme, die sich nicht speziell auf übergewichtige Kinder konzentrieren, sondern auf allgemeine Gesundheitserziehung und Reduzierung des Risikos kardiovaskulärer Erkrankungen. Schwerpunkte solcher Programme sind die Erhöhung des Konsums komplexer

Kohlenhydrate, Senkung des Konsums gesättigter Fettsäuren, Erhöhung des Energieverbrauchs durch mehr Bewegung und Generalisierung der Veränderungen auf andere Familienmitglieder. Schüler, die von zu Hause ein gesundes Vesperpaket mitbringen, werden dafür z. B. mit Aufklebern in der Form eines Herzes verstärkt (Carleton et al., 1991; Coates et al., 1981; McKenzie et al., 1996).

Soll ein Schulprogramm effektiv sein, muß die Schule *organisatorisch* so verändert werden, daß durch Schulmahlzeiten und Turnunterricht ein Umfeld geschaffen wird, welches gesunde Ernährung und intensive Bewegung unterstützt (Parcel et al., 1987). Die Durchführung eines Gewichtsreduktionstrainings, ohne daß an der Schule auch die Mahlzeiten und der Turnunterricht entsprechend angepaßt werden, hat wenig Sinn. Frank et al. (1982) stellten z. B. fest, daß die Hauptenergiequelle von Zehnjährigen in den Vereinigten Staaten aus Snacks zwischen den Mahlzeiten bestand. In Schulmensen bzw. -automaten sind häufig nur kalorienreiche Snacks und süße Getränke erhältlich. Kinder können das, was sie durch Gesundheitserziehung lernen, nicht ausführen, wenn ihnen nur fettes, salzreiches Essen und bewegungsarmer Turnunterricht angeboten werden (s. a. Simons-Morton et al. 1994). Es gibt andererseits Beispiele aus der Literatur, die zeigen, daß organisatorische Veränderungen zur Unterstützung von Gesundheitsverhalten von den Kindern positiv bewertet werden. So erhielten die übergewichtigen Kinder in dem Schulprogramm von Brownell und Kaye (1982) ein spezielles, kalorienarmes Schulmittagessen. Dieses war an der Schule so populär, daß es viele normalgewichtige Kinder dem üblichen Schulmittagessen vorzogen (s. a. McKenzie et al. 1996).

Ein Nachteil von Schulprogrammen, die sich speziell auf übergewichtige Kinder konzentrieren, ist die potentielle negative Etikettierung des übergewichtigen Kindes. Programme zur Verbesserung des Gesundheitsverhaltens *aller* Schüler können diesem Problem zuvorkommen und bieten doch Möglichkeiten zur Prävention und Behandlung von kindlichem Übergewicht (Harrell et al. 1996).

4. Evaluation

Vor ca. 25 Jahren erschienen die ersten Publikationen über die Behandlung von kindlichem Übergewicht mit verhaltenstherapeutischen Methoden (Aragona et al., 1975; Rivinus et al., 1976; Wheeler & Hess, 1976) – damals etwas ganz Neues. Inzwischen ist Verhaltenstherapie so sehr Standardelement bei der Behandlung von Übergewicht, daß sie zu den „konservativen" Behandlungsmethoden gezählt wird (Stunkard, 1987; Brezinka, 1992). Wie sind die Effekte verhaltenstherapeutischer Gewichtsreduktionsprogramme für Kinder und Jugendliche nun zu bewerten?

Eine Analyse von experimentellen Programmen über eine Periode von 15 Jahren mit einer Kontrollgruppe ohne Behandlung zeigte ausnahmslos, daß mit verhaltenstherapeutischen Methoden kurzfristig signifikante Gewichtsverluste erreicht werden konnten; die erreichten durchschnittlichen Gewichtsverluste lagen zwischen −1,8 kg und −3,6 kg bzw. zwischen −4,1% und −19,3% (Brezinka, 1991; für eine tabellarische Übersicht der erreichten Gewichtsverluste, Anzahl der Teilnehmer, Follow-up-Daten etc. sei der Leser auf diese Arbeit verwiesen). Was die Aufrechterhaltung einmal erreichter Gewichtsverluste betrifft, konnte Brezinka (1991) zeigen, daß die erreichten Gewichtsverluste in zwei Drittel der Studien mit Follow-up-Daten über 1 Jahr stabil blieben; in einigen Studien konnte der Gewichtsverlust sogar noch vergrößert werden. In einem Drittel der Studien war es jedoch nicht gelungen, den erreichten Gewichtsverlust innerhalb eines Jahres aufrechtzuerhalten. Epstein et al. (1994) präsentieren eine bislang einzigartige zehnjährige Follow-up Studie an übergewichtigen Kindern, die mit einem Elternteil an einem verhaltenstherapeutischen Gewichtsreduktionsprogramm teilgenommen hatten. Nach 10 Jahren waren 30% der Kinder nicht mehr übergewichtig, 34% hatten nicht mehr als 20% Übergewicht (ursprünglich hatten alle Kinder ein Übergewicht von 40% oder mehr).

Die Effekte verhaltenstherapeutischer Programme zur Behandlung von kindlichem Übergewicht können insgesamt als zufriedenstellend bezeichnet werden: etwa einem Drittel der Kinder gelingt es, durch das Training so viel abzunehmen, daß sie danach nicht mehr übergewichtig sind, während etwa ein Drittel das Übergewicht auf 20% oder weniger reduzieren kann. Ein verhaltenstherapeutisches Gewichtsreduktionsprogramm sollte als eine *erste* Phase in einem langfristigen Prozeß der Gewichtsabnahme oder -regulation aufgefaßt werden. Damit erhalten Strategien zur Rückfallprävention und der erfolgreichen Aufrechterhaltung des Behandlungseffekts vorrangige Bedeutung. Zum Teil könnten dazu Verfahren verwendet werden, die sich bei der Behandlung Erwachsener als wirksam erwiesen haben (z. B. Brownell et al., 1986; Baum et al., 1991). Aber auch die Entwicklung kindspezifischer Strategien zur Prävention von Rückfällen und der Aufrechterhaltung des Gewichtsverlusts verdient mehr Beachtung. In den Gewichtsreduktionsprogrammen von Epstein und Mitarbeitern finden sechs bis zwölf Monate nach Ende des Programms noch monatliche Follow-up Sitzungen statt.

Um die Effekte eines Gewichtsreduktionsprogramms zu maximieren, wurde wiederholt eine weitere *Individualisierung* der Behandlung vorgeschlagen (Epstein & Wing, 1987; Israel & Stolmaker, 1980). So könnte der Schwerpunkt eines Trainings bei manchen übergewichtigen Kindern und Jugendlichen eher auf Bewegung, bei anderen mehr auf der Veränderung des Eßverhaltens oder der Einführung der Eltern in Prinzipien des Elternmanagements liegen. Zur Zeit liegen jedoch nicht genügend Daten vor, die eine Selektion übergewichtiger Kinder und Jugendlicher für einen der Behandlungsschwerpunkte rechtfertigen würden. Da kindliches Übergewicht weit verbreitet ist, stößt eine Individualisierung der Behandlung auf Klientenebene auch schnell an personelle und finanzielle Grenzen. Kostengünstiger scheint es, nicht individuelle Behandlungsstrategien, sondern verschiedene *Programmtypen* zu entwerfen und diese in ihrer Wirksamkeit miteinander zu vergleichen. So wäre z. B. ein Vergleich denkbar zwischen einem Bewegungsprogramm, einem Programm zur Veränderung des Eßverhaltens und einem Programm mit dem Schwerpunkt Elternmanagement sowie zwischen verschiedenen Kombinationen dieser Programme. Ein Problem der integrierten Programme, die sowohl Verhaltensmodifikation als auch Diät, Bewegung und Elternmanagement enthalten, ist nämlich, daß unklar ist, auf welche Behandlungselemente der Erfolg zurückgeführt werden kann. Vielversprechend sind in dieser Hinsicht vor allem Schulprogramme, da sie kostengünstiger sind als klinische Trainings und größere Stichproben ermöglichen.

Eine *Teilnahme der Eltern* oder eines Elternteils an einem Gewichtsreduktionsprogramm für übergewichtige Kinder und Jugendliche kann die Motivation zum und die Zufriedenheit mit dem Training erhöhen sowie die Ausfallrate senken (Kirschenbaum et al., 1984); dies kann positive Effekte auf den Gewichtsverlust haben (Epstein et al., 1981, 1987a; Lansky & Vance, 1983). In Programmen, die den Eltern spezifische Fertigkeiten vermitteln, gelingt die Aufrechterhaltung des Gewichtsverlusts besser (Epstein et al., 1990; Graves et al., 1988; Israel et al., 1985).

Daß *Bewegung* selbstverständliches Element eines Gewichtsreduktionsprogramms sein sollte, ist mittlerweile unumstritten (Brezinka, 1991; Epstein et al., 1996). Epstein et al., (1984, 1985a, 1985b) untersuchten in drei Studien den Einfluß von Bewegung auf den Gewichtsverlust. Obwohl Bewegung nicht unbedingt zu größeren Gewichtsverlusten führte, bewirkte sie doch eine Verbesserung der Fitneß und damit des allgemeinen Gesundheitszustands der Teilnehmer. Probleme sind fehlende Compliance und hohe Ausfallraten bei Bewegungsprogrammen (Dishman, 1991; Martin & Dubbert, 1982).

In *welchem Alter* die Behandlung von kindlichem Übergewicht am erfolgreichsten ist, kann aufgrund der vorhandenen Daten nicht entschieden werden. Die Wahrscheinlichkeit, auch als Erwachsener übergewichtig zu sein, steigt mit dem Alter des Kindes. So gesehen ermöglicht frühzeitige Intervention eine bessere Prävention von Übergewicht im Erwachsenenalter. Trotzdem gibt es bis jetzt kaum Studien zur Behandlung von Übergewicht bei Klein- und Vorschulkindern (Epstein et al., 1986; Pisacano et al., 1978). Andererseits können sich die Gewichtsverluste in Programmen für Jugendliche durchaus messen mit denen von Kindern, so daß kein Grund vorhanden ist, übergewichtige Jugendliche nicht zu behandeln oder für diese Altersgruppe keine Trainingsprogramme zu entwerfen und durchzuführen.

Schulprogramme zur Behandlung und Prävention von kindlichem Übergewicht haben gegenüber klinischen Programmen den Vorteil, daß sie effizienter und kosteneffektiver sind. Sie tauchen in der Literatur immer häufiger auf. Dabei wird oft hervorgehoben, wie gut sich die Schule zur Förderung von Gesundheitsverhalten bzw. für Präventions- und Interventionsmaßnahmen eigne. Andererseits ist Diäthalten vor allem bei Schülerinnen ein weitverbreitetes Phänomen. In einer Studie an 7 bis 12jährigen Kindern berichteten 41% der Mädchen, abnehmen zu wollen. Obwohl die Häufigkeit des Diäthaltens mit dem Alter zunahm, gab doch mehr als ein Viertel der untersten Altersgruppe an, daß sie versucht hatten abzunehmen (Maloney et al., 1989). In Studien an heranwachsenden Mädchen gaben 80% an, daß sie sich oft zu dick fühlten (Greenfeld et al., 1987), und mehr als 80% wollten abnehmen (Whitaker et al, 1989; s. a. Moses et al., 1989). Diese Unzufriedenheit mit dem eigenen Körper wird auch von jüngeren Kindern geteilt. Maloney et al. (1989) stellten fest, daß 55% der sieben- bis zwölfjährigen Mädchen schlanker sein wollten und dies für beinahe 80% der älteren Mädchen zutraf. Hill et al. (1992) befragten neun- und vierzehnjährige Mädchen nach Diätverhalten, Zufriedenheit mit dem eigenen Körper und Vorliebe für einen bestimmten Körperbau. Die Ergebnisse bestätigten, daß adoleszente und präadoleszente Mädchen häufig versuchen, durch Diät abzunehmen. Die Mädchen, die angaben, sich beim Essen sehr zurückzuhalten, waren unzufrieden mit ihrem Körperbau, Gewicht und bestimmten Körperteilen (s. a. Hill et al. 1994). Angesichts dieser Ergebnisse stellt sich die Frage, ob Schulprogramme mit dem Schwerpunkt auf Ernährungsfragen und Prävention bzw. Behandlung von Übergewicht nicht ungewollt negative Effekte mit sich bringen. Die Angst vor Übergewicht und der Wunsch, schlank zu sein, nehmen bei klinischen Eßstörungen eine Schlüsselrolle ein. Diäthalten geht häufig der Entwicklung von Störungen wie Bulimie oder Anorexie voraus (Polivy & Herman, 1985) und gilt als bedeutender Risikofaktor für deren Entwicklung (Striegel-Moore et al., 1986). Im Alter von 15 Jahren ist die Wahrscheinlichkeit, an einer Eßstörung zu erkranken, bei Mädchen, die Diät halten, achtmal höher als bei Mädchen, die keine Diät befolgen (Patton et al., 1990). Es ist denkbar, daß Schulprogramme die soziale Unerwünschtheit von Übergewicht und die Bedeutung körperlicher Attraktivität noch verstärken. Unter Umständen sind allgemeine Gesundheitsförderungsprogramme, deren Schwerpunkt nicht auf Übergewicht, sondern auf gesunden Eß- und Bewegungsgewohnheiten liegt, eine Möglichkeit, diese Problematik zu entschärfen. In einem solchen Programm sollten auch die Risiken von Untergewicht und zu großer Zurückhaltung beim Essen betont werden.

Für übergewichtige bzw. von Übergewicht bedrohte Kinder sind verhaltenstherapeutische Gewichtsreduktionsprogramme eine gute Möglichkeit, abzunehmen bzw. nicht weiter zuzunehmen. Sowohl klinische als auch Schulprogramme haben ihre Effektivität bewiesen. Schulprogramme sind kostengünstiger und effizienter; durch geeigneten Sportunterricht können die Bewegungsgewohnheiten aller Kinder positiv beeinflußt werden. Um das Risiko einer möglichen Stigmatisierung des übergewichtigen Kindes zu vermeiden, sollte der Akzent eines Schulprogrammes auf dem Erlernen gesunder Bewegungs- und Verhaltensgewohnheiten für alle Kinder liegen.

Literatur

Aragona, J., Cassady, J. & Drabman, R. (1975). Treating overweight children through parental training and contingency contracting. *Journal of Applied Behavior Analysis, 8,* 267–278

Aristimuno, G., Foster, T., Voors, A., Srinivasan, S. & Berenson, G. (1984). Influence of persistent obesity in children on cardiovascular risk factors: The Bogalusa Heart Study. *Circulation, 69,* 895–904

Baum, C. & Foreham, R. (1984). Social factors associated with adolescent obesity. *Journal of Pediatric Psychology, 9,* 293–302

Baum. J., Clark, H. & Sandler, J. (1991). Preventing relapse in obesity through posttreatment maintenance systems: comparing the relative efficacy of two levels of therapist support. *Journal of Behavioral Medicine, 14,* 287–302

Bellisle, F., Rolland-Cacheera, M. F., Deheeger, M., & Guilloud-Bataille M. (1988). Obesity and food intake in children: evidence for a role of metabolic and/or behavioral daily rythms. *Appetite, 11,* 111–118

Berenson, G. S., Arbeit, M. L., Hunter, S. M., Johnson, C. C. & Nicklas, T. A. (1991). Cardiovascular health promotion for elementary school children. The Heart Smart Program. *Annals of the New York Academy of Science, 623,* 299–313

Blackburn, G. & Kanders, B. (1987). Medical evaluation and treatment of the obese patient with cardiovascular disease. *American Journal of Cardiology, 60,* 55G–58G

Braet, C., Mervielde, I. & Vandereycken, W. (1997). Psychological aspects of childhood obesity: a controlled study in a clinical and nonclinical sample. *Journal of Pediatric Psychology, 22,* 59–71

Brezinka, V. (1991). Verhaltenstherapeutische Behandlung von Übergewicht bei Kindern und Jugendlichen. *Zeitschrift für Klinische Psychologie, XX,* 205–225

Brezinka, V. (1992). Conservative Treatment of Childhood and Adolescent Obesity. *International Review of Health Psychology, 1,* 85–109

Brownell, K. & Kaye, F. (1982). A school-based behavior modification, nutrition education and physical activity program for obese children. *American Journal of Clinical Nutrition, 35,* 277–283

Brownell, K., Kelman, J. & Stunkard, A. (1983). Treatment of obese children with and without their mothers. Changes in weight and blood pressure. *Pediatrics, 71,* 515–523

Brownell, K., Marlatt, G., Lichtenstein, E. & Wilson, G. (1986). Understanding and preventing relapse. *American Psychologist, 41,* 765–782

Brownell, K. & Stunkard, A. (1978). Behavioral treatment of obesity in children. *American Journal of Diseases in Childhood, 132,* 403–412

Buckmaster, L. & Brownell, K. (1988). The social and psychological world of the obese child. In N. Krasnegor, G. Grave & N. Kretchmer (Eds.), *Childhood Obesity. A Biobehavioral Perspective.* Caldwell: Telford Press

Carleton, R. A., Sennett, L., Gans, K. M., Levin, S., Lefebvre, C. & Lasater, T. M. (1991). The Pawtucket Heart Health Program. Influencing adolescent eating patterns. *Annals of the New York Academy of Science, 623,* 322–326

Cinciripini, P. (1984a). Applications of Behavioral Medicine with Children. I. Epidemiology of Coronary Heart Disease. In M. Hersen, R. Eisler & P. Miller (Eds.), *Progress in Behavior Modification, 17,* 73–110

Cinciripini, P. (1984b). Applications of Behavioral Medicine with Children. II. Intervention for Behavioral Risk Factors in Coronary Heart Disease. In M. Hersen, R. Eisler & P. Miller (Eds.), *Progress in Behavior Modification, 17,* 111–134

Coates, T., Jeffery, R., Slinkard, L., Killen, J. & Danaher, B. (1982 a). Frequency of contact and monetary reward in weight loss, lipid change and blood pressure reduction with adolescents. *Behavior Therapy, 13,* 175–185

Coates, T., Killen, J. & Slinkard, L. (1982 b). Parent participation in a treatment program for overweight adolescents. *International Journal of Eating Disorders, 1,* 37–48

Coates, T. & Thoresen, C. (1980). Obesity among children and adolescents: the problem belongs to everyone. In B. Lahey & A. Kazdin (Eds.), *Advances in child clinical psychology: Vol. 1* (pp. 215–264). New York: Plenum

Craig, S., Goldberg, J. & Dietz, W. H. (1996). Psychosocial correlates of physical activity among fifth and eighth graders. *Preventive Medicine, 25,* 506–513

Davies, P. S., Gregory, J. & White, A. (1995). Physical activity and body fatness in pre-school children. *International Journal of Obesity and Related Metabolic Disorders, 19,* 6–10

De Jong, W. (1980). The stigma of obesity: the consequences of naive assumptions concerning the cause of physical deviance. *Journal of Health and Social Behavior, 21,* 75–87

Dietz, W. (1983). Childhood obesity: susceptibility, cause and management. *Journal of Pediatrics, 103,* 676–686

Dietz, W. & Gortmaker, S. (1985). Do we fatten our children at the television set? Obesity and television viewing in children and adolescents. *Pediatrics, 75*, 807–812

Dion, K. & Berscheid, E. (1974). Physical attractiveness and peer perception among children. *Sociometry, 37*, 1–12

Dishman, R. (1991). Increasing and Maintaining Exercise and Physical Activity. *Behavior Therapy, 22*, 345–378

Epstein, L. H., Coleman, K. J. & Myers, M. D. (1996). Exercise in treating obesity in children and adolescents. *Medical Science in Sports and Exercise, 28*, 428–435

Epstein, L., Smith, J., Vara, L. & Rodefer, J. (1991). Behavioral Economic Analysis of Activity Choice in Obese Children. *Health Psychology, 10*, 311–316

Epstein, K., Valoski, A., Koeske, R. & Wing, R. (1986). Family-based behavioral weight control in obese young children. *Journal of the American Dietetic Association, 86*, 481–484

Epstein, L. H., Valoski, A., Wing, R. & McCurley, J. (1990). Ten-year follow-up of behavioral, family-based treatment for obese children. *Journal of the American Medical Association, 264*, 2519–2523

Epstein, L. H., Valoski, A., Wing, R. & McCurley, J. (1994). Ten-year outcomes of behavioral family-based treatment for childhood obesity. *Health Psychology, 13*, 373–383

Epstein, L. & Wing, R. (1987). Behavioral treatment of childhood obesity. *Psychological Bulletin, 101*, 331–342

Epstein, L., Wing, R., Koeske, R., Andrasik, F. & Ossip, D. (1981). Child and parent weight loss in a family-based behavior modification program. *Journal of Consulting and Clinical Psychology, 49*, 674–685

Epstein, L., Wing, R., Koeske, R. & Valoski, A. (1984). Effects of diet plus exercise on weight change in parents and children. *Journal of Consulting and Clinical Psychology, 52*, 429–437

Epstein, L., Wing, R., Koeske, R. & Valoski, A. (1985 a). A comparison of lifestyle exercise, aerobic exercise and calisthenics on weight loss in obese children. *Behavior Therapy, 16*, 345–356

Epstein, L., Wing, R., Koeske, R. & Valoski, A. (1987). Longterm effects of family-based treatment of childhood obesity. *Journal of Consulting and Clinical Psychology, 55*, 91–95

Epstein, L., Wing, R., Penner, B. & Kress, M. (1985b). Effect of diet and controlled exercise on weight loss in obese children. *Journal of Pediatrics, 107*, 358–361

Feinstein, J. A., & Quivers, E. S. (1997). Pediatric preventive cardiology: healthy habits now, healthy hearts later. *Current Opinions in Cardiology, 12*, 70–77

Figuera-Colon, R. (1997). Prevalence of obesity with increased blood pressure in elementary school-aged children. *Southern Medical Journal, 90*, 806–813

Frank, G., Webber, L. & Berenson, G. (1982). Dietary studies of infants and children: The Bogalusa Heart Study. In T. Coates, A. Petersen & C. Perry (Eds.), *Promoting Adolescent Health*. New York: Academic Press

French, S. A., Story, M. & Perry, C. L. (1995). Self-esteem and obesity in children and adolescents: a literature review. *Obesity Research, 3*, 479–490

Fripp, R., Hodgson, J., Kwiterovich, P., Werner, J., Schuler, H. & Whitman, V. (1985). Aerobic capacity, obesity, and atherosclerotic risk factors in male adolescents. *Pediatrics, 75*, 813–818

Garn, S. & Clark, D. (1976). Trends in fatness and the origins of obesity. *Pediatrics, 57*, 443–456

Garn, S. & La Velle, M. (1985). Two-decade follow-up of fatness in early childhood. *American Journal of Diseases in Children, 139*, 181–185

Gilliam, T. & Mac Gommie, S. (1984). Coronary heart disease risk in children and their physical activity patterns. In R. Boileau (Ed.), *Advances in pediatric sports science*: Vol. 1. Biological Issues (pp. 1–28). Champaign IL: Human Kinetics

Gortmaker, S., Dietz, W., Sobol, A. & Wehler, C. (1987). Increasing pediatric obesity in the United States. *American Journal of Diseases in Children, 141*, 535–540

Gortmaker, S. L., Must, A., Sobol, A. M., Peterson, K., Colditz, G. A. & Dietz, W. H. (1996). Television viewing as a cause of increasing obesity among children in the United States, 1986–1990. *Archives of Pediatric and Adolescent Medicine*, 150, 356–362

Graves, T., Meyer, A. & Clark, L. (1988). An evaluation of parental problem-solving training in the behavioral treatment of childhood obesity. *Journal of Consulting and Clinical Psychology, 56*, 246–250

Guo, S. S., Roche, A. F., Chumlea, W. C., Gardner, J. D. & Siervogel, R. M. (1994). The predictive value of childhood body mass index values for overweight at age 35y. *American Journal of Clinical Nutrition, 59*, 810–819

Hammar, S., Campbell, V. & Woolley, J. (1971). Treating adolescent obesity: long-range evaluation of previous therapy. Clinical Pediatrics, 10, 46–52

Harrell, J. S., McMurray, R. G., Bangdiwala, S. I., Frauman, A. C., Gansky, S. A. & Bradley, C. B. (1996). Effects of a school-based intervention to reduce cardiovascular disease risk factors in elementary-school children: the Cardiovascular Health in Children (CHIC) study. *Journal of Pediatrics, 128*, 797–805

Harsha, D. W. (1995). The benefits of physical activity in childhood. American Journal of Medical Science, 310, S109–S113

Hill, A., Oliver, S. & Rogers, P. (1992). Eating in the adult world: the rise of dieting in childhood and adolescence. *British Journal of Clinical psychology, 31*, 95–105

Hill, A. J., Draper, E., Stack, J. (1994). A weight on children's minds: body shape dissatisfactions at 9-years old. *International Journal of Obesity and Related Metabolic Disorders, 18*, 383–389

Hill, A. J. & Silver, E. K. (1995). Fat, friendless and unhealthy: 9-year old children's perception of body shape stereotypes. *International Journal of Obesity and Related Metabolic Disorders, 19*, 423–430

Hubert, H., Feinleib, M., McNamara, P. & Castelli, W. (1983). Obesity as an independent risk factor for cardiovascular disease: a 26-year follow-up of participants of the Framingham heart study. *Circulation, 67*, 968–977

Israel, A. & Stolmaker, L. (1980). Behavioral treatment of obesity in children and adolescents. In M. Hersen, R. Eisler & P. Miller (Eds.), *Progress in Behavior Modification: Vol. 10* (pp. 81–109). New York: Academic Press

Israel, A., Stolmaker, L. & Adrian, C. (1985). The effects of training parents in general child management skills on a behavioral weight loss program for children. *Behavior Therapy 16*, 169–180

Kirschenbaum, D., Harris, E. & Tonmarken, A. (1984). Effects of parental involvement in behavioral weight loss therapy for preadolescents. *Behavior Therapy, 15*, 485–500

Klesges, R., Coates, T., Moldenhauer, L., Holzer, B., Gustavson, J. & Barnes, J. (1984). An observational system for assessing physical activity in children and associated parent behavior. *Behavioral Assessment, 6*, 333–345

Klesges, R., Eck, L., Hanson, C., Haddock, C. & Klesges, L. (1990). Effects of obesity, social interactions and physical environment on physical activity in preschoolers. *Health Psychology, 9*, 435–449

Klesges, R. & Hanson, C. (1988). Determining the Environmental Causes and Correlates of Childhood Obesity: Methodological Issues and Future Research Directions. In N. Krasnegor, G. Grave & N. Kretchmer (Eds.), *Childhood Obesity. A Biobehavioral Perspective.* Caldwell: Telford Press

Klesges, R., Malott, J., Boschee, P. & Weber, J. (1986). Parental influences on children's food intake, physical activity and relative weight: an extension and replication. *International Journal of Eating Disorders, 5*, 335–346

Langlois, J. & Stephan, C. (1977). The effects of physical attractiveness and ethnicity on children's behavioral attributions and peer performances. *Child Development, 48*, 1694–1698

Lansky, D. & Vance, M. (1983). School-based intervention for adolescent obesity: analysis of treatment, randomly selected control and self-selected subjects. *Journal of Consulting and Clinical Psychology, 51*, 147–148

Maffeis, C., Pinelli & Schutz, Y. (1996). Fat intake and adiposity in 8 to 11-year-old obese children. *International Journal of Obesity and Related Metabolic Disorders, 20*, 170–174

Maloney, M., McGuire, J., Daniels, S. & Specker, B. (1989). Dieting behaviour and eating attitudes in children. *Pediatrics, 84*, 482–489

Martin, J. & Dubbert, P. (1982). Exercise applications and promotion in behavioral medicine: Current status and future directions. *Journal of Consulting and Clinical Psychology, 50*, 1004–1017

McKenzie, T. L., Nader, P. R., Strikmiller, P. K., Yang, M., Stone, E. J., Perry, C. L., Taylor, W. C., Epping, J. N., Feldman, H. A., Luepker, R. V. & Kelder, S. H. (1996). School physical education: effect of the Child and Adolescent Trial for Cardiovascular Health. *Preventive Medicine, 25*, 423–431

McMurray, R. G., Harrel, J. S., Levine, A. A. & Gansky, S. A. (1995). Childhood obesity elevates blood pressure and total cholesterol independent of physical activity. *International Journal of Obesity and Related Metabolic Disorders, 19*, 881–886

Mellin, L., Slinkard, L. & Irwin, C. (1987). Adolescent obesity intervention: validation of the Shapedown program. *Journal of the American Dietetic Association, 87*, 333–338

Michel-Drees, A. (1984). Ernährungstraining für übergewichtige Kinder. Materialien für Kursleiter. Arbeitsgemeinschaft Hauswirtschaft e. V. (AgH), Bonn, ISBN 3-924 188-03-9

MMWR (1997). Update: prevalence of overweight among children, adolescents, and adults – United States, 1988–1994. *Morbidity and Mortality Weekly Reports, 46*, 198–202

Moses, N., Banilivy, M. & Lifshitz, F. (1989). Fear of obesity among adolescent girls. *Pediatrics, 83*, 393–398

Mossberg, H. (1989). Forty-year follow-up of overweight children. *Lancet, August 26*, 491–493

Must, A. (1996). Morbidity and mortality associated with elevated body weight in children and adolescents. American Journal of Clinical Nutrition, 63, 445S–447S

O'Brien, T., Walley, P., Anderson-Smith, S. & Drabman, R. (1982). Naturalistic observation of the snack-selecting behavior of obese and nonobese children. *Addictive Behaviors, 7*, 75–77

Panico, S., Celentano, E., Krogh, V., Jossa, F., Farinaro, E., Trevisan, M. & Mancini, M. (1987). Physical activity and its relationship to blood pressure in school children. *Journal of Chronic Disease, 40*, 925–930

Parcel, G., Green, L. & Bettes, B. (1988). School based programs to prevent or reduce obesity. In N. Krasnegor, G. Grave, N. Kretchmer (Eds.), *Childhood Obesity. A Biobehavioral perspective*. Caldwell: The Telford Press

Parcel, G., Simons-Morton, B., O'Hara, N., Baranowski, T., Kolbe, L. & Bee, D. (1987). School promotion of healthful diet and exercise behavior: An integration of organizational change and social learning theory interventions. *Journal of School Health, 57*, 150–156

Patton, G., Johnson-Sabine, E., Wood, K., Mann, A. & Wakeling, A. (1990). Abnormal eating attitudes in London school-girls – a prospective epidemiological study: outcome at 12 month follow-up. *Psychological Medicine, 20*, 383–394

Pisacano, J., Lichter, H., Ritter, J. & Siegal, A. (1978). An attempt at prevention of obesity in infancy. *Pediatrics, 61*, 360–364

Polivy, J. & Herman, C. (1985). Dieting and binding: a causal analysis. *American Psychologist, 40*, 193–201

Rivinus, T., Drummond, T. & Combrinck-Graham, L. (1976). A group-behavior treatment program for overweight children: results of a pilot study. *Pediatric and Adolescent Endocrinology, 1*, 212–218

Rocchini, A. P. (1993). Adolescent obesity and hypertension. *Pediatric Clinics of North America, 40*, 81–92

Rolland-Cachera, M. F., & Bellisle, F. (1986). No correlation between adiposity and food intake: why are working class children fatter? *American Journal of Clinical Nutrition, 44(6)*, 779–787

Sallis, J., Patterson, T., McKenzie, T. & Nader, P. (1988). Familiy variables and physical activity in preschool children. *Developmental and Behavioral Pediatrics, 9*, 57–61

Serdula, M. K., Ivery, D., Coates, R. J., Freedman, D. S., Williamson, D. F. & Byers, T. (1993). Do obese children become obese adults? A review of the literature. *Preventive Medicine, 22*, 167–177

Simons-Morton, B. G., Taylor, W. C., Snider, S. A. & Huang, I. W. (1993). The physical activity of fifth-grade students during physical education classes. *American Journal of Public Health, 83*, 262–264

Smoak, C., Burke, G., Webber, L., Harsha, D., Srinivasan, S. & Berenson, G. (1987). Relation of obesity to clustering of cardiovascular disease risk factors in children and young adults: the Bogalusa Heart Study. *American Journal of Epidemiology, 125*, 364–372

Sorensen, T. I. & Stunkard, A. J. (1993). Does obesity run in families because of genes? An adoption study using silhouettes as a measure of obesity. *Acta Psychiatrica Scandinavica Suppl., 370*, 67–72

Stark, O., Atkins, E., Wolff, O. & Douglas, J. (1981). Longitudinal study of obesity in the National Survey of Health and Development. *British Journal of Medicine, 283*, 13–17

Strazzullo, P., Capuccio, F., Trevisan, M., DeLeo, A., Krogh, V., Giorgone, N. & Mancini, M. (1988). Leisure time physical activity and blood pressure in school children. *American Journal of Epidemiology, 127*, 726–733

Striegel-Moore, R., Silberstein, L. & Rodin, J. (1986). Toward an understanding of risk factors for bulimia. *American Psychologist, 41*, 246–263

Stunkard, A. (1987). Conservative treatments for obesity. *American Journal of Clinical Nutrition, 45*, 1142–1154

Stunkard, A., Harris, J., Pedersen, N. & McClearn, G. (1990). The body-mass index of twins who have been reared apart. *New England Journal of Medicine, 322*, 1483–1487

Stunkard, A., Sørensen, T., Hanis, C., Teasdale, T., Chakraborty, R., Schull, W. & Schulsinger, F. (1986). An adoption study of human obesity. *New England Journal of Medicine, 314*, 193–198

Sunnegårdh, J., Bratteby, L., Hagman, U., Samuelson, G. & Sjölin, S. (1986). Physical activity in relation to energy intake and body fat in 8- to 13-year-old children in Sweden. *Acta Paediatrica Scandinavia, 75*, 955–963

Walberg, J. & Ward, D. (1985). Role of physical activity in the etiology and treatment of childhood obesity. *Pediatrician, 12*, 82–88

Ward, D. & Bar-Or, D. (1986). Role of the physician and physical education teacher in the treatment of obesity at school. *Pediatrician, 13*, 44–51

Wardle, J., Volz, C. & Golding, C. (1995). Social variation in attitudes to obesity in children. *International Journal of Obesity and Related Metabolic Disorders, 19*, 562–569

Waxman, M. & Stunkard, A. (1980). Caloric intake and expenditure of boys. *Journal of Pediatrics, 96*, 187–193

Wheeler, M. & Hess, K. (1976). Treatment of juvenile obesity by successive approximation conarol of eating. *Journal of Behavior Therapy and Experimental Psychiatry, 7*, 235–241

Whitaker, A., Davies, M., Shaffer, D., Johnson, J., Abrams, S., Walsh, B. & Kalikow, K. (1989). The struggle to be thin: A survey of anorexic and bulimic symptoms in a on-referred adolescent population. *Psychological Medicine, 19*, 143–163

Wolf, M., Cohen, K. & Rosenfeld, J. (1985). School-based interventions for obesity: current approaches and future prospects. *Psychology in Schools, 22*, 187–200

Kapitel 16

Enuresis

Siegfried Grosse

1. Definition und Klassifikation 440
2. Symptomatik und Verhaltensdiagnose 441
2.1 Diagnostische Ansätze vor Aufnahme einer Therapie 442
2.2 Diagnostische Ansätze während der Therapie (therapiebegleitend) 447
2.3 Diagnostische Ansätze nach Abschluß der Therapie 447
3. Therapie in der Praxis 447
3.1 Einfache Techniken 449
3.1.1 Suggestive Techniken 450
3.1.2 Operante Ansätze 450
3.1.3 Weckpläne 451
3.1.4 Einhaltetraining/Blasentraining 452
3.1.5 Variationen der Flüssigkeitszufuhr 454
3.2 Komplexe Verfahren 455
3.2.1 Apparative Therapie 455
3.2.2 Dry-Bed-Training (DBT) 456
3.3 Medikamentöse Therapie 458
4. Evaluation 458
4.1 Wissenschaftliche Bestätigung der Ergebnisse 458
4.2 Praktikabilität 459
4.3 Prognostische Überlegungen 463
4.4 Aufgaben für die Forschung 465

Literatur 465

1. Definition und Klassifikation

Die Daten einer Längsschnittuntersuchung (Largo & Stutzle 1977) sprechen dafür, daß ein Kind seine Blasenfunktion tagsüber im Alter von drei Jahren genügend zuverlässig im Griff hat, die nächtliche Kontrolle dem Großteil der Kinder aber erst mit fünf Jahren gelingt.

Die Entwicklung einer effektiven Blasenkontrolle beinhaltet den Erwerb einer Reihe komplexer Fähigkeiten: Der beim Säugling noch reflektorisch ablaufende Entleerungsvorgang kommt im Laufe der Entwicklung unter willentliche Kontrolle, so daß das Kind in die Lage versetzt wird, den Harndrang wahrzunehmen, ihn von gleichzeitig vorhandenen Körperempfindungen zu unterscheiden und angemessen auf den Harndrang zu reagieren: Dies, indem das Kind einhält oder eine Entleerung vornimmt.

Der Erwerb der Blasenkontrolle erfolgt durch das komplizierte Zusammenspiel einer Reihe wichtiger organischer, reifungsbedingter, psychischer und sozialer Faktoren (Überblick bei Kolvin et al. 1973). Angesichts dieser Situation verwundert es nicht, daß einige Kinder Schwierigkeiten haben, sich die notwendigen Kontrollbefähigungen anzueignen oder sie umzusetzen. Diese Kinder zeichnen sich lerntheoretisch dadurch aus, daß sie Verhaltens- und/oder Kontrolldefizite im Bereich der Ausscheidungsfunktion in einem Alter aufweisen, in dem die meisten Kinder die Entwicklungsschritte erfolgreich vollzogen haben. Man bezeichnet diese kindliche Verhaltensauffälligkeit als Enuresis.

Hinsichtlich der Häufigkeitsangaben gibt es in der Literatur methodenabhängige Schwankungen (Steinhausen 1988). Übereinstimmung herrscht aber darin, daß das sog. Bettnässen die häufigste Form darstellt (bei etwa 70–80% der Kinder) gegenüber dem sog. Tagnässen (Enuresis diurna), das bei etwa 25–30% der Kinder und häufiger bei Mädchen zu beobachten ist. Manchmal findet man sog. „kombiniertes Einnässen" (ca. 15% der Enuretiker), was als Hinweis auf ein stärkeres allgemeines Belastungs- und Störungsniveau des Kindes verstanden werden kann. Das Bettnässen ist definiert als *„das wiederholte und nicht bemerkte nächtliche Einnässen in einem Alter von mehr als drei Jahren"*.

Es gibt hinsichtlich dieser Definition große Unterschiede, die auf einer unterschiedlichen Festlegung der Altersgrenze und der Einnäßmerkmale, wie z. B. der Häufigkeit des Einnässens, beruhen (Grosse 1980a). Allerdings besteht Einigkeit insofern, als nur dann von einer Enuresis gesprochen werden sollte, wenn dem Einnässen keine körperlichen Störungen oder Defekte zugrunde liegen, wie z. B. Harnwegsmißbildungen, Nieren- und Blaseninsuffizienzen, chronische Infektionen etc. Werden organische Ursachen nachgewiesen (die Angaben in der medizinischen Literatur schwanken zwischen 5 und 80%), spricht man von einer „Inkontinenz", d. h. der Unfähigkeit, den Harn zurückzuhalten. Man unterscheidet verschiedene Erscheinungsbilder der enuretischen Verhaltensauffälligkeit. Von *primärer* Enuresis spricht man, wenn das Kind seit Geburt einnäßt und noch nie über einen Zeitraum von sechs Monaten vollkommen trocken war. Bei einem Kind, das nach mindestens sechsmonatiger Kontinenz erneut einnäßt, liegt eine *sekundäre* Enuresis vor. Die Differenzierung in *permanentes und sporadisches Einnässen* erfolgt aufgrund der Häufigkeit des Einnässens: Allnächtliches Einnässen wird als permanent, gelegentliches als sporadisch bezeichnet.

In bezug auf die Auftretenshäufigkeit der Enuresis existieren im deutschsprachigen Raum noch keine zuverlässigen Daten. Dies im Gegensatz zum Ausland (Übersicht bei De Jonge 1973, Jaervelin et al. 1988). Wohl aber gibt es statistisches Material, das sich auf die Merkmale der Klientel in kinderpsychiatrischen oder -urologischen Institutionen bezieht (Fröhlich & Wichmann 1978). In der Literatur wird oft ab dem sechsten Lebensjahr eine Jungenlastigkeit beobachtet (im Verhältnis 2:1), ferner ein häufigeres Auftreten der primären im Vergleich zur sekundären Enuresis (bis zu einem Verhältnis von 5:1).

Die Enuresis kann als Leitsymptom auftreten oder innerhalb eines Bündels von Verhaltensauffälligkeiten. Entscheidend aus lerntheoretischer Sicht ist, daß die Enuresis, selbst im letzteren Fall, als separate Erscheinung angesehen werden kann, so daß eine symptomatische Therapie angemessen erscheint, in der gezielte therapeutische Maßnahmen zum Einsatz kommen. Es spricht einiges dafür, daß es höchst unterschiedliche „Enuresistypen" gibt, die eine sehr differenzierte, individuelle Indikation dieser Methoden erforderlich macht.

Insgesamt ist stets eine möglichst frühe kompetente Therapie trotz der Tatsache angezeigt, daß eine hohe Spontanremissionsrate besteht (ab dem 6. Lebensjahr remittieren pro Jahr ungefähr 15% der Enuretiker, so daß im Jugend- und Erwachsenenalter nur selten eine Enuresis anzutreffen ist). Angesichts der Zunahme des subjektiven Leidens der Betroffenen mit zunehmender Chronifizierung (Entwicklung von Sekundärproblemen) muß stets an eine rasche Einleitung therapeutischer Maßnahmen gedacht werden.

2. Symptomatik und Verhaltensdiagnose

Dem diagnostischen Vorgehen liegt die Annahme einer multifaktoriellen Bedingtheit des Einnässens zugrunde, wobei der Anteil körperlicher, seelischer und sozialer Einflußgrößen genau abzuklären ist, *die sich im Einzelfall unter verschiedener Gewichtung vermischen können.*

Bei der Suche nach körperlichen Ursachen (*organische Mitbeteiligung*) handelt es sich primär um eine Ausschlußdiagnostik (sind Anzeichen einer neurogen oder durch Anomalien des Harntrakts bedingten Inkontinenz vorhanden? Liegen allgemeine Reifungsstörungen vor?). Werden körperliche Ursachen gefunden, sind zunächst medizinische Maßnahmen indiziert, *um die Grundbedingungen für die körperliche Funktionstüchtigkeit des urogenitalen Systems wiederherzustellen.*

Verhaltenstherapeutische Vorgehensweisen sind in diesem Fall nicht erfolgversprechend, ja sogar im Einzelfall kontraindiziert, *da ein Übergehen/Übersehen vorliegender körperlicher Defizite nicht nur wenig erfolgversprechend sein muß, sondern aus ethischer Sicht unvertretbar wäre. In unselegierten Stichproben von Enuretikern finden sich stets Kinder mit Auffälligkeiten im urogenitalen Bereich (verläßliche Zahlen gibt es nicht: die Angaben schwanken zwischen 5 und 80%!).*

Eine grundlegende Forderung besteht deshalb mit Recht darin, einer VT-Behandlung eine zuverlässige urologische Abklärung vorzuschalten, insbesondere dann, wenn einzelne Befunde *eine „organische Mitbeteiligung"* nahelegen.

Bei der Analyse der seelischen und sozialen Merkmale geht es darum, das Lebensumfeld des Kindes (Qualität der intra- und extrafamiliären Beziehungen, Erziehungsverhalten der Eltern) sowie seinen psychosozialen Status und Werdegang (Entwicklungsstand, Persönlichkeit) daraufhin abzusuchen, ob Bedingungen und Einflüsse vorliegen, die sich störend und hindernd auf den Erwerb der Blasenkontrolle auswirken können. *Manche Therapeuten vertreten die Ansicht, daß es einen sog. „psychodynamischen Enuretikertyp" gibt, bei dem latent vorhandene psychosoziale Konflikte das enuretische Verhalten mit auslösen und aufrechterhalten. Für die Therapie (Indikation und Prognose) ist es deshalb von Bedeutung, den „psychodynamischen Hintergrund" des betroffenen Enuretikers zu kennen, um die relevanten Einflüsse bei der Planung des therapeutischen Vorgehens berücksichtigen zu können.*

Es gibt eine Reihe anempfohlener, gängiger diagnostischer Verfahren, die vor Beginn, während und nach Beendigung der Therapie zum Einsatz kommen können, *um diese Einflußgrößen zu erfassen.*

Die anfänglichen diagnostischen Erhebungen haben das Ziel,
– eine körperliche Verursachung auszuschließen und
– aufgrund der Kenntnis der individuellen Bedingungen geeignete Behandlungsmaßnahmen einleiten zu können.

Durch die therapiebegleitende Diagnostik wird der Therapeut in die Lage versetzt,
- den Verlauf der Behandlung exakt mitzuverfolgen, zu bewerten und im Einzelfall zu modifizieren.

Die der Therapie nachgeschalteten diagnostischen Schritte erlauben es dem Therapeuten und der Familie des enuretischen Kindes,
- den weiteren Verlauf noch genügend intensiv zu beobachten, um jederzeit erneut intervenieren zu können, falls Rückschläge (Rückfälle) auftreten.

2.1 Diagnostische Ansätze vor Aufnahme einer Therapie

Mittels verschiedener Instrumente sollen Informationen erhoben werden, die es erlauben, die Kooperationsmöglichkeiten der Familie einzuschätzen und gezielte Indikationen für die zur Verfügung stehenden Behandlungsmethoden stellen zu können. Die in der Literatur berichteten diagnostischen Vorgehensweisen beinhalten meistens neben der Erhebung symptombezogener Daten die Anwendung von spezifischen psychologischen Tests und Fragebögen für Kind und Eltern, um den psychosozialen status quo bei Therapiebeginn und Veränderungen unter der Therapie einschätzen zu können. Manchmal vervollständigen Fremdbeurteilungen die Datensammlung, wie z. B. die Einschätzung des Kindes seitens des Lehrers oder der Erzieherin im Kindergarten.

Genauso wichtig wie die Erfassung dieser allgemeinen psychologischen Daten ist aus lerntheoretischer Sicht die genaue Beobachtung, Registrierung und Analyse der symptombezogenen Daten zum Einnäßverhalten. Im einzelnen handelt es sich um die Fragebogenerhebung und explorative Erhebung der symptomatischen Merkmale sowie die Erhebung von Daten zur Ausgangssituation in bezug auf die Symptomatik (Baseline). Grosse (1991) hat sowohl den chronologischen Ablauf als auch die inhaltlichen Schritte innerhalb dieses diagnostischen Vorgehens praxisnah dargestellt. Abbildung 1 gibt eine Übersicht in Form eines Flußdiagramms.

Die Diagnostik umfaßt zunächst die *Fragebogenerhebung* mittels eines Fragebogens zum Einnässen sowie eines Fragebogens zu den elterlichen Einstellungen zum Einnässen. Unter Zugrundelegung des verhaltensanalytischen Modells erfaßt der *Fragebogen zum Einnässen* wichtige Aspekte zur Ätiologie, Phänomenologie und Therapie, die in Ergänzung mit den Daten aus der Exploration eine Einschätzung der individuellen Problemgeschichte und des familiären Hintergrunds erlauben.

Mit Hilfe des *Einstellungsfragebogens* (Bearbeitungszeit 5–10 Minuten) soll abgeklärt werden, welche Denk- und Einstellungsmodelle das Verhalten der Eltern im Umgang mit der Enuresis und dem enuretischen Kind bestimmen. Negative Einstellungen der Familienmitglieder beeinträchtigen die Erfolgsaussichten der Behandlung. Besonders in der ambulanten Therapie wirken sich diese negativen Einstellungen störend aus, da die Eltern im häuslichen Umgang mit dem Kind letztlich nicht kontrolliert werden können.

Viele Familien haben bereits erfolglose Therapien hinter sich, was nicht ohne Auswirkungen auf die Erwartungen an einen neuen Therapieversuch bleiben dürfte. In einer Vielzahl von Untersuchungen konnte in den letzten Jahren überzeugend nachgewiesen werden, daß diese elterlichen Einstellungen im Einzelfall den Verlauf und das Ergebnis der Behandlung wesentlich beeinflussen und an Drop-outs mitbeteiligt sind (Übersicht bei Stegat 1990). So erwies sich die Belastbarkeit der Mutter – und sie hat erfahrungsgemäß die Hauptlast einer ambulanten Therapie zu tragen! – innerhalb der Behandlung als ein Kriterium, das bei der Wahl der therapeutischen Methode berücksichtigt werden sollte.

Der von Grosse (1991) konzipierte Fragebogen beinhaltet 44 Items zu sieben logischen Kategorien: Prestigeverlust der Eltern durch die Enuresis, Problembewußtsein der Eltern, negative Konsequenzen aus

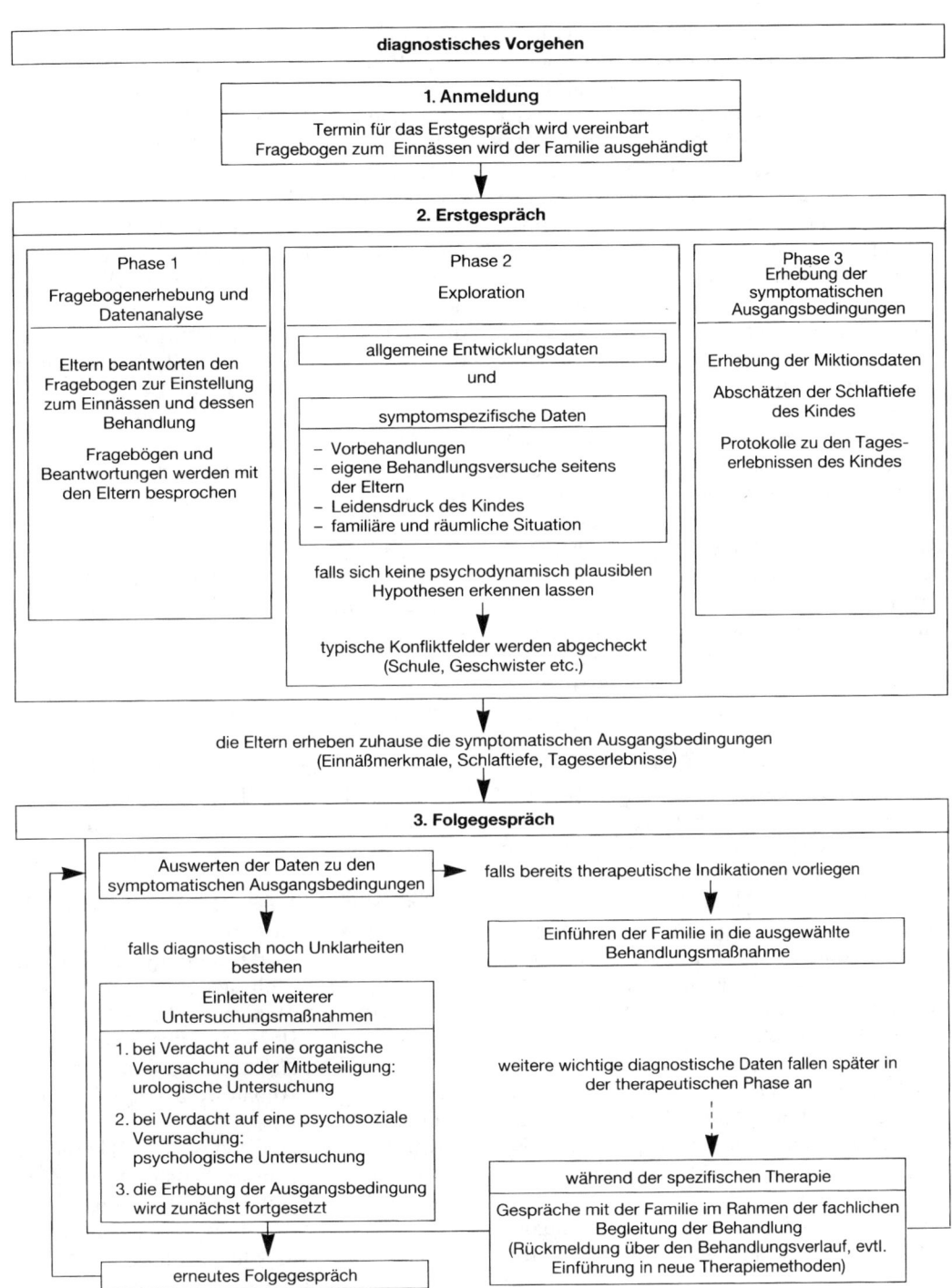

Abb. 1. Flußdiagramm zum diagnostisch-therapeutischen Vorgehen

der Enuresis für die Umwelt, Erkennen vs. Ignorieren von Leidensdruck beim Kind, Erziehungskonsequenzen, Bereitschaft zur Mitarbeit und Kooperation seitens der Eltern und Anwenden populärer Hausmittel zur Beseitigung des Bettnässens.

Hinweise auf elterliche Einstellungen zum Problem des Kindes lassen sich noch aus anderen Quellen ableiten: aus der Angabe der Gründe, die zur Anmeldung geführt haben, und aus der Analyse der Motive für und der Verläufe von vorangegangenen, in der Regel erfolglos verlaufenen Behandlungen.

Eine weitere Informationsquelle in der prätherapeutischen Phase stellen die gezielt erhobenen *Explorationsdaten* dar. Die Eltern werden detailliert zu den vorangegangenen Therapien befragt. Diese Informationen können für die eigene Therapieplanung sehr wertvoll sein: Widerstände der Familie, Antipathien gegenüber spezifischen Methoden oder Vorgehensweisen, Bedenken gegen eine Therapie, die aus dem engeren familiären Umfeld kommen, werden so rechtzeitig in die Planung mit einbezogen.

Eine ausführliche Diskussion wird schließlich den Maßnahmen gewidmet, die die Eltern von sich aus ergriffen haben, um das Einnässen zu beseitigen (sog. eigene „Behandlungs"-Ansätze). Es gibt eine Palette derartiger Methoden. Zu den populärsten Maßnahmen gehören das abendliche/nächtliche Wecken, das Einschränken der vornehmlich abendlichen Flüssigkeitsaufnahme des Kindes und das Windeln des Kindes. Es handelt sich hierbei um Vorgehensweisen, die einzeln oder kombiniert oft von Ärzten angeraten werden, aus lerntheoretischer Sicht allerdings Mängel aufweisen, um eine zuverlässige Blasenkontrolle zu fördern: Sie verhindern letztendlich, daß dem Kind (und seinen Körperfunktionen) die natürlichen Bedingungen und Gelegenheiten zur Verfügung gestellt werden, um die Organfunktion und Verhaltensabläufe unter den notwendigen Belastungen zu trainieren.

Trotz diverser Nachteile muß aber betont werden, daß das Wecken des Kindes und die Manipulation der Flüssigkeitsaufnahme zwei Behandlungsmöglichkeiten darstellen, die jeweils spezifische Indikationen innerhalb eines kontrollierten Behandlungsplans haben. Sie können in Kombination mit anderen Verfahren hilfreich eingesetzt werden (Grosse 1980b).

Ein letzter Bereich in der Exploration bezieht sich auf die familiäre und häusliche Situation, um den Einfluß von Merkmalen aus dem aktuellen Umfeld abzuschätzen, die sich auf die Indikation von Behandlungsmethoden und auf den Therapieverlauf auswirken können, wie z. B. die Mitwirkung von Drittpersonen in der Erziehung und Therapie.

Ein wichtiger Bestandteil der Diagnostik ist *das einführende Gespräch mit dem Kind*: Im Vordergrund steht das Abklären des Leidensdrucks, wobei das Kind zur eigenen Situation befragt wird. Hierbei werden vornehmlich folgende Ziele angestrebt:
– Das Kind soll Gelegenheit haben, über sein Einnässen zu sprechen und Fragen zu stellen, und
– der Therapeut soll die Gelegenheit erhalten, zum Kind einen positiven Kontakt herzustellen. Das Kind soll den Therapeuten als eine Person erleben, in die es Hoffnung setzen kann.

Im Gespräch mit dem Kind wird auf folgende Aspekte geachtet:
– Entlastung und Beruhigung: Das Kind erfährt, daß noch andere Kinder vom Problem betroffen sind (Erleichterungseffekt) und es Behandlungsmöglichkeiten gibt (Hoffen auf Erfolg, Aufbau positiver Erwartungen, Abbau von Mißerfolgsorientierungen).
– Akzeptieren des Kindes: Der Therapeut zeigt Interesse an der Situation des Kindes und bekommt Hinweise darauf, welche eigenen Vorstellungen es zur Verursachung der Enuresis hat und wo es Veränderungsmöglichkeiten sieht. Hat das Kind von den Eltern Vorstellungen übernommen?
– Motivieren zur Mitarbeit: Da die kindliche Bereitschaft zur Mitarbeit ein pro-

gnostisch günstiges Merkmal ist, wird es zur aktiven Mitwirkung an der Therapie motiviert. Manchmal liegt bereits in der Ankündigung, daß eine Therapie beginnen soll, ein positiver Effekt.

Große Bedeutung innerhalb der prätherapeutischen Diagnostik kommt dem Erheben der symptomatischen Ausgangsbedingungen mit dem Ziel zu, repräsentative, verläßliche Daten vor allem über die Frequenz und Intensität des Einnässens sowie die symptombegleitenden Merkmale, wie z. B. psychosoziale Einflüsse aus dem Tagesgeschehen, zu erhalten. Die Eltern führen einen Protokollbogen, auf dem alle wichtigen Angaben täglich vermerkt werden (Abb. 2).

Informationen zur aktuellen Ausprägung der Einnäßmerkmale werden mit folgenden Methoden gesammelt:

– *Erheben von detaillierten Miktionsdaten*: Die Eltern werden zunächst angewiesen, alle zur Zeit angewandten Maßnahmen zur Beseitigung des Bettnässens sofort einzustellen (wie z. B. Wecken, Flüssigkeitsbeschränkung, Windeln, Medikamente, Belohnungen und Bestrafungen). Es geht darum, die Anzahl der Einnäßereignisse und der in der Nacht freiwillig erfolgten Entleerung einzugrenzen, die Fleckgröße zu messen und zu vermerken, ob das Kind durch das Einnässen wach wurde.

– *Abschätzen der Schlaftiefe des Kindes*: In der Literatur finden sich gehäuft Hinweise darauf, daß die Schlaftiefe für die Indikation und Prognose wichtig ist, Tiefschlaf z. B. die Therapie verlängert. Grosse (1980a) fand Anzeichen dafür, daß Kinder, die schwer erweckbar waren, zu Beginn der Behandlung häufiger nachts entleeren mußten. Es existieren einige Weckskalen (Wecktests), wobei sich ein Vorgehen als praktikabel bewährt hat, bei dem optische, taktile und akustische und Weckreize eingesetzt werden (Stegat 1973, Grosse 1980a).

– *Protokollierung von Tagesereignissen*: Ziel solcher Aufzeichnungen ist es, abschätzen zu können, inwieweit am Tage einwirkende körperliche und psychosoziale Faktoren auf die nächtliche Blasenkontrolle Einfluß nehmen, wobei es sich auch um positive Erlebnisse handeln kann. Besonders bei sporadischen Einnässern lohnt es, auf überzufällige Zusammenhänge zu achten.

Es sei noch darauf verwiesen, daß in bezug auf das Miktionsverhalten am Tage die Eltern genau beobachten sollten, wie sich das Kind bei der Ankündigung von Harndrang und bei der Entleerung selbst verhält. Aufgrund der Beobachtungen von Fielding (1980, 1982) ist es angezeigt, auf spezifische motorische Merkmale (wie z. B. unruhiges Zappeln mit den Beinen, Preßhaltungen der Beine u. a.) und Entleerungsmerkmale zu achten (wie z. B., daß der Harndrang erst sehr spät, fast zu spät bemerkt oder die Blase oft nicht vollständig entleert

PROTOKOLLBOGEN FÜR DIE ERHEBUNG DES EINNÄSSVERHALTENS								
Name:								
Datum (Nacht vom auf)	das Kind ging ins Bett um	Kontrolle um/ Ergebnis	falls naß		Morgenkontrolle			Tageserlebnisse
			Fleckgröße	Kind wach?	falls naß Fleckgröße	Urin kalt/warm	Urin im Topf?	
6.7.8.90	20.30	22.00 23.30 N	2cm	ne-	18cm	kalt	wenig	Schule o.B. Nachmittags verschwitzt von Fußballtraining

Abb. 2. Protokollbogen

Bei der Analyse der Behandlungsdaten sollte der Therapeut beachten:

- Abnahme der Miktionsfrequenz:
  Das Kind ist zwar noch naß, näßt aber bereits weniger ein als vor der Behandlung. Diese Rückmeldung ist besonders bei den Familien wichtig, die rasche Anfangserfolge benötigen, um die Behandlung durchzuhalten.

- Verschieben der Einnäßzeit zum Aufstehen hin:
  Dies bedeutet, daß das Kind nachts den Urin länger anhalten kann. Bei Kindern, die vor der Therapie nachts regelmäßig aufgenommen wurden (meist vor Mitternacht), ist zu beobachten, daß in der ersten Phase der Therapie das Einnässen gehäuft zu den früheren Weckzeiten erfolgt (Stegat 1973). Dies sollte den Eltern mitgeteilt werden.

- Abnahme der Einnäßmenge:
  Um eine gute Rückmeldung zu garantieren, können folgende beiden Meßmethoden angewandt werden, die je nach Art des eingesetzten Gerätes abgeändert werden können:
  a) die Bestimmung des Durchmessers des Einnäßfleckes (z. B. mit einem Lineal);
  b) das Nennen der Kleidungsstücke o. ä., die naß wurden.
  Die Familie sollte auch darauf achten, ob das Kind nach dem Einnässen noch eine Restmenge auf der Toilette entleert, was anzeigt, daß nicht mehr alles ins Bett geht.

- Zunahme der freiwilligen Miktionen:
  Diese Zunahme kommt dadurch zustande, daß
  a) das Kind vom Blasendruck erwacht und auf die Toilette geht oder
  b) das Kind ohne Blasendruck erwacht und „sicherheitshalber" auf die Toilette geht.
  Besondere Beachtung sollte die Zunahme der freiwilligen Miktionen dann finden, wenn bisher noch keine erfolgten bzw. die Abnahme der Einnäßereignisse allein durch die Erhöhung der Anzahl der freiwilligen Miktionen zustande kommt.
  Wenn auch die selbstkontrollierten Miktionen zunächst wünschenswert sind, da sie sowohl symptomspezifisch als auch motivational positive Effekte haben, deutet doch einiges darauf hin, daß sie im Verlaufe der Behandlung wieder abnehmen müssen, um eine stabile Blasenkontrolle zu gewährleisten. Es spricht einiges dafür, daß die Kinder verstärkt rückfallgefährdet sind, die das Behandlungsziel dadurch erreichen, daß sie nachts öfters freiwillig auf die Toilette gingen. Prognostisch günstiger – und darauf sollte in der Behandlung geachtet werden – ist es, wenn es die Kinder im Verlaufe der Behandlung schaffen, trocken durchzuschlafen.

- Schnelleres Wachwerden auf das Signal hin:
  Je schneller das Kind auf das Signal hin erwacht, desto wahrscheinlicher ist es, daß die unfreiwillig abgegangene Urinmenge abnimmt, da mit dem Erwachen die Kontraktion des Blasenschließmuskels einhergeht. Damit ist ein wichtiger Fortschritt in der Therapie erreicht, da das Erwachen immer dichter an das Körpersignal „Harndrang" herangerückt und so eine erwünschte Koppelung (Harndrang – rechtzeitiges Erwachen) erfolgen kann.

- Mehr Kooperation auf seiten des Kindes:
  Das Kind lernt, sich differenzierter zu beobachten, und bekommt bereits in der Nacht, die dem Einnäßvorgang unmittelbar folgt, Rückmeldung über evtl. Verbesserungen. Der Wille zur Mitarbeit steigt, besonders bei den Kindern, die ohne viel Hoffnung die Behandlung begannen, da sie vermuteten, keinerlei Kontrolle über die Körpervorgänge zu besitzen. Es kann hervorgehoben werden, welche positiven Effekte die vermehrte Anstrengungsbereitschaft des Kindes für den Therapieverlauf hat.

- Serie von mehreren trockenen Nächten:
  Der Therapeut sollte dem Kind und den Eltern rückmelden, wie es vom Kind geschafft werden konnte, mehrmals trocken zu bleiben. Das Kind erwachte z. B. rechtzeitig vom Harndrang oder hatte trocken durchgeschlafen oder war nachts „sicherheitshalber" auf die Toilette gegangen. Hier werden die Bedingungen hervorgehoben, unter denen der Fortschritt erzielt wurde. Das Kind blieb trocken, obwohl es z. B. viel getrunken hatte oder obwohl es sich am Tage sehr ermüdet hatte oder obwohl es nicht geweckt wurde u. a. Es sollten die Verhaltensmerkmale betont werden, die prognostisch wichtig erscheinen, um den Erfolg zu stabilisieren.

Abb. 3. Wichtige symptomatische Merkmale

wird, so daß bereits nach kurzer Zeit eine erneute Blasenentleerung nötig wird). Insbesondere für die Behandlung von Tagnässern lassen sich differential-diagnostisch wichtige Hinweise finden.

2.2 Diagnostische Ansätze während der Therapie (therapiebegleitend)

Im Vordergrund stehen die Analyse des Behandlungsverlaufs und die Maßnahmen im Rahmen der fachlichen Begleitung der Therapie (Feedback für die Familie), was sich nur durch einen engen, regelmäßigen Kontakt zur Familie (telefonisch, postalisch, Gespräche) realisieren läßt.

Die kontinuierliche Betreuung während der Therapie stärkt das Durchhaltevermögen der Familie, da der Therapeut stets auf zu erwartende, allzeit mögliche Schwankungen im Verlauf hinweisen und das therapeutische Vorgehen modifizieren kann (z. B. Stegat 1973, 1978, Grosse 1980a, 1986).

Von grundlegender Bedeutung für die therapiebegleitende Diagnostik ist es, daß die Therapie unabhängig von der angwandten Einzelmethode ausführlich protokolliert wird. Dies scheint bereits eine suggestive therapeutische Funktion zu haben. Es gibt eine Reihe wichtiger Behandlungsparameter, die besondere Beobachtung finden sollten (Doleys 1977), wie z. B. nasse oder trockene Nacht, Anzahl der nassen/trockenen Nächte pro Woche und der nassen Nächte bis zur Zielerreichung, alle Einnäßereignisse bis zur Zielerreichung, Zahl der Behandlungstage bis zur Zielerreichung, Zeitspanne bis zum ersten Einnässen in der Nacht, Fleckgröße und spontanes Aufwachen auf das Einnässen/auf Harndrang.

Besonders effektiv, da symptomnah, ist die Protokollierung innerhalb der apparativen Therapie, wo eine Vielzahl wichtiger Aspekte beobachtet werden können, die für die Bewertung des Therapieverlaufs effektiv verwendbar und – was besonders wichtig ist – der Familie gut rückzumelden sind. In Abbildung 3 sind einige praktisch bedeutsame Merkmale zusammengestellt. Neben der Protokollierung spezifischer symptomatischer Aspekte hat es sich bewährt, im Einzelfall bedeutsame emotionale und psychosoziale Ereignisse/Erlebnisse aus dem Tagesgeschehen des Kindes zu protokollieren (Haug-Schnabel 1994), um den Einfluß sog. Belastungstage abschätzen zu können.

2.3 Diagnostische Ansätze nach Abschluß der Therapie

Es handelt sich um Methoden innerhalb der therapeutischen Nachbetreuung, deren Ziel darin zu sehen ist, trotz des Erreichens des Behandlungsziels (Kind ist trocken) weiterhin Kontakt zur Familie zu halten, um rechtzeitig bei etwaigen Rückfällen oder passageren Schwankungen bezüglich der Blasenkontrolle therapeutisch intervenieren zu können.

Die Eltern sollen noch über einen Zeitraum von 6 Monaten ein Protokoll führen, dessen Inhalte vom Einzelfall, der angewandten Methode und dem Therapieverlauf bestimmt werden. Neben dem Kontakt über die Protokolle haben beide Seiten (Eltern und Therapeut) die Option, jederzeit bei Fragen miteinander in Kontakt zu treten. Dieses Procedere hat sich sehr bewährt, da häufig zu beobachten ist, daß sich Eltern bei Rückfällen nicht rechtzeitig oder überhaupt nicht wieder melden, wenn kein geregelter Kontakt mehr zum Therapeuten besteht.

3. Therapie in der Praxis

Das Einnässen läßt sich erfolgreich mit lerntheoretisch begründeten Methoden behandeln. Die Grundidee des Vorgehens liegt darin, daß das Kind (und in Einzelaspekten auch die Eltern) innerhalb der Sauberkeitsentwicklung
– etwas nicht adäquat gelernt,
– etwas falsch gelernt oder
– etwas wieder verlernt hat.

Betroffen von diesen mißlungenen Lernprozessen sind die Wahrnehmungs-, die Unterscheidungs- und die Handlungsfähigkeit bezüglich der Vorgänge bei der Harnentleerung.

In der Enuresistherapie existieren seit Jahren eine Reihe bewährter und wissenschaftlich abgesicherter verhaltenstherapeutischer Methoden (Übersicht u. a. bei Doleys 1977, Steinhausen 1988, Grosse 1991), die sich im Rahmen einer am Kind, seiner Familie, seinen Lebensumständen und den symptomatischen Charakteristika orientierten, mehrdimensionalen Vorgehensweise gezielt einsetzen lassen. Im Vordergrund des praktischen und wissenschaftlichen Interesses stehen neben Fragen der Indikation auch solche nach den Ursachen für Fehlschläge und für Drop-outs bei einzelnen Behandlungsansätzen.

Man geht davon aus, daß auf den Verlauf und den Erfolg der Behandlung spezifische und unspezifische Wirkkomponenten Einfluß nehmen, wie z. B. der Leidensdruck des Kindes, die Kooperationsfähigkeit und -willigkeit der Eltern und die fachliche/menschliche Ausstrahlung des Therapeuten. Obgleich die relevanten Einflußgrößen innerhalb des therapeutischen Prozesses bekannt sind, ist es nach einer erfolgreichen Therapie aber oft schwer, genau positive/negative Wirkkomponenten für den Verlauf zu benennen: Dies zeigt sich darin, daß z. B. die gleichen Methoden bei einem ähnlich gelagerten Fall nicht zwangsläufig zum Erfolg führen. Abgesehen davon kann in der Tat jedwede therapeutische Maßnahme zum Erfolg führen: von der einfachen, suggestiven bis hin zur aufwendigen.

Unbestritten dürfte sein, daß es einige unabdingbare Voraussetzungen für einen erfolgreichen Behandlungsverlauf oder, besser gesagt, für einen erfolgversprechenden Start gibt. Im einzelnen handelt es sich um:
– *Die Compliance des Kindes und der Eltern*: Beide müssen vom Sinn und Zweck des ihnen offerierten Behandlungsprogramms überzeugt sein. Es muß sich mit ihrem impliziten Verursachungs- und „Behandlungs"-Modell in Einklang bringen lassen.
– *Die Transparenz der angewendeten Methode*: Der Therapeut muß das Vorgehen und die einzelne Methode genau erklären. Es spricht ferner vieles dafür, daß der Aufbau eines therapeutischen Bündnisses besser gelingt, wenn die Familie sorgfältig auf den Einsatz der Behandlungsmethode vorbereitet wird.
• *Das Feedback über den Therapieverlauf*: Eltern, Kind und Therapeut stehen während der Behandlung in engem Kontakt, so daß von allen Beteiligten auf Fortschritte, Stagnation und Rückschläge sofort angemessen reagiert werden kann.

Gerade in der Therapie des Einnässens, bei der die symptomatischen Daten tagtäglich exakt beobachtet werden können und bei der ein emotional in den Familien stark belastetes Thema abgehandelt wird, wirken sich Ungeduld, Hektik, Enttäuschung und Ängste des Kindes und der Eltern störend aus. Vom ersten diagnostischen Kontakt an sollte der Therapeut deshalb bemüht sein, die Bereitschaft der Familie zur Mitarbeit zu fördern und zu stabilisieren. Neben dieser aktiven Einflußnahme wirken einige weitere unspezifische Faktoren positiv ein, wie z. B. das gezielte Führen eines Protokolls, das Informieren des Kindes über den Beginn der Therapie und das Einleiten erster Behandlungsvorbereitungen. Ein Teil der sog. „Spontanheilungen" läßt sich auf diese Einflüsse zurückführen: Möglicherweise wurden die Kontingenzen neu verteilt bzw. der gesamte problemzentrierte Kontext, wie z. B. die Erwartungshaltungen, positiv verändert.

Im Mittelpunkt der Literatur zur Enuresistherapie steht zweifelsohne das Bettnässen. Als allgemein gültiges Therapieziel beim Bettnässen gilt, daß das Kind 14 trockene Nächte in Folge erreichen muß. Neben diesem quantitativen Ziel müssen beim Therapieerfolg aber auch qualitative Veränderungen im Beherrschen der Blasenfunktion betont werden. Es ist für die Prognose der Stabilität der Blasenkontrolle wichtig, wie es das Kind schafft, trocken zu bleiben.

Beim Erwerb der nächtlichen Blasenkontrolle lassen sich vier qualitative Stufen unterscheiden:

Stufe 1: Das Kind näßt ein und wird nicht wach.
Stufe 2: Das Kind näßt ein und wird dabei wach.
Stufe 3: Das Kind wird vom Harndrang wach und entleert freiwillig (auf der Toilette).
Stufe 4: Das Kind schläft trocken durch, eine nächtliche Entleerung ist in der Regel nicht mehr nötig.

Im Verlauf der Therapie soll das Kind gezielt lernen, die Fähigkeiten aufzubauen, die für das Steuern und Kontrollieren der Körperfunktionen im Rahmen der Blasenausscheidung wichtig sind (Ross & Petermann 1987). Erfahrungsgemäß ist es prognostisch am günstigsten, wenn das Kind das Therapieziel mit den für Stufe vier geltenden Kompetenzen erreicht: Trocken durchschlafen!

Die aufzubauenden Fähigkeiten sind:
– das rechtzeitige und zuverlässige Erkennen des Harndrangs,
– das Zurückhalten der Ausscheidung durch Gebrauch der Schließmuskeln und
– das Einleiten und Durchführen angemessener Handlungen bei der Blasenentleerung.

In den einzelnen Behandlungsmethoden wird der Schwerpunkt auf jeweils verschiedene Aspekte Elemente (Teilziele) gelegt.

Angesichts der zahlreichen zur Verfügung stehenden therapeutischen Methoden taucht natürlich die Frage der Indikation auf. Grosse (1991) empfiehlt ein „funktional orientiertes Vorgehen", bei dem der Therapeut die Auswahl der Methode unter Berücksichtigung der symptomatischen und psychosozialen Ausgangsbedingungen sowie der Entwicklung der Symptomatik im Zuge der bereits ergriffenen Maßnahmen vornimmt.

Eine der wichtigen Überlegungen besteht grundsätzlich darin, wie man der Familie einen sichtbaren Anfangserfolg verschaffen kann. Dieser kann eine quantitative Betonung haben, wie z. B. Abnahme der nassen Nächte oder der nächtlichen Einnäßereignisse, oder eine qualitative, wie z. B. die Sicherstellung, daß die Instruktionen verstanden und befolgt werden, oder eine psychische Aufhellung beim Kind.

Hinsichtlich der Auswahl der Methoden ist Flexibilität gefragt und ein starres methodisches Vorgehen zu vermeiden. Die Therapie sollte sich an den individuellen Bedingungen („am Therapie-System") orientieren, zumal die Enuresis ein vielfältiges Erscheinungsbild aufweist. Aus den vorliegenden Erfahrungsberichten läßt sich ableiten, daß es Sinn macht, nicht mit aufwendigen therapeutischen Methoden zu beginnen, wenn sich einfachere Möglichkeiten anbieten.

Es ist eine Staffelung im chronologisch-inhaltlichen Vorgehen vorstellbar, bei dem drei Maßnahmepakete nacheinander zur Anwendung kommen. Die ersten Maßnahmen haben „*die Schaffung von günstigen, klientenzentrierten Bedingungen im therapeutischen und häuslichen Umfeld*" zum Ziel. Falsche elterliche Erziehungspraktiken, wie z. B. Windeln, Flüssigkeitseinschränkung und abendliches/nächtliches Aufnehmen, sowie Fehlinformationen und Informationsdefizite zum Thema Einnässen sollen beseitigt werden. Zu denken ist hierbei an den Wegfall unangemessener Strafen und Belohnungen des Kindes und ein Aufklären darüber, daß die Enuresis eine „Krankheit" ist und keinesfalls eine kindliche Ungezogenheit.

Im nächsten Schritt kommen „*primäre, soziale und symbolische Verstärker*" zum Einsatz, wie z. B. im Rahmen eines Belohnungsplans. Wenn mit Hilfe dieser Maßnahmen kein spürbarer Fortschritt zu erreichen ist, wird auf *komplexere Verfahren* zurückgegriffen, wie z. B. die apparative Therapie (Schmidt & Esser 1981).

Die lerntheoretisch begründeten Behandlungsverfahren lassen sich in zwei große Gruppen aufteilen: einfache und komplexe Techniken.

3.1 Einfache Techniken

Hierunter versteht man Verfahren, die zwar isoliert angewendet werden, oft aber in einem komplexeren Therapieplan eingebaut sind. Im einzelnen handelt es sich um suggestive Techniken, operante Ansätze, Weckpläne, Blasentrainings und Variationen der Flüssigkeitszufuhr.

3.1.1 Suggestive Techniken

Oft handelt es sich um Methoden, die von Praktikern in ausgewählten Einzelfällen mit Erfolg angewendet wurden. Bei den therapeutischen Interventionen wird das Kind selbst oder werden Teile des angestrebten Kontrollverhaltens in den Mittelpunkt des Vorgehens gestellt. Eine Gruppe von Methoden fokussiert dabei die Beseitigung störender interner und externer Bedingungen, d. h. es werden Ansätze im Sinne einer Reizkontrolle versucht, um reaktionserleichternde Bedingungen zu schaffen und reaktionserschwerende Einflüsse auszuschalten.

Zunächst ist an einfache situationsstrukturierende Maßnahmen zu denken, wie z. B. einen Nachttopf ins Zimmer zu stellen oder einen Dimmer an Lichtquellen anzubringen. Teilweise wirken diese Maßnahmen angstmindernd, insbesondere für Kinder mit Dunkel- oder Nachtängsten, die sich scheuen, nachts lange, dunkle Wege zur Toilette zurückzulegen.

Eine suggestive Wirkung ist ferner der (verordneten) abendlichen Zuwendung für das Kind zuzuschreiben (ein Elternteil setzt sich zum Kind ans Bett und redet mit ihm, liest ihm etwas vor o. ä.). Die gleichen Effekte dürfte der Rat an die Eltern anstreben, vor dem Schlafengehen möglichst unnötige Aufregungen vom Kind fernzuhalten. Auch diese Ansätze lassen sich lerntheoretisch als Reizkontrollmaßnahmen einordnen, da seelische Spannungszustände gemindert und positive Empfindungen aufgebaut werden sollen. Es wird eine abendliche Beruhigung des Kindes angestrebt, die eine emotional-physiologische Ruhigstellung in der Nacht fördern soll (Dührssen 1978).

In die Kategorie „Beruhigungs"-Maßnahmen fällt auch der Ansatz, das Kind und die Familie zu Therapiebeginn zu entlasten: Man nimmt dem Kind die Schuld für das Einnässen, steigert sein Selbstvertrauen und schaltet strafende Maßnahmen aus der Umgebung aus. Ferner klärt man über die Phänomenologie, die Epidemiologie, die Ätiologie und die Therapiemöglichkeiten auf, wodurch eine optimistische Sichtweise gefördert wird.

Eine weitere Gruppe von Verfahren mit suggestiver Wirkung stellen hypnotische Ansätze dar. Olness (1975) versucht, dem Kind eine „Technik der Selbstkonditionierung" zu vermitteln, und suggeriert ihm im entspannt-hypnotischen Zustand die Durchführung adäquater Reaktionen beim Bemerken nächtlichen Harndrangs. Das Kind soll sich den Ablauf allabendlich vergegenwärtigen: „Wenn ich urinieren muß, werde ich alleine aufwachen, alleine zur Toilette gehen, auf dem WC entleeren und zurückkehren in mein schönes trockenes Bett. Dann werde ich wieder einschlafen. Wenn ich wieder urinieren muß, werde ich alleine aufwachen, . . . Wenn ich morgens wach werde, wird mein Bett trocken sein und ich werde sehr glücklich sein."

Als obskur, aber lerntheoretisch erklärbar sind einige Außenseitermethoden anzusehen. Eltern berichten manchmal vom Einsatz sehr symptomferner, suggestiv wirkender Methoden, wie z. B. ein brennendes Streichholz unter die Fußsohle zu halten, Massage der Bauchmuskulatur u. a. Neben dem suggestiven ist oft ein aversiver Anteil zu vermuten. Als demgegenüber geradezu symptomnah kann ein Ansatz bezeichnet werden, bei dem das Kind aufgefordert wird, allabendlich in der letzten Stunde vor dem Zubettgehen in kurzen Zeitabständen die Blase zu entleeren.

3.1.2 Operante Ansätze

Die meisten lerntheoretisch arbeitenden Therapeuten benutzen Belohnungsansätze innerhalb ihres therapeutischen Vorgehens (Übersicht bei Heraus 1974, Stewin & Stucke 1977, Grosse 1980a, 1986, Ross & Petermann 1987). Es muß allerdings berücksichtigt werden, daß der Verstärker nur dann effektiv sein kann, wenn er auf die persönliche Situation des Kindes zugeschnitten ist. Ferner sollte das Verstärkerprogramm in ein allgemeines, kindorientiertes erzieherisches Vorgehen eingebettet sein (Steinhausen 1988). Bei der Enuresistherapie scheinen insbesondere emotionale Verstärker, wie z. B. ein positiver Körperkontakt, wirksam zu sein, während elterliche Reaktionen wie Beschämen, Zurückweisen und Schlagen das Erlernen des erwünschten Miktionsverhaltens erschweren. Das Ziel beim operanten Vorgehen ist darin zu sehen, die Kontingenzen zu variieren, die einem Einnässen oder Trockensein folgen, wobei angemessenes Kontrollverhalten differenziert verstärkt wird. Ansatzpunkte für Verstärkungen sind deshalb die prognostisch wichtigen Verhaltensanteile im Bereich der Blasenkontrolle, wie z. B. nachts alleine vom Harndrang wach zu werden und aufzustehen, und der sie unterstützenden psychosozialen Merkmale (wie z. B. Compliance). Der Einsatz von Verstärkung kann ein Weg sein, dabei zu helfen, ein unabhängiges Toilettenverhalten zu entwickeln und die Wahrscheinlichkeit zu erhöhen, daß es aufrechterhalten bleibt. Denkbar sind alle Formen von materieller, sozial-emotiver und Handlungsverstärkung.

In der Praxis werden häufig zwei Formen von Belohnung verwendet: das Führen eines Kalenders (Behandlungsprotokolls) seitens des Kindes und spezifische Belohnungsprogramme. Beim Kalenderführen handelt es sich lerntheoretisch gesehen um eine unspezifische Maßnahme, ein operantes Breitbandverfahren, das eine stark suggestive Wirkung hat und bei einzelnen, oft jüngeren Kindern erfolgreich einzusetzen ist: Das Kind malt z. B. vorstrukturierte Bilder entweder farbig aus (nach einer trocken Nacht) oder „überkritzelt" sie (nach einer nassen Nacht). Es gibt hierfür einige vorgefertigte Kalender.

Beim Einsatz von Belohnungsprogrammen erhält das Kind dann, wenn es bestimmte, vorher festgelegte Ziele erreicht hat, eine materielle oder Handlungsbelohnung. Die Verwendung derartiger Token-Systeme hat allerdings strenge Indikationen, um einen tatsächlichen und erwünschten Effekt zu ermöglichen.

Eine weitere Variante im operanten Vorgehen sind Bestrafungsansätze: Bestrafung sollte aber – wenn überhaupt – möglichst nur in Kombination mit kontingenter positiver Bekräftigung verwendet werden (Doleys 1977). Man kann zwei Möglichkeiten für Bestrafungen unterscheiden: symptomferne und symptomnahe Bestrafungen. Erstere werden oft von Eltern global eingesetzt (Beschämungen, Schimpfe, Schläge, Privilegienentzug u. a.). In der Literatur finden sich im Rahmen eines systematischen Einsatzes beispielsweise Abwaschen des Gesichtes mit kaltem Wasser nach einem Einnässen, Taschengeldeinbuße und Flüssigkeitseinschränkung.

Bei den symptomnahen Bestrafungen zieht das Einnässen für das Kind konkrete negative Konsequenzen nach sich, die mit der Blasenfunktion und den Verhaltensabfolgen bei der Entleerung oder dem Einnässen in direktem Zusammenhang stehen. Am theoretisch plausibelsten und praktisch am wirksamsten scheinen die beiden Maßnahmen Sauberkeits- und Toilettentraining zu sein, die erstmals systematisch von Azrin et al. (1974) im Rahmen ihres Dry-Bed-Programms eingesetzt wurden. Nach einem Einnässen muß das Kind selbst wieder für ein sauberes, trockenes Bett sorgen (Sauberkeitstraining). Beim Toilettentraining erhält es intensive „Nachhilfe" für die Vorgänge im Rahmen einer nächtlichen Blasenentleerung: Es übt alle Schritte vom Wachwerden auf Harndrang bis hin zur Entleerung am geeigneten Ort. Eine Reihe von Untersuchungen zeigte, daß insbesondere das Toilettentraining eine aversive Komponente für das Kind hat.

Erfahrungsgemäß sind Bestrafungen dann indiziert und am wirksamsten, wenn man durch die aversiven Maßnahmen den Leidensdruck des enuretischen Kindes erhöhen will (Schaffen von Veränderungsmotivation), d. h. einem nach außen hin demotiviert wirkenden Kind die negativen Effekte aus dem Einnässen hautnah demonstriert.

3.1.3 Weckpläne

Eltern attribuieren ihrem Kind oft eine schwere Erweckbarkeit und einen tiefen

Schlaf aus der Beobachtung, daß das Kind das nächtliche Harnlassen nicht bemerkt. Systematische Untersuchungen belegen, daß das Einnässen keineswegs spezifischen Schlafphasen zugeordnet werden kann, sondern über alle Schlafstadien und -perioden hinweg gleichmäßig verteilt ist. Ausgehend von der Erfahrung, daß es für das Gelingen und die Stabilität einer Konditionierung (klassisch oder respondent) wichtig ist, eine zeitlich nahe Koppelung zwischen dem kritischen Ereignis und den positiven/negativen Konsequenzen herzustellen, erweist es sich als therapeutisch sehr günstig, wenn das Kind auf die spezifischen (Körper-)Signale hin rasch wach wird. Das Nicht-Wachwerden kann demzufolge im Einzelfall als therapeutisches Problem bezeichnet werden, dem man erhöhte Aufmerksamkeit widmen muß: Das Kind „überschläft" die kritischen körperlichen Hinweisreize (insbesondere den Harndrang).

Man kann versuchen, die Erweckbarkeit mittels verschiedener Qualitäten des Weckreizes selbst zu verbessern, wie z. B. durch den Einsatz stärkerer auditiver Signale, optischer Signale oder durch Sensibilisierungen für spezifische Weckreize, die im Rahmen von Tagesentleerungen eingeführt werden – in der Hoffnung, daß die Effekte auf die Nacht generalisieren.

Ein weitaus häufiger praktiziertes Vorgehen ist das systematische Wecken nach Plan, wobei das enuretische Kind zu festgelegten Zeiten nach dem Schlafengehen nochmals geweckt wird. Meistens wird es dann vor die Wahl gestellt, eine Entleerung vorzunehmen oder nicht. Das Ziel beim Einsatz derartiger Weckschemata besteht in dem Bemühen, den Erwerb der Blasenkontrolle zu fördern, indem die Aufwachschwelle des Kindes gesenkt und seine Wahrnehmung für akuten nächtlichen Harndrang verbessert wird. Sekundär kann man damit auch die Motivation des Kindes steigern, gibt man ihm doch das Gefühl, aktiv die Vorgänge mitgestalten und beeinflussen zu können. Systematisch gewonnene Erkenntnisse über die Effizienz des progressiven Weckens liegen nicht vor. Im praktischen Vorgehen stehen das Abendwecken und das Morgenwecken zur Verfügung, wobei erstgenanntes häufiger eingesetzt wird. Das Morgenwecken ist primär dann sinnvoll, wenn das Einnässen kurz vor dem routinemäßigen morgendlichen Aufstehen erfolgt. Wie beim Abendessen wird der Wecktermin verschoben (diesmal in Richtung Aufstehen) und später ausgeblendet. In der Regel kommt das Wecken innerhalb eines komplexeren Behandlungsvorgehens, also in Kombination mit anderen Techniken zum Einsatz.

3.1.4 Einhaltetraining/Blasentraining

Enuretische Kinder sind meistens nicht in der Lage, den Urin über die ganze Nacht hinweg einzubehalten. Aufgrund verschiedener Untersuchungen wird mitunter postuliert, daß bei Enuretikern eine mangelhafte Drosselung der nächtlichen Urinproduktion vorliegt, so daß auch nachts ein permanentes Vollaufen der Blase geschieht. Häufig wurde bei diesen Kindern beobachtet, daß sie ihn auch tagsüber nicht so lange einhalten, häufiger entleeren müssen und manchmal ein qualitativ anderes Einhalteverhalten zeigen als nichtenuretische Kinder. So fand Fielding (1982), daß Enuretiker eine geringere Entleerungsmenge pro Durchgang aufwiesen und manche Kinder nicht vollständig die Blase leerten, so daß sie kurze Zeit später erneut zur Toilette mußten. Manche Kinder, insbesondere weibliche Enuretiker, die an Tagnässen litten, wiesen eine herabgesetzte Wahrnehmung für den Harndrang auf und reagierten zu spät. Die Vermutung fand sich oft bestätigt, daß Enuretiker „funktional kleinere" Blasen haben (z. B. Zaleski et al. 1973). Deshalb schien die Hoffnung berechtigt, daß durch ein Training das Fassungsvermögen der Blase erhöht und infolgedessen das Bettnässen beseitigt werden könnte.

Das Ziel des Vorgehens besteht darin, mit Hilfe spezifischer Trainingsverfahren die Wahrnehmungsfähigkeit für Harndrang und die Blasenkapazität selbst so zu steigern, daß ein nächtliches Trockensein möglich wird. Dabei hofft man, daß die Effekte, die tagsüber durch ein geeignetes Training der an der Aktivation und Hemmung der Entleerung beteiligten Funktionen erzielt werden, auf die nächtliche Kontinenzfähigkeit generalisieren.

Das therapeutische Vorgehen ist sehr einfach. Mit dem Kind wird die Vereinbarung getroffen, daß es dem Vater oder der Mutter künftig mitteilt, wenn es Harndrang verspürt. Diese veranlassen daraufhin das Kind, den Harn noch eine bestimmte Zeit zurückzuhalten und erst nach Ablauf dieser Zeit zu entleeren. Der Zeitpunkt des Entleerungsaufschubs wird sukzessive, meist beginnend bei drei bis fünf Minuten, gesteigert, wobei die zusätzliche Zeit in festen Minutenintervallen (oft sind es 5-Minuten-Schritte) definiert ist. Das Kind soll befähigt sein, den Harn 30–60 Minuten zurückzuhalten (Jehle & Schröder 1987). Das Training kann mit und ohne Zufuhr zusätzlicher Flüssigkeit erfolgen.

Mittlerweile werden verschiedene Variationen dieses Trainings verwendet (s. Abb. 4: Das Vorgehen von Fielding 1980), in der Praxis haben sich vorwiegend zwei Ansätze durchgesetzt, die einzeln oder kombiniert angewendet werden: Das Einhalte- und das Unterbrechertraining. Beide Verfahren sollen dem Kind vermitteln, daß es das Urinieren willentlich besser steuern kann. Das Einhaltetraining hat zum Ziel, die Kontraktionsspanne des willkürlich gesteuerten äußeren Sphinkters zu erhöhen und im fortgeschrittenen Trainingsstadium das Fassungsvermögen der Blase zu steigern. Die gezielte Aktivierung des Schließmuskels soll eine Hemmung der Spannung des Blasenmuskels (Detrusor) bewirken, also ein Erschlaffen, wodurch das Fassungsvermögen leicht erhöht, die Latenzzeit für die Entleerung verschoben und der Harndrang also vermindert wird.

Das Unterbrechertraining zielt neben einer Stärkung der Kontraktionsfähigkeit des äußeren Sphinkters (die Kontraktion muß hierbei gegen den Entleerungsdruck bei der Miktion erfolgen) darauf ab, daß das Kind eine gerade begonnene Miktion willkürlich beliebig oft unterbrechen kann. Aus lerntheoretischer Sicht soll eine Konditionierung des spezifischen Ablaufmusters bei einer Entleerung gebahnt werden. Das Austreten bereits kleiner Urinmengen soll in der Nacht zur Kontraktion des Schließmuskels führen.

Als Kriterien für die Beendigung des Trainings kommen folgende Merkmale in Frage (Doleys 1977): die Behandlungszeit, das maximale Einhalteintervall (man beendet das Training meist, wenn das Kind problemlos ca. 45 Minuten einhalten kann), die Einnäßhäufigkeit sowie die Blasenkapazität.

Pro Tag führen die Eltern eine Trainingseinheit durch, die folgende Schritte umfaßt:
1. Das Kind wird zur Toilette geschickt, wo es nach Möglichkeit die Blase entleeren soll.
2. Nach der Rückkehr trinkt es 500 ml einer beliebigen Flüssigkeit.
3. Das Kind wird ermutigt, mit der nächsten Miktion so lange wie möglich zu warten. Die Spanne vom Trinken bis zum Zeitpunkt, zu dem das Kind erstmals den Wunsch äußert, zur Toilette zu gehen, wird protokolliert.
4. Will das Kind zur Toilette, wird es ermutigt, die Miktion noch aufzuschieben, bis es nicht mehr geht.
– Falls das Kind nicht aufschieben kann, darf es mingieren (der Urin wird in einem Meßbehälter aufgefangen).
– Falls das Kind aufschieben kann, wird die Einhaltezeit protokolliert (bis zum nächsten Wunsch, auf die Toilette zu gehen) und später (bei Miktion) wie oben verfahren.
Die täglichen Eintragungen erfolgen auf einer Protokollkarte. In den nächsten Trainingseinheiten wird das Kind aufgefordert, die Miktion jeweils 1–2 Minuten gegenüber dem Vortag hinauszuzögern.
Wichtig: Materielle Belohnungen werden nicht gegeben, wohl aber Lob!

Abb. 4. Blasentraining nach Fielding (1980)

Insgesamt ist davon auszugehen, daß es plausible Indikationen für das Blasentraining gibt, durchschlagende Effekte bei den meisten Kindern aber ausbleiben. Es macht deshalb Sinn, das Blasentraining mit anderen verhaltenstherapeutischen Maßnahmen zu ergänzen oder zu kombinieren, wie z. B.:
- gesteigerter Flüssigkeitsaufnahme,
- positiver Bekräftigung oder angstreduzierenden Maßnahmen,
- Biofeedback-Techniken und
- Weckapparat und operanten Techniken.

3.1.5 Variationen der Flüssigkeitszufuhr

Die Überlegung, bei einem Kind mit einer Schwäche in der Blasenkontrolle die Flüssigkeitsaufnahme zu verändern, um das Einnäßrisiko zu verringern, liegt eigentlich in der Natur der Sache und stellt schon seit Jahren eine von Eltern oft praktizierte Laienbehandlungsform dar. Die Flüssigkeitszufuhr scheint in der Tat mit der Behandlungsdauer in einem Zusammenhang zu stehen: Kinder, deren Trinkmenge vor der Therapie beschnitten wurde, erreichten schneller das Behandlungsziel (Grosse 1980a). Man kann davon ausgehen, daß Kinder, die unter normaler Trinkzufuhr behandelt werden, „endlich" unter günstigen Lernbedingungen (adäquate Belastung der Blase) die Blasenkontrolle erlernen.

Das Ziel des Behandlungsansatzes ist darin zu sehen, die Flüssigkeitszufuhr systematisch zu verändern, wobei sich die verabreichte Trinkmenge an den aktuellen individuellen symptomatischen Merkmalen orientiert. In der Praxis finden zwei Ansätze Anwendung:
- Das enuretische Kind soll mehr als sonst trinken, um die Blase unter die notwendige Belastung zu setzen, damit die funktional mögliche Kapazität erhöht wird.
- Nach dem Erreichen einer Serie von trockenen Nächten oder des Therapieziels (14 Nächte, 7 Nächte) wird die Menge systematisch erhöht, um abzuklären, wie stabil die neuerworbene Blasenkontrolle ausgeprägt ist (sog. Überlernen).

Manchmal wird bei Kindern mit vielen Rückfällen empfohlen, eine Wiederbehandlung sofort unter erhöhter Zufuhr von Flüssigkeit zu starten.

Aus lerntheoretischer Sicht bietet gerade die Flüssigkeitserhöhung, d. h. die hinreichend gefüllte Blase, sinnvolle und nützliche therapeutische Ansatzpunkte:
- Das Kind kann gezielter die Körpervorgänge und -zustände wahrnehmen.
- Es kann Vertrauen in die frisch erworbene Blasenkontrolle entwickeln, wenn trotz größerer Trinkmenge der Erfolg anhält.
- Gerade das früher in der Trinkmenge beschnittene Kind hat die Chance, unter der vergrößerten Blasenbelastung genügend vielen Lerndurchgängen ausgesetzt zu sein, da es wahrscheinlich anfangs häufiger nachts entleeren muß.

Eine Herabsetzung der Flüssigkeitszufuhr hat demgegenüber eine sehr begrenzte Indikation, so z. B. die, die Belastung für die Familie zu mindern, falls mehrmaliges nächtliches Einnässen vorliegt.

Das therapeutische Vorgehen läßt sich in der Praxis sehr gut umsetzen, wichtig ist jedoch, daß die Variation der Flüssigkeitszufuhr aufgrund einer den Beteiligten plausiblen Indikation erfolgt. Man darf nicht vergessen, daß der therapeutische Umgang mit der Flüssigkeit ein anderer ist als der, den Eltern anwenden, wenn sie im Zuge eigener Behandlungsversuche die Flüssigkeit manipulieren.

Lerntheoretisch sinnvoll sind folgende Überlegungen:
- Die Anzahl der nächtlichen Miktionen soll gesteigert werden, damit z. B. bei gleichzeitiger apparativer Therapie genügend viele Lerndurchgänge erfolgen können.
- Man erhält Hinweise darauf, ob die Blasenfunktion genügend stark entwickelt ist, ob sich tatsächlich Miktionsmerkmale verändern und ob das Kind durch den wahrscheinlich stärkeren nächtlichen Harndrang erwacht.
- Das Kind hat bisher noch keine oder nur seltene freiwillige Miktionen.

– Wenn das Kind eine individuell bedeutsame Anzahl von trockenen Nächten in Serie erzielt hat, wird die Flüssigkeitszufuhr erhöht, um die Stabilität der Blasenkontrolle zu testen. Rückschläge werden also provoziert; die gerade neuerworbenen psychophysiologischen Hemmprozesse können leicht überfordert werden. Hier setzt der von Young und Morgan (1972) entwickelte Ansatz des „Überlernens" an: Um die erworbene Stabilität und die noch vorhandenen Risikofaktoren einschätzen zu können, trinkt das Kind über einen spezifischen Zeitraum abends eine Zusatzmenge. Durch dieses Vorgehen soll dem Dilemma Rechnung getragen werden, daß bei zunehmendem Behandlungsfortschritt Situationen ausbleiben, in denen das Kind „lernen" kann. Das Überlernen soll verhindern, daß das neuerworbene Kontrollverhalten wieder gelöscht wird. Es ergeben sich für die Prognose einige interessante Hinweise (Grosse 1991).

3.2 Komplexe Verfahren

Die Behandlungsverfahren, die lerntheoretisch eine große Plausibilität haben, sind die apparative Therapie und das Dry-Bed-Training. Bei beiden wird auf grundlegende Wirkkomponenten aus der klassischen und operanten Konditionierung zurückgegriffen, wenngleich die exakte Bestimmung der letzlich primär verantwortlichen Faktoren noch umstritten ist.

3.2.1 Apparative Therapie

Das Ziel der apparativen Therapie besteht zum einen darin, die Entleerung durch die Kontraktion des Sphinkters und durch Abnahme des Drucks des Detrusors zu hemmen, und zum anderen darin, daß das Kind rechtzeitig aufwacht, damit eine Entleerung angemessen vorgenommen werden kann. Das langfristige Ziel des Vorgehens ist darin zu sehen, das Kind mit Enuresis nicht nur zu befähigen, nachts trocken zu bleiben, sondern es ihm zu ermöglichen, nachts trocken durchzuschlafen.

Mowrer und Mowrer (1938) entwickelten einen Apparat, der im Bett des Patienten installiert wurde und ein nächtliches Einnässen sofort akustisch anzeigte. Der Apparat bestand aus zwei großflächigen Metallgittern, zwischen die ein Tuch gelegt wurde, das feuchtigkeitsdurchlässig war. Die Metallgitter wurden ins Bett gelegt, und zwar unter das Laken. Beide Gitter waren durch Kontakt mit einem Relais verbunden, das neben dem Bett stand. Wenn nun Urin auf diese Apparatur gelangte, schloß sich ein elektrischer Stromkreis: Ein Klingelsignal wurde ausgelöst und der schlafende Bettnässer geweckt. Den Vorteil sahen Mowrer und Mowrer darin, daß das Kind durch die Klingel zu einem Zeitpunkt geweckt wird, bei dem die Blase stark gefüllt ist. Somit kann eine Koppelung der kritischen Blasendehnung, auf die eine Miktion erfolgen wird, mit dem rechtzeitigen Aufwachen zustande kommen.

Über die zugrundeliegenden lerntheoretischen Prinzipien, ob es sich um klassische oder eher operante Konditionierungsvorgänge handelt, besteht keineswegs Einigkeit (Übersicht bei Yates 1970). Es scheinen aber insgesamt gesehen Aktivations- und Hemmungsprozesse eine Rolle zu spielen (Young & Morgan 1972), die sich sowohl auf den Blasenmuskel (Detrusor) beziehen, der den Urin durch Kontraktion austreibt, als auch auf seinen Gegenspieler, den Blasenschließmuskel (Sphinkter). Letztlich geht es bei allen Ansätzen darum, dafür zu sorgen, daß das Kind in Reaktion auf sein nächtliches unbemerktes Einnässen möglichst schnell wach wird, damit sich die relevanten Lernprozesse etablieren können. Wenn das Weckgerät zuverlässig arbeitet und rasch anzeigt, wird die zeitlich nahe Koppelung zwischen dem Einnässen und dem Aufwachen hergestellt.

Seit der Pionierarbeit von Mowrer und Mowrer hat es einige apparative Neuentwicklungen gegeben, denen der lerntheoretische Ansatz gemeinsam ist. Als erprobte Behandlungsapparate im deutschsprachigen Raum gelten das Gerät ROE 70 (sog. „Klingelmatte") der Firma Schienagel, München, und das Gerät Stero-Enurex (sog. „Klingelhose") der Firma Stegat & Roth, Münster (Stegat 1973, 1978). Beide Geräte weisen hohe Erfolgsquoten auf, sind grundsätzlich geeignet und lassen sich fast ohne Schwierigkeiten einsetzen, zumal sie technisch sehr gut entwickelt sind. Es dürfte aber einige lerntheoretisch interessante qualitative Unterschiede geben, die im Einzelfall eine differenzierte Wahl eines der beiden Geräte mitbestimmen sollten (ausführliche Diskussion hierzu bei Grosse 1991).

Trotz diverser Geräteunterschiede scheint es in der Regel einen mehr oder weniger typischen Behandlungsverlauf beim apparativen Vorgehen zu geben (Roth 1980):
– Das Kind erwacht anfangs nicht zuverlässig und rasch auf das Gerätesignal und näßt noch große Mengen ein.
– Das Aufwachen gelingt besser. Es bleibt vermehrt Resturin in der Blase, und es wird nicht mehr die gesamte Menge eingenäßt.
– Das Kind erwacht bereits dann, wenn nur wenige Tropfen Urin ausgetreten sind.
– Das Kind erwacht bereits auf starken Harndrang und rechtzeitig vor einem Einnässen.

Die Meinungen über den Zeitpunkt, von dem an ein Gerät eingesetzt werden sollte, gehen auseinander: Manche Autoren plädieren für einen sofortigen Einsatz, andere meinen, man solle erst dann apparativ behandeln, wenn andere (unterstützende) Maßnahmen erfolglos blieben. Entscheidend ist letztendlich immer der Einzelfall, bei dem auch das Alter des Kindes, seine Motivation, der Arbeitsaufwand für die Familie und die Erfahrungen mit vorangegangenen Behandlungen wichtig sind.

3.2.2 Dry-Bed-Training (DBT)

Ausgehend von der Annahme, „daß die Enuresis ein Lernproblem ist, das derart verschiedene und komplexe Variablen einschließt wie Motivation, Grad der Kontrolle über die Blasenfunktion, elterliche Bemühung, Stärke der alternativen Verhaltensweisen, Leichtigkeit des Aufwachens in der Nacht", konstruierten Azrin et al. (1974) ein integriertes Behandlungsmodell. Der Erwerb der Blasenkontrolle wird hier als operanter Prozeß verstanden, wobei das Therapieprogramm eine Kombination diverser Einzeltechniken darstellt, die systematisch zum Einsatz kommen. Zwar gab es schon früher operante Behandlungsansäzte; der Trainingsansatz von Azrin et al. stellte aber insofern eine wichtige Neuerung dar, als einerseits dosierte aversive Konsequenzen auf das Einnässen erfolgen und andererseits die positive Bekräftigung zum Großteil aus sozialen Verstärkern besteht.

Folgende Lernziele werden beim DBT-Programm angesprochen:
– Das Kind soll verschiedene Füllungszustände der Blase sicher wahrnehmen und unterscheiden können (Erlernen der Signalfunktion), und
– das Kind soll mehrere Selbstkontrollreaktionen erlernen, die das Trockenbleiben gewährleisten.

Azrin et al. (1974) verfeinerten die Methode für normal entwickelte enuretische Kinder aus den Erfahrungen von Behandlungen von Tagnässern und körperlich und geistig schwer behinderten Erwachsenen. Die Eltern dienen innerhalb der Therapie als äußerst aktive Kotherapeuten, an deren Kooperationswilligkeit hohe Anforderungen gestellt werden.

Das DBT-Programm besteht aus *3 Phasen*, wovon insbesondere die Intensivnacht von den Beteiligten als sehr anstrengend erlebt wird (viele Interventionen kommen zur Anwendung), da über die gesamte Nacht hinweg ständig funktions- und symptombezogene Maßnahmen erfolgen (s. Abb. 5: Aufstellung des DBT-Programm in 3 Phasen).

Insgesamt wirken beim DBT mehrere lerntheoretisch interessante Einzelmaßnahmen ein (s. Abb. 6: Aufstellung der einzelnen Ansätze, die bei Grosse 1980a, 1991 in einem an das ursprüngliche Vorgehen von Azrin et al. angelehnten Vorgehen Verwendung fanden). Dabei sind als wichtigste Bestandteile zunächst das *Toilettentraining und das Sauberkeitstraining* zu nennen. Beide sind als Formen einer „Überkorrektur" anzusehen (Ross & Petermann 1987).

- Intensivnacht
Es handelt sich um die erste Behandlungsnacht, in deren Verlauf ein Bündel von Maßnahmen erfolgt.
Die Hauptmerkmale der „Intensivnacht" sind u. a. die stark erhöhte Flüssigkeitszufuhr, das stündliche Wecken des Kindes über die Nacht hinweg, die Übungen des Kindes, zur Toilette zu gehen, die positive Verstärkung für erwünschte Problemlösungsansätze und die Verwendung eines Weckapparates. Es ist weiterhin erforderlich, daß ein Elternteil in der ersten Behandlungsnacht wach bleibt.
- Überwachungsphase
Sie beginnt mit dem zweiten Behandlungstag und endet mit dem Erreichen von sieben trockenen Nächten hintereinander.
In der „Überwachungsphase" muß das Kind bis auf die erhöhte Flüssigkeitszufuhr alle Maßnahmen weiterhin auf sich nehmen.
- Routinephase
Sie folgt auf die Überwachungsphase und endet mit dem Erreichen des Therapieziels (14 trockene Nächte hintereinander).
Es wird ohne Apparat therapiert, jedoch wird das Kind nach wie vor für ein Einnässen „bestraft". Näßt das Kind innerhalb von sieben Tagen zum zweitenmal wieder ein, beginnt erneut die zweite Behandlungsphase mit Gerät.
Während die Intensivnacht innerhalb der Therapie nur einmal erfolgt, können sich die Behandlungsphasen 2 und 3 mehrmals wiederholen.

Abb. 5. DBT-Programm in 3 Phasen

Toilettentraining: Das Kind muß Übungen, zur Toilette zu gehen, nach jedem Einnässen und am Abend nach einer nassen Nacht durchführen.
Sauberkeitstraining: Das Kind muß die nasse Bettwäsche selbst wechseln.
Erhöhte Flüssigkeitszufuhr: In der ersten Behandlungsnacht wird dem Kind systematisch Zusatzflüssigkeit zugeführt.
Systematisches Wecken des Kindes in der Intensivnacht: Das Kind wird in vorgeschriebenen regelmäßigen Abständen geweckt und gefragt, ob es urinieren möchte.
Klingelapparat
Abstellen des Klingelalarms: Das Kind kann den Alarm selbst abstellen.
Systematisches Wecken: Das Kind wird im Laufe der Therapie dem Behandlungsfortschritt entsprechend geweckt. Man fängt mit einem Wecktermin an, der anfangs zwei Stunden nach dem Zubettgehen liegt, und dann langsam im 30-Minuten-Rhythmus ausgeschlichen wird.
Systematische Verstärkungen: Materielle Belohnungen werden nicht gegeben, wohl aber soziale und verbale, wie z. B. Lob für trockenes Bett, selbständige Entscheidungen für oder gegen eine Entleerung, Lob für eine trockene Nacht (auch andere Bezugspersonen können als Belobiger einbezogen werden), Tadel für Einnässen in der Nacht und eine nasse Nacht.
Telefonate und Korrespondenz im Rahmen der fachlichen Begleitung der Therapie

Abb. 6. Die verschiedenen Bestandteile des DBT-Programms

Beim Toilettentraining (TT) muß das Kind nach jedem Einnässen und am Abend nach einer nassen Nacht einige Übungen durchführen, die im Zusammenhang mit dem Toilettengang stehen. Das TT hat sich als sehr effektiv erwiesen. Es beinhaltet einen aversiven Anteil, so daß Trockensein negativ verstärkt wird (die TT-Übung muß nicht durchgeführt werden), daneben einen verhaltensfördernden Anteil: Durch das TT wird konsequent eine Verhaltenskette eingeübt, die lückenlos das Verhalten kombiniert, das das Kind bei nächtlichem Harndrang zeigen soll.

Das Sauberkeitstraining (ST) besteht darin, daß das Kind das nasse Schlaf- und Bettzeug selbst wechseln muß. Auch das ST hat einen aversiven Anteil, wenngleich dieser nicht so gravierend erlebt wird wie der beim TT.

3.3 Medikamentöse Therapie

Obgleich sich psychologische, primär verhaltenstherapeutische Verfahren, in der Regel den medikamentösen Ansätzen überlegen zeigen, spielt in der alltäglichen Praxis die Applikation von Medikamenten eine große Rolle, da der Erstkontakt des Patienten überwiegend über einen Mediziner erfolgt (Haug-Schnabel 1994). Neben diversen pflanzlichen Präparaten werden bevorzugt das tricyclische Antidepressivum Imipramin (Handelsname Tofranil) und seit einigen Jahren vermehrt Desmopressin (Handelsname Minirin) verordnet. Medikamentöse Ansätze haben als Angriffspunkte primär Veränderungen der Blasenkapazität, Urinproduktion und der Schlaftiefe zum Ziel, bleiben aber insgesamt wegen der hohen Rückfallquoten (bis zu 90%) umstritten. Sie haben dennoch eine umschriebene Indikation, wenn es z. B. darum geht, einem enuretischen Kind für einen begrenzten Zeitraum, wie z. B. für eine Klassenfahrt/einen Urlaub, die Wahrscheinlichkeit für trockene Nächte zu erhöhen. Ferner mag der Einsatz hilfreich sein, um motivationale Einbußen beim Betroffenen und seiner Familie zu mindern (beispielsweise nach jahrelangem Mißerfolg) oder im Verbund mit andern Verfahren die Erfolgsquote zu erhöhen (Beetz 1993). Der Einsatz von Medikamenten verlangt die kritische Reflektion insbesondere bei solchen Betroffenen (und deren Eltern!), die noch nicht über genügend Selbstwirksamkeitsüberzeugungen verfügen und so einen etwaigen (kurzfristigen) Erfolg einzig dem konsumierten Präparat zuschreiben. (Auf weitere Informationen zur medikamentösen Therapie muß auf die umfangreiche, einschlägige medizinische Fachliteratur verwiesen werden.)

4. Evaluation

Jede spezifische und unspezifische Behandlungsmethode kann im günstigsten Fall zwar zum Erfolg führen, für den Praktiker sind aber dennoch die Fragen zur Tauglichkeit der Methode und die zur Ableitung prognostischer Aussagen wichtig.

Hinsichtlich der Tauglichkeit geht es darum zu prüfen, inwieweit sich das Verfahren zum einen bei wissenschaftlicher Betrachtung bewährt hat und ob es sich zum anderen in der ambulanten und stationären Therapie ohne große Schwierigkeiten einsetzen läßt.

4.1 Wissenschaftliche Bestätigung der Ergebnisse

Aufgrund methodischer Mängel und Probleme sind oft nicht nur Vergleiche zwischen verschiedenen Behandlungsmethoden schwierig, sondern auch solche innerhalb einer Methode. Dies liegt ursächlich daran, daß entscheidende Behandlungs- und Erfolgsparameter, wie z. B. Kriterien für Heilung, Rückfall und Abbruch, unterschiedlich definiert wurden und sich darüber hinaus das diagnostische oder therapeutische Vorgehen in formalen und inhaltlichen Einzelaspekten unterschied. Oft wird die Vergleichbarkeit dadurch erschwert, daß die Behandlung in unterschiedlichen Settings vorgenommen wurde (wie z. B. stationär vs. ambulant, Eltern als Therapeuten vs. professionelle Therapeuten, Normalpopulation vs. Behinderte). So gingen bisweilen (Stör-)Merkmale unkontrolliert in die Untersuchungen ein. Grundsätzlich ist in Anlehnung an Doleys (1977) und Grosse (1980a) zu fordern, daß

– das Behandlungsvorgehen und die verwendeten Instrumentarien und ebenso
– die entscheidenden Merkmale der Behandlungsgruppe sowie der Einnäßmerkmale klar beschrieben sind.
– Ferner sollten die Behandlung bis zu einem fest definierten Punkt durchgeführt und die Meßdaten dokumentiert werden: entweder bis zu einem Erfolgs- (14 Tage ununterbrochen trocken) oder bis zu einem Abbruchkriterium (180 Nächte unter Behandlungsbedingungen).
– Es muß ein einheitliches Rückfallkriterium definiert werden, beispielsweise zwei nasse Nächte innerhalb einer Woche, da-

mit beliebig eng- oder weitgefaßte Festlegungen aufgegeben werden (z. B. einmal wöchentlich einnässen vs. das Einnäßniveau wie vor der Therapie erreichen).
- Follow-ups sollen sich über sechs bis zwölf Monate erstrecken, wobei permanente Daten zu wichtigen Bereichen, wie z. B. Blasenkontrolle, Entwicklungsdaten, zu sammeln und zuverlässig zu dokumentieren sind (Protokolle, Fragebögen).

In der Vergangenheit wurde oft gegen diese Forderungen verstoßen, so daß streng genommen exakte Methodenvergleiche manchmal nur mit Vorbehalt bewertet werden sollten.

Die Mehrzahl der VT-Studien befaßte sich mit Vergleichen der apparativen Therapie und anderer Verfahren, z. T. mit Modifikationen des apparativen Vorgehens. So wurde z. B. die Wirksamkeit unterschiedlicher Weckgeräte in verschiedenen Alarmsituationen (Apparat beim Kind/bei den Eltern) verglichen, ebenso verschiedene Weckgeräte, kombinierte Vorgehensweisen, wie z. B. Apparat plus Tokens, Apparat plus Elterntraining oder der Einsatz operanter Zusatzprogramme mit und ohne zusätzliche Applikation eines Weckgerätes. Ferner probierte man diverse Modifikationen am Gerät selbst aus (unterschiedliche Lautstärken, intermittierende Verstärkungen). In einer Reihe von Untersuchungen wurde dabei die Überlegenheit der apparativen Therapie gegenüber anderen Behandlungsansätzen nachgewiesen, und zwar gegenüber der medikamentösen Therapie, der Psychotherapie, der Beratung und Ermutigung (Überblick bei Kolvin et al. 1973, Doleys 1977, Houts et al. 1994) und dem Einhaltetraining (Doleys et al. 1977, Fielding 1980). Eine nicht-symptomorientierte Psychotherapie ist bezogen auf die Enuresis wohl ineffektiv, allerdings beim Vorliegen begleitender emotionaler Störungen indiziert (Steinhausen 1988).

Doleys (1977) berichtet, daß mit gezielten verhaltenstherapeutischen Methoden in durchschnittlich 75% der Fälle ein Erfolg erzielt werden kann, wobei die Behandlungsdauer zwischen fünf und zwölf Wochen liegt. Die durchschnittliche Rückfallquote liegt bei 40%. Diese Ergebnisse schließen aber nicht aus, daß durch die Hinzunahme anderer Therapiemethoden im Einzelfall Verbesserungen des Behandlungsverlaufs und -ergebnisses erzielt werden können. Die Kombination des Apparates mit operanten Vorgehensweisen, wie sie von der Gruppe um Azrin vorgenommen wurde, scheint aber nicht den durchschlagenden Erfolg zu bringen, der in der „Anfangseuphorie" berichtet bzw. erhofft wurde. So konnten die von Azrin et al. in ihren Untersuchungen (1974) publizierten sehr guten Ergebnisse in Folgeuntersuchungen nicht bestätigt werden. Die Ergebnisschwankungen mögen teilweise darauf zurückgeführt werden, daß die verschiedenen Autoren den therapeutischen Akzent auf unterschiedliche Teile des Programms setzten: So wurden verschiedene Apparate benutzt, Behandlungsteile weggelassen oder modifiziert oder die Therapie verschieden eng überwacht.

4.2 Praktikabilität

Alle beschriebenen Maßnahmen lassen sich in der Regel in der ambulanten und stationären Therapie selbst bei schwierigen Patienten (Behinderten) einsetzen. Im Einzelfall muß das Vorgehen natürlich den aktuell vorliegenden Bedingungen angepaßt und in Teilbereichen modifiziert werden. Gerade im stationären Rahmen treten aber bisweilen Probleme auf (Jehu et al. 1977), wenn die Therapie zu einer Mehrbelastung des Personals, zu Störungen und Belastungen des normalen Betreuungsablaufs (in der Nacht) etc. führt. Es wäre zu wünschen, daß in den nächsten Jahren vermehrt Studien zur Therapie in solchen spezifischen Settings durchgeführt werden.

Aus den praktischen Erfahrungen mit dem Einsatz der beschriebenen Methoden lassen sich insbesondere in bezug auf die Erfolgserwartungen, die Indikationen und Kontraindikationen, das praktische Vorgehen und die Compliance der Betroffenen einige kritische Anmerkungen ableiten.

Hinsichtlich der suggestiven Techniken (3.1.1) müssen die Erfolgsmeldungen bei isolierter Anwendung skeptisch beurteilt werden, wenngleich im Einzelfall durchaus ein Sistieren des Problems erreicht werden kann. Man hat die Chance, mit vielerlei der genannten Methoden bei den Betroffenen ein „Hoffen auf Erfolg" zu fördern. Es ist dabei unbestritten, daß die Maßnahmen zwar unspezifisch, aber eben positiv in der Behandlung mitwirken, wenn sie überzeugend präsentiert werden. So gesehen ist bezüglich suggestiver Maßnahmen letztendlich der Phantasie des Therapeuten keine Grenze gesetzt.

Bezüglich der operanten Ansätze (3.1.2) sollte grundsätzlich bedacht werden, daß sich der rigide Einsatz von Belohnungsprogrammen keineswegs als effizient erwiesen hat. Es sei daran erinnert, daß Eltern in ihrer Hilflosigkeit Belohnungen oft wenig sinnvoll einsetzen: Sie produzieren ein krasses Mißverhältnis zwischen erbrachter Leistung (z. B. trockene Nacht) und der Belohnung, wobei sie aus „Kostengründen" inkonsequent werden und somit negative Lernerfahrungen beim Kind begünstigen. Aus lerntheoretischer Sicht sind die Verstärker am besten, die zeitlich nahe auf das erwünschte Verhalten gegeben werden: also beispielsweise eine Belohnung in der Nacht, wenn das Kind vom Harndrang erwacht und freiwillig Wasser gelassen hat. Bei einem Teil der Methoden muß deshalb kritisiert werden, daß ein direkter Symptombezug zu Merkmalen der Blasenkontrolle eher unwahrscheinlich ist, da das Zeitintervall zwischen zu verstärkendem Verhalten und dem Verstärker zu groß ist, um bedeutsame differenzierte Koppelungen nahezulegen. Die zeitlich versetzte Belohnung dürfte aber positive Effekte für die Motivation und die Einstellung des Kindes in bezug auf die Therapie haben (wie z. B. Verbesserung der Atmosphäre, Hoffen auf Erfolg u. a.).

Die kritischen Überlegungen gelten gleichermaßen für Bestrafungsansätze. Aus vielen Untersuchungen ist bekannt, daß es auf Dauer wenig wirksam ist, ein Kontrollverhalten mittels Bestrafung aufzubauen. Bezüglich der Enuresistherapie zeigte sich, daß Bestrafung anfangs Effekte erzeugte, später aber stärker als bei anderen Methoden erhöht die Gefahr von Rückfällen bestand. Ein praktisches Problem liegt darin, daß die elterliche Kooperation durch die Anwendung ambulanter Strafmaßnahmen leiden kann, womit die Gefahr von Dropouts heraufbeschworen wird. Zweifellos setzen Eltern eine ganze Reihe von Bestrafungen ein, um das Bettnässen des Kindes zu beenden, meistens aber ohne Erfolg und mit der Konsequenz, daß bisweilen zusätzliche Probleme für das Vertrauensverhältnis zum Kind generiert werden, was gerade bei psychisch labilen Kindern die Gesamtproblematik verschärfen kann. So hat die Bestrafung enge Indikationen und sollte nicht eingesetzt werden bei
– psychodynamischem Hintergrund der Enuresis,
– organischer Mitbeteiligung und
– Kindern, die nicht in der Lage sind, ein Selbstmanagement zu verwirklichen.

Beim Einsatz von Weckplänen (3.1.3) gilt es stets zu bedenken, daß den Eltern der Unterschied zwischen dem therapeutisch indizierten Wecken und dem von ihnen evtl. früher selbst praktizierten Wecken deutlich wird. Im Gegensatz zum Weckverhalten, wie es Eltern in der Regel im Rahmen ihrer eigenen „Behandlungsversuche" anwenden, erfolgt der Einsatz innerhalb einer verhaltenstherapeutischen Behandlung systematisch, wobei insbesondere folgende Aspekte wichtig sind:
– Die Weckmethode hat eine engumschriebene individuelle Indikation.
– Die Wecktermine werden schrittweise ausgeblendet, so daß das Wecken bei voranschreitendem Behandlungserfolg entfällt.
– Das Kind wird vollkommen geweckt und muß selbst, also ganz bewußt, über eine Entleerung entscheiden. Dies ist ein essentieller Bestandteil der systematischen Anwendung, denn die wichtigen Vorgänge werden dem Kind nicht bewußt, wenn es noch schlaftrunken ist. Ferner kann es

seine Wahrnehmung für aktuelle Körpervorgänge, besonders im Bereich der Blase, nur dann schärfen und trainieren, wenn es bei vollem Bewußtsein ist.

Die positiven Effekte des Blasen-/Einhaltetrainings (3.1.4) sind zunächst darin zu sehen, daß der Behandlungsansatz ohne Zweifel neue Impulse für die Enuresistherapie gegeben hat, obwohl zu bezweifeln ist, daß mit dem Blasentraining allein das enuretische Verhalten stabil und dauerhaft beseitigt werden kann.

In einer Reihe von Untersuchungen (zumeist waren es Einzelfallstudien) wurde das Blasentraining erfolgreich durchgeführt, Nachuntersuchungen brachten jedoch oft ernüchternde Ergebnisse (Übersicht bei Doleys 1977 und Jehle & Schröder 1987). Die Ergebnisse bleiben widersprüchlich, sprechen aber insgesamt dafür, den Ansatz nicht pauschal abzuqualifizieren. Zwar ist aufgrund der vorliegenden Erfahrungen und Ergebnisse eher davon auszugehen, daß das Blasentraining als Einzelmaßnahme die Enuresis nicht beseitigen kann (Doleys et al. 1977), sich aber andererseits durchaus Verbesserungen in Teilbereichen der Blasenkontrolle erzielen lassen, so daß eine endgültige Kontrollfähigkeit gefördert werden kann. Im einzelnen handelt es sich um folgende Aspekte (Grosse 1991):
– Die Blasenkapazität verbessert sich, möglicherweise noch stärker unter Hinzunahme erhöhter Flüssigkeitsaufnahme.
– Die Anzahl der Blasenentleerungen am Tage nimmt ab.
– Das Verhalten des Kindes im Zusammenhang mit den Blasenentleerungen (Miktionsgewohnheiten) wird positiv beeinflußt. Es ist sinnvoll, zu Beginn der Behandlung die Einhaltezeit, später jedoch die größer werdende Entleerungsmenge positiv zu bekräftigen.
– Die Kooperationswilligkeit des Kindes und der Eltern wird gesteigert, da die Familie das Gefühl hat, daß therapeutisch etwas unternommen wird.

Als Probleme verbleiben zunächst die reliable Messung des Fassungsvermögens der Blase, die reliable Bestimmung der tatsächlich vorhandenen Stärke des Harndrangs (man ist auf die Angaben des Kindes angewiesen) sowie die Kriterien für die Beendigung des Einsatzes des Blasentrainings. Die Messung des Fassungsvermögens erfolgt immer indirekt, wobei es schwierig ist festzustellen, wieviel Urin die Blase tatsächlich fassen kann. Man beschränkt sich oft darauf, die Menge Urin zu messen, die ein Kind nach dem Einhalten ausscheidet und geht davon aus, daß dies die Menge für das maximale Fassungsvermögen darstellt (Ross & Petermann 1987). Ein weiteres Maß ist die Anzahl der Tagesentleerungen: Entleert ein Kind öfter als 3- bis 4mal täglich, kann dies ein Zeichen dafür sein, daß das Kind zu oft entleeren muß (Jehle & Schröder 1987).

Bei der Änderung der Flüssigkeitszufuhr (3.1.5) ist in der Regel die Erfahrung zu machen, daß sie als Einzelmaßnahme nur in ganz seltenen Fällen eine gravierende Verbesserung der Blasenkontrolle bewirkt. Innerhalb eines komplexeren Therapievorgehens stellt sie aber eine bewährte Maßnahme dar. Problematisch bei der Anwendung ist zum einen, daß man nicht gut kontrollieren kann, wieviel Flüssigkeit das Kind auf anderen Wegen mit der Nahrung zu sich nimmt. Ein weiteres praktisches Problem liegt darin, daß man stark auf die Kooperation des Kindes angewiesen ist, besonders dann, wenn die Trinkmenge eingeschränkt wird.

Im Rahmen der komplexen Verfahren gilt die apparative Therapie (3.2.1) als anerkannte Einzelmaßnahme, die nicht nur erfolgreich das Einnässen beseitigt (Heilungsquoten liegen bei 80–90%), sondern auch hinsichtlich ihrer Effektivität anderen Methoden überlegen ist (Übersicht bei Doleys 1977). Oft werden darüber hinaus im Zuge eines Behandlungsfortschritts Verbesserungen im Sozialverhalten und Selbstkonzept des Enuretikers berichtet (mehr Sicherheit und Selbstvertrauen), die wohl als positive Konsequenz des größer werdenden psychosozialen Freiraums interpretiert werden können. Probleme bei der apparativen Therapie werden primär in der teilweise hohen Rückfallrate nach einer Erstbehandlung gesehen. Doleys berichtet in seinem Übersichtsreferat, daß $^2/_3$ aller Rückfälle in den ersten drei bis vier Monaten nach dem Erreichen des Behandlungsziels auftreten, wobei eine sofortige Wiederbehandlung in den meisten Fällen zur erneuten Verbesserung führt. In diesen Fällen wird das Ziel in der Regel rascher erreicht als bei der Erstbehandlung.

In den letzten Jahren wurden deshalb zahlreiche Versuche unternommen, die Zahl der Rückfälle zu verringern, wobei sich zwei Ansätze unterscheiden lassen: Optimierung der Bedingungen in der Aneignungsphase (Variationen der Signalstärke und der Zeitspanne zwischen Einnässen und Signal, intermittierende Verstärkung des Einnässens, Kombinationen des Apparats und anderer Methoden (wie z. B. Medikament und Belohnungsansätze) und Stabilisierung der erworbenen Fähigkeit zur Blasenkontrolle (Überlernen mit erhöhter Flüssigkeitszufuhr, operante Ansätze). Im Einzelfall lassen sich durch adäquates Vorgehen die Behandlungswerte verbessern.

Aus den praktischen Erfahrungen läßt sich ableiten, daß es eher selten vorkommt, daß eine Behandlung wegen Problemen am Gerät scheitert (wie z. B. Fehlalarm oder fehlender Alarm), ein weiteres Problemfeld aber darin zu sehen ist, wenn die Familie Mängel in der Kooperationsbereitschaft aufweist oder nicht von der Methode überzeugt ist.

Wenn diese Probleme unberücksichtigt bleiben, drohen Behandlungsabbrüche oder -mißerfolge. Grundsätzlich ist immer dann die Gefahr für das Fehlschlagen einer apparativen Therapie groß, wenn folgende Bedingungen vorliegen:
- Nachlässigkeit der Eltern (Nichtbefolgen von Anweisungen),
- unsachgemäßer Umgang mit dem Behandlungsgerät,
- falsche Therapieerwartungen hinsichtlich der Dauer der Behandlung,
- falsche Vorstellungen über Entstehung und Aufrechterhaltung des Einnässens,
- feindliche Einstellung der Eltern gegenüber dem enuretischen Kind,
- Skepsis gegenüber der therapeutischen Methode,
- schlechte häusliche Verhältnisse und
- Angst des Kindes und/oder der Eltern vor dem Apparat.

Beim Einsatz eines Weckgerätes sollten die Indikationen und Kontraindikationen kritisch beachtet werden. Mit einem Gerät sollte nur dann behandelt werden, wenn folgende Bedingungen sichergestellt sind:
- Die Therapie kann instruktionsgemäß durchgeführt werden.
- Bis zum Erreichen des Ziels kann sie vom Therapeuten kontinuierlich fachlich begleitet und überwacht werden.
- Es ist davon auszugehen, daß der Enuresis Lerndefizite zugrunde liegen.
- Es wird von den Beteiligten als vorteilhaft angesehen, wenn dem Kind möglichst zeitnah auf ein Einnässen die negativen Konsequenzen bzw. auf erwünschtes Verhalten die positiven Konsequenzen zurückgemeldet werden können.
- Es kann davon ausgegangen werden, daß das engere psychosoziale Umfeld des Kindes den Einsatz einer apparativen Methode akzeptiert.
- Die räumlichen Bedingungen im häuslichen Umfeld können adäquat arrangiert werden.
- Das Kind weist keine gravierenden Verhaltensprobleme auf, die in einer psychologisch bedeutsamen Beziehung zum Einnässen stehen.

Als Kontraindikationen können folgende Bedingungen angesehen werden:
- Eine organische Mitbeteiligung kann nicht ausgeschlossen werden.
- Das Kind und/oder die Eltern können wahrscheinlich nicht sicher mit der Methode umgehen.
- Die kontinuierliche, aktive Mitarbeit der Eltern ist nicht gesichert.
- Häusliche Mißstände oder familiäre Konflikte gefährden den reibungslosen Ablauf der Behandlung.

Kommt es zu Stagnationen im Behandlungsverlauf, bietet sich die Hinzunahme verschiedener Einzeltechniken an, deren Indikationen sich aus den aktuell vorliegenden Daten (Stand der Blasenkontrolle) und den methodenspezifischen Überlegungen ableiten. Zusatzmaßnahmen sind primär dann angezeigt, wenn das Kind mehrmals pro Nacht einnäßt, nicht zuverlässig auf das Wecksignal wach wird und keine freiwilligen Entleerungen vornimmt.

Bezüglich der Effizienz des Dry-Bed-Trainings (3.2.2) haben sich in den bisherigen Untersuchungen und praktischen Erfahrungen zwei Befunde deutlich herauskristallisiert:

– Wenn das Training ohne einen Weckapparat durchgeführt wird, lassen sich keine durchschlagenden Erfolge erzielen. Die operanten Anteile alleine scheinen demnach keine bedeutsame Verbesserung der Behandlungsergebnisse zu erbringen – selbst durch Modifikationen und Ergänzungen von Einzelaspekten.

– Das DBT muß nicht mehr vollständig angewendet werden, sondern es gibt innerhalb des Programms wirksame Einzeltechniken, die im aktuellen Behandlungsvorgehen besonders effektiv einzusetzen sind. Hierzu zählen die erste Behandlungsnacht (Intensivnacht), das Toiletten- und das Sauberkeitstraining. Es hat sich ferner gezeigt, daß einzelne Methoden mit diversen anderen Behandlungsansätzen sinnvoll kombiniert werden können.

Die praktischen Erfahrungen mit dem DBT zeigen, daß man das Verfahren trotz des hohen Arbeits- und Zeitaufwands nicht nur stationär, sondern auch ambulant erfolgreich einsetzen kann, wenn die Eltern in der Lage sind, ihren Aufgaben innerhalb des Vorgehens zuverlässig gerecht zu werden.

4.3 Prognostische Überlegungen

Fragen, die für den praktisch tätigen Therapeuten von Interesse sind, sind vor allem: Läßt sich ein Behandlungserfolg, ein Rückschlag/Rückfall oder ein Abbruch der Behandlung vorhersagen? Welche symptomspezifischen, soziographischen und psychosozialen Merkmale des Patienten und seines Behandlungsumfeldes (incl. Therapeut) spielen eine Rolle?

Im folgenden sind eine Reihe von Merkmalen aufgelistet, die in verschiedenen Untersuchungen diskutiert werden. Dabei muß kritisch bedacht werden, daß die Aufstellung methodenübergreifend ist (es handelt sich aber nur um die oben beschriebenen Behandlungsverfahren) und teilweise auch deutliche Trends mitgeteilt werden, die aber aufgrund der Einschätzung der Untersucher durchaus Beachtung verdienen. Manche Befunde sollte man durchaus mit Vorbehalt betrachten, da zu einigen Merkmalen und deren prognostischem Wert widersprüchliche Ergebnisse vorliegen. So z. B. bezüglich von Behandlungsvariablen, von *Alter, Geschlecht, Enuresismuster* und *psychosozialen Belastungsfaktoren*. Zweifellos bieten die Auflistungen dem Praktiker aber die Chance, bei der Analyse und Bewertung seines aktuellen Behandlungsfalls Hinweise für die Indikation der Maßnahmen und für die Verlaufserwartungen zu finden.

Die erste prognostisch wichtige Frage betrifft den Behandlungsabbruch: Wann besteht die Gefahr, daß die Therapie von seiten des Patienten/seiner Familie abgebrochen wird? Es scheint ungünstig zu sein, wenn beim Kind neben der Enuresis *weitere Verhaltensauffälligkeiten* vorhanden sind und vor Beginn der Therapie von den Eltern viele *falsche Praktiken* zur Beseitigung der Enuresis angewendet wurden (Wagner & Johnson 1988). Es mag sein, daß diese Familien keinen genügend großen Spannungsbogen mehr haben, vieles ausprobieren, sich rasch in ihrer Mißerfolgserwartung bestätigt sehen und schließlich abbrechen. In diesen Familien muß zunächst viel Arbeit in den Aufbau einer therapeutischen Beziehung investiert werden, bevor gezielte Behandlungsmaßnahmen eingeleitet werden.

Auch *negative elterliche Einstellungen* zur Enuresis mindern die Bereitschaft zum Durchhalten, wie z. B. mütterlicher Ärger (Butler et al. 1988), aber auch eine gewisse

Gleichgültigkeit und Toleranz dem Einnässen gegenüber (Morgan & Young 1975, Wagner & Johnson 1988). Behandlungsabbrüche riskiert ferner ein Therapeut, der der Familie während der Behandlung nicht genügend assistiert, die Behandlung nicht fachlich begleitet (Überblick bei Stegat 1990) und der die angewendete Methode fehlerhaft durchführt. Die Ergebnisse und Erfahrungen legen nahe, daß es sinnvoll ist, der Familie einen spürbaren Anfangserfolg zu verschaffen, Vorbehalte und Erklärungsansätze der Familie im therapeutischen Vorgehen zu berücksichtigen und die Familie nicht mit aufwendigen oder ihr nicht plausiblen Methoden zu belasten, wenn noch nicht genügend Kooperationsbereitschaft vorhanden ist.

Eine zweite Frage zielt auf die Vorhersagbarkeit des Behandlungsverlaufs ab: Wann ist eher mit einem Erfolg der Behandlung, wann eher mit einem Mißerfolg zu rechnen? Nach Ansicht einiger Autoren hat bereits der Verlauf der Therapie in den ersten vier Behandlungswochen Einfluß auf die weitere Entwicklung, wie z.B. das Erreichen des Behandlungsziels und die Stabilität der Blasenkontrolle. So scheint es günstig zu sein, wenn das Kind bis zum Erreichen des Behandlungsziels nur selten einnäßt, also eine geringe Miktionsbelastung hat (Finley et al. 1982). Kinder, die nach der dritten Behandlungswoche noch mehrmals pro Nacht einnässen (multiple Nässer), haben bis zum Erreichen des Ziels doppelt so viele Einnäßereignisse, eine um ca. 30% verlängerte Behandlungsdauer und eine höhere Rückfallrate. Fielding (1980) sieht Probleme für die Behandlung, wenn beim Kind eine hohe Miktionsrate vorliegt und diese noch von einem starken, abrupt einsetzenden Harndrang begleitet wird (Urgency-Syndrom): Diese Kinder sprechen ihrer Beobachtung nach langsamer auf die Behandlung an, weisen eine geringere Erfolgsrate auf und werden schneller rückfällig. Große Bedeutung wird auch dem *Vorhandensein eines hohen Leidensdrucks beim Kind* sowie seiner Bereitschaft und der seiner Familie zur *Kooperation und aktiven Teilnahme an der Behandlung* beigemessen (Butler et al. 1990). Dabei wird es als vorteilhaft angesehen, wenn das Kind eine eigene psychologische Theorie seiner Störung entwickelt hat. Bezüglich der *elterlichen Einstellungen* fand Grosse (1980a), daß die elterliche Einstellung „Man sollte ein Kind für das Einnässen nicht bestrafen" mit einer Stabilisierung des Behandlungserfolges (endgültige Heilung) positiv korrelierte. Ebenso positiv wirkt nach Beobachtung von Butler et al. (1988) der Umstand, daß die Geschwister etwas Druck (z. B. durch Hänselei) auf das Kind mit Enuresis ausüben.

Brumby und Steinhausen (1989) berichten, daß sich bei *Mädchen, primären Enuretikern und Kindern, die nicht allnächtlich einnässen, und solchen, die aus Familien mit einem höheren sozialen Status* kommen, günstigere Prognosen ergaben. Aus den Fallanalysen leiten sie ferner ab, daß ein guter Verlauf bei Mädchen und Kindern zu erwarten ist, bei denen neben der Enuresis eine *Entwicklungsverzögerung* vorliegt. Man kann annehmen, daß diese Kinder unter dem schützenden Dach des therapeutischen Settings (Wegfall von Bestrafungen etc.) in Ruhe „nachreifen" können.

Zur Vermeidung negativer Prognosen sollte folgenden Merkmalen auf seiten des Kindes und seiner Familie besondere Beachtung geschenkt werden: Betroffen sind spezifische Merkmale in der Blasenkontrolle, soziographische Merkmale und solche aus der Persönlichkeit und dem Sozialverhalten des Kindes. So scheint bei *kombinierten Einnässern* die Rückfallgefährdung zu steigen und tendenziell auch bei Kindern, deren *Erstbehandlung* lange dauerte und bei denen *viele Begleitsymptome* vorliegen. Ferner scheinen ältere Kinder rascher rückfällig zu werden, wobei ein sensibles Alter zwischen dem neunten und zehnten Lebensjahr liegen könnte.

Bei einem Kind, das nach dem vierten Lebensjahr tagsüber noch Defizite in der Blasenkontrolle hat, erwartet Bollard (1982) Probleme in bezug auf die Stabilität eines Behandlungserfolgs. Gefährdet sind seiner Ansicht auch Kinder, bei denen weitere psychische Auffälligkeiten vorliegen. Bollard glaubt, daß eine Behandlung nach einem zweiten Rückfall länger dauert als die Erstbehandlung.

Oft wird ein *hereditärer Faktor* als prognostisch bedeutsam diskutiert, wobei sich tendenziell durchaus Einflüsse in die erwartete Richtung zeigen. Jaervelin et al. (1988) berichten, daß bei Kindern, deren Väter nach dem vierten Lebensjahr selbst enuretisch waren, ein 7mal größeres Risiko vorliegt, an einer Enuresis zu erkranken. Bindelglas et al. (1968) fanden bei 80% der Kinder, bei denen eine medikamentöse Behandlung erfolglos verlief, Väter, die als Kind selbst enuretisch waren. Bezüglich des Enuresismusters beobachtete Novick (1966), daß sekundäre Enuretiker eine größere Rückfallquote und allgemeine Symptomrate haben und bei ihnen der Einsatz operanter Methoden prognostisch günstig ist. Speziell in der Prognose bei der apparativen Therapie sehen Lovibond und Coote (1970) Probleme bei Kindern mit *Defiziten in der Tageskontrolle der Blase* (Tagnässen, häufige Entleerungen, Urgency). Neben diesen symptomatischen Merkmalen können solche aus der *Persönlichkeit des Kindes und seines Umfeldes* störend einwirken. Young (1965) sieht bei extraviertierten Kindern eine erhöhte Rückfallneigung, Brumby und Steinhausen (1989) halten Störungen des Sozialverhaltens des Kindes für relevant. Unangenehme Auswirkungen hat es nach Ansicht von Doleys und Ciminero (1976), wenn beim Kind eine *Nacht- und/oder Dunkelangst und Ängste im Zusammenhang mit der Blasenentleerung*, wie z. B. eine WC-Phobie, vorliegen, und diese Ängste nicht gleich zu Beginn der Therapie angegangen werden. Schließlich werden die Behandlungsdauer und die -stabilität negativ beeinflußt, wenn *ungünstige familiäre Streßfaktoren* unkontrolliert und lange einwirken. Neben Trennungserlebnissen, Verlusten, die oft einhergehen mit strukturellen Veränderungen der Familie sollte dem Einfluß sog. „Kummertage" (Haus-Schnabel 1994) Beachtung geschenkt werden. Man kann insgesamt davon ausgehen, daß die Wirksamkeit von anvisierten Behandlungsmaßnahmen im Einzelfall gesteigert werden kann, wenn die hier diskutierten Merkmale bei der Planung und Durchführung der Therapie berücksichtigt werden.

4.4 Aufgaben für die Forschung

Aus den Untersuchungen und Erfahrungen zur Enuresistherapie lassen sich einige Forschungsaufgaben ableiten, die besonders für den Praktiker sehr interessant sind. Zunächst wäre zu fordern, daß methodisch saubere Vergleichsstudien durchgeführt werden, in denen eine Methode wiederholt angewendet wird (evtl. in verschiedenen Settings, bei verschiedener Klientel) und in denen mehrere Behandlungsmethoden verglichen werden.

Ferner sollten Fragen der Indikation abgeklärt werden: Welchen Beitrag kann eine Behandlungsmethode unter verschiedenen Therapiebedingungen leisten? Ein weiterer Schwerpunkt der Forschung könnte der Frage gewidmet werden, inwieweit sich die Effektivität von Verfahren durch die Kombination mit anderen verbessern läßt.

Fruchtbare Denkansätze dürften schließlich aus der Analyse systematisch dokumentierter Einzelfallstudien entwickelt werden, in denen die jeweilige Indikation von Maßnahmen und deren Auswirkung auf die Behandlungswerte kritisch und umfassend diskutiert werden: Die Überlegungen für die Indikation eines Verfahrens sollten vor dessen Einsatz ausführlich dokumentiert werden.

Literatur

Azrin, N. H., Sneed, T. J. & Foxx, R. M.: Dry-Bed Training: Rapid elimination of childhood enuresis. Behavior Research and Therapy 19 (1974), 147–156

Beetz, R.: Funktionelle Aspekte der Enuresis im Kindesalter – Bedeutung für Diagnostik und Therapie. Aktuelle Urologie, 24 (1993), 241–250

Bindelglas, P. M., Dee, G. H. & Ends, F. A.: Medical and psychosocial factors in enuretic children treated with imipramine hydrochloride. American Journal of Psychiatry 124 (1968), 125–130

Bollard, J.: A 2-year follow-up of bedwetters treated by Dry-Bed-Training and standard conditioning. Behavior Research and Therapy 20 (1982), 571–581

Brumby, A. & Steinhausen, H. C.: Der Verlauf der Enuresis im Kindes- und Jugendalter. Praxis der Kinderpsychologie und -psychiatrie 38 (1989), 2–5

Butler, R. J., Brewin, C. R. & Forsythe, W. I.: A comparison of two approaches to the treatment of nocturnal enuresis and the prediction of effectiveness using pre-treatment variables. Journal of Child Psychology and Psychiatry 29 (1988), 501–509

Butler, R. J., Redfern, E. J. & Forsythe, W. I.: The child's construing of nocturnal enuresis: A method of inquiry and prediction of outcome. Journal of Child Psychology and Psychiatry 31 (1990), 447–454

DeJonge, G. A.: The urge syndrom. In: Kolvin et al. 1973

DeJonge, G. A.: Epidemiology of enuresis: a survey of the literature. In: Kolvin et al. 1973

Doleys, D. M. & Ciminero, A. R.: Childhood enuresis: Considerations in treatment. Journal of Pediatric Psychology 4 (1976), 21–23

Doleys, D. M.: Behavior treatments for nocturnal enuresis in children: A review of the recent literature. Psychological Bulletin 84 (1977), 30–54

Doleys, D. M. et al.: Dry-bed training and retention control training: A comparison. Behavior Therapy 8 (1977), 541–548

Dührssen, A.: Psychogene Erkrankungen bei Kindern und Jugendlichen. Göttingen: Vandenhoeck & Ruprecht 1978

Fielding, D.: The response of day and night wetting children who wet only at night to retention control training and the enuresis alarm. Behavior Research and Therapy 18 (1980), 305–317

Fielding, D.: An analysis of the behavior of day- and night-wetting children: towards a model of micturition control. Behavior Research and Therapy 20 (1982), 49–60

Fielding, D.: Factors associated with drop-out, relapse and failure in the conditioning treatment of nocturnal enuresis. Behavior Psychotherapy 13 (1985), 174–185

Finley, W. W., Rainwater, A. J. & Johnson, G.: Effect of varying alarm schedules on acquisition and relapse parameters in the conditioning treatment of enuresis. Behavior Research and Therapy 20 (1982), 69–80

Fröhlich, G. & Wichmann, D.: Enuresis. Der Kinderarzt 9 (1978), 1531–1533

Grosse, S.: Bettnässen. Frankfurt: Lang 1980a

Grosse, S.: Die Indikation von Wecken und Flüssigkeitseinschränkung als therapeutische Maßnahmen bei Enuresis nocturna. Der Kinderarzt 11 (1980b), 1426–1427

Grosse, S.: Bettnässen. München: Psychologie Verlags Union 1991, 2. überarbeitete Auflage

Haug-Schnabel, G.: Enuresis. Diagnose, Beratung und Behandlung bei kindlichem Einnässen. München; Basel: Ernst Reinhard Verlag. 1994

Herhaus, K.: Die Wirksamkeit eines Münzverstärkungsprogramms bei der apparativen Behandlung der Enuresis – Versuch einer kontrollierten klinischen Studie. Unveröff. Diplomarbeit, Universität Münster 1974

Houts, A. C., Berman, I. S. & Abramson, H.: The effectiveness of psychological and pharmacological treatments for nocturnal enuresis. Journal of Consulting and Clinical Psychology, Vol. 62 (1994), 737–745

Jaervelin, M. R. et al.: Enuresis in seven-year-old children. Acta Paediatrica Scand. 77 (1988), 148–153

Jehle, P. & Schröder, E.: Harnzurückhaltung als Behandlung des nächtlichen Einnässens. Praxis der Kinderpsychologie und -psychiatrie 36 (1987), 49–55

Jehu, D. et al.: A controlled trial of the treatment of nocturnal enuresis in residential homes for children. Behavior Research and Therapy 15 (1977), 1–16

Kolvin, I., Mac Keith, R. C. & Meadow, G. R.: Bladder control and enuresis. London: Heinemann Medical Books Ltd. 1973

Largo, R. H. & Stutzle, W.: Longitudinal study of bowel and bladder control by day and at night in the first six years of life I: Epidemiology and intercorrelations between bowel and bladder control. Developmental Medicine and Child Neurology 19 (1977), 598–606

Lovibond, S. H. & Coote, M. A.: Enuresis. In: Costello, G. C. (Ed.): Symptoms of psychopathology: A handbook. New York: Wiley 1970

Morgan, R. T. T. & Young, G. C.: Parental attitudes and the conditioning treatment of childhood enuresis. Behavior Research and Therapy 13 (1975), 197–199

Mowrer, O. H. & Mowrer, W. M.: Enuresis: A method for its study and treatment. American Journal of Orthopsychiatry 8 (1938), 436–459

Novick, J.: Symptomatic treatment of aquired and persistent enuresis. Journal of Abnormal Psychology 71 (1966), 363–368

Olness, K.: The use of self-hypnosis in the treatment of childhood nocturnal enuresis. Clinical Pediatrics (1975), 273–279

Ross, A. O. & Petermann, F.: Verhaltenstherapie mit Kindern und Jugendlichen. Stuttgart: Hippokrates Verlag 1987

Roth, J.: Die Konditionierungsbehandlung (apparative Verhaltenstherapie der Enuresis). In: Goldschmidt, H. u. a.: Ursachen und Behandlung der Enuresis. München: Verlag für angewandte Wissenschaften (1980), 36–40

Schmidt, N. & Esser, G.: Einflüsse auf die Effizienz der verhaltenstherapeutischen Behandlung der Enuresis. Eine klinische Studie in 47 Fällen. Zeitschrift für Kinder- und Jugendpsychiatrie 9 (1981), 217–233

Stegat, H.: Enuresis. Berlin: Springer 1973

Stegat, H.: Enuresis. In: Pongratz, L.: Handbuch der Psychologie. Klinische Psychologie, Bd. 2 (1978)

Stegat, H.: Apparative Verhaltenstherapie und Behandlungsabbruch. Der Kinderarzt 21 (1990), 1131–1135

Steinhausen, H. C.: Psychische Störungen bei Kindern und Jugendlichen. München: Urban & Schwarzenberg 1988

Stewin, H. & Stucke, A.: Verhaltenstherapeutische Behandlung von Bettnässen – ein Therapievergleich. Unveröff. Diplomarbeit, FU Berlin 1977

Wagner, W. G. & Johnson, J. T.: Childhood nocturnal enuresis: the prediction of premature withdrawal from behavioral conditioning. Journal of Abnormal Child Psychology 16 (1988), 687–692

Yates, A. J.: Behavior therapy. New York: Wiley 1970

Young, G. C.: The aetiology of enuresis in terms of learning theory. The medical officer (1965), 8. Jan., 19–23

Young, G. C. & Morgan, R. T. T.: Overlearning in the conditioning treatment of enuresis. Behavior Research and Therapy 10 (1972), 147–151

Young, G. C. & Morgan, R. T. T.: Conditioning treatment of enuresis: Auditory intensity. Behavior Research and Therapy 11 (1973), 411–416

Zaleski, A., Gerrard, J. W. & Shokeir, M. H.: Nocturnal enuresis: The importance of a small bladder capacity. In: Kolvin et al. 1973

Kapitel 17

Enkopresis

Friederike Berger-Sallawitz

1. Definition und Klassifikation 470
2. Symptomatik und Verhaltensdiagnose 471
2.1 Anamnese 472
2.2 Organmedizinische Abklärung 472
2.3 Kinderpsychiatrische/klinisch psychologische Diagnostik 472
2.4 Besonderheiten der Familiendiagnostik 473
2.5 Enkopresis mit Verstopfung und Überlaufinkontinenz 473
2.5.1. Beispiele für Bedingungsanalysen bei Überlaufeinkoten 475
2.6 Enkopresis ohne Obstipation 476
3. Therapie in der Praxis 477
3.1 Therapieplanung 477
3.1.1 Therapieplanung bei zusätzlich bestehenden kinderpsychiatrischen Erkrankungen 477
3.2 Therapie der Enkopresis mit Verstopfung und Überlaufinkontinenz 478
3.2.1 Information und Psychoedukation 479
3.2.2 Initiales Abführen 480
3.2.3 Toilettentraining 480
3.2.4 Stabilisierungsphase 482
3.2.5 Vorbereitung auf einen Rückfall 482
3.3 Therapie der Enkopresis ohne Obstipation 482
3.3.1 Therapie der primären Enkopresis ohne Obstipation 482
3.3.2 Therapie der sekundären Enkopresis ohne Obstipation 483
4. Evaluation 484

Literatur 485

1. Definition und Klassifikation

Bei der Enkopresis, dem Einkoten, handelt es sich um eine psychosomatische Störung, die nicht nur für den betroffenen Patienten, sondern auch für seine Bezugspersonen erhebliche sekundäre Belastungen mit sich bringt. Die Vielfalt der gebräuchlichen Synonyma (z. B. funktionelles Megacolon, psychogene Inkontinenz, manipulative soiling, faecal soiling, functionell fecal incontinence) ist Ausdruck unterschiedlicher pathophysiologischer Vorstellungen, die durchaus Auswirkungen auf das therapeutische Vorgehen haben.

DSM-IV und ICD-10 verstehen unter Enkopresis willkürliches und unwillkürliches Entleeren der Faeces an „ungeeigneten Stellen (z. B. Kleidung oder Fußboden)" (DSM-IV) bzw. "Stellen, die im soziokulturellen Umfeld des Betroffenen nicht dafür vorgesehen sind" (ICD-10) bei einem chronologischen bzw. Entwicklungsalter von mindestens vier Jahren. Das DSM-IV fordert eine Mindestdauer von drei Monaten für die Diagnosestellung, die Forschungskriterien ICD-10 von mindestens sechs Monaten. Die Störung darf nicht ausschließlich auf Abführmittelgebrauch oder einen medizinischen Krankheitsfaktor – ausgenommen Obstipation – zurückgehen. DSM-IV hat im Unterschied zu DSM-III-R den Zusatz „funktionelle" aufgegeben und unterscheidet neu zwischen den Untertypen mit bzw. ohne Verstopfung und Überlaufinkontinenz, ICD-10 die Unterformen mit und ohne adäquate Spincterkontrolle.

Eine primäre Enkopresis besteht, wenn der Patient noch nie sicher über längere Zeit eine physiologische Darmkontrolle hatte; bei einer sekundären Enkopresis war der Patient bereits ein Jahr sauber. Im Gegensatz zur Enuresis spielt die Unterscheidung in Enkopresis diurna oder nocturna keine Rolle, da Einkoten aus physiologischen Gründen fast nie auf die Nacht beschränkt ist.

DSM-IV und ICD-10 stimmen also in den diagnostischen Kriterien der Enkopresis überein, codieren jedoch verschiedene Untergruppen. Dem verhaltenstherapeutischen Vorgehen liegt die Subtypenklassifikation des DSM-IV näher als die der ICD-10. Das Kriterium der adäquaten Spincterkontrolle läßt sich oft nur mit Hilfe der Angaben des Patienten eruieren, die gerade bei diesem Symptom nicht immer zuverlässig sind. Die zusätzliche Untergruppe „bei sehr flüssigen Faeces" ist nicht trennscharf: unter diese Kategorie fallen sowohl Patienten mit paradoxer Diarrhoe bei Obstipation und Überlaufenkopresis als auch Patienten ohne Obstipation, die bei Erregung, z. B. Angst, mit Einkoten sehr flüssiger Faeces reagieren. Ob eine Verstopfung mit Überlaufinkontinenz besteht oder nicht, ist hingegen eine trennscharfe und therapeutisch sehr bedeutsame Unterscheidung, die sich mit Anamnese und körperlicher Untersuchung objektiv feststellen läßt.

Zur Häufigkeit und Geschlechtsverteilung fehlen epidemiologische Daten an befriedigend großen Populationen aus den letzten Jahren. Bei Fragebogenuntersuchungen besteht die Gefahr der Unterschätzung. Selbst in klinischen Befragungen wird das Symptom Enkopresis nicht zuverlässig angegeben.

Das DSM-IV gibt mit einer Prävalenz von 1% für fünfjährige Kinder eine deutlich niedrigere Häufigkeit als ältere Studien an: Bellmann (1966) fand eine Häufigkeit von 1,5% bei 7–8jährigen. Rutter u. a. (1970) stellten in der Isle-of-Wight Studie bei 1,3% der 10–12-jährigen Knaben und 0,3% der Mädchen Einkoten fest. Largo (1978) fand in der Zürcher Longitudinalstudie bei Kindern und Jugendlichen zwischen 6 und 18 Jahren eine Häufigkeit von Enkopresis von 2 bis 4% bei den Jungen und von 1 bis 2% bei den Mädchen. Daß die Enkopresis bei Jungen häufiger vorkommt als bei Mädchen, ist unbestritten. Die Verhältniszahlen gehen von 2:1 (Largo 1978) bis 6:1 (Levine 1992). Die Störung kann spontan remittieren (Bellmann 1966), aber auch bis ins Erwachsenenalter bestehen (Leight u. a. 1982, Enk u. a. 1991).

2. Symptomatik und Verhaltensdiagnose

Die Enkopresis kommt monosymptomatisch vor, häufig aber auch zusammen mit anderen Störungen, insbesondere der Enuresis (Boon 1991) dem Hyperkinetischem Syndrom (Levine 1982), emotionalen Störungen, Störungen des Sozialverhaltens und Teilleistungsstörungen. Die Angaben in der Literatur über die Komorbidität variieren. Vor allem in Berichten über psychiatrische Inanspruchnahmepopulationen (Reinhard 1985, Wille 1984) werden enkopretische Kinder als emotional belasteter und in ihrer Daseinsbewältigung reduzierter dargestellt.

Wenn das Einkoten bei der Vorstellung als Symptom offen benannt wird, ist die Diagnose nicht schwer. Sie läßt sich anamnestisch stellen und wird dann durch Ausschluß der entsprechenden Differentialdiagnosen durch den Kinderarzt gesichert. Die Symptomatik des Einkotens ist sowohl vom Erscheinungsbild als auch in der Häufigkeit außerordentlich variabel und reicht von gelegentlichem Einschmutzen der Unterwäsche, das mit unzureichender Analhygiene verwechselt werden kann, bis hin zum regelmäßigem Einkoten großer, übelriechender Stuhlportionen. Die betroffenen Kinder und Jugendlichen reagieren oft zunächst mit Scham und Selbstekel. Manche versuchen, die Symptomatik vor anderen zu verbergen, indem sie z. B. verschmutzte Wäsche verstecken – Verhaltensweisen, die von den Bezugspersonen als aggressiv empfunden und nicht selten mit drastischen Strafen bis hin zu Mißhandlungen beantwortet werden (Artner & Castell 1981). Einkoten ruft bei Familienmitgliedern und Betreuungspersonen jedoch nicht nur Abscheu und Ablehnung hervor, sondern führt zu Problemlöseversuchen, die meist in Hilflosigkeit und gegenseitigen Schuldvorwürfen münden. Die Variabilität des familiären Umgangs mit chronifizierter Enkopresis umfaßt auch Schweigen und stillschweigendes Einvernehmen, das Symptom möglichst weitgehend zu verheimlichen. Häufig ist inkonsistentes Verhalten mit immer neuen „Therapieversuchen", wiederholten Mißerfolgen, mit erneutem Strafen, die bei den Eltern auch zu Schuldgefühlen und Entschuldigungen beim Kind führen können. Der Patient kann durch die erlebte elterliche Hilflosigkeit Gefühle von Kontrolle und Macht erfahren. Vom Kind als ungerecht empfundene harte Strafen führen jedoch auch zu mehr oder weniger versteckten Aggressionen und einer weiteren Eskalation.

Der entscheidende diagnostische Schritt besteht darin, an die Möglichkeit einer Enkopresis überhaupt zu denken: die Kinder werden in der kinder- oder allgemeinärztlichen Praxis auch mit unspezifischen Symptomen wie rezidivierenden Bauchschmerzen, Flatulenz, Appetitlosigkeit, Blässe, Übelkeit bis hin zum Erbrechen, chronischer Müdigkeit und Antriebsarmut vorgestellt. Spezifischere Symptome können Defäkationsschmerzen, Durchfälle und Blutabgang beim Stuhlgang sein, ohne daß Kotschmieren oder Einkoten als Problem benannt werden. Das Problem der unvollständigen Stuhlentleerung ist dem Patienten und seinen Bezugspersonen häufig nicht bewußt. Auch durch Enkopresis bedingte, rezidivierende Harnwegsinfekte können ein Vorstellungsgrund beim Arzt sein (Loening-Baucke 1997).

Bei der Vorstellung enkopretischer Kinder und Jugendlicher in Beratungsstellen, kinderpsychiatrischen und heilpädagogischen Praxen und Institutionen wird das Einkoten ebenfalls nicht immer spontan benannt. Vor allem bei Kindern, die wegen Enuresis, hyperkinetischen Störungen und Teilleistungsschwächen vorgestellt werden, muß die Möglichkeit einer Enkopresis gezielt mit mehreren Fragen ausgeschlossen werden. Einzelne Fragen wie „Wann war das Kind sauber?" geben den Eltern zu wenig Raum, entsprechende Probleme zu schildern. Erfahrungsgemäß steigt die Chance, daß Inkontinenzprobleme angegeben werden, wenn sie mit mehreren Fragen angesprochen werden – z. B., ob das Kind jetzt immer ganz sauber sei, ob Kotspuren in der Unterwäsche seien, ob es wegen der

Sauberkeit schon einmal zu Konflikten gekommen sei usw.

Kennzeichnend für Erstgespräche mit einkotenden Patienten und deren Eltern ist auch, daß die Vorstellung überzufällig häufig von Dritten veranlaßt ist – z. B. weil Kindergarten oder Schule mit Ausschluß drohen. Selbst in dieser Situation wird das Problem oft schamhaft verschwiegen und muß taktvoll erfragt werden.

2.1 Anamnese

Neben der üblichen Schwangerschafts-, Geburts- und Entwicklungsanamnese wird nach einer Obstipationsneigung und dem Verlauf der Sauberkeitserziehung gefragt. In der aktuellen symptombezogenen Anamnese werden nicht nur Stuhlgewohnheiten und -rituale, sondern auch Ernährung und insbesondere Flüssigkeitszufuhr erfaßt. Wichtig ist auch das Bewegungsverhalten des Kindes.

Die Erfahrung im Hinblick auf die Familienanamnese zeigt, daß eine früher oder aktuell bestehende Enkopresis bei Familienmitgliedern im Erstgespräch eher nicht angegeben wird bzw. den anwesenden Familienmitgliedern, meist der Mutter, nicht immer bekannt ist. Fragen nach familiären Obstipationsneigungen werden eher offen beantwortet.

2.2 Organmedizinische Abklärung

Zur diagnostischen Routine gehört unbedingt die körperliche Untersuchung. Sie dient nicht nur zum Ausschluß körperlicher Differentialdiagnosen, sondern auch zur Feststellung des Schweregrads einer eventuellen Obstipation bzw. eines funktionellen Megacolons. Eine enge interdisziplinäre Zusammenarbeit ist nicht nur bei der Therapie, sondern bereits auch bei der Diagnostik anzustreben. Alle beteiligten Fachleute sollten sich bei der Indikationsstellung zu invasiven Untersuchungen bei Kindern an den Grundsatz erinnern, daß eine unnötige Diagnostik unethisch ist. Die Richtlinien der Arbeitsgruppe „Obstipation im Kindesalter" der Gesellschaft für Pädiatrische Gastroenterologie und Ernährung (Grosse u. a. 1990) empfehlen invasivere diagnostische Maßnahmen wie Rektumschleimhautbiopsie, Colonkontrasteinlauf, rektale Manometrie und Elektromyographie nur bei akuter abdomineller Symptomatik oder dann, wenn eine über 3–6 Monate konsequent durchgeführte konservative Therapie keine Besserung bringt. Tatsächlich sind analinvasive Maßnahmen wesentlich seltener notwendig, als sie in der Praxis durchgeführt werden, oft genug bleiben sie auch ohne therapeutische Konsequenz. Enkopretische Kinder haben häufig mehrere Kontrasteinläufe hinter sich. Wichtig ist, mit welchen Worten der erhobene körperliche Befund mitgeteilt wird. Die Worte „es ist nichts Organisches" oder „das ist nur psychogen" führen häufig zu dem Mißverständnis, das Einkoten unterliege der willentlichen Kontrolle des Kindes.

Fehlow (1991) empfiehlt die routinemäßige Durchführung eines EEG, da bei Enkopretikern überzufällig häufig abnorme EEG- Befunde auftreten. Diese sind jedoch meist unspezifisch und haben selten einen Einfluß auf die Behandlungsplanung, so daß die Indikationsstellung zum EEG von Fall zu Fall neu zu entscheiden ist.

2.3 Kinderpsychiatrische/klinisch-psychologische Diagnostik

Sie umfaßt neben dem klinischen Interview zum Ausschluß weiterer Erkrankungen, die ggfs. durch standardisierte Eltern- und Lehrerfragebogen ergänzt werden, auch routinemäßig einen Intelligenztest, der auch geeignet ist, Hinweise auf Teilleistungsschwächen (Hawik-R, AID oder KABC) zu geben und gegebenenfalls die weitere Abklärung bzw. den Ausschluß von Teilleistungsschwächen.

2.4 Besonderheiten der Familiendiagnostik

Es empfiehlt sich, einen Teil der Anamnese mit den Eltern in Abwesenheit des Patienten durchzuführen, da die Schilderung der Symptomatik und die dabei deutlich werdenden Affekte für den Patienten kränkend sind. Nicht nur die belastenden Folgen des Einkotens für Kind und Familie sind zu erfragen, sondern auch aufrechterhaltende Faktoren. Daß z. B. die Enkopresis die Familie vom Verwandtenbesuch abhält, vermeidet vielleicht Konflikte zwischen den Eltern. Daß das enkopretische Kind soziale Kontakte meidet, trägt vielleicht zur psychischen Stabilisierung der Mutter bei. Immer wieder stößt man auf das Familiengeheimnis, daß ein Familienmitglied ebenfalls einkotet – es besteht dann die Gefahr, daß das Kind aus Loyalität sein Symptom nicht aufgeben kann, oder gar die ganze Familie unausgesprochen überzeugt ist, dieses Problem sei unheilbar.

In der Exploration beider Elternteile sollte ausführlich auf deren Krankheitskonzepte eingegangen werden, da diese ggfs. im ersten Therapieschritt korrigiert werden müssen. So bewirkt die Erfahrung, daß das Kind bei optimaler Motivation in der Lage ist, kurzfristig saubere Hosen zu präsentieren, die falsche Überzeugung, das Kind sei durchaus zur Stuhlkontrolle in der Lage. Diese Sichtweise führt unweigerlich zu Ärger und Bestrafungstendenzen. Den Eltern sollte in den ersten Gesprächen auch reichlich Raum gegeben werden, über bisherige Problemlöseversuche zu sprechen. Das dabei signalisierte Verständnis für die schwierige Situation der Eltern und das Lob für ihre Mühe, ermutigt oft zu „Geständnissen" schuldhaft verarbeiteter Strafen.

Schließlich werden für jeden Patienten individuelle Bedingungsanalysen für Genese und Aufrechterhaltung des Einkotens und ggfs. für das Scheitern der bisherigen Problemlöseversuche erstellt.

2.5 Enkopresis mit Verstopfung und Überlaufinkontinenz

Die meisten Patienten mit Enkopresis gehören zu diesem obstipierten retentiven Typ. (Hatch 1988; Quaschner und Mattejat 1997). Eine Enkopresis mit Verstopfung und Überlaufinkontinenz kann sowohl primär als auch sekundär auftreten. Die Symptomatik ist sehr variabel. Wie schon von Kanner 1953 als „partial encopresis" beschrieben, gelingt es einer Untergruppe von Patienten manchmal durchaus, den Stuhldrang wahrzunehmen und große Stuhlportionen in die Toilettenschüssel abzusetzen. Unwillkürliches Einkoten und Schmierspuren in der Wäsche bestehen dann nur gelegentlich. Andere Patienten haben ausschließlich unwillkürlich Stuhlgang. Sie koten immer wieder große Stuhlportionen ein, haben häufig verschmutzte Wäsche und sind in Gefahr, einen entsprechend üblen Geruch zu verbreiten, den sie selbst oft nicht mehr wahrnehmen. Die Behauptung mancher Patienten, auch den Stuhl in der Hose nicht mehr zu spüren, entspringt einer mehr oder weniger bewußten Verleugnung und kann ein Hinweis auf Resignation und zunächst ambivalente Therapiemotivation sein.

Bei Kindern mit primärer Überlaufenkopresis kann eine familiäre Neigung zu ausgeprägter Obstipation bestehen, wobei sowohl eine körperliche Disposition als auch Ernährungsgewohnheiten und andere Familientraditionen eine Rolle spielen. Ergibt die gelegentlich durchgeführte Biopsie der Rektumschleimhaut bei diesen Kindern den Befund einer „minimalen neuronalen Dysplasie", ist das ein Hinweis auf eine körperliche Disposition zur Obstipation – ein Befund, der wenig therapeutische Konsequenzen hat, dessen Mitteilung erfahrungsgemäß jedoch von Schuld entlasten kann (s. Therapiephase Information und Psychoedukation). Patienten mit chronischer Obstipation und resultierendem Megacolon leiden häufig an einer verringerten Motilität des Enddarms, ein Befund der fast nie Ursache, sondern Folge der Obstipation ist (Loening-Baucke 1984).

Der Entstehungsmechanismus der Überlaufenkopresis läßt sich vereinfacht so darstellen:

Obstipation und Stuhlretention
↓
Eintrocknen und Verhärten des Stuhls
↓
Schmerzen beim Stuhlgang
↓
Vermeiden des Stuhlgangs
↓
Vermehrung des Stuhlvolumens
↓
Erweiterung des Enddarms
↓
harte Kotsäule drückt auf die Schließmuskel
↓
Daueranspannung von Beckenboden und Schließmuskeln
↓
Verlust der Körperwahrnehmung im Enddarm
↓
flüssiger Stuhl läuft aus dem Dünndarm
unwillkürliches Einkoten v. a. bei Entspannung
Kotschmieren

Eine primär bestehende oder situativ bedingte (z. B. ernährungsbedingte, nach einer organisch bedingten Diarrhoe auftretende) Obstipation führt zur Verhärtung des Kotes und schmerzhaftem Stuhlgang. Schnell kann ein Teufelskreis von Stuhlverhalten und weiterer Stuhlverhärtung bei ständiger Vermehrung des Stuhlvolumens entstehen, so daß sich das Rektum erweitert und eine harte Kotsäule auf die Schließmuskeln drückt. Das Kind beginnt, Schließmuskeln und Beckenboden dauveranzuspannen und den Stuhldrang willentlich so lange zu unterdrücken, bis er wieder aufhört. Schließlich ist der Patient nicht mehr in der Lage, den Stuhldrang wahrzunehmen. Die Folge sind einerseits „paradoxer Durchfall" bzw. Einschmieren in die Wäsche, wenn flüssiger Stuhl aus oberen Darmabschnitten an der harten Kotsäule vorbeiläuft und andererseits unkontrollierbarer Stuhldrang mit Entleeren großer Stuhlportionen.

Am Beginn einer Überlaufenkopresis muß nicht immer eine Obstipation stehen. Auslösend kann auch ein bewußtes Vermeiden von Toiletten sein, z. B. wenn sich das Kind aus irgendeinem Grund vor einer Toilette ängstigt oder ekelt und den Stuhl längere Zeit zurückhält, so daß eine psychogen bedingte, sekundäre Obstipation besteht, deren weiterer Verlauf dann der primären Obstipationsüberlaufenkopresis entspricht. Die Symptomatik einer Überlaufenkopresis kann innerhalb weniger Wochen entstehen. Bei manchen Patienten entwickeln sich typische zeitliche Verteilungsmuster. Schulkinder koten z. B. selten während der Schulzeit ein (Levine 1975). Eine physiologische Erklärung dafür sind der im Vergleich zur Freizeit höhere Aktivierungszustand des Kindes und seine meist bestehende maximale Motivation, sich in der Schule nicht durch Einkoten zu blamieren. Nach der Schule entspannt sich das Kind etwas. Bereits auf dem Heimweg ist dann die Wahrscheinlichkeit des Einkotens erhöht. Ein weiteres typisches Beispiel für situative Unterschiede im Auftreten sind symptomfreie Wochenenden: das Kind ist bei den Großeltern und unter hochgradiger Anspannung. Es wird sein Symptom dort nicht zu zeigen. Es kotet dann aber ein, sobald es wieder zu Hause ist. Nicht selten sind solche symptomfreien Intervalle jedoch nur scheinbar symptomfrei: Dem Kind oder Jugendlichen gelingt es in der fremden Umgebung zunächst, seine Symptomatik zu verbergen. Viele Mitarbeiter kinderpsychiatrischer und pädiatrischer Stationen haben die Erfahrung gemacht, nach einer erfreulichen und als schnellen Therapieerfolg gedeuteten symptomfreien Phase, versteckte und verschmutzte Unterwäsche zu finden.

Die zeitlichen Verteilungen des Einkotens sind in der Diagnostikphase besonders sorgsam zu erfragen, da sie Anlaß zu falschen Schlußfolgerungen und Schuldzuschreibungen sind, z. B. daß das Kind, das nicht in der Schule oder bei den Großeltern einkotet, sondern zu Hause, Aggressionen gegen die Mutter hege usw. Werden solche Kausalattribuierungen gar von Fachleuten vorgenommen, erhöhen sich Druck und Schuldgefühle bei den Eltern, ohne daß sie daraus eine Hilfe für den Alltag ableiten können.

2.5.1 Beispiele für Bedingungsanalysen bei Überlaufeinkoten

Die elfjährige I., die seit ihrem 3. Lebensjahr sauber war und ihre Körperhygiene seit Jahren autonom regelte, ekelte sich im vierwöchigen Campingurlaub so sehr vor der Toilette, daß sie sie nie benutzte. Ihr Wasser ließ sie heimlich in den See. Ihre Stuhlretention wurde von den Eltern nicht bemerkt. Nach den Ferien fiel den Eltern Blässe und Appetitlosigkeit auf. I. ging nicht mehr nach draußen zum Spielen und klagte über Bauchschmerzen und Übelkeit, was die Eltern auf den kürzlich erfolgten Schulwechsel zurückführten. Sieben Wochen nach Beginn des Stuhlverhaltens bemerkte die Mutter eingeschmutzte Unterhosen. Der Kinderarzt wurde aufgesucht, der harte Kotballen im Unterbauch tastete und im Ultraschall ein massives Megacolon feststellte.

Symptomgenese von I.:

S   Verschmutzte Toilette
↓
O   zwanghaft – sauber
(Persönlichkeit)
↓
R   Stuhlretention;
↓
O   sekundäre Obstipation
↓
C–   Schmerzen beim Stuhlgang → S
S cog   „Stuhlgang tut weh"
↓
R   Stuhlretention
↓
O   Megacolon
↓
R   Überlaufeinkoten
↓
C–   Schmerzen, Scham, Verzweiflung,
emot.   sozialer Rückzug

Im folgenden Beispiel wird das Bedingungsmodell eines erfolglosen Problemlöseversuchs mit Folge einer Fehlattribuierung dargestellt:

Der 9-jährige M., Schüler an einer Sonderschule für Lernbehinderte wird von seiner spürbar verärgerten und verzweifelten Mutter mit den Worten vorgestellt: „Ich will wissen, warum er extra so ein Schwein sein will!"

Vorgeschichte: Es besteht ein primäres Einkoten, vor allem Einschmieren, von dem beide Eltern zunächst überzeugt waren, daß M. nichts dafür könne. Ein Onkel des Kindes wettet mit den Eltern, daß M. sehr wohl das Einkoten lassen könne, wenn er nur wolle. Er verspricht M. einen ganztägigen Besuch in einem Vergnügungspark, wenn er zehn Tage lang sauber bleibe. Tatsächlich hat M. zehn Tage lang saubere Unterwäsche und erhält seine Belohnung. Auf dem Heimweg vom Vergnügungspark kotet er im Auto des Onkels eine große Stuhlportion ein und wird bei der Rückkehr vom Vater erheblich geschlagen.

Folgende Bedingungsanalyse wird erarbeitet:

S   Aussicht auf Vergnügungspark
↓
O   Obstipation mit Stuhlretention
↓
R   unwillkürliches, maximales Anspannen des Beckenbodens, Hose bleibt sauber
↓
C+   Besuch des Vergnügungsparks, freudige Aufregung

S   Heimweg vom Vergnügungspark
↓
O   Obstipation mit massiver Stuhlretention
↓
R   Entspannung
↓
R   Einkoten
↓
C–   Enttäuschung und Abscheu des Onkels
C–   Schläge vom Vater
C–   cogn. (Mutter) „der könnte, wenn er nur wollte" Ablehnung
↓
C = S
↓
R   Verzweiflung, Schuld

2.6 Enkopresis ohne Obstipation

Zunächst ist abzuklären, ob wirklich keine Obstipation besteht. So kann z. B. regelmäßiges Einkoten oder Einschmieren zu der Fehlannahme führen, daß das Kind keineswegs verstopft sei, sondern eine Durchfallneigung habe. Manchmal sind zum endgültigen Ausschluß einer Obstipation mehrere Ultraschalluntersuchungen nötig. Falls tatsächlich keine Obstipationsneigung besteht, sind die nächste Fragen, ob es sich um ein primäres oder sekundäres Einkoten handelt und ob das Einkoten immer oder nur gelegentlich besteht.

Die Fähigkeit zu vollständiger Stuhlkontinenz beruht auf einer komplexen Entwicklung, bei der körperliche Dispositionen, Reifung und umweltabhängiges Lernen interagieren. Kinder mit primärer Enkopresis haben diesen Lernprozeß nicht oder nur teilweise abgeschlossen. Auch wenn es bei jedem Patienten von neuem versucht werden sollte, wird die Bedingungsanalyse nur selten klären, welche Faktoren bzw. welche Interaktionen zwischen Faktoren bei diesem komplexen Vorgang gestört waren. Als körperliche Dispositions- bzw. Reifungsfaktoren werden z. B. eine angeborene, individuell unterschiedliche sensorische Wahrnehmungsfähigkeit für Stuhldrang (Coekin und Gardner 1960) ebenso diskutiert wie der Einfluß von Aufmerksamkeit und Wahrnehmungsteuerung, was die Überrepräsentation von minderbegabten Kindern ebenso erklärt, wie die o.g. Häufung von hyperkinetischen Patienten und denen mit Teilleistungsschwächen.

Ein häufiger situativ-familiärer Faktor ist eine inkonsistente Sauberkeitserziehung, wobei auch hier die Gründe vielfältig sind. Erstaunlich viele Eltern wissen über physiologische Voraussetzungen der Sauberkeitsentwicklung nicht Bescheid und setzen das Kind viel zu früh aufs Töpfchen. Andere sind durch die Arbeitsbelastung einer großen Familie überfordert. Das Nichtgelingen der Sauberkeitserziehung ist jedoch nicht nur auf soziale Randschichten beschränkt. Auch inkonsequentes Verhalten bei verunsicherten oder depressiven Müttern kann mitverursachend wirken.

Die Enkopresis kann situativ oder unabhängig von spezifischen Situationen auftreten. Bei manchen Kindern kommt es rein situativ zum Einkoten, wenn sie es z. B. in der Schule nicht wagen, nach einer Toilette zu fragen oder vor anderen Kindern um die Erlaubnis zum Toilettengang zu bitten.

Bei einer weiteren Gruppe von Kindern besteht ein irritables Colon mit vegetativer Erregbarkeit. Diese Kinder koten z. B. bei Angst ein. Zugleich sind dies manchmal schüchterne Kinder, die es nicht wagen, in bestimmten sozialen Situationen die Toilette aufzusuchen. Ob es sich um eine primäre oder sekundäre Enkopresis handelt können die Eltern meist zuverlässig angeben. Eltern und Patient können auch unterscheiden, ob es sich um eine gelegentliche oder ausschließliche Enkopresis handelt. Hingegen ist die Frage, ob der Patient zu einer physiologischen Darmkontrolle in der Lage ist, nicht immer zu beantworten. Diesbezügliche Fragen zeigen nicht selten unterschiedliche Einschätzungen seitens des Patienten und seinen Bezugspersonen. Bewußtes, manipulatives Einkoten zum Erreichen eines sekundären Krankheitsgewinns oder um feindselige Impulse auszudrücken, ist sehr selten (Boon 1991). Viele Autoren definieren die Enkopresis a priori als unwillkürliche Störung (z. B. Steinhausen 1985, Levine 1993).

2.6.1 Beispiel für eine Analyse aufrechterhaltender Bedingungen bei primärer, partialer Enkopresis

Der zwölfjährige K., Gymnasiast der sechsten Klasse mit durchschnittlichen Leistungen kotet 2–3mal wöchentlich meist am Nachmittag beim Spielen ein. Der Vater, ein 63-jähriger pensionierter Studiendirektor reagiert mit Verachtung und Ignorieren des Jungen. Die Mutter, eine 55-jährige Studienrätin leidet unter rezidivierenden Depressionen. Sie reagiert auf das Einkoten zeitweise mit Hilflosigkeit und Weinen. Fachliche Hilfe wurde früher nicht gesucht. Die

Vorstellung erfolgt, weil der Wäschebedarf zu hoch wird, der Junge entsorgt verschmutzte Wäsche in der Mülltonne.

Die kinderpsychiatrische Untersuchung ergibt ein hyperkinetisches Syndrom und eine weit überdurchschnittliche Intelligenz. Der Junge berichtet, daß er die Nachmittage mit Phantasierollenspielen im Wald verbringt, wo er einer größeren Gruppe von Gleichgesinnten die Rollen vorgibt. Das Zuhause meide er, weil sein Vater mit „langweiligem Zeugs", d. h. klassischer Literatur hinter ihm her sei und ihm Vorwürfe wegen nicht gemachter Hausaufgaben mache. Im Wald spüre er den Stuhldrang manchmal, versuche ihn aber aufzuschieben.

S dis	Stuhldrang beim Spielen im Wald
↓	
O	verminderte Eigenwahrnehmung bei hyperkinetischem Syndrom
↓	
R cog.	„ich will jetzt nicht nach Hause"
R	Einkoten
↓	
C+ kurzfristig	Spiel kann fortgesetzt werden
C– mittelfr.	Begegnung mit Vater wird vermieden
C– langfristig	Mutter traurig
↓	
S cog	Erwartung „die Mutter wird traurig sein"
↓	
R	Unterwäsche wird weggeworfen

3. Therapie in der Praxis

Die in der Literatur fast durchgehend geäußerte Einschätzung, die Therapie von Kindern mit Enkopresis sei besonders schwierig und häufig vergeblich, birgt die Gefahr der selbsterfüllenden Prophezeiung. Dabei ist die Therapieprognose vor allem bei frühem Therapiebeginn und einer motivierten Familie meist gut.

Psychoedukation bei Patient und Bezugspersonen, kognitive und operante Methoden sind zusammen mit Elterntraining und Anleitung von eventuellen Cotherapeuten die wichtigsten Bausteine des verhaltenstherapeutischen bzw. verhaltensmedizinischen Vorgehens. Am interdisziplinären Therapieplan sind je nach Einzelfall der gastroenterologisch kundige Kinderarzt, ggfs. eine Ernährungsberaterin, und – v. a. im stationären Rahmen – Kinderkrankenschwestern, Pädagogenals Cotherapeuten und je nach individuellem Therapieplan auch Krankengymnastinnen beteiligt. Biofeedback und gruppentherapeutische Ansätze können zur Unterstützung herangezogen werden, das multimodale, einzelfallorientierte Vorgehen jedoch nicht ersetzen.

3.1 Therapieplanung

Basis der individuellen Therapieplanung sind einerseits die Bedingungsanalyse von Genese und Aufrechterhaltung der Enkopresis und andererseits die Einbeziehung weiterer Symptome bzw. häufig bestehender kinder- und jugendpsychiatrischer Erkrankungen und der familiären Ressourcen bzw. Defizite.

3.1.1 Behandlungsplanung bei zusätzlich bestehenden kinderpsychiatrischen Erkrankungen

Beim gleichzeitigen Bestehen von Enkopresis und anderen kinder- und jugendpsychiatrischen Symptomen und Störungen gilt die Regel, mit der Behandlung der Enkopresis zu beginnen. So kann z.B. eine gleichzeitig bestehende Enuresis diurna aus physiologischen Gründen bei erfolgreichem Toilettentraining im Rahmen der Enkopresistherapie verschwinden: beim regelmäßigen Sitzen auf der Toilette wird auch die Blase entleert; die im späteren Therapiestadium zurückkehrende Körperwahrnehmung für Schließmuskeln und Beckenboden wirkt sich auch auf die Blasenkontrolle aus. Emotionale und soziale Symptome bessern sich ebenfalls häufig schon während der symptomatischen Enkopresistherapie: die Symptomreduktion fördert die soziale Integration bei Gleichaltrigen und reduziert Selbstwertprobleme. Die symptomatische Therapie ist in Wirklichkeit keineswegs nur symptomatisch. Wie unten dargestellt, bewirkt sie eine Reduktion negativer familiärer Interaktionen und beinhaltet Lob, Ermutigung und andere Verstärker, die sich ebenfalls positiv auf das Selbstbild auswirken.

Die Ausnahme von der Regel der Vorrangigkeit der Enkopresistherapie sind je nach Einzelfall das Hyperkinetische Syndrom und Störungen des Sozialverhaltens. Bei Patienten mit Hyperkinetischem Syndrom zeigt sich immer wieder, daß die Medikation von Ritalin während der Enkopresistherapie bei Respondern auch einen positiven Effekt auf die Körperwahrnehmung und Kooperationsfähigkeit z.B. beim Toilettentraining hat. Bei Störungen des Sozialverhaltens ist vor Therapiebeginn einzuschätzen, inwieweit die Bündnisfähigkeit des Patienten für eine ambulante Therapie ausreicht. Auch in den vielen Fällen, in denen primär oder als Folge der Enkopresis erhebliche Spannungen in der Familie oder gar Mißhandlungsgefahr bestehen, ist die Indikation zur stationären Behandlung zu stellen. Es stellt sich dann die Frage, ob diese in einer Kinderklinik oder von Anfang an in einer kinder- und jugendpsychiatrischen Institution erfolgen sollte. Zumindest bei jüngeren Kindern hat es sich bewährt, mit Patient und Familie zu vereinbaren, daß über das weitere Vorgehen nach einem ungefähr einmonatigen stationären Therapieeinstieg auf einer Kinderstation entschieden wird. Nach dieser Zeit kann das Stationsteam die Kooperation des Kindes und der Familie meist gut einschätzen. Die Bezugspersonen können nach dieser Zeit, die ein Wochenendbeurlaubung einschließen sollte, besser einschätzen, ob sie sich dem Kind und der erforderlichen Cotherapeutenfunktion gewachsen fühlen. Nicht zuletzt hat der Patient auf der Station – hoffentlich – positive Erfahrungen gemacht und ist besser zu einer stationären Weiterbehandlung zu motivieren als zu Beginn der Therapie.

Bei der Therapieplanung ist auch der aktuelle Vorstellungskontext zu berücksichtigen: bei einem Kind, dem wegen seiner ausgeprägten Enkopresis Schulausschluß angedroht ist, wird man eine schnelle Symptomreduktion anstreben oder mit einer befristeten stationären Behandlung die Situation beruhigen, um mit allen Beteiligten einvernehmlich ein langfristiges Therapiekonzept zu erarbeiten.

3.2 Therapie der Enkopresis mit Verstopfung und Überlaufinkontinenz

Aus der geschilderten Pathophysiologie ergibt sich zwingend, daß die Therapie multimodal durchgeführt werden muß. Bei den meisten Patienten läßt sich eine endgültige Symptomfreiheit, d. h. Schließmuskelkontrolle und Motivation zum Stuhlgang ausschließlich in die Toilettenschüssel, nur durch monatelange Therapie erreichen: Nach ausführlicher Information und Psychoedukation ist am Anfang oft mehrfaches, intensives Abführen zum Entleeren des Megacolon notwendig. Danach erfolgt ein Toilettentraining. Die Stuhlausscheidung wird auch in dieser Phase durch Abführmittel bzw. Stuhlweichmacher unterstützt. In der Stabilisierungsphase wird das Toilettentraining ausgeschlichen. Die lange Therapie wird auch zur Abklärung gegebenenfalls bestehender weiterer Störungen und zur Förderung diesbezüglicher Behandlungsmotivation genutzt werden.

Bei der Therapieplanung besonders zu beachten ist, daß Eltern und möglicherweise auch anderen familiären und außerfamiliären Bezugs- und Betreuungspersonen zwingend notwendige Cotherapeutenfunktionen zukommen. Es ist abzuklären, ob sie zur Mitarbeit bereit sind und den z. T. erheblichen Anforderungen in jeder Therapiephase gewachsen sind, oder ob nicht stationäre Therapiephasen zu erwägen sind. Bei stationärer Therapie oder stationär durchgeführten Therapiebausteinen muß die Generalisierung auf die häusliche Situation gut vorbereitet werden. Buchanan (1992) schätzt die Übertragung eines stationären Therapieerfolgs auf die häusliche Situation für so schwierig ein, daß sie generell ambulante Therapie in interdisziplinären Spezialambulanzen empfiehlt. Dieses Vorgehen ist sicher wünschenswert, jedoch z.B. nicht realisierbar, wenn Enkopresis zusammen mit einer schweren Störung des Sozialverhaltens auftritt.

3.2.1 Aufklärung und Psychoedukation / Aufbau des Behandlungsbündnisses

Die Enkopresis ist eine Erkrankung, bei der die Phase der Motivierung und Einrichtung eines verläßlichen Behandlungsbündnisses besonders schwierig ist. Viele Patienten kommen widerstrebend zur Abklärung und Therapie. Mangelnde Motivation und Kooperation bei Therapiebeginn sind am ehesten durch Informationsdefizite, Entmutigung und gelernte Hilflosigkeit bedingt: Kind und Eltern haben fast immer mehrere Problemlöseversuche hinter sich, deren Erfolglosigkeit zu falschen Überzeugungen und Schuldzuschreibungen führen. Fast immer sind die Patienten auch davon überzeugt, allein mit diesem Symptom dazustehen (Levine 1993). Information und Psychoedukation sollten daher in der Anfangsphase der Therapie breiten Raum einnehmen; erfahrungsgemäß müssen manche Informationen immer wieder therapiebegleitend gegeben werden.

Ein möglicher Einstieg in die Informationsphase ist die Versicherung des Therapeuten, man kenne viele Kinder mit Einkoten und wisse, daß weder Patient noch Eltern etwas dafür können. Anzusprechen ist auch, daß die Themen „Stuhlgang", „in die Hose machen" usw. eigentlich ein bißchen peinlich seien, daß man nun aber ganz offen darüber sprechen dürfe. Der Therapeut betont z. B., daß ihm das Thema kaum mehr peinlich sei, da er schon oft darüber gesprochen habe. Patient und Eltern erhalten ausführlich die Möglichkeit, über ihre Erfahrungen und Gefühle mit dem Einkoten zu sprechen. Vor allem belastete Eltern, die erhebliche Affekte gegen das betroffene Kind aufgebaut haben können, sollten noch einmal in Abwesenheit des Kindes über ihre Erfahrungen und Überzeugungen sprechen können.

Die Überzeugung, daß das Kind doch für seine Symptomatik verantwortlich sei, hält sich oft hartnäckig – nicht selten sind insbesondere Eltern von sekundären Enkopretikern in dieser Überzeugung von Fachleuten bestärkt worden. Es ist hilfreich, mehrere Situationen, in denen das Kind eingekotet hat, ausführlich zu erfragen. Die Attribuierung von Schuld an das Kind ist geduldig und immer wieder im „sokratischen Dialog" zu lockern und schließlich auszuräumen.

Die Information für das Kind muß seinem Entwicklungsstand und seinem Sprachgebrauch angepaßt werden (Levine 1976). Ebenso wie die Eltern wird das Kind ausführlich anhand von Bilderbüchern und Skizzen über die Entstehung der Stuhlretention aufgeklärt. Für viele Eltern und Kinder ab ca. neun Jahren ist die Abbildung von Levine (1993) geeignet, der die Therapie bei Überlaufenkopresis als „Muskeltraining" bezeichnet – eine Wortwahl, die auf viele Kinder motivierend wirkt. Mit der Metapher des sportlichen Trainings kann auch verdeutlicht werden, daß Training (= Anstrengung und Durchhaltevermögen) und Trainer (= Therapeuten und Cotherapeuten) nötig sind. Der geplante Therapieablauf kann dem Kind auch anhand einer Photoserie dargestellt werden. Vor allem bei Kindern mit rezeptiven Sprachproblemen, seriellen Störungen und leichter Minderbegabung muß darauf geachtet werden, daß das Kind die voraussichtlich lange Therapiedauer wirklich verstanden hat.

Vor Therapiebeginn wird mit Eltern und Kind ein Therapievertrag geschlossen. Bei ambulanter Therapie verpflichten sich die Eltern, das Kind ab sofort nicht mehr für Einkoten zu bestrafen. Zugleich ist darauf zu achten, daß nicht die Eltern unnötig für das Symptom bestraft werden! Situationen, die zu Frustrationen und Konflikten führen können, sollten möglichst vorbeugend durchgesprochen und die erwünschten Verhaltensweisen im Therapievertrag festgelegt werden. Das Kind, das seine Unterwäsche verschmutzt, verpflichtet sich – je nach Alter – z. B. die Unterwäsche zu wechseln oder groben Stuhl auszuwaschen und die Wäsche an einen bestimmten, abgesprochenen Platz zu legen. Die Eltern verpflichten sich, das Kind wegen seines Mißgeschicks nicht zu schimpfen oder zu strafen. Ein solches Vorgehen ist den Kindern einsichtig und entspricht ihrem Gerechtigkeitsempfinden. Nicht einsichtig wäre dem Patienten die z. T. in der Literatur empfohlene Maßnahme, verschmutzte Wäsche 20 Minuten mit „harter Seife in kaltem Wasser" auszuwaschen. Es wird im Vertrag konkret festgelegt, wie das Toilettentraining durchgeführt wird. Zum Vertrag gehören auch die regelmäßigen Besuche beim Therapeuten und der Verstärkerplan.

3.2.2 Initiales Abführen

Diese Therapiephase kann nur bei gesicherter Kooperation aller Beteiligten zu Hause durchgeführt werden. Manche Eltern sind dazu aus intellektuellen Gründen nicht in der Lage, bei anderen bestehen psychologische Vorbehalte gegen abführende Zäpfchen bzw. andere indizierte laxierende Maßnahmen. Bei Familien, die erfolglose eigene bzw. vom Kind als traumatisierend erlebte Therapieversuche hinter sich haben, ist ebenso eine stationäre Aufnahme zu erwägen wie bei Jugendlichen, die einen Eingriff in die Intimsphäre eher durch neutrale Fachleute als durch Eltern tolerieren. Eine organische Indikation zu stationärer Aufnahme besteht bei schwerem Stuhlverhalten mit ausgeprägtem Megacolon und bei erfolglosen ambulanten Abführversuchen.

Die abführenden Maßnahmen müssen grundsätzlich von einem Arzt geplant und angeleitet werden. Selbstverständlich muß der Patient über den Ablauf der Abführtherapie genau informiert werden. Auch auf schonenden Durchführung, z. B. durch Anwendung von örtlich schmerzbetäubenden Salben im Analbereich bei bestehenden Rhagaden oder zu erwartendem schmerzhaftem Stuhlgang, ist zu achten.

Die Variationsbreite der notwendigen abführenden Maßnahmen ist groß. So können z. B. beim Bestehen eines ausgeprägten, mit harten Kotballen angefüllten Megacolons mehrere Einläufe über mehrere Tage und danach eine Behandlung mit Abführzäpfchen notwendig sein, bis zur Behandlung mit milden, oral zugeführten Gleitmitteln oder Lactulose als Stuhlweichmacher übergegangen werden kann. Bei manchen Patienten genügt von vornherein die Gabe von Lactulose. Eine ausschließliche Ernährungsumstellung auf reichlich Ballaststoffe oder die zusätzliche Gabe von Kleie ist bei einer Obstipation mit Überlaufenkopresis erfahrungsgemäß nicht ausreichend.

3.2.3 Toilettentraining

Die Durchführung bzw. Anleitung eines Toilettentrainings erfordert von allem Beteiligten viel Geduld und die Bereitschaft, sich zusammen mit der Familie mit deren alltäglichen, manchmal klein erscheinenden Probleme mit der Alltagsroutine auseinanderzusetzen.

Vielen Therapeuten erscheint es auch zu banal, das Training en detail anzuleiten. Sie neigen dazu, die Grundprinzipien zu vermitteln und die konkrete Durchführung der Familie zu überlassen. Damit sind viele Familien intellektuell überfordert. Noch häufiger scheitert eine Therapie an der Unfähigkeit, einfache Verhaltensweisen lange genug durchzuhalten.

Bei Kindern mit ausgeprägtem Megacolon und Kotsteinen im Rektum sollte das Kind zuvor unbedingt erfolgreich, ggfs. auch mehrfach abgeführt worden sei (s. Pkt. 3.2.2). Auf jeden Fall sollte das Toilettentraining durch die Gabe von Lactulose als Stuhlweichmacher bei reichlicher Flüssigkeitszufuhr unterstützt bzw. ermöglicht werden. Bei weiterbestehender hartnäckiger Obstipation werden in Absprache mit dem

Arzt Gleitmittel oder Laxantien gegeben. Wichtig ist, daß das Toilettentraining in freundlicher, möglichst entspannter Atmosphäre durchgeführt werden kann – auch dafür ist eine konkrete Vorbereitung bis ins Detail notwendig, um situativen Streß und Störungen möglichst zu vermeiden.

Wie sich aus der oben dargestellten Pathogenese der Überlaufenkopresis ergibt, sind strafende Maßnahmen sinnlos und kontraproduktiv. Bei allen vom Patienten potentiell als strafend erlebten Maßnahmen ist sorgsam zu überdenken, ob sie wirklich notwendig sind. So erleichtern das Einführen von Suppositorien und das Durchführen eines Einlaufs nach erfolglosem Sitzen auf der Toilette nach dem Behandlungsschema von Wright und Walker (1978) den Erwerb der Spincterkontrolle nicht, sondern werden als ungerechte Strafe für unverschuldetes Versagen empfunden. Lob, Ermutigung und materielle Verstärker machen aversive Maßnahmen entbehrlich.

Eine Umstellung auf schlackenreichere Kost unterstützt das Toilettentraining. Die Ernährungsumstellung sollte einvernehmlich mit dem Kind durchgeführt und nicht übertrieben werden. So bedeutet z. B. das gänzliche Streichen von Süßigkeiten bei einem an regelmäßigen Schokoladengenuß gewöhntes Kind einen massiven Verstärkerentzug, der die ganze Therapie aversiv machen kann.

Ziel des Toilettentrainings beim obstipierten Kind ist zunächst die regelmäßige Stuhlentleerung – zu frühe Verstärkung von sauberer Unterwäsche führt zu Stuhlretention und ist daher kontraproduktiv.

Das Toilettentraining muß für jedes Kind individuell geplant werden. Der Einstieg in die Zielverhaltensweisen ist von Patient zu Patient unterschiedlich. Bei angstfreien Kindern und Jugendlichen beginnt das Training mit dem 3× täglichen Sitzen. Es empfiehlt sich, das Toilettentraining kurz nach den Mahlzeiten durchzuführen, um den gastrokolischen Reflex auszunützen. Kinder mit ausgeprägter Angst vor der Toilette müssen schrittweise zum Sitzen auf die Toilettenbrille herangeführt werden. Bei Kindern im Vorschulalter hilft oft, das Thema kurz vor Beginn des Toilettentrainings durch Bilderbücher und Rollenspiel mit Puppen vorzubereiten – auch wenn das in der Informationsphase schon geschehen war.

Zu Beginn des Toilettentrainings sollte ein Cotherapeut bei den Kindern (im stationären Setting ggfs. auch bei Jugendlichen) anwesend sein, der für eine möglichst entspannte Atmosphäre sorgt. Zu Beginn genügt, wenn der Patient 5 Minuten sitzen bleibt. Das Stellen eines Kurzzeitweckers gibt Sicherheit und ermöglicht manchen Kindern, das Sitzen noch freiwillig etwas auszudehnen. Der Toilettenraum sollte freundlich gestaltet sein. Bei stationärer Behandlung ist darauf zu achten, daß die Intimsphäre des Patienten vor den anderen geachtet wird. Das Kind wird für das Sitzen auf der Toilettenbrille gelobt und mit einem Punkte- oder Tokensystem materiell verstärkt. Der nächste Schritt des Trainings ist das Verlängern des Sitzens bis auf 10 Minuten, bei manchen Kindern bis zu 15 Minuten, und das Anleiten zur Bauchpresse – hier sind manchmal vorbereitende Körperübungen durch Krankengymnastinnen oder Motopädinnen hilfreich.

Bei diesem Vorgehen gelingt es meist, daß das Kind nach ca. 3 Tagen bis einer Woche beginnt, Stuhlgang in die Toiletten-

Tabelle 3.

Zielverhaltensweisen des Toilettentrainings

- Mit in die Toilette kommen
- Auf der Toilette sitzen
- Angstfrei auf der Toilette sitzen
- 3× täglich ca. 5 min. auf der Toilettenbrille sitzen
- 3× täglich 10 min. auf der Toilettenbrille sitzen
- Bauchpresse betätigen
- Stuhlgang in die Toilettenschüssel machen
- Große Stuhlportionen in die Toilettenschüssel
- Saubere Unterhosen
- spontan Stuhldrang spüren und Toilette aufsuchen
- ggfs. Lactulose oder Stuhlweichmacher ausschleichen

schüssel abzusetzen. Bis die Lactulose oder ggfs. Gleitmittel oder Laxantien individuell richtig dosiert sind, besteht die erhöhte Wahrscheinlichkeit, daß das Kind in die Wäsche einkotet. Es wird dann – je nach Alter – getröstet und dafür verstärkt, daß es den Vorfall berichtet. Es wird – wie oben dargestellt – auf keinen Fall bestraft. Eltern bzw. Cotherapeuten werden dazu angeleitet, auch nicht durch Mimik oder intuitives Verhalten zu strafen. Ältere Kinder sollten ihre verschmutzte Wäsche grob auswaschen. Dies wird nicht als Strafmaßnahme, sondern als Zeichen von Selbständigkeit in der Therapieabmachung verbalisiert.

Ein wichtiger Schritt im Toilettentraining besteht darin, nicht mehr jeden Stuhlgang in die Toilettenschüssel, sondern große Stuhlportionen zu verstärken. Manche Patienten „dosieren" ihre Stuhlportionen sonst 3x täglich, um zu ihren Verstärkern zu kommen. Die erreichbare Verstärkung für die einmalige Stuhlportion am Tag sollte der Gesamtverstärkung, die zuvor an einem Tag möglich war, entsprechen.

Die positive Verstärkung des Stuhlgangs in die Toilettenschüssel muß lange genug durchgeführt werden – ein zu früher Übergang auf ausschließliches Verstärken sauberer Wäsche bringt die Gefahr mit sich, daß das Kind wieder anfängt, Kot zurückzuhalten.

3.2.4 Stabilisierungsphase

Es ist von Patient zu Patient unterschiedlich, wie lange und in welchem Modus das Toilettentraining durchgeführt wird. Bei einem Kind mit regelmäßigem Rhythmus, das seinen Stuhlgang regelmäßig nach dem Frühstück in die Toilettenschüssel absetzt, kann z. B. mit dem Sitzen nach den anderen Mahlzeiten bald aufgehört werden. Bei vielen Patienten muß Sitzen auf der Toilette zumindest 1x täglich zum bekannt optimalen Zeitpunkt über viele Wochen durchgeführt werden. Es dauert meist mehrere Monate bis zu einem halben Jahr, bis das Rektum tonisiert ist und das Kind sicher spontan Stuhldrang verspürt.

Der häufigste Fehler ist, das Toilettentraining und die Gabe von Lactulose zu früh zu beenden.

Der Therapeut, der bei ambulanter Therapie das Toilettentraining anfangs hochfrequent, auch durch Telefonkontakte anleitet und begleitet, hat die wichtige Funktion, die Familie nach dem Anfangserfolg niederfrequent zu begleiten und die Bemühungen der Beteiligten sozial zu verstärken.

3.2.5 Vorbereitung auf einen Rückfall

Die Enkopresis bei Obstipationsneigung hat eine hohe Rückfallwahrscheinlichkeit. Die größte Gefahr besteht darin, daß der Patient bzw. die Bezugspersonen nicht mehr auf regelmäßigen Stuhlgang achten und daraufhin wieder eine Überlaufenkopresis entsteht. Das Achten auf regelmäßigen Stuhlgang sollte daher in der Stabilisierungsphase eingeübt werden. Bei vielen Familien ist es notwendig, in der letzten Therapiestunde konkrete schriftliche Anleitungen mitzugeben, wann man z. B. Lactulosepräparate geben oder sich beim Kinderarzt oder Therapeuten melden sollte. Die Möglichkeit eines Rückfalls sollte mit großer Selbstverständlichkeit angesprochen werden. Das Wiederauftreten von Einkoten soll für die Familie kein Anlaß für Schuldgefühle, sondern zur Wiedervorstellung beim Kinderarzt bzw. Therapeuten sein, der dann selbst jegliche Vorwurfshaltung vermeiden sollte.

3.3 Therapie der Enkopresis ohne Obstipation

3.3.1 Therapie der primären Enkopresis ohne Obstipation

Die Pathogenese und die Symptomatik der primären Enkopresis ohne Obstipation sind vielfältiger als die der Überlaufenkopresis. Wie oben unter Punkt 2.6 dargestellt, gelingt es nicht immer, die Gründe, warum der Patient die Sauberkeitsentwicklung nicht bzw. nicht vollständig abschließen konnte, in der Bedingungsanalyse vollkommen zu verstehen. Für die Therapieplanung ist es auf Seite der Patienten besonders wichtig, eine eventuelle Minderbegabung, Teilleistungsschwächen und Probleme in der Aufmerksamkeitssteuerung zu berücksichtigen. Patienten und Bezugspersonen fühlen sich aufgrund ihrer bisherigen Mißerfolge besonders häufig als Versager. Der erste wichtige Therapieschritt ist daher, Patient und Eltern von Schuldgefühlen zu entlasten, indem sie ausführlich über den komplexen Vorgang der Sauberkeitsentwicklung informiert werden. Kern der Botschaft, die den intellektuellen Möglichkeiten der Eltern ebenso angepaßt werden muß wie dem kognitiven Entwicklungsstand des Kindes ist, daß bei den vielen Schritten und Voraussetzungen der Sauberkeitsentwicklung einiges schief gehen könne, ohne daß jemand etwas dafür kann. Ein achtjähriges Kind, dessen vierjähriger Bruder problemlos sauber geworden war, wurde z. B. mit den Worten von Schuldgefühlen entlastet und zur Therapie motiviert: „Dein Bruder hat es einfacher, sein Körper hat das Kakamachen ins Töpfchen fast von selber gelernt! Du hast es schwerer – Dein Körper muß es ganz langsam und Schritt für Schritt lernen. Wir helfen Dir dabei."

Bei gut begabten älteren Kindern und Jugendlichen können Abbildungen aus medizinischen Lehrbüchern herangezogen werden, um anatomische und neurophysiologische Voraussetzungen der Kontinenz zu vermitteln. Patienten und Bezugspersonen, deren uneingestandenes Nichtwissen über Defäkationsvorgänge und Kontinenz groß ist, reagieren auf die Infomationsvermittlung nach kurzer Zeit meist interessiert. Die Enkopresistherapie wird als Lernen deklariert, wobei der Therapeut seine Erfahrungen und Ideen beisteuert, wenn alle Beteiligten eine Therapiestrategie entwerfen. Die Sauberkeitserziehung beim älteren Kind oder gar Jugendlichen verläuft selbstverständlich anders als beim Kleinkind. Die naheliegende Hoffnung, mit Biofeedback schnell Kontinenz zu erreichen, geht tatsächlich selten in Erfüllung. Biofeedback fördert die Wahrnehmung für den Anspannungsgrad der Schließmuskeln, nicht jedoch für den Stuhldrang. Diese Wahrnehmungsleistung muß langfristig erarbeitet werden. Auch wenn ein ganz anderer pathophysiologischer Hintergrund besteht als bei der Überlaufenkopresis, ist hier Stuhltraining mit Ernährungsumstellung, Gabe von Lactulose oder Laxantien und regelmäßiges Sitzen auf der Toilette ebenfalls die erfolgversprechendste Methode. Die schlackenreiche Kost sorgt für erhöhtes Stuhlvolumen, was zusammen mit Lactulose oder Laxantien bewirkt, daß Stuhldrang deutlicher wahrgenommen werden kann. Dies gelingt nur in entspannter Atmosphäre, die aufgrund der negativen gemeinsamen Erfahrungen der Familienmitglieder manchmal nur außerhalb des häuslichen Milieus, d. h. bei stationärer Behandlung erzielt werden kann Bei Patienten, die sich durch Mißerfolgskognitionen blockieren, kann ein Entspannungstraining unterstützend wirken.

Das Stuhltraining wird nach dem gleichen Schema durchgeführt wie bei der Überlaufenkopresis. Sobald der Patient beginnt, regelmäßig Stuhlgang in die Toilettenschüssel abzusetzen, ist die Stabilisierungsphase meist kürzer. Es ist wichtig, den Patienten und seine Bezugspersonen lange genug durch materielle bzw. soziale Verstärkung zu motivieren.

3.3.2 Therapie der sekundären Enkopresis ohne Obstipation

Bei dieser Enkopresisform liegt für viele Bezugspersonen aber auch Fachleute die Schlußfolgerung nahe, das Einkoten unterliege der Kontrolle des Kindes, erfolge also willentlich, ja manipulativ. Diese Einschätzung erzeugt fast zwangsläufig eine negative Haltung und Bestrafungstendenzen gegenüber dem Patienten, der wiederum mit emotionalem Rückzug oder Verhaltensauffälligkeiten reagiert. Für die Therapieplanung muß der Therapeut nicht unbedingt wissen, ob das Kind willentlich oder unwillentlich einkotet. Der Therapeut sollte bei der Erhebung der Anamnese und dem Erstellen der Bedingungs- und Verhaltensanalyse auf seine Wortwahl achten, um nicht Mißverständnisse aufkommen zu lassen oder Schuldzuschreibungen zu reaktivieren. Selbst wenn die Vermutung naheliegt, daß das seltene Phänomen eines absichtlichen, manipulativen Einkotens vorliegt, fördert es das Behandlungsbündnis eher, das nicht auszusprechen. Formulierungen wie „Dein Körper kann lernen, den Stuhldrang in jeder Situation zu kontrollieren" beugen der Gefahr vor, daß der Therapeut in Machtspiele zwischen Patient und Eltern hineingezogen wird. Die meisten dieser Patienten koten tatsächlich immer oder teilweise unwillentlich ein.

Die Therapie ist dann wie bei der primären Enkopresis ohne Obstipation zu planen. Ergibt die Bedingungsanalyse spezifische auslösende oder aufrechterhaltende Faktoren, muß die Therapie entsprechend anders geplant werden. Bei Angstzuständen als Auslöser von Einkoten kann das Spektrum der therapeutischen Maßnahmen vom Entspannungstraining bis hin zur Desensibilisierung und kognitiven Angsttherapie reichen; zusätzlich wird auf jeden Fall Nichteinkoten operant verstärkt. Der Tagesablauf der Familie muß in jede Therapieplanung einbezogen werden. Hektik in der familiären Morgensituation verhindert z. B. bei manchen Kindern die zur Defäkation notwendige Entspannung. Bei Kindern, die es nicht wagen, vor anderen nach der Toilette zu fragen, kann ein auf entsprechende Situationen bezogenes Durchsetzungstraining indiziert sein. Ein aufrechterhaltender Faktor kann selektive Zuwendung der Eltern nach dem Einkoten sein, insbesondere wenn ansonsten positive Interaktionen rar sind, v. a. Patienten, die sich in der Familie zurückgesetzt fühlen, erleben die durch die Enkopresis ausgelöste Hilflosigkeit der Eltern als verstärkend. Das Ansprechen solcher familiendynamischer Faktoren ist nur in Ausnahmefällen hilfreich. Der Therapeut wird sie in die Therapie einbeziehen, indem er in den Therapievertrag aufnimmt, daß die Eltern auf Einkoten neutral reagieren und Symptomfreiheit bzw. Stuhlgang in die Toilettenschüssel positiv verstärken. Der Verstärkerplan eröffnet weite Möglichkeiten, spannungsfreie und positive Situationen in der Familie zu fördern.

4. Evaluation und Ausblick

Die Evaluation therapeutischer Maßnahmen bei der Enkopresis ist noch im Anfangsstadium. Es besteht Übereinstimmung, daß bei der Enkopresis ein interdisziplinärer bzw. verhaltensmedizinischer Ansatz am erfolgversprechendsten ist und das therapeutische Vorgehen für die Untergruppen mit und ohne Überlaufenkopresis zu differenzieren ist (Buchanan 1992; Hersov 1994; Levine 1992). Therapiestudien mit Untergruppenbildungen, bei denen die Effektivität einzelner verhaltenstherapeutischer Therapiebausteine evaluiert oder Formen der Informationsvermittlung und Psychoedukation verglichen werden, fehlen. Metaanalysen sind aufgrund fehlender Vergleichbarkeit der Populationen im Hinblick auf Alter, Erkrankungsbeginn, primäre oder sekundäre Formen und insbesondere der Komorbidität nicht möglich. So ist z.B. vorerst nicht beurteilbar, ob bzw. bei welchen Untergruppen Biofeedback einen zusätzlichen therapeutischen Effekt zum oben geschilderten multimodalen Vorgehen hat.

Die erste langjährige Katamnesestudie zeigt keinen besseren Therapieerfolg durch Biofeedback (Loening-Baucke 1995). Wichtige hypothesengenerierende Informationen z. B. über Wirksamkeit kognitiver Interventionen ergeben sich zur Zeit aus Einzelfallstudien (Ronnen 1993). Therapeutisch relevant sind auch Studien, die gezielt Mißerfolge analysieren, wie die von Landmann et al. (1983) mit dem Ergebnis, daß Einkoten in der Nacht, Aufmerksamkeitsstörungen und bestimmte kognitive Bewertungsstile primär prognostisch ungünstig sind und ein gezielteres therapeutisches Vorgehen notwendig machen.

Ein Ausweg aus der gegenwärtigen Evaluationsproblematik wird sich nur durch eine einheitliche Klassifikation – die unterschiedlichen Subtypen bei DSM-IV und ICD-10 sind hier nicht hilfreich – und die Einigung auf Standards für Evaluationsstudien ergeben.

Literatur

Arhan, P., Devrode, G., Jehanin, B., Faverdin, C., Reuillon,Y., Lefferre, D. & Pellerin, D. (1983). Idiopatic disorders of fecal incontinence in children, Pediatrics 71, 774–779

Artner, K. & Castell, R. (1981). Enkopresis – Diagnostik und stationäre Therapie. In: Steinhausen H. Ch.: Psychosomatische Störungen und Krankheiten bei Kindern und Jugendlichen, Kohlhammer, Stuttgart

Bellmann, M. (1966). Studies on encopresis. Acta Paediatrica Scandinavica Supplement 170

Bernard-Bonnin, A. C., Haley, N., Bealnger, S. & Nadeau, D. (1993). Parental and patient perceptions about encopresis and its treatment. Journal of Developmental and Behavioral Pediatrics 14 (6): 397–400

Boon, F. L. & Singh, N. N. (1991). A model for the treatment of encopresis. Behavior Modification 15(3), 355–371

Buchanan, A. (1992) Children who soil. John Wiley & Sons, Chichester

Coekin, M. & Gairdner, D. (1960). Faecal incontinence in children; the physical factor. British Medical Journal 2, 1175–1179

Cox, D. J., Sutphen, J., Ling, W., Quillian W. & Borowitz, S. (1996). Additive benefits of laxative, toilet training and biofeedback therapies in the treatment of pediatric encopresis, Journal of Pediatric Psychology 21 (5), 659–670

Dawson, P. M., Griffith, Ph. D. & Boeke, K. M. (1990). Combined medical and psychological treatment of hospitalized children with encopresis. Child Psychiatry and Human Development, 20(3), 181–190

Enck P., Gabor S., v. Ferber L., Rathmann W. & Erkenbrecht J. F. (1991). Häufigkeit der Stuhlinkontinenz und Informationsgrad von Hausärzten und Krankenkassen. Zeitschrift für Gastroenterologie 29, 538–540

Esser, G. (1993). Diagnostik und Therapie der funktionellen Enkopresis, Kinderärztliche Praxis 61,104–107

Fehlow, P. (1991). Zur Bedeutung der Elektroenzephalographie bei der körperlichen Untersuchung von Kindern mit Enkopresis, Kinderärztliche Praxix 59, 262–265

Gilliland, R., Heymen, S., Altomare, D. F., Park U. C., Vickers, D., Wexner, S. D. (1997). Outcome and predictors of succes of biofeedback for constipation. British Journal of Surgery 84 (8), 1123–1126

Grosse, K. P., Keller, K. M., Behrens, R. & Becker, M. (1990). Chronische Obstipation im Kindesalter. Richtlinien der Arbeitsgruppe Obstipation im Kindesalter der Gesellschaft für Pädiatrische Gastroenterologie und Ernährung. Der Kinderarzt, 21, 1049–1050

Hatch, T. F. (1988). Encopresis and constipation in children. Pediatric Clinics of North America, 257–280

Hersov, L. (1994). Faecal soiling. In: Rutter, M., Taylor, E. & Hersov, L. Child and Adolescent Psychiatry, Blackwell, Oxford

Johnston, B. D., Wright, J. A. (1993). Attentional dysfunction in children with encopresis. Journal of Developmental and Behavioral Pediatrics 14 (6), 381–385

Kanner, L. (1953). Child Psychiatry, 2nd edition, Thomas, Springfield

Krisch, K. (1985). Enkopresis – Ursachen und Behandlung des Einkotens, Huber, Bern 1985

Landmann, G. B., Levine, M. D & Rappaport, L. (1983). A Study of treatment resistance among children referred for treatment of encopresis. Clinical Paediatrics 23, 499–505

Largo, R. H., Gianciaruso, M. & Prader, A. (1978). Die Entwicklung der Darm- und Blasenkontrolle von der Geburt bis zum 18.Lebensjahr. Schweizer Medizinische Wochenschrift 108,155–160

Leight, R. J.,Turnberg, L. A. (1982). Faecal incontinence: the unvoiced symptom. Lancet 92, 1349–51

Levine, M. D. (1975). Children with encopresis: A descriptive analysis, Pediatrics, 65,412–416

Levine, M. D. (1976). Children with encopresis: a study of treatment outcome. Pediatrics 58, 845–852

Levine, M. D. (1982). Encopresis: Ist potentiation, evaluation and alleviation. Pediatric Clinics of North America 29, 315–330

Levine, M. D. (1992). Encopresis. In: Levine, M. D., Carey, M. D. & Crocker, A. C.: Developmental- Behavioral Pediatrics, W.B. Saunders, Philadelphia

Loening-Baucke, V. A., Younoszai, M. D. (1984). Effect of Treatment on rectal and Sigmoid motitliy in Chronically Constipated Children. Pediatrics 73, 199–205

Loeningbaucke, V. (1995). Biofeedback treatment for chronic constipation and encopresis in childhood: long term outcome. Pediatrics 96, 105–110

Loeningbaucke, V. (1997). Urinary incontinence and urinary tract infection and their resolution with treatment of chronic constipation of childhood. Pediatrics 100, 228–232

Quaschner, K., Mattejatt, F. (1997). Enuresis und Enkopresis. In: Remschmidt, H.: Psychotherapie im Kindes- und Jugendalter; Stuttgart & New York, Thieme

Reinhard, H. G. (1985). Zur Daseinsbewältigung bei Kindern mit Enkopresis. Praxis der Kinderpsychologie und Kinderpsychiatrie 34 (183–187)

Remschmidt, H. & Schmidt, M. H. (1994). Multiaxiales Klassifikationsschema für psychische Störungen des Kindes- und Jugendalters nach ICD-10 der WHO, Hans Huber, Bern

Rex, D. K., Fitzgerald, J. F. & Goulet, R. J. (1992): Chronic constipation with encopresis persisting beyond 15 years of age. Diseases of Colon and Rectum 35 (3), 242–44

Ronnen, T. (1993) Intervention package for treating encopresis in a 6 year old boy: a case study. Behavioral Psychotherapy 21, 127–135.

Saß H., Wittchen, H. U.& Zaudig, M. (1996). Diagnostisches und statistisches Manual Psychischer Störungen DSM-IV, Hogrefe, Göttingen

Stark, J. S., Spirito, A., Lewis, A. V. & Hart, K. J. (1990). Encopresis: behavioral parameters associated with children who fail medical management. Child Psychiatry and Human Development, 20, 3 (169–179)

Stark, L. J., Popipari, L. C., Donaldson, D. L., Danovsky, M. B., Rasile, D. A. & Delsanto, A. F. (1997). Evaluation of a standard protocol for retentive encopresis: a replication. Journal of Pediatric Psychology, 22 (5), 619–633

Steinhausen, H. C. (1985). Enkopresis. In: Remschmidt, H., Schmidt M.H. Kinder und Jugendpsychiatrie in Klinik und Praxis Band III, S. 96–102

Sutphen, J., Borowitz, S., Ling, W., Cox, D. J. & Kovatchev, B. (1997). Anorectal manometric examination in encopretic-constipated children; Diseases of Colon and Rectum 40 (9), 1051–1055

Taitz, S., Walen, S., Urwin, O. & Molnar, D. (1986). Factors associated with outcome in mangament of defecation disorders. Archives of Diseases in Childhood 61, 472–77

Taubman B. (1997). Toilet training and toiletting refusal for stool only - a prospective study. Pediatrics 99 (1) 54–58

Taubman, B. & Buzby, M. (1997). Overflow encopresis and stool toiletting refusal during toilet training - a prospective study on the effect of therapeutic efficacy. Journal of Pediatrics 131 (5), 768–771

Van der Plas, R. N., Benning, M. A., Taminiau, J. A. & Buller, H. A. (1996). Randomised trial of biofeedback trainig for encopresis. Archives of Disease in Childhood 75 (5) 367–74

Wille, A. (1984) Die Enkopresis im Kindes- und Jugendalter

Wright, L. & Walker, C. E. (1978). A simple behavioral treatment programm for psychogenic encopresis. Behavior Research and Therapy, 16, 209–212

Young, M. H., Brennen, L. C., Baker, R. D. & Baker, S. S. (1995): Functional encopresis: symptom reduction and behavioral improvement. Journal of Developmental and Behavior Pediatrics 16, (4), 226–32

Kapitel 18

Dissoziative Störungen

Matthias von Aster

1.   Definition und Klassifikation   488
1.1 Begriffsgeschichte   488
1.2 Klassifikation   488
1.3 Syndromspektrum   489
1.4 Entwicklungspsychopathologische Aspekte   489
1.5 Häufigkeit, Geschlecht, Verlauf   490
2.   Symptomatik und Verhaltensdiagnose   490
2.1 Symptomatik   490
2.2 Verhaltensanalyse   492
2.3 Symptomentwicklung und Symptomwahl   494
2.4 Psychodiagnostik   495
3.   Therapie in der Praxis   496
3.1 Beratung und therapeutische Beziehung   496
3.2 Symptomorientiertes Vorgehen   496
3.3 Defizitorientiertes Vorgehen   498
4.   Evaluation   499

Literatur   499

1. Definition und Klassifikation

1.1 Begriffsgeschichte

Dissoziative Störungen sind pseudoneurologische Erkrankungen die durch unterschiedliche Funktionsverluste im Bereich der Motorik, Sensibilität und des Sensoriums sowie des Bewußtseins, Gedächtnisses und der Identität gekennzeichnet sind. Im Kindes- und Jugendalter sind psychogene Anfälle, Gangstörungen und Dämmerzustände die häufigsten Manifestationen (Blanz et al., 1987), daneben kommen Sehstörungen, Taubheitsgefühle oder andere Mißempfindungen der Haut häufiger vor.

Seit der Antike sind diese Krankheitserscheinungen unter dem Begriff der *Hysterie* bekannt, den Briquet 1859 als Bezeichnung für ein einheitliches, auf Symptombeschreibungen beruhendes Störungsbild in die neuere Medizingeschichte einführte. Der Bedeutungswandel des Neurosebegriffs von einer organischen Nervenerkrankung hin zur psychischen Störung ist eng mit den Arbeiten Freuds (1895) über die Hysterie und seinen Vorstellungen von der Umsetzung konflikthaft verdrängter psychischer Energie in körperliche Symptome verbunden. Der für diesen Vorgang von ihm eingeführte Begriff der *Konversion* löste die Diagnosebezeichnung Hysterie oder hysterische Symptomneurose weitgehend ab. Er fand Eingang in die deskriptiv-beschreibende internationale Krankheitsnomenklatur und wurde schließlich nicht mehr nur im Sinne der psychoanalytischen Bedeutungstradition gebraucht. Der Hysteriebegriff (von griech. Hysteron, Gebärmutter) blieb phonologisch, nicht ethymologisch in der Diagnosebezeichnung der „histrionischen" Persönlichkeitsstörung (von lat. histrio, Schauspieler) erhalten, die für Menschen mit oberflächlicher und labiler Affektivität, sehnsüchtigem Verlangen nach Aufmerksamkeit und Anerkennung, Suggestibilität und theatralischem Verhalten aber auch einer höheren Bereitschaft zur Ausbildung dissoziativer Störungen verwandt wird. In den neueren Klassifikationssystemen wird der Begriff der Konversion zunehmend durch den der *Dissoziation* ersetzt. Die Beschreibung der Krankheitsphänomene löst sich damit ganz von psychoanalytischen Begriffsinhalten und betont deskriptiv den symptomatischen Verlust der Integration bestimmter, zuvor eng mit Selbst- und Kontrollüberzeugungen verbundener Funktionen. Die Patienten erleben diesen Verlust im Sinne passiven Ausgeliefert-Seins und bewerten ihren Zustand als organische Erkrankung wobei sie oftmals wenig betroffen wirken.

1.2 Klassifikation

In der ICD-10 werden die Begriffe Dissoziation und Konversion synonym aufgefaßt. Unter den Dissoziativen Störungen F 44 werden folgende Störungsbilder differenziert:
- F 44.0   Dissoziative Amnesie
- F 44.1   Dissoziative Fugue
- F 44.2   Dissoziativer Stupor
- F 44.3   Trance- und Besessenheitszustände
- F 44.4   Dissoziative Bewegungsstörungen
- F 44.5   Dissoziative Krampfanfälle
- F 44.6   Dissoziative Sensibilitäts- und Empfindungsstörungen
- F 44.7   Dissoziative Störungen, gemischt
- F 44.8   Sonstige dissoziative Störungen
  - Ganser-Syndrom
  - dissoziative Identitätsstörung
  - psychogener Dämmerzustand
- F 44.82 Vorübergehende dissoziative Störungen in der Kindheit und Jugend

Im DSM-IV werden die klassischen, unter F 44.4-6 in der ICD-10 aufgeführten Störungen weiter zu einer Diagnose Konversionsstörung 300.11 mit drei Subtypen zusammengefaßt, den Somatoformen Störun-

gen zugeordnet und von den übrigen Dissoziativen Störungen abgegrenzt:
- 300.12 Dissoziative Amnesie
- 300.13 Dissoziative Fugue und
- 300.14 Dissoziative Identitätsstörung

Die Depersonalisationsstörung 300.6 wird im DSM-IV ebenfalls den Dissoziativen Störungen zugerechnet, während sie in der ICD-10 unter Sonstigen neurotischen Störungen F 48.1 zu finden ist. Das DSM-IV unterscheidet also zwischen der Dissoziation integrierender Ich-Funktionen von Gedächtnis und Identität einerseits und der Dissoziation körperlich-neurologischer Funktionen im Kontext somatoformer Störungen andererseits.

1.3 Syndromspektrum kindlicher Somatisierungsstörungen

Für das Kindes- und Jugendalter haben Schapiro und Rosenfeld (1987) in Anlehnung an das DSM-IV die Konversionsreaktion in den Kontext vier voneinander abgrenzbarer Typen kindlicher Somatisierungsstörungen gestellt, die sie nach Schweregrad und altersbezogener Entwicklungsabfolge ordnen und denen sie eine Normvariante streßvermeidenden Verhaltens voranstellen.

Symptomatische Streßvermeidung als Normvariante

Hiermit sind unspezifische Beschwerden wie Übelkeit, Kopf- oder Bauchschmerzen gemeint, die häufig im Zusammenhang mit zeitweiser schulischer Überforderung und Stressbelastung auftreten und normalerweise spontan remittieren.

Leichte polysymptomatische Somatisierungsstörung (Typ 1)

Werden die Überforderung und der Vermeidungswunsch des Kindes nicht aufgehoben, und wird statt dessen die Krankheitsposition einseitig bekräftigt, kann es zur Ausbildung eines milden polysymptomatischen Somatisierungssyndroms kommen. Dabei treten im Zusammenhang mit psychosozialen Stressoren wechselnde körperliche Beschwerden über einen längeren Zeitraum hinweg auf. Sekundärer Krankheitsgewinn ist die wesentliche aufrechterhaltende Bedingung und es bestehen gewöhnlich keine begleitenden psychischen Symptome.

Monosymptomatische Somatisierungsstörung (Typ 2)

Erst wenn die Erkrankung nicht nur zu einem wesentlichen Bedürfnis des Kindes sondern auch seiner Familie im Sinne einer gemeinschaftlichen Angst- oder Depressionsabwehr wird, sprechen die Autoren von einem monosymptomatischen Somatisierungssyndrom, bei dem in der Regel auch Anzeichen der auslösenden psychischen Störung sichtbar werden und sowohl primärer wie auch sekundärer Krankheitsgewinn wirksam werden.

Konversionsstörung im Kindes- und Jugendalter (Typ 3)

Die kindliche Konversionsstörung, die Gegenstand dieses Kapitels ist, wird definiert als pseudoneurologischer Funktionsverlust mit akutem Beginn und unmittelbarem zeitlichen Zusammenhang zu einem psychischen Trauma, Konflikt oder Bedürfnis. Die Häufigkeit einer sexuellen Thematik und die Wirksamkeit primären Krankheitsgewinns wird von den Autoren betont.

Somatisierungsstörung des Jugendalters (Typ 4)

Mit dieser Kategorie wird der Übergang zum Somatisierungssyndrom des Erwachsenenalters mit einer Vielzahl wechselnder, auch cardiopulmunaler und gynäkologischer Beschwerden beschrieben, die länger als ein Jahr andauern und mit begleitenden psychischen Symptomen einhergehen.

1.4 Entwicklungspsychopathologische Aspekte

Die für den Schwerpunkt dieses Kapitels relevanten ICD-10-Diagnosen der dissoziativen Bewegungsstörungen, Krampfanfälle sowie Sensibilitäts- und Empfindungsstörungen gelten grundsätzlich für Kinder, Jugendliche und Erwachsene. Dabei ist aber zu bedenken, daß die diagnosebegründende Normabweichung bei Kindern und Jugendlichen immer auf das Entwicklungsalter zu beziehen ist. Die Kontrolle und das Wissen über körperliche Funktionsabläufe wird ebenso wie die Fähigkeit, Wünsche und Gefühle sprachlich zu kommunizieren, im Verlauf der Kindheit erst erworben und ausdifferenziert. Faßt man die dissoziative Symptomatik als eine von vielen möglichen Reaktions- und Bewältigungsformen von Angst auf (Bräutigam,1994) so kann sie bei Kindern nur dann als fehlangepasstes Verhaltensmuster gelten, wenn bezogen auf das Verhältnis von Entwicklungsalter zu Art und Ausmaß der Bedrohung reifere Bewältigungs- und Handlungskompetenzen erwartet werden können.

1.5 Häufigkeit, Geschlechtsverteilung und Verlauf

Die Häufigkeitsangaben in der Literatur schwanken, je nach zugrunde gelegten diagnostischen Einschlußkriterien. Für Konversionsstörungen kann von einer Inzidenz von 0,5% ausgegangen werden (Goodyer, 1981), während bei etwa 25% aller Kinder irgendwann im Verlauf ihrer Entwicklung somatoforme Symptomatik einschließlich Kopf- und Bauchschmerzen auftritt, ohne daß eine psychiatrische Diagnose gestellt wird (Oster, 1972). Siegel und Barthel (1986) fanden bei etwa 5% einer kinderpsychiatrischen Inanspruchnahmepopulation Konversionsstörungen. Der altersbezogene Häufigkeitsgipfel liegt zwischen 11 und 13 Jahren mit einer Streuung von 6 bis 17 Jahren. Das Verhältnis von Mädchen zu Jungen liegt bei etwa 2:1 und ist unterhalb des 10. Lebensjahres nahezu ausgeglichen (Spierings et al., 1990). Systematische Verlaufsstudien sind kaum verfügbar. Robins und O'Neal (1953) fanden bei 17% der nachuntersuchten Kinder mit der Diagnose Hysterie persistierende Krankheitssymptome, 48% hatten Angst- und andere neurotische Störungen entwickelt und 35% waren beschwerdefrei oder gesund. Spierings et al. (1990) erhoben bei 28% der nachbefragten Familien keine Besserung der kindlichen Symptomatik. Bei 72% war eine Besserung eingetreten wobei 54% weiter die bekannten (33%) oder neue Symptome (22%) zeigten. Übereinstimmung herrscht darüber, daß in den Familien der betroffenen Kinder überdurchschnittlich hohe Belastungen sowohl mit körperlichen Erkrankungen wie mit psychischen Störungen gegeben sind und daß die Symptomatik von Familienmitgliedern häufig denen der kindlichen Patienten ähnelt (v. Aster et al., 1987, Steinhausen et al., 1989, Volkmar et al., 1984; Spierings et al., 1990).

2. Symptomatik und Verhaltensdiagnose

Die Verhaltensanalyse nach dem SORK-Schema (Kanfer und Saslow, 1969) geht von einer genauen Beschreibung der Reaktion (R), also der Symptomatik aus, die durch Verhaltensbeobachtung, eigen- und fremdanamnestische Daten gewonnen wird.

2.1 Symptomatik (R)

Dissoziative Bewegungsstörungen

Die häufigste Form der dissoziativen Bewegungsstörung ist der vollständige oder teilweise Verlust der Bewegungsfähigkeit eines oder mehrerer Körperglieder. Immer ist quergestreifte, willkürlich innervierte Muskulatur betroffen. Die Lähmungserscheinungen können partiell, mit schwachen oder langsamen Bewegungen, oder vollständig sein. Unterschiedliche Formen mangelnder Koordination in den Beinen können zu einem bizarren Gangbild oder der Unfähigkeit ohne Hilfe zu stehen (Abasie, Astasie) führen. Es können auch Zitter- oder Schüttellähmungen auftreten. Die

Zustände haben große Ähnlichkeit mit fast jeder Form neurologisch bedingter Ataxie, Apraxie, Akinesie, Aphonie, Dysarthrie, Dyskinesie oder Paresen.

Dissoziative Krampfanfälle

Der für diese Störung auch gebräuchliche Begriff des pseudoepileptischen Anfalls kennzeichnet die Ähnlichkeit zu einer häufig, aber nicht immer gleichzeitig bestehenden Epilepsieerkrankung. Zungenbiß, Speichelfluß, Sturzverletzungen oder Einnässen sind sehr selten. Das Bewußtsein geht nicht verloren, sondern ist im Sinne eines stupor- oder tranceähnlichen Zustands eingeengt. Die Rhythmizität und Erschöpfungsdynamik der motorischen Entladungen wirkt vorstellungsgeleitet und nicht in gleicher Weise unwillkürlich wie bei der Epilepsie. Bei Jugendlichen besteht oft auch eine Ähnlichkeit zu sexueller Erregung oder Gebärde wenn Retroflexion (Arc de cercle) und Hyperventilation hinzutreten.

Dissoziative Sensibilitäts- und Empfindungsstörungen

Bei Sensibilitätsstörungen stimmen die betroffenen Hautareale oft nicht mit den anatomischen Innervationsgrenzen überein. Es können Taubheitsgefühle, Parästhesien oder Schmerzen gleichzeitig angegeben werden. Bei visuellen Störungen sind vollständige Erblindungen eher selten, es besteht häufiger ein Verlust der Sehschärfe, Verschwommen- oder „Tunnelsehen", Mikropsie oder Makropsie. Dabei sind die motorischen und Orientierungsleistungen oft überraschend gut erhalten. Störungen des Hör-, Geruchs- oder Geschmacksempfindens sind selten.

Psychische Symptomatik

Es besteht oft eine Inkongruenz oder mangelnde Synchronizität zwischen den körperlichen Symptomen einerseits und den begleitenden Leidempfindungen und Affektäußerungen andererseits. Das vielbeschriebene Merkmal der „Belle indifference" ist vor allem bei Kindern umstritten (Goodyer, 1981) und kennzeichnet vielleicht eher Aspekte einer prädisponierenden alexithymen Persönlichkeitsentwicklung (s. u.). Die körperlichen Krankheitssymptome selbst werden durchaus beklagt, nicht jedoch ihre sozialen Auswirkungen. Ausmaß und Abfolge der Leidäußerungen wirken zum jeweiligen Befund nicht immer passend und beziehen sich eher auf die beeinträchtigte psychische Gesamtsituation. Dabei können unspezifische Symptome wie Schlafstörungen, mangelnder Tonus der Körperhaltung, Interessenarmut oder Konzentrationsstörungen untergründige Angst oder Depression anzeigen.

Komorbidität und Differentialdiagnose

Entsprechend den diagnostischen Leitlinien sind alle organischen, insbesondere neurologischen Krankheitsbilder sorgfältig abzuklären und auszuschließen. In etwa 6% der Fälle erweisen sich Konversionsstörungen katamnestisch als unerkannte organische Erkrankungen (Spierings et al., 1990). Die hier nicht eingehend besprochenen, aber verwandten dissoziativen Störungen des Gedächtnisses und der Identität im engeren Sinne (weiter gefaßt kann die Dissoziation der körperlichen Integrität auch als partieller Gedächtnis- und Identitätsverlust aufgefaßt werden) sind ebenfalls auf eine organische Genese, z. B. Temporallappenepilepsie, hin abzuklären und von schizophrenen Erkrankungen zu differenzieren. Bei etwa 10% der Kinder mit pseudoepileptischen Anfällen besteht gleichzeitig ein cerebrales Krampfleiden (Remschmidt, 1997) und bei 22% ihrer Stichprobe fanden Spierings et al., (1990) leichte körperliche Defekte oder Unfallfolgen auf die sich die dissoziative Symptomatik im Sinne eines „point of low resistance" aufsetzte. Angststörungen und Depression stehen in wesentlichem ursächlichem Zusammenhang, sind aber auch symptomatische Begleiterscheinungen der im Vordergrund stehenden körperlichen Symptomatik. Schulische Lern- und Leistungsstörungen sind ebenfalls häufig anzutreffen und bedürfen sorgfältiger Abklärung (Goodyer, 1981; Volkmar et. al., 1984). Sie können Ausdruck umschriebener Entwicklungsstörungen schulischer Fertigkeiten oder niedriger Intelligenz sein, sie können auf häufige Fehlzeiten durch Krankenhausaufenthalte oder Trennungsangststörungen zurückzuführen, und schließlich auch Teilaspekt einer depressiven Vitalschwäche sein.

2.2 Verhaltensanalyse

Vorausgehende (S) und nachfolgende (K) Reizbedingungen

Für die Behandlung ist es entscheidend, die Symptomatik des Patienten zu verstehen. Fremdanamnestische Angaben zur Vorgeschichte und den situativen Umständen geben oftmals nur vage Hinweise auf die subjektive Erlebnisgeschichte. Häufig kann auf spezifisches Angsterleben nur indirekt geschlossen werden, weil sich der Patient durch die körperliche Symptombildung und Krankenrolle zumindest partiell davon befreit hat. Entscheidendes diagnostisches Kriterium ist aber der erkennbare Zusammenhang der Symptomatik mit einer vorausgegangenen Traumatisierung, einem Konflikt oder einem psychischen Bedürfnis. Damit sind unterschiedliche Aspekte eines Bedingungsgefüges angesprochen, nämlich sowohl respondente (Trauma) wie operante (Bedürfnis) und gemischt respondent-operante (Konflikt).

Auslösende Traumatisierung und Streßbelastung (S)

Ebenso wie bei Kindern mit posttraumatischer Belastungsreaktion fand Volkmar et. al. (1984) bei nahezu allen von ihm untersuchten Kindern mit Konversionsstörungen vorausgegangene psychische Traumatisierungen. Die Art der Belastungen war unterschiedlich, es überwogen sexuelle Übergriffe neben Schulproblemen und familiären Konflikten. Hodges und Mitarbeiter (1984) fanden, daß es sich bei den belastenden Lebensereignissen im Vorfeld dissoziativer Störungen häufiger um Krankheiten oder Todesfälle von Bezugspersonen handelte, während bei verhaltensbezogenen Belastungsreaktionen eher psychosoziale oder familiäre Konflikte zu finden waren. Fallstudien berichten auch von entwicklungsbedingten Belastungen, z. B. den veränderten Verhaltensanforderungen in der Pubertät (v. Aster, 1990) oder Lernstörungen mit Überforderung und Schulversagen (Silver, 1982) als symptomauslösenden Stressoren.

Krankheitsgewinn und Gesundheitsgewissen (K)

Die Erfahrungen die ein Kind beim Durchmachen verschiedener Krankheiten im Lauf seines Lebens macht, können ihm durch die Aspekte des Krankheitsgewinns auch die Möglichkeit zur Instrumentalisierung eröff-

Tabelle 1. Auslösende Bedingungen

Trauma	*Konflikt*	*Bedürfnis*
• Existentielle Bedrohung, z.B. Verlust, Mißhandlung, sexueller Mißbrauch	• Ambivalenzkonflikt, z. B. Loyalitätskonflikt in Scheidungsfamilie	• Versuchungs-Versagungs-Konflikt, Moralkonflikt
• Pat. Passiv ausgeliefert, überwiegend respondentes Bedingungsgefüge	• Pat. passiv ausgeliefert und mitagierend, gemischt respondent-operantes Bedingungsgefüge	• Pat. ausagierend, überwiegend operantes Bedingungsgefüge
• Eindruck prägt Symptomwahl	• Symptomwahl unterschiedlich determiniert	• Ausdruck prägt Symptomwahl

nen. Man bezeichnet dabei die krankheitsbedingte Entlastung von unangenehm erwarteten Aufgaben oder Situationen als primären Krankheitsgewinn im Sinne negativer Verstärkung und die mit der Pflege verbundene Zuwendung als sekundären Krankheitsgewinn im Sinne positiver Verstärkung der Krankenrolle. Natürlich gerät die Versuchung, Krankheit in diesem Sinne zu nutzen, in einen mehr oder weniger engen Bezug zur Moralentwicklung des Kindes, für deren Fundamente die elterlichen Modelle, Verhaltensweisen und Bewertungen ausschlaggebend sind. Wenn z. B. die Angst vor einer Klassenarbeit am nächsten Schultag zeitlich mit dem Auftreten eines fieberhaften Infekts zusammenfällt, so ist es für die Entwicklung des Kindes wesentlich, ob es die mit der Erkrankung und dem „zu Hause bleiben müssen/dürfen" verbundene Angstreduktion als unerlaubt empfinden und damit verschweigen muß, oder ob es das aufgeschobene schulische Problem und das eigene Krankheitserleben in einer hilfreichen und feinfühligen familiären Atmosphäre kommunizieren und abwägen kann. Wie eng Krankheitsverhalten und Gesundheitsmoral miteinander verbunden sind zeigt sich auch an den differentialdiagnostischen ICD-10-Störungsgruppen der Simulation (Z 76.5) und Vorgetäuschten Störung (F 68.1) bei denen Krankheitssymptome aus äußeren oder inneren Motiven heraus, bewußt, und im Konflikt mit unterlegenen Gewissensinstanzen, erzeugt werden. Im Unterschied dazu kann der Krankheitsgewinn bei dissoziativen Störungen auch unbewußt angestrebt und durch die Kraft suggestiver Vorstellungen ohne Gewissenskonflikt wirksam erzielt werden. Diese operanten Aspekte kontrollieren als nachfolgende und aufrechterhaltende Bedingungen den Verlauf der Symptomatik.

Konstitutionelle und dispositionelle Faktoren (O)

Das Verständnis des dynamischen Prozesses von dem vorausgegangenen Trauma, der überfordernden Konflikt- oder Bedürfnis-

Tabelle 2. Disposition

- *Persönlichkeit*
  - Externalität
  - Suggestibilität
  - Alexithymie
- *Entwicklungsalter*
  - Intelligenz
  - Sprachkompetenz
- *Familiäre und kulturelle Modelle und Verhaltensstile*
- *Körperliche Affektion, „Point of low resistance"*

spannung hin zur Symptomentwicklung und den aufrechterhaltenden, verstärkenden und angstreduzierenden Bedingungen erschließt sich nicht unwesentlich auch über die dispositionellen Gegebenheiten (O). Hier ist die Persönlichkeit des Kindes/Jugendlichen unter entwicklungsdynamischen Gesichtspunkten wesentlich. Die affektive Reifung, insbesondere die Suggestibilität, die Wahrnehmungen und Vorstellungen von der eigenen Körperlichkeit, die Intelligenz und insbesondere die Fähigkeit und Bereitschaft zur Selbstreflexion und Selbstverbalisation sind ebenso zu bewerten wie die familiären Kommunikationsstile, etwa habituiertes Krankheitsverhalten oder der Rahmen, den kulturelle Normen zum Verständnis beitragen. In der aktuellen Situation ist häufig auch eine tatsächlich von außen her verursachte körperliche Affektion prägend für die Krankheitsvorstellung des Patienten und die Ausgestaltung der Symptomatik. Im Folgenden werden die wesentlichsten dispositionellen Faktoren noch eingehender erläutert.

Kontrollüberzeugungen und Krankheitsanfälligkeit

Die Health-belief-Forschung befaßt sich mit dem Einfluß erworbener Einstellungen und Kontrollüberzeugungen auf die Entwicklung von Gesundheits- und Krankheitsverhalten. Wenn ein Kind lernt dem eigenen Verhalten Einfluß auf Ereignisse wie z. B. auch Krankheiten und ihren Verlauf zuzuschreiben, entwickelt es internale

Kontrollüberzeugungen. Umgekehrt entstehen externale Kontrollüberzeugungen wenn die Erfahrung gemacht wird, daß solche Ereignisse außerhalb des eigenen Einflußbereiches liegen und äußeren Kräften, etwa dem Schicksal und Zufällen (fatalistische Externalität) oder anderen Menschen z. B. den Eltern oder Ärzten (soziale Externalität) einseitig zugeschrieben werden (Lohaus, 1990). Internalität nimmt mit dem Alter und dem Zuwachs an selbstbestimmten Handlungsmöglichkeiten zu. Kinder mit internaler Orientierung empfinden sich als weniger krankheitsanfällig (Gochman, 1971), während solche, die die Kontrolle über Ereignisse außerhalb der eigenen Person ansiedeln, in stärkerem Maße über ihre Gesundheit besorgt sind (Altman u. Revenson, 1985).

Suggestibilität und Persönlichkeitsreifung

Man geht heute davon aus, daß die Persönlichkeit eines Kindes sich sowohl auf der Grundlage genetischer, wie auch prägender biographischer Einflüsse in Form stabiler und wiederkehrender Bindungserfahrungen und Interaktionsmuster konstituiert. Bei jenen dissoziativen Störungen, die ein überwiegend operantes Bedingungsgefüge haben, d. h. über den Krankheitsgewinn kontrolliert und aufrechterhalten werden, ist die Symptomentwicklung häufig durch den Vorgang der Suggestion vermittelt, vor allem dann, wenn der auslösende Konflikt durch ein starkes, nicht realisierbares psychisches Bedürfnis gekennzeichnet ist (z. B. Versuchungs-Versagungs-Konflikt). Die Suggestibilität, d. h. die Beeinflußbarkeit der eigenen Empfindungen und Einstellungen durch jene anderer Menschen, ist eine Wesensart, die sich weitgehend unabhängig von der kognitiven Reifung des Realitätssinnes und der kritischen Urteilsfähigkeit entwickeln und bestehen bleiben kann. Erhöhte Suggestibilität ist dabei oft verbunden mit mangelnder emotionaler Reife und infantiler Abhängigkeit, geringem Selbstwertgefühl und einem starken Bedürfnis nach Geltung und Anerkennung. Dührssen (1988) beschreibt die Präformierung der histrionischen Persönlichkeit sehr einfühlsam im Sinne einer gelernten Anpassung. Nach ihrer Auffassung kann ein Kind in einem Klima mangelnder emotionaler Anteilnahme und Aufmerksamkeit ein Muster rollenhaft unechten Gehabes entwickeln, wenn es lediglich mit spektakulären Gesten, nicht aber mit seinen eigentlichen Anliegen und emotionalen Bedürfnissen Beachtung und Wertschätzung finden kann. Das Kind lernt, zu gefallen und hält die Vorstellungen und Wünsche anderer für die eigenen. Es nimmt Posen ein, spielt Rollen und errichtet Fassaden, die sich mit seinem Wesenskern nicht mehr decken.

2.3 Symptomentwicklung und Symptomwahl (R)

Der Ablauf der Symptombildung (R) ist verdeckt und bedarf hypothetischer Vorstellungen. So kann Angst, vor allem aber auch Depression zunächst zu einer Beeinträchtigung vitaler Kräfte der Gesunderhaltung führen. Daraus kann sich eine auf körperliche Mißempfindungen ausgerichtete, selektiv verstärkende und dissoziierende Selbstwahrnehmung entwickeln. Diese kann afferent, an einer tatsächlich vorhandenen körperlichen Affektionen oder einem schon bekannten und konditionierten „point of low resistance" angreifen und die Empfindungen im Sinne einer Erkrankung fehlbewerten. Sie kann aber ebensogut auch efferent, über suggestive oder identifikatorische Vorgänge die wahrgenommenen Empfindungen quasi selbst mitliefern. Auf diese Weise kann die Symptomatik auch durch subjektive Eindrücke aus dem Konflikt- und Angsterleben oder durch Modelle aus dem familiären Umfeld geprägt und ausgestaltet werden. Die Krankheitsvorstellung kann sich dann mit der konditionierten Erwartung von Konfliktentlastung und Krankheitsgewinn zu einem, bei Konversionsstörungen nicht bewußten Willen zur Krankheit (Bonhoeffer, 1911) verdichten. Er bestimmt wesentlich Verlauf und Schweregrad, aber auch das psychopathologische Bild, insbesondere den zuweilen deutlichen Aspekt der „belle indifference".

Das Bedürfnis des Therapeuten, die Symptomatik in einem psychodynamisch sinnhaften Zusammenhang mit der emotionalen Konfliktthematik oder der Erlebnisbiographie des Patienten zu verstehen, resultiert wohl nicht zuletzt aus der Tatsache, daß mit der Willkürmotorik und den Sinnen eben solche Funktionen verloren gehen, die aufs engste mit Selbstgefühl und Kontrollüberzeugungen verbunden sind. Obwohl auch bei der Erstmanifestation z. B. eines Diabetes mellitus häufig emotionale Stressoren im Vorfeld anzutreffen sind, würde niemand auf die Idee kommen, dem Funktionsverlust der bewußtseinsfernen Betazellen des Pankreas einen symbolischen Ausdrucksgehalt für dieses Streßerleben zuzuschreiben. Bei Konversionsphänomenen hingegen ist die Abwesenheit eines, wenn auch unbewußten Willensanteils kaum vorstellbar. Starke existentielle Bedrohungen ohne ausreichende Möglichkeit, sich antizipierend auf sie einzustellen, wie dies z. B. auch im Alptraum der Fall ist, vermögen solche Funktionsausfälle quasi im Sinne akuter Überforderung zu erzeugen. In solchen Fällen ist das so überforderte Organ selbst betroffen und symbolisiert in spezifischer Weise Schreck, Angst oder Fluchtimpuls. Diese quasi impressionistische Darstellung des Konflikterlebens trifft für Fälle zu, wie das von Nissen (1980) beschriebene Mädchen, das angesichts einer handgreiflichen Auseinandersetzung zwischen seinen Eltern erblindet. Gewiß zählen zu solchen Konflikten auch jene, in denen der Patient von Gewalt oder sexuellem Mißbrauch bedroht oder betroffen ist. An einer Fallbeschreibung des britischen Internisten Reynolds, der 1869 erstmals eine psychogene Lähmung bei einem 14jährigen Mädchen beschrieb, lassen sich mehrere Möglichkeiten der Deutung exemplarisch aufzeigen.

Das 14jährige Mädchen, das er beschrieb, stammte aus ärmlichsten sozialen Verhältnissen und mußte nach dem Tod seiner Mutter den schwerkranken und gelähmten Vater alleine versorgen. Auf dem Weg zu ihrer schweren körperlichen Arbeit begann sich das Mädchen immer wieder vorzustellen, was passieren würde, wenn es selbst einmal nicht mehr laufen könnte, um die Kohlen zum Heizen und das Essen für den Vater herbeizuschaffen. Es erlitt schließlich selbst eine Lähmung und der Autor begriff diese Erkrankung als Reaktion des Kindes auf die Belastung der Lebenssituation und der überfordernden Verantwortung.

Hier könnte also die Vorstellung von der existentiellen äußeren Bedrohung, zusammmen mit der magischen Identifikation mit dem Vater und dem Modell seiner Erkrankung, einen solchen Funktionsverlust in der schon beschriebenen Abfolge hervorgebracht haben. Eine psychoanalytisch-triebdynamische Deutung könnte hingegen in der Lähmung der Beine den abgewehrten Wunsch des Mädchens erblicken, wegzulaufen, den Vater im Stich zu lassen und eigener Wege zu gehen. Diese Symptomdeutung entspräche einer expressiven Konfliktdarstellung im Sinne gelungener Triebabwehr. Der Einfluß von Krankheitsmodellen im familiären Umfeld auf die Symptomwahl ist bezogen auf das Konflikterleben ebenso unspezifisch wie eine am Beginn des Geschehens stehende körperliche Affektion oder eine organische Vulnerabilität im Sinne eines „point of low resistance".

2.4 Psychodiagnostik

Neben den üblichen Verfahren zur differentialdiagnostischen Abklärung und Erfassung spezifischer Merkmale der kognitiven Entwicklung und der Persönlichkeit kommen explorationsunterstützenden projektiven Verfahren (z. B. Szeno-Test, CAT) besondere Bedeutung zu. Für Jugendliche und Erwachsene mit dissoziativen Störungen einschließlich Gedächtnis- und Identitätsstörungen haben Brunner et. al. (1998) ein spezifisches Fragebogeninventar vorgelegt.

3. Therapie in der Praxis

3.1 Beratung und Arzt-Patient-Beziehung

In der Regel werden Kinder mit somatoformen Störungen zunächst Allgemein- oder Kinderärzten, oftmals auch Spezialisten anderer somatischer Fachgebiete vorgestellt. Trotz häufig erfolgloser Abklärungs- und Behandlungsbemühungen ist die Abwehr gegen das Einbeziehen psychologischer Zusammenhänge bei Patienten und Eltern häufig sehr ausgeprägt. Das Festhalten an organischen Krankheitsvorstellungen kann zu wiederholten Arztwechseln führen, was den sekundären Krankheitsgewinn steigert und das Risiko von Chronifizierungen erhöht. In der ersten Phase ärztlicher Konsultation ist es aus präventiven Gesichtspunkten deshalb wichtig, eine vertrauensvolle Arzt-Patient-Beziehung aufzubauen, supportiv zu beraten und dabei folgendes zu beachten.:

- Der Hilfewunsch ist auch bei „unechter" Symptomatik echt. Er muß respektiert und ohne moralisierende Bewertungen angenommen werden.
- Die medizinischen Untersuchungen sollen sorgfältig sein, aber auf das wirklich Notwendige beschränkt bleiben. Psychologische Untersuchungen sollten frühzeitig eingeführt werden.
- Bei schul- und streßvermeidendem Verhalten sollten die Eltern ermutigt werden, mit dem Kind klare, berechenbare Verhaltensweisen zu verabreden, den sekundären Krankheitsgewinn zu begrenzen (z. B. bei Kopf- oder Bauchschmerzen wenn nötig eine Tablette, danach eine halbe Stunde Ruhepause und Hinlegen, dann wieder in die Klasse und das Versäumte später nachholen).
- Streßbelastungen des Kindes wie z. B. Über- oder Unterforderung im Leistungsbereich oder umschriebene Konflikte in der Familie oder Peergruppe sollten behutsam erkundet und durch Beratung mit den Eltern ggf. reduziert werden. Gravierende Defizite in der Kompetenz zur Streßbewältigung finden sich selten beim Kind allein. Sie kennzeichnen meist auch eine gestörte familiäre Interaktion, wie sie bei monosymptomatischen Somatisierungsstörungen und anhaltenden oder rezidivierenden Konversionsstörungen (s. o. Typ 3 + 4) zu finden sind. Sie bedürfen eingehender therapeutischer Hilfe, für die sich ein zweistufiges Vorgehen anbietet

Tabelle 3. Therapie

- *Stufe 1 – Funktionsverlust aufheben*
  - Entlastung vom Ursprungskonflikt
  - Minimierung von sekundärem Krankheitsgewinn
  - Suggestive Verschreibung der Symptomremission
  - Umattribuierung der Krankheitsauffassung und Motivationsaufbau
- *Stufe 2 – Grundstörung behandeln*
  - Klärungs- und bewältigungsorientiertes Vorgehen
    - Individuell
    - Gruppe
    - Familie
  - Zeitkontingentes Behandlungssetting

3.2 Symptombezogenes Vorgehen

Im ersten Schritt sollte die Aufhebung des körperlichen Funktionsverlustes angestrebt werden. Hierzu ist es in der Regel erforderlich, den Vermeidungswunsch zunächst anzunehmen und damit den primären Krankheitsgewinn vorläufig zu gewähren. Die Veränderung der konflikthaften Bedingungen oder aber die Verbesserung der Bewältigungskompetenz erfordern Zeit, während die Wiederherstellung der körperlichen Funktionen möglichst rasch erfolgen sollte. Der sekundäre Krankheitsgewinn, die übermäßige Besorgnis, Pflege und Aufmerksamkeit durch die Familie, aber auch durch untersuchende und behandelnde Ärzte, sollte nach Möglichkeit minimiert werden. Hierzu kann die Wahl eines stationären Behandlungssettings durchaus geeignet sein.

Direkte Suggestion und Verschreibung

Mit dem Patienten und seinen Eltern wird ein konkreter Therapieplan aufgestellt, der alle medizinischen, aber auch schon klientzentrierte, supportiv-explorierende spiel- oder gesprächstherapeutische Sitzungen und Elterngespräche enthält. Durch sie wird ein formaler Raum für angstfreie Begegnung und Mitteilung geschaffen, der für den „abwehrenden" Patienten noch ohne Sinn, quasi leer sein mag. Es wird damit über eine zeit- und nicht symptomkontingente Verfügbarkeit des Therapeuten die Dekonditionierung unterstützt und dem Patienten gleichzeitig über die Zusammensetzung des Therapieplans die Wertigkeit psychologischer Aspekte signalisiert. Im Therapieplan ist auch der mit den therapeutischen Maßnahmen erwartete zeitliche Ablauf der Symptomremission und der schrittweisen Wiederaufnahme von Aktivitäten enthalten. Durch die Krankenrolle weicht der Patient zwar einem traumatischen Konfliktgeschehen aus, er muß aber auch die Einschränkung angenehmer Aktivitäten und Bedürfnisse dadurch hinnehmen. Nun kommt es darauf an, in der zeitlichen Abfolge der Therapieplanung nur diese angenehmen und angstfreien Aktivitäten mit der suggerierten Symptomremission zu verknüpfen. Der Rückzug aus der körperlichen Symptomatik darf nicht mit dem Behandlungsende verbunden sein, bei stationärer Behandlung sollte die Entlassung für den Patienten wesentlich später in Aussicht stehen. Nur die zeitliche Distanz von der nicht mehr empfundenen, gleichwohl vorhandenen und noch nicht bewältigten Angst kann die Suggestion und Verschreibung einer vorzeitigen Symptomremission ermöglichen.

Physikalische Therapie

Bei dissoziativen Bewegungs-, Sensibilitäts- und Empfindungsstörungen, vor allem solchen, die von tatsächlich abgelaufenen Affektionen ihren Ausgang genommen haben, ist der Einsatz physikalischer Maßnahmen und Anwendungen sinnvoll. Sie können die ernstnehmende Intention der Behandlung unterstreichen. Im Umgang mit dem Patienten sollte sekundärer Krankheitsgewinn begrenzt werden. Er ist aber nicht ganz vermeidbar, weshalb in der Therapieplanung eine Weiterführung, gegebenenfalls sogar verstärkende Intensivierung mit rehabilitativer Begründung nach der erfolgten Symptomremission vorgesehen sein sollte.

Progressive Muskelentspannung

Die Einübung des Entspannungstrainings nach Jakobson ist auch bei Kindern einfach zu handhaben. Durch die Instruktion und Entspannungserfahrung werden dabei Gesprächsinhalte unterstützt, die sich mit der edukativen Erarbeitung allgemeiner Zusammenhänge zwischen körperlichen und geistig-emotionalen Vorgängen befassen. Da körperliche Entspannung auch angstmindernd wirkt, kann sie sich günstig auf die Bereitschaft zur gedanklichen Auseinandersetzung und Mitteilung konflikthafter Erlebnisse auswirken. Sie kann darüber hinaus die bei diesen Patienten oftmals mangelnde Wahrnehmungs- und Differenzierungsfähigkeit leibnaher Empfindungen fördern und die hilfreiche Erfahrung der Eigenkontrolle des Entspannungsvorgangs vermitteln.

Biofeedback

Auch Biofeedbackmethoden eignen sich für den Einsatz bei monosymptomatischen Somatisierungsstörungen und dissoziativen Bewegungs- und Empfindungsstörungen. Wie bei physikalischer Therapie haben sie für den Patienten zunächst den Charakter der medizinischen Intervention als von außen herangetragener Hilfe, was bei suggestiblen Patienten, die sich selbst noch keine, dem Arzt aber alle Wirkung zuschreiben können, auch Placeboeffekte ermöglichen kann. Erfahrungsgeleitet lernen die Patienten dabei aber am eigenen Leib einfache psycho-physische Zusammenhänge und die Möglichkeit ihrer eigenen Einflußnahme kennen. Auch wird die differenzierte Wahrnehmung und Einschätzung körpernaher Empfindungen gefördert. Die Abwehr psychologischer Krankheitsvorstellungen gilt ja auch dem befürchteten Verlust der medizinischen Krankenrolle als eines bewertungsfrei akzeptierten Schutzraumes.

Biofeedbackübungen können über ihren apparativen und edukativen Charakter die allmähliche Angstreduktion, den Einbezug innerer Anteile in das Krankheitskonzept und damit die Voraussetzungen für den Aufbau internalisierender Kontrollüberzeugungen unterstützen. Sie können einen strukturierten Einstieg in eine vertrauensvolle Therapeut-Patient-Beziehung ermöglichen.

3.3 Defizitorientiertes Vorgehen

Mit dem bisher beschriebenen Vorgehen sollte schon im Zuge der symptomorientierten Behandlung die Basis für die Bearbeitung der Grundstörungen gelegt sein. Ziele können sein:
- Bearbeitung der vorausgegangenen Traumatisierung oder Konfliktdynamik
- Auffinden und Verändern unrealistischer Selbstvorstellungen und Fehlerwartungen
- Beseitigung konfliktträchtiger Interaktionsmuster
- angemessene und nachhaltige Streßentlastung
- Verbesserung der sozialen Kompetenz und des Problembewältigungsverhaltens
- Aufbau internaler Kontrollüberzeugungen
- Aufbau von positvem Selbstbild und Selbstwertgefühl.

Gelingt die Symptomrückbildung, ohne daß es zu einer Behandlungsmotivation kommen konnte, so sinken oftmals Leidensdruck, Einsichts- und Veränderungsbereitschaft, vor allem bei den Angehörigen, ab. Der Patient paßt sich dann den unveränderten Ausgangsbedingungen zunächst wieder an, es verbleibt aber oft ein depressiv-ängstlicher Aspekt mit hoher Rezidivgefahr.

Kognitive Therapie

Über die bei der symptomatischen Behandlung vermittelten Informationen und Erfahrungen kann im Gespräch mit dem Patienten das organische Krankheitskonzept in ein psychophysiologisches umattribuiert werden. In einer Atmosphäre, die das Kranksein grundsätzlich legitimiert, wird es möglich sein, zunehmend lebensgeschichtliche Aspekte und alltagsbezogene Fragen zu erörtern und das Thema Krankheit zu ersetzen. Wenn Krankheit auch als „Kranksein an etwas" oder „Scheitern an etwas" aufgefaßt werden kann, eröffnen sich aktivere Handlungs- und Bewältigungsperspektiven. Hierzu bedarf es in der Regel auch der Bearbeitung irrationaler depressiver Kognitionen und Einstellungen sowie angstbezogenen Vorgehensweisen, die in den entsprechenden Kapiteln eingehender besprochen sind. All diese Aspekte sind oftmals auch für die Angehörigen relevant. In Eltern- und Familiengesprächen sollten deren psychische Probleme eingehend besprochen und entwicklungshemmende Interaktionsmuster aufgedeckt und bearbeitet werden.

Wesentlich auch für eine längerdauernde ambulante Nachsorge ist die Vereinbarung zeit-, nicht symptomkontingenter Sitzungen. Dies muß dem Patienten begründet und vorbereitet werden. Die Frage, was bis zur nächsten Sitzung passieren könnte, soll dem Patienten Gelegenheit geben, konkrete angstbesetzte Begebenheiten in der Therapiestunde zu aktualisieren, sie emotional zu entkatastrophisieren und alternative Verhaltensweisen zu erarbeiten und im Rollenspiel zu erproben. Das Erteilen erfolgsnaher Hausaufgaben kann bei erwartungsangepaßten Patienten im Sinne suggestiver Verschreibung wirksam sein. In jedem Fall können die Verhaltensaufträge mit Selbstbeobachtung und Selbstverstärkung kombiniert werden. Mit diesen Methoden des Selbstmanagementtrainings kann der Patient den Zielen von Bedürfnisaufschub und Autonomie, internalen Kontrollüberzeugungen und geringerer Krankheitsanfälligkeit näher gebracht werden.

Vor allem bei Patienten oder Familienangehörigen mit verfestigter infantil-abhängiger oder histrionischer Persönlichkeitsstruktur kann es immer wieder zu Konflikten über Ziele und Methoden der Behandlung und die Therapeut-Patient-Beziehung kommen. Die gemeinsame sachliche Erörterung von übereinstimmenden und unterschiedlichen Sichtweisen kann dabei als Modell für offene Konfliktklärung und zur Erprobung neuer Kommunikationsweisen dienen. Bei ausgeprägten Defiziten im sozialen und kommunikativen Verhaltensrepertoire sind zusätzlich gruppentherapeutische Angebote, z. B. soziales Kompetenztraining, angezeigt. Bei Kindern werden die beschriebenen Vorgehensweisen in ein zielorientiertes, klientenzentriert-spieltherapeutisches Behandlungsarrangement integriert. Die Beratung, Anleitung und gegebenenfalls Behandlung der Bezugspersonen hat, je jünger das Kind, um so größere Bedeutung. Spezifische Vorgehensweisen und sozialpädagogische Maßnahmen sind beim Vorliegen von Mißhandlung und sexuellem Mißbrauch erforderlich.

4. Evaluation

Dissoziative Störungen werden verhaltenstherapeutischer Behandlung noch selten zugeführt, da traditionell eher tiefenpsychologische Behandlungsansätze indiziert werden. Für beide Verfahren liegen, bezogen auf ihre Anwendung bei Kindern und Jugendlichen, keine ausreichend empirisch überprüften störungsspezifischen Wirksamkeitsnachweise vor. Die allgemeine Wirksamkeit verhaltenstherapeutischer Verfahren kann als gesichert gelten. Dies gilt auch für den Einsatz von Einzelmethoden bei umschriebenen Teilzielen oder Komorbidität, z. B. kognitiver Ansätze in der Angst- und Depressionsbehandlung, die in den jeweils eigenen Kapiteln abgehandelt werden. Übereinstimmend favorisieren viele Autoren das zweistufige Vorgehen, ohne daß kontrollierte Studien vorliegen, die dies bisher bestätigen konnten (Shapiro und Rosenfeld, 1987, Laybbourne und Churchill, 1972). Schneider und Rice (1979) berichten von 20% Spontanremissionen und mehrere Autoren geben vergleichsweise hohe Therapieabbruchraten an (Volkmar, 1984, Proktor, 1958). Gut kontrollierte störungsbezogene Therapieevaluationsstudien sind nötig.

Literatur

Aster, M. von (1990): Das Konversionssyndrom im Jugendalter. In: Steinhausen, H.-C. (Hrsg.): Das Jugendalter. Bern, Huber-Verlag

Aster, M. von, Pfeiffer, E., Göbel, D., Steinhausen, H.-C. (1987): Konversionssyndrome bei Kindern und Jugendlichen. Praxis der Kinderpsychologie und Kinderpsychiatrie, 36: 240–248

Blanz, B. et al. (1987): Hysterische Neurosen im Kindes- und Jugendalter. Z. Kinder-Jugendpsychiatr 15: 97-11

Bonhoeffer, K. (1911): Wie weit kommen psychogene Krankheitszustände und Krankheitsprozesse vor, die nicht der Hysterie zuzurechnen sind. Allgemeine Zeitschrift für Psychiatrie, 68: 386

Bräutigam, W. (1994): Reaktionen – Neurosen – Abnorme Persönlichkeiten. Seelische Krankheiten im Grundriß. Stuttgart, New York, Georg Thieme Verlag, 6. Auflage

Briquet, P. (1859): Traité clinique et thérapeutique de l'hysterie. Paris, Ballière

Brunner, R. M., Resch, F., Parzer, P., Koch, E. (1998): HDI: Heidelberger Dissoziations-Inventar. Frankfurt/Main, Swets Test Sevices

Dührssen, A. (1988): Psychogene Erkrankungen bei Kindern und Jugendlichen. Göttingen, Zürich, Verlag Vandenhoeck & Rupprecht, 14. Auflage

Freud, S. (1895): Studien über Hysterie. Gesammelte Werke I. Imago, London

Gochman, D. S. (1971): Some correlates of children's health beliefs and potential health Behavior. Journal of Health and Social Behavior, 12: 148–154

Kanfer, F. H., Saslow, G. (1969): Behavioral diagnosis. In: Franks, C.M. (Ed.): Behavior therapy: Appraisal and status. New York, McGrawhill: 417–444

Laybourne, T. C., & Churchill, S. W. (1972). Symptom discouragement in treating hysterical reactions in childhood. International Journal of Psychotherapy, 1: 111–123

Nissen, G. (1980): Psychogene Störungen mit vorwiegend psychischer Symptomatik. In: Harbauer, Lempp, Nissen, Strunk, Lehrbuch der speziellen Kinder- und Jugendpsychiatrie. Berlin, Heidelberg, New York, Springer Verlag, 4. Auflage

Oster, J. (1972). Recurrent abdominal pain, headache, and limb pains in children and adolescents. Pediatrics, 50: 429–436

Proctor, J.T. (1958). Hysteria in childhood. American Journal of Orthopsychiatry, 28: 394–407

Remschmidt, H. (1997): Konversionssyndrome. In: Remschmidt, H. (Hrsg.), Psychotherapie im Kindes- und Jugendalter. Stuttgart, New York, Georg Thieme Verlag

Reynolds, J. R. (1869): Remarks on Paralysis and other Disorders of Motion and Sensation, dependent on idea. British Med. Journal, Nov.: 483

Robins, E., & O'Neal, P. (1953). Clinical features of hysteria in children-with a note on prognosis: A two to seventeen year follow-up study of 41 patients. Nervous Child, 10: 246–271

Schneider, S., & Rice, D. R. (1979). Neurologic manifestations of childhood hysteria. Pediatrics, 94: 153–156

Shapiro, E. G., Rosenfeld, A. A. (1987): The Somatizing Child. Diagnosis and Treatment of Conversion and Somatization Disorders. New York, Springer Verlag

Siegel, M., & Barthel, R.P. (1986). Conversion disorders on a child psychiatry consultation service. Psychosomatics, 27: 201–204

Silver, L. B. (1982). Conversion disorder with pseudoseizures in adolescence: A stress reaction to unrecognized and untreated learning disabilities. Journal of the American Academy of Child Psychiatry, 21: 508–512

Spierings, C., Poels, P. J. E., Sijben, N., Gabreels, F. J. M., Renier, W. O. (1990): Conversion disorders in childhood: A retrospective follow-up study of 84 inpatients. Developmental Medicine and Child Neurology, 32: 865–871

Steinhausen, H.-C., von Aster, M., Pfeiffer, E., & Göbel, D. (1989): Comparative Studies of Conversion Disorders in Childhood and Adolescence. In: Journal of Child Psychol and Psychiat, 30, 4: 615–621

Volkmar, F. R., Poll, J., & Lewis, M. (1984). Conversion reactions in childhood and adolescence. Journal of the American Academy of Child Psychiatry, 23: 424–430

Kapitel 19

Asthma bronchiale

Josef Könning, Norbert Gebert, Bodo Niggeman und Ulrich Wahn

1.	Definition, Klassifikation und medizinische Grundlagen 502	3.1.3	Systematische Desensibilisierung 516
1.1	Medizinische Grundlagen 502	3.2	Schulungsprogramme für asthmakranke Kinder und Jugendliche 517
1.2	Psychologische Grundlagen der Asthmatherapie im Kindes- und Jugendalter 504	3.2.1	Grundlegende Elemente von Asthma-Schulungsprogrammen 517
1.2.1	Historischer Überblick 504	3.2.1.1	Wissensinhalt Anatomie und Physiologie 517
1.2.2	Spezielle Probleme der Asthmatherapie 505	3.2.1.2	Wissensinhalt Medikamentenkunde 517
1.2.3	Verhaltensmedizinisches Vorgehen 506	3.2.1.3	Wissensinhalt Auslösefaktoren und Auslösesituationen 518
1.2.4	Integrative verhaltensmedizinische Konzepte 506	3.2.1.4	Wissensinhalt Vermeiden des Asthmaanfalls, Verhalten in der Notfallsituation 518
1.3	Medizinische Diagnostik 508	3.2.1.5	Übungsinhalte 519
1.4	Medizinische Therapie 509	3.2.2	Ziele der Schulungsprogramme 519
1.5	Prognose 511	3.3	Verhaltensmedizinische Therapie nach dem 8-Ebenen-Modell 519
2.	Symptomatik und Verhaltensdiagnose 512	3.3.1	Physiologische Ebene 519
2.1	Symptomatik und Verhaltensdiagnose der physiologischen Ebene 513	3.3.2	Körperliche Ebene 520
2.2	Körperliche Ebene 513	3.3.3	Emotionale Ebene 520
2.3	Emotionale Ebene 513	3.3.4	Kognitive Ebene 521
2.4	Kognitive Ebene 514	3.3.5	Ebene des praktischen Verhaltens 521
2.5	Ebene des praktischen Verhaltens 514	3.3.6	Sozialer Mikrokosmos, familiäre Interaktion 521
2.6	Sozialer Mikrokosmos, familiäre Interaktion 515	3.3.7	Gemeindekontext 521
2.7	Gemeindekontext: Schule, Freundeskreis, Hausarzt 515	3.3.8	Makrosystemkontext 522
2.8	Makrosystemkontext 515	4.	Evaluation 522
3.	Therapie in der Praxis 516	4.1	Aussichten und Aufgaben für die Zukunft 523
3.1	Verhaltenstherapeutische Techniken in der Asthmabehandlung 516		
3.1.1	Entspannung 516		Literatur 524
3.1.2	Biofeedbackverfahren 516		

1. Definition, Klassifikation und medizinische Grundlagen

Das Asthma bronchiale stellt die häufigste chronische Erkrankung im Kindesalter dar (Ferguson 1988). Über absolute Häufigkeitsangaben gibt es immer noch keine verläßlichen Daten aus Deutschland. Eine kumulative Prävalenz in Höhe von 7 bis 10% erscheint realistisch. In den letzten Jahren ist allgemein eine Zunahme der allergischen Erkrankungen, insbesondere auch des Asthma bronchiale, beobachtet worden (Burney 1990, Burr 1989). Diese Zunahme kann nicht allein auf die erhöhte „Sensibilisierung der Bevölkerung und der Ärzte gegenüber dem Thema allergische Erkrankungen" oder auf eine verbesserte Diagnostik zurückgeführt werden, sondern dürfte heute anerkanntermaßen tatsächlich vorhanden sein. Indizien dafür sind die Zunahme der stationären Aufenthalte von Kindern mit akuten Asthmasymptomen (Anderson 1989, Burney 1991) sowie die in den letzten 10 Jahren in vielen Ländern angestiegene Todesrate von Kindern mit Asthma (Niggemann 1991). Das Asthma bronchiale im Kindes- und Jugendalter ist daher nicht nur ein sehr häufiges Problem, sondern aufgrund seiner potentiellen Gefahren und seines chronischen Charakters auch ein gesundheitspolitisch äußerst relevantes Thema.

Das Asthma bronchiale gehört zum Formenkreis der allergischen Erkrankungen, zu dem auch die Allergische Rhinitis, die Nahrungsmittelallergie, die Urtikaria (Nesselsucht), die Atopische Dermatitis (Neurodermitis) oder die Insektengiftallergie zählen. Mit dem im Erwachsenenalter vorkommenden „Asthma cardiale" (durch Herzschwäche bedingte Atemnot) hat das Asthma bronchiale nichts gemeinsam.

Sucht man nach einer anerkannten Definition des Asthma bronchiale, so merkt man, daß es bisher noch immer keine befriedigende Begriffsbestimmung hierfür gibt. Dies mag darin begründet sein, daß sich der Kenntnisstand in bezug auf das Asthma bronchiale seit einiger Zeit in stetem Wandel befindet. Während noch vor einigen Jahren der „rezidivierend auftretende Bronchospasmus" das Hauptelement der Definition darstellte, wird heute der chronisch-entzündliche Charakter der Erkrankung in den Vordergrund gerückt (Barnes 1989). Es gilt inzwischen als sicher, daß immunologische Entzündungsreaktionen mit Ausschüttung von Mediatoren (Überträgerstoffen) eine Hyperreagibilität der Atemwege hervorrufen können, welche die Grundlage des Asthma bronchiale darstellt (Chung 1990).

1.1 Medizinische Grundlagen

Abbildung 1 zeigt ein hypothetisches Modell der Zusammenhänge zwischen der genetischen Disposition (über deren Wichtigkeit bei der Entstehung von allergischen Erkrankungen es heute keinen Zweifel mehr gibt), der bronchialen Hyperreagibilität und dem klinischen Bild des Asthma bronchiale:

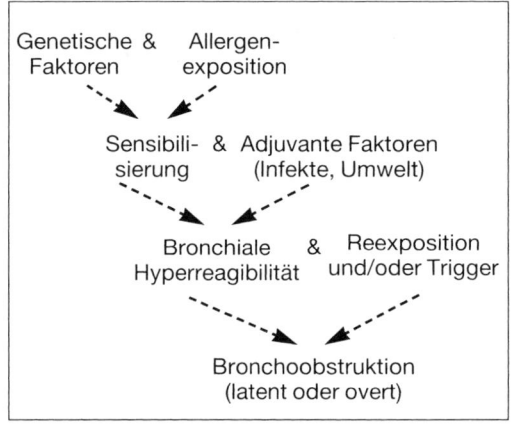

Abb. 1. Hypothetisches Modell der Asthmaentstehung

Eine genetische Disposition zusammen mit einer Allergenexposition kann also eine Sensibilisierung des Kindes hervorrufen. Nicht jeder sensibilisierte Patient ist jedoch allergisch krank. Kommen adjuvante Faktoren, wie frühkindliche Infekte, passives Rauchen o. ä. hinzu, kann sich eine bronchiale Hyperreagibilität entwickeln. Aber auch das Vorliegen einer Hyperreagibilität ist noch nicht gleichbedeutend mit einem manifesten Symptomen eines Asthma kommt es dann, wenn ein Kind mit einem hyperreagiblen Bronchialsystem mit „seinem" Allergen zusammenkommt oder andere Auslösefaktoren gegeben sind.

Die heutige Definition des Asthma bronchiale sollte daher verschiedene Aspekte beinhalten, nämlich:
1. reversible Atemwegsobstruktion (vollständig oder partiell, spontan oder durch Medikamente),
2. chronisch-immunologische Entzündungsreaktion und
3. bronchiale Hyperreagibilität auf diverse Stimuli.

Schwierigkeiten bereitet immer wieder die Abgrenzung des Asthma bronchiale von rezidivierenden obstruktiven Bronchitiden im Säuglingsalter. Wenn bronchoobstruktive Symptome auch im infektfreien Intervall vorkommen, kann man bereits in den ersten beiden Lebensjahren von einem „Kleinkindasthma" sprechen.

Einige Autoren versuchen, das Asthma in verschiedene Formen zu unterteilen: ein „Extrinsic-Asthma" (ausschließlich allergisch bedingt), ein „Instrinsic-Asthma" (ohne jede allergische Komponente) und einen „Mixed-Typ" (bei dem mehrere Komponenten eine Rolle spielen). Die überwältigende Mehrzahl der Kinder (ca. 90%) sind dem „Mixed-Typ" zuzuordnen, so daß die Unterscheidung in verschiedene Typen in der Praxis nicht sinnvoll erscheint.

Eine ganze Reihe von Triggerfaktoren können Asthmasymptome auslösen, die wichtigsten sind:
a) Infekte,
b) Allergene,
c) Körperliche Belastung,
d) circadiane Rhythmik,
e) Umweltfaktoren,
f) Wetterbedingungen und
g) psychogene Faktoren.

Die meisten Kinder mit Asthma bronchiale weisen einen „Mixed-Typ" auf, d. h. sie reagieren auf verschiedene Triggerfaktoren mit bronchoobstruktiven Symptomen.

Asthmasymptome können als Sofortreaktion (nach wenigen Minuten bis zu zwei Stunden) oder als Spätreaktion (nach 6–12 Stunden) auftreten (Durham 1991). Man weiß heute, daß verschiedene immunologische Mechanismen (z. B. Zellsysteme und Mediatoren) dafür verantwortlich gemacht werden können (Djukanovic 1990, Kay 1991). Während bei der Frühreaktion Mastzellen (mit Histamin- und Tryptaseausschüttung) und T-Lymphozyten dominant sind, kommen bei der Spätreaktion eosinophile Granulozyten (Freisetzung von basischen Proteinen), neutrophile Granulozyten und B-Lymphozyten zum Tragen. Die Spätreaktion geht bei chronischem, langdauernden Verlauf möglicherweise fließend in eine Zerstörung der Atemwegsschleimhaut über (Bousquet 1990).

Klinische Symptome einer bronchialen Hyperreagibilität können sich z. B. in Form von Husten bei körperlicher Belastung oder bei Genuß sehr kalter Speisen äußern. Das Ausmaß der Hyperreagibilität korreliert mit dem Schweregrad des Asthma (Avital 1991). Symptome des manifesten Asthma bronchiale sind eine erschwerte Atmung, Giemen, Pfeifen oder Atemnot. Das Kind fühlt bei einem Asthmaanfall subjektive Angst, es „bekommt keine Luft" mehr, obwohl pathomechanisch die Obstruktion vorwiegend die Ausatmung betrifft.

Bevor sich jedoch für den Patienten bemerkbare Symptome einstellen, muß die Lunge schon bemerkenswert „eng" sein. Das Vorliegen einer in der Lungenfunktionsuntersuchung nachweisbaren obstruktiven Ventilationsstörung ohne subjektiv wahrnehmbare Symptome des Patienten wird als „latente Obstruktion" bezeichnet.

Beim Asthma werden in der Regel drei oder vier Schweregrade unterschieden. Es gibt keine allgemein anerkannte Einteilung, da sehr unterschiedliche Parameter in eine Beurteilung einfließen können. Häufig wird der Schweregrad nach der Anzahl der Asthmaepisoden ermittelt. Bei bis zu fünf kurzdauernden Episoden pro Jahr spricht man von leichtem Asthma, bei sechs bis zehn Episoden von mäßiggradigem, zwischen elf und zwanzig Anfällen pro Jahr von mittelschwerem und bei mehr als zwanzig Anfällen und Dauerbeschwerden bezeichnet man das Asthma als schweres Asthma (vgl. Hansen 1991).

1.2 Psychologische Grundlagen der Asthmatherapie im Kindes- und Jugendalter

Das psychologische Verständnis des Asthma bronchiale hat sich in den letzten Jahren entscheidend gewandelt. Ausgehend von psychoanalytischen Modellen zur Psychogenese des Asthma, über die Suche nach gemeinsamen Persönlichkeitsmerkmalen der Asthmatiker bis hin zu singulären verhaltenstherapeutischen Techniken wie Entspannung, Biofeedback, Desensibilisierung etc. hat sich auch hier inzwischen eine eher „ganzheitliche" Sichtweise herausgebildet, die gemeinsame Behandlungsstrategien im Sinne der multidimensionalen Verhaltenstherapie und des „self-management" (Fiedler 1991, Kanfer 1991) propagiert. Diese interdisziplinären Vorgehensweisen wurden vor mehr als zehn Jahren unter dem Schlagwort „Patientenschulung" begonnen und haben sich inzwischen zu interdisziplinären Betreuungsansätzen verhaltensmedizinischer Art fortentwickelt, die allerdings – in Ermangelung besserer Begriffe – immer noch als Schulungskonzepte bezeichnet werden. Die eher naiven Konzepte von Verhaltensänderung zu Beginn der Konzeptentwicklung wurden zunehmend durch empirisch fundierte Konzepte aus der Lern-, Verhaltens- und klinischen Psychologie abgelöst (Beutel 1988, Broda 1987).

1.2.1 Historischer Überblick

Während der 50er und 60er Jahre herrschte die psychogenetische Sichtweise vor. Die „überbehütende Mutter" wurde von einigen Autoren als psychische Hauptursache für das kindliche Asthma angesehen, andere machten einen fordernden, aber wenig unterstützenden Erziehungsstil verantwortlich (Übersicht bei LaGreca und Stone 1985). Inzwischen scheint die psychogenetische These des Asthma von allen neueren Autoren aufgegeben worden zu sein, da sich Beweise für diese Annahmen nicht finden ließen. Die psychologisch „asthmatogene" Mutter gibt es nicht. Besonders problematisch waren die Generalisierung auf alle asthmakranken Kinder im Gefolge dieser psychologischen Asthmaentstehungsmodelle und die negativen Auswirkungen, die diese Vorstellungen heute noch auf Mütter asthmakranker Kinder haben. Inzwischen hat man auch die Suche nach gemeinsamen Persönlichkeitsmerkmalen der Asthmatiker weitgehend aufgegeben, da sich zeigte, daß die untersuchten Asthmakranken sehr heterogene Persönlichkeitsmerkmale aufweisen, die sich teilweise sogar ausschlossen (Steinhausen 1977, 1988, Florin 1980, Fritz 1987). Außerdem konnte nicht unterschieden werden, ob die gefundenen Ergebnisse Ursache oder Resultat der Asthmaerkrankung offenbarten. Von der Norm abweichende Charakteristika scheinen sich eher auf das Vorhandensein einer chronischen Krankheit als auf das Asthma selbst zu beziehen (Hilliard 1982). Psychische Störungen asthmakranker Kinder sind zwar häufiger als in der Allgemeinbevölkerung, andererseits entspricht deren Häufigkeit in etwa der anderer Kinder mit körperlichen Erkrankungen. Nach den Untersuchungen, ob Persönlichkeitsfaktoren bei der Entstehung der Krankheit Asthma eine Rolle spielen, untersuchte eine Reihe von Forschern die Frage, ob Kinder mit derselben chronischen Erkrankung bestimmte gemeinsame Persönlichkeitsmerkmale aufweisen, d. h. ob die Krankheit bestimmte Einflüsse auf den Erwerb spezieller Persönlichkeitsstrukturen hat. Auch diese Forschungsstrategie und die dahinterstehenden Grundannahmen erwiesen sich als sehr problematisch (LaGreca und Stone 1985).

Daß die Krankheit eines Kindes die ganze Familie betrifft, ist gut dokumentiert. Ob Asthmafamilien eine spezielle Struktur aufweisen, ist jedoch umstritten. Liebmann und Minuchin (1974) und Onnis (1986) versuchten nachzuweisen, daß in Familien, in denen ein Kind an „intractable asthma" litt, folgende Charakteristika stärker ausgeprägt waren: Verstrickung (mit sehr unstabilen und diffusen Familienbinnengrenzen), Überfürsorglichkeit, fehlende Konfliktlösefähigkeit und Rigidität (Übersicht und Kritik bei von Schlippe 1986 und von Schlippe und Theiling 1989). Andererseits behaupten McLean und Ching (1973), daß die Besserung des Asthmas unabhängig von der Güte der Familienbeziehung sei.

Ein wichtiger Forschungsschwerpunkt sind nun Studien, die diejenigen Faktoren identifizieren, die es Asthmatikern ermöglichen, ein besseres Copingverhalten in bezug auf ihre chronische Erkrankung einzunehmen. Hiervon erhofft man sich sowohl eine Verbesserung der Prognostik, insbesondere was die ausreichende Betreuung von Risikopatienten angeht, als auch angemessenere Behandlungsschemata (Kinsman 1982, Richter 1988). Als Meßinstrumente werden unter anderen die Asthma Symptom Checkliste (ASC), Persönlichkeitsfragebogen, Fragebogen zur Krankheits- und Therapieeinschätzung (Respiratory Illness Opinion Survey) sowie zu Kontrollüberzeugungen (Health Locus of Control) verwendet.

1.2.2 Spezielle Probleme der Asthmatherapie

Trotz immer besserer Medikamente und der Möglichkeit, Asthmasymptome weitgehend zu kontrollieren, schien die Umsetzung dieser Möglichkeit in der hausärztlichen Praxis nicht zu gelingen. Das Thema „Compliance", also das Befolgen der ärztlichen Verordnung, wurde immer wichtiger. Gerade bei der Krankheit Asthma ist die Befolgung der ärztlichen Verordnung besonders schwer. Einerseits, weil es in den meisten Fällen nötig ist, kontinuierlich Medikamente einzunehmen, auch wenn subjektiv keine Beschwerden vorhanden sind, andererseits, weil die Einnahme der Medikamente mit Hilfe des Inhaliergerätes zeitaufwendig oder im Falle der Dosieraerosole gewöhnungsbedürftig ist. (Zur Problematik des Compliance-Begriffes siehe Nord 1984).

Auch die hohen Krankheitskosten, die in den USA im Schnitt 6,4%, im Extrem sogar 33% des Familieneinkommens betrugen (Marion 1985), zwangen zu einem Umdenken in der Versorgung von chronisch kranken Patienten. Asthma als chronische Erkrankung bedarf der aktiven Mitarbeit des Patienten, nicht nur hinsichtlich der korrekten Einnahme von Medikamenten, sondern vor allem in bezug auf die auslösenden Situationen und den angemessenen Umgang mit Asthmaepisoden. Eine größere Selbstverantwortung im Management seiner Erkrankung soll nicht nur Kosten senken (Clark 1989), sondern auch die Lebensqualität des Patienten und seiner Familie entscheidend verbessern.

Faktoren, die mit der medizinischen Compliance von Kindern und Jugendlichen zusammenhängen, sind:
1. Ungenügendes Wissen über die Krankheit und ihre Behandlung;
2. Komplexität und Unbequemlichkeit der Behandlung;
3. Qualität der Arzt-Patienten-Beziehung;
4. Lebensstressoren;
5. Glaube an die Effektivität der medizinischen Versorgung und allgemeine Gesundheitseinstellungen (Health Locus of Control) sowie
6. andere emotionale Schwierigkeiten und Verhaltensprobleme (Übersicht bei LaGreca und Stone 1985).

Einen weiteren alarmierenden Faktor stellen die relativ hohen Sterberaten bei Jugendlichen dar (Anderson 1989, Burney 1988, Burr 1987, Jackson 1982, Lewiston 1987, Strunk 1985, Williams 1989). In der retrospektiven Studie von Strunk (1985, 1991) an entlassenen Krankenhauspatienten wurden neben drei physiologischen Faktoren fünf psychologische Faktoren identifiziert, die eine Kontrollgruppe von der Gruppe der an Asthma verstorbenen Patienten unterschied. Physiologische Faktoren sind gemäß dieser Studie:
1. Mehrere lebensbedrohliche Anfälle im Zusammenhang mit asthmatischen Attacken.

2. Reduzierung der Kortisondosis um mehr als 50% während des Krankenhausaufenthaltes.
3. Notwendigkeit von topischem Steroid (Beclomethason) zur Asthmatherapie.

Zu den psychologischen Faktoren zählen:
1. Konflikte zwischen den Eltern des Patienten und dem Krankenhauspersonal über die medikamentöse Einstellung des Patienten.
2. Selbsthilfe im Krankenhaus war dem Alter des Patienten nicht angemessen.
3. Verstärkte Asthmasymptome in der Woche vor Entlassung.
4. Depressive Symptome und
5. Verleugnung der Asthmasymptomatik.

(Zusammenfassung bei Lewiston und Rubinstein 1987 und Strunk 1991)

In anderen Untersuchungen wurden folgende Gruppen als Risikopatienten eingestuft:
1. Die Gruppe mit geringer „Panic-fear", die Atembeschwerden kaum wahrnehmen.
2. Die Gruppe mit hoher Ausprägung, die eine große cholinerge Aktivität durch erhöhte Vagusinnervation zeigen.
3. Die depressive Gruppe, die wenig medizinische Compliance zeigt.
4. Die „giving-up, given-up" Gruppe (die sich aufgegeben hat und aufgegeben wurde), die das höchste Risiko tragen könnte (Lewiston und Rubinstein 1987).

1.2.3 Verhaltensmedizinisches Vorgehen

Psychische Faktoren spielen in der Auslösung und Aufrechterhaltung des Asthmas unbestritten eine Rolle. Das Hauptgewicht psychischer Einflußgrößen dürfte aber in dem Bereich der Krankheitsbewältigung und Krankheitsverarbeitung liegen, und dies wiederum hat einen wesentlichen Einfluß auf die medizinische Compliance. Am erfolgversprechendsten erscheint denn auch verhaltensmedizinisches Vorgehen in diesen Bereichen.

Verhaltensmedizinisches Vorgehen heißt auch ein gesundheitsförderliches Wissen aufzubauen, die Motivation zur Compliance zu erhöhen, Risiken vermeiden zu lernen, Verhaltens- und Denkgewohnheiten oder Problemkonstellationen zu beeinflussen, die Kooperationsfähigkeit mit dem Arzt zu verbessern und die psychische Verarbeitung der Krankheit zu erleichtern (Florin 1989).

Die folgenden Abschnitte des verhaltensmedizinischen Vorgehens beziehen sich sowohl auf Schulungskonzepte für Kleingruppen als auch auf die Arbeit mit Einzelklienten oder Familien. Lediglich der Gegenstand ändert sich, das prinzipielle Vorgehen bleibt gleich.

Es hat sich gezeigt, daß keine verhaltenstherapeutische Technik allein dem differenzierten Krankheitsbild des Asthma bronchiale als chronischer Krankheit gerecht werden kann. Die heterogene Gruppe der asthmakranken Kinder erfordert auch ein individualisiertes Vorgehen. Als Teil einer umfassenden Krankheitsbewältigungsstrategie, die versucht, auf die individuelle Lebenssituation von Kind und Familie einzugehen, haben diese Techniken aber ihren wichtigen Stellenwert.

1.2.4 Integrative verhaltensmedizinische Konzepte

„Die chronische körperliche Krankheit ist gekennzeichnet durch einen länger dauernden Krankheitsprozeß, wobei Heilung oder vollständige Beseitigung der Erkrankung oft nicht möglich ist. In jedem Fall stellt die chronische körperliche Erkrankung eine sehr starke Belastung für das betroffene Individuum und das soziale Umfeld dar. Die Belastungen stehen einerseits im Zusammenhang mit der Behandlung der Erkrankung, andererseits sind sie gekennzeichnet durch die vielfältigen Auswirkungen, die die chronische Erkrankung auf das Alltagsleben und die verschiedenen praktischen Lebensbereiche hat. Darüber hinaus sind auch die Angehörigen als Partner der erkrankten Individuen von den Auswirkungen betroffen" (Perrez 1991).

Langandauernde chronische Krankheit in der Familie kann die familiäre Interaktionsstruktur entscheidend verändern. Von daher ist es aus unserer Sicht notwendig, sozialpsychologische Konzepte von Interaktion und Kommunikation, von sozialer Wahrnehmung und Bewertung sozialer Situationen in die Prozesse der Krankheitsbewältigung als verhaltensmedizinischen Schwerpunkt einzubeziehen (siehe auch Kanfer 1991). Grundlage der Krankheitsbewältigung ist der phänomenologische Bewältigungsbegriff, wie er von Lazarus in vielen Publikationen (z. B. Lazarus und Launier 1978) entwickelt wurde (siehe auch Broda 1987, Beutel 1988). Heim (1988) definiert in Anlehnung an Lazarus Coping als das Bemühen, „bereits bestehende oder zu erwartende Belastungen durch die Krankheit innerpsychisch (emotional kognitiv) oder durch zielgerichtetes Handeln zu reduzieren, auszugleichen oder zu verarbeiten" (Zuber 1991). In den Vordergrund stellt er dabei „den komplexen Prozeß, der vom Zusammenwirken subjektiver Faktoren und situativer Faktoren geprägt ist, wobei im Hinblick auf die Wahl der Verarbeitungsformen die individuelle Einschätzung und Bewertung der äußeren Belastungen von zentraler Bedeutung ist".

Das Transaktionsmodell als Wechselwirkung zwischen Situation und subjektiven Faktoren macht das, was eine Belastung ist, abhängig von den individuellen kognitiven und emotionalen Bewertungen. Bezogen auf das Asthma heißt das: Nicht der objektive Schweregrad des Asthmas ist allein entscheidend für die Einschränkung, sondern die Art und Weise, wie das Kind, wie die Familie, wie die Umwelt das Asthma erlebt und welche praktischen Wege Kind, Familie und Umwelt gefunden haben, damit umzugehen.

Grundlage jeder Bedingungsanalyse und verhaltensmedizinischen Interventionsplanung sind die sozialen Lernmodelle (Skinner 1974, Kanfer 1977, Bandura 1965). In einem Übersichtsartikel zu amerikanischen Asthmaschulungskonzepten nennt Creer (1990) folgende Bereiche, die auf jeden Fall in die Bedingungsanalyse und Interventionsplanung mit eingehen müssen: kognitiver Bereich, Verhaltensbereich, physiologische Ebene, physikalischer Bereich und die soziale Ebene. Petermann (1987, 1990)

Tabelle 1. Mehrdimensionales Beschreibungsmodell zur ganzheitlichen Erfassung von Personen in ihrem Lebensraum

1. Physiologische Ebene:
   Somatische Therapie, Lungenbefund, Bronchien, Medikamentenspiegel, Allergene, medikamentöser Stufenplan
2. Ebene des subjektiven Körpererlebens:
   Körperschema, Körperhaltung, „im Körper zu Hause sein", Selbsteinschätzung, Selbstwahrnehmung, Entspannung, Atemgymnastik
3. Emotionale Ebene:
   Emotionale Grundbefindlichkeit, Fähigkeit zur Selbstwahrnehmung und zum Gefühlsausdruck, Abwehrformen
4. Kognitive Ebene:
   Selbstkonzept des Kindes, Krankheitskonzepte von Kind und Familie, Kontrollüberzeugung, Attributionsmuster, Leistungsanspruchsniveau, rationale/irrationale Überzeugungen („Belief-System")
5. Ebene des praktischen Verhaltens:
   Handlungsstrategien zum Krankheitsmanagement (Inhalation, Vermeiden von Auslösern ...), Verhaltensmöglichkeiten in sozialen Situationen (soziale Kompetenz)
6. Sozialer Mikrokosmos:
   Umgang der Familie mit Belastungen, Interaktion der Familie, Asthma als evtl. „organisierendes Prinzip" des Familienlebens, Umgang mit Grenzen, elterliches/eheliches Subsystem, Geschwistersubsystem, gemeinsames „Belief-System"
   Soziale Kompetenz in der Peergruppe, Unterstützungsstrukturen in der Nachbarschaft und beim Hausarzt
7. Gemeindekontext:
   Kontakte zum Lehrer, Konflikte mit Mitschülern bzw. Freunden
   Hausarzt, Klinik(en): Kontakte, Kontaktqualität, Vertrauensbeziehung
8. Makrosystemkontext:
   Gesellschaftlicher Lebensraum der Familie, Luftverschmutzung, gesellschaftlich vermittelte Bilder von Gesundheit und Krankheit, gesellschaftlicher Umgang mit Süchten (z. B. Rauchen)

nennt folgende Faktoren für eine ganzheitliche Sichtweise: Symptomatik der Krankheit, Erfassung der Begleitsymptome und Erfassung der psychischen Reaktionen. Gerber (1989) nennt in seiner Konkordanz-Therapie die Integration von kognitiver

Ebene, körperlicher Ebene und physiologischer Ebene als Grundvoraussetzung für eine verhaltensmedizinische Interventionsstrategie. Aufgrund unserer Erfahrungen haben wir ein 8-Ebenen-Modell entwickelt, das in Tabelle 1 dargestellt ist (Könning 1990, von Schlippe, Könning et al. 1990).

Nicht eine einzelne Ursache und ihre Auswirkung auf Kind oder Familie, sondern ein komplexes Beziehungsmuster, ein Netz von unterschiedlichen Ursachen und Wirkungszusammenhängen beeinflußt das Kind, die Familie und die Krankheit. Diese Situation erfordert ein multidimensionales Vorgehen. Lineare Ursache-Wirkungs-Zusammenhänge greifen nicht. Eine ganzheitliche Sichtweise, die die Vernetzung der unterschiedlichen Bereiche auch in einem hypothesengeleiteten Bedingungsgefüge deutlich macht, ist notwendig. Nicht der eine Faktor „Krankheit" allein ist entscheidend für die Persönlichkeitsentwicklung, sondern durch die „Risikokumulation" wird die Persönlichkeitsentwicklung gefährdet.

1.3 Medizinische Diagnostik

Für den Mediziner steht die Asthmadiagnostik auf fünf Pfeilern:
1. Anamnese,
2. körperliche Untersuchung,
3. Allergiediagnostik,
4. Lungenfunktionsdiagnostik und
5. Differentialdiagnostik.

1. Bei der Erhebung der Anamnese wird neben der Eigenanamnese auch die Familienanamnese und die Umgebungsanamnese erfragt; außerdem erkundigt man sich nach der bisherigen Diagnostik und Therapie. Es muß versucht werden, bereits beim Erstgespräch relevante Triggerfaktoren für die individuellen Beschwerden des Patienten herauszufinden.
2. Die körperliche Untersuchung sollte die Beurteilung der Atmung (Tachypnoe, Dyspnoe, Zyanose), die Auskultation, die Begutachtung des Hals-Nase-Ohren-Bereichs (z. B. Prüfung auf behinderte Nasenatmung) sowie die Beurteilung der Thoraxform umfassen.
3. Da es keinen allein beweisenden Allergietest gibt, bedeutet die Allergiediagnostik eine „Mosaiksteindiagnostik". Einzelne Ebenen der Allergiediagnostik sind in Tabelle 2 wiedergegeben:

Tabelle 2. Verschiedene Ebenen der Allergiediagnostik

a) Sensibilisierung
   (Hauttest, IgE-Antikörper, Histaminrelease)
b) Exposition
   (häusliche Antigenmessung)
c) klinische Aktualität
   (nasale oder inhalative Provokationstests)

Die Ebene „Sensibilisierung" bedeutet lediglich, daß sich der Patient mit einem Allergen auseinandergesetzt hat, aber nicht notwendigerweise, daß der Patient auch allergisch, d. h. krank, ist. Einzelne Mosaiksteine der Ebene „Sensibilisierung" sind der Hauttest und die Bestimmung spezifischer IgE-Antikörper aus dem Serum des Patienten. Bei dem Hauttest wird das Allergen in Tropfenform auf den Unterarm aufgetragen und mit einer Lanzette definiert 1 mm in die Haut eingebracht. Erfolgskriterium ist die im positiven Fall entstehende Quaddel, die mit einer Positivkontrolle (Histaminquaddel) und einer Negativkontrolle (physiologische Kochsalzlösung) verglichen wird.
Bei der Frage nach der Exposition wird geklärt, ob das Kind zu Hause Allergenen ausgesetzt ist. Dies kann mit Hilfe der Antigenbestimmung, z. B. des Hausstaubmilbenantigens oder des Katzenantigens aus dem häuslichen Staub, entschieden werden (Lau 1989). Klinische Aktualität gewinnen die Ebenen „Sensibilisierung" und „Exposition" aber erst,

wenn mit Hilfe von Provokationstesten der Nachweis erbracht werden kann, daß der Patient nach Kontakt mit dem Allergen auch tatsächlich mit krank machenden Symptomen reagiert.
4. Die Lungenfunktionstestung nimmt heute einen ganz wichtigen Platz sowohl in der Diagnostik der Erkrankung „Asthma bronchiale" als auch in der Abschätzung des Schweregrades und der Reaktion auf Therapeutika ein (Niggemann 1988). Mittels Lungenfunktionsuntersuchung erhält man Aussagen über den Grad der Obstruktion, z. B. ob die Verengung mehr in den kleinen oder großen Bronchien zu finden ist oder ob eine Überblähung vorliegt. Mittels inhalativer Provokationstestungen erhält man Aussagen, ob oder inwieweit z. B. eine Hyperreagibilität gegeben ist. Inhalative unspezifische Provokationstests können mit pharmakodynamisch wirksamen Substanzen (Histamin, Metacholin), mit Kaltluft oder mit körperlicher Belastung (Laufband) durchgeführt werden (Fourie 1988).
5. Differentialdiagnosen des Asthma bronchiale können z. B. cystische Fibrose, sinubronchiales Syndrom, chronische Bronchitis, Mittellappen-Syndrom, Alpha-1-Antitrypsinmangel, gastroösophagealer Reflux, Ösophagotracheale Fistel, ösophagealer Fremdkörper, Tuberkulose, Tumoren, Lungensequester, Bronchiektasen, hereditäres angioneurotisches Ödem, Husten-Tic oder psychogene Dyspnoe sein.

Die Basisdiagnostik zum Ausschluß der wichtigsten Differentialdiagnosen besteht aus einer Röntgen-Thoraxaufnahme, einem Schweißtest, einer Tuberkulin-Testung, der Bestimmung des Blutbildes (incl. des Differentialblutbildes) und der Messung des Alpha-1-Antitrypsin sowie der Immunglobuline im Serum.

Bei weitergehendem Abklärungswunsch können bronchologische Verfahren oder Maßnahmen zur Zilien-, Reflux- oder Immundefektdiagnostik sowie bakteriologische Verfahren zum Tragen kommen.

1.4 Medizinische Therapie

Die Therapieziele des Asthma bronchiale können beim gegenwärtigen Stand der Therapiemöglichkeiten die Symptomfreiheit des Patienten (insbesondere auch nachts), die volle Belastbarkeit im Rahmen normaler körperlicher Aktivitäten, eine Normalisierung der Lungenfunktion und die Verminderung der Hyperreagibilität sein; außerdem ein Vorbeugen von Verschlechterungen (Exacerbationen) und eine Normalisierung der mucoziliaren Clearance. Diese Ziele sollten auf einer angemessenen Therapiestufe unter Vermeidung von medikamentösen Nebenwirkungen erreicht werden.

Um diese Therapieziele zu verwirklichen, stehen diverse Therapieansätze zur Verfügung:
1. Allergenkarenz,
2. Pharmakotherapie,
3. Hyposensibilisierung,
4. Schulungsprogramme und Sport,
5. Physiotherapie und
6. Psychosomatische Betreuung.

Eine umfassende, ganzheitliche und erfolgreiche Betreuung von Kindern und Jugendlichen mit Asthma bronchiale ist unter Berücksichtigung einer sinnvollen Kombination dieser Ansätze zu verwirklichen.

zu 1. Die Allergenkarenz (z. B. gegenüber der Hausstaubmilbe) stellt den ersten Schritt der Therapie dar, da man hier nicht nur Symptome beseitigen kann, sondern noch am ehesten „kausal" therapiert und möglicherweise die Prognose der Erkrankung beeinflussen kann.

Zum Thema Karenz gehört auch das Meiden von Reizstoffen, wie z. B. Rauchen – und hierzu gehört auch das Passivrauchen (Martinez 1988, Murray 1986)!

zu 2. Die Pharmakotherapie ist die Hauptsäule jeder Asthmabehandlung. So, wie es leichtes bis hin zu schwerem Asthma gibt, so muß sich auch die Pharmakotherapie in Form eines Stufenplans dem Schweregrad anpassen. Tabelle 3 zeigt den derzeit verwendeten Stufenplan der Asthmatherapie im Kindesalter:

Tabelle 3. Medikamentöser Stufenplan des Asthma bronchiale im Kindesalter

Stufe 1:	Beta-2-Mimetikum inhalativ bei Bedarf
Stufe 2:	Dauertherapie mit DNCG plus Beta-2-Mimetikum inhalativ
Stufe 3:	Stufe 2 plus topisches (inhalatives) Steroid (bis 800 mg/Tag)
Stufe 4:	Stufe 3 plus Theophyllin
Stufe 5:	Stufe 4 plus topisches Steroid (> 800 mg/Tag)
Stufe 6:	Stufe 5 plus orales Steroid

Folgende Erläuterungen sollen diesen Stufenplan ergänzen:
a) Stufe 1 gilt nur für Kinder und Jugendliche, deren Beschwerden selten auftreten und deren Lungenfunktion im Intervall normal ist (dies betrifft ca. 10% der pädiatrischen Asthma-bronchiale-Patienten).
b) Inhalativen antiinflammatorischen Medikamenten gebührt heute der absolute Vorrang. Orale Medikamente, wie Antihistaminika und Sekretolytika, sollten in der Dauertherapie keine Verwendung finden. Auch die rektale oder orale Applikation in Tropfenform von Beta-2-Mimetika und Theophyllin (selbst in der Akuttherapie) ist obsolet.
c) Topische Steroide lassen sich bereits im Säuglings- und Kleinkindalter mittels einer auf eine Inhalationshilfe („Spacer") aufgesteckten Maske applizieren (McCarthy 1989). Über die Inhalation von topischen Steroiden per Vernebler gibt es keine überzeugenden Studien; nach wie vor ist das galenische Problem nicht gelöst.
d) Bei der Verwendung von topischen Steroiden wird DNCG nicht abgesetzt, sondern aufgrund seines anderen Wirkansatzes zusätzlich gegeben.
e) Inhalative Beta-2-Mimetika dürfen nicht als Mono-Dauertherapie verordnet werden, da sie ausschließlich auf die asthmatische Frühreaktion wirken und die bronchiale Reagibilität sogar negativ beeinflussen können (Kerrebijn 1987).
f) Inhalative Parasympatholytika werden (hochdosiert) im Säuglingsalter auch in der Dauertherapie verwendet, bei älteren Kindern nur in der Akuttherapie.
g) Vor der Therapie mit oralem retardierten Theophyllin kann ein Versuch mit den neuen retardierten Salbutamol-Präparaten unternommen werden.
h) Bevor systemische Steroide eingesetzt werden, müssen inhalative Steroide „ausgereizt" werden, d. h. bis zu einer Dosierung von 2 mg pro Tag eingesetzt und dann während der oralen Gabe beibehalten werden.

Die einzelnen Medikamente haben verschiedene Ansätze auf die asthmatische Früh- oder Spätreaktion sowie auf die Hyperreagibilität, vgl. Tabelle 4:

Tabelle 4. Verschiedene Wirkansätze der Pharmakotherapeutika

Medikament	Sofortreaktion	Spätreaktion	Hyperreagibilität
DNCG	–	+	+
Beta-2-Mimet.	+	–	–
Theophyllin	+	+/–	–
Steroide	–	+	+

Die einzelnen Pharmakotherapeutika können mit verschiedenen Applikationssystemen verabreicht werden (Niggemann 1989). Am meisten hat sich die Inhalation per Kompressorvernebler (z. B. Pari-boy) und per Dosieraerosol durchgesetzt. Daneben gibt es die Möglichkeit, Substanzen als Pulver zu inhalieren.

Die Pharmakotherapie sollte von Maßnahmen begleitet sein, die geeignet sind, die Überwachung und Steuerung der Therapie zu optimieren. Dazu gehören das Führen eines Symptomtagebuchs und/oder eines Peak-flow-Protokolls.

Die Pharmakotherapie des Asthma bronchiale hat in den letzten 20 Jahren einen erheblichen Wandel erfahren. Siehe hierzu Tabelle 5:

Tabelle 5. Asthmatherapie im Wandel der Zeit

Zeit	Therapie	Medikamente
60er Jahre	bronchospasmolytisch	Beta-2-Sympathomimetika, Theophyllin
70er Jahre	prophylaktisch	DNCG
80er Jahre	antiinflammatorisch	topische Steroide
90er Jahre	antiinflammatorisch	Leukotrien-Antagonisten? PAF-Antagonisten? Selektive PDE-Hemmer? Kalium-Kanal-Aktivatoren?
2000	immunmodulatorisch gentherapeutisch?	??? ???

zu 3. Die Hyposensibilisierung beruht auf dem Verfahren, durch stetige und steigende Zufuhr des auslösenden Allergens den Körper quasi „immun" zu machen. Aufgrund des langandauernden (durchschnittlich etwa 3 Jahre) und eingreifenden (Injektionen) Charakters dieser Therapieform bei nicht immer gegebenen Erfolg und gelegentlich auftretenden Nebenwirkungen sollte die Indikation zu einer solchen Behandlung streng gestellt werden. In der Hand eines erfahrenen und kritischen Therapeuten aber bedeutet die Hyposensibilisierung eine positive Erweiterung des Therapiespektrums, da sie den einzig „kausal" angreifenden Therapieansatz darstellt. Die klassische Indikation zur Hyposensibilisierung ist immer noch die Insektengiftallergie gegen Biene oder Wespe – bei Auftreten von lebensbedrohlichen Nebenwirkungen.

Die Hyposensibilisierungsbehandlung sollte dann zum Tragen kommen, wenn eine Allergenkarenz nicht möglich ist. Außerhalb der Insektengiftallergie ist daher nur die Therapie mit Pollenextrakt (Baum-, Gräser- oder Kräuterpollen) international anerkannt. Vor einer Hyposensibilisierung sollte ein Jahr eine „konservative" Therapie vorgeschaltet werden. Bei deutlicher Besserung unter Therapie erscheint eine Hyposensibilisierung nicht sinnvoll.

1.5 Prognose

Über die Prognose eines einzelnen asthmatischen Kindes läßt sich keine Aussage machen. Statistisch gesehen hat jedoch ein großer Teil der Kinder die Chance, das Asthma bis zur Pubertät „auszuwachsen". Ein Teil dieser Kinder wird tatsächlich lebenslang von Asthma befreit sein, während bei anderen die Symptome irgendwann im Erwachsenenalter wieder erscheinen können.

Besondere Beachtung muß den Risikopatienten gewidmet werden. Darunter versteht man Kinder und Jugendliche, die immer wieder (mehr oder weniger plötzlich und unerwartet) Asthmaanfälle durchmachen, die in seltenen Fällen sogar tödlich verlaufen können. Risikopatienten sind in erster Linie solche mit einem langjährigen Asthma, die bereits Krankenhausaufenthalte wegen schwerer Asthmaattacken hinter sich haben, solche mit einem sehr labilen Asthma (erkennbar an den großen Schwankungen im Peak-flow-Protokoll) und solche mit erheblichen psychosozialen Problemen. Diese Kinder und Jugendlichen bedürfen einer engmaschigen und besonders intensiven Betreuung unter Ausnutzung sowohl pharmakologischer als auch psychologischer Therapieformen.

2. Symptomatik und Verhaltensdiagnose

Zur Beschreibung der Symptomatik und Verhaltensdiagnose beziehen wir uns auf das auf Seite 509 in Tabelle 1 beschriebene 8-Ebenen-Modell. Es ist notwendig, daß sich der Therapeut im ersten Schritt ein konkretes Modell der Störung macht, in dem die Problembereiche beschrieben und in dem Hypothesen über den Zusammenhang der einzelnen Problembereiche formuliert werden, so wie es in der klassischen Verhaltensanalyse unter Einbeziehung von generalisierten Lebensplänen (Schulte 1974, Bartling 1987) erforderlich ist. Ganzheitliche Sichtweise beinhaltet das Denken in Vernetzungen, das Einbeziehen der Familie, von Gefühlen und Kognitionen, des sozialen Lebensraums und der subjektiven Pläne sowie der Regelmechanismen, die die Menschen darüber in ihrem Kopf haben (siehe Kanfer 1991).

Im Sinne von Handlungsschemata sind Verhaltensweisen oder Interaktionsstrategien zu festgelegten Plänen geronnen, die in einer systematischen Art und Weise zwischen dem asthmakranken Kind und der Familie aufeinander bezogen sind. „Asthma als Durchsetzungsstrategie", „über das Asthma in der Familie Bedeutung haben", „mein Asthma macht mich hilflos, bitte kümmere dich um mich" sind dafür Beispiele. Wichtig ist es, hierbei zu sehen, daß diese Strategien und Pläne in der Interaktion immer wechselseitig aufeinander bezogen sind und nur im sozialen Austausch funktionieren können. In der vertikalen Verhaltensanalyse werden diese Muster, Lebenspläne und Regeln erfaßt (Bartling 1987, Casper 1989).

Anhand der gesammelten Informationen entwickelt sich ein vorläufiges Hypothesenmodell, in dem die individuellen Bedingungen des Kindes, der Familie und der bisherigen Krankheitsentwicklung die Grundlage für die Interventionsstrategien und die Arbeit des Therapeuten darstellen. Dabei muß sich der Therapeut im klaren sein, daß er nicht im Sinne von prinzipiellen Lösungsalgorithmen (Rezepten) mit der Familie arbeiten kann, sondern daß er den Prozeß als gemeinsamen Problemlöseprozeß definiert, in dem er in der Lage ist, therapeutische Heuristiken (Grave 1990, 1991, Casper 1989) anzuwenden.

In diesem im folgenden skizzierten bedingungsanalytischen Prozeß und in den daraus resultierenden Interventionsstrategien stehen neben den Lerngesetzmäßigkeiten des klassischen und operanten Konditionierens das Modellernen (Kanfer 1975), das Einsetzen von kognitiven Lernstrategien (Veränderung von Regeln, Plänen, Einstellungen), besonders aber das Lernen durch Tun sowohl im Umgang mit den direkten Bewältigungsstrategien aus dem somatischen Bereich (Inhalationstechniken, Dosieraerosol, Peak-flow) als auch im übertragenen Sinne (Vergegenständlichung von Angst, Verbildlichung innerer Prozesse) im Vordergrund.

Ausgehend von dem Bewältigungsbegriff von Birbaumer (1986), den wir unter Einbeziehung der eingangs genannten Ebenen von Creer, Petermann und Gerber um intrapsychische und sozialpsychologische Aspekte erweitert haben, stellen wir im folgenden unser 8-Ebenen-Modell ausführlich dar. Hier sind die Aspekte von Interaktion und Kommunikation sowie von systemisch-familientherapeutischer Betrachtung genauso wichtig wie die Wechselwirkung zwischen Emotionen und Kognitionen oder z. B. die Wechselwirkungsprozesse zwischen Streß und physiologischen Veränderungen im Körper.

Wir haben unter Punkt 3.3 exemplarische Interventionsmöglichkeiten für jede Ebene deutlich gemacht. Die analytische Trennung der Ebenen darf nicht zu der irrigen Annahme verführen, daß jede Ebene für sich betrachtet alleinige Ursache oder Interventionsstrategie für die Krankheitsbewältigung sein kann. Nur alle Ebenen in einem ganzheitlichen synthetischen Prozeß zusammengenommen können – hypothesengeleitet – den gemeinsamen Problemlöseprozeß von Therapeut und Familie strukturieren.

2.1 Symptomatik und Verhaltensdiagnose der physiologischen Ebene

Hier kommen alle relevanten medizinischen Inhalte, wie sie im ersten und zweiten Teil des Artikels dargestellt wurden, zur Geltung: Asthmaauslöser, körperliche Veränderungen, Wirkungen der Medikamente, Dauertherapie, Inhalationstechniken, Verhalten im Notfall, Stufenplan, Lungenfunktionsdiagnostik, Medikamentenspiegel. Diagnostische Fragen dieser Ebene wurden im medizinischen Teil des Kapitels behandelt.

2.2 Körperliche Ebene

Die körperliche Ebene ist beim Asthma bronchiale die signifikante Manifestationsebene der Krankheit.

Symptomatik und Verhaltensdiagnostik

Inwieweit ist das Kind oder sind die Eltern in der Lage, die körperliche Situation möglichst in jeder Lebenslage selbst richtig einzuschätzen? Dabei können sowohl Messungen mit dem Peak-flow-Meßgerät als auch die Selbstbeurteilungstechniken (Szczepanski und Schmidt 1991) hilfreich sein. Der Therapeut diagnostiziert über die Verhaltensbeobachtung: „Wie ist das Kind in seinem Körper zu Hause, wie bewegt es seinen Körper, wie angespannt, wie entspannt ist der Körper?" Bei kleineren Kindern kann man den Körper malen lassen, bei größeren auch Bilder von den Lungen oder den Auslösern im Körper. Wenn ein genügend großes Vertrauensverhältnis vorhanden ist, kann man über Interaktionsdiagnostik Mutter und Kind auffordern, in gemeinsamen Kuschel- oder Rückenmassagesituationen (siehe Könning 1983) Entspannung zu suchen. Diese Maßnahmen können bei einzelnen Familien, besonders wenn es um ältere Kinder oder überenge Mutter-Kind-Beziehungen geht, kontraindiziert sein. In die körperliche Ebene gehört auch die Frage nach der geschlechtlichen Identität in bezug auf den eigenen Körper.

2.3 Emotionale Ebene

„Emotional ausgerichtete Bewältigungsformen sind durch unbewußte Abwehrvorgänge und vorbewußte oder bewußte emotionale Haltungen gegenüber der Krankheit gekennzeichnet" (Heim 1988).

Symptomatik und Verhaltensdiagnostik

Eine verhaltensmedizinische Betreuung von „schwierigen" asthmatischen Kindern wird scheitern, wenn nicht eine intensive Einbeziehung der emotionalen Bereiche erfolgt. Häufig sind bereits diverse Bewältigungsversuche „gescheitert". Die Eltern hatten aber wenig Gelegenheit mit Außenstehenden über die krankheitsbedingten gefühlsmäßigen Belastungen zu sprechen. Ein Teilaspekt hiervon ist die konkrete Erfahrung von Todesangst oder die phantasierte Todessituation. Hiermit fühlen sich die Eltern häufig allein gelassen.

Daneben ist die Angst vor Nebenwirkungen der Medikamente zentrales Thema. Je älter die Kinder werden, desto mehr rückt die Angst vor der Zukunft in den Vordergrund. Die Eltern brauchen einen Raum, in dem sie über ihre Gefühle sprechen können, z. B. die Wut auf die Krankheit, Ärger über den Partner, von dem sie sich in bezug auf die Krankheitsprobleme des Kindes allein gelassen fühlen, die Versagensgefühle oder das schlechte Gewissen den anderen Familienmitgliedern gegenüber.

Diese Erlebnisqualitäten treffen in unterschiedlichem Ausmaß auch auf die Kinder zu. Je älter die Kinder, desto differenzierter nehmen sie diese Gefühle wahr. Hinzu kommt bei einem Teil der Kinder soziale Ängstlichkeit und Angst vor Mißerfolg. Ein weiteres Thema ist der Bereich Geschwisterrivalität.

Nach unserer Erfahrung ist es nützlich, über Verhaltensbeobachtung, Interview, teilnehmende Beobachtung und Gruppengespräch, durch Rollenspiel und psychodramatische Übungen Zugang zum emotionalen Erleben zu bekommen und Aspekte hiervon in der alltäglichen Interaktion aufzugreifen.

2.4 Kognitive Ebene

„Demgegenüber beziehen sich kognitive Bewältigungsformen auf das gesamte Spektrum der rationalen Verarbeitungsmechanismen, wie beispielsweise der Krankheit einen Sinn geben. Gerade hierin spielen die Einstellungen und Haltungen im Sinne von Kausal- und Kontrollattribuierungen eine zentrale Rolle" (Perrez 1991).

Symptomatik und Verhaltensdiagnostik

In den letzten 15 Jahren haben zunehmend Modelle von Informationsverarbeitungsprozessen (Dörner 1976) in Kombination mit gefühlspsychologischen Ansätzen Eingang in verhaltensmedizinische Konzepte gefunden. Jeder Informationsaustausch ist mit einer kognitiven und emotionalen Bewertung verbunden. Kognitive Bewertungen sind von zentraler Bedeutung für das Handeln des Menschen. Hier ist es in der Regel im Einzel- bzw. Familiengespräch möglich, zu Werthaltungen, Einstellungen und Bewertungen sowie zu einzelnen Aspekten der Krankheitsverarbeitung Stellung zu beziehen, ihren Sinngehalt zu befragen oder zu problematisieren. Bezogen auf die Krankheit, entwickeln Individuen Konzepte in der Art kognitiver Landkarten (siehe Lohaus und Schmitt 1989). Diese mentalen Konzepte können unangemessen sein, weil sie z. B. veraltet sind, weil sie widersprüchlich oder konfus sind (Schmidtchen 1989). Diese kognitiven Landkarten und Verhaltenspläne sind im therapeutischen Prozeß prinzipiell bewußtseinsfähig (Bischof 1989).

Darüber hinaus gehören in diesen Bereich die Reflexion der Verhaltensziele und das detaillierte Eingehen auf die Verhaltenspläne, bezogen auf das somatische Krankheitsmanagement. Hier haben Einstellungen, Werthaltungen, inadäquate Ziele und Pläne direkten Einfluß auf die Krankheit. Florin (1989) führt aus, „daß eine ganz bestimmte Art des Denkens, insbesondere eine bestimmte Art, sich Mißerfolge oder negative Ereignisse selbst zuzuschreiben, nicht nur die Anfälligkeit für Depressionen erhöht, sondern auch die Abwehrkraft des Immunsystems schwächt und die Lebenserwartung verringert" (siehe auch Gerber u. a. 1989).

Ferner gehören in den kognitiven Bereich die entwicklungspsychologischen Aspekte von Gesundheit und Krankheit. Die Vorstellungen, die Kinder über ihren Körper, über Krankheit und Körperfunktionen haben, sind andere als die der Erwachsenen. Diese unterschiedlichen entwicklungspsychologischen Positionen müssen in der therapeutischen Intervention ihren Ausdruck finden (siehe Lohaus und Schmitt 1989). Neben Verhaltensbeobachtung, Interview und teilnehmender Beobachtung gibt es einige Fragebögen zu Kontrollüberzeugungen, in denen direkte Aspekte von internaler versus externaler Kontrolle bzw. schicksalhafter Attributionsmuster gemessen werden. Für ältere Kinder bietet sich hier der KKG aus dem deutschsprachigen Raum (Lohaus und Schmitt 1989) an.

2.5 Ebene des praktischen Verhaltens

„Handlungsbezogene Bewältigungsformen sind schließlich Verhaltensweisen als Reaktionen auf die Erkrankung, die ein direktes Handeln auslösen, wie beispielsweise ablenkendes Zupacken oder aktives Vermeiden" (Perrez 1991).

Symptomatik und Verhaltensdiagnostik

Wie geht das Kind mit folgenden Bewältigungstechniken um: Inhalieren, Handhabung des Dosieraerosols, Handhabung des Peak-flow-Geräts, des Spacers bei inhalativem Cortison, Bedienung des Inhaliergerätes, Atemgymnastik, Selbstbeurteilung? Gibt es eine ausreichende soziale Kompetenz, ausreichende altersentsprechende Durchsetzungsstrategien, eine stabile Rollenidentität, Durchsetzungsstrategien innerhalb der Familie? Auf der Ebene des Verhaltens realisieren sich im Grunde genommen die Handlungspläne der kognitiven Ebene. Auch hier ist wieder eine enge Verschränkung zwischen dem offen sichtbaren Verhalten, der emotionalen Ebene und der kognitiven Ebene gegeben (Gerber 1989). Verhaltensbeobachtung, Video-feedback, Verhaltenszählung, Interview, Fremdbefragung der Bezugspersonen und Interaktionsbeobachtung in der Familie liefern wichtige Informationen.

2.6 Sozialer Mikrokosmos, familiäre Interaktion

Die Verhaltensmedizin bezieht zunehmend sozialpsychologische Ansätze von Interaktion und Kommunikation in ihre Arbeit ein (Kanfer 1991, Watzlawik 1969, Minuchin 1974, Haley 1978, von Schlippe 1986). Eltern und Geschwister sind direkte Bezugspersonen im Lebensraum des Kindes und verfügen damit direkt über Verstärkungsbedingungen für das Kind. Sie stellen wichtige emotionale Ressourcen für die Lebensbewältigung dar. Darüber hinaus schränkt die Familie durch das Regel-, Wert- und Normsystem innerhalb der Familie gleichzeitig auch Verhaltensoptionen und Entwicklungsmöglichkeiten ein. Von Schlippe (1986) macht deutlich, daß alle Bewältigungsprozesse von Kindern und Jugendlichen auch vom Norm- und Wertesystem in der Familie abhängig sind. Er schlägt deshalb in Weiterentwicklung des Lazarusschen Bewältigungskonzeptes eine 3. Ebene, die tertiäre Beurteilungsebene vor: Wie verhält sich das familiäre Norm- und Regelsystem zum individuellen Bewältigungsversuch? Schlippe nennt dies Bewältigungspotential.

Symptomatik und Verhaltensdiagnostik

Die Krankheit kann Teil der familiären Interaktion werden, d. h. das Kind benutzt die Krankheit zur Strukturierung der Beziehungen in der Familie. Zum Beispiel kann immer dann verstärkt Luftnot auftreten, wenn die Eltern sich streiten. Der Sohn kann sich dann seiner Mutter gegenüber aufmüpfig verhalten und Druck ausüben, wenn der Vater nicht da ist. Teilnehmende Beobachtung beim Familiengespräch, Interview, Verhaltensbeobachtung, psychometrische Instrumente wie Rating-Bogen zur Erfassung der Familienstruktur (Blaurock 1988), „Familie in Tieren" sowie das Rollenspielverhalten der Kinder und Jugendlichen sind wichtige Informationsquellen.

2.7 Gemeindekontext: Schule, Freundeskreis, Hausarzt

Je älter die Kinder werden, desto wichtiger werden die sozialen Austauschprozesse zwischen Gleichaltrigen im schulischen und beruflichen Bereich. In einem ganzheitlichen Betreuungsansatz, in dem es um Steigerung des Krankheitsbewältigungsverhaltens geht, müssen auch diese Lebensbereiche, je nach individueller Bedeutung, mit angegangen werden (Könning 1991b).

2.8 Makrosystemkontext

Diese Ebene wird in vielen psychotherapeutischen Prozessen schlichtweg ausgeblendet. Als Rahmenbedingungen für Familie, Therapeut, Hausarzt und Schule ist sie aber von entscheidender Bedeutung. Dies wird besonders deutlich in der Arbeit mit ausländischen Familien, in denen häufig ein anderes Norm- und Wertesystem gegenüber dem Umgang mit Krankheit und Behinderung, der Aufgabenverteilung innerhalb der Familie und anderem besteht. Schichtzugehörigkeit, Arbeitszeit, Verteilung der materiellen Ressourcen in unserer Gesellschaft, aber auch Bereiche wie Industrialisierung und Luftverschmutzung stellen Rahmenbedingungen für das individuelle Handeln in der Therapie dar.

3. Therapie in der Praxis

3.1 Verhaltenstherapeutische Techniken in der Asthmabehandlung

3.1.1 Entspannung

Entspannungsverfahren (Jacobson, Autogenes Training) wurden bei Kindern mit Asthma mit unterschiedlichen Ergebnissen eingesetzt (z. B. Alexander 1972, Erskine-Millis 1981, Fuchs 1989). Die Lungenfunktionsparameter konnten nicht wesentlich verbessert werden, dennoch nahm die Anzahl der Notaufnahmen und der Medikamentenverbrauch ab (Tapp 1985). Physiologisch sind tiefe Entspannungszustände für den Asthmatiker von zweifelhaftem Wert, da sie den Nervus parasympaticus stimulieren und damit selbst obstruktiv wirken können. Malouvier (1981) machte die Feststellung, daß der Patient zwar angstfrei und sehr beruhigt, jedoch stärker obstruktiv ist als zuvor. Als ergänzendes Therapieverfahren halten wir Entspannungstraining für sinnvoll, weil es den Patienten hilft, aufmerksam für ihre Körperfunktionen zu werden, und sie erkennen, daß sie diese beeinflussen können.

3.1.2 Biofeedbackverfahren

Durch aufwendige apparative Maßnahmen werden den Patienten biologische Körperfunktionen, die sonst nicht direkt vom Patienten beobachtbar sind, zurückgemeldet. Asthmapatienten sollen dadurch in die Lage versetzt werden, Strategien zu erlernen, die es ihnen ermöglichen, ihren Bronchialdurchmesser willentlich zu beeinflussen (d. h. zu vergrößern oder wenigstens konstant zu halten). Die dafür grundlegenden Experimente von Miller, die zeigen sollten, daß sich vegetativ geregelte physiologische Prozesse direkt (operant) konditionieren lassen, ließen sich später nicht replizieren, so daß man hier wohl von einer Fälschung ausgehen muß (Legewie 1975). Dennoch entspann sich ein weites Forschungsinteresse, das in einem Übersichtsartikel von Maß, Richter und Dahme (1989) beschrieben wird. Eine Kombination von Biofeedback und Entspannung führte zu besseren Werten (Davis, Saunders, Creer und Chai 1973).

Weitere Untersuchungen in diesem Bereich erscheinen sinnvoll und interessant, denn Effekte des Biofeedbacktrainings könnten durchaus für bestimmte Patienten zu erreichen sein, insbesondere, wenn sie durch die aufwendige apparative Ausstattung zu einer Mitarbeit an ihrer Asthmatherapie bewegt werden könnten und die Fähigkeit zur Interozeption dadurch anstiege. Außerdem ist das Protokollieren der jeweiligen Befindlichkeit und des Atemwegswiderstandes in sich bereits eine asthmareduzierende Prozedur. Wenn es gelänge, die Patienten, die von einer solchen Maßnahme profitieren könnten, herauszufiltern, könnten Biofeedbackmethoden eine zusätzliche Variante im Asthmamanagement werden (Steptoe, Phillips und Harling 1981). Kritisch anzumerken ist, daß, selbst wenn eine Bronchialmuskelentspannung gelingt, dies im Vergleich zur Entzündung und zur zusätzlichen Schleimverdickung den geringeren Anteil an den asthmatischen Beschwerden hat.

3.1.3 Systematische Desensibilisierung

Auch die systematische Desensibilisierung konnte sich als verhaltenstherapeutische Technik in der Behandlung des Asthma bronchiale nicht durchsetzen. Für die Therapie mit Erwachsenen haben Richter und Dahme (1982) nachgewiesen, daß die zugrundeliegenden Studien einer Überprüfung nicht standhalten. Es hat sich inzwischen gezeigt, daß für den Asthmatiker nicht das Ausmaß von Angst in Verbindung mit seiner Atemnot, sondern die korrekte Einschätzung und das angemessene Umgehen mit ihr den entscheidenden Faktor darstellen. Antrainierte niedrige Anfallsangst könnte frühzeitiges Gegensteuern geradezu verhindern. Daher ist es wichtig, Bewältigungsstrategien für den Umgang mit angstauslösenden Situationen zu erlernen. Dazu kann auch eine systematische Desensibilisierung gehören.

3.2 Schulungsprogramme für asthmakranke Kinder und Jugendliche

Wie bereits oben erwähnt, hat weder eine einzelne verhaltenstherapeutische Technik allein noch eine ausschließlich medizinische Betreuung zu einer wirksamen Verbesserung der Asthmamorbidität geführt. Eine erste Antwort auf die hier beschriebenen Schwierigkeiten stellten Asthmaschulungsprogramme unterschiedlicher Art dar, die inzwischen weltweit verbreitet sind (Shibutani 1990, Bonfanti 1988, Bousquet 1987, Baumann 1990, Balter 1989, Hughes 1991, Mishra 1985). Vorreiter waren die amerikanischen Schulungskurse (Blessing-Moore 1987, Clark 1986, 1989, Creer 1976, 1979, 1990, Evans 1987, Feldman 1987, Hindi-Alexander 1984, 1987, Klingelhofer 1987, Kohen 1985, LeBaron 1985, Lewis 1987, Mellins 1989, Parker 1987, 1989, Rachelefsky 1987, Richards 1987, Rubin 1986, Staudenmayer 1981).

In Deutschland gibt es Schulungskonzepte in verschiedener Form: als Wissenstraining in der Kinderarztpraxis (Fisons LKW), als einwöchige Schulungsprogramme für Kinder und Jugendliche (Puste mal, Pustblume, Luftiku(r)s) sowie auch als kombinierte Arzt-/Kliniktrainings für ausländische Jugendliche, als Ferienangebote und als Angebote in psychologischen Praxen (Aufwind in Oldenburg und Luftiku(r)s in Osnabrück) sowie als Langzeitschulung in der Rehabilitation (Berchtesgaden, Petermann 1991).

Mit dem Begriff der „Patientenschulung" ist der Begriff „Self-Management" eng verknüpft. So wie die Schulung über eine erweiterte ärztliche Information hinausgeht, geht auch der Begriff „Self-Management" über den Begriff der „Compliance" hinaus. Compliance bedeutet das Befolgen der ärztlichen Anordnungen, Self-Management hingegen impliziert das eigenverantwortliche Umgehen mit allen Phasen der Erkrankung. Diese Fähigkeit entwickelt sich bei Kindern erst allmählich, bei Jugendlichen wird sie häufig durch entgegengesetzte Impulse durchbrochen. Kritische Würdigungen der Schulungsprogramme für Kinder und Jugendliche kommen daher auch zu dem Schluß, daß das erreichte Trainingsziel besser als „Cooperative Care" oder „Cooperative Management" bezeichnet werden sollte (Creer 1991).

Die Wichtigkeit psychologischer Schulungs- bzw. Trainingsanteile wird im Vergleich zu den reinen Wissensbereichen von Ärzten häufig unterschätzt (Baumann 1990). Die wesentlichen Probleme in der Asthmatherapie bestehen aber heute nicht mehr im medizinischen, sondern im psychologischen und psychosozialen Bereich. Deutlich sind die Probleme im Bereich der Wahrnehmung und richtigen Einschätzung von Atemnot (Burdon 1982, Burki 1978, Sly 1985) und der Compliance (Haynes 1982, Jay 1984, Kleiger 1979, LeBaron 1985), aber auch depressive Symptome oder Konflikte zwischen Eltern und Ärzten wegen der Asthmamedikamente sind als Faktoren, die zu einem tödlichen Verlauf des Asthmas beigetragen haben, identifiziert worden (Strunk 1985, Lewiston 1987).

3.2.1 Grundlegende Elemente von Asthma-Schulungsprogrammen

3.2.1.1 Wissensinhalt Anatomie und Physiologie

Kinder sollen eine Vorstellung davon gewinnen, was in ihrem Körper bei Asthmasymptomen vor sich geht. In altersgerechter Weise sollen sie Bau und Funktion der Lunge und der oberen Atemwege vermittelt bekommen. Dazu gibt es sowohl filmisches als auch anderes Material, das eine Vermittlung auf spielerischem Wege ermöglicht (Wir basteln uns einen Bronchus, Kriechtunnel). Auch die Bedeutung des Atmens für alle alltäglichen Lebensfunktionen sollte den Kindern deutlich werden.

3.2.1.2 Wissensinhalt Medikamentenkunde

Da asthmakranke Kinder in der Regel auf eine regelmäßige Medikamenteneinnahme angewiesen sind, sollten sie Wirkungen und Nebenwirkungen ihrer Arzneimittel kennen. Auch sollten sie die prophylaktischen von den akut wirkenden Medikamenten unterscheiden können, um zu wissen, welche Medizin sie dauernd nehmen müssen und welche sie individuell dosieren können. Die meisten Asthmamedikamente werden inhalativ verabreicht. Dabei ist eine gute Inhalationstechnik wichtig, einerseits um genügend Wirkstoff einzunehmen, andererseits um mit möglichst wenig Wirkstoff optimale Effekte zu erzielen. Der Umgang mit entsprechenden Hilfsgeräten (Vernebler, Inhalierhilfen, Spacer) muß geübt werden.

3.2.1.3 Wissensinhalt Auslösefaktoren und Auslösesituationen

Die Patienten sollen in die Suche nach ihren individuellen Auslösefaktoren eingebunden werden. Das heißt, sie müssen klassische Auslösefaktoren kennen und einschätzen lernen, welche Faktoren für sie zutreffen. Danach müssen sie adäquate Umgangsweisen mit ihren speziellen Auslösefaktoren trainieren. Diese Umgangsweisen können von Kind zu Kind verschieden sein. Beim relativ häufigen Auslöser Anstrengung ist es wichtig, daß es nicht darum gehen kann, den Auslöser zu meiden. Angemessener Umgang hieße hier:
1. Prophylaktische Medikamenteneinnahme
2. Geeignete Sportarten, die dem Kind Spaß machen
3. Trainingsprinzipien einhalten (Aufwärmung, Ruhephasen)
4. Optimale Energieausbeute durch gute Sporttechnik
5. Einschätzen von Leistungsgrenzen auch unter Berücksichtigung von Umweltfaktoren (Pollenflugzeit, neblig-kaltes Wetter etc.)

Ebenso wichtig ist es, daß allergische Familien nicht nur die unmittelbar nachgewiesenen Auslöser meiden, sondern darüber hinaus auch unspezifische Reize wie Rauchen oder Tierkontakt, um so die „Allergieschwelle" nicht langfristig noch weiter zu erniedrigen. Bei psychischen Auslösesituationen müssen entsprechende konstruktive Umgangsweisen erarbeitet und eingeübt werden. (Spezielleres dazu später.) In den klassischen Schulungsprogrammen wird dieser Programmpunkt nur kognitiv abgehandelt.

3.2.1.4 Wissensinhalt Vermeiden des Asthmaanfalls, Verhalten in der Notfallsituation

Sinn von Schulungsmaßnahmen ist es, dem Asthmaanfall vorzubeugen. Bei rechtzeitigem Erkennen einer Verschlechterung kann ein Asthmaanfall meistens verhindert oder wenigstens in seinem Ausmaß vermindert werden, wenn der Patient die richtigen Maßnahmen ergreift. Darüber hinaus ist es wichtig, daß der Patient Handlungsanweisungen erhält für den Fall, daß die mit ihm vereinbarte Selbstbehandlung keine ausreichende Wirkung zeigt, so daß er rechtzeitig professionelle medizinische Notfallhilfe in Anspruch nimmt.

Der *Notfallvermeidungsplan* besteht aus folgenden Schritten:
1. *Peak-flow messen*, um eine Verschlechterung des Asthmas frühzeitig zu erkennen.
  Bei starkem Abfall des Peak-flow-Wertes (unter den individuell festgelegten Interventionswert, etwa 25% unter dem individuellen Normalwert):
2. *Inhalieren* der verordneten Medikamente, am besten mit dem Inhalationsgerät (Vernebler) oder mit dem Dosieraerosol.
3. *Ruhig bleiben*: 10 Minuten atemerleichternde Körperstellungen, Lippenbremse, Entspannung, danach:
4. *Peak-flow-Messen*, Medikamente und Peak-flow-Wert ins Protokollheft eintragen.
   a) Bei Besserung um 50 l/min: abwarten.
   b) Keine signifikante Besserung, dann:
5. *Inhalieren*: wieder die verordneten Medikamente einnehmen und zusätzlich das Notfallmedikament (Cortisontablette).

6. *Ruhig bleiben*: 10 Minuten atemerleichternde Körperstellungen, Lippenbremse, Entspannung, danach:
7. *Peak-flow-Messen*, Medikamente und Peak-flow-Wert ins Protokollheft eintragen.
   a) Bei Besserung um 50 l/min: abwarten.
   b) Keine signifikante Besserung, dann:
8. *Sofort zum Arzt oder gleich ins Krankenhaus!*

3.2.1.5 Übungsinhalte

Über die reine Wissensvermittlung hinaus enthalten die Programme praktische Übungsabschnitte zu den Themen: Umgang mit dem Inhaliergerät, Umgang mit Dosieraerosolen und den entsprechenden Inhalierhilfen, Üben des Peak-flow-Messens und Protokollierens.

Zusätzlich vermitteln die meisten Schulungsprogramme Techniken wie Lippenbremse, Bauchatmung, atemerleichternde Körperstellungen und andere Atemübungen, die am besten von einer Krankengymnastin unterrichtet werden. Spezielle Programme für Spanisch sprechende Unterschichtsklienten streifen auch Themen wie „Beschwerden über eine schimmelpilzdurchsetzte feuchte Wohnung beim Hauswirt" und ähnliche lebenspraktische asthmarelevante Fragen.

3.2.2 Ziele der Schulungsprogramme

Die amerikanischen Schulungsprogramme wollen hauptsächlich vier Ziele erreichen:
1. Asthmaanfällen vorzubeugen und das Asthma zu kontrollieren.
2. Die Kosten, die durch die Krankheit entstehen, zu vermindern.
3. Den Einfluß, den die Krankheit auf das Leben der Kinder und ihrer Familien hat, zu verringern.
4. Kindern in Zusammenarbeit mit ihren Ärzten beizubringen, wie sie größere Verantwortung für ihr Asthmamanagement übernehmen können (Wigal 1990).

Langfristige und kurzfristige Ziele von deutschen Schulungsprogrammen am Beispiel „Puste mal" sind:
1. Größeres Wissen über die Krankheit Asthma
2. Selbstmanagementtechniken
3. Weniger Fehlzeiten in der Schule aufgrund von Asthma
4. Weniger Krankenhausaufenthalte
5. Teilnahme am Schulsport
6. Größere Selbständigkeit im Umgang mit der Krankheit
7. Feste Regeln für das Notfallmanagement
8. Weniger Angst vor und während eines Anfalls
9. Anfallsvermeidungs- und Anfallsverminderungsverhalten
10. Größere Selbstsicherheit im Umgang mit der Krankheit im sozialen Umfeld (Gebert 1989).

3.3 Verhaltensmedizinische Therapie nach dem 8-Ebenen-Modell

Ergänzend zu den aufgeführten Patientenschulungsansätzen beschreiben wir nun die praktische Therapie in der Struktur des 8-Ebenen-Modells. Es ist ratsam, zunächst nicht mit den Inhalten des Asthmas zu beginnen, sondern eine persönliche Beziehung zum Kind oder Jugendlichen und seiner Familie aufzubauen. Dabei ist es wichtig, an den bisherigen Erfahrungen der Familie oder des Kindes anzuknüpfen, um verstehen zu können, warum bisherige Behandlungsversuche gescheitert sind (zur Beziehungsgestaltung siehe auch Zimmer 1983).

3.3.1 Physiologische Ebene

Für die Vermittlung der Wissensinhalte der physiologischen Ebene gibt es unterschiedliche Arbeitsmaterialien, die die medizinischen Begriffe für das Kind „begreifbar" und „handhabbar" machen (siehe Könning und Theiling 1991). Eine grundsätzliche Strategie im Umgang mit der Familie des asthmakranken Kindes ist, immer wieder

Entlastung zu schaffen und die bisherigen Bemühungen anzuerkennen. Die Art und Weise, wie über die somatischen Fragen gesprochen wird, liefert wichtige Hinweise für die Bereiche „kognitives Anspruchsniveau", „emotionale Krankheitsbewältigung" und „familiäre Interaktionsmuster".

Als Hausaufgaben zu dieser Ebene sind sinnvoll: Asthma-Symptomtagebuch, Protokollierung der Inhalationszeiten und des Medikamentenverbrauchs, gemeinsame Beschäftigung von Vater und Kind mit bestimmten Inhalten der Asthmabewältigung. Hierfür muß man der Familie Arbeitsmaterialien zum häuslichen Weiterarbeiten mitgeben.

Für die Medikamenteneinnahme und die Inhalationstechnik ist der Aspekt des Modellernens, das gemeinsame Üben in der Gruppe, sehr hilfreich. Im häuslichen Bereich können Techniken der Reizkontrolle (roter Punkt an der Schlafzimmertür, Signalwort zwischen Mutter und Kind) nützlich sein.

3.3.2 Körperliche Ebene

Die Therapie dieser Ebene besteht aus dem Üben des Peak-flow-Messens mit Protokollierung, Absprechen von Selbstprotokollierung mit operanter Verstärkung und Training von differenzierter Selbstwahrnehmung. „Traumreisen", Geschichtenerzählen, Musikmeditation oder Malen zur Musik sind Möglichkeiten der unspezifischen Entspannung und beinhalten den Aufbau von symptominkompatiblem Verhalten bzw. sind Aspekte von Selbstkontrolle bei Streß oder in Anfallssituationen. Bei Kindern ab dem 7. Lebensjahr können Entspannungstechniken wie Autogenes Training oder progressive Muskelentspannung, die auch in Geschichten eingekleidet werden können, eingesetzt werden. Manche Kinder können erst über vorheriges Toben oder Kuscheln zu Ruhe und Entspannung kommen (Müller 1988, Lutze 1983). Wir gehen davon aus, daß es für jedes Individuum eine körperorientierte Lerngeschichte mit entsprechenden körperlichen Automatismen, Verhaltens- und Reaktionshierarchien gibt (siehe Lowen 1990, Klosinski 1989, Hölter 1988, Könning 1983). Gerade im Zusammenhang mit der Asthmasymptomatik ist die Gefahr groß, daß sich in Zeiten von Untertherapie körperliche Fehlhaltungen im Sinne von Verhaltensautomatismen entwickeln. Kinder können innerhalb einer Woche den „Lungendetektiv", eine geräteunabhängige Selbsteinschätzung ihrer Lunge, erlernen (Szczepanski 1991).

3.3.3 Emotionale Ebene

Es ist ganz wichtig, einen großen Freiraum zu lassen, in dem Eltern und Kinder über ihre bisherige emotionale Erlebnisse im Zusammenhang mit dem Asthma reden können. Die belastenden Erfahrungen werden häufig von der Umwelt ignoriert. Auch innerhalb der Familien wird darüber häufig nicht geredet. Bei Angst vor Medikamenten und Zukunftsangst können gezielte Informationen für die Familie hilfreich sein. Wenn es um einzelne isolierte phobische Reaktionen geht, kann eine systematische Desensibilisierung indiziert sein.

Für die Bereiche Überforderung, Wut, Scham, Hilflosigkeit, Versagensgefühle und schlechtes Gewissen ist das Ansprechen dieser Gefühle in einer gruppentherapeutischen Situation hilfreich. Hier können Eltern sich wechselseitig stützen und evtl. kognitive Neustrukturierung oder Umbewertung vornehmen, ihr Verhalten reflektieren und Maßstäbe vergleichen. Der Leiter muß ein Gespür entwickeln, welche Themen in die Gruppengespräche gehören und welche einem Einzel- oder Partnergespräch vorbehalten bleiben sollen (siehe auch Schelp und Kemler 1988).

Für die Arbeit mit Kindern steht die spielerische Verarbeitung von Ängsten im Vordergrund. Rollenspiel, Malen und Freispiel sind kindliche Verarbeitungsstrategien von Gefühlen. In den Rollenspielen besteht sowohl die Möglichkeit, seine Gefühle im geschützten Rahmen auszudrücken, als auch neues Verhalten auszuprobieren und zu üben (Moreno 1943).

Bei der Interventionsplanung müssen der Aspekt von klassischer Konditionierung mit operanten Anteilen, kognitive Steuerungspläne sowie in der sozialen Umgebung verankerte Regel- und Steuerungspläne mitbeachtet werden.

3.3.4 Kognitive Ebene

Hierzu zählen alle kognitiven Techniken der Verhaltenstherapie: die rational emotive Therapie nach Ellis (1977), Aspekte der Selbstinstruktion bei Meichenbaum (1977) und die Interventionsstrategien nach der Beckschen Therapie der Veränderung des inneren Monologs (Beck 1981). Im kindlichen Bereich verändern sich Einstellungen im wesentlichen über veränderte Tätigkeit. Das Einnehmen bestimmter Rollen, die mit alten Einstellungssets unvereinbar sind, bringen eine Annäherung an die gewünschte Einstellung. Für kleine Kinder bietet sich hier wiederum das freie Spiel, die freie Interaktion mit der Lieblingspuppe und das freie Rollenspiel an.

3.3.5 Ebene des praktischen Verhaltens

Je nach Vertrauensbeziehung zum Kind und zur Familie, je nach Stand der Therapieplanung, je nach bisher erarbeitetem kognitiven Konzept der Störung und je nach Abstraktionsgrad des Bedingungsmodells und der Hypothesen im Zusammenhang zwischen den unterschiedlichen Ebenen wählt man die therapeutischen Interventionen. Hierzu zählen: einfache Absprachen über Verhaltensaufbau durch operante Programme, Verstärkungssysteme, Kontraktmanagement, bei kleineren Kindern einfache Sternchenpläne und unmittelbare materielle Verstärkung. In bestimmten Situationen können neben positiver Verstärkung auch die anderen Verstärkungsaspekte (negative Verstärkung, Entzug positiver Verstärkung) relevant werden.

Darüber hinaus können auf der Ebene Stimuluskontrolle Absprachen getroffen werden, um bestimmte Verhaltensweisen auszulösen, z. B. Signalwort in der Familie, um Streit zu unterbrechen, Signalwort als Hinweisreiz für Inhalationszeiten, optische Signale als Verhaltensauslöser. Insgesamt geht es bei der therapeutischen Intervention darum, die Zusammenhänge zwischen auslösenden Bedingungen, aufrechterhaltenden Bedingungen, den Lebensplänen des Kindes und der Familie und den diagnostizierten kognitiven/emotionalen Bewertungsmustern in konkrete Veränderungsstrategien umzusetzen. Diese Interventionen haben natürlich wieder Rückwirkungen auf die verschiedenen Ebenen. Hier ist eine fortlaufende Verhaltensdiagnostik notwendig. Für ängstliche, unsichere Kinder ist ein Verhaltenstraining im Sinne von Selbstbehauptungstraining sehr hilfreich.

3.3.6 Sozialer Mikrokosmos, familiäre Interaktion

Die Grundvoraussetzung ist, sich Zeit zu nehmen, Vertrauen aufzubauen und erst einmal in der Familie „mitzuschwimmen". Im zweiten Schritt ist es wichtig, der Familie zu verdeutlichen, daß es nicht um Negativetikettierungen geht („Sie machen etwas falsch."), sondern darum, die positiven Ansätze wahrzunehmen, zu erkennen und auszubauen. Weitere Interventionsmöglichkeiten sind „Wünsche an den anderen", „Positive und negative Rückmeldungen" oder „Was ich Dir schon immer mal sagen wollte". Im nächsten Schritt können die Frage der Umverteilung der Lasten in der Familie, Erschließung neuer Ressourcen und Hilfe für andere erörtert werden. Es geht letztlich nicht darum, der Familie eine rezepthafte Lösung vorzugeben, sondern den Wahrnehmungsfokus auf die Interaktion in der Familie zu richten und in einem gemeinsamen Problemlöseprozeß mit der Familie Überlegungen anzustellen, welche Veränderungen innerhalb der familiären Interaktion auf den unterschiedlichen Ebenen hilfreich sein könnten.

3.3.7 Gemeindekontext

Über eine intensive Einbeziehung des Haus- oder Kinderarztes in stationäre Schulungskonzepte kann die Wirksamkeit dieser Betreuung deutlich erhöht werden. Eine vertrauensvolle Beziehung zwischen Hausarzt und Familie erhöht die Compliance. Für manche Familien ist es hilfreich, wenn sie in Auseinandersetzungen mit Schule oder Kindergarten Unterstützung erfahren (Brief an Klassenlehrer, Telefonkontakt, Informationsschriften über Asthma zum Weitergeben an die Betreuer des Kindes). Engagierte Lehrer und Erzieher können, insbesondere im Sportbereich, in Verhaltensprogramme einbezogen werden. Gerade für ältere Kinder und Jugendliche ist es wichtig, deren sozialen Lebensraum (Peergroup) in die Betreuungsarbeit mit einzubeziehen. Als klassisches Thema bietet sich dabei das Thema „Rauchen" an.

Der Austausch von Erfahrungen mit anderen betroffenen Eltern kann über die Gespräche mit Arzt und Psychologe hinaus emotionale Barrieren überwinden und neue Handlungsperspektiven eröffnen. Der Verweis auf vorhandene Selbsthilfegruppen sollte dabei nicht fehlen.

3.3.8 Makrosystemkontext

Diese Wahrnehmungsperspektive im Veränderungsprozeß entzieht sich direkter therapeutischer Einflußnahme. Über Mitarbeit in Umweltschutzverbänden, Bürgerinitiativen oder Parteien kann die individuell betroffene Familie im politischen Bereich Handlungsperspektiven entwickeln. Für Eltern, die in sehr starkem Ausmaß internal attribuieren und sich selbst den größten Teil der Verantwortung für das kindliche Asthma zuschreiben, kann es hilfreich sein, den Einfluß externaler, gesellschaftlicher Bedingungen auf Genese und Verlauf des kindlichen Asthma zu erkennen.

4. Evaluation

Obwohl viele Schulungsprogramme bisher evaluiert wurden, ist es schwierig, sie zu vergleichen, da sehr uneinheitliche Standards angelegt wurden. Howland (1988) überprüfte 13 Studien, die meist günstige Ergebnisse referieren. In bezug auf die Untersuchungsgröße „Verminderung von Schulfehlzeiten" benutzen nur vier Studien genügend große Stichproben. Sie ergaben eine Verringerung von Schulfehlzeiten um 20%. Die Art, wie Schulfehlzeiten und Veränderungen der Untersuchungsgröße gemessen wurden, differiert sehr stark. Das Fehlen von Kontrollgruppen wird kritisiert. Signifikanztests wurden nicht durchgeführt. Die referierten Ergebnisse treffen wahrscheinlich nur für schwere Asthmafälle zu (Howland 1988). Generell positive Wirkungen auf den Verlauf der Krankheit konnten in mehreren Studien gezeigt werden (Fireman 1981, Übersichten bei Wigal 1990, Creer 1988).

Wir wissen, daß Wissensverbesserung allein (mit Broschüren und Audiokassetten) keinen Einfluß auf Morbidität und Schulfehlzeiten hat (Hilton 1986), die meisten anderen Programme aber positive Effekte in bezug auf Wissenszuwachs und psychisches Wohlbefinden der Familien zeigen konnten. Daß in Hinblick auf die Morbidität, d. h. Verringerung von Schulfehlzeiten und Notaufnahmen, die untersuchten Studien keine übereinstimmenden und statistisch und methodologisch klaren Ergebnisse aufzeigten, soll nicht heißen, daß diese Programme für die Teilnehmer nicht nützlich gewesen wären (Howland 1988).

Um in Zukunft aussagekräftigere und vergleichbare Ergebnisse zu erzielen und um die Qualität der Evaluationsforschung in diesem Bereich zu erhöhen, hat Creer (1990) nach Überprüfung von 19 amerikanischen Evaluationsstudien zwölf Kriterien diskutiert und vorgeschlagen.

Diese wurden in der Evaluationsforschung in Deutschland berücksichtigt. Einen guten Überblick gibt Runde (1997). Die Evaluationsforschung bezieht dabei nicht nur harte Daten wie z. B. Lungenfunktion, Anzahl der Medikamente, Schulfehltage, ein, sondern ebenso die psychologischen Konstrukte auf den anderen in diesem Kapitel referierten Ebenen. Dies Dilemma mit den harten Daten wird auch in der Metaanalyse von Bernard-Bonnin et al. (1995) deutlich: Das ausschließliche Erfassen sogenannter harter Daten ist nicht geeignet, den Effekt einer Schulungsintervention abzubilden.

In einer ersten kontrollierten Zweicenterstudie in Deutschland (Berlin Osnabrück) wurden die Effekte des in diesem Artikel beschriebenen Asthmaschulungskonzeptes überprüft (Könning et al. 1992). Eine Experimentalgruppe 1 erhielt eine einwöchige stationäre Asthmaschulung und eine familienbezogene halbjährige Nachschulung.

Eine Experimentalgruppe 2 erhielt nur die stationäre Schulung. Eine Wartekontrollgruppe erhielt keine Schulung. In der Dreipunktmeseung (T 1 vorher, T 2 nach 6 Monaten, T 3 nach zwölf Monaten) wurden Fragebögen für Eltern, Kinder, Hausarzt und Verhaltensproben für die Kinder eingesetzt.

Ergebnisse:
Die Teilnahme an der Asthmaschulung führt zu einer signifikanten Verbesserung der Krankheitsbewältigung verglichen mit einer Wartekontrollgruppe. Besonders positive Veränderungseffekte sind: bessere Körperwahrnehmung, weniger Angst, mehr internale und weniger schicksalhafte Kontrolle, besseres Anfallsmangement, besseren Gebrauch von Dosieraerosol und Peak-flow.

Durch die familienbezoge Nachschulung können diese Effekte noch gesteigert werden. (Siehe ausführlich Könning 1994). Auf der somatischen Ebene gab es weniger Anfälle mit Zyanose, weniger Schulfehltage, weniger Symptome bei Sport. Die Kinder sind belastbarer und das Asthma ist leichter (Schmidt 1996).

In einem weiteren Schritt wurde versucht, durch Kooperation mit Kinderärzten und Selbsthilfegruppen ein flächendeckendes Angebot von Asthmaschulung in Niedersachsen aufzubauen und diese ambulante Asthmaschulung zu evaluieren (Brockmann et al. 1996, Braun et al. 1995). Die oben beschriebenen positiven Veränderungen beim Krankheitsbewältigungsverhalten bestätigten sich auch in diesen Studien. Darüber hinaus kam es zu einer geringfügigen Senkung der Medikamtenkosten. In einer Kosten-Nutzen kommt es zu einer Einsparung von 320 DM pro Kind durch Asthmaschulung (Braun et al. 1995).

In einer bundesweiten Evaluationsstudie der Arbeitsgemeinschaft für Asthmaschulung im Kindesalter, die 478 Kinder und Eltern umfaßte, konnten die obengenannten Ergebnisse ebenfalls bestätigt werden (Lob-Corzilius et al. 1997). Darüber hinaus bestätigen die Eltern in weiten Teilen die positiven Angaben der Kinder. Der Erfolg des Trainings ist unabhängig von Alter und Geschlecht der Kinder.

4.1 Aussichten und Aufgaben für die Zukunft

Das Asthma bronchiale hat heute viel von seinem Schrecken verloren, den es noch vor 10 oder 20 Jahren hatte. Dies ist nicht ausschließlich auf eine verbesserte Pharmakotherapie oder die Einsicht in die Notwendigkeit einer prophylaktischen antientzündlichen Dauertherapie zurückzuführen, sondern beruht auf einer eher „ganzheitlichen" Sichtweise der Therapie, die z. B. Schulungsmomente und psychologische Komponenten mit einbezieht, nämlich:
1. Realistische Selbstbeurteilung
2. Selbständigkeit im Umgang mit den Medikamenten bis zur individuellen Therapieanpassung
3. Notfallmanagement
4. Adäquater und flexibler Umgang mit körperlicher und psychischer Belastung
5. Angemessenes Bewältigungsverhalten
6. Nutzen von Hilfepotential innerhalb und außerhalb der Familie.

Es ist deutlich, daß im Bereich der wohnortnahen Betreuung ein erheblicher Mangel besteht. Daher wird es für die behandelnden Mediziner verstärkt nötig sein, wohnortnahe Nachschulungskurse anzubieten und Kooperationen mit Psychologen hierfür einzugehen. Die Psychologen müssen sich auf diese Aufgabe ausreichend durch spezielle Weiterbildungsmaßnahmen vorbereiten. Den Krankenkassen muß deutlich gemacht werden, daß Investitionen in Schulung und Nachbetreuung sinnvolle und längerfristig kostensparende Ausgaben sind.

Neben den Informationen für die unmittelbare Umgebung der Patienten wird es eine Aufgabe bleiben, auch die allgemeine Öffentlichkeit, insbesondere Lehrer und Erzieher, verstärkt über die Krankheit Asthma aufzuklären, um bestehende Vor- und Fehlurteile abzubauen.

Literatur

Aas K (1974) Das allergische Kind. Thieme Verlag, Stuttgart
Alexander AB (1972) Systematic Relaxation and Flow Rates in Asthmatic Children. Relationship to Emotional Percipitants and Anxiety. Journal of Psychosomatic Research 16: 405–410
Anderson HR (1989) Increase in hospital admission for childhood asthma: trends in referral, severity and readmission from 1970 to 1985 in a health region of the United Kingdom. Thorax 44: 614–619
Angehrn W, Perrin LE, Kraemer R (1987) Wir haben ein Asthma-Kind. Kösel Verlag, München
Arbeitsgemeinschaft Allergiekrankes Kind (Hrsg.) (1989) Unser Kind ist allergisch. Ravensburger Buchverlag, Ravensburg
Avital A, Noviski N, Bar-Yishay E, Levy M, Godfrey S (1991) Nonspecific bronchial reactivity in asthmatic children depents on severity but not on age. Am Rev Respir Dis 144: 36–38
Balter MS, Rebuck AS (1989) Treatment of the recalcitrant asthmatic. Ann Allergy 63: 297–300
Bandura A (1965) Influence of models reinforcement contingencies on the acquisition of imitative responses. J Pers Soc Psychol 36: 589–595
Barnes PJ (1989) New concepts in the pathogenesis of bronchial hyperresponsiveness and asthma. J Allergy Clin Immunol 83: 1013–1026
Bartling G, Echelmeier I, Engberding M, Krause R (1987) Problemanalyse in therapeutischen Prozessen. Kohlhammer, Stuttgart, Berlin
Baumann A, McKenzie D, Young L, Yoon R (1990) Asthma Education: The Perception of Family Physicians. Journal of Asthma 27: 385–392
Beck AT, Rush AJ, Shaw BF, Emery G (1981) Kognitive Therapie der Depression. Urban und Schwarzenberg. München
Bernard-Bonnin AC, Stachenko R, Bonin D, Charette C, Rousseau E (1995) Selfmanagement teaching programs and morbidity of pediatric asthma: A meta-analysis. In: J. Allergy clin Immunol., 95, 34–41
Beutel M (1988) Bewältigungsprozesse chronischer Erkrankungen. Beltz, Weinheim
Bischof C, Zenz H (1989) Patientenkonzepte von Körper und Krankheit. Huber, Bern
Blaurock H (1989) Asthmasymptomatik, Familienstruktur und familiäre Interaktion. Eine empirische Untersuchung im Rahmen eines Schulungsprojektes für asthmakranke Kinder. Diplomarbeit. Westfälische Wilhelms-Universität Münster
Blessing-Moore (1987) Self-Management Programs for Childhood Asthma. Clin Rev Allergy 5: 191–193
Bochmann F, Petermann F (1989) Compliance bei medikamentösen Therapieformen unter besonderer Berücksichtigung von Vertrauensaspekten. Zeitschrift für Klinische Psychologie, Psychopathologie und Psychotherapie. 37: 162–172
Bousquet J, Hatton F, Godard P, Michel FB (1987) Asthma mortality in France. J Allergy Clin Immunol 80: 389–394
Bousquet J, Chanez P, Lacoste IY, Barneon G et al. (1990) Eosinophilic inflammation in asthma. New Engl J Med 323: 1033–1039
Braun A, Haubrock M, Lob-Corzilius T, Scholtz W, Szczepanski R, Gebert N, Wahn U (1996) Ambulante Asthmaschulung für Kinder und ihre Familien in der Arztpraxis. Abschlußbericht einer kontrollierten Studie zur Implementation mit Kosten-Nutzen-Analysen, gefördert durch die Robert-Bosch-Stiftung.
Brockmann G, Szczepanski R, Theiling St, Wegner R (1996) Der Luftmobil-Auschlußbericht zur Implementation wohnortnaher Schulungskurse. Eigendruck Osnabrück
Broda M (1987) Wahrnehmung und Bewältigung chronischer Krankheiten. Deutscher Studien Verlag, Weinheim
Broda M, Muthny F (1990) Umgang mit chronisch Kranken. Thieme, Stuttgart
Brook U (1990) An Assessment of Asthmatic Knowledge of School Teachers. J Asthma 27: 159–164
Burki NK, Mitchel K, Chaudhary BA, Zechmann FW (1978) The ability of asthmatics to detect added restrictive loads. Am Rev Respir Dis 117: 71–75
Burdon JGW, Juniper EF, Killian KJ, Hargreave FE, Campbell EJM (1982) The perception of breathlessness in asthma. American Review for Respiratory Disease 126: 825–828
Burney PGJ, Papacosta AO, Withey CH et al. (1991) Hospital admission rates and the prevalence of asthma symptoms in 20 local authority disctricts. Thorax 46: 574–579
Burney P (1990) Has the prevalence of asthma increased in children? Evidence from the national study of health and growth 1973–86. BrMed J 300: 1306–1310
Burney P (1988) Asthma deaths in England and Wales 1931–1985: evidence for a true increase in asthma mortality. J Epidem Community Heath 42: 316–320

Burr ML, Butland BK, King S et al. (1989) Changes in asthma prevalence: two surveys 15 years apart. Arch Dis Child 64: 1452–1456
Burr ML (1987) Is asthma increasing? J Epidem Community Health 41: 185–189
Caspar F (1987) Problemanalyse in der Psychotherapie Deutsche Gesellschaft für Verhaltenstherapie, Tübingen
Caspar F (1989) Beziehungen und Probleme verstehen. Huber, Bern
Chung KF (1990) Mediators of bronchial hyperresponsiveness. Clin Exp Allergy 20: 453–458
Clark NM, Feldman CH, Evans D, Levison MJ, Wasilewski Y, Melhaus RB (1986) The impact of health education on frequency and cost health care use by low income children with asthma. J Allergy Clin Immunol 78: 104–115
Clark NM (1989) Asthma self management education research and implications for practical practice. Chest 95: 1110–1113
Conboy K (1989) Self-management skills for cooperative care in asthma. J Pediatr 115: 863–866
Creer T, Renne C, Christian W (1976) Behavioral contributions to rehabilitation and childhood asthma. Rehabilitation Literature 37: 226–232
Creer T, Burns K (1979) Self-Management Training for Children with Chronic Bronchial Asthma. Psychotherapy and Psychosomatics 32: 270–278
Creer T, Wigal JK, Kotses H, Lewis P (1990) A Critique of 19 Self-Management Programs for Childhood Asthma: Part 2. Comments Regarding the Scientific Merit of the Programs. Pediatric Asthma, Allergy and Immunology 4: 41–55
Davies MH, Saunders D, Creer T, Hyman Chai (1973) Relaxation Training Facilitated by Biofeedback Apparatus as a Supplemental Treatment in Bronchial Asthma. J Psychosom Research 17: 121–128
Djukanovic R, Roche W, Wilson JW et al. (1990) Mucosal inflammation in asthma. Am Rev Respir Dis 142: 434–457
Dörner R (1976) Problemlösen als Informationsverarbeitung. Kohlhammer, Stuttgart
Durham SR (1991) The significance of late responses in asthma. Clin Exp Allergy 21: 3–7
Ellis A (1977) Die rational-emotive Therapie; Das innere Selbstgespräch bei seelischen Problemen. Pfeiffer, München
Ellis ME, Friend J (1985) How well do asthmatic patients understand their asthma? Br J Dis Chest 79: 43–48
Evans D, Clark NM, Feldman CH (1987) School Health Programs for Asthma. Clin Rev Allergy 5: 207–212
Feldkamp A, Hedrich B (1986) Vergleichende Untersuchung von Schulungsprogrammen für Hypertoniker und Asthmatiker. Med Diss Düsseldorf
Feldman CH, Clar NM, Evans D (1987) The Role of Health Education in Medical Management of Asthma: Some Progam Applications. Clin Rev Allergy 5: 195–205
Feldman CH (1987) Asthma education: General aspects of childhood programs. J Allergy Clin Immunol 80: 494–497
Ferguson AC (1988) Persisting airway obstruction in asymptomatic children with asthma with normal peak expiratory flow rates. J Allergy Clin Immunol 82: 19–22
Fiedler P (1991) Wirkfaktoren und Änderungskonzepte in der Verhaltenstherapie, Verhaltenstherapie im Übergang zu den 90er Jahren, in: Verhaltenstherapie und Psychosoziale Praxis. DGVT-Verlag, Tübingen
Fireman R, Friday G, Grira C, Vierthaler W, Mi-chaels L (1981) Teaching self-management skills to asthmatic children and their parents in an ambulatory care setting. Pediatrics 68: 341–348
Florin I et al. (Hrsg.)(1989) Perspektive Verhaltensmedizin. Springer, Berlin
Fourie PR, Joubert JR (1988) Determination of airway hyperreactivity in asthmatic children: A comparison among exercise, nebulized water, and histamine challenge. Pediatr Pulmonol 4: 2–7
French TM, Alexander F (1941) Psychogenic Factors in Bronchial Asthma. Psychosomatic Medicine Monograph 4, Nat Research Council, Washington D. C.
Fritz GK (1987) Psychological Issues in Assessing and Managing Asthma in Children. Clin Rev Allergy 5: 259–271
Fuchs M (1989) Funktionelle Entspannung. Hippokrates, Stuttgart
Gebert N, Hümmelink R, Klingeling C, Wahn U (1989) „Puste mal". Ein Schulungsprogramm für asthmakranke Kinder und deren Eltern. Der Kinderarzt 20: 351–356
Gebert N, Hümmelink R, Wahn U (1989) „Puste mal", das Berliner Schulungsprogramm für asthmakranke Kinder und ihre Eltern. Erfahrungen, Reflexionen und Evaluation, in: Petro W (Hrsg.): Patientenschulung für Atemswegserkrankte. Dustri, München
Gebert N, Hümmelink R, Wahn U (1990) Asthmatikerschulung und Sport – eine sinnvolle, gegenseitige Ergänzung, in: Lecheler J und Fischer J (Hrsg.): Bewegung und Sport bei Asthma bronchiale. Echo, Köln
Geisler L (1988) Leben mit Asthma, Bronchitis, Emphysem. Jopp, Wiesbaden
Gerber WD, Miltner W, Birbaumer N, Haak G (1989) Konkordanztherapie. Gerhard Röttger, München
Grave K, Hänni R, Semmer N, Tschan F (1991) Über die richtige Art Psychologie zu beschreiben. Hogrefe, Göttingen
Gustafsson PA, Kjellman NJ, Ludvigsson J, Cederblad M (1987) Asthma and family interaction. Archives of Disease in Childhood 62: 258–263

Haley J (1978) Gemeinsamer Nenner Interaktion. Strategien der Psychotherapie. Pfeiffer, München

Hansen G, Niggemann B, Hellwege HH (1991) Asthma bronchiale im Kindesalter – Vorschlag für eine Schweregrad-Einteilung. Atemw-Lungenkrkh 17: 125–130

Haynes RB (1982) Improving Patient Compliance: An Empirical View. In: Stuart RB, Adherence, Compliance and Generalization in Behavioral Medicine. Brunner Mazel, New York

Hazzard A, Angert L (1986) Knowledge, Attitudes and Behavior in Children with Asthma. J of Asthma 23: 61–67

Heim E (1988) Coping und Adaptivität. Psychotherapie und Medizinische Psychologie 38: 8–18

Heim E (1986) Krankheitsauslösung – Krankheitsverarbeitung, in: Psychosoziale Medizin, Bd. 2, Klinik und Praxis. Springer, Berlin

Hilton S, Anderson HR, Sibbald B, Freeling P (1986) Controlled evaluation of the effects of patient education on asthma morbidity in a general practice. Lancet Jan 4: 26–29

Hindi-Alexander M, Cropp GJA (1984) Evaluation of a family asthma program. J Allergy Clin Immunol 10: 505–510

Hindi-Alexander M, Throm J, Middleton E (1987) Collaborative Asthma Self-Management Evaluation Designs. Clin Rev Allergy 5: 249–258

Hindi-Alexander M (1987) Asthma education Programs: Their role in asthma morbidity and mortality. J Allergy Clin Immunol 80: 492–494

Hölter G (Hrsg.) (1988) Bewegung und Therapie interdisziplinär betrachtet. Verlag modernes lernen, Dortmund

Howland J, Bauchner H, Adair R (1988) The Impact of Pediatric Asthma Education on Morbidity. Assessing the Evidence. Chest 94: 964–969

Hümmelink R (1990) Asthma Self-Management im Kindesalter. Evaluation des Schulungskurses „Puste mal". Med. Diss. FU Berlin

Hughes DM, McLeod M, Garner G, Goldbloom RB (1991) Controlled Trial of a Home and Ambulatory Program for Asthmatic Children. Pediatrics 87: 54–61

Jackson RT, Beaglehole R, Rea HH, Sutherland DC (1982) Mortality from asthma: a new epidemic in New Zealand. Br Med J 285: 771–774

James AL, Philips MJ, Thompson PJ (1985) Adequacy of management and severity of asthma in children attending a summer camp. The Medical Journal of Australia 142: 293–294

Jay S, Litt I, Durant R (1984) Compliance with therapeutic regimens. J Adolesc Health Care 5: 124

Jenkinson D, Davisin J, Jones S, Hawtin P (1988) Comparison of effects of a self management booklet and audiocassette for patients with asthma. British Medical Journal 297: 267–270

Kanfer FH, Goldstein AP (Hrsg.) (1977) Möglichkeiten der Verhaltensänderung. Urban und Schwarzenberg, München

Kanfer FH (1991) Selbstmanagementtherapie. Springer, Berlin

Kay AB (1991) Asthma and inflammation. J Allergy Clin Immunol 87: 893–910

Kerrebijn KF, van Essen-Zandvliet E EM, Neijens HJ (1987) Effect of a long-term treatment with inhaled corticosteroids and beta-agonists on the bronchial responsiveness in children with asthma. J Allergy Clin Immunol 79: 653–659

Khan AK, Staerk M, Bonk C (1973) Role of counter-conditioning in the treatment of asthma. J psychosom Res 17: 389–392

Kinsman RA, Dirks JF, Jones NF (1982) Psychomaintenance of chronic psychic illness, in: Millon T (Hrsg.): Handbook of clinical health psychology. Plenum Press, New York

Kleiger JH, Dirks JF (1979) Medication compliance in chronic asthmatic patients. Journal of Asthma Research 16: 93–96

Klingelhofer EL (1987) Compliance With Medical Regimens, Self-Management Programs, and Self-Care in Childhood Asthma. Clin Rev Allergy 5: 231–247

Klingelhofer EL, Gershwin ME (1988) Asthma self management programs: premises not promisses. J Asthma 25:89–101

Knapp P, Carr H, Mushatt C, Nemetz S (1966) Asthma, melancholia, and death. ii. Psychosomatic considerations. Psychosom. Medicine 28: 134

Kohen M (1985) Educational and Exercise Programs for Asthmatic Children. South Med J 78: 948–950

Könning J, Theiling S (1991) „Luftiku(r)s" – ein Betreuungsmodell für asthmakranke Kinder und deren Familien. Report Psychologie 4: 6–13

Könning J, Szczepanski R (1991) Betreuung von asthmakranken Kindern und ihren Familien als Kooperationsmodell zwischen Asthmazentrum, Hausarzt und Psychologischer Praxis. Der Kinderarzt 10: 1625–1626

Könning J, Szczepanski R (1990) Behandeln und Bewältigen – Schulungskurs Luftku(r)s. Arbeitsgemeinschaft allergologisch tätiger Kinderärzte, Jahresband, 9–24

Könning J. (1983) Körpertherapie für Jugendliche, ein integratives Behandlungskonzept. Selbstverlag, Osnabrück

Könning J, Schmidt S, Szczepanski R, Gebert N, Hümmelink R, Wahn U (1993) Asthmaschulung bei Kindern und ihren Eltern. Abschlußbericht des Projektes 1.5.1030.0069.0 der Robert Bosch Stiftung

Könning J (1994) Multidimensionale Krankheitsbewältigung beim kindlichen Asthma bronchiale. Evaluation unterschiedlicher Treatments im Rahmen eines integrativen verhaltensmedizinischen Ansatzes. Hänse-Hohenhausen: Engelsbach

Könning J, Szeczepanski R, Schlippe Av. (Hrsg.) (1997) Betreuung asthmakranker Kinder im sozialen Kontext. Die Bewältigung einer chronischen Krankheit als Herausforderung für Kind, Familie und interdisziplinäres Team. Stuttgart: Enke, 2. erweiterte Auflage

Kosarz P, Olivet H (1989) Ergebnisse einer stationären verhaltensmedizinischen Behandlung des Asthma bronchiale. Praxis der klinischen Verhaltenstherapie und Rehabilitation 2: 95–97

Kosarz P, Olivet H (1989) Ein verhaltensmedizinisches Modell des Asthma bronchiale, Praxis der klinischen Verhaltenstherapie und Rehabilitation 2: 61–67

Kotses H, Lewis P, Creer TL (1990) Environmental Control of Asthma Self-Management. Journal of Asthma 27: 375–384

Kroener-Herwig B, Sachse R (1988) Biofeedbacktherapie. Kohlhammer, Stuttgart

LaGreca A, Stone W (1985) Behavioral Pediatrics, in: Schneiderman N (Ed.) Behavioral Medicine. Erlbaum, Hillsdale

Lammers W (1990) From cure to care: Transactional analysis treatment of adult asthma. Transactional Analysis Journal 20/4: 245–251

Lau S, Falkenhorst G, Weber A et al. (1989) Highmite-allergen exposure increases the risk of sensitation in atopic children and young adults. J Allergy Clin Immunol 84: 718–725

Lazarus R (1981) Streß und Streßbewältigung. – Ein Paradigma, in: Filipp SH (Hrsg.) Kritische Lebensereignisse. Urban und Schwarzenberg, München

Lazarus R, Launier S (1978) Stress related transactions between person and environment, in: Pervin LA, Lewis M (Hrsg.): Perspectives in International Psychology, Plenum Press, New York

LeBaron S, Zeltzer LK, Ratner P, Kniker WT (1985) A Controlled Study of Education for Improving Compliance with Cromolyn Sodium: The Importance of Physician-Patient Communication. Annals of Allergy 55: 811–818

Lecheler J (1990) Integratives Rehabilitationskonzept bei chronisch asthmakranken Kindern und Jugendlichen, in: Petermann F, Bode U, Schlack HG (Hrsg.): Chronisch kranke Kinder und Jugendliche. Deutscher Ärzte-Verlag, Köln

Lecheler J, Fischer J (Hrsg.) (1990) Bewegung und Sport bei Asthma bronchiale. Echo, Köln

Legewie H (Hrsg.) (1975) Biofeedback-Therapie. Fortschritte der klinischen Psychologie Bd. 6. Urban und Schwarzenberg, München

Lewis CE, Lewis MA (1987) Evaluation and implementation of selfmanagement programs for children with asthma. J Allergy Clin Immunol 80: 498–500

Lewiston NJ, Rubinstein S (1987) The Young Damocles. The Adolescent at High Risk for Serious or Fatal Status Asthmaticus. Clin Rev Allergy 5: 273–284

Liebmann R, Minuchin S, Baker L (1974) The Choice of Structural Family Therapy in the Treatment of Intractable Asthma. American Journal of Psychiatry 131, 5

Lob-Corzilius T, Petermann F, (Hrsg.) (1997) Asthmaschulung – Wirksamkeit bei Kindern und Jugendlichen. Beltz: Weinheim

Lohaus A, Schmitt GM (1989) Fragebogen einer Erhebung von Kontrollüberzeugungen zu Krankheit und Gesundheit. Hogrefe, Göttingen

Lowen A (1990) Bioenergetik. Rowohlt, Hamburg

Lutz R (Hrsg.) (1983) Genuß und Genießen. Zur Psychologie des genußvollen Erlebens und Handelns. Beltz, Weinheim

Malouvier D (1981) Die Beeinflussung der Atemwegsobstruktion durch autogenes Training. Atemwegs-Lungenerkrankungen 7: 299–304

Marion RJ, Creer TL, Reynolds RVC (1985) Direct and indirect costs associated with the management of childhood asthma. Annals of Allergy 54: 31–34

Martinez FD, Antognoni G, Macri F et al. (1988) Parental smoking enhances bronchial responsiveness in nine-year-old children. Am Rev Respir Dis 138: 518–523

Maß R, Richter R, Dahme B (1989) Zur Biofeedbacktherapie des Asthma bronchiale. Praxis der klinischen Verhaltensmedizin und Rehabilitation 2: 68–73

McCarthy TP (1989) Nebulised budesonide in severe childhood asthma – Correspondence. Lancet 1: 379–380

Meichenbaum D (1977) Methoden der Selbstinstruktion, in: Kanfer FH und Goldstein AP (Hrsg.). Möglichkeiten der Verhaltensänderung. Kindler, München

Melamed BG, Siegel LJ (1983) Lehrbuch der Verhaltensmedizin. Kohlhammer, Stuttgart, Berlin, Köln, Mainz

Mellins RB (1989) Asthma Education: A National Strategy. Am Rev Respir Dis 140: 577–578

Miller NE (1969) Learning of visceral and glandular responses. Science 163: 434–445

Miltner W, Birbaumer N, Gerber WD (1986) Verhaltensmedizin. Springer, Berlin

Minuchin S, Rosman BL, Baker L (1981) Psychosomatische Krankheiten in der Familie. Klett-Cotta, Stuttgart

Mishra H (1985) Behavioural medicine and therapeutic programming. Dayalbagh Educational Institute Research Journal of Education 3: 41–48

Moore N (1965) Behavior therapy in bronchial asthma. A controlled study. J of Psychosomatic Research 9: 257–276

Moreno JL (1943) The Concept of Soziodrama. A New Approach to the Problem of Intercultural Relations. Sociometry 6: 434–449

Mühlhauser I, Kraut D, Deparade C, Leinhäuser U, Scholz V, Breuer HW, Worth H, Berger M (1986)

Patientenschulung – wesentlicher Bestandteil der Asthmabehandlung. medwelt 37: 1142–1145

Murray AB, Morrisond BJ (1986) The effect of cigarette smoke from the mother on bronchial responsiveness and severity of symptoms in children with asthma. J Allergy Clin Immunol 77: 575–581

Niggemann B (1988) Indikation und Interpretation von Lungenfunktionsuntersuchungen in der Praxis. tägl prax 36: 463–475

Niggemann B (1989) Aerosoltherapie bei obstruktiven Atemwegserkrankungen: Deposition, Applikationsarten, Inhalationsttechniken, Inhalationshilfen. Ergebnisse der Inneren Medizin und Kinderheilkunde 59: 169–212

Niggemann B (1991) Nehmen Todesfälle durch Asthma bronchiale zu? Atemw-Lungenkrkh 17: 435–452

Nord D (1984) Patientenfehlverhalten (Non-Compliance) als medizinisch-soziologisches Problem. MMG 9: 177–185

Onnis L, Tortiolani D, Cancrini L (1986) Systemic Research on Chronicity Factors in Infantile Asthma. Family Process 25: 107–122

Parker SR (1987) The future role of asthma self-management. J Allergy Clin Immunol 80: 511–514

Parker SR, Mellins RB, Sogn DD (1989) Asthma Education: A National Strategy. NHLBJ Workshop Summary. Am Rev Resp Dis 140: 848–853

Pederson S, Frost L, Arnfred T (1986) Errors in Inhalation Technique and Efficiency in In-haler Use in Asthmatic Children. Allergy 41: 118–124

Perrez M, Baumann U (1991) Klinische Psychologie Bd. 2. Huber, Bern

Petermann F (1991) Grundlagen einer erfolgreichen Patientenschulung mit asthmakranken Kindern und Jugendlichen. Präv.-Rehab. 3: 58–64

Petermann F, Bode U, Schlack HG (Hrsg.) (1990) Chronisch kranke Kinder und Jugendliche. Deutscher Ärzte-Verlag, Köln

Petermann F, Lecheler J (Hrsg.) (1991) Asthma bronchiale im Kindes- und Jugendalter. Quintessenz, München

Petro W (1988) Patientenschulung: Ein Bestandteil fortschrittlicher Atemwegstherapie. Fortschritte der Medizin 106: 21–22

Petro W (1988) Patientenschulung in der Therapie chronisch obstruktiver Atemwegserkrankungen – die gegenwärtige Situation. Prax Klin Pneumol 42: 859–866

Petro W (Hrsg.) (1989) Patientenschulung für Atemwegserkrankte. Dustri, München

Plaut T (1988) Children with Asthma. A Manual for Parents. Pedipress, Amherst, Mass.

Prittwitz M, Petro W (1989) Patientenschulung – auch bei Atemwegserkrankten ein erfolgreiches Konzept? Herz, Sport und Gesundheit 5: 52–54

Rachelefsky GS (1987) Review of asthma self management programs. J Allergy Clin Immunol 80: 306–311

Richards W (1987) Compliance and Self-Help in an Office Practice. Clin Rev Allergy 5: 213–230

Richter R, Dahme B (1982) Bronchial Asthma in Adults. Journal of Psychosomatic Research 26: 533–540

Richter R (1988) Auslösung und Unterhaltung des Asthmas durch psychologische Faktoren, in: Schultze-Werninghaus G, Debelic M (Hrsg.): Asthma. Springer, Berlin

Richter R, Ahrens S (1989) Zur Psychosomatik des allergischen Asthma bronchiale. Med Klin 84: 52–57

Rubin DH, Leventhal JM, Sadock RT et al. (1986) Educational intervention by computer in childhood asthma: A randomized clinical trial testing the use of a new teaching intervention in childhood asthma. Pediatrics 77: 1–10

Runde B, (1997) Begleitforschung der „Luftiku(r)s"-Projektarbeit – ein Beispiel für die Evaluation von Asthmaschulungskursen. in: Könning J, Szczepanski R, Schlippe Av. (Hrsg.) Betreuung asthmakranker Kinder im sozialen Kontext. Die Bewältigung einer chronischen Krankheit als Herausforderung für Kind, Familie und interdisziplinäres Team. Stuttgart: Enke, 2. erweiterte Auflage

Schayck van CP, Dompeling E et al. (1990) Accuracy and reproducibility of the Assess peak flow meter. Eur Respir J 3: 338–341

Schelp T, Kemmler L (1988) Emotion und Psychotherapie. Huber, Bern

Schenk Chr, Wunderlich H, Kleine U und W (1987) Biofeedback-Therapie bei psychosomatischen Beschwerden in der Allgemeinpraxis. Therapiewoche 37: 1189–1190

Schlippe von A (1986) Systemisches Bewältigungspotential in Familien mit einem asthmakranken Kind. Forschungsbericht 52, Uni Osnabrück

Schlippe von A, Könning J, Thiele-Wöbse S, Theiling S (1990) Ein integratives Betreuungskonzept für Familien mit einem asthmakranken Kind. Zeitschrift für integrative Therapie 4: 296–325 Junfermann, Paderborn

Schlippe von A, Theiling S (1989) Asthma: Behandeln und Bewältigen. Luftiku(r)s, ein Betreuungsansatz für asthmakranke Kinder und deren Familien. Forschungsberichte Nr. 72, Uni Osnabrück

Schmidtchen S (1989) Kinderpsychotherapie, Stuttgart

Schmidt S, (1996) Bedingt eine Verbesserung der Körperselbstwahrnehmung ein effektives Asthmaanfallmanagement? Ergebnis einer kontrollierten Studie im Rahmen der Asthmaschulung für Kinder und Eltern. Medizinische Dissertation, Universität Münster

Schneiderman N, Tapp JT (1985) Behavioral medicine. Erlbaum, Hillsdale, N. Y.

Schulte D (Hrsg.) (1974) Diagnostik in der Verhaltenstherapie. Urban und Schwarzenberg, München

Schultze-Werninghaus G, Debelic M (Hrsg.) (1988) Asthma – Grundlagen, Diagnostik, Therapie. Springer, Berlin
Shibutani S, Iwagaki K (1990) Self-Management Programs for Childhood Asthma Developed and Instituted at the Nishinara-Byoin National Sanatorium in Japan. Journal of Asthma 27 (6): 359–374
Shim CS, Williams MH (1980) Evaluation of the Severity of Asthma: Patients Versus Psychicians, Am J Med 68: 11–13
Sly PD, Landau L, Weymouth R (1985) Home Recording of Peak Expiratory Flow Rates and Perception of Asthma. A J D C 139: 479–482
Staudenmayer H, Harries P, Selner J (1981) Evaluation of a self-help education-exercise program for asthmatic children and their parents: six months follow-up. J. asthma 18: 1–5
Stein M (1982) Biopsychosocial factors in asthma, in: West L J, Stein M (Eds.): Critical Issues in Behavioral Medicine. Philadelphia, 159–182
Steinhausen HCh (1977) Psychosomatische Theorienbildung des Asthma bronchiale. Mschr Kinderheilk 125: 129–136
Steinhausen HCh (1983) Vergleichende Studien zur Psychopathologie bei Asthma bronchiale und cystischer Fibrose. Mschr Kinderheilk 131: 145–149
Steinhausen HCh (1988) Chronische Krankheiten und Behinderungen bei Kindern, in: Koch U, Lucius-Hoehne G, Stegie R (Hrsg.): Handbuch der Rehabilitationspsychologie. Springer, Berlin
Stierlin H (1978) Delegation und Familie. Suhrkamp, Frankfurt
Strube G (1989) Management of asthma in the community. Lancet 2: 738
Strunk R (1991) Psychische Faktoren und ihre Bedeutung für die Prognose des Asthmas, in: Petermann F, Lecheler J (Hrsg.): Asthma bronchiale im Kindes- und Jugendalter. Quintessenz, München
Strunk R, Mascia A, Lipkowitz M, Wolf S (1991) Rehabilitation of a patient with asthma in the outpatient setting. J All Clin Immunol 87: 601–611
Strunk R, Mrazek D, Wolfson Fuhrmann G, LaBrecque J (1985) Physiologic and psychological characteristics associated with deaths due to asthma in childhood. JAMA 254: 1193–1198
Szczepanski R, Schmidt S, Könning J, Lob-Corzilius T (1991) Bessere Asthmatherapie durch Selbstwahrnehmung. Pediat Prax 42: 245–250
Tapp T, Warner R (1985) The Multisystem View of Health and Disease, in: Schneiderman N (Hrsg.): Behavioral Medicine. Erlbaum, Hillsdale, N. Y.
Turnball JW (1962) Asthma conceived as a learned response. J Psychosom Res 6: 59–70
Watzlawik P, Beaven JH, Jackson D (1969) Menschliche Kommunikation. Huber, Bern
Whitman N, West D, Brough F, Welch M (1985) A study of a self-care rehabilitation program in pediatric asthma. Health Education Quaterly 12: 333–342
Wigal JK, Creer TL, Kotses H, Lewis P (1990) A Critique of 19 Self-Management Programs for Childhood Asthma: Part 1. Development and Evaluation of the Programs. Pediatric Asthma, Allergy and Immunology 4: 17–39
Williams MH (1989) Increasing severity of asthma from 1960 to 1987. N Engl J Med 320: 1015–1016
Wilson-Pessano SR, McNabb W (1985) The role of patient education in the management of childhood asthma. Prev Med 14: 670–687
Wilson-Pessano SR, Mellins RB (1987) Workshop in asthma self-management: workshop summary. J Allergy Clin Immunol 80: 487–490
Worth H (1989) Patientenschulung in der Therapie des Asthma bronchiale. Fortschritte der Medizin 107: 41–49
Zenker W (1984) Mein Kind hat Asthma. Econ, Düsseldorf
Zenker W (1985) Mit Asthma leben lernen. Econ, Düsseldorf
Zimmer D (1983) Die therapeutische Beziehung. Edition Psychologie, Weinheim, Basel
Zuber J, Weiß J, Koch U (1991) Rehabilitation: Systematik und allgemeine Aspekte, in: Perrez M, Baumann U: Klinische Psychologie Bd. 2. Huber, Bern
Schulungsprogramme: Air Power (1984) Self-Management of Asthma Through Group Education. National Institute of Health, NIH Publication Nr. 85–2362
Air Wise (1984) Self-Management of Asthma Through Individual Education. National Institute of Health. NIH Publication Nr. 84–2363
Asthma Kinder LKW (Lernen, Können, Wissen). (1990) Fisons, Köln
Childhood Asthma: Learning to Manage (CALM) (1987) Culver City, California. In drei Altersstufen 1–7,8–12 und 13–19 Jahre
Ingelheimer Modell zur Gesundheitsförderung (1989). Gedon und Reuss, München
Lebensrhythmus Atmen (1989). Klinge, München
Lernen, Wissen, Können (1989). CEDIP/Fisons, München
Luftikurs, Arbeits- und Nachschlageheft für Kinder und Eltern (1989). Kinderhospital Osnabrück
Open Airways/Respiro Abierto. Asthma Self Management Program (1984). National Institut of Health, NIH Publication Nr. 84–2365
Teaching Myself About Asthma (1984). Columbia, S. Carolina
Wie sich Asthmakinder selber helfen (1987). Schweizerische Vereinigung gegen Tuberkulose und Lungenkrankheiten, Verlag Löpfle-Benz, Rorschach

Kapitel 20

Diabetes Mellitus

Matthias von Aster und *Walter Burger*

1. Definition, Klassifikation und medizinische Grundlagen 532
1.1 Krankheitsbild, Behandlung, Prognose 532
1.2 Historische Entwicklung der Diabetestherapie 533
2. Symptomatik und Verhaltensdiagnose 534
2.1 Problembereiche 534
2.2 „Compliance" 534
2.3 Verhaltensanalyse 536
2.3.1 Bedeutung diabetesspezifischer Erfahrungen 536
2.3.1.1 Akute Stoffwechselschwankungen 536
2.3.1.2 Insulinbehandlung 536
2.3.1.3 Stoffwechselkontrolle 536
2.3.1.4 Ernährung 537
2.3.1.5 Krankenhausbehandlungen 537
2.3.2 Einflüsse des Entwicklungsalters 537
2.3.2.1 Kleinkindalter 537
2.3.2.2 Schulkindalter 539
2.3.2.3 Jugendalter 540
2.3.3 Einfluß psychosozialer Faktoren 541
2.3.4 Einfluß individueller Bedingungen 542
2.3.5 Formale Verhaltensanalyse 544
3. Therapie in der Praxis 546
3.1 Ziele 546
3.2 Präventive Maßnahmen 547
3.2.1 Schulung 547
3.2.2 Beratung 548
3.2.3 Selbsthilfegruppe 549
3.3 Spezielle verhaltenstherapeutische Maßnahmen 549
3.3.1 Krankheitsbewältigung 549
3.3.2 Streßreduktion 550
3.3.3 „Compliance"-Therapie und Gesundheitsverhalten 550
3.3.3.1 Kostregelung 550
3.3.3.2 Körperliche Aktivität 551
3.3.3.3 Insulinbehandlung und Stoffwechselkontrolle 551
3.3.3.4 Hypoglykämie 551
3.4 Familientherapie 552
4. Evaluation 552

Literatur 554

1. Definition, Klassifikation und medizinische Grundlagen

1.1 Krankheitsbild, Behandlung, Prognose

Der Diabetes mellitus Typ I ist die häufigste endokrine Erkrankung im Kindesalter. Ihr liegt eine autoimmunologisch vermittelte Zerstörung der Betazellen im Pankreas zugrunde, die zu einem absoluten Insulinmangel führt. Als Auslöser werden unterschiedliche Faktoren vermutet (z. B. Umweltgifte, Virusinfektionen, psychosoziale Stressoren), welche bei Vorliegen einer mit dem HLA-System assoziierten genetischen Bereitschaft wirksam werden können. In Deutschland sind etwa 12500 Kinder und Jugendliche im Alter bis zu 19 Jahren an Diabetes erkrankt. Jährlich muß mit etwa 1500 Neuerkrankungen gerechnet werden (Weber, 1989).

Essentieller Bestandteil der Therapie ist die Insulinsubstitution, die erst das Weiterleben des Patienten ermöglicht. Zur Vermeidung von Unterzuckerungen (Hypoglykämie) oder erhöhten Blutzuckerwerten (Hyperglykämie) müssen Insulin und Art und Menge der Nahrungsaufnahme aufeinander abgestimmt werden. Dies kann auf unterschiedliche Weise erfolgen. Die konventionelle Insulintherapie besteht in regelmäßigen, in Art und Menge festgelegten Insulingaben mit zeitlich und mengenmäßig darauf abgestimmter Nahrungsaufnahme. Diese Therapieform erfordert eine gewisse Regelmäßigkeit des Tagesablaufes. Größere Variabilität erlaubt die den Mahlzeiten angepaßte Insulinzufuhr (intensivierte Insulintherapie). Sie ist aber mit häufigeren, schmerzhaften Prozeduren (Insulininjektionen, Blutzuckerselbstkontrollen) verbunden und erfordert mehrmals täglich komplexe Entscheidungen. Die Form der Therapie muß dem Alter und Entwicklungsstand des Patienten angepaßt werden. Während von den meisten älteren Jugendlichen und Erwachsenen die intensivierte Insulintherapie wegen der mit ihr verbundenen Entscheidungsfreiheit als wohltuend empfunden wird, kann gerade dies von Kindern, die durch die Vielfalt der Entscheidungsprozesse überfordert sind, als Entscheidungsnot empfunden werden. Darüber hinaus fällt die Häufung der schmerzhaften Maßnahmen im jüngeren Alter besonders ins Gewicht.

Die Aufgabe der Diabetestherapie ist nicht nur, akute Stoffwechseldysregulationen zu vermeiden, sondern durch eine Optimierung der Stoffwechsellage der Entwicklung von möglicherweise schweren Folgeerkrankungen entgegenzuwirken. Die mit der Diabeteserkrankung und ihrer Therapie verbundenen Gefahren akuter und langfristiger Komplikationen können Ursache dafür sein, daß die Therapie, die zwar Lebens- und Leistungsfähigkeit wiederherstellt und aufrechterhält, auch ängstlich getönt erlebt wird. Besonders Hypoglykämien, die in schweren Fällen mit Bewußtseinsverlust und cerebralen Krampfanfällen einhergehen können, werden von Kindern, Jugendlichen und ihren Eltern oft traumatisch, nicht selten sogar wie eine Todesbedrohung wahrgenommen.

Die langfristige Prognose eines an Diabetes mellitus erkrankten Menschen hängt vor allem davon ab, ob und in welchem Ausmaß sich als Folge der Erkrankung langfristig neurovaskuläre Folgeschäden entwickeln. Mit schweren Veränderungen ist etwa bei 40–50% der Patienten mit Typ I Diabetes zu rechnen (Deckert und Mitarbeiter, 1989). Gefäßschäden manifestieren sich an den kleinen Gefäßen der Nieren und Augen bis hin zu Nierenversagen und Erblindung (Mikroangiopathie), aber auch an den großen Gefäßen (Makroangiopathie) mit arteriellen Durchblutungsstörungen und Entwicklung einer koronaren Herzkrankheit. Patienten mit solchen Veränderungen haben eine hohe Mortalität. Die diabetesbedingte Neuropathie kann sowohl das motorische, das sensible wie auch das autonome Nervensystem betreffen.

Es besteht ein deutlicher Zusammenhang zwischen Qualität der Langzeitstoffwechsellage und dem Auftreten von Folgeerkrankungen. Zusätzlich sind dabei auch individuelle Faktoren (Lebensalter, „Prädisposition") von Bedeutung. Obwohl eine ungünstige Langzeitstoffwechsellage das Risiko für die Entwicklung von Folgeerkrankungen deutlich erhöht, können daher durchaus einzelne Patienten trotz langfristig ungünstiger Stoffwechsellage von Folgeerkrankungen verschont bleiben. Bei Kindern und Jugendlichen spielt das Lebensalter eine besonders große Rolle. Dies zeigt sich vor allem darin, daß weiter vorangeschrittene Veränderungen erst nach der Pubertät beobachtet werden und vor allem die postpubertäre Diabetesdauer die Entwicklung von Folgeerkrankungen beeinflußt (Kostraba und Mitarbeiter, 1989).

1.2 Historische Entwicklung der Diabetestherapie

Erst nach der Entdeckung des Insulins durch Banting und Mitarbeiter (1922) und der Herstellung von Insulinpräparaten in den 20er Jahren dieses Jahrhunderts konnte der Typ I Diabetes mellitus behandelt und den Patienten ein Überleben ermöglicht werden. Seit dieser Zeit gab es sehr unterschiedliche Vorstellungen über die Therapiegestaltung (Berger und Mitarbeiter, 1990). Diese betrafen nicht nur die Häufigkeit und Art der Insulinsubstitution und die Ernährungsempfehlungen, sondern vor allem die grundsätzliche Frage, ob den Patienten im Rahmen der Therapie eine aktive oder mehr passive Rolle zukommen sollte. Schon in den ersten Jahren nach Einführung des Insulins entwickelte Joslin mit häufigen, der Stoffwechsellage angepaßten Insulininjektionen eine aus heutiger Sicht moderne Form der Therapie. Er förderte die Selbständigkeit der Patienten und betonte infolgedessen die zentrale Stellung der Schulung. Diese Richtung wurde bei der Behandlung von Kindern und Jugendlichen in den 30er Jahren auch von Stolte (1948) vertreten, der zusätzlich eine variable Anpassung der Kost empfahl. Diese zu seiner Zeit als zu liberal angesehene Therapiehaltung trug ihm zu Lebzeiten von Vertretern der zeitgenössischen Diabetologie heftige Kritik ein. Mit der Entwicklung von Verzögerungsinsulinen wurde nämlich in den meisten Diabeteszentren von der flexiblen Insulintherapie auf eine relativ starre Therapie mit ein oder zwei Injektionen pro Tag übergegangen. Diese wurde überwiegend vom Arzt gesteuert, und der Patient hatte kaum Möglichkeiten, Insulindosis, Nahrungsaufnahme und Tagesablauf zu variieren.

Auch hinsichtlich der Ernährungsempfehlungen gab es im Laufe der letzten Jahrzehnte starke Veränderungen mit wechselnden Einstellungen zur Nährstoffrelation (Hoffmann und Mitarbeiter, 1988). Die zur Zeit aktuelle Lehrmeinung beinhaltet eine Angleichung der Diabeteskost an die empfohlene Zusammensetzung einer Ideal-Normalkost mit einem relativ hohen Kohlenhydratanteil (ca. 50–55%) bei Reduzierung des Eiweiß- (ca. 15%) und des Fettanteils (ca. 30–35%). Die Anpassung der Kostempfehlungen bei Diabetes an die für die Gesamtbevölkerung empfohlene Kost stellt aber für die meisten Patienten keine große Entlastung dar. Eine aktuelle Erhebung über das Eßverhalten der deutschen Bevölkerung (Bundesministerium für Forschung und Technologie, 1991), belegt erwartungsgemäß, daß das tatsächliche Eßverhalten der Bevölkerung sich deutlich von den Empfehlungen unterscheidet. Es wird deutlich mehr Eiweiß und Fett – und somit anteilmäßig weniger Kohlenhydrate – konsumiert als offiziell empfohlen. Auch mit einer „Idealkost" wird Menschen mit Diabetes somit eine deutlich von der Norm abweichende Ernährung zur Aufrechterhaltung ihrer Gesundheit empfohlen. Ein besonders großes Problem, vor allem für Kinder und Jugendliche, stellt dabei das im Rahmen der Diätempfehlungen für Menschen mit Diabetes übliche Verbot des in der sonstigen Bevölkerung weitverbreiteten Genusses freier Zucker dar. Diese Einschränkung wird von diabetologischer Seite zur Zeit noch weitgehend aufrechterhalten, obwohl neuere Untersuchungen über die vielfältigen Einflüsse auf den nahrungsbedingten Blutzuckeranstieg (glykämischer Index) dies nicht mehr generell sinnvoll erscheinen lassen (Beyer und Mitarbeiter, 1990).

2. Symptomatik und Verhaltensdiagnose

2.1 Problembereiche

Der Diabetes als chronische Erkrankung nimmt in jedem Fall Einfluß auf die Lebensgestaltung des Betroffenen und seiner Familie sowie deren soziales Gefüge. Das bedeutet aber keineswegs zwangsläufig das Auftreten gravierender psychischer Probleme oder pathologischer Verhaltensabweichung.

Treten in zeitlichem Zusammenhang mit dem Diabetes Auffälligkeiten des Befindens oder des Verhaltens auf, gehört zur Analyse der Ursachen neben der Beschreibung der Symptomatik und der Feststellung der Problembereiche auch die Bestimmung des Bewältigungsrepertoires. Erst wenn relevante Defizite im Bereich des Copingverhaltens vorliegen, kommt es zum Scheitern an der Erkrankung oder den durch sie veränderten Lebensaufgaben. Scheitern meint hier jede Symptomatik, die mit dem Diabetes im Zusammenhang steht, wie auch jede vermeidbare Beeinträchtigung der Lebensqualität. Diese kann ebenso in einer auf Kosten der Lebensfreude erzwungenen Unterwerfung unter das Diktat einer „gesunden" Stoffwechseleinstellung bestehen wie aber auch in einer Ignorierung der Erkrankung und der mit ihr verbundenen therapeutischen Anforderungen. Ein vermeintlich ungezwungener Lebensstil führt dann zu negativen Folgen für die körperliche Gesundheit und Lebenserwartung. Mißlingt die Anpassung an die durch das Krankheitsgeschehen veränderten Lebensumstände und -aufgaben, so kann es zu familiären, sozialen, schulischen oder beruflichen Beeinträchtigungen kommen. Es können sich infolge der Erkrankung anhaltende Verhaltens- und Befindlichkeitsstörungen wie soziale Unsicherheit, Depression und Angst einstellen. Seelische und körperliche Beeinträchtigungen, die unabhängig von der Erkrankung bestehen oder schon vorher bestanden haben, können durch das Hinzutreten des Diabetes zu einer Überforderung und Dekompensation führen und therapeutische Hilfe erfordern (Kovacs und Mitarbeiter, 1990).

Sieht man von akuten Stoffwechselentgleisungen ab, so sind körperliche Beschwerden als unmittelbare Folge der Erkrankung im Kindes- und Jugendalter selten. Sie spielen bei schlechter Stoffwechselführung des Kindes vor allem als Befürchtung vor der Entwicklung von Folgeerkrankungen seitens der Eltern eine Rolle und können auf diesem Wege den pädagogischen Umgang mit dem Kind prägen und negativ beeinflussen. Überhaupt sind die Symptome und Probleme in verschiedenen Lebens- und Erlebensbereichen nicht immer als spezifisch diabetesbedingt, etwa als familiärer Dauerkonflikt um Fragen der Diätgestaltung, zu erkennen. Unausgesprochene Erwartungen, Kränkungen und Schuldgefühle führen gerade bei chronischen Erkrankungen auch zu unspezifischen Symptomen, etwa der Herabsetzung der Frustrationstoleranz mit Gereiztheit, aggressiver Spannung, Flucht- und Vermeidungstendenzen. Es kann auch zu verschiedenen Formen instrumentellen Krankheitsverhaltens im Sinne primären oder sekundären Krankheitsgewinns kommen.

2.2 „Compliance"

Unter dem eingebürgerten Begriff der Compliance wird meist die Bereitschaft der Patienten verstanden, den Therapierichtlinien zu folgen. Die sogenannte Complianceproblematik spielt in der Diabetologie eine wesentliche Rolle. Dies ist auf dem Hintergrund verständlich, daß die Vielzahl der mit der Therapie des Diabetes verbundenen Anforderungen nicht von allen Patienten zur jeder Zeit erfüllt werden kann. Die oft zu konstatierende Unschärfe der Compliancediskussion liegt nicht zuletzt daran, daß der Therapieerfolg (z. B. gemessen an dem mittleren Blutzuckerspiegel) oft direkt mit der Compliance in Verbindung gebracht und damit stillschweigend unterstellt wird, daß der gewünschte Therapieerfolg sich einstellen würde, wenn der Patient nur die Therapieanweisungen genau befolgte. Vereinfacht werden so Compliance und Therapieerfolg gleichgesetzt (Wilson und Mitarbeiter, 1986). Aufgrund der vielen Faktoren, die auf den Blutzuckerspiegel Einfluß nehmen (z. B. Insulinabsorption, Nahrungsresorption, exogene Stressoren) wird diese Vorstellung aber der Komplexität der Verhältnisse nicht gerecht.

Nicht nur in der Diabetologie, sondern in allen Bereichen der Medizin, in denen die Qualität der Behandlung von der Mitarbeit der Patienten abhängt, wird der Complianceproblematik eine große Bedeutung zugemessen. Ihr ist eine Fülle von Literatur gewidmet (Übersicht bei: Haynes und Mitarbeiter, 1986), aus der das große Spektrum von Faktoren, die auf das Therapieverhalten Einfluß nehmen, deutlich wird. Bei näherer Betrachtung erweist sich aber der Begriff der Compliance insgesamt als unscharf und nicht exakt definiert. Als Übersetzung des englischen Wortes Compliance finden sich inhaltlich sehr unterschiedliche Begrifffe wie Einwilligung, Erfüllung, Befolgung und Willfährigkeit. Diese Bedeutungen, welche von aktiver Einwilligung bis zu passiver Unterwerfung reichen, sind auch bei der Anwendung des Begriffes im medizinischen Sprachgebrauch nicht deutlich voneinander differenziert und mit unterschiedlichen Erwartungen an den Patienten verbunden. Macht man den Versuch einer wertfreien Definition, dann könnte unter Non-Compliance ganz allgemein eine nicht den ärztlichen Empfehlungen entsprechende Therapiedurchführung durch den Patienten verstanden werden.

Einen wichtigen Beitrag zur Compliance-Thematik bei chronischen Erkrankungen liefern Arbeiten zum Verständnis des Gesundheitsverhaltens nach dem Health-belief-Modell. Danach wird das Verhalten zur eigenen Erkrankung vor allem davon bestimmt, ob eine Gefährdung durch die Krankheit realisiert werden kann, ob die Überzeugung besteht, daß mit den vorgeschlagenen Therapiemaßnahmen ein positiver Gesundheitseffekt zu erzielen ist und ob sie die mit ihnen verbundenen Belastungen rechtfertigten (Becker und Mitarbeiter, 1986, Rosenstock, 1985). Der große Einfluß der individuellen Lebens- und Erfahrenswelt ist dabei offenkundig. So wird die subjektiv erlebte Krankheitsbedrohung, etwa durch diabetesbedingte Folgeerkrankungen, davon abhängen, inwieweit der Betroffene durch direkte oder indirekte Erfahrungen schon eine Vorstellung von Krankheit überhaupt entwickelt hat. Die Bewertung des für die Therapie erforderlichen Aufwandes wird wiederum davon bestimmt, welchen Wert der einzelne dem Erhalt seiner Gesundheit beimißt, wie stark die Therapiemaßnahmen im Widerspruch zu seiner gewohnten Lebensführung stehen und ob er glaubt, die therapeutisch notwendigen Maßnahmen realisieren zu können. Hier gehen viele individuelle Faktoren und persönliche Vorstellungen von Zufriedenheit und Lebensqualität ein. Es ist z. B. leicht vorstellbar, wie ungünstig eine solche „Kosten-Nutzen-Analyse" für einen Jugendlichen aussehen muß, der aus ungünstigen sozialen Verhältnissen kommt und vergeblich nach einer Lehrstelle sucht. Sein Wissen um diabetesbedingte Spätkomplikationen wird er für die Gestaltung seines gegenwärtigen Verhaltens kaum nutzen können. Die pessimistische Zukunftsaussicht wird ihm die Therapie-Compliance nicht lohnend erscheinen lassen. Sie würde ihn eher in der Gruppe Gleichaltriger isolieren und an der Bewältigung der ohnehin schon bedrückenden Alltagsaufgaben hindern.

Das Spannungfeld, das sich aus einem umfassenden, somatische, psychische und soziale Aspekte gleichermaßen einschließenden Gesundheitsgbegriff ergibt, wird an einem solchen Beispiel deutlich. Ein sozial „gesundes", d. h. angepaßtes Verhalten kann in bestimmten Lebensabschnitten in deutlichem Widerspruch zu somatisch begründeten Verhaltensanforderungen stehen.

Ein weiterer wesentlicher Teil der Compliance-Problematik liegt darin begründet, daß aus der Sicht des Betroffenen oft ganz andere Krankheitsaspekte wichtig sind als seitens der professionellen Helfer. Die häufig unterschiedliche Einschätzung von Therapieproblemen durch Arzt und Patient

(Pendelton und Mitarbeiter, 1987), wurde in einer Untersuchung über die Ursachen mangelnder Diät-Compliance besonders deutlich (House und Mitarbeiter, 1986). Während von ärztlicher Seite als Hauptursache der Diätprobleme des Patienten seine mangelnde Motivation angesehen wurde, gaben die erwachsenen Patienten als entscheidende Gründe praktische Schwierigkeiten bei der Realisierung der vorgeschriebenen Kost an. Diese Ergebnisse belegen in ernüchternder Deutlichkeit, wie schwer es für Arzt und Patient ist, eine gemeinsame Betrachtungsebene als Voraussetzung für eine längerfristig erfolgreiche Therapie zu finden.

Fassen wir die Compliance als Einverständnis des Patienten mit den im Rahmen der Erkrankung notwendigen Maßnahmen auf, ergibt sich daraus als Konsequenz, daß entsprechend den Entwicklungs- und Lebensphasen des Patienten immer wieder neu eine gemeinsame Krankheitssicht hergestellt und die therapeutischen Vereinbarungen darauf abgestimmt werden müssen. Für den konkreten Umgang mit dem Patienten ist es dabei von entscheidender Bedeutung, den Begriff „Compliance" aus seiner Diffusität herauszuführen und mit dem Patienten gemeinsam möglichst präzise zu definieren, welche Problematik im einzelnen von Bedeutung ist, um daraus Interventionen ableiten zu können. Nicht selten ist nämlich ein Patient in einem Aspekt der Therapie compliant, in einem anderem aber nicht (Glasgow und Mitarbeiter, 1987). Auch kann sich die Compliance im Verlauf der Betreuung verändern, sowohl insgesamt als auch in den Einzelaspekten (Gordis, 1986, Jacobsen und Mitarbeiter, 1987). Ohne die erwähnten Differenzierungen bleibt der Begriff der Compliance ein im Umgang mit dem Patienten wenig hilfreiches Schlagwort.

2.3 Verhaltensanalyse

Bei der Symptom- und Verhaltensanalyse ist eine in jedem Einzelfall unterschiedlich zu gewichtende Vielfalt von Bedingungsfaktoren zu berücksichtigen. Dazu gehören neben dem Reifungs-und Entwicklungsstand des Kindes und Jugendlichen psychosoziale Aspekte der Biographie, familiäre und soziale Lebensbedingungen ebenso wie individuelle Aspekte der Konstitution und schließlich Aspekte der medizinischen Betreuung und Einflußnahme. Bevor diese Einflußgrößen näher erörtert werden, sollen zunächst die wesentlichen spezifischen Erfahrungen, die mit der Diabeteserkrankung einhergehen können, charakterisiert werden.

2.3.1 Bedeutung diabetesspezifischer Erfahrungen

2.3.1.1 Akute Stoffwechselschwankungen

Symptome akuter Stoffwechselschwankungen sind grundlegende existientielle Erfahrungen jedes an Diabetes erkrankten Menschen. Besonders plötzlich auftretende Schwächezustände mit drohender Ohnmacht und Kontrollverlust im Rahmen einer Hypoglykämie können sich steigern zu Todesangst und Vernichtungsgefühl und die Lebensbedrohlichkeit der Erkrankung symbolisch verkörpern.

2.3.1.2 Insulinbehandlung

Für die Behandlung sind regelmäßige Insulininjektionen essentiell. Sie bedeuten Gewöhnung an und Überwindung von Schmerz wie auch das Opfern von Zeit und Aufmerksamkeit für die täglichen Handhabungen. Im Einzelfall müssen auch kosmetische Beeinträchtigungen durch Veränderung des Unterhautfettgewebes im Bereich der Spritzareale akzeptiert werden.

2.3.1.3 Stoffwechselkontrolle

Die zur Steuerung der Behandlung notwendigen fortlaufenden Stoffwechselkontrollen bedeuten zusätzliche Belastungen. Blutzuckerselbstkontrollen stellen schmerzhafte Eingriffe dar. Harnzuckerkontrollen bedeuten eine Veränderung im Umgang mit den eigenen Körperausscheidungen, wie Auffangen, Sammeln und Austesten. Jede Form der Stoffwechselkontrolle erfordert, wie auch die Insulininjektionen, zeitliche und räumliche Rücksichtnahmen. Sie ist also mit Verlust an Flexibilität und Mobilität verbunden, was soziale Nachteile mit sich bringen kann. Vor allem bedeutet die Blut- und Harnzuckermessung eine tägliche objektive Prüfung der eigenen Person, ihrer physiologischen Körperfunktionen und ihres Verhaltens, aber auch indirekt eine Prüfung durch die behandelnden Ärzte und bei jungen Kindern der sie versorgenden Eltern. Selbstwertgefühl, Stimmung und Befindlichkeit geraten leicht in den Sog dieser Zahlenwerte. Der Leistungsbezug im Alltagsleben wird hierdurch akzentuiert. Aktuelle Blutzuckerlage oder applizierte Insulindosis müssen zur Grundlage von Entscheidungen über sonst spontan gesteuertes Verhalten, etwa sportlicher Aktivitäten, gemacht werden. Die Einbeziehung der Stoffwechselparameter in eine flexible, intensivierte Therapie erfordert mehrmals täglich relativ komplexe Entscheidungsprozesse.

2.3.1.4 Ernährung

Diät heißt, die Aufnahme der Nahrung am Wissen um ihren Nährstoffgehalt zu orientieren. Dies bedeutet, daß man sich nicht, wie allgemein üblich, von sensorischen Reizen, dem Aussehen, dem Geruch oder dem Geschmack der Nahrung leiten lassen kann. Die natürliche Regulation der Ernährung über Hunger, Appetit und Sättigung wird durch die Diätvorschrift cerebralisiert, der sinnliche Zugang zum Essen dadurch erschwert. Menschen mit Diabetes haben mit ihrer Diät und der darauf abgestimmten Insulinsubstitution täglich eine existentielle Bedrohung vor allem durch Hypoglykämien auszubalancieren. Auch wenn bezüglich der Zusammensetzung der Nahrung heute überwiegend eine Idealnormalkost empfohlen wird, so bleibt doch der wesentliche Charakter einer Diät erhalten, der in der bewußten und kontrollierten und von den Gewohnheiten der Allgemeinheit abweichenden Form der Nahrungsaufnahme besteht. Anders als bei kulturell, weltanschaulich oder religiös begründeten Reglementierungen des Eßverhaltens erlebt der an Diabetes erkrankte Mensch seine Diät in der Regel als erzwungene Folge seines Krankheitsschicksals. Sie ist mit der eigenen Willensbildung primär nicht synton.

2.3.1.5 Krankenhausbehandlungen

Krankenhausaufenthalte sind oft erste, gelegentlich auch wiederkehrende Erfahrungen, die immer eine Unterbrechung der normalen Lebensgewohnheiten und vorübergehende Trennung vom Elternhaus bedeuten. Sie eröffnen auch erste Möglichkeiten zur Instrumentalisierung der Krankheit im Sinne des Krankheitsgewinns und des Vermeidungslernens, vor allem, wenn mit der Krankenhausaufnahme eine Entlastung von schulischen oder familiären Problemen verbunden ist.

2.3.2 Einflüsse des Entwicklungsalters

Die beschriebenen Erfahrungen und die Möglichkeiten ihrer Bewältigung differieren mit dem Entwicklungsalter des Patienten, den ihn prägenden Umwelt- und Familienverhältnissen sowie seiner Intelligenz und Persönlichkeitsstruktur. In diesem Abschnitt sollen nach kurzen entwicklungspsychologischen Beschreibungen der einzelnen Entwicklungsabschnitte alterstypische Krankheitsauffassungen und Problemstellungen dargelegt und erste grundsätzliche Voraussetzungen für eine altersgerechte Form der Behandlung abgeleitet werden.

2.3.2.1 Kleinkindalter

Im Säuglings- und Kleinkindalter vollziehen sich in relativ konstanter zeitlicher Abfolge fundamentale Entwicklungsschritte. Dazu gehören erste Gedächtnisleistungen im Sinne der Objektkonstanz ab dem 8. Lebensmonat und die verstärkte motorische Entwicklung zum aufrechten Gang im Verlauf des ersten Lebensjahres. Über das Greifen nach Dingen lernt das Kind zu begreifen. Es entwickelt Begriffe, bezeichnet mit Worten und beginnt im 2. Lebensjahr sprachlich zu kommunizieren. Ein wesentlicher Schritt ist die Entwicklung des Ich-Bewußtseins mit dem Beginn sozialer Kognition ab dem 18. Lebensmonat. Bis zur Vollendung des 3. Lebensjahres werden in aller Regel auch die exkretorischen Funktionen beherrscht. Wenngleich diese Entwicklungsschritte in hohem Maße noch biologischen Gesetzmäßigkeiten folgen, ist ihr Gelingen doch an die Präsenz der Mutter, an Wärme, Geborgenheit und Anregung aus einer intakten Mutter-Kind-Dyade gebunden. Die Folgen andauernder Trennung des Kindes von der Mutter während der ersten beiden Lebensjahre wurden eindrucksvoll von Robertson und Mitarbeitern (1971) beschrieben.

Das Auftreten eines Diabetes in dieser frühen Entwicklungsperiode bedeutet in erster Linie eine Gefahr für die Konstanz und die Stabilität der Mutter-Kind-Beziehung. Krankenhausaufenthalte, Angst und Verunsicherung der Eltern können den Entwicklungsablauf beeinträchtigen, vor allem, wenn Therapierichtlinien das natürliche Umgehen von Eltern und Kind verändern und reglementieren. In der Behandlung sollte deshalb besonderer Wert auf den Schutz der Mutter-Kind-Beziehung vor unnötigen Irritationen und Trennungserfahrungen gelegt werden.

Die folgenden Jahre sind gekennzeichnet von motorischer Expansivität, steigendem Umweltinteresse und Neugierverhalten. Das Kind lernt am Modell, durch Ausprobieren, Erfolg und Irrtum. Es setzt dem Willen der Eltern zunehmend deutlicher seinen eigenen entgegen. Über die motorische Entwicklung und die Fähigkeit, wahrgenommene Dinge zu benennen und in sich zu behalten, hat es so viel Sicherheit erworben, daß es die Mutter-Kind-Dyade aufbrechen kann. Mit der expansiven Eroberung der Umwelt treten biologische Determinanten der Entwicklung hinter den zunehmend prägenden Umwelteinflüssen zurück. Noch stark im familiären Klima verankert, nimmt das Kind erste Umgangsformen an und kann persönliche Verantwortlichkeit empfinden. Im häufigen Fragen nach dem „Was", „Wie" und „Warum" kündigt sich das Ende der sensumotorischen und der Beginn der präoperationalen Phase nach Piaget (1970) an. Die wachsende Fähigkeit, gedanklich zu operieren, wie auch die sich festigende Gemeinschaftsfähigkeit sind Voraussetzung für das spätere Lernen im Klassenverband der Schule.

Der Umgang mit der eigenen Diabeteserkrankung ist, abgesehen von der familiären und ärztlichen Unterstützung, die das Kind erfährt, vor allem von den konkreten Vorstellungen abhängig, die es sich über die Erkrankung machen kann. Hierfür ist die kognitive Reife ausschlaggebend. In der präoperationalen Phase (3. und 4. Lebensjahr) haben magisch-animistische Vorstellungen noch große Bedeutung. Die mit der Krankheitserfahrung zeitlich unmittelbar verknüpften Umwelteindrücke und Erlebnisse, die von Personen oder situativen Gegebenheiten herrühren können, erlangen Bedeutung für die Krankheitsbegründung des Kindes. Beispiel: „Warum bist du krank geworden?" „Draußen in der Sonne" (Cerreto und Mitarbeiter, 1984). Kinder, die beginnen, konkret operational zu denken (5. und 6. Lebensjahr), können auf die Frage, warum sie Diabetes haben, schon mit der Bemerkung antworten: „Weil ich abends zuviel getrunken habe." Hier greift sich das Kind einen konkreten Krankheitsaspekt heraus und legt sich schlußfolgernd einen kausalen Zusammenhang zurecht.

Verhaltensprobleme ergeben sich bezüglich der Erkrankung bei kleinen Kindern am häufigsten im Zusammenhang mit dem Essen und der Reglementierung der Nahrungsaufnahme. Die diätetischen Therapievorschriften sind vor allem, wenn sie unflexibel gehandhabt werden, geeignet, erhebliche Irritationen im Verhältnis von Mutter und Kind herbeizuführen. Nicht selten wird die Mutter etwa dadurch unter Druck gesetzt, daß sie nach schon verabfolgter Insulingabe dem Kind die erforderliche Nahrungsmenge in der vorgeschriebenen Form verabreichen muß. Befürchtungen und Vorstellungen über die drohende Hypoglykämie, wenn die beabsichtigte Mahlzeit nicht eingehalten wird, führen verständlicherweise schnell zu Verkrampfung und

Unnatürlichkeit im Verhalten. Trotzige Verweigerung des Kindes kann die Folge sein. Die Angst der Mutter und ihr Gefühl zu versagen verstärken sich dann leicht zu einem Teufelskreis, an dessen Ende Zwangsfütterung, traumatisierende Situationen im Erleben des Kindes und anhaltende phobische Eßströungen stehen können. Einmal verankert, erfordern sie dann aufwendige verhaltenstherapeutische Behandlungen (Sagebiel und Mitarbeiter, 1981).

2.3.2.2 Schulkindalter

Mit dem Eintritt in das Schulkindalter stellen sich dem Kind neue Entwicklungsaufgaben. Es befindet sich in der konkret operationalen Phase (Piaget, 1970), kann zunehmend sicher zwischen Innen und Außen, Subjekt und Objekt, Phantasie und Wirklichkeit unterscheiden. Mit der Aneignung allgemeiner Kulturtechniken lernt es zu lernen, nach gedanklichen Strategien zu behalten und zu erinnern, dabei zugleich auch Frustrationen zu ertragen und Bedürfnisse aufzuschieben. In der Gruppe der Gleichaltrigen übt es nicht nur in der Schule, sondern auch in gemeinschaftlichen Freizeitaktivitäten soziale Rollen und Umgangsregeln ein. Das Kind begegnet der Welt des Normativen, ist um Anpassung bemüht, entwickelt ein soziales Gewissen und kann Schuld empfinden. Gegenüber den Einflüssen der Lehrer und der Mitschüler relativiert sich die Bedeutung der Familie. Hier ist das Kind auf Vorbild, Geborgenheit und Rückhalt angewiesen, benötigt aber ebenso auch Freiräume, um selbständiges Handeln in seiner schon recht eigenen Welt zu erproben. Die zunehmende Entwicklung eines persönlichen Selbstgefühls, zusammen mit der gewachsenen Fähigkeit zu sozialer Anteilnahme, lassen in diesem Alter auch erste existentielle Fragen und Einstellungen zu Herkunft, Leben und Tod aufkommen.

Auch das Verständnis von Gesundheit und Krankheit entwickelt sich in diesem Altersabschnitt weiter. Ursachen für Krankheit ordnet das Kind zunächst noch äußeren Umständen, z. B. eigenem Fehlverhalten oder der Berührung von ansteckendem Schmutz zu. Indem es diese Umstände vermeidet, sich etwa warm anzieht oder den ansteckenden Schmutz nicht berührt, entwickelt es erste Handlungsstrategien eines Gesundheitsverhaltens. Ohne genaue Kenntnisse der Organe können Kinder zwischen dem 8. und 10. Lebensjahr schon körperinnere Zuordnungen treffen (Lohaus 1990). Die äußeren Einwirkungen betreffen jetzt bestimmte Teile und Funktionen des eigenen Körpers. Infekte und Kinderkrankheiten haben dem Kind auch gezeigt, daß Krankheiten vorübergehend sind und der Körper sich selbst heilen kann. Je nach familiärer und schulischer Wissensvermittlung unterscheidet es zwischen gesundem und ungesundem Verhalten oder gesunder und ungesunder Ernährung. Wesentlich für die Verarbeitung einer Diabeteserkrankung vor allem hinsichtlich der Bewältigung der Therapiemaßnahmen scheint die Frage zu sein, welche Bedeutung das Kind in diesem Alter dem eigenen Verhalten bezüglich seiner Gesundheit beizumessen gelernt hat. Beispiel für die Vorstellung eines reiferen Schulkindes mit Diabetes über die eigene Erkrankung kann folgender Dialog sein: „Wie bekommt man Diabetes?" „Wenn man zuviel Zucker ißt." „Und wie macht das Diabetes?" „Der Zucker geht in dein Blut." „Und?" „. . . macht Diabetes." (Zitat nach Cerreto, 1984).

Die Aufnahmebereitschaft und die Lernwilligkeit des Schulkindes sollte genutzt werden, eigenverantwortlichen Umgang mit der Erkrankung in ersten Schritten einzuüben. Als Ergebnis einer Befragung professioneller Helfer in einem amerikanischen Diabeteszentrum für Kinder konnten Wysocki und Mitarbeiter (1992) für die Erlangung einer ganzen Reihe grundlegender wie auch komplexerer Fertigkeiten zur selbständigen Krankheitsführung durchschnittliche Altersangaben machen. Sie reichen, in Abhängigkeit vom Komplexitätsgrad der Leistungen, von 6,5 bis 14 Jahren. Von dem Maß an Eigenleistung, die das Kind in der Stoffwechselführung sich selbst zuschreiben kann, hängt wesentlich der Verlauf der pubertären Entwicklungsphase ab. Brennpunkte in der Diabetesberatung von

Familien mit diabeteskranken Schulkindern sind Verantwortungsfragen, etwa bei Klassenfahrten, im Schwimm- oder Sportunterricht. Mit dem Heranwachsen des Kindes wird aber auch die Problematik des Andersseins und die drohende Außenseiterposition in der Gemeinschaft der Gleichaltrigen von den betroffenen Familien häufiger thematisiert.

2.3.2.3 Jugendalter

Die realitätszugewandte, anpassungsbereite Art des Schulkindes weicht im Jugendalter einer wieder stärker egozentrischen, konfliktträchtigen Neigung. Allerdings ist die Selbstbezogenheit jetzt Ausdruck sich differenzierender Möglichkeiten der Selbstwahrnehmung, die zur Entwicklung eines Selbstbildes und ersten Lebensentwurfes drängen. Die Realität wird nicht mehr nur in ihren gegenwärtigen Gegebenheiten und Aufgaben erfaßt, sondern erweitert um ihre Veränderbarkeit und zukünftigen Möglichkeiten wahrgenommen. Im Übergang vom Kind zum Erwachsenen vollzieht sich die Identitätssuche. In dem Maß, in dem die Eltern als Leitbilder zunehmend abgelöst werden von Idolen und Idealen außerhalb der Familie, wird die Gemeinschaft der Gleichaltrigen und Gleichgesinnten, ihre Kultur und Norm handlungs- und selbstwertbestimmend. Im Schutz der Gruppe und mit dem Rückhalt von Freundschaft vollzieht sich die psychosexuelle Reifung. Liebe und Zuneigung wird neuartig erlebt und ist zuweilen begleitet von heftigen emotionalen Krisen. Weitere Entwicklungsaufgaben liegen in der Festigung von persönlichen Neigungen und Interessen, der Bewältigung steigender Leistungsanforderungen der Schule und der beruflichen Orientierung. Der Jugendliche hat soziale Entwicklungsreife erlangt, kann im kognitiven Bereich von konkreten Sachverhalten und bildlichen Vorstellungen abstrahieren und in formal-logischen Zusammenhängen denken (Piaget 1970).

Dies befähigt ihn auch zu anderen Formen des Krankheitsverständnisses. Er ist interessiert an inneren Körpervorgängen, kann vielfältige Ursachen und Symptome unterscheiden und komplexe Beziehungen zwischen Verhalten, Umwelt und körperlichem Befinden begreifen. Beispiel: „Was ist eine hypoglykämische Reaktion?" „Man vergißt zu essen und hat zuviel Insulin im Blut." „Was passiert dabei?" „Es gelangt nicht genug Zucker ins Gehirn, man kann nicht denken, ist verwirrt und wird ohnmächtig." (Zitat nach Ceretto, 1984).

In keinem Lebensabschnitt stellt der Diabetes eine solche Belastung dar und kommt so ungelegen wie im Jugendalter. Zu dem drängenden Bedürfnis nach Unabhängigkeit, Attraktivität und Zukunftsorientierung stehen die Krankheit und ihre Bewältigungsanforderungen in krassem Gegensatz. Die Probleme bei der Stoffwechselführung sind dabei weniger Folge mangelnder Fertigkeiten als vielmehr Folge der hormonellen Veränderungen und ihrer metabolischen Auswirkungen, wie vor allem alterstypischer Besonderheiten der Persönlichkeitsreifung. Als Beispiel soll eine typische Problemkonstellation skizziert werden:

Zunächst haben die Eltern auf die Erkrankung ihres Kindes mit der verständlichen Neigung reagiert, das kranke Kind zu verwöhnen und es vor überfordernder Verantwortung zu schützen. Sie haben durch diese Überbehütung die Übernahme der Krankheitsverantwortung durch das Kind/ den Jugendlichen erschwert. Die Erkrankung ist quasi zu lange im Besitz der Erwachsenen geblieben. Nun, in der Pubertät, führt die alterstypische Distanzierung von den Eltern auch zur Infragestellung ihrer Normen und zur Ablehnung der durch sie repräsentierten Krankheitsanforderungen. Für die Eltern ist die Zurückweisung ihrer durch die Krankheit des Kindes intensivierten Bindungs- und Versorgungswünsche eine oft unerwartete und schmerzliche Kränkung. Zu der Enttäuschung darüber kommt Angst und Sorge um die Gesundheit des Jugendlichen. Die Unfähigkeit, Einfluß zu nehmen, und das Gefühl, in der Erziehung zu versagen, setzen nicht selten Wutaffekte frei, die auf zurückliegende eigene Entbehrungen und Rücksichtnahmen verweisen und dem Jugendlichen hieraus

Undankbarkeit unterstellen. Dies führt wiederum leicht zu Kränkungen auf seiten des Jugendlichen. Im Bestreben um Autonomie ist er schlecht auf die Übernahme von Eigenverantwortung vorbereitet und auf äußere Kontrolle angewiesen, wo innere noch fehlt. In einem polarisierten Klima aus wechselseitigen Vorwürfen, aggressiver Gespanntheit, Versagens- und Schuldgefühlen auf beiden Seiten ergeht sich der Jugendliche oft in trotziger Verweigerung und selbstschädigender Nachlässigkeit. Die Disharmonie in der Familie führt nicht selten auch dazu, daß der Jugendliche in besonderem Maß kompensatorischen Rückhalt und Bestätigung in der Gruppe der Gleichaltrigen sucht. Aus Angst, anders zu sein und auf Ablehnung zu stoßen, wird die Krankheit dort schamhaft verleugnet. Unzulänglichkeiten in der diabetesgerechten Lebensführung sind nun fast zwangsläufig, wenn die soziale Kompetenz für eine Offenbarung und Durchsetzung therapeutischer Anforderungen noch unzureichend ist und die kognitive Reife und Motivation zum Erlernen einer intensivierten Therapie noch fehlt.

Weitere Problemstellungen können sich im Zusammenhang mit der Berufsfindung ergeben. Hier kann der Jugendliche erstmals den Aspekt der eigenen Behinderung erfahren. Sie stellt sich zunächst als Einschränkung der Erwerbsmöglichkeiten bei der Berufswahl dar. Das Risiko akuter Stoffwechselzwischenfälle und notwendige Rücksichtnahmen bei der Lebensführung erschweren oder versperren den Zugang zu bestimmten Berufsausbildungen. Wenn sich Belastungen und Fehlentwicklungen im sozialen und beruflichen Bereich summieren, ist es nicht selten die Krankheit selbst, in die der Patient sich flüchtet und die er zur Vermeidung ihn überfordernder Lebensaufgaben instrumentalisiert. Krankenhausaufenthalte wegen gravierender akuter oder chronischer Stoffwechselprobleme sind in der pubertären Entwicklungsphase besonders häufig. Sie sind zuweilen auch Ergebnis innerer Kompromißbildungen zwischen ambivalenten Bestrebungen, etwa krank sein und doch nicht Schaden nehmen oder sich von zu Hause ablösen und gleichzeitig versorgt werden zu wollen.

Bei der Behandlung von Jugendlichen gilt es, in flexibler Weise alterstypische Entwicklungsaufgaben und Aspekte der Persönlichkeitsreifung zu berücksichtigen und individuell zu gewichten. Dabei kann der Wahl des Behandlungssettings ebenso ausschlaggebende Bedeutung für eine erfolgreiche Zusammenarbeit zukommen wie der unter Umständen erfolgreichen Verlagerung der Beratungsinhalte von medizinischen auf psychosoziale Fragen.

2.3.3 Einfluß psychosozialer Faktoren

Die vorangegangenen Abschnitte befaßten sich mit der Bedeutung und den speziellen Auswirkungen des Diabetes in den verschiedenen Stadien der kindlichen Entwicklung. Dabei wurde deutlich, daß die Erkrankung je nach Zeitpunkt des Auftretens und abhängig von der Entwicklungsreife des Kindes/Jugendlichen zu unterschiedlichen psychosozialen Benachteiligungen und Belastungen führen kann. Diese Belastungen stellen nicht automatisch eine Überforderung der individuellen und familiären Bewältigungsmöglichkeiten und mithin auch nicht automatisch eine Indikation für psychotherapeutische oder verhaltensmedizinische Hilfen dar. Auf die Balance des Stoffwechsels nehmen nun außer den erwähnten Reifungsbedingungen eine Vielzahl anderer innerer wie äußerer Faktoren Einfluß. Die Forschung ist weit davon entfernt, sie alle zu kennen und ihr vielschichtiges Zusammenwirken zu verstehen. Im folgenden sollen die wesentlichen bekannten psychosozialen Einflußfaktoren aufgeführt werden, die im Sinne eines Defizits oder Handicaps die Stoffwechselregulation erschweren und den Erwerb oder die Anwendung krankheitsgerechten Verhaltens beeinträchtigen können.

Im familiären Bereich kann die Atmosphäre generell schon vor Ausbruch der Erkrankung und aus vielfältigen Gründen durch einen Mangel an emotionaler Zuwendung, durch andauernde Disharmonie und im Extremfall auch durch Mißhandlung beeinträchtigt sein. Die Kommunikation unter den Familienmitgliedern wie auch nach außen kann verarmt oder verzerrt und mißverständlich sein. Der Erziehungsstil kann übermäßig einengend und kontrollierend sein, er kann im Gegenteil aber auch zu permissiv, wechselhaft oder für das Kind unberechenbar sein. Schließlich kann auch ein Mangel an pädagogischer Anregung sozialer, sprachlicher oder motorischer Funktionen wie auch altersgemäßer Interessen vorliegen. Unzureichende Lebensbedingungen, finanzielle Not oder beengte Wohnverhältnisse können ebenso wie psychische Störungen, andere chronische Erkrankungen oder gar Todesfälle von Familienangehörigen erhebliche Stressoren darstellen. Oftmals dramatisch empfundene Ereignisse wie Trennung der Eltern oder Heimeinweisung können Zukunftsängste erzeugen, aber auch vorangegangene Belastungen aufheben. Ob solche ungünstigen Bedingungen und „Life-events" zu psychosozialer Dekompensation und zu gravierenden Stoffwechselproblemen führen, hängt von den im Einzelfall verfügbaren Kompensationsmöglichkeiten und protektiven Faktoren ab (Detzner und Mitarbeiter, 1988).

Auf welche Weise psychosoziale Bedingungen auf den Stoffwechsel einwirken, ist weitgehend ungeklärt. Hanson und Mitarbeiter (1987) fanden in einer Untersuchung von 104 an Diabetes erkrankten Jugendlichen einen unmittelbaren Zusammenhang zwischen Life-event-Stressoren und der Stoffwechsellage ohne den Nachweis einer indirekten Vermittlung dieses Zusammenhanges durch ein verändertes Therapieverhalten. Die Auswirkungen auf den Stoffwechsel waren aber um so geringer, je besser die soziale Kompetenz der Jugendlichen und ihre Fähigkeit war, aktuellen Konfliktlagen zu begegnen. Soziale Fähigkeiten haben beim Diabetes mellitus also einen nicht unerheblichen Einfluß auf die Stoffwechsellage. Der Erwerb sozialer Kompetenz kann durch die genannten familiären Defizite, durch das Fehlen geeigneter Modelle und sozialer Übungsfelder beeinträchtigt sein. Zur Verhaltensanalyse gehört daher neben der Berücksichtigung somatisch direkt wirksamer oder therapiebezogener Faktoren in jedem Einzelfall die verstehende Einordnung der Lebensereignisse in die innere Entwicklungsgeschichte des Patienten unter Berücksichtigung seiner speziellen Lern- und Aufwachsbedingungen.

2.3.4 Einfluß individueller Bedingungen

Neben der Entwicklungsreife, den psychosozialen Lebensumständen und aktuellen Problemlagen wird die Fähigkeit eines Menschen, mit den Anforderungen der Diabeteserkrankung umzugehen, wesentlich auch von individuellen Prägungen und konstitutionell mitbedingten Wesensmerkmalen und Fertigkeiten bestimmt.

Hier sind zunächst die Intelligenzfunktionen zu nennen. Das Erlernen des eingangs beschriebenen intensivierten Therapiekonzeptes erfordert sehr komplexe kognitive Leistungen. Für die mehrmals täglich zu treffende Entscheidung über Nahrungsmenge und Insulinzufuhr muß eine Vielzahl von Informationen miteinander in Beziehung gesetzt werden. Abstrakt logisches Denkvermögen und der sichere Umgang mit Zahlen und Mengenbegriffen sind hierfür nur die offensichtlichen Voraussetzungen. Die Einbeziehung der vorausgegangenen Mahlzeiten erfordert Gedächtnisleistungen. Für die Berücksichtigung der zukünftigen körperlichen Anstrengungen ist vorausschauendes Vorstellungsvermögen und Handlungsplanung erforderlich. Zur Abschätzung der gegenwärtigen Stoffwechsellage gehört schließlich eine differenzierte Selbst- und Innenwahrnehmung. Diese kognitiven Voraussetzungen können durch genetisch-konstitutionelle Prägungen wie auch erworbene Hirnfunktionsstörungen in vielfältiger Weise beeinträchtigt sein. Dementsprechend sind auch die Ziele der Behandlung hinsichtlich der eigenverantwortlichen Steuerung des Stoffwechsels und der Mittel zur Anleitung und Schulung des Patienten zu modifizieren und seinem jeweiligen kognitiven Entwicklungsalter und Leistungsprofil anzupassen. Umschriebene Teilleistungsschwächen bei sonst normaler Intelligenz sind nicht selten Ursache unbeabsichtigter Überforderung und können ebenso wie Störungen der Aufmerksamkeit und Konzentration etwa im Rahmen eines hyperkinetischen Syndroms die Motivation und Lernbereitschaft des Kindes beeinträchtigen. Die Diabetesschulung muß sich also, wenn sie effektiv sein will, grundsätzlich an den individuellen Gegebenheiten des Patienten und seiner Eltern orientieren und die Lernbedingungen entsprechend variabel gestalten.

Darüber hinaus gibt es aber auch Aspekte der Persönlichkeit, die für die Analyse von Verhaltensproblemen relevant sind. So fanden Ryden und Mitarbeiter (1989) bei Kindern mit ungünstiger Stoffwechsellage häufiger dependente Persönlichkeitsmerkmale und impulsives Verhalten, während die Kinder mit günstiger Stoffwechselführung sozial unabhängiger waren und eine effektivere Verhaltenskontrolle zeigten. Schon im Kleinkindalter können sich bestimmte Stile der Kommunikation, des Denkens oder des Problemlösens, emotional-affektive Haltungen, Reaktionsweisen oder Temperamentseigenschaften in recht bleibender Form herausbilden. Wenngleich aufgrund der Plastizität der kindlichen Entwicklung feste Zuschreibungen vermieden werden sollten, lassen konstitutionelle und früh erworbene Prägungen der Persönlichkeit grobe Charakterisierungen im Einzelfall zu. Wohlgemerkt, diese sind nicht Gegenstand zielorientierten verhaltenstherapeutischen Vorgehens, deshalb auch nicht zwingend in diesem Sinne zu operationalisieren, sondern nur insofern von Bedeutung, als sie in zu akzeptierender Weise in die Gestaltung der Lern und Therapiebedingungen einfließen müssen. Am Beispiel zweier gegensätzlicher Wesensarten, der des extrovertierten, kontaktoffenen Kindes mit demonstrativen und suggestiblen Eigenschaften, und des introvertierten, kontaktgehemmten Kindes mit ängstlich-zwanghaften Zügen soll der Einfluß der Persönlichkeit auf Therapiebedürftigkeit und die Grenzen der Behandlung angedeutet werden.

Das für seine Selbstwertstabilität stärker auf die Bewunderung und Anerkennung anderer Menschen angewiesene extrovertierte Kind wird es schwerer haben, das Negativattribut „Diabetes" zu akzeptieren. Aus der Not früher Versagungen hatte es gelernt, gefällig den Rollenerwartungen der Erwachsenen zu entsprechen. Der eigentliche Mangel an Selbstwertgefühl und das kompensatorisch überhöhte und an Wünschen und Vorstellungen der Umwelt orientierte Selbstideal verstärken die Leugungstendenz gegenüber der Erkrankung. Hinzu kommt oft noch die Neigung, Entscheidungen an momentanen Stimmungen und Gelegenheiten auszurichten, was den Therapieanforderungen mit der Notwendigkeit zu geduldiger Selbstdisziplin im Wege steht. Es kommt darauf an, im Leben eines solchen Kindes ein Minimum an Akzeptanz und Zuverlässigkeit im Umgang mit der Erkrankung zu verankern. Das kann nur gelingen, wenn die Wesensart des Kindes angenommen und nicht in pädagogischem Eifer gedemütigt wird. Freilich kann es auch die passive Krankenrolle sein, mit der das Kind früh gelernt hat, Aufmerksamkeit und Zuneigung zu erlangen und den diesbezüglichen Versorgungswünschen der Eltern zu entsprechen. In diesem Fall wird die Diabeteserkrankung instrumentalisiert und kann gar zum Aushängeschild werden. Die Leugnung bezieht sich dann auf reifere Anforderungen aktiver Krankheitsbewältigung.

Demgegenüber passen die Therapieanforderungen der Diabeteserkrankung besser in die Lebensgewohnheiten eines introvertiert veranlagten, eher zwanghaft strukturierten Kindes mit der Neigung zu ordentlicher Genauigkeit und planvollem Handeln. Ein solches Kind wird es leichter haben, das Krankheitsschicksal zunächst zu akzeptieren. Eine Gefahr kann eher davon ausgehen, daß es quasi über das Ziel hinausschießt, sich eine an Zahlenwerten orientierte Genauigkeit im Stoffwechsel abverlangt, die es bei der Komplexität und Vielfalt der Einflußgrößen doch nicht erbringen kann. Es ist vorstellbar, daß dieses Kind in dem Bemühen, die Erkrankung immer besser zu kontrollieren, anorektische oder depressive Verhaltensweisen und

Symptome entwickelt. Über die vermutete Häufung der Anorexia nervosa bei Menschen mit Diabetes mellitus muß an dieser Stelle auf weiterführende Literatur verwiesen werden (Lautenbacher, 1990; Rosmark und Mitarbeiter, 1986, Schweiger, 1988).

2.3.5 Formale Verhaltensanalyse

Die formale Verhaltensanalyse nach dem SORCK-Schema (Kanfer und Mitarbeiter, 1967) in einer Modifikation für die Berücksichtigung psychophysiologischer Zusammenhänge nach Hölzl (1985) dient der Veranschaulichung und Operationalisierung der im Einzelfall gefundenen Einflußfaktoren in einem funktionalen Bedingungsmodell, das therapeutisch relevante Entscheidungen ermöglicht.

Ausgangspunkt ist die phänomenologische Beschreibung der Symptomatik (R) im Bereich Verhalten und Erleben einschließlich eventueller körperlicher Beschwerden. Zu ihr gehört auch die Bewertung der Anpassungs- und Bewältigungsleistungen des Kindes oder Jugendlichen und eine erste Gewichtung der Probleme nach Dringlichkeit sowohl aus der Sicht des Patienten und seiner Familie wie auch aus der Sicht des Arztes und Therapeuten (Tab. 1, A). Anschließend werden die Grundbeziehungen der beschriebenen Symptomatik zu auslösenden vorausgehenden Umweltbedingungen und Erlebnissen (S) wie auch zu den nachfolgenden Konsequenzen (C) (Tab. 1, B u. C) und Eigenarten ihres Eintritts (Kontingenzen (K)), bestimmt. Dabei ist stets das komplizierte Wechselspiel zwischen offenem Verhalten und verdeckten körperlichen, vegetativen oder endokrinen Reaktionen zu bedenken (Tab. 1, E). Wird etwa eine Stoffwechselverschiebung als Folge und Reaktion des Patienten auf spezifische Umwelteindrücke oder Erlebnisse verstanden, so ist sie zugleich meist auch Auslöser und Stimulus für weitere Verhaltensweisen und Reaktionen des Kindes, die ohne die spezifischen diabetesbezogenen Erlebnisfolgen nicht eingetreten wären. Für die Erfassung dieser spezifischen organismischen Bedingungen und psycho-physio-

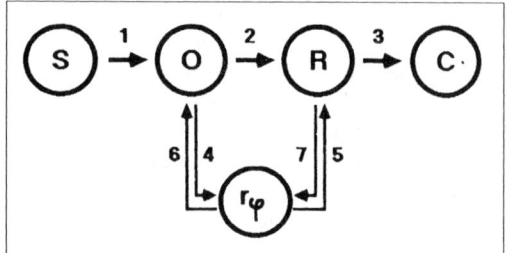

Abb. 1. Psychophysiologische Verhaltensanalyse und interventionsorientierte funktionelle Diagnostik in der Verhaltensmedizin

a) *Prozeßstufen:*
S – „Stimuli": Aggravierende und amelioratie Umweltbedingungen, „Auslöser" und Antezedentien von Elementen aus R, O – Organismische Bedingungen, R – Aktuelle Reaktionen und Symptomatik (vgl. Tabelle 1), r – Physiologische Reaktionen, C – Äußere und innere Konsequenzen offener (R) und verdeckter (r) Reaktionen und ihre Kontingenzbeziehungen

b) *Wirkungswege:*
1, 2, 3 – Klassische Wirkungskette für offenes Verhalten und seine Aufrechterhaltung durch Umweltkonsequenzen nach Kanfer & Saslow (1966), 4 – Vegetative und endokrine Belastungsreaktionen über das autonome Nervensystem und die Hypophysen-Nebennierenrinden-Achse, 5 – Physiologisch motivierte „offene" Verhaltensweise, 6 – Relativ überdauernde Rückwirkungen physiologischer Reaktionslagen, 7 – Physiologische Wirkungen „offenen" Verhaltens (Diät- und Medikamenten-Compliance u. a.)

logischen Wechelwirkungen wurde das SORCK-Schema von Hölzl (1985) erweitert (Abbildung 1). In die Beschreibung und Bewertung der organismischen Bedingungen (O) sollen alle stabilen, den Zeitrahmen für die geplanten Therapiemaßnahmen überdauernden inneren und äußeren Merkmale eingehen (Tab. 1 D). Sie kennzeichnen die therapeutischen Rahmenbedingungen, zeigen generelle Reaktionstendenzen, Bewältigungsstile und Begrenzungen der Verhaltensmöglichkeiten auf, ohne selbst Ziel der therapeutischen Veränderungsbemühungen zu sein. Neben den im engeren Sinne organisch-konstitutionellen Faktoren gehören hierzu die Intelligenz, das Entwicklungsalter, Persönlichkeitsdispositionen und relativ starre soziofamiliäre Gegebenheiten.

Tabelle 1. Leitfaden für die Verhaltensanalyse (in Anlehnung an Hölzl, 1988)

A. *Aktuelle Symptomatik und Reaktionen (R)*
1. Feststellung der Problembereiche:
   a) Verhaltens- und Befindlichkeitsstörungen (z. B. reaktive Depressionen, soziale Unsicherheit, Phobien, Streßreaktionen)
   b) körperliche Beschwerden und Stoffwechseleinstellung (z. B. häufige Stoffwechselschwankungen, geminderte Leistungsfähigkeit)
   c) familiäre, schulische und soziale Beeinträchtigungen (z. B. Familienbeziehungsstörungen, Lärm- und Leistungsstörung, sozialer Rückzug)
   d) instrumentelles Krankheitsverhalten
   e) Verhaltens- und Befindlichkeitsstörungen, die nicht in unmittelbarem Zusammenhang mit dem Diabetes stehen oder schon vorher bestanden haben (z. B. broken home, Dissozialität)
2. Bewertung der „Compliance" und Behandlungskompetenz:
   a) Verhältnis von Eßverhalten zu vereinbarter Kostregelung
      Insulinapplikation zu verordneter Therapie
      Stoffwechselselbstkontrolle zu Empfehlungen
   b) stoffwechselbezogene Selbstwahrnehmung
   c) diabetesbezogener Wissensstand und Fertigkeiten
   d) Grundeinstellung, Gesundheitsverhalten („Health-Belief")
3. Bestimmung des Bewältigungsrepertoires („Coping") und protektive Faktoren:
   a) individuelle Problemlösungs- und Kompensationsmöglichkeiten
   b) familiärer und sozialer Rückhalt
   c) schulischer und leistungsbezogener Rückhalt
   d) professionelle Hilfen
4. Hierarchische Gliederung:
   a) Behandlungsprioritäten aus Sicht des Patienten
                              aus Sicht der Eltern
                              aus Sicht der Behandler
   b) Machbarkeitserwägungen

B. *Stimulationsbedingungen (S)*
1. In welchen Situationen tritt die Symptomatik auf? Welchen Verlauf zeigt sie?
2. Welche Randbedingungen verstärken oder vermindern die Symptomatik?
   a) Umweltbedingungen (z. B. Schulzeit – Ferien/Wochenende)
   b) körperliche Zustände (z. B. Schlaf – Wachen, Hunger – Sättigung, Infektionen, Folgeerkrankungen, andere akute Erkrankungen)
   c) psychische Zustände (z. B. Aufregung – Ruhe, psychosozialer Streß)
3. Gibt es äußere oder innere Auslöser im somatischen, psychischen oder sozialen Bereich für bestimmte Symptome oder Reaktionen?
   a) für körperliche Beschwerden und Stoffwechselentgleisungen?
   b) für umschriebene Verhaltensstörungen (z. B. phobische Reaktionen, instrumentelles Krankheitsverhalten)?

C. *Konsequenzen (C)*
1. Negative Konsequenzen (C-) (z. B. körperliches Unwohlsein, somatische Komplikationen, Leistungsabfall in der Schule, Verschärfung familiärer Konflikte, Ablehnung durch Freunde)
2. Positive Konsequenzen
   a) „Belohnung" (C+) (z. B. vermehrte Zuwendung durch Lehrer, Familie, Freunde oder medizinisches Betreuungspersonal)
   b) „negative Verstärkung" (C-) (z. B. Verminderung aversiver Stimulation durch Wegfall schulischer Belastungen, Entschärfung familiärer Konflikte, Angstreduktion)

Tabelle 1. Fortsetzung

D. *Organismische Bedingungen (O)*
1. Physio-morphologische Konstitutionsfaktoren, biologische Reife und somatische Vorerkrankungen
2. vegetative Reaktionspositionen
   a) vegetative Labilität
   b) viszerale Wahrnehmungsfähigkeit
3. Intelligenz
4. Entwicklungsalter
   a) kognitiv
   b) affektiv-emotional
5. Persönlichkeitsdisposition
6. sozio-familiäres Gefüge (z. B. Schichtzugehörigkeit, unvollständige Familie)

E. *„Verdeckte" physiologische Reaktionen (r)*
Vegetative und endokrine Reaktionen
a) mit Auswirkungen auf den Kohlenhydratstoffwechsel (z. B. Streßhyperglykämie)
b) mit Auswirkungen auf den Lipid- und Eiweißstoffwechsel (z. B. Streßazidose)
c) mit Auswirkungen auf hämodynamische Faktoren (z. B. Hypertonus)
d) mit Auswirkungen auf den vegetativen Tonus (Veränderung der Selbstwahrnehmung)

3. Therapie in der Praxis

3.1 Ziele

Die komplexen Anforderungen der Diabetesbehandlung machen verständlich, daß sogenannte Compliance-Probleme bei Kindern und Jugendlichen mit Diabetes häufig vorkommen. In der diabetologischen Versorgungspraxis werden sie meist gesondert von den eigentlich medizinischen Behandlungsproblemen betrachtet, obwohl Untersuchungen zum Zusammenspiel neuroendokriner Faktoren mit Therapieverhalten und Stoffwechsellage deutlich machen, daß es nur in wenigen Situationen sinnvoll ist, Stoffwechselprobleme isoliert auf Faktoren im somatischen, psychischen oder sozialen Bereich zurückzuführen (Barglow und Mitarbeiter, 1986).

Psychologische oder verhaltenstherapeutische Interventionen werden von ärztlicher Seite meist zur Verbesserung der Therapieadhärenz des Patienten gewünscht oder angeordnet. Hiermit ist allzu oft lediglich die Willfährigkeit des Patienten gegenüber den medizinischen Therapieverordnungen gemeint. Es ist aber dabei zu bedenken, daß es auch aus medizinischer Sicht sehr unterschiedliche Auffassungen zu den Behandlungsnotwendigkeiten gibt. Während grundsätzlich sicher unbestritten ist, daß Insulininjektionen, eine darauf abgestimmte Nahrungsaufnahme und Stoffwechselkontrollen in jeder Form einer sinnvollen Diabetesbehandlung unverzichtbar sind, so existieren doch erhebliche Unterschiede in der Einschätzung, in welcher Form dies zu erfolgen hat. Im Abschnitt 1.2 über historische Entwicklungen in der Diabetologie wurde dies bereits deutlich. Zwei Beispiele sollen das Gesagte veranschaulichen.

a) Manche psychologische Intervention, die mit der Absicht verordnet wird, einem ängstlichen Kind Trennungserfahrungen durch wiederholte Krankenhausaufenthalte zur Neueinstellung des Stoffwechsels zu erleichtern, würde durch moderne Wege der ambulanten Diabetesbetreuung mit einem weitgefächerten Angebot von Schulung, medizinischen und psychosozialen Hilfen überflüssig.

b) Wie oben dargestellt, gehören in bestimmten Lebensphasen Probleme, kleine Kinder an einen festen Mahlzeitenrhythmus zu gewöhnen, zum normalen Alltag in der Kindererziehung. Für Eltern von Kleinkindern mit Diabetes können daraus gelegentlich schwer lösbare Probleme erwachsen, da bei fehlender Nahrungsaufnahme nach der Insulininjektion eine schwere Hypoglykämie droht. Eine unkonventionelle medizinische Vorgehensweise, mit der Empfehlung, für solche Perioden einmal das Insulin nicht – wie es unter rein physiologischer Vorstellung korrekt wäre – vor, sondern nach der Mahlzeit und in Abhängigkeit von der Nahrungsmenge zu injizieren, kann dazu beitragen, die Einübung konfliktreicher Interaktionsformen von vornherein zu vermeiden, anstatt durch psychologische Interventionen die durch die unflexible Therapie produzierten Probleme angehen zu lassen.

Die Beispiele von Problemen, die durch unnötig starre medizinische Behandlungsvorschriften erzeugt werden, ließen sich weiter vermehren. Die Aufgabe der verhaltensmedizinischen Intervention im Rahmen der Diabetesbetreuung besteht also nicht nur darin, dem Kind und seinen Eltern bei den mit der Erkrankung verbundenen Belastungen zu helfen, sondern auch darin, gemeinsam mit dem Arzt die medizinischen Maßnahmen und Behandlungsempfehlungen mit den psychosozialen Möglichkeiten des Patienten in Einklang zu bringen. Hierdurch lassen sich therapieinduzierte Probleme meist deutlich minimieren (Surwitt und Mitarbeiter, 1982; Burger, 1991). In der Langzeitbetreuung diabeteskranker Kinder setzen sich daher interdisziplinär zusammengesetzte Behandlungsteams durch, in denen Ärzte, Psychologen, Sozialpädagogen, Diabetesberaterinnen und Diätassistentinnen zusammenwirken.

3.2 Präventive Maßnahmen

3.2.1 Schulung

Da die Therapie des Diabetes mellitus aktiv durch den Patienten bzw. durch seine Eltern durchgeführt werden muß, ist eine adäquate Schulung über die wesentlichen Zusammenhänge und Grundlagen obligat. Die Wissensvermittlung muß in einer Weise erfolgen, die den individuellen intellektuelle, emotionalen und entwicklungsbezogenen Gegebenheiten Rechnung trägt. Daraus folgt, daß bei Gruppenschulungen das Entwicklungsalter der Patienten berücksichtigt werden muß und die Schulung von jüngeren und älteren Kindern grundsätzlich separat erfolgen sollte, da aufgrund der unterschiedlichen kognitiven Haltung andere Inhalte und Erklärungsansätze von Bedeutung sind. Die Tatsache, daß viele Kinder, die zusammen oder nach gleichen Inhalten wie Erwachsene geschult werden, bestimmte krankheitsbezogene Inhalte verbal korrekt wiedergeben können, vermittelt oft fälschlicherweise den Eindruck, sie hätten diese auch verstanden und kognitiv und emotional verarbeitet.

Es liegen zwei Schulungsprogramme für Kinder und Jugendliche vor, die unter Beachtung entwicklungspsychologischer Aspekte speziell für diese beiden Altersbereiche entwickelt wurden und auch pädagogische Hinweise und Informationen für die Eltern und Betreuer enthalten (Hürter u. Mitarb., 1988; Lange u. Mitarb., 1995). Obwohl die Schulung von Kindern und Eltern grundsätzlich getrennt erfolgen sollte, ist es aber wichtig, auch die Eltern mit den Prinzipien der Schulung für die Kinder vertraut zu machen. So wird vermieden, daß die Eltern in bester Absicht ihren Kindern Inhalte vermitteln, etwa die Bedrohung durch Folgeerkrankungen, die von den Kindern nicht verstanden werden können, Ängste und Unsicherheiten erzeugen und daher bewußt aus deren Schulung ausgespart wurden.

In der ersten Zeit nach Manifestation der Erkrankung nimmt die emotionale Krankheitsverarbeitung starken Einfluß auf die Aufnahmefähigkeit des Patienten. Um in den ersten Phasen der Krankheitsverarbeitung eine sinnvolle Schulung durchführen zu können, ist ein hohes Maß an individueller Anpassung notwendig. Dies ist, wenn überhaupt, nur im Rahmen einer Einzelschulung zu leisten.

Grundsätzlich sollte jede Schulung strukturiert und unter Berücksichtigung allgemeiner pädagogischer Grundsätze erfolgen. Die Bedeutung, die der Qualifikation des Schulenden heute beigemessen wird, findet ihren Ausdruck in den regelmäßigen Veröffentlichungen zu Schulungsfragen (Teaching-letter der European-Diabetes-Education-Study-Group), in den Aktivitäten der amerikanischen Diabetes-Schulungsverbände, welche eine eigene Zeitschrift herausgeben (Diabetes Educator), und auch darin, daß von der Deutschen Diabetesgesellschaft ein Ausbildungsweg zum Diabetesberater beschaffen wurde. Der Mangel an qualifiziertem Personal führt leider dazu, daß an vielen Orten die Schulung ohne ausreichend inhaltliche und pädagogische Qualifizierung der Schulungspersonen vorgenommen wird. Das Fehlen einer pädagogischen Ausbildung und die Überschätzung physiologischer Aspekte in der Ärzteschaft trägt leider noch vielerorts dazu bei, daß der Schulung der Patienten zu wenig Raum gegeben wird.

In diabetologischen Fachkreisen ist ihr Wert heute dennoch unbestritten, und ein solider Grundstock an Wissen wird als Basis einer erfolgreichen Diabetestherapie betrachtet (Delamater, 1990, Hackett, 1989, Lockington, 1989). Dagegen mangelt es zuweilen noch an differenzierter und systematischer Betrachtung der reifungspsychologischen, sozialen und individuellen Bedingungen und Einflußfaktoren. Dies führt nicht selten zu der Tendenz, Probleme im Umgang mit der Erkrankung vorschnell als Wissensmangel fehlzuinterpretieren und Schulungsmaßnahmen auch dort zu empfehlen, wo sie allein nicht weiterhelfen können, da andere Faktoren wirksam sind und einer genauen Analyse bedürfen (Anderson, 1990, Bloumgarden und Mitarbeiter, 1987, Rubin und Mitarbeiter, 1991, Shenkel und Mitarbeiter, 1985).

3.2.2 Beratung

Die schon aufgezeigten vielfältigen Einflüsse des Diabetes auf das gesamte Familienleben und die Eltern-Kind-Beziehung machen deutlich, daß nicht nur die Arbeit mit dem Patienten, sondern auch die Einbeziehung der gesamten Familie von großer Bedeutung ist. Die Eltern brauchen Beratung in pädagogischen Fragen, wobei sie immer wieder Hilfe bei der Einschätzung bedürfen, wie die metabolische Situation und das Therapieverhalten ihres Kindes zu bewerten ist. Es gilt dabei vor allem, einer zu starr reglementierenden, nur noch an den Ergebnissen der Stoffwechselkontrolle orientierten Erziehungshaltung entgegenzuwirken. Ein solcher Erziehungsstil behindert die Entwicklung zur Selbständigkeit, welche wiederum die Voraussetzung für eine spätere aktive Diabetesführung ist.

Von medizinischer Seite kann die Entwicklung einer überprotektiven Haltung der Eltern dadurch gefördert werden, daß zu früh und zu intensiv auf die Verbindung zwischen Hyperglykämie und der Entwicklung von Folgeerkrankungen hingewiesen wird. Werden diese Gedanken dominant, ist es nur folgerichtig, wenn die Eltern alle Schritte ihrer Kinder in der Hoffnung überwachen, sie damit vor Stoffwechselschwankungen und Folgeerkrankungen bewahren zu können. Hier würde das Stoffwechselergebnis zum wesentlichen Aspekt der Eltern-Kind-Beziehung, und es kann zu einer tiefgreifenden Verunsicherung des Kindes kommen, welche zu weiteren Therapieabweichungen disponiert. Viele Kinder und Jugendliche wollen auf diese Weise austesten, wieviel den Eltern an ihnen als Person liegt oder ob es ihnen nur um die Stoffwechsellage geht. In solchen verfahrenen Situationen, in denen die Kinder die Erziehungshaltung der Eltern nicht als emotional getragene Fürsorge begreifen können, sollte versucht werden, die Familie vorübergehend von den Auseinandersetzungen um den Diabetes zu entlasten. Dies kann dadurch geschehen, daß nach offener Vereinbarung therapiebezogene Probleme in die Sprechstunde verlagert und der Familie damit die Chance eingeräumt wird, sich wieder als Individuen wahrzunehmen und aus den starren Rollen der Diabeteskontrolleure bzw. des „Diabetikers" zu befreien.

3.2.3 Selbsthilfegruppe

Für die Eltern ist zur Unterstützung bei der Krankheitsbewältigung auch der Kontakt zu anderen Eltern im Rahmen von Selbsthilfegruppen bedeutungsvoll. Den Kindern und Jugendlichen geben sie die Möglichkeit, sich mit Gleichaltrigen auszutauschen und aus der Gruppe Unterstützung und Rückhalt zu erfahren. In vielen deutschen Großstädten sind Selbsthilfegruppen als eingetragene Vereine tätig. Amir und Laron (1970) berichten über eine organisierte Form der nachbarschaftlichen Hilfe in Israel. Familien mit guter Krankheitsbewältigung helfen solchen mit unzureichender Bewältigung der diabetesbedingten Probleme.

3.3 Spezielle verhaltenstherapeutische Maßnahmen

Wenn sich aus der differenzierten Verhaltensanalyse Ansatzpunkte für spezifische therapeutische Hilfestellungen ergeben, so sind sie zunächst in einem Gesamttherapieplan zu ordnen und mit dem Patienten auf ihre Machbarkeit und Reihenfolge zu prüfen. Im folgenden sollen zu den wesentlichen Therapiezielbereichen einzelne Techniken Erwähnung finden.

3.3.1 Krankheitsbewältigung

Im Hinblick auf die Ziele der Selbstakzeptanz und krankheitsbezogenen Kompetenz (Steinhausen, 1985) kann es vor allem bei schweren depressiven Reaktionen auf den Krankheitseintritt erforderlich sein, stützend und fördernd auf die emotionalen Ausdrucksmöglichkeiten des Patienten einzuwirken. Bei anhaltender stuporöser Einengung der emotionalen Erlebnisbereitschaft ist ein therapeutischer Ansatz am ehesten durch nonverbale, kreativitätsfördernde Ansätze, Kunst- oder Gestaltungstherapie möglich. Im weiteren kann durch das Aussprechen emotionaler Erlebnisinhalte im Rahmen einer *klientzentrierten Spieltherapie* eine allgemeine, affektiv-emotionale Auflockerung, Entkatastrophisierung und Förderung der Selbstexploration erfolgen (von Aster, 1981).

Als *kognitiver Ansatz* hat sich das Aufspüren und Bearbeiten von inneren Sätzen in Form negativer Selbstattributionen oder pessimistischer Zukunftserwartungen bewährt. Sie bestimmen als Verdichtung einer diffusen emotionalen Befindlichkeit den Umgang des Patienten mit der Krankheit. In einem bewußten Anzweifeln solcher innerer Sätze, der Minimierung ihrer negativen Inhalte, der Umformulierung und dem Suchen nach Alternativen bestehen Möglichkeiten einer Neuorientierung. Darüber hinaus kann es bedeutungsvoll sein, die individuelle Verursachungstheorie des Patienten für die Erkrankung selbst und deren Folgen für Familie und Umwelt zu erfragen, um behutsam korrigieren und gegebenenfalls von Schuldgefühlen entlasten zu können.

Im späteren Verlauf der Krankheitsbewältigung sind es häufig alltägliche Probleme der sozialen Kompetenz und Durchsetzung, die einer spezifischen Behandlung zugänglich gemacht werden können. Rückhalt und Selbstbewußtsein erfährt sich im Jugendalter leichter in der Gruppe Gleichaltriger und Mitbetroffener. Es liegt eine Vielzahl von Arbeiten über die Wirksamkeit sozialen Kompetenztrainings in der Gruppe, meist in Form mehr oder weniger standardisierter Rollenspielübungen, vor (Gross und Mitarbeiter, 1983). Sicherlich sind solch übende Verfahren bei diabeteskranken Menschen mit entsprechenden Verhaltensdefiziten ebenso wirksam hinsichtlich der beabsichtigten Verhaltensänderungen, wie dies bei körperlich gesunden Menschen der Fall sein kann. Es gibt einige, zum Teil schon erwähnte Untersuchungen, die belegen, daß soziale Kompetenz sich günstig auf die Langzeitprognose der Diabetesführung auswirkt. Eine unmittelbare und anhaltende Wirksamkeit sozialen Kompetenztrainings auf die Stoffwechsellage bei Diabetes ist hingegen umstritten (Massouh und Mitarbeiter, 1990).

Das instrumentelle Krankheitsverhalten ist ein nicht nur bei chronischen Erkrankungen weit verbreitetes Phänomen, das sich aus den verwöhnenden und entlastenden Aspekten der Krankenrolle, dem primären und sekundären Krankheitsgewinn ergibt. Das Erkennen der eigentlichen Verhaltensabsicht, die unter anderem in dem Wunsch nach Zuwendung und Anerkennung, der Entlastung von aktuellen Anforderungen, der Vermeidung subjektiv empfundener Überforderung oder der Opposition gegenüber den Eltern in der pubertären Schwellensituation bestehen kann, ist im Rahmen der individuellen Verhaltensanalyse ebenso wichtig, wie die bloße Deutung und Aufdeckung dieser Motive gegenüber dem Patienten schädlich sein kann. Hier ist eine behutsame Beratung der Bezugspersonen erforderlich, mit dem Ziel, Entlastung und Hilfe dort anzubieten, wo sie der Patient eigentlich benötigt, und Konflikte auf Schauplätze des alltäglichen Lebens zu verlagern, die nichts mit der Erkrankung selbst zu tun haben (Tomm und Mitarbeiter, 1977).

3.3.2 Streßreduktion

Bei konstitutionell bedingter, ausgeprägter vegetativer Labilität und Reagibilität wie auch bei erhöhter Erregungs- und Angstbereitschaft mit anhaltenden ungünstigen Folgen für den Stoffwechsel (Streßhyperglykämie) kann ein umschriebenes Ziel der Behandlung in der Vermittlung von Fertigkeiten zur muskulären und vegetativen Entspannung und Selbstkontrolle liegen. Positive Auswirkungen auf den Stoffwechsel fanden Rose und Mitarbeiter (1983) und Lammers und Mitarbeiter (1984). Kinder erlernen Entspannungstechniken wie das autogene Training oder die progressive Muskelrelaxation am besten zusammen mit einem Elternteil oder anderen geeigneten Modellpersonen. Bei Jugendlichen und jungen Erwachsenen haben sich auch EMG-Biofeedback-Methoden bewährt (Turkat, 1982).

3.3.3 „Compliance"-Therapie und Gesundheitsverhalten

Wie schon in Kapitel 2.2 ausgeführt, ist Compliance ein unscharf definierter und vielseitig gebräuchlicher Begriff, der die Qualität des Therapie- und Verordnungsverhaltens des Patienten zu seiner Stoffwechsellage in Beziehung setzt. Der Begriff ist für die verhaltensmedizinischen Vorstellungen unbrauchbar, weil er als veränderliche Variable nur das Adhärenzverhalten des Patienten an im übrigen anonym bleibende und starre Therapieverordnungen des Arztes zuläßt. Es geht aber um das im Einzelfall abzustimmende Gleichgewicht zwischen den individuellen Therapieempfehlungen und den Verhaltensmöglichkeiten des Patienten bzw. seiner Familie. Die Güte der Stoffwechseleinstellung bleibt dabei eines von vielen möglichen Therapiezielen, deren Priorität wechseln kann. Sofern eine Indikation für spezifische verhaltenstherapeutische Maßnahmen gegeben ist, muß immer gelten, daß Zielgebung, mithin auch die Bewertung von Erfolg und Wirksamkeit für den Patienten, auf das zu ändernde Verhalten gerichtet bleibt und nicht an weiterreichende Ziele, wie die von anderen Einflüssen moderierten Stoffwechselparameter, gebunden wird.

3.3.3.1 Kostregelung

Ist ein Kind oder Jugendlicher nicht in der Lage, die empfohlenen Diätvorschriften einzuhalten, und hat dies seine Ursache nicht in anderen Befindlichkeitsstörungen oder Verhaltensproblemen, depressivem Erleben etwa oder einer Krankheitsinstrumentalisierung, die jeweils andere Maßnahmen erfordern, so sind defizitorientierte, edukative VT-Techniken am ehesten geeignet, Abhilfe zu schaffen. Hier haben individuelle Ernährungsberatung, operante Methoden zu Gewichtsreduktion bei Übergewicht, Modellernen in natürlicher Umgebung und das Einüben von Selbstkontrollfertigkeiten ihren Platz. Eine Übersicht gibt Winterhalder (1988). Grundsätzlich ist bei dem Versuch einer Modifikation des Eßverhaltens immer zu beachten, daß die verstärkte Cerebralisierung dieser Vorgänge nicht zu einem Verlust von Freude und Vielfalt an geschmacklichen Empfindungen führt.

3.3.3.2 Körperliche Aktivität

Ein aktiver Umgang mit der Krankheit, das Bewußtsein, selbstverantwortlich und selbstbestimmt zu handeln, kann auch durch frühzeitiges Heranführen eines Kindes mit Diabetes an regelmäßige sportliche Betätigung gefördert werden. Das Kind lernt die Empfindungen bei körperlicher Anstrengung, Selbstüberwindung, Erschöpfung und Entspannung, zu differenzieren, auszubalancieren und in ihrem vitalen Gehalt auch zu genießen. Körperbild und Selbstwertgefühl können positiv beeinflußt werden.

Die Bereitschaft zu sportlicher Betätigung kann durch vielfältige Einflüsse gehemmt sein. Psychosoziale Probleme, Scham und soziale Angst kommen ebenso wie die schon erwähnte depressive Antriebsarmut oder das instrumentelle Krankheitsverhalten als ursächlich in Betracht. Auch eine zu leibnahe Gemütlichkeit mag vom Wesen des Kindes her eine geringe Anstrengungsbereitschaft begründen. Neben den der jeweiligen Ursache geltenden Therapiemaßnahmen ist ein stufenweiser Aktivitätsaufbau, wieder durch operante Verstärkung, Modellvorgaben in der sozialen Gemeinschaft, Vereinseinbindung, Selbstkontrolltechniken oder kognitive Motivationshilfen, indiziert.

3.3.3.3 Insulinbehandlung und Stoffwechselkontrolle

Im Rahmen der Insulinbehandlung bestehen verständlicherweise bei Kindern Ängste vor der Spritze und Hemmungen bei der selbständigen Injektion. Sie sind in der Regel vorübergehender Natur, erfordern pädagogisches Geschick, aber nur selten spezielle psychotherapeutische Hilfe. Sie kann gegebenenfalls in einer systematischen Desensibilisierung und sukzessiven Annäherung in kindgemäßer spielerischer Form erfolgen. Am wirksamsten dürfte auch hier die Kombination mit Modellernen in natürlicher Umgebung sein, etwa im Zusammensein mit anderen Kindern mit Diabetes. Bei mangelnder Zuverlässigkeit und Regelmäßigkeit der Medikation wie auch der Stoffwechselkontrolle ist, wenn nicht grundlegendere Fragen der Krankheitsakzeptanz oder sozialen Durchsetzung zu bearbeiten sind, an einfache lebenspraktische Hilfen zu denken. Sie können in Erinnerungsstützen, z. B. in Form von Cartoons, einer Armbanduhr mit Wecker oder in geeigneten Hilfen oder wiederholtem Üben bei der Handhabung der technischen Hilfsmittel bestehen.

Grundsätzliche Bedeutung haben Lob, Anerkennung und positive Verstärkung. Wichtig ist auch, daß das Kind angeleitet wird, mit den von ihm selbst ermittelten Stoffwechselwerten praktisch umgehen zu können. Sofern es selbst noch nicht in der Lage ist, stoffwechselkorrigierende Entscheidungen zu treffen, muß es vom Arzt, zumindest grob orientierend, über die Hintergründe von Therapieänderungen aufgeklärt werden. So kann frühzeitig darauf hingewirkt werden, daß Stoffwechselkontrollen, vor allem schmerzhafte Blutzuckermessungen, für den Patienten einen erkennbaren handlungsrelevanten Sinn haben. Jedoch dürfen Ergebnisse nicht mit der Bewertung der Person verknüpft werden, da sonst eine negative Fixierung auf die Werte, ihre ebenso ungesunde Leugnung und insgesamt ein vermindertes Selbstwertgefühl induziert werden kann.

3.3.3.4 Hypoglykämie

Der Umgang mit Hypoglykämien kann auf verschiedene Weise inadäquat sein. Dies kann sich in nicht rechtzeitigem Gegensteuern durch Aufnahme zusätzlicher Kohlenhydrate oder, im Gegenteil, durch ständige ängstliche Erwartung von Unterzuckerungszeichen und übermäßiger prophylaktischer Kohlenhydratzufuhr darstellen. Ein solchermaßen problematisches Verhalten ist nicht in jedem Fall als Folge unzureichender Schulung oder mangelnder Motivation anzusehen. Es kann auch auf eine unzureichend entwickelte Wahrnehmungsfähigkeit körperinnerer Vorgänge und Empfindungen zurückzuführen sein. Für die Diagnostik und Behandlung dieser Teilleistungsschwäche liegt ein erfolgreich erprobtes Blutzucker-Wahrnehmungstraining vor (Cox und Mitarbeiter, 1987, 1989; Fröhlich und Mitarbeiter, 1992), das unter anderem auch auf Tagebuchprotokollierung, Wahrnehmungsübungen und speziellen Selbsttests auch im Rahmen klinisch kontrollierter Hypoglykämieprovokation aufgebaut ist. Wegen des existentiellen Charakters der Bedrohung durch Hypoglykämie muß eine therapeutische Intervention zu hypoglykämiebezogenen Problemkreisen stets individuelle emotionale, intellektuelle, familiäre und soziale Faktoren zusammen berücksichtigen und darf sich nicht etwa nur auf operationalisiertes Training von Symptomwahrnehmung und sinnvoller Reaktion beschränken (Hirsch, 1991).

3.4 Familientherapie

Die systemorientierte Betrachtungsweise kann über den Anwendungsbereich der Familientherapie hinaus zum Verständnis der leib-seelischen Zusammenhänge und Wechselwirkungen bei chronischen Erkrankungen einen anschaulichen Beitrag liefern (Uexküll und Mitarbeiter, 1989). Burger hat die Einflußfaktoren der verschiedenen Systemebenen an die speziellen Vorgänge und Probleme bei Diabetes mellitus adaptiert (Abbildung 2).

Für die therapeutische Praxis liegt die Indikation für familientherapeutische Interventionen in einer vorherrschenden pathogenen Wirksamkeit gestörter familiärer Beziehungen und Kommunikation. Familiäre Interaktion kann als direkter Stressor, aber auch über die Veränderung des Therapie- und Copingverhaltens den Krankheitsverlauf beeinflussen. Minuchin und Mitarbeiter (1978) haben in einer Untersuchung an Kindern mit sehr labilem Stoffwechsel und deren Familien eine gute Wirksamkeit familientherapeutischer Maßnahmen festgestellt. Krisenhafte Stoffwechselentgleisungen und Krankenhausaufenthalte konnten dadurch deutlich reduziert werden.

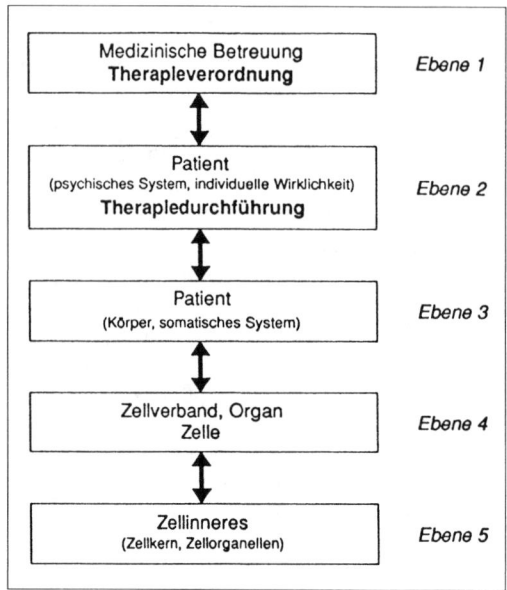

Abb. 2. Relevante Systemebenen für die Behandlung bei Diabetes mellitus (Burger)

4. Evaluation

Die Bewertung des Ergebnisses eines Behandlungsansatzes ist grundsätzlich davon abhängig, welche Behandlungsziele explizit oder implizit verfolgt werden und wie präzise diese ausformuliert sind. Richtet sich eine Intervention z. B. ganz allgemein darauf, den Patienten und seine Familie zu befähigen, besser mit der Erkrankung Diabetes mellitus umzugehen, so ist damit noch keineswegs klar, an welchen Parametern Erfolg oder Mißerfolg gemessen werden soll. So kann im Einzelfall unter langfristigem Aspekt ein besseres Selbstgefühl trotz unverändert ungünstiger Stoffwechselsituation einen Therapieerfolg anzeigen, in einer anderen Situation eine aktuelle Veränderung der Stoffwechselprobleme (z. B. häufige Hypoglykämien oder Ketoazidosen) im Vordergrund stehen.

Wie bei allen chronischen Erkrankungen kann auch bei Diabetes mellitus eine Therapieintervention nicht nur unter dem Aspekt der Wirkung auf Stoffwechselparameter betrachtet werden. Die Lebensqualität als Ganzes ist in ihren verschiedenen Dimensionen in den Blick zu nehmen und hängt mit der Stoffwechselführung des Patienten eng zusammen. Wir haben oben dargelegt, wie stark das Therapieverhalten von situationsbedingten individuellen Einflußfaktoren und Einstellungen abhängt.

Dabei sollte aber nicht darüber hinweggegangen werden, daß die Lebensqualität selbstverständlich auch somatische Aspekte hat. Dies wird beim Auftreten von Folgeerkrankungen besonders deutlich. Steht die Minimierung der Gefährdung durch diese Veränderungen im Zentrum therapeutischer Bemühungen – ein gut begründbares Anliegen –, so ergibt sich aber das Problem, wie diesbezüglich eine Evaluation über Erfolg oder Mißerfolg durchgeführt werden kann. Die Entwicklung von Folgeerkrankungen ist ein langfristiger Prozeß, in dessen Verlauf viele Faktoren (Lebensalter, Stoffwechsellage, Blutdruckverhalten, Lipidstoffwechsel, evtl. auch andere Stressoren) in zeitlich wechselnder Gewichtung wirksam werden. Es ist daher ausgesprochen problematisch, anhand der Stoffwechsellage eine quantitative Bewertung des Risikos für die Entwicklung von Folgeerkrankungen vorzunehmen. Sie kann erst präzisiert werden, wenn schon beginnende Veränderungen nachweisbar sind. Wie sollte außerdem eine unterstellte Gefährdung durch Folgeerkrankungen im Verhältnis zu den therapiebedingten Lebenseinschränkungen bewertet werden?

Die Messung der Lebensqualität ist trotz etlicher differenzierter Ansätze noch mit erheblichen methodischen Problemen behaftet (Literaturübersicht bei Tüchler und Lutz, 1991). Die methodischen Probleme spiegeln die grundsätzliche Frage wider, ob es überhaupt möglich ist, komplexes inneres Erleben zu erfassen und vergleichbar zu machen. Soll Lebensqualität z. B. interindividuell vergleichend oder selbstbezogen, global oder bereichsspezifisch, aktuell oder retro- bzw. prospektiv bilanzierend erfaßt werden (Fahrenberg, 1990)? Im Kindes- und Jugendalter muß zusätzlich berücksichtigt werden, daß sich Lebensperspektiven und Ziele im Verlauf der Entwicklung stark verändern.

Der Entwurf eines Instrumentes zur Erfassung der Lebensqualität setzt eine präzise Vorstellung voraus, welche Faktoren erfaßt werden sollen. Dies betrifft sowohl subjektiv erlebte als auch objektiv erfaßbare Größen. Methodische Aspekte haben also einen wesentlichen Einfluß auf das Meßergebnis, in welchem sich so die „philosophische" Ausgangssituation des Untersuchers widerspiegelt.

Die Tatsache, daß bei chronischen Erkrankungen intraindividuelle und soziale Einstellungen, Erlebnisse, Hoffnungen etc. entscheidenden Einfluß auf das Therapieverhalten nehmen und gleichzeitig zirkulär durch dieses beeinflußt werden, erklärt, daß durch definierbare physiologische Parameter die Wirksamkeit einer Intervention nicht allein erfaßt werden kann. Daher ist es auch nicht möglich, Therapiezielgrößen objektiv und verbindlich zu definieren. Chronische Erkrankungen zeichnen sich dadurch aus, daß sie zeitlich nicht eng begrenzt sind, sondern in wechselnder, meist progredienter Symptomatik das Leben des Betroffenen begleiten und verändern. Daher steht auch das Phänomen der über die Zeit auftretenden Veränderungen von Verteilung und Gewichtung der Problemfelder einer „objektiven" Beurteilung eines globalen Therapieerfolgs oder -mißerfolgs entgegen.

Die Evaluation medizinischer oder psychosozialer Interventionen kann daher nur nach Festlegung umschriebener Fragestellungen erfolgen, wobei dazu reichhaltige methodische Instrumente zur Erfassung physiologischer und psychosozialer Faktoren zur Verfügung stehen. Die Erkenntnis, daß Fragestellung und entsprechend ausgewähltes Instrumentarium immer einen subjektiven, an den Untersucher gebundenen Anteil haben, sollte dem Bemühen einer Evaluation nicht entgegenstehen. Die Illusion objektiver, allgemeingültiger Beurteilungsparameter muß allerdings geopfert werden.

Literatur

Amir, S., Laron, Z. (1970): Family to family guidance. In: Laron, Z.: Habilitation and rehabilitation of juvenile diabetics. Leiden, Stenfert & Kroese 172

Anderson, B. J. (1990): Diabetes and adaptations in family systems. In: Holmes, C. S. (Ed.): Neuropsychological and behavioral aspects of diabetes. New York, Berlin, Heidelberg, London, Paris, Tokyo, Hong Kong, Springer-Verlag 85–101

Aster, S. v. (1981): Klientzentrierte Spieltherapie. In: Linden, M., Hautzinger, M. (Hrsg.): Psychotherapie Manual. Springer-Verlag, Berlin, Heidelberg, New York

Banting, F. G., Best, C. B., Collip, J. B., Campbell, W. R., Fletcher, A. A.(1922): Pancreatic extract in the treatment of diabetes mellitus. Canad Med Ass J 2: 141–146

Barglow, P., Berndt, D. J., Burns, W. J., Hatcher, R. (1986): Neuroendocrine and psychological factors in childhood diabetes mellitus. J Am Acad Child Psych 25: 785–793

Becker, M. H., Maiman, L. A., Kirscht, J. P., Haefner, D. P., Drachman, R. H., Taylor, D. W. (1986): Wahrnehmungen des Patienten und Compliance: Neuere Untersuchungen zum „Health Belief Modell". In: Haynes, R. B., Taylor, D. W., Sackett, D. L. (Eds.): Compliance Handbuch. München, Verlag für angewandte Wissenschaften 94–131

Berger, M., Jörgens, V.(1990): Praxis der Insulintherapie. Berlin, Heidelberg, New York, Springer-Verlag 4–10

Beyer, J., Schneider, M., Schrezenmeir, J. (1990): Der glykämische Index – theoretische Größe oder praktisches Maß? Ernährungs-Umschau 37: 47–54

Bloomgarden, Z. T., Karmally, W., Metzger, M. J., Brothers, M., Nchemias, C., Bookman, J., Faierman, D., Ginsberg-Fellner, F., Rayfield, E., Brown, W. V. (1987): Randomized, controlled trial of diabetic patient education: improved knowledge without improved metabolic status. Diabetes Care 10: 263–272

Bundesministerium für Forschung und Technologie (1991): Die Nationale Verzehrstudie. Bonn, Wirtschaftsverlag NW

Burger, W. (1996): Microvaskuläre Folgeerkrankungen bei Kindern und Jugendlichen mit Diabetes mellitus, Stuttgart, Schattauer Verlag

Burger, W., Weber, B., Enders, I., Hartmann, R. (1991): Therapie des Diabetes mellitus im Kindes- und Jugendalter. Monatsschr Kinderheilkd 139: 62–68

Cerreto, M. C., Travis, L. B. (1984): Implications of psychological and family factors in the treatment of diabetes. Ped Clin N Am 31: 689–710

Cox, D. J., Gonder-Frederick, L. A., Lee, J. H., Julian, D. M., Carter, W. R., Clarke, W. L. (1989): Effects and correlates of blood glucose awareness training among patients with IDDM. Diabetes Care 12: 313–318

Cox, D., Irvine, A., Gonder-Frederick, L., Novacek, G., Butterfield, J. (1987): Fear of Hypoglycemia: Quantification, Validation and Utilization, Diabetes Care 10: 617–621

Deckert, T., Feldt-Rasmussen, B., Borch-Johnsen, K., Kofoed-Enevoldsen, A. (1989): Albuminuria reflects widespread vascular damage. Diabetologia 32: 219–226

Delamater, A. M., Bubb, J., Davis, S. G., Smith, J. A., Schmidt, L., White, N. H., Santiago, J. V. (1990): Randomized prospective study of self-management training with newly diagnosed diabetic children. Diabetes Care 13: 492–498

Detzner, M., Schmidt, M. (1988): Epidemiologische Methoden. In: Remschmidt, H., Schmidt, M. H. (Hrsg.): Kinder- und Jugendpsychiatrie in Klinik und Praxis. Thieme, Stuttgart

Fahrenberg, J. (1990): Zur Forschungsmethodik und multimodalen Erfassung von Bewältigungsprozessen. In: Muthny, F. A. (Hrsg.): Krankheitsverarbeitung. Heidelberg, New York, Tokyo, Springer-Verlag 41–52

Fröhlich, C., Zettler, A., Reinecker, H., Kulzer, B., Imhof, P., Cebulla, U., Bergis, K. H. (1992): Evaluation eines Gruppentrainings zur Verbesserung der Hypoglykämiewahrnehmung (WT) und Angstbewältigung (AT). Praxis der Klinischen Verhaltensmedizin und Rehabilitation 17: 30–34

Glasgow, R. E., McCaul, K. D., Schafer, L. C. (1987): Self-care behaviors and glycemic control in type 1 diabetics. J Chron Dis 40: 399–412

Gordis, L. (1986): Konzeptionelle und methodologische Probleme bei der Messung der Patienten-Compliance. In: Haynes, R. B., Taylor, D. W., Sackett, D. L. (Hrsg.): Compliance Handbuch. München, Verlag für angewandte Wissenschaften 35–60

Gross, A., Heilmann, L., Shapiro, R., Schultz, R. (1983): Social skills training and haemoglobin A 1 C Levels in children with diabetes. Beh Modif 7:151–164

Hackett, A. F., Court, S., Mathews, J. N. S., McCowen, C., Parkin, J. M. (1989): Do education groups help diabetics and their parents? Arch Dis Child 64: 997–1003

Hanson, C. L., Henggeler, S. W., Burghen, G. A. (1987): Model of associations between psychosocial variables and health-outcome measures of adolescents with IDDM. Diabetes Care 10: 752–758

Haynes, R. B., Taylor, D. W., Sackett, D. L. (Hrsg.) (1986): Compliance Handbuch. München, Verlag für angewandte Wissenschaften

Hoffmann, I., Jansen, B., Leitzmann, C. (1988): Die Entwicklung der Empfehlungen zur Nährstoffrelation in der Diät bei Diabetes mellitus. Akt Ernähr 13: 109–113

Hölzl, R. (1988): Funktionelle Diagnostik und Kriterien verhaltensmedizinischer Intervention. In: Strian, F., Hölzl, R., Haslbeck, M. (Hrsg.): Verhaltensmedizin und Diabetes mellitus. Berlin, Heidelberg, New York, Springer-Verlag 215–261

House, W. C., Pendleton, L., Parker, L. (1986): Patients' versus physicians' attributions of reasons for diabetic patients' noncompliance with diet (letter). Diabetes Care 9: 434

Hurley, C. C., Shea, C. A. (1992): Self-efficacy: Strategy for enhancing diabetes self-care. Diabetes Educ 18: 146–150

Hürter, P., Jastram, H.-U., Regling, B., Toeller, M., Lange, K., Weber, B., Burger, W., Haller, R. (1988): Diabetes Schulungsprogramm für Kinder. Köln, Deutscher Ärzte-Verlag

Kanfer, F. H., Saslow, G. (1969): Behavioral diagnosis. In: Franks, C. M. (Ed.): Behavior therapy: Appraisal and status. New York, McGraw-Hill 417–444

Kostraba, J. N., Dorman, J. S., Orchard, T. J., Becker, D. J., Ohki, Y., Ellis, D., Doft, B. H., Lobes, L. A., LaPorte, R. E., Drash, A. L. (1989): Contribution of diabetes duration before puberty to development of microvascular complications in IDDM subjects. Diabetes Care 12: 686–693

Kovacs, M., Iyengar, S., Goldston, D., Stewart, J., Obrosky, S., Marsh, J. (1990): Psychological functioning of children with insulin-dependent diabetes mellitus: A longitudinal study. J Ped Psychol 15: 619–632

Lammers, C., Naliboff, B., Straatmeyer, A. (1984): The effect of progressive relaxation of stress and diabetic control. Beh Res Ther 22: 641–650

Lange, K., Burger, W., Haller, R., Heinze, E., Holl, R., Hürter, P., Schmidt, H., Weber, B. (1995): Jugendliche mit Diabetes, ein Schulungsprogramm, Boehringer Mannheim GmbH Hrsg., Mainz, Krichheim Verlag

Lautenbacher, S. (1990): Anorexia und Bulimia nervosa bei Diabetes mellitus (Typ-I): Epidemiologie, Symptomatik und Pathogenese. Eine Literaturübersicht. Verhaltensmodifikation und Verhaltensmedizin 11: 258–280

Lockington, J. J., Powles, S., Meadows, K. A., Wise, P. H. (1989): Attitudes, knowledge and blood glucose control. Diabetic Med 6: 309–313

Lohaus, A. (1990): Gesundheit und Krankheit aus der Sicht von Kindern. Göttingen, Toronto, Zürich, Verlag für Psychologie, Dr. C. J. Hogrefe

Massouh, S. R., Steele, T. M. O., Alseth, E. R., Diekmann, J. M. (1990): The effect of social learning intervention on metabolic-control of insulin-dependent diabetes mellitus in adolescents. Diabetes Educ 15: 518–521

Minuchin, S., Rosman, B. L., Baker, L. (1978): Psychosomatic families. Cambridge (MA), London, Harvard University Press

Oyen, D., Chantelau, E. A., Berger, M. (1985): Zur Geschichte der Diabetesdiät. Berlin, Heidelberg, New York, Tokyo, Springer-Verlag

Pendleton, L., House, W. C., Parker, L. E. (1987): Physicians' and patients' views of problems of compliance with diabetes regimes. Publ Health Rep 102: 21–26

Piaget, J. (1970): „Piaget's Theory". In: Mussen, P. H. (Ed.): Carmichael's Manual of child psychology. Vol 1. New York

Robertson, J., Robertson, J. (1971): Young Children in brief Separations: A fresh look. Psychoanal Stud Child 26: 264

Rose, M., Firestone, Ph., Heick, H., Faught, A. (1983): The effects of anxiety management training on the control of juvenile diabetes mellitus, J Beh Med 6: 381–395

Rosmark, B., Berne, C., Holmgren, S., Lago, C., Renholm, G., Sohlberg, St. (1986): Eating Disorders in Patients with Insulin-Dependent Diabetes Mellitus, J Clin Psychiatry 47: 547–550

Rosenstock, I. M. (1985): Understanding and enhancing patient compliance with diabetic regimens. Diabetes Care 8: 610–616

Rubin, R. R., Peyrot, M., Saudek, C. D. (1991): Differential effect of diabetes education on self-regulation and life-style behaviors. Diabetes Care 14: 335–338

Ryden, O., Nevander, L., Johnsson, P., Westbom, L., Sjöblad, S. (1990): Diabetic children and their parents: Personality correlates of metabolic control. Acta Paediatr Scand 79: 1204–1212

Sagebiel, W., Hönecke, I., Richter, R., Unger, I., Steinhausen, H.-C. (1981): Frühkindliche psychogene Eßstörungen. In: Steinhausen, H.-C.: Psychosomatische Störungen und Krankheiten bei Kindern und Jugendlichen. Stuttgart, Kohlhammer Verlag 11–36

Schweiger, U. (1980): Diabetes mellitus und Eßstörungen. In: Strian, F., Hölzl, R., Haslbeck, M. (Hrsg.): Verhaltensmedizin und Diabetes mellitus, Berlin, Heidelberg, New York, Springer-Verlag, 203–214

Shenker, R. J., Rogers, J. P., Perfetto, G., Levin, R. A. (1985/86): Importance of „significant others" in predicting cooperation with diabetic regimen. Int J Psychiatry Med 15: 149–155

Steinhausen, H. Ch. (1985): Psychische Störungen bei Behinderungen und chronischen Krankheiten. In: Remschmidt, H., Schmidt, M. H. (Hrsg.): Kinder- und Jugendpsychiatrie in Klinik und Praxis. Thieme Verlag, Stuttgart, New York

Stolte, K. (1948): Die Behandlung zuckerkranker Kinder. Pro Medico 17: 181–184

Surwit, R. S., Scovern, A. W., Feinglos, M. N. (1982): The role of behavior in diabetes care. Diabetes Care 5: 337–342

Tomm, K. M., McArthur, R., Leahey, M. (1977): Psychological management of children with diabetes mellitus. Clin Pediatr 16: 1151–1155

Tüchler, H., Lutz, D. (1991): Lebensqualität und Krankheit. Köln, Deutscher Ärzte-Verlag

Turkat, I. D. (1982): The use of EMG biofeedback with insulin-dependent diabetic patients. Biof Self Regul 7: 301–304

Weber, B. (1989): Physiological aspects of diabetes mellitus. In: Brook, C. G. D. (Ed.): Clinical Paediatric Endocrinology. Oxford, London, Edinburgh, Blackwell Scientific Publications 555–598

Wilson, W., Ary, D. V., Biglan, A., Glasgow, R. E., Toobert, D. J., Campbell, D. R. (1986): Psychosocial predictors of self-care behaviors (compliance) and glycemic control in non-insulin-dependent diabetes mellitus. Diabetes Care 9: 614–622

Winterhalder, G. (1988): Zum derzeitigen Stand psychotherapeutischer Verfahren bei Diabetikern. In: Strian, F., Hölzl, R., Haslbeck, M. (Hrsg.): Verhaltensmedizin und Diabetes mellitus. Berlin, Heidelberg, New York, Springer-Verlag, 271–294

Wysocki, T., Meinhold, P., Cox, D. J., Clarke, W. L. (1990): Survey of diabetes professionals regarding developmental changes in diabetes self-care. Diabetes Care 13: 65–68

Uexküll, Th. v., Wesiack, W. (1989): Theorie der Humanmedizin, Urban und Schwarzenberg, München

Kapitel 21

Schlafstörungen

Hans-Christoph Steinhausen

1. Definition und Klassifikation 558
2. Symptomatik und Verhaltensdiagnose 559
2.1 Ein- und Durchschlafstörungen 560
2.2 Hypersomnien 561
2.3 Parasomnien 562
2.4 Verhaltensdiagnose der Ein- und Durchschlafstörungen 563
3. Therapie in der Praxis 568
3.1 Behandlung der Ein- und Durchschlafstörungen im Kindesalter 568
3.1.1 Verhaltenstherapeutische Techniken 569
3.2 Behandlung der Schlaflosigkeit bei älteren Kindern und Jugendlichen 572
3.3 Behandlung der Parasomnien 573
4. Evaluation 574

Literatur 576

1. Definition und Klassifikation

Schafstörungen sind über die gesamte Kindheit und das Jugendalter weit verbreitet, wenngleich nur ein geringerer Teil der betroffenen Kinder und Jugendlichen von den meist sekundär mitbetroffenen Eltern in der Sprechstunde vorgestellt wird. Störungen des Schlafs können vorübergehend als Ausdruck von alltäglichen Belastungen auftreten und sind dann selten Anlaß für eine Konsultation. Erst die Chronifizierung oder der Kontext einer psychischen Störung mit weiteren Symptomen sensibilisieren den Betroffenen bzw. seine Umwelt, Beratung und Behandlung in Anspruch zu nehmen. Dabei kommen gerade im Kindesalter verhaltenstherapeutische Methoden zur Anwendung, die als wirksam ausgewiesen sind und im Vergleich zur medikamentösen Behandlung als weniger problematisch und als nebenwirkungsfrei gekennzeichnet werden können.

Der menschliche Schlaf-Wach-Rhythmus ist ein zirkadian angelegtes, biologisch-genetisch determiniertes System, das zugleich einem Reifungsprozeß unterliegt. Nach der Geburt wechseln sich Schlaf- und Wachzustände in kurzen Intervallen mit ca. acht Stunden Schlaf jeweils am Tag und in der Nacht ab. Schon mit sechzehn Wochen schläft der Säugling zweimal soviel in der Nacht als am Tag, wobei die Wachperioden von ein bis drei Stunden bei der Geburt auf zwei bis vier Stunden zunehmen. Am Ende des ersten Quartals schlafen etwa 70% der Säuglinge von Mitternacht bis zum frühen Morgen durch, und mit etwa sechs Monaten schlafen bereits 83% der Säuglinge bei Nacht.

Der nächtliche Schlaf wird in aktiven REM-Schlaf mit raschen Augenbewegungen (*Rapid Eye Movement*) und Non-REM-Schlaf, d. h. ruhigen Schlaf ohne rasche Augenbewegungen, eingeteilt. Der REM-Schlaf ist elektrophysiologisch durch eine niedrige Amplitude und eine hohe Frequenz der Hirnaktivität gekennzeichnet. Neben den schnellen Augenbewegungen ist der Muskeltonus herabgesetzt, während Herz- und Atmungsfrequenz ansteigen. Beim Mann tritt zusätzlich eine Peniserektion auf. Die REM-Phase ist zugleich die Phase intensiver Traumaktivität.

In Orientierung an der im EEG erfaßbaren elektrophysiologischen Aktivität wird der Non-REM-Schlaf in vier Stadien mit abnehmender Frequenz und steigender Amplitude der Hirnpotentiale eingeteilt. Von Stadium I bis IV ist die Weckbarkeit zunehmend schwieriger bzw. die Tiefe des Schlafes ausgeprägter. Der typische Schlafzyklus läuft von der REM-Phase in zunehmend tiefere Non-REM-Stadien, um anschließend wieder rückläufig zu werden. Derartige Zyklen werden mehrmals pro Nacht durchlaufen. Sie werden über die Lebensspanne zunehmend häufiger: Während sie im Kindesalter etwa vier Mal durchlaufen werden, steigt die Frequenz bei jungen Erwachsenen auf etwa fünf Zyklen und nimmt für ältere Erwachsene weiterhin zu. Tiefe Schlafstadien stellen sich vermehrt in der ersten Nachthälfte ein, so daß die Weckbarkeit bzw. das Erwachen zu diesem Zeitpunkt schwieriger sind. Mit zunehmendem Alter nimmt die Frequenz der tiefen Schlafstadien ab.

Für das Verständnis des kindlichen Schlafs und seiner Störungen sind einige Grundregeln bedeutsam, die in Tabelle 1 zusammengefaßt sind. Sie betreffen die Reifungsabhängigkeit des Schlafes, die Bedeutung der zirkadianen Organisation, die interindividuelle Variabilität und die intraindividuelle Konstanz, das Verhältnis von Tag- und Nachtschlaf und von Einschlaf- und Aufwachzeiten sowie die Bedeutung des nächtlichen Erwachens.

Die vor allem durch die neurophysiologische Forschung intensivierte Beschäftigung mit den Schlafstörungen aller Lebensalter hat zu einer international vereinheitlichen Terminologie geführt, von der auch die Begriffe in den modernen psychiatrischen Klassifikationssystemen DSM-IV und ICD-10 geprägt sind. Wie Tabelle 2 entnommen werden kann, lassen sich Dyssomnien und Parasomnien unterscheiden. Bei den Dyssomnien sind Zeitpunkt, Dauer und Qualität sowie Rhythmus des Schlafes gestört, während bei der Parasomnien im Verlauf des Schlafes abnorme episodische Ereignis-

Tabelle 1. Charakteristika des kindlichen Schlafes (Largo und Hunzinger 1989)

1. Der Schlaf ist ein aktiver, organisierter Verhaltenszustand, der einem Reifungsprozeß unterliegt. Ob ein Kind mit 1, 3 oder erst mit 6 Monaten nachts durchschläft, hängt davon ab, wie rasch dieser Reifungsprozeß abläuft.
2. Das zirkadiane System des menschlichen Körpers erlaubt keine rasche Änderung des Schlafverhaltens. Eine Veränderung des Schlafrhythmus kann nur durch eine konsequente Erziehungshaltung während 7–14 Tagen erreicht werden.
3. Die Schlafdauer tags und nachts ist individuell sehr variabel. Wegen des großen Streubereiches muß der Schlafbedarf bei jedem Kind individuell erhoben werden.
4. Die Schlafdauer ist intraindividuell relativ gering variabel, d. h. der Schlafbedarf ist beim einzelnen Kind ziemlich konstant.
5. Tag- und Nachtschlaf stehen in einem reziproken Verhältnis zueinander. Je mehr ein Kind tagsüber schläft, desto weniger schläft es nachts und vice versa. Diese Regel gilt nicht für ein einmaliges Ereignis (siehe Regel 2).
6. Einschlaf- und Aufwachzeiten stehen in einem positiven Verhältnis zueinander, d. h. je früher ein Kind zu Bett gebracht wird, desto früher wird es am Morgen wach sein und vice versa. Diese Regel gilt wiederum nicht für ein einmaliges Ereignis (siehe Regel 2).
7. Nächtliches Erwachen ist keine Schlafstörung, sondern gehört zum normalen Schlafverhalten. Von einer Schlafstörung kann erst dann gesprochen werden, wenn das nächtliche Erwachen mit Schreien, Aufstehen oder Wecken anderer Familienmitglieder einhergeht.

Tabelle 2. Einteilung der Schlafstörungen im Kindes- und Jugendalter

A. *Dyssomnien*
1. Insomnie
   – Ein- und Durchschlafstörungen
2. Hypersomnie
   – bei psychischen Störungen (z. B. Depression)
   – organisch bedingt (Schlafapnoe, Narkolepsie, psychotrope Substanzen, Medikation, hirnorganische Störungen, Kleine-Levin-Syndrom)
   – primär bedingt
3. Störungen des Schlaf-Wach-Rhythmus

B. *Parasomnien*
1. Pavor nocturnus
2. Alpträume (Angstträume)
3. Schlafwandeln (Somnambulismus)

se auftreten. Diese Einteilung orientiert ausschließlich an den Phänomenen des gestörten Schlafes. Das DSM-IV berücksichtigt neben den primären Schlafstörungen der Dyssomnien und Parasomnien die durch psychische oder körperliche Faktoren bedingten Schlafstörungen als separate Klasse.

Unter den Dyssomnien dominieren in allen Lebensaltern die Insomnien, d. h. die Ein- und Durchschlafstörungen. Die im Kindes- und Jugendalter sehr seltenen Hypersomnien mit aborm verlängerter Gesamtdauer des Schlafes stehen entweder mit schweren psychischen Störungen oder organischen Faktoren in Verbindung und sind vereinzelt auch primärer Genese. Auch die Störungen des Schlaf-Wach-Rhythmus sind häufig organischen Ursprungs.

Die unter dem Begriff der Parasomnien zusammengefaßten Störungen Pavor nocturnus, Alpträume und Schlafwandeln haben in der Kindheit meist einen phasenhaften Bezug zur Entwicklung, können aber vereinzelt auch bis in das Erwachsenenalter persistieren bzw. dort erst ihren Ausgang nehmen.

2. Symptomatik und Verhaltensdiagnose

Im folgenden wird zunächst das Erscheinungsbild der wichtigsten Schlafstörungen des Kindes- und Jugendalters, d. h. der Ein- und Durchschlafstörungen, beschrieben (vgl. Anders und Eiben 1997, Stores 1996, Wolke 1996). Es schließt sich eine Charakterisierung der Hypersomnien und der Parasomnien an. Der sodann folgende Abschnitt über Verhaltensdiagnose konzentriert sich auf die Ein- und Durchschlafstörungen, weil hier der größte Handlungsbedarf für eine verhaltenstherapeutische Praxis besteht.

2.1 Ein- und Durchschlafstörungen

Eine einheitliche, altersübergreifende Festlegung, ab wann eine Schlaflosigkeit im Sinne einer Störung vorliegt, kann es wegen der Entwicklungsabhängigkeit des Schlafverhaltens und der interindividuellen Variabilität nicht geben. Im folgenden muß vielmehr die Entwicklungsperspektive für das Verständnis der Insomnie beim Kind berücksichtigt werden.

Schlafstörungen im Säuglingsalter treten bei etwa 20% aller Ein- bis Zweijährigen auf. Sie machen sich in der Regel direkt durch das heftige Schreien des Säuglings bemerkbar. Die Gründe für das Schreien können sowohl in körperlichen Faktoren wie auch in psychosozialen Umweltbedingungen liegen. Zu den körperlichen Faktoren zählen z. B. Hunger, Nässe, Kälte, Zahnen, Erkrankungen, Bauchschmerzen, Fütterungsprobleme sowie Nahrungsmittelunverträglichkeiten. Häufig zeigen auch Säuglinge mit perinatalen Risikoereignissen, insbesondere nach Frühgeburt und eventueller Intensivbehandlung einschießlich Aufzucht im Inkubator, ausgeprägte Zeichen einer allgemeinen Irritabilität und Fehlanpassung einschließlich einer Schlafstörung.

In psychosozialer Hinsicht bedeutsam für Schlafstörungen beim Säugling sind das Temperament, emotionale Faktoren und das elterliche Verhalten. Erkenntnisse aus der Temperamentsforschung machen deutlich, daß zu den interindividuell variierenden Verhaltensstilen von Säuglingen und Kindern auch der Schlaf gehört. Säuglinge mit mangelnder Rhythmizität biologischer Zyklen – wie Schlaf, Hunger, Ausscheidung – zeigen häufig auch Probleme in anderen Verhaltensdimensionen, zu denen die Temperamentsforschung seit Thomas und Chess (1980) weiterhin das Aktivitätsniveau, die Stimmungslage, das Annäherungs-/Vermeidungsverhalten bei neuen Situationen und Menschen, die Anpassungsfähigkeit, die Reaktionsschwelle und -intensität sowie Ablenkbarkeit und Aufmerksamkeit zählt. Derartige Verhaltensstile können zeitlich relativ stabil bleiben und bei irregulären Funktionsmustern einen wichtigen Beitrag zur Entwicklung von Auffälligkeiten im Verhalten von Kindern liefern.

Zu den der emotionalen Faktoren, welche für die Entwicklung von Schlafstörungen bei Säuglingen bedeutsam werden können, ist vor allem die Tatsache zu rechnen, daß sich in diesem Entwicklungsabschnitt die ersten Bindungen etablieren sollen. Verringerte Zuwendung und Aufmerksamkeit aus den verschiedensten Anlässen kann daher mit dem Schlafverhalten des Kindes interferieren. Schießlich kann die Art des elterlichen Umgangs mit dem schreienden Säugling, d. h. die Form der Ansprache und der Einsatz von rhythmischer Stimulation, Fütterung oder Saugobjekten, bedeutsam dazu beitragen, ob sich der schreiende Säugling beruhigt und in Schlaf fallen kann. Die Sicherheit der Eltern hinsichtlich der Verwendung derartiger Rituale ist daher von großer Bedeutung für den Umgang mit den häufigen Schlafunterbrechungen im Säuglingsalter.

Um das Alter von sechs Monaten herum entwickelt der Säugling zunehmend die Fähigkeit, sich auch selbst durch Saugen (z. B. am Daumen oder an weichen Objekten) oder rhythmische Stimulation selbst zu beruhigen. Zur letzteren zählen auch die in diesem Alter außerordentlich häufig zu beobachtenden Jactationen, d. h. rhythmische Drehbewegungen von Körper und/oder Kopf. In der Regel nehmen diese motorischen Stereotypien im zweiten Lebensjahr wieder ab und persistieren nur bei 3–4% der Kinder jenseits eines Alters von drei Jahren. Hochfrequente und persistierende Jactationen sind hingegen vor allem bei geistig behinderten und deprivierten Kindern zu beobachten. Probleme einer persistierenden Jactatio entstehen vor allem aus der Beunruhigung der Eltern einschließlich einer möglichen Beeinträchtigung des Schlafs von Familienmitgliedern und Nachbarn durch den entstehenden Lärm eines vibrierenden Bettes oder durch die Einschränkung für das Kind selbst, das wegen dieser Situation nicht außer Haus schlafen kann.

Kleinkinder mit Einschlafstörungen haben häufig Probleme der Trennung und Ablösung von ihrer primären Bezugsperson.

Zur abendlichen Schlafenszeit suchen sie in exessiver Weise die Aufmerksamkeit ihrer Eltern. Sie binden die Eltern beim Einschlafen ans Bett durch endlose Rituale, indem sie z. B. immer noch eine weitere Geschichte oder ein weiteres Lied fordern, die Eltern nach der Verabschiedung erneut zu sich rufen oder erwarten, daß die elterliche Bezugsperson bei ihnen bleibt, bis sie eingeschlafen sind. Eltern beugen sich angesichts oft stundenlangen Wachbleibens des Kindes diesen meist mit heftigen Affekten vorgetragenen Forderungen oder adaptieren ihre eigenen Schlafgewohnheiten, indem sie z. B. das Bett mit dem Kind teilen, selbst frühzeitig schlafen gehen, den Ehepartner aus dem gemeinsamen Schlafzimmer ausquartieren oder tolerieren, daß ihr Kind nachts zwischen den Partnern im Ehebett schläft.

Für die Entwicklung und Erhaltung von Ein- und Durchschlafstörungen im frühen und mittleren Kindesalter sind familiäre Faktoren von herausragender Bedeutung. Nach klinischen Erfahrungen sind das Familienklima, die Lebenssituation alleinerziehender Eltern, das Schlafplatzarrangement, die Geschwistersituation, Belastungen und psychische Störungen des Kindes sowie die Auswirkungen elterlicher Belastungen für Schlafstörungen bei Kindern bedeutsam. So reagiert das Kind sensibel auf Stimmungen und Spannungen in der Familie und kann von alleinstehenden Elternteilen abends als Partnerersatz mißbraucht und am rechtzeitigen Schlafen gehindert werden. Ebenso kann bedeutsam werden, ob das Kind allein im Zimmer, mit Geschwistern oder bei den Eltern schäft. Hier können sich enge Wohnverhältnisse zusammen mit Beziehungsproblemen unter Geschwistern bzw. mit den Eltern belastend auswirken. Ferner interferieren auch weitere Belastungsmomente außerhalb der Familie (z. B. im Kindergarten oder in der Schule) ebenso wie psychische Störungen beim Kind mit dem Schlaf. Ängste, Verstimmungen und weitere Zeichen einer Somatisierung (z. B. Bauchschmerzen) sind meist sehr eng mit Schlafstörungen bei Kindern verknüpft. Schließlich übertragen sich die elterlichen Sorgen aus Beruf und Alltag auf die Kinder in der Familie, und der Schlaf stellt häufig den Ort des geringsten Widerstandes beim Kind dar.

Von den bisher beschriebenen, vor allem für das frühe Kindesalter typischen Verhaltensweisen bei Ein- und Durchschlafstörungen heben sich die Schlafstörungen bei Jugendlichen bereits deutlich ab. Hier kommt es wie beim Erwachsenen bei wiederholter Schlaflosigkeit zur erhöhten Angst vor Schlafstörungen und einer vermehrten Beschäftigung mit den Konsequenzen der Schlaflosigkeit, so daß ein die Störung unterhaltender Teufelskreis der Chronifizierung entstehen kann. So stellen sich zur Schlafenszeit vielfältige ängstlich-depressive oder besorgte Gefühle und Gedanken über persönliche Probleme ein und erleben sich die Jugendlichen morgens ungenügend erholt, so daß sich tagsüber wiederholt ähnliche Stimmungen von Besorgtheit, Angespanntheit und auch Gereiztheit entwickeln. Zusätzlich können psychische Störungen bedeutsam sein, welche typischerweise mit Schlafstörungen einhergehen. Hier ist in erster Linie an affektive Erkankungen, Angststörungen, Zwangsstörungen und vereinzelt auch an schizophrene Psychosen zu denken. Einschlafstörungen kommen insgesamt im Jugendalter häufig vor, sind jedoch meistens vorübergehender Natur und von geringem Schweregrad.

2.2 Hypersomnien

Die Hypersomnie wird in der ICD-10 und im DSM-IV gleichlautend als ein Zustand von entweder exzessiver Schläfrigkeit während des Tages und Schlafattacken – die nicht durch eine inadäquate Schlafdauer erklärbar sind – oder verlängerter Übergangszeiten bis zur völligen Wachheit definiert. Die betroffenen Patienten schlafen fast zu jeder Tageszeit innerhalb weniger Minuten unvermittelt, ungewollt und sogar nach normaler oder verlängerter nächtlicher Schlafdauer ein. Sie vermögen nicht, den plötzlich auftretenden Schlafepisoden zu widerstehen, und benötigen bei Schlaftrunkenheit ungewöhnlich viel Zeit, um nach dem Erwachen völlig munter zu werden. In dieser verlängerten Übergangszeit können sie ataktisch und desorientiert sein.

Hypersomnien sind insgesamt seltene klinische Phänomene, die eher im Jugend- als im Kindesalter beobachtet werden können. Wie in Tabelle 2 bereits dargestellt, können Hypersomnien im Rahmen psychischer Störungen auftreten, organisch bedingt oder primärer Genese sein. Unter den psychischen Störungen mit Hypersomnie dominieren die depressiven Störungen. Hier liegt allerdings sehr viel häufiger eine Insomnie als eine Hypersomnie vor.

Gemessen an der Häufigkeit, sind organische Faktoren bei der Hypersomnie führend. Bei der *Schlafapnoe* setzt die Atmung mehrfach pro Nacht bis zu 60 Sekunden aus. Bei chronischem Verlauf treten nach Jahren sekundäre Veränderungen am Herz-Kreislauf-System (Bluthochdruck, Lungenhochdruck, Herzveränderung) ein. Die *Narkolepsie* ist neben den anfallsartig auftretenden Schlafattacken durch Kataplexie (plötzlicher Verlust des Muskeltonus), hypnagoge (an die Einschlafphase gebundene) Halluzinationen und Schlafparalyse (Unfähigkeit, sich während des Einschlafens oder beim plötzlichen Erwachen zu bewegen) gekennzeichnet. Das typische Manifestationsalter ist die Adoleszenz und das frühe Erwachsenenalter. Ferner sind im Rahmen einer organischen Genese der Hypersomnie der Mißbrauch psychotroper Substanzen – z. B. Cannabisabhängigkeit – und langfristiger Medikamentenmißbrauch – z. B. Beruhigungs- und Schlafmittel – zu berücksichtigen.

Unter den verschiedenen *hirnorganischen Störungen* mit Hypersomnie sind Folgezustände nach Meningitis, Encephalitis, Commotio, Hirntumoren, cerebrovaskulären Schädigungen, neurodegenerativen Erkrankungen, Stoffwechselstörungen, Intoxikationen sowie endokrinen Störungen zu nennen. Hierzu sind auch die Epilepsien zu zählen. Schließlich ist das Kleine-Levin-Syndrom durch eine episodische Störung von Schlaf, Essen und Verhalten gekennzeichnet. Neben einer Megaphagie (deutlich gesteigerte Aufnahme der Nahrungsmenge) liegen inkonstant Persönlichkeitsveränderungen mit erhöhter Irritabilität, Abhängigkeit oder Aggression vor. Die Episoden dauern Tage bis Wochen und gehen in völlig normale Funktionen über.

Sofern weder eine psychische Störung noch ein organischer Faktor vorliegen, muß eine primäre Hypersomnie angenommen werden. Unspezifische lebensgeschichtliche Ereignisse und Belastungen können bahnend wirken. Für alle Formen von Hypersomnien gilt unabhängig von der Genese, daß sie bisher nicht zum Gegenstand verhaltensmedizinischer oder -therapeutischer Intervention gemacht worden sind. Bei der Hypersomnie mit psychischen Störungen können sich therapeutische Interventionen eher auf die Grundstörung richten, während organische Faktoren einer verhaltenstherapeutischen Intervention Grenzen setzen.

2.3 Parasomnien

Kennzeichen der Parasomnien sind abnorme episodische Ereignisse während des Schlafs. Für den Pavor nocturnus sowie das Schlafwandeln und Reden im Schlaf gilt, daß diese Ereignisse typischerweise am Ende der Stufen 3–4 des Non-REM-Schlafs kurz vor Übergang in die REM-Phase ungefähr 70–120 Minuten nach Schlafbeginn auftreten. Diese verschiedenen Phänomene können sich beim einzelnen Kind kombinieren. Die Parasomnien manifestieren sich bevorzugt im Vorschul- und Schulalter, wobei Jungen viermal häufiger betroffen sind als Mädchen und meist eine positive Familienanamnese besteht. Für diese Formen der Parasomnien gilt, daß im Wachzustand eine Amnesie für die nächtlichen Episoden besteht.

Alpträume sind hingegen dadurch gekennzeichnet, daß sie in der REM-Phase des Schlafes im Übergang zur Wachheit am Morgen auftreten. Sie bestehen aus angstbestimmten Traumerfahrungen, die zu spontanem Erwachen führen oder mit leichter Erweckbarkeit einhergehen. Nach dem Erwachen ist die Orientierung schnell hergestellt, wobei der angsteinflößende Trauminhalt lebhaft wiedergegeben und auch noch am nächsten Morgen erinnert werden kann. Alpträume treten gewöhnlich als isolierte Episoden – auch nach fieberhaften Prozessen – auf und stehen möglicherweise mit den typischen Ängsten und Phantasien jüngerer Kinder in Beziehung. Persistierende Alpträume sind eher ungewöhnlich und legen die Frage nach einer bedeutsamen psychopathologischen Störung nahe.

Auch der *Pavor nocturnus* ist üblicherweise eine vorübergehende Störung im Vorschulalter. Die Symptomatik ist hoch charakteristisch: Das Kind sitzt mit glasigem Blick aufrecht im Bett, schreit gellend und wirkt extrem erregt und ängstlich. Zugleich ist es desorientiert und nicht ansprechbar. Nach kurzer, meist Sekunden bis wenige Minuten anhaltender Dauer legt sich das Kind zum Schlafen zurück und hat morgens einem Amnesie für das nächtliche Ereignis. Bisweilen steht das Kind in dieser Episode auch auf und geht im Zimmer umher, wobei es erregt vor sich hin spricht. Die Symptomatik kann sich seltener auch innerhalb einer Nacht wiederholen. Beginn in der späteren Kindheit – evtl. im Zusammenhang mit schweren lebensgeschichtlichen Ereignissen – und häufige persistierende Episoden haben vornehmlich Beziehungen zu ernsthaften psychiatrischen Störungen wie Depression und Angst, während der typischen Pavor nocturnus des Vorschulalters eher als eine entwicklungsabhängige Störung der zentralnervösen Aktivation mit einer möglichen Dissoziation verschiedener Hirnfunktionen betrachtet wird.

In ähnlicher Weise kann das *Schlafwandeln und Reden im Schlaf* als eine entwicklungsabhängige zentralnervöse Funktionsstörung verstanden werden. Phänomenologisch stehen auch hier der glasige Blick, das Herumwandern inner- und außerhalb der Wohnung, eine unbeholfen wirkende Motorik, eine schlecht artikulierte Sprache bei fehlender Wachheit und Amnesie am nächsten Morgen im Vordergrund der Symptomatik. Eine besondere Gefahr resultiert aus möglichen Verletzungen im Rahmen des Schlafwandelns. Etwa 15% aller Kinder im Alter von 5–12 Jahren schlafwandeln mindestens einmal, während nur 1–6% einen persistierenden Somnambulismus entwickeln. In der Regel liegt keine gleichzeitige psychiatrische Störung vor. Ebenso ist das Reden im Schlaf ein psychopathologisch bedeutungsloses Phänomen. Die Sprache ist meist schwer verständlich und einsilbig. Etwa 10% aller drei- bis zehnjährigen Kinder sprechen regelmäßig im Schlaf.

2.4 Verhaltensdiagnose der Ein- und Durchschlafstörungen

Wie bei allen Anwendungen klinischer Verhaltensanalysen und -therapien ist auch bei den Ein- und Durchschlafstörungen des Kindes- und Jugendalters zu berücksichtigen, daß bei der Anwendung allgemeiner Prinzipien der Diagnostik der Grundsatz der Besonderheit und Individualität eines jeden Falles zu berücksichtigen ist. Dabei sollen die bei den Schlafstörungen des Kindesalters meist erheblich mitbetroffenen Eltern nicht nur als Kotherapeuten für die Umsetzung von Therapiemaßnahmen gewonnen werden, sondern sollen auch in ihren Sorgen und Ängsten akzeptiert werden. Bei ihnen mischen sich Besorgnis und Erschöpfung mit Hilf- und Ratlosigkeit, so daß die Motivation für therapeutische Veränderung in der Regel hoch ist. Zugleich müssen ihre Zweifel über ihre Effizienz in der Elternrolle und mögliche Schuldgefühle hinsichtlich ihres Verhaltens gegenüber dem Kind aufgegriffen und abgebaut werden. In ähnlicher Weise müssen die Einstellung zum Kind und andere Sorgen und Belastungen in Familie und Partnerschaft im Rahmen eines ausführlichen klinischen Interviews angesprochen werden, um mögliche Zuflüsse zur Symptomatik des Kindes zu erfahren. Vor der Durchführung der eigentlichen Verhaltensdiagnostik muß also in umfassender Weise der Problemgeschichte in ihren möglichen verschiedenen Ebenen nachgegangen werden, um ein effizientes Handeln möglichst beider Elternteile zu ermöglichen.

Eine derartig mehrdimensional angelegte klinische Verhaltensdiagnostik für das Kleinkind- und mittlere Kindesalter bezieht also die Familie, ihren psychosozialen Kon-

Tabelle 3. Leitfaden für die Untersuchung von Schlafstörungen

Name des Kindes: _____ Geb. Datum: _____

Anschrift: _____

Untersucher: _____ Datum: _____

Familie	*Name*	*Alter*	*Beschäftigung/Schichtarbeit*
Mutter:			
Vater:			
Geschwister:			
Andere:			

Wohnung: (Anzahl der Räume, Schlafzimmer, Schlafarrangement)

Medizinische Anamnese a) Kind
b) Familie
Belastungen in der Familie

Schlafplatz des Kindes (Eigenes Bett; eigenes Zimmer; gemeinsames Bett/Zimmer)

Schlafenszeit und -ritual Zeitpunkt des Zubettgehens: _____ des Einschlafens: _____
Art des Rituals: _____

Objekte (z. B. Spielzeug, Decke, Flasche, Daumen etc.)

Schlafplatz (eigenes/elterliches Bett, Sofa, sonstiges; allein, mit dabeisitzendem Elternteil, mit Elternteil im Bett)

Probleme beim Schlafengehen in der abgelaufenen Woche:

Dauer der Störung:

Mögliche Auslöser:

Tabelle 3. (Fortsetzung)

Nächtliches Aufwachen	Durchschnittliche Nächte pro Woche:
	Durchschnittliche Anzahl pro Nacht:
	Verhalten (ruft nach Eltern, geht ins Zimmer/Bett der Eltern etc.)
	Verhalten der Eltern (auf den Arm nehmen; Getränk geben; stillen; sich zum Kind legen; Kind zu sich ins Bett nehmen; ein Elternteil tauscht mit dem Kind das Bett; sich zum Kind ins Bett legen etc.)
	Wer geht gewöhnlich zum Kind? (Mutter; Vater; abwechselnd; andere)
	Wen zieht das Kind vor?
	Zeitdauer bis zum Wiedereinschlafen:
	Häufigkeit, mit der Eltern pro Woche mit dem Kind schlafen:

	Mutter	Vater
Liegt beim Kind in der Nacht:		
Kind kommt ins elterliche Bett:		
Elternteil geht zum Kind ins Bett:		
Elternteil tauscht mit Kind Bett:		

	Dauer dieser Störung:
	Mögliche Auslöser:
Schlafmitteleinsatz	(Substanz; Alter bei Einsatz; Dauer; Effekt)
Andere Maßnahmen	
Schlaf am Tage	(Zeitpunkt, Dauer, Schlafplatz, Einleitung)
Familienleben	(Babysitter; abendlicher Ausgang; Auswirkungen auf Familienleben und Partnerschaft; Übereinstimmung der Eltern hinsichtlich Umgang mit dem Schlafproblem)
Elternreaktionen	(Gefühle der Belastung; Verstimmung; Nervosität; Klagen von Nachbarn; andere Belastungen)
Spiel- und Kontaktbereich	
Weitere Probleme	

text der Wohnverhältnisse, die medizinische Anamnese des Kindes, eine genaue Analyse des Schlafverhaltens, Art und Erfolg bisheriger Maßnahmen und die Auswirkungen auf Eltern und Familie ein. Tabelle 3 gibt in Anlehnung an Douglas und Richman (1985) einen Leitfaden für die Verhaltensdiagnostik. Hier wird bei der Erfassung der Familienzusammensetzung zugleich auch der möglichen Belastung durch Schichtarbeit eines oder beider Elternteile sowie durch beengte Schlafverhältnisse mit ungenügender Möglichkeit der Separierung von Kind und Eltern Rechnung getragen. Im Rahmen der Erfassung der kindlichen Anamnese wird einer bisweilen bedeutsamen medizinischen Teilursache kindlicher Ein- und Durchschlafstörungen nachgegangen. So kann eine Symptomatik in der Folge einer Krankheit entstanden sein oder seit einer komplizierten Geburt bestehen bzw. bei einem in seiner Temperamentstruktur irritablen Säugling ihren Ausgang genommen haben.

Während diese Faktoren für die Entwicklung der Ein- und Durchschlafstörungen bedeutsam gewesen sein mögen und berücksichtigt werden müssen, so liegt der Hauptakzent der Analyse auf den die Symptomatik unterhaltenden Faktoren, d. h. in elterlichen Reaktionen, welche dem Kind das Ein- bzw. Wiedereinschlafen bisher nicht ermöglicht haben. In der Regel haben sich die meisten Ein- und Durchschlafstörungen bei Kindern nämlich von den ursprünglichen Auslösefaktoren im medizinischen Bereich bzw. lebensgeschichtli-chen Ereignissen abgelöst und können dementsprechend einfach und direkt durch eine Veränderung der Verhaltenskontingenzen angegangen werden. Dort, wo andere und allgemeinere Belastungen in der Familie eine Rolle spielen, von denen gleichzeitig Störfunktionen für das Kind ausgehen, stellt sich eher die Frage nach einem erweiterten Therapieprogramm, welches diesen zusätzlichen Behandlungsnotwendigkeiten nachgeht.

Die detaillierte Analyse des Schlafverhaltens bezieht sich sodann auf den Schlafplatz des Kindes und vor allem die Schlafenszeit einschießlich des Einschlafrituals. So werden Zeitpunkt von Zubettgehen und Einschlafen, die von den Eltern eingesetzten Rituale, mögliche Objekte, welche das Kind mit sich zu Bett nimmt, der Ort, an dem das Kind einschäft (im eigenen oder elterlichen Bett, im Wohnzimmer), das Schlafarrangement (allein oder mit dabeisitzendem oder -liegendem Elternteil usw.) und ein mögliches erneutes Erwachen während der Nacht einschließlich Verhalten und Reaktionen der Eltern erfragt. Dieses allgemeine Muster der Verhaltensdiagnose wird sodann hinsichtlich einer detaillierten Analyse der Probleme beim Schlafengehen in der abgelaufenen Woche spezifiziert, um die aktuell bedeutsame Symptomatik zu erfassen, für die den Eltern die Erinnerung leichtfällt. Am Ende dieses Abschnitts der Analyse läßt sich die Dauer der Störung und die Wertigkeit möglicher Auslöser bestimmen.

Hinsichtlich der nächtlichen Durchschlafstörungen interessiert zunächst die Frequenz im Sinne der Anzahl von Durchschlafstörungen pro Woche bzw. Ereignissen pro Nacht. Sodann liegt der Fokus auf dem Verhalten des Kindes bei nächtlichem Aufwachen und den Reaktionen der Eltern. Ruft das Kind nach den Eltern oder geht es in das Schlafzimmer bzw. Bett der Eltern, in welcher Weise widmen sich die Eltern dem Kind, welcher Elternteil nimmt sich dann des Kindes an, welchen Erfolg haben diese Maßnahmen, und wie häufig kommt es auf diese Weise zum gemeinsamen Schlafen von Eltern und Kind an welchem Schlafplatz – diesen Fragen muß sich eine sorgfältige Verhaltensanalyse stellen.

Die Diagnostik setzt sich sodann mit einer Erhebung bisher realisierter Maßnahmen fort. Hier muß die Frage nach dem Einsatz von Schlafmitteln mit der nach Zeitpunkt, Dauer und Effekten verbunden werden. Ebenso müssen mögliche andere Therapieversuche durch die Eltern erfragt werden. Es schließt sich die Bewertung des Schlafs am Tage an. Angesichts der eingangs dargestellten reziproken Beziehung von Tag- und Nachtschlaf kann exzessiver Schlaf am Tag mit der nächtlichen Schlafdauer interferieren, so daß Maßnahmen eher auf eine Verhaltensänderung am Tag hinauslaufen müssen.

Ferner muß sich das verhaltensdiagnostische Interview den Auswirkungen der Schlafstörungen des Kindes auf das Familienleben und den Reaktionen der Eltern widmen. So ist zu fragen, ob die Eltern das Kind überhaupt mit einem Babysitter allein lassen können oder jeglichen abendlichen Ausgang eingestellt haben, in welcher Weise das Problem des Kindes die Partnerschaft und das Familienleben beeinträchtigt und inwieweit die Eltern gemeinschaftlich oder konflikthaft und widersprüchlich mit der Schlafstörung des Kindes umgehen. Wie bereits festgestellt, ist die Berücksichtigung der elterlichen Reaktionen und Gefühle angesichts eines vor der Konsultation meist chronifizierten Problems für eine erfolgreiche Therapie ebenso bedeutsam wie eine detaillierte Verhaltensanalyse der Schlafstörungen des Kindes.

Schließlich darf nicht verabsäumt werden, auch andere Problembereiche des Kindes anzusprechen, zumal Schlafstörungen nur einen Teilbereich gestörten Verhaltens darstellen können und entsprechend möglicherweise weiterreichende therapeutische Maßnahmen angezeigt sind. Am Ende der Phase der Verhaltensdiagnostik sollte also ein umfassender und detaillierter Überblick über die Schlafstörung und mögliche weitere Verhaltensprobleme vorliegen. Sofern das diagnostische Interview hinsichtlich der Verhaltensbeobachtung ungenügend präzis bleibt, empfiehlt sich der Einsatz des in Tabelle 4 dargestellten sogenannten *Schlaf-Tagebuches*.

Tabelle 4. Schlaf-Tagebuch

– Aufzeichnungen nach Möglichkeit über zwei Wochen nach dem Erstgespräch
– Unmittelbare Aufzeichnungen sind erforderlich (Zuverlässigkeitsproblem)
– Fortführung der Aufzeichnungen über die gesamte Therapiephase (Effektivitätskontrolle)

	Montag	Dienstag	Mittwoch	Donnerstag	Freitag	Samstag	Sonntag
Aufwachzeit am Morgen							
Zeit und Dauer von Schlaf am Tag							
Zubettgehzeit							
Einschlafzeit							
Zeit und Dauer des abendlichen Wachseins einschl. elterlichen Verhaltens							
Zeit und Dauer des nächtlichen Wachseins einschl. elterlichen Verhaltens							

Die Führung eines Schlaf-Tagebuches wird mit der Instruktion für die Eltern versehen, über den Zeitraum von zwei Wochen tägliche Aufzeichnungen über Aufwachzeiten am Morgen, Zeit und Dauer des Schlafes am Tage, Zubettgeh- und Einschlafzeiten und die Zeit und Dauer von entweder abendlichem oder nächtlichem Wachsein einschließlich des elterlichen Verhaltens vorzunehmen. Dieses Tagebuch kann bei entsprechend präziser Führung zur Grundlage der Therapie gemacht werden. Schon bei der Durchführung lernen die Eltern z. B. die Bedeutung ihrer Wahrnehmung für die Frequenz der Störung und ihre eigenen Reaktionen auf das Schlafverhalten des Kindes kennen. Das Schlaf-Tagebuch vermittelt ihnen das Gefühl, erste Kontrolle über das Geschehen zu entwickeln und in einem hilfreichen Kontakt mit dem Therapeuten zu stehen. Da es in der Therapiephase fortgeführt wird, erschließt sich den Eltern zugleich der Erfolg der therapeutischen Maßnahmen.

3. Therapie in der Praxis

3.1 Behandlung der Ein- und Durchschlafstörungen im Kindesalter

Die Therapie der kindlichen Ein- und Durchschlafstörungen wird zentral von dem Ziel geleitet, nicht den Umfang des individuell variierenden Schlafes zu verändern, sondern das Kind nicht den Schlaf von Eltern und Geschwistern stören zu lassen und ohne Hilfe von außen einzuschlafen. Entsprechend liegt es auch nicht in der Verantwortung des Therapeuten, zu entscheiden, wie viel das Kind jeweils an welchem Ort der Wohnung schläft. Für diese Entscheidung sind allein die Eltern verantwortlich. Die im Zentrum der therapeutischen Intervention stehenden Eltern werden also schwerpunktmäßig beraten. Vor allem bei Schlafstörungen im Säuglingsalter, wo der Handlungsraum noch stärker begrenzt ist, spielen Aufklärung und Information der Eltern – z. B. über die in Tabelle 1 dargelegten Charakteristika des kindlichen Schlafs – eine herausragende Rolle. Fehlerwartungen können durch entsprechende Beratung und die Führung eines Schlafprotokolls, wie es Wolke (1996) sowie Largo und Hunzinger (1989) empfohlen haben, meist schnell korrigiert werden. Die durch das Führen eines Schlafprotokolls – d. h. durch das Notieren von Schlafen, Wachen, Schreien und Essen – geschärfte Aufmerksamkeit verändert Erwartungen. Sie ermöglicht Entscheidungen in der Beratung, wie viel und wann das Kind tatsächlich schlafen muß.

Ab dem Kleinkindalter erweitert sich der verfügbare Handlungsraum für verhaltenstherapeutische Interventionen. Der therapeutische Prozeß umfaßt nun (nach Douglas und Richman, 1985) die in Tabelle 5 zusammengefaßten Schwerpunkte. Nach der Durchführung der im vorausgegangenen Abschnitt beschriebenen Verhaltensanalyse (Punkte 1–2) wird die Verhaltensänderung durch eine Diskussion der Möglichkeiten unter Berücksichtigung der elterlichen Gefühle und der von ihnen erwarteten Probleme bei der Umsetzung sowie der für die Störung verantwortlichen Mechanismen

Tabelle 5. Übersicht über die Therapie von Schlafstörungen.

1. Verhaltensanalyse der Schlafstörung.
2. Analyse weiterer Familienprobleme bzw. der elterlichen Befindlichkeit.
3. Diskussion der Möglichkeiten von Verhaltensänderungen einschließlich der elterlichen Gefühle sowie der von den Eltern erwarteten Schwierigkeiten.
4. Diskussion der möglichen Mechanismen, die für Ein- und Durchschlafstörungen verantwortlich sind.
5. Ermutigung beider Eltern, zu den Therapiesitzungen zu erscheinen.
6. Verhandlung und Übereinstimmung hinsichtlich der Ziele.
7. Diskussion über verschiedene Techniken der Verhaltensänderung, Einsatz von Medikamenten.
8. Übereinstimmung hinsichtlich Programm und Vertrag über Anwesenheit und Schlaf-Tagebuch.
9. Programmdurchführung und Registrierung.

vorbereitet (Punkte 3–4). Für die praktische Durchführung ist sodann eine aktive Beteiligung beider Elternteile mit übereinstimmenden Zielen erforderlich, um den Therapieerfolg zu sichern (Punkte 5–6). Nach diesen vorbereitenden Schritten können die Techniken der Verhaltensänderung mit den Eltern mit dem Ziel erörtert werden, zwischen Therapeut und Eltern Übereinstimmung hinsichtlich des Programms zu erzielen und einen Vertrag über Anwesenheit beider Partner bei den gemeinsamen Sitzungen und die Durchführung der Tagebuchaufzeichnungen abzuschließen (Punkte 7–8). Schließlich erfolgt die Programmdurchführung, die über das Schlaf-Tagebuch zugleich registriert wird (Punkt 9).

Für die Erarbeitung des *Verhaltensvertrages* und der *Behandlungsziele* sollten folgende Grundsätze leitend sein. Der Therapeut sollte sich von der Maxime leiten lassen, die Eltern über die Behandlungsziele entscheiden zu lassen, weil sie nicht selbst erarbeitete und akzeptierte Ziele auch nicht umsetzen würden. Entsprechend sind es die Eltern, die nach der Erklärung möglicher Veränderungen durch den Therapeuten in ihrem Verhalten und seiner Konsequenzen für das Verhalten des Kindes über die Fortsetzung der Therapie entscheiden. Sobald sich Therapeut und Eltern über die Ziele der Behandlung geeinigt haben, sollten diese schriftlich niedergelegt werden. Nach spätestens sechs Sitzungen wird die Situation erneut analysiert. Die Frequenz der Sitzungen sollte am Anfang eher dicht geknüpft sein (z. B. alle zwei Wochen), während später je nach Verlauf die Abstände vergrößert werden können. Grundsätzlich wird die Anwesenheit beider Eltern in den Sitzungen betont und soll das Kind nach Möglichkeit an der Diskussion beteiligt werden.

3.1.1 Verhaltenstherapeutische Techniken

In Anlehnung an Douglas und Richman (1985) sowie France u. a. (1996) können vier verhaltenstherapeutische Techniken bei kindlichen Schlafstörungen unterschieden werden:

1. Löschung,
2. positive Verstärkung,
3. Verhaltensformung und graduelle Annäherung sowie
4. Berücksichtigung von Antecedentien und Diskriminationslernen. Zusätzlich ist
5. die „positive Routine" im Sinne eines Einschlafrituals zu berücksichtigen.

Bei der *Löschung* werden positive Verstärker für ein Verhalten entfernt. So wird das Kind bei forderndem oder klagendem Schreien, statt es mit Zuwendung oder Getränk zu versorgen, in seinem Verhalten ignoriert. Es lernt, daß sein Weinen oder Schreien nicht mehr durch elterliche Anwesenheit und Zuwendung belohnt wird. Der unzweifelhaften Wirksamkeit dieser Form der Intervention steht die Tatsache entgegen, daß der Wechsel im Verhalten der Eltern für beide Seiten außerordentlich belastend ist. So wird das Kind initial bei Veränderung des elterlichen Verhaltens eher intensiver schreien und bei den Eltern verstärkt das Gefühl provozieren, sich ungenügend um das Kind und seine möglichen Nöte zu kümmern bzw. allzu gefühllos zu wirken. Die mögliche Konsequenz kann darin bestehen, daß die Eltern inkonsistent einmal mit Zuwendung, ein andermal mit Kontaktverweigerung reagieren und durch diese Inkonsistenz ihres Verhaltens oder noch zusätzlich durch die Widersprüchlichkeit im Verhalten der beiden Elternteile das kindliche Verhalten, also das Schreien, verfestigen.

Diese Form der Löschung kann in einer beide Teile, d. h. das Kind und die Eltern, emotional weniger stark belastenden Form variiert werden. Dabei stellen die Eltern in ruhiger und bestimmter Form ihre Verhaltenserwartung klar und verlassen das Kind, um in fünfminütigen Abständen erneut – soweit erforderlich – nach dem Kind zu sehen. Dabei sollte möglichst wenig Interaktion erfolgen; das Ziel besteht vielmehr darin, daß Eltern und Kind in kurzer Zeit zur Ruhe finden. Dieses Vorgehen fällt manchen Eltern leichter, weil damit eigenen Befürchtungen entgegnet und dem Kind die

Sicherheit gegeben wird, daß die Eltern in der Nähe sind. In anderen Fällen kann sich daraus eher eine Zuspitzung ergeben, weil das Kind sich über das wiederholte Kommen und Gehen eher noch mehr erregt. Insofern müssen die Eltern entscheiden, welche Form der Löschung für sie effektiver ist.

Wichtig ist in jedem Fall, daß mit dem elterlichen Verhalten keine Verstärkung für das nächtliche Weinen oder Schreien gesetzt wird. In diesem Sinne ist ein kurzes Auftauchen der Eltern günstiger, wenn das Kind gerade sein Weinen eingestellt hat. In ähnlicher Weise ist ein konsistentes Handeln erforderlich, wenn Kinder lernen müssen, nicht mehr nachts in das elterliche Bett oder abends nach dem Schlafengehen zurück zu den Eltern zu kommen. Der Therapeut muß demgemäß die Eltern ermutigen, konsequent zu handeln und bei der notwendigen Intervention zur Verhaltensänderung sicher und beständig zu bleiben und zugleich Interaktionen soweit wie möglich zu vermeiden. So gehört es auch zu den Aufgaben des Therapeuten, die Eltern auf die Mühe und Belastung vorzubereiten, die mit der Verhaltensänderung verbunden ist. Nach wenigen anstrengenden Nächten mit exzessiven Versuchen des Kindes, die Aufmerksamkeit der Eltern zu suchen, stellt sich bei konsequentem Elternverhalten in der Regel ein stabiler Erfolg ein. Sofern es zu Rückfällen kommt, müssen die gleichen Regeln wiederum mit Konsequenz befolgt werden.

Die Technik der *positiven Verstärkung* gehört zu den am breitesten in der Verhaltenstherapie bei Kindern eingesetzten Methode und kann auch bei Schlafstörungen Verwendung finden. Das Prinzip der Verstärkung eines Verhaltens durch positive Konsequenzen setzt eine klare Definition des erwünschten Verhaltens und eine vertragliche Festsetzung der kontingent einzusetzenden Belohnung voraus. Dabei sollte das erwünschte Verhalten positiv im Sinne von „nachts beim Aufwachen im eigenen Bett bleiben" anstelle von „nachts nicht in das Schlafzimmer der Eltern kommen" definiert werden. Diese Forderung muß natürlich vom Kleinkind verstanden werden können, um entsprechende Vorgehensweisen einsetzen zu können.

Die verwendeten Verstärker können kleine Abziehbilder sein, die gemeinsam mit dem Kind am nächsten Morgen nach einer „erfolgreichen" Nacht auf einer Tafel sichtbar für das Kind befestigt werden. Dabei muß sichergestellt werden, daß dem Kind dieses Zeichen seines Erfolges auch bei Rückfällen nicht wieder genommen werden kann und das Kriterium so klar bestimmt ist, daß es kein Handeln über „Erfolg oder Mißerfolg" geben kann. Schließlich muß der Verstärker für das Kind auch tatsächlich attraktiv sein und gegebenenfalls später in eine erwünschte Aktivität (z. B. Zoobesuch) eingetauscht werden können. Wird das Kriterium nicht erreicht, so müssen die Eltern diesen Sachverhalt ohne Verärgerung oder andere emotionale Beteiligung erklären und mit dem Kind die nächste Nacht vorbesprechen.

Diese Form der materiellen Verstärkung muß von sozialer Verstärkung – also Ausdruck der Freude, Lob, Zustimmung – seitens der Eltern begleitet werden. Der Therapeut muß sich möglicherweise der Frage stellen, wie denn mit anderen Kindern in der Familie umzugehen sei, die kein entsprechendes Verstärkerprogramm haben, oder die Skepsis der Eltern gegenüber einem Programm überwinden, das angeblich selbstverständliches Verhalten belohne. Die zeitliche Begrenzung dieser Intervention und der Abbau der Verstärkung z. B. durch Erhöhung der Kriteriumsschwelle sollten daher frühzeitig bei der Therapieplanung angesprochen werden.

Angesichts der Tatsache, daß viele Eltern sich nicht für die rigorose Löschungsprozedur entscheiden können oder eher unsicher in ihrem Verhalten sind, stellt die Methode der *Verhaltensformung* und *graduellen Annäherung* die am häufigsten eingesetze Intervention dar. Bei diesem Vorgehen wird das erwünschte Verhalten in kleinen Schritten sukzessive angestrebt. So wird beispielsweise die Schlafenszeit schrittweise um jeweils dreißig Minuten vorverlegt, so daß die zu erwartenden heftigen Auseinandersetzungen um eine drastische Vorverlegung um mehrere Stunden eher vermieden und das Ziel innerhalb von zwei Wochen erreicht wird. Auch hier müssen die Eltern anstelle des Therapeuten das wirklich angemessene Therapieziel festlegen. In ähnlicher Weise kann die Stundenzahl, welche Eltern nachts bei ihrem Kind in oder an dessen Bett verbringen, allmählich reduziert werden. Nach dem gleichen Prinzip kann auch die persönliche und räumliche Nähe zum Kind abgebaut werden, indem die Eltern vom Liegen im Bett des Kindes zum Sitzen auf dem Bettrand, dann zum Sitzen außerhalb des Bettes im Zimmer des Kindes und schließlich zum Verzicht des Verbleibs im Kinderzimmer übergehen.

Dieses Prinzip läßt sich individuell auf die jeweiligen Gegebenheiten des Falles modifizieren. So kann auch das Problem des Kindes, das nachts das Schlafzimmer der Eltern aufsucht, angegangen werden, indem die Eltern das Kind am Anfang in sein Bett zurückbringen und dann allmählich den Kontakt reduzieren. Auch bei diesem Vorgehen der Verhaltensformung ist zu bedenken, daß möglichst wenig Austausch in Form von Gespräch oder Spiel stattfindet. Die vom Kind erwünschte Versicherung, daß die Eltern da sind, soll nur durch ihre Gegenwart vermittelt werden. Auch die Methode der Verhaltensformung braucht eine sorgfältige therapeutische Überwachung hinsichtlich Konsistenz und Konsequenz. Wegen des langsameren therapeutischen Fortschritts und der erforderlichen elterlichen Konzentration auf ein aufwendiges Programm ist eine sorgfältige Begleitung mit Ermutigung der Eltern und Vorausplanung der nächsten Schritte Voraussetzung für den Erfolg.

Angesichts der Tatsache, daß Verhalten nicht nur durch Konsequenzen, sondern auch durch Hinweise und Bedingungen der Umwelt gesteuert wird, lassen sich *Antecedentien* und Elemente des *Diskriminationslernens* auch bei der Therapie der kindlichen Ein- und Durchschlafstörungen berücksichtigen. Hierzu gehört z. B. das abendliche Zubettgehritual. Wenn Kinder ohne abendliches Waschen und Umziehen und außerhalb des Bettes an jedem Ort der Wohnung einschlafen können, fehlen ihnen wichtige Hinweisreize für Zeitpunkt und Ort des nächtlichen Schlafes. Hingegen sind konsistente Regeln und Hinweisreize in der Lage, dem Kind ein Gefühl der Sicherheit und Orientierung zum Zeitpunkt des Schlafengehens zu vermitteln. In ähnlicher Weise fungieren die im Rahmen klarer Grenzsetzungen angesiedelten Gutenachtgeschichten oder -lieder und die abendliche Umarmung. Zusätzlich können ein Lieblingsspielzeug oder ein Objekt wie z. B. eine bestimmte Decke oder eine Spieluhr diese Funktionen von Antecedentien bzw. Hinweisreizen auf das erwartete Verhalten des Einschlafens verstärken.

Beim nachts aufwachenden Kind, das die Nähe des Erwachsenen sucht, ist diese Bezugsperson und ihre Zuwendung der diskriminative Reiz für erneutes Einschlafen. Hier muß also der Elternteil z. B. durch das Spielobjekt als diskriminativer Reiz ersetzt werden. Ebenso muß das eigene Bett frühzeitig als der einzige Schlafplatz gleichermaßen für den Nachmittags- wie für den Nachtschlaf im Sinne eines Hinweisreizes verankert werden. Sobald dies erfolgt ist, reicht bei nächtlichem Erwachen nur eine knappe Bestätigung der Eltern, daß sie in der Nähe sind, um das Kind schnell wieder einschlafen zu lassen.

Eine weitere Variante, um die belastenden Auswirkungen einer nicht graduiert durchgeführten Löschung zu vermeiden, ist die Methode der sogenannten „positiven Routine" als Einschlafritual. Sie ermittelt zunächst den Zeitpunkt, wann das Kind üblicherweise einschläft. Die Eltern werden sodann instruiert, eine positive Routine von vier bis sieben ruhigen Aktivitäten zu entwickeln, die nicht länger als zwanzig Minuten dauern. Nach jeder dieser Aktivitäten wird das Kind gelobt. Nach Durchführung aller Aktivitäten fordern die Eltern das Kind auf, schlafen zu gehen. Sofern das Kind nach Abschluß dieses Rituals opponiert oder das Bett verläßt, wird es von den Eltern in das Bett gelegt und bestimmt darauf hingewiesen, daß nun das Einschlafprogramm vorbei und Schlafenszeit sei. Im

Tabelle 6. Behandlung häufiger Verhaltensprobleme bei Ein- und Durchschlafstörungen junger Kinder

A. *Weigerung, allein einzuschlafen*
1. Ankündigung des geplanten elterlichen Verhaltens
2. Graduelles Ausblenden des bisherigen elterlichen Verhaltens
3. Einsatz von Zubettgeh-Ritualen
4. Einsatz von Spielobjekten

B. *Weigerung, zu Bett zu gehen*
1. Festsetzung der Schlafenszeit
2. Graduelle Vorverlegung der Schlafenszeit
3. Festsetzung der Schlafenszeit in Kombination mit Vorgehen wie bei A

C. *Nächtliches Aufsuchen des Bettes der Eltern*
1. Das Kind in das eigene Bett zurückbringen
2. Verstärkung

D. *Durchschlafstörungen*
1. Sukzessive Löschung bei Kleinkindern
2. Verstärkung bei größeren Kindern
3. Einsatz von Nachtlicht und Spielobjekten

Verlauf der Behandlung wird die Schlafenszeit systematisch nach vorn bis zu dem Punkt verlegt, den die Eltern für wünschenswert halten.

Auf der Basis dieser verhaltenstherapeutischen Techniken lassen sich die typischen Verhaltensprobleme bei den kindlichen Ein- und Durchschlafstörungen erfolgreich angehen. Eine praktische Anleitung vermittelt Tabelle 6 für die Behandlung von Kindern, die nicht allein einschlafen wollen, das Zubettgehen verweigern, nachts in das elterliche Bett kommen oder nachts nicht durchschlafen.

3.2 Behandlung der Schlaflosigkeit bei älteren Kindern und Jugendlichen

Die bisher geschilderten verhaltenstherapeutischen Vorgehensweisen haben sehr stark auf das Elternverhalten abgestellt, zumal die Eltern bei jüngeren Kindern sowohl Beeinträchtigungen aus dem gestörten Schlafverhalten des Kindes erfahren wie auch in der Lage sind, durch eigene Verhaltensänderungen das Schlafverhalten ihrer Kinder positiv zu beeinflussen. Dieser Zusammenhang wird für das ältere Kind und den Jugendlichen zunehmend lockerer. Zugleich kann diese Altersgruppe ähnlich wie Erwachsene sehr viel aktiver an der Therapie mitwirken, so daß vor allem Selbstkontrolltechniken zur Anwendung kommen können (Turner 1986, Lichstein und Riedel 1994). Diese erstrecken sich im wesentlichen auf drei Ansätze:
1. Entspannungstechniken,
2. Biofeedback und
3. Reizkontrolle.

Einsatz und Wirksamkeit von *Entspannungstechniken* beruhen auf der Annahme und Beobachtung einer erhöhten physiologischen Aktivation und Spannung zum Zeitpunkt des Schlafengehens, die mit einer erhöhten psychischen Spannung im Sinne von Angst, Besorgtheit und ähnlichen Gefühlen verknüpft sein kann. Die in der Verhaltenstherapie zur Behandlung vor allem von Phobien gebräuchliche progressive Muskelentspannung ist daher auch ein erfolgreicher Ansatz zur Behandlung der Schlaflosigkeit. Hier lernt der Betroffene in einer Reihe sequentieller Schritte in liegender Position in einem ruhigen Umfeld unter Anweisung eines Therapeuten einzelne Muskelgruppen seines Körpers zunächst anzuspannen und dann zu entspannen und diesen Prozeß wahrzunehmen. Das Training wird sodann vom Therapiezimmer auf die häusliche Umgebung ausgedehnt und im Falle der Schlafstörung als Übung in die abendliche Einschlafenszeit verlegt.

Bei der Methode des *Biofeedback* wird eine akustisch oder visuell wahrnehmbar gemachte Information über einen physiologischen Spannungszustand eingesetzt, um diesen Zustand zu verändern. Der unter Schlaflosigkeit Leidende erhält beispielsweise eine über einen Ton- oder Lichtgenerator vermittelte Rückmeldung seiner über eine Elektrode abgeleiteten und elektronisch verstärkten Muskelspannung, die er selbst durch Entspannung zu reduzieren versucht. Entsprechend schlägt sich die Entspannung in einer Reduktion der Tonhöhe oder der Lichtintensität nieder. Bei einer Schlafstörung zielt der Einsatz von Biofeedback also ebenso wie die progressive muskuläre Entspanung auf eine Reduktion der Aktivation des autonomen Nervensystems.

Biofeedbackmethoden sind dementsprechend apparateabhängig und daher in der Regel nicht außerhalb einer therapeutischen Praxis einsetzbar. Die gebräuchliche Ableitemethode beruht auf dem Elektromyogramm (EMG), wobei typischerweise der Spannungszustand der Stirn oder des Kiefers abgeleitet wird. Dieses Verfahren ist unter Kostengesichtspunkten aufwendig, wobei offensichtlich keine Überlegenheit gegenüber der Methode der progressiven Muskelentspannung besteht.

Der dritte Ansatz der *Reizkontrolle* geht davon aus, das Bett wieder als diskriminativen Reiz für Schlafen zu etablieren und überflüssige Verknüpfungen von Außenreizen mit dem Bett aufzulösen. So wie z. B. das Hören eines Musikstückes Gefühle und Erinnerungen an die Vergangenheit reaktivieren kann, gibt es eine Vielzahl von Reiz-Kontroll-Mechanismen in unserem Alltag, zu denen auch das Bett gehört. Diese externen Verknüpfungen sollen durch ein Selbstkontrollprogramm aufgelöst werden, in dem folgende Regeln befolgt werden:
a) Das Bett wird nur bei Müdigkeit aufgesucht,
b) im Bett werden keine nicht auf das Schlafen bezogenen Aktivitäten (Lesen, Essen, Fernsehen) betrieben,
c) sofern sich kein Schlaf einstellt, wird das Bett nach zehn Minuten wieder verlassen; es wird ein anderes Zimmer aufgesucht oder eine andere Aktivität betrieben,
d) jeden Morgen wird zur gleichen Zeit unabhängig vom Ausmaß des nächtlichen Schlafes aufgestanden und
e) Schlaf am Tag wird vermieden.

3.3 Behandlung der Parasomnien

Wie bereits angedeutet, nehmen verhaltenstherapeutische Techniken in der Behandlung der Parasomnien nur eine sehr periphere Rolle ein. Hier dürfte die Funktion organismischer Bedingungen für die Auslösung und Aufrechterhaltung der Störungen derart dominant sein, daß der Verhaltenstherapie Grenzen gesetzt sind.

Beim *Pavor nocturnus* lassen sich vier Behandlungsansätze differenzieren (Carlson u. a. 1982). Die konservative Therapie des Abwartens ohne Intervention kann sich auf die in der Regel gegebene Entwicklungsabhängigkeit der Symptomatik stützen, die zur Spontanremission führt. Dieses Vorgehen hat sicher keine schädlichen Nebenwirkungen; eine sorgfältige Evaluation dieses Vorgehens steht allerdings aus. Die gleiche Feststellung muß auch für die bisweilen eingesetzte Psychotherapie getroffen werden: Ihre Wirksamkeit ist unbewiesen. Hinsichtlich der Behandlung mit Psychopharmaka liegen nicht sehr umfangreiche Hinweise vor, daß die Substanzen Imipramin (ein Antidepressivum) und Diazepam (ein Tranquilizer) hilfreich sein können.

Auch die Erfahrungen mit Verhaltenstherapie sind auf wenige Einzelfallbeschreibungen beschränkt. Das Verfahren der systematischen Desensibilisierung hat sich zwar generell hinsichtlich der Reduktion von Phobien und Ängsten als wirksam erwiesen, ist jedoch bisher wenig bei Parasomnien eingesetzt worden. Einzelne Beobachtungen belegen seine potentielle Bedeutung für die Reduktion von Alpträumen, während der Nachweis einer Wirksamkeit beim Pavor nocturnus aussteht bzw. evtl. gar nicht erwartet werden kann, zumal die Beziehung von Angst und Pavor grundsätzlich anders ist als beim Alptraum.

Beim *Somnambulismus* stehen die Beratung der Eltern mit dem Ziel ihrer Entängstigung und der Gefahrenreduktion für das Kind sowie bei hoher Frequenz und Intensität die Behandlung mit Imipramin oder Diazepam im Vordergrund. Während Imipramin keine Auswirkungen auf die Schlafstadien 3 und 4 hat, unterdrückt Diazepam die Schlafstadien 3 und 4, in denen es typischerweise zur Manifestation der Symptomatik kommt.

4. Evaluation

Grundsätzlich verlangt die Durchführung einer Verhaltenstherapie in jedem Einzelfall nach einer begleitenden Evaluation. Ein Schema für die Protokollierung von Maßnahmen und Effekten im Rahmen verhaltenstherapeutischer Interventionen bei Ein- und Durchschlafstörungen im Kindesalter ist in Tabelle 7 wiedergegeben.

Die wissenschaftliche Literatur zur Evaluation von verhaltenstherapeutischen Interventionen bei Schlafstörungen von Kindern und Jugendlichen ist insgesamt nicht sehr umfangreich und basiert stärker auf Einzelfallstudien als auf Gruppendesigns. In einer Reihe von derartigen Einzelfallevaluationen konnte gezeigt werden, daß mit dem Prinzip der Löschung, d. h. sukzessivem Aufmerksamkeitsentzug für nächtliches Schreien bzw. oppositionelles Verhalten beim abendlichen Zubettgehen, bei Säuglingen und Kleinkindern Ein- und Durchschlafstörungen erfolgreich behandelt werden können (Williams, 1959, Wolf u. a., 1964, Jenn u. a., 1972, Durand und Mindell, 1990, France und Hudson, 1990, Mindell und Durand, 1993, Edwards und Christophersen, 1994). Dabei konnte auch verdeutlicht werden, daß inkonsistentes Handeln zu Rückfällen führt und erneutes kontingentes Verhalten das erwünschte Einschlafen wiederherstellt. Eine neuere Fallstudie dokumentiert zugleich die Auswirkungen der Intervention auf die Zufriedenheit der Partner und die depressive Verstimmung der Eltern (Durand und Mindell, 1990).

Diese Einzelfallberichte werden durch eine kleinere Reihe von Studien an Gruppen von Kindern ergänzt. Richman u. a. (1985) haben ihr Programm, das sich schwerpunktmäßig auf graduelle Löschung, positive Verstärkung, Verhaltensformung und Diskriminationslernen stützt, in einer Pilotstudie an 35 Kindern im Alter von ein bis fünf Jahren evaluiert. Sie haben Verbesserungen in 77% mitgeteilt, wobei durchschnittlich 4,4 Sitzungen erforderlich wa-

Tabelle 7. Therapiebewertung

Name des Kindes: _____

Datum	Sitzungs-Nr.	Sitzungs-länge	Anwesende	Zubettgeh-Probleme seit letzter Sitzung / Durchgeführtes Programm	Gesamtzahl der Schlafunterbrechungen seit letzter Sitzung / Durchgeführtes Programm	Anzahl der Nächte mit Schlafunterbrechung

ren. In ähnlicher Weise führten Jones und Verduyn (1983) ein Behandlungsrogramm bei 19 Kleinkindern mit Ein- und Durchschlafstörungen durch, das schwerpunktmäßig auf sukzessiver Löschung von Verstärkern bestand. Die Autoren konnten eine Erfolgsrate von 84% ermitteln, die über sechs Monate Verlauf stabil blieb. Der Erfolg war mit fehlender Partnerbeziehungsstörung und Teilnahme beider Eltern an den Sitzungen verknüpft.

Sander u. a. (1984) haben über die Behandlung von vier Kindern im Alter von zwei bis fünf Jahren berichtet, bei denen das Therapieprogramm von den Prinzipien der Reizkontrolle und Kontingenz, also Diskriminationslernen und Verstärkung, bestimmt war. Zur Reizkontrolle gehörte die Vorankündigung, daß in einer halben Stunde Schlafenszeit sei, eine ruhige Aktivität in dieser Phase (z. B. ein Hobby oder Fernsehen), ein weiterer Hinweis fünf Minuten vor der Schlafenszeit und schließlich die Aufforderung, zu Bett zu gehen. Sofern das Kind dann ohne Protest das Bett aufsuchte, wurde am Bett eine Gutenachtgeschiche gelesen. Danach wurde mit dem Kind eine Liste möglicher Gründe durchgegangen, die das Verlassen des Bettes gestatteten (z. B. Toilette aufsuchen). In der zweiten Phase wurden die Eltern in Kontingenzmaßnahmen trainiert. Diese betrafen das Ignorieren von Schreien und Weinen und den Einsatz der Technik des sozialen Ausschlusses im Badezimmer in Verbindung mit Verlust der Gutenachtgeschichte am nächsten Abend für das Verlassen des Bettes. In einer dritten Phase wurden eine positive Verstärkung im Sinne einer Überraschungsbelohnung unter dem Kopfkissen nach einer Nacht ohne Aufwachen einschließlich eines Token (Aufklebebildchen auf einer Tafel) und intensives Lob eingesetzt. Dieses Programm wurde über zehn Nächte durchgeführt und dann gemeinsam mit dem Therapeuten besprochen. Anschließend wurden die Verstärker durch Erhöhung der Kriteriumsschwelle ausgeblendet. Systematische Beobachtungen ergaben, daß mit diesem Programm in allen vier Fällen die Probleme erfolgreich und ohne Nebenwirkungen behandelt werden konnten und bei einer Nachuntersuchung nach zwei Monaten stabile Resultate vorlagen.

Eine weitere Studie hat die Effekte des Programms der „positiven Routine" mit gradueller Löschung verglichen (Adams und Rickert, 1989). Die Effekte dieser beiden Varianten wurden im Vergleich zu einer Kontrollgruppe bei insgesamt 36 Kleinkindern überprüft. In den beiden Behandlungsgruppen traten oppositionelles Verhalten seltener und kürzer als bei der Kontrollgruppe in einer sechswöchigen Behandlung und bei Nachuntersuchungen nach drei bzw. sechs Wochen auf. Obwohl sich beide Interventionen als effektiver im Vergleich zum Zuwarten erwiesen, ergaben sich für die Gruppe mit „positiver Routine" Hinweise auf zusätzliche günstige Effekte, zumal hier die Zufriedenheit in der Partnerschaft höher war.

Für die Behandlung von Ein- und Durchschlafstörungen bei älteren Kindern und Jugendlichen liegen keine spezifischen Evaluationsstudien vor. Gleichwohl kann aus der Literatur zur Bewertung von Selbstkontrolltechniken bei Erwachsenen mit Schlaflosigkeit (vgl. Turner, 1986) entnommen werden, daß progressive Muskelentspannung, Biofeedback und Stimuluskontrolle gut evaluierte Methoden darstellen.

Wie bereits in Abschnitt 3.3 dargestellt wurde, stellen die Parasomnien keine sehr überzeugende Indikation für eine verhaltenstherapeutische Intervention dar. In Einzelfallstudien sind beim Somnambulismus Kontingenzprogramme eingesetzt worden, wobei entweder vollständiges Erwecken (Clement 1970) oder unspezifische Verhaltensverträge zwischen Eltern und Kind (Framer und Sanders 1980) eingesetzt wurden. Bei wiederkehrenden Alpträumen hat sich die systematische Desensibilisierung einer chronischen Furcht bei Erwachsenen als erfolgreich erwiesen. Auch Kinder mit Pavor nocturnus sind vereinzelt mit Methoden der Angstreduktion und Verstärkung angemessenen Schlafverhaltens behandelt worden (Carlson u. a. 1982). Der begrenzte Erkenntnisstand gestattet jedoch keine

Generalisierbarkeit dieser Einzelbeobachtungen.

Zusammenfassend läßt sich feststellen, daß für die im Kindes- und Jugendalter häufig vorliegenden Ein- und Durchschlafstörungen gut evaluierte verhaltenstherapeutische Behandlungsmethoden vorliegen, die angesichts der weitgehenden Wirkungslosigkeit eines nur informierenden und beratenden Vorgehens (Scott und Richards 1990) und der gebotenen Zurückhaltung gegenüber dem Einsatz von Schlafmitteln die therapeutische Methode der Wahl darstellen.

Literatur

Adams LA, Richert VI (1989) Reducing bedtime tantrums – comparison between positive routines and graduated extinction. Pediatrics 84, 756–761

Anders T, Eiben LA (1997) Pediatric steep disorders: a review of the past 10 years. Journal of the American Academy of Child and Adolescent Psychiatry 36, 9–20

Carlson CR, White DK, Turkat ID (1982) Night terrors: A clinical and empirical review. Clin Psychol Rev 2, 455–468

Clement PW (1970) Elimination of sleep walking in a seven-year-old boy. Journal of Consulting and Clinical Psychology 34, 22–26

Douglas J, Richman N (1985) Sleep Management Manual. The Department of Psychological Medicine, Great Ormond Street, Children's Hospital, London

Durand VM, Mindell JA (1990) Behavioral treatment of multiple childhood sleep disorders – effects on child and family. Behavior Modification 14(1), 37–49

Edwards KJ, Christophersen ER (1994) Treating common sleep problems of young children. Journal of Delevopmental and Behavioral Pediatrics 15, 207–213

Framer EM, Sanders SH (1980) The effects of family contingency contracting on disturbed sleeping behaviors in a male adolescent. Journal of Behavior Therapy and Experimental psychiatry 11, 235–237

France KG, Henderson JMT, Hudson SM (1996) Fact, act and tact. Child and Adolescent Psychiatric Clinies of North America 5, 581–599

France KG, Hudson SM (1990) Behavior management of infant sleep disturbance. Journal of Applied Behavior Analysis 23, 91–98

Jones DPH, Verduyn CM (1983) Behavioural management of sleep problems. Archives of Diseases in Childhood 58, 442–444

Largo RH, Hunziker UA (1989) Normales Schlafverhalten und die häufigsten Störungen in den ersten Lebensjahren. Pädiatrische Praxis 38, 215–223

Lichstein KL, Riedel BW (1994) Behavioral assessment and treatment of insomnia: a review with an emphasis on clinical application. Behavior Therapy 25, 659–688

Mindell JA, Durand VM (1993) Treatment of childhood sleep disorders: generalization across disorders and effects on family members. Journal of Pediatric Psychology, 18, 731–750

Richman N, Douglas J, Hunt H, Landsdown R, Levere R (1985) Behavioural methods in the treatment of sleep disorders – A pilot study. Journal of Child Psychology and Psychiatry 26, 581–590

Rickert VI, Johnson CM (1988) Reducing nocturnal awakening and crying episodes in infants and young children: A comparison between scheduled awakenings and systematic ignoring. Pediatrics 81, 203–212

Rossmann P (1986) Schlafwandeln. Zeitschrift für Kinder- und Jugendpsychiatrie 14, 159–171

Sanders MR, Bor B, Dadds M (1984) Modifying bedtime desruptions in children using stimulus control and contingency management techniques. Behavioural Psychotherapy 12, 130–141

Scott G, Richards MPM (1990) Night walking in infants. Effects of providing advice and support for parents. Journal of Child Psychology and Psychiatry 31, 551–567

Stores G (1996) Practitioner review: assessment and treatment of sleep disorder in children and adolescents. Journal of Child Psychology and Psychiatry 37, 907–925

Turner RM (1986) Behavioral self-control procedures for disorders of initiating and maintaining sleep (DIMS). Clinical Psychology Review 6, 27–38

Williams CD (1959) The elimination of tantrumbehavior by extinction procedures. Journal of Abnormal and Social Psychology 59, 269–273

Wolf M, Risley T, Mees H (1964) Applications of operant conditioning procedures to the behavior problems of an autistic child. Behavior Research and Therapy 1, 305–312

Wolke D (1996) Probleme bei Neugeborenen und Kleinkindern. In: J Margraf (Hrsg.) Lehrbuch der Verhaltenstherapie, Band 2. Springer-Verlag, Berlin, 363–380

Yen S, McIntire RW, Berkowitz S (1972) Extinction of inappropriate sleeping behavior: Multiple assessment. Psychological Reports 30, 375–378

Kapitel 22

Chronische Schmerzen

Raymund Pothmann und Ursula Mohn

1.	Definition, Klassifikation und medizinische Grundlagen 578		1.2.5.5	Schmerzprophylaxe 593
1.1	Entwicklung des Schmerzsinnes 578		1.2.5.6	Soziale Hilfestellung 593
			2.	Symptomatik und Verhaltensdiagnose 593
1.1.1	Neurophysiologische Grundlagen 578		2.1	Ziele der Schmerzmessung 594
1.1.2	Entwicklungspsychologie der Schmerzverarbeitung 579		2.2	Methoden der Schmerzdiagnostik 595
1.1.2.1	Sensomotorische Phase 579		2.2.1	Schmerzanamnese 595
1.1.2.2	Präoperationale Phase 580		2.2.2	Beobachtende Methoden 595
1.1.2.3	Konkret-operationale Phase 580		2.2.3	Methoden der Selbsteinschätzung 596
1.1.2.4	Formal-operationale Phase 580		2.2.4	Schmerztagebücher 599
1.1.3	Soziale Bedingungen der Schmerzverarbeitung 581		3.	Therapie in der Praxis 602
			3.1	Entspannungsverfahren 602
1.2	Schmerzsyndrome 581		3.1.1	Progressive Muskelentspannung 602
1.2.1	Kopfschmerzen und Migräne 581		3.1.2	Autogenes Training 603
1.2.1.1	Klassifikation 581		3.1.3	Hypnose und Imaginative Strategien 604
1.2.1.2	Epidemiologie 581		3.2	Biofeedbacktherapie 606
1.2.1.3	Symptomatik 582		3.2.1	EMG-Biofeedback 607
1.2.1.4	Differentialdiagnose 582		3.2.2	HET-Biofeedback 607
1.2.1.5	Medizinische Therapie 582		3.3	Kognitiv-verhaltenstherapeutische Kinderschmerzprogramme 608
1.2.2	Brustschmerzen 586			
1.2.3	Bauchschmerzen 586		3.3.1	Multistrategisches Schmerzprogramm zur Behandlung von chronischen Schmerzen 609
1.2.4	Schmerzen des Bewegungsapparates 587			
1.2.4.1	Erkrankungen von Muskeln und Nerven 587		3.3.2	Das „Help-yourself"-Programm zur Therapie chronischer Kopfschmerzen 609
1.2.4.2	Erkrankungen von Knochen und Gelenken 588			
1.2.4.3	Rheumatische Erkrankungen 589		3.4	Operant-verhaltenstherapeutischer Ansatz in der Therapie chronischer Schmerzen 610
1.2.5	Krebsschmerzen 590			
1.2.5.1	Ursachen der Krebsschmerzen 590		3.4.1	Praxis des Elterneinbezugs 611
1.2.5.2	Diagnostik 590		4.	Evaluation 611
1.2.5.3	Medizinische Therapie 590			
1.2.5.4	Psychotherapie 592			Literatur 613

1. Definition, Klassifikation und medizinische Grundlagen

1.1 Entwicklung des Schmerzsinnes

Die Beschäftigung mit Schmerzen im Kindesalter ist noch ein junges Thema. Verglichen etwa mit frühen griechischen Selbstbeschreibungen von Migräne erwachsener Persönlichkeiten, scheint das Interesse an kindlichen Schmerzen erst Ende des 19. Jahrhunderts erwacht zu sein.

Die lange bestandene Ignoranz gegenüber der Existenz kindlicher Schmerzen dürfte nicht zuletzt in der Tatsache begründet sein, daß Kinder sich nicht vergleichbar gut wie Erwachsene verbalisieren können. Hieraus resultiert wahrscheinlich eine häufige Bagatellisierung kindlicher Schmerzäußerungen. Bei Kindern sind die subjektiven wie objektiven Anteile des Schmerzes schwieriger zu beurteilen als bei Erwachsenen. Der entscheidende Unterschied bleibt – trotz aller Ähnlichkeit im Gesichtsausdruck von Säuglingen und Erwachsenen – in der nonverbalen Natur der frühkindlichen Schmerzreaktion zu suchen (Grunau & Craig, 1987). Allgemein wurde die Möglichkeit, Schmerzen bei Kindern zu quantifizieren, für nicht durchführbar gehalten. Unreife des Nervensystems, fehlende Entwicklung des Körperschemas und ein hohes Maß an Emotionalität bzw. kognitive Defizite scheinen die Summe der Vorurteile gegenüber Kinder auszumachen. Die Ignoranz ging noch bis vor kurzem in angloamerikanischen Ländern so weit, daß Säuglingen bei Operationen eine Schmerzwahrnehmung nicht zuerkannt und deshalb eine regelrechte Narkose vorenthalten wurde (Anand et al., 1987). Nach wie vor wird die postoperative Analgesie insbesondere im Kleinkindalter, verglichen mit Erwachsenen, jedoch deutlich zurückhaltender gehandhabt (Schechter et al., 1986).

Zieht man die Definition der Internationalen Schmerzgesellschaft (IASP) heran, so kann diese auch für das Schmerzerleben des Kindes übernommen werden. Danach ist Schmerz eine unangenehme Erfahrung, die primär mit Gewebszerstörung assoziiert ist oder in solchen Begriffen beschrieben werden kann (Merskey, 1970).

1.1.1 Neurophysiologische Grundlagen

Es kann heute kein Zweifel mehr darüber bestehen, daß schon Frühgeborene der 25. Schwangerschaftswoche Schmerzen empfinden und vegetativ in ähnlicher Weise wie ältere Kinder reagieren, die ihre Empfindungen verbal mitteilen können (Zimmermann, 1988). Die besonderen Wachstumsbedingungen des kindlichen Nervensystems – durch den bereits ab der 10. Lebenswoche intrauterin angelegten Schmerzsinn, die Aussprossung und Vernetzung von Neuronen sowie die auch postnatal fortgesetzte Myelinreifung – und die Sensitivität der psychischen Entwicklung während der ersten 2 Lebensjahre machen deutlich, daß die Betrachtung von Schmerzen bei Kindern nicht einfach vom Erwachsenen übertragen werden kann.

Ähnlich wie beim Tier wird ein sensorischer Reiz in den frühen sprachlosen Phasen der menschlichen Ontogenese klassischerweise motorisch beantwortet, um den Nachweis einer Sinnesleistung zu erbringen (Schmidt, 1973). Problematisch bleibt, daß die Unterscheidung zwischen Sensations- und Schmerzschwelle, die beim Erwachsenen deutlich diskriminiert, vom Säugling jedoch noch nicht geleistet werden kann. Aber auch bei Kindern ab dem 4. Lebensjahr sind elektrische Schmerzschwellenuntersuchungen – trotz guter Reproduzierbarkeit und geringer subjektiver Beeinträchtigung – durch die Schwierigkeit der Kinder belastet, die Übergangsschwelle zwischen der Wahrnehmung der Kribbelsensation und dem Auftreten des Schmerzes festzustellen. Unabhängig von Variablen wie Erwartungsangst oder Gewöhnung steigt die subjektive Schmerzschwelle zwischen dem 4. Lebensjahr und dem Erwachsenenalter an (Wenner et al., 1972). Analog verhält sich der Trend bei der Druckalgesimetrie zwischen dem 4. und 12. Lebensjahr (Pothmann, 1993).

Interessant ist dabei die Abnahme der Schmerzschwelle von den Füßen zum Kopf.

Zusammenfassend widerlegen die vorliegenden Ergebnisse grundsätzlich die oft noch gehegte irrtümliche Auffassung, daß die Schmerzschwelle bei Säuglingen höher als bei Erwachsenen liegt.

1.1.2 Entwicklungspsychologie der Schmerzverarbeitung

Die Verarbeitung von Schmerzen hängt im wesentlichen vom Entwicklungsstand kognitiver und behavioraler Fähigkeiten ab. In der vorsprachlichen Entwicklungsphase der ersten zwei Lebensjahre ist man in der Erkenntnis ausschließlich auf die Beobachtung sowie auf physiologische Parameter angewiesen. Gefühlsäußerungen sind zum Teil ontogenetisch determiniert, so daß schon der Geburtsschrei als Ausdruck von Schmerz verstanden werden muß. Physiologische Streßreaktionen und Verhaltensweisen sind bekanntermaßen eng mit subjektiven Schmerzerscheinungen gekoppelt (Owens, 1984). Darüber hinaus besteht eine Beziehung zwischen Gefühlen und Verhaltensausdruck (Streß/Angst und Schreien; Freude und Lachen). Nach Sanders (1979 a) lassen sich drei Kategorien bei der Schmerzantwort von Erwachsenen feststellen, nämlich die motorische, die kognitive und die physiologische Ebene. Eine ähnliche Klassifikation ergibt sich für kindliche Gefühlsäußerungen auf der Verhaltens-, der Denk- und der physiologischen Ebene (Izard, 1982). Die offensichtliche Analogie ist für das Verständnis schon bei der nonverbalen Einschätzung kindlicher Schmerzen sehr hilfreich.

Nach Piaget bestehen vier Perioden der sensomotorischen und kognitiven Entwicklung des Kindes (Pulaski, 1971; Oerter & Montada, 1987). Dieses Entwicklungsschema eignet sich gut, um die im Vergleich zum Erwachsenen unterschiedliche Reaktionsweise und Interpretation von Schmerz beim Kind zu verstehen, auch wenn Piaget selbst nicht speziell zum Schmerz bei Kindern Stellung bezogen hat.

1.1.2.1 Sensomotorische Phase

Die sensomotorische Phase (0–2 Jahre) beinhaltet den Erwerb und die Differenzierung von koordinierter Bewegung, Sinnesfunktionen und Sprache; sie gliedert sich in 6 Stadien (Piaget, 1969):

Stadium I (0–1 Monat):
Charakteristisch hierfür sind angeborene neonatale Reflexe, ungeschickte und unkoordinierte Körperbewegungen, Egozentrismus ohne Unterscheidung zwischen sich und der Umwelt sowie fehlende Selbstwahrnehmung. Entsprechend ist die Schmerzreaktion im wesentlichen reflektorisch manifestiert und im physiologischen Rahmen mit dem Phänomen der Adaptation verbunden.

In der klinischen Beobachtung sind aber schon bei Neugeborenen (während des ersten Lebensmonats) gezielte Schmerzabwehr und differenzierter Gesichtsausdruck erkennbar (Grunau & Craig, 1987). Ansatzweise sind auch Schreianalysen möglich (Johnston & Strada, 1986). Ansonsten ist man auf die Messung von Streßparametern angewiesen (Puls, Blutdruck, Cortisol, (Nor-)Adrenalin: Anand et al., 1987).

Stadium II (1–4 Monate):
Primäre Kreisreaktionen bestimmen das Handlungsmuster, d. h. zufällige Handlungen mit einem angenehmen Ergebnis werden wiederholt, einfache Formen der Nachahmung und motorischen Antizipation, erste Gewohnheitsbildung; relativ lang anhaltendes Schreien und ungezielte motorische Aktivität als Schmerzreaktion (Craig, 1984).

Stadium III (4–8 Monate):
Sekundäre Kreisreaktionen beinhalten schon absichtlich wiederholte Handlungen mit dem Zweck der Umgebungsveränderung. Noch besteht ein subjektiver Objektbegriff. Das in diesem Alter typische „Fremdel"-Verhalten unterstützt bereits das Konditionieren von aversiven Schmerzreizen und Umgebungsbedingungen (z. B. weiße Kittel).

Stadium IV (8–12 Monate):
Ist gekennzeichnet durch komplexere Koordination der erworbenen Handlungsschemata und ihre systematische Anwendung auf neue Situationen, gezieltes Suchen/intentionales Verhalten, d. h. intelligentes Verhalten. Mit 7–9 Monaten erlangen Säuglinge die Fähigkeiten, schmerzhafte Prozeduren von Ärzten vorauszusehen und antizipierendes Schmerzabwehrverhalten zu zeigen (Craig, 1984).

Stadium V (12–18 Monate):
Beinhaltet die Abwandlung bekannter Verhaltensmuster und Entdeckung neuer Handlungsschemata durch aktives Experimentieren, Höhepunkt der sensomotorischen Phase.

Stadium VI ($1^1/_2$–2 Jahre):
Verinnerlichung sensomotorischer Handlungsschemata, Entwicklung von Vorstellungen, Differenzierung nach Subjekt und Objekt, Beginn des symbolischen Denkens. Zugefügte Schmerzen können von krankheitsbedingten Schmerzen ansatzweise unterschieden werden. Gezielteres Interesse für die schmerzauslösende Prozedur, kürzeres Schreien als im ersten Lebensjahr und gezieltere Abwehrbewegungen sind kennzeichnend (Craig, 1984).

1.1.2.2 Präoperationale Phase

Das Stadium des prälogischen Denkens zwischen dem 2. und 7. Lebensjahr ist durch magische Vorstellungen und kausale Verknüpfungen von zeitlichen Zusammenhängen gekennzeichnet: Schmerzauslöser und Umgebungsbedingungen sind austauschbar. Es herrscht egozentrisches Denken, ausgedrückt in Animismus und Omnipotenz, vor. Neben der kognitiven Entwicklung spielen Einstellungen zur Umwelt und die Motivation eine zusätzliche Rolle bei der Schmerzreaktion und -verarbeitung.

Das Alter von 2–4 Jahren wird als *vorbegriffliches* Stadium bezeichnet: In diese Zeit fällt die Entwicklung der Darstellung durch Zeichnung, Sprache, Träume und Symbolspiel. Entsprechend ist die Vorstellung von Schmerzursachen und die Schmerzverarbeitung durch magisch-animalische Vorstellungen gekennzeichnet. Der Zusammenhang von Schmerz und Krankheit wird noch nicht verstanden. Bauch und Kopf sind die eigentlichen Schmerzprojektionsorte. Malen von Bildern und Rollenspiel sind die wichtigsten Ausdrucksmittel für die Kommunikation über das Schmerzerleben.

Das *intuitive* Stadium bezeichnet das Alter zwischen 4 und 7 Jahren. Es handelt sich um eine Übergangsphase, in der die zentrierten und irreversiblen Denkweisen zugunsten eines anschaulicheren Denkstils abgelöst worden sind. Die Kinder können Symbole oder Farben zu unterschiedlichen Schmerzstärken zuordnen (Jeans, 1983; Pothmann, 1988 a). In diese Zeit fällt auch der Beginn der Moralentwicklung, die noch sehr materiell geprägt ist und sich unkritisch an den familiären Regeln orientiert: Das Problem der Verknüpfung von Schmerz und Strafe wird potentiell gebahnt.

1.1.2.3 Konkret-operationale Phase

In der Stufe des konkret-logischen Denkens zwischen dem 7. und 10. Lebensjahr steht der Begriff der „Operation" im Mittelpunkt, der die zentrale Auffassung Piagets von Erkennen und Intelligenz wiedergibt. Charakteristische Eigenschaften von Operationen sind Aktivität und Systematisierung. Das Kind kann jetzt schon nach äußeren Ursachen und inneren Folgen einer (schmerzhaften) Krankheit unterscheiden. Schmerz wird als körpereigen verstanden und mit Gefühlsqualitäten wie unglücklich, elend, zum Schreien usw. belegt (Gaffney & Dunne, 1986).

1.1.2.4 Formal-operationale Phase

Betrachtet man die Übergangsphase vom Kindesalter zum Erwachsenen, so sind vergleichbare Voraussetzungen ab dem 11. Lebensjahr mit den Fähigkeiten zu formallogischem Denken als gegeben anzusehen. Das Denken hat sich über den konkret operationalen Rahmen hinaus entwickelt und bedient sich abstrakter Formen und Hypothesen. Schmerz kann physisch, psychisch und psychosozial beschrieben werden.

Grundsätzlich können die einzelnen Phasen überlappen, vor allem ist regressives Verhalten entsprechend früheren Entwicklungsstadien unter (schmerzhaften) Krankheitsbedingungen zu kalkulieren. Den Zusammenhang von kognitiver Entwicklung und Schmerzverständnis bestätigten auch Gaffney und Dunne (1986) in einer Untersuchung an 680 irischen Schulkindern zwischen 5 und 14 Jahren. Mit Hilfe eines Satzergänzungstestes ließen sich den drei Piagetschen kognitiven Entwicklungsstufen konkrete, halb-abstrakte und abstrakte Schmerzdefinitionen statistisch signifikant zuordnen. Schmerzzeichnungen von Vorschulkindern sowie Zuordnungen von Schmerzstärke und Farben lassen ebenfalls einen eindeutigen Entwicklungstrend erkennen (Jeans, 1983). Damit sind Aussagen über eine fehlende Entwicklung der Schmerzverarbeitung auf methodische Fehler zurückzuführen (Ross & Ross, 1984b).

1.1.3 Soziale Bedingungen der Schmerzverarbeitung

Zusätzlich zu den Aspekten der kognitiven Entwicklung ist es wichtig, den sozialen Lernprozeß des Kindes zu berücksichtigen. Dieser erklärt häufig, warum Kinder in ähnlichen Situationen unterschiedlich auf Schmerzen reagieren. Ein sicheres Gefühl – bedingt durch eine gute familiäre Bindung – ermöglicht es bereits dem Säugling, in angstbesetzten schmerzhaften Situationen eine hohe Schmerztoleranz zu beweisen. Andererseits besteht eine höhere Wahrscheinlichkeit, daß Kinder mit einem inadäquaten Schmerzkupierungsverhalten häufiger aus Familien stammen, in denen Vorbilder mit chronisch schmerzhaften Erkrankungen oder ungünstigen schmerzhaften Vorerfahrungen gegeben sind (Craig, 1986; Lavigne et al., 1986).

1.2 Schmerzsyndrome

1.2.1 Kopfschmerzen und Migräne

Eine der ersten Übersichten zum Thema kindliche Kopfschmerzen stammt vom englischen Kinderarzt Day (1877), der sie schon damals in einen sozialen und psychischen Zusammenhang rückte. Erst seit 1949 wissen wir von Valquist und Hackzell, daß Migräne schon bei 1- bis 4jährigen Kleinkindern auftreten kann. Und bis vor wenigen Jahren lag keine einzige kontrollierte Untersuchung über die Behandlung kindlicher Schmerzen vor.

1.2.1.1 Klassifikation

Die Definition und Einteilung kindlicher Kopfschmerzen sollte sich an den Vorschlägen zur Klassifikation und Diagnostik der International Headache Society (1988) orientieren. Darin wird kindlichen Migräneanfällen eine von Erwachsenen abweichende Ausprägung zugebilligt. Vor allem ist die noch nicht regelhafte Einseitigkeit und der kürzere Verlauf der Migräne durch Hinzurechnen von Schlafzeiten im Anschluß an einen Migräneanfall berücksichtigt.

1.2.1.2 Epidemiologie

Die Häufigkeit der Migräne bei Kindern liegt in Abhängigkeit vom Alter zwischen 1 und 5% (Bille, 1962), wobei die Angaben verschiedener Autoren zwischen 3 und 7% relativ wenig schwanken (Goldstein & Chen, 1982). Eigenen Untersuchungen in Wuppertal und im Landkreis Mettmann an über 5000 Schulkindern zufolge liegt die Prävalenz für die Migräne mit knapp 12% inzwischen höher (v. Frankenberg & Pothmann, 1995). Eine frühere Erstmanifestation der Migräne ließ sich bei Mädchen nicht bestätigen, wie bisher angenommen (Dalsgaard-Nielsen, 1970).

Allgemein sind Kopfschmerzerfahrungen ebenfalls in Zunahme begriffen und werden bei 14jährigen Schülern bis zu 69% angegeben (Sillanpää, 1983).

1.2.1.3 Symptomatik

Im Gegensatz zum Erwachsenen ist die Seitenbetonung der Migräne typischerweise zu Beginn der Erkrankung noch nicht ausgeprägt. Außerdem unterscheiden sich Kinder durch eine durchschnittlich höhere Anfallsfrequenz. Darüber hinaus unterliegt der Verlauf trotz anfänglicher Zunahme der Beschwerden z. T. einer spontanen Remission in der Adoleszenz, setzt sich aber in 60% der Fälle im Erwachsenenalter fort (Bille, 1984). Typischerweise treten schwere Verlaufsformen mit Hirninfarktbildung im Kindesalter nicht auf.

1.2.1.4 Differentialdiagnose

Bei fehlender diagnostischer Möglichkeit, eine Migräne positiv zu belegen, sind in erster Linie *symptomatische Kopfschmerzen* auszuschließen, zumal ein zugrundeliegender Hirntumor die häufigste Befürchtung der Eltern ist. Dies gelingt in der Regel durch eine sorgfältige neurologische Untersuchung unter Einschluß eines EEGs. Unsicherheiten können bei kurzer Anamnese auftreten und lassen sich optimalerweise mittels Magnetresonanztomographie (MRT) oder Computertomographie des Schädels (CCT) beheben. Selten stehen Kopfschmerzen im Zusammenhang mit einer chronischen Sinusitis oder einem Sehfehler und sollten bei anamnestischen Hinweisen gezielt fachärztlich abgeklärt werden.

Kopfschmerzen während des Wachstumsschubes in der Vorpubertät können mit einer hypotonen *Kreislaufregulationsstörung* und vegetativen Begleiterscheinungen wie Schwindel und Augenflimmern einhergehen. Eine Kreislaufstehbelastung nach Schellong deckt den Zusammenhang meistens eindeutig auf.

Posttraumatische Kopfschmerzen, die erstmals nach einem stärker ausgeprägten Schädelhirntrauma oder einem Schleudertrauma der Halswirbelsäule aufgetreten sind, lassen sich regelhaft anamnestisch eruieren. Akut liegen oft Muskelhartspann der Nackenmuskulatur und Bewegungseinschränkungen der oberen und mittleren Halswirbelsäule vor.

Spannungskopfschmerzen bilden die größte Patientengruppe. Sie zeichnen sich im allgemeinen durch längere Kopfschmerzdauer ohne anfallsartigen Charakter und ohne vegetative bzw. andere migränetypische Symptomatik wie Augenflimmern, Lähmungen oder Gefühlsstörungen der Arme und Sprachstörung aus. Bei den betroffenen Kindern finden sich vermehrt Myogelosen der Nacken- und Drucksensibilität der Schläfenmuskulatur. Hierdurch lassen sie sich von Patienten mit Kopfschmerzen bei orthostatischer Blutdruckregulationsstörung unterscheiden. Die Anamnese fördert häufig als Auslöser Dysstreß im Schulumfeld oder in der familiären Interaktion, überhöhten Leistungsanspruch, Bewegungsmangel, Fernseh- und Computermißbrauch zutage. Zusammenhänge mit Verhaltensstörung und Schulversagen bedürfen besonderer Aufmerksamkeit und psychodiagnostischer Abklärung.

Nahrungsmittelunverträglichkeiten sind als Triggerfaktor von besonders häufig auftretender Migräne z. T. mit gleichzeitigen Verhaltensstörungen in den letzten Jahren verstärkt diskutiert worden (Egger et al., 1983). Wenn auch dieser Auslösemechanismus nur schwer zu belegen ist, so bestehen doch erhebliche therapeutische Probleme, wenn keine diätetische Therapie veranlaßt wird.

Andere Kopfschmerzarten sind für das Kindesalter nicht typisch; auch Gesichtsschmerzen stellen eine Rarität dar und sollen hier nicht näher ausgeführt werden.

1.2.1.5 Medizinische Therapie

Allgemeine Maßnahmen

Für einen Großteil der Kinder reicht zu Beginn der Migräne oder bei leichten Verlaufsformen und geringer Anfallsfrequenz ein abwartendes Verhalten. Oft sind schon einfache *reizabschirmende Maßnahmen* wie spontanes Hinlegen in einem abgedunkelten und akustisch gedämpften Raum ausreichend. Unterstützend wirkt sich ein feuchtkühles Tuch oder Pfefferminzöl auf der Stirn und im Nacken aus. Häufig fallen die

Kinder bald in Schlaf, aus dem sie nach Stunden oder über Nacht schmerzfrei erwachen.

Anamnestische Hinweise auf *Auslöser* einer Migräne sollten genutzt werden, Eltern und Kinder zu sensibilisieren, diese soweit möglich zu vermeiden. Dieses Vorgehen liegt für übermäßiges Fernsehen, Computerspielen, Sport, aber gelegentlich auch einseitige Ernährung oder zu langen Schlaf nahe. Kinder mit niedrigem Blutdruck und orthostatischer Dysregulation profitieren von roborierenden Maßnahmen wie Wechselduschen und Bürstenmassagen oder isometrischen Muskelübungen und Sport mit Ausdauercharakter. Schulische Überforderung, ehrgeizige Arbeitshaltung, verspannter Arbeitsstil bzw. ängstliche Erwartungshaltung oder zeitliche Überforderung bei den Schulaufgaben sind direkt einer kognitiven Umstrukturierung zugänglich.

Die *ambulante kinderneurologische Untersuchung* mit EEG-Abteilung sollte in eindeutiger Weise das Ziel verfolgen, Befürchtungen vor einem Hirntumor abzubauen. Andernfalls sind gezielte diagnostische Schritte zu veranlassen, um bestehende Unsicherheiten rasch zu beseitigen.

Verlaufsdokumentation

Die Dokumentation der Kopfschmerzen über einen Zeitraum von 4–6 Wochen erfolgt mit Hilfe eines speziellen Kopfschmerzkalenders (s. Kap. 2.2.4, Schmerztagebücher). Kind und Eltern sollten Anfallsdauer, Schmerzstärke, Begleitsymptome und Medikation getrennt in ein eigenes Tagebuch eintragen. Schon dieses Vorgehen (base-line) kann selbst bei chronischen Verläufen bei 10% der Kinder zu vollständiger Schmerzfreiheit führen. Die Ergebnisse dienen zur Indikation einer Prophylaxe und zum Vergleich während der Therapie.

Akutbehandlung

Die medikamentöse Anfallskupierung ist bei Versagen der Allgemeinmaßnahmen als Therapie der Wahl anzusehen. Als oberstes Prinzip gilt der Einsatz von Monosubstanzen, um auf Dauer speziell durch Mischanalgetika induzierte Kopfschmerzen zu vermeiden. In erster Linie sind „periphere" Analgetika wie *Azetylsalizylsäure*, *Ibuprofen* oder *Paracetamol* zu bevorzugen. Bei frühzeitigem Erbrechen ist die rektale Applikationsform von Paracetamol möglich. Für eine optimale Wirkung ist vor allem eine ausreichend hohe und frühe Anwendung erforderlich. Optimal wirkt sich bei Migräne oft die Kombination mit Domperidon- (Motilium-)Tropfen auf gleichzeitig bestehendes Erbrechen aus.

Bleibt der Erfolg aus, kommen für Migräneattacken in nächster Hinsicht Mutterkornalkaloide in Betracht: *Ergotamintartrat* steht als Dragee oder Zäpfchen zur Verfügung. Grundsätzlich besteht bei häufigem Einsatz von mehr als 2 mg pro Woche die Gefahr, daß sich ein ergotamin-induzierter chronischer Kopfschmerz entwickelt, der zu einer weiteren Dosiserhöhung führt. Bei besonders schwerwiegenden Migräneanfällen oder kompliziertem Verlauf kann eine *parenterale Therapie* notwendig werden (Aspisol oder Dihydroergotamin bzw. Novalgin). Das Kind sollte in jedem Fall bis zum vollständigen Abklingen der Migränesymptomatik, am besten stationär überwacht werden.

Medikamentöse Prophylaxe (Migräne)

Die Indikation zu einer medikamentösen Prophylaxe wird allgemein bei einer Frequenz von mindestens zwei Anfällen pro Monat, hohem Leidensdruck mit Schulversäumnis und regelmäßigem Analgetikakonsum oder langer Anfallsdauer von mindestens 48 h gestellt. Die Kriterien sollten durch einen Migränekalender hinreichend belegt sein. Unter praktischen Gesichtspunkten kommen nur solche Substanzen in Frage, die oral über einen längeren Zeitraum von durchschnittlich einem viertel bis halben Jahr verträglich sind (Pothmann, 1988 e).

Dihydroergotamin

Dihydroergotamin (DHE) gehört zu den ältesten und zugleich gängigsten Migräneprophylaktika in der kinderärztlichen

Praxis. Bei einer eigenen plazebokontrollierten Untersuchung mit DHE-Tropfen über einen Zeitraum von 3 Monaten ließ sich bei Kindern – im Vergleich zu Erwachsenen unter Tablettenprophylaxe – kein signifikanter Unterschied feststellen (Pothmann & Braumann, 1991).

Azetylsalizylsäure, Kalziumblocker

Kalciumeintrittsblocker mit hirnspezifischen Eigenschaften sind seit Beginn der 80er Jahre in die Prophylaxe der Migräne eingeführt. Als wichtigste Substanz darf nach bisheriger Kenntnis Flunarizin (Sibelium®) gelten (Peroutka, 1984). Im Vergleich zur Referenzsubstanz Pizotifen wies Flunarizin in kontrollierten Studien keinen signifikanten Unterschied auf, Nebenwirkungen wie Müdigkeit und Gewichtszunahme treten jedoch geringer in Erscheinung (Olesen, 1986). In einer eigenen doppelblind kontrollierten Studie an 30 Kindern zwischen 6 und 14 Jahren mit Migräne im Vergleich zu niedrig dosierter Azetylsalizylsäure reduzierte sich die monatliche Migränefrequenz von durchschnittlich 8 auf 2 Anfälle. Auch die klinische Einschätzung belegte eine signifikante Besserung um 71%, darunter sind Anfallsfreiheit und eine Verminderung von Anfallsfrequenz und -schwere um mehr als die Hälfte zu verstehen (Pothmann, 1987). Die Ergebnisse bestätigten die Wirkung in einer vorausgegangenen plazebokontrollierten Studie bei Kindern (Sorge & Marano, 1985). Die Ergebnisse der ASS-Prophylaxe unterscheiden sich nicht signifikant von der Flunarizinwirkung und schneiden im Vergleich zum Einsatz bei Erwachsenen günstiger ab (Grotemeyer et al., 1984). Leichte Müdigkeit unter Flunarizin läßt sich durch abendliche Gabe vermeiden. Auf vereinzelte Gewichtszunahme sollte bei entsprechender Disposition geachtet werden. Gastrointestinale Nebenwirkungen bei Langzeitanwendung niedrigdosierter Azetylsalizylsäure lassen sich durch Milch wettmachen.

Serotoninantagonisten

Der bekannteste Vertreter der Gruppe der Serotoninantagonisten ist das Pizotifen (Sandomigran). Die Substanz Pizotifen spielt in den angelsächsischen Ländern eine größere Rolle (Gillies et al., 1986; Symon 1991). Als limitierend für den breiten Einsatz in der Pädiatrie haben sich Nebenwirkungen wie Müdigkeit und Appetitzunahme erwiesen.

Betablocker

Betablocker vom Typ Propanolol (z. B. Dociton) wurden in den skandinavischen Ländern durch Ludvigsson (1973) in die Prophylaxe der kindlichen Migräne eingeführt. Die abschirmende Wirkung gegenüber streßauslösenden Situationen gilt allerdings nur für wenige Vertreter dieser Wirkgruppe, wie Propranolol und Metoprolol (Beloc®) (Scholz et al., 1987). Eine eigene Untersuchung bestätigt in einem plazebokontrollierten Design im Vergleich zu Dihydroergotamin die Effektivität von Metoprolol auch bei Kindern. Die therapeutische Wirkung verbesserte sich nach Absetzen von Metoprolol sogar noch (Pothmann 1997).

Nur eine vergleichende Untersuchung kommt zu einem ungünstigen Ergebnis unter Propranolol bei Kindern mit klassischer Migräne: Selbsthypnose war dabei im Vergleich überlegen (Olness et al., 1987).

Transkutane Elektrische Nervenstimulation (TENS)

Transkutane elektrische Nervenstimulation ist, gemessen am apparativen und finanziellen und zeitlichen Aufwand, eine Reservemethode zur Akuttherapie und Prophylaxe der *Migräne* (Appenzeller & Atkinson, 1975). Eigene Erfahrungen bei erwachsenen Migränepatienten zeigten nach einer Probetherapie über einen Monat in etwa der Hälfte der Fälle ein klinisch befriedigendes Ansprechen. Nach einem Jahr lag die Erfolgsrate unter fortgesetzter Therapie bei einem Drittel der Ausgangszahl (Goepel et al., 1985). Damit liegt die Effizenz der TENS bei Migräne unter derjenigen für Akupunktur (Fox & Melzack, 1976) und z. T. unterhalb bekannter Raten bei anderen – vor allem muskuloskeletalen – TENS-Indikationen (Eriksson & Sjölund, 1979).

Eigenen Ergebnissen bei 15 Kindern zufolge war die Methode längerfristig nur für einzelne gut motivierte Kinder über 10 Jahren geeignet.

Spannungskopfschmerzen hingegen eignen sich als muskulär manifestierte Erkrankung deutlich besser für ein additives Verfahren wie die TENS. Eine halbstündige Anwendung pro Tag über einen Zeitraum von 1–3 Monaten führte bei Kindern zwischen 8 und 14 Jahren in ca. 80% zu einer ausgeprägten Besserung und oft zur vollständigen Remission (Pothmann, 1988c, 1990b). Der grundsätzliche Vorteil der Methode liegt in der Unabhängigkeit vom Therapeuten (und von Medikamenten), ein Teil der Wirkung läßt sich möglicherweise als Rückerwerb der Selbstkontrolle verstehen (Locus of Control).

Akupunktur

Akupunktur kann in der Migränetherapie als eine alternative Möglichkeit bei entsprechend motivierten Kindern und Eltern eingesetzt werden, vor allem wenn Vorbehalte gegenüber einer pharmakologischen Prophylaxe bestehen, der Therapieerfolg ausgeblieben ist oder Nebenwirkungen aufgetreten sind. Die Indikationsstellung ist in erster Linie von der kleinen Zahl verfügbarer qualifizierter Therapeuten abhängig. Daneben ist die Methode zeitlich aufwendig, so daß ihre Anwendung auf naturheilkundlich ausgerichtete (Kinder-)Ärzte oder auf die wenigen speziellen pädiatrisch versierten Schmerzambulanzen beschränkt ist. Um die Motivation des Kindes zu gewinnen, ist der Einstieg über die *Soft-Laserreizung* hilfreich (Pothmann, 1988d). Haarfeine Nadeln ermöglichen ebenso eine nahezu schmerzfreie Therapie, wobei die Anzahl der Nadeln anfangs niedrig gehalten und nur langsam gesteigert werden sollte. Typischerweise gehen die vegetativen Begleiterscheinungen zuerst zurück. Nach 3–7 Sitzungen in 2–6 Wochen nimmt dann auch Frequenz und Schweregrad der Migräne ab. Eine Prognosestellung und Entscheidung über eine Fortsetzung der Therapie ist zu diesem Zeitpunkt möglich.

In einer eigenen Untersuchung zur Wirksamkeit von Akupunktur bei einer gemischten Gruppe von Kindern und Erwachsenen waren die Ergebnisse der Kinder mit regelhaft kürzerer Krankheitsgeschichte durchschnittlich besser (69%; Pothmann 1988d). Damit schneidet die Akupunktur ähnlich gut wie viele medikamentöse Prophylaxestrategien ab.

Diät

Obwohl das Problem der *Nahrungsmittelintoleranz* seit der Erstbeschreibung der Kuh- und Ziegenmilchallergie durch Hippokrates (570–460 v. Chr.) bekannt ist, kann das Ausmaß dieses Problems immer noch nicht genau abgeschätzt werden (Hofer & Wüthrich, 1985). Kinder mit einer der Migräne zugrundeliegenden Nahrungsmittelunverträglichkeit leiden typischerweise an sehr häufigen und schweren Anfällen (Egger et al. 1983). Ein ursächlicher Zusammenhang kann bei familiärer Allergiedisposition, medikamentöser Therapieresistenz und rascher Rezidivneigung vermutet werden. Häufig bestehen zusätzliche Auffälligkeiten, wie gastrointestinale Beschwerden, (hyperkinetische) Verhaltensstörungen, atopische Erscheinungsformen wie Asthma oder Ekzem (Egger et al., 1983).

Eine *oligoantigene Diät*, bestehend aus einer Fleischsorte (Lamm oder Huhn), einem Kohlenhydrat (Reis oder Kartoffel), Früchten (Banane oder Apfel), einem Gemüse, führte über vier Wochen in 93% zu einer vollständigen Ausheilung (Egger et al., 1983). Die zugrundeliegenden unverträglichen Nahrungsmittel wurden durch wöchentliche Wiedereinführung einzelner Nahrungsbestandteile identifiziert. Die meisten Kinder reagierten auf mehrere Stoffe mit erneutem Auftreten der früheren Symptome. Die häufigsten Auslöser sind: Lebensmittelfarbstoffe und Konservierungsstoffe; in abnehmender Frequenz: Kuhmilch, Eier, Schokolade, Weizenmehl, Käse, Tomaten, Fisch, Schweinefleisch, Rindfleisch, Mais und Soja. Labortests sind als Suchverfahren bei Unverträglichkeit auf Lebensmittelzusatzstoffe nicht aussagefähig (Egger et al., 1983; Wüthrich, 1985).

Schwierig bleibt die Erfassung der Kinder, bei denen eine Nahrungsmittelunverträglichkeit vorliegen könnte, sowie die Motivation zur Durchführung der vorübergehend strengen Diät. Sie ist deshalb in erster Linie bei therapieresistenten Migräneverläufen zu überlegen (Egger et al., 1983; Monro et al., 1984). Eine pragmatische gesunde Ernährung kann jedoch auch von Anfang an den Verlauf sehr günstig gestalten (Frankenberg & Pothmann, 1996).

1.2.2 Brustschmerzen

Brustschmerzen treten im Kindesalter deutlich seltener auf als bei Erwachsenen und rangieren selbst bei den pädiatrischen Schmerzproblemen nach Kopf-, Bauch- und Gliederschmerzen erst an vierter Stelle (Asnes et al., 1981). Die relative Inanspruchnahme-Frequenz liegt, bezogen auf die Gesamtzahl ambulant vorgestellter Kinder, bei 0,25% (Selbst, 1985). Wenn auch die Prognose kindlicher Brustschmerzen in der Regel gut ist, so gilt es doch, die anfängliche Befürchtung der Eltern aus dem Weg zu räumen, es handele sich in Analogie zum Erwachsenen um eine schwerwiegende Herzerkrankung. Gezielte *anamnestische* Fragen helfen, bereits durch Charakterisierung des Schmerzes Hinweise auf die Genese zu bekommen. Langandauernde Beschwerden, Zunahme unter psychischen Belastungssituationen und Nachlassen in den Ferien weisen auf psychogene Brustschmerzen hin. Dagegen sind nächtliche und atemabhängige ebenso wie brennende, hinter dem Brustbein gelegene und im Liegen betonte Brustschmerzen regelhaft organisch bedingt und sollten radiologisch, ggfs. manuell-therapeutisch angegangen werden (Berger et al., 1981; Liersch, 1988).

Bei *psychogenen* Brustschmerzen ist eine reine Ausschlußdiagnose allerdings nicht ausreichend (Selbst, 1985). Emotionale Konflikte im Zusammenhang mit einer familiären Trennungsproblematik oder intrafamiliären Beziehungsstörungen sollten nachgewiesen werden können. Häufig greifen die Kinder Vorerfahrungen mit uncharakteristischen organischen Beschwerden auf (Kashani et al., 1982). Die Schmerzen bestehen in der Regel schon mehrere Monate und sind diffus verteilt. Manchmal treten Brustschmerzen bei Panikattacken zusammen mit Hyperventilation auf. Hier bietet sich als wirksamste Sofortmaßnahme Rückatmung in eine Plastiktüte an (Wheatly, 1975).

Auch nach Ausschluß einer Grunderkrankung ist das Ernstnehmen der Beschwerden wichtig. Die Beruhigung von Eltern und Kind gelingt häufig schon unter Hinweis auf normale köperliche Untersuchungsbefunde. Nur schwer zu ertragende Schmerzen bedürfen einer gezielten medikamentösen oder physikalischen bzw. manuellen Therapie. Psychogene Brustschmerzen erfordern häufig eine längerfristige psychologische Intervention, um ein adäquates Kopingverhalten aufzubauen (Driscoll et al., 1976).

1.2.3 Bauchschmerzen

Chronisch wiederkehrende Bauchschmerzen sind die häufigsten Beschwerden im Magendarmtrakt, weshalb Kinder einem Arzt vorgestellt werden. Das Spektrum der Synonyma ist erheblich und reicht von rezidivierenden Nabelkoliken über psychofunktionelle Bauchschmerzen bis hin zum Syndrom des irritablen Darmes. Am ehrlichsten scheint die Bezeichnung *Rezidivierende Idiopathische Bauchschmerzen* (RIB) zu sein. Die Kriterien für dieses ätiologisch schlecht zu beschreibende Beschwerdebild sind nach Apley und Naish (1958): Alter des Kindes über drei Jahre, mindestens drei Schmerzepisoden über mehr als drei bzw. eindeutiger sechs Monate.

Die *Inzidenz* liegt je nach Autor zwischen 6,6 und 18%. Der Gipfel der Altershäufigkeit liegt zwischen 8 und 12 Jahren, unter 5 und über 14 Jahren wird die Annahme der Diagnose unsicher. Jungen sind zu 40, Mädchen zu 60% betroffen (Becker, 1988).

Die *Ursache* der Bauchschmerzen läßt sich nach Levine und Rappaport (1984) auf vier prädisponierende Faktoren zurückführen, die konvergieren müssen, um das Beschwerdebild zu erzeugen:

- somatische Prädisposition, Dysfunktion oder Krankheit
- Lebensstil, Gewohnheiten
- Umfeld und außergewöhnliche Ereignisse
- Temperament und gelernte Verhaltensschablonen.

Vorteil dieser Modellvorstellung ist die Aufhebung der somato-psychischen Polarisierung. Eine auffällige Konstellation zwischen psychischen Verhaltensweisen und Bauchschmerzen ließ sich in kontrollierten Studien nicht überzeugend belegen, eine familiäre Häufung von Bauch- und Kopfschmerzen ist jedoch bekannt (McGrath et al., 1983; Payne & Norfleet, 1986). Für einen erfahrenen Kinderarzt läßt sich das Restrisiko einer organischen Grunderkrankung mit Anamnese, körperlicher Untersuchung, Ultraschall des Bauchraumes und wenigen Laborparametern auf ca. 5% einengen. Eine Zusatzdiagnostik kommt in Frage, wenn die Beschwerden den Nachtschlaf stören, kein symptomfreies Intervall auftritt oder zeitliche Zusammenhänge mit Bewußtseinsstörungen bestehen, wie sie für bestimmte Epilepsieformen bekannt sind (Becker, 1988).

Bereits die Diagnostik beinhaltet einen therapeutischen Nutzen, wenn z. B. bei der Ultraschalluntersuchung die gesunden Organe demonstriert werden können. Eltern und Kind sollte das Bild einer Beweglichkeitsstörung des Darmes, der auf verschiedene äußere Einflüsse vermehrt reagiert, vor Augen geführt werden. Hinweise auf eigene Erfahrungen mit Blähungen und hörbaren Darmgeräuschen verdeutlichen den Zusammenhang anschaulich. Die Beratung kann sich dann vor allem auf die Modifikation von Ernährung (ballastreich, zuckerreduziert) und Verhalten konzentrieren.

Liegt eine intrafamiliäre oder schulische Überforderung mit Angstsymptomatik vor, sind diese Probleme entsprechend psychologisch aufzuarbeiten (Hodges et al., 1985). Selbst unter optimalen Ernährungs- und Verhaltensbedingungen können die Bauchschmerzen noch einige Zeit anhalten. Über zusätzliche Ballaststoffe und Einschränkung des Süßigkeitengenusses hinaus ist keine eigentliche Diät anzustreben; wichtiger ist, daß die Kinder den Spaß am Essen behalten. Die Beschwerden lassen normalerweise langsam nach, zur Dokumentation des Behandlungserfolges sollte ein Schmerzprotokoll nach Intensität und Häufigkeit geführt werden. Monatliche Kontrollen sind auch bei günstigem Verlauf im ersten Halbjahr anzuraten (Becker, 1988).

Die Aussicht auf ein Sistieren der Beschwerden ist mittelfristig günstig und liegt nach gesprächsorientierter Therapie bei 60–70% (Apley & Hale, 1973). Ohne Behandlung muß mit einem hohen Anteil von anderen Beschwerden wie Kopfschmerzen gerechnet werden. Nach mehr als fünf Jahren kommt es häufig zu Rezidiven, wobei die Diagnosen „irritables Colon" oder auch Zwölffingerdarmgeschwür gestellt werden. Letzteres steht oft im Zusammenhang mit entsprechender familiärer Belastung (Becker, 1988).

1.2.4 Schmerzen des Bewegungsapparates

Bedenkt man, daß etwa 80% der Körpermasse auf den Bewegungsapparat entfällt, wird in der 15- bis 20jährigen Entwicklungsphase während der Kindheit dessen Bedeutung und Störanfälligkeit deutlich. Die Besprechung der wichtigsten schmerzhaften Erkrankungen dieses Systems sollen im folgenden nach den Gesichtspunkten von Muskeln und Nerven sowie Knochen und Gelenken erfolgen. Die Erkrankungen des rheumatischen Formenkreises werden gesondert abgehandelt.

1.2.4.1 Erkrankungen von Muskeln und Nerven

Schmerzhafte Erkrankungen von Muskeln und Nerven im Kindesalter können von den genannten Geweben selbst ausgehen oder sind auf zentralnervöse Ursachen, Knochen-, Gelenks- oder Sehnenveränderungen zurückzuführen (Mortier, 1988).

Schlaffe oder spastische *Lähmungen* führen zu einem Muskelungleichgewicht mit der Folge von einseitiger Überbeanspruchung, die sich in Form von belastungsabhängigen Schmerzen äußern kann. Eine genaue kinderneurologische Untersuchung führt hierbei zur Klärung der Zusammenhänge. Störungen am *peripheren* Nerven sind entweder motorisch oder sensibel ausgeprägt. Die Ursachen sind vielfältig und reichen vom Trauma des Nervenplexus und Einengung des Nervenverlaufes über Entzündungen und genetisch bedingte degenerative Erkrankungen bis hin zu Intoxikationen. Polyneuropathien – bedingt durch Alkohol und Diabetes – spielen im Kindesalter noch keine Rolle (Reitter, 1988).

Muskelschmerzen (Myalgien) treten seltener ohne und bevorzugt nach körperlicher Belastung auf. Ohne Körperbelastung finden sie sich vor allem bei Muskelentzündung (Myositis) und im Rahmen von Polyneuropathien. Myalgien *unter/nach* körperlicher Belastung treten insbesondere bei Muskeldystrophie, Typ Becker-Kiener, und anderen Myopathien auf. Im Rahmen von Autoimmunerkrankungen kommt es zu einem Befall der Blutgefäße und damit Beeinträchtigung der von ihnen versorgten Nerven (z. B. Lupus erythematodes).

Die *Diagnostik* erfolgt mit Hilfe der neurologischen Untersuchung und neurophysiologischen Methoden. Hieraus ergeben sich die Indikationen für spezielle Labor- und Belastungsteste sowie eingreifendere Untersuchungen (z. B. Nerven-/Muskelbiopsien) (Schliack, 1982).

Die *Therapie* ist nur selten kausal möglich. In der Regel sind toxische Substanzen zu meiden bzw. ein zugrundeliegender Hormonmangel zu substituieren. Eine Myositis muß mit Kortison oder anderen entzündungshemmenden Substanzen behandelt werden. Häufig ist jedoch mit der Diagnose keine spezifische Therapie verbunden, und Krankengymnastik stellt die wesentliche Basis dar. Im Sinne einer auf den Schmerz ausgerichteten Behandlung kommen gelegentlich bei nervalen Störungen Vitamin-B-Präparate in Frage. Am ehesten scheint in symptomatischer Hinsicht ein Versuch mit Stimulationsverfahren wie TENS oder Akupunktur gerechtfertigt (Mannheimer & Carlsson, 1979; Pothmann, 1988c, d). Ansonsten sind periphere Analgetika wie Ibuprofen oder Arnitriptylin einzusetzen.

Eine gezielte psychotherapeutische Unterstützung ist bei den oft langjährigen Verläufen unerläßlich. Spezielle Therapieerfahrungen mit Kindern liegen bei den besprochenen Krankheitsbildern noch nicht vor. Grundsätzlich kann man aber analog zu chronischen Erkrankungen vom rheumatischen Formenkreis verfahren (Varni et al., 1988) und sich am Vorgehen bei körperlich behinderten Kindern orientieren.

Trendmäßig ist die Aussicht auf Besserung erworbener Erkrankungen von Nerven und Muskeln und der damit verbundenen Schmerzen im Kindesalter günstiger als bei Erwachsenen, vor allem spielt der geringere somatische wie psychische Chronifizierungsgrad und die bessere Regenerationstendenz eine wesentliche Rolle. Gerade bei Jugendlichen, die an chronischen Erkrankungen mit zunehmendem Siechtum und letalem Ausgang leiden, wirkt sich jedoch die perspektivlose Situation fatal auf die Bewältigung von krankheitsbegleitenden Schmerzen aus. Für die Optimierung der Schmerzbewältigung ist deshalb eine psychotherapeutische Strategie in der Regel in Kombination mit medikalen Verfahren unerläßlich.

1.2.4.2 Erkrankungen von Knochen und Gelenken

Bei Erkrankungen im Bereich von Knochen und Gelenken ist die Beobachtung des Bewegungsverhaltens von besonderer Bedeutung, zumal bei Säuglingen und Kleinkindern gezielte Angaben zur Schmerzlokalisation nicht zu erheben sind. Die Feststellung einer bestimmten Schonhaltung ist dabei oft wegweisender als der Versuch einer direkten körperlichen Untersuchung bei entsprechender Abwehrhaltung. Außerdem ist es ratsam, insbesondere an den Extremitäten immer mit der gesunden Seite zu beginnen.

Grundsätzlich kommen für das Kindesalter ähnliche erworbene Ursachen in Betracht wie beim Erwachsenen, degenerative Erkrankungen spielen jedoch in der Regel keine Rolle. Typisch sind dagegen altersspezifische Ursachen im Zusammenhang mit angeborenen Fehlbildungen, Wachstum und Gestaltwandel (Goymann, 1988). Die Wirbelsäule z. B. wird durch Haltungsschäden, weniger durch knöcherne Fehlbildungen verbogen und führt dann zu Rückenschmerzen. Eine häufige Schmerzursache am *Kniegelenk* ist ein Meniskusschaden. Neben den Schmerzen treten Gelenksergüsse auf, vor allem bei der Hämophilie und rheumatischen Erkrankungen. Knieschmerzen können darüber hinaus vom Hüftgelenk fortgeleitet werden.

Eine (posttraumatische) *sympathische Reflexdystrophie* ist auch unter Ärzten wenig bekannt, bereitet deshalb manchmal erhebliche diagnostische Probleme und führt oft dazu, daß den Kindern eine effektive Behandlung vorenthalten wird.

Der Begriff der *Wachstumsschmerzen* darf nur nach Ausschluß anderer Krankheitsursachen verwendet werden, die Ätiologie ist unbekannt (Bernbeck & Dahmen, 1976).

Nach vorangegangener, in der Regel orthopädischen *Diagnostik* schließt sich in der Regel eine ätiologisch orientierte orthopädische Therapie an. Diese beinhaltet Physiotherapie, entzündungshemmende Medikation, Einsatz von Schienen oder Korsetts, gelegentlich auch eine Operation. Dabei sind in der Regel zeitlich begrenzte symptomatische schmerztherapeutische Begleitmaßnahmen erforderlich. Die analgetische Medikation umfaßt peripher wirksame Substanzen und orientiert sich am individuellen Bedarf. Daneben ist transkutane elektrische Nervenstimulation (TENS) und z. T. auch Akupunktur einsetzbar (Pothmann, 1988c, d, 1990b).

Die *Prognose* ist günstiger zu veranschlagen, weil degenerative und chronifizierte Beschwerden des Erwachsenen noch keine Rolle spielen. Im Einzelfall können jedoch hartnäckige Schmerzen bestehenbleiben, die das ganze Können der Therapeuten herausfordern, nicht zuletzt, um einem negativen Schmerzlernprozeß vorzubeugen (Münzenberg, 1981).

1.2.4.3 Rheumatische Erkrankungen

Das wesentliche Kriterium, um einen rheumatologisch versierten Fachmann heranzuziehen, ist der Nachweis der entzündlichen Genese bei schmerzhaftem Befall von meist mehreren Gelenken. Weitere klinische Symptome sind dabei häufig Rötung, Überwärmung, Schwellung und Bewegungseinschränkung, speziell Morgensteifigkeit. Zusätzlich sind oft auch Haut, Muskeln, Bindegewebe, innere Organe und Sinnesorgane befallen. Die verschiedenen Formen der *juvenilen rheumatischen Arthritis* sind durch bestimmte Befallsmuster der Gelenke, Geschlechtsverteilung, Alter der Kinder, Laborbefunde und Zusatzsymptomatik gekennzeichnet (Wahn, 1988). Als hilfreich erweist sich ein spezieller multidimensionaler *schmerzdiagnostischer* Zugang, wie er von Varni u. Thompson beschrieben wurde (Pediatric Pain Questionnaire: PPQ, 1985).

In erster Linie werden therapeutisch *Antirheumatika* eingesetzt wie z. B. Aspirin oder Naproxen. Sie bewirken Schmerzlinderung und einen Rückgang der Entzündung. Da die Dosis höher liegt als bei der üblichen Schmerztherapie, ist die Nebenwirkungsrate entsprechend größer (Wahn, 1988). Erst bei fehlendem therapeutischen Ansprechen und schweren Verlaufsformen sowie Mitbeteiligung innerer Organe wird auf Kortison, Immunsuppressiva oder Zytostatika übergegangen (Truckenbrodt & Häfner, 1986).

Die *Physiotherapie* hat wesentlichen Anteil am Gesamtkonzept. Die Ruhigstellung der Gelenke ist in der Regel nämlich nicht nützlich, wenn nicht sogar schädlich. Kühlende oder anwärmende Maßnahmen sind dabei vorbereitend sinnvoll. Schwimmen sollte frühzeitig integriert werden. Eine psychologische Mitbetreuung der oft deprimierten und schlecht motivierten Kinder ist unerläßlich. TENS kann ergänzend zur Schmerzlinderung einzelner Gelenke integriert werden (Mannheimer & Carlsson, 1979).

In therapieresistenten Fällen ist eine operative Entfernung der entzündeten inneren

Gelenkmembran und Korrektur der Gelenkstellung angezeigt.

Die Aussicht auf Ausheilung der juvenilen rheumatoiden Arthritis ist deutlich höher als bei Erwachsenen. Trotzdem muß bei 10–50% der Kinder je nach Typ mit einer oft jahrelangen schweren Verlaufsform gerechnet werden.

1.2.5 Krebsschmerzen

Die Erfolge der Chemotherapie bei kindlichen Tumoren in den letzten Jahren sind häufig durch relativ aggressive Behandlungsprotokolle erzielt worden. Dabei sind therapiebedingte schmerzhafte Nebenwirkungen zunehmend in den Vordergrund getreten. Tumorrezidive stellen eine weitere Ursache von krebsinduzierten Schmerzen dar. Eine Sonderstellung nimmt der Krebsschmerz insofern ein, als er von körperlichem Verfall, Appetit- und Schlafstörung gekennzeichnet ist. Kinder mit starken Schmerzen sind in ihrer Lebensfreude und Aktivität eingeschränkt. Grundsätzlich ist dabei mit einer sensorischen, affektiven, kognitiven und Verhaltenskomponente des Krebsschmerzes zu rechnen (Ahles et al., 1983). Eine weitere Besonderheit ist die oft immer noch unbefriedigende Krebsschmerzbehandlung (Schechter et al., 1986).

Bei 62% kindlicher Neoplasien muß mit behandlungswürdigen Schmerzen gerechnet werden. Tumorrezidive gehen sogar bei 89% der Kinder mit Schmerzen einher, der Anteil liegt damit ähnlich hoch wie im Finalstadium (82%). Nach erfolgreicher Therapie sinkt die Schmerzinzidenz auf 41% ab (Miser et al., 1987).

1.2.5.1 Ursachen der Krebsschmerzen

Krebsschmerzen werden durch verschiedene Umstände verursacht und lassen sich deshalb nicht als ein spezifischer und einheitlicher Schmerztyp charakterisieren. Neben verdrängendem und infiltrierendem Wachstum reizen vor allem Entzündung und Durchblutungsstörung die sensiblen Nervenendigungen (Hill, 1984).

Nach neurologischen Gesichtspunkten lassen sich folgende Schmerztypen und Ursachen unterscheiden: *zentrale* Schmerzen, brennend-einschießende *Projektionsschmerzen* im Versorgungsgebiet des betroffenen Nerven, viszerale *Übertragungsschmerzen* (referred pain) in die organtypischen Haut-, Muskel- und Knochensegmente (Head/Mackenzie), *radikuläre* Schmerzen bei Schädigung einer Nervenwurzel mit segmentaler Ausstrahlung, *pseudoradikuläre* Schmerzen mit segmentalen Myogelosen oder Blockierungen von Wirbelgelenken sowie *Knochen*schmerzen (n. Berger & Gerstenbrand, 1984). Grundsätzlich bedürfen die verschiedenen Schmerztypen einer gezielten therapeutischen Vorgehensweise. Oft ist die Krebsdiagnostik und -behandlung für Kinder viel beeinträchtigender als die tumorbedingten Schmerzen selbst. Venen-, Lumbal- und Knochenmarkpunktionen, Schleimhautläsionen, gastrointestinale Ulzera und Blutungen, postoperative Wundschmerzen, bestrahlungsbedingte Gewebsinduration, Phantom- und Stumpfschmerzen sind häufige Schmerzursachen.

1.2.5.2 Diagnostik

Grundvoraussetzung einer optimalen Krebsschmerztherapie ist die *Schmerzanamnese*. Neben der Tumordiagnostik sind spezielle neurologische Verfahren zur Aufdeckung der Schmerzursache wie EEG, EMG, Nervenleitung, evozierte Potentiale und Lumbalpunktion, ggf. eine Kernspintomographie und/oder radiologische Kontrastmitteluntersuchungen notwendig.

1.2.5.3 Medizinische Therapie

Die initiale und *ursächliche* Schmerzbehandlung zielt auch im Kindesalter auf die Beseitigung des Tumors durch Operation, Chemotherapie und Bestrahlung hin. Hierdurch kommt es manchmal schon zu einer vollständigen Schmerzlinderung. Das weitere Vorgehen hängt insbesondere von der Lokalisation und Stärke der chronisch persistierenden Schmerzen ab. Dies gilt auch für diejenigen Kinder, bei denen aufgrund des fortgeschrittenen Stadiums nur noch eine *palliative* Behandlung in Betracht kommt.

In vielen Fällen ist trotz individueller Abweichungen eine *gestufte* Strategie sinnvoll (Pothmann & Kuhn 1992; Zenz & Jurna 1993). Das therapeutische Vorgehen muß dabei auch dem *Schmerztyp* entsprechend aufgebaut werden. Hierdurch lassen sich Fehler in der Schmerzbekämpfung durch alleinige und ungezielte Analgetikagabe vermeiden. Nach Auffassung der WHO (1986) kann der *zeitliche Ablauf* der Krebsschmerztherapie in mehrere Schritte unterteilt werden (WHO-Stufenleiter). Danach kommen als symptomatische Behandlung die Möglichkeiten in Tabelle 1 in Betracht.

Tabelle 1. Zeitliche Strategie der symptomatischen Krebsschmerzbehandlung (WHO, 1986)

Periphere Analgetika
Schwache Opiate
Starke Opiate, Kombination mit peripheren Analgetika

Auch für das Kindesalter kann das WHO-Vorgehen im wesentlichen als verbindlich angesehen werden (Miser, 1988), wobei 85% der Krebsschmerzprobleme schon medikamentös zu beherrschen sind (Ventafridda, 1984).

Medikamentöse Therapie

Der wichtigste Grundsatz ist die *antizipierende Medikation* nach einem individuell erstellten Dosierungsschema. Innerhalb des WHO-Stufenplans der analgetischen Therapie ist die solide Kenntnis von einigen wenigen Vertretern der einzelnen Medikamentengruppen für den Behandlungserfolg wesentlich. Die für die einzelnen Stufen der *analgetischen Leiter* repräsentativen Standardanalgetika sind z. B. Paracetamol als peripheres Analgetikum, Tramadol als schwaches und Morphin als starkes Opiat.

Die *adjuvante* medikamentöse Therapie umfaßt eine Reihe verschiedenartiger nicht-analgetischer Substanzen wie Kortikosteroide, Antikonvulsiva, Muskelrelaxantien, Antidepressiva. Neuroleptika, Tranquilizer und Antidepressiva, die symptomlindernde Wirkung besitzen (von Harnack & Jansen, 1984).

Anästhesiologische Verfahren

Falls eine befriedigende medikamentöse Analgesie nicht zustande kommt, sind selten, meist bei älteren Kindern auch anästhesiologische Verfahren erforderlich. Eine definitive *Sympathikusblockade* (z. B. Plexus coeliacus) allein kann bei inkurablen viszeralen Tumorschmerzen zu länger anhaltender Beschwerdefreiheit führen oder das Anprechen auf Analgetika wiederherstellen (Pothmann & Göbel, 1986).

Der Nutzen *epiduraler Dauerkatheter* und vor allem subkutan implantierbarer *zentraler Venenkathetersysteme* zur Applikation von Opiaten ist auch bei Kindern oft die beste Möglichkeit einer terminalen Schmerzbehandlung. Sie sind bei ca. 5% der Patienten in Betracht zu ziehen, wenn keine ausreichende orale Opiat-Analgesie zustande kommt (Zenz, 1984; Goepel, 1988).

Transkutane Elektrische Nervenstimulation (TENS)

Dieses elektrische periphere Stimulationsverfahren regt das körpereigene Schmerzhemmungssystem an. Bei etwa der Hälfte der Krebspatienten fallen erfahrungsgemäß sogenannte paraneoplastische Schmerzen an, die für dieses Verfahren in Betracht kommen. Hierzu zählen Übersensibilität der Haut durch Sympathikusschädigung, reflektorische Muskelverspannungen und Neuralgien nach Chemotherapie sowie Herpes Zoster. Umschriebene Schmerzareale eignen sich besonders gut für diese risikoarme Methode und sollten deshalb primär mit TENS behandelt werden (Eriksson & Sjölund, 1979). Neben den neurophysiologisch begründeten Vorteilen trägt vor allem das psychologische Moment einer selbst durchführbaren Therapie zur Wiedererlangung der Selbstkontrolle und Verbesserung der analgetischen Ergebnisse bei. In Klinik und Ambulanz hat sich darüber hinaus der schmerzprophylaktische Einsatz bei *Lumbalpunktionen* als vorteilhaft für Schulkinder erwiesen (Pothmann, 1988 b).

Physiotherapie

Zu den schonenden und körperlich wie psychisch stimulierenden Verfahren zählt die Physiotherapie. Nach anfänglichen, oft deprimierenden, schmerzhaften Erfahrungen mit den diagnostischen und therapeutischen Methoden spielt sie bei der Reaktivierung des Kindes eine nicht zu unterschätzende Rolle. Die Stabilisierung der seelisch-körperlichen Verfassung dient nicht zuletzt der allgemeinen Senkung der Schmerzsensibilität. Dadurch lassen sich gelegentlich sogar Analgetika einsparen.

1.2.5.4 Psychotherapie

Der Stellenwert der psychologischen Begleitung des Kindes während der onkologischen Therapie kann nicht deutlich genug betont werden. Neben der persönlichen Kontinuität von ärztlicher und schwesterlicher Seite ist hierfür unbedingt eine psychologische Fachkraft erforderlich. Mit zunehmender Aggressivität der Krebsbehandlungsmethoden hat sich die persönliche Führung besonders unter den isolierten Bedingungen der Knochenmarkstransplantation als notwendig erwiesen. Neben den Umgebungsbedingungen sind es vor allem die Reaktionen auf schmerzhafte medizinische Eingriffe, die sich als Ausdruck einer schmerzhaften Abwehrhaltung in Form von Verhaltensstörungen niederschlagen (Katz et al., 1980). Die Arbeit konzentriert sich zunächst darauf, bei den Eltern schrittweise eine Vertrauensbasis für die anstehenden (schmerzhaften) diagnostischen und therapeutischen Schritte zu gewinnen und eine adäquate Hoffnung in das Therapieziel zu wecken. Ebenso wichtig ist es, in dieser Phase schon das Kind einzubeziehen und altersentsprechend auf die geplanten Maßnahmen vorzubereiten. Hierin sind die wichtigsten Voraussetzungen für eine optimale und auch schmerzreduzierte Krebstherapie zu sehen (Drings & Sellschopp, 1984).

Mit Hinblick auf Verarbeitung von Schmerzen und depressiven Zuständen stehen neben dem persönlichen Umgang *entspannende Therapietechniken* wie Autogenes Training, Progressive Relaxation nach Jacobson und Hypnose zur Verfügung. Letztere Methode ist in der Vorbereitung auf schmerzhafte Eingriffe bei krebskranken Kindern zur Angst- und Schmerzreduktion wirksam und rasch einsetzbar (Zeltzer & LeBaron, 1982). Wichtig ist eine gute Vorinformation des Kindes und eine rechtzeitige Einübung der Bewältigungsstrategien. Aber auch *familientherapeutische Interventionen* sind notwendig, um erschütterte familiäre Beziehungsstrukturen zu stärken und zur emotionalen Stabilisierung des an Schmerzen leidenden Kindes beizutragen (Flor et al., 1987).

Für die erfolgreich behandelten Kinder stellen Schmerzen zwar ein geringeres Problem dar, ihre Verarbeitung kann jedoch unter Umständen und insbesondere nach einer ZNS-Bestrahlung durch die Beeinträchtigung kognitiver Kopingstrategien eingeschränkt sein (Copeland et al., 1985). Im Finalstadium hat sich auch die *tiefenpsychologisch* und *heilpädagogisch* begründete Schmerzverarbeitung mit non-verbalen Methoden wie z. B. Malen oder Musik als sehr nützlich erwiesen. Daneben ist gerade für die Führung von Patient und Familie die Kenntnis der Verarbeitungs- bzw. Reaktionsstufen nach Kübler-Ross (1971) wichtig. Diese reichen von anfänglichem Schock über Verleugnung, Wut, Depression sowie eine Phase des Verhandelns und Feilschens bis hin zur Versöhnung mit dem Schicksal. Erst durch Einsatz aller psychotherapeutischen Möglichkeiten in der Behandlung der kindlichen Tumorschmerzen kann der Anspruch auf eine menschenwürdige Lebensqualität erfüllt werden. Vor allem gilt es im Zweifelsfall dem Wunsch des Kindes und seiner Eltern zu entsprechen und das Kind vor einem inhumanen Siechtum zu bewahren, insbesondere wenn die kausale Tumortherapie ausgeschöpft ist.

1.2.5.5 Schmerzprophylaxe

Durch eine gute Planung lassen sich viele schmerzauslösende Situationen von vornherein vermeiden. Die Anwesenheit einer Begleitperson wirkt sich oft beruhigend für das Kind und damit schmerzreduzierend aus. Ein implantiertes Katheterreservoir (Port-A-Cath, TheraPort, Broviac-Katheter) erleichtert *Blutabnahmen* und Infusionsanlage und erspart dem Kind somit Schmerzen durch wiederholte Punktionen. *Lumbalpunktionen* sollten gut vorbereitet werden: Kleinkinder erhalten regelhaft eine Sedierung, die mindestens für eine ausreichende retrograde Amnesie sorgt. Schulkinder können 1 Stunde vor einer Punktion mit einem gelartigen Lokalanästhetikum (EMLA) versorgt werden (Maunuksela & Korpela, 1986). Die Möglichkeiten der transkutanen Nervenstimulation (TENS) sind bereits angesprochen worden.

Schmerzen bei Knochenmarkspunktionen sind oft durch Lokalanästhesie nicht ausreichend zu beherrschen und erfordern deshalb zumindest am Anfang der Therapie oft eine Vollnarkose.

Einen zunehmenden Stellenwert nehmen *psychologische Verfahren* ein. Bei Kleinkindern wirkt sich vor allem der Einsatz von *Ablenkstrategien* wie ausklappbare Bilderbücher oder Musik über einen Walkman effektiv aus. Die Wirksamkeit steigt dabei im Alter von 4 bis 7 Jahren deutlich an. Daneben eigenen sich *imaginative* Verfahren zur Vorbereitung auf schmerzhafte Eingriffe. *Hypnose* wird mittels anschaulicher Metaphern vom Zauberhandschuh oder dem magischen Schmerzschalter auch schon bei Kleinkindern ab dem 3. Lebensjahr vermittelt und ist in dieser Altersgruppe rasch wirksam (Olness & Gardner, 1978; Zeltzer & LeBaron, 1982; Kuttner, 1986; Fowler-Kerry, 1988). Auch ein kombiniertes Vorgehen der genannten Methoden zusammen mit kognitiven und relaxierenden Komponenten wirkte sich z. B. auf die Schmerzperzeption bei Lumbalpunktionen deutlich aus (McGrath & de Veber, 1986a, b; Pothmann & Kuhn 1992; Petermann et al. 1994).

1.2.5.6 Soziale Hilfestellung

Durch den langwierigen Verlauf einer Krebserkrankung kommen neben den psychischen Belastungsmomenten oft auch zusätzliche soziale Probleme auf die Familie zu. Gerade finanzielle Belastungen durch regelmäßige Besuche im Krankenhaus oder Betreuungskosten, die bei Geschwistern des Patienten anfallen, können sehr leicht zur Verschuldung führen. Hier und bei weiteren Problemen sollte auf die gesetzlichen Möglichkeiten hingewiesen und ein Sozialarbeiter eingeschaltet werden (Betreuungskostenerstattung, Steuererleichterung bei Behinderung über 50% MdE, Pflegegeld usw.).

Zusätzlich spielen in den letzten Jahren *Selbsthilfegruppen* von Eltern krebskranker Kinder eine wichtige Rolle in der psychosozialen Stabilisierung. Finanzielle Hilfestellungen durch die Selbsthilfegruppen ermöglichen zum Teil erst eine Linderung der medizinischen, psychologischen und sozialen Mißstände und schufen die Voraussetzungen für eine humanere klinische Behandlungssituation, in der auch die Schmerztherapie ihren Stellenwert erhält (Pothmann, 1988b).

2. Symptomatik und Verhaltensdiagnose

„Die Multidimensionalität chronischer Schmerzsyndrome erfordert eine Diagnostik, die sowohl die biomedizinische und psychosoziale Ebene des Problembereichs erfaßt als auch innerhalb der Ebenen verschiedene Aspekte differenziert" (Kröner-Herwig, 1990; Scholz, 1990). Eine ideale pädiatrische Schmerzmessung erfolgt nach Engel (1988) sowohl interdisziplinär (Pädiater + Psychologen + Physiologen) als auch multidimensional.

Um Schmerzkrankheiten im Kindes- und Jugendalter diagnostizieren zu können, ist es darüber hinaus notwendig, den Entwicklungsstand eines Kindes zu berücksichtigen. Das Entwicklungsalter ist abhängig von der kognitiven Entwicklungsstufe (Kap. 1.1.2), aber auch von der sozialen Entwicklung

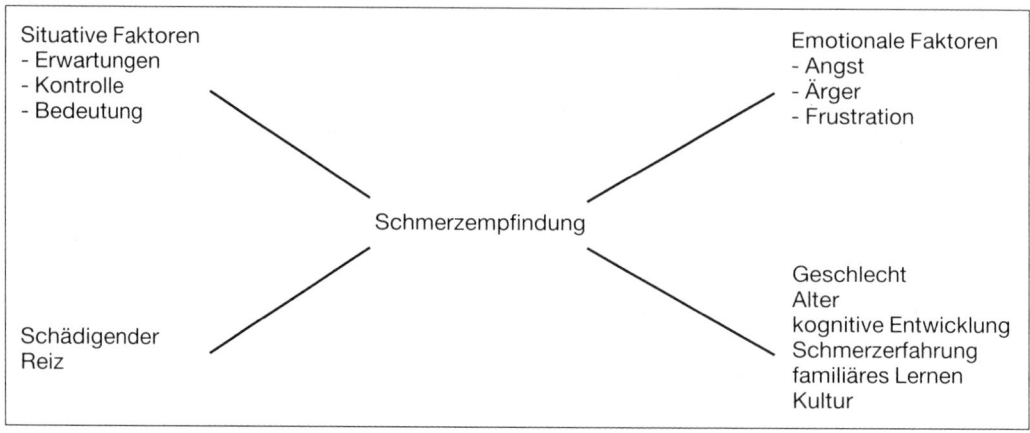

Abb. 1. Modell der Faktoren, die die kindliche Schmerzperzeption modifizieren (nach McGrath PA, 1990)

und bisherigen Lebenserfahrung eines Kindes (Peterson et al., 1991). Faktoren, die das kindliche Schmerzerleben und Schmerzverhalten beeinflussen, sind in Abbildung 1 dargestellt.

Bei Kindern unterliegen die multifaktoriellen Schmerzkomponenten, d. h. die kognitiv-emotionale und motorische Verhaltenebene sowie die physiologische Ebene (Abu-Saad et al., 1990) noch der ständigen Veränderung, Differenzierung und Entwicklung (Nickel, 1982). So verfügen kleinere Kinder beispielsweise nur über eingeschränkte Fähigkeiten, ihren Schmerz (verbal) mitzuteilen, und zwei- bis fünfjährige Kleinkinder sind noch nicht zu einer spontanen Erinnerung erlittener Schmerzen in der Lage (Peterson et al., 1991).

Die Ausführungen sollen verdeutlichen, daß die Messung klinischer Schmerzen beim Kind nicht mit dem Instrumentarium für Erwachsene zu bestreiten ist. Schmerzdiagnostische pädiatrische Methoden müssen sich an entwicklungspsychologischen Erkenntnissen orientieren.

2.1 Ziele der Schmerzmessung

Zielsetzung klinischer Schmerzmessung im Kindesalter ist
1. eine adäquate Beschreibung des Schmerzproblems unter Berücksichtigung des Entwicklungsalters,
2. eine Analyse der schmerzaufrechterhaltenden Bedingungen (vgl. S-O-R-C-K-Schema von Kanfer & Saslow, 1969),
3. Entscheidungshilfen für die Schmerztherapie zu erhalten,
4. die Evaluation der Schmerztherapie.

Nach dem trimodalen Schmerzmodell (Birbaumer, 1984; Sanders, 1979b) erfolgt die Schmerzmessung auf drei Ebenen (Katz et al., 1984; Scholz, 1990):
1. behavioral-motorische Ebene, d. h. beobachtbares, offenes Schmerzverhalten (verbal und nonverbal)
2. subjektiv-erlebnisbezogene Ebene, d. h. verdeckte Schmerzreaktionen und Selbstangaben (wie Emotionen, Einstellungen, Gedanken, Vorstellungen und Wahrnehmung)
3. physiologische Parameter, d. h. körperliche Begleitprozesse (z. B. autonome Reaktionen).

Die psychosozialen Bedingungen und Konsequenzen des Schmerzes können am besten über eine Verhaltensanalyse ermittelt werden (Schulte, 1976; Schlottke, 1982). Eine Verhaltensanalyse chronischer Schmerzen kann bei Kindern mittels des S-O-R-C-K-Modells von Kanfer und Saslow (1969) erfolgen (Modifikation von Linton et al., 1984). Dafür ist eine gute Kooperation zwischen Psychologe bzw. Arzt und dem Kind und mindestens einem

erwachsenen Familienmitglied erforderlich. Ebenso ist das Modell so weit zu modifizieren, daß es sich in Sprache, Art der Fragen, Datenquelle (Kind und soziale Bezugspersonen wie Eltern, Lehrer) und verwendeten Meßinstrumenten dem Entwicklungsalter anpaßt. Die besonderen Ziele der pädiatrischen Schmerzanalyse sind laut Masek et al. (1984):
1. Beschreibung des kindlichen Verhaltens bei Schmerz
2. Suche nach funktionalen Beschränkungen durch den Schmerz (in der Schule, bei der Freizeitgestaltung, beim Spielen, in Familien- oder Peerbeziehungen)
3. Identifizierung von möglichen Verstärkungsbedingungen (vgl. Fordyce, 1986).

Im folgenden werden einzelne schmerzdiagnostische Methoden für Kinder und Jugendliche dargestellt. Psychodiagnostische Methodenauswahl und -kombination ist immer eine Konsequenz aus der konkreten diagnostischen Fragestellung und individuell für jedes Kind neu zu entscheiden. Die Wahl der Meßverfahren wird durch das Alter und die kognitive Entwicklungsstufe eines Kindes eingeschränkt (McGrath PA, 1990).

2.2 Methoden der Schmerzdiagnostik

2.2.1 Schmerzanamnese

Die Schmerzanamnese muß ausführlich sein und die Vorgeschichte unter Einschluß der psychosozialen Variablen umfassen, will man das Schmerzproblem ganzheitlich lösen. Eine vordergründige Betrachtungsweise führt sonst häufig zu rein symptomatischen und nur kurzfristig wirksamen Therapieansätzen. Als Hilfestellung zur Strukturierung von Schmerzanamnese und Bewertung des Schmerzcharakters kann man Tabelle 2 und 3 heranziehen. Das Verfahren eignet sich vor allem bei jüngeren Kindern primär für Angaben durch die Eltern.

Wegen der unterschiedlichen Gewichtung der Items ist die Bildung eines Gesamtscores in Tab. 3 nicht immer sinnvoll. Bei einer Gesamtpunktzahl von ≥ 10 bzw. überwiegend angekreuzter Ausprägung von Grad 2 und 3 ist ein klinisch bedeutsamer Leidensdruck anzunehmen, der die Einleitung von diagnostischen und therapeutischen Interventionen angezeigt erscheinen läßt.

Tabelle 2. Schmerzanamnese

Familiäre Belastung
Erstmanifestation
Häufigkeit
Zeitpunkt des Auftretens
Schmerzdauer
Schmerzcharakter
Schmerzlokalisation (Kopf, Teil des Kopfes, Nakken, Brust, Bauch, Rücken, Knochen, Gelenke, Muskeln, Nerven)
Vegetative Begleiterscheinungen
Appetit, Eßgewohnheiten (Süßigkeiten?)
Konstitutionelle Gesichtspunkte: Belastungsfähigkeit, Infektanfälligkeit
Chronische Grunderkrankung
Verhaltensstörung (aggressiv, depressiv, hyperkinetisch, überangepaßt)
Familiäre Konflikte, (familiäre) Leistungshaltung
Kindergarten-/Schulsituation

2.2.2 Beobachtende Methoden

Während der ersten drei bis fünf Lebensjahre sind die Möglichkeiten der verbalen Quantifizierung von Schmerzen entweder nicht oder nur unzureichend vorhanden. In diesem Zeitraum stehen vor allem Methoden der Außenbeobachtung durch Eltern, Schwestern oder Ärzte zur Verfügung. Aus der Anschauung heraus können Ärzte lernen, ihre Einschätzung weitgehend zu optimieren (Hodgkins et al., 1985). *Eindimensionale* Verfahren sind zwar grundsätzlich als problematisch anzusehen, nehmen jedoch in der klinischen und praktischen Routinearbeit einen wichtigen orientierenden Stellenwert ein (Tabelle 4).

Eine wichtige Methode der Außenbeurteilung für 2 bis 6 Jahre alte (französische) Kinder mit Krebsschmerzen wurde von Gouvain-Piquard et al. (1986) vorgestellt. Es handelt sich um ein aufwendigeres *mehrdimensionales* Verfahren, das sich

Tabelle 3. Schmerzbewertung (Pothmann, 1984)

	nie	leicht	deutlich	sehr ausgeprägt
	0	1	2	3
1. Anfallsartiger Schmerz	0	0	0	0
2. Dauerschmerzen	0	0	0	0
3. Schmerzfrequenz	0	0	0	0
		(< 1 ×/Monat)	(1–3 ×/Monat)	(1–7 ×/Woche)
4. Wechselnde Schmerzstellen	0	0	0	0
5. Übelkeit/Erbrechen	0	0	0	0
6. Sehstörungen	0	0	0	0
7. Schwindel	0	0	0	0
8. Appetit-/Verdauungsstörung	0	0	0	0
9. Aggressives Verhalten	0	0	0	0
10. Schlafstörung	0	0	0	0
11. Müdigkeit, Lustlosigkeit	0	0	0	0
12. Leistungsminderung	0	0	0	0

durch eine gute testtheoretische Absicherung auszeichnet. Es wurde an einer größeren Stichprobe validiert und die Reliabilität durch verschiedene Beobachtergruppen abgesichert. Für klinisch-onkologische Schmerzbeurteilung im Kleinkindalter erscheint es besonders gut geeignet, weil auch die Dimensionen Angst und Depression einbezogen sind.

Tabelle 4. Postoperative Beobachtungs- und Verhaltensskalen

Gesichtsausdruck
Schreien, verbale Äußerung
Bewegung (Torso, Extremitäten)
Reaktion auf (Wund-) Berührung

Postoperativer Schmerz – (CHEOPS, McGrath PA, 1990; KUSS, Droste & Büttner 1992)

Im Säuglingsalter eignet sich zur Beschreibung von schmerzhaften Reaktionen für den klinischen und wissenschaftlichen Bereich das multidimensionale Vorgehen nach Johnston & Strada (1986). Es handelt sich um eine kombinierte Registrierung von Puls, Körperbewegungen, Atmung, Gesichtsausdruck, Schreien und einem Stimmspektogramm.

2.2.3 Methoden der Selbsteinschätzung

Das Spektrum von Methoden zur Erfassung von Schmerzen mit Selbst-Auskunfts-Skalen, die ab dem späten Kleinkindalter einsetzbar sind, ist relativ breit und reicht von einfachen Fragen bis zu gut validierten Analog- oder Symbol-Skalen (Tabelle 5).

Tabelle 5. Kognitive Auskunftskalen

Einfache Fragen
Schmerzworte
Numerische Skalen (0–5–10)
Visuelle Analog Skala
Farben
Gesichter
Schmerzleiter
Schmerzzeichnungen
Projektive Tests
Schmerztagebuch

Smiley Analog Skala,
Visuelle Analog Skala

Entsprechend der kleinkindlichen Entwicklungsstufe kommen insbesondere solche Verfahren in Betracht, die nonverbal verstanden werden. Hierzu eignen sich Gesichter mit unterschiedlichem Ausdruck (Maunuksela & Korpela 1986; McGrath PA,

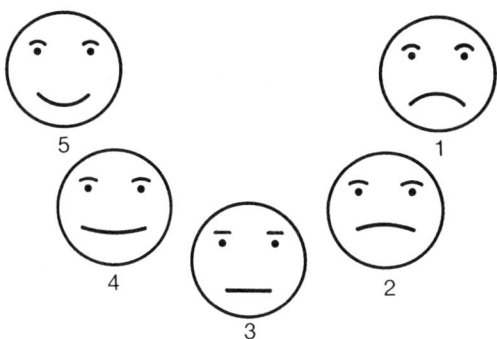

Abb. 2. Smiley Analog Skala (SAS)

1990; Pothmann, 1990 a). Sehr ansprechend ist eine in den USA entwickelte Fotoskala aus Gesichtern mit unterschiedlichem Schmerzausdruck (OUCHER). Bezeichnet ein Kind ein seinem Schmerz zutreffendes Gesicht, läßt sich eine Zahl zwischen 0–100 zuordnen.

In Anlehnung an die „Visuelle Analog Skala" (VAS) (Wallenstein, 1984) haben wir für eine stilisierte Gesichterskala den Namen „Smiley Analog Skala" (SAS) vorgeschlagen (Abb. 2). Die SAS besteht aus fünf Gesichtern, die Schätzwerte werden auf einem Dokumentationsblatt eingetragen, um den Verlauf zu protokollieren (Tabelle 6). McGrath konnte die verschiedenen Gesichtsausdrucksformen mit der Schmerzstärke korrelieren und damit zahlenmäßig ausdrücken (Kinderschmerzschieber (Tylenol®, Montreal 1991).

Unabhängig voneinander wurde die Methode für Kinder ab 3 bzw. 5 Jahren validiert (McGrath et al., 1984; Pothmann, 1990a). Zwischen dem 5. und 7. Lebensjahr waren die meisten Kinder in der Lage, die VAS zu verwenden, die 5stufige SAS war bereits ab dem 3. Lebensjahr einsetzbar. Die Korrelation zwischen VAS und SAS ergab bei 100 Kindern mit verschiedenen Schmerzursachen wie Venenpunktion, Lumbal-/Knochenmarkpunktion, Kopf-, Gelenk- und Tumorschmerzen einen engen Zusammenhang ($r = 0{,}87$). Weiterhin erlaubt die Smiley Analog Skala eine Korrelation der Schmerzstärke und unterschiedlichen Schmerztypen, wobei Venenpunktion mit einer Punktzahl von 2,7 am leichtesten und Bauchschmerzen mit 4,0 im Durchschnitt am stärksten ausfallen (Pothmann, 1988a).

Farbskalen

Im Kleinkindalter läßt sich auch die emotional ansprechende Qualität von Farben nutzen, um Aussagen zur Schmerzstärke zu

Tabelle 6. Dokumentationsblatt – Smiley Analog Skala (SAS)

Name:						Geb. Datum:
Datum:						Diagnose:
			SAS-Wert			
Uhrzeit	1	2	3	4	5	Therapie/Dosis
___ 1						_____
___ 1						_____
___ 2						_____
___ 3						_____
___ 4						_____
___ 5						_____
___ 6						_____
___ 7						_____
___ 8						_____

erhalten (Scott, 1978; Savedra et al., 1984). Eine 4stufige Farbskala nach Eland (1981) hat die Vorgaben: „Schmerzvollstes Ereignis", „Nicht ganz so stark wie das schmerzvollste Ereignis", „Wie etwas, das wenig weh tut" und „Überhaupt keine Schmerzen", wobei „Rot" den stärksten Schmerz ausdrückt. Das Verfahren hat sich für Kinder zwischen 4,9 und 5,9 Jahren in der Schmerzerfassung bewährt. Der Rang der roten Farbe konnte auch von Varni et al. (1988) bestätigt werden. 52% der Kinder wählten „Rot" als Ausdruck stärkster Schmerzen, 26% „Violett" für mittelstarke Schmerzen, 30% „Orange" für leichte Schmerzen und 30% „Gelb" für Schmerzfreiheit. Farbskalen sind unter Umständen geeignet, die Lücke zwischen Smiley Analog Skala und Außenbeobachtungsmethoden während der nonverbalen Entwicklungsstufe zu schließen. Voraussetzung ist jedoch die Fähigkeit zur Farbdifferenzierung, die zwischen dem zweiten und dritten Lebensjahr beginnt.

Komplexe Schmerzbewertung

Sie sind ein wichtiger Bestandteil psychologischer Diagnostik. Die Suche nach der Bewertung verschiedener Schmerzen war auch Intention von Ross und Ross (1984) bei einer Befragung von 994 nordkalifornischen Schulkindern im Alter von 5–12 Jahren. Geht man von repräsentativen Bedingungen aus, so ergibt sich eine Prävalenz von Schmerzproblemen und -erfahrungen wie in Tabelle 7 aufgelistet.

Analog zu den Piagetschen Entwicklungsbedingungen fanden sich in dieser Gruppe zwar die grundsätzlichen kindlichen Fähigkeiten, Schmerzen zu beschreiben, Wissen und Verständnis des Schmerzproblems waren jedoch zum großen Teil unterentwickelt. Alters- oder Geschlechtsunterschiede bestanden nicht. Der Umgang mit Schmerzbewältigungsstrategien (Hinlegen, entspannterer Zeitplan usw.) war nur wenig bekannt. Es fiel im Gegenteil der hohe Anteil von 19,7% der Schüler auf, die einen sekundären Krankheitsgewinn angaben, um vermehrte Zuwendung zu erhalten oder unangenehme Pflichten zu umgehen. Weitere 15,7% der Schüler simulierten regelrecht Schmerzen.

In Anlehnung an den McGill Pain Questionnaire für Erwachsene (MPQ; Melzack, 1975) wurde von Thompson und Varni (1986) ein mehrdimensionales Schmerzmeßinstrument für Kinder entwickelt: Der Varni/Thompson-*Pediatric Pain Questionaire (PPQ)*. Der Fragebogen liegt in einer Kinder- und Elternform vor. Die gemeinsamen Bestandteile erfassen Schmerzstärke und -lokalisation sowie die sensorischen, affektiven und evaluativen Schmerzqualitäten. Im Elternbogen werden zusätzlich Fragen zur kindlichen Schmerzanamnese und Familiengeschichte gestellt. Der Fragebogen wurde an einer größeren Zahl von Kindern mit rheumatischen Schmerzen validiert. Eine endgültige Form bzw. eine deutsche Übersetzung liegt nicht vor.

Die Forderung der Autoren nach einem optimalen mehrdimensionalen Schmerzverhaltenstest umfaßt eine *Schmerzselbstbeurteilung* (z. B. SAS, VAS, Schmerzthermometer, Farbteste, Zeichenteste), *Verhaltensbeobachtung* (Schmerz- und allgemeines psychosoziales Verhalten, z. B. Family Environment Scale (FES) (Moos & Moos 1981), Child Behavior Checklist (CBCL)), physiologisch-medizinische Parameter (Analgetikaverbrauch, Muskel- und Gelenkstatus, Blutdruck, Puls, Atemfre-

Tabelle 7. Schmerzprävalenz (Ross & Ross, 1984; 944 kalifornische Schüler)

Krankenhauserfahrungen postpartal	511	(51%)
Interventionsbedürftige chronische Kopfschmerzen	444	(4%)
Zahnschmerzen	41	(4%)
Interventionsbedürftige chronische Bauchschmerzen	51	(5%)
Gelenkschmerzen	19	(2%)

quenz), spezifische Marker der Aktivität einer Erkrankung sowie Entwicklungs- bzw. Intelligenzteste: z. B. Hamburg-Wechsler-Intelligenztest. Nur so kann das multidimensionale Phänomen Schmerz psychologisch hinreichend erfaßt werden.

Druckalgometrie

In der Beurteilung schmerzhafter *Triggerpunkte* der Muskulatur bei Erkrankungen des Bewegungsapparates und bei Kopfschmerzen hat die Druckalgometrie einen wichtigen Stellenwert (Jaeger & Reeves, 1986). Es handelt sich um ein einfaches, handliches Gerät, das den Auflagedruck bei Erreichen der Schmerzschwelle anzeigt. Die Methode ist vor allem im Bereich der Kau- und Nackenmuskulatur auf ihre Reliabilität hin untersucht worden. Im Rahmen der kindlichen Entwicklung hin zu abnehmenden schmerzbegleitenden Gefühlsäußerungen treten zunehmend Muskelverspannungen auf, die als Myogelosen bereits im Kleinkindalter palpiert werden können (Lavigne et al., 1986). Auch findet sich eine Zunahme der Schmerzschwelle vom Kopf zu den Füßen. Die kindliche Druckschmerzschwelle gleicht sich schließlich mit etwa 10 Jahren dem Erwachsenenniveau an (Pothmann, 1993). Die Effektivität von verschiedenen Therapieverfahren läßt sich mit dem Verfahren gut objektivieren und dokumentieren (Reeves et al., 1986).

2.2.4 Schmerztagebücher

Kindgerechte Tagebücher sind für die Schmerzmessung und -therapie von besonderer Bedeutung. Ohne eine kontinuierliche und systematische Verlaufsbeobachtung ist weder die Therapieindikation entscheidbar noch die Effektivität des therapeutischen Vorgehens beurteilbar (Gerber, 1989). Nur wenn die Schmerzen der Kinder konsequent dokumentiert werden, ist eine genaue Einschätzung des Problems und des Schmerzverlaufs möglich; nur so können Erinnerungsfehler (Janzen, 1984) oder Überschätzungen (Andrasik et al., 1985) vermieden werden. Wichtig ist es, relevante Schmerzaspekte vor Therapiebeginn über einen definierten Zeitraum (vier Wochen) zu erheben. Schmerztagebücher haben den großen Vorteil, daß mehrere relevante Parameter wiederholt, zu gleichen Zeitpunkten aufgezeichnet werden. Dadurch können mögliche Abhängigkeiten bzw. Koinzidenzen festgestellt werden (Seemann, 1984).

Kindgerechte Schmerztagebücher müssen das kognitive Entwicklungsniveau berücksichtigen, das die Schmerzaufzeichnungen des Kindes beeinflussen kann (Thompson & Varni, 1986). Tagebücher sollten generell so beschaffen sein, daß sie vom Kind selber, eigenständig und ohne fremde Hilfe zu Hause ausgefüllt werden können. Das deutschsprachige Kopfschmerztagebuch von Pothmann et al., (1991) ist für den ambulaten Gebrauch von sieben- bis 15jährigen Schulkindern erprobt. Für jede Woche steht ein farbiger Bogen im Din-A-3-Format zur Verfügung. Das Tagebuch (siehe Abbildung 3) erfaßt in kindgerechter Weise das Kopfschmerzgeschehen auf der subjektiv-verbalen Ebene, der Verhaltensebene und symptomatisch. Regelmäßiges Ausfüllen einmal täglich abends vor dem Schlafengehen wird durch das Aufkleben von bunten Stickern mit Janosch-Figuren verstärkt. Allein die Dokumentation über vier Wochen führt zu einer signifikanten Abnahme der Kopfschmerzen.

Andere Autoren fordern von den Kindern mehrmals täglich Aufzeichnungen (Larsson & Melin, 1988; Labbe & Ward, 1990); meistens viermal, und zwar zu den Zeitpunkten „Frühstück, Mittagessen, Abendbrot und Schlafenszeit". McGrath und Koautoren (1990a) lassen neben der Schmerzstärke, anderen Symptomen und der Schmerzmedikation auch mögliche Gründe für das Auftreten von Schmerzen und Kopingstrategien des Kindes aufzeichnen. Schmerztagebücher übernehmen durchaus auch therapeutische Funktionen. Sie können beispielsweise zu einer veränderten, objektiveren Sichtweise der Schmerzen beitragen, indem sie dem Kind bei der Entdeckung von Schmerzauslösern helfen.

Migränetagebuch für Kinder

		Montag	Dienstag
1.	Was hattest Du heute für einen Tag? Gib ihm ein Gesicht! 	1 2 3 4 5 ☐☐☐☐☐	1 2 3 4 5 ☐☐☐☐☐
2.	Hattest Du heute ganz, eine oder ein paar Stunden in der Schule gefehlt?	Ja ☐ NEIN ☐	Ja ☐ NEIN ☐
3.	Hast Du heute etwas Besonderes erlebt? a) etwas Tolles, Schönes....... b) etwas Unangenehmes, Ärgerliches.... wenn ja, was?	Ja ☐ ☐ NEIN ☐ ☐	Ja ☐ ☐ NEIN ☐ ☐
4.	Hattest Du heute Kopfschmerzen?	Ja ☐ NEIN ☐	Ja ☐ NEIN ☐
		☺ STOP	☺ STOP
5.	Wie stark waren Deine Kopfschmerzen? (1=sehr leicht, 10=am stärksten) Bitte die Zahl auf dem Maßband einkreisen.	1 2 3 4 5 6 7 8 9 10	1 2 3 4 5 6 7 8 9 10
6.	Wann hattest Du Kopfschmerzen? Kreuze **alle** Stundenkästchen an, in denen Du Kopfschmerzen hattest. 	6 7 8 9 10 11 12 13 14 15 16 17 18 19 20 21 22 23 24 1 2 3 4 5	6 7 8 9 10 11 12 13 14 15 16 17 18 19 20 21 22 23 24 1 2 3 4 5
7.	Was hast Du heute wegen Deiner Kopfschmerzen unterbrochen oder ausgelassen? a) Schule b) Hausaufgaben c) Spielen, Freizeit (alleine) d) Fernsehen, Computer, Kassetten, Musik hören e) Spielen, Freizeit (mit anderen) f) Sport	Ja ☐☐☐☐☐☐ NEIN ☐☐☐☐☐☐	Ja ☐☐☐☐☐☐ NEIN ☐☐☐☐☐☐
8.	Wo tat es weh? Zeichne möglichst genau ein, wo Deine Kopfschmerzen waren!	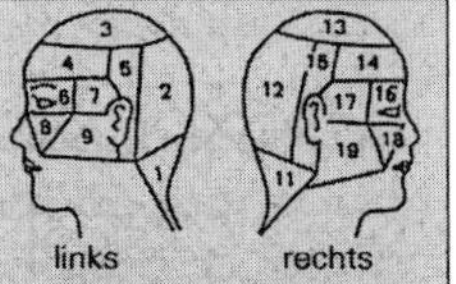 links rechts	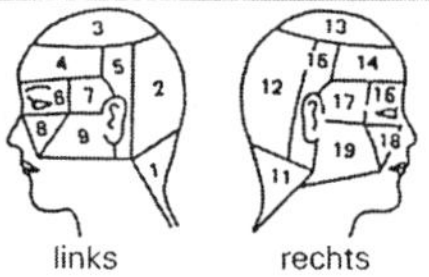 links rechts
9.	War Dir bei den Kopfschmerzen a) übel/schlecht b) schwindelig c) Mußtest Du erbrechen? d) Konntest Du nur schwer sprechen? e) Konntest Du Arme und Beine schlecht bewegen f) Hattest Du ein komisches Gefühl in der Haut?	Ja ☐☐☐☐☐☐ NEIN ☐☐☐☐☐☐	Ja ☐☐☐☐☐☐ NEIN ☐☐☐☐☐☐
10.	Hast Du heute ein Medikament gegen Deine Kopfschmerzen genommen?	Ja ☐ NEIN ☐	Ja ☐ NEIN ☐
	Jetzt ist das Migränetagebuch für heute ausgefüllt, prima! Nun klebe Dir in die nebenstehende Spalte einen Aufkleber ein.		

Abb. 3. Kopfschmerzkalender (Pothmann et al., 1991)

Definition, Klassifikation und medizinische Grundlagen 601

Name ....
Woche vom .... bis ....

Mittwoch	Donnerstag	Freitag	Samstag	Sonntag
1 2 3 4 5 ☐☐☐☐☐	1 2 3 4 5 ☐☐☐☐☐	1 2 3 4 5 ☐☐☐☐☐	1 2 3 4 5 ☐☐☐☐☐	1 2 3 4 5 ☐☐☐☐☐
Ja ☐ NEIN ☐	Ja ☐ NEIN ☐	Ja ☐ NEIN ☐	Ja ☐ NEIN ☐	Ja ☐ NEIN ☐
Ja ☐☐ NEIN ☐☐	Ja ☐☐ NEIN ☐☐	Ja ☐☐ NEIN ☐☐	Ja ☐☐ NEIN ☐☐	Ja ☐☐ NEIN ☐☐
Ja ☐ NEIN ☐	Ja ☐ NEIN ☐	Ja ☐ NEIN ☐	Ja ☐ NEIN ☐	Ja ☐ NEIN ☐
😼 STOP	😼 STOP	😼 STOP	😼 STOP	😼 STOP
1 2 3 4 5 6 7 8 9 10	1 2 3 4 5 6 7 8 9 10	1 2 3 4 5 6 7 8 9 10	1 2 3 4 5 6 7 8 9 10	1 2 3 4 5 6 7 8 9 10
6 7 8 9 10 11 12 13 / 14 15 16 17 18 19 20 21 / 22 23 24 1 2 3 4 5	6 7 8 9 10 11 12 13 / 14 15 16 17 18 19 20 21 / 22 23 24 1 2 3 4 5	6 7 8 9 10 11 12 13 / 14 15 16 17 18 19 20 21 / 22 23 24 1 2 3 4 5	6 7 8 9 10 11 12 13 / 14 15 16 17 18 19 20 21 / 22 23 24 1 2 3 4 5	6 7 8 9 10 11 12 13 / 14 15 16 17 18 19 20 21 / 22 23 24 1 2 3 4 5
Ja (☐☐☐☐☐☐☐) NEIN (☐☐☐☐☐☐☐)	Ja (☐☐☐☐☐☐☐) NEIN (☐☐☐☐☐☐☐)	Ja (☐☐☐☐☐☐☐) NEIN (☐☐☐☐☐☐☐)	Ja (☐☐☐☐☐☐☐) NEIN (☐☐☐☐☐☐☐)	Ja (☐☐☐☐☐☐☐) NEIN (☐☐☐☐☐☐☐)
links rechts	links rechts	links rechts	links rechts	links rechts
Ja (☐☐☐☐☐☐) NEIN (☐☐☐☐☐☐)	Ja (☐☐☐☐☐☐) NEIN (☐☐☐☐☐☐)	Ja (☐☐☐☐☐☐) NEIN (☐☐☐☐☐☐)	Ja (☐☐☐☐☐☐) NEIN (☐☐☐☐☐☐)	Ja (☐☐☐☐☐☐) NEIN (☐☐☐☐☐☐)
Ja ☐ NEIN ☐	Ja ☐ NEIN ☐	Ja ☐ NEIN ☐	Ja ☐ NEIN ☐	Ja ☐ NEIN ☐

3. Therapie in der Praxis

Die verhaltenstherapeutischen Verfahren machen den größten Anteil in der psychologischen Kinderschmerzbehandlung aus. Metaanalytische Vergleiche weisen auf ein besseres Abschneiden von (kognitiv-)behavioralen gegenüber nicht-behavioralen Verfahren im Bereich der Kinder- und Jugendlichen-Psychotherapie hin (Heekerens, 1992). Chronische Schmerzen bei Kindern werden verhaltenstherapeutisch im wesentlichen mit Entspannungs- und Biofeedbackverfahren, mit kognitiv-behavioralen und operanten Ansätzen behandelt. Probleme im pädiatrischen Schmerzmanagement ergeben sich jedoch heute daraus, daß die vorhandenen verhaltensmedizinischen Möglichkeiten nicht konsequent angewendet werden.

3.1 Entspannungsverfahren

„The ability to relax is a valuable skill for the child who is in . . . pain, in a state of tension induced by anticipation of impending pain(ful procedures), or confronted by environmental or social stressors." (Ross & Ross, 1988, S. 207) Physiologische und mentale Entspannung spielt in der Therapie des chronischen Kinderschmerzes eine große Rolle (Andrasik et al., 1986; McGrath PA, 1990; Ross & Ross, 1988). In der psychologischen Schmerzbehandlung werden Entspannungstechniken wie die Progressive Muskelentspannung von Jacobson (1938) oder das Autogene Training von Schultz (1932) entweder alleine eingesetzt oder in Kombination bzw. als Baustein mit anderen verhaltenstherapeutischen Techniken.

Zielsetzungen von Entspannungstrainings sind:
1. willentliche Entspannung erlernen
2. Körperwahrnehmung verbessern (Diskrimination zwischen An- und Entspannung)
3. Kontrolle und Selbstkontrolle über das physiologische Aktivitätsniveau erlangen
4. Verfügbarkeit von Entspannung im Alltag und selbständige Anwendung als Kopingstrategie (z. B. zur Vorbeugung oder Erleichterung von Kopfschmerzen)
5. Abnahme von Hilflosigkeit und Abhängigkeit von erforderlichen Hilfen durch Erwachsene und Medikamente.

Entspannungsverfahren kommen zur Anwendung, „in order to minimize pain increases resulting from physiological changes correlated with tension and anxiety" (McGrath PA, 1990, S. 149). Selbsteingeleitete und willentliche Entspannung kann sich auch positiv auf die Selbstwirksamkeitsüberzeugung (Bandura, 1977) und das Gefühl der Selbstkontrolle über die Schmerzen auswirken.

Die physiologische Entspannungsreaktion wird von Rehfisch und Basler (1990) beschrieben. Behandlungserfolge bei chronischen Schmerzen können nur durch systematisches Training mit ein bis drei täglichen Übungen erreicht werden. Die Entspannungsfertigkeit kann von Kindern sowohl präventiv im Sinne der Vorbeugung von Schmerzen (über regelmäßiges Training) als auch schmerzbewältigend im Sinne einer Kopingstrategie verwendet werden. Manche, vor allem jüngere Kinder scheinen spontan über diese Fertigkeit zu verfügen: „I told myself to go soft. . ." (Ross & Ross, 1988, S. 207) oder „You just be like a cloud and it goes" (ebenda).

3.1.1 Progressive Muskelentspannung

Die Progressive Muskelentspannung nach Jacobson (1938; deutsch von Bernstein & Borkovec, 1975) hat sich international auch in der Kinderschmerzbehandlung durchgesetzt. Bei diesem Verfahren werden Muskelgruppen zunächst angespannt und dann erst entspannt, und zwar in einer bestimmte Reihenfolge. Dabei wird graduell fortschreitend vorgegangen, in der Regel von großen Muskelgruppen (z. B. Arme und Beine) über die Rumpfmuskulatur zu kleinen Muskelpartien (wie Stirn-, Wangen- oder Kaumuskeln).

Folgende Sequenz wiederholt sich bei jeder Muskelgruppe:
1. Muskelgruppe anspannen,
2. Empfindungen der Anspannung beobachten,
3 Muskelgruppe langsam entspannen und
4. Konzentration auf das Gefühl der Entspannung in den gelockerten Muskeln.

Die Anspannungsphase (Sequenz eins und zwei) sollte bei Kindern maximal fünf Sekunden dauern, die Entspannungsphase (Sequenz drei und vier) nicht länger als 10 bis 15 Sekunden. Danach wird zur nächsten Muskelgruppe übergegangen. Die praktische Durchführung des Progressiven Muskelentspannungstrainings (Setting, Anzahl und Reihenfolge der Übungen, An- und Entspannungsinstruktionen) ist hinlänglich bei Bernstein und Borkovec (1975) beschrieben. Wie man Kindern und Jugendlichen das Rationale der Progressiven Muskelentspannungstherapie vermitteln kann, ist anschaulich im „Kinderheilbuch" von Mike und Nancy Samuels (1986) beschrieben. Die Autoren liefern auch Beispiele für eine kindgerechte Einführung in Entspannung.

Ein Buch über die Durchführung der Progressiven Muskelentspannung mit kleinen und großen Kindern stammt von Cautela und Groden (1978). Dieses Buch ist nicht zuletzt deshalb empfehlenswert, weil es die An- und Entspannungsübungen bildunterstützt und kindangemessen aufbereitet enthält. Die einfachen, eher schematischen Bilder lassen sich für die praktische Arbeit mit Kindern gut einsetzen. Cautela und Groden führen die Progressive Muskelrelaxation in abgewandelter Form durch. Als Basisfertigkeit genügt ihnen bei den kleinen Kindern eine (sitzende) Entspannungsposition, An- und Entspannungsübung für den rechten und linken Arm, die Hände sowie das rechte und linke Bein. Auf dieser Basis baut eine Atemerlebnisübung und eine Kurzentspannungsübung ohne Anspannungsphase auf sowie die Generalisierung von Entspannung im Stehen und Gehen. Schließlich wird auf die Bedeutung der Entspannung als Selbstkontrollstrategie eingegangen. Für größere Kinder empfiehlt sich eine auf 15 Muskelgruppen erweiterte erste Übung, die etwa 15 bis 20 Minuten dauert.

Das Progressive Muskelrelaxationstraining weist bei Kindern und Jugendlichen einige Besonderheiten im Unterschied zum Vorgehen bei Erwachsenen auf:
– Die An- und Entspannungszeiten sind mit 5 bis 10 (max. 15) Sekunden deutlich kürzer zu halten.
– Die Instruktionen für An- und Entspannung sind für Kinder sprachlich einfach und verständlich zu formulieren.
– Die Anzahl der Muskelgruppen und die Dauer einer Übung ist auf die kindliche Kapazität abzustimmen.
– Einsatz von konkreten kognitiven Suggestionen zur Unterstützung der Entspannung; z. B. eine Situation vorstellen lassen, in der sich das Kind sehr ruhig und zufrieden gefühlt hat.
– Die Entspannungsübungen sind schrittweise über mehrere Wochen aufgebaut (Plump et al., 1992).

Als schmerzspezifisches Vorgehen kann es sich empfehlen, Muskelgruppen nur leicht anzuspannen oder schmerzhafte auszulassen. Mit dem Einüben der Entspannung darf nicht sofort eine schmerzlindernde Erwartung verknüpft werden.

3.1.2 Autogenes Training

Das Autogene Training von Schultz (1979) ist das in Deutschland bekannteste und am häufigsten gelehrte Entspannungsverfahren. Gute Einführungen und ausführliche Beschreibungen des Verfahrens finden sich bei Hoffmann (1985) und Schultz (1979). Nachfolgend soll daher nur auf das unterschiedliche Vorgehen bei Kindern und Jugendlichen eingegangen werden. Es liegt in mehreren verschiedenen modifizierten und adaptierten Formen für die Anwendung bei Kindern und Jugendlichen vor (Biermann, 1978; Eberlein, 1985, 1986; Friedrich & Fiebel, 1989; Kemmler, 1975; Kruse, 1980; Petermann & Petermann, 1984, 1990).

Die Grundstufe des Autogenen Trainings besteht aus sechs aufeinander aufbauenden Übungen in aufsteigender Reihenfolge:
1. Schwereerlebnis in Armen, Beinen und Körper
2. Wärmeerlebnis in Armen, Beinen und Körper
3. „passives" Beobachten der Atmung
4. Wahrnehmung des Herzschlages
5. Sonnengeflechts- oder Bauchorganübung
6. Empfindung von Stirnkühle.

Oft wird das Autogene Training noch durch formelhafte Vorsatzbildungen, d. h. positive Merksprüche zur Veränderung von Problemverhalten ergänzt (Friedrich & Friebel, 1989).

Das Autogene Trainingsbuch von Kemmler (1975) wendet sich direkt an die Kinder und Jugendlichen und ihre Eltern. Es enthält kurze, einfache Beschreibungen der Autogenen Trainingsübungen, die durch Symbole ergänzt werden. Diese Symbole – z. B. ein Elefant für die Schwereübung – können den Kindern zu einer bildhaften Vorstellung verhelfen und damit den Prozeß der Eigensuggestion unterstützen.

Das Buch von Friedrich und Friebel (1989) ist lebendig aus der Sicht von Beteiligten (Kindern), allerdings für den fachlichen Leiter geschrieben. Es enthält neben den Informationen zum Entspannungskurs noch Entspannungsgeschichten.

Ein anschaulicher Film über das Autogene Training mit Kindern liegt von Petermann & Petermann (1984) vor. Die Autoren binden die Entspannungsübungen in Phantasiegeschichten ein. Und zwar nimmt Captain Nemo die Mitreisenden (die Kinder) in seinem U-Boot auf interessante und spannende Unterwasserausflüge mit. Das Anziehen eines Taucheranzuges zum Beispiel steht stellvertretend für die Schwere. Als Vorlage für die Erzählungen wurde der Roman „20000 Meilen unter dem Meer" von Jules Vernes genutzt (auch als Audiokassette). Besonders eingängig und praktisch bewährt hat sich auch eine Entspannungskassette „Bleib locker" mit zwei verschieden besprochenen Seiten (Klein-Heßling & Lohaus 1998).

Das Vorgehen von Gisela Eberlein in Kindergruppen lehnt sich eng an das Autogene Training von Schultz an. Ein wesentlicher Gesichtspunkt und bedeutender Unterschied sind allerdings die sogenannten Randaktivitäten. Hierunter fallen vielfältige spielerische Tätigkeiten, so z. B. Märchen erzählen, Phantasiereisen durch den Körper, spontan gefundene Phantasiegeschichten (über Problemlösungen), Bewegungsspiele, Malen, Spontan-Rollenspiele und Pantomime. Sie alle sollen helfen, „Zugänge zum kindergerechten Autogenen Training" (Eberlein, 1985, S. 29) zu finden, „positive Kräfte werden geweckt" (ebenda, S. 27), und „sie lösen Spannung und Verkrampfung" (ebenda, S. 21). Dem Fachbuch „Autogenes Training für Kinder" (Eberlein, 1985) sind konkrete Anleitungen zu entnehmen. Das Training erstreckt sich bei Eberlein über ein Schuljahr und ist in vier Abschnitte aufgegliedert: Erlernen, Intensivierung und Vorsatzhilfen, Wiederholung sowie Festigung.

Ein großer Vorteil des Autogenen Trainings gegenüber der Progressiven Muskelrelaxation ist bei Kindern die Kürze der Übungen (zu Beginn zwei bis drei Minuten, später 10 bis 15 Minuten; Eberlein, 1985). Von Vorteil ist auch, daß man auf verschiedene, erfolgreich erprobte Versionen des Autogenen Trainings zurückgreifen kann. Nachteilig, gerade für die Arbeit mit chronischen Schmerzkindern, scheint das zunächst wenig konkrete und nicht (An-)-Faßbare dieser Methode zu sein. Ein weiterer Nachteil des Autogenen Trainings liegt in seiner recht langen Einübungszeit von durchschnittlich einem halben Jahr. Demgegenüber läßt sich die Progressive Muskelrelaxation innerhalb von fünf bis zehn Wochen gut erlernen (Engel & Rapoff, 1990; Larsson et al., 1987).

3.1.3 Hypnose und Imaginative Strategien

Ein bevorzugter Anwendungsbereich von Hypnose in der Pädiatrie besteht in der Schmerzprophylaxe und akuten Schmerzkontrolle während invasiver medizinischer Eingriffe. Zusätzlich wird Hypnose primär oder adjunktiv eingesetzt (McGrath PA, 1990).

In der Schmerztherapie werden verschiedene Techniken zur hypnotischen Schmerzkontrolle benutzt (Peter, 1990, S. 485 f.):
a) Parästhesien bzw. Substitutionen, d. h. Veränderungen des sensorischen Empfindens mit zunehmend schmerzlinderndem Effekt
b) Symptomverschiebung, d. h. Verschiebung der Schmerzen auf eine andere Stelle des Körpers
c) Dissoziation, d. h. Abspaltung (räumlich oder zeitlich) des schmerzhaften Körperteils
d) Amnesie, d. h. zeitliche Desorientierung mit partieller Amnesie für den schmerzhaften Zeitabschnitt
e) Neuinterpretation, d. h. Veränderung des Interpretations- oder Bezugsrahmens der Schmerzen
f) Altersregression.

Hypnotische Schmerzkontrolle als symptomorientierte Vorgehensweise verlangt, insbesondere bei der Behandlung von chronischen Schmerzen, die Integration in ein umfassendes psychologisches Behandlungskonzept. Für eine erfolgreiche Hypnosebehandlung ist die Motivation des Kindes, seine Schmerzen (selber) bewältigen zu wollen, ebenso entscheidend wie die Einstellung der Eltern zu Hypnose (Ross & Ross, 1988).

Hypnotische Suggestibilität, d. h. die Fähigkeit, in Hypnose zu fallen, ist nicht nur ein Persönlichkeitsmerkmal oder ein Funktion des Rapports, also der therapeutischen Beziehung (Peter, 1990), sondern sie ist gerade im Kindesalter auch von der kognitiven Entwicklung abhängig (Holtz, 1990). Es hat sich gezeigt, daß die Fähigkeit zur Hypnose zwischen dem vierten und fünften Lebensjahr ansteigt, um im Alter von acht bis zwölf Jahren ein Maximum zu erreichen (London & Cooper, 1969).

So weist Holtz (1990) auf die Notwendigkeit von unterschiedlichen Induktionstechniken in unterschiedlichen Phasen der Aufmerksamkeitsentwicklung hin. Im Vorschulalter sei eine Tranceinduktion „am ehesten durch deutliche äußere Anreize zu erreichen . . . (Bilder, Geschichten, Puppen)" (Holtz, 1990, S. 12). In der Phase zwischen dem 7. und 12. Lebensjahr ist eine Induktion mit Hilfe konkreter innerer Vorstellungen, wie Imaginationsverfahren und mit vielen Einzelaspekten angereicherte Bilder, angezeigt. In der nachfolgenden Phase sollten „metaphorische Bilder, Paradoxien, Widersprüche" genutzt werden. Entwicklungsangemessene Metaphern und hypnotische Geschichten können hierzu eingesetzt werden.

Gardner und Olness (1981) geben einen Überblick über hypnotische Techniken für Kinder. Eine spezielle hypnotische Kindertechnik ist „the favorite-story technique" (Ross und Ross, 1988). Eine andere in der Kinderschmerztherapie oft verwendete Technik ist „Der Zauberhandschuh" mit Analgesiewirkung (Kuttner, 1986; Pothmann & Heicappell, 1991) oder „Die magische Hand" mit symptomverschiebender Wirkung (Hilgard & Hilgard, 1983).

Obwohl in zahlreichen Studien gezeigt werden konnte, daß Hypnose Schmerzen wirksam reduziert (Hilgard & LeBaron, 1984), fehlen klare Vorstellungen über die Wirkmechanismen. Hypnotherapie wird dessen ungeachtet bereits im Vorschulalter erfolgreich zur Schmerzlinderung eingesetzt (Kuttner, 1984).

Imaginative Techniken arbeiten mit meist bildhaften Vorstellungen von einem Erlebnis oder einer Situation. Die Vorstellung oder Imagination ist nicht bloß eine Beschreibung, sondern „a rich recall of and immersion in the sensations and perceptions associated with the experience" (McGrath PA, 1990, S. 161).

Rehfisch und Basler (1990) unterscheiden zwischen schmerzdefokussierenden (schmerzinkompatiblen) und schmerzfokussierenden (transformierenden) Imaginationen. Solche Übungen werden häufig in Kombination mit einem Entspannungstraining durchgeführt, wobei sich positive Bilder (wie Strandszenen oder Naturspaziergänge) bei Schmerzen als hilfreich erwiesen haben.

Imaginationen stellen einen Weg zur Aufmerksamkeitssteuerung und Ablenkung von Schmerzen dar. Schon sehr kleine Kinder ab dem dritten Lebensjahr können sie benutzen, um weitreichende physiologische Veränderungen und eine Verringerung des Schmerzes zu erzielen (McGrath PA, 1991 a).

3.2 Biofeedbacktherapie

Beim Biofeedback werden physiologische, nicht oder nur schwer wahrnehmbare Prozesse (wie Gehirnaktivität, Hauttemperatur, Muskelspannung) gemessen und der bewußten Wahrnehmung zugänglich gemacht. Dies geschieht über die Umwandlung der gemessenen Körpersignale in ein Feedbacksignal (Töne, Lichterketten oder Videobilder) mit Hilfe eines Biofeedbackgerätes. Durch die Wahrnehmung des Rückmeldesignals ist eine (verbesserte) Wahrnehmung und gezielte Kontrolle physiologischer Prozesse erlernbar (Kröner-Herwig & Sachse, 1988).

Für chronische Schmerzen stellt Biofeedback eine nützliche und sehr effiziente therapeutische Intervention dar (Hatch et al., 1987; Turner & Chapman, 1982). PA McGrath (1990) vertritt die Auffassung, daß Biofeedbackverfahren in der pädiatrischen Schmerztherapie besonders geeignet sind, da sie den Kindern eine unmittelbare und direkte Rückmeldung ihres Körperzustandes ermöglichen. Attanasio et al. (1985) sehen ebenfalls wesentliche Vorteile des Biofeedbacks für Kinder im Vergleich zu Erwachsenen. Kinder sind enthusiastischer, weniger skeptisch bez. Selbstkontrolle, lernen schneller, haben größeres Vertrauen in ihre Fähigkeiten, seltener Mißerfolge in der Biofeedbacktherapie und mehr Freude am praktischen Training.

Kröner-Herwig (1990) unterscheidet drei Verwendungsmöglichkeiten von Biofeedback in der Therapie chronischer Schmerzen. Es kann eingesetzt werden als:
1. Hauptintervention (mehrwöchiges Trainingsprogramm),
2. Interventionsbaustein,
3. Hilfsmittel bei Schwierigkeiten im Verlauf anderer Therapien (z. B. Relaxationsverfahren).

Das Biofeedbacktraining ist üblicherweise standardisiert aufgebaut. Es besteht aus mehrmals (meistens zweimal) wöchentlich stattfindenden Sitzungen, deren Gesamtzahl und Dauer erheblich variieren kann. Es sollte aus wenigstens 10 Sitzungen von höchstens 45 Minuten Dauer bestehen (Kröner-Herwig, 1990). Die Feedbacksitzungen sind so aufgebaut, daß sich mehrere Durchgänge mit dem Rückmeldesignal (Feedbacktrials) von festgelegter (zwei bis fünf Minuten) Dauer mit Pausen (von 30 bis 60 Sekunden) abwechseln. In jeder Sitzung finden zusätzlich Selbstkontrolldurchgänge statt, in denen ohne das Rückmeldesignal geübt wird (Gerber & Haag, 1982). In den Pausen und am Ende einer Sitzung überlegen Therapeut und Schmerzpatient gemeinsam, was als Hilfe für die Kontrolle des physiologischen Parameters eingesetzt werden kann. Hilfreich können Imaginationen von Bildern und Erlebnissen sein, aber auch Gedanken, Vorstellungen und Entspannungsübungen. In der Regel sind in eine Biofeedbacktherapie Hausaufgaben integriert, und zwar tägliche Entspannungsübungen (mit oder) ohne ein Biofeedbackgerät.

Vor dem eigentlichen Trainingsbeginn ist es selbst bei Kindern notwendig, eine angemessene Theorie über die Schmerzstörung und Biofeedbacktherapie zu vermitteln. Eltern sollten gesondert darüber in Kenntnis gesetzt werden. Die allererste Trainingssitzung, „die sog. ,Experimentiersitzung', dient der Verdeutlichung der Funktion des Feedbacksignals, der Zusammenhänge zwischen physiologischen und psychologischen Vorgängen sowie der Austestung verschiedener Aktivierungskontrolltechniken" (Kröner-Herwig, 1990, S. 477). Kinder finden es spannend, die Bedeutung des Rückmeldesignals selber herauszufinden, und haben viel Freude daran zu erleben, daß sie es sind, die dieses Signal beeinflussen und beliebig verändern können.

In der ersten Trainingshälfte geht es vorwiegend um eine Verbesserung der Körperwahrnehmung und das Erlernen der Kontrolle über einen speziellen physiologischen Parameter. In der zweiten Trainingshälfte liegt der Schwerpunkt auf der Anwendung des Gelernten bei Belastung. Deshalb werden dann innerhalb der Sitzungen Stressoren eingesetzt und das Kind wird angeleitet, das Biofeedbacktraining als aktive Bewältigungsreaktion zu nutzen.

Bei Kindern schlußfolgern Andrasik et al. (1983), muß die Dauer der Feedbacksitzungen kürzer als 40 Minuten sein. In einer eigenen Untersuchung erstreckt sich eine Sitzung über 30 Minuten, wobei das eigentliche Feedbacktraining nur ca. die Hälfte der Zeit in Anspruch nimmt (Mohn et al., 1993). Um Kinder mögliche Angst vor der Biofeedbackapparatur (Gerät, Elektroden, Kabel, Rückmeldeeinheit, u. U. Computer) zu nehmen, sollte all das in einer ihnen verständlichen Sprache illustrativ erklärt werden (z. B. Knöpfe statt Elektroden). Natürlich muß abgeklärt werden, ob das Kind die Informationen verstanden hat. Die Kinder alles selber anfassen lassen und, sofern möglich, zum Erforschen geben ist in diesem Punkt hilfreich. Aktives Involvieren des Kindes statt passives Ertragen oder Zuhören ist ein wesentliches Motto in der Kinderschmerztherapie. Weitere Anpassungen an die Bedürfnisse und Fähigkeiten der Kinder könnten darin bestehen, daß das Feedbacksignal motivierender gestaltet wird (z. B. im Sinne von einfachen Wahlmöglichkeiten oder Videospielen; Vieyra et al., 1991). Ebenso sollten die Trials flexibler an die kindlichen Konzentrationsfähigkeiten angepaßt werden.

In der Kinderschmerztherapie werden das EMG-Biofeedback und das HET-Biofeedback eingesetzt. Über die Anwendung des Vasokonstriktions-Biofeedbacks (VKT) mit Kindern ist in der Literatur nur spärlich berichtet worden (Feuerstein & Adams, 1977; Sartory et al., 1998) und bleibt daher ausgespart.

3.2.1 EMG-Biofeedback

Beim elektromyographischen (EMG-)Biofeedback werden Muskelaktionspotentiale mittels Oberflächenelektroden abgeleitet und über Meßverstärker in ein Rückmeldesignal gewandelt (Hölzl, 1985). Das direkt und unmittelbar zurückgemeldete Signal entspricht dem momentanen Spannungszustand des abgeleiteten Muskels (es verändert sich proportional mit der Muskelaktivität) und ist somit ein Maß für die Verspannung bzw. Entspannung im Muskel.

Beim EMG-Training wird üblicherweise die Stirnmuskelaktivität abgeleitet und zurückgemeldet (Frontalisfeedback). Unter Verwendung des Feedbacksignals lernt das Kind An- und Entspannung zu diskriminieren, geringfügige Spannungsänderungen im Frontalismuskel wahrzunehmen und den Muskel bewußt in Richtung Desaktivierung zu beeinflussen. Das Kind wird instruiert, seine Stirnmuskeln soweit wie möglich zu lockern (zu entspannen) und dabei das Signal als Hilfe zu benutzen. Am Ende des Frontalisfeedbacktrainings sollte es zu selbstkontrollierter Entspannung der Stirnmuskeln fähig sein und dazu, diese Fähigkeit als Bewältigungsstrategie bei Kopfschmerzen gezielt einzusetzen.

3.2.2 HET-Biofeedback

Die physiologische Größe, die beim Handerwärmungstraining (HET) widergespiegelt wird, ist die Handtemperatur (Knapp, 1983; Schandry, 1989). Eine Vorgehensweise bei Kindern, einschließlich angemessener Instruktionen für die Erhöhung der Handtemperatur (Erwärmung, Entspannung = Zielverhalten), ist bei Labbé und Williamson (1983; 1984) beschrieben. Das HET-Biofeedback wird allein oder, weitaus üblicher, in Kombination mit Entspannungsübungen zur Therapie der Migräne eingesetzt (Blanchard & Andrasik, 1987; Guarnieri & Blanchard, 1990; Labbé & Williamson, 1984).

In mehreren wissenschaftlichen Therapiestudien mit Kindern, die unter chronischen Kopfschmerzen litten, im Alter zwischen sieben und siebzehn Jahren wurden sowohl das HET- als auch das EMG-Biofeedback eingesetzt (Marazzo et al., 1984; Waranch & Keenan, 1985). Plausibel, wenn auch nicht wissenschaftlich abgesichert, erscheint diese Kombination für die Behandlung von Kindern mit Migräne und Spannungskopfschmerz. Denkbar ist auch ein Einsatz bei anderen Schmerzsyndromen, wie Bauchschmerzen, Rückenschmerzen, Phantomschmerzen, rheumatischen oder arthritischen Prozessen. Es stellt sich allerdings die Frage, ob ein solches Vorgehen nicht die kindliche Aufmerksamkeitskapazität prinzipiell überschreitet und ob es sich, im Vergleich zu einem einfachen Feedbacktraining, als wirksamer erweisen würde. Kontrollierte Studien zu diesen Fragestellungen stehen aus.

Fast immer sind in den Kinderbiofeedbacktrainings implizit oder explizit Entspannungsübungen enthalten (Andrasik et al., 1986; Duckro & Cantwell-Simmons, 1989). Ein Ziel des Biofeedbacks besteht ja auch in dem Erlernen von „Entspannung" (Kröner-Herwig, 1990). Geübt werden das Autogene Training oder einzelne Autogene Entspannungsübungen (wie Schwere und Wärme), die Progressive Muskelrelaxation, beide Verfahren oder auch imaginative Entspannung (Gardner & Olness, 1981). Die Entspannungselemente sind entweder in die Biofeedbacksitzungen integriert, oder sie werden in Form von Kassetten als tägliche Hausaufgaben mitgegeben. Inwieweit ein Biofeedbacktraining alleine, ohne das gezielte Erlernen von Entspannungsübungen, chronischen Kinderschmerz verringern kann, ist bis heute unbekannt. Hier muß vorläufig auf Befunde aus der Erwachsenenforschung zurückgegriffen werden, die eine Kombination von HET mit Autogenem Training und EMG mit Progressiver Muskelentspannung nahelegen (Blanchard & Andrasik, 1982).

Andrasik et al. (1986, S. 421) schreiben dazu: „these highly positive findings led Diamond and Franklin (1975) to conclude ‚Autogenic training accompanied with biofeedback [gemeint ist EMG und HET] is the treatment of choice in children with migraine. . . . it will prevent these children from developing into drug habituates and depressed adults . . .'"

3.3 Kognitiv-verhaltenstherapeutische Kinderschmerzprogramme

Schmerzen, so nimmt man heute an (McGrath PA, 1990; McGrath, Finley & Turner, 1992), werden verschlimmert und verstärkt durch:

1. erhöhte Angst, Depression,
2. falsche Erwartungen des schmerzkranken Kindes und/oder seiner Eltern, aber auch unfaire Erwartungen an das Kind seitens des medizinischen Personals oder der Eltern,
3. fehlende oder zu geringe eigene Kontrolle während der Schmerzen,
4. ungenügende Kopingstrategien,
5. Erschöpfung und
6. Umgebungsbedingungen (z. B. steriler Raum ohne altersgerechtes Spielzeug, Hektik).

Auch Streß und die Art der Streßbewältigung spielen bei chronischen Schmerzen als Ursache oder Auslöser eine Rolle (Passchier & Orlebeke, 1985). Zielsetzung kognitiv-behavioraler Schmerzprogramme für Kinder sollten deshalb sein:

1. Edukation von Kind und Eltern (Unterrichtung über das körperliche Schmerzgeschehen sowie Schmerzkontroll- und Therapiemöglichkeiten),
2. Aufbau von Gesundheitsverhalten (Schmerzkoping, Selbsthilfe),
3. Streßbewältigung,
4 Schaffung günstiger Umgebungsbedingungen bei schmerzhaften medizinischen Eingriffen (Raum, Setting, Personal, analgetische Medikation, aktive Einbeziehung des Kindes).

Im folgenden werden kognitiv-verhaltenstherapeutische Schmerzbewältigungsprogramme für Kinder und Jugendliche dargestellt. Sie können, wie das Therapieprogramm von Patricia McGrath, fester Bestandteil eines standardisierten, flexiblen Vorgehens in einer Kinderschmerzklinik oder Ambulanz sein, das von einem interdisziplinärem Team aus Ärzten, Krankenschwestern, Psychologen und Sozialarbeitern betreut wird. Oder es kann sich, wie bei dem Trainingsprogramm von Patrick McGrath und Mitarbeitern, um einen Selbsthilfeansatz handeln, der entweder überwiegend alleine und zu Hause oder in Gruppen unter psychologischer Anleitung in der Klinik durchgeführt wird.

3.3.1 Multistrategisches Schmerzprogramm zur Behandlung von chronischen Schmerzen

Das multistrategische Schmerzprogramm von Patricia McGrath (1990) erstreckt sich über acht Sitzungen innerhalb von vier Monaten, die jeweils eine Stunde dauern. Die Sitzungen finden bei einem Schmerztherapeuten im Zweiwochenrhythmus in der Klinik statt. Es handelt sich um ein Einzeltraining, wobei die Eltern regelmäßig eine bestimmte Zeit dazugebeten werden. Hausaufgaben für die schmerzkranken Kinder und ihre Eltern sind fest in dieses Programm integriert.

Zunächst erfolgt eine umfassende Messung der Schmerzen. Anhand eines *Schmerztagebuches* und der diagnostischen Ergebnisse werden dann mit dem Kind mögliche Auslöser identifiziert sowie das Rationale der Therapie und die Erwartungen besprochen. Als Hausaufgabe wird den Kindern ein Schmerzereigniskalender zum Ausfüllen mitgegeben.

In der nächsten Sitzung, nach der Besprechung der Schmerzereignisse unter Verwendung des Schmerzkalenders, werden dem Kind standardisierte *Entspannungsübungen* (mit Atemerlebnis und Imagination) vermittelt. Auch findet eine Einführung und Demonstration von EMG-Biofeedback, des Einflusses von Streß auf die Muskelspannung, statt. Zu Hause sollte das Kind die Entspannung trainieren sowie Ent- und Anspannungszeichen notieren.

In der darauffolgenden Sitzung werden zum einen verhaltenstherapeutisches Problemlösen und zum anderen Entspannungsübungen mit *Biofeedback* trainiert. Beim nächsten Treffen geht es nach der üblichen initialen Besprechung der Hausaufgaben darum, dem Kind *alternative* Verhaltensweisen an die Hand zu geben, damit es selbständig Streßsituationen und Streßreaktionen so bewältigen kann, daß in Zukunft weniger Schmerzen auftreten.

Die folgende Sitzung beinhaltet das Erarbeiten von *individuellen* Problemlösungen und das Auflisten von persönlich entspannenden Aktivitäten im kindlichen Alltag. Auch die eigenen, favorisierten Schmerzkontrollmethoden des Kindes werden geklärt.

Die letzte Sitzung dient der Wiederholung und Zusammenfassung sowie der Darstellung der positiven Veränderungen in den (vier) Monaten des Schmerztrainings.

Die Arbeit mit den *Eltern* beinhaltet die Mitteilung der diagnostischen Ergebnisse, Informationen über die Art, Entstehung und Entwicklung der Schmerzen, über Therapiemöglichkeiten und über schmerzauslösende bzw. aufrechterhaltende Bedingungen (emotionale, familiäre und operante Faktoren), Diskussionen über die Interaktion von situativen, Verhaltens-, emotionalen und familiären Faktoren im Zusammenhang mit den kindlichen Schmerzen und die Erarbeitung von Verhaltensweisen für den elterlichen Umgang mit Schmerzen (mit dem Ziel der unabhängigen Bewältigung der Schmerzen durch das Kind und der Beibehaltung normaler Tagesaktivitäten). Das Programm besteht somit aus drei verschiedenen Phasen, Problemerfassung, Schmerzedukation und Verhaltensänderungen bei Kind und Eltern. Zusammenfassend können folgende multistrategische Elemente in diesem Kinderschmerztraining identifiziert werden:

1. kognitive Informierung und Strukturierung
2. Selbstbeobachtung und Selbstkontrolle
3. Entspannungstraining mit Biofeedback
4. Problemlösetraining (Schmerz- und Streßfokussiertes Koping)
5. Elterneinbezug (situative, familiäre und operante Faktoren).

3.3.2 Das „Help-yourself"-Programm zur Therapie chronischer Kopfschmerzen

Das Help-yourself-Schmerzprogramm, entwickelt von der Arbeitsgruppe um Patrick McGrath, ist ausschließlich für die Behandlung von kindlichen Kopfschmerzen konzipiert (McGrath et al., 1990 a+b). Es handelt sich um ein standardisiertes Training, das sich über 15 Wochen erstreckt und aus drei Phasen besteht. Es beginnt mit einer vier Wochen dauernden Einführungsphase, in der Kopfschmerzereignisse täglich protokolliert werden. In der Trainingsphase erlernt das Kind innerhalb von sieben Wochen verschiedene kognitive Techniken zur Schmerzreduktion, und es wird in Progressiver Muskelentspannung (Kap. 3.1.1) unterwiesen. Die dritte Phase im Anschluß an das Training über vier Wochen soll sicherstellen, daß das Kind die gelernten Schmerzbewältigungsfertigkeiten erfolgreich einsetzt. Dazu werden wieder viermal täglich Kopfschmerzprotokolle ausgefüllt.

Das Selbsthilfetraining (McGrath et al., 1990b) kann in Gruppen oder Einzelkontakten mit dem Therapeuten in der Kinderklinik oder Schmerzambulanz durchgeführt werden. Primär soll das Schmerzprogramm jedoch eigenständig durch das Kind zu Hause mit therapeutischer Unterstützung durch wöchentliche Telephonkontakte durchgearbeitet werden. Dazu wurde ein 65seitiges Manual entwickelt (McGrath et al., 1990a), das positiv durch seine kindgerechte Form mit vielen lustigen Comics auffällt.

Das Kinderkopfschmerzmanual enthält acht Kapitel; wöchentlich wird eines erarbeitet. Nach einer Einführung in die Physiologie und Psychologie von chronischen Kopfschmerzen und Aufklärung über die Therapie (seine Ziele, die Aufgaben des Kindes) geht es im ersten Kapitel um ein verbessertes Erkennen von Stressoren und Körpersignalen für Belastung. Im folgenden Teil wird die Identifizierung und Veränderung negativer Gedanken und unrealistischer Überzeugungen eingeübt. Daraufhin befaßt sich Kapitel drei mit Aufmerksamkeitslenkung und der vierte Abschnitt mit kindlichen Aufmerksamkeitsspielen und Gedankenstoptechnik als Streß- bzw. Schmerzkopingstrategien. In Baustein fünf und sechs werden als weitere Kopingstrategien kindgerechte Imaginationstechniken und der Umgang mit Gefühlen vermittelt. Kapitel sechs des Manuals trainiert Problemlösung und Kapitel sieben Kopfschmerzbewältigung.

Dabei werden vier Stadien unterschieden:
1. Schmerzvorbeugung bzw. Vorbereitung auf den Schmerz,
2. Schmerzkoping (Selbstbewältigung),
3. kritische Momente während des Schmerzes,
4. Selbstverstärkung.

Das Manual schließt mit einer zusammenfassenden Darstellung der Kopfschmerzbewältigungsstrategien.

Wöchentliche Hausaufgaben begleiten das Selbsthilfetrainingsprogramm. Neben dem Erlernen der Entspannungsfertigkeit mit Unterstützung durch auditive Instruktionen (zunächst eine Langform, später eine kürzere und dann Mini-Entspannung) werden ein Kopfschmerztagebuch und verschiedene Selbstbeobachtungsinstrumente eingesetzt.

3.4 Operant-verhaltenstherapeutischer Ansatz in der Therapie chronischer Schmerzen

Schmerzkranke Kinder weisen häufig eine „positive" Familiengeschichte auf, d. h. bei 25 bis 88% leiden Vater oder Mutter ebenfalls unter chronischen Schmerzen (Lykaitis, 1985). Eltern stellen einen kritischen Faktor dar, und es ist deshalb notwendig, sie in die Kindertherapie einzubeziehen (Dolgin & Phipps, 1989; Tuma & Sobotka, 1983).

So heben Ross und Petermann (1987) eine familienbezogene Betrachtung von kindlichen Störungen für langfristig stabile, erfolgreiche Verhaltensänderungen beim Kind hervor. Craig (1982, 1986) weist zusätzlich auf die Bedeutung von Modellernen und familiären Interaktionen für die Entstehung von Schmerzverhalten hin. Dolgin und Phipps (1989) beschreiben verschiedene Wege, auf denen Eltern die Entstehung und Aufrechterhaltung der kindlichen Schmerzprobleme beeinflussen; neben operanter Verstärkung und Modellverhalten für Schmerzkoping und unrealistische Erwartungen spielen auch familiärer Streß und elterliche emotionale Reaktionen eine Rolle.

Fordyce (1980, 1986) geht bei seinen verhaltenstheoretischen Annahmen davon aus, daß chronischer Schmerz mit Schmerzverhalten gleichzusetzen ist und damit allen Gesetzen des Lernens und Konditionierens unterliegt. Ein daraus abgeleitetes Therapieziel besteht darin, das familiäre (elterliche) Verhalten auf den Schmerz so zu modifizieren, daß schmerzauslösende Trigger und schmerzverstärkende Umweltkontingenzen verändert werden.

Daß der (professionelle) Umgang mit einer Erkrankung die Konzepte der Kinder und gleichzeitig die Konzepte der sozialen Umgebung (Eltern und Geschwister) beeinflussen und verändern kann, darauf weist Lohaus (1990) hin. Gesundheits- und krankheitsbezogene Konzepte sind demnach über die Art des therapeutischen Zugangs beeinflußbar.

Zusammengenommen begründet sich eine Einbeziehung von Eltern in die schmerztherapeutischen Maßnahmen ihrer Kinder also durch kognitionstheoretische, verhaltenstheoretische und familien- oder interaktionstheoretische Annahmen.

3.4.1 Praxis des Elterneinbezugs

Bereits im multistrategischen Programm wurde beschrieben, wie Eltern in die Schmerztherapie einbezogen werden können (Kap. 3.3.1). Sehr viel konkreter und spezifischer sind von Fentress et al. (1986), Masek et al. (1984) und McGrath et al. (1990b) Richtlinien für Eltern im Umgang mit ihren kopfschmerzkranken Kindern entwickelt worden. Diese Richtlinien zielen zum einen darauf ab, „normale" Aktivitäten des Kindes und gesundes Kopingverhalten bei Schmerz zu fördern. Zum anderen beziehen sie sich darauf, Schmerzverhalten zu verhindern.

Den Eltern wird dazu mitgeteilt (vgl. Fentress et al., 1986; Masek et al., 1984; McGrath et al., 1990 b):
1. Ermutigen Sie Ihr Kind, seine normalen Aktivitäten beizubehalten.
2 Fördern Sie einen ruhigen, sachlichen Umgang mit den Schmerzen.
3. Befürworten Sie immer (unabhängig von den Schmerzen) den Besuch bzw. Verbleib in der Schule und ermutigen Sie Ihr Kind, die Entspannung im Alltag durchzuführen.
4. Zeigen Sie beispielhaft positives Kopingverhalten.
5. Ignorieren Sie exzessive Beschwerden, Schmerzverhalten und Bitten um Rücksichtnahme seitens des Kindes.
6. Erlauben Sie keine Privilegien aufgrund von Schmerzen oder zum besseren Ertragen der Schmerzen.
7. Erlauben Sie nicht, daß Ihr Kind seine Pflichten wegen Schmerzen vermeidet. Falls nötig, können die Pflichten erledigt werden, wenn die Schmerzen nachlassen.

Günstige Voraussetzungen für eine sinnvolle Auswahl und Erarbeitung konkreter Hilfen für eine Familie schaffen einmal das Führen von Schmerztagebüchern und einmal eine Verhaltensanalyse.

Die aufgeführten Hilfen für die Familie werden den Eltern (schriftlich) zugänglich gemacht. Wichtig ist, daß den Eltern zuvor ein Konzept über chronische Schmerzen an die Hand gegeben wird und daß das Rationale der Therapie für sie einsichtig ist (McGrath et al., 1990 b). Ein durchschaubares und zweigleisiges therapeutisches Vorgehen macht Eltern aufgeschlossener (Ross & Petermann, 1987), und sie sind eher bereit, die Schmerztherapie zu stützen. „Don't blame the family!" ist ein Grundsatz für die Arbeit mit schmerzkranken Kindern und ihren Eltern.

Bislang fehlen systematische Untersuchungen über solche das Elternverhalten beeinflussende Maßnahmen, so daß eine differentielle Beurteilung der Effektivität heute nicht möglich ist. Klinische Erfahrungen und Ergebnisse aus ätiologischen und diagnostischen Untersuchungen weisen dennoch wiederholt und nachdrücklich auf ihre Notwendigkeit hin.

4. Evaluation

Entspannungstrainings sind sowohl individuell (Richter et al., 1986) als auch in Gruppen (Eberlein, 1985; Petermann & Petermann, 1984), ja sogar in Schulklassen (Setterlind, 1982; Larsson & Melin, 1988) vermittelt worden. Sie können bei Kindern mit chronischen Schmerzen etwa ab dem siebten Lebensjahr sinnvoll und wirksam eingesetzt werden. Im Einzelfall ist neben dem Alter und kognitiven Entwicklungsstand auch die Konzentrationsfähigkeit eines Kindes in Rechnung zu stellen. „In general, children younger than 7 require concrete examples and coaching assistance when they use relaxation to reduce pain." (McGrath PA, 1990, S. 150) Das Training ist in kindgerechter Weise aufzubereiten, was Inhalt und Dauer einer Entspannungssitzung, Materialien, Übungen, Entspannungsinstruktionen, Bedürfnisse und Wünsche von Kindern betrifft (Cautela & Groden, 1978).

Entspannungsverfahren wurden bislang in die Behandlung einer Vielzahl chronischer Schmerzsyndrome im Kindesalter integriert, so bei Schmerzen im Bewegungsapparat (La Greca & Ottinger, 1979; Varni, 1981), bei Bauchschmerzen (Miller & Kratochwill, 1979), Krebsschmerzen (Jay et al., 1985; McGrath & de Veber, 1986 b; Zeltzer & LeBaron, 1982) und bei Migräne- und Spannungskopfschmerzen (Andrasik et al., 1986; Hölscher & Lichstein, 1984; Kröner-Herwig et al., 1992). Mit Ausnahme der chronischen Kopfschmerzen sind Entspannungsverfahren in ihrer Effektivität bei Kinderschmerzerkrankungen nur in Einzelfällen wissenschaftlich evaluiert worden, obwohl sie sich in der Erwachsenentherapie als geeignet und wirksam in der Verringerung von Schmerzen herausgestellt haben (Turner & Chapman, 1982).

Über die Wirksamkeit des Autogenen Trainings bei Kindern mit chronischen Schmerzen wurde nur eine wissenschaftliche Untersuchung durchgeführt. Dahingegen ist die Effektivität der progressiven Muskelentspannung in einer größeren Anzahl von kontrollierten und randomisierten Studien überprüft worden (Duckro & Cantwell-Simmons, 1989; Kröner-Herwig et al., 1992).

Autogenes Training wurde von Engel und Rapoff (1990) in einer kontrollierten Studie bei 20 Sieben- bis Siebzehnjährigen mit chronischen Kopfschmerzen im Vergleich zu Progressiver Muskelentspannung, einer Kombination aus beiden Verfahren und einer Wartekontrollgruppe untersucht. Bei den drei Behandlungsgruppen zeigten sich signifikante Verbesserungen gegenüber der Wartegruppe, die auch langfristig (über ein Jahr) erhalten blieben. Eine Überlegenheit von Progressiver oder Autogener Entspannung war nicht feststellbar; tendenziell schnitt das kombinierte Vorgehen jedoch schlechter ab als die beiden reinen Entspannungstrainings.

Obwohl die *Biofeedbacktherapie* im Erwachsenenbereich wissenschaftlich gut erforscht ist und dort bei verschiedenen Schmerzsyndromen Anwendung gefunden hat (Keefe & Hölscher, 1987), wurde sie bei Kindern bislang primär zur Behandlung von Kopfschmerzen verwendet (Andrasik et al., 1982, 1983; Labbé & Williamson, 1983; 1984). Nur drei kontrollierte Untersuchungen liegen über die Effizienz von Biofeedback bei Kinderkopfschmerz vor (Andrasik et al., 1984; Fentress et al., 1986; Guarnieri & Blanchard, 1990). Wenn auch diese und weitere Einzelfall- oder Gruppenstudien durchweg positive Ergebnisse erbrachten (Blanchard & Andrasik, 1987), so erscheint der Einsatz von Biofeedback bei chronischen Kinderschmerzerkrankungen doch nicht ausreichend gesichert (Andrasik & Blanchard, 1987; Kröner-Herwig et al., 1992).

Der seltene Biofeedbackeinsatz in der Pädiatrie ist möglicherweise auf das standardisierte therapeutische Vorgehen sowie kürzere Aufmerksamkeitsspannen, ein eingeschränktes Verständnis und potentielle Angst vor elektrischen Apparaturen auf seiten der Kinder zurückzuführen (McGrath PA, 1990). Dies dürfte dann gelten, wenn man das Feedbacktraining nicht auf kindliche, entwicklungsbedingte Besonderheiten adaptiert.

McGrath (1990) verwendet das EMG-Feedback bei Kindern und Jugendlichen, um damit die Wirkung verschiedener Relaxationsstrategien zu demonstrieren. Auch wird den Kindern und Jugendlichen damit die Beziehung (wechselseitige Beeinflussung) zwischen ihren eigenen psychischen und physiologischen Prozessen verdeutlicht.

In der Pädiatrie nutzt man das *EMG-Feedback* erfolgreich, bislang allerdings nur zur Behandlung von chronischen Kopfschmerzen (Duckro & Cantwell-Simmons, 1989; Hölscher & Lichstein, 1984; McGrath & Unruh, 1987). Es wird bei Kindern mit chronischen Kopfschmerzen ab dem sechsten Lebensjahr eingesetzt (z. B. Moscati & Rivaroli, 1991). Ersten Ergebnissen nach haben die meisten Kinder keine Schwierigkeiten mit dem Erlernen der Selbstkontrolle (Burke & Andrasik, 1989; Grazzi et al., 1990; Labbé & Ward, 1990; Ross & Ross, 1988). Ausgeprägte und stabile Verbesserungen der Kopfschmerzhäufigkeit konnten zwar nachgewiesen werden (z. B. Fentress et al., 1986), insgesamt ist das EMG-Feedback bei Kindern aber unzureichend untersucht.

HET-Biofeedback wurde bei Kindern nur in zwei randomisierten Gruppenstudien mit einer unbehandelten Wartekontrollgruppe verglichen (Andrasik et al., 1984; Labbé & Williamson, 1984). In beiden Studien waren die Erfolgsraten sehr hoch. Auch ein überwiegend zu Hause stattfindendes HET-Training hat sich bei acht- bis sechzehnjährigen Kindern als praktikabel gezeigt (Burke & Andrasik, 1989; Guarnieri & Blanchard, 1990). Gesicherte Aussagen lassen sich aber über das HET-Biofeedback heute noch nicht machen.

Bislang fehlt die wissenschaftliche Evaluation des *multistrategischen Schmerzprogramms* einschließlich des Nachweises von langfristig positiven Effekten. Ähnliche multistrategische Vorgehensweisen haben sich in der Behandlung des chronischen Kinderkopfschmerzes (Masek et al., 1984; Ramsden et al., 1983; Richter et al., 1986; Womack et al., 1988) oder der Behandlung von Bauchschmerzen bei Kindern (Miller & Kratchowill, 1979) als wirksam herausgestellt. Dennoch sind kontrollierte und vergleichende Untersuchungen dringend erforderlich. So fehlen nicht nur Therapiestudien zu anderen Schmerzerkrankungen, auch die wenigen veröffentlichten Studien lassen viele Fragen unbeantwortet (Andrasik et al., 1986; Ramsden et al., 1983; Richter et al., 1986).

Das *Selbsthilfeprogramm* der kanadischen Forschungsgruppe um McGrath stellt einen wichtigen, bislang einzigartigen Beitrag für die Behandlung von chronischen Schmerzen im Kindes- und Jugendalter dar, auf den es sich lohnt, entweder ganz oder teilweise zurückzugreifen. Die Ergebnisse erster kontrollierter Studien sind sehr vielversprechend (McGrath & Humphreys, 1989; Larsson et al., 1987; Larsson et al., 1990). Das Selbsthilfeprogramm hat sich gegenüber Kontrollbedingungen als effizient in der Verringerung von Kopfschmerzen erwiesen.

Literatur

Abu-Saad HH, Kronen E, Halfens R (1990) On the development of a multidimensional Dutch pain assessment tool for children. Pain 43: 249–256

Ahles et al. (1983) zitiert in Zimmermann M, Drings P, Wagner G (1984) Recent Results in Cancer Research 89 – Pain in the Cancer Patient. Springer, Heidelberg

Anand KJS, Phil D, Hickey PR (1987) Pain and its effects in the human neonate and fetus. New Engl J Med 317: 1321–1329

Andrasik F, Blanchard EB (1987) The biofeedback treatment of tension headache. In JP Hatch, JG Fisher, JD Rugh (Eds) Biofeedback. Studies in clinical efficacy. Plenum Press, New York, S 281–321

Andrasik F, Blake DD, McCarran MS (1986) A biobehavioral analysis of pediatric headache. In: Krasneog NA, Arasteh JD, Cataaldo FM (Eds) Child health behavior: a behavioral pediatrics perspective. Wiley, New York, S 394–434

Andrasik F, Blanchard EB, Edlund SR, Rosenblum EL (1982) Autogenic feedback in the treatment of two children with migraine headache. Child Family Behavior Therapy 4: 13–23

Andrasik F, Blanchard EB, Edlund SR, Attanasio V (1983) EMG-Biofeedback treatment of a child with muscle contraction headache. American Journal of Clinical Biofeedback 6: 96–102

Andrasik F, Burke EJ, Attanasio V, Rosenblum EL (1985) Child, parent, and physician reports of a child's headache pain: relationship prior to and following treatment. Headache 25: 421–425

Andrasik F, Attanasio V, Blanchard EB, Burke EJ, Kabela E, McCarran MS, Blake DD, Rosenblum EL (1984) Behavioral treatment of pediatric headache. Symposium conducted at the Annual

Meeting of the Association for Advancement of Behavior Therapy, Philadelphia [zitiert nach Andrasik et al., 1986]
Apley J, Naish N (1958) Recurrent adominal pains: a filed survey of 1000 school children. Arch Dis Childh 3: 165–170
Apley J, Hale B (1973) Children with recurrent abdominal pain: how do they grow up? Brit Med J 3: 7–9
Appenzeller O, Atkinson R (1975) Transkutane Nervenreizung zur Behandlung der Migräne und anderer Kopfschmerzen. Münch Med Wschr 49: 1953–1954
Asnes RS, Santulli R, Bemporad JR (1981) Psychogenic chest pain in children. Clin Ped 20: 788
Attanasio V, Andrasik P, Burke EJ, Blake DD, Kabela E, McCarran MS (1985) Clinical issues in utilizing biofeedback with children. Clinical Biofeedback and Health 8: 134–141
Bandura A (1977) Self-efficacy: towards an unifying theory of behavioral change. Psychological Review 84: 191–215
Becker M (1988) Bauchschmerzen. In Pothmann R (Hrsg) Chronische Schmerzen im Kindesalter. Hippokrates, Stuttgart
Berger M, Gerstenbrand F, Lewitt K (1981) Ätiologie und Therapie des Brustwandschmerzes infolge gestörter Brustwandfunktion. In Struppler A, Gessler M (Hrsg) Schmerzforschung, Schmerzmessung, Brustschmerz. Springer, Heidelberg
Berger M, Gerstenbrand F (1984) Analysis of Cancer Pain by the Neurologist. In Zimmermann M, Drings P, Wagner G Pain in the Cancer Patient. Springer, Heidelberg, S 79–84
Bernbeck R, Dahmen G (1976) Kinderorthopädie. Thieme, Stuttgart
Bernstein DA, Borkovec TD (1975) Entspannungstraining. Handbuch der „Progressiven Muskelentspannung" nach Jacobson. Pfeiffer, München
Besken E, Pothmann R, Plump U, Niederberger U, Sartory M (1992) Metoprolol- und Dihydroergotamin-Prophylaxe kindlicher Migräne – Erste Ergebnisse. In Köhler B, Keimer (Hrsg) Aktuelle Neuropädiatrie 1991. Springer, Heidelberg
Biermann G (1978) Autogenes Training mit Kindern und Jugendlichen. Reinhard, München
Bille B (1962) Migraine in school children. Acta Paediatr Scand 51, Suppl 136: 13–151
Bille B (1984) Migräne bei Kindern, Münch Med Wschr 126: 1149–1151
Birbaumer N (1984) Psychologische Analyse und Behandlung von Schmerzzuständen. In M Zimmermann, HO Handwerker (Hrsg) Schmerz. Springer, Berlin, S 124–153
Blanchard EB, Andrasik F (1982) Psychological assessment and treatment of headache: recent developments and emerging issues. Journal of Consulting and Clinical Psychology 50: 859–879
Blanchard EB, Andrasik F (1987) Biofeedback treatment of vascular headache. In JP Hatch, JG Fisher, JD Rugh (Eds) Biofeedback. Studies in clinical efficacy. Plenum Press, New York, S 1–48
Burke EJ, Andrasik F (1989) Home- vs. clinicalbased biofeedback treatment for pediatric migraine: results of treatment through one-year follow-up. Headache 29: 434–440
Cautela J, Groden J (1978) Relaxation: a comprehensive manual for adults, children, and children with special needs. Research Press, Champaign
Copeland DR, Fletcher JM, Pfefferbaum-Levine B, Jaffe N, Ried H, Maor M (1985) Neuropsychological Sequelae of Childhood Cancer in Long-Term Survivors. Pediatrics 75: 745–753
Craig KD (1982) Ontogenetische und kulturelle Einflüsse beim Schmerz. In W Keeser, E Pöppel, P Mitterhusen (Hrsg) Schmerz. Urban & Schwarzenberg, München, S 377–391
Craig KD (1984) Psychological aspects of pain in children. In Rizzi R, Visentin M (Eds) Pain. Piccin/Butterworths, London, S 263–271
Craig KD (1986) Social modeling influences: pain in context. In RA Sternbach (Ed) The psychology of pain. Raven, New York, S 67–95
Dalsgaard-Nielsen T (1970) Some aspects of the epidemiology of migraine in Denmark. In Cochrane AL (ed.) Background of Migraine. Heinemann, London
Diamond S, Franklin M (1975) Autogenic training with biofeedback in the treatment of children with migraine. Therapy in Psychosomatic Med 9: 190–192 (zitiert nach Labbé & Williamson, 1983)
Dolgin MJ, Phipps S (1989) Pediatric pain: the parents' role. Pediatrician 16: 103–109
Drings P, Sellschopp A (1984) Die psychische Betreuung des Tumorpatienten. Deutsch Ärztebl 81: 1708–1712
Driscoll DJ, Glicklich LB, Gallen WJ (1976) Chest pain in children: a prospective study. Pediatrics 57: 648
Droste HJ, Büttner W, (1992) Schmerzphysiologie bei Säuglingen und Kleinkindern. Kindh u. Entw 1: 6–10
Duckro PN, Cantwell-Simmons E (1989) A review of studies evaluating biofeedback and relaxation training in the management of pediatric headache. Headache 29: 428–433
Eberlein G (1985) Autogenes Training für Kinder. Springer, Berlin
Eberlein G (1986) Autogenes Training mit der ganzen Familie. Econ, Düsseldorf
Egger J, Carter CM, Wilson J, Turner MW (1983) Is migraine food allergy? Lancet 8355: 865–869
Eland JM (1981) Minimizing pain associated with prekindergarten intramuscular injections. Iss Comp Pediat Nurs 5:362–372

Engel JM (1988) Pediatric pain. Elliott & Fitzpatrick, Athens

Engel JM, Rapoff MA (1990) A component analysis of relaxation training for children with vascular, muscle contraction, and mixed-headache disorders. In DC Tyler, EJ Krane (Eds) Pediatric pain. Raven Press, New York, S 273-290

Eriksson MBE, Sjölund BH (1979) Transcutane Nervenstimulierung für Schmerzlinderung. VfM E Fischer, Heidelberg

Fentress DW, Masek BJ, Mehegan JE, Benson H (1986) Biofeedback and relaxation-response training in the treatment of pediatric migraine. Developmental Medicine and Child Neurology 28: 139-146

Feuerstein M, Adams HE (1977) Cephalic vasomotor feedback in the modification of migraine headache. Biofeedback and Self-regulation 2: 241-254

Flor H, Turk DC, Rudy TE (1987) Pain and Families. II. Assessment and Treatment. Pain 30: 29-45

Fordyce WE (1980) Verhaltenstheoretische Konzepte bei chronischen Schmerzen und Krankheiten. In PO Davidson (Hrsg) Angst, Depression und Schmerz. Pfeiffer, München, S 199-250

Fordyce WE (1986) Learning processes in pain. In RA Sternbach (Ed) The psychology of pain (2. ed, 49-65). Raven, New York

Fowler-Kerry S (1988) Utilizing cognitive strategies to relieve pain in young children. 1 Int Sympos Pediatr Pain, Seattle

Fox EJ, Melzack R (1976) Transcutaneous electrical stimulation and acupuncture: Comparison of treatment for low-back pain. Pain 2: 141-148

Frankenberg S von, Pothmann R (1995) Epidemiologie von Kopfschmerzen bei Schulkindern. Psychomed 7: 157-163

Frankenberg S von, Pothmann R (1996) To cure children's migraine and tension-type headache by diet? Proceedings 8th World congress on Pain, Vancouver, S 516

Friedrich S, Fiebel V (1989) Entspannung für Kinder. Rowohlt, Reinbek

Gaffney A, Dunne EA (1986) Developmental aspects of children's definitions of pain. Pain 26: 105-117

Gardner GG, Olness K (1981) Hypnosis and hypnotherapy in children. Grune & Stratton, New York

Gerber WD (1989) Klinische Schmerzmessung beim Kind, unter besonderer Berücksichtigung des kindlichen Kopfschmerzes. In HM Weinmann (Hrsg) Aktuelle Neuropädiatrie. Springer, Berlin, S 25-31

Gerber WD, Haag G (1982) Migräne. Springer, Heidelberg

Gillies D, Sills M, Forsythe I (1986) Pizotifen (Sanomigran) in childhood migraine. A double-blind controlled trial. Eur Neurol 25: 132-135

Göbel H (1997) Die Kopfschmerzen. Springer, Heidelberg, S 351-362

Goepel R, Buhl R, Pothmann R (1985) Transcutane Nervenstimulation bei Migräne-Patienten. Fortschr Med 103: 865-868

Goepel R (1988) Anästhesiologische Verfahren. In Pothmann R (Hrsg) Chronische Schmerzen im Kindesalter. Hippokrates, Stuttgart

Goldstein M, Chen TC (1982) The epidemiology of disabling headache. Adv Neurol 33: 377-390

Gouvain-Piquard A, Rodary C, Francois P, Rezvani A, Lemerle J (1986) L' évaluation de la douleur du jeune enfant: A propos de l' élaboration d' une échelle d' évaluation de la douleur chez l' enfant de 2 à 6 ans atteint de cancer. Schmerz-Pain-Douleur 3: 129

Goymann V (1988) Erkrankungen des Bewegungsapparates. In Pothmann R (Hrsg) Chronische Schmerzen im Kindesalter. Hippokrates, Stuttgart

Grazzi L, Leone M, Frediani F & Bussone G (1990) A therapeutic alternative for tension headache in children: treatment and 1-year follow-up results. Biofeedback and Self-regulation 15: 1-6

Grotemeyer KH, Viand R, Beykirch K (1984) Klinische und laborchemische Ergebnisse zur Prophylaxe der Migräne mit Azetylsalizylsäure. Med Welt 23: 762-767

Grunau RVE, Craig KD (1987) Pain expression in neonates: Facial action and cry. Pain 28: 395-410

Guarnieri P, Blanchard EB (1990) Evaluation of home-based thermal biofeedback treatment of pediatric migraine headache. Biofeedback and Self-regulation 15: 179-184

Harnack GA von, Jansen F (1984) Pädiatrische Dosis-Tabellen. Wiss Verlagsgesellschaft, Stuttgart

Hatch JP, Fisher JG, Rugh JD (Eds) (1987) Biofeedback. Studies in clinical efficacy. Plenum Press, New York

Heekerens HP (1992) Zur Zukunft der Kinder- und Jugendlichen-Psychotherapie. Report Psychologie 4: 8-18

Hilgard ER, Hilgard JR (1983) Hypnosis in the relief of pain. William Kaufmann, Los Altos

Hilgard JR, LeBarron S (1984) Hypnotherapy of pain in children with cancer. William Kaufmann, Los Altos

Hill K (1984) Pathological Anatomy of Cancer Pain. In Zimmermann M, Drings P, Wagner G (Hrsg) Pain in the Cancer Patient. Springer, Heidelberg, S 33-44

Hodges K, Kline JJ, Barbero G, Flanery R (1985) Depressive symptome in children with recurrent abdominal pain and their families. Clin Pediatr 17: 569-573

Hodgkins M, Albert D, Daltroy L (1985) Comparing patients' and their physicians' assessment of pain. Pain 23: 273-277

Hoelscher TJ, Lichstein K (1984) Behavioral assessment and treatment of child migraine: implications for clinical research and practice. Headache 24: 94–103

Hölzl R (1985) Mehrstufige Biofeedbacktherapie bei gemischten Kopfschmerzsyndromen. In Wittchen H-U, Brengelmann JC (Hrsg) Psychologische Therapie bei chronischen Schmerzpatienten. Springer, Berlin, S 51–91

Hofer Th, Wüthrich B (1985) Nahrungsmittelallergien. II. Häufigkeit der Organmanifestationen und der allergie-auslösenden Nahrungsmittel. Schweiz. Med. Wschr. 115: 1437–1442

Hoffmann B (1985) Handbuch des Autogenen Trainings. dtv, München

Holtz K-L (1990) Argumente für eine Entwicklungstherapie. Fachbereich Sonderpädagogik, Pädagogische Hochschule Heidelberg

International Headache Society (1988) Classification and diagnostic criteria for headache disorders, cranial neuralgias and facial pain. 1. Edition. Cephalalgia 8, Suppl 7: 9–96

Izard CE (1982) Measuring Emotions in Human Development. In Measuring Emotions in Infants and Children. University Press, Cambridge

Jacobson E (1938) Progressive relaxation. University of Chicago Press, Chicago

Jaeger B, Reeves J (1986) Quantification of changes in myofascial trigger point sensitivity with the pressure algometer following passive stretch. Pain 27: 203–210

Janzen RWC (1984) Klinische Analyse von Schmerzzuständen. In Zimmermann M, Handwerker HO (Hrsg) Schmerz. Springer, Berlin, S 154–188

Jay SM, Elliott CH, Ozolins RA, Olson RA, Pruitt SD (1985) Behavioural management of children's distress during painful medical procedures. Behaviour Research and Therapy 23: 513–552

Jeans ME (1983) The measurement of pain in children. In Melzack R (Hrsg) Pain Measurement and Assessment. Raven Press, New York, S 183–189

Johnston CC, Strada ME (1986) Acute pain response in infants: A multidimensional description. Pain 24: 373–382

Kanfer FH, Saslow G (1969) Behavioral diagnosis. In CM Franks (Ed) Behavior therapy: appraisal and status. McGraw-Hill, New York, S 417–444

Kashani JH, Lababidi Z, Jones RS (1982) Depression in children and adolescents with cardiovascular symptomatology: The significance of chest pain. J Am Acad Child Psychiat 21: 187

Katz ER, Kellermann J, Siegel SE (1980) Behavioral Distress in Children with Cancer Undergoing Medical Procedures. J. Cons. Clin. psychol. 48: 356–365

Katz ER, Varni JW, Jay SM (1984) Behavioral assessment and management of pediatric pain. Progress in Behavior Modification 18: 163–193

Keefe FJ, Hoelscher TJ (1987) Biofeedback in the management of chronic pain syndromes. In Hatch JP, Fisher JG, Rugh JD (Eds) Biofeedback. Studies in clinical efficacy. Plenum Press, New York, S 211–253

Kemmler R (1975) Autogenes Training für Kinder, Jugendliche und Eltern. Bertelsmann, Gütersloh

Klein-Heßling J, Lohaus A (1998) Bleib locker. Entspannungskassette. Hogrefe, Götitingen

Knapp Th W (1983) Migräne. Beltz, Weinheim

Kröner-Herwig B (1996) Psychosoziale Diagnostik in der Schmerztherapie. In Basler H-D, Franz C, Kröner-Herwig B, Rehfisch HP, Seemann S (Hrsg) Psychologische Schmerztherapie 2. Aufl. Springer, Berlin, S 215–230

Kröner-Herwig B, Plump U, Pothmann R (1992) Progressive Relaxation und EMG-Biofeedback in der Therapie von chronischen Kopfschmerz bei Kindern. Der Schmerz 6: 121–127

Kröner-Herwig B, Sachse R (1988) Biofeedbacktherapie. Kohlhammer, Stuttgart

Kruse W (1980) Einführung in das Autogene Training mit Kindern, ein Leitfaden für die Praxis. Deutscher Ärzteverlag, Köln

Kuttner L (1984) Favorite stories: A hypnotic pain reduction technique for children in acute pain. Am Society Clin Hypnosis, San Francisco

Kuttner L (1986) No fears . . . not tears: Children with cancer coping with pain. Canadian Cancer Society, Vancouver

Kübler-Ross E (1971) Interviews mit Sterbenden. Kreuz, Stuttgart

Labbé EE, Williamson DA (1983) Temperature biofeedback in the treatment of children with migraine headaches. J Pediatr Psychol 8: 317–326

Labbé EE, Williamson DA (1984) Treatment of childhood migraine using autogenic feedback training. J Consult Clin Psychol 52: 968–976

Labbé EE, Ward CH (1990) Electromyographic biofeedback with mental imagery and home practice in the treatment of children with muscle-contraction headache. J Develop Behav Pediatr 11: 65–68

La Greca AM, Ottinger DR (1979) Self-monitoring and relaxation training in the treatment of medically ordered exercises in a 12-year-old female. J Pediatr Psychol 4: 49–54

Larsson B, Melin L (1988) The psychological treatment of recurrent headache in adolescents: shortterm outcome and its predictions. Headache 28: 187–195

Larsson B, Melin L, Döberl A (1990) Recurrent tension headache in adolescents treated with selfhelp relaxation training and a muscle relaxant drug. Headache 30: 665–671

Larsson B, Daleflod B, Hakansson L, Melin L (1987) Therapist-assisted versus self-help relaxation treatment of chronic headaches in adoles-

cents. A school-based intervention. J Child Psychol Psychiat 28: 127–136
Lavigne JV, Schulein MJ, Hahn YS (1986) Psychological aspects of painful medical conditions in children. I. Developmental aspects and assessment. II. Personality factors, family characteristics and treatment. Pain 27: 133–169
Levine MD, Rappaport LA (1984) Recurrent abdominal pain in school children: the loneliness of long-distance physician. Pediatr Clin N Am 31: 969–991
Liersch R (1988) Brustschmerzen. In Pothmann R (Hrsg) Chronische Schmerzen im Kindesalter. Hippokrates, Stuttgart
Linton SJ, Melin L, Götestam KG (1984) Behavioral analysis of chronic pain and its management. Progress in Behavior Modification 18: 1–42
Lohaus A (1990) Gesundheit und Krankheit aus der Sicht von Kindern. Verlag f Psychologie, Hogrefe, Göttingen, Toronto
London P, Cooper LM (1969) Norms of hypnotic susceptibility in children. Developmental Psychology 1: 113–124
Ludvigsson J (1973) Propanolol in treatment of migraine in children. Lancet 2: 799
Lykaitis M (1985) Migräne im Kindesalter. Peter Lang, Frankfurt
Mannheimer C, Carlsson CA (1979) The analgesic effect of transcutaneous electrical nerve stimulation (TNS) in patients with rheumatoid arthritis. A comparative study of different pulse patterns. Pain 6: 329–334
Marazzo MJ, Hickling EJ, Sison GFP (1984) The combined use of rational-emotive therapy and biofeedback in the treatment of childhood migraine. J Rational-Emotive Therapy 2: 27–31
Masek BJ, Russo DC, Varni JW (1984) Behavioral approaches to the management of chronic pain in children. Ped Clin North Am 31: 1113–1131
Maunuksela E-L, Korpela R (1986) Double-blind evaluation of lignocaine-prilocaine cream (EMLA) for venous cannulation pain in children. Br J Anaesth 58: 1242–1245
McGrath PA, de Veber LL (1986 a) The management of acute pain evoked by medical procedures in children with cancer. J Pain Sympt Manag 1: 145–150
McGrath PA, de Veber LL (1986 b) Helping children cope with painful procedures. Am J Nursing 86: 1278–1279
McGrath PA (1990) Pain in children. Nature, assessment, and treatment. Guilford Pr., New York
McGrath PA (1991 a) Intervention and management. In JP Bush, Harkins SW (Eds) Children in pain. Springer, New York, S 83–115
McGrath PJ, Goodman JT, Firestone P, Shipman R, Peters S (1983) Recurrent abdominal pain: a psychogenic disorder? Arch Dis Childh 58: 888–890

McGrath PJ, Unruh AM (1987) Pain in children and adolescents. Elsevier, Amsterdam
McGrath PJ, Humphreys P (1989) Recurrent headaches in children and adolescents: diagnosis and treatment. Pediatrician 16: 71–77
McGrath PJ, Finley GA, Turner CJ (1992) Making cancer less painful. Izaak Walton Killam Children's Hospital and Dalhousie University, Halifax
McGrath PJ, Cunningham SJ, Lascelles MA, Humphreys P (1990 a) Help yourself. A treatment for migraine headaches. Univ Ottawa Press, Ottawa
McGrath PJ, Cunningham SJ, Lascelles MA, Humphreys P (1990 b) Help yourself. A treatment for migraine headaches. Professional handbook. Univ Ottawa Press, Ottawa
McGrath PJ, Johnson G, Goodman JT, Schillinger J (1984) The development and validation of a behavioral pain scale for children. The Children's Hospital of Eastern Ontario Pain Scale (CHEOP). Proceedings Pain World Congress, Seattle. Raven Press, New York, p 2
Melzack R (1975) The McGill pain questionnaire: Major properties and scoring methods. Pain 1: 277–299
Merskey H (1970) On the development of pain. Headache 10: 116–123
Miller AJ, Kratochwill TR (1979) Reduction of frequent stomach ache complaints by time out. Behavior Therapy 10: 211–218
Miser AW, Dothage JA, Wesley RA (1987) The prevalence of pain in a pediatric and young adult cancer population. Pain 29: 73–83
Miser AW (1988) The treatment of cancer pain in children. 1. Int Sympos Pediatric Pain, Seattle
Mohn U, Kröner-Herwig B, Besken E, Pothmann R (1992) Entspannungstraining und EMG-Biofeedback bei kindlichen Kopfschmerzen. Nervenheilkunde 11: 328–331
Monro J, Carini C, Brostoff J (1984) Migraine is a food-allergic disease. Lancet 719–721
Moos RH, Moos BS (1981) Family Environment Scale Manual. Consulting Psychologists Press, Palo Alto
Mortier W (1988) Muskel- und Nervenerkrankungen. In: Pothmann R (Hrsg) Chronische Schmerzen im Kindesalter. Hippokrates, Stuttgart
Moscato D, Rivaroli P (1991) The biofeedback as the only therapy for migraine with obesity. Proceedings: 3. Int Juvenile Headache Congress, Rom, S 335–336
Münzenberg KJ (1981) Orthopädie in der Praxis. Edition Medizin, Weinheim
Nickel H (1982) Entwicklungspsychologie des Kindes- und Jugendalters. Huber, Bern
Oerter R, Montada L (Hrsg) (1987) Entwicklungspsychologie. Verlags Union, München

Olesen J (1986) Role of calcium entry blockers in the prophylaxis of migraine. Europ Neurol 25, Suppl 1: 72–79

Olness K, Gardner GG (1978) Some guidelines for uses of hypnotherapy in pediatrics. Pediatrics 62: 228–233

Olness K, MacDonald JT, Uden L (1987) Comparison of self-hypnosis and propranolol in the treatment of juvenile classic migraine. Pediatrics 79: 593–597

Owens ME (1984) Pain in infancy: Conceptual and methodological issues. Pain 20: 213–230

Passchier J, Orlebeke JF (1985) Headaches and stress in school children: an epidemiological Study. Cephalalgia 5: 167–176

Payne B, Norfleet MA (1986) Chronic pain and the family: a review. Pain 26: 1–22

Peroutka SJ (1984) Relative Potency and Selectivity of Calcium Antagonists Used in the Treatment of Migraine. Headache 24: 55–58

Peter B (1990) Hypnose. In Basler H-D, Franz C, Kröner-Herwig B, Rehfisch HP, Seemann H (Hrsg) Psychologische Schmerztherapie. Springer, Berlin, S 482–500

Petermann U, Petermann F (1984) Autogenes Training mit Kindern. Institut Wissenschaftl Film, Göttingen

Petermann F, Petermann U (1990) Training mit aggressiven Kindern. Urban & Schwarzenberg, München

Petermann F, Wiedebusch S, Kroll T (1994) Schmerz im Kindesalter. Hogrefe Göttingen

Peterson L, Harbeck C, Farmer J, Zink M (1991). Developmental contributions to the assessment of children's pain: conceptual and methodological implications. In Bush JP, Harkins SW (Eds) Children in pain. Springer, New York, S 33–58

Piaget J (1969) Das Erwachen der Intelligenz beim Kinde. Klett, Stuttgart

Plump U, Kröner-Herwig B, Besken E, Pothmann R (1992) Entspannungstraining und EMG-Biofeedback bei der Behandlung von kindlichen Kopfschmerzen. In Köhler B, Keimer R (Hrsg) Aktuelle Neuropädiatrie. Springer, Berlin

Pothmann R (1987) Migräneprophylaxe mit Flunarizin und Azetylsalizylsäure. Monatsschr Kinderheilk 135: 646–649

Pothmann R (1988a) Klinische Schmerzmessung. In Pothmann R (Hrsg) Chronische Schmerzen im Kindesalter. Hippokrates, Stuttgart, S 31–43

Pothmann R (1988b) Krebsschmerzen. In Pothmann R (Hrsg) Chronische Schmerzen im Kindesalter. Hippokrates, Stuttgart, S 179–198

Pothmann R (1988c) Transkutane elektrische Nervenstimulation. In Pothmann R (Hrsg) Chronische Schmerzen im Kindesalter. Hippokrates, Stuttgart, S 220–227

Pothmann R (1988d) Akupunktur. In Pothmann R (Hrsg) Chronische Schmerzen im Kindesalter. Hippokrates, Stuttgart, S 228–244

Pothmann R (1988e) Migränetherapie. In Pothmann R (Hrsg) Chronische Schmerzen im Kindesalter. Hippokrates, Stuttgart, S 77–89

Pothmann R (1990a) Comparison of the visual analog scale (VAS) and a smiley analog scale (SAS) for the evaluation of pain in children. In Tyler DC, Krane EJ (Eds) Pediatric Pain. Advanes in Pain Research and Therapy, Vol 15. Raven Press, New York

Pothmann R (1990b) Transkutane Elektrische Nervenstimulation (TENS) zur Schmerztherapie. Kinderarzt 21: 706–712

Pothmann R (1993) Pressure algesimetry in children: Normal values and clinical evaluation in headaches, In: Olesen J, Schoenen J (eds) Tension-type headache. Raven Press, New York

Pothmann R (1997) Auch Kinder haben Migräne. Was ist zu tun? In: Dominiak P (Hrsg) Betablocker im Mittelpunkt der Forschung. Springer, Berlin

Pothmann R, Göbel U (1986) Schmerzdiagnostik und -therapie in der Kinderonkologie. Klin Pädiat 198: 479–483

Pothmann R, Braumann A, Besken E (1991) Ergotaminics in childhood migraine. In: Gallai V & Guidetti V (eds) Juvenile Headache. Excerpta Medica Amsterdam

Pothmann R, Heicapell S (1991) Pain prophylaxis in diagnostic punctures. Journal of Pain and Symptom Management 6: 168

Pothmann R, Plump U, Maibach G, v Frankenberg S, Besken E, Kröner-Herwig B (1991) Migränetagebuch für Kinder. Arcis, München

Pothmann R, Kuhn N (1992) Ambulante Schmerztherapie bei krebskranken Kindern. Sozialpädiatrie 14: 673–674

Pulaski MA (1971) Understanding Piaget – An introduction to children's cognitive development. Harper & Row, New York

Ramsden R, Friedman B, Williamson D (1983) Treatment of childhood headache reports with contingency management procedures. J Clin Child Psychol 12: 202–206

Reeves JL, Jaeger B, Graff-Radford SB (1986) Reliability of the pressure algometer as a measure of myofascial trigger point sensitivity. Pain 24: 313–321

Rehfisch HP, Basler H-D (1996) Entspannung und Imagination. In Basler H-D, Franz C, Kröner-Herwig B, Rehfisch HP, Seemann H (Hrsg) Psychologische Schmerztherapie 2. Aufl. Springer, Berlin, S 551–576

Reitter B (1988) Polyradikuloneuropathie im Kindesalter. In Mortier W, Pothmann R, Kunze K (Hrsg) Aktuelle Aspekte neuromuskulärer Erkrankungen – Therapie, Früherkennung, Genetik, Mitochondriopathien. Thieme, Stuttgart

Richter IL, McGrath PJ, Humphreys PJ, Goodman JT, Firestone P, Keene D (1986) Cognitive and relaxation treatment of pediatric migraine. Pain 25: 195–203

Ross AO, Petermann F (1987) Verhaltenstherapie mit Kindern und Jugendlichen. Hippokrates, Stuttgart

Ross DM, Ross SA (1984 a) The Importance of Type of Question, Psychological Climate and Subject Set inInterviewing Children about Pain. Pain 19: 71–79

Ross DM, Ross SA (1984 b) Childhood Pain: the School-Aged Child's Viewpoint. Pain 20: 179–191

Ross DM, Ross SA (1988) Childhood Pain. Current Issues, Research, and Management. Urban & Schwarzenberg, Baltimore

Samuels M, Samuels N (1986) Das Kinderheilbuch. Ein Buch für Eltern und Kinder. Von Schröder, Düsseldorf

Sanders SH (1979 a) A trimodal behavioral conceptualization of clinical pain. Percep Mot Skills 48: 551–555

Sanders SH (1979 b) Behavioral assessment and treatment of clinical pain: appraisal of current status. In Hersen M, Eisler RM, Miller PM (Eds) Progress in behavior modification. Vol 8. Academic Press, New York, S 249–291

Sartory G, Müller B, Metsch J, Pothmann R (1998) A comparison of psychological and pharmalogical treatment of pediatric migraine. Int J Behav Med (i. Druck)

Savedra M, Tesler M, Ward J, Wegner C (1984) Adolescents' description of the pain experience. Proceedings Pain World Congress. Raven Press, New York, p 27

Schandry R (1989) Psychophysiologie. Urban & Schwarzenberg, München

Schechter NL, Allen DA, Hansen K (1986) Status of pediatric pain control: Comparison of hospital analgesic usage in children and adults. Pediatrics 77: 11–15

Schlottke PF (1982) Verhaltenstheoretische Problemanalyse. In Gerber WD, Haag H (Hrsg) Migräne. Springer, Berlin, S 88–109

Schliack H (1982) Läsionen einzelner Nerven des Beinplexus und der unteren Extremitäten. Läsionen im Schulter-Armbereich. In Mumenthaler M, Schliack H (Hrsg) Läsionen peripherer Nerven. 4. Aufl. Thieme, Stuttgart

Schmidt HD (1973) Aufbau der Sinnesleistungen in den frühen Lebensphasen. In Allgemeine Entwicklungspsychologie. VEB Deutscher Verlag der Wissenschaften, Berlin, S 94–95

Scholz E, Gerber WD, Diener C, Langohr M, Reinecke M (1987) Dihydroergotamine vs. Flunarizine vs. Metoprolol vs. Propanolol: a comparative study based on time series analysis. In Clifford – Rose F (ed) current problems in neurology 4 – advances in headache research. John Libbey, London, pp 139–146

Scholz OB (1996) Schmerzmessung. In Basler H-D, Franz C, Kröner-Herwig B, Rehfisch HP, Seemann H (Hrsg) Psychologische Schmerztherapie 2. Aufl. Springer, Berlin, S 267–290

Schulte D (Hrsg) (1976) Diagnostik in der Verhaltenstherapie. Urban & Schwarzenberg, München

Schultz JH (1979) Das Autogene Training – konzentrative Selbstentspannung. Thieme, Stuttgart (Erstauflage von 1932)

Scott PJ, Ansell BM, Huskisson EC (1977) Measurement of pain in juvenile chronic polyarthritis. Ann Rheum Dis 36: 186–187

Scott R (1978) „It Hurt's Red". A preliminary study of children's perception of pain. Percept Mot Skills 47: 787–791

Seemann H (1984) Schmerzdokumentation für den ambulanten Patienten. In Zimmermann M, Handwerker HO (Hrsg) Schmerz. Springer, Berlin, S 249–259

Selbst SM (1985) Chest pain in children. Pediatrics 75: 1068

Setterlind D (1982) Teaching children to relax. 9th Int Congr Hypnosis Psychosom Med, Glasgow

Sillanpää M (1983) Changes in the prevalence of migraine and other headaches during the first seven school years. Headache 23: 15–19

Sorge F, Marano E (1985) Flunarizine vs placebo in childhood migraine. A double blind study. Cephalalgia 5, Suppl 2: 145–148

Struppler A, Geßler M (1981) Schmerzforschung Schmerzmessung Brustschmerz. Springer, Heidelberg

Symon DNK (1991) Pizotifen. In: Gallai V & Guidetti V (eds) Juvenile Headache. Excerpta Medica, Amsterdam

Thompson KL, Varni JW (1986) A developmental cognitive-biobehavioral approach to pediatric pain assessment. Pain 25: 283–296

Truckenbrodt H, Häfner R (1986) Methotrexate therapy in juvenile rheumatoid arthritis: A retrospective study. Arthrit Rheum 29: 801–807

Tuma JM, Sobotka KR (1983) Traditional therapies with children. In Ollendick TH, Hersen (Eds) Handbook of Child Psychopathology. Plenum Press, New York, S 391–426

Turner JA, Chapman CR (1982) Psychological interventions for chronic pain: a critical review. I. Relaxation training and biofeedback. Pain 12: 1–21

Valquist B, Hackzell G (1949) Migraine of early onset. A study of 31 cases in which the disease first appeared between one and four years of age. Acta Paediatr 38: 622–636

Varni JW (1981) Self-regulation techniques in the management of chronic arthritic pain in hemophilia. Behavior Therapy 12: 185–194

Varni JW, Thompson KL (1985) The Varni/Thompson pediatric pain questionnaire. Unpublished manuscript

Varni JW, Thompson-Wilcox K, Hanson V, Brik R (1988) Chronic musculoskeletal pain and functional status in juvenile rheumatoid arthritis: an empirical model. Pain 32: 1–7

Ventafridda V (1984) Pain in the Child with Cancer. In Rizzi R, Vinsentin M (Eds) Pain. Piccin/Butterworths, London

Vieyra MAB, Hoag NL, Masek BJ (1991) Migraine in childhood: Developmental aspects of biobehavioral treatment. In Bush JP, Harkins SW (Eds) Children in pain. Springer, New York, S 373–395

Wahn V (1988) Schmerzen bei rheumatischen Erkrankungen. In Pothmann R (Hrsg) Chronische Schmerzen im Kindesalter. Hippokrates, Stuttgart

Wallenstein SL (1984) Scaling clinical pain and pain relief. In Bromm B (Ed) Pain Measurement in Man. Neurophysiological Correlates of Pain. Elsevier, Amsterdam

Waranch HR, Keenan DM (1985) Behavioral treatment of children with recurrent headaches. J Behaviour Therapy Exp Psychiatry 16: 31–38

Wenner A, Janssen F, von Harnack GA (1972) Bestimmung der Analgetikawirkung im Kindesalter mit Hilfe der Schmerzschwellen-Messung. Int J Clin Pharmacol 6: 178–183

Wheatley CE (1975) Hyperventilation syndrome: A frequent cause of chest pain. Chest 68: 195

World Health Organisation (1986) Cancer Pain Relief. WHO, Genf

Womack WM, Smith M, Chen ACN (1988) Behavioral management of childhood headache: a pilot study and case history report. Pain 32: 279–283

Wüthrich B (1985) Nahrungsmittelallergien. I. Zur Pathogenese, Klinik und Diagnostik. Schweiz Med Wschr 115, 41: 1428–1436

Zeltzer L, LeBaron S (1982) Hypnosis and Nonhypnotic Techniques for Reduction of Pain and Anxiety During Painful Procedures in Children and Adolescents with Cancer. J Pediat 101: 1032–1035

Zenz M, Jurna I (1993) Lehrbuch der Schmerztherapie. Wiss Verl Ges, Stuttgart

Zimmermann M (1988) Physiologie und Pathophysiologie von Schmerz und Schmerzbehandlung. In: Pothmann R (Hrsg) Chronische Schmerzen im Kindesalter. Hippokrates, Stuttgart, S 15–30

Kapitel 23

Elterntraining

Andreas Warnke

1. Ziele und Aufgaben 622
2. Voraussetzungen: Der Begriff des Elterntrainings, seine Begründung, methodischen Merkmale und therapeutische Haltung 622
2.1 Begriff des Elterntrainings 622
2.2 Methodische Merkmale des Elterntrainings 623
2.2.1 Aufgabenbestimmte Grundorientierung 623
2.2.2 Interaktionsanalyse als diagnostisches Prinzip 624
2.2.3 Therapie als ein Lernangebot für Eltern im optimalen didaktischen Rahmen 625
3. Das Elterntraining nach dem Münchner Trainingsmodell 626
3.1 Die Kontaktaufnahme, Informationsgewinnung und Vorbereitung des Trainings 626
3.2 Die Einführung in Verfahrensregeln und Rollenspiel 627
3.3 Erster Interventionsschritt: Beobachten und Beschreiben, Lernen zu sehen 628
3.4 Zweiter Interventionsschritt: Sehen erzieherischer Zusammenhänge – Interpretieren und Werten 629
3.4.1 Durchführung des Hilfespiels 629
3.5 Dritter Interventionsschritt: Lösungsarbeit – die Gewinnung von Handlungsspielräumen 632
3.5.1 Die Analyse des Problemereignisses 632
3.5.2 Gewinnung von Lösungsansätzen durch Erarbeitung von Handlungsspielräumen 633
3.5.3 Die Lösungsarten lassen sich nach den Analyseschritten kennzeichnen 633
3.6 Nachsorge 634
4. Risikofaktoren für die Zusammenarbeit mit Familien 634
5. Kooperationsfördernde Maßnahmen 635
6. Indikation 635

Literatur 636

1. Ziele und Aufgaben

Im Aufgabenfeld kinder- und jugendpsychiatrischer sowie – psychologischer Diagnostik und Therapie hat die Zusammenarbeit der Fachkräfte mit den Eltern drei übergreifende *Ziele*:
1. Herstellung des Kontaktes und einer Beziehung, die tragfähig ist *(Kooperativität)*.
2. Informationsaustausch in Diagnostik, Therapie und Nachsorge *(Verständigung)*.
3. Zusammenarbeit in der Durchführung diagnostischer und therapeutischer Maßnahmen *(Veränderung)*.

Die inhaltlichen Aufgaben sind:
1. Die Schaffung optimaler Bedingungen zur Behandlung, Entwicklungsförderung und sozialen Integration des Kindes und Jugendlichen *(kindorientierte Aufgabe)*.
2. Die Motivierung und Stützung der familiären erzieherischen Kräfte *(familienorientierte Aufgabe)*.
3. Die Ergänzung, Unterstützung und Effektivierung der fachlichen Behandlungsbemühungen *(therapieorientierte Aufgaben)*.
4. Die Nutzung und Entwicklung von gesellschaftlichen Rechten (z. B. des Bundessozialhilfegesetzes), von Einrichtungen (z. B. ambulanten Einrichtungen, Kliniken, therapeutischen Heimen, Behindertenwerkstätten, Berufsbildungswerken) und von Interessenvertretungen (z. B. von Elternverbänden, Selbsthilfegruppen) *(gesellschaftlich orientierte Aufgaben)*.

Ziele und Aufgabenorientierung beinhalten Maßnahmen, die sich aus der Besonderheit des Einzelfalls und dem Verlauf des diagnostisch-therapeutischen Prozesses ergeben. Daher ist es erforderlich, Elternarbeit fortlaufend als zugehörigen Teil der Diagnostik und Therapie zu behandeln.

Das Elterntraining ist neben den anderen Formen der Elternarbeit – Elternkontakt, Elternberatung, Elterngruppe, Elterntherapie, Familientherapie (Warnke 1988) – eine ergänzende Form der Psychotherapie des Kindes und Jugendlichen in Zusammenarbeit mit den Eltern. Die folgende Erörterung gliedert sich nach den Teilaufgaben des diagnostisch-therapeutischen Prozesses:
1. die Voraussetzungen des Elterntrainings;
2. die Kontaktaufnahme;
3. der Informationsaustausch;
4. die therapeutische Intervention;
5. die Nachsorge.

Diese therapeutischen Teile sind miteinander verflochten und wirken wechselseitig aufeinander ein. Die Arbeitsschritte zu unterscheiden ist aber pragmatisch; sie gliedern hier lediglich die Erörterung.

2. Voraussetzungen: Der Begriff des Elterntrainings, seine Begründung, methodischen Merkmale und therapeutische Haltung

2.1 Begriff des Elterntrainings

Dem Begriff des Elterntrainings lassen sich die Bezeichnungen „Eltern als Kotherapeuten" und „Elternanleitung" zuordnen. Das Elterntraining hat verhaltenstherapeutische Wurzeln (Berkowitz und Graziano 1972, Tharp und Wetzel 1975, Schäfer und Prismeister 1989). In der weiteren Entwicklung der Modelle wurden kommunikationstheoretische, gesprächs- und familientherapeutische Elemente einbezogen (Innerhofer 1977, Innerhofer und Warnke 1989). Die jüngste und dabei für den angelsächsischen Sprachraum umfassende Literaturübersicht über Indikation und Effektivität des Elterntrainings gaben Graziano und Diament (1992).

Elterntraining ist ein psychotherapeutischer Zugang, der durch eine systematische Zusammenarbeit mit den Eltern Veränderungen in der Interaktion der Eltern mit dem Kind, im Wertesystem, in der Zielausrichtung, in der Erlebens- und Verhaltensfähigkeit sowie Lebensgestaltung der Eltern herbeizuführen sucht. Dies mit dem Ziel, die Entwicklung des Patienten zu fördern und, wo Heilung nicht möglich, zu einem besseren wechselseitigen Verstehen zwischen Eltern und psychisch erkranktem Kind beizutragen und adäquatere Bewältigungsformen zu erschließen. Elterntrainings stützen sich auf die erzieherische Kompetenz der Eltern. Im Elterntraining werden die Person von Kind und Eltern, insbesondere aber ihre Interaktion in gegebenen situativen Lebensverhältnissen ins Blickfeld gerückt. Die Eltern werden dabei als wichtigste Bezugspersonen des Kindes wichtigste „Berater" und „Helfer" des Therapeuten (Eltern als „Kotherapeuten"). Die Rolle des Therapeuten ist die eines „Trainers", der die Eltern in der Entwicklung neuer erzieherischer Fertigkeiten im Umgang mit dem psychopathologisch auffälligen Kind stützt und darin ausbildet, systematisch die eigenen erzieherischen Interaktionen zu beobachten und zum Wohle des Kindes zu verändern.

Drei Konzeptionen des Elterntrainings lassen sich unterscheiden:

1. *Direkte Interventionsübungen*:
   Ansätze, die Eltern anleiten, Verhaltensstörungen bzw. Verhaltensdefizite ihres Kindes entwicklungsfördernd zu verändern, indem die Eltern in direkten Interaktionsübungen lernen, Regeln der Verhaltenstherapie symptomorientiert einzusetzen (Schmitz 1976, Kane und Mitarbeiter 1974, Innerhofer und Müller 1976, Brack, 1982).
2. *Vermittlung psychologischer Theorien*:
   Trainingsmodelle, die unabhängig von dem konkreten kindlichen Verhalten grundsätzlich theoriegeleitete erzieherische Fertigkeiten, etwa der Verhaltenstherapie (Perrez und Mitarbeiter 1974) oder der Gesprächsführung (Gordon 1972, 1978, Minsel, 1975, Minsel und Bichl, 1980), vermitteln und es den Eltern überlassen, ob und wie sie diesen psychologischen Wissenszuwachs auf ihr individuelles erzieherisches Problem anwenden.
3. *Vermittlung von Problembewältigungsstrategien*:
   Ein Trainingskonzept, das einen optimalen didaktischen Rahmen bietet, um psychotherapeutisch nutzbare Problembewältigungsstrategien bzw. Handlungsspielräume zu erarbeiten, wobei der Inhalt weitestgehend durch die von den Eltern eingebrachten Problemstellungen und persönlichen sowie situativen Lösungsmöglichkeiten bestimmt wird (Innerhofer 1978, Warnke 1988).

2.2 Methodische Merkmale des Elterntrainings

Aus den zahlreichen Modellen zum Elterntraining lassen sich gemeinsame Merkmale abstrahieren.

2.2.1 Aufgabenbestimmte Grundorientierung

1. Der Therapiegegenstand wird durch eine konkrete erzieherische Aufgabe definiert.
   a) *Prinzip realistischer Aufgabenstellung*:
      Das Interaktionsgeschehen, das zu verändern elterliches Anliegen ist, wird in einem konkreten erzieherischen Alltagsereignis, einem beobachtbaren Symptomgeschehen abgebildet. Zum Beispiel wird der erzieherische Umgang zwischen Eltern und ihrem schizophrenen jugendlichen Sohn, wenn er beim Mittagessen zu Hause wahnhaft Vergiftungsängste äußert, zum therapeutischen Ereignis, zu dem erzieherische Alternativen erarbeitet werden sollen.
   b) *Prinzip der Konfliktrepräsentativität der Aufgabe*:
      Das im Training bearbeitete Problemereignis beinhaltet *wesentliche Konfliktfaktoren bzw. Symptome*, die gemäß der vorausgehenden Verhaltensanalyse für die Genese und Aufrechterhaltung der psychopathologischen Entwicklung bzw. des Eltern-Kind-Konflikts als ausschlaggebend angenommen werden müssen. So wird z. B. bei einer Schulangst, die durch Leistungsüberforderung des Schülers aufrechterhalten wird, der alltägliche erzieherische Hausaufgaben-

konflikt zwischen Mutter und Kind als Therapieaufgabe ausgewählt: In der Hausaufgabensituation werden das Leistungsvermögen des Kindes, seine eigenen wie auch die elterlichen Leistungserwartungen erkennbar; gleichzeitig werden z. B. eine Legasthenie, eine Wortfindungsschwäche und eine symptomgebundene erzieherische Interaktion zwischen Kind und Eltern beobachtbar. Wenn etwa das Lehrerverhalten in der Genese der Schulangst eine Rolle spielt, so wird der Lehrer möglichst in das Training mit einbezogen. In der therapeutischen Aufgabensituation sollen sich der Inhalt des Konflikts bzw. das Symptom, die situativen Umstände und die am Konflikt wesentlich beteiligten Personen wiederfinden.
2. Die Therapiearbeit ist Problemlösungsstrategie.
    a) *Prinzip der Motiviertung*:
    Problem, Methode und Therapieziel werden gemeinsam mit den Eltern so bestimmt, daß die Eltern hinreichend Lust und Mut haben zu kooperieren.
    b) *Prinzip der Begabungsorientierung*:
    Die Aufgaben, die Eltern im Rahmen der Psychotherapie des Kindes zufallen, orientieren sich an den persönlichen Fähigkeiten der Eltern.
    c) *Prinzip situativer Angemessenheit*:
    Die Beanspruchung der Eltern in der Therapiearbeit berücksichtigt die situativen Möglichkeiten der Eltern, z. B. ihre zeitliche Verfügbarkeit und ihre wohnliche Situation.
    d) *Prinzip des Handlungsspielraums*:
    In der Zusammenarbeit geht es darum, Lösungsalternativen zu finden und auszuprobieren, und nicht entscheidend darum, Erklärungsspielräume zu gewinnen.
    e) *Prinzip der Generalisierbarkeit*:
    Das im Training thematisierte psychopathologische Ereignis soll ermöglichen, mit minimalem Aufwand das definierte Therapieziel möglichst generalisiert zu bewältigen. So wird z. B. bei der Patientin mit Anorexia nervosa jene Essenssituation analysiert und der Lösungsarbeit unterworfen, die repräsentativ auch für andere familiäre Interaktionskonflikte im Zusammenhang mit der Essenssituation ist.
    f) *Prinzip der familienorientierten Ökonomie*:
    Das Therapieziel wird auf einem Weg angestrebt, der für Eltern und Kind maximal ökonomisch ist. Die finanzielle, zeitliche und personelle Beanspruchung der Familie soll so gering als nur möglich sein. Die Termine mit den Eltern werden z. B. nach ihrer beruflichen Freizeit und nicht primär nach der Arbeitszeit des Therapeuten bestimmt; eine ganztägige Intervention reduziert die Fahrtzeit für eine Familie auf z. B. eine Stunde, während sechs Einzelsprechstunden 6 Fahrstunden und u. U. eine sechsmalige berufliche Beurlaubung seitens der Eltern nötig machen. Das Prinzip erfordert große therapeutische Flexibilität, eine sehr sorgfältige diagnostische Vorbereitung und Therapieplanung.
3. Der Therapieerfolg bestimmt sich aus *kontrollierter Aufgabenlösung*.
    a) *Prinzip der Effektivitätskontrolle*:
    Das Ergebnis der Intervention ist zu überprüfen. Dazu werden z. B. Beobachtungspläne für operationalisierte Verhaltensweisen angelegt.
    b) *Prinzip der Nachsorge*:
    Die Stabilität und Generalisierung des Therapieerfolgs ist zu sichern.

2.2.2 Interaktionsanalyse als diagnostisches Prinzip

Die Interaktionsanalyse ist das wesentliche diagnostische Verfahren des Elterntrainings. Die Interaktionsanalyse erfaßt die funktionellen Zusammenhänge der erzieherischen Interaktion zwischen Kind und Eltern in der konkreten Konfliktsituation (z. B.: Eine anorektische Tochter verweigert das Essen, und die Mutter sagt: „Bitte iß"), im Zusammenhang mit aktuellen situativen Bedingungen (Mittagessen der Tochter gemeinsam mit Vater, Mutter und Schwester), der

Lebensgeschichte (Anamnese und Exploration) und der konstitutionellen persönlichen Voraussetzungen (z. B. Kachexie der anorektischen Tochter). Die Veränderung von Interaktionseinheiten ist Gegenstand des Elterntrainings, wobei diese auch indirekt etwa durch Veränderung situativer Bedingungen angestrebt wird (weiterführend Innerhofer 1974, 1980, Perrez und Mitarbeiter 1974).

2.2.3 Therapie als ein Lernangebot für Eltern im optimalen didaktischen Rahmen

Die therapeutische Zusammenarbeit mit den Eltern versteht sich als ein didaktisches Mittel des Therapeuten, womit er Eltern eine Chance gibt, Einsichten in die für eine Problembewältigung relevanten, aktuellen entwicklungsfördernden Vorgänge und situativen Zusammenhänge zu gewinnen, eigene Möglichkeiten und persönliche Begabungen zur Selbsthilfe im Konfliktgeschehen zu erkennen, neue Lösungswege zu entwickeln, zu erproben und einzuüben. *Der Therapeut wirkt als Vermittler und Organisator einer Lernsituation, indem er einzelnen Eltern oder einer Elterngruppe einen programmatischen Rahmen, Raum, Apparaturen, Lernmittel, eine Reihe von Übungen sowie seine Erfahrungen anbietet, während die Eltern die eigentliche inhaltliche Arbeit leisten.* Kennzeichnend ist die aktive und eigenverantwortliche Einbeziehung der Eltern von Anfang an. So wie es selbstverständlich ist, daß ein Chirurg mit modernsten operativen Mitteln ökonomisch operiert, so ist es *Aufgabe des Psychotherapeuten im Elterntraining, mit modernsten, effektiven didaktischen Methoden Eltern in die Lage zu versetzen, für die Psychotherapie ihres Kindes relevante Wertungs-, Erlebens- und Interventionsfertigkeiten zu gewinnen (Prinzip der therapeutischen Ökonomie).* Folgende Verfahren werden u. a. im Elterntraining eingesetzt:
– *Die Lektüre* bestimmter Lehrtexte. Sie sollen den Eltern Kenntnisse zur spezifischen Erziehung bei einem spezifischen Problem oder zur jeweiligen therapeutischen Methode vermitteln (Gordon 1972, 1978, Perrez und Mitarbeiter 1977, 1985; Kane und Kane 1976; Patterson und Gullion 1974; Florin und Tunner 1970; Dreikurs und Soltz 1970, Innerhofer 1979).
– Die *systematische Verhaltensbeobachtung*, die von den Eltern durchgeführt wird, hat nicht nur diagnostische, sondern auch bereits einstellungs-und verhaltensändernde Wirkung, und sie dient der Therapiekontrolle. Ein Beispiel für die einfachste Form solcher Verhaltensdokumentation sind z. B. Kalender, in die Eltern eintragen, in welchen Nächten ein Kind mit einer Enuresis eingenäßt hat. In Kapitel 19 findet sich ein Beispiel für ein sogenanntes „Schlaftagebuch" in der Behandlung kindlicher Schlafstörungen.
– *Übungs- und Feedbackverfahren*: Sie können in direktem Umgang der Eltern mit dem Kind und in Abwesenheit des Kindes durch Rollenspiel eingeführt werden. Im Sinne einer Übungsbehandlung können Eltern am *Modell des Therapeuten* lernen. So zeigt etwa der Therapeut den Eltern, auf welche Weise ein geistig behindertes Kind ein Hemd mit einfachsten Handgriffen selbst anzuziehen vermag (Kane und Kane 1976). Wir bevorzugen Rollenspiele mit Videoaufzeichnung. Hierdurch ist es möglich, eine entsprechende Auswahl der Interaktionsabschnitte, welche die Eltern selbst als Modell zeigen, ins Blickfeld zu rücken. Das Lernen am Modell des Therapeuten ist im Rahmen von Übungsbehandlungen relativ unkritisch, weniger günstig im Zusammenhang mit psychotherapeutischen Interventionen. Ein „ideales" Erzieherverhalten, wenn es der Therapeut vorgibt, entspricht oft nicht dem natürlichen Elternverhalten und verunsichert die Eltern in ihrem eigenen erzieherischen Vermögen. Das Modell des Therapeuten ist auch deshalb oft gar nicht wirksam, weil das Kind sich gegenüber dem Therapeuten anders als gegenüber den Eltern verhält. Im Rollenspiel lassen sich Lösungen erproben, bevor sie zu Hause angewandt werden.

- *Die Videotechnik* hat sich ausgezeichnet darin bewährt, Konfliktsituationen oder eine psychopathologische Symptomatologie abzubilden und einer systematischen Beobachtung und Analyse zugänglich zu machen. Zudem ist sie in der Einübungsphase lösungsrelevanter Interaktionen ein ausgezeichnetes Medium, um Eltern eigene Fähigkeiten zur Problembewältigung wahrnehmbar zu machen. Die Nutzung der Videotechnik, um Eltern sogenanntes „Fehlverhalten" vorzuführen, ist nach unseren Erfahrungen eher schädlich und ethisch fragwürdig. Mit der Videotechnik können Eltern im Training Wahrnehmungs- und Interpretationsprozesse selbst aktiv lenken und – vor allem – auch kontrollieren. Die Kontrollmöglichkeit durch die Eltern erzieht den Therapeuten zu einer immer konzentrierten, sorgfältigen und realitätsgerechten Arbeit. Der Videofilm ermöglicht es zudem, Interaktionsvorgänge in einer Alltagssprache und Bildsprache zu erfassen (Innerhofer 1977; Innerhofer und Warnke 1990).
- *Die Elterngruppe* erweitert die didaktischen Möglichkeiten. Der Erfahrungsaustausch gleichartig betroffener Familien, wenn er entsprechenden Regeln folgt, entlastet die Eltern, verbindet sie, und als Gruppe sind sie stärker in der Kooperation mit dem Therapeuten. Die Gruppe ermöglicht *Diskussion, „Brain-storming"* und *Spiel.* Diskussionsergebnisse zu einer erzieherischen Intervention lassen sich umgehend in Handlungsübungen umsetzen. Die Intervention auf Sprachebene begünstigt gesprächsgewandte, meist schulisch höher gebildete Teilnehmer, so daß die Handlungsübung bzw. das Rollenspiel Vorrang haben gegenüber jeglicher Diskussion.

3. Das Elterntraining nach dem Münchner Trainingsmodell

Aus der Reihe der unterschiedlichen Modelle des Elterntrainings im deutschen Sprachraum (Gordon 1972, 1978; Perrez und Mitarbeiter 1974; Schmitz 1976, Bastine, 1978) soll hier nur die von Innerhofer (1977) in einer standardisierten Form dargelegte Elternarbeit nach dem „Münchner Trainingsmodell" dargestellt werden. Dieses hat im kinder- und jugendpsychiatrischen Bereich Anwendung gefunden; der Verfasser verfügt dazu über eigene Erfahrungen, und schließlich liegen auch Evaluationsstudien vor. Die Vorgehensweise orientiert sich an den in der Einleitung skizzierten Arbeitsschritten im diagnostisch-therapeutischen Prozeß (Innerhofer und Warnke 1989).

3.1 Die Kontaktaufnahme, Informationsgewinnung und Vorbereitung des Trainings

Die *Kontaktaufnahme,* die dem Zweck dient, die Eltern zur Zusammenarbeit im Elterntraining zu gewinnen, erfolgt etwa drei bis vier Wochen vor dem Kurs. Die Eltern werden über die zeitliche Planung, das methodische Vorgehen (Rollenspiel, Video, Arbeit in Elterngruppe) und die Zielsetzung des Trainingskurses informiert (Erarbeitung erzieherischer Handlungsalternativen anhand eines erzieherischen Alltagsereignisses). Wichtig ist, daß der Therapeut selbst von dem Training überzeugt ist und die Einstellung hat, die Zusammenarbeit im Training anzustreben, weil es um die Nutzung elterlicher Fähigkeiten zur Problembewältigung – und seien sie noch so gering – geht. Hindernisse, die der Zusammenarbeit im Wege stehen könnten, wie z. B. die Berufstätigkeit oder die Betreuung anderer Kinder, werden erfragt und müssen abgebaut werden (z. B. Kinderbetreuung während des Trainings; Trainingszeit außerhalb elterlicher Berufzeit).

Die *Diagnostik* beinhaltet die umfassende kinderpsychiatrische Untersuchung. Ein spezifisches Ziel in der trainingsbezogenen Diagnostik ist es, ein Alltagsereignis, dessen Bewältigung Ziel der Eltern ist, zu definieren, so daß es Inhalt des Trainings sein kann. Zu diesem Alltagsereignis (z. B. Hausaufgabenkonflikt) wird eine sehr ausführliche Exploration durchgeführt. Ergänzend hilfreich im Zusammenhang mit dem Training ist es, wenn wichtige Lebensorte des Kindes (z. B. Kindergarten, Schule, familiäres Zuhause) aufgesucht werden können und wichtigste Bezugspersonen (z. B. Lehrer, Kindergärtnerin) in die Elternarbeit einbezogen werden. *Videoaufnahmen* einer Interaktion des Kindes mit dem Elternteil, der beim Elterntraining teilnimmt, geben bereits aufschlußreiche Hinweise auf erzieherische Handlungsspielräume. Als Situationen für Videoaufnahmen eignen sich z. B. die Hausaufgabensituation, gemeinsames Puzzlespiel oder das Spiel mit dem Material des Sceno-Tests (Beispiele für den geplanten Einsatz der Videoaufnahme geben Innerhofer und Warnke 1989, S. 167f.).

Die *Vorbereitung* des Elterntrainings endet in der Formulierung von Arbeitshypothesen, Inhalten und Zielen. Die Arbeitshypothesen ergeben sich aus einer vorläufigen Interpretation der Zusammenhänge des Problems, das im Elterntraining bearbeitet wird. Zugleich werden bereits vor dem Training mögliche Lösungsalternativen konzipiert. Bei Kursbeginn sind folgende Inhalte und Ziele festgelegt:
– *das Problemereignis*, zu dem Lösungsalternativen gewonnen werden sollen;
– vorläufig formulierte *situative Veränderungen* (wie z. B. der wohnlichen Einrichtung, des zeitlichen Tagesplans und der Lebensgewohnheiten) und *Verhaltensalternativen*, die der therapeutischen Zielsetzung dienen könnten;
– die absehbare *Reihenfolge*, in der die Veränderungen vorgenommen werden könnten;
– die *Methode* dieser Veränderungen.

Zur *Organisation des Elternkurses* gehört die Auswahl der Teilnehmer. Da die Gruppe als Lernmedium dient, ist es nützlich, Eltern mit ähnlichen Problemen zusammenzuführen, den Kurs nicht mit Ehepaaren, sondern mit einzelnen Elternteilen, Vätern bzw. Müttern, die ohne engere persönliche Beziehung sind, zu beginnen. In späteren Trainingsabschnitten können die jeweiligen

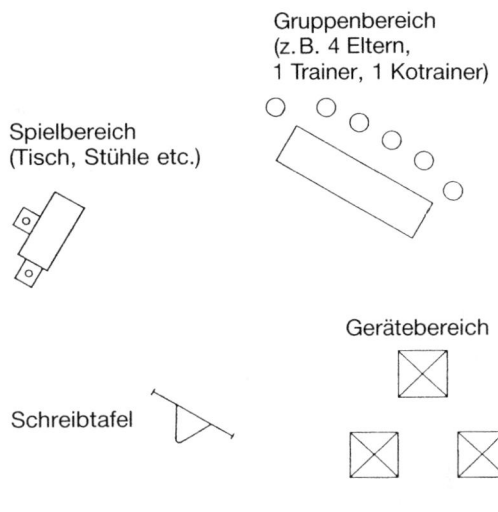

Abb. 1. Skizze des Trainingsraumes (nach Innerhofer 1977, S. 14)

Ehepartner hinzukommen, da dann mögliche familiendynamische Besonderheiten besser aufgefangen werden können. Eine Trainingsgruppe sollte aus drei bis vier Familien bestehen.

Das Training selbst wird von zwei Therapeuten kooperativ geleitet. Zuvor wird bestimmt, wer in das Training einführt, wer zu welchem Zeitpunkt das Videogerät bedient, die Instruktionen gibt, die Rollenspiele leitet, die Beobachtungsauswertung und Analyse durchführt und die Lösungsarbeit steuert (weiterführend Innerhofer 1977). Der Raum ist technisch vorbereitet und in Diskussionsbereich, Spielbereich und technischen Bereich (Videorecorder, Videokamera) aufgeteilt (Abb. 1). Der Tisch im Diskussionsraum ist gedeckt für Kaffee, Tee, Gebäck.

3.2 Die Einführung in Verfahrensregeln und Rollenspiel

Die Einführung der Elterngruppe in die Zusammenarbeit dient dazu, sich bekanntzumachen, für das Wohlbefinden zu sorgen

und zu entängstigen. Nach einem gemeinsamen Rollenspiel (z. B. „Schulunterricht"), wodurch die Gruppe insgesamt sofort mit dem Rollenspiel und der Videotechnik vertraut gemacht wird, werden die *Regeln für die Zusammenarbeit im Training* dargelegt:
- Kurze Spiele von zwei bis drei Minuten Dauer.
- Im Spielraum wird gespielt, nicht diskutiert.
- Im Diskussionsraum, in dem die Gruppe sitzt, wird nicht gespielt.
- Jeder darf jederzeit das Rollenspiel abbrechen.
- Jeder darf sagen, wann er sich eine Pause wünscht.
- Jeder ist für die Einhaltung der Regeln mitverantwortlich.

Diese Leitsätze stehen exemplarisch dafür, daß bei der Zusammenarbeit mit den Eltern von Anfang an klare räumliche, zeitliche und inhaltliche Abmachungen getroffen werden und die gemeinsame Verantwortung herausgestellt wird.

3.3 Erster Interventionsschritt: Beobachten und Beschreiben, Lernen zu sehen

Das Problemgeschehen, das im Training einer Lösung zugeführt werden soll und vor Kursbeginn mit den Eltern abgesprochen wurde, wird nun im *Rollenspiel* dargestellt und mit *Video aufgezeichnet*. In der Beschreibung geht es darum, das Ereignis, um das es geht, gemeinsam kennenzulernen und zu sehen: Was beschäftigt die Eltern und das Kind? Dazu werden im ersten Schritt bestimmte *Videoausschnitte* des Rollenspiels *für die Beschreibung* nach folgenden Richtlinien *ausgewählt*:
- der *Beginn* des Konfliktereignisses, ein mittlerer Ausschnitt, in dem der *Konflikt eskaliert* und aufrechterhalten wird, und das *Ende* des Konfliktgeschehens;
- Spielausschnitte, in denen *lösungsrelevante Interaktionen* erkennbar werden;
- Spielausschnitte, in denen *Wünsche und Ziele* der am Problemereignis beteiligten Personen sichtbar werden.

Die maximal eine Minute langen Interaktionsabschnitte werden Sekunde um Sekunde beschrieben. Diese Beschreibung ist der erste und wichtigste Schritt. Das Ergebnis des Lernschrittes ist eine „Anatomie" des Problemereignisses.

Die Beschreibung des Problemereignisses erfolgt schriftlich, so daß folgende Fragen beantwortbar sind:
1. *Situationsbeschreibung:*
   - Welche Situation liegt vor? (Raum, Einrichtungsgegenstände, Aufgabenmaterialien, Personen und ihre räumliche Stellung zueinander.)
2. *Handlungsbeschreibung:*
   - Was wird wortwörtlich gesagt (Sprache)?
   - Was wird grob- und feinmotorisch getan (Motorik)?
   - Wohin wird geschaut (Blickkontakt)?
   - Wie sind Mimik, Gestik und Stimme (Ausdrucksverhalten)?
   - Wie ist die zeitliche Folge der Handlungsabläufe (Zeitverhältnisse)?

Beispiel: Problem: Sohn verweigert Hausaufgaben. Mutter und Sohn (12 Jahre) sitzen über Eck bei den Hausaufgaben im Rechnen. Rechenbuch und Rechenheft liegen vor dem Jungen auf dem Tisch.
Mutter: Kind: „Ich mag nicht."
Mutter: „Doch", lächelnd, nickt, schaut Kind an (aufmunternd).
Kind: „Nein", schaut in den Raum.
Mutter: „Doch", nickt Kind zu und schaut es an.
Kind: Schüttelt Kopf, lehnt sich im Stuhl zurück, schaut vor sich hin.
Mutter: „Bist vielleicht müd'", schaut Kind an (freundlich).
Kind: „Ja", nickt, schaut Mutter an ...

Wesentlich ist, daß *Interpretationen und Wertungen unterbleiben* und die *Eltern* es sind, die *beschreiben*. Mit strenger Beachtung der Beschreibungsregeln und Vermeidung von Wertungen werden verletzende

Beurteilungen in der Gruppe vermieden, die Eltern gewinnen Sicherheit und haben Zutrauen zum Rollenspiel.

3.4 Zweiter Interventionsschritt: Sehen erzieherischer Zusammenhänge – Interpretieren und Werten

Beschreibung in diesem Zusammenhang meint eine Ordnung der Beobachtungen, wie sie sich unseren Sinnen darstellen („Anatomie der Interaktion"). *Interpretation* ist eine Ordnung der Beobachtungen, so daß uns ein Ereignisablauf verständlich wird („funktionelle Anatomie der Interaktion"). Die Wertung sagt uns, inwieweit das Beschriebene und Interpretierte für ein definiertes Handlungsziel brauchbar ist oder nicht. Therapeutisches Handeln setzt Interpretation und Wertung voraus. *Aufgabe im zweiten Interventionsschritt ist es, Regeln zur Interpretation und Wertung zu erarbeiten.* Dies wird im Münchner Elterntraining durch *Demonstrationsspiele* erreicht. Die Regeln werden also nicht abstrakt, sondern durch experimentell aufgebaute Rollenspiele mittels Selbsterfahrung und videogeleiteter objektiver Beobachtung erarbeitet. Dies sei am Beispiel „Hilfespiel" in Anlehnung an Innerhofer (1977, S. 40f.) veranschaulicht.

3.4.1 Durchführung des Hilfespiels

Der Aufbau des Hilfespiels beinhaltet zwei Schritte:
1. Eine sehr schwierige, aber grundsätzlich *lösbare Aufgabe* muß von einem Teilnehmer der Gruppe (Vater bzw. Mutter) unter zwei *verschiedenen Umweltbedingungen* (erzieherischen Einflüssen) ausgeführt werden.
2. Die variierten Umweltbedingungen (verschiedenen erzieherischen Eingehensweisen) und das davon abhängige Verhalten des Interaktionspartners (die Reaktion auf den erzieherischen Einfluß) werden mit *Video gefilmt und genau beschrieben.*

3. Die *Instruktion* an die Elterngruppe lautet: „Die nächste Aufgabe ist es, das Verhalten des Kindes in Abhängigkeit von seiner Umwelt zu verstehen. Wir werden zwei Rollenspiele machen, an denen wir lernen können, welche erzieherischen Möglichkeiten es geben kann, um einem Kind zu einem Lernschritt zu verhelfen, den es zuvor nicht konnte. Wir nennen dies *„zweckmäßige Hilfe"*. Wir werden auch erzieherische Maßnahmen kennenlernen, mit denen wir eher ein Kind darin hindern, daß es einen Lernschritt, den es leisten soll, bewältigt; wir nennen diese erzieherischen Einflüsse *„unzweckmäßige Hilfe"*.

Der Therapeut bittet nun eine Mutter oder einen Vater, am Spieltisch Platz zu nehmen. Er setzt sich daneben und legt ein Puzzle (Tangram-Steine) auf den Spieltisch. Das Tangram besteht aus sieben Plättchen unterschiedlicher Form (Dreiecke, Quadrat, Parallelogramm). Aus diesen Formen lassen sich sehr unterschiedliche Gestalten konstruieren.

Die Instruktion an die Mutter oder den Vater am Spieltisch lautet:

„Ich werde Ihnen zunächst *unzweckmäßig helfen*. Sie sehen hier sieben Plättchen. Wenn Sie die Plättchen richtig legen, können Sie damit ein Quadrat bilden, ohne daß ein Plättchen übrigbleibt. Sie haben zwei Minuten Zeit. Versuchen Sie bitte, ein Quadrat zu legen".

Während die Mutter oder der Vater nun versucht, die Aufgabe zu lösen, versucht der Therapeut, „unzweckmäßig zu helfen", wobei er sehr freundlich, zuvorkommend und wohlwollend sich zuwendet. Er äußert z. B. folgendes Verhalten: „Die Aufgabe ist leicht" (sie ist objektiv außerordentlich schwierig), „die Aufgabe ist Teil eines Tests für lernbehinderte Kinder" (was nicht zutrifft), „Sie machen das bisher sehr schön" (obwohl bisher kein Plättchen zielführend gelegt wurde), „vielleicht halten Sie sich an den Satz: Erst denken, dann handeln", „Sie müssen planvoll und konzentriert vorgehen", „die Zeit verstreicht, aber Sie haben noch eine Minute", „Sie sollten sich vielleicht besser hinsetzen" usw. Der Therapeut ist dabei unruhig, spielt mit der Armbanduhr, rückt den Tisch zurecht usw. Bei allem, was er tut, ist der Therapeut ausgesucht freundlich, gibt sich hilfsbereit und verständnisvoll. Nach zwei Minuten bricht er die Aufgabe ab.

Das Spiel wird wiederholt, wobei der Therapeut nun sein Verhalten verändert und *zweckmäßig hilft*. Er verzichtet auf Zeitbeschränkung, benennt die Aufgabe als schwierig, erste richtige Lösungsschritte werden bestätigt, überflüssige Kommentare und motorische Unruhe werden vermieden.

Nach dem Demonstrationsspiel wird die Videoaufzeichnung von der Gruppe ausgewertet. Unter der Überschrift „Was ist unzweckmäßige Hilfe und wie wirkt sie?" wird zunächst das erste Spiel und unter der Überschrift „Was ist zweckmäßige Hilfe und wie wirkt sie?" das zweite Demonstrationsspiel ausgewertet (vgl. Tabelle 1a, b).

Das Hilfestellungsspiel sollte Bezug haben zu dem im Training im Rollenspiel dargestellten Problemereignis.

Beispiel:
„Eltern eines Kindes mit Teilleistungsschwäche und Verhaltensschwierigkeiten hatten die Gewohnheit, in Anwesenheit des

Tabelle 1a. Ergebnis der Auswertungen zweckmäßiger Hilfe als Beispiel für ein Demonstrationsspiel zur Hausaufgabeninteraktion (nach Innerhofer 1977, S. 60-63)

Wie helfen wir dem anderen? (z. B. beim Hausaufgabenmachen)	*Wie wirkt sich unsere Hilfe auf den anderen aus?*
1. Abschirmung von Ablenkung: ruhiger Arbeitsplatz nur notwendiges Arbeitsmaterial im Arbeitsbereich keine Unterbrechung konzentriertes, ruhiges Zusehen	Ganz allgemein: Zweckmäßige Hilfe bewirkt, daß Ziele erreicht werden, und hat damit teilweise dieselben Auswirkungen wie Belohnung. Sie kann daher auch materielle wie soziale Belohnung ersetzen, und auch strafende Ereignisse wie Kritik, Tadel und Nörgeleien können durch geschickte Hilfen überflüssig gemacht werden.
2. Zweckmäßige Hilfe: klare Instruktionen geben Anpassung der Schwierigkeit einer Aufgabe an das Leistungsvermögen Hinweise zum Verständnis der Aufgabenstellung sachlich auf Fehler hinweisen und zur richtigen Lösung hinführen auf richtige Lösungen/Antworten hinweisen auf sachliche Fragen eingehen nicht zu viele Aufforderungen hintereinander auf Weigerung und Argumentieren nicht eingehen entgegenkommend sein und sich selbst kooperativ verhalten	*In bezug auf sein Selbstwertgefühl:* man traut sich mehr zu man wird risikofreudiger sie baut Anfangsängste ab sie nimmt individuellen Lösungsdruck *In bezug auf seine Leistung:* man wird konzentrierter wird selbständiger läßt sich Zeit zu überlegen macht weniger Fehler ist engagierter sie verhindert Mißerfolg ein Teil der Kontrolle wird überflüssig gemacht sie verkürzt Umwege verbessert Leistungen mindert allgemein Streß macht sachbezogen *In bezug auf soziale Aufgeschlossenheit:* man hört besser zu wird kooperativer sie verhindert oder entschärft Konflikte verhindert Mißverständnisse ersetzt materielle Belohnung ersetzt Kritik, Tadel, Nörgeleien bewirkt Hilfsbereitschaft

Kindes miteinander über das Kind, insbesondere wertend über seine Schwierigkeiten zu sprechen, ohne das Kind mit einzubeziehen, ohne mit ihm zu reden, ohne beschreibend zu sein, so daß das Kind darunter litt, unruhig reagierte und mißtrauisch wurde, wenn die Eltern sich besprachen. Um den Eltern Verständnis für ein kindorientiertes Gespräch mit dem Kind zu vermitteln, wurde folgendes Demonstrationsspiel entworfen: Ein Elternteil der Kursgruppe übernahm die Rolle eines Kindes, dem im Testraum eine für das ‚Kind' schwierige Aufgabe vorgelegt wurde. Ein zweiter Elternteil der Gruppe erhielt die Rolle der Kindesmutter, während der Kursleiter die Rolle des Testers spielte. Was immer nun das ‚Kind' tat, um die Aufgabe zu lösen, kommentierte der ‚Tester' gegenüber der ‚Mutter' anfänglich in einer Weise, daß er ständig wertend auf die ‚Schwierigkeiten' und ‚Schwächen' des Kindes hinwies („– Sie sehen, auch bei einer leichten Aufgabe muß das Kind schon überlegen; das ist, was Sie als begriffsstutzig an ihm erleben', ‚Sie sehen, er spielt mit dem Bleistift, anstatt sich auf die Aufgabe zu konzentrieren, das kennzeichnet seine Aufmerksamkeitsschwäche' usw.). Im zweiten Spielabschnitt verzichtete der ‚Tester' auf wertende Kommentierung, wandte sich helfend dem ‚Kind' zu und gab, beschreibend mit dem ‚Kind' sprechend, zugleich Beobachtungsinformation an die ‚Mutter'. Die vergleichende Auswertung der beiden kontrastierenden Spielabschnitte bringt schnell zutage, wie im ersten Abschnitt das ‚Kind', zunehmend verunsichert, sich gar nicht erst

Tabelle 1b. Ergebnis der Auswertungen unzweckmäßiger Hilfe als Beispiel für ein Demonstrationsspiel zur Hausaufgabeninteraktion (nach Innerhofer 1977, S. 60–63)

Wie behindern wir den anderen durch unzweckmäßige Hilfe? (z. B. beim Hausaufgabenmachen)	*Wie wirkt sich unzweckmäßige Hilfe auf den anderen aus?* Unzweckmäßige Hilfe verhindert oder erschwert, daß Ziele erreicht werden.
1. Ablenkung unsachliche Fragen stellen sich über Nebensächlichkeiten auslassen ungeduldig werden unruhiger Arbeitsplatz mit ablenkenden Materialien Unterbrechungen	*In bezug auf sein Selbstwertgefühl:* sie verunsichert führt zu negativer Selbsteinschätzung führt zu Nervosität und Unruhe macht Lösungskonflikte zu persönlichem Versagen macht ängstlich in bezug auf Leistung allgemein macht unselbständig
2. Unzweckmäßige Hilfe: Wiederholung bereits verstandener Aufforderung Informationen geben, die bereits bekannt sind Aufforderung zu mehr Anstrengung Hinweis auf die Einfachheit der Aufgabe zu lautem Denken anhalten Verlegenheitsäußerungen: „Ach, das schaffst du schon"	*In bezug auf seine Leistungen:* führt zu schlechten Leistungen führt zu Blockierungen führt zu Überforderung verschärft den Streß baut Konflikte auf
3. Überflüssige Hilfe: Bleistift in die Hand geben Buch aufschlagen Stuhl zurechtrücken wiederholte, stereotype Erklärungen überflüssige Ratschläge	*In bezug auf seine soziale Aufgeschlossenheit* macht abhängig macht trotzig mißmutig verschlossen ungeduldig aggressiv *Nicht-Ausblenden von Hilfe:* bewirkt, daß das Kind keine Fortschritte mehr macht – der Lernprozeß kommt zum Stillstand

in die Aufgabe einfindet, während im kindorientierten, beschreibend unterstützenden Abschnitt die Selbstsicherheit des ‚Kindes' in die eigene Fähigkeit, mit der Aufgabe fertig zu werden, wächst, und die Aufgabe, die zunächst unlösbar schien, gelöst wird" (Innerhofer und Warnke 1989, S. 176f.).

Ein Beispiel für die inhaltliche Auswertung eines Hilfestellungsspiels findet sich in Tabelle 1.

Obwohl die Demonstrationsexperimente inhaltlich variieren, werden regelhaft folgende Lernziele angestrebt:
– Lernen, wie Verhalten, Selbst- und Fremdwahrnehmung sowie emotionales Erleben von aktuellen Umwelteinflüssen abhängig ist;
– Lernen, Absicht und Wirkung einer erzieherischen Handlung zu trennen, die Effektivität eigenen Verhaltens zu kontrollieren;
– Lernen, womit Eltern erzieherisch belohnen bzw. annehmen, bestrafen bzw. nicht annehmen, und die Auswirkungen solcher erzieherischer Einflüsse auf das unmittelbare Erleben und Verhalten des Kindes zu beurteilen;
– Lernen, zweckmäßige und unzweckmäßige Hilfen aus dem funktionellen Zusammenhang von Handlung und Wirkung zu erkennen und Verhalten in Abhängigkeit von den Handlungszielen zu bewerten.

Das Ergebnis ist sozusagen eine „funktionelle Anatomie" erzieherischer Interaktionsvorgänge, die Bezug haben zu den im ersten Interventionsschritt dargestellten Problemereignissen der jeweiligen Familien.

3.5 Dritter Interventionsschritt: Lösungsarbeit – die Gewinnung von Handlungsspielräumen

Das im ersten Interventionsschritt thematisierte Konfliktereignis einer Familie wird nun in der Gruppe systematisch analysiert und einer Lösungsarbeit zugeführt. Die Lösungsarbeit gliedert sich in:
– kurze Analyse des Problemereignisses;
– Sammeln von Lösungsideen (Brain-storming);
– Austestung von Lösungsalternativen durch Versuch und Irrtum im Rollenspiel;
– die von einer Familie bevorzugte Lösungsalternative wird schriftlich als Erziehungsvorschlag formuliert und den Eltern mitgegeben;
– das Gespräch mit der Familie nach Rückkehr aus dem Training wird geplant und im Rollenspiel geübt.

Wichtigste Leitsätze der Lösungsarbeit sind:
– Die *Handlungsspielräume*, die für die betroffene Familie bei gegebenem Problem verfügbar sind, werden herausgearbeitet.
– Es gilt den Blick der Eltern für erzieherische Vorgänge zu schulen, die über familiäre Handlungs*fähigkeiten*, situative *Möglichkeiten* und eigene elterliche *Bewältigungsmechanismen* informieren.
– Wo Veränderung nicht möglich erscheint (z. B. die geistige Behinderung eines Kindes, die autistischen Reaktionsweisen eines Kindes), ist es Ziel zu lernen, das Kind so zu sehen und zu verstehen, wie es ist, und das Unveränderbare anzunehmen.
– Überflüssige, hinderliche, unzweckmäßige oder ethisch unvertretbare Lösungsvorschläge oder Interaktionsabschnitte eines Rollenspiels sind nicht Gegenstand der Lösungsarbeit.

3.5.1 Die Analyse des Problemereignisses

1. Die *Analyse* des Problemereignisses (Verhaltensanalyse) richtet sich auf Ziele, situative Faktoren, Handlungsfaktoren und biographische Faktoren, die in das Problemereignis einfließen:
– Die *Zielanalyse* klärt, welche Ziele, Absichten und positiven Wünsche in

dem Problemgeschehen im Verhalten der einzelnen Interaktionspartner Ausdruck finden.
- Die *Situationsanalyse* stellt fest, welche Handlungsspielräume bei einer gegebenen Situation vorliegen und welche personellen, zeitlichen, räumlichen und materiellen Gegebenheiten für das Konfliktgeschehen mit ausschlaggebend sein könnten.
- In der *Ereignisanalyse* geht es darum, die im Konfliktgeschehen ablaufenden Handlungsalternativen herauszuarbeiten. Dabei beschränkt sich die Handlungsanalyse auf solche Interaktionsabläufe, die für eine Konfliktlösung brauchbar erscheinen (Begabungsanalyse). Die Interaktion im Konfliktereignis wird mit dem einzigen Ziel betrachtet, Bedürfnsse und Fähigkeiten der Eltern und des Kindes sichtbar zu machen, die lösungsrelevant erscheinen.
- Die *biographische Analyse* sucht Daten des Lebenslaufs in Bezug zum aktuellen Symptomgeschehen zu stellen. Hierbei geht es weniger darum, das gegenwärtige Konfliktgeschehen zu erklären, sondern darum, weitere Handlungsalternativen und Kriterien zur Brauchbarkeit eines Lösungsentwurfes zu gewinnen.

3.5.2 Gewinnung von Lösungsansätzen durch Erarbeitung von Handlungsspielräumen:

Erzieherische Handlungsalternativen eines Elternteils werden gedanklich und übend erarbeitet.
- Die *gedankliche Ideensammlung* (Brainstorming): Mit dem betroffenen Elternteil wird zunächst das Ziel der erzieherischen Bemühungen definiert (z. B. Auflösung des schulphobischen Verhaltens). Danach entwickelt die Elterngruppe gedanklich erzieherische und situative Maßnahmen, mit denen die angestrebte Lösung wahrscheinlich erreicht werden kann.
- Das *Entwickeln und Testen* der vorgeschlagenen Maßnahmen erfolgt durch *Rollenspiel* mit Versuch und Irrtum, Selbsterfahrung sowie Beobachtung. In der Lösungsarbeit werden nicht die fehlerhaften Ansätze zur Sprache gebracht, sondern nur beobachtbare Handlungssequenzen ins Auge gefaßt, die eigene erzieherische Begabungen der Eltern erkennen lassen, die für die Problembewältigung zweckmäßig erscheinen.

3.5.3 Die Lösungsarten lassen sich nach den Analyseschritten kennzeichnen:

- Eine *Ziellösung* liegt vor, wenn der Konflikt durch eine Änderung, Klärung, Neuordnung oder Neubewertung der Ziele im Konfliktereignis bewältigt werden kann;
- eine *situative oder präventive Lösung* ist gegeben, wenn durch die Änderung räumlicher, zeitlicher oder materieller Lebensbedingungen psychopathologische Entwicklungen entschärft werden können (z. B. Umschulung eines lernbehinderten Kindes in adäquate Sonderschulen; Aufnahme des Kindes in eine Tagesstätte während der beruflichen Abwesenheit des alleinerziehenden Elternteils; Änderung der Besuchsrechtsregelung bei geschiedenen Eltern);
- die *interaktive Lösung* ist anzustreben, wenn zur Konfliktbewältigung eine Einstellungsänderung oder Änderung erzieherischer Interaktion erforderlich ist (z. B. die Einführung von Verhaltensregeln im Moment der aufkommenden Trennungsangst des schulphobischen Kindes; das Vermeiden, daß eheliche Auseinandersetzung in Anwesenheit des Kindes und auf dem Rücken des schulphobischen Kindes ausgetragen werden).

Nicht alle Lösungen lassen sich sprachlich formulieren. Lösungen, die sich in Rollenspielen abzeichnen, beinhalten Erlebniskomponenten, die sich der Beobachtung entziehen und die sich sprachlich nicht fassen lassen. Das Videobild ist eine Möglichkeit, diese Lösungsmomente im Bild festzuhalten und eindrücklich wiederzugeben. Die Lösungsmöglichkeit wird damit gleichsam durch „*Bildersprache*" vermittelt.

3.6 Nachsorge

Die erarbeiteten Lösungsvorschläge werden den Eltern schriftlich mitgegeben. Mit dem einzelnen Elternteil wird besprochen, wie bei seiner Rückkehr in die Familie der erarbeitete Lösungsvorschlag den übrigen Familienmitgliedern mitgeteilt werden kann. In der nachfolgenden Trainingssitzung werden die jeweils anderen Ehepartner einbezogen. Dabei wird von den mit einem Elternteil bereits erarbeiteten Methoden des Rollenspiels, der videogeleiteten Interaktionsbeobachtung und der systematischen Problemlösungsstrategie Gebrauch gemacht. Es ist auch möglich, unabhängig von den Elterngruppen, die teilweise terminlich schwer zusammenzuführen sind, die erarbeiteten Techniken in der Einzelberatung im Rahmen der regelmäßigen Sprechstunden zu nutzen (weiterführend Innerhofer 1977, Innerhofer und Warnke 1989, Warnke 1988).

4. Risikofaktoren für die Zusammenarbeit mit Familien

Die große Bedeutung, die psychosozialen Verhältnissen der Familie für die Prognose kinder- und jugendpsychiatrischer Behandlung zukommt, haben z. B. Mattejat und Remschmidt (1991) nachgewiesen. Die psychotherapeutischen Bemühungen sind zweifellos effektiver, wenn es gelingt, die familiären erzieherischen Kompetenzen für die Therapie zu nutzen. Ein erstes Ziel muß es daher sein, die Risiken für eine unzureichende elterliche Kooperation zu erkennen. Risikoindikatoren sind:
– *Sozioökonomische Belastungen der Familie*: Niedrige elterliche Schulbildung, insbesondere Sonderschulbildung; nicht abgeschlossene Berufsausbildung und eine Erwerbstätigkeit ohne Entscheidungsbefugnisse; alleinerziehender Elternteil in konfliktbelasteter Familiensituation; außerordentliche erzieherische und haushälterische Belastung der Mutter in kinderreicher Familie; schlechte wirtschaftliche Situation und wohnlich beengte Verhältnisse; schlechte Nachbarschaftsbeziehungen.
– Die *Einstellung der Eltern* widerspricht der fachtherapeutischen Auffassung: Wenn Eltern etwa die Behinderung des Kindes leugnen oder den Krankheitswert einer psychpathologischen Problematik, wie z. B. die Suchtkrankung ihres Kindes, verneinen; wenn die Behinderung oder psychische Erkrankung des Kindes als schicksalsgegeben in dem Sinne verstanden wird, daß sich eine therapeutische Intervention erübrigt; wenn Eltern den Schweregrad der Behinderung oder Erkrankung als so massiv einschätzen, daß ein weiteres elterliches Engagement nicht mehr als sinnvoll oder erträglich eingeschätzt wird.
– Der *fachlich inadäquate Umgang* mit der Familie: Maßnahmen und Äußerungen von fachlicher Seite, die von den Eltern als Schuldvorwurf oder Strafe empfunden werden müssen; das einseitige und andauernde Thematisieren angeblicher „Fehler" der Eltern; Verletzung der ethischen Auffassungen der Eltern; zu hohe zeitliche Anforderungen an die elterliche Kooperation ohne Berücksichtigung anderweitiger familiärer Beanspruchungen.

Die Risiken der Kooperation lassen sich nur teilweise vor der Zusammenarbeit mit den Eltern abschätzen. Lassen sich die Risiken ausmachen oder setzen Unregelmäßigkeiten in der Kooperation ein oder streben Eltern einen inadäquaten Abbruch der Psychotherapie ihres Kindes an, so kann es sich lohnen, kooperationsfördernde Maßnahmen gezielt einzusetzen (weiterführend Warnke und Innerhofer 1978, Graziano und Diament 1992).

5. Kooperationsfördernde Maßnahmen

Die Zusammenarbeit mit den Eltern kann durch eine Reihe therapeutischer Maßnahmen erleichtert werden. Dazu gehört seitens des Therapeuten eine *Bejahung* der Elternarbeit von Anfang an und eine sorgfältige *Vorbereitung* der psychotherapeutischen Zusammenarbeit, so daß das Ausmaß von Fehlentscheidungen minimalisiert wird und die *Maßnahmen auf die Bedürfnisse und die Tragfähigkeit der Familie zugeschnitten* sind. Neben der Beachtung der kindlichen Interessen und Lebensziele sind gleichzeitig die elterlichen Bedürfnisse, Lebensbedingungen und *Möglichkeiten der Zusammenarbeit* zu beachten. In der Vermittlung von diagnostischem und therapeutischem Fachwissen an die Eltern sind *didaktische Grundsätze zu nutzen* (Verzicht auf theoretische Vorträge, wissenschaftliche Sprache; Lernen durch Selbsterfahrung auf Handlungsebene, objektive Beobachtung, Einsatz von Medien, wie z. B. Video; periodischer Wechsel der didaktischen Medien, wie z. B. Rollenspiel, Beobachtung, Beschreibung, Gruppengespräch, Entspannungsphasen). Eltern kooperieren bereitwilliger, wenn in der Zusammenarbeit *elterliche Fähigkeiten* zur Sprache kommen, die Maßnahmen sich auf *aktuelle Alltagsfragen*, an deren Bewältigung den Eltern vorrangig liegt, konzentrieren und den Eltern sehr *konkret Informationen und Hilfe in überschaubaren Zeiträumen* vermittelt wird. Hilfreich sind *ökonomisch orientierte Interventionen*, die Zeitaufwand und organisatorische Probleme für die Familien minimalisieren. Bei Familien, die in sozioökonomisch schwierigen Verhältnissen leben, sind u. U. finanzielle Hilfen, Hilfen bei bürokratischen Angelegenheiten, Hilfe bei Stellensuche, der Einsatz *familienentlastender Dienste* oder die systematische Planung des Tagesablaufs vorrangig.

Zahlreiche und sehr unterschiedliche Vorgehensweisen im Elterntraining haben ihre Effektivität mit breiter Indikation aufgezeigt und auch auf Grenzen hingewiesen (Kane und Mitarbeiter 1974, Minsel 1984; Schäfer und Prismeister 1989, Graziano und Diament, 1992). *Unerwünschte Nebenwirkungen* sind zu beachten. Der Veränderung erzieherischen Verhaltens kann zunächst eine Durchgangsphase erzieherischer Verunsicherung vorausgehen. Dies sowie auch eine Verunsicherung auf seiten des selbst u. U. verunsicherten Kindes können zu einer vorübergehenden verstärkten Symptomausprägung beim Kind führen. So lassen sich in manchen Fällen therapeutische Verbesserungen erst mit gewisser Latenz feststellen (Sleeping-Effekt). Therapeutische Überforderung der Familie kann in Einzelfällen zu Schuldgefühlen auf seiten der Eltern führen, einem Therapieabbruch Vorschub leisten. Daher ist zwischen therapeutischer Anforderung, familiären Möglichkeiten und kindlichem Bedürfnis und Entwicklungsvermögen ein vom Familienwohl bestimmtes Gleichgewicht zu finden. In der Nachsorge ist es hilfreich, wenn Eltern auf die mögliche kritische Periode nach der Intervention hingewiesen werden und für diese Zeit Gespräche angeboten sind. In dieser Zeit elterlicher Verunsicherung und induzierter vorübergehender Symptomverschärfung beim Kind ist eine stützende Begleitung der Eltern angezeigt.

6. Indikation

Das Elterntraining hat eine sehr breite Indikation. Berichte zur Effektivität liegen für zahlreiche psychpathologische Syndrome vor: Verhaltensstörungen bei geistig behinderten und autistischen Kindern (z. B. exzessives Weinen, Einschlafstörungen, Stereotypien, Kontaktarmut und Inaktivität), Störungen des Sozialverhaltens, Hyperkinetisches Syndrom, Emotionalstörung, Eßstörungen, Enuresis, Enkopresis, Autoaggression, selektiver Mutismus, Zwänge, aggressive Verhaltensstörungen, chronische Obstipation, Kotschmieren, Feuerlegen, Schlafstörungen, Tic, Gilles-de-la-Tourette-Syndrom, Anorexia nervosa, Hausaufgabenkonflikte bei teilleistungsgestörten Kindern, Stehlen (vgl. Innerhofer und Müller

1974, Innerhofer 1978, Innerhofer und Warnke 1989, Minsel 1984, Schmitz 1976, Warnke und Innerhofer 1978, Brack 1982, Schäfer und Prismeister 1989, Graziano und Diament 1992).

Am wirksamsten scheint das Elterntraining in der Behandlung spezifischer Probleme wie z. B. Enuresis, Phobien oder Hausaufgabenkonflikt zu sein. Bei den erzieherischen Fragen des geistig behinderten und des autistischen Kindes gelingt durch das Elterntraining nicht unbedingt eine Verhaltensänderung des Kindes, viel eher jedoch wird erreicht, daß die Eltern durch Verhaltens- bzw. Einstellungsänderung und situative Umgestaltung des Tagesablaufs Hilfe erfahren.

Das Elterntraining ist eine mögliche psychotherapeutische Zugangsweise immer dann, wenn es möglich ist, daß Eltern durch ihre Einsicht in das Verhalten und die Entwicklung des Kindes, durch Nutzung ihrer situativen Möglichkeiten und persönlichen erzieherischen Begabungen an der Psychotherapie ihres Kindes konstruktiv teilhaben können.

Literatur

Bastine, J.: Verhaltenstherapeutisches Elterntraining. Ein empirischer Vergleich von zwei Trainingsmethoden für Eltern mit konzentrationsgestörten Kindern. In: K. Schneewind, H. Lukesch (Hrsg.) Familiäre Sozialisation. Klett-Cotta, Stuttgart 1978, 249–261
Brack, U. B.: Eltern als Co-Therapeuten von retardierten Kindern. Probleme der Anleitung und Motivierung. Psychol. Erzieh. Unterr., 29, 41–48, 1982
Dreikurs, R., Soltz, V.: Kinder fordern uns heraus. Wie erziehen wir sie zeitgemäß? Klett, Stuttgart 1970
Douglas, J.: Training parents to manage their child's sleep problem. In: Schaeffer, C. E., Briesmeister, J. M. (Eds.) Handbook of Parent Training. Wiley & Sons, New York 1989
Florin, I., Tunner, W.: Behandlung kindlicher Verhaltensstörungen. Goldmann, München 1970
Gordon, Th.: Familienkonferenz. Die Lösung von Konflikten zwischen Eltern und Kind. Hoffmann & Campe, Hamburg 1972
Gordon, Th.: Familienkonferenz in der Praxis. Hoffmann & Campe, Hamburg 1978
Graziano, A. M., Diament, D. M.: Parent behavioral training. Behavior modification, 16, 3–38, 1992
Innerhofer, P., Müller, G. F.: Elternarbeit in der Verhaltenstherapie. Sonderheft I der Mitteilungen der Gesellschaft für Verhaltenstherapie (GVT e. V.), München 1974
Innerhofer, P.: Ein Regelmodell zur Analyse und Intervention in Familie und Schule. Abänderung und Erweiterung des S-R-K-Modells. Z. klin. Psychol., 3, 1–29, 1974
Innerhofer, P.: Das Münchner Trainingsmodell. Beobachtung, Interaktionsanalyse, Verhaltensänderung. Springer, Heidelberg 1977
Innerhofer, P.: Änderung des familiären Umfeldes. In: L. J. Pongratz (Hrsg.) Handbuch der Psychologie, Bd. VIII, 2 Hbd., Klinische Psychologie. Hogrefe, Göttingen 1978, 2842–2872
Innerhofer, P., Warnke, A.: Eltern als Co-Therapeuten. Analyse der Bereitschaft von Müttern zur Mitarbeit bei der Durchführung therapeutischer Programme ihrer Kinder. Springer, Heidelberg 1978
Innerhofer, P.: Kleine Psychologie der Eltern. 3. Aufl., Moderne Verlagsgesellschaft, München 1979
Innerhofer, P.: Soziale Interaktion zwischen Mutter und Kind. In: J. C. Brengelmann (Hrsg.) Entwicklung der Verhaltenstherapie in der Praxis. Röttger, München 1980
Innerhofer, P., Warnke, A.: Elterntrainingsprogramm nach dem Münchner Trainings-Modell – Ein Erfahrungsbericht. In: H. Lukesch, M. Perrez, K. Schneewind (Hrsg.) Familiäre Sozialisation und Intervention. Huber, Bern 1980, 417–439
Innerhofer, P., Warnke, A.: Die Zusammenarbeit mit Eltern nach dem Münchner Trainings-Modell in der Praxis der Frühförderung. In: O. Speck, A. Warnke, (Hrsg.) Frühförderung mit den Eltern. Reinhardt, München 1989, 151–184
Kane, J. F., Kane, G.: Geistig schwer Behinderte lernen lebenspraktische Fertigkeiten. Huber, Bern 1976
Kane, G., Kane, J. F., Amorosa, H., Kumpmann, S.: Einweisung von Eltern in die Verhaltenstherapie ihrer geistig behinderten Kinder. Z. Kinder- u. Jugendpsychiat., 2, 87–110, 1974
Mattejat, F., Remschmidt, H.: Die Behandlung der familialen Beziehungsdynamik für den Erfolg stationärer Behandlungen in der Kinder- und Jugendpsychiatrie. Z. Kinder- und Jugendpsychiatrie, 19, 139–150, 1991
Minsel, B.: Elterntraining. Empirische Sicherung der Veränderung von Erziehungseinstellungen und Erziehungsverhaltensweisen durch ein Trainingsprogramm. In: H. Lukesch (Hrsg.) Auswirkungen elterlicher Erziehungsstile. Hogrefe, Göttingen 1975, 158–180
Minsel, B., Bichl, E.: Überprüfung der Effekte eines Elterntrainings am realen Gesprächsverhal-

ten. In: H. Lukesch, M. Perrez, K. Schneewind (Hrsg.) Familiäre Sozialisation und Intervention. Huber Bern 1980, 441–460

Minsel, B.: Elterntraining. Z. f. personenzentrierte Psychol. u. Psychother., 3, 1984, 55–66

Patterson, G. R., Gullion, E.: Mit Kindern leben. Neue Erziehungsmethoden für Eltern und Lehrer. Böhlau, Wien 1974

Perrez, M., Minsel, B., Wimmer, H.: Eltern-Verhaltenstraining. Müller, Salzburg 1974

Schaeffer, C. E., Briesmeister, J. M. (Eds.): Handbook of Parent Training. Wiley & Sons, New York 1989

Schmitz, E.: Co-Therapeuten in der Verhaltenstherapie. Beltz, Weinheim 1976

Tharp, G. R., Wetzel, R. J.: Behavior modification in the natural environment. Academic Press, New York 1969 (Übersetzung: Verhaltensstörungen im gegebenen Sozialfeld. Urban & Schwarzenburg, München 1975)

Warnke, A., Innerhofer, P.: Ein standardisiertes Elterntraining zur Therapie des Kindes und zur Erforschung von Erziehungsvorgängen. In: K. Schneewind, H. Lukesch (Hrsg.) Familiäre Situation. Klett-Cotta, Stuttgart 1978, 294–312

Kapitel 24

Verhaltensorientierte Familientherapie

Hans-Peter Heekerens

1.	Arbeit mit Bezugspersonen 640	3.5	Die Bedeutung von Verhalten 650
2.	Elterntraining und systemische Familienarbeit 641	3.6	Die Evaluation der Funktionalen Familientherapie 653
3.	Die Funktionale Familientherapie 642	3.7	Die Effektivität der Funktionalen Familientherapie im metaanalytischen Vergleich 658
3.1	Das AIM der Utah-Gruppe 642	4.	Sonstige Formen behavioraler Familientherapie 660
3.2	Die Grundstruktur der Funktionalen Familientherapie 644		
3.3	Das Verhältnis von „Therapie" und „Erziehung" 645		Literatur 660
3.4	Die Funktion von Verhalten 646		

1. Arbeit mit Bezugspersonen

Bei den vielfältigen Möglichkeiten, Kindern und Jugendlichen in Problemlagen mit verhaltenstherapeutischen Mitteln zu helfen, kann man zwei grundlegende Ansätze unterscheiden: Die unmittelbaren Zielpersonen der therapeutischen Intervention sind die Kinder oder Jugendlichen selbst oder aber (auch) deren Bezugspersonen. Das zweite war – anders als bei anderen therapeutischen Schulen (vgl. zusammenf. Heekerens, 1991a) – in Form von Elternarbeit immer integraler Bestandteil der Verhaltenstherapie (Griest & Wells, 1983).

Das nicht zuletzt deshalb, weil in der verhaltenstherapeutischen Tradition ein Hauptaugenmerk schon immer solchen Problemen bei Kindern und Jugendlichen galt, die man summarisch als „nicht-sozialisierte Störungen des Sozialverhaltens" bezeichnet. Mit Blick auf ätiologische und aufrechterhaltende Faktoren schien der Verhaltenstherapie zur Behebung solcher Verhaltensweisen die Behandlung der Eltern – konzipiert als *Umerziehung* (re-education) – in Form von Elterntrainings die Methode der Wahl. Solche Elterntrainings sind ihrer Grundidee nach Interventionen nach dem Mediatorenmodell (Tharp & Wetzel, 1975): Therapeuten – Mediatoren (Eltern; meist die Mütter) – Zielpersonen (Kinder/Jugendliche).

Das klassische behaviorale Elterntraining hat respektable Erfolge aufzuweisen – aber auch eine Reihe von Schwachpunkten (vgl. Graziano & Diament, 1992; Heekerens, 1991a). Effektivität und Effizienz zu steigern – und als Feld der Bewährung wurde nicht zufällig die Gruppe der „nicht-sozialisierten Störungen des Sozialverhaltens" gewählt – war denn das erklärte Ziel dreier bedeutsamer US-amerikanischer Teams in der behavioralen Tradition: der Patterson- (oder Oregon-)Gruppe, des Wahler-(oder Tennessee-)Teams und der Arbeitsgruppe um Alexander (auch als Utah-Gruppe bezeichnet).

Deren Arbeiten verstehen sich als Versuche, konzeptuelle Neuerungen einzuführen. Patterson notierte 1976, man könne wohl schwerlich sagen, das bloße Training von Erziehungsfertigkeiten – so die Grundidee des traditionellen behavioralen Elterntrainings – sei schon eine hinreichende Bedingung für eine effektive Behandlung. Im selben Jahr benannte Wahler die Sichtweise der Palo-Alto-Gruppe als den Rahmen, innerhalb dessen eine behaviorale Konzeption von Familienbehandlung auszuführen sei. Zu jener Zeit hatte die Alexander-Gruppe bereits begonnen, eine behaviorale mit einer systemischen Perspektive in der Arbeit mit Familien praktisch und theoretisch zu verbinden.

In der Reihenfolge Patterson – Wahler – Alexander stellen die Ansätze – von einem systemischen Standpunkt aus betrachtet – Entwicklungsstufen vom klassischen Elterntraining zu einer systemisch orientierten Arbeit mit Familien dar (vgl. zusammenf. Heekerens, 1991a).

„Familientherapie" können sich alle drei Ansätze nennen, ja sogar die traditionellen Elterntrainings. Denn nach einer 1984 auf der Konferenz von Bethesda/USA – Teilnehmer u. a. Alexander und Patterson – wurde vereinbart:

„Familientherapie ist ein psychotherapeutischer Ansatz mit dem Ziel, *Interaktionen* zwischen einem Paar, in einer Kernfamilie, in einer erweiterten Familie oder zwischen einer Familie und anderen interpersonalen Systemen zu verändern und dadurch Probleme von Familiensubsystemen oder der Gesamtfamilie zu lindern" (Wynne, 1988, S. 7).

Eine solche über die Festlegung eines bestimmten Gegenstandbereiches erzielte Definition, über deren Sinn hier gar nicht gestritten werden soll, deckt sich nun aber keineswegs mit den landläufigen Vorstellungen davon, was denn Familientherapie (im Unterschied etwa zu Elterntrainings) sei.

Wenn man nun freilich eine Antwort auf die Frage sucht, was denn „das Neue" an der Familientherapie in jenem vagen landläufigen Sinne sei, gerät man in Schwierigkeiten, die den vom Turmbau zu Babel berichteten ähneln. Der den weiteren Ausführungen hier zugrundeliegende und im weiteren mit der Chiffre „systemisch" etikettierte Kriteriumsvorschlag wurde von Selvini Palazzoli (1982) einmal in die Worte gefaßt: „Der entscheidende Übergang von der alten zur neuen Denkweise besteht darin, daß dem ‚Interaktionskontext' in enger Verbindung mit dem Begriff der ‚Bedeutung' die Hauptaufmerksamkeit zuteil wird" (S. 45).

2. Elterntraining und systemische Familienarbeit

Das klassische behaviorale Elterntraining und eine systemisch konzipierte Form der Arbeit mit Familien beruhen auf unterschiedlichen theoretischen Annahmen; Foster und Hoier (1982) haben das im einzelnen gezeigt. Zu Recht weisen sie darauf hin, daß man in einer behavioralen Perspektive, in der ursprünglich das Einzelwesen im Blickpunkt stand und alles andere bzw. alle übrigen nur als „Umweltereignisse" erschienen, soziale Systeme allenfalls auf der Ebene der Dyade und der Bilateralität konzeptualisieren kann. Auf diese Höhe hat es, was die rein verhaltenstherapeutische Arbeit mit Familien anbelangt, am vorbildlichsten die Patterson-Gruppe gebracht; in den Konzepten *Erpressung* und *Wechselseitigkeit* kommt dies am klarsten zum Ausdruck (vgl. zusammenf. Heekerens, 1991a).

Der Übergang von einem dyadischen zu einem triadischen Konzept, angelegt bei Wahler und konsequent vollzogen dann bei Alexander, stellt sich als Aufgabe nicht nur denen, die von der Verhaltenstherapie herkommen. Sie ergibt sich im Grunde für alle, die ihre Arbeit mit einem individualpsychologischen Ansatz begonnen haben.

Die Geschichte der Schizophrenieforschung ist auch in dem hier behandelten Punkt lehrreich. Die Double-Bind-Theorie war ursprünglich dyadisch formuliert worden, und die Kommunikationsmethode, welche die psychodynamische Variante des Transaktionsgedankens ersetzte, neigte aus praktischen Gründen dazu, dyadisch zu sein.

Erst Weaklands Arbeit über die Doppelbindungshypothese der Schizophrenie und triadische Interaktion brachte die entscheidende Wende: „Das eröffnete völlig neue Perspektiven und gab den Anstoß zu einem wachsenden Interesse an der Familienstruktur im Gegensatz zur Kommunikation als Matrix für die Symptomatologie" (Hoffman, 1982, S. 109).

Zur Entwicklung systemisch orientierter Formen der Arbeit mit Familien im behavioralen Lager hat ohne Zweifel beigetragen, daß es zwar nicht auf theoretischer, wohl aber auf metatheoretischer Ebene Gemeinsamkeiten, gemeinsame „Grundwerte" zwischen behavioral und systemisch orientierten Therapeuten gibt (Heekerens, 1997).

Welches sind solche metatheoretischen Gemeinsamkeiten? Da ist zunächst einmal zu verweisen auf eine Untersuchung von McGovern, Newmann und Kopta (1986). Sie haben festgestellt, daß sich Familientherapeuten und (kognitiv-)behavioral orientierte Therapeuten sehr ähneln und gemeinsam stark unterscheiden von ihren psychodynamisch ausgerichteten Kollegen in der Frage, inwieweit Klienten sowohl für ihre Probleme wie für deren Beseitigung Verantwortung tragen; bei den Psychodynamikern fanden sich in beiden Fällen niedrigere Werte.

Diese unterschiedlichen metatheoretischen Auffassungen sind für das therapeutische Vorgehen zumindest in zwei Punkten unmittelbar relevant. Zum einen: Je höher die Selbstverantwortlichkeit für das bestehende Problem und dessen Beseitigung angesehen wird, desto eher ist das therapeutische Vorgehen gekennzeichnet durch eine Konzentration auf das Bewußte (i. G. zum Unbewußten), auf offenes Verhalten, auf das Hier und Jetzt sowie auf die Fähigkeit des Individuums, seine Umgebung zu beeinflussen. Zum anderen: Je höher die Verantwortlichkeit in beiden Bereichen angesetzt wird, desto kürzer kann die angesetzte therapeutische Maßnahme ausfallen.

Ferner, und dies ergänzt die gerade eben dargestellten Ergebnisse, haben Familientherapeuten im Punkte „ins Auge gefaßte und tatsächliche Behandlungsdauer" ihre nächsten Seelenverwandten ebenfalls in den Verhaltenstherapeuten. Beide nämlich neigen, wie Bolter (1987) gezeigt hat, im Unterschied zu psychodynamisch orientierten und existentialistisch-humanistischen Psychotherapeuten zu Behandlungen kürzerer Dauer.

3. Die Funktionale Familientherapie

Die *Funktionale Familientherapie* ist der einzige Ansatz verhaltensorientierter Familientherapie, der aus der behavioralen Tradition stammt, eine systemische Sichtweise integriert, sein Einsatzgebiet bei Problemen von Kindern und Jugendlichen hat und eine solide Evaluation vorzuweisen hat.

Die Funktionale Familientherapie verknüpft drei Perspektiven: eine verhaltenstheoretische, eine kognitive und eine systemische. Ihre Entwicklung verdankt sich der Verzahnung von Forschung, Lehre, klinischer Tätigkeit und therapeutischer Weiterbildung (vgl. dazu das Trainingsmanual von Alexander & Barton, 1983).

3.1 Das AIM der Utah-Gruppe

AIM steht für *Analyse/Anatomie des Interventions-Modells*. Danach wird Familientherapie als Problemlöseprozeß begriffen, der bei verschiedenen familientherapeutischen Ansätzen freilich unterschiedliche Formen annehmen kann (vgl. v. a. Alexander, Barton, Waldron & Mas, 1983; Warburton & Alexander, 1985). Das Modell teilt den Problemlöseprozeß in fünf „Phasen". Die Anführungszeichen wollen einigen Mißverständnissen wehren. Erstens dem, alle Phasen müßten in einer bestimmten und keiner anderen Ordnung durchlaufen werden. Zweitens ist es nicht so, daß eine Phase vollkommen abgeschlossen sein müßte, bevor die nächste beginnen kann. Schließlich ist dem Irrtum zu begegnen, es sei unmöglich oder überflüssig, von einer späteren Phase wieder zurückzukehren zu einer früheren.

Das relative Recht, von „Phasen" statt von „Elementen" zu reden, ergibt sich aus dem Umstand, daß die zeitliche Ordnung keine durchweg beliebige ist; Phase 3 beispielsweise muß nach Ansicht der Alexander-Gruppe vor Phase 4 kommen; wir kommen darauf noch ausführlich zu sprechen. Was im AIM als zentrale Idee festgehalten wird, ist dies: Jede Phase ist mit charakteristischen Zielen verbunden, schreibt dem Therapeuten ganz spezifische Funktionen zu und erfordert von ihm jeweils unterschiedliche (Kombinationen von) Fertigkeiten. Dieser Gesamtzusammenhang ist in Tabelle 1 in zusammenfassender Übersicht dargestellt.

Um zu zeigen, welch praktischen Zweck das Modell erfüllt, sei hier ein Fallbeispiel eingeführt. Es wird an dieser Stelle ausführlich dargestellt, weil es auch im weiteren Verlauf zur Illustration herangezogen werden soll.

Vor Jahren wurde auf Empfehlung des Jugendamtes an unserer familientherapeutisch orientierten Erziehungsberatungsstelle ein 13 Jahre alter Junge vorgestellt. Als Anmeldegrund wurde folgendes genannt: Er hatte eine Reihe von Handlungen begangen, die bei Strafmündigkeit zur Anklage geführt hätten.

Diese Handlungen, im Laufe der letzten Monate wiederholt ausgeführt, betrafen immer Einrichtungen und Personal der Deutschen Bundesbahn sowie deren Fahrgäste. So hatte er beispielsweise mehrmals Weichen mit Steinen blockiert. Ein anderes Mal hatte er über einem Tunneleingang eine Steinlawine ausgelöst, als gerade ein Zug einfuhr. Ernsthafte Personengefährdung lag vor, als er wiederholt mit einer Schleuder Steine auf die Fenster vorbeifahrender Personenzüge geschossen hatte; in einigen Fällen kam es zu Glasbruch. Personen waren glücklicherweise nicht zu Schaden gekommen. Die Weichenblockaden hatten, da sie bemerkt wurden, keinen Unfall zur Folge, und der entstehende Sachschaden hielt sich in Grenzen.

Die Eltern, die in der betreffenden Kleinstadt mit Erfolg einen kleinen Handwerksbetrieb und ein einschlägiges Fachgeschäft

Tabelle 1. Das AIM der Utah-Gruppe

Phase	zu erreichende Ziele	Therapeuten-Funktionen	Therapeuten-Fertigkeiten
1. Einleitung/Eindruck	Hoffnung auf positive Änderungen wecken	Glaubwürdigkeit vermitteln	Fachlichkeit, Eignung, (einschlägige) Ressourcen
2. Diagnostik/Verstehen	Familien- und Veränderungsparameter erfassen	Informationen ab- und hervorrufen, ordnen und analysieren	Intelligenz, Wahrnehmungsvermögen, konzeptuelles Modell
3. Einführung/Therapie	Rahmen für neue (inter-)personale Definition der Familie schaffen	kontingente Direktivität (z. B. Umdeuten, interpersonale Sensibilität)	Beziehungs-(stiftende) Fertigkeiten (ähnlich den Rogers-Variablen)
4. Behandlung/Erziehung	Veränderung bewirken	lineare Direktivität (z. B. Verstärkerprogramm einrichten, Kontrolle der Ausführung)	strukturierende Fertigkeiten
5. Alltagstransfer/Beendigung	Veränderung aufrechterhalten, Unabhängigkeit vom Therapeuten	Ablösung	Beziehungs-(stiftende), strukturierende und kognitive Fertigkeiten

führten, waren entsetzt. Der Junge war zunächst durch Hinweise von Bundesbahnpersonal der Bahnpolizei aufgefallen. Sie hatte die Angelegenheit an die örtliche Polizeidienststelle weitergeleitet, und von dort war das zuständige Jugendamt eingeschaltet worden. Das hatte für den Wiederholungsfall die Möglichkeit einer Fürsorgeerziehung angedeutet und ansonsten die dringende Empfehlung ausgesprochen, sich bei uns anzumelden.

Für die Eltern, als Geschäftsleute mehr im Blickpunkt der Öffentlichkeit als andere, war das alles eine höchst peinliche Angelegenheit. Wer Kleinstadtverhältnisse kennt, wird dies ohne weiteres verstehen. Auch die Angst, die ganze Geschichte könne sich letztendlich sogar geschäftsschädigend auswirken. Nicht zuletzt solch äußerer Druck ließ sie schließlich in eine beim Familienerstgespräch angebotene Familientherapie einwilligen.

In der dritten Sitzung nach dem Familienerstgespräch besprach ich mit dem Vater, wie er mit einem Verstärkerprogramm dem Jungen helfen könne, seine Hausaufgaben schneller, vollständiger und korrekter zu erledigen als bisher. Bei der Unterredung fiel mir auf, wie zögerlich, begriffsstutzig und abwesend der Vater wirkte. Ich nahm diese Auffälligkeiten als Hinweis dafür, daß es dem Vater wohl widerstrebe, eine Beziehung mit einer solch offensichtlich schiefen Machtverteilung einzugehen. Er hatte vorher schon des öfteren davon gesprochen, er wolle mit seinem Sohn eine „partnerschaftliche" Beziehung haben und keine so „autoritäre", wie er selbst sie mit seinem eigenen Vater erlebt habe. Ich schlug deshalb als Alternative vor, „die beiden Männer" sollten einen Vertrag schließen, in dem unter den Pflichten des Sohnes die Erledigung von Hausaufgaben in der gewünschten Form festgehalten werden sollte.

Nach dem Modell der Utah-Gruppe fand das alles in Phase 4 („Behandlung") statt. Als der Versuch, eine bestimmte Veränderungsstrategie zu verfolgen, fehlschlug, wechselte ich also zu einer anderen. Die aber liegt nach dem AIM noch immer in derselben Phase. Man kann auf Störungen im Therapieprozeß mit einer Änderung des Therapeutenverhaltens innerhalb einer bestimmten Phase reagieren. Dies wäre als

Änderung erster Ordnung anzusehen. Wie eine solche zweiter Ordnung aussehen kann, wird gleich deutlich werden.

Zurück zu unserem Fallbeispiel: Der Vater wollte auch den neu ausgeworfenen Köder (Kontraktmanagement) nicht schlucken, und ich entschloß mich, zur Beratung mit meinen Kollegen hinter die Einwegscheibe zu gehen. Diese machten mich auf zwei Dinge aufmerksam. Zum einen sei der Vater seit dem Erstgespräch wieder zunehmend mutloser geworden; heute mache er denselben hilf- und hoffnungslosen Eindruck wie beim Erstkontakt. Zum anderen hätte ich nicht geklärt, ob die Mutter denn überhaupt die Erlaubnis gebe, daß jetzt der Vater und nicht mehr sie für die Hausaufgaben des Sohnes zuständig sei. Beide Faktoren zusammen könnten erklären, weshalb ich nicht so recht weiterkam.

Ich ging in die zweite Hälfte des Familiengesprächs, ließ den in der ersten Hälfte gesponnenen Faden erst einmal liegen und machte mich statt dessen an die Bearbeitung der zwei angesprochenen Punkte. Tatsächlich war es so, daß der Vater seit dem Ende des Familienerstgespräches zunehmend pessimistischer geworden war. In der für ihn typischen Art war er zunächst überglücklich gewesen, daß nun „Fachleute" die Sache in die Hände nehmen, und hatte uns mit Vorschußlorbeeren bedacht. Als dann aber klar wurde, daß wir keine Wundertäter waren, sondern die Eltern zunehmend mehr in die Pflicht nahmen, verflogen seine Illusionen. Unser Gespräch aber schuf Platz für neue, jetzt bescheidenere, aber auch realistischere Hoffnungen.

Danach ging es um die Frage, welche Familienregel es für die Hausaufgabenbetreuung gebe. Ich hatte angenommen, die Mutter sei froh, wenn der Vater sie entlaste. Schließlich war sie ebenso wie er berufstätig; sie führte das Geschäft, er den Handwerksbetrieb. Und außerdem hatte sie mehrmals über Doppel- und Mehrfachbelastung gestöhnt. In diesem Gesprächsabschnitt aber stellte sich schnell heraus, daß die Mutter die Hausaufgabenbetreuung nicht nur als ihre Pflicht, sondern auch als ihr Recht ansah. Dies sah sie sich von mir streitig gemacht. Für diese Situation hatten wir im Supervisionsgespräch ein in anderen Familien bewährtes Vorgehen vorgesehen: Der Vater sollte tatsächlich der sein, der direkt für die Hausaufgaben des Sohnes zuständig ist. Die Zustimmung der Mutter aber wollte ich mir sichern, indem sie zur „Fachfrau für Hausaufgabenbetreuung" erklärt wurde, bei der sich der Vater Rat holen könne.

Nachdem so die beiden Steine des Anstoßes aus dem Weg geräumt waren, stand der ursprünglichen Idee nichts mehr im Wege. Der Vater griff, vor die Wahl gestellt, nach dem Verstärkerprogramm. Später einmal sagte er als Begründung, er habe schon immer gerne einmal die Erlaubnis gehabt, „nicht bloß der Kumpel, sondern ein richtiger Vater" zu sein. Was hier letztendlich zum Erfolg geführt hat, ist eine Änderung zweiter Ordnung des therapeutischen Verhaltens.

Im Modell der Utah-Gruppe gedacht, mußte die Phase gewechselt werden. Von Phase 4 ging es noch einmal zurück zu den Phasen 1 und 2. Zu Phase 1 („Einleitung") in der Ermutigungsarbeit mit dem Vater und zu Phase 2 („Diagnostik") in der Abklärung, welche Familienregel hinsichtlich der Hausaufgabenbetreuung herrscht.

Das Beispiel dürfte veranschaulicht haben, was das von der Utah-Gruppe entwickelte AIM leisten soll. Es stellt ein Prüfsystem dar, das Familientherapeuten selbst oder Supervisoren heranziehen können, wenn es im Therapieprozeß zu einer Störung kommt. Es hilft bei der Klärung der Frage, ob eine Änderung des Therapeutenverhaltens erster oder zweiter Ordnung angezeigt ist. Im zweiten Falle gibt es Hinweise, an welcher Stelle der neue Ansatzpunkt zu wählen ist.

3.2 Die Grundstruktur der Funktionalen Familientherapie

Die in Tabelle 1 genannte dritte und vierte Phase ist das Herzstück eines jeden familientherapeutischen Ansatzes, wie immer er im einen oder anderen Ansatz ausfallen mag.

Wie dieser Kern im Falle der Funktionalen Familientherapie aussieht, ist in Tabelle 2 dargestellt (vgl. v. a. Alexander & Parsons, 1982; Barton & Alexander, 1981; Morris, Alexander & Waldron, 1988). Hier sieht man, wo und wie die drei genannten Perspektiven, die systemische Perspektive, die kognitive Perspektive und die behaviorale Perspektive, zum Tragen kommen. Die Tabelle 2 will nur einen ersten Überblick gewähren, der vor allem den Zusammenhang der verschiedenen Perspektiven, Verfahren und Konzepte verdeutlicht. Was es damit im einzelnen auf sich hat, wird nachfolgend noch eigens dargelegt.

3.3 Das Verhältnis von „Therapie" und „Erziehung"

Beginnen wir mit einer Bestimmung des Verhältnisses der beiden in Tabelle 2 dargestellten Phasen. Ihre zeitliche Abfolge wird als geordnet angesehen: „Einführung" ist die Vorbedingung für „Behandlung". Andererseits aber ist „Einführung" nur ein notwendiges, nicht aber auch schon ein hinreichendes Element; zu seiner Ergänzung bedarf es der zweiten Komponente. Daran wird deutlich, wie behavioral die Funktionale Familientherapie (noch) ist.

Sie ist nicht mehr rein behavioral, insoweit sie das mit „Einführung" bezeichnete Vorgehen zur absolut notwendigen Voraussetzung macht. Traditionelle verhaltenstherapeutische Arbeit mit Familien wie etwa die Elterntrainings in der Anwendung von Verstärkerprogrammen, ließen sich auch ohne diese Komponente ganz als „Behandlung", d. h. als die gezielte Veränderung von Verhalten beschreiben. Die Funktionale Familientherapie ist aber weiterhin behavioral darin, daß sie „Behandlung" für absolut notwendig erachtet. Im klassischen Ansatz der Mailänder Schule etwa sucht man Vergleichbares vergeblich; dort wird der Familie statt dessen zwischen den Sitzungen sehr viel Zeit gelassen, damit sich neue Verhaltensweisen in der Familie, für die durch gezielte Verstörungen Platz

Tabelle 2. Die Funktionale Familientherapie im Überblick

Perspektive				Systemisch
	Phase	angestrebte Art der Veränderung	Verfahren	Konzept
Kognitiv	Einführung/ Therapie (Phase 3)	Kognitive Änderung	hauptsächlich Umdeuten i. S. positiver Neubewertung auf drei Ebenen: einer motivationalen, einer interaktionalen und der des Gesamtsystems	Bedeutung von Verhalten
Verhaltens- theoretisch	Behandlung/ Erziehung (Phase 4)	Verhaltens- Änderung	im Prinzip alle Verfahren und Hilfsmittel der Verhaltenstherapie mit einer Bedingung: jede Technik und jedes Hilfsmittel muß zu den Familien- Funktionen passen	Funktion von Verhalten

geschaffen wurde, ohne weiteren therapeutischen Eingriff entfalten können (zur Entwicklung und Differenzierung der Mailänder Gruppe vgl. Jones, 1988).

3.4 Die Funktion von Verhalten

Versuchen wir uns jetzt klarzumachen, was in der Funktionalen Familientherapie unter der *Funktion* eines Verhaltens verstanden wird. Könnten wir Therapeuten der Utah-Gruppe bei der Arbeit in der „Behandlungs"-Phase zuschauen, würden wir sehen, daß Verfahren zur Anwendung kommen, wie sie aus der Verhaltenstherapie bekannt sind. Wir wüßten aber nicht, daß sie von „reinen" Verhaltenstherapeuten, die mit einer Familie arbeiten, etwas Bedeutsames unterscheidet. Sie haben nämlich bei der Auswahl eines bestimmten Verfahrens genau darauf geachtet, welche Funktionen einzelne Verhaltensweisen in der Familie erfüllen. Sie hätten also keineswegs, wie in unserem Fallbeispiel geschehen, die Verfahren „Verstärkerprogramm" und „Vertragsabschluß" zur Wahl gestellt, sondern eine von beiden Möglichkeiten gezielt angeboten. Weshalb, wird deutlich werden, sobald klargeworden ist, was mit „Funktion des Verhaltens" gemeint ist.

Unter „Funktion" ist zunächst einmal nichts anderes zu verstehen als eine besondere Form der Beziehung zwischen zwei Größen. Die Funktionsgleichungen der Mathematik oder Physik verdeutlichen das sehr gut. Man kann den Satz „Das Körpergewicht steigt in der Regel mit der Körpergröße an" in einen anderen umwandeln: „Das Körpergewicht ist in der Regel eine Funktion der Körpergröße". Wenn in der Funktionalen Familientherapie davon gesprochen wird, daß eine Verhaltensweise eines Familienmitglieds eine bestimmte Funktion hat, müssen wir also fragen: Welches ist die Größe, auf die es eine Wirkung ausübt? Die Utah-Gruppe antwortet darauf: auf die Regelung von Nähe und Abstand zwischen den Familienmitgliedern.

Dieses Thema steht im Mittelpunkt jeder Familientherapie; mit ihm ist der „Urkonflikt von Intimität und Autonomie" (Bischof, 1985) berührt. Stierlin etwa hat dieses zentrale familientherapeutische Thema unter den Stichworten „Bezogene Individuation" und „Bindung und Ausstoßung" abgehandelt. Minuchin hat die gefahrvollen Extreme, in die eine Familie dabei kommen kann, mit den Begriffen „verwickelt" und „losgelöst" belegt und deren Gefahren aufgezeigt.

Während die Utah-Gruppe Nähe und Abstand früher als Endpunkte eines Kontinuums ansah (Barton & Alexander, 1981), werden sie neuerdings als unabhängige Dimensionen aufgefaßt (Alexander & Parsons, 1982; Morris, Alexander & Waldrin, 1988). Für diese neue Auffassung spricht die klinische Erfahrung. Es gibt beispielsweise Beziehungen, in denen wir extreme Nähe und Distanz unmittelbar nebeneinander finden. Viele Paarbeziehungen, die von Haßliebe geprägt sind, sind dafür ein Beispiel. Wenn die Utah-Gruppe von „Funktionen des Verhaltens" spricht, dann drückt sie in ihrer Sprache eine Grundüberzeugung sehr vieler Familientherapeuten aus. Die Anschauung nämlich, daß ein bestimmtes Verhalten für den anderen immer auch eine Botschaft darstellt, in der neben dem sachlichen Inhalt auch eine Beziehungsdefinition enthalten ist (vgl. Watzlawick, Beavin & Jackson, 1980).

Funktionen, so viel ist deutlich geworden, sind keine Eigenschaften der Verhaltensweisen selbst. Man kann nicht sagen, daß ein bestimmtes Verhalten als solches diese oder jene bestimmte Funktion erfüllt. Um eine solche Aussage zu treffen, müssen wir jeweils den Beziehungskontext beachten, in dem ein bestimmtes Verhalten steht. So kann beispielsweise das Weinen eines Mädchens bei seinem Bruder bewirken, daß der wegläuft (Funktion: Abstand vergrößern), bei seiner Mutter aber, daß sie es in den Arm nimmt (Funktion: Nähe steigern). Nun wird in der Funktionalen Familientherapie nicht nur betrachtet, welche Funktion ein Verhalten in einer bestimmten Zweierbeziehung erfüllt. Es wird zugleich immer auch analysiert, welche Funktion diesem Verhalten im Zusammenhang mit weiteren Personen zukommt.

Eine Mutter beispielsweise, die regelmäßig ihr schulpflichtiges Kind mit ins Ehebett nimmt (Nähe), verringert damit gleichzeitig die Wahrscheinlichkeit für sexuelle Intimität mit ihrem Mann (Distanz). Der Hinweis, daß man bei Betrachtung einer Beziehungsdefinition zwischen zweien immer auch andere Zweierbeziehungen im Auge behalten muß, ist für Systemiker typisch. So hat etwa Selvini Palazzoli ausgeführt: „In jeder Kommunikation einer Mutter mit ihrem Kind definiert diese zum Beispiel die Beziehung zum Kind, zu ihrem Mann, zu ihrer Schwiegermutter, zu ihrer Schwägerin und so weiter. Eine einzige Äußerung kann sechs, sieben, acht oder mehr Beziehungsdefinitionen enthalten" (Clemenz & Ohrnberger, 1983, S. 41).

Im Fall der von mir behandelten Familie zeigte sich etwa folgendes: Seit Bekanntwerden der „Untaten" des Jungen kühlte die Beziehung zwischen ihm und der Mutter stark ab. Die Beziehung zwischen Kind und Vater hingegen wurde zunehmend enger; der Vater fühlte sich plötzlich verantwortlich. Ohne daß wir eine Analyse der Funktion des Problemverhaltens im Sinne der Utah-Gruppe vorgenommen hätten, verstärkten wir diese Tendenzen durch unser therapeutisches Vorgehen (vgl. das Beispiel Hausaufgabenbetreuung). Wir schlugen diesen Weg damals ein, weil wir der Annahme waren, der Junge brauche auf der Schwelle vom Kind zum Mann die Mutter weniger und den Vater mehr. Sein Problemverhalten war von uns unter anderem als Ruf nach einer Autorität interpretiert worden; er schien uns vornehmlich an den Vater gerichtet.

Im Punkt „Funktionen des Verhaltens" wird sehr deutlich, wie weit sich die Utah-Gruppe vom Modell des Lernens durch Belohnung und Bestrafung (Skinner) entfernt hat. In Skinners Modell werden in der Regel einzelne Verhaltensweisen betrachtet, in der Funktionalen Familientherapie aber ganze Verhaltensabfolgen von erheblicher zeitlicher Dauer. Beim Verstärkungslernen werden weiter nur die zeitlich unmittelbaren Bedingungen ins Auge gefaßt; folgen sie nach und verstärken das Verhalten, wird von „Belohnung" gesprochen.

Auch am Ende der Verhaltensabfolgen stehen Ereignisse, von denen man annimmt, daß sie eine verstärkende Wirkung haben. Diese werden, um den Unterschied kenntlich zu machen, als „Endauszahlung" (pay off) bezeichnet. Was damit und mit „Verhaltensabfolgen" gemeint ist, verdeutlicht am besten ein kommentiertes Beispiel (nach Alexander & Parsons, 1982).

Um 16.30 h kommt die 15jährige Tochter nach Hause und will nach dem Umkleiden gegen das Verbot der Mutter sofort wieder gehen. Ein sich zwischen den beiden Frauen entspinnender Streit steigert sich schnell und endet damit, daß die Mutter die Tochter ohrfeigt, woraufhin diese aus dem Haus stürzt. Das ganze Geschehen erzählt die Mutter dem um 18.45 h heimkehrenden Vater. Sie setzt ihm mit Andeutungen, die Tochter drohe zu verwahrlosen, so zu, daß der Vater aufgebracht wartet, bis die Tochter um 23.30 h nach Hause kommt. Die Erziehungsversuche des Vaters gegenüber der „pampig" auftretenden Tochter enden mit Ohrfeigen. Daraufhin rennt sie schluchzend in ihr Zimmer. Der Vater ist erleichtert, daß seine Frau nicht mehr meint, er drücke sich um Erziehungsaufgaben, und die Mutter freut sich über das Eingreifen ihres Mannes. Beide klagen einander anschließend in trauter Zweisamkeit ihr Leid.

Dazu wird sinngemäß folgender Kommentar gegeben. Betrachtet man das Verhalten der Tochter im Kontext anderer Beziehungen, hier der ehelichen zwischen den Eltern, dann entwickelt sich vor unseren Augen ein stimmiges Bild. Das Verhalten der Tochter stellt sicherlich ein Problem dar. Aber es sieht auch so aus, als sei es ein Mittel, mit dem die Mutter den Vater zum Handeln zwingen kann; auch wenn sie in ihrer Problembeschreibung die Tochter nur anklagt. Der Vater hatte, als das Mädchen noch jünger war, selten Erziehungsaufgaben zu übernehmen, und er hatte keine Vorstellung davon, was im jetzigen Stadium der familiären Entwicklung zu tun sei. So hielt er sich typischerweise heraus, bis die Mutter ihm vorhielt, seine Passivität könne nachteilige Folgen haben. Das zwang ihn zum Handeln, wenn auch einem recht unangemessenen. Wir können daher annehmen, daß die Mutter, ungeachtet ihrer miserablen Situation, einige Endauszahlungen erhält: Die Bürde der Verantwortung wird ihr genommen, da der Vater gezwungenermaßen in letzter Instanz die Autorität übernimmt, und sie erhält Zuwendung von ihrem Mann, die ihr nicht zukäme, würde sie die Situation alleine bewältigen.

Solche Art von Denken in Dreiecksbeziehungen ist typisch für (systemische) Familientherapeuten. Welche Konsequenz aber hat es für die familientherapeutische Arbeit, wenn man die Funktionen einzelner Verhaltensweisen, insbesondere die des Problemverhaltens, analysiert hat? Kurz gesagt die, daß man Funktionen nicht zu ändern versucht; zumindest vorläufig nicht. Das bedeutet auch, daß man keine Verfahren benutzen darf, die solche Funktionsveränderungen mit sich bringen würden. Ein Beispiel soll das verdeutlichen. Die Analyse der Funktionen des aggressiven Verhaltens eines Jungen hat ergeben, daß dadurch der Abstand zu den Eltern vergrößert wird. Es wäre daher falsch, ein Verstärkerprogramm zu vereinbaren, da dieses Verfahren eine einseitige kontrollierte Strategie der Verhaltensänderung ist, die ein hohes Maß an Nähe zwischen Kind und Eltern erfordert. Angemessen wäre hingegen ein klarer und konkreter Familienvertrag.

In der behavioralen Arbeit mit Familien wird eine Analyse der Funktionen von Verhaltensweisen in der Regel nicht durchgeführt. In den üblichen verhaltenstherapeutischen Elterntrainings wird vor allem der Einsatz von Verstärkerprogrammen eingeübt. Wenn nun das Problemverhalten, das zum Verschwinden gebracht werden soll, die Funktion hat, Abstand zu gewinnen, dann stößt sich das damit, daß für die Durchführung des Verstärkerprogramms mehr Nähe erforderlich ist. In diesem Umstand sieht die Utah-Gruppe einen der Hauptgründe, weshalb verhaltenstherapeutische Elterntrainings gerade bei dissozialen Formen der Verhaltensstörung Mißerfolge zu verzeichnen haben. Solche Mißerfolge zeigen sich in Behandlungsabbrüchen, fehlendem Therapieerfolg bei Behandlungsende, mangelnder zeitlicher Dauer einer erzielten Besserung oder dem Auftreten anderer Auffälligkeiten bei dem (Problem-)-Kind selbst oder einem anderen Familienmitglied.

Die Utah-Gruppe hat daher zwei Regeln aufgestellt. 1. Durch „Behandlung" wird nicht die Funktion, die ein (Problem-)Verhalten hat, geändert, sondern lediglich die Form des Prozesses, der dieses Ergebnis hervorbringt. Anders formuliert: Ein unerwünschtes Verhalten, das eine bestimmte Funktion hat, wird ersetzt durch ein erwünschtes, das dieselbe erfüllt. 2. Für einzelne Verfahren der Verhaltensänderung bedeutet dies: Einsatz nach Maßgabe der Funktionen; die Verfahren müssen zu den Funktionen passen.

Wie das zweite konkret auszusehen hat, ist an dem Beispiel „Verstärkerprogramm oder Familienvertrag?" abzulesen. Die erste Regel kann ein anderes Beispiel (nach Morris, Alexander & Waldron, 1988) veranschaulichen. Ein Jugendlicher kann Distanz zu seinen Eltern in Form von Auf-Trebe-Gehen zeigen. Diese Form wird weder von den Eltern noch der Gesellschaft (die in Form von Lehrern, Sozialarbeitern des Jugendamtes oder Polizisten in Erscheinung tritt) und oft auch von den Jugendlichen selbst als „nicht in Ordnung" angesehen. Im Verlaufe und infolge einer Familientherapie könnte das Abstandhalten eine andere Form annehmen. Der Junge könnte nach der Schule zu Freunden oder in eine Tagesfreizeitstätte gehen, einen Nachmittagsjob annehmen oder eine Ausbildung in einer anderen Stadt beginnen. In absoluter Häufigkeit gemessen, wäre die Interaktion dieses Jugendlichen mit seinen Eltern weiterhin gleich gering. Die Form aber, in der das Abstandhalten geschieht, erscheint akzeptabler; der entspannteren Familienatmosphäre wegen auch für den Jugendlichen selbst.

Die Erklärungen der Utah-Gruppe zum Punkt „Funktionen" stimmen mit klinischen Erfahrungen überein. Zugleich aber ist auffällig, daß sie sich hinsichtlich der Veränderung von Funktionen, das heißt der Veränderung von Nähe und Abstand zwischen den Familienmitgliedern, sehr zurückhält.

Im einzelnen stellen sich folgende Fragen (vgl. Avis, 1985): Haben Familienmitglieder denn nie den Wunsch, Nähe und Abstand zwischen sich zu ändern? Ist die Utah-Gruppe der Ansicht, Funktionen sollten nicht geändert werden? Oder meint sie, Funktionsveränderungen seien wohl wünschenswert, aber nicht machbar?

Auf die erste Frage antworten die Angesprochenen: Zum einen wünschen nur wenige Familien von sich aus eine Veränderung der Funktionen, und zum anderen dürfe man einen solchen Wunsch, sofern er geäußert werde, nicht ohne weiteres für bare Münze nehmen. Was den ersten Hinweis anbelangt, so wird die Aussage verständlich, wenn man den Erfahrungshintergrund der Utah-Gruppe berücksichtigt. Sie hat vornehmlich mit Fremdmeldern gearbeitet, mit Familien, die vom Gericht an sie verwiesen/geschickt wurden. Bei anderen Familien kann die Situation eine andere sein; das wird auch von seiten der Utah-Gruppe eingeräumt (Morris, Alexander & Waldron, 1988).

Beim zweiten Hinweis muß man den Vertretern der Funktionalen Familientherapie zunächst einmal zustimmen. Die meisten Familientherapeuten haben wohl schon die Erfahrung gemacht, daß der Wunsch eines Paares oder einer Familie nach mehr Nähe nichts anderes war als ein Spielzug. Andererseits und an die Adresse der Utah-Gruppe gerichtet: Eine in der Analyse der Funktionen sichtbar werdende Distanz schon für die ganze Wahrheit zu nehmen und einen Nähewunsch für bloßes Gerede kann ein Fehler sein. Man darf nicht übersehen, daß es so etwas gibt wie Ambivalenz, unterschiedliche Bedürfnisse zweier oder mehrerer Partner und schließlich Defizite in der Kompetenz, Nähe herzustellen.

Was die zweite Frage („Sollen Funktionen geändert werden?") anbelangt, so gibt die Utah-Gruppe zum einen die Antwort, alle Funktionen sind legitim; nicht jedes Maß an Nähe ist immer gut und Distanz nicht schon als solche schlecht. Ferner erklärt sie, Funktionen sollten nur auf ausdrücklichen Wunsch der Familie geändert werden. Was das erste angeht, so ist das sicherlich wahr. Aber es ist auch nur die halbe Wahrheit. Die andere Hälfte ist, daß Familientherapeuten ohne Vorstellung von „richtiger" Nähe und „angemessenem" Abstand nicht auskommen. Nehmen wir als Beispiel eine fiktiven mittleren Abstand zwischen einer Mutter und ihrem Kind. Dieser mag zu groß sein, solange das Kind noch ein Baby ist, und zu gering, wenn dieses Kind in die Pubertät kommt.

Minuchin und Stierlin etwa haben sehr wohl normative Vorstellungen über Nähe und Abstand zwischen verschiedenen Familienmitgliedern in unterschiedlichen Entwicklungsstadien der Familie. Dementsprechend ist bei ihnen und anderen Familientherapeuten die Änderung von Funktionen nicht nur eine wichtige, sondern oft auch die hauptsächliche therapeutische Arbeit.

Noch etwas anders sollte man bedenken. In der Regel sind in Partnerschaften und Familien unserer Gesellschaft die Rollen bei der Regulierung von Nähe und Distanz auf Frau und Mann ungleich verteilt. Frauen bringen eher nähe- und Männer eher distanzstiftende Elemente ein. Gerade weil sich die Funktionale Familientherapie so „liberal" gibt, kann sie, wenn auch ungewollt, die geschlechtsspezifische Verteilung von instrumentellen und expressiven Funktionen in der Familie stabilisieren und legitimieren (Avis, 1985; zur Replik Alexander, Warburton, Waldron & Mas, 1985, und zur empirischen Prüfung der Variablen „Gender" Newberry, Alexander & Turner, 1991).

Um abschließend zur dritten Frage („Sind Funktionsveränderungen machbar?") zu kommen, so ist zu sagen: Auch die Utah-Gruppe hält Funktionen therapeutisch für änderbar. Sie hat sich darüber aber früher (vgl. v. a. Barton & Alexander, 1981; Alexander & Parsons, 1982) in einer Art und Weise geäußert, daß Gurman und Kniskern (1981) mit gewissem Recht von einem „extremen Pessimismus" reden. Wie kommt die Alexander-Gruppe zu dieser Einschätzung? Es steht dahinter die von jedem Familientherapeuten zu machende Erfahrung, daß Versuche von Nähe-Distanz-Veränderung oft heftigen Widerstand hervorrufen. Dies gilt zumal dann, wenn ein solcher Versuch bereits früh unternommen wird. „Früh" hätte bei der Funktionalen Familientherapie bedeutet: in der zweiten oder dritten Behandlungswoche. Sie ist eine Kurzzeitbehandlung von in der Regel vier Wochen Dauer. Es ist diese Besonderheit, die den Erfahrungshintergrund der Utah-Gruppe ausmacht. Von daher erscheint ihre pessimistisch anmutende Einschätzung als eine durchaus realistische.

In neuerer Zeit hat die Utah-Gruppe ihre Meinung in diesem Punkte klarer gefaßt. Sie hält therapeutisch herbeigeführte Funktionsveränderungen prinzipiell für möglich und unter bestimmten Umständen für angezeigt. Damit sollte aber erst nach erfolgreichem Abschluß der „Behandlungs"-Phase begonnen werden; die entspanntere Familienatmosphäre senkt Widerstand und weckt bzw. erhöht die Motivation. Funktionsveränderungen sollten auch dann nur auf ausdrücklichen Wunsch der Familie erfolgen. All dies klingt therapeutisch überzeugend und ethisch respektabel.

3.5 Die Bedeutung von Verhalten

Bedeutung ist der zweite zentrale Begriff, der für das Verständnis der funktionalen Familientherapie unerläßlich ist. Die Utah-Gruppe sieht in der durch Umdeuten bewirkten Veränderung der Bedeutung des (problematischen) Verhaltens die notwendige Vorbedingung für dessen Änderung. Umdeuten wird auch in der Funktionalen Familientherapie als Neukonstruktion der familiären Wirklichkeit verstanden. Was das bedeutet, soll an unserem Fallbeispiel illustriert werden.

Die Eltern des Indexpatienten waren von der ersten behördlichen Mitteilung völlig überrascht worden; sie fielen aus allen Wolken. Der Junge war ein „Musterknabe" und „Mamas Liebling" gewesen. Den Eltern war aber aufgefallen, daß er in den letzten Monaten oft nachmittags wegblieb, nicht mehr „ein Herz und eine Seele" mit der Mutter war und die Schulleistungen schlechter ausfielen. Aber was dann so alles herauskam, hätten sie nicht einmal geahnt. Bei der Einschätzung des Problemverhaltens liefen alle Einzelaussagen der Eltern auf das Gesamturteil „schlecht" hinaus. Der geringste Vorwurf lautete „undankbar", der schwerwiegendste bezog sich auf seinen vermeintlichen „kriminellen Charakter". Die 16jährige Schwester hingegen beurteilte das Verhalten des Bruders als „krank". Sie machte darauf aufmerksam, daß er seit einiger Zeit so verschlossen sei, überhaupt keinen richtigen Freund habe und die ganze Sache vielleicht damit zu tun habe, daß er jetzt in die Pubertät komme.

Die weitere Exploration erbrachte, daß sich das delinquente Verhalten tatsächlich nur auf das beschriebene Handlungsfeld bezog; ansonsten war er nie aggressiv gegen Personen und destruktiv gegenüber Sachen gewesen. Der Junge machte im Gespräch einen bedrückten Eindruck und wirkte körperlich nicht ganz altersgerecht entwickelt. Dies war auch die einzige Auffälligkeit im kinderärztlichen Befund. Die Überprüfung im Leistungsbereich zeigte, daß der Junge schlechtere Schulleistungen erbrachte, als man von seiner Begabung und den vorhandenen Förderungsmöglichkeiten der Familie her erwarten konnte. Ein Persönlichkeitstest erbrachte nur im Bereich „Depressivität" leicht erhöhte Werte. Bei den anamnestischen Angaben fiel lediglich auf, daß das Problemverhalten tatsächlich erst nach Pubertätsbeginn eingesetzt hatte; die Schwester hatte eine Vermutung in dieser Richtung gleich zu Anfang ausgesprochen.

Im Familienerstgespräch und den darauffolgenden Terminen wurden zudem eine Reihe familiendynamisch bedeutsamer Umstände sichtbar. Auffällig war zunächst einmal, wie hilflos die Eltern als Eltern wirkten. Insbesondere dem Vater kam keinerlei erzieherische Autorität zu. Wir legten uns daher als erstes folgende Interpretation des Problemverhaltens des Jungen zurecht: der Junge sucht, und die beginnende Pubertät bestärkte diesen Prozeß, nach einer wirklichen Autorität; da er diese in der Familie nicht findet, holt er außenstehende Autoritäten (Bahnpolizei, die Polizei, den Sozialarbeiter des Jugendamtes und schließlich mich, den Therapeuten) in die Familie.

Ferner fiel uns auf, daß das Leben der Eltern, insbesondere das der Mutter, von lähmender Langeweile gekennzeichnet war; das ganz im Gegensatz zu der jetzigen Aufregung um den Jungen. Stierlins Delegationskonzept gab den Hintergrund für eine zweite Erklärung des Problemverhaltens: Der Junge sorgt im geheimen Auftrag der Mutter für Aufregung, um etwas Lebendigkeit an die Stelle der Erstarrung treten zu lassen.

Im weiteren Verlauf der Therapie wurde zunehmend klarer, daß es so gut wie keine erotische Beziehung mehr zwischen den Eltern gab. Darüber wurde aber zwischen den beiden nicht geredet. Ebensowenig über andere emotional bedeutsame Themen, sondern fast nur über praktische Alltagsprobleme und geschäftliche Dinge. Emotionalen Zündstoff gab es eigentlich nur in den Gesprächen darüber, was jetzt mit dem Jungen zu tun sei, wie man sich sein Verhalten zu erklären habe usw. Eine dritte Deutung des Problemverhaltens ging deshalb dahin, es erlaube den Eltern, sich in dem (Ausnahme-)Fall wirklich einmal in die Wolle zu kriegen. Minuchin hat dieses Beziehungsmuster, das in vielen Familien mit einem Problemkind zu finden ist, unter dem Stichwort „Umweg" als eine besondere Form der „teuflischen Dreiecke" beschrieben.

Wir brauchen an dieser Stelle nicht näher ausführen, wie die Familientherapie im einzelnen weiter verlief. Sie wurde beendet nach insgesamt 10 Sitzungen, darunter zwei nur mit den Eltern, in denen „Schlafzimmer"-Themen behandelt wurden. Der erzielte Erfolg erwies sich als zeitlich stabil. Auch nach mehreren Jahren – als Kunden des elterlichen Geschäftes hatten wir informellen Kontakt – war kein Rückfall zu verzeichnen; andere Auffälligkeiten von Krankheitswert waren nicht neu aufgetreten; auch nicht bei den übrigen Familienmitgliedern. Die drei von uns vorgenommenen Interpretationen, die wir zum geeigneten Zeitpunkt der Familie auch in ihrer Sprache mitteilten, hatten schon als solche zur Veränderung des Familienklimas geführt. Darüber hinaus legten sie drei wichtige Therapieziele fest: Die Eltern sollten die Erzieherrolle verantwortlicher und besser einnehmen; die Mutter sollte lernen, ihr Leben selbst abwechslungsreicher und anregender zu gestalten; die Eltern sollten zumindest anfangen, über ihre eheliche Situation zu reden, statt sie totzuschweigen.

Die Vorhersage war, daß der Junge sein delinquentes Verhalten nicht mehr zeigen und auch nicht in ein anderes Problemverhalten verfallen werde, wenn diese Ziele erreicht würden und damit die gesamte Familiendynamik verändert wäre. Um diese Ziele zu erreichen, wählten wir verschiedene Vorgehensweisen, die uns von Fall zu Fall am ehesten geeignet schienen. Sie entstammten Kenntnissen, die in Gesprächs-, Gestalt- und Verhaltenstherapie sowie Familientherapie Stierlinscher Prägung erworben wurden. Am meisten Gebrauch wurde von verhaltenstherapeutischen Maßnahmen, darunter Verstärkerprogrammen, Modellernen, Verträgeschließen und Hausaufgaben, gemacht.

Wir betrachteten die drei genannten Interpretationsmuster nicht als sich gegenseitig ausschließend, sondern als drei verschiedene „Landkarten" desselben „Geländes". Diese von Korzybski (1941) getroffene Unterscheidung wurde von Bateson (1983) aufgegriffen und durch ihn unter Familientherapeuten verbreitet. Das Bild macht unmittelbar einleuchtend, wie wenig sinnvoll es ist, „Karten" nach ihrem Wahrheitsgehalt zu befragen. Sinnvoller scheint es, sie auf ihre Nützlichkeit zu überprüfen. Dieser Aspekt ist unlösbar verknüpft mit dem des Zweckes, den man verfolgt. Ein Verzeichnis der schneesicheren Fernstraßen über die Alpen ist für einen Bergsteiger ebensowenig nützlich wie Wanderkarten des Deutschen Alpenvereins für einen Familienvater, der seine Familie über Ostern im Auto sicher und schnell von Gelsenkirchen nach Rimini bringen will.

Die damit aufgeworfenen erkenntnistheoretischen Fragen werden unter Familientherapeuten eingehend diskutiert (vgl. etwa Hoffmann, 1982). Viele dürften der Ansicht

Selvini Palazzolis zustimmen, deren Ausführungen man in dem Satz „Die Wahrheit interessiert mich nicht, nur der Effekt" (Clemenz & Ohrnberger, 1983) zusammenfassen kann. Für unser Vorgehen erwiesen sich alle drei genannten Landkarten als nützlich. Alle drei führten zu einer für systemisch orientierte Familientherapeuten charakteristischen Form therapeutischen Vorgehens: der Umdeutung. „Umdeuten", „in einen anderen Rahmen stellen" oder „mit einer positiven Bedeutung versehen" meint, daß wir einem Verhalten oder einem Ereignis eine andere (positive) Bedeutung zukommen lassen.

In unserem Fallbeispiel wurde dem delinquenten Verhalten des Jugendlichen von den Eltern und der Polizei in vielfältigen Variationen die Bedeutung „schlecht" zugeschrieben; diese Bedeutung ist in dem Begriff „delinquent" im Grunde schon enthalten. Die Schwester und das Jugendamt hingegen sahen das Verhalten eher als Anzeichen einer Krankheit an. Jedes einzelne der von uns benutzten Interpretationsmuster aber erlaubte, positive Bewertungen des Problemverhaltens jenseits von „schlecht" (bad) oder „krank" (mad) vorzunehmen.

Umdeuten ist keine Erfindung von Familientherapeuten, wenngleich man anerkennen muß, daß die theoretischen Grundlagen dafür erstmals vom Ahnherrn der systemischen Therapie (Bateson, 1983) formuliert wurden. Umdeuten ist ferner nicht Familientherapeuten alleine vorbehalten. Daß aber gerade sie dieses Vorgehen so häufig benutzen, ist leicht zu erklären. Gerade für ein Kind sind die von anderen Familienmitgliedern gegebenen Deutungen seines Verhaltens von allergrößter Wichtigkeit; die von anderen Personen, das übersehen Familientherapeuten leicht, sind natürlich ebenfalls von Bedeutung (vgl. Coyne, 1985).

Umdeuten scheint der größte gemeinsame Nenner verschiedener nicht-behavioral orientierter Familientherapeuten zu sein. Darauf deuten Ergebnisse von Rohrbaugh (1985) hin. Er hatte je zwei Vertreter folgender familientherapeutischer Institutionen befragt: *Mental Research Institute, Philadelphia Child Guidance Clinic, Family Therapy Institute of Washington, Ackermann Institute for Family Therapy*. „Umdeuten" war der Punkt, in dem die höchste Übereinstimmung zu finden war.

Wenn ein Kind oder Jugendlicher zur Diagnostik oder Behandlung angemeldet wird, dann wird ein Anmeldegrund oder Vorstellungsanlaß genannt. Dieser beinhaltet neben dem gelegentlichen Hinweis auf überweisende oder empfehlende Personen bzw. Einrichtungen die Nennung eines Problemverhaltens. Ein Junge kann beispielsweise vorgestellt werden, „weil er so aggressiv ist", und ein Mädchen, „weil es so mager ist". In beiden Fällen muß der Vorstellungsgrund nicht auch von den beurteilenden Fachleuten als normabweichend angesehen werden. Sie können statt dessen oder zusätzlich eine ganz andere Besonderheit, die überhaupt kein Vorstellungsanlaß war, als behandlungsbedürftig ansehen. Nur in einem Teil der Fälle wird die Beurteilung der Eltern und der Diagnostiker übereinstimmen. Beispielsweise dann, wenn im erstgenannten Fall eine „nicht-sozialisierte Störung des Sozialverhaltens" und im zweiten eine „Pubertätsmagersucht" diagnostiziert wird und andere Auffälligkeiten von Krankheitswert nicht erkennbar sind.

Was aber den Vorstellungsgrund immer begleitet, ist eine familiäre Bewertung. Die Vielfalt dieser Bewertungen können, wir haben es an unserem Fallbeispiel gesehen, in zwei große Gruppen unterteilt werden: in „schlecht" und „krank". Gemischte Beurteilungen sind möglich: „Es gibt immer einen bestimmten Bestandteil ‚schlecht' bei der Bezeichnung ‚krank' und umgekehrt. Aber normalerweise erweist sich eine Definition als die dominierende" (Hoffmann, 1982, S. 144). Bei delinquentem Verhalten und anderen dissozialen Formen von Verhaltensstörung setzt sich in aller Regel die Definition „schlecht" durch. Dies war etwa bei den Eltern im Fallbeispiel so.

Diese Definition beinhaltet eine Erklärung, die sich einerseits auf einen einzelnen, das Prolemkind, bezieht, und andererseits vorwurfsvoll ist. Einer ist der Sündenbock. Das sind schlechte Bedingungen für die

Einleitung und Durchführung einer Verhaltensänderung sowie für die Aufrechterhaltung eines eventuell erzielten Behandlungserfolges. Die Utah-Gruppe besteht daher darauf, daß vorgängig eine Veränderung der Bedeutung des (Problem-)Verhaltens in Richtung auf beziehungszentrierte und nicht-vorwurfsvolle Erklärungen zu erfolgen habe. Bei den traditionellen verhaltenstherapeutischen Elterntrainings wird nichts Vergleichbares ins Auge gefaßt. Und eben darin sieht die Utah-Gruppe den zweiten Hauptgrund für dort auftretende Mißerfolge.

3.6 Die Evaluation der Funktionalen Familientherapie

Die Evaluation der Funktionalen Familientherapie hat in der methodenkritischen Literatur durchweg positive Kritik erfahren (vgl. etwa Gurman & Kniskern, 1978; Masten, 1979; Jacobson & Bussod, 1986; Wells & Dezen, 1978). Was erbringen die einzelnen Untersuchungen, die als Glieder einer ganzen Untersuchungskette anzusehen sind?

In einer ersten Untersuchung (Parsons & Alexander, 1973) konnte mittels eines (modifizierten) Solomon-Viergruppen-Plans gezeigt werden, daß Familien (n = 20), die vier Wochen Funktionale Familientherapie erhalten hatten, sich im Vergleich zu einer unbehandelten (Warte-) Kontroll-Gruppe und einer Kontrollgruppe mit klientenzentriertem Treatment (n = jeweils 10) verbessert hatten. Es gab Veränderungen in vier Interaktionsmaßen (nicht-reaktive Messungen): Man fand weniger Schweigen, eine größere Gleichverteilung des Sprechens und einen Anstieg sowohl der Rate als auch der Dauer simultanen Sprechens. Diese Veränderungen wurden aufgrund theoretischer Überlegungen und früherer Befunde (Alexander, 1973a, 1973b) als „Erfolg" gewertet.

Wie berechtigt diese Annahme war, zeigen Ergebnisse der Untersuchung von Alexander und Parsons (1973). Die Familien der oben referierten Studie sind Teilmengen größerer Gruppen, die hier hinsichtlich Rückfall des Indexpatienten (wieder gerichtsauffällig werden) im Zeitraum von 6–18 Monaten nach Behandlungsende miteinander verglichen wurden. Die Rezidivmusrate derjenigen 40 Familien, die (1970–1972) eine Funktionale Familientherapie erhalten hatten, lag bei 26 Prozent. Demgegenüber lag die Rückfallquote bei 19 Familien mit einem klientenzentrierten Treatment bei 47, einem eklektisch-psychodynamischen (n = 11) bei 73 und in der unbehandelten (Warte-) Kontroll-Gruppe (n = 10) bei 50 Prozent. Die Rezidivmusrate der letzten Gruppe entspricht dem, was im unbehandelten Fall zu erwarten ist. In einer nachträglich zusammengestellten unbehandelten Kontrollgruppe (keine Therapieanwärter) fand man eine Rückfallquote von 48 und County-weit 51 Prozent. Verminderung der Rezidivmusrate noch im Follow-up konnte auch in zwei weiteren Studien dokumentiert werden. Bei 45 Familien, die 1972–1973 behandelt wurden, lag sie bei 27 Prozent (Alexander & Barton, 1976), und in einer späteren Behandlungsgruppe (n = 21) bei 21 (Alexander, Barton, Schiavo & Parsons, 1976).

Als Beleg für die Annahme, die Funktionale Familientherapie ändere nicht nur etwas hinsichtlich des Indexpatienten, sondern bewirke eine Veränderung des gesamten Familiensystems, ist eine (weitere) Follow-up-Untersuchung (Klein, Alexander & Parsons, 1977) an den Gruppen der Alexander-Parsons-Studie von 1973 anzusehen. Betrachtet wurde hier, in wieviel Familien zweieinhalb bis dreieinhalb Jahre nach Behandlungsende ein Geschwister des früheren Indexpatienten seinerseits wegen Jugenddelinquenz gerichtsauffällig geworden war. Die Quoten sind den genannten Rezidivmusraten ähnlich: 20 Prozent in der Gruppe mit Funktionaler Familientherapie, 40 in der Kontrollgruppe, 59 bei einem klientenzentrierten und 63 bei einem psychodynamisch-eklektischen Treatment.

Selbst in der hier vorliegenden gedrängten Darstellung wird deutlich: Es handelt sich nicht um bloße „Rechtfertigungsstudien". Wir haben vielmehr ein systematisch angelegtes Evaluationsprogramm vor uns, über dessen Gesamtlogik und Bedeutung

Alexander und Barton (1976) sowie Klein, Barton und Alexander (1980) gesondert Rechenschaft ablegen.

In neuerer Zeit wurden fünf weitere Evaluationsstudien durchgeführt. Über die ersten drei berichten zusammenfassend Barton, Alexander, Waldron, Turner und Warburton (1985), die vierte wurde von Gordon, Arbuthnot, Gustafson und McGreen (1988) und die fünfte von Friedman (1989) durchgeführt.

In der ersten Untersuchung konnte gezeigt werden, daß auch paraprofessionelle Helfer nach 16 Doppelstunden gezielten Trainings in der Arbeit mit Familien (n = 27) mit einem delinquenten Jugendlichen erfolgreich sein können. Die Rezidivismusrate, erfaßt für einen Follow-up-Zeitraum von 13 Monaten, konnte auf 26 Prozent abgesenkt werden.

Eine zweite Arbeit berichtet von einem Effekt ganz anderer Art. Zwei Sozialarbeiter, die an einem einwöchigen Training in Funktionaler Familientherapie teilgenommen hatten, hielten fest, in welchem Ausmaße sie selbst und ihre Kollegen schwererziehbare Kinder in Pflegestellen vermitteln. Vor dem Training waren es annähernd gleich viele Fälle (48 bzw. 43 Prozent); nach dem Training aber deutlich weniger (11 vs. 49 Prozent). Pflegestellenvermittlung konnte ersetzt werden durch Familienarbeit.

In einer dritten Studie wurde demonstriert, daß die Funktionale Familientherapie auch in der Arbeit mit Familien (n = 30) mit einem schwer delinquenten Jugendlichen erfolgreich sein kann (wenngleich nicht im selben Maße wie bei den leicht delinquenten). Während die Rezidivismusrate in der Gruppe, die an der Funktionalen Familientherapie teilnahm, im Follow-up-Zeitraum von 16 Monaten 60 Prozent betrug, lag sie bei 44 Fällen mit einem alternativen und sonst üblichen Treatment *(State Training School for Serious and Repeated Offenses)* bei 93. Das letztgenannte Ergebnis entspricht in etwa der jährlichen Grundrate von 89 Prozent im unbehandelten Fall und demonstriert damit die völlige Ineffektivität des traditionellen Behandlungsversuches.

Ebenfalls erfolgreich bei schwer delinquenten Jugendlichen, zudem aus schwierigeren sozio-ökonomischen Verhältnissen stammend als in der gerade genannten Studie, zeigte sich die Funktionale Familientherapie auch in der Untersuchung von Gordon, Arbuthnot, Gustafson und McGreen (1988). Die Rezidivismusrate lag im Follow-up von ca. 28 Monaten mit 11 Prozent deutlich und signifikant niedriger als in einer Kontrollgruppe ohne Behandlung (67 Prozent).

In der jüngsten Studie (Friedman, 1989) wurde untersucht, wie erfolgreich eine Funktionale Familientherapie sei im Vergleich mit einem Elterntraining, das aus Elementen des Gordon-Elterntrainings und behavioralen Bestandteilen (Assertives und Kommunikationstraining) gebildet war. Beide Maßnahmen fanden parallel zur (inhaltlich nicht näher gekennzeichneten) Alkohol- und Drogenberatung der jugendlichen Indexpatienten statt, die ihrerseits beim Elterntraining bzw. der Funktionalen Familientherapie dabei waren.

Die Gleichzeitigkeit von individueller Beratung der Indexpatienten und therapeutischer Hilfe für die Eltern macht die Kausalattribution der Behandlungseffekte natürlich schwierig. Zum Follow-up-Zeitpunkt neun Monate nach der 24wöchigen Behandlungsphase zeigte sich, daß sowohl die Jugendlichen aus der Familientherapiegruppe (n = 85) als auch aus der Elterntrainingsgruppe (n = 50) in bald 60 von 65 indexpatientenbezogenen Evaluationskriterien (Informationsquellen: Indexpatienten und deren Mütter) Verbesserungen erzielt hatten. Signifikante Gruppenunterschiede waren nicht zu finden.

Betrachten wir die dargestellten Studien nach einer Reihe weiterer Gesichtspunkte. Der erste betrifft die Frage, zu welchem Meßzeitpunkt die Erfolgskriterien jeweils betrachtet wurden. Ausschließlich Post-Test-Maße wurden lediglich in einer einzigen Untersuchung erhoben, Post-Test- und Follow-up-Daten in nur noch einer weiteren, nur Follow-up-Maße aber in allen übrigen Evaluationsstudien (vgl. Tabelle 3).

Tabelle 3. Evaluationsstudien zur Funktionalen Familientherapie nach Untersuchungseinheit und -zeitpunkt

Untersuchungseinheit	Untersuchungszeitpunkt	
	Post-Test	Follow-up
1. Indexpatient (IP)		Alexander & Burton (1976)
		Alexander & Parsons (1973)
		Alexander, Barton, Schiavo & Parsons (1976)
		Barton, Alexander, Waldron, Turner & Warburton (1985)
		Gordon, Arbuthnot, Gustavson & McGreen (1988)
		Friedman (1989)
2. Eheliches Subsystem		
3. Elternsubsystem		
4. Familiensystem	Alexander, Barton, Schiavo & Parsons (1967)	
	Parsons & Alexander (1973)	
5. Angehörige des Generationssystems des IP		Klein, Alexander & Parsons (1977)

Die Dauerhaftigkeit einer Veränderung ist ein wichtiger Aspekt bei der Wirksamkeitsprüfung eines jeden Therapieverfahrens. Follow-up-Messungen sind gerade bei der Prüfung eines neuen Verfahrens besonders sinnvoll. Daß die Utah-Gruppe die Effektivität der Funktionalen Familientherapie vor allem durch Follow-up-Messungen belegt, hat darüber hinaus noch zwei besondere Gründe.

Die Funktionale Familientherapie wurde ja entwickelt, weil traditionelle behaviorale Elterntrainings partielle Mißerfolge zu verzeichnen hatten, die sich nicht zuletzt in mangelnder zeitlicher Stabilität eines erzielten Behandlungserfolges zeigten. Die Demonstration zeitlich stabiler Effekte durch das neue Verfahren war deshalb unerläßlich. Zugleich sollte damit auf indirektem Wege demonstriert werden, daß nicht nur die Verhaltensänderung eines einzelnen, sondern eine Veränderung des gesamten Milieus stattgefunden hat. Die Mißerfolge traditioneller verhaltenstheoretischer Elterntrainings waren ja vornehmlich dem Mangel an einer systemischen Perspektive angelastet worden.

Tabelle 3 bietet zum einen eine Darstellung der Meßzeitpunkte; diese bilden die Tabellenspalten. Die Zeilen hingegen weisen auf unterschiedliche Untersuchungseinheiten hin. Sie wurden gebildet nach einem Vorschlag von Gurman und Kniskern (1981; vgl. Guerney, 1985; Hahlweg, 1988; Mattejat, 1986; Wynne, 1988), die auf zweierlei hingewiesen haben. Zum einen reiche es für den Effektivitätsnachweis einer familientherapeutischen Maßnahme nicht aus, ausschließlich das Präsentierproblem des Indexpatienten ins Auge zu fassen, auch wenn dies ein unverzichtbares Kriterium sei und bleibe.

Untersuchungen zur Effektivität von Familientherapie haben nämlich gezeigt, daß folgende, von vielen Familientherapeuten geteilten Überzeugungen empirisch keineswegs haltbar sind: 1. Systemänderungen sind notwendig für Änderungen beim Indexpatienten, 2. Veränderungen beim Indexpatienten zeigen Systemänderungen an, 3. bedeutsamere Wechsel in der familiären Interaktion führen notwendigerweise zu Änderungen in der Symptomatik des Indexpatienten (Kniskern & Gurman, 1980).

Zum anderen aber dürfe man nicht alle Veränderungen in der Familie, auf welcher Systemebene auch immer, als gleichwertig ansehen; man habe eine Gewichtung vorzunehmen. Dic Zeilen stellen also eine Rangskala dar. Gegenüber dem Gurman-Kniskern-Schema wurde eine Veränderung vorgenommen: Das elterliche Subsystem wird nebem dem ehelichen ausgewiesen.

Vor allem Minuchin hat darauf hingewiesen, daß man diese beiden Subsysteme deutlich unterscheiden und gesondert betrachten muß. Dies aus mehreren Gründen. Auch in Kernfamilien ist Ehe und Elternschaft mit verschiedenen Funktionen verbunden. Gerade die Mißachtung dieses Umstandes kann in Familien zur Symptomproduktion führen. Dann beispielsweise, wenn ein Ehepaar, das die Probleme, die es als Frau und Mann miteinander hat, nicht als solche austrägt, sondern zur Verschiebung greift und dann als Elternpaar sich darüber streitet, wie ein bestimmtes (Problem-)Kind denn am besten anzufassen sei. Minuchin hat solche Manöver unter dem Stichwort „Teuflische Triaden" sehr ausführlich beschrieben.

Ferner wächst die Zahl von Familien, in denen Ehe- und Elternsubsystem gar nicht mehr personal identisch sind. Wir finden geschiedene Eltern, mit gemeinsamer Sorge oder ohne, die keine eheliche Beziehung mehr miteinander haben, sich sehr wohl aber auch weiterhin gemeinsam für die Erziehung der Kinder verantwortlich fühlen. Und wir finden Stieffamilien, in denen die Erwachsenen eine Ehe führen, während die Elternschaft beim leiblichen Elternteil und ggf. beim anderswo lebenden anderen leiblichen Elternteil liegt. Schließlich ist die Unterscheidung von ehelichem und elterlichen Subsystem auch beim therapeutischen Vorgehen zu beachten. Allzuoft erweist sich, metaphorisch gesprochen, bei einer Familientherapie der scheinbar kurze Weg vom Kinderzimmer ins elterliche Schlafzimmer als therapeutische Sackgasse.

Betrachtet man Tabelle 3 unter dem Gesichtspunkt der Untersuchungseinheiten, so fällt viererlei auf:
1. Die Behauptung, eine familientherapeutische Maßnahme ändere tatsächlich etwas auf der Ebene des Gesamtfamiliensystems, wird demonstriert, indem die Gesamtheit der familiären Interaktion und Kommunikation selbst zum Gegenstand der evaluativen Beobachtung wird. Eine solche Art der Erfolgsprüfung wird allzu selten vorgenommen; (systemische) Familientherapie beschränkt sich entgegen ihrem theoretischen Anspruch bei der Evaluation weitgehend auf die Untersuchungseinheit „Indexpatient" (so auch Stierlin & Simon, 1986; zu Lösungsvorschlägen vgl. auch Hudson & Harrison, 1986).
2. Indem die Utah-Gruppe Geschwister des Indexpatienten zur Untersuchungseinheit macht, unternimmt sie den (erfolgreichen) Versuch zu zeigen, daß einer Symptomverbesserung zumindest in diesem Punkte keine Symptomverschiebung auf Systemebene zur Seite ging. Zugleich wird damit auf indirektem Wege belegt, daß die Funktionale Familientherapie tatsächlich eine Verbesserung im Gesamtsystem Familie bewirkt hat. Geschwister der Indexpatienten werden bei anderen familientherapeutischen Ansätzen so gut wie nie als Untersuchungseinheit zur Prüfung der Effektivität betrachtet. Das geschieht beispielsweise bei der Effektprüfung behavioraler Elterntrainings (z. B. Arnold, Levine & Patterson, 1975) und verhaltenstherapeutischer Kinderpsychotherapie (z. B. Epstein, Nudelman & Wing, 1987) aber sehr wohl.
3. Zum Nachweis der Effektivität der Funktionalen Familientherapie konzentriert man sich auf den Indexpatienten. Kein familientherapeutischer Ansatz, auch wenn er in theoretischer Konzeption und praktischem Handeln gerade vom Indexpatienten weggeht, kommt umhin, ihn bei der Beurteilung des Behandlungserfolges wieder in den Blick zu nehmen. Sein Präsentierproblem, darin stimmen Jacobson (1985a, 1985b) und Kniskern (1985) überein, ist ein unverzichtbares Kriterium, wenn über Therapieerfolg gesprochen werden soll.
4. Auffällig ist das vollständige Fehlen von Erfolgsmessungen auf der Ebene des Ehe- und Elternsubsystems. Bei Elterntrainings finden wir zumindest Erfolgskriterien auf der Elternebene; bei den behavioral orientierten gelegentlich, beim Gordon-Elterntraining durchweg.

Zentrales Erfolskriterium bei Prüfung der Effektivität der Funktionalen Familientherapie ist, ob der Indexpatient selbst oder eines seiner Geschwister nach Behandlungsende (wieder) wegen delinquenten Verhaltens gerichtsauffällig wurde. Dies ist ein „hartes" und klinisch bedeutsames Erfolgsmaß. Die klinische Bedeutsamkeit des Behandlungserfolges wird ferner, damit neueren Forderungen aus der klinischen Evaluationsforschung (Christensen & Mendoza, 1986; Jacobson, Follette & Revenstorf, 1984; Horvarth, 1987) nachkommend, durch vergleichende Angabe der Prozentsätze dokumentiert. Das erlaubt eine Abschätzung des Erfolgs in einem völlig anderen Maße als die weithin noch übliche bloße Prüfung auf statistische Signifikanz von Gruppenunterschieden.

Kazdin (1985) hat eine Reihe von Evaluationsstrategien unterschieden, anhand deren das Vorgehen bei der Evaluation der Funktionalen Familientherapie näher zu charakterisieren ist. So kann man zum Beispiel prüfen, ob ein bestimmtes Behandlungspaket überhaupt effektiv ist (*Treatment Package Strategy*) bzw. wie wirksam es im Vergleich mit einem anderen Treatment ist (*Comparative Treatment Strategy*; zur neueren Diskussion um beide Strategien vgl. Basham, 1985; Kazdin, 1986, 1988; Sayger, Horne, Walker & Passmore, 1988; Schmaling & Jacobson, 1988).

Diese beiden Strategien wurden auch bei der Evaluation der Funktionalen Familientherapie eingeschlagen; ja man kann sagen: fast nur diese beiden. Erst in jüngerer Zeit (vgl. Barton, Alexander, Waldron, Turner & Warburton, 1985) werden auch die Strategien verfolgt, Klienten bzw. Therapeuten zu variieren (*Client and Therapist Variation Strategy*).

Was wir bei der Effektivitätsprüfung der Funktionalen Familientherapie hingegen überhaupt nicht finden, sind folgende drei Strategien, denen jeweils eine Variation innerhalb einer Technik zugrunde liegt: ein subtraktives bzw. additives Vorgehen (*Dismantling/Constructive Treatment Strategy*) sowie eine Parametervariation (*Parametric Treatment Strategy*). Während in den beiden ersten Fällen ein klar identifizierbares Element des Behandlungspaketes weggenommen oder hinzugefügt wird, variiert man im letzten lediglich die Ausprägung eines Elements. Man kann auch sagen, daß der Unterschied einmal ein qualitativer, das andere Mal ein quantitativer ist.

Gerade ein subtraktives bzw. additives Vorgehen, das sowohl durch Betrachtung zweier (oder mehrerer) Gruppen wie im Einzelgruppenvergleich nach einem entsprechenden ABA-Design (vgl. Crane, 1985) zu realisieren gewesen wäre, hätte interessante Ergebnisse erbracht. Die Funktionale Familientherapie wurde ja entwickelt, um die Unzulänglichkeit behavioraler Arbeit, die als solche in der „Behandlungs"-Phase sehr wohl zum Tragen kommt, zu überwinden durch eine vorgeschaltete „Einleitungs"-Phase, die durch Umdeutungen charakterisiert ist.

„Reine" Verhaltenstherapeuten könnten der Ansicht sein, das einzig oder vornehmlich wirksame Element der Funktionalen Familientherapie sei jenes Vorgehen, das in der „Behandlungs"-Phase durchgeführt wird. Systemiker hingegen könnten die Behauptung aufstellen, alleine schon Umdeutungen, wie sie in der „Einleitungs"-Phase erfolgen, brächten die gewünschten Effekte. Die damit aufgeworfenen Fragen hätten sich mit einer subtraktiven bzw. additiven Strategie beantworten lassen.

Dies bleibt ein Manko, auch wenn die Utah-Gruppe zur Rechtfertigung in jüngerer Zeit Studien vorgelegt hat, die zwar zeigen, daß Umdeuten eine wirkungsvolle Maßnahme darstellt, aber auch, daß das nicht ausreicht, sondern durch gezielte Verhaltensänderung zu ergänzen sei (Alexander, Waldron, Barton & Mas, 1989; Barton, Alexander & Turner, 1988; Mas, Alexander & Turner, 1991; Morris, Alexander & Turner, 1991; vgl. außerdem Alexander, Waldron, Newberry & Liddle, 1988; Barton & Alexander, 1981). Das sieht die Alexander-Gruppe als Beleg für ihre Ansicht an, man habe im Rahmen einer familientherapeutischen Maßnahme Verhalten(sdefizite und -exzesse) sehr wohl auch direkt zu bearbeiten; ganz wie Verhaltenstherapeuten es schon immer gefordert und praktiziert haben.

Über die genannten Gesichtspunkte hinaus kann man Effektivitätsstudien anhand der Merkmalspaare „Einzelfall-/Gruppenstudien", „Analogie-/Patientenstudien" und „korrelative/experimentelle Studien" näher kennzeichnen. Hierzu ist zusammenfassend zu sagen: Die zentralen Effektivitätsuntersuchungen der Funktionalen Familientherapie sind (quasi-)experimentelle Gruppenstudien mit echten Klienten/Patienten.

Alles in allem betrachtet, steht die Evaluation der Funktionalen Familientherapie im Rahmen der Effektivitätsforschung auf dem Feld der Familientherapie in quantitativer und qualitativer Hinsicht einzigartig da. Mit mehr Grund und Recht als die meisten anderen Varianten der Familientherapie kann sie sich als effektive und effiziente Maßnahme bezeichnen (vgl. zusammenf. Alexander, Holtzworth-Munroe & Jameson, 1994; Heekerens, 1991b, im Druck; Kazdin, 1991). Zugleich muß man aber auch ganz klar darauf hinweisen, daß dieser solide Nachweis für eine hohe Effektivität und Effizienz nur für eine engumschriebene Präsentiersymptomatik geführt wurde: für sogenannte dissoziale Verhaltensweisen bei Jugendlichen. Andere Varianten der Familientherapie weisen hingegen Erfolge auf verschiedenen Feldern auf (Heekerens, im Druck).

3.7 Die Effektivität der Funktionalen Familientherapie im metaanalytischen Vergleich

Unter dem Namen Metaanalyse hat sich (auch) im Bereich der (Familien-)Therapieevaluation ein bestimmtes Verfahren der sekundären und zusammenfassenden Bewertung von Primärevaluationen etabliert, das sich wegen seiner Ökonomie und Eleganz recht schnell durchgesetzt hat. Die Metaanalyse war nicht zuletzt angetreten mit dem Anspruch, mit der von ihr produzierten zentralen Ergebnisgröße des Namens Effektstärke (ES) so etwa ein universell gültiges und frei konvertibles Bewertungsmaß zu schaffen. Diesen Anspruch gilt es erst noch einzulösen. Denn bis heute kommen Effektstärken allein schon auf dem schmalen Gebiet der Familientherapieevaluation auf unterschiedliche Weisen zustande: Es gibt Variationen, die vom Ein-/Ausschluß der Primärstudien bis zur mathematisch-statistischen Berechnung der Effektgröße reichen. Wenn man sich das vor Augen hält, kann man die für die Funktionale Familientherapie ermittelten Effektstärken mit aller gebotenen Vorsicht und allem Augenmaß mit Effektstärken anderer Verfahren vergleichen.

Markus, Lange und Pettigrew haben in ihrer 1990 vorgelegten Metaanalyse der Effektivität familientherapeutischer Maßnahmen aus vier Publikationen der Utah-Gruppe (Alexander & Parson, 1973; Barton, Alexander, Waldron, Turner & Warburton, 1985; Klein, Alexander & Parsons, 1977; Parsons & Alexander, 1973) insgesamt sechs Effektstärken (drei aus Barton, Alexander, Waldron, Turner & Warburton, 1985) ermittelt. Im Vergleich mit Kontrollgruppen (unbehandelte Wartekontrollgruppe bzw. Kontrollgruppe mit minimaler Behandlung) wurde eine Effektstärke von 0,87 (Posttest-Zeitpunkt) bzw. eine mittlere Effektstärke von 0,65 (Follow-up-Zeitpunkt) festgestellt; bei Prüfung mit Vergleichsgruppen mit alternativem Treatment fand sich zum Follow-up-Zeitpunkt eine mittlere Effektstärke von 1,01.

In der jüngsten Metaanalyse zur Wirksamkeit von Familientherapie (Shadish, Montgomery, Wilson, Wilson, Bright & Okwumabua, 1993; Shadish, Ragsdale, Glaser & Montgomery, 1995, 1997) wurde für die Funktionale Familientherapie basierend auf einer Studie, die nicht eigens benannt wird, eine Effektstärke von ,76 ausgewiesen.

Über diese ermittelten Effektstärken ist ein Vergleich mit anderen familientherapeutischen Verfahren möglich, wie sie sich in den drei einschlägigen Metaanalysen finden (Hazelrigg, Cooper & Borduin, 1987; Markus, Lange & Pettigrew, 1990; Shadish, Montgomery, Wilson, Wilson, Bright & Okwumabua, 1993; Shadish, Ragsdale, Glaser & Montgomery, 1995, 1997). Zum

Vergleich bieten sich ferner die Metaanalysen anderer Grundformen psychotherapeutischer Hilfe für Kinder, Jugendliche und deren Bezugspersonen an: Kinder- und Jugendlichen-Psychotherapie allgemein (Casey & Berman, 1985; Weisz, Weiss, Alicke & Klotz, 1987), kognitiv-behaviorale Verfahren bei Verhaltensstörungen von Kindern und Jugendlichen (Dush, Hirt & Schröder, 1989) sowie das Gordon-Elterntraining (Cedar & Levant, 1990). Ergänzend herangezogen wird die Metaanalyse der Effektivität von Psychotherapie mit der breitesten Datenbasis (Smith, Glass & Miller, 1980).

Um einen sinnvollen und fairen Vergleich zu ermöglichen, werden aus den genannten Metaanalysen jeweils die Effektstärken herangezogen, die in allen gesondert ausgewiesen werden: die zum Posttest-Zeitpunkt im Vergleich mit einer Kontrollgruppe (unbehandelte Wartekontrollgruppe bzw. Kontrollgruppe mit minimaler Behandlung) ermittelte Effektstärke. Diese hat für die Funktionale Familientherapie nach Auskunft von Markus, Lange und Pettigrew (1990) einen Wert von .87 und nach Darstellung von Shadish, Montgomery, Wilson, Wilson, Bright und Okwumabua (1993) einen Wert von .76.

Tabelle 4. Effektstärken verschiedener Formen von Psychotherapie im Kontrollgruppenvergleich zum Post-Test-Zeitpunkt

Metaanalyse	Effektstärke	Originalstudien	Effektgrößen	Verfahren und (Index-)Patienten
Markus u. a. (1990)	,87	1	1	Funktionale Kinder/Jugendliche
Shadish u. a. (1993)	,76	1	1	Funktionale Familientherapie Kinder/Jugendliche
Hazelrigg u. a. (1987)	,43[a]	10	13	Familientherapie allgemein Kinder/Jugendliche
Markus u. a. (1990)	,68a	4	4	Familientherapie ohne FFT Kinder/Jugendliche
Shadish u. a. (1993)	,36[a, b]	?	27	Familientherapie allgemein Kinder/Jugendliche
Casey & Berman (1985)	,71	75	64	v. a. Einzelpsychotherapie Kinder
Weiszs u. a. (1987)	,79	108	163	v. a. Einzelpsychotherapie Kinder und Jugendliche
Dush u. a. (1989)	,49[c]	?	114	kognitiv-behaviorale Verfahren Kinder und Jugendliche
Cedar & Levant (1990)	,03[a, d] ,12[a, d] ,38[a, d]	? ? ?	49 13 10	Gordon-Elterntraining Kinder/Jugendliche
Smith u. a. (1980)	,85	475	1761	Psychotherapie allgemein vorwiegend Erwachsene

[a] nur auf Kinder/Jugendliche bezogene Effektstärken bzw. nur Effektstärken aus Studien mit Kind/Jugendlichem als Index-Patient
[b] nur Experimente, keine quasi-Experimente
[c] durchschnittliche Effektstärke für einen Meßzeitpunkt von 0–7 Tagen nach Behandlungsende (Post-Test-Zeitraum); der Wert ist eine Durchschnitts-Effektstärke für Vergleiche sowohl mit unbehandelten Kontrollgruppen als auch Placebogruppen
[d] ganz überwiegend Vergleiche mit unbehandelter Kontrollgruppe sowie Post-Test- und Follow-up-Maße nicht differenziert

Das Gesamtergebnis dieses Vergleichs ist zusammenfassend in Tabelle 4 dargestellt. Summarisch läßt sich auch eingedenk aller methodischen Bedenken, denen man hier Rechnung zu tragen hat, zweierlei festhalten: Die Funktionale Familientherapie behauptet sich als psychotherapeutische Maßnahme gut und macht bei den psychotherapeutischen Hilfen für Kinder, Jugendliche und deren Bezügspersonen im allgemeinen (Kinder- und Jugendlichen-Psychotherapie, Elterntraining, Familientherapie) und der Familientherapie im speziellen keine schlechte Figur.

4. Sonstige Formen behavioraler Familientherapie

Die Funktionale Familientherapie ist, wie schon eingangs gesagt, der einzige Ansatz verhaltensorientierter Familientherapie, der sein Einsatzgebiet bei Problemen von Kindern und Jugendlichen hat und eine solide Evaluation vorzuweisen hat.

Neben der Funktionalen Familientherapie liegt mit dem von der Arbeitsgruppe um Falloon (Doane, Falloon, Goldstein & Mintz, 1985; Falloon, 1985; Falloon, Boyd, McGill, Williamson, Razani, Moss, Gilderman & Simpson, 1985; Falloon, McGill & Boyd, 1984) entwickelten Ansatz das Modell einer behavioralen Familientherapie vor, das bei der Behandlung von Schizophrenie (meist erwachsene Patienten) seine Überlegenheit über ein individualtherapeutisches Vorgehen schon demonstriert hat; sowohl hinsichtlich der Effektivität wie der Effizienz.

Überhaupt scheinen behavioral orientierte Familieninterventionen recht vielversprechend zu sein bei der Senkung der Rückfallquote von Schizophrenen (vgl. etwa Hahlweg, Hemmati-Weber, Heuser, Lober, Winkler, Müller, Feinstein & Dose, 1990; Leff, Berkowitz, Shavit, Strachan, Glass & Vaughn, 1989, 1999).

Die *Strategic-Behavioral Therapy* (Duncan & Parks, 1988; Duncan, Rock & Parks, 1987) stellt einen weiteren gutausgeführten Integrationsversuch dar, dessen Erprobung auch und gerade auf dem Feld der Problemlagen von Kindern und Jugendlichen noch aussteht und der seinen Tauglichkeitsnachweis erst noch zu erbringen hat.

Literatur

Alexander, J. F. (1973 a). Defensive and supportive communications in family systems. *Journal of Marriage and the Family, 35,* 613–617

Alexander, J. F. (1973 b). Defensive and supportive communications in normal and deviant families. *Journal of Consulting and Clinical Psychology, 40,* 223–231

Alexander, J. F. (1974). Behavior modification and delinquent youth. In J. C. Cull & R. E. Hardy (Eds.), *Behavior modification in rehabilitation settings* (pp. 158–177). Springfield: Thomas

Alexander, J. F. & Barton, C. (1976). Behavioral systems therapy for families. In D. H. Olson (Ed.), *Treating relationships* (pp. 167–188). Lake Mills: Graphic

Alexander, J. F. & Barton, C. (1980). System-behavioral intervention with delinquent families. In J. P. Vincent (Ed.), *Advances in family intervention, assessment and theory* Vol. 1 (pp. 53–87). Greenwich: JAI

Alexander, J. F. & Barton, C. (1983). *Functional family therapy manual.* Salt Lake City: Western States Family Institute

Alexander, J. F., Barton, C., Schiavo, R. & Parsons, B. V. (1976). Systems-behavioral intervention with families of delinquents. *Journal of Consulting and Clinical Psychology, 44,* 656–664

Alexander, J. F., Barton, C., Waldron, H. & Mas, C. M. (1983). Beyond the technology of family therapy. In K. D. Kraig & R. J. McMahon (Eds.), *Advances in clinical behavior therapy* (pp. 48–73). New York: Brunner/Mazel

Alexander, J. F. & Parsons, B. V. (1973). Short-term behavioral intervention with delinquent families: Impact of family process and recidivism. *Journal of Abnormal Psychology, 81,* 219–225

Alexander, J. F. & Parsons, B. V. (1982). *Functional family therapy.* Monterey: Brooks/Cole

Alexander, J. F., Waldron, H., Barton, C. & Mas, C. H. (1989). The minimizing of blaming attributions and behaviors in delinquent families. *Journal of Consulting and Clinical Psychology, 57,* 19–24

Alexander, J. F., Waldron, H., Newberry, A. M. & Liddle, N. (1988). Family approaches to treating delinquents. In F. M. Cox, C. Chilman & E. Nunnaly (Eds.), *Families in trouble* (pp. 128–146). New York: Sage

Alexander, J. F., Warburton, J., Waldron, H. & Mas, C. H. (1985). The misuse of functional family therapy: A nonsexist rejoinder. *Journal of Marital and Family Therapy, 11*, 139–144

Alexander, J. F., Holtzworth-Munroe, A. & Jameson, P. (1994). The process and outcome of marital and family therapy: Research review and evaluation. In A. E. Bergin & S. L. Garfield (Eds.), *Handbook of psychotherapy and behavior change* (4th ed., pp. 593–630). New York u. a.: Wiley.

Arnold, J. E., Levine, A. G. & Patterson, G. R. (1975). Changes in sibling behavior following family intervention. *Journal of Consulting and Clinical Psychology, 43*, 683–688

Avis, J. M. (1985). The politics of functional family therapy: A feminist critique. *Journal of Marital and Family Therapy, 11*, 127–138

Barton, D. (1982). *Communication, cognitions and contingencies in delinquent and control families.* Unveröff. Diss., Utah State University, Logan

Barton, C. & Alexander, J. F. (1977 a). Therapists' skills as determinants of effective systems-behavioral family therapy. *International Journal of Family Counseling, 11*, 11–19

Barton, C. & Alexander, J. F. (1977 b). Treatment of families with a delinquent member. In G. G. Harris (Ed.), *The group treatment of human problems: A social learning approach* (pp. 115–127). New York: Grune/Stratton

Barton, C. & Alexander, J. F. (1981). Functional family therapy. In A. S. Gurman & D. P. Kniskern (Eds.), *Handbook of family therapy* (pp. 403–443). New York: Brunner/Mazel

Barton, C., Alexander, J. F. & Sanders, J. D. (1985). The process of family research. In L. L'Abate (Ed.), *Handbook of family psychology and psychotherapy* Vol. 2 (pp. 1073–1106). Chicago: Dorsey

Barton, C., Alexander, J. F. & Turner, C. W. (1988). Defensive communications in normal and delinquent families. *Journal of Family Psychology, 1*, 390–405

Barton, C., Alexander, J. F., Waldron, H., Turner, C. W. & Warburton, J. (1985). Generalizing treatment effects of functional family therapy: Three replications. *American Journal of Family Therapy, 13(3)*, 16–26

Basham, R. B. (1985). Scientific and practical advantages of comparative design in psychotherapy outcome research. *Journal of Consulting and Clinical Psychology, 54*, 88–94

Bateson, G. (1983). *Ökologie des Geistes* (2. Aufl.). Frankfurt: Suhrkamp

Bischof, N. (1985). *Das Rätsel Ödipus*. München: Piper

Bolter, K. (1987). *Differences in therapy-related values and attitudes between short-term and long-term therapists.* Unveröff. Diss., California School of Professional Psychology, Berkeley

Casey, R. J. & Berman, J. S. (1985). The outcome of psychotherapy with children. *Psychological Bulletin, 98*, 388–400

Cedar, B. & Levant, R. F. (1990). A meta-analysis of the effects of Parent Effectiveness Training. *American Journal of Family Therapy, 18*, 373–384

Christensen, L. C. & Mendoza, J. (1986). A method of assessing change in single subject designs. *Behavior Therapy, 17*, 305–308

Clemenz, M. & Ohrnberger, G. (1983). Psychologie heute – Gespräch mit M. Selvini Palazzoli. *Psychologie heute, 10(10)*, 39–45

Coyne, J. C. (1985). Toward a theory of frames and reframing: The social nature of frames. *Journal of Marital and Family Therapy, 11*, 337–344

Crane, D. R. (1985). Single-case experimental designs in family therapy research: Limitations and considerations. *Family Process, 24*, 69–77

Doane, J. A., Falloon, I. R. H., Goldstein, M. J. & Mintz, J. (1985). Parental affective style and the treatment of schizophrenia. *Archives of General Psychiatry, 42*, 34–42

Doane, J. A., Hill, W. L., Kaslow, N. & Quinlan, D. (1988). Family system functioning. *Family Process, 27*, 213–227

Duncan, B. L. & Parks, M. B. (1988). Integrating individual and systems approaches. *Journal of Marital and Family Therapy, 14*, 151–161

Duncan, B. L., Rock, J. W. & Parks, M. B. (1987). Strategic-behavioral therapy: A practical alternative. *Psychotherapy, 24*, 196–201

Dush, D. M., Hirt, M. & Schroeder, H. (1989). Self-statement modification in the treatment of child behavior disorders: A meta-analysis. *Psychological Bulletin, 106*, 97–106

Epstein, L. H., Nudelman, S. & Wing, R. R. (1978). Long-term effects of family-based treatment for obesity on nontreated family members. *Behavior Therapy, 2*, 147–152

Falloon, I. R. H. (Ed.) (1985). *Family management of schizophrenia*. Baltimore: Johns Hopkins University Press

Falloon, I. R. H., Boyd, J. L., McGill, C. W., Williamson, M., Razani, J., Moss, H. B., Gilderman, A. M. & Simpson, G. M. (1985). Family management in the prevention of morbidity of schizophrenia. *Archives of General Psychiatry, 42*, 887–896

Falloon, I. R. H., McGill, C. W. & Boyd, J. L. (1984). *Family care of schizophrenia*. New York: Guilford

Foster, S. L. & Hoier, T. S. (1982). Behavioral and systems family therapies. *American Journal of Family Therapy, 10(3)*, 13–22

Friedman, A. S. (1989). Family therapy vs. parent groups: Effects on adolescent drug abusers. *American Journal of Family Therapy, 17*, 335–347

Gordon, D. A., Arbuthnot, J., Gustafson, K. E. & McGreen, P. (1988). Home-based behavioral-systems family therapy with disadvantaged juvenile delinquents. *American Journal of Family Therapy, 16,* 243–255

Graziano, A. M. & Diament, D. M. (1992). Parent behavioral training. *Behavior Modification, 16,* 3–38

Griest, D. L. & Wells, K. C. (1983). Behavioral family therapy with conduct disorders in children. *Behavior Therapy, 14,* 37–53

Guerney, B. G. (1985). Family therapy research: What are the most important variables? *International Journal of Family Therapy, 7(1),* 40–49

Gurman, A. S. & Kniskern, D. P. (1978). Research on marital and family therapy. In S. L. Garfield & A. E. Bergin (Eds.), *Handbook of psychotherapy and behavior change* (2nd ed., pp. 817–901). New York: Wiley

Gurman, A. S. & Kniskern, D. P. (1981). Family therapy outcome research: Knowns and unknowns. In A. S. Gurman & D. P. Kniskern (Eds.), *Handbook of family therapy* (pp. 742–775). New York: Brunner/Mazel

Hahlweg, K. (1988). Das Kind mit dem Bade... *System Familie, 1,* 137–138

Hahlweg, K., Hemmati-Weber, M., Heusser, A., Lober, H., Winkler, H., Müller, U., Feinstein, E. & Dose, M. (1990). Process analysis in behavioral family therapy. *Behavior Modification, 14,* 441–456

Hazelrigg, M. D., Cooper, H. M. & Borduin, C. M. (1987). Evaluating the effectiveness of family therapies. *Psychological Bulletin, 101,* 428–442

Heekerens, H.-P. (1991a). *Familientherapie und Erziehungsberatung* (2. Aufl.). Heidelberg: Asanger

Heekerens, H.-P. (1991b). Familientherapie auf dem Prüfstand. *Acta Paedopsychiatrica, 54,* 56–67

Heekerens, H.-P. (1997). -elterntraining und Familientherapie – Gemeinsamkeiten trotz Unterschiedlichkeit. *Kindheit und Entwicklung, 6,* 84–89

Heekerens, H.-P. (im Druck). Familientherapie – Zum Stand der Evaluationsforschung. In M. Märtens (Hrsg.), *Psychotherapieforschung und die Praxis der Psychotherapie.* Paderborn: Junfermann.

Hoffmann, L. (1982). *Grundlagen der Familientherapie.* Hamburg: Isko

Horvath, P. (1987). Demonstrating therapeutic validity versus the false placebo-therapy distinction. *Psychotherapy, 24,* 47–51

Hudson, W. W. & Harrison, D. F. (1986). Conceptual issues in measuring and assessing family problems. *Family Therapy, 13,* 85–94

Jacobson, N. S. (1985a). Family therapy outcome research: Potential pitfalls and prospects. *Journal of Marital and Family Therapy, 11,* 149–158

Jacobson, N. S. (1985b). Toward a nonsectarian blueprint for the empirical study of family therapies. *Journal of Marital and Family Therapy, 11,* 163–165

Jacobson, N. S. & Bussod, N. (1986). Marital and family therapy. In M. Hersen, A. E. Kazdin & A. S. Bellack (Eds.), *The clinical psychology handbook* (2nd ed., pp. 611–630). New York: Pergamon

Jacobson, N. S., Follette, W. C. & Revenstorf, D. (1984). Psychotherapy outcome research. *Behavior Therapy, 15,* 336–352

Jones, E. (1988). The Milan method – quo vadis? *Journal of Family Therapy, 10,* 325–338

Kazdin, A. E. (1985). Comparative outcome studies of psychotherapy. *Journal of Consulting and Clinical Psychology, 54,* 95–105

Kazdin, A. E. (1986). Treatment research. In M. Hersen, A. E. Kazdin & A. S. Bellack (Eds.), *The clinical psychology handbook* (2nd ed., pp. 265–284). New York: Pergamon

Kazdin, A. E. (1988). Social learning family therapy with aggressive children: A commentary. *Journal of Family Psychology, 1,* 286–291

Kazdin, A. E. (1991). Effectiveness of psychotherapy with children and adolescents. *Journal of Consulting and Clinical Psychology, 59,* 785–798

Klein, N. C., Alexander, J. F. & Parsons, B. V. (1977). Impact of family systems intervention on recidivism and sibling delinquency. *Journal of Consulting and Clinical Psychology, 45,* 469–474

Klein, N. C., Barton, C. & Alexander, J. F. (1980). Intervention and evaluation in family settings. In R. H. Price & P. E. Politser (Eds.), *Evaluation and action in the community context* (pp. 17–49). New York: Academic Press

Kniskern, D. P. (1985). Climbing out of the pit: Further guidelines for family therapy research. *Journal of Marital and Family Therapy, 11,* 159–162

Kniskern, D. P. & Gurman, A. S. (1980). Clinical implications of recent research in family therapy. In L. R. Wolberg & M. L. Aronson (Eds.), *Group and family therapy 1980* (pp. 217–223). New York: Brunner/Mazel

Korzybski, A. (1941). *Science and sanity.* New York: Science Press

Leff, J., Berkowitz, R., Shavit, N., Strachan, A., Glass, I. & Vaughn, C. (1989). A trial for family therapy versus relatives' group for schizophrenia. *British Journal of Psychiatry, 154,* 58–66

Leff, J., Berkowitz, R., Shavit, N., Strachan, A., Glass, I. & Vaughn, C. (1990). A trial for family therapy versus relatives' group for schizophrenia: Two-year follow-up. *British Journal of Psychiatry, 157,* 571–577

Markus, E., Lange, A. & Pettigrew, T. F. (1990). Effectiveness of family therapy: a meta-analysis. *Journal of Family Therapy, 12,* 205–221

Mas, C. H., Alexander, J. F. & Turner, C. W. (1991). Dispositional attributions and defensive behavior in high- and low-conflict delinquent families. *J. of Family Psychology, 5*, 176–191

Masten, A. S. (1979). Family therapy as treatment for children: A critical review of outcome research. *Family Process, 18*, 323–335

Mattejat, F. (1986). Verfahrensspezifische Evaluationskriterien. In M. H. Schmidt (Hrsg.), *Therapieevaluation in der Kinder- und Jugendpsychiatrie* (S. 46–69). Stuttgart: Enke

McGovern, M. P., Newman, F. L. & Kopta, S. M. (1986). Metatheoretical assumptions and psychotherapy orientation. *Journal of Consulting and Clinical Psychology, 54*, 476–481

Morris, S. B., Alexander, J. F. & Turner, C. W. (1991). Do reattributions of delinquent behavior reduce blame? *Journal of Family Psychology, 5*, 192–203

Morris, S. B., Alexander, J. F. & Waldron, H. (1988). Functional family therapy. In I. R. H. Falloon (Ed.), *Handbook of behavioural family therapy* (pp. 107–127). London: Hutchinson

Newberry, A. M., Alexander, J. F. & Turner, C. W. (1991). Gender as a process variable in family therapy. *Journal of Family Psychology, 5*, 158–175

Parson, B. V. & Alexander, J. F. (1973). Short-term family intervention: A therapy outcome study. *Journal of Consulting and Clinical Psychology, 41*, 195–201

Patterson, G. R. (1976). The aggressive child: Victim and architect of a coercive system. In E. J. Mash, L. A. Hamerlynck & L. C. Hardy (Eds.), *Behavioral modification and families* (pp. 267–316). New York: Brunner/Mazel

Rohrbaugh, M. (1985). Strukturelle, strategische und systemische Therapietheorien: Q-Sort-Vergleiche. *Zeitschrift für systemische Therapie, 3*, 43–50

Sayger, T. V., Horne, A. M., Walker, J. M. & Passmore, J. L. (1988). Multidimensionality versus inconclusiveness: The baby and the bathwater. *Journal of Family Psychology, 1*, 296–297

Schmaling, K. B. & Jacobson, N. S. (1988). Social learning family therapy vs. parent training. *Journal of Family Psychology, 1*, 292–295

Selvini Palazzoli, M. (1982). Die Bedeutung des Interaktionskontextes in der Psychotherapie. In A. Gaertner (Hrsg.), *Sozialtherapie* S. (45–57). Neuwied: Luchterhand

Shadish, W. R., Montgomery, L. M., Wilson, P., Wilson, M. R., Bright, I. & Okwumabua, T. (1993). Effects of family and marital psychotherapies: A meta-analysis. *Journal of Consulting and Clinical Psychology, 61*, 992–1002

Shadish, W. R., Ragsdale, K., Glaser, R. R. & Montgomery, L. M. (1995). The efficacy and effectiveness of marital and family therapies: A perspective from meta-analysis. *Journal of Marital and Family Therapy, 21*, 345–360 (deutsch 1997: Effektivität und Effizienz von Paar- und Familientherapie: Eine metaanalytische Perspektive. *Familiendynamik, 22*, 5–33)

Shapiro, R. J. & Shapiro, D. (1982). Meta-analysis of comparative therapy outcome studies. *Psychological Bulletin, 92*, 581–604

Smith, M. L., Glass, G. V. & Miller, T. I. (1980). *The benefits of psychotherapy*. Baltimore: John Hopkins University Press

Stierlin, H. & Simon, F. B. (1986). Familientherapie. In K. P. Kisker, H. Lauter, J.-E. Meyer, C. Müller & E. Strömgren (Hrsg.), *Psychiatrie der Gegenwart* Bd. 1 (3. Aufl., S. 249–275). Berlin: Springer

Tharp, R. G. & Wetzel, R. J. (1975). *Verhaltensänderungen im gegebenen Sozialfeld*. München: Urban & Schwarzenberg

Wahler, R. G. (1976). Deviant child behavior within the family. In H. Leitenberg (Ed.), *Handbook of behavior modification and behavior therapy* (pp. 516–543). Englewood Cliffs: Prentice-Hall

Warburton, J. R. & Alexander, J. F. (1984). Female delinquents. In E. A. Blechman (Ed.), *Behavior modification with women* (pp. 401–427). New York: Guilford

Warburton, J. R. & Alexander, J. F. (1985). The family therapist: What does one do? In L. L'Abate (Ed.), *Handbook of family psychology and psychotherapy* Vol. 2 (pp. 1318–1343). Chicago: Dorsey

Watzlawick, R., Beavin, J. H. & Jackson, D. D. (1980). *Menschliche Kommunikation: Formen, Störungen, Paradoxien* (5. Aufl.). Bern: Huber

Weisz, J. R., Weiss, B., Alicke, M. D. & Klotz, M. L. (1987). Effectiveness of psychotherapy with children and adolescent: A Meta-analysis for clinicians. *Journal of Consulting and Clinical Psychology, 55*, 542–549

Wells, R. A. & Dezen, A. E. (1978). The results of family therapy revisited: The nonbehavioral methods. *Family Process, 17*, 251–274

Wynne, L. C. (1988). Zum Stand der Forschung in der Familientherapie: Probleme und Trends. *System Familie, 1*, 4–22

Stichwortverzeichnis

Abendwecken 452
Abführen 480
Abklärung, organmedizinische 472
Ablenkstrategie 593
Abstraktionsfähigkeit 364
Aggression 327, 328, 474
–, angstmotivierte 330
–, Ausdrucksformen 336
–, entstehungsbedingt 331
Aggessionsforschung 333
Agnosie, akustische 106
Agoraphobie 218
Aktivierung, körperliche 69
Aktivität, körperliche 423
Akupunktur 585, 588
Akutbehandlung 583
Alltagsroutine 31
Alpträume 562
Analgesie, postoperative 578
Anamnese 360
Angst 513
–, generalisierte 198
–, soziale 196, 190
Angst vor medizinischem Eingriff 234, 237
Angstentstehung 194
Angstentwicklung 193
Angsthierarchie 208
Angstreduktionsmodell 407
Angststörung 187
–, generalisierte 190, 191
Ankerreaktionen 32
Anorexia nervosa 392, 399, 434
–, Häufigkeit 393
–, Kriterien 392
–, Symptome 393, 394
ANIS 397
Antennentigercomic 203
Antirheumatika 589
Appetitlosigkeit 471
Arbeitseingliederung 44, 45
Arbeitslosigkeit, langzeitliche 339
Ärger 149, 150
Arthritis, juvenile, rheumatische 589

Artikulation 106, 119
Artikulationstraining 118
Asthma bronchiale 502
Attraktivität 425
Attributionsstil 336
–, feindlicher 335
Aufklärung 479
Aufmerksamkeit 18, 364
Aufmerksamkeitsstörung 135
Ausfallrate 433
Ausschluß, sozialer 9
Ausschlußverfahren 39, 67
Äußerungslänge 116
Aversive Methode 39
Azetylsalizylsäure 583, 584

Bauchschmerzen 471, 586
Begabungsorientierung 624
Behandlungsbündnis 479
Behavioral Avoidance Test 229
Behinderung, geistige 98
Belastung, sozioökonomische 634
belle indifference 495
Belohnungsansatz 450
Beobachtende Methode 595
Beobachtungsbogen 342
Beratung 548
Berufsfindung 541
Bestrafung, direkte 4
–, indirekte 5
Betablocker 584
Bettnässen 440
Bewegung 426
Bewegungsplan 428
Bewegungsprogramm 426
Bewegungsstörung, dissoziative 490
Bewegungsverhalten 421
Beziehung, therapeutische 2
Bezugsperson 109, 116, 117, 122, 125
Bindung, soziale 329
Biofeedback 483, 504, 572
Biofeedback, EMG 607
Biofeedback, HET 607, 613

Biofeedbacktherapie 606, 612
Biofeedbackverfahren 516
Biographische Analyse 633
Blasenkontrolle 440, 444
Bluthochdruck 420
Brandstiftung 328
Bronchospasmus 502
Brustschmerzen 586
–, psychogene 586
Bulimia nervosa 391, 392, 434

Chaining 64
Child Behavior Checklist (CBCL) 341
Coaching 199
Compliance 448, 505
Copingverhalten 505
Cotherapeut 481

Daueraufmerksamkeit 135
Daueraufmerksamkeitsverfahren 140
Dauerkatheter, epiduraler 591
Defäkationsschmerzen 471
Deliktbelastung 330
Deliktschwere 331
Delinquenz 327, 328
Demonstrationsspiel 629
Depression 191, 243
–, larvierte 244
Depressions-Inventar 255
Depressives Symptom 244
Deprivation, frühkindliche 108
depriviert 117
Desensibilisierung 198, 504
–, systematische 230, 42, 516
Detektivbogen 201, 202, 348
Dexamethason-Suppressions-Test (DST) 254
Diagnostik 100, 107, 108, 119, 123, 127, 626, 99
–, therapiebegleitende 442
Dialog, sokratischer 479
Diapräsentation 370
Diät 399, 426, 434, 533, 537, 585
Differenzierung, kognitive 373
Differenzierungsvermögen, sprachliches 364
Dihydroergotamin 583
Diskriminationslernen 5, 571
Diskriminationstraining 40
Diskussionsgruppe, themenzentrierte 370
Disposition 502
Dosieraerosole 505
DRI, differential reinforcement of incompatible behavior 69
DRL, differential reinforcement of low rates 40, 69
DRO – differential reinforcement of other behavior 40, 69
Drogenkonsum 246
Druckalgometrie 599
Dry-Bed-Training 455
Durchschlafstörung 560
Dysarthrie 107

Dyslalie 107, 118
Dyssomnie 558

Eating Attitude Test (EAT) 396
Eating Disorders Inventory (EDI) 396
Ebene, behavioral-motorische 594
–, subjektiv-erlebnisbezogene 594
Echolalien 17, 29, 46
EEG 583
Effekt 433
Effektivitätskontrolle 624
Ehekonflikt 339
Eigenverantwortlichkeit 336
Einfühlungsvermögen 347
Einhaltetraining 453
Einkoten 66, 470
Einnässen 440
Einschlafstörung 560
Einstellung der Eltern 634
Einzelfallstatistik 210
Einzeltraining 201, 345, 350
Elternarbeit 2, 72
Elternberatung 204, 205, 345, 347
Elterncheckliste 197
Elterneinbezug 41, 611
Elternexploration, systematische 197
Elterngruppe 626
Elternkurs 627
Elternmangement 427
Elternteilnahme 427
Elterntraining 143, 144, 153, 344, 351, 621, 640, 641
Elternverhalten 333
EMG-Feedback 613
Emotionsregulation 195
Empathie 17, 335
Empfindungsstörung, dissoziative 491
Enkopresis 470
–, partiale 476
–, primäre 476, 482
–, sekundäre 483
Enspannungstechnik 572
Entspannung 346, 504
Entspannungstechnik 200
Entspannungsübung 150
Entspannungsverfahren 175, 179, 602, 612
Entwicklung sozialer Kompetenz 368
Entwicklungsalter 537
Entwicklungsaufgabe 382
Entwicklungsdefizit 54
Entwicklungsdiagnostik 125
Entwicklungsförderung 109, 65
Entwicklungsmodell 330
Entwicklungsproblem 124
Entwicklungsprofil 61
Entwicklungspsychologie 579
Entwicklungspsychopathologie 192
Entwicklungsrückstand 122, 98
Entwicklungsstörung 108, 340, 96

Entwicklungstest 100, 102, 108
Entwicklungsverlauf 337
Entwicklungsverzögerung 125
Enuresis 471
–, diurna 477
–, primär 440
–, sekundär 440
Epidemiologie 581
Erbrechen 471
Ereignisanalyse 633
Erethismus 66
Erfassungsbogen für aggressives Verhalten (EAS) 341, 347
Ergotamintartrat 583
Erkrankung, kardiovaskuläre 420
–, pseudoneurologische 488
Erziehungsplan 43
Erziehungsstil 344
Erziehungsverhalten 192, 193, 194, 333, 349, 48
Eßstörung 434
Eßverhalten 421
Etikettierung 428
Evaluation 98, 99, 112, 118, 120, 125, 522, 611, 653
Evaluationsstudie 351
Exploration 341, 360
Explorationsverhalten 110, 125
Expositionsbehandlung 295
Expressed-emotion 376
Extinktion, sensorische 40
Extrinsic-Asthma 503

Faeces 470
Familienberatung 349, 353
Familienstudie 222
Familientherapie 640, 642, 658, 659
–, funktionale 642
Farbskala 597
Fear Survey Schedule for Children 226
Feedbackverfahren 625
Fertigkeiten, soziale 10, 34, 191, 330
Fertigkeitsprogramm, soziales 210
Fertigkeitstraining 207
Fettzellgewebe 429
Fitness 425
Flatulenz 471
Flexibilität 29
Flüssigkeitszufuhr 454
Förderung 109
Förderung der Integration 43
Förderung von Lernkompetenz 86
Frontalhirnstörung 137
Frühförderung 60
Frühgeborene 578
funktional orientiertes Vorgehen 449
functionell fecal incontinence 470
Funktion, exekutive 138

Gedächtnis 102, 104, 105, 106
Gedächtnismöglichkeit, aktuelle 364

Gedankenstopp 304
Gehör 109
Generalisation 114, 115, 124, 22, 46
Generalisierung 116, 119, 206, 65
Generalisierungseffekt 209
Genetischer Faktor 421
Gesamthandlung 19
Gesundheitserziehung 431
Gewichtsreduzierungsprogramm 429
Gewichtsverlust 426
Gleichaltrigengruppe 335
Grundkurvenerhebung 8
Gruppenprogramm 36
Gruppentraining 207, 345, 350

Habituierung 56
Haltung, therapeutische 622
Handlungsbeschreibung 628
Handlungskontrolle 348
Handlungsspielraum 624
Handlungsverstärker 202
Hausaufgabe 428
Hausaufgabentechnik 204, 208
Health Locus of Control 505
Help-yourself-Programm 609
Hemmung 194
–, mangelnde 138
Hemmungspotential 332
Heuristiken, therapeutische 512
Hilfe, unzweckmäßige 631
–, zweckmäßige 630
Hilfespiel 629
Hilfestellung, soziale 593
Hördiagnostik 99
Hyperaktivität 338, 339
Hyperreagibilität 502, 509
Hypersalivation 107
Hypersomnie 561
Hypnose 592, 593, 604
Hypoglykämie 551
Hyposensibilisierung 511
Hysterie 488

Idealgewicht 420
Imitation 112, 117, 35
Imitationstraining 110, 118
imitativ 113
imitieren 33
Impulsivität 135
Impulsivität 141
Indikation 100, 127, 635
Information 479
Informationsspeicherung 108
Inkontinenz, psychogene 470
Insektengiftallergie 502
Instrinsic-Asthma 503
Instruktionskarte 348
Insulinbehandlung 536
Intelligenz 108, 123

Intelligenzminderung 108, 54
Intelligenztest 100, 102, 108
Intensivnacht 456
Interaktionsanalyse 624
Interferenzneigung 364
Interpretation 628, 629
Intervention 84, 99
–, familientherapeutische 592
–, familienzentrierte 293
Interventionsmodell 642
Interventionsübung 623
Interview 7, 394
–, strukturiertes 225
Intimsphäre 480, 481
Isolation, soziale 425
Isomnie 559, 560

Jacobson Training 516

Kalenderführen 451
Kalziumblocker 584
Kausalattribuierung 474
Kausalitätsattribution 425
Kinderangst 188
Kinderschmerzprogramm 608
Klassifikation 581
Kleinkindasthma 503
Klingelhose 455f.
Klingelmatte 455
Kognitiver Ansatz 200
Kognitive Methode 404, 406
Kommunikation 103, 110, 112, 114, 116, 117, 122
–, nonverbale 108
Kommunikationsbretter 30
Kommunikationssysteme 30
Kommunikationstraining 69
Komorbidität 134, 471
Kompetenz, soziale 334, 340
Kompetenztraining, soziales 207
Konditionierung, operante 332, 8
–, respondente 8
Konditionierungsprozeß 193
Konfliktbewältigungsstrategie 335
Konfliktrepräsentativität 623
Konfrontation mit der angstauslösenden Bedingung 232
Kontaktaufnahme 622
Kontaktvermeidung 199
Kontextbedingung 78
Kontingenz 5
Kontrolle, exekutive 146, 154
Konversion 488
Konzentrationsvermögen 364
Konzeptbildung 364
Kooperation 347, 634
Kooperativität 622
Kopfschleudern 59
Kopfschmerz, posttraumatischer 582
–, symptomatischer 582

Kopfschmerzen 581
Koprolalie 162
Körperbau 434
Körperschemastörung 398
Körperverletzung 328
Korrekturverfahren 67
Kostregelung 550
Kotherapeut 427, 622
Krampfanfall, dissoziativer 491
Krankheitsanfälligkeit 493
Krankheitsverantwortung 540
Krankheitsverhalten 11
Krebsschmerzen 590
Kreislaufregulationsstörung 582
Kriminalstatistik 328
Kriterienkontamination 100
Kummertag 465

Lactulose 480, 481
Lateralität 107
Lautagnosie 106, 118, 119
Lautdifferenzierung 105
Lebensqualität 552f.
Lehrerchecklise 197
Leistungstest 100, 102
Leistungsvermögen, allgemein intellektuelles 364
Leiter, analgetische 591
Lernen am Modell 231
Lernen 76
–, operantes 4
–, respondentes 4
–, soziales 4
–, vorbereitetes 221
Lernmöglichkeit, aktuelle 364
Lernprozeß 113, 365, 96
Lernsituation, kooperative 35
Lernstörungen 76, 77, 79
Lerntheorie, soziale 5
Lernverhalten, Analyse des 82
Lernvoraussetzung 62
Lokalanästhetikum (EMLA) 593
Löschung 9, 39, 569, 69
Lösung, interaktive 633
–, präventive 633
–, situative 633
Lösungsarbeit 632

Major Depression 246
Maßnahme, kooperationsfördernde 635
Mediatoren 503
Mediatorenmodell 640
Medikation, antizipierende 591
Megacolon 473
–, funktionelles 470
Metaanalyse 207, 658
Metakognition 154
metakognitiv 77

Metarepräsentation 18
Migräne 581, 583
Migränetagebuch 600
Miktionsverhalten 445
Minussymptom 362
Mitarbeiterschulung 11
Mittlere Äußerungslänge in Morphemen (MLU) 99, 127
Modellernen 199, 421
Modifikation 381
Moralentwicklung 335, 352
Morgenwecken 452
Morphologie 102, 103, 104, 105, 116, 119, 99
morphologisch 115
Motivation 78
Mundmotorik 109, 119, 125
Muskelentspannung 200
–, progressive 602
Muskelschmerzen 588
Mutismus, elektiver 108, 122
Mutter-Kind-Interaktion 108, 98
Myalgie 588
Myogelosen 590
Nachkontrolle 355
Nachsorge 622
Nahrungsmittelallergie 502
Nahrungsmittelunverträglichkeit 582, 585
Narkolepsie 562
Natürlichkeit 121
Nebenwirkung 635
Netzwerk, soziales 36

Obstipation 470, 472
Obstruktion 509
Operante Methode 401
Organismusvariable 421
Orientierungsreaktion 56
Over-correction 67

Palilalie 162
Panikstörung 196
Paracetamol 583
Parasomnie 558, 562
Patientenschulung 504
Pavor nocturnus 563, 573
Peak-flow-Meßgerät 513
Pediatric Pain Questionaire (PPQ) 598
Personenschema 19
Persönlichkeitsstörung, anakastische (zwanghafte) 273
–, antisoziale 337
Phase, formal-operationale 580
–, konkret-operationale 580
–, präoperationale 580
–, sensomotorische 579
Phobie 216
–, isolierte 218
–, soziale 189, 190, 218
–, spezifische 218
Phonologie 102, 104, 105, 99

Physiotherapie 108, 109, 589, 592
Pica 59, 66
Plussymptom 362
point of low resistance 494
Poltern 107
Polyneuropathie 588
Prädikatorenregel 27
Prädisposition 426, 587
Pragmatik 102, 104, 105, 99
Prävalenz 420
Prävention 429
Präventionsprogramm 208
Problembewältigungsstrategie 623
Problemlöseprozeß 512
Problemlösestrategie 151, 400
Problemlösetraining 10
Problemlösungsfertigkeit 154
Prognose 17, 361
Projektionsschmerz 590
Prompting 64
Prophezeiung, selbsterfüllende 477
Prophylaxe, medikamentöse 583
Psychoedukation 479
Psycholinguistik 23
Psychologie, kognitive 23
Psychopharmakotherapie 399
Psychotherapie 592, 622
Pubertät 429

Quetelet-Body-Mass-Index 420

Reaktionsumkehr, (habit reversal) 176
Reaktionsverhinderung 295, 70
Reaktivität, emotionale 195
Redefluß 106
Reden im Schlaf 563
Reflex, gastrokolischer 481
Reflexdystrophie, sympathische 589
Regelkreismodell 4
Reizkontrolle 573
Reklame 424
Relaxation, progressive nach Jacobson 592
Remissionsrate 338
REM-Schlaf 558
Repräsentation, symbolische 114
Repräsentationssystem 31
Response-Cost-Methode 40
Restrukturierung, kognitive 150
Retardierung, mentale 125
Rhinitis, allergische 502
Risikofaktor 11, 333, 420, 634
Risikopatienten 511
Ritalin 478
Ritual, kognitives 303
Rollenspiel 48, 204, 207, 350, 36, 625
Rückfallprävention 433
Rückmeldung, auditive 121
–, verzögerte 121
Ruhe, motorische 346

Sauberkeitserziehung 65, 456, 472
Scheuheit 194
Schizophrenie, früher Erkankungsbeginn 360
Schlafapnoe 562
Schlaf-Wach-Rhythmus 558
Schlafwandeln 563
Schmerz des Bewegungsapparates 587
Schmerz, pseudoradikulärer 590
–, radikulärer 590
–, zentraler 590
Schmerzanamnese 595
Schmerzbewertung 596
–, komplexe 598
Schmerzdiagnostik 595
Schmerzen, chronische 577
–, Definition 578
–, Klassifikation 578
Schmerzkontrolle, hypnotische 605
Schmerzkrankheit 593
Schmerzmessung 593, 594
Schmerzmodell 594
Schmerzprävalenz 598
Schmerzprogramm, multistrategisches 609
Schmerzprophylaxe 593
Schmerzschwelle 599
Schmerzsyndrome 581, 593
Schmerztagebuch 599
Schmerzverarbeitung 581
–, heilpädagogische 592
–, tiefenpsychologische 592
Schüchternheit 193, 194
Schulprogramm 427
Schulung 542
Selbstaufmerksamkeit 196
Selbstbehauptung 206
Selbstbeobachtung 5, 348, 349
Selbstbericht 197
Selbstbild 425
Selbsteinschätzung 596
Selbsteinschätzungsliste 197
Selbsterleben 334
Selbsthilfegruppe 593
Selbsthilfeprogramm 613
Selbstinstruktion 203
Selbstinstruktionstraining 146, 154
Selbstkontrolle 5, 40, 121, 264, 334, 34, 249, 259, 347, 349, 351
Selbstkontrolltraining 10
Selbstprotokollierung 426
Selbstsicherheit 10, 121
Selbstsicherheitstraining 200, 400
Selbststimulation 39
Selbstverstärkung 41
Selbstwahrnehmung 349
Selbstwahrnehmungstraining 177
Selbstwertgefühl 425, 59
self-management 504
Semantik 102, 103, 104, 105, 116, 119, 99
semantisch 114, 115

Sensibilisierung 502, 508
Sensibilitätsstörung, dissoziative 491
Serotoninantagonist 584
Shaping 64
Sichtblockaden 68
Simulation 493
Sinnesschädigung 125
Situationsanalyse 340, 633
Situationsbeschreibung 628
Smiley Analog Skala (SAS) 596, 597
Social-skills-Training 258, 263, 370
soiling, faecal 470
–, manipulative 470
Somatisierungsstörung, kindliche 489
Sonderpädagogik 63
Sonderschule 44
S-O-R-C-K-Modell 594
Sozialstatus 425
Sozialverhalten 351
Soziale Kompetenzen 32
Spannungskopfschmerz 582, 585
Spastik 98
Spiel 35, 57, 201
Spieltherapie, klientzentrierte 71
Spincterkontrolle 470
Spontaneität 29, 32
Spontanheilung 448
Spontansprache 102, 104, 105, 116, 99
Sportunterricht 426, 428
Sprach- und Sprechstörung 95
Sprachangebot, modifiziertes 115, 117, 116
–, reduziertes 115
Sprachaufbauprogramm 21, 45
Sprache 98, 99, 107
Sprachentwicklung 109, 110
–, verzögerte 97, 98
Spracherwerb 117
Sprachförderung 108, 109, 110, 117
Sprachkompetenz 103, 99
Sprachmuster, Vereinfachung der 25
Sprachliches Angebot, reduziertes 110
Sprachprobleme 108
Sprachproduktion 103, 105
Sprachrückstand 126
Sprachtherapie 109
Sprachverständnis 103, 105, 99
Sprechen 105, 98
Sprecherrolle 25, 28
Sprechflüssigkeit 107
Sprechmotivation 24
Sprechproblem 108
Sprechsituation, natürliche 23
Sprechtherapie 118
Stabilisierung 367
Stabilisierungsphase 482
Stammeln 106, 119, 125, 98
Stereotyp 425
Stereotypien 37, 61, 66
Stigmatisierung 434

Stimulantientherapie 153
Stimuluskontrolle 421, 68
Stoffwechsel 421
Stoffwechselkontrolle 536, 551
Störung des Sozialverhaltens 329
–, nicht-sozialisiertes 640
Störung, affektive 246
–, depressive 244
–, dissoziative 487
–, dysthyme 246
–, emotionale 96, 188
–, hyperkinetische 471
–, motorische 108
–, phonologische 106, 118
–, vorgetäuschte 493
Stottern 107, 120, 121, 126
Strategic-Behavioral Therapy 660
Strategie, imaginative 604
Streß-Impfung 144, 150
Streßmanagement 206
Streßreduktion 550
Strukturiertes Interview für Anorexia und Bulimia nervosa (SIAB) 396
Stuhlgewohnheit 472
Subgruppe, deviante 339
Suggestibilität 494
–, hypnotische 605
Suggestive Technik 450
Suizididee 253
Sympathikusblockade 591
syntaktisch 117
Syntax 102, 103, 104, 105, 114, 116, 119, 99

Tagnässen 440
TEACCH-Programm 34, 43
Teilleistungsschwäche 108, 134, 154, 471
Temperamentsfaktor 192
Temperamentsmerkmal 195
TENS 584, 588, 589, 591
Test 101, 127, 99
Testdiagnostik 106
Testverfahren, standardisiertes 341
Theorie der gelernten Hilflosigkeit 249
Theorie der logischen Formen 18
Theorie, biologische 243
–, kognitive 248
–, psychologische 623
Theory of mind 18
Therapieplanung 426
Therapieverweigerer 350
Tiaprid 173
Tic 162
–, motorischer 162
–, vokaler 162
Tic-Störung, Diagnose-Checkliste 167
Time-out 67
Toilettentraining 456, 480
Token 65
Token-Programm 143, 200

Tourette-Syndrom 163
Training inkompatibler Reaktion 179
Training kognitiver Fähigkeiten 352
Training lebenspraktischer Fertigkeiten 64
Training von Ankerreaktionen 34
–, autogenes 592, 603, 612
–, familienorientiertes 344, 351
–, kognitiv-behaviorales 345, 353
–, kompaktes 200
–, präventives 344, 351
Transaktionsmodell 507
Transparenz 448
Trennungsangst 188, 189, 191
Triggerfaktor 582
Trotzverhalten 338

Übelkeit 471
Überbehütung 540
Überforderung 38
Überfürsorglichkeit 505
Überkorrektur 40, 9
Überlaufinkontinenz 473, 478
Überlernen 455
Überselektivität 20
Übertragungsschmerz 590
Übung, massierte 175
Umdeuten 652
Unkontrollierbarkeit 194
Unterbrechertraining 453
Untergewicht 434
Unterricht, inzidenteller 24
Unterscheidungslernen 65
Urteilsfähigkeit, moralische 352
Urtikaria 502

Venenkathetersystem 591
Verfahren, aversive 67
–, imaginatives 593
Verhalten 645, 646, 650
–, aggressives 149, 150
–, autoaggressives 59
–, emotionales 96
–, gehemmtes 193
–, selbstverletzendes 38
–, soziales 329
Verhaltensanalyse 6
Verhaltensänderung 349
–, Stabilität von 209
Verhaltensbeobachtung 197, 341, 360, 625, 7
Verhaltensdiagnose 331, 340, 593
Verhaltensdiagnostik 106
Verhaltensformung 570
Verhaltenskosten 9
Verhaltensmedizin 10, 3
Verhaltensmodifikation, pädagogische 3
Verhaltensproblem 124
Verhaltensstörung 108, 125, 329, 331
Verhaltenstraining 345, 354
Verhaltensübung 199
Verhaltensverkettung 64

Verhaltensvertrag 398
Verhaltensweise, selbstverletzende 66
Verlaufsdokumentation 583
Vermeidungsverhalten 188
Versagen, schulisches 339
Verstärker 115, 121
Verstärkeranalyse 110
Verstärkerentzug 148
Verstärkung 5, 118, 124, 151, 421
–, intermittierende 5, 65
–, kontinuierliche 5
–, materielle 5
–, negative 332, 4
–, positive 332, 570, 64, 4
–, Selbstverstärkung 5
–, soziale 5
Verstärkungsplan 65, 366, 402
Verstopfung 473, 478
Verstrickung 505
Vertragsabschluß 426
Videoaufzeichnung 346, 370, 625, 626
Visuelle Analog Skala 596
Vitamin-B-Präparat 588
Vorschulalter 429
Vulnerabilitätsmodelle 361

Wachstumsschmerzen 589
Wahrnehmung, differenzierte 346
–, überselektive 117
Wahrnehmungsspiel 346
Wahrnehmungsstörung 336
–, auditive 106
Weckplan 451
Weckskalen 445
WHO-Stufenleiter 591
Wortschatz 24, 116
Wut 149, 150

Zauberhandschuh 605
Zeichen- oder Symbolsysteme 19
Zeichensprache 119, 31
Zielanalyse 632
Ziellösung 633
Zielverhaltensweise 366
Zurückweisung 339
Zwangsgedanken 272
Zwangshandlung 272
Zwangsstörung 272
Zwei-Faktoren-Theorie 220
Zwillingsstudie 193

Kognitive Verhaltenstherapie bei psychischen Störungen

Verhaltenstherapie ist eines der einflussreichsten und wirkungsvollsten Therapieverfahren. Ihre Effektivität bei der Behandlung von psychischen Störungen steht außer Frage. Wie sie bei welchen Störungen eingesetzt wird, zeigt dieses praktische Lehrbuch.

Störungsbezogen und praxisnah werden die klinischen Grundlagen, diagnostischen Methoden, Indikationen, Behandlungsprogramme und spezifische Interventionen folgender Störungen beschrieben:

Schizophrene Störungen • Depressionen • Angstanfälle und Agoraphobien • Soziale Ängste, Unsicherheiten und Defizite • Zwangsstörungen • Alkoholismus Essstörungen • Somatoforme Störungen • Chronische Schmerzen Schlafstörungen • Körperliche Erkrankungen • Partnerschaftsprobleme • Sexuelle Funktionsstörungen • Persönlichkeitsstörungen • Borderline-Störungen • Kopfschmerz im Kindes- und Jugendalter • Konzentrations- und Aufmerksamkeitsstörungen • Umschriebene Entwicklungsstörungen schulischer Fertigkeiten.

Die Autoren
J. Backhaus, M. Bohus, F. Christmann, U. Ehlert, H. Flor, A. Freeman, A. Fritz, K. Hahlweg, M. Hautzinger, C. Hermann, W. Hiller, N. Hoffmann, S. Hoyndorf, C. Jacobi, S. Kienzle, S. Kraemer, G.W. Lauth, U. Luka-Krausgrill, J. Margraf, H.-J. Möller, J. Petry, U. Pfingsten, W. Rief, D. Riemann, P.F. Schlottke, S. Schneider, E. Schramm, B. Schröder, F. Stratmann

Martin Hautzinger (Hrsg.)
Kognitive Verhaltenstherapie bei psychischen Störungen
2., vollständig überarbeitete und erweiterte Auflage 1998.
609 Seiten. Gebunden.
ISBN 3-621-27403-0

Psychologie Verlags Union

Postfach 100154, 69441 Weinheim
e-mail: info@beltz.de, http://www. beltz.de